Reufels
Personaldienstleistungen

Personaldienstleistungen

Arbeitnehmerüberlassung
Contracting, Werk- und Dienstverträge
Personalvermittlung

Handbuch

Herausgegeben von

Prof. Dr. Martin Reufels

Rechtsanwalt, Fachanwalt für Arbeitsrecht, Köln
Professor an der Hochschule Fresenius, Köln,
Lehrbeauftragter an der Westfälischen Wilhelms-Universität Münster

Bearbeitet von

Richterin Dr. Ute Dietrich, Arbeitsgericht Bremen;
RA, FAArbR Dipl.-Kfm. Dr. Thorsten Leisbrock, Köln;
RA, FAArbR Dr. Holger Lüders, Düsseldorf;
RA, FAArbR Prof. Dr. Martin Reufels, Köln;
RA, FAArbR Markus Schmülling, Köln

Verlag C. H. Beck München 2012

Zitiervorschlag:
Reufels/*Bearbeiter,* Personaldienstleistungen, [Kap.] Rn.

www.beck.de

ISBN 978 3 406 63202 0

© 2012 Verlag C. H. Beck oHG
Wilhelmstraße 9, 80801 München
Druck: fgb · freiburger graphische betriebe
Bebelstraße 11, 79108 Freiburg

Satz: Druckerei C. H. Beck, Nördlingen

Gedruckt auf säurefreiem, alterungsbeständigem Papier
(hergestellt aus chlorfrei gebleichtem Zellstoff)

Vorwort

Das Recht der Arbeitnehmerüberlassung ist im Umbruch. Der deutsche Gesetzgeber hat die Richtlinie 2008/104/EG umgesetzt. Die zum 30. April bzw. 1. Dezember 2011 in Kraft getretenen Neuregelungen ändern das Recht in wichtigen Punkten. Zudem haben die Entscheidungen der Arbeitsgerichtsbarkeit zur CGZP eine Fülle von Fragen aufgeworfen, mit denen die Unternehmen der Zeitarbeit zu kämpfen haben. All dies lässt es – auch vor dem Hintergrund einer steigenden volkswirtschaftlichen Bedeutung der Zeitarbeit – angezeigt sein, das Recht der Personaldienstleistungen in einem Handbuch zusammenzufassen. Es hat die Zielrichtung, Hilfestellung bei Fragen der täglichen Praxis sowohl in Zeitarbeitsunternehmen als auch in Unternehmen zu geben, die selbständige Dienstleister einsetzen oder die Personalberatung oder Personalvermittlung betreiben.

Köln/Düsseldorf/Bremen, im August 2012   *Martin Reufels*

Inhaltsübersicht

	Seite
Inhaltsverzeichnis	IX
Abkürzungsverzeichnis	XIX
Literaturverzeichnis	XXIII
A. Arbeitnehmerüberlassung *(Reufels/Dietrich)*	1
B. Contracting/Freelancer *(Schmülling)*	257
C. Outtasking durch Werk- und Dienstverträge *(Leisbrock)*	283
D. Personalberatung, Arbeits- und Personalvermittlung *(Lüders)*	303
Stichwortverzeichnis	401

Inhaltsverzeichnis

	Seite
Abkürzungsverzeichnis	XIX
Literaturverzeichnis	XXIII

A. Arbeitnehmerüberlassung 1
  I. Begriffe und Grundlagen 6
    1. Arbeitnehmerüberlassung als Dreiecksverhältnis 6
      a) Terminologie 6
      b) Beteiligte Personen 7
        aa) Verleiher 7
        bb) Leiharbeitnehmer 8
        cc) Entleiher 10
      c) Die Rechtsbeziehungen zwischen den Beteiligten im Überblick ... 11
    2. Abgrenzung zu sonstigen Formen des drittbezogenen Personaleinsatzes ... 12
      a) Abgrenzung zum Werkvertrag 13
        aa) Leistungsgegenstand 13
        bb) Weisungsrecht 14
        cc) Eingliederung 15
        dd) Unternehmerrisiko 16
        ee) Weitere Kriterien 16
      b) Abgrenzung zum Dienstvertrag 17
      c) Abgrenzung zum Geschäftsbesorgungsvertrag 17
      d) Abgrenzung zur Überlassung von Sachmitteln mit Bedienungspersonal ... 18
      e) Bedeutung der Abgrenzung und Konsequenzen von Scheinwerk- oder -dienstverträgen ... 18
    3. Abgrenzung zur Arbeitsvermittlung 19
      a) Arbeitsvermittlung 20
      b) Abgrenzungsmerkmale 20
      c) Gesetzliche Vermutung der Arbeitsvermittlung 21
        aa) Voraussetzungen der Vermutung 21
        bb) Rechtsfolgen der Vermutung 23
        cc) Widerlegbarkeit der Vermutung 24
    4. Gesetzliche Grundlagen 27
      a) Gemeinschaftsrecht 27
        aa) Freizügigkeit, Niederlassungsfreiheit und Dienstleistungsfreiheit ... 27
        bb) Richtlinien 28
      b) Verfassungsrecht 31
      c) Einfaches Recht 31
        aa) Das Arbeitnehmerüberlassungsgesetz 31
        bb) Das Gesetz zur Änderung des Arbeitnehmerüberlassungsgesetzes (AÜG) vom 29. 4. 2011 ... 32
        cc) Das Arbeitnehmer-Entsendegesetz 49
        dd) Das Mindestarbeitsbedingungengesetz 50
        ee) Das Teilzeit- und Befristungsgesetz (TzBfG) 50
        ff) Sonstige Vorschriften 51
    5. Tarifverträge der Zeitarbeitsbranche 51
      a) Tariföffnungsklausel 51
      b) Anforderungen an den Tarifvertrag 52
      c) Inhalt des Tarifvertrags 52
      d) Unmittelbare Geltung/Inbezugnahme 53
      e) Bestehende Tarifverträge 53

Inhaltsverzeichnis

	Seite
f) Sonderfall der CGZP	54
aa) Ausgangsdiskussion um die Tariffähigkeit der CGZP	54
bb) Erst- und zweitinstanzliches Verfahren zur Tariffähigkeit der CGZP	55
cc) Der Beschluss des BAG vom 14. 12. 2010	57
dd) Erste Reaktionen in Praxis und Rechtsprechung auf den BAG-Beschluss	59
ee) Mögliche Konsequenzen der Unwirksamkeit der Tarifverträge	62
ff) Ausblick und mögliche Problemstellungen in der Zukunft	79
II. Gewerberechtliche Erlaubnis	82
1. Gewerbsmäßigkeit der Arbeitnehmerüberlassung	82
a) Selbständige Tätigkeit	83
b) Auf Dauer angelegte Tätigkeit	83
c) Gewinnerzielungsabsicht	83
2. Überlassung im Rahmen der wirtschaftlichen Tätigkeit ab dem 1. 12. 2011	84
3. Nur „vorübergehende" Überlassung ab dem 1. 12. 2011	85
4. Einschränkungen im Baugewerbe	86
a) Vereinbarkeit der Regelung mit höherrangigem Recht	87
b) Voraussetzungen des Verbots	88
aa) Gegenständlicher Geltungsbereich	88
bb) Fachlicher Geltungsbereich	88
cc) Persönlicher Geltungsbereich	89
dd) Räumlicher Geltungsbereich	89
c) Ausnahmen vom Verbot	89
aa) Ausnahmeregelungen in § 1 b S. 2 AÜG	90
bb) Ausnahmeregelung in § 1 b S. 3 AÜG	91
d) Rechtsfolgen des Verbots	92
5. Ausnahmen vom Erfordernis der Erlaubnis	93
a) Abordnung zu einer Arbeitsgemeinschaft	93
b) Arbeitnehmerüberlassung zur Vermeidung von Kurzarbeit oder Entlassungen	95
c) Arbeitnehmerüberlassung im Konzern	97
d) Nur gelegentliche Überlassung	100
e) Arbeitnehmerüberlassung ins Ausland	100
6. Möglichkeit der bloßen Anzeige einer Überlassung	101
a) Anforderungen an das Verleiherunternehmen	101
b) Arbeitnehmerüberlassung zur Vermeidung von Kurzarbeit oder Entlassungen	102
c) Verleihdauer	102
d) Anzeige der Arbeitnehmerüberlassung	103
7. Sondergesetzliche Regelungen	104
8. Verfahren zur Erlaubniserteilung	105
a) Antrag	105
b) Zuständige Behörde	106
c) Erteilung der Erlaubnis	106
9. Entscheidung der Behörde	107
a) Versagung der Erlaubnis	107
aa) Unzuverlässigkeit des Antragstellers	107
bb) Mangelnde Betriebsorganisation	111
cc) Verletzung des Gleichstellungsgebots	112
dd) Besondere Versagungsgründe bei grenzüberschreitender Arbeitnehmerüberlassung	112
b) Erlaubniserteilung mit Nebenbestimmungen	113
aa) Bedingungen und Auflagen	113
bb) Widerrufsvorbehalt	114
cc) Befristung	115
c) Unbefristete Erlaubniserteilung	116
10. Erlöschen, Rücknahme und Widerruf der Erlaubnis	116
a) Erlöschen der Erlaubnis	116
aa) Erlöschen der Erlaubnis durch Zeitablauf	116

Inhaltsverzeichnis

	Seite
bb) Erlöschen der Erlaubnis durch Nichtgebrauch	117
cc) Erlöschen der Erlaubnis durch Tod des Verleihers oder Auflösung des Verleihunternehmens	117
b) Rücknahme der Erlaubnis	118
aa) Voraussetzungen	118
bb) Rechtsfolgen	119
cc) Rücknahmefrist	120
c) Widerruf der Erlaubnis	120
aa) Voraussetzungen	120
bb) Rechtsfolgen	123
cc) Widerrufsfrist	124
11. Übertragbarkeit der Erlaubnis	124
12. Gewerberechtliche Pflichten im Rahmen der Verleihtätigkeit	125
a) Anzeigepflichten	125
b) Auskunftspflichten	126
aa) Auskunftsverlangen	126
bb) Erteilung und Inhalt der Auskunft	126
cc) Auskunftsverweigerungsrecht	127
dd) Nachprüfung durch die Erlaubnisbehörde	128
ee) Rechtsfolgen bei Verletzung der Auskunftspflichten	129
c) Behördliche Nachschau	129
aa) Betretungs- und Prüfungsrecht der Behörde	129
bb) Duldungspflicht des Verleihers	130
d) Durchsuchungsrecht	130
aa) Voraussetzungen der Durchsuchung	131
bb) Durchsuchung bei Gefahr im Verzug	131
cc) Niederschrift	132
e) Pflicht zu statistischen Meldungen	132
aa) Inhalt der Meldungen	132
bb) Verfahren	132
cc) Geheimhaltungspflicht der Behörde	133
13. Rechtsweg	134
a) Zuständigkeit der Sozialgerichte	134
b) Widerspruchsverfahren	134
c) Sozialgerichtliches Verfahren	134
14. Tatbestände der illegalen Arbeitnehmerüberlassung	135
III. Durchführung der Rechtsbeziehung zwischen Verleiher und Leiharbeitnehmer	136
1. Abschluss des Arbeitsvertrags	136
a) Form des Leiharbeitsvertrags	137
b) Pflichtangaben	137
aa) Nachweispflichten nach dem Nachweisgesetz	137
bb) Zusätzliche Angaben nach § 11 Abs. 1 S. 2 AÜG	141
c) Erweiterte Verleiherpflichten	142
2. Anwendung des gesetzlichen Prinzips des „equal treatment"	142
a) Wesentliche Arbeits- und Entgeltbedingungen	143
b) Vergleichbare Arbeitnehmer des Entleihers	144
c) Zeitlicher Umfang des Gleichstellungsgebots	145
d) Ausnahmen vom Gleichstellungsgebot	145
aa) Ausnahme der Einstellung von Arbeitslosen zum 30. 4. 2011 weggefallen	145
bb) Abweichende Vereinbarung im Tarifvertrag	146
cc) Rückausnahme zur tariflichen Abweichungsmöglichkeit zur Verhinderung des Missbrauchs	149
e) Rechtsfolgen bei Verstoß gegen das Gleichstellungsgebot	149
3. Hauptleistungspflichten	150
a) Pflicht des Arbeitnehmers zur Arbeitsleistung	150
b) Pflicht des Arbeitgebers zur Vergütung	150

	Seite
4. Nebenpflichten	151
a) Nebenpflichten des Leiharbeitnehmers	151
b) Nebenpflichten des Verleihers	152
5. Haftung	152
a) Haftung des Verleihers	152
aa) Verletzung der Hauptleistungspflicht	152
bb) Verletzung von Nebenpflichten	153
b) Haftung des Leiharbeitnehmers	153
aa) Nichtleistung	154
bb) Schlechtleistung und Nebenpflichtverletzungen	154
cc) Besondere Regelung der Beweislast	154
dd) Haftungsbeschränkungen und -freistellungen	155
6. Bestandsschutz	155
a) Befristung des Leiharbeitsverhältnisses	155
aa) Befristung ohne Sachgrund	156
bb) Befristung mit Sachgrund	157
b) Kündigung des Leiharbeitsverhältnisses	159
aa) Personenbedingte Kündigung	159
bb) Verhaltensbedingte Kündigung	160
cc) Betriebsbedingte Kündigung	160
dd) Besonderer Kündigungsschutz	161
7. Arbeitsschutz	161
8. Sozialversicherungsrechtliche Pflichten des Verleihers	162
a) Kranken-, Pflege-, Renten- und Arbeitslosenversicherung	162
b) Unfallversicherung	163
9. Rechtsweg	163
IV. Betriebsverfassungsrechtliche Stellung des Leiharbeitnehmers im Verleihbetrieb	163
1. Betriebszugehörigkeit	164
2. Rechte des Leiharbeitnehmers im Verleihbetrieb	164
a) Wahlrecht	164
b) Sonstige Rechte	165
3. Beteiligungsrechte des Verleiherbetriebsrats	166
a) Allgemeine Aufgaben	167
b) Beteiligung in sozialen Angelegenheiten	167
aa) Betriebliche Ordnung	167
bb) Arbeitszeit	168
cc) Auszahlung der Arbeitsentgelte	168
dd) Urlaub	168
ee) Technische Überwachungseinrichtungen	169
ff) Unfallverhütung und Gesundheitsschutz	169
gg) Sozialeinrichtungen und Werksmietwohnungen	169
hh) Betriebliche Lohngestaltung und Leistungslohn	169
ii) Betriebliches Vorschlagswesen	170
jj) Grundsätze über die Durchführung von Gruppenarbeit	170
c) Beteiligung in personellen Angelegenheiten	170
d) Wirtschaftliche Angelegenheiten	172
V. Durchführung der Rechtsbeziehung zwischen Verleiher und Entleiher	172
1. Form und Inhalt des Arbeitnehmerüberlassungsvertrags	172
a) Form des Arbeitnehmerüberlassungsvertrags	172
b) Inhalt des Arbeitnehmerüberlassungsvertrags	173
aa) Pflichtangaben für Verleiher und Entleiher nach § 12 Abs. 1 S. 2, 3 AÜG	173
bb) Hauptleistungspflichten	174
cc) Nebenpflichten	175
dd) Vereinbarungen über Einstellungsverbote und Vermittlungsgebühren	176
ee) Gestaltung des Überlassungsvertrags durch AGB	178

	Seite
2. Haftung	178
a) Haftung des Verleihers	178
b) Haftung des Entleihers	180
3. Beendigung des Überlassungsverhältnisses	181
a) Befristung und Bedingung	181
b) Kündigung	181
c) Aufhebungsvertrag	183
d) Tod des Leiharbeitnehmers?	183
e) Nachträglicher Wegfall der Verleiherlaubnis?	183
4. Risiken des Entleihers bei illegaler Arbeitnehmerüberlassung	184
a) Unwirksamkeit der Verträge	184
b) Fiktion eines Arbeitsverhältnisses zwischen Leiharbeitnehmer und Entleiher	185
aa) Beginn des fingierten Arbeitsverhältnisses	185
bb) Inhalt des fingierten Arbeitsverhältnisses	186
cc) Dauer des fingierten Arbeitsverhältnisses	188
c) Sozialversicherungspflicht	190
d) Ordnungswidrigkeit	191
5. Rechtsweg	191
VI. Durchführung der Rechtsbeziehung zwischen Entleiher und Leiharbeitnehmer	191
1. Rechtsnatur des Beschäftigungsverhältnisses	191
2. Rechte und Pflichten des Entleihers	193
a) Weisungsrecht	193
b) Arbeitnehmererfindungen	193
c) Arbeitsschutz	193
d) Schutz vor Diskriminierung	194
e) Sonstige Schutzpflichten	194
3. Rechte und Pflichten des Leiharbeitnehmers	194
a) Pflichten	194
b) Rechte	195
4. Haftung	197
a) Haftung des Leiharbeitnehmers	197
b) Haftung des Entleihers	198
5. Sozialversicherungsrechtliche Pflichten des Entleihers	199
6. Rechtsweg	199
VII. Betriebsverfassungsrechtliche Stellung des Leiharbeitnehmers im Entleiherbetrieb	200
1. Zugehörigkeit zum Entleiherbetrieb?	200
2. Rechte des Leiharbeitnehmers im Entleiherbetrieb	200
a) Wahlrecht	201
b) Berücksichtigung bei Schwellenwerten?	201
c) Sonstige betriebsverfassungsrechtliche Rechte	202
aa) Teilnahme an Sprechstunden und Versammlungen	203
bb) Unterrichtungs- und Erörterungspflicht des Entleihers	203
cc) Anhörungs- und Vorschlagsrecht	204
dd) Beschwerderecht	204
ee) Weitere betriebsverfassungsrechtliche Individualrechte des Leiharbeitnehmers	205
3. Beteiligungsrechte des Entleiherbetriebsrats	205
a) Beteiligung bei der Übernahme von Leiharbeitnehmern	205
aa) Rechtscharakter der Verweisung	205
bb) Übernahme	206
cc) Inhalt des Beteiligungsrechts	206
dd) Zustimmungsverweigerung	209
b) Sonstige Beteiligungsrechte	212
aa) Allgemeine Aufgaben	213
bb) Soziale Angelegenheiten	215

	Seite
cc) Personelle Angelegenheiten	219
dd) Wirtschaftliche Angelegenheiten	222
VIII. Musterverträge	223
1. Arbeitsvertrag mit einem Leiharbeitnehmer (Leiharbeitsvertrag)	224
a) Allgemeine Grundlagen und Gestaltungshinweise	224
b) Muster eines Leiharbeitsvertrags mit Tarifbezug	227
c) Erläuterungen und abweichende Gestaltungsmöglichkeiten	231
aa) Anmerkungen und spezielle Gestaltungshinweise zum Vertragsmuster	231
bb) Änderungen im Fall der Vereinbarung eines Leiharbeitsvertrags ohne Tarifbezug	234
2. Vertrag zwischen Verleiher und Entleiher über die Überlassung von Arbeitnehmern (Arbeitnehmerüberlassungsvertrag)	236
a) Allgemeine Grundlagen und Gestaltungshinweise	236
b) Muster eines Arbeitnehmerüberlassungsvertrags	240
c) Erläuterungen zum Vertragsmuster und alternative Gestaltungsmöglichkeiten	244
B. Contracting/Freelancer	**257**
I. Begriffe und Grundlagen	257
II. Gewerberechtliche Anzeige	259
III. Durchführung zwischen Personaldienstleister und selbständig Tätigem	259
1. Rechtliche Rahmenbedingungen	259
2. Ausgestaltung der vertraglichen Beziehungen	262
a) Überblick	262
b) Vertragsgegenstand und Leistungspflichten	262
c) Vertragsdauer und Kündigung	263
d) Vergütung	264
e) Kundenschutz und Wettbewerbsverbote	265
aa) Vertragliche Wettbewerbsverbote	265
bb) Nachvertragliche Wettbewerbsverbote	266
cc) Kundenschutzklauseln und Kundenübernahmeklauseln	267
f) Nebenpflichten	267
g) Haftung	268
IV. Durchführung zwischen Personaldienstleister und Auftraggeber	270
1. Rechtliche Rahmenbedingungen	270
2. Einzelheiten der Zuordnung zu einem Vertragstyp	271
3. Vertragliche Gestaltungsmöglichkeiten	272
V. Durchführung der Rechtsbeziehungen zwischen Auftraggeber und Freelancer/Subunternehmer	273
1. Einsatz von Freelancern im Zwei-Personen-Verhältnis oder Drei-Personen-Verhältnis	273
2. Ausgestaltung der Rechtsbeziehung zwischen Auftraggeber und Freelancer/Subunternehmer im Drei-Personen-Verhältnis	274
a) Vorüberlegungen zur Wahl eines Drei-Personen-Verhältnisses	274
b) Bestellung eines freien Mitarbeiters zum Organ; Bevollmächtigung	275
c) Weitere Gesichtspunkte einer vertraglichen Gestaltung	276
d) Rechtsbeziehungen ohne Vertragsverhältnis	276
3. Begründung eines Vertragsverhältnisses durch Scheinselbständigkeit und Arbeitnehmerüberlassung	277
4. Haftung	281
VI. Kollektivrechtliche Mitbestimmungsrechte des Betriebsrats des Auftraggebers	281
C. Outtasking durch Werk- und Dienstverträge	**283**
I. Begriffe und Grundlagen	284
1. Begriffe	284

Inhaltsverzeichnis

	Seite
2. Motive	285
a) Wirtschaftliche Überlegungen	285
b) Andere Motive	285
3. Rechtliche Grundlagen	285
II. Steuerliche Entscheidungskriterien	286
1. Umsatzsteuer	286
2. Ertragsteuer	287
III. Gewerberechtliche Anzeige und öffentlich-rechtliche Beschränkungen	287
1. Gewerberechtliche Anzeige	287
2. Sonstige Ge- und Verbotsnormen	287
a) Kreditwesengesetz	287
b) Versicherungsaufsichtsgesetz	288
c) Rundschreiben 5/2010 der Bundesanstalt für Finanzdienstleistungsaufsicht	288
d) Bundesdatenschutzgesetz	289
e) Strafgesetzbuch	289
f) Telekommunikationsgesetz	290
g) Urheberrecht	290
h) Weitere Vorschriften	290
IV. Haftungsrisiken des Unternehmensleiters bei *outtasking* und *outsourcing*	291
1. Aktiengesellschaft	291
2. Sonstige Kapitalgesellschaften	291
V. Ausgestaltung der Vertragsverhältnisse	292
1. Werkvertrag	292
a) Überblick	292
b) Regelungsgegenstände im Einzelnen	293
aa) Vertragspartner	293
bb) Gegenstand der Leistung	293
cc) Leistungszeit	293
dd) Leistungsort	293
ee) Werklohn	293
ff) Festlegung der vom Auftraggeber beizusteuernden (Betriebs-)Mittel	294
gg) Anforderungen an das Personal/die Subunternehmer des Auftragnehmers	295
hh) Regelung des Umfangs der Übertragung von (Nutzungs-)Rechten an dem herzustellenden Werk	295
ii) Umfang der Weisungsbefugnisse/Kontrollrechte des Auftraggebers	295
jj) Voraussetzungen und Rechtsfolgen der Leistungsverzögerung	295
kk) Übergang der Leistungsgefahr/Abnahme	296
ll) Voraussetzungen und Rechtsfolgen sonstiger Leistungsmängel	296
mm) Sonstige Nebenpflichten	296
nn) Laufzeit/Kündigung	296
oo) Abwicklung des beendeten Vertragsverhältnisses	296
2. Werklieferungsverträge	297
3. Dienstverträge	297
4. Rahmenverträge	297
VI. Durchführung zwischen Auftraggeber und dem eingesetzten Mitarbeiter des Auftragnehmers	297
1. Beziehungen zwischen den Beteiligten	298
2. Haftung des Auftragnehmers für den Mitarbeiter	298
3. Haftung gegenüber Dritten	298
4. Gesetzliche Unfallversicherung	298
5. Rechtswegbesonderheiten	299
VII. Mitbestimmungsrechte des Betriebsrats des Auftraggebers	299
1. Unterrichtung des Wirtschaftsausschusses	299
2. Interessenausgleich/Sozialplan	300
3. Mitbestimmung nach § 99 BetrVG	300

		Seite
VIII.	Mitbestimmung des Personalrats	301
	1. Privatisierung	301
	2. Sonstige Mitbestimmungstatbestände	301
IX.	Ausblick	301

D. Personalberatung, Arbeits- und Personalvermittlung 303

		Seite
I.	Allgemeines	305
II.	Begriffe und Grundlagen	306
	1. Begriff der Personalberatung	307
	2. Begriff der Personalvermittlung	308
	a) Abgrenzung zur Arbeitsvermittlung	308
	b) Abgrenzung zur Arbeitnehmerüberlassung	309
	3. Erlaubnisfreiheit privater Arbeitsvermittlung	310
	a) Rechtslage bis zum 26. 3. 2002	310
	b) Rechtslage seit dem 27. 3. 2002	313
	4. Steuerrechtliche Differenzierung zwischen Vermittlung und Beratung	317
III.	Berufsbild der Personalberater und -vermittler	319
IV.	Durchführung zwischen Vermittler und Arbeitgeber	321
	1. Rechtliche Einordnung der Personalvermittlung	321
	2. Anwendbarkeit des AGB-Rechts	323
	3. Vorvertragliche Beziehung/Akquise	323
	4. Rahmenvertrag bei längerfristiger Zusammenarbeit	324
	5. Einzelne Vertragsinhalte	324
	a) Tätigkeit des Personalberaters	324
	b) Vorherige Arbeitnehmerüberlassung	325
	c) Vergütung	325
	aa) Personalvermittlung	325
	bb) Vergütungsvereinbarungen beim sog. „Klebeeffekt"	326
	d) Nachbesserung und Haftung	329
	aa) Haftung bei Ungeeignetheit des Bewerbers	329
	bb) Unzulässigkeit der Kostenabwälzung auf Arbeitnehmer	330
	cc) Einbeziehung von Verstößen gegen das AGG in die Haftung	330
	e) Dokumentation des Auswahlprozesses	333
	f) Vertragslaufzeit	334
	g) Kündigung	334
	h) Vertraulichkeit	335
	i) Exklusivität	336
	6. Mitbestimmungsrechtliche Aspekte	336
	a) Mitbestimmung bei der Personalplanung (§ 92 BetrVG)	336
	b) Innerbetriebliche Stellenausschreibung (§§ 93, 99 Abs. 2 Nr. 5 BetrVG)	337
	c) Mitbestimmung bei Auswahlrichtlinien (§ 95 BetrVG)	337
	d) Mitbestimmung bei Personalentwicklungsmaßnahmen (§§ 97, 98 BetrVG)	338
	e) Unterrichtungsrecht des Betriebsrats bei der Einstellung (§ 99 BetrVG)	339
	f) Mitbestimmung bei Assessment-Center und Management Diagnostik	340
	7. Allgemeines Gleichbehandlungsgesetz (AGG)	340
	a) Ernsthaftigkeit der Bewerbung	341
	b) Stellenausschreibung (§ 11 AGG)	342
	c) Benachteiligung bei der Personalauswahl	343
	aa) Ablehnung aufgrund eines Diskriminierungsmerkmals	343
	bb) Besten- oder Spontanauswahl	343
	cc) Besonderer Schutz der Schwerbehinderten	344
	d) Schadenersatzansprüche des Bewerbers bei Verstößen gegen das AGG	344
	aa) Schadenersatzansprüche nach § 15 Abs. 1 AGG	344
	bb) Entschädigungsansprüche nach § 15 Abs. 2 AGG	345
	cc) Haftungsschuldner bei Hinzuziehung Dritter	347

Inhaltsverzeichnis

	Seite
e) Auskunftsansprüche des Bewerbers	349
aa) Auskunft über die Identität des tatsächlichen Auftraggebers	350
bb) Auskunft über Auswahlkriterien bei abgelehnter Einstellung	352
cc) Frist für die Geltendmachung von Ansprüchen gegenüber dem Arbeitgeber	353
8. Datenschutz	354
V. Durchführung zwischen Vermittler und Arbeitsuchendem	355
1. Rechtscharakter des Vermittlungsvertrags	356
a) Allgemeines Maklerrecht gem. §§ 652ff. BGB	356
b) Modifikationen durch das SGB III	357
aa) Schriftformerfordernis	357
bb) Verbot von Vorschüssen	357
cc) Stundung der Vergütung bei Aktivierungs- und Vermittlungsgutschein	357
dd) Nachweis für Vermittlungserfolg	358
ee) Unwirksamkeit von Vereinbarungen	359
2. Besonderheiten des Vermittlungsvertrags mit Aktivierungs- und Vermittlungsgutschein	359
a) Rechtsbeziehung zwischen Arbeitsuchendem und Agentur für Arbeit	359
b) Rechtsbeziehungen zwischen Personalvermittler und Agentur für Arbeit	360
aa) Rechtliche Einordnung der Rechtsbeziehung	360
bb) Einwendungen aus dem Vertragsverhältnis	361
cc) Exkurs: Keine Förderung der Vermittlung im Prostitutionsbereich	362
c) Rechtliche Einordnung der Vermittlung mit Aktivierungs- und Vermittlungsgutschein	362
d) Voraussetzungen für Anspruch auf Aktivierungs- und Vermittlungsgutschein	364
e) Vergütungshöchstgrenze des Aktivierungs- und Vermittlungsgutscheins	364
f) Fälligkeit der Vergütung	365
g) Gültigkeit des Aktivierungs- und Vermittlungsgutscheins	366
h) Nachgewiesene Vermittlungstätigkeit	366
i) Rechtslage nach Erteilung des Aktivierungs- und Vermittlungsgutscheins	367
3. Vergütungsabreden im Vermittlungsvertrag	368
a) AGB-Kontrolle	368
b) Vergütungsbeschränkung auf gesetzlichen Höchstbetrag	369
c) Fälligkeitsabrede	369
aa) Beachtung der arbeitsrechtlichen Besonderheiten	370
bb) Unbeachtlichkeit der Zeitpunkte bei Aktivierungs- und Vermittlungsgutschein	370
4. Anpassung unverhältnismäßiger Vergütungen	371
a) Anpassungen gem. § 655 BGB unterhalb der Vergütungshöchstgrenze	372
b) Keine geltungserhaltende Reduktion bei unzulässiger Vergütungsabrede	373
5. Keine wirtschaftliche Verflechtung	374
6. Vermittlung nach Arbeitnehmerüberlassung	375
VI. Personal-Service-Agenturen	375
1. Aufgaben der Personal-Service-Agenturen	376
2. Einordnung des Rechtsverhältnisses	377
VII. Durchführung der Personalsuche („Headhunting")	379
1. Direktsuche	380
2. Abwerben von Mitarbeitern	381
3. Unzulässiges Abwerben	382
a) Rücksichtnahmepflichten bei Abwerbung durch Vertragspartner	383
b) Verstoß gegen § 1 UWG	383
aa) Grenze zur Sittenwidrigkeit des Abwerbens	384
bb) Unzulässiges Einwirken auf die Arbeitnehmerentscheidung	385
cc) Verleitung zum Vertragsbruch	386
dd) Ausnutzen einer Vertragsuntreue des Arbeitnehmers	387

Inhaltsverzeichnis

	Seite
c) Verstoß gegen § 826 BGB	388
d) Verstoß gegen § 823 BGB	388
e) Abwerbung durch ehemalige Arbeitnehmer	388
f) Kontaktaufnahme am Arbeitsplatz	389
g) Zusammenfassung	392
4. Ersatz von Vorstellungskosten	392
5. Rechtsfolgen bei einem unzulässigen Abwerben	393
a) (Rechts-)Folgen für den abgeworbenen Arbeitnehmer	393
aa) Nichtigkeit des Neuvertrags	393
bb) Schadenersatzansprüche	394
b) Ansprüche gegenüber dem abwerbenden Arbeitgeber	395
c) Ansprüche gegen den Headhunter	396
d) Ansprüche bei Abwerbung eines Mitarbeiters durch einen Arbeitnehmer	396
6. Background Checks vor Einstellungen	397

Abkürzungsverzeichnis

aA	anderer Ansicht
Abk.	Abkommen
abl.	ablehnend
Abs.	Absatz
Abschn.	Abschnitt
AcP	Archiv für civilistische Praxis, Zeitschrift
aE	am Ende
AE	Arbeitsrechtliche Entscheidungen, Zeitschrift
Änd.	Änderung
aF	alte Fassung
AFG	Arbeitsförderungsgesetz (aK)
AfP	Zeitschrift für Medien- und Kommunikationsrecht
AGB	Allgemeine Geschäftsbedingungen
AGG	Allgemeines Gleichbehandlungsgesetz
Ak	außer Kraft
allg.	allgemein
AMP	Arbeitgeberverband Mittelständischer Personaldienstleister (siehe jetzt BAP)
amtl.	amtlich
Anh.	Anhang
Anl.	Anlage
Anm.	Anmerkung
AnwBl.	Anwaltsblatt
ArbG	Arbeitsgericht
ArbGG	Arbeitsgerichtsgesetz
ArbRAktuell	Arbeitsrecht Aktuell, Zeitschrift
ArbRB	Arbeits-Rechts-Berater, Zeitschrift
ARGE	Arbeitsgemeinschaft
ArGV	Verordnung über die Arbeitsgenehmigung für ausländische Arbeitnehmer (Arbeitsgenehmigungsverordnung)
Art.	Artikel
AStG	Außensteuergesetz
AuA	Arbeit und Arbeitsrecht, Zeitschrift
AÜG	Gesetz zur Regelung der gewerbsmäßigen Arbeitnehmerüberlassung (Arbeitnehmerüberlassungsgesetz)
Auff.	Auffassung
Aufl.	Auflage
AVAVG	Gesetzes über die Arbeitsvermittlung und Arbeitslosenversicherung (aK)
AVermV	Verordnung über Arbeitsvermittlung durch private Arbeitsvermittler (Arbeitsvermittlerverordnung) (aK)
Az.	Aktenzeichen
AZAV	Verordnung über die Voraussetzungen und das Verfahren zur Akkreditierung von fachkundigen Stellen und zur Zulassung von Trägern und Maßnahmen der Arbeitsförderung nach dem Dritten Buch Sozialgesetzbuch (Akkreditierungs- und Zulassungsverordnung Arbeitsförderung)
BA	Bundesagentur für Arbeit
BAFin	Bundesanstalt für Finanzdienstleistungsaufsicht
BAG	Bundesarbeitsgericht
BAP	Bundesarbeitgeberverband der Personaldienstleister
BBiG	Berufsbildungsgesetz

Abkürzungsverzeichnis

Bd.	Band
BDSG	Bundesdatenschutzgesetz
BDU	Bundesverband Deutscher Unternehmensberater e. V.
begr.	begründet
Beil.	Beilage
BeschV	Verordnung über die Zulassung von neueinreisenden Ausländern zur Ausübung einer Beschäftigung (Beschäftigungsverordnung)
BVerwG	Bundesverwaltungsgericht
BFH	Bundesfinanzhof
BGB	Bürgerliches Gesetzbuch
BGBl.	Bundesgesetzblatt
BGH	Bundesgerichtshof
BPersVG	Bundespersonalvertretungsgesetz
BPV	Bundesverband Personalvermittlung e. V.
BR-Drs.	Bundesrats-Drucksache
BRTV	Bundesrahmentarifvertrag für das Baugewerbe
BStBl.	Bundessteuerblatt
BT-Drs.	Bundestags-Drucksache
Buchst.	Buchstabe
BVerfG	Bundesverfassungsgericht
BZA	Bundesverband Zeitarbeit Personal-Dienstleistungen (siehe jetzt BAP)
bzgl.	bezüglich
bzw.	beziehungsweise
CR	Computer und Recht, Zeitschrift
DB	Der Betrieb, Zeitschrift
dh	das heißt
div.	diverse
Drs.	Drucksache
DStR	Deutsches Steuerrecht, Zeitschrift
Einf.	Einführung
Einl.	Einleitung
EStG	Einkommensteuergesetz
EuGH	Europäischer Gerichtshof
evtl.	eventuell
EWGV	Vertrag zur Gründung der Europäischen Wirtschaftsgemeinschaft
f., ff.	folgende, fortfolgende
FHArbSozR	Fundheft für Arbeits- und Sozialrecht
GA-VGS	Geschäftsanweisung zum Vermittlungsgutschein
geänd.	geändert
gem.	gemäß
GewArch	Gewerbearchiv, Zeitschrift
GewO	Gewerbeordnung
GmS-OGB	Gemeinsamer Senat der obersten Gerichtshöfe des Bundes
GPR	Zeitschrift für Gemeinschaftsprivatrecht
GRUR	Gewerblicher Rechtsschutz und Urheberrecht, Zeitschrift
GWR	Gesellschafts- und Wirtschaftsrecht, Zeitschrift
HGB	Handelsgesetzbuch
hM	herrschende Meinung
HPVG	Hessisches Personalvertretungsgesetz
Hrsg.	Herausgeber
Hs.	Halbsatz

Abkürzungsverzeichnis

idF	in der Fassung
idR	in der Regel
IHK	Industrie- und Handelskammer
iSd	im Sinne der/des
iStR	Internationales Steuerrecht, Zeitschrift
iSv	im Sinne von
ITRB	Der IT-Rechtsberater, Zeitschrift
iVm	in Verbindung mit
jurisPR-ArbR	Juris PraxisReport Arbeitsrecht
jurisPR-SozR	Juris PraxisReport Sozialrecht
KonTraG	Gesetz zur Kontrolle und Transparenz im Unternehmensbereich
krit.	kritisch
KWG	Gesetz über das Kreditwesen (Kreditwesengesetz)
LAG	Landesarbeitsgericht
lit.	litera
LPVG	Landespersonalvertretungsgesetz
MBG SH	Gesetz über die Mitbestimmung der Personalräte (Mitbestimmungsgesetz Schleswig-Holstein)
mwN	mit weiteren Nachweisen
MwStSystRl	Mehrwertsteuer-Systemrichtlinie
mWv	mit Wirkung vom
Nachw.	Nachweise
nF	neue Fassung
NJW	Neue Juristische Wochenschrift
Nr.	Nummer
nv	nicht veröffentlicht
NVwZ	Neue Zeitschrift für Verwaltungsrecht
NZA	Neue Zeitschrift für Arbeitsrecht
NZA-RR	NZA-Rechtsprechungs-Report
oÄ	oder Ähnliche/s
OLG	Oberlandesgericht
PersF	Personalführung, Zeitschrift
PersVG	Personalvertretungsgesetz (der Länder)
PSA	Personal-Service-Agentur
RGBl.	Reichsgesetzblatt
RL	Richtlinie
Rn.	Randnummer
RVaktuell	Amtliches Veröffentlichungsblatt der Deutschen Rentenversicherung
S.	Satz
s.	siehe
SchwarzArbG	Gesetz zur Bekämpfung der Schwarzarbeit und illegalen Beschäftigung (Schwarzarbeitsbekämpfungsgesetz)
SGB II	Sozialgesetzbuch – Grundsicherung für Arbeitsuchende
SGB III	Sozialgesetzbuch – Arbeitsförderung
Slg.	Sammlung
SPersVG	Saarländisches Personalvertretungsgesetz
StGB	Strafgesetzbuch
stRspr.	ständige Rechtsprechung

Abkürzungsverzeichnis

TKG	Telekommunikationsgesetz
TVG	Tarifvertragsgesetz
ua	unter anderem
UR	Umsatzsteuer-Rundschau
UStG	Umsatzsteuergesetz
usw	und so weiter
VAG	Gesetz über die Beaufsichtigung der Versicherungsunternehmen (Versicherungsaufsichtsgesetz)
VDESB	Vereinigung deutscher Executive Search Berater e.V.
VGH	Verwaltungsgerichtshof
VGS	Vermittlungsgutschein
VW	Versicherungswirtschaft, Zeitschrift
VwVfG	Verwaltungsverfahrensgesetz
VwVG	Verwaltungs-Vollstreckungsgesetz
WiVerw	Zeitschrift für Wirtschaftsverwaltungsrecht
ZAAR	Zentrum für Arbeitsbeziehungen und Arbeitsrecht
zB	zum Beispiel
ZBB	Zeitschrift für Bankrecht und Bankwirtschaft
zit.	zitiert
ZPO	Zivilprozessordnung
zT	zum Teil
ZUM-RD	Zeitschrift für Urheber- und Medienrecht, Rechtsprechungsdienst
zZt	zur Zeit

Literaturverzeichnis

Annuß/Thüsing, Teilzeit- und Befristungsgesetz, 2. Aufl. 2006 (zitiert: Annuß/Thüsing/*Bearbeiter*)
Bachner/Köstler/Matthießen/Trittin, Arbeitsrecht bei Unternehmensumwandlung und Betriebsübergang, 4. Aufl. 2012
Bauer/Diller, Wettbewerbsverbote, 5. Aufl. 2009
Baumbach/Hopt, HGB, 35. Aufl. 2012 (zitiert: Baumbach/Hopt/*Bearbeiter*)
Baumbach/Hueck, GmbHG, 20. Aufl. 2012 (zitiert: Baumbach/Hueck/*Bearbeiter*)
Becker/Berndt/Klein, Outsourcing von Geschäftsbereichen, 2009
Becker/Kreikebaum, Zeitarbeit – gewerbsmäßige Arbeitnehmerüberlassung, 1982
Becker/Wulfgramm, Kommentar zum Arbeitnehmerüberlassungsgesetz, 3. Aufl. 1985
Boemke/Lembke, Arbeitnehmerüberlassungsgesetz, 3. Aufl. 2012
Dahl/Riedel, Praxishandbuch Interim Management, 2008
Erdlenbruch, Die betriebsverfassungsrechtliche Stellung gewerbsmäßig überlassener Arbeitnehmer, 1992
Fitting/Engels/Schmidt/Trebinger/Linsenmaier, Betriebsverfassungsgesetz mit Wahlordnung, 26. Aufl. 2012 (zitiert: *Fitting*)
Gagel, SGB II/SGB III, Grundsicherung und Arbeitsförderung, Loseblattsammlung, Stand 12/2011 (44. EL)
Germelmann/Matthes/Prütting/Müller-Glöge, Arbeitsgerichtsgesetz, 7. Aufl. 2009 (zitiert: GMPM/*Bearbeiter*)
Goette/Habersack, Münchener Kommentar zum Aktiengesetz, 3. Aufl. 2008 f. (zitiert: MüKo-AktG/*Bearbeiter*)
Grimm/Brock, Praxis der Arbeitnehmerüberlassung, 2004
Gutmann/Kilian, Zeitarbeit. Fakten, Trends und Visionen, 2009
Hamann, Fremdpersonal im Unternehmen, 3. Aufl. 2008
Henssler/Moll, AGB-Kontrolle vorformulierter Arbeitsbedingungen, 2011
Henssler/Willemsen/Kalb, Arbeitsrecht Kommentar, 5. Aufl. 2012 (zitiert: HWK/*Bearbeiter*)
Hümmerich/Boecken/Düwell, AnwaltKommentar Arbeitsrecht, 2. Aufl. 2010 (zitiert: Hümmerich/Boecken/Düwell/*Bearbeiter*)
Hümmerich/Reufels, Gestaltung von Arbeitsverträgen, 2. Aufl. 2011 (zitiert: Hümmerich/Reufels/*Bearbeiter*)
Küttner, Personalbuch, 19. Aufl. 2012 (zitiert: Küttner/*Bearbeiter*)
Leinemann, Handbuch zum Arbeitsrecht, Stand 2011 (zitiert: HzA/*Bearbeiter*)
Leinemann, Kasseler Handbuch zum Arbeitsrecht, 2. Aufl. 2000 (zitiert: KasselerHdb/*Bearbeiter*)
Meyke, Die Haftung des GmbH-Geschäftsführers, 6. Aufl. 2009
Meyer-Ladewig/Keller/Leitherer, Sozialgerichtsgesetz, 10. Aufl. 2012
Müller-Glöge/Preis/Schmidt, Erfurter Kommentar zum Arbeitsrecht, 12. Aufl. 2012 (zitiert: ErfK/*Bearbeiter*)
Münchener Vertragshandbuch, 7. Aufl. 2011 ff. (zitiert: MüVHdb/*Bearbeiter*)
Palandt, Bürgerliches Gesetzbuch, 71. Aufl. 2012 (zitiert: Palandt/*Bearbeiter*)
Pollert/Spieler, Die Arbeitnehmerüberlassung in der betrieblichen Praxis, 3. Aufl. 2011
Rauscher/Wax/Wenzel, Münchener Kommentar zur ZPO, 3. Aufl. 2007 ff. (zitiert: MüKoZPO/*Bearbeiter*)
Redeker, Handbuch der IT-Verträge, Loseblatt, Stand: 12/2011 (zitiert: *Bearbeiter* in)
Reichold, Arbeitsrecht, 3. Aufl. 2008
Richardi, Betriebsverfassungsgesetz, 13. Aufl. 2012 (zitiert: Richardi/*Bearbeiter*)
Richardi/Wlotzke/Wißmann/Oetker, Münchener Handbuch zum Arbeitsrecht, 3. Aufl. 2009 (zitiert: MüArbR/*Bearbeiter*)
Rixecker/Säcker, Münchener Kommentar zum Bürgerlichen Gesetzbuch, 5. Aufl. 2007 ff. (zitiert: MüKoBGB/*Bearbeiter*)
Sandmann/Marschall/Schneider, Arbeitnehmerüberlassungsgesetz, Loseblatt, Stand 12/2011
Schaub/Koch/Linck/Treber/Vogelsang, Arbeitsrechts-Handbuch, 14. Aufl. 2011 (zitiert: Schaub/*Bearbeiter*, ArbR-HdB)
Schaub/Koch/Neef/Schrader/Vogelsang, Arbeitsrechtliches Formular- und Verfahrenshandbuch, 9. Aufl. 2008 (zitiert: Schaub/*Bearbeiter*, ArbRFV-HdB)

Literaturverzeichnis

Schüren/Hamann, Arbeitnehmerüberlassungsgesetz, 4. Aufl. 2010 (zitiert: Schüren/*Bearbeiter*)
Sieg/Maschmann, Unternehmensumstrukturierung aus arbeitsrechtlicher Sicht, 2005
Staudinger, Bürgerliches Gesetzbuch, 1993 ff. (zitiert: Staudinger/*Bearbeiter*)
Steuer, Die Arbeitnehmerüberlassung als Mittel zur Förderung des Arbeitsmarktes in Deutschland, 2009
Tettinger/Wank/Ennuschat, GewO, 8. Aufl. 2011
Thüsing, AÜG, 2. Aufl. 2008 (zitiert: Thüsing/*Bearbeiter*)
Ulber, Arbeitnehmer in Zeitarbeitsfirmen, 2. Aufl. 2004
Ulber, AÜG, 4. Aufl. 2011
Urban-Crell/Germakowski, AÜG, 2009
Urban-Crell/Schulz, Arbeitnehmerüberlassung und Arbeitsvermittlung, 2003
Wiese/Kreutz/Oetker/Raab/Weber/Franzen, Gemeinschaftskommentar zum Betriebsverfassungsgesetz, 9. Aufl. 2010 (zitiert: GK-BetrVG/*Bearbeiter*)
Willemsen/Hohenstatt/Schweibert/Seibt, Umstrukturierung und Übertragung von Unternehmen, 4. Aufl. 2011
Windbichler, Gesellschaftsrecht, 23. Aufl. 2012

A. Arbeitnehmerüberlassung

Übersicht

	Rn.
I. Begriffe und Grundlagen	1
1. Arbeitnehmerüberlassung als Dreiecksverhältnis	3
a) Terminologie	4
b) Beteiligte Personen	6
aa) Verleiher	7
bb) Leiharbeitnehmer	11
cc) Entleiher	20
c) Die Rechtsbeziehungen zwischen den Beteiligten im Überblick	22
2. Abgrenzung zu sonstigen Formen des drittbezogenen Personaleinsatzes	28
a) Abgrenzung zum Werkvertrag	30
aa) Leistungsgegenstand	33
bb) Weisungsrecht	36
cc) Eingliederung	40
dd) Unternehmerrisiko	42
ee) Weitere Kriterien	45
b) Abgrenzung zum Dienstvertrag	46
c) Abgrenzung zum Geschäftsbesorgungsvertrag	49
d) Abgrenzung zur Überlassung von Sachmitteln mit Bedienungspersonal	51
e) Bedeutung der Abgrenzung und Konsequenzen von Scheinwerk- oder -dienstverträgen	52
3. Abgrenzung zur Arbeitsvermittlung	57
a) Arbeitsvermittlung	58
b) Abgrenzungsmerkmale	60
c) Gesetzliche Vermutung der Arbeitsvermittlung	64
aa) Voraussetzungen der Vermutung	67
bb) Rechtsfolgen der Vermutung	77
cc) Widerlegbarkeit der Vermutung	81
4. Gesetzliche Grundlagen	93
a) Gemeinschaftsrecht	94
aa) Freizügigkeit, Niederlassungsfreiheit und Dienstleistungsfreiheit	94
bb) Richtlinien	98
b) Verfassungsrecht	111
c) Einfaches Recht	112
aa) Das Arbeitnehmerüberlassungsgesetz	112
bb) Das Gesetz zur Änderung des Arbeitnehmerüberlassungsgesetzes (AÜG) vom 29. 4. 2011	118
cc) Das Arbeitnehmer-Entsendegesetz	162
dd) Das Mindestarbeitsbedingungengesetz	165
ee) Das Teilzeit- und Befristungsgesetz (TzBfG)	166
ff) Sonstige Vorschriften	169
5. Tarifverträge der Zeitarbeitsbranche	170
a) Tariföffnungsklausel	170
b) Anforderungen an den Tarifvertrag	171
c) Inhalt des Tarifvertrags	174
d) Unmittelbare Geltung/Inbezugnahme	175
e) Bestehende Tarifverträge	176
f) Sonderfall der CGZP	180
aa) Ausgangsdiskussion um die Tariffähigkeit der CGZP	180
bb) Erst- und zweitinstanzliches Verfahren zur Tariffähigkeit der CGZP	181
cc) Der Beschluss des BAG vom 14. 12. 2010	187

A. Arbeitnehmerüberlassung

	Rn.
dd) Erste Reaktionen in Praxis und Rechtsprechung auf den BAG-Beschluss	194
ee) Mögliche Konsequenzen der Unwirksamkeit der Tarifverträge	202
ff) Ausblick und mögliche Problemstellungen in der Zukunft	241
II. Gewerberechtliche Erlaubnis	247
1. Gewerbsmäßigkeit der Arbeitnehmerüberlassung	248
a) Selbständige Tätigkeit	250
b) Auf Dauer angelegte Tätigkeit	251
c) Gewinnerzielungsabsicht	252
2. Überlassung im Rahmen der wirtschaftlichen Tätigkeit ab dem 1. 12. 2011	257
3. Nur „vorübergehende" Überlassung ab dem 1. 12. 2011	261
4. Einschränkungen im Baugewerbe	263
a) Vereinbarkeit der Regelung mit höherrangigem Recht	264
b) Voraussetzungen des Verbots	268
aa) Gegenständlicher Geltungsbereich	269
bb) Fachlicher Geltungsbereich	270
cc) Persönlicher Geltungsbereich	272
dd) Räumlicher Geltungsbereich	273
c) Ausnahmen vom Verbot	275
aa) Ausnahmeregelungen in § 1 b S. 2 AÜG	276
bb) Ausnahmeregelung in § 1 b S. 3 AÜG	279
d) Rechtsfolgen des Verbots	281
5. Ausnahmen vom Erfordernis der Erlaubnis	286
a) Abordnung zu einer Arbeitsgemeinschaft	287
b) Arbeitnehmerüberlassung zur Vermeidung von Kurzarbeit oder Entlassungen	295
c) Arbeitnehmerüberlassung im Konzern	303
d) Nur gelegentliche Überlassung	311
e) Arbeitnehmerüberlassung ins Ausland	312
6. Möglichkeit der bloßen Anzeige einer Überlassung	316
a) Anforderungen an das Verleiherunternehmen	318
b) Arbeitnehmerüberlassung zur Vermeidung von Kurzarbeit oder Entlassungen	320
c) Verleihdauer	322
d) Anzeige der Arbeitnehmerüberlassung	323
7. Sondergesetzliche Regelungen	327
8. Verfahren zur Erlaubniserteilung	332
a) Antrag	334
b) Zuständige Behörde	336
c) Erteilung der Erlaubnis	337
9. Entscheidung der Behörde	339
a) Versagung der Erlaubnis	340
aa) Unzuverlässigkeit des Antragstellers	341
bb) Mangelnde Betriebsorganisation	353
cc) Verletzung des Gleichstellungsgebots	357
dd) Besondere Versagungsgründe bei grenzüberschreitender Arbeitnehmerüberlassung	359
b) Erlaubniserteilung mit Nebenbestimmungen	364
aa) Bedingungen und Auflagen	365
bb) Widerrufsvorbehalt	369
cc) Befristung	372
c) Unbefristete Erlaubniserteilung	379
10. Erlöschen, Rücknahme und Widerruf der Erlaubnis	380
a) Erlöschen der Erlaubnis	381
aa) Erlöschen der Erlaubnis durch Zeitablauf	382
bb) Erlöschen der Erlaubnis durch Nichtgebrauch	383
cc) Erlöschen der Erlaubnis durch Tod des Verleihers oder Auflösung des Verleihunternehmens	384
b) Rücknahme der Erlaubnis	388

A. Arbeitnehmerüberlassung

	Rn.
aa) Voraussetzungen	389
bb) Rechtsfolgen	392
cc) Rücknahmefrist	396
c) Widerruf der Erlaubnis	397
aa) Voraussetzungen	398
bb) Rechtsfolgen	409
cc) Widerrufsfrist	411
11. Übertragbarkeit der Erlaubnis	412
12. Gewerberechtliche Pflichten im Rahmen der Verleihtätigkeit	416
a) Anzeigepflichten	417
b) Auskunftspflichten	422
aa) Auskunftsverlangen	424
bb) Erteilung und Inhalt der Auskunft	425
cc) Auskunftsverweigerungsrecht	428
dd) Nachprüfung durch die Erlaubnisbehörde	432
ee) Rechtsfolgen bei Verletzung der Auskunftspflichten	435
c) Behördliche Nachschau	436
aa) Betretungs- und Prüfungsrecht der Behörde	437
bb) Duldungspflicht des Verleihers	442
d) Durchsuchungsrecht	443
aa) Voraussetzungen der Durchsuchung	444
bb) Durchsuchung bei Gefahr im Verzug	447
cc) Niederschrift	448
e) Pflicht zu statistischen Meldungen	449
aa) Inhalt der Meldungen	450
bb) Verfahren	451
cc) Geheimhaltungspflicht der Behörde	453
13. Rechtsweg	454
a) Zuständigkeit der Sozialgerichte	454
b) Widerspruchsverfahren	455
c) Sozialgerichtliches Verfahren	456
14. Tatbestände der illegalen Arbeitnehmerüberlassung	460
III. Durchführung der Rechtsbeziehung zwischen Verleiher und Leiharbeitnehmer	465
1. Abschluss des Arbeitsvertrags	466
a) Form des Leiharbeitsvertrags	467
b) Pflichtangaben	469
aa) Nachweispflichten nach dem Nachweisgesetz	470
bb) Zusätzliche Angaben nach § 11 Abs. 1 S. 2 AÜG	484
c) Erweiterte Verleiherpflichten	486
2. Anwendung des gesetzlichen Prinzips des „equal treatment"	488
a) Wesentliche Arbeits- und Entgeltbedingungen	489
b) Vergleichbare Arbeitnehmer des Entleihers	492
c) Zeitlicher Umfang des Gleichstellungsgebots	495
d) Ausnahmen vom Gleichstellungsgebot	496
aa) Ausnahme der Einstellung von Arbeitslosen zum 30. 4. 2011 weggefallen	497
bb) Abweichende Vereinbarung im Tarifvertrag	498
cc) Rückausnahme zur tariflichen Abweichungsmöglichkeit zur Verhinderung des Missbrauchs	508
e) Rechtsfolgen bei Verstoß gegen das Gleichstellungsgebot	510
3. Hauptleistungspflichten	511
a) Pflicht des Arbeitnehmers zur Arbeitsleistung	512
b) Pflicht des Arbeitgebers zur Vergütung	514
4. Nebenpflichten	519
a) Nebenpflichten des Leiharbeitnehmers	520
b) Nebenpflichten des Verleihers	523
5. Haftung	525
a) Haftung des Verleihers	526

A. Arbeitnehmerüberlassung

	Rn.
aa) Verletzung der Hauptleistungspflicht	527
bb) Verletzung von Nebenpflichten	528
b) Haftung des Leiharbeitnehmers	533
aa) Nichtleistung	534
bb) Schlechtleistung und Nebenpflichtverletzungen	535
cc) Besondere Regelung der Beweislast	538
dd) Haftungsbeschränkungen und -freistellungen	539
6. Bestandsschutz	541
a) Befristung des Leiharbeitsverhältnisses	542
aa) Befristung ohne Sachgrund	543
bb) Befristung mit Sachgrund	546
b) Kündigung des Leiharbeitsverhältnisses	555
aa) Personenbedingte Kündigung	559
bb) Verhaltensbedingte Kündigung	561
cc) Betriebsbedingte Kündigung	562
dd) Besonderer Kündigungsschutz	565
7. Arbeitsschutz	566
8. Sozialversicherungsrechtliche Pflichten des Verleihers	568
a) Kranken-, Pflege-, Renten- und Arbeitslosenversicherung	569
b) Unfallversicherung	573
9. Rechtsweg	574
IV. Betriebsverfassungsrechtliche Stellung des Leiharbeitnehmers im Verleihbetrieb	575
1. Betriebszugehörigkeit	576
2. Rechte des Leiharbeitnehmers im Verleihbetrieb	578
a) Wahlrecht	579
b) Sonstige Rechte	581
3. Beteiligungsrechte des Verleiherbetriebsrats	585
a) Allgemeine Aufgaben	586
b) Beteiligung in sozialen Angelegenheiten	587
aa) Betriebliche Ordnung	588
bb) Arbeitszeit	589
cc) Auszahlung der Arbeitsentgelte	590
dd) Urlaub	591
ee) Technische Überwachungseinrichtungen	592
ff) Unfallverhütung und Gesundheitsschutz	593
gg) Sozialeinrichtungen und Werksmietwohnungen	594
hh) Betriebliche Lohngestaltung und Leistungslohn	595
ii) Betriebliches Vorschlagswesen	596
jj) Grundsätze über die Durchführung von Gruppenarbeit	597
c) Beteiligung in personellen Angelegenheiten	598
d) Wirtschaftliche Angelegenheiten	604
V. Durchführung der Rechtsbeziehung zwischen Verleiher und Entleiher	606
1. Form und Inhalt des Arbeitnehmerüberlassungsvertrags	607
a) Form des Arbeitnehmerüberlassungsvertrags	608
b) Inhalt des Arbeitnehmerüberlassungsvertrags	611
aa) Pflichtangaben für Verleiher und Entleiher nach § 12 Abs. 1 S. 2, 3 AÜG	612
bb) Hauptleistungspflichten	614
cc) Nebenpflichten	617
dd) Vereinbarungen über Einstellungsverbote und Vermittlungsgebühren	621
ee) Gestaltung des Überlassungsvertrags durch AGB	628
2. Haftung	629
a) Haftung des Verleihers	630
b) Haftung des Entleihers	637
3. Beendigung des Überlassungsverhältnisses	642
a) Befristung und Bedingung	643
b) Kündigung	644

A. Arbeitnehmerüberlassung

	Rn.
c) Aufhebungsvertrag	651
d) Tod des Leiharbeitnehmers?	652
e) Nachträglicher Wegfall der Verleiherlaubnis?	653
4. Risiken des Entleihers bei illegaler Arbeitnehmerüberlassung	655
a) Unwirksamkeit der Verträge	656
b) Fiktion eines Arbeitsverhältnisses zwischen Leiharbeitnehmer und Entleiher	657
aa) Beginn des fingierten Arbeitsverhältnisses	659
bb) Inhalt des fingierten Arbeitsverhältnisses	662
cc) Dauer des fingierten Arbeitsverhältnisses	671
c) Sozialversicherungspflicht	681
d) Ordnungswidrigkeit	682
5. Rechtsweg	683
VI. Durchführung der Rechtsbeziehung zwischen Entleiher und Leiharbeitnehmer	684
1. Rechtsnatur des Beschäftigungsverhältnisses	685
2. Rechte und Pflichten des Entleihers	690
a) Weisungsrecht	691
b) Arbeitnehmererfindungen	692
c) Arbeitsschutz	693
d) Schutz vor Diskriminierung	696
e) Sonstige Schutzpflichten	697
3. Rechte und Pflichten des Leiharbeitnehmers	698
a) Pflichten	699
b) Rechte	700
4. Haftung	708
a) Haftung des Leiharbeitnehmers	709
b) Haftung des Entleihers	713
5. Sozialversicherungsrechtliche Pflichten des Entleihers	715
6. Rechtsweg	717
VII. Betriebsverfassungsrechtliche Stellung des Leiharbeitnehmers im Entleiherbetrieb	721
1. Zugehörigkeit zum Entleiherbetrieb?	722
2. Rechte des Leiharbeitnehmers im Entleiherbetrieb	723
a) Wahlrecht	724
b) Berücksichtigung bei Schwellenwerten?	730
c) Sonstige betriebsverfassungsrechtliche Rechte	731
aa) Teilnahme an Sprechstunden und Versammlungen	732
bb) Unterrichtungs- und Erörterungspflicht des Entleihers	734
cc) Anhörungs- und Vorschlagsrecht	735
dd) Beschwerderecht	737
ee) Weitere betriebsverfassungsrechtliche Individualrechte des Leiharbeitnehmers	738
3. Beteiligungsrechte des Entleiherbetriebsrats	739
a) Beteiligung bei der Übernahme von Leiharbeitnehmern	740
aa) Rechtscharakter der Verweisung	741
bb) Übernahme	742
cc) Inhalt des Beteiligungsrechts	743
dd) Zustimmungsverweigerung	749
b) Sonstige Beteiligungsrechte	758
aa) Allgemeine Aufgaben	759
bb) Soziale Angelegenheiten	770
cc) Personelle Angelegenheiten	782
dd) Wirtschaftliche Angelegenheiten	794
VIII. Musterverträge	796
1. Arbeitsvertrag mit einem Leiharbeitnehmer (Leiharbeitsvertrag)	797
a) Allgemeine Grundlagen und Gestaltungshinweise	797
b) Muster eines Leiharbeitsvertrags mit Tarifbezug	806
c) Erläuterungen und abweichende Gestaltungsmöglichkeiten	807

A. Arbeitnehmerüberlassung

Rn.
aa) Anmerkungen und spezielle Gestaltungshinweise zum Vertragsmuster 808
bb) Änderungen im Fall der Vereinbarung eines Leiharbeitsvertrags ohne Tarifbezug 820
2. Vertrag zwischen Verleiher und Entleiher über die Überlassung von Arbeitnehmern (Arbeitnehmerüberlassungsvertrag) 829
a) Allgemeine Grundlagen und Gestaltungshinweise 829
b) Muster eines Arbeitnehmerüberlassungsvertrags 842
c) Erläuterungen zum Vertragsmuster und alternative Gestaltungsmöglichkeiten 843

I. Begriffe und Grundlagen

1 Arbeitnehmerüberlassung – auch Leiharbeit oder Zeitarbeit genannt – liegt vor, wenn ein **selbständiger Unternehmer** (der Verleiher) einem Dritten (dem Entleiher) **eigene Arbeitskräfte** (Leiharbeitnehmer) gegen Entgelt **zur Arbeitsleistung zur Verfügung** stellt.

2 Im Folgenden soll zunächst das Wesen der Arbeitnehmerüberlassung samt der damit verbundenen Begrifflichkeiten erläutert werden. Anschließend wird eine Abgrenzung zu anderen drittbezogenen Personaleinsätzen sowie zur Arbeitsvermittlung vorgenommen, bevor schließlich auf die gesetzlichen Grundlagen und die Tarifverträge der Zeitarbeitsbranche eingegangen wird.

1. Arbeitnehmerüberlassung als Dreiecksverhältnis

3 Arbeitsverträge bestehen üblicherweise in einer zweigliedrigen Beziehung zwischen Arbeitgeber und Arbeitnehmer. Im Unterschied dazu ist die Arbeitnehmerüberlassung durch ein **Dreiecksverhältnis** gekennzeichnet. Der Arbeitnehmer, der bei dem Verleiher angestellt ist, erbringt seine Arbeitsleistung bei einem Dritten, dem Entleiher.

a) Terminologie

4 In der Praxis werden **unterschiedliche Begriffe** im Zusammenhang mit der Arbeitnehmerüberlassung gebraucht. So wird die Arbeitsform der Arbeitnehmerüberlassung auch als „Zeitarbeit", „Leiharbeit", „Personalleasing" oder „Fremdarbeit" bezeichnet.

5 Die Arbeitnehmerüberlassung ist überwiegend im **Arbeitnehmerüberlassungsgesetz (AÜG)** geregelt. Dort wurde der Begriff Arbeitnehmerüberlassung eingeführt, indem der Gesetzgeber zunächst von der „gewerbsmäßigen Arbeitnehmerüberlassung" sprach. In der ab dem 1. 12. 2011 geltenden Neufassung des AÜG wurde allerdings in Umsetzung der Vorgaben der EU-Leiharbeitsrichtlinie[1] das Kriterium der Gewerbsmäßigkeit in § 1 Abs. 1 S. 1 AÜG gestrichen und durch das Merkmal der **Überlassung im Rahmen einer wirtschaftlichen Tätigkeit** ersetzt.[2] Das AÜG bezeichnet die Beteiligten an dieser Arbeitsform als **„Leiharbeitnehmer", „Entleiher" und „Verleiher"**. Diese Terminologie wird sowohl in der deutschen Rechtsprechung als auch in den Richtlinien der Europäischen Union verwendet. Auch die Gewerkschaf-

---

[1] Richtlinie 2008/104/EG.
[2] Zu den Neuerungen durch die jüngste Gesetzesänderung im Einzelnen: → Rn. 118 ff.

ten benutzen oft den Ausdruck „Leiharbeit".[3] In der Öffentlichkeit ist dieser Begriff in den letzten Jahren zunehmend durch „Zeitarbeit" ersetzt worden. Dies entspricht der im internationalen Sprachgebrauch gebräuchlichen Terminologie des „temporary work" oder „travail temporaire". Auch wenn die vom deutschen Gesetzgeber verwandten Begrifflichkeiten inzwischen Zweifeln hinsichtlich ihrer Zeitgemäßheit begegnen, soll im Folgenden an der gesetzlichen Terminologie – Leiharbeitnehmer, Verleiher, Entleiher – festgehalten werden.

b) Beteiligte Personen

Arbeitnehmerüberlassung liegt vor, wenn ein Arbeitgeber (Verleiher) einen bei ihm angestellten Arbeitnehmer (Leiharbeitnehmer) zumindest vorübergehend einem Dritten (Entleiher) zur Arbeitsleistung zur Verfügung stellt, den dieser nach seinen Vorstellungen und Zielen in seinem Betrieb wie einen eigenen Arbeitnehmer einsetzt. Arbeitnehmerüberlassung setzt somit **drei Beteiligte** voraus.[4]

aa) Verleiher

§ 1 Abs. 1 S. 1 AÜG spricht vom Verleiher als demjenigen Arbeitgeber, der einem Dritten Arbeitnehmer gewerbsmäßig (bzw. jetzt: im Rahmen seiner wirtschaftlichen Tätigkeit) zur Arbeitsleistung überlässt. Es gilt der **allgemeine Arbeitgeberbegriff**.[5] Danach kann Arbeitgeber jede natürliche oder juristische Person des privaten oder des öffentlichen Rechts, Personengesellschaft oder Personengesamtheit sein, die kraft Arbeitsvertrags die Arbeitsleistung des Arbeitnehmers fordern kann und diesem das Arbeitsentgelt schuldet.[6]

Der Arbeitgeber ist der Inhaber des Betriebes, dem der Arbeitnehmer angehört und der **rechtliche Vertragspartner des Arbeitnehmers** im Arbeitsvertrag. Die Begründung eines Arbeitsverhältnisses zwischen dem Leiharbeitnehmer und dem Verleiher unterliegt insofern keinen rechtlichen Besonderheiten und beurteilt sich nach den allgemeinen arbeitsrechtlichen und zivilrechtlichen Bestimmungen.[7] Arbeitgeber ist danach, wer zumindest eine andere Person als Arbeitnehmer beschäftigt.

Unbeachtlich im Hinblick auf die Arbeitgeberstellung ist, dass das Verleihunternehmen den Leiharbeitnehmer regelmäßig nicht selbst beschäftigt, sondern die tatsächliche Beschäftigung im Rahmen der Überlassung bei Dritten erfolgt.[8] Der **Verleiher überträgt** dem Entleiher denjenigen **Teil seines Direktionsrechts,** den das Drittunternehmen zur konkreten Steuerung des Arbeitseinsatzes des überlassenen Arbeitnehmers in seinem Betrieb benötigt.[9] Das Verleihunternehmen zeichnet sich dadurch aus, dass es als rechtlicher Arbeitgeber des Leiharbeitnehmers diesen an andere Unternehmer zur Arbeitsleistung in einem fremden Betrieb überlässt.

Keine rechtlich wirksame Arbeitgeberstellung liegt beim faktischen bzw. fehlerhaften Arbeitsverhältnis vor.[10] Ein **faktisches Arbeitsverhältnis** ist gegeben, wenn je-

---

[3] *Gutmann/Kilian,* Zeitarbeit. Fakten, Trends und Visionen, 13.
[4] ErfK/*Wank* AÜG Einl. Rn. 11.
[5] MüArbR/*Marschall,* 2. Aufl. 2000, § 174 Rn. 13; *Ulber,* AÜG, § 1 Rn. 20.
[6] Schüren/*Hamann,* AÜG, § 1 Rn. 51; Thüsing/*Thüsing,* AÜG, § 1 Rn. 42; *Pollert/Spieler,* Die Arbeitnehmerüberlassung in der betrieblichen Praxis, 18 f.
[7] *Becker/Wulfgramm,* AÜG, Art. 1 § 1 Rn. 5; *Sandmann/Marschall/Schneider,* AÜG, Art. 1 § 1 Rn. 6, 7; HWK/*Kalb* AÜG § 1 Rn. 7.
[8] *Ulber,* AÜG, § 1 Rn. 20 f.
[9] Schüren/*Hamann,* AÜG, § 1 Rn. 187 ff.
[10] Schüren/*Hamann,* AÜG, § 1 Rn. 52; Thüsing/*Thüsing,* AÜG, § 1 Rn. 40.

mand ohne Wissen des Arbeitgebers für diesen Arbeit **ohne vertragliche Grundlage** leistet. Ein bereits vollzogenes, aber unwirksames Arbeitsverhältnis wird als „fehlerhaftes Arbeitsverhältnis" bezeichnet, da es für die Vergangenheit als wirksam behandelt wird, für die Zukunft aber keinen Bestandsschutz genießt und von jeder Seite einseitig gelöst werden kann.[11]

bb) Leiharbeitnehmer

11 Nach dem AÜG ist Leiharbeitnehmer derjenige Arbeitnehmer, der zu einem Verleihunternehmen im Sinne des § 1 Abs. 1 S. 1 AÜG in einem Arbeitsverhältnis steht und Dritten im Rahmen einer wirtschaftlichen Tätigkeit des Verleihers zur Arbeitsleistung überlassen wird. Leiharbeitnehmer sind **Beschäftigte des Verleihunternehmens.**

12 Es gilt der **allgemeine Arbeitnehmerbegriff** mit den vom Bundesarbeitsgericht entwickelten Abgrenzungskriterien.[12] Danach ist Arbeitnehmer, wer auf Grund eines privatrechtlichen Vertrags im Dienste eines anderen zur Leistung weisungsgebundener, fremdbestimmter Arbeit in persönlicher Abhängigkeit verpflichtet ist.[13]

13 Bei der **Abgrenzung,** ob eine abhängige Beschäftigung oder eine **selbständige Tätigkeit** vorliegt, sind die **üblichen Kriterien** zu berücksichtigen. Arbeitnehmer ist grundsätzlich derjenige, der nicht im Wesentlichen frei seine Tätigkeit gestalten und seine Arbeitszeit bestimmen kann.[14] Selbständige Tätigkeit und abhängige Beschäftigung unterscheiden sich demnach durch den **Grad der persönlichen Abhängigkeit,** in der sich der zur Dienstleistung Verpflichtete befindet. Für die Einordnung als Arbeitnehmer oder Selbständiger ist grundsätzlich auf die **tatsächlichen Verhältnisse** abzustellen. Insofern ist weder die Bezeichnung, die die Parteien dem Rechtsverhältnis gegeben haben noch eine von ihnen gewünschte Rechtsfolge ausschlaggebend.[15] Auch formalen Merkmalen wie der steuerlichen und sozialversicherungsrechtlichen Behandlung des Vertragsverhältnisses kommt nur untergeordnete Bedeutung zu.[16]

14 Der Umfang der Beschäftigung spielt für die Arbeitnehmereigenschaft keine Rolle. Zu den Leiharbeitnehmern können also **auch Teilzeitbeschäftigte** und **geringfügig Beschäftigte** zählen.[17]

15 **Nicht als Leiharbeitnehmer** in Betracht kommen Beamte, Soldaten oder Richter, die in einem **öffentlich-rechtlichen Dienst- oder Treueverhältnis** stehen.[18] Wird beispielsweise ein Beamter von seinem Dienstherrn einem anderen Dienstherrn zur Verrichtung einer bestimmten Tätigkeit zur Verfügung gestellt, so liegt eine Abordnung oder Versetzung vor, die ausschließlich nach den entsprechenden beamtenrechtlichen Regelungen zu beurteilen ist.[19] Das AÜG findet auf die Überlassung von Beamten an privatrechtliche Unternehmen weder direkt noch analog – mangels Vergleichbarkeit von Beamten und Arbeitnehmern – Anwendung.[20]

---

[11] BAG 16. 2. 2000 – 5 AZB 71/99, NJW 2000, 1438 ff.; *Reichold,* Arbeitsrecht, § 7 Rn. 51.
[12] *Ulber,* AÜG, § 1 Rn. 22.
[13] St. Rspr., vgl. BAG 10. 3. 2004 – 7 ABR 49/03, AP BetrVG 1972 § 7 Nr. 8; 22. 3. 2000 – 7 ABR 34/98, DB 2000, 2330.
[14] BAG 22. 4. 1998 – 5 AZR 342/97, AP BGB § 611 Rundfunk Nr. 26; 19. 1. 2000 – 5 AZR 644/98, AP BGB § 611 Rundfunk Nr. 33.
[15] BAG 19. 1. 2000 – 5 AZR 644/98, DB 2000, 1520.
[16] BAG 16. 8. 1977 – 5 AZR 290/76, AP BGB § 611 Abhängigkeit Nr. 23.
[17] *Pollert/Spieler,* Die Arbeitnehmerüberlassung in der betrieblichen Praxis, 21.
[18] BAG 28. 3. 2001 – 7 ABR 21/00, MDR 2001, 1121.
[19] *Thüsing/Waas,* AÜG, § 1 Rn. 31.
[20] BAG 9. 12. 1992 – 5 AZR 143/92, EzAÜG AÜG § 10 Fiktion Nr. 88; 25. 2. 1998 – 7 ABR 11/97, AP BetrVG 1972 § 5 Nr. 63; *Becker/Wulfgramm,* AÜG, Einl. Rn. 35; *Sandmann/Marschall/Schneider,* AÜG, Art. 1 § 1 Rn. 9.

I. Begriffe und Grundlagen

Schwieriger zu beurteilen ist die Frage, ob Auszubildende Leiharbeitnehmer sein **16** können. Nach dem Berufsbildungsgesetz (BBiG) sind die für den Arbeitsvertrag geltenden Rechtsnormen und Rechtsgrundsätze auf die Auszubildenden insoweit anzuwenden, als dies mit dem Wesen und Zweck des Ausbildungsverhältnisses vereinbart werden kann.[21] Vor diesem Hintergrund wird vertreten, dass **Auszubildende als Leiharbeitnehmer** nicht in Betracht kommen.[22] Als Begründung wird angeführt, dass dem Auszubildenden nach § 14 Abs. 2 BBiG nur dem Ausbildungszweck dienende Verrichtungen übertragen werden dürfen. Die Übertragung von Arbeitsleistungen nach Weisung des Entleiherunternehmens, für die der Entleiher die Überlassungsvergütung zu entrichten hätte, sei mit dem Wesen und Zweck eines Ausbildungsverhältnisses nicht vereinbar, so dass der Auszubildende nicht gemäß § 1 Abs. 1 S. 1 AÜG „zur Arbeitsleistung überlassen" werde. Bei der Leiharbeit handele es sich nicht um einen anerkannten Ausbildungsberuf.[23]

Es erscheint jedoch fraglich, ob die nach dem BBiG erforderliche Ausrichtung der **17** Weisungsbefugnis des Arbeitgebers auf den Ausbildungszweck eine Überlassung zur Arbeitsleistung wirklich ausschließt.[24] Weder das BBiG noch das AÜG enthalten eine entsprechende Regelung. Nach **wohl herrschender Meinung**[25] ist daher die **Überlassung von Auszubildenden grundsätzlich möglich**. Differenziert wird allerdings danach, ob der Auszubildende zu Ausbildungszwecken oder zur Erfüllung von Arbeitsaufgaben im Interesse und nach Weisung des Drittunternehmens überlassen wird. Wird der Auszubildende **zur Arbeitsleistung überlassen**, liegen die Voraussetzungen des § 1 Abs. 1 AÜG vor, so dass der Tatbestand der Arbeitnehmerüberlassung erfüllt ist. Jedoch verstößt eine solche Überlassung gegen § 14 Abs. 2 BBiG und stellt damit eine Ordnungswidrigkeit im Sinne von § 102 Abs. 1 Nr. 3 BBiG dar. Dies wiederum hat zur Folge, dass dem Verleihunternehmen mangels Zuverlässigkeit die Erteilung der Erlaubnis nach § 3 Abs. 1 Nr. 1 AÜG zu versagen bzw. eine erteilte Erlaubnis nach § 5 Abs. 1 Nr. 3 AÜG zu widerrufen ist. Wird der Auszubildende hingegen **zu Ausbildungszwecken überlassen**, liegt bereits kein Fall einer Arbeitnehmerüberlassung vor, und die Vorschriften des AÜG finden keine Anwendung.

Die **Überlassung von Selbständigen** fällt grundsätzlich nicht unter das AÜG.[26] **18** Auch bei der Überlassung von **arbeitnehmerähnlichen** Personen oder **freien Mitarbeitern** handelt es sich nicht um eine Arbeitnehmerüberlassung.[27] Freie Mitarbeiter sind mangels persönlicher Abhängigkeit und Weisungsgebundenheit gegenüber dem Auftraggeber keine Arbeitnehmer. Als Selbständige können sie nicht einem anderen zur Arbeitsleistung überlassen werden.[28] Im Einzelfall kann jedoch die formal rechtlich als selbständig beschriebene Tätigkeit in ihrer tatsächlichen Durchführung die von der Rechtsprechung festgelegten Merkmale der abhängigen Beschäftigung erfüllen. Wird der „freie Mitarbeiter" im Verhältnis zu dem Zeitarbeitsunternehmen abhängig wie

---

[21] BAG 10. 7. 2003 – 6 AZR 348/02, NZA 2004, 269; Schüren/*Hamann*, AÜG, § 1 Rn. 40; Thüsing/*Waas*, AÜG, § 1 Rn. 34.
[22] Schüren/*Hamann*, AÜG, § 1 Rn. 43; *Ulber*, AÜG, § 1 Rn. 24.
[23] Siehe Verzeichnis der anerkannten Ausbildungsberufe in §§ 34 ff. BBiG.
[24] Thüsing/*Waas*, AÜG, § 1 Rn. 34.
[25] Thüsing/*Waas*, AÜG, § 1 Rn. 34; *Boemke/Lembke*, AÜG, § 1 Rn. 25; *Sandmann/Marschall/Schneider*, AÜG, Art. 1 § 1 Rn. 8a; MüArbR/*Marschall*, 2. Aufl. 2000, § 174 Rn. 19f.; KasselerHdb/*Düwell* Kap. 4.5 Rn. 418.
[26] LAG Baden-Württemberg 28. 6. 1984 – 7 Sa 129/83, EzAÜG § 10 Fiktion Nr. 30; MüArbR/*Marschall*, 2. Aufl. 2000, § 174 Rn. 16; KasselerHdb/*Düwell* Kap. 4.5 Rn. 417.
[27] *Boemke/Lembke*, AÜG, § 1 Rn. 28.
[28] HWK/*Kalb* AÜG § 1 Rn. 10.

ein Arbeitnehmer beschäftigt, finden auf diese Tätigkeit die Vorschriften des AÜG Anwendung.[29]

19 **Heimarbeiter und Hausgewerbetreibende** kommen als Zeitarbeitnehmer nicht in Betracht, da sie nicht einem Dritten zur weisungsabhängigen Arbeitsleistung überlassen werden können.[30] Auch wer auf Grund einer **mitgliedschaftlichen Verpflichtung** seine Arbeitsleistung zu erbringen hat, ist grundsätzlich kein Arbeitnehmer.[31] Hierunter fallen die Mitglieder einer Produktionsgesellschaft im Rahmen ihrer genossenschaftlichen Verpflichtung, Vereinsmitglieder auf Grund ihrer Vereinszugehörigkeit sowie die Mitarbeit von Gesellschaftern auf Grund des Gesellschaftsvertrags. Gleiches gilt nach der überwiegenden Auffassung in Rechtsprechung[32] und Literatur[33] auch für die **Mitglieder von Orden und Schwesternschaften,** die auf Grund eines Gestellungsvertrags in Krankenhäusern oder anderen Einrichtungen Pflegeleistungen erbringen. Durch den Gestellungsvertrag werden **keine arbeitsrechtlichen Beziehungen** zwischen dem Pflegepersonal und dem Träger des Krankenhauses begründet, soweit die Schwesternschaft die Krankenpflegeleistungen in eigener Verantwortung organisiert und für die fachlich korrekte Erbringung der Pflegeleistung verantwortlich ist. In diesem Fall führen die eingesetzten Personen ihre Arbeiten auf Grund ihrer persönlichen Zugehörigkeit zu der religiösen oder karitativen Organisation und nicht auf arbeitsvertraglicher Grundlage aus und werden daher nicht als Arbeitnehmer tätig.[34] Eine **Arbeitnehmerüberlassung liegt hingegen vor,** wenn der **Träger** selbst den Pflegedienst oder den **Personaleinsatz steuert,** er die Arbeitsanweisungen gibt oder die nach dem Gestellungsvertrag geschuldeten Pflegedienste vermischt mit Stammarbeitnehmern des Trägers ausgeführt werden.[35] Arbeiten die Schwestern eingegliedert in die Betriebsorganisation des Trägers und übt dieser das Weisungsrecht aus, sind die Merkmale einer Arbeitnehmerüberlassung hinsichtlich der erforderlichen Arbeitnehmereigenschaft erfüllt.[36]

cc) Entleiher

20 Als Entleiher wird in dem Dreiecksgefüge der Arbeitnehmerüberlassung derjenige Beteiligte bezeichnet, welchem der Leiharbeitnehmer zur Arbeitsleistung zur Verfügung gestellt wird. Entleiher kann **jede Person** sein, die auch **selbst Arbeitgeber sein könnte.**[37] Die rechtliche Organisationsform ist insoweit ohne Belang. Als Entleiherunternehmen kommen alle Betriebe in Betracht, die aufgrund des Aufgabenbereiches und der Organisation eigenständig und zur selbständigen Einstellung und Entlassung von Arbeitnehmern der überlassenen Art berechtigt sind.[38]

---

[29] BAG 9. 11. 1994 – 7 AZR 217/94, DB 1995, 1566.
[30] HWK/*Kalb* AÜG § 1 Rn. 10.
[31] HWK/*Kalb* AÜG § 1 Rn. 10.
[32] BAG 4. 7. 1979 – 5 AZR 8/78, DB 1979, 2282; BVerwG 29. 4. 1966 – VII P 16.64, AP PersVG § 3 Baden-Württemberg Nr. 1; BSG 28. 8. 1968 – 3 RK 70/65, AP BGB § 611 Rotes Kreuz Nr. 7.
[33] *Maltzahn* RdA 1955, 454; *Nikisch,* FS A. Hueck, 1959, 5; *Becker/Wulfgramm,* AÜG, Einl. Rn. 33; aA *Trieschmann* RdA 1955, 52 ff., *Savaète* AuR 1959, 5 (7, 9), die ein Arbeitsverhältnis zwischen dem Krankenpflegepersonal und dem Krankenhausträger annehmen.
[34] BAG 26. 9. 2002 – 5 AZB 19/01, DB 2003, 47; *Ulber,* AÜG, Einl. C Rn. 102.
[35] SG Hamburg 23. 11. 2004 – S 13 AL 5/99, EzAÜG AÜG § 1 Gewerbsmäßige Arbeitnehmerüberlassung Nr. 39.
[36] *Ulber,* AÜG, Einl. C Rn. 102; *Boemke/Lembke,* AÜG, § 1 Rn. 27; *Schüren/Hamann,* AÜG, § 1 Rn. 50; Thüsing/*Waas,* AÜG, § 1 Rn. 37 f.
[37] Thüsing/*Thüsing,* AÜG, § 1 Rn. 42.
[38] *Pollert/Spieler,* Die Arbeitnehmerüberlassung in der betrieblichen Praxis, 20.

I. Begriffe und Grundlagen

Der **Entleiher** im Sinne des AÜG beschäftigt den überlassenen Leiharbeitnehmer, wird aber **nicht** dessen **Arbeitgeber**. Ein Arbeitsverhältnis besteht nur zwischen dem Verleiher und dem Arbeitnehmer. Solange der Leiharbeitnehmer in dem fremden Betrieb des Entleihers tätig ist, nimmt jener allerdings gegenüber dem Leiharbeitnehmer **bestimmte Arbeitgeberrechte und -pflichten** wahr, wie auch umgekehrt der Leiharbeitnehmer gewisse Arbeitnehmerrechte und -pflichten gegenüber dem Drittunternehmen hat.[39] So kann der Entleiher den Anspruch auf die Arbeitsleistung durch Ausübung des Weisungsrechts gegenüber dem Leiharbeitnehmer konkretisieren.[40] Man spricht auch von einer sektoralen **Aufspaltung des Weisungsrechts** zwischen dem Verleihunternehmen und dem Entleiherunternehmen: der Entleiher übernimmt gewisse Weisungsrechte, vor allem hinsichtlich der Arbeitsaufgaben des Leiharbeitnehmers, die eigentlich dem Arbeitgeber und damit dem Verleiher zustehen.[41]

21

c) Die Rechtsbeziehungen zwischen den Beteiligten im Überblick

Kennzeichen der Arbeitnehmerüberlassung ist das Dreiecksverhältnis zwischen den beteiligten Personen. Im Folgenden sollen die Beziehungen zwischen den drei Beteiligten kurz dargestellt werden.[42]

22

Die Rechtsbeziehung **zwischen** dem **Verleiher** und dem **Entleiher** wird als **Überlassungsverhältnis** bezeichnet. Die Parteien müssen nach § 12 AÜG einen Arbeitnehmerüberlassungsvertrag schließen, welcher der Schriftform bedarf. Dabei handelt es sich um einen Vertrag eigener Art als **Unterfall des Dienstverschaffungsvertrags.**[43] In dem Vertrag verpflichtet sich der Verleiher, dem Entleiher für die Überlassungsdauer Arbeitskräfte zur Verfügung zu stellen, die für die vorgesehene Arbeit geeignet sind und über die erforderlichen Fähigkeiten und Fertigkeiten verfügen.[44] Der Entleiher hingegen ist gegen Bezahlung für diese Serviceleistung berechtigt, die überlassenen Arbeitnehmer in seinem Betrieb wie eigene Arbeitnehmer einzusetzen.[45]

23

Zwischen dem **Verleiher** und dem **Leiharbeitnehmer** besteht ein **reguläres Arbeitsverhältnis** (Leiharbeitsverhältnis).[46] Im Unterschied zum „normalen" Arbeitsvertrag verpflichtet sich der Leiharbeitnehmer allerdings, die Arbeitsleistung im Betrieb eines Dritten zu erbringen und sich dessen Weisungen zu unterwerfen.[47] Für den Arbeitseinsatz bei einem Dritten ist die **Zustimmung des Arbeitnehmers** erforderlich, denn nach § 613 S. 2 BGB besteht eine Verpflichtung des Arbeitnehmers zur Arbeitsleistung grundsätzlich nur gegenüber dem vertraglichen Arbeitgeber. Der Verleiher kann den Arbeitnehmer daher nur mit dessen Zustimmung zur Arbeitsleistung gegenüber Dritten verpflichten.

24

Den Leiharbeitnehmer treffen gegenüber dem Verleiher **arbeitsvertragliche Nebenpflichten** wie die Verschwiegenheitspflicht oder das Wettbewerbsverbot.[48] Das Verleihunternehmen kann seinen Arbeitnehmern die Arbeitsaufgabe bei dem Entlei-

25

---

[39] ErfK/*Wank* AÜG Einl. Rn. 32.
[40] *Ulber*, AÜG, § 1 Rn. 44.
[41] KasselerHdb/*Düwell* Kap 4.5 Rn. 416 f.
[42] Zur Ausgestaltung der Vertragsverhältnisse im Einzelnen → Rn. 796 ff.
[43] ErfK/*Wank* AÜG Einl. Rn. 14.
[44] ErfK/*Wank* AÜG § 12 Rn. 5 f.
[45] *Gutmann/Kilian*, Zeitarbeit. Fakten, Trends und Visionen, 2009, 104.
[46] *Gutmann/Kilian*, Zeitarbeit. Fakten, Trends und Visionen, 2009, 108.
[47] Thüsing/*Waas*, AÜG, § 1 Rn. 48 a.
[48] Thüsing/*Thüsing*, AÜG, Einf. Rn. 33.

her zuweisen; es ist berechtigt, den Leiharbeitnehmer jederzeit abzuberufen und trägt das Risiko von Nichteinsatzzeiten.[49] Der Leiharbeitnehmer wird im Betrieb eines Drittunternehmens tätig, ohne dass dadurch die Arbeitgeberstellung des Verleihers berührt wird. Das **Verleihunternehmen** übernimmt mit der Beschäftigung des Leiharbeitnehmers die **rechtlichen Pflichten des Arbeitgebers** und das **Arbeitgeberrisiko.**

26 Das Rechtsverhältnis **zwischen** dem **Arbeitnehmer und** dem **Entleiher** kann als **Beschäftigungsverhältnis** bezeichnet werden. Ein Arbeitsverhältnis besteht zwischen diesen Beteiligten nicht.[50] Entleiher und Leiharbeitnehmer stehen auch nicht in einer anderen vertraglichen Beziehung zueinander.[51] Der Entleiher übernimmt aber teilweise sowohl die Stellung eines Arbeitgebers als auch einzelne Rechte und Pflichten, die typischerweise auf Seiten des Arbeitgebers stehen. Angesichts dessen ist die **Rechtsnatur** des Beschäftigungsverhältnisses zwischen Entleiher und Arbeitnehmer **umstritten.**

27 Ausnahmsweise kommt **bei Unwirksamkeit des Arbeitsvertrags** zwischen Verleiher und Arbeitnehmer ein Arbeitsverhältnis zwischen dem Entleiher und dem Arbeitnehmer durch gesetzliche Fiktion zustande (§§ 10 Abs. 1, 9 Nr. 1 AÜG).

2. Abgrenzung zu sonstigen Formen des drittbezogenen Personaleinsatzes

28 Bei der Arbeitnehmerüberlassung erbringt ein Arbeitnehmer, der bei einem Arbeitgeber angestellt ist, seine Arbeitsleistung bei einem Dritten. Nicht jeder drittbezogene Personaleinsatz stellt jedoch eine Arbeitnehmerüberlassung dar. Andere, von der Arbeitnehmerüberlassung abzugrenzende drittbezogene Personalüberlassungen können beispielsweise auf **Werk-, Dienst- oder Geschäftsbesorgungsverträgen** beruhen. Die richtige rechtliche Einordnung des Beschäftigungsverhältnisses hinsichtlich der Art des Vertrags ist teilweise schwierig.[52] Gleichzeitig ist sie von **erheblicher praktischer Bedeutung,** da die verschiedenen Vertragsformen zu unterschiedlichen zivilrechtlichen, sozialversicherungsrechtlichen, gewerberechtlichen, steuerrechtlichen sowie straf- bzw. ordnungswidrigkeitsrechtlichen Folgen führen.[53]

29 Grundsätzlich ist für die **Abgrenzung** der Arbeitnehmerüberlassung von anderen Vertragstypen nicht die von den Vertragspartnern gewünschte Rechtsfolge oder die von ihnen gewählte Bezeichnung, sondern der **tatsächliche Geschäftsinhalt maßgeblich.**[54] Der wirkliche Geschäftsinhalt lässt sich anhand der schriftlichen Vereinbarungen und anhand der praktischen Durchführung der Verträge ermitteln.[55] Steht der schriftliche Vertragsinhalt in Widerspruch zu der praktischen Durchführung, ist die **tatsächliche Vertragsausführung entscheidend,** da sich aus ihr am ehesten Rück-

---

[49] BAG 24. 3. 1980 – 2 AZR 506/78, AP BGB § 611 Direktionsrecht Nr. 26; *Brors/Schüren* BB 2004, 2745.
[50] BAG 6. 8. 2003 – 7 AZR 180/03, BB 2004, 669 mwN; 3. 12. 1997 – 7 AZR 764/96, AP AÜG § 1 Nr. 24; OVG Rheinland-Pfalz 3. 8. 2009 – 7 B 10658/09.
[51] *Pollert/Spieler,* Die Arbeitnehmerüberlassung in der betrieblichen Praxis, 171.
[52] *Gutmann/Kilian,* Zeitarbeit. Fakten, Trends und Visionen, 33.
[53] LAG Hessen 19. 11. 2007 – 16 Sa 569/07, EzAÜG AÜG § 10 Inhalt Nr. 3; *Hamann* jurisPR-ArbR 24/2008, Anm. 2; ausf. *Hamann,* Fremdpersonal im Unternehmen, 99 ff.; *Gutmann/Kilian,* Zeitarbeit. Fakten, Trends und Visionen, 33.
[54] LAG Hamm 12. 1. 2005 – 18 Sa 1305/04, EzAÜG AÜG § 10 Fiktion Nr. 112; *Sandmann/Marschall/Schneider,* AÜG, Art. 1 § 1 Rn. 12.
[55] BGH 2. 2. 2007 – III ZR 61/05, FA 2006, 117; BAG 22. 6. 1994 – 7 AZR 506/93, EzAÜG AÜG § 13 Nr. 4.

I. Begriffe und Grundlagen

schlüsse darauf ziehen lassen, von welchen Rechten und Pflichten die Vertragsparteien ausgegangen sind.[56]

a) Abgrenzung zum Werkvertrag

Die Problematik der Abgrenzung von der Arbeitnehmerüberlassung stellt sich in der Praxis überwiegend beim Werkvertrag.[57] Um ein Eingreifen der Bestimmungen des AÜG zu vermeiden, bemühen sich die Parteien oftmals, die **Arbeitnehmerüberlassung in einen Werkvertrag „umzuqualifizieren"**.[58] So werden nicht selten Werkverträge zwischen den Beteiligten vereinbart, obwohl der Inhalt des Vertrags auf die Erbringung von Dienstleistungen gerichtet ist und es infolgedessen an der für den Werkvertrag charakteristischen Erfolgsbezogenheit der Leistung fehlt.[59] 30

Die Abgrenzungskriterien für eine Unterscheidung zwischen Arbeitnehmerüberlassung und Werkvertrag werden in Literatur und Rechtsprechung kontrovers diskutiert. Um die richtige Einordnung zu erleichtern, hat die **Bundesagentur für Arbeit** eine **Durchführungsanweisung** erlassen, die Kriterien zur Abgrenzung auflistet.[60] Die Durchführungsanweisungen binden aber nur die Bundesagentur für Arbeit, nicht die Gerichte oder andere Behörden. Das **Bundesarbeitsgericht**[61] hat seinerseits in mehreren Entscheidungen konkretisiert, anhand welcher Kriterien Werkvertrag und Arbeitnehmerüberlassung voneinander abzugrenzen sind. Dabei wendet das Gericht[62] für die Abgrenzung ein **dreistufiges Prüfungsverfahren** an. Zunächst werden die ausdrücklichen Vereinbarungen untersucht, danach erfolgt die Überprüfung der tatsächlichen Durchführung. Schließlich nimmt das Bundesarbeitsgericht eine abschließende Gesamtwürdigung aller Umstände vor und wägt alle Indizien ab. 31

Als **Abgrenzungskriterien** sind insbesondere die folgenden zu nennen: Leistungsgegenstand, Weisungsrecht, Eingliederung und Unternehmerrisiko. 32

aa) Leistungsgegenstand

Bei der **Arbeitnehmerüberlassung** besteht – wie bei jedem Arbeitsverhältnis – eine **abstrakte Arbeitspflicht,** bei der kein bestimmter Erfolg, sondern lediglich die Tätigkeit vom Arbeitnehmer geschuldet wird. Im Gegensatz dazu erfordert der Werkvertrag einen abgrenzbaren Leistungsgegenstand. So verpflichtet sich der Werkunternehmer mit dem Abschluss eines Werkvertrags gegenüber dem Besteller, ein individuelles Werk herzustellen. Der **Werkunternehmer** muss also einen **bestimmten Erfolg** herbeiführen. Er ist für die Erfüllung der im Vertrag vereinbarten Dienste bzw. für die Erstellung des vereinbarten Werkes verantwortlich. Dabei kann er sich eigener Mitarbeiter oder weiterer Unternehmern oder Personen als Erfüllungsgehilfen gemäß § 278 BGB bedienen.[63] Ein wirksamer Werkvertrag setzt die Vereinbarung eines **qua-** 33

---

[56] LAG Hamm 12. 1. 2005 – 18 Sa 1305/04, EzAÜG AÜG § 10 Fiktion Nr. 112; *Steuer,* Die Arbeitnehmerüberlassung als Mittel zur Förderung des Arbeitsmarktes in Deutschland, 2009, 53.
[57] Thüsing/*Thüsing,* AÜG, § 1 Rn. 69.
[58] *Sandmann/Marschall/Schneider,* AÜG, Art. 1 § 1 Rn. 12 f.; Schüren/*Hamann,* AÜG, § 1 Rn. 113.
[59] BAG 14. 8. 1984 – 5 AZR 225/84, EzAÜG AÜG § 10 Fiktion Nr. 42.
[60] DA der Bundesagentur für Arbeit, PP11–7160.4(1), abrufbar unter http://www.arbeitsagentur. de/zentraler-Content/A01-Allgemein-Info/A015-Oeffentlichkeitsarbeit/Publikation/pdf/DA-Arbeit nehmerueberlassungsgesetz.pdf.
[61] BAG 13. 8. 2008 – 7 AZR 269/07, AP AÜG § 10 Nr. 19; 10. 10. 2007 – 7 AZR 487/06, AP AÜG § 10 Nr. 20.
[62] BAG 30. 1. 1991 – 7 AZR 497/89, AP AÜG § 10 Nr. 8; KasselerHdb/*Düwell* Kap. 4.5 Rn. 132 f.
[63] LAG Bremen 18. 8. 2008 – 3 Sa 69/08, EzA-SD 2008, Nr. 24, 11; LAG Hessen 19. 11. 2007 – 16 Sa 569/07, EzAÜG AÜG § 10 Inhalt Nr. 3.

litativ individualisierbaren und dem Werkunternehmer **zurechenbaren Werkergebnisses** voraus. Dazu ist erforderlich, dass die Leistung des beauftragten Unternehmers von Beginn an genau bezeichnet ist. Nennt der Vertrag nicht das Ergebnis der Arbeit, sondern eine bestimmte Arbeitsleistung („Mitarbeit im Betrieb"), so ist davon auszugehen, dass nicht die Herstellung eines bestimmten Werkes beabsichtigter Vertragsgegenstand war, sondern die Arbeitsleistung.[64] Im Werkvertrag muss daher präzise bestimmt werden, mit welchem Ziel der beauftragte Werkunternehmer tätig wird. Ausreichend ist jedoch, wenn im Werkvertrag einzelne Arbeitsschritte oder Realisierungsstufen bezeichnet sind, beispielsweise die Installation einzelner System- und Softwarekomponenten zur Erstellung eines Personalverwaltungssystems.[65]

34   Bei der **Arbeitnehmerüberlassung** werden dem Drittunternehmen lediglich die Arbeitskräfte zur Verfügung und zum Einsatz in dem eigenen Betrieb gestellt.[66] Die **Erfüllung eines bestimmten Arbeitserfolges** im Sinne der Herstellung eines zuvor vereinbarten Werkes ist **nicht Inhalt des Vertrags** zwischen dem Entleiher und dem Verleiher.[67]

35   Sind die dem Arbeitnehmer übertragenen Aufgaben nicht fest umrissen, sondern nur der Tätigkeitsbereich bzw. die Vorgehensweise umschrieben, und soll die nähere Ausgestaltung der Tätigkeit durch die **Anweisungen des Bestellers** erfolgen, handelt es sich um eine Arbeitnehmerüberlassung. Unbeachtlich soll nach der Rechtsprechung aber sein, welche Tätigkeiten im Beschäftigungsunternehmen ausgeführt werden sollen.[68]

bb) Weisungsrecht

36   Weiteres Merkmal zur Abgrenzung der Arbeitnehmerüberlassung von einem Werkvertrag ist das Weisungsrecht. Hierbei ist eine genaue Betrachtung notwendig, da auch dem Besteller im Rahmen des Werkvertrags gegenüber den Arbeitnehmern des Unternehmers ein Weisungsrecht zusteht (vgl. § 645 Abs. 1 S. 1 Alt. 2 BGB). Das **werkvertragliche Anweisungsrecht** ist vom arbeitsrechtlichen Direktionsrecht zu unterscheiden.[69]

37   Beim Werkvertrag organisiert der beauftragte Unternehmer die zur Durchführung des Auftrags notwendigen Handlungen selbst. Bedient er sich zur Ausführung des Werkvertrags eigener Arbeitnehmer, so werden diese als seine Erfüllungsgehilfen gem. § 278 BGB tätig und unterliegen seinen arbeitsrechtlichen Weisungen.[70] Der Werkunternehmer muss seine **Weisungs- und Aufsichtsbefugnisse nicht zwingend selbst ausüben,** sondern kann sich auch hierzu seiner Mitarbeiter oder beauftragter Personen bedienen. In der Praxis sind dies oft Vorarbeiter, Vorgesetzte, Meister, Projektleiter uÄ. Es muss sich dabei aber um Personen handeln, die selbst in der betrieblichen Organisation des Werkvertragsunternehmers stehen.

38   Allerdings ist auch der **Besteller** im Rahmen eines Werkvertrags berechtigt, **Anweisungen hinsichtlich der Modalitäten** bei der Ausführung des Werkes zu er-

---

[64] KasselerHdb/*Düwell* Kap. 4.5 Rn. 16; Thüsing/*Waas*, AÜG, § 1 Rn. 79; Schüren/*Hamann*, AÜG, § 1 Rn. 130 f.
[65] OLG Köln 29. 7. 2005 – 19 U 4/05, OLGR 2005, 642.
[66] *Steuer*, Die Arbeitnehmerüberlassung als Mittel zur Förderung des Arbeitsmarktes in Deutschland, 49.
[67] *Pollert/Spieler*, Die Arbeitnehmerüberlassung in der betrieblichen Praxis, 35.
[68] BAG 13. 5. 1992 – 7 AZR 284/91, NZA 1993, 357 f.; 22. 6. 1994 – 7 AZR 286/93, AP AÜG § 1 Nr. 16.
[69] Thüsing/*Waas*, AÜG, § 1 Rn. 73; *Boemke/Lembke*, AÜG, § 1 Rn. 79; BAG 6. 8. 2003 – 7 AZR 180/03, AP AÜG § 9 Nr. 6.
[70] BAG 25. 10. 2000 – 7 AZR 487/99, AP AÜG § 10 Nr. 15.

I. Begriffe und Grundlagen

teilen. Dieses Recht besteht in erster Linie gegenüber dem Werkunternehmer als Vertragspartner; es kann jedoch beim Einsatz von Erfüllungsgehilfen im Betrieb des Bestellers auch diesen gegenüber ausgeübt werden.[71] Im Unterschied zum arbeitsrechtlichen Weisungsrecht betrifft das **Anweisungsrecht** des Bestellers jedoch keine einzelnen Arbeitsverrichtungen, sondern **nur das Arbeitsergebnis als Ganzes**.[72] Das Recht des Bestellers ist damit beschränkt auf projektbezogene Anweisungen bezüglich der Ausführung der Arbeit im Hinblick auf das Tätigkeitsergebnis.[73] So kann der Besteller Anweisungen geben, die der Vermeidung von Gefahren oder der Schadensvermeidung dienen, beispielsweise hinsichtlich der Beachtung von Unfallverhütungsvorschriften, des Tragens von Schutzkleidung, der besonderen Sicherheitskontrollen oder des zeitlichen Arbeitsablaufs zur Synchronisation mit betrieblichen Abläufen des Bestellerbetriebes. Hingegen darf er **keine Weisungen bezüglich der einzelnen,** dem Leistungserfolg vorgelagerten **Arbeitsverrichtungen** geben. Das werkvertragliche Anweisungsrecht ist somit projektbezogen und ergebnisorientiert.[74]

Die **Arbeitnehmerüberlassung** ist dagegen durch das **arbeitsbezogene Weisungsrecht** des Entleihers gegenüber den ihm zum Arbeitseinsatz überlassenen Arbeitnehmern gekennzeichnet. Der **Leiharbeitnehmer** ist für die Zeit seiner Tätigkeit **beim Entleiher in** dessen **Betrieb eingegliedert** und zur Erbringung der Arbeitsleistung verpflichtet. Damit verknüpft ist die Befugnis des Entleihers, die vom Arbeitnehmer geschuldete Leistung im Wege des **Direktionsrechts** gem. § 106 GewO zu konkretisieren. Diese Befugnis bezieht sich nicht nur auf das Arbeitsziel, sondern **auch auf den Arbeitsablauf und das Arbeitsverhalten**.[75] Sie erstreckt sich konkret auf die nähere Bestimmung der individuellen Arbeitspflicht nach Art, Ort und Zeit der Arbeitsleistung. Dazu gehören die Zuweisung einzelner Aufgaben an einem bestimmten Arbeitsplatz, die Überwachung der Qualität einzelner Arbeitsschritte, die Bestimmung der täglichen Arbeitszeiten einschließlich der Pausen, die Festlegung des Arbeitstempos, die Anordnung von Überstunden oder die Durchführung von Arbeitszeitkontrollen.[76] Das arbeitsvertragliche Direktionsrecht ist somit **personenbezogen, ablauf- und verfahrensorientiert**.[77] Ist insoweit also eine Weisungsgebundenheit der Arbeiter gegenüber dem Entleiher zu bejahen, handelt es sich um einen Fall der Arbeitnehmerüberlassung und zwar selbst dann, wenn die Arbeiter selbst über eine Gewerbeerlaubnis verfügen.[78] **39**

cc) Eingliederung

Bei einer Arbeitnehmerüberlassung muss der Leiharbeitnehmer seine Arbeitsleistung bei einem Dritten erbringen. Als Kriterium zur Abgrenzung zu anderen Vertragsformen dient dabei die **tatsächliche Eingliederung** des Arbeitnehmers **in die Betriebsorganisation** des Drittunternehmens. **40**

---

[71] HWK/*Kalb* AÜG § 1 Rn. 18.
[72] HWK/*Kalb* AÜG § 1 Rn. 18.
[73] BAG 6. 8. 1997 – 7 AZR 663/96, EzAÜG BGB § 631 Werkvertrag Nr. 39; Schüren/*Hamann*, AÜG, § 1 Rn. 134.
[74] *Steuer*, Die Arbeitnehmerüberlassung als Mittel zur Förderung des Arbeitsmarktes in Deutschland, 51.
[75] BAG 9. 11. 1994 – 7 AZR 217/94, BB 1995, 1293 (1295); *Boemke/Lembke*, AÜG, § 1 Rn. 79.
[76] HWK/*Kalb* AÜG § 1 Rn. 19.
[77] *Steuer*, Die Arbeitnehmerüberlassung als Mittel zur Förderung des Arbeitsmarktes in Deutschland, 51.
[78] LAG Hessen 20. 1. 2010 – 18 Sa 1339/09, ArbRAktuell 2010, 277.

41 Indizien für eine Eingliederung in den Betrieb des Entleihers sind nach der Rechtsprechung beispielsweise die Zusammenarbeit mit Arbeitnehmern des Einsatzbetriebes, die Übernahme von Tätigkeiten, die früher von Arbeitnehmern des Einsatzbetriebes ausgeführt wurden oder die Stellung von Werkzeug, Material und Arbeitskleidung durch den Einsatzbetrieb.[79] Von einer **Eingliederung** ist in der Regel auszugehen, wenn die Arbeitnehmer des beauftragten Unternehmers mit den Arbeitnehmern des Bestellers dergestalt zusammen arbeiten, dass eine **Trennung der Arbeitsvorgänge nicht mehr möglich** ist.

dd) Unternehmerrisiko

42 Schließlich kann als Kriterium zur Abgrenzung zwischen Arbeitnehmerüberlassung und Werkvertrag die Risikoverteilung herangezogen werden.

43 Bei einem drittbezogenen Personaleinsatz auf der Grundlage eines Werkvertrags liegt die Organisation der Durchführung des Auftrages einschließlich aller dafür notwendigen Maßnahmen und Handlungen beim beauftragten Werkvertragsunternehmer.[80] Er kann zur Ausführung des Auftrages eigene Arbeitnehmer als Erfüllungsgehilfen einsetzen, bleibt jedoch selbst für die Erfüllung des Vertrags und damit für die Erstellung des vereinbarten Werkes verantwortlich. Der **Unternehmer** trägt **bis zur Abnahme des Werkes** die **Vergütungsgefahr** bei zufälligem Untergang des Werks (§ 644 Abs. 1 S. 1 BGB). Darüber hinaus ist er im Rahmen der gesetzlichen Vorschriften zur Gewährleistung verpflichtet, dh er haftet für die vertragsgemäße, mangelfreie und rechtzeitige Fertigstellung des bestellten Werkes (§§ 633 ff. BGB). Hierbei hat der Werkunternehmer auch für ein Verschulden seiner Arbeitnehmer, die als Erfüllungsgehilfen bei der Ausführung des Auftrags tätig werden, einzustehen (§ 278 BGB).

44 Das Tragen des unternehmerischen Risikos durch den Werkunternehmer stellt einen der wesentlichen Unterschiede zur Arbeitnehmerüberlassung dar. Denn das **Verleihunternehmen ist für das Erreichen** des mit dem Einsatz der überlassenen Arbeitskräfte anvisierten **wirtschaftlichen Ziels** gerade **nicht verantwortlich.** Es verpflichtet sich im Rahmen des Arbeitnehmerüberlassungsvertrags lediglich zur termingerechten Überlassung von Arbeitskräften. Das Verleihunternehmen haftet daher **nur für die richtige Auswahl und Bereitstellung** der Leiharbeitnehmer.[81] Fällt die Arbeitsleistung nicht zur Zufriedenheit des Drittunternehmens aus oder scheitert ein Projekt, übernimmt der Verleiher hingegen keine Gewährleistung.[82] Im Gegensatz zum Werkunternehmer behält das Verleihunternehmen auch dann seinen Anspruch auf Vergütung, wenn das Werk, an dem der Leiharbeitnehmer arbeitet, vor Fertigstellung untergeht.[83]

ee) Weitere Kriterien

45 Weitere Kriterien, die für die Abgrenzung zwischen Werkvertrag und Arbeitnehmerüberlassung von der höchstrichterlichen Rechtsprechung angewendet werden, sind beispielsweise:[84] die fachliche Ausbildung und Kompetenz des Unternehmers und sei-

---

[79] BAG 15. 6. 1983 – 5 AZR 111/81, DB 1983, 2420.
[80] Thüsing/*Thüsing*, AÜG, § 1 Rn. 71.
[81] ErfK/*Wank* AÜG § 1 Rn. 12; Schüren/*Hamann*, AÜG, § 1 Rn. 116; Thüsing/*Waas*, AÜG, § 1 Rn. 72.
[82] *Gutmann/Killian*, Zeitarbeit. Fakten, Trends und Visionen, 30.
[83] *Sandmann/Marschall/Schneider*, AÜG, Art. 1 § 1 Rn. 17; *Steuer*, Die Arbeitnehmerüberlassung als Mittel zur Förderung des Arbeitsmarktes in Deutschland, 51.
[84] Ausführlich dazu *Steuer*, Die Arbeitnehmerüberlassung als Mittel zur Förderung des Arbeitsmarktes in Deutschland, 51; *Sandmann/Marschall/Schneider*, AÜG, Art. 1 § 1 Rn. 18; KasselerHdb/*Düwell* Kap. 4.5 Rn. 130.

I. Begriffe und Grundlagen

ner Mitarbeiter, seine betriebliche, büromäßige Organisation, der Versicherungsschutz, besondere behördliche Genehmigungen oder Zulassungen, die technische Ausstattung mit Maschinen, Geräten und Arbeitsmitteln sowie vorhandene Materialien und sonstige Betriebsmittel.[85]

b) Abgrenzung zum Dienstvertrag

Bei einem Dienstvertrag verpflichtet sich der Dienstnehmer zu einer **bestimmten** **Dienstleistung** (§ 611 BGB). Diese kann er entweder in Person oder, sofern ihm das nach dem Vertrag entgegen § 613 S. 1 BGB erlaubt ist, auch durch Erfüllungsgehilfen erbringen. In letzterem Fall treten Abgrenzungsschwierigkeiten zur Arbeitnehmerüberlassung auf. Dabei kann nur teilweise auf die beim Werkvertrag angewandten Abgrenzungskriterien zurückgegriffen werden. Denn anders als bei einem Werkvertrag wird bei Dienstverträgen kein bestimmter Erfolg, sondern eine bestimmte Tätigkeit geschuldet.

46

In erster Linie werden als Kriterien zur Abgrenzung zwischen der Arbeitnehmerüberlassung und einem von Erfüllungsgehilfen ausgeführten Dienstvertrag die **betriebliche Eingliederung** und die **Erteilung arbeitsrechtlicher Weisungen** herangezogen.[86] Ein Dienstvertrag kann nur dann vorliegen, wenn die Erfüllungsgehilfen des Dienstverpflichteten in dem Betrieb des Dienstberechtigten selbständige Dienstleistungen erbringen und das dienstleistende Unternehmen die Dienste unter eigener Verantwortung und nach eigenem Plan durchzuführen hat.[87] Die Erfüllungsgehilfen arbeiten bei der Ausführung der zu erbringenden Dienstleistung nach den Weisungen ihres Arbeitgebers, also des Dienstverpflichteten.[88] Demgegenüber stellt bei einem **Arbeitnehmerüberlassungsvertrag** das Verleihunternehmen Arbeitnehmer für eine bestimmte Dienstleistung zur Verfügung, welche die entsprechenden **Tätigkeiten nach Weisung des Drittunternehmens** verrichten.

47

Für die Abgrenzung zur Arbeitnehmerüberlassung kann zudem auf die Organisationsgewalt des Unternehmers, die Zusammenarbeit mit Arbeitnehmern des Dritten, die Übernahme von Tätigkeiten, die früher Arbeitnehmer des Dritten ausführten, sowie die Stellung von Material und Arbeitskleidung durch den Dritten abgestellt werden.[89] Andere Kriterien wie Gewährleistung und Vergütungsgefahr, die bei der Abgrenzung zum Werkvertrag eine Rolle spielen, scheiden demgegenüber auf Grund des anderen Inhalts von Dienstverträgen aus.[90] Auch an den Leistungsgegenstand lässt sich insoweit nicht anknüpfen, da der **Dienstvertrag** im Unterschied zum Werkvertrag gerade **nicht erfolgbezogen** ist.[91]

48

c) Abgrenzung zum Geschäftsbesorgungsvertrag

Bei einem Geschäftsbesorgungsvertrag handelt es sich nach § 675 BGB um einen atypischen Dienst- oder Werkvertrag, der eine Geschäftsbesorgung zum Inhalt hat.

49

---

[85] BAG 13. 5. 1992 – 7 AZR 284/91, NZA 1993, 357 f.; 22. 6. 1994 – 7 AZR 286/93, AP AÜG § 1 Nr. 16; *Gutmann/Kilian*, Zeitarbeit. Fakten, Trends und Visionen, 29 ff.; *Steuer*, Die Arbeitnehmerüberlassung als Mittel zur Förderung des Arbeitsmarktes in Deutschland, 50.
[86] LAG Düsseldorf 10. 3. 2008 – 17 Sa 856/07, EzAÜG AÜG § 10 Fiktion Nr. 120; *Dahl* jurisPR-ArbR 33/2008, Anm. 6.
[87] BayObLG 20. 2. 1979 – 3 Ob OWi 242/78, AP AÜG § 1 Nr. 3.
[88] LAG Hessen 19. 11. 2007 – 16 Sa 569/07, EzAÜG AÜG § 10 Inhalt Nr. 3.
[89] BAG 30. 1. 1991 – 7 AZR 497/89, AP AÜG § 10 Nr. 5.
[90] ErfK/*Wank* AÜG § 1 Rn. 23; *Thüsing/Waas*, AÜG, § 1 Rn. 85.
[91] BAG 8. 11. 1978 – 5 AZR 261/77, AP AÜG § 1 Nr. 2; *Schüren/Hamann*, AÜG, § 1 Rn. 234; *Thüsing/Waas*, AÜG, § 1 Rn. 85.

A. Arbeitnehmerüberlassung

Unter einer **Geschäftsbesorgung** ist eine **selbständige Tätigkeit wirtschaftlicher Art** im **Interesse einer anderen Person** und innerhalb einer fremden wirtschaftlichen Interessensphäre zu verstehen.[92] Auch bei der Geschäftsbesorgung können Erfüllungsgehilfen zum Einsatz gelangen. Ein Geschäftsbesorgungsvertrag liegt zB vor, wenn eine Werbefirma den Auftrag erhält, eine Werbeaktion mit eigenen personellen und sachlichen Mitteln durchzuführen. Auch bei einem Vertrag zwischen einem Rechtsanwalt und seinem Mandanten über die Führung eines Prozesses, bei einem Auftrag an eine Bank zur Vermittlung eines Kredits, bei einem Speditionsvertrag und bei einem Auftrag an einen Architekten zur Baubetreuung handelt es sich grundsätzlich um Geschäftsbesorgungsverträge.[93]

50   Hinsichtlich der Abgrenzung gegenüber der Arbeitnehmerüberlassung gelten dieselben Grundsätze und Kriterien wie bei der Abgrenzung der Arbeitnehmerüberlassung vom Werkvertrag oder Dienstvertrag. Maßgeblich sind daher in erster Linie die **tatsächliche Eingliederung in die Betriebsorganisation** des Geschäftsherrn und dessen **Befugnis zur Erteilung von Weisungen**.[94]

d) Abgrenzung zur Überlassung von Sachmitteln mit Bedienungspersonal

51   Schließlich ist die Arbeitnehmerüberlassung von der Gebrauchsüberlassung von Sachgegenständen mit Bedienungspersonal abzugrenzen. Bei letzterer stellt ein Unternehmer im Rahmen eines Vertrags, der die Überlassung von Sachmitteln zum Gegenstand hat, einem Dritten **Maschinen oder Geräte mit Bedienungspersonal** zur Verfügung. Dabei kann der Dritte den Einsatz der Maschinen oder Geräte mit dem dazugehörigen Personal nach seinen eigenen betrieblichen Erfordernissen selbst bestimmen und organisieren. Für die Abgrenzung zur Arbeitnehmerüberlassung ist nach der Rechtsprechung maßgeblich, ob die **Gebrauchsüberlassung der Maschine oder die Gestellung des Personals den Inhalt des Vertrags prägt**.[95] Auf den wirtschaftlichen Wert der Überlassung von Arbeitnehmern im Verhältnis zu dem Wert der Maschine kommt es dagegen nicht an.[96] Ist der Vertrag nicht auch auf eine Arbeitnehmerüberlassung ausgerichtet, findet das AÜG keine Anwendung. An einer solchen Ausrichtung fehlt es beispielsweise, wenn das Personal nur in der Anfangsphase der Maschinennutzung oder nur zur Einweisung in die Maschinentechnik zur Verfügung gestellt wird.[97]

e) Bedeutung der Abgrenzung und Konsequenzen von Scheinwerk- oder -dienstverträgen

52   Die Abgrenzung der Arbeitnehmerüberlassung zu den anderen Gestaltungsformen eines drittbezogenen Personaleinsatzes ist in erster Linie im Hinblick auf die illegale Arbeitnehmerüberlassung von Bedeutung. Wie im Folgenden noch ausführlich erörtert werden wird, ist die **legale Arbeitnehmerüberlassung zum Schutz des Arbeitnehmers stark reglementiert**. So bedarf der Arbeitgeber als Verleiher einer Erlaubnis für die Arbeitnehmerüberlassung; ferner unterliegen die Verträge zwischen den Be-

---

[92] BAG 6. 8. 2003 – 7 AZR 180/03, AP AÜG § 9 Nr. 6; Thüsing/Waas, AÜG, § 1 Rn. 87.
[93] HWK/Kalb AÜG § 1 Rn. 27.
[94] Boemke/Lembke, AÜG, § 1 Rn. 75; Schüren/Hamman, AÜG, § 1 Rn. 213; Thüsing/Waas, AÜG, § 1 Rn. 87.
[95] BAG 17. 2. 1993 – 7 AZR 167/92, AP AÜG § 10 Nr. 9; 22. 2. 1994 – 7 AZR 77/93, nv.
[96] ErfK/Wank AÜG § 1 Rn. 28.
[97] ErfK/Wank AÜG § 1 Rn. 28; HWK/Kalb AÜG § 1 Rn. 29.

I. Begriffe und Grundlagen

teiligten inhaltlichen Beschränkungen. Durch die Wahl eines anderen Vertragstyps können die Parteien die betreffenden Rechtsverhältnisse dem Arbeitnehmerüberlassungsrecht und damit der Kontrolle entziehen.[98] Diese Umgehung soll verhindert werden.

Spricht nach den oben aufgeführten Abgrenzungskriterien eine Vermutung dafür, dass kein Werk- oder Dienstvertrag, sondern eine Arbeitnehmerüberlassung vorliegt, sind hinsichtlich der Rechtsfolgen alle Bestimmungen des AÜG maßgeblich (§ 117 Abs. 2 BGB). Der Werk- bzw. Dienstvertrag ist gemäß § 117 Abs. 1 BGB unwirksam. 53

Besitzt der überlassende angebliche Werk- oder Dienstunternehmer nicht die nach § 1 Abs. 1 S. 1 AÜG erforderliche Erlaubnis, wird ein **Arbeitsverhältnis zum Einsatzbetrieb fingiert** (§ 10 Abs. 1 S. 1 AÜG). Auf eine Kenntnis des Entleihers vom Fehlen der Erlaubnis kommt es nicht an.[99] Neben den Ansprüchen aus diesem Arbeitsverhältnis haftet der Werkbesteller/Dienstberechtigte dabei auch für den Gesamtsozialversicherungsbeitrag nach § 10 Abs. 3 AÜG, § 28e Abs. 2 S. 2, 3 SGB IV.[100] Ein Arbeitsverhältnis nach § 10 Abs. 1 S. 1 AÜG kommt mit dem Leiharbeitnehmer auch dann zu Stande, wenn neben der fehlenden Erlaubnis des Verleihers zusätzlich noch gegen das sektorale Verbot in der Baubranche gemäß § 1b AÜG verstoßen wird.[101] 54

Da der zwischen dem entsendenden Unternehmer und dem Einsatzunternehmen abgeschlossene Vertrag rechtlich als Arbeitnehmerüberlassungsvertrag zu werten ist, der Werk-/Dienstunternehmer sich somit als Verleihunternehmen und der Besteller als Entleiher behandeln lassen müssen, bedarf der Vertrag nach § 12 Abs. 1 AÜG der **Schriftform**.[102] Ist die Schriftform nicht eingehalten, ist der Vertrag nach § 134 BGB nichtig. Die Rückabwicklung richtet sich nach bereicherungsrechtlichen Grundsätzen (§§ 812 ff. BGB).[103] 55

Um sich nicht der Gefahr der Herbeiführung ungewollter Rechtsfolgen aus den Beschäftigungsverhältnissen in seinem Betrieb auszusetzen, sollte der Unternehmer die Vertragsverhältnisse möglichst eindeutig ausgestalten.[104] Der Praxis ist zu raten, sich insbesondere bei der Gestaltung von Werkverträgen am Idealtyp des Werkvertrags auszurichten.[105] Insofern ist darauf zu achten, dass der Regelungsinhalt wie auch der Sprachgebrauch dem eines typischen Werkvertrags entspricht. 56

3. Abgrenzung zur Arbeitsvermittlung

Die Arbeitnehmerüberlassung ist weiter von der Arbeitsvermittlung abzugrenzen, da das AÜG Tätigkeiten eines Verleihers, die ausschließlich auf eine Arbeitsvermittlung gerichtet sind, nicht erfasst. Bei der Arbeitnehmerüberlassung stellt der Verleiher bei ihm beschäftigte Arbeitnehmer einem anderen zur Arbeitsleistung zur Verfügung, wobei er deren Arbeitgeber bleibt. Die **Arbeitsvermittlung** umfasst nach der Legaldefinition in § 35 Abs. 1 S. 2 SGB III „alle Tätigkeiten, die darauf gerichtet sind, Ausbil- 57

---

[98] ErfK/*Wank* AÜG § 1 Rn. 10.
[99] LAG Hessen 20. 1. 2010 – 18 Sa 1339/09, ArbRAktuell 2010, 277.
[100] BGH 13. 6. 2001 – 3 StR 126/01, NStZ 2001, 464.
[101] LAG Hessen 20. 1. 2010 – 18 Sa 1339/09, ArbRAktuell 2010, 277.
[102] *Ulber*, AÜG, Einl. C Rn. 77; *Becker/Wulfgramm*, AÜG, Art. 1 § 13 Rn. 15.
[103] BGH 25. 6. 2002 – X ZR 83/00, NZA 2002, 1086; 17. 1. 1984 – VI ZR 187/82, DB 1984, 1194; *Becker/Wulfgramm*, AÜG, Art. 1 § 13 Rn. 51e; *Ulber*, AÜG, Einl. C Rn. 77.
[104] *Ulber*, AÜG, Einl. C Rn. 22 ff.
[105] KasselerHdb/*Düwell* Kap. 4.5 Rn. 137; *Steuer*, Die Arbeitnehmerüberlassung als Mittel zur Förderung des Arbeitsmarktes in Deutschland, 54; vgl. auch *Oberthür* ArbRB 2012, 117 ff.

dungsuchende mit Arbeitgebern zur Begründung eines Ausbildungsverhältnisses und Arbeitsuchende mit Arbeitgebern zur Begründung eines Beschäftigungsverhältnisses zusammenzuführen".

a) Arbeitsvermittlung

58   Bis 1994 war aufgrund des **Arbeitsvermittlungsmonopols** allein die damalige **Bundesanstalt für Arbeit** zur Arbeitsvermittlung berechtigt. Mit dem BeschFG 1994 ist dieses Vermittlungsmonopol abgeschafft und die private Arbeitsvermittlung zugelassen worden. Die private Arbeitsvermittlung war allerdings zunächst erlaubnispflichtig und stand unter Aufsicht der Bundesanstalt. 2002 wurde der Erlaubnisvorbehalt für die private Arbeitsvermittlung aufgehoben; seitdem besteht lediglich eine **Anzeigepflicht nach § 14 GewO**. Bis auf einige Schutzvorschriften im SGB III, die die Rechtsbeziehungen zwischen Arbeitsuchenden und privaten Arbeitsvermittlern regeln, ist die Arbeitsvermittlung weitgehend dereguliert worden. Die Überwachung der Einhaltung dieser Vorschriften obliegt weiterhin der Bundesagentur für Arbeit.

59   Die private Arbeitsvermittlung ist dadurch gekennzeichnet, dass der Unternehmer tatsächlich **nur als Vermittler** auftritt. Er ermöglicht lediglich den Abschluss eines Arbeitsvertrags zwischen Arbeitnehmern und einem Dritten. Zwischen dem **Vermittler und** dem **Arbeitnehmer** kommt **kein Arbeitsvertrag** zustande. Im Gegensatz dazu stellt der verleihende Unternehmer bei der Arbeitnehmerüberlassung seine Mitarbeiter selbst ein. Auch während der Dauer der Überlassung an ein Drittunternehmen bleibt der Verleiher der Arbeitgeber. Die Leiharbeitnehmer erbringen ihre Arbeitsleistung damit nicht gegenüber ihrem vertraglichen Arbeitgeber, sondern bei einem Dritten.

b) Abgrenzungsmerkmale

60   Ob es sich um private Arbeitsvermittlung oder Arbeitnehmerüberlassung handelt, richtet sich ausschließlich nach den **zwingenden gesetzlichen Bestimmungen** des AÜG bzw. des SGB III. Auf die von den Parteien gewählten Bezeichnungen kommt es nicht an.

61   Sinn und Zweck der Arbeitsvermittlung ist es, den Abschluss eines Arbeitsvertrags zwischen einem Arbeitnehmer und einem Dritten herbeizuführen. Daher bilden die von dem Dritten geforderten persönlichen und fachlichen Kompetenzen die Basis für einen Vertragsschluss. Der Arbeitsvermittler beendet regelmäßig seine vertraglichen Beziehungen zu dem vermittelten Arbeitnehmer mit dem erfolgreichen Abschluss der Vermittlung. Anschließend besteht nur noch das Arbeitsverhältnis mit dem Dritten, der **Arbeitnehmer** wird von vornherein ausschließlich **für einen anderen als den Vermittler tätig.**[106]

62   Um eine **Arbeitnehmerüberlassung** handelt es sich nach der Rechtsprechung hingegen, wenn ein Arbeitnehmer von seinem Arbeitgeber einem Dritten überlassen wird und aufgrund seines Arbeitsvertrags Weisungen des Drittunternehmens zur Arbeitsleistung zu befolgen hat. Der Arbeitnehmer ist dabei vollständig in den Betrieb des Dritten eingegliedert. Dennoch bleibt zwischen dem Überlassenden und dem überlassenen Arbeitnehmer auch während der Zeit der Tätigkeit beim Drittunternehmen ein Rechtsverhältnis bestehen. Der **Verleiher übernimmt dauerhaft die Arbeitgeberpflichten** und das **Arbeitgeberrisiko.** Ziel des verleihenden Arbeitgebers ist es nicht, den Leiharbeitnehmer an einen anderen Arbeitgeber dauerhaft abzugeben;

---

[106] *Gutmann/Kilian,* Zeitarbeit. Fakten, Trend und Visionen, 21.

I. Begriffe und Grundlagen

vielmehr stellt er seine Arbeitskräfte zur Verfügung und behält dabei gegenüber diesen seine formale Arbeitgeberstellung bei. Darin besteht der wesentliche Unterschied zwischen der Arbeitnehmerüberlassung und der Arbeitsvermittlung.

In der Praxis kommt es entscheidend darauf an, welcher der Beteiligten die **typischen Arbeitgeberfunktionen** wie etwa Zahlung des Lohns, Gewährung von Urlaub, Entgegennahme von Krankmeldungen wahrnimmt.[107] Allein die Zahlung von Lohn reicht allerdings nicht aus, um die für die Arbeitnehmerüberlassung erforderliche Ausübung der üblichen Arbeitgeberfunktionen zu bejahen. Beschränkt sich daher die Tätigkeit des Verleihers im Verlauf des Arbeitsverhältnisses darauf, dem Arbeitnehmer den Lohn zu überweisen, fungiert er nur noch als Zahlstelle. Es fehlt dann an der für einen Verleiher notwendigen Wahrnehmung von Arbeitgeberpflichten; dieser Zustand spricht gemäß der sogleich zu erörternden gesetzlichen Vermutung für eine Arbeitsvermittlung.[108]

c) Gesetzliche Vermutung der Arbeitsvermittlung

In § 1 Abs. 2 AÜG stellt das Gesetz unter bestimmten Voraussetzungen die Vermutung auf, es handele sich bei der Überlassung von Arbeitnehmern tatsächlich um eine Arbeitsvermittlung. Die Vermutung greift ein, wenn Arbeitnehmer Dritten zur Arbeitsleistung überlassen werden und der **Überlassende nicht die „üblichen Arbeitgeberpflichten oder das Arbeitgeberrisiko"** übernimmt.

Nach § 1 Abs. 2 AÜG ist die **vermutete Arbeitsvermittlung wie eine Arbeitsvermittlung zu behandeln.** Durch diese Regelung sollte der Bundesagentur für Arbeit die Durchführung des Gesetzes erleichtert werden. Zugleich sollte sie eine praktikable Abgrenzung zwischen Arbeitnehmerüberlassung und Arbeitsvermittlung ermöglichen.[109]

Von der Regelung des § 1 Abs. 2 AÜG werden **sowohl gewerbsmäßige als auch nichtgewerbsmäßige** Formen der **Arbeitnehmerüberlassung** erfasst.[110] Hierfür spricht schon der Wortlaut der Vorschrift, die im Unterschied zu § 1 Abs. 1 S. 1 AÜG in der bis zum 30. 11. 2011 geltenden Fassung kein gewerbsmäßiges Handeln des Überlassenden voraussetzt. Auch mit Entfallen des Kriteriums der Gewerbsmäßigkeit in § 1 Abs. 1 S. 1 AÜG und Ersetzung durch den Anknüpfungspunkt der Überlassung im Rahmen der wirtschaftlichen Tätigkeit ist dies weiterhin anzunehmen. Grundsätzlich nicht anwendbar ist die Vorschrift in den Fällen des § 1 Abs. 3 AÜG, insbesondere bei einer konzerninternen Arbeitnehmerüberlassung nach § 1 Abs. 3 Nr. 2 AÜG.[111]

aa) Voraussetzungen der Vermutung

§ 1 Abs. 2 AÜG setzt voraus, dass ein Arbeitnehmer einem Dritten überlassen wird und der Überlassende dabei nicht die üblichen Arbeitgeberpflichten oder das Arbeitgeberrisiko im Sinne des § 3 Abs. 1 Nr. 1–3 AÜG übernimmt.

---

[107] *Gutmann/Kilian,* Zeitarbeit. Fakten, Trend und Visionen, 21.
[108] *Gutmann/Kilian,* Zeitarbeit. Fakten, Trend und Visionen, 22.
[109] Schüren/*Schüren,* AÜG, § 1 Rn. 362; Thüsing/*Waas,* AÜG, § 1 Rn. 134.
[110] BAG 21. 3. 1990 – 7 AZR 198/89, BB 1991, 275, 276; *Becker/Wulfgramm,* AÜG, Art. 1 § 1 Rn. 46 a; *Boemke/Lembke,* AÜG, § 1 Rn. 147; *Sandmann/Marschall/Schneider,* AÜG, Art. 1 § 1 Rn. 55; *Ulber,* AÜG, § 1 Rn. 196; Thüsing/*Waas,* AÜG, § 1 Rn. 135; *Boewer* DB 1982, 2036; aA Schüren/*Schüren,* AÜG, 3. Aufl. 2007, § 1 Rn. 433 ff; mittlerweile aufgegeben: Schüren/*Schüren,* AÜG, § 1 Rn. 388.
[111] BAG 21. 3. 1990 – 7 AZR 198/89, AP AÜG § 1 Nr. 15; *Becker/Wulfgramm,* AÜG, Art. 1 § 1 Rn. 51 c.

A. Arbeitnehmerüberlassung

68 Ob ein Arbeitnehmer überlassen wird, beurteilt sich nach den tatsächlichen Verhältnissen.[112] Die **Vermutungswirkungen** können daher **erst eintreten,** wenn der **Arbeitnehmer beim Dritten seine Arbeit aufnimmt.** Während im Rahmen des § 1 Abs. 1 S. 1 AÜG die Absicht, Arbeitnehmer zu überlassen, genügt, ist für § 1 Abs. 2 AÜG der tatsächliche Vollzug der Überlassung eines Arbeitnehmers erforderlich.[113]

69 Da Abs. 2 allein an die tatsächlichen Verhältnisse anknüpft, kommt es hinsichtlich des Arbeitnehmerbegriffs ausschließlich darauf an, ob die Tätigkeit **rein faktisch eine weisungsgebundene Tätigkeit** eines Arbeitnehmers ist. Ob die überlassene Person im Rahmen eines Rechtsverhältnisses, welches nicht als Arbeitsverhältnis zu qualifizieren ist, angestellt wurde, ist unbeachtlich. Wird etwas eine Person als freier Mitarbeiter eingestellt, arbeitet diese Person jedoch faktisch eingegliedert nach arbeitsorganisatorischen Weisungen des Einsatzbetriebs, ist der Überlassungstatbestand iSd § 1 Abs. 2 AÜG erfüllt.[114] Vom **Anwendungsbereich ausgenommen** sind alle Fälle, in denen **Arbeitnehmer nicht zur Arbeitsleistung überlassen** wurden, insbesondere Arbeitnehmer, die im Rahmen der Grenzen eines zulässigen werkvertraglichen Einsatzes im Einsatzbetrieb beschäftigt sind.[115] Bei der Durchführung gemischter Verträge ist Abs. 2 hinsichtlich des Teils, der sich auf die Überlassung zur Arbeitsleistung bezieht, in vollem Umfang anwendbar.[116]

70 Neben der Überlassung eines Arbeitnehmers setzt die Vermutungsregelung voraus, dass der Arbeitgeber hinsichtlich des konkret überlassenen Arbeitnehmers entweder nicht die üblichen Arbeitgeberpflichten oder nicht das Arbeitgeberrisiko übernimmt.

71 Hinsichtlich der üblichen Arbeitgeberpflichten und des Arbeitgeberrisikos verweist das Gesetz auf § 3 Abs. 1 Nr. 1–3 AÜG. Folglich liegt in allen Fällen, in denen die Erlaubnisbehörde nach diesen Vorschriften die Erlaubnis zur Arbeitnehmerüberlassung zu versagen hat, eine **Nichtübernahme der üblichen Arbeitgeberpflichten oder des Arbeitgeberrisikos** vor.

72 So ist im Zusammenhang mit § 3 Abs. 1 Nr. 1 AÜG von einer Nichtübernahme der üblichen Arbeitgeberpflichten auszugehen, wenn der **Arbeitgeber** die **Vorschriften des Sozialversicherungsrechts,** über die Einbehaltung und Abführung der Lohnsteuer, über die Arbeitsvermittlung, über die Anwerbung im Ausland oder über die Ausländerbeschäftigung, die Vorschriften des Arbeitsschutzrechts oder die arbeitsrechtlichen Pflichten **nicht einhält.** Unter die letztgenannten „arbeitsrechtlichen Pflichten" fallen sämtliche nicht bereits von den anderen Regelbeispielen erfassten, sich aus dem Arbeitsvertrag, einer Kollektivvereinbarung oder dem Gesetz ergebenden Arbeitgeberpflichten.[117]

73 Nach § 1 Abs. 2 AÜG liegt eine Nichtübernahme der üblichen Arbeitgeberpflichten ebenfalls vor, wenn der Überlassende nach der Gestaltung seiner Betriebsorganisation **nicht in der Lage ist,** die üblichen **Arbeitgeberpflichten ordnungsgemäß zu erfüllen** (§ 3 Abs. 1 Nr. 3 AÜG).

74 Der Vermutungtatbestand der Nichtübernahme von Arbeitgeberpflichten ist auch dann erfüllt, wenn der **Verleiher gegen die Gleichbehandlungspflichten aus §§ 3**

---

[112] *Ulber*, AÜG, § 1 Rn. 197; *Boemke/Lembke*, AÜG, § 1 Rn. 146.
[113] *Sandmann/Marschall/Schneider*, AÜG, § 1 Rn. 55; *Ulber*, AÜG, § 1 Rn. 197.
[114] BAG 22. 6. 1994 – 7 AZR 506/93, EzAÜG AÜG § 13 Nr. 4; *Becker/Wulfgramm*, AÜG, Art. 1 § 1 Rn. 49 d.
[115] *Ulber*, AÜG, § 1 Rn. 197.
[116] *Ulber*, AÜG, § 1 Rn. 197.
[117] *Becker/Wulfgramm*, AÜG, Art. 1 § 1 Rn. 49 e; ErfK/*Wank* AÜG § 3 Rn. 7 e.

I. Begriffe und Grundlagen

Abs. 1 Nr. 3, 9 Nr. 2, 10 Abs. 4 AÜG verstößt.[118] Ist die Anwendbarkeit des Gleichbehandlungsgrundsatzes infolge der Anwendung eines Tarifvertrags zur Arbeitnehmerüberlassung ausgeschlossen, werden Verstöße gegen diesen Tarifvertrag von § 3 Abs. 1 Nr. 1 AÜG erfasst.[119]

Die Nichtübernahme von Arbeitgeberpflichten kann darauf beruhen, dass der Verleiher sie vertraglich ausgeschlossen hat. Sie kann aber auch darauf beruhen, dass er sie rein tatsächlich nicht ordnungsgemäß erfüllt.[120]

Die **Übernahme des Arbeitgeberrisikos** bezieht sich insbesondere auf die **Beschäftigungs- und Lohnzahlungspflichten** sowie den **Bestandsschutz** des Arbeitsverhältnisses.[121]

bb) Rechtsfolgen der Vermutung

Liegen die Voraussetzungen des § 1 Abs. 2 AÜG vor, gilt die Tätigkeit des Überlassenden als Arbeitsvermittlung. Von dieser Vermutung wird sowohl die **gewerbsmäßige als auch die nichtgewerbsmäßige Arbeitnehmerüberlassung** erfasst. Die gesetzliche Vermutung hat zur Folge, dass die Überlassung von Arbeitnehmern an einen Dritten als Zusammenführung des Arbeitnehmers mit dem Dritten zur **Begründung eines Arbeitsverhältnisses zu bewerten** ist.[122]

Hinsichtlich der arbeitsrechtlichen Folgen ist zu unterscheiden, ob der vermutete Vermittler über eine **Erlaubnis zur Arbeitnehmerüberlassung** verfügte oder nicht.

Hatte der Arbeitgeber eine Erlaubnis zur Arbeitnehmerüberlassung, kann ihm diese nach § 5 Abs. 1 Nr. 3 AÜG entzogen werden. Im Hinblick auf das Verhältnis zwischen dem Arbeitnehmer und dem Beschäftigungsunternehmen werden die Konsequenzen der vermuteten Arbeitsvermittlung nicht einheitlich beurteilt. Nach früherer Gesetzeslage und Rechtsprechung kam in diesen Fällen ein **Arbeitsverhältnis zwischen dem Arbeitnehmer und dem Entleiher** zustande. Diese Rechtsfolge wurde aus § 13 AÜG aF abgeleitet. Ob mit der Streichung des § 13 AÜG aF im Jahre 1997 auch die Fiktion eines Arbeitsverhältnisses abgeschafft werden sollte, ist umstritten. Teile des Schrifttums gehen davon aus, dass sich die Begründung eines Arbeitsverhältnisses kraft Gesetzes auch ohne § 13 AÜG aF nach § 1 Abs. 2 AÜG oder unter analoger Anwendung des § 10 Abs. 1 AÜG vollzieht.[123] Das **Bundesarbeitsgericht** hat demgegenüber seine frühere Rechtsprechung aufgegeben; nach Streichung des § 13 AÜG aF gibt es nach seiner Auffassung in den Fällen der vermuteten Arbeitsvermittlung **keine gesetzliche Grundlage mehr für das Entstehen eines Arbeitsverhältnisses** zwischen dem Leiharbeitnehmer und dem Entleiher.[124] Die in § 1 Abs. 2 AÜG enthaltene **Vermutung** des Vorliegens von Arbeitsvermittlung hat danach **keine arbeitsrechtlichen Konsequenzen** mehr; die einzige arbeitsvertragliche Beziehung, die bei einer nach § 1 Abs. 2 vermuteten Arbeitsvermittlung besteht, ist der Leiharbeitsvertrag zwischen dem Leiharbeitnehmer und dem Verleiher mit Verleiher-

---

[118] *Ulber*, AÜG, § 1 Rn. 200; *Thüsing/Waas*, AÜG, § 1 Rn. 145.
[119] *Thüsing/Waas*, AÜG, § 1 Rn. 144; *Ulber*, AÜG, § 1 Rn. 200.
[120] BT-Drs. 10/2102, 32.
[121] *Ulber*, AÜG, § 1 Rn. 201.
[122] BAG 21. 3. 1990 – 7 AZR 198/89, NZA 1991, 269; *Schüren/Schüren*, AÜG, § 1 Rn. 401 ff.; *Sandmann/Marschall/Schneider*, AÜG, Art. 1 § 1 Rn. 67; *Thüsing/Waas*, AÜG, § 1 Rn. 136; *Boemke/Lembke*, AÜG, § 1 Rn. 166.
[123] *Ulber*, AÜG, § 1 Rn. 223b; *Schüren/Schüren*, AÜG, § 1 Rn. 398.
[124] BAG 28. 6. 2000 – 7 AZR 100/99, NZA 2000, 1160; 19. 3. 2003 – 7 AZR 267/02, BAGE 105, 317.

erlaubnis.¹²⁵ Die vermutete Arbeitsvermittlung führt **nicht zur Unwirksamkeit dieses Leiharbeitsvertrags.**¹²⁶ Aus diesem Grund besteht auch **kein Schutzbedürfnis** für den Leiharbeitnehmer, welches die Begründung eines Arbeitsverhältnisses mit dem Entleiher – gegen dessen Willen – rechtfertigen würde.

80 Hatte der **Verleiher** bei einer vermuteten Arbeitsvermittlung **keine Erlaubnis** zur Arbeitnehmerüberlassung, ist bei Handeln im Rahmen der wirtschaftlichen Tätigkeit das Leiharbeitsverhältnis nach § 9 Nr. 1 AÜG unwirksam. Dies führt dazu, dass in diesen Fällen **zwischen dem Arbeitnehmer und dem Entleiher ein Arbeitsverhältnis fingiert** wird (§ 10 Abs. 1 AÜG).¹²⁷ Bei einer nicht gewerbsmäßigen Überlassung (Überlassung außerhalb des Rahmens der wirtschaftlichen Tätigkeit iSv § 1 Abs. 1 S. 1 AÜG idF ab dem 1. 12. 2011) bleibt es aufgrund der fehlenden Erlaubnispflicht wiederum ausschließlich bei dem Leiharbeitsverhältnis zwischen Verleiher und Leiharbeitnehmer; zur Begründung eines Arbeitsverhältnisses zum Entleiher kommt es in diesem Fall nicht.¹²⁸

cc) Widerlegbarkeit der Vermutung

81 Umstritten ist, in welchen Fällen die Vermutung widerlegt werden kann. In der Literatur wird teilweise angenommen, dass die Vermutung generell – also sowohl bei der **gewerbsmäßigen als auch bei der nichtgewerbsmäßigen Arbeitnehmerüberlassung** widerlegbar ist.¹²⁹ Begründet wird dies vor allem mit dem Wortlaut der Vorschrift und dem Entstehungszusammenhang.¹³⁰

82 Das **Bundesarbeitsgericht** geht hingegen davon aus, dass die Vermutung im Bereich der **gewerbsmäßigen Arbeitnehmerüberlassung unwiderlegbar**¹³¹ und bei der nicht gewerbsmäßigen Arbeitnehmerüberlassung widerlegbar¹³² ist. Eine unterschiedslose Behandlung aller Fälle gewerbsmäßiger und nichtgewerbsmäßiger Arbeitnehmerüberlassung sollte mit der Gesetzesfassung nicht erreicht werden; vielmehr befürwortet der Gesetzgeber eine **flexible Handhabung.**¹³³ Eine unterschiedliche Behandlung rechtfertigt sich daraus, dass der Arbeitgeber bei Verstößen im Rahmen nichtgewerbsmäßiger Arbeitnehmerüberlassung idR sein Gewerbe weiterhin unter Fortsetzung des Arbeitsverhältnisses betreiben kann, während bei gewerbsmäßiger Arbeitnehmerüberlassung die Erlaubnis bzw. deren Verlängerung nach § 3 Abs. 1 AÜG zwingend zu versagen ist mit der Folge, dass das Arbeitsverhältnis nach § 9 Nr. 1 AÜG endet.¹³⁴ Ab Inkrafttreten der **Änderung von § 1 Abs. 1 S. 1 AÜG zum 1. 12. 2011** ist das maßgebliche Unterscheidungskriterium für die Widerlegbarkeit allerdings nicht mehr die Gewerbsmäßigkeit, sondern die Frage, ob die Überlassung **im Rahmen der wirtschaftlichen Tätigkeit des Verleihers** erfolgte oder nicht.

---

[125] BAG 28. 6. 2000 – 7 AZR 100/99, NZA 2000, 1160; *Säcker/Kühnast* ZfA 2001, 117 (131); *Boemke* BB 2000, 2524; *Plander* NZA 2002, 69 (71).
[126] BAG 28. 6. 2000 – 7 AZR 100/99, NZA 2000, 1160.
[127] ErfK/*Wank* AÜG § 1 Rn. 49; *Boemke* BB 2000, 2524; *Urban-Crell/Schulz* Rn. 872 f.; *Ulber*, AÜG, § 1 Rn. 223 d; *Thüsing/Waas*, AÜG, § 1 Rn. 155.
[128] BAG 15. 4. 1999 – 7 AZR 437/97, NZA 2000, 102.
[129] *Sandmann/Marschall/Schneider*, AÜG, Art. 1 § 1 Rn. 63; *Schüren/Schüren*, AÜG, § 1 Rn. 392; *Urban-Crell/Schulz* Rn. 847 f.; *Boemke/Lembke*, AÜG, § 1 Rn. 158; MüArbR/*Marschall*, 2. Aufl. 2000, § 172 Rn. 40; § 169 Rn. 12; aA *Ulber*, AÜG, § 1 Rn. 206 ff.
[130] *Schüren/Schüren*, AÜG, 3. Aufl. 2007, § 1 Rn. 392 f.
[131] BAG 23. 11. 1988 – 7 AZR 34/88, AP AÜG § 1 Nr. 14; 3. 12. 1997 – 7 AZR 764/96, NZA 1998, 876.
[132] BAG 21. 3. 1990 – 7 AZR 198/89, NZA 1991, 269.
[133] BT-Drs. VI/3505, 2.
[134] *Ulber*, AÜG, § 1 Rn. 208.

I. Begriffe und Grundlagen

Nach der Rechtsprechung des Bundesarbeitsgerichts ist die **Vermutung** von Arbeitsvermittlung **widerlegt,** wenn nach der gesamten Gestaltung und Durchführung der vertraglichen Beziehungen mittels wertender Gesamtbetrachtung davon auszugehen ist, dass der **Schwerpunkt des Arbeitsverhältnisses im Verhältnis zum überlassenden Arbeitgeber liegt.**[135] Maßgeblich sind insbesondere die Dauer des Arbeitsverhältnisses mit dem überlassenden Arbeitgeber, Grund und Dauer der einzelnen Arbeitnehmerüberlassung oder die einzelvertragliche Zusicherung einer Bestandgarantie durch den Vertragsarbeitgeber.[136] 83

Um die Vermutung der Arbeitsvermittlung zu widerlegen, muss der Überlassende Tatsachen darlegen und beweisen, aus denen sich ergibt, dass er den Arbeitnehmer trotz der Erfüllung eines Vermutungstatbestandes im Rahmen einer gesetzeskonformen Arbeitnehmerüberlassung überlassen hat und den besonderen Arbeitgeberpflichten eines Verleihers nachkommt.[137] 84

Der **Entlastungsbeweis** erfolgt in **drei Stufen:** Der Verleiher muss **zunächst belegen,** dass er den betroffenen **Leiharbeitnehmer dauerhaft beschäftigen wollte.**[138] Die Dauer des Einsatzes des Arbeitnehmers im Beschäftigungsbetrieb ist dafür ohne Bedeutung. Wenn das Arbeitsverhältnis zum Verleiher von vornherein auf die Überlassungsdauer befristet ist, spricht dies für eine Arbeitsvermittlung.[139] Allerdings schließt eine einmalige Synchronisation der Überlassungsdauer mit der Dauer des Arbeitsverhältnisses noch keine Arbeitnehmerüberlassung aus. Denn diese Synchronisation ist heute über § 14 Abs. 2 TzBfG zulässig. Erst wenn nachgewiesen werden kann, dass von vornherein nicht beabsichtigt war, weitere Überlassungen folgen zu lassen, liegt eine (verdeckte) Vermittlung vor.[140] Der Schwerpunkt der Arbeitgeber-Arbeitnehmer-Beziehung liegt hier von vornherein ausschließlich in der Beziehung zwischen Leiharbeitnehmer und Drittunternehmen.[141] 85

Des Weiteren muss der Verleiher glaubhaft machen, dass er den **Arbeitnehmer an wechselnde Drittunternehmen überlassen wollte.**[142] Dabei genügt es, wenn er darauf verweisen kann, dass er andere, vergleichbare Leiharbeitnehmer in dauerhaften Arbeitsverhältnissen beschäftigt und regelmäßig an wechselnde Dritte verleiht. **Wer nur an ein Drittunternehmen überlassen will, ist Vermittler.**[143] Eine drittunternehmensbezogene Einstellung ist ein sicheres Indiz für das Vorliegen von Arbeitsvermittlung, da in diesen Fällen ein Wechsel zu anderen Drittunternehmen per se ausgeschlossen ist.[144] In der Praxis sollte daher darauf geachtet werden, dass das Beschäftigungsverhältnis des Leiharbeitnehmers nicht zu speziell auf das Drittunternehmen zugeschnitten ist. 86

Schließlich muss der Überlassende nachweisen, dass er seine Arbeitgeberfunktion ernsthaft erfüllt.[145] 87

---

[135] BAG 21. 3. 1990 – 7 AZR 198/89, NZA 1991, 269; 1. 6. 1994 – 7 AZR 7/93, NZA 1995, 465 f.
[136] *Sandmann/Marschall/Schneider,* AÜG, Art. 1 § 1 Rn. 63; *Ulber,* AÜG, § 1 Rn. 213.
[137] *Ulber,* AÜG, § 1 Rn. 215; Schüren/*Schüren,* AÜG, § 1 Rn. 413 ff.
[138] Thüsing/*Waas,* AÜG, § 1 Rn. 148; *Ulber,* AÜG, § 1 Rn. 201 c.
[139] Schüren/*Schüren,* AÜG, § 1 Rn. 414; *Ulber,* AÜG, § 1 Rn. 201 b.
[140] *Ulber,* AÜG, § 1 Rn. 201 b; Thüsing/*Waas,* AÜG, § 1 Rn. 146.
[141] BAG 2. 3. 1994 – 5 AZR 462/93, EzAÜG BGB § 242 Nr. 5.
[142] Thüsing/*Waas,* AÜG, § 1 Rn. 148; Schüren/*Schüren,* AÜG, § 1 Rn. 415.
[143] Str. LAG Niedersachsen 28. 2. 2006 – 13 TaBV 56/05, EzAÜG AÜG § 14 Betriebsverfassung Nr. 64.
[144] *Ulber,* AÜG, § 1 Rn. 216; *Behrend* BB 2001, 2644.
[145] LAG Niedersachsen 26. 11. 2008 – 12 TaBV 142/07, EzAÜG AÜG § 14 Betriebsverfassung Nr. 73; Schüren/*Schüren,* AÜG, § 1 Rn. 415; Thüsing/*Waas,* AÜG, § 1 Rn. 149.

88 Eine Widerlegung der Vermittlungsvermutung kommt zB **bei geringfügigen oder irrtümlichen Pflichtverletzungen** der Haupt- und Nebenleistungspflichten in Betracht.[146] Solche geringfügigen Verstöße werden vor allem bei der **Verletzung von Nebenpflichten** aus dem Arbeitsverhältnis angenommen. Als konkrete Beispiele seien die einmalige verspätete Lohnzahlung oder die auf einem Büroversehen beruhende Nichtmeldung des Zeitarbeitnehmers beim Sozialversicherungsträger genannt.[147] Der Überlassende kann sich in diesen Fällen dadurch entlasten, dass er nachweist, in der Vergangenheit seine Verpflichtungen aus dem Arbeitsverhältnis über einen längeren Zeitraum ordnungsgemäß erfüllt zu haben.[148] Eine andere Möglichkeit der Widerlegung der Vermutung besteht in der Darlegung, dass die dem angeblichen Verstoß zugrunde gelegten Tatsachen rechtlich falsch gewürdigt wurden. Bei einer **Verletzung von Hauptleistungspflichten** – zB bei Nichtzahlung des Arbeitsentgelts oder bei Verstößen gegen Tarifverträge – kann **nur unter strengen Voraussetzungen** die Vermutung widerlegt werden.[149]

89 Selbst bei schwerwiegenden Pflichtverletzungen ist unter Berücksichtigung des Verlaufs des bisherigen Arbeitsverhältnisses eine Widerlegung der Vermutung des § 1 Abs. 2 AÜG möglich. Liegt zB einer Nichtzahlung der Vergütung eine auf einer wirtschaftlich schwierigen Situation basierende Zahlungsunfähigkeit zugrunde, kann auch hier die Vermutung dadurch widerlegt werden, dass der Überlassende nachweist, **in der Vergangenheit über einen längeren Zeitraum seine Pflichten ordnungsgemäß erfüllt** zu haben.[150] Die Einmaligkeit des Verstoßes allein begründet jedoch noch nicht die Widerlegung der Vermutung. Denn dies würde zu dem Ergebnis führen, dass bei gleichen Pflichtverletzungen in mehreren Arbeitsverhältnissen das Eingreifen der Vermutungswirkung je nach Zahl der wiederholten Verstöße unterschiedlich beurteilt werden müsste.[151]

90 Bei **Nichtübernahme des Arbeitgeberrisikos** gelingt die **Widerlegung** der Vermittlungsvermutung **nur in den seltensten Fällen**.[152] Verstößt beispielsweise der Verleiher gegen die Verpflichtung zur Entgeltfortzahlung in verleihfreien Zeiten oder stellt eine Befristung oder Kündigung des Arbeitsverhältnisses eine unzulässige Umgehung der Vorschriften zum Annahmeverzug dar, begründet dies immer die Vermutung von Arbeitsvermittlung, wobei eine Entlastung des Verleihers nur in extremen Ausnahmefällen in Betracht kommt.[153] Auch bei Verstößen gegen den Gleichbehandlungsgrundsatz ist wegen dessen großer Bedeutung ein Entlastungsbeweis nur ausnahmsweise möglich; hier muss der Verleiher unwissentlich gehandelt haben und muss darlegen können, dass er seinen Erkundungspflichten zur Feststellung der Gleichstellungsansprüche nachgekommen ist.[154]

91 Für die Widerlegung der Vermutung ist allein zu beweisen, dass keine Arbeitsvermittlung vorliegt. Nicht bewiesen ist damit aber, dass es sich um ein „zuverlässiges" Zeitarbeitsunternehmen handelt, dem die Überlassungserlaubnis nicht entzogen wer-

---

[146] *Boemke/Lembke*, AÜG, § 1 Rn. 160; *Thüsing/Waas*, AÜG, § 1 Rn. 150; *Ulber*, AÜG, § 1 Rn. 218; ErfK/*Wank* AÜG § 1 Rn. 48.
[147] *Thüsing/Waas*, AÜG, § 1 Rn. 150; *Ulber*, AÜG, § 1 Rn. 218.
[148] *Boemke/Lembke*, AÜG § 1 Rn. 163.
[149] *Thüsing/Waas*, AÜG, § 1 Rn. 150; *Boemke/Lembke*, AÜG, § 1 Rn. 163; aA *Ulber*, AÜG, § 1 Rn. 218.
[150] *Boemke/Lembke*, AÜG, § 1 Rn. 163; aA *Ulber*, AÜG, § 1 Rn. 218.
[151] *Ulber*, AÜG, § 1 Rn. 213.
[152] *Thüsing/Waas*, AÜG, § 1 Rn. 151; *Ulber*, AÜG, § 1 Rn. 219.
[153] *Thüsing/Waas*, AÜG, § 1 Rn. 151; *Ulber*, AÜG, § 1 Rn. 219.
[154] So *Ulber*, AÜG, § 1 Rn. 221.

I. Begriffe und Grundlagen

den darf.¹⁵⁵ **Gelingt die Widerlegung der Vermutung, ist die Arbeitnehmerüberlassung bei nichtgewerblicher Tätigkeit ohne weiteres zulässig.** Bei gewerbsmäßigem Handeln richtet sich die Zulässigkeit nach den Bestimmungen des AÜG,¹⁵⁶ insbesondere bedarf die Tätigkeit einer Erlaubnis nach § 1 Abs. 1 AÜG.

Kann die Vermittlungsvermutung nicht widerlegt werden, ist davon auszugehen, dass der Überlassende Arbeitsvermittlung betreibt.¹⁵⁷ Dies führt dann zu den oben ausgeführten Rechtsfolgen. 92

4. Gesetzliche Grundlagen

Rechtsgrundlagen für die Arbeitnehmerüberlassung ergeben sich aus dem Gemeinschaftsrecht, dem Grundgesetz und dem einfachen Recht. 93

a) Gemeinschaftsrecht

aa) Freizügigkeit, Niederlassungsfreiheit und Dienstleistungsfreiheit

Gemeinschaftsrechtlich sind **hinsichtlich der Arbeitnehmerüberlassung** aus dem Primärrecht die Bestimmungen zur Freizügigkeit (Art. 45 ff. des Vertrags über die Arbeitsweise der Europäischen Union (AEUV)), zur Niederlassungsfreiheit (Art. 49 ff. AEUV) und zur Dienstleistungsfreiheit (Art. 56 ff. AEUV) von Bedeutung. 94

Die Freizügigkeit der Arbeitnehmer ermöglicht diesen den **freien Zugang zu den Arbeitsplätzen der Mitgliedstaaten.** Art. 45 Abs. 2 AEUV verbietet jede unterschiedliche Behandlung der Arbeitnehmer der EU-Mitgliedstaaten in Bezug auf Beschäftigung, Entlohnung und sonstige Arbeitsbedingungen, soweit sie auf der Staatsangehörigkeit beruhen. Der Begriff des Arbeitnehmers ist dabei nach Gemeinschaftsrecht auszulegen. Entscheidend ist, dass jemand während einer bestimmten Zeit für einen anderen nach dessen Weisungen Leistungen erbringt und als Gegenleistung eine Vergütung erhält.¹⁵⁸ Danach sind die **Freizügigkeitsvorschriften auch auf Leiharbeitnehmer anzuwenden.**¹⁵⁹ 95

Die Bestimmungen zur **Niederlassungsfreiheit** sollen gewährleisten, dass Staatsangehörige eines EU-Mitgliedstaates sich in einem anderen Mitgliedstaat unter denselben Voraussetzungen wie dessen Staatsangehörige **frei niederlassen oder Zweigniederlassungen gründen können** (Art. 49 Abs. 2 AEUV). Während sich die Freizügigkeitsvorschriften an Arbeitnehmer richten, bezieht sich die Niederlassungsfreiheit auf **Selbständige.** Sie betrifft die **Aufnahme und Ausübung selbständiger Erwerbstätigkeiten.** 96

Die **Dienstleistungsfreiheit** unterscheidet sich von der Niederlassungsfreiheit durch das zeitliche Element. Die Niederlassung ist bereits begrifflich auf eine gewisse Dauer angelegt. Demgegenüber erfordert die Erbringung einer Dienstleistung grundsätzlich nur, dass die Tätigkeit vorübergehend in dem anderen Mitgliedstaat ausgeübt wird.¹⁶⁰ Die Dienstleistungsfreiheit ermöglicht daher die **vorübergehende Aus-** 97

---

[155] Schüren/*Hamann*, AÜG, § 1 Rn. 405.
[156] ErfK/*Wank* AÜG § 1 Rn. 48; Thüsing/*Waas*, AÜG, § 1 Rn. 153; Schüren/*Schüren*, AÜG, § 1 Rn. 421; *Ulber*, AÜG, § 1 Rn. 223.
[157] BAG 21. 3. 1990 – 7 AZR 198/89, AP AÜG § 1 Nr. 15; *Boemke/Lembke*, AÜG, § 1 Rn. 163; Thüsing/*Waas*, AÜG, § 1 Rn. 154.
[158] EuGH 3. 7. 1986 – 66/85, Slg. 1986, 2121 – Lawrie-Blum; 12. 5. 1998 – C-85/96, Slg. 1998, I-2691 Rn. 32 mwN – Martinez Sala.
[159] EuGH 27. 3. 1990 – C-113/89, Slg. 1990, I-1417 Rn. 16 – Rush Portuguesa.
[160] Schüren/*Riederer von Paar*, AÜG, Einl. Rn. 545.

A. Arbeitnehmerüberlassung

übung selbständiger Erwerbstätigkeiten (Art. 57 Abs. 3 AEUV). Von der Dienstleistungsfreiheit erfasst ist es auch, wenn der Dienstleistende die Leistung nicht selbst in dem anderen Mitgliedstaat beim Empfänger der Dienstleistung erbringt, sondern zur Durchführung der Arbeiten **vorübergehend seine Arbeitnehmer dorthin entsendet.** Folglich unterfällt die grenzüberschreitende Entsendung von Arbeitnehmern zur Ausführung von Werk- oder Dienstverträgen den Art. 60ff.[161] Die Dienstleistungsfreiheit gilt auch für Arbeitnehmerüberlassungsunternehmen.[162]

bb) Richtlinien

98 Aus dem Sekundärrecht sind im Hinblick auf die Arbeitnehmerüberlassung verschiedene Richtlinien zu beachten.

(1) Richtlinie zur Arbeitssicherheit und zum Gesundheitsschutz

99 Am 25. 6. 1991 ist die Richtlinie 91/383/EWG – die Richtlinie zur Ergänzung von Maßnahmen zur Verbesserung der Sicherheit und des Gesundheitsschutzes von Arbeitnehmern mit befristetem Arbeitsverhältnis oder Leiharbeitsverhältnis[163] – verabschiedet worden. Mit dieser Richtlinie soll sichergestellt werden, dass **Leiharbeitnehmer** im Hinblick auf Sicherheit und Gesundheitsschutz am Arbeitsplatz das **gleiche Schutzniveau** genießen **wie die anderen Arbeitnehmer des entleihenden Unternehmens.** Der deutsche Gesetzgeber hat die Vorgaben der Richtlinie mit dem Gesetz zur Umsetzung der EG-Rahmenrichtlinie Arbeitsschutz und weiterer Arbeitsschutzrichtlinien[164] umgesetzt; dies hat sich ua in **§ 11 Abs. 6 Arbeitnehmerüberlassungsgesetz (AÜG)** mit zusätzlichen Unterrichtungspflichten des Entleihers gegenüber dem Leiharbeitnehmer niedergeschlagen.

(2) Entsende-Richtlinie

100 Die Richtlinie 96/71/EG des Europäischen Parlaments und des Rates vom 16. 12. 1996 über die Entsendung von Arbeitnehmern im Rahmen der Erbringung von Dienstleistungen[165] (Entsende-Richtlinie) trifft Regelungen für den **grenzüberschreitenden Einsatz von Arbeitnehmern** im Rahmen der länderübergreifenden Erbringung von Dienstleistungen. Sie betrifft Entsendungen auf der Grundlage eines Vertrags zwischen entsendendem Unternehmen und Dienstleistungsempfänger, Entsendungen innerhalb von Unternehmen oder Unternehmensgruppen sowie den Verleih bzw. die Zurverfügungstellung von Leiharbeitnehmern (Art. 1 Abs. 1, 3 RL 96/71/EG). Neben der Verwirklichung der Dienstleistungsfreiheit bezweckt die Richtlinie zum einen den **Schutz der Arbeitnehmer,** zum anderen die **Verhinderung von Wettbewerbsverzerrungen.** So soll „Sozialdumping" verhindert und freier Wettbewerb gewährleistet werden.[166]

101 Die Richtlinie gilt nach Art. 1 Abs. 1 für Unternehmen mit Sitz in einem Mitgliedstaat, die im Rahmen der länderübergreifenden Erbringung von Dienstleistungen Arbeitnehmer gem. Art. 1 Abs. 3 in das Hoheitsgebiet eines Mitgliedstaats entsenden. **Mittelbar** gilt die Richtlinie allerdings **auch für Unternehmen aus Nichtmitgliedstaaten,** weil ihnen nach Art. 1 Abs. 4 keine günstigere Behandlung zuteil werden

---

[161] EuGH 3. 2. 1982 – 62/81 u. 63/81, Slg. 1982, 223 – Seco; 27. 3. 1990 – C-113/89, Slg. 1990, I-1417 Rn. 11 f. – Rush Portuguesa.
[162] EuGH 17. 12. 1981 – 279/80, AP EWG-Vertrag Art. 177 Nr. 9 – Webb.
[163] ABl. EG 1991 L 206, 19ff.
[164] BGBl. I 1246.
[165] ABl. EG 1997 L 18, 1.
[166] EuGH 18. 12. 2007 – C 341/05, Slg. 2007, Rn. 103 – Laval; *Ulber,* AÜG, Einl. F Rn. 49f.

darf.[167] In Art. 1 Abs. 3 sind die Entsendungstatbestände und damit die Arbeitnehmergruppen genannt, die von der Richtlinie erfasst werden. Einer dieser Tatbestände betrifft ausdrücklich die Entsendung von Leiharbeitnehmern. So ist die Richtlinie nach Art. 1 Abs. 3 lit. c anwendbar, soweit ein Leiharbeitsunternehmen oder ein Unternehmen, das Arbeitnehmer zur Verfügung stellt, seine Arbeitnehmer bei fortbestehendem Arbeitsverhältnis einem entleihenden (verwendenden) Unternehmen überlässt, welches seinen Sitz im Hoheitsgebiet eines Mitgliedstaats hat oder dort seine Tätigkeit ausübt.

In inhaltlicher Hinsicht gibt die Richtlinie vor, dass die Mitgliedstaaten dafür zu sorgen haben, dass die eben genannten Unternehmen den in ihr Hoheitsgebiet entsandten Arbeitnehmern – unabhängig von dem auf ihr Arbeitsverhältnis anwendbaren Recht – die **Arbeitsbedingungen garantieren,** die **am Beschäftigungsort** für Tätigkeiten der gleichen Art als Mindestarbeitsbedingungen **gelten** (Art. 3 Abs. 1 RL 96/71/EG). Die Arbeitsbedingungen müssen sich auf bestimmte Angelegenheiten beziehen; hierzu gehören insbesondere Höchstarbeitszeiten und Mindestruhezeiten, bezahlter Mindestjahresurlaub, Mindestlohnsätze, Sicherheit, Gesundheitsschutz und Hygiene am Arbeitsplatz, Schutzmaßnahmen für besondere Arbeitnehmergruppen und die Gleichbehandlung von Männern und Frauen sowie Diskriminierungsverbote (Art. 3 Abs. 1). Ausdrücklich genannt werden auch die Bedingungen für die Überlassung von Arbeitskräften, insbesondere durch Leiharbeitsunternehmen (Art. 3 Abs. 1 lit. d). **102**

Da sich die Verabschiedung der Entsende-Richtlinie infolge mangelnder Einigung im Ministerrat über Jahre hinweg hinzog, erließen einige Mitgliedstaaten zwischenzeitlich **nationale Entsenderegelungen.** So trat auch in Deutschland das **Arbeitnehmer-Entsendegesetz aF** vor Erlass der Richtlinie im März 1996 in Kraft. Durch das Gesetz sollten gleiche Entgeltbedingungen in der deutschen Bauwirtschaft für in- und ausländische Arbeitgeber erreicht werden. Das Arbeitnehmer-Entsendegesetz vom 1. 3. 1996 ist seit seinem Inkrafttreten mehrfach geändert und inzwischen durch das **AEntG vom 20. 4. 2009** abgelöst worden. Besonders umfassend waren die Änderungen durch Art. 10 des Gesetzes zu Korrekturen in der Sozialversicherung und zur Sicherung der Arbeitnehmerrechte vom 19. 12. 1998,[168] welche unter anderem der Anpassung des Gesetzes an die Entsende-Richtlinie dienten.[169] **103**

(3) Dienstleistungsrichtlinie

Die am 27. 12. 2006 in Kraft getretene europäische Dienstleistungsrichtlinie 2006/123/EG ist nach ihrem Art. 2 Abs. 2 lit. e **auf die Leiharbeit nicht anwendbar.** Zwar sollte die Richtlinie nach dem ursprünglichen Entwurf auch die Arbeitnehmerüberlassung erfassen; jedoch wurde nach massiver Kritik die gewerbliche Arbeitnehmerüberlassung ausdrücklich vom Anwendungsbereich der Richtlinie ausgenommen. **104**

(4) Leiharbeitsrichtlinie

Am 19. 11. 2008 haben das Europäische Parlament und der Rat der Europäischen Union die Richtlinie 2008/104/EG über Leiharbeit[170] erlassen. Sie ist am 5. 12. 2008 in Kraft getreten und musste von den Mitgliedstaaten **spätestens bis zum 5. 12. 2011 umgesetzt** werden. Die Richtlinie ist das Ergebnis einer Reihe von Versuchen zur europaweit einheitlichen Regelung der Leiharbeit, welche sich über fast dreißig **105**

---

[167] Schüren/*Riederer von Paar*, AÜG, Einl. Rn. 588.
[168] BGBl. I 3843.
[169] Schüren/*Riederer von Paar*, AÜG, Einl. Rn. 593.
[170] ABl. EG L 327, 9.

Jahre hingezogen haben.[171] Ziel der Richtlinie ist einerseits der Schutz der Leiharbeitnehmer durch die Gewährleistung des Grundsatzes der Gleichbehandlung und andererseits die Anerkennung der Leiharbeitsunternehmen als Arbeitgeber (Art. 2).

106 Die Leiharbeits-Richtlinie gilt nach ihrem Art. 1 Abs. 2 für öffentliche und private Leiharbeits- oder Entleiher-Unternehmen, die eine wirtschaftliche Tätigkeit ausüben, wobei es auf eine **Verfolgung von Erwerbszwecken nicht ankommt.** Sie ist anwendbar auf Arbeitsverhältnisse, bei denen der **Leiharbeitnehmer von seinem Arbeitgeber** (Leiharbeitsunternehmen) **dem Entleiher zur Verfügung gestellt** wird, um vorübergehend unter dessen Aufsicht und Leitung zu arbeiten (Art. 1 Abs. 1). Daraus folgt, dass Arbeitnehmer, die einem Arbeitgeber dauerhaft überlassen werden, nicht von der Leiharbeitsrichtlinie erfasst werden.

107 Die zentrale Vorschrift der Richtlinie bezieht sich auf die **Gleichbehandlung der Leiharbeitnehmer mit den Stammarbeitnehmern.** So müssen die wesentlichen Arbeits- und Beschäftigungsbedingungen der Leiharbeitnehmer während der Dauer ihrer Überlassung mindestens denjenigen entsprechen, die für sie gelten würden, wenn sie von dem entleihenden Unternehmen unmittelbar für den gleichen Arbeitsplatz eingestellt worden wären (Art. 5 Abs. 1). Als **„wesentliche Arbeitsbedingungen"** gelten nach Art. 3 Abs. 1 lit. f der Richtlinie die Dauer der Arbeit, Überstunden, Pausen, Ruhezeiten, Nachtarbeit, Urlaub, arbeitsfreie Tage und das Arbeitsentgelt. Soweit nicht Art. 5 Abs. 2 und 3 der Richtlinie etwas anderes vorsehen, gilt das Gleichbehandlungsprinzip auch für Teilzeitbeschäftigte und für befristet beschäftigte Arbeitnehmer.

108 Von den Vorgaben zur Gleichbehandlung bestehen in beschränktem Umfang **Abweichungsmöglichkeiten durch Tarifvertrag** zu Lasten der Leiharbeitnehmer. So räumt Art. 5 Abs. 2 der Richtlinie dem nationalen Gesetzgeber die Möglichkeit ein, nach Anhörung der Sozialpartner in Bezug auf das Arbeitsentgelt vom Grundsatz der Gleichbehandlung abzuweichen, wenn Leiharbeitnehmer mit einem unbefristeten Vertrag auch in der Zeit zwischen den Überlassungen bezahlt werden. Daneben können die Mitgliedstaaten nach Art. 5 Abs. 3 der Richtlinie den Sozialpartnern gestatten, nach Maßgabe der von den Mitgliedstaaten festgelegten Bedingungen Tarifverträge aufrechtzuerhalten oder abzuschließen, die unter Achtung des Gesamtschutzes von Leiharbeitnehmern Regelungen über Arbeits- und Beschäftigungsbedingungen enthalten können, die von den in Art. 5 Abs. 1 genannten Vorgaben abweichen.

109 Die Umsetzung der Leiharbeitsrichtlinie in nationales Recht hatte bis zum 5. 12. 2011 zu erfolgen. Um das deutsche **Arbeitnehmerüberlassungsgesetz der Richtlinie anzupassen,** wurden einige Änderungen des Gesetzes erforderlich. Nach zwei Gesetzgebungsinitiativen wurde mittlerweile eine entsprechende Änderung des AÜG von Bundestag und Bundesrat beschlossen, so dass auch die letzten Änderungen mit Wirkung vom 1. 12. 2011 in Kraft getreten sind.[172]

110 Die im AÜG enthaltene Formulierung des **Prinzips der Gleichbehandlung** (§§ 3 Abs. 1 Nr. 3, 9 Nr. 2 AÜG) beruht auf der Formulierung des ersten Richtlinienentwurfs von 2002. Da der nunmehr in Art. 5 Abs. 1 der Richtlinie festgelegte Gleichbehandlungsgrundsatz auf einem geänderten Verständnis des Begriffs der „wesentlichen Arbeitsbedingungen" basiert, ist die Regelung im AÜG **richtlinienkonform auszulegen.**[173] Auch hinsichtlich der Abweichungsmöglichkeiten vom Gleichbehand-

---

[171] Schaub/*Koch,* ArbR-HdB, § 120 Rn. 98.
[172] Im Einzelnen → Rn. 118 ff.
[173] Schüren/*Riederer von Paar,* AÜG, Einl. Rn. 609; *Fuchs* NZA 2009, 57 spricht sich für eine Änderung der Formulierung im Sinne von Art. 5 Abs. 1 RL aus.

lungsgrundsatz besteht Anpassungsbedarf. So fehlte es zB bislang an einer Art. 5 Abs. 2 (Abweichung bei unbefristetem Arbeitsvertrag) entsprechenden Regelung im AÜG. Demgegenüber hatte die nach dem AÜG mögliche Abweichung vom Gleichbehandlungsgrundsatz bei einer Überlassung an einen Entleiher für die Dauer von insgesamt höchstens sechs Wochen nach Streichung der Sechswochenklausel aus dem Richtlinienentwurf keine Grundlage mehr.[174] Diese Anpassungen wurden im Rahmen der jüngsten Gesetzesänderung berücksichtigt. Ferner deckt sich der Anwendungsbereich des AÜG nicht vollständig mit dem der Leiharbeitsrichtlinie. So findet das AÜG nach § 1 Abs. 3 keine Anwendung auf die **konzerninterne Arbeitnehmerüberlassung;** eine entsprechende Ausnahme ist in der Richtlinie hingegen nicht vorgesehen.[175] Überdies regelt die Richtlinie nur die **vorübergehende Überlassung** von Leiharbeitnehmern, während das AÜG eine solche zeitliche Einschränkung nicht vornimmt. Schließlich ist die Einschränkung der Arbeitnehmerüberlassung in der Baubranche (§ 1b AÜG) zu überdenken, da nach Art. 4 der Richtlinie nationale Verbote und Einschränkungen der Leiharbeit nur aus Gründen des Allgemeininteresses gerechtfertigt sind.[176] Anpassungsbedarf besteht auch im Hinblick auf Art. 6 der Richtlinie, welcher neue, vom nationalen Recht abweichende Regelungen zu Gunsten der Leiharbeitnehmer über den Zugang zu Beschäftigung, Gemeinschaftseinrichtungen und beruflicher Bildung enthält.[177]

b) Verfassungsrecht

Verfassungsrechtlich ist für die Arbeitnehmerüberlassung in erster Linie Art. 12 GG bedeutsam. Das **Bundesverfassungsgericht** hat dabei ein **generelles Verbot der Leiharbeit** im Hinblick auf diese Vorschrift für **verfassungswidrig** erklärt.[178] Das sektorale Verbot für das Bauhauptgewerbe im früheren § 12a AFG (jetzt § 1b AÜG) hat das Gericht hingegen für verfassungsgemäß gehalten.[179] **111**

c) Einfaches Recht

aa) Das Arbeitnehmerüberlassungsgesetz

Das Arbeitnehmerüberlassungsgesetz (AÜG) stellt die **wichtigste einfachgesetzliche Regelung** der gewerbsmäßigen Arbeitnehmerüberlassung dar. Es regelt deren zulässige Formen und bekämpft die illegalen Fälle der Überlassung von Arbeitnehmern. Seine Vorschriften sollen insbesondere den **arbeits- und sozialversicherungsrechtlichen Schutz** der überlassenen Arbeitnehmer sicherstellen.[180] Dem Schutzbedürfnis der Leiharbeitnehmer trägt das Gesetz durch die Erlaubnispflicht für den Verleiher sowie die Fiktion eines Arbeitsverhältnisses zum Entleiher im Falle einer illegalen Arbeitnehmerüberlassung Rechnung. **112**

Das vom 7. 8. 1972 datierende AÜG ist **vielfach überarbeitet** worden. So erfuhr es durch das „Erste Gesetz für moderne Dienstleistungen am Arbeitsmarkt" vom 23. 12. 2002[181] wichtige Änderungen. Damit wurden die Höchstüberlassungsdauer, **113**

---

[174] *Fuchs* NZA 2009, 57; *Thüsing* RdA 2009, 118; Schaub/*Koch*, ArbR-HdB, § 120 Rn. 104.
[175] *Thüsing* RdA 2009, 118.
[176] *Thüsing* RdA 2009, 118; Schüren/*Riederer von Paar*, AÜG, Einl. Rn. 618.
[177] Schaub/*Koch*, ArbR-HdB, § 120 Rn. 107.
[178] BVerfG 4. 4. 1967 – 1 BvR 84/65, BVerfGE 21, 261.
[179] BVerfG 6. 10. 1987 – 1 BvR 1086/82, BVerfGE 77, 84.
[180] BT-Drs. VI/203, 9; Schüren/*Schüren*, AÜG, Einl. Rn. 1–7; HWK/*Kalb* AÜG § 1 Rn. 1.
[181] BGBl. I 4607.

das besondere Befristungsrecht, das Wiedereinstellungsverbot und das Synchronisationsverbot aufgehoben und der Grundsatz der Gleichbehandlung von Leiharbeitnehmern mit vergleichbaren Stammarbeitnehmern des Entleihers eingeführt.

114 Das AÜG trifft **keine abschließende Regelung der Rechtsbeziehungen** im Rahmen der Arbeitnehmerüberlassung. Neben ausführlichen gewerberechtlichen Vorschriften enthält das Gesetz vor allem straf- und ordnungswidrigkeitenrechtliche Bestimmungen. Im Hinblick auf das Schuldrecht und das Arbeitsrecht sind die Regelungen unvollständig und unsystematisch.[182] Sofern im AÜG oder in sonstigen besonderen Vorschriften keine Sonderregelungen für die Arbeitnehmerüberlassung zu finden sind, ist **ergänzend auf die allgemeinen zivilrechtlichen Vorschriften zurückzugreifen**. Insbesondere sind – da das AÜG mit seinen gewerberechtlichen Regelungen ein Nebengesetz der Gewerbeordnung darstellt – die Vorschriften der **Gewerbeordnung** heranzuziehen, wenn das AÜG keine abschließende Regelung trifft.[183]

115 Der **räumliche Geltungsbereich** des AÜG ist gemäß dem **Territorialprinzip** auf das Gebiet der Bundesrepublik Deutschland beschränkt. Dabei benötigt aber auch ein Verleiher mit Geschäftssitz im Ausland eine Erlaubnis nach dem AÜG, wenn er in Deutschland, nach Deutschland hinein oder aus Deutschland heraus Arbeitnehmer überlassen will.[184] Diese Erlaubnispflicht steht nach Ansicht des EuGH nicht im Widerspruch zur gemeinschaftsrechtlichen Garantie des freien Dienstleistungsverkehrs gemäß Art. 56, 57 AEUV.[185]

116 Im Hinblick auf den **persönlichen Geltungsbereich** setzt das AÜG eine **Rechtsbeziehung** voraus, an der ein **Arbeitgeber als Verleiher,** ein **Arbeitnehmer** dieses Verleihers sowie ein **Entleiher** beteiligt sind.

117 Nach seinem **sachlichen Geltungsbereich** betrifft das Gesetz die (gewerbsmäßige, nunmehr die im Rahmen der wirtschaftlichen Tätigkeit ausgeübte) Arbeitnehmerüberlassung – es gilt nicht für die sonstigen Formen eines drittbezogenen Personaleinsatzes.

bb) Das Gesetz zur Änderung des Arbeitnehmerüberlassungsgesetzes (AÜG) vom 29. 4. 2011

(1) Ausgangspunkt und Umsetzung der anstehenden Gesetzesänderung

118 Das Arbeitnehmerüberlassungsgesetz (AÜG) hat mit Wirkung vom 1. 12. 2011 eine erneute Änderung erfahren. Zum einen wurde die Änderung notwendig vor dem Hintergrund der oben bereits **angesprochenen EU-Leiharbeits-Richtlinie**,[186] welche am 5. 12. 2008 in Kraft getreten ist und bis zum 5. 12. 2011 in nationales Recht umgesetzt werden musste. Die Vorgaben der Richtlinie erforderten die Anpassung und Änderung des Gesetzes in einigen Punkten.[187] Zum anderen ist diese Gesetzesänderung allerdings ebenfalls beeinflusst und vorangetrieben worden durch **anhaltende Diskussionen im Bereich der gewerblichen Arbeitnehmerüberlassung** vor allem im Hinblick auf zwei konkreten Szenarien.

119 Einerseits wurde ab dem 1. 5. 2011 die **letzte Umsetzungsstufe der Arbeitnehmerfreizügigkeit** bezüglich der im Rahmen der **EU-Osterweiterung neu aufgenommenen Mitgliedstaaten** umgesetzt, was in erheblichem Maße zu Ängsten

---
[182] HWK/*Kalb* AÜG § 1 Rn. 2.
[183] *Thüsing,* AÜG, Einl. Rn. 15.
[184] HWK/*Kalb* AÜG § 1 Rn. 3.
[185] EuGH 17. 12. 1981 – 279/80, NJW 1982, 1203; kritisch: *Kienle/Koch* DB 2001, 922.
[186] Richtlinie 2008/104/EG vom 19. 11. 2008.
[187] So auch: *Leuchten* PersF 9/2011, 88; *Raif* GWR 2011, 303.

I. Begriffe und Grundlagen

und Befürchtungen bezüglich eines bevorstehenden „Lohn-Dumpings" besonders im Rahmen der Leiharbeit führte. Diese Befürchtung basiert in erster Linie darauf, dass gemäß § 3 Abs. 1 Nr. 3 AÜG eine **Abweichung vom equal-pay/-treatment-Gebot durch Tarifverträge** möglich ist und auch ein ausländischer Tarifvertrag unter gleichen Voraussetzungen wie ein inländischer geeignet ist, eine solche Abweichung zu rechtfertigen. Demnach wurde vielfach befürchtet, dass das osteuropäische tarifliche Lohnniveau Einzug in die deutsche Leiharbeitsbranche erhält und somit deutsche Verleihbetriebe einem erhöhten Preisdruck ausgesetzt sein würden.[188] Erste Schätzungen gingen insoweit von etwa 100 000 zusätzlichen Arbeitnehmern auf dem deutschen Markt aus den mittel- und osteuropäischen EU-Staaten aus.[189]

Andererseits stellt die Gesetzesänderung auch eine Reaktion auf die aufgetretenen **Missbrauchsfälle** im Bereich der Arbeitnehmerüberlassung dar, welche in der breiten Öffentlichkeit für hohe Aufmerksamkeit und Empörung gesorgt haben. Als zentral beachteter Fall sind in diesem Zusammenhang die so genannten **„Drehtür-Fälle"** beim Drogeriediscounter „Schlecker" in Erinnerung geblieben. Die Drogeriemarktkette hatte zur Lohnkostensenkung kleinere Filialen geschlossen und die entsprechenden Arbeitnehmer entlassen, um diese dann an konzerneigene Personalführungsgesellschaften zu vermitteln und anschließend in anderen größeren Filialen in identischer Beschäftigung, aber zu wesentlich verschlechterten Bedingungen entsprechend der **CGZP-Tarifvertragswerke** wieder einzustellen. Zwar war diese Praktik auch in anderen Unternehmen genutzt worden, aufgrund seiner Reichweite stand der Fall Schlecker jedoch hauptsächlich im Fokus der Öffentlichkeit. **120**

Auch in anderen Unternehmen wurden Fälle bekannt, in denen diese Praxis über **konzerneigene Unternehmen** vorgenommen wurde. Dabei wurden oftmals Betriebsabteilungen auf ein konzerninternes Verleihunternehmen ausgegliedert, welches dann die entlassenen Arbeitnehmer aufnahm und diese als Leiharbeitnehmer zu wesentlich verschlechterten Arbeitsbedingungen auf ihre ursprünglichen Arbeitsplätze zurückverlieh. In anderen Konstellationen wurden Arbeitnehmer von vorneherein bei einer Konzerntochter als Leiharbeitsfirma eingestellt, um dann an die eigentlichen Betriebe zu Niedriglöhnen verliehen zu werden und somit die **für den Stammbetrieb einschlägigen tariflichen Vorgaben zu umgehen**.[190] In diesem Zusammenhang kursierten verschiedene Modelle der bislang nach § 1 Abs. 3 Nr. 2 AÜG privilegierten konzerninternen Überlassung, unter anderem auch bei einigen deutschen Großkonzernen.[191] **121**

All diese Szenarien sind mit verantwortlich für das **bisher schlechte Image der Leiharbeitsbranche in der öffentlichen Wahrnehmung,** was sich in einer Allensbach-Umfrage vom 9. 10. 2010 widerspiegelt, nach welcher nur noch 21% der Befragten diesem Instrument positiv gegenüberstehen, wogegen 58% eine ablehnende Haltung einnehmen.[192] Zwar wurde teilweise angemerkt, dass nicht die Leiharbeit selbst das Problem darstellen würde, sondern vielmehr die Lohndumping-Praktiken und Strukturen der Kunden, also der Entleiher. Der Missbrauch werde nicht durch die Verleihbetriebe, sondern durch einzelne Unternehmen oder gar ganze Branchen for- **122**

---

[188] *Hamann* NZA 2011, 70 (71); *Heuchemer/Schielke* BB 2011, 558 (559); dazu im Einzelnen auch → Rn. 147 ff.
[189] *Schlegel* jurisPR-SozR 9/2011, Anm. 1.
[190] Dazu insgesamt ausführlich: *Schüren/Wank* RdA 2011, 1 (6).
[191] *Lembke* BB 2010, 1533 (1534).
[192] IGZ, Allenbach-Umfrage zur Zeitarbeit vom 9. 10. 2010, veröffentlicht unter: http://www.ig-zeitarbeit.de/artikel/7378.

A. Arbeitnehmerüberlassung

ciert, welche durch den planmäßigen Austausch von Stamm- gegen Zeitpersonal, wie insbesondere auch bei Redaktionen der Printmedien, im Gesundheitswesen und bei Sozialeinrichtungen praktiziert, Personalkosten einsparen wollten.[193] Aus diesem Grund wurde teilweise an Stelle einer gesetzlichen Lösung eine Regelung auf tariflicher Ebene zur Verhinderung von Missbrauchsfällen bevorzugt, und zwar durch Abschluss und Anwendung entsprechender Tarifverträge, die einen Ausschluss des Tarifprivilegs des § 3 Abs. 1 Nr. 3 AÜG im Fall der Rücküberlassung mittels „Drehtür" vorsahen.[194] Von Seiten mancher Arbeitgeberverbände wurde herausgestellt, gerade der Mittelstand nutze die Zeitarbeit in verantwortungsvoller und nicht in missbräuchlicher Weise, so dass Vieles für eine gesetzgeberische Zurückhaltung spreche.[195] Dennoch überwog in der öffentlichen Wahrnehmung das schlechte Image der Zeitarbeit und das damit zusammenhängende Drängen auf eine entsprechende Regulierung auf gesetzlicher Ebene.

123 Anknüpfend an das öffentlichkeitswirksame Beispiel von Schlecker entstand politischer Handlungsdruck.[196] Nach der Veröffentlichung eines ersten Diskussionsentwurfs im Juni 2010 wurde **im September 2010 ein erster Regierungsentwurf zur Änderung des AÜG** vorgelegt, mit welchem nach Worten der Bundesministerin für Arbeit und Soziales, Ursula von der Leyen, verhindert werden sollte, dass die Arbeitnehmerüberlassung „als Drehtür zur Verschlechterung der Arbeitsbedingungen" genutzt werde.[197] Dieser erste, auch als so genannte „Lex Schlecker" bezeichnete Entwurf sah zunächst als Neuerung in Hinblick auf die „Drehtür-Problematik" eine Streichung der bisherigen Möglichkeit vor, dass zuvor arbeitslose Leiharbeitnehmer gem. § 3 Abs. 1 Nr. 3 und § 9 Nr. 2 AÜG zunächst für 6 Wochen zu einem Nettoentgelt beschäftigt werden können, welches dem zuvor erhaltenen Arbeitslosengeld entspricht. Diese Vorschrift sollte durch eine **Neuregelung zur Verhinderung des Missbrauchs im Zusammenhang mit der Kündigung und anschließenden Rückleihe** ersetzt werden, welche im ersten Diskussionsentwurf noch nicht vorgesehen war.[198] Zur Ahndung entsprechender Missachtungen sollten ebenfalls Bußgelder eingeführt werden. Auch nach Umsetzung dieses Entwurfs sollte es allerdings weiterhin möglich sein, entlassene Arbeitnehmer zeitnah, allerdings zu gleichen Bedingungen wie zuvor, als Leiharbeitnehmer auf ihren alten Arbeitsplätzen einzusetzen. **Nicht vorgesehen** war zunächst die **Einführung** eines von vielen Seiten, insbesondere von den Gewerkschaften, aber auch von einigen Arbeitgebervertretungen der Branche selbst,[199] aus Angst vor dem Preisdruck durch osteuropäische Konkurrenztarife geforderten **Mindestlohns** für die Leiharbeitsbranche. Aus diesen Gründen wurde der Entwurf auch von Seiten der Opposition und der Gewerkschaften als nicht weit genug gehend kritisiert.[200]

124 Ein leicht abgewandelter Entwurf der Gesetzesänderung[201] wurde dann am 24. 3. 2011 dem Bundestag zur Abstimmung vorgelegt und mit den Stimmen des Regierungslagers angenommen. Der Bundesrat stimmte am 15. 4. 2011 der Gesetzesänderung zu. Das Gesetz wurde daraufhin ausgefertigt und am **29. 4. 2011 im Bundesgesetzblatt veröffentlicht**.

---

[193] *Böhm* DB 2010, 1350 (1351).
[194] *Böhm* DB 2010, 1350 (1351).
[195] *Schumacher* BB 2010, Heft 25, I.
[196] *Hamann* NZA 2011, 70.
[197] Pressemitteilung Redaktion beck-aktuell, becklink 1 004 676.
[198] *Schüren/Wank* RdA 2011, 1 (6).
[199] Dazu: *Hansen/Ragnit* AuA 2011, 8 (11).
[200] Pressemitteilung Redaktion beck-aktuell, becklink 1 004 676.
[201] BT-Drs. 17/4804.

I. Begriffe und Grundlagen

(2) Wesentliche Änderungen des AÜG

Das Änderungsgesetz verfolgt neben der Anpassung des AÜG an die Vorgaben der EG-Leiharbeitsrichtlinie[202] gemäß seiner Begründung in erster Linie das Ziel, den Missbrauch der Leiharbeit zu verhindern und damit das Instrument der Arbeitnehmerüberlassung zu stärken und zukunftsfest weiterzuentwickeln.[203] Es sieht dazu als **zentrale Änderung** die bereits oben angesprochene **Streichung** der bislang bestehenden **Ausnahme vom Gleichstellungsgebot zur Beschäftigung von zuvor arbeitslosen Arbeitnehmern** als Leiharbeitern in § 3 Abs. 1 Nr. 3 und § 9 Nr. 2 AÜG aF vor. Diese Ausnahme war zum Einen unvereinbar mit der EG-Leiharbeitsrichtlinie. Zum Anderen – so die Gesetzesbegründung – sei diese in der Praxis nicht angenommen worden.[204] 125

Zur zukünftigen Bekämpfung und Verhinderung des Missbrauchs von Leiharbeit wurde an Stelle dieser Regelung eine **Vorschrift neu** in die §§ 3 Abs. 1 Nr. 3 und 9 Nr. 2 AÜG **eingefügt,** nach welcher vom Gleichstellungsgebot **abweichende tarifliche Regelungen zukünftig nicht mehr auf Arbeitnehmer anwendbar** sind, die **innerhalb der letzten 6 Monate aus einem Arbeitsverhältnis mit dem Entleiher** oder eines seiner konzernangehörigen Unternehmen **ausgeschieden** sind. Ausbildungsverhältnisse zählen zwar nicht zu den beachtlichen Vorbeschäftigungen im Sinne dieser Vorschrift, wogegen allerdings **geringfügige Beschäftigungen und Neben- oder Aushilfstätigkeiten** von der Regelung **umfasst** werden.[205] Auf diese Weise soll der oben beschriebene so genannte „Drehtüreffekt" wie im Fall Schlecker zukünftig verhindert werden. Eine Entlassung von Arbeitnehmer bei zeitnaher Wiedereinstellung als Leiharbeitnehmern auf demselben Arbeitsplatz bleibt somit zwar auch zukünftig möglich, nach der gesetzlichen Regelung allerdings nicht mehr zu verschlechterten Arbeitsbedingungen. Entgegen der teilweise geäußerten Ansicht ist im Fall der Rücküberlassung die Nichtgeltung der Tarifverträge nicht auf sechs Monate beschränkt, so dass vor Ablauf dieser Karenzzeit zurückverliehene Leiharbeitnehmer für **die gesamte Dauer ihres Einsatzes** bei ihrem alten Arbeitgeber **nach dem equal-pay-Grundsatz** zu vergüten sind.[206] 126

Ein nahezu wortgleicher Formulierungsvorschlag einer Drehtürklausel wurde bereits vor Veröffentlichung des Referentenentwurfs den Tarifvertragsparteien der Leiharbeitsbranche zur Einfügung in die Tarifverträge als eigene Lösung zur Bekämpfung der missbräuchlichen Nutzung des „Drehtüreffekts" nahegelegt.[207] Nun hat die Lösung Eingang in das AÜG gefunden. Aus diesem Grund werden Verleihbetriebe zukünftig zum Zeitpunkt der Einstellung von neuen Leiharbeitnehmern deren **Vorbeschäftigungsbiografie,** zumindest in Bezug auf die letzten 6 Monate, mit Hilfe von Personalfragebögen **genau erfassen und auswerten** müssen, um eine dauerhafte Anwendbarkeit der equal-pay-Grundsätze zu verhindern. Auch besteht von Seiten des Verleihers die Möglichkeit, im Überlassungsvertrag den Entleiher zu verpflichten, ihm vor der Überlassung der einzelnen Arbeitnehmer eventuelle beim Entleiher selbst oder einem verbundenen Konzernunternehmen iSv § 18 AktG bestehende Vorbeschäftigungen anzuzeigen.[208] In der angepassten Übergangsvorschrift des § 19 AÜG wird allerdings herausgestellt, dass 127

---

[202] Richtlinie 2008/104/EG vom 19. 11. 2008.
[203] Allgemeiner Teil der Begründung des Gesetzesentwurfs, BT-Drs. 17/4804.
[204] Besonderer Teil der Begründung des Gesetzesentwurfs zu Nr. 5 a, BT-Drs. 17/4804.
[205] *Spieler/Pollert* AuA 2011, 270 (271).
[206] *Heuchemer/Schielke* BB 2011, 758 (760); *Lembke* DB 2011, 414 (419).
[207] *Böhm* DB 2010, 1350 (1351).
[208] *Spieler/Pollert* AuA 2011, 270 (271).

die ursprüngliche Fassung der §§ 3 und 9 AÜG weiterhin auf Leiharbeitsverhältnisse anwendbar bleibt, die vor dem 15. 12. 2010 geschlossen wurden.

128 Durch die Änderung der **Ordnungswidrigkeits- und Bußgeldvorschrift in § 16 AÜG** wurde zudem eine **stärkere Sanktion** von ungerechtfertigten Abweichungen vom Gleichstellungsgebot eingeführt. Gemäß dem neu eingefügten § 16 Abs. 1 Nr. 7a AÜG stellt die Nichtgewährung gleicher wesentlicher Arbeitsbedingungen entgegen der Vorgabe von § 10 Abs. 4 AÜG eine Ordnungswidrigkeit dar, welche gemäß § 16 Abs. 2 AÜG mit Bußgeldern bis zu einer Höhe von 500 000 EUR geahndet werden kann. Zudem wurden die maximale Höhe für Bußgelder bei Verstößen gegen die Anzeige- und Auskunftspflichten des § 7 AÜG von 500 auf 1000 EUR angehoben.

129 Daneben werden schließlich **weitere Vorgaben der EG-Richtlinie** umgesetzt, was unter anderem zu einer Ausweitung des Anwendungsbereiches führt. Das AÜG findet nicht mehr lediglich auf „gewerbliche" Arbeitnehmerüberlassung Anwendung, sondern gilt für **alle wirtschaftlich tätigen Unternehmen,** unabhängig davon, ob diese Erwerbszwecke verfolgen oder nicht. Eine wirtschaftliche Tätigkeit liegt allgemein bereits dann vor, wenn Güter oder Dienstleistungen auf einem bestimmten Markt angeboten werden, ohne dass damit die Erzielung von Gewinn bezweckt sein muss.[209] Demnach muss zukünftig nicht lediglich von gewerblichen Verleihfirmen, sondern auch in entsprechenden bislang nicht erfassten Sachverhalten eine Erlaubnis nach § 1 AÜG eingeholt werden. So fallen etwa nach einer Ansicht fortan auch Arbeitnehmerüberlassungen durch gemeinnützige Institutionen grundsätzlich unter die Erlaubnispflicht, weil sie als Verleiher in Konkurrenz zu anderen Verleihern treten und somit wirtschaftlich tätig werden.[210] Die Gegenansicht sieht die **Arbeitnehmerüberlassung zu karitativen Zwecken** als einzige auch fortan von der Erlaubnispflicht grundsätzlich befreite Ausnahme an.[211] Die Neuregelung bezweckt in erster Linie die Verhinderung zukünftiger Umgehungstatbestände wie etwa konzerninterne Personalservicegesellschaften zum Verleih zum Selbstkostenpreis, die mangels Gewinnerzielungsabsicht zuvor nicht vom Anwendungsbereich des AÜG erfasst waren,[212] so dass eine Nichterfassung der Überlassung zu karitativen Zwecken wohl vertretbar erscheint. Auch wenn die bisherige Formulierung der gewerblichen Überlassung bei richtiger Auslegung ebenfalls mit den Vorgaben der Richtlinie vereinbar gewesen wäre, erfuhr die klarstellende Umformulierung dennoch Zustimmung.[213]

130 Weiterhin wurde in der Gesetzesänderung – im Gegensatz zum ursprünglichen Diskussionsentwurf – angelehnt an die Vorgabe der EG-Leiharbeitsrichtlinie durch Einfügung eines neuen S. 2 in § 1 Abs. 1 AÜG klargestellt, dass die **Überlassung grundsätzlich nur „vorübergehend"** erfolgt. Somit wurde deutlich gemacht, dass eine dauerhafte Arbeitnehmerüberlassung und damit eine Ersetzung der Stammkräfte durch Leiharbeitnehmer – zumindest theoretisch – ausgeschlossen ist. Auf diese Weise soll die **dauerhafte Ersetzung der Stammbelegschaft** durch Leiharbeiter auf denselben Arbeitsplätzen **verhindert werden.** Diese Änderung richtet sich nicht zuletzt auch gegen die oben angesprochenen Formen der konzerninternen Verleihunternehmen.[214] Eine Rückkehr zu den ursprünglich im AÜG vorgesehenen und durch die Hartz-IV-Gesetzgebung wieder abgeschafften Höchstausleihfristen wurde allerdings

---

[209] *Leuchten* NZA 2011, 608 (609); *Raif* GWR 2011, 303.
[210] *Lembke* DB 2011, 414.
[211] *Hamann* NZA 2011, 70 (71).
[212] *Raif* GWR 2011, 303.
[213] *Schüren/Wank* RdA 2011, 1 (3).
[214] *Leuchten* PersF 9/2011, 88.

I. Begriffe und Grundlagen

bewusst, trotz teilweiser Forderungen aus der Opposition,[215] nicht vorgenommen.[216] Dies birgt die Schwierigkeit der in Zukunft unklaren und einzelfallbezogenen Bestimmung, ob eine Überlassung noch als vorübergehend anzusehen ist. In der Gesetzesbegründung sind nur **Beispielfälle** für eine nicht dauerhafte Entlassung genannt, wie etwa im Rahmen von Urlaubs- bzw. Krankheitsvertretung oder bei zeitlich befristeten Projekten. Dies legt nach teilweiser Ansicht den Schluss einer Koppelung der Auslegung des Begriffs „vorübergehend" an einen entsprechenden sachlichen Grund nahe, vergleichbar wie in § 14 Abs. 1 TzBfG.[217] Nach anderen Stimmen muss für die Annahme einer vorübergehenden Überlassung zumindest zu Beginn bereits ein Endpunkt absehbar sein und zwar in der Form, dass dieser konkret vereinbart ist oder von bestimmten Umständen abhängig ist, die mit Sicherheit eintreten werden.[218] Es spricht jedoch im Ergebnis viel dafür, dass das Merkmal „vorübergehend" in § 1 Abs. 1 S. 2 AÜG letztlich nur darauf hinweisen will, dass der Bestand des Arbeitsverhältnisses zwischen Leiharbeitnehmer und Verleiher unabhängig vom Bestand des Arbeitnehmerüberlassungsvertrags und der Dauer des Einsatzes sein soll. Der Zusatz „vorübergehend" hat angesichts dessen nicht dazu geführt, dass etwa verschärfte Anforderungen an die Überlassung gestellt werden müssten, sondern erfolgt lediglich klarstellend im Hinblick auf die Richtlinie 2008/104/EG, die es als ein Wesensmerkmal der Arbeitnehmerüberlassung kennzeichnet, dass diese vorübergehend erfolgt. Dieser Auffassung hat sich auch die Bundesagentur für Arbeit angeschlossen (vgl. Rundschreiben vom November 2011 an die Deutsche Krankenhausgesellschaft). Dies bedeutet für die Überlassungspraxis, dass im Rahmen einer Arbeitnehmerüberlassung nicht etwa von vornherein schon ein Endzeitpunkt im Arbeitnehmerüberlassungsvertrag genannt sein muss. Materiell-rechtlich ändert sich durch den Hinweis auf die nur vorübergehende Überlassung daher nichts.

Entgegen der teilweisen Forderung aus der Literatur[219] sieht das Gesetz ebenfalls **131** keine klarstellende Erklärung im Rahmen des Gleichbehandlungsgebotes vor, welche Bereiche genau von den „wesentlichen Arbeitsbedingungen" umfasst sein sollen.

Darüber hinaus wurde die **konzernprivilegierende Ausnahme** des § 1 Abs. 3 **132** Nr. 2 AÜG insoweit **eingeschränkt**, dass konzerninterne Verleihsachverhalte nur noch dann von der Erlaubnispflicht befreit sind, wenn die betroffenen **Arbeitnehmer nicht zum Zweck der Überlassung eingestellt und beschäftigt** werden. Durch diese Ausweitung der Erlaubnispflicht in § 1 AÜG werden zukünftig auch etwa rein konzerninterne Personalservicegesellschaften, die Leiharbeitnehmer zum Selbstkostenpreis an andere Konzernunternehmen überlassen, vom AÜG erfasst.[220] Weiterhin ist in § 1 Abs. 3 Nr. 2a AÜG eine zusätzliche Ausnahme eingefügt worden, so dass das AÜG künftig nicht anwendbar ist, wenn die Überlassung eines Arbeitnehmers nur „gelegentlich" erfolgt und dieser nicht zum Zweck der Überlassung eingestellt und beschäftigt wird. Mit dieser Ausnahme wird bezweckt, gelegentlich auftretende Überlassungsfälle auszuklammern, wie etwa den Fall einer **Überlassung von Arbeitskräf-**

---

[215] So insbesondere DIE LINKE; Übersicht zu weiteren Forderungen der Oppositionsparteien SPD, BÜNDNIS 90/DIE GRÜNEN und DIE LINKE bei: *Lembke* BB 2010, 1533 (1540).
[216] *Rosenau/Mosch* NJW-Spezial 2011, 242.
[217] Ausführlich zur Bestimmung des Begriffs „vorübergehend": *Hamann* NZA 2011, 70 (73 ff.); auch: *Zimmermann* ArbRAktuell 2011, 62.
[218] *Leuchten* PersF 9/2011, 88.
[219] *Schüren/Wank* RdA 2011, 1 (4).
[220] *Hamann* NZA 2011, 70 (71 f.); *Hansen/Ragnit* AuA 2011, 8 (9); *Rosenau* NJW-Spezial 2011, 242; *Zimmermann* ArbRAktuell 2011, 62.

ten zur kurzfristigen Abdeckung des Spitzenbedarfs eines anderen Unternehmens.[221] Das Kriterium „gelegentlich" ist in diesem Zusammenhang in der Form von „nicht regelmäßig" zu verstehen, so dass die Ausnahme nur dann greift, wenn das überlassende Unternehmen die betroffenen Arbeitnehmer nur ausnahmsweise und nicht gezielt an dieselben oder andere Unternehmen zur Arbeitsleistung überlässt.[222] Allerdings ist fraglich, ob eine solche Ausnahme von den Vorgaben der EG-Leiharbeitsrichtlinie gedeckt ist.

133   Weiterhin statuiert das Änderungsgesetz in den neu **eingefügten §§ 13 a und 13 b AÜG** zuvor nicht festgelegte Pflichten des Entleihers gegenüber dem ausgeliehenen Arbeitnehmer. Mit dem Ziel der Förderung und Unterstützung einer Übernahme von Leiharbeitnehmern in die Stammbelegschaft wurden zum einen **in § 13 a AÜG eine Informationspflicht** der Entleiherbetriebe **über freie Arbeitsplätze** gegenüber den Leiharbeitern festgelegt. Sie ähnelt der Regelung in § 18 TzBfG, befristet Beschäftigte über die Besetzung unbefristeter Stellen zu informieren.[223] Die Informationspflicht gegenüber den Leiharbeitnehmern im neuen § 13 a AÜG besteht generell nicht nur bezüglich unbefristeter, sondern auch für befristete Stellen und zwar unabhängig davon, ob der betroffene Arbeitgeber für die entsprechende Stelle geeignet ist oder nicht.[224] Auch bezieht sich die Pflicht nicht nur auf freie Stellen im Einsatzbetrieb selbst, sondern auf alle Stellen in allen Betrieben des Entleihers.[225] Eine geeignete Bekanntgabe muss nicht gegenüber jedem der eingesetzten Leiharbeitnehmer einzeln vorgenommen werden, sondern kann auch öffentlich, also etwa durch Aushang am schwarzen Brett oder im Intranet erfolgen.[226] Diese Informationspflicht stellt praktisch sogar eine Besserstellung der Leiharbeitnehmer gegenüber der Stammbelegschaft dar, da diese, abgesehen von weiteren Ausnahmeregelungen wie für befristet Beschäftigte, keinen allgemeinen Auskunftsanspruch über freie Arbeitsplätze besitzen.[227]

134   Im ebenfalls neu geschaffenen **§ 13 b AÜG** werden die Entleiher zum anderen fortan grundsätzlich verpflichtet, den Leiharbeitnehmern in gleichem Maße wie der **Stammbelegschaft Zugang zu den Gemeinschaftseinrichtungen und -diensten des Betriebes,** wie etwa Kinderbetreuungseinrichtungen, Gemeinschaftsverpflegung und Beförderungsmittel, zu gewähren. Zu solchen „echten" Einrichtungen gehören etwa Kantinen, Erholungsheime, Sportanlagen, Parkplätze, Personalkaufeinrichtungen oder betriebseigene Tankstellen zum verbilligten Bezug von Benzin, nicht jedoch Geldleistungen (Leistungen zur betrieblichen Altersvorsorge, Essens-, Fahrtkosten- oder Mietzuschüsse) oder Geldsurrogate (zB Essens- der Tankgutscheine).[228] Verstöße gegen die Verpflichtungen aus den §§ 13 a und b AÜG sind gemäß § 16 AÜG ordnungswidrig und bußgeldbewehrt. Eine Verletzung dieser Pflichten kann Schadensersatzansprüche nach sich ziehen.[229] Beide Regelungen stellen sich als folgerichtige Umsetzungen der EG-Richtlinie dar.

135   Eine weitere in § 9 Nr. 5 AÜG eingefügte Regelung bestimmt, dass zukünftig Vereinbarungen über die **Zahlung einer Vermittlungsgebühr durch den Leihar-**

---

[221] *Lembke* DB 2011, 414 (416).
[222] So auch: *Leuchten* NZA 2011, 608 (609).
[223] *Zimmermann* ArbRAktuell 2011, 264.
[224] *Lembke* NZA 2011, 319 (320).
[225] *Raif* GWR 2011, 303; *Zimmermann* ArbRAktuell 2011, 264.
[226] *Leuchten* PersF 9/2011, 88 (89); *Raif* GWR 2011, 303; *Zimmermann* ArbRAktuell 2011, 62 (63).
[227] *Lembke* NZA 2011, 319 (320).
[228] *Leuchten* NZA 2011, 608 (611); *Lembke* NZA 2011, 319 (323 f.).
[229] Dazu ausführlich: *Lembke* NZA 2011, 319 (321 ff.).

I. Begriffe und Grundlagen

beitnehmer **unwirksam** sein soll. Entsprechende, nun untersagte vertragliche Vereinbarungen hatten gelegentlich vorgesehen, dass ein Leiharbeitnehmer, welcher in Anschluss an eine Überlassung beim Entleiher eine Anstellung fand, dafür an den Verleihbetrieb eine Vermittlungsprovision zu zahlen hatte. Vermittlungsprovisionen wurden damit begründet, dass das Verleihunternehmen im Fall der Übernahme eines Arbeitnehmers durch den Entleiher einen wirtschaftlichen Schaden dadurch erleidet, dass es die Leiharbeitnehmer für den Einsatz in Entleihbetrieben qualifiziert und weitergebildet hat.[230] Das Konzept einer möglichen Weitervermittlung von Leiharbeitnehmer im Anschluss an eine „Empfehlungsphase" der Entleihdauer in einem Betrieb des Entleihers und der damit verbundene arbeitsmarktpolitische so genannte **„Klebeeffekt"** sind **vom ÄUG ausdrücklich gewollt.**[231] Alle diesen Konzepten widersprechenden Vereinbarungen, welche geeignet erscheinen, den Arbeitnehmer von der Annahme einer angebotenen festen Anstellung abzuhalten, wie eine zu zahlende Vermittlungsgebühr, sind unwirksam. Allerdings haben die **Verleihbetriebe** selbst ebenfalls ein **wirtschaftliches Bindungsinteresse** in Bezug auf ihre Belegschaft. Dem wird auch fortan dadurch Rechnung getragen, dass die Vereinbarung einer **vom Entleiher zu zahlenden Vermittlungsprovision** für den Fall der Übernahme von Leiharbeitern weiterhin **möglich** bleibt. Das nun eingefügte Verbot der Vermittlungsgebühr für Leiharbeitnehmer in § 9 Nr. 5 AÜG geht ebenfalls auf die Umsetzung der Vorgaben der EG-Leiharbeitsrichtlinie zurück.

Nach Art. 2 bestimmte das Änderungsgesetz, dass es grundsätzlich **erst zum 1. 12. 2011 in Kraft** treten soll, um der Branche Zeit zu geben, sich auf die neuen Anforderungen entsprechend einzustellen und ihre Beschäftigungsverhältnisse überprüfen zu können.[232] Allerdings sollen die den Missbrauch von Leiharbeit betreffenden, so genannten **„Drehtürklauseln"** bereits ab dem Tag nach der Verkündung des Gesetzes gelten. Das erste Gesetz über die Änderung des Arbeitnehmerüberlassungsgesetzes zur Verhinderung des Missbrauchs der Arbeitnehmerüberlassung ist am 29. 4. 2011 im Bundesgesetzblatt[233] veröffentlicht worden, so dass diese Regelungen somit **bereits ab dem 30. 4. 2011** Wirkung entfalten.

136

(3) Bewertung der Gesetzesänderung in Literatur und Praxis

Die Gesetzesänderung sah sich insgesamt während aller Phasen, vom ersten Diskussionsentwurf über die Gesetzesvorlage bis hin zum von Bundestag und Bundesrat verabschiedeten Gesetz **weitreichender Kritik** in verschiedenen Bereichen **ausgesetzt.** So wurde etwa zum Teil bemängelt, dass auch das neue AÜG keine Regelungen zur Stärkung der Mitbestimmung und Beteiligung des Betriebsrats bei der Beschäftigung von Leiharbeitnehmern enthalte, obwohl dies notwendig und angemessen sei.[234]

137

Die neu in das Gesetz aufgenommene **„Drehtürklausel"** in den §§ 3 und 9 AÜG wird in Literatur und Praxis **unterschiedlich bewertet.** Teilweise wird sie als taugliches Instrument gesehen, künftig missbräuchlichen Austausch von Arbeitnehmern einzudämmen.[235] Andere Stimmen stellen heraus, die neue Regelung stelle zwar in einem konkreten Fall ein wirksames Mittel zur Bekämpfung des Missbrauchs der Leiharbeit dar, greife aber zu kurz und biete andere **Umgehungsmöglichkeiten** für Ent-

138

---

[230] *Spieler/Pollert* AuA 2011, 270 (274).
[231] *Pollert/Spieler,* Die Arbeitnehmerüberlassung in der betrieblichen Praxis, 138.
[232] So auch: *Düwell* DB 2011, 1520.
[233] BGBl. I 2011, 642.
[234] *Düwell/Dahl* NZA-RR 2011, 1 ff.
[235] *Heuchemer/Schielke* BB 2011, 758, 761; *Zimmermann* ArbRAktuell 2011, 62.

leihunternehmen, die dem eigentlichen Gesetzeszweck zuwiderliefen. So könnten etwa die Verträge mit vorherigen Stammkräften nicht gekündigt, sondern **nur ruhend gestellt** werden, um diese dann an Verleiher zu vermitteln und rückzuleihen, ohne dass in diesem Fall die Möglichkeit der tariflichen Verschlechterung der Arbeitsbedingungen entfiele.[236] Auch sei es möglich, die entlassenen Mitarbeiter zunächst 6 Monate an andere Kunden zu verleihen und sie dann nach Ablauf der Karenzzeit wieder an ihre alten Arbeitsplätze zurückzukehren lassen.[237] Gegen diese Kritik wird allerdings wiederum zu Recht vorgebracht, dass diese **theoretischen Umgehungsmöglichen** regelmäßig in der praktischen Umsetzung **für die Entleiher derart ungeeignet** erscheinen, dass von ihnen **tatsächlich wohl keine Gefahr** ausgeht.[238] Gerade ein sechsmonatiges Abwarten sei nicht praktikabel, da der Beschäftigungsbedarf beim „outsourcenden" Entleiher fortbestehe und so für mindestens 6 Monate überbrückt werden müsse.[239] Falls solche Missbrauchsfälle dennoch in der aufgezeigten Form praktiziert werden sollten, sind die Gerichte angehalten, diese Umgehungen zu unterbinden.[240]

139 Andererseits wird bemängelt, eine Drehtürregelung könne generell zu einer **möglichen Spaltung der Belegschaft** im Verleihunternehmen trotz gleicher Qualifikation führen. Die neue Gesetzeslage könne bewirken, dass beim gleichen Entleiher eingesetzte externe Leiharbeitnehmer ohne Vorbeschäftigung im Entleihbetrieb, welche nach den vom Gleichbehandlungsgrundsatz abweichenden Tarifverträgen entlohnt werden, weniger verdienen, als die rückverliehenen, nach der Drehtürklausel von der Abweichungsmöglichkeit ausgenommen Arbeiter.[241] Diese zumindest theoretisch bestehende Folge einer Spaltung der Belegschaft ist jedoch **zu Gunsten eines wirksamen Schutzes vor missbräuchlichen „Drehtür"-Konstellationen hinzunehmen.** Gegen die Drehtürregelung wird weiter vorgebracht, sie führe dazu, dass die Leiharbeit als Mittel zur kurzfristigen Personalkostenreduzierung unattraktiv werde.[242] Dem ist jedoch entgegenzuhalten, dass der **Sinn der Leiharbeit nicht in der kurzfristigen Personalkostenreduzierung** besteht, sondern in einer **größeren Flexibilisierung** und Möglichkeit zur Abdeckung von Auftragsspitzen oder erhöhtem Personalbedarf.

140 Auch die **Ausweitung des Anwendungsbereichs für die Erlaubnispflicht** und damit des AÜG insgesamt erfährt teilweise als notwendige und überfällige Umsetzung der EG-Leiharbeitsrichtlinie Zustimmung,[243] ist verschiedentlich und kontrovers aber auch in die Kritik geraten. Auf der einen Seite wurden Stimmen laut, die Ausweitung führe zu einer steigenden Bürokratisierung, da nun mit zahlreichen Neuanträgen von verschiedenen, bislang nicht erfassten Unternehmen zu rechnen sei, welche diesen Kosten verursache und zu erhöhtem Arbeitsaufwand der für die Erlaubniserteilung zuständigen Regionaldirektionen der Bundesagentur für Arbeit führe.[244] Dem ist zu entgegnen, dass sowohl die **Einschränkung des Konzernprivilegs** als auch die **Streichung der Begrenzung auf gewerbsmäßige Überlassung der Umsetzung der EG-Richtlinie** geschuldet ist, welche entsprechende Einschränkungen nicht vorsieht.

---

[236] *Lembke* DB 2011, 414 (419); *Raif* GWR 2011, 303.
[237] *Lembke* DB 2011, 414 (420).
[238] *Hamann* NZA 2011, 70 (76); *Heuchemer/Schielke* BB 2011, 758 (760).
[239] *Hamann* NZA 2011, 70 (76); *Heuchemer/Schielke* BB 2011, 758 (760).
[240] So auch: *Raif* GWR 2011, 303.
[241] *Heuchemer/Schielke* BB 2011, 758 (760).
[242] *Rosenau/Mosch* NJW-Spezial 2011, 242.
[243] So etwa: *Leuchten* NZA 2011, 608 (609).
[244] *Hansen/Ragnit* AuA 2011, 8 (10).

I. Begriffe und Grundlagen

Weiterhin wird kritisiert, dass die **Einfügung** des nicht näher bestimmten Begriffs **141** **„vorübergehend"** im Anwendungsbereich des § 1 AÜG nicht zu einer wirklichen Handhabe gegen dauerhafte Überlassungen führe.[245] Dies werde besonders deutlich daran, dass das Gesetz keinerlei dem Bestimmtheitsgebot entsprechende Rechtsfolge für den Fall festlege, dass eine Überlassung von Arbeitnehmern nicht vorübergehend, sondern dauerhaft erfolge.[246] Auch sei die genaue Bestimmung problematisch, da es an klaren zeitlichen Vorgaben fehle.[247]

Im **Zentrum der Kritik** stehen allerdings die **Ausnahmetatbestände in § 1** **142** **Abs. 3 AÜG,** nach welchen unter bestimmten Bedingungen vom Grundsatz des equal-pay/treatment abgewichen werden darf, und insbesondere das abgeänderte Konzernprivileg. Die in der Praxis mit Abstand am meisten genutzte Ausnahme bildet die Möglichkeit der **Abweichung nach § 1 Abs. 3 Nr. 1 AÜG** durch oder aufgrund eines Tarifvertrags. Die Regelung ist allerdings **durch die EG-Leiharbeitsrichtlinie gedeckt,** auch wenn teilweise bemängelt wird, dass die in der Richtlinie verankerte Vorgabe, es müsse zumindest ein angemessenes Gesamtschutzniveau für Leiharbeitnehmer gewahrt werden, nicht ins AÜG übernommen wurde.[248] Die Gegenansicht sieht dagegen keinen legislativen Bedarf und befürwortet vielmehr, dass das Änderungsgesetz zu Recht keine derartige Einschränkung des Tarifprivilegs vorgenommen hat, da dies dem Grundrecht der Tarifautonomie nach Art. 9 Abs. 3 GG wegen Verstoßes gegen das Verbot der Tarifzensur und der Angemessenheitsvermutung von wirksamen Tarifverträgen entgegenstünde.[249]

Bedenken bestehen dagegen in Bezug auf das **abgeänderte Konzernprivileg in** **143** **§ 1 Abs. 3 Nr. 2 AÜG,** das insoweit eingeschränkt wurde, dass konzerninterne Arbeitnehmerüberlassung nur dann nicht von der Erlaubnispflicht und dem Großteil der Vorschriften des ÄUG erfasst werden, wenn die betroffenen Arbeitnehmer **nicht zum Zweck der Überlassung eingestellt und beschäftigt** werden. Diese Regelung dient der Entprivilegierung der verschiedenen Modelle konzerninterner Personalservicegesellschaften, welche zum Teil als Missbrauchstatbestände zur Umgehung von „equal-pay" bewertet wurden.[250] Zunächst werden die **Ungenauigkeiten in der Formulierung** kritisiert, da zum Beispiel auch nach Auslegung des Wortlauts unklar bleibe, ob die Ausnahme nur einschlägig sei, wenn Arbeitnehmer „überhaupt nicht" oder auch wenn diese „nicht ausschließlich" zum Zweck der Überlassung eingestellt und beschäftigt werden.[251] Einige Stimmen haben sich für eine **grundsätzliche Streichung des Konzernprivilegs** ausgesprochen, da dieses auf Grundlage des aktuellen Standes des AÜG nach Abschaffung eines Großteils der ursprünglich geltenden Restriktionen (vor allem durch die Hartz-Gesetze) **keine Berechtigungsgrundlage mehr** besitze und sich mangels entsprechender Regelung in der EG-Leiharbeitsrichtlinie zumindest in der jetzigen Form auch als **europarechtswidrig** darstelle.[252] Wei-

---

[245] *Hansen/Ragnit* AuA 2011, 8 (9); *Lembke* DB 2011, 414 (415); *Raif* GWR 2011, 303.
[246] *Düwell* DB 2011, 1520 (1522); *Lembke* DB 2011, 414 (415); *Zimmermann* ArbRAktuell 2011, 62.
[247] *Hamann* NZA 2011, 70 (73 ff.); *Raif* GWR 2011, 303.
[248] *Blanke* DB 2010, 1528 (1531 f.); *Düwell/Dahl* DB 2009, 1070 (1073); *Fuchs* NZA 2009, 57 (61); *Ulber* AuR 2010, 412 (413); *Waltermann* NZA 2010, 482 (483); im Ergebnis auch: *Schüren/Wank* RdA 2011, 1 (5).
[249] So: *Lembke* DB 2011, 414 (417); *Raif* GWR 2011, 303; im Ergebnis auch: *Deinert* NZA 2009, 1176 (1180); *Lembke* BB 2010, 1533 (1540); *Thüsing* RdA 2009, 118.
[250] *Düwell* DB 2011, 1520 (1521).
[251] *Lembke* DB 2011, 414 (415 f.).
[252] *Böhm* DB 2011, 473 (474); *Lembke* DB 2011, 414 (416); *Raif* GWR 2011, 303.

terhin bestehen Bedenken in Hinblick auf Umgehungstatbestände. So wird herausgestellt, dass es bei Konzernsachverhalten weiterhin möglich sei, ein konzerninternes Verleihunternehmen zu gründen, welches einen Mischbetrieb unterhält und das mit dem Arbeitnehmer vereinbart, dass dieser nicht ausschließlich zum Zweck der Überlassung eingestellt wird, sondern sowohl für den Mischbetrieb selbst tätig werden soll, als auch in interne oder externe Unternehmen als Leiharbeitnehmer überlassen werden kann.[253]

144 Auch der in **§ 1 Abs. 3 Nr. 2a AÜG** neu eingefügte Ausnahmetatbestand für die Fälle der **lediglich gelegentlichen Überlassung** von Arbeitnehmern, welche nicht zum Zweck der Überlassung eingestellt und beschäftigt wurden, wird mangels entsprechender Vorgabe in der Leiharbeitsrichtlinie **als europarechtswidrig angesehen**.[254] Aus diesem Grund sollte bei Nutzung dieser Ausnahmemöglichkeit eher zurückhaltend verfahren werden. Zumindest wird jedoch verlangt, dass dem Ausnahmecharakter in der Praxis insofern entsprochen wird, dass der Bereich der „gelegentlichen Überlassung" eng auszulegen ist.[255] In diesem Zusammenhang sollten daher nur Fälle erfasst werden, in denen Arbeitnehmer nur ausnahmsweise und nicht mehrfach an denselben Entleiher überlassen werden, der Einsatz also vielmehr nur spontan, etwa zur Abdeckung eines kurzfristigen Spitzenbedarfs, erfolgt.[256] Teilweise wurde auch der weitere Ausnahmetatbestand in Form der **Einschränkung der Überlassung in Betrieben des Baugewerbes nach § 1 b AÜG** als **europarechtswidrig** bewertet, da die EG-Richtlinie sektorale Beschäftigungsverbote nur in geringen Grenzen zum Schutz des Leiharbeitnehmers zulasse, welche in diesem Fall nicht erfüllt seien.[257]

145 **In der Gesamtschau** werden die Änderungen in grosso modo als tauglich begrüßt, bisherige ggf. bestehende Missbrauchsmöglichkeiten einzudämmen, ohne dabei die Zeitarbeitsbranche unangemessen einzuschränken.[258] Andere Stimmen beklagen dagegen sowohl durch die EG-Leiharbeitsrichtlinie als auch durch die Änderung des AÜG eine zu weitgehende Reglementierung der Zeitarbeitsbranche, da es **nicht Sache des Gesetzgebers, sondern vielmehr der Gewerkschaften** sei, Missstände in der Branche zu bekämpfen und zwar durch Werbung von Mitgliedern und anschließende tarifliche Arbeitskampfmaßnahmen.[259] In diesem Zusammenhang ist allerdings auf den derzeitigen **niedrigen Organisationsgrad in der Leiharbeit** hinzuweisen, welcher sich auch in Zukunft wohl nicht wesentlich ändern wird. Dies hat zum Einen damit zu tun, dass sich die großen Branchengewerkschaften bislang wenig für die Leiharbeit geöffnet haben und zum Anderen, dass die Mehrzahl der Leiharbeitnehmer in der Hoffnung auf eine Festanstellung bei einem Entleiherbetrieb ihre Tätigkeit in der Leiharbeit lediglich als vorübergehend ansieht. Teilweise wird die Gesetzesänderung als nicht weitgehend genug kritisiert[260] oder in Teilen als zu umständlich und kompliziert bewertet.[261] Dies wird insbesondere von Seiten der Gewerkschaften geltend gemacht.[262]

---

[253] *Lembke* DB 2011, 414 (419).
[254] *Lembke* DB 2011, 414 (416); *Raif* GWR 2011, 303; schon zuvor feststellend: *Ulber* AuR 2010, 412 (414); *Wank* RdA 2010, 193 (203).
[255] *Leuchten* NZA 2011, 608 (609); *Zimmermann* ArbRAktuell 2011, 62.
[256] *Raif* GWR 2011, 303.
[257] *Böhm* DB 2011, 473 (474 f.); *Schüren/Wank* RdA 2011, 1 (6); vorsichtig zweifelnd auch *Salamon* NZA-RR 2012, 61 (64).
[258] *Heuchemer/Schielke* BB 2011, 758 (761); *Leuchten* PersF 9/2011, 88 f.; *Raif* GWR 2011, 303.
[259] *Hirdina* NZA 2011, 325 (330).
[260] *Hamann* NZA 2011, 70 (77); *Lembke* DB 2011, 414 (419 f.); *Schüren/Wank* RdA 2011, 1 (7).
[261] *Leuchten* PersF 9/2011, 88 f.
[262] *Hamann* NZA 2011, 70 (75).

I. Begriffe und Grundlagen

Weiter wurde herausgestellt, dass mit der nun umgesetzten politischen Minimallösung einer Reform eine Chance zur „Entrümpelung" des AÜG verpasst worden sei.[263] Teilweise wird auch angemerkt, dass AÜG leide nach der Gesetzesänderung an dem durchgehenden **„handwerklichen" Mangel,** dass die Frage nach der konkreten **Rechtsfolge** zu häufig, wie etwa im Zusammenhang mit dem Verbot der nicht nur vorübergehenden Überlassung, auf die Arbeitsgerichte abgewälzt werde.[264]

Manche Stimmen befürworten anstatt der gesetzlichen Korrekturen eine **vollständige Abkehr vom bisherigen deutschen Leiharbeitsmodell** und einen entsprechenden Systemwechsel hin zu einem Modell, welches der französischen Prägung entspricht.[265] Nach dem **französischen Prinzip** entsteht bei jedem Einsatz eines Leiharbeiters ein auf die Dauer des Einsatzes **befristetes Arbeitsverhältnis mit dem Entleiher,** in welchem der Arbeitnehmer **bedingungslos nach den equal-pay-Grundsätzen** die gleichen Arbeitsbedingungen wie eine Stammkraft erhält.[266] Hinzu kommen pauschale Extrazahlungen zur Kompensation fehlender Urlaubsabgeltung von etwa 10% des Bruttolohnes und weitere 10% Prekaritätsprämie, da Leiharbeitnehmer von bestimmten, an die Beschäftigungsdauer geknüpften Altersvorsorgeprogrammen ausgenommen sind.[267] Allerdings erhält der Leiharbeiter **in beschäftigungslosen Zeiten** im Gegensatz zum deutschen Modell **keine Vergütung** und wird dann wieder arbeitslos.[268] Auch von Befürwortern einer Systemänderung wird allerdings klargestellt, dass zwar der französische Grundgedanke ein neues deutsches Leiharbeitssystem beeinflussen könnte, man sich allerdings bei der Umsetzung nicht an der den Leiharbeitern wenige Standards gewährenden französischen *travail temporaire* orientieren sollte.[269] Aus diesem Grund ist schon fraglich, inwieweit ein solcher Systemwechsel sich vorteilhaft auswirken würde.

146

(4) Einführung eines gesetzlichen Mindestlohnes

(a) Hintergründe der Mindestlohndebatte in der Leiharbeit

Ein weiteres Thema der politischen Diskussionen im Zusammenhang mit den Änderungen des AÜG war die Frage nach der Einführung eines gesetzlichen Mindestlohns für die Zeitarbeitsbranche. Dieser wurde seit langer Zeit von einigen Stimmen gefordert, von anderen dagegen abgelehnt. Die treibende Motivation im Rahmen der Diskussion über die Einführung eines Mindestlohns verlagerte sich in der Öffentlichkeit allerdings mit der Zeit, wie bereits dargestellt, weg von der Überlegung der grundsätzlichen Notwendigkeit einer angemessenen Entlohnung von Leiharbeitnehmern und hin zur **Angst vor einem unkontrollierbaren Lohndumping** auf dem Sektor **durch Verleihfirmen aus den osteuropäischen EU-Mitgliedstaaten.** Im Zusammenhang mit dem nun verabschiedeten Gesetz wurde zwar **keine verbindliche Festlegung einer Lohnuntergrenze** umgesetzt, zumindest aber ein Verfahren zur Festlegung einer solchen vorgegeben. Mittlerweile gilt aufgrund einer Rechtsverordnung des Bundesarbeitsministeriums ab dem 1. 1. 2012 ein branchenweiter Min-

147

---

[263] *Hamann* NZA 2011, 70 (77).
[264] *Düwell* DB 2011, 1520 (1522).
[265] *Böhm* DB 2011, 473; ein umfassender Reformvorschlag findet sich bei: *Schüren/Wank* RdA 2011, 1 (7 f.); zumindest die Probleme des deutschen Systems im Vergleich herausstellend: *Schmitt-Rolfes* AuA 2011, 199.
[266] *Schmitt-Rolfes* AuA 2011, 199.
[267] *Mayer* AuR 2011, 4 (7).
[268] *Schüren/Wank* RdA 2011, 1 (7).
[269] *Böhm* DB 2011, 473.

destlohn. Dieser beläuft sich auf 7,01 EUR in den neuen Bundesländern und auf 7,89 EUR in den übrigen Bundesländern. Ab dem 1. 11. 2012 sind Steigerungen vorgesehen (7,50 EUR in den neuen Bundesländern und 8,19 EUR pro Stunde in den übrigen Bundesländern).

148 Allerdings wurden schon kritische Stimmen laut, dass der nun umgesetzte Gesetzesentwurf gerade auch mit Blick auf den Wegfall der Beschränkungen der EU-Arbeitnehmerfreizügigkeit zum 1. 5. 2011 keine wirksame Handhabe zur Verhinderung von Lohndumping im Zeitarbeitssektor darstelle.[270] Im Zusammenhang mit dem freien Zugang mittel- und osteuropäischer Arbeitnehmer zum deutschen Arbeitsmarkt ist allerdings zu differenzieren. Die Befürchtung, inländische Verleihunternehmen würden zukünftig ein Heer von **osteuropäischen „Billiglöhnern"** beschäftigen, können zerstreut werden, da diese, soweit sie **von deutschen Zeitarbeitsunternehmen** angestellt werden, auch dem **deutschen Arbeits- und Sozialversicherungsrecht** unterfallen und somit gleich deutschen Leiharbeitern zu entlohnen sind.[271]

149 Problematischer ist dagegen der Fall, dass **ausländische Verleihunternehmen** ihre Leiharbeiter auch zu inländischen Kunden verleihen und damit in direkte Konkurrenz zu deutschen Verleihfirmen treten. Diese ausländischen Verleiher hätten in preislicher Hinsicht nach jetziger Gesetzeslage ohne verbindlichen Mindestlohn zwei entscheidende Vorteile. Zum Einen entrichten ausländische Unternehmen die **Sozialversicherungsbeiträge in ihren Heimatstaaten** und können mit dementsprechend **niedrigeren Lohnnebenkosten** kalkulieren, soweit die voraussichtliche Dauer der Entsendung nicht 24 Monate überschreitet.[272] Eine Überschreitung dieser Dauer führt grundsätzlich zu einem Wechsel des Arbeitsverhältnisses in das deutsche Sozialversicherungssystem. Allerdings besteht in diesem Zusammenhang nach deutschem Recht eine entscheidende Einschränkung. Das Beschäftigungsverhältnis wechselt nicht nur zum deutschen Sozialversicherungsrecht, wenn ein einzelner Arbeitnehmer länger als 24 Monate im Inland beschäftigt wurde, sondern auch, wenn er einen anderen Arbeitnehmer ablöst, dessen zweijährige Entsendezeit abgelaufen ist.[273] Die **Zeitgrenze** ist **stellen- und nicht personenbezogen.** Die Prüfung, inwieweit es sich um eine bloß vorübergehende Entsendung handelt, wird von den zuständigen Behörden des Entsendestaates geprüft und für die Behörden des Zielstaates auf einem Vordruck bindend bescheinigt.[274] Zudem gilt das deutsche Sozialversicherungsrecht auch dann, wenn ein Unternehmen im Ausland nur Verwaltungstätigkeiten ausübt, die tatsächliche Arbeit aber nur im Inland erbracht wird; so müssen reine „Scheinauslandsverleihunternehmen" ihre Sozialbeiträge ohnehin in Deutschland entrichten.[275]

150 Der **zweite Vorteil** EU-ausländischer Verleihbetriebe auf Grundlage der jetzigen Rechtslage ist die Möglichkeit, ihren ausländischen Leiharbeitern **niedrigere Löhne** zu zahlen, soweit dies **in Tarifverträgen ihrer Heimatstaaten vorgesehen** ist. Zwar gilt für alle in Deutschland eingesetzten Leiharbeiter, selbst wenn kollisionsrechtlich das Heimatrechtrecht anwendbar bleibt, die zwingenden Vorschriften des deutschen Arbeitsrechts und somit auch der Gleichbehandlungsgrundsatz im Vergleich zu den Stammkräften nach §§ 3 Abs. 1 Nr. 3, 9 Nr. 3 AÜG. Allerdings schließt das Privileg

---

[270] *Hamann* NZA 2011, 70 (77).
[271] *Bayreuther* DB 2011, 706 f.
[272] *Schlegel* DB 2011, Heft 17 M 1; *ders.* jurisPR-SozR 9/2011, Anm. 1.
[273] *Bayreuther* DB 2011, 706 (708).
[274] *Schlegel* jurisPR-SozR 9/2011, Anm. 1.
[275] *Bayreuther* DB 2011, 706 (708).

I. Begriffe und Grundlagen

der tariflichen Abweichungsmöglichkeit iSv § 1 Abs. 3 Nr. 1 AÜG **auch wirksame ausländische Tarifverträge** mit ein, die unter Berücksichtigung des dortigen Lohnkostenniveaus ausgehandelt wurden.[276] Demnach würden ausländische Tarifbedingungen auf im Inland eingesetzte ausländische Leiharbeitnehmer Anwendung finden. Dabei kommt der **deutschen Gerichtsbarkeit**, aufgrund der **Angemessenheitsvermutung** kollektiver Vereinbarungen, hinsichtlich der Tarifnormen lediglich eine Rechts- und **keine Inhaltskontrolle** zu.[277] Vor diesem Hintergrund könnten ausländische Verleiher ihre Leiharbeiter in Deutschland zu günstigeren Konditionen anbieten und die deutsche Verleihbranche unter Preisdruck setzen. Aus diesem Grund erklärt sich auch die Forderung nach der Einführung von Mindestlöhnen für die Zeitarbeitsbranche auch von Arbeitgeberseite, da auf diese Weise auch ausländische Unternehmen an die Lohnuntergrenzen für den deutschen Markt gebunden wären.[278]

Aber auch generell und losgelöst von dieser Problematik stellt sich in diesem Zu- **151** sammenhang die Frage inwieweit es tatsächlich zentraler **Sinn des Konzepts von Leiharbeit** sein kann oder sein sollte, dass der entliehene Arbeitnehmer zu wesentlich günstigeren Konditionen beschäftigt werden kann als die vergleichbaren Stammkräfte. Natürlich bestehen grundsätzlich gewisse Notwendigkeiten, solche Arbeitnehmer mit langer Betriebszugehörigkeit und somit auch längerer Erfahrung auf dem speziellen Arbeitsplatz höher zu entlohnen. Einige Stimmen sehen jedoch die **rechtliche und gesellschaftspolitische Rechtfertigung für die Ungleichbehandlung** schwinden, je länger ein Leiharbeiter im gleichen Betrieb beschäftigt wird.[279] Der **Mehrwert der Leiharbeit** solle sich nicht aus der Möglichkeit des Lohndumpings, sondern aus der größeren Flexibilität bei der Abdeckung von Auftragsspitzen und Personalengpässen, den geringeren Transaktionskosten bei der Beendigung des Einsatzes, in der Verringerung der Annahmeverzugsrisiken bei Auftragsknappheit und den Einsparungen etwa im Bereich von Kosten für die betriebliche Altersvorsorge ergeben.[280]

Aus diesen Gründen wurde **verschiedentlich eine bedingungslose Gleichstel-** **152** **lung** der Leiharbeiter, zumindest aber die **Einführung eines Mindestlohnes gefordert**. So sprach sich etwa der DGB für eine Durchsetzung des equal-pay-Grundsatzes ab dem ersten Tag aus, was auch die Mehrheit der Mitglieder des 68. Deutschen Juristentages (DJT) befürwortete.[281] Der DJT sprach sich weiterhin grundsätzlich für die Einführung eines branchenübergreifenden gesetzlichen Mindestlohnes aus, welcher dagegen von anderen Stimmen massiv als rechtswidrig oder unzweckmäßig und wirtschaftsfeindlich abgelehnt wird.[282] Die Forderung nach der Einführung von Mindestlöhnen in der Branche der Leiharbeit hat sich allerdings tatsächlich allein vor dem Szenario des Wegfalls der letzten Beschränkungen in Hinblick auf die EU-Arbeitnehmerfreizügigkeit und Dienstleistungsfreiheit so weit verstärkt, dass mittlerweile von allen politischen Lagern, von Gewerkschaften und Arbeitgeberverbänden, die **Einführung von Mindestlöhnen für die Zeitarbeit gefordert** wurde.[283] Nur vereinzelt sprechen sich Stimmen klar gegen die gesetzliche Festlegung von Mindestlohnvorschriften aus[284] oder

---

[276] *Mayer* AuR 2011, 4 (8).
[277] *Bayreuther* DB 2011, 706 (709 f.).
[278] So auch: *Schlegel* jurisPR-SozR 9/2011, Anm. 1.
[279] *Waltermann* NZA 2010, 482 (484).
[280] *Waltermann* NZA 2010, 482 (484).
[281] *Schüren/Wank* RdA 2011, 1 (7).
[282] *Forkel* BB 2011, 1209; *Löwisch* ZRP 2011, 95.
[283] *Hansen/Ragnit* AuA 2011, 8 (12); *Heuchemer/Schielke* BB 2011, 758 (759).
[284] *Hirdina* NZA 2011, 325 (330).

A. Arbeitnehmerüberlassung

werben „zur Stärkung der Tarifautonomie" für eine rein tarifliche Lösung durch die Interessenverbände an Stelle eines gesetzlichen Mindestlohnes.[285]

(b) Gesetzliche Umsetzung der Forderungen nach einem Mindestlohn im Rahmen der Änderung des AÜG

153   Bereits im Zusammenhang mit dem ersten Diskussionsentwurf war die Einführung eines Mindestlohns in der Leiharbeitsbranche vorgesehen, welche jedoch zunächst am Widerstand der FDP scheiterte und deshalb zumindest keinen unmittelbaren Eingang in den Gesetzesentwurf gefunden hat.[286] Erst im Rahmen der Debatte um die Änderungen der Hartz-IV-Gesetze und des damit verbunden eingesetzten Vermittlungsausschusses wurde eine Verständigung erzielt, dass eine absolute Lohnuntergrenze im Bereich der Leiharbeit für Entleihzeiten und verleihfreie Zeiten eingeführt und bis zum 1. 5. 2011 in Kraft treten sollte.[287] Zunächst war unklar und umstritten, ob sich eine solche Einführung durch die Aufnahme des Mindestlohns für Zeitarbeit in das Arbeitnehmer-Entsendegesetz (AEntG) – wie etwa von Gewerkschaften und Arbeitgeberverbänden gefordert – oder durch entsprechende Änderung des AÜG zu realisieren sei.[288] Ein Grund für die schleppende Umsetzung mag sein, dass die anfängliche Sorge wohl der Erkenntnis gewichen ist, dass nach Ablauf der letzten Umsetzungsstufe der Freizügigkeit zum 1. 5. 2011 vielmehr Normalität eingetreten ist und sich negative Auswirkungen auf Arbeitslosigkeit und Lohnniveau zumindest nicht in erheblichem Umfang feststellen lassen.[289] Seit dem 1. 1. 2012 besteht nunmehr, wie oben erwähnt, ein Mindestlohn für die Zeitarbeitsbranche.

154   In § 3 a AÜG ist nunmehr die Möglichkeit der **Einführung einer absoluten Lohnuntergrenze durch das Bundesministerium für Arbeit und Soziales** vorgesehen, welcher schon zum 30. 4. 2011 in Kraft getreten ist. Teilweise wurde kritisiert, diese Regelung habe nur als bloßer Reflex eines politischen Kompromisses Eingang in das AÜG erhalten, dem die Regierung nur gefolgt sei, um im Gegenzug die Zustimmung der Opposition zu den beschlossenen Änderungen im Bereich der Hartz-IV-Gesetze zu erhalten.[290] Nach § 3 a AÜG können die **Gewerkschaften und Arbeitgeberverbände** dem Bundesministerium **schriftlich vorschlagen,** einen von ihnen abgeschlossenen bundeseinheitlichen tariflichen Mindestlohn kraft Rechtsverordnung als allgemein verbindliche Lohnuntergrenze festzusetzen. Die oben genannten Mindeststundenlöhne wurden in einem bundesweit anwendbaren Tarifabschluss für die Zeitarbeit zwischen dem **Bundesverband Zeitarbeit (jetzt BAP) und den DGB-Einzelgewerkschaften im Jahr 2010** vereinbart.

155   Mit Einführung der neuen Lohnuntergrenze durch Rechtsverordnung des Bundesministeriums für Arbeit und Soziales vom 20. 12. 2011 sind **ausländische Verleihbetriebe ebenfalls in vollem Umfang daran gebunden,** selbst wenn nach Tarifverträgen in deren Heimatstaaten eine niedrigere Vergütung möglich wäre. Die ausländischen Leiharbeitnehmer haben im Fall der Entleihe nach Deutschland einen Anspruch gegen ihre Verleihbetriebe auf Vergütung nach den deutschen Mindestlohnsätzen, und es entstehen, unabhängig von der tatsächlichen Einhaltung der Lohnuntergrenzen, nach

---

[285] *Böhm* DB 2010, 1350 (1351); *Schumacher* BB 2010, Heft 25, I.
[286] Pressemitteilung Redaktion beck-aktuell, becklink 1 004 676; *Hansen/Ragnit* AuA 2011, 8 (12).
[287] *Heuchemer/Schielke* BB 2011, 758 (759).
[288] *Hansen/Ragnit* AuA 2011, 8 (12); ausführlich zu den einzelnen Möglichkeiten: *Schüren/Wank* RdA 2011, 1 (5 f.); für eine Verankerung im EntsendeG: *Büttner/Pennartz* AuA 2011, 292.
[289] *Schlegel* jurisPR-SozR 9/2011, Anm. 1.
[290] *Leuchten* NZA 2011, 608 (610).

I. Begriffe und Grundlagen

dem Entstehungsprinzip am **Mindestlohn ausgerichtete Beitragspflichten zur Sozialversicherung.**[291] Kritisiert wird im Übrigen, dass sich auf dieser Grundlage **Monatslöhne für Vollzeitarbeit in der Größenordnung zwischen 700 und 800 EUR** (richtig wäre wohl: 1000 bis 1200 EUR) ergäben, so dass insbesondere Leiharbeitnehmer, welche eine Familie zu versorgen hätten, zusätzliche Sozialleistungen in Anspruch nehmen müssten. Auf diese Weise würde dann weiterhin ein Lohndumping im Leiharbeitssektor auf dem Rücken der Steuerzahler subventioniert.[292]

Die neue Regelung in § 3a AÜG wird zwar teilweise als grundsätzlich geeignete Maßnahme zur Verhinderung eines Lohndumpings begrüßt.[293] Andere Stimmen kritisieren, dass die Regelung in anderen Gesetzen, in erster Linie im Arbeitnehmer-Entsendegesetz (AEntG), hätte verwirklicht werden müssen, um in Bezug auf die EU-Osterweiterung auch – bereits praktizierte – Konstellationen zu erfassen, in denen ausländische Verleihfirmen keine Arbeitnehmerüberlassung vornehmen, sondern **Fremdpersonal im Rahmen von Dienst- oder Werkverträgen** nach Deutschland entsenden.[294]

156

Weiter wird zu Recht bemängelt, dass allein die **Einführung einer starren Lohnuntergrenze keine ausreichende Lösung** für einen wirksamen Schutz vor Preisdruck in der Leiharbeit durch mittel- und osteuropäische Verleihbetriebe darstellt. Dies betrifft die Arbeitnehmerüberlassung **bei hochqualifiziertem Personal,** wie etwa Ingenieuren. Dies wird in den inländischen Tarifverträgen insoweit berücksichtigt, dass in allen in der Zeitarbeitsbranche abgeschlossenen **Tarifverträgen** an der **jeweiligen Qualifikation** des Arbeitnehmers **ausgerichtete Lohngruppen** existieren, zwischen denen mitunter eine Tarifspanne von ca. 10 EUR pro Stunde besteht.[295] Eine Lohnuntergrenze hindert den ausländischen Verleiher zwar, ungelernte Arbeitskräfte nach den Tarifen in seinem Heimatstaat zu verleihen, allerdings nicht daran, den ausländischen Ingenieur zum deutschen Mindestlohn oder zumindest zur Tarifgruppe für Hochqualifizierte in seinem Heimatstaat (falls diese die deutsche Lohnuntergrenze übersteigen sollte) anzubieten. Wie durch die oben dargestellte Tarifspanne deutlich wird, kann dies einen **Vorteil von etwa bis zu 10 EUR pro Stunde** gegenüber einem hochqualifizierten deutschen Leiharbeitnehmer ausmachen. Aus diesem Grund ist die einzige Möglichkeit, einen Preisdruck auf die Verleihbranche zu verhindern und gleichzeitig für flächendeckend faire Löhne in allen Bereichen zu sorgen, die **Vereinbarung so genannter Lohngitter,** welche für alle Qualifikationstypen von Arbeitnehmern entsprechende Lohnuntergrenzen vorsehen.[296] Es bleibt besonders in diesem Zusammenhang allerdings die rechtliche und politische Entwicklung in der nächsten Zukunft abzuwarten.

157

(c) Grundsätze des Verfahrens nach § 3a AÜG zur Einführung eines Mindestlohnes

Anstelle einer gesetzlichen Festschreibung eines feststehenden Mindestlohnes wurde, wie bereits angesprochen, im Rahmen der Änderung des AÜG die Möglichkeit eines Erlasses verbindlicher Lohnuntergrenzen im Wege der Rechtsverordnung vorgesehen. Dafür wurde in § 3a AÜG ein **eigenes Verfahren** festgelegt, welches die einzelnen Abläufe des Erlasses näher regelt. Durch die Gesetzesänderung wurde dem **Bundes-**

158

---

[291] *Schlegel* jurisPR-SozR 9/2011, Anm. 1.
[292] *Brors* AuR 2011, 85.
[293] *Schlegel* DB 2011, Heft 17, M 1.
[294] *Brors* AuR 2011, 85; grundsätzlich diese Kritik teilend: *Leuchten* NZA 2011, 608 (612).
[295] *Mayer* AuR 2011, 4 (8).
[296] Dazu ausführlich: *Mayer* AuR 2011, 4 ff.

ministerium für Arbeit und Soziales in § 3a Abs. 2 AÜG grundsätzlich die Befugnis eingeräumt, **ohne Beteiligung des Bundesrats** Rechtsverordnungen über die Festschreibung von Mindestlöhnen zu erlassen. Die inhaltliche Festlegung und Ausgestaltung solcher Lohnuntergrenzen obliegt dabei allerdings nicht dem Ministerium selbst. **Grundvoraussetzung für den Erlass** einer Rechtsverordnung ist nach § 3a Abs. 1 AÜG zunächst, dass **Gewerkschaften und Arbeitgeberverbände,** welche zumindest auch für ihre jeweiligen in der Arbeitnehmerüberlassung tätigen Mitglieder zuständig sind (so genannte vorschlagsberechtigte Tarifvertragsparteien) im Rahmen eines Tarifvertrags **bundesweit tarifliche Mindestentgelte miteinander vereinbart** haben, wobei die vereinbarten Mindeststundenlöhne je nach Beschäftigungsort voneinander abweichen dürfen. Ein solcher Tarifvertrag muss jedoch nach § 3a Abs. 1 S. 2 AÜG zwingend Mindestlöhne sowohl für Verleihzeiten als auch für verleihfreie Zeiträume vorsehen und weiterhin eine Laufzeit enthalten. Ein entsprechender, diese Anforderungen erfüllender Tarifvertrag wurde zwischen dem Bundesverband Zeitarbeit (jetzt BAP) und der DGB-Tarifgemeinschaft Zeitarbeit im Jahr 2010 mit Wirkung ab 1. 7. 2010 geschlossen.

159 In einem **zweiten Schritt** ist dann erforderlich, dass die **vorschlagsberechtigten Tarifvertragsparteien** dem Bundesministerium für Arbeit und Soziales nach § 3a Abs. 1 S. 1 AÜG **gemeinsam den Vorschlag** unterbreiten, die zwischen ihnen vereinbarten Lohnuntergrenzen in einer Rechtsverordnung verbindlich für die Leiharbeitsbranche im gesamten Bundesgebiet festzusetzen. Dieser Vorschlag muss **schriftlich eingereicht** und **ausreichend begründet** werden. Als Reaktion kann das Ministerium den Vorschlag entweder zurückweisen oder das eigentliche Verfahren zur Verabschiedung einer entsprechenden Rechtsverordnung einleiten. Dem **Ministerium** steht **kein inhaltliches Gestaltungsrecht** zu, da es gemäß § 3a Abs. 2 S. 2 AÜG nur dazu ermächtigt ist, den Vorschlag inhaltlich unverändert in die Rechtsverordnung zu übernehmen. Aus diesem Grund wird das Ergebnis wie eine faktische Allgemeinverbindlicherklärung bewertet.[297] Gemäß § 3a Abs. 3 S. 1 AÜG findet im Verfahren § 5 Abs. 1 S. 1 Nr. 2 TVG entsprechende Anwendung, so dass im Vorfeld der Entscheidung über den jeweiligen Vorschlag wie im Rahmen der Allgemeinverbindlicherklärung zunächst ein **Ausschuss** aus je drei Mitgliedern der Spitzenorganisationen der Arbeitgeber und Arbeitnehmer zu bilden ist.

160 Bei der Entscheidung über den eingereichten Vorschlag hat das Bundesministerium für Arbeit und Soziales gemäß § 3a Abs. 3 S. 2 AÜG im Rahmen einer Gesamtabwägung neben den allgemeinen Zielen des AÜG insbesondere zu prüfen, ob die verbindliche Festsetzung der vorgeschlagenen Mindestlöhne im Wege der Rechtsverordnung zur Gewährleistung der finanziellen Stabilität der sozialen Sicherungssysteme geeignet ist. Weiterhin sind dabei die bereits bestehenden bundesweiten Tarifverträge im Bereich der Arbeitnehmerüberlassung und auch die **Repräsentativität der vorschlagenden Tarifvertragsparteien** zu berücksichtigen. Eine solche Repräsentativität fehlt immer dann, wenn die Tarifverträge nur einen kleinen Ausschnitt der tatsächlich tätigen Leiharbeitnehmer erfassen.[298] Liegen dem Bundesministerium mehrere Vorschläge verschiedener vorschlagsberechtigter Tarifvertragsparteien vor, muss bei der Entscheidung im Rahmen der Gesamtabwägung gemäß § 3a Abs. 4 AÜG besonders berücksichtigt werden, wie repräsentativ sich die einzelnen Vorschlagsberechtigten darstellen. Vorrangiges Bewertungskriterium zur Bestimmung der Repräsentativität ist

---

[297] *Leuchten* NZA 2011, 608 (610).
[298] *Leuchten* NZA 2011, 608 (610).

I. Begriffe und Grundlagen

dabei die jeweilige Zahl der in den Geltungsbereich einer möglichen Rechtsverordnung fallenden Arbeitnehmer, welche bei Mitgliedern der vorschlagenden Arbeitgeberverbände beschäftigt sind oder selbst Mitglieder der vorschlagenden Gewerkschaften sind.

Soweit sich das Bundesministerium für Arbeit und Soziales in der Folge zur Umsetzung eines unterbreiteten Vorschlages in einer Rechtsverordnung entschließt, muss es im weiteren Verfahren gemäß § 3a Abs. 5 AÜG vor dem eigentlichen Erlass zunächst einen **Entwurf der Rechtsverordnung im Bundesanzeiger veröffentlichen.** Innerhalb einer Frist von drei Wochen ab dem Tag der Bekanntmachung soll dann Verleihern und Leiharbeitnehmer sowie den Interessenverbänden die Möglichkeit zur schriftlichen Stellungnahme gegeben werden. Im Anschluss an den Fristablauf befasst sich gemäß § 3a Abs. 5 S. 3 AÜG der oben angesprochene, aus den Interessenvertretern der Spitzenorganisationen gebildete Ausschuss mit dem Vorschlag, um dann ebenfalls eine Stellungnahme dazu abgeben, inwieweit der Entwurf befürwortet wird oder nicht. Im letzten Schritt ist die Rechtsverordnung vom Bundesministerium für Arbeit und Soziales zu verkünden und im Bundesanzeiger bekanntzumachen. 161

cc) Das Arbeitnehmer-Entsendegesetz

Unter bestimmten Voraussetzungen haben Verleiher neben den Vorschriften des AÜG auch die Bestimmungen des Arbeitnehmer-Entsendegesetzes (AEntG) zu beachten. 162

Das AEntG vom 29. 4. 2009[299] – in Kraft seit April 2009 – hat das bisherige AEntG vom 26. 2. 1996 abgelöst. Die **Neufassung** erfolgte **aus Gründen der Vereinfachung und besseren Übersichtlichkeit.**[300] Durch das Gesetz sollen für bestimmte Branchen angemessene Arbeitsbedingungen geschaffen werden. Im Rahmen der Novellierung des Gesetzes wurde der **Branchenkatalog,** der bis dahin das Baugewerbe, das Gebäudereinigerhandwerk und Briefdienstleister umfasste, um sechs Branchen **erweitert** (§§ 4 und 10 AEntG). **Ziel des AEntG** ist es, in den im Gesetz genannten Branchen **bestimmte Mindestarbeitsbedingungen** sowohl für grenzüberschreitend entsandte wie auch für regelmäßig im Inland beschäftigte Arbeitnehmer **sicherzustellen** und gleiche Wettbewerbsbedingungen herzustellen (§ 1 AEntG). Dies wird dadurch erreicht, dass unter bestimmten Voraussetzungen die Normen eines Tarifvertrags zwingend Anwendung finden. § 3 AEntG setzt für die zwingende Anwendung grundsätzlich voraus, dass es sich um einen bundesweiten Tarifvertrag handelt, der gemäß § 5 TVG für allgemeinverbindlich erklärt ist oder eine die Allgemeinverbindlicherklärung ersetzende Rechtsverordnung vorliegt. Gegenstand eines solchen Tarifvertrags können die in § 5 AEntG genannten Arbeitsbedingungen wie zB Mindest- und Überstundenentgelt, Urlaubsgeld und Urlaubsentgelt sein. Nach § 5 Nr. 4 iVm § 2 Nr. 3–7 AEntG kann der Tarifvertrag auch Regelungen über allgemeine Arbeitsbedingungen, darunter gem. Nr. 4 die Bedingungen für die Überlassung von Arbeitnehmern, enthalten. Diese tariflichen Regelungen über allgemeine Arbeitsbedingungen können jedoch nicht durch Rechtsverordnung für zwingend anwendbar erklärt werden (§ 7 Abs. 1 S. 3 AEntG). 163

Arbeitgeber in den betroffenen Branchen haben bei Vorliegen eines entsprechenden Tarifvertrags mindestens die dort für den Beschäftigungsort vorgeschriebenen Arbeitsbedingungen zu gewähren (§ 8 Abs. 1 AEntG). Zu berücksichtigen ist, dass die **zwin-** 164

---

[299] BGBl. I 799.
[300] Gesetzesbegründung BT-Drs. 16/10486, 12.

gende Wirkung dieser Tarifverträge **auch für Arbeitsverhältnisse** zwischen einem **Arbeitgeber mit Sitz im Ausland** und dessen Arbeitnehmern, die im räumlichen Geltungsbereich des Tarifvertrags beschäftigt werden, gilt. Damit haben die Bestimmungen des AEntG auch **Bedeutung für die grenzüberschreitende Arbeitnehmerüberlassung.** § 8 Abs. 3 AEntG stellt ausdrücklich klar, dass die tariflichen Arbeitsbedingungen auch Leiharbeitnehmern, die im Inland eingesetzt werden, zu gewähren sind. Dabei sind übrigens die Bestimmungen des AEntG – im Gegensatz zu der zugrundeliegenden EG-Entsenderichtlinie – **nicht auf Arbeitgeber mit Sitz in einem Mitgliedstaat der Europäischen Union begrenzt,** sondern gelten auch für Arbeitgeber mit Sitz im übrigen Ausland.[301]

dd) Das Mindestarbeitsbedingungengesetz

165 Ebenso wie das AEntG kann im Einzelfall auch das Mindestarbeitsbedingungengesetz für die Arbeitnehmerüberlassung von Bedeutung sein. Das „Gesetz über die Festsetzung von Mindestarbeitsbedingungen" (Mindestarbeitsbedingungengesetz – MiArbG) aus dem Jahr 1952 wurde **durch Gesetz vom 22. 4. 2009**[302] **überarbeitet,** um – in Ergänzung zum AEntG – **Mindestlöhne auch in tarifvertragsfernen Branchen einführen** zu können. Nach dem neuen § 1 Abs. 2 MiArbG können Mindestarbeitsentgelte in solchen Wirtschaftszweigen festgesetzt werden, in denen keine Tarifverträge bestehen oder bundesweit die an Tarifverträge gebundenen Arbeitgeber weniger als 50% der unter den Geltungsbereich dieser Tarifverträge fallenden Arbeitnehmer beschäftigen. Die Festsetzung der **Mindestlöhne** erfolgt **durch Rechtsverordnung der Bundesregierung** auf Vorschlag des Bundesministeriums für Arbeit und Soziales (§ 4 Abs. 3 S. 2 MiArbG). Dabei ist ein **dreistufiges Verfahren** zu beachten. Zunächst stellt der beim Bundesministerium dauerhaft eingerichtete Hauptausschuss fest, dass in einem Wirtschaftszweig Mindestarbeitsentgelte festgesetzt werden sollen (§ 3 Abs. 1 S. 1 MiArbG). Stimmt das Ministerium dem zu, errichtet es für den betreffenden Wirtschaftszweig einen Fachausschuss (§ 4 Abs. 1 MiArbG), welcher festlegt, wie hoch der Mindestlohn im konkreten Fall sein soll (§ 4 Abs. 2 MiArbG). Der Beschluss des Fachausschusses bildet die Grundlage der Rechtsverordnung. Er wird vom Bundesministerium überprüft und im Fall der Zustimmung dem Kabinett zur Verabschiedung vorgeschlagen. Mit dem Erlass der Rechtsverordnung sind die Mindestentgelte für die betroffenen Arbeitgeber und Arbeitnehmer verbindlich (§ 8 Abs. 1 MiArbG). Die so festgesetzten Mindestlöhne gelten zwingend sowohl für inländische als auch für ausländische Arbeitgeber (§ 9 Abs. 1 S. 1 MiArbG).

ee) Das Teilzeit- und Befristungsgesetz (TzBfG)

166 Nach der bis zum 31. 12. 2003 geltenden Rechtslage mussten Leiharbeitnehmer regelmäßig gemäß §§ 3 Abs. 1 Nr. 3, 9 Nr. 2 AÜG aF vom Verleiher auf unbestimmte Dauer eingestellt werden. Eine **Befristung war nur ausnahmsweise möglich** und durfte dann nicht parallel mit der Zeit der Überlassung an den Entleiher erfolgen (§ 3 Abs. 1 Nr. 5 AÜG aF). Mit Wirkung zum **1. 1. 2004** ist das grundsätzliche **Befristungsverbot aufgehoben** worden. Durch die Streichung der speziellen Befristungsvorschriften im AÜG gilt für Leiharbeitnehmer nunmehr das allgemeine Befristungsrecht, denn nach der Gesetzesbegründung bleiben die Vorschriften über die Befristung von Arbeitsverhältnissen nach dem Teilzeit- und Befristungsgesetz unberührt.[303] Folg-

---

[301] BAG 20. 7. 2004 – 9 AZR 345/03, AP AEntG § 1 Nr. 19.
[302] BGBl. I 818.
[303] BT-Drs. 15/25, 39.

I. Begriffe und Grundlagen

lich **unterliegt die Arbeitnehmerüberlassung** nunmehr in vollem Umfang **dem Teilzeit- und Befristungsgesetz (TzBfG)**.

Das TzBfG regelt das Recht der Teilzeitarbeitsverhältnisse und der befristeten Beschäftigung. **Ziel** des TzBfG ist die **Förderung der Teilzeitarbeit**, die Bestimmung der rechtlichen Rahmenbedingungen für die Gültigkeit befristeter Arbeitsverträge und die **Verhinderung einer Diskriminierung** von teilzeitbeschäftigten und befristet beschäftigten Arbeitnehmern (§ 1 TzBfG).[304] 167

Die §§ 14 ff. TzBfG sehen sowohl sachgrundlose als auch Befristungen mit Sachgrund vor. Im Rahmen der Arbeitnehmerüberlassung ist dabei zu beachten, dass sich ein **Befristungsgrund** nur aus der Rechtsbeziehung zwischen Verleiher und Leiharbeitnehmer ergeben kann, da nur zwischen ihnen ein Arbeitsverhältnis besteht.[305] 168

ff) Sonstige Vorschriften

Neben den genannten Gesetzen gibt es weitere gesetzliche Vorschriften, die die Arbeitnehmerüberlassung betreffen. So regelt § 7 S. 2 BetrVG das Wahlrecht des Leiharbeitnehmers zum Betriebsrat. Nach § 28e Abs. 2 SGB IV haftet der Entleiher für Sozialversicherungsbeiträge als gesamtschuldnerischer Bürge. In § 42d Abs. 6 EStG ist die Haftung des Entleihers für die Lohnsteuer des Leiharbeitnehmers für den Fall der unerlaubten Arbeitnehmerüberlassung geregelt. Gemäß § 21 SchwarzArbG besteht die Möglichkeit, illegal tätig gewordene Verleiher und Entleiher vom Wettbewerb um öffentliche Aufträge auszuschließen. 169

5. Tarifverträge der Zeitarbeitsbranche

a) Taröffnungsklausel

Die Vorgaben des AÜG in Bezug auf die **Gleichbehandlung** der Leiharbeitnehmer mit den Stammarbeitnehmern im Entleiherbetrieb sind, mit Einschränkung der neu in das AÜG eingefügten „Drehtür-Regelung" und die Mindeststundenentgelte, **tarifdispositiv** (§ 3 Abs. 1 Nr. 3 S. 2, § 9 Nr. 2 AÜG). Das bedeutet, dass von den gesetzlichen Mindestnormen durch tarifvertragliche Vereinbarungen – zugunsten oder zuungunsten der Leiharbeitnehmer – abgewichen werden kann. Diese Regelung soll es den Tarifvertragsparteien ermöglichen, die Arbeitsbedingungen entsprechend den Bedürfnissen der Verleihbranche flexibel zu gestalten, Differenzen der unterschiedlichen Arbeitsentgelte bei Entleihern durch Pauschalierungen in Form einer Durchschnittsentlohnung auszugleichen und das Arbeitsentgelt für Zeiten des Verleihs und Nichtverleihs zu vereinheitlichen.[306] Bezüglich der **Verfassungsmäßigkeit des § 3 Abs. 1 Nr. 3 AÜG** sind in der Literatur Bedenken geäußert worden.[307] Das Bundesverfassungsgericht hat allerdings eine gegen die Neufassung der § 3 Abs. 1 Nr. 3, 9, § 10 Abs. 4 AÜG eingereichte Verfassungsbeschwerde mangels grundsätzlicher Bedeutung zurückgewiesen.[308] Ein Eingriff in die positive Koalitionsfreiheit sei durch Grundrechte Dritter und mit Verfassungsrang ausgestattete Belange gerechtfertigt und auch verhältnismäßig. 170

---

[304] BT-Drs. 14/4374, 1.
[305] ErfK/*Wank* AÜG Einl. Rn. 6; *Ulber,* AÜG, § 9 Rn. 311.
[306] BT-Drs. 15/25, 38.
[307] *Hümmerich/Holthausen/Welslau* NZA 2003, 7; *Rieble/Klebeck* NZA 2003, 23; *Thüsing* DB 2003, 446; *Waas* BB 2003, 2175.
[308] BVerfG 29. 12. 2004 – 1 BvR 2582/03, NZA 2005, 153.

b) Anforderungen an den Tarifvertrag

171 Eine Abweichung vom Gleichstellungsgrundsatz ist **nur durch einen wirksamen Tarifvertrag** möglich. Dies setzt insbesondere die Tariffähigkeit und die Tarifzuständigkeit der Tarifvertragsparteien voraus.

172 **Tariffähigkeit** ist die Fähigkeit, durch Vereinbarung mit dem sozialen Gegner Arbeitsbedingungen tarifvertraglich mit der Wirkung zu regeln, dass sie für die tarifgebundenen Personen unmittelbar und unabdingbar wie Rechtsnormen gelten.[309] Nach § 2 Abs. 1 bis 3 TVG kommen als **Tarifvertragsparteien** grundsätzlich Gewerkschaften, einzelne Arbeitgeber, Arbeitgeberverbände sowie die Spitzenorganisationen der Arbeitnehmer- und Arbeitgeberverbände in Betracht. Die **Tariffähigkeit** insbesondere **von Arbeitnehmerverbänden** setzt neben der Koalitionseigenschaft im Sinne des § 9 Abs. 3 GG nach der herrschenden Meinung **weitere Merkmale** voraus. So müssen Gewerkschaften tarifwillig sein, sie müssen das geltende Tarif-, Arbeitskampf- und Schlichtungsrecht als für sich verbindlich anerkennen und über eine gewisse Durchsetzungsfähigkeit gegenüber dem sozialen Gegenspieler verfügen (sog. **soziale Mächtigkeit**).[310]

173 Im Bereich der Arbeitnehmerüberlassung sind auf Arbeitnehmerseite vorwiegend zwei Gruppierungen tätig. Zum einen gibt es die Tarifverträge der **DGB-Gewerkschaften.** Diese werden von den Einzelgewerkschaften, die im DGB zusammengeschlossen sind, und den beiden großen Arbeitgeberverbänden, dem Interessenverband Deutscher Zeitarbeitsunternehmen **(IGZ)** und dem Bundesverband Zeitarbeit Personal-Dienstleistungen (jetzt **BAP**), abgeschlossen. Hinzu kommen einige wenige Haustarifverträge einzelner DGB-Gewerkschaften. Zum anderen agiert auf dem Gebiet der Leiharbeit die „**Tarifgemeinschaft Christlicher Gewerkschaften für Zeitarbeit und Personalserviceagenturen" (CGZP),** die als rechtlich selbständige Spitzenorganisation von Christlichen Gewerkschaften im eigenen Namen Tarifverträge für Leiharbeitnehmer abschließt. Allerdings ergeben sich hinsichtlich der Tariffähigkeit und Zuständigkeit der CGZP für den Abschluss von Tarifverträgen in der Zeitarbeitsbranche erhebliche Probleme. Vor dem Hintergrund **des Beschlusses des BAG vom 14. 12. 2010**,[311] in welchem die **Unzuständigkeit der CGZP** zum Abschluss der genannten Tarifverträge und damit auch die Unwirksamkeit der bislang abgeschlossenen Tarifverträge für die Zeitarbeitsbranche nun höchstrichterlich festgestellt wurde, ergeben sich erhebliche Unsicherheiten und Streitigkeiten über die Konsequenzen sowohl für die Vergangenheit als auch für die Zukunft, welche im Einzelnen gesondert erörtert werden.[312]

c) Inhalt des Tarifvertrags

174 An den Inhalt des Tarifvertrags, der die Abweichung vom Gleichbehandlungsgebot ermöglichen soll, sind **keine besonderen Anforderungen** zu stellen. Die inhaltliche Gestaltung unterliegt im Wesentlichen der Vertragsfreiheit der Tarifpartner. Dabei sind jedoch die folgenden Grenzen der vertraglichen Gestaltungsfreiheit zu berücksichtigen: Zum einen dürfen die Tarifpartner – wie bei jedem anderen Tarifvertrag auch – nicht gegen höherrangiges Recht verstoßen.[313] Zum anderen ist zu beachten, dass es

---

[309] BAG 28. 3. 2006 – 1 ABR 58/04, AP TVG § 2 Tariffähigkeit Nr. 4.
[310] ErfK/*Franzen* TVG § 2 Rn. 7.
[311] BAG 14. 12. 2010 – 1 ABR 19/10, NZA 2011, 289.
[312] Im Einzelnen → Rn. 180 ff.
[313] BAG 15. 1. 1955 – 1 AZR 305/54, NJW 1955, 684; ErfK/*Franzen* TVG § 1 Rn. 52.

I. Begriffe und Grundlagen

sich bei dem Gleichbehandlungsgebot um tarifdispositives Gesetzesrecht handelt. In diesen Fällen will der Gesetzgeber den Tarifvertragsparteien keine uneingeschränkte Gestaltungsfreiheit einräumen.[314] Insbesondere müssen sich die tariflichen Regelungen **an den gesetzlichen Vorgaben orientieren.** Das bedeutet in diesem Zusammenhang, dass die Tarifverträge zur Arbeitnehmerüberlassung sich im Rahmen der gesetzlichen Wertentscheidung, also der Gleichstellung, halten müssen und daher zumindest annähernd gleiche Arbeitsbedingungen vorsehen müssen.[315]

d) Unmittelbare Geltung/Inbezugnahme

Der Tarifvertrag kann entweder durch unmittelbare Geltung oder durch Inbezugnahme im Einzelarbeitsvertrag auf das Leiharbeitsverhältnis Anwendung finden. Unmittelbar gilt der Tarifvertrag, wenn sowohl Verleiher als auch Leiharbeitnehmer tarifgebunden sind (§§ 4 Abs. 1, 3 TVG). Tarifgebunden sind Verleiher, die Mitglied des tarifvertragsschließenden Arbeitgeberverbandes oder selbst Tarifvertragspartner sind und Leiharbeitnehmer, die Mitglied der tarifschließenden Gewerkschaft sind. Aufgrund des **geringen Organisationsgrads der Leiharbeitnehmer** ist die unmittelbare Geltung eines Tarifvertrags im Bereich der Arbeitnehmerüberlassung selten.[316] Häufiger ist die Geltung des Tarifvertrags aufgrund arbeitsvertraglicher Bezugnahme. § 3 Abs. 1 Nr. 3 AÜG bestimmt ausdrücklich, dass im Geltungsbereich eines Tarifvertrags, der ein Abweichen von der Gleichstellung ermöglicht, auch nicht tarifgebundene Arbeitgeber und Arbeitnehmer die Anwendung der tariflichen Regelungen vereinbaren können. Bei dem in Bezug genommenen Tarifvertrag muss es sich um den **räumlich, zeitlich, fachlich und betrieblich einschlägigen Tarifvertrag** handeln.[317]

175

e) Bestehende Tarifverträge

Seit der Einführung der Tariföffnungsklausel sind eine Reihe von Tarifverträgen im Bereich der Zeitarbeit abgeschlossen worden.[318] Heute wenden **mehr als 90% der Zeitarbeitsunternehmen einen Tarifvertrag** an.[319]

176

Auf Arbeitnehmerseite sind beim Abschluss der Tarifverträge in der Arbeitnehmerüberlassungsbranche die CGZP und der Deutsche Gewerkschaftsbund (DGB) führend.[320] Der **erste Tarifvertrag der Zeitarbeitsbranche** wurde zwischen der Interessengemeinschaft Nordbayerischer Zeitarbeitsunternehmen (INZ) und der CGZP bereits kurz nach Inkrafttreten der Reform des AÜG am 24. 2. 2003 geschlossen und trat zum 1. 3. 2003 in Kraft. Neben zahlreichen Haustarifverträgen hat die CGZP in der Folge am 24. 6. 2003 einen Tarifvertrag mit der Mittelstandsvereinigung Zeitarbeit e.V. (MVZ) geschlossen. Zur Situation der Tarifverträge der CGZP wird im Folgenden noch gesondert Stellung genommen.

177

Dem **DGB** gehören die acht Gewerkschaften Ver.di, IG Metall, IG Bergbau-Chemie-Energie (IGBCE), IG Bauen-Agrar-Umwelt (IG BAU), die Gewerkschaft

178

---

[314] BAG 13. 3. 2002 – 5 AZR 648/00, AP EFZG § 4 Nr. 58; Thüsing/*Pelzner*, AÜG, § 3 Rn. 82; ErfK/*Franzen* TVG § 1 Rn. 14.
[315] BVerfG 14. 6. 1983 – 2 BvR 488/80, AP BergmannsVersorgScheinG NRW § 9 Nr. 1; Thüsing/*Pelzner*, AÜG, § 3 Rn. 82.
[316] Schüren/*Schüren*, AÜG, § 9 Rn. 99.
[317] Thüsing/*Pelzner*, AÜG, § 3 Rn. 89.
[318] Übersicht bei *Martin* AuR 2004, 247.
[319] *Gutmann/Kilian*, Zeitarbeit. Fakten, Trends und Visionen, 58.
[320] Ausführlich *Gutmann/Kilian*, Zeitarbeit. Fakten, Trends und Visionen, 59 ff.

Nahrung-Genuss-Gaststätten (NGG), die Gewerkschaft Erziehung und Wissenschaft (GEW), Transnet und die Gewerkschaft der Polizei (GdP) an. Die DGB-Tarifgemeinschaft hat mit dem Interessenverband Deutscher Zeitarbeitsunternehmen (IGZ) am 29. 5. 2003 ein Tarifwerk bestehend aus Entgelt-, Entgeltrahmen- und Manteltarifvertrag sowie einen besonderen Tarifvertrag zur Beschäftigungssicherung abgeschlossen.[321] Mit dem Bundesverband Zeitarbeit Personal-Dienstleistungen e. V. (BZA) hat der DGB am 22. 7. 2003 einen Manteltarifvertrag[322] geschlossen, nachdem bereits zuvor Einigkeit über einen Entgelt- und einen Entgeltrahmentarifvertrag erzielt werden konnte. Die ursprünglichen Tarifverträge wurden inzwischen mehrfach durch Änderungstarifverträge geändert. Auch die mit der DGB-Tarifgemeinschaft geschlossenen Tarifverträge sehen relativ niedrige Löhne vor. Dies ist vor allem dem **niedrigen Organisationsgrad in der Leiharbeit** geschuldet, was eine entsprechend geringe Kampfkraft der Gewerkschaften zur Folge hat.[323]

179 Weitere Tarifverträge sind zwischen kleineren Verbänden geschlossen worden. MVZ und INZ sind im Jahre 2005 zum Arbeitgeberverband Mittelständischer Personaldienstleister (AMP) verschmolzen.

f) Sonderfall der CGZP

aa) Ausgangsdiskussion um die Tariffähigkeit der CGZP

180 Die Tariffähigkeit der CGZP ist seit 10 Jahren Gegenstand von Diskussionen.[324] Hintergrund des Streits ist, dass die in den Tarifverträgen der CGZP festgesetzten **Entgelte niedrig** sind. Vermutet wird eine unzulässige Umgehung des equal-pay/-treatment-Gebotes, welche eine negative Abweichung der Arbeitsbedingungen von Leiharbeitnehmern gegenüber der Stammbelegschaft nur dann zulässt, wenn diese in Form von Tarifverträgen erfolgt. Der CGZP wird vorgeworfen, dass sie mit Gefälligkeitstarifverträgen für Dumpinglöhne in der Arbeitnehmerüberlassungsbranche sorge und tatsächlich Arbeitgeberinteressen vertrete.[325] Nach verbreiteter Ansicht **fehlt der CGZP** insbesondere die erforderliche **soziale Mächtigkeit und Durchsetzungskraft**, da ihr Mitgliederbestand gering ist.[326] So besaßen die Mitgliedsgewerkschaften der CGZP im Jahr 2008 insgesamt lediglich 1383 Mitglieder unter den Leiharbeitnehmern, was bei einer Gesamtzahl von nach neuesten Schätzungen mittlerweile zwischen 900 000 und einer Million beschäftigten Arbeitnehmern in der Branche der gewerblichen Arbeitnehmerüberlassung als gering einzustufen ist.[327] Eine andere Ansicht in der Literatur vertritt hingegen die Auffassung, dass der geringe Organisationsgrad die soziale Mächtigkeit nicht ausschließe, da die Gewerkschaft bereits in nennenswertem Umfang Tarifverträge abgeschlossen habe.[328] Dagegen wird angeführt, dass es sich lediglich um „Gefälligkeitstarifverträge" handele und die CGZP die Arbeitsbedingun-

---

[321] Abgedruckt bei *Ulber,* Arbeitnehmer in Zeitarbeitsfirmen, 2. Aufl. 2004, 242 ff.
[322] Abgedruckt in RdA 2003, 311.
[323] *Leuchten* PersF 9/2011, 88.
[324] *Thüsing/Mengel,* AÜG, § 9 Rn. 46; *Bayreuther* NZA 2004, Sonderbeil. 1 (3, 7); *Ankersen* NZA 2003, 421; *Schüren/Behrend* NZA 2003, 521 (524 f.); *Lembke* NZA 2007, 1333.
[325] *Gutmann/Kilian,* Zeitarbeit, Fakten, Trends und Visionen, 66; *Ulber,* AÜG, § 9 Rn. 191; *Schüren/Schüren,* AÜG, § 9 Rn. 112.
[326] *Boemke/Lembke,* AÜG, § 9 Rn. 125; *Schüren/Schüren,* AÜG, § 9 Rn. 113; *Brors* BB 2006, 101 (102); *Ulber/Schindle* AiB 2006, 212; *Mastmann/Offer* AuA 2005, 330 (335); *Grünwald* AuR 2005, 570; *Ulber,* AÜG, § 9 Rn. 190.
[327] Zahlen nach: *Schmitt-Rolfes* AuA 2011, 199.
[328] *Boemke/Lembke,* AÜG, § 9 Rn. 130; *Thüsing/Mengel,* AÜG, § 9 Rn. 46.

I. Begriffe und Grundlagen

gen tatsächlich nicht im Interesse der Arbeitnehmer aushandele; die Gegnerunabhängigkeit der Gewerkschaft begegne Zweifeln.[329] Befürworter der Tariffähigkeit der CGZP weisen darauf hin, dass bei Spitzenorganisationen wie der CGZP ausreichend sei, wenn der Abschluss von Tarifverträgen zu ihren satzungsgemäßen Aufgaben gehöre und mindestens zwei ihrer Mitglieder tariffähig seien.[330]

bb) Erst- und zweitinstanzliches Verfahren zur Tariffähigkeit der CGZP

Im April 2009 hat das **Arbeitsgericht Berlin**[331] in einem viel beachteten[332] Beschluss entschieden, dass die **CGZP nicht tariffähig** sei. Nach Ansicht der Kammer ist die Tariffähigkeit einer Spitzenorganisation grundsätzlich gegeben, wenn entweder alle ihre Mitglieder tariffähig sind oder die Spitzenorganisation selbst die Voraussetzungen der Tariffähigkeit erfüllt. Im Rahmen der zweiten Alternative sei allerdings zu verlangen, dass die Spitzenorganisation die Anforderungen an die Tariffähigkeit in gleicher Weise erfüllt, wie sie an die einzelnen Gewerkschaften gestellt werden. Im Fall der CGZP seien jedoch beide Alternativen zu verneinen. Die CGZP könne ihre Tariffähigkeit nicht aus der Tariffähigkeit ihrer Mitglieder ableiten, da diese satzungsgemäß auf die Normsetzung in der Branche verzichtet und das Feld damit der CGZP überlassen hätten. Somit seien diese selbst nach dem Verzicht auf dem Gebiet der gewerblichen Arbeitnehmerüberlassung gerade nicht mehr tariffähig. **181**

Die CGZP erfülle aber auch **nicht in eigener Person** die **Voraussetzungen der Tariffähigkeit.** Nach Ansicht der Kammer fehlt es der Spitzenorganisation an der notwendigen sozialen Mächtigkeit. Nach der ständigen Rechtsprechung des Bundesarbeitsgerichts[333] könne ein angemessener, sozial befriedender Interessenausgleich nur zustande kommen, wenn die Arbeitnehmervereinigung zumindest so viel Druck ausüben kann, dass sich die Arbeitgeberseite veranlasst sieht, sich auf Verhandlungen über eine tarifliche Regelung von Arbeitsbedingungen einzulassen. Zwar könne regelmäßig von den Tarifabschlüssen der Vergangenheit auf die notwendige Durchsetzungskraft geschlossen werden; diese Indizwirkung der sozialen Mächtigkeit gelte jedoch gerade nicht für die **Zeitarbeit,** weil in dieser Branche die **Arbeitgeberseite** aufgrund der Geltung des Schlechterstellungsverbots **ohnehin daran interessiert** sei, **Tarifverträge zu schließen.** In diesem Zusammenhang werde die gesetzliche Lage bereits als Optimum angesehen, so dass eine Abweichung durch Tarifvertrag in der Praxis regelmäßig überhaupt nur zuungunsten der Leiharbeitnehmer in Betracht komme und stattfinde. **182**

Zwar könne sich die Tariffähigkeit grundsätzlich auch aus einer Vielzahl der mittelbar durch ihre Mitgliedsorganisationen vertretenen Leiharbeitnehmer ergeben, was allerdings bei der CGZP aufgrund der vergleichsweise **geringen Mitgliederzahlen** in den beteiligten Gewerkschaften nicht der Fall sei. Generell sei nach Auffassung des Gerichts im Leiharbeitssektor eine sehr geringe Organisationsdichte festzustellen, so dass der Großteil der Tarifverträge lediglich über die arbeitsvertragliche Bezugnahme zur Anwendung gelange. Demnach **fehle** es im Fall der CGZP gerade **an einer tatsächlichen Durchsetzungskraft der Tarifwerke** im Wege der beidseitigen Tarifgebundenheit. Ebenso besitze die CGZP keine durchsetzungsfähige Organisationsstruktur im Bereich der Arbeitnehmerüberlassung. Dazu fehle es an den notwendigen **183**

---

[329] *Ulber,* AÜG, § 9 Rn. 191 ff.; Schüren/*Schüren,* AÜG, § 9 Rn. 113.
[330] Thüsing/*Mengel,* AÜG, § 9 Rn. 46; *Lembke* NZA 2007, 1333.
[331] ArbG Berlin 1. 4. 2009 – 35 BV 17 008/08, NZA 2009, 740.
[332] Kritisch: *Müntefering/Mehrens* BB 2009, 1479; *Ulrici* jurisPR-ArbR 33/2009, Anm. 1; *Franzen* BB 2009, 1472; zustimmend: Schüren/*Schüren,* AÜG, § 9 Rn. 113.
[333] BAG 28. 3. 2006 – 1 ABR 58/04, AP TVG § 2 Tariffähigkeit Nr. 4.

A. Arbeitnehmerüberlassung

Institutionen und am Personal, um in der Vorbereitung von Tarifverhandlungen die wirtschaftlichen Entwicklungen und Rahmenbedingungen der Branche zu beobachten sowie nach Tarifabschluss die Durchführung der Vereinbarungen zu überwachen und abzusichern.

184 Weiterhin problematisierte das Arbeitsgericht Berlin, dass die CGZP laut ihrer Satzung für den Tarifabschluss im Bereich der Arbeitnehmerüberlassung zuständig sei, eine solche Zuständigkeit für den eigenen Wirtschaftszweig der gewerbsmäßigen Arbeitnehmerüberlassung in den Satzungen ihrer Mitgliedsgewerkschaften allerdings nicht bestehe. Zwar ließ das Gericht diese Frage offen, da wie gezeigt der CGZP schon aufgrund der fehlenden sozialen Mächtigkeit keine Tariffähigkeit zugesprochen werden könne, stellte aber heraus, dass die **Tarifzuständigkeit der Spitzenorganisation nicht weiter reichen** dürfe **als die der Mitgliedsverbände.**

185 Die Entscheidung des Arbeitsgerichts Berlin wurde alsdann in **zweiter Instanz** vom **Landesarbeitsgericht Berlin-Brandenburg bestätigt.**[334] Dabei stützt sich das Landesarbeitsgericht vorwiegend darauf, dass die CGZP in ihrer nach dem erstinstanzlichen Urteil abgeänderten Satzung die Tarifzuständigkeit nicht wirksam festgelegt habe. Die Regelung gehe über die Aufgabenbereiche hinaus, die in den Satzungen der einzelnen Mitgliedsverbände festgelegt sind, da sie eine **Abschlusszuständigkeit** für den **gesamten Bereich der gewerbsmäßigen Arbeitnehmerüberlassung** vorsehe. Die Satzung eines Spitzenverbandes sei von der Mitgliederversammlung zu beschließen, welche sich aus den Vertretern der angeschlossenen Gewerkschaften zusammensetze. Allerdings könne die Mitgliederversammlung der CGZP ihren Tätigkeitsbereich nur in Übereinstimmung mit den Satzungen der in ihr vertretenen Gewerkschaften festlegen. Demnach könne sich eine Zuständigkeit für den Bereich der Arbeitnehmerüberlassung lediglich in den sachlichen Arbeitsbereichen ergeben, in denen die angeschlossenen Gewerkschaften ihr tarifliches Tätigkeitsfeld besitzen. Keine der angeschlossenen Gewerkschaften, namentlich der Christlichen Gewerkschaft Metall (CGM), der Gewerkschaft Öffentlicher Dienst und Dienstleistung (GÖD) und des Deutschen Handels- und Industrieangestellten Verbands (DHV) besäßen eine ausdrückliche umfassende Zuständigkeit für die Arbeitnehmerüberlassung.

186 Selbst für den theoretischen Fall der Satzungszuständigkeit der angeschlossenen Gewerkschaften für die Leiharbeit beschränke sich nach Ansicht des Landesarbeitsgerichts Berlin-Brandenburg eine solche Zuständigkeit lediglich für die CGM auf den Bereich der metallerzeugenden und -verarbeitenden Industrie, für die GÖD auf den öffentlichen Dienst und die Dienstleistungsbranche und bei der DHV auf den Bereich der kaufmännischen und verwandten Berufe. Eine **umfassende Zuständigkeit** für den **gesamten Bereich der gewerblichen Arbeitnehmerüberlassung** bestehe dagegen **nicht.** Da die CGZP also nur in einem Teilbereich der von ihr beanspruchten Zuständigkeit organisiert sei, fehle es auch an der erforderlichen sozialen Mächtigkeit. Die in Anspruch genommene Zuständigkeit der CGZP gehe demnach über den in den Mitgliedersatzungen bestimmten Bereich hinaus. Demnach könne die CGZP etwa im Bereich des Baugewerbes, der chemischen Industrie oder des Gaststätten- und Hotelgewerbes keine Tarifzuständigkeit für den Sektor der Arbeitnehmerüberlassung beanspruchen. Die Tatsache, dass von der CGZP bereits eine Vielzahl an Tarifverträgen geschlossen wurde, habe – wie vom Arbeitsgericht Berlin bereits ausgeführt – als Beleg für die Tariffähigkeit keine Aussagekraft.[335]

---

[334] LAG Berlin-Brandenburg 7. 12. 2009 – 23 TaBV 1016/09, AuR 2010, 172 m. Anm. *Ulber.*
[335] LAG Berlin-Brandenburg 7. 12. 2009 – 23 TaBV 1016/09, AuR 2010, 172.

cc) Der Beschluss des BAG vom 14. 12. 2010

Bereits die dargestellten erst- und zweitinstanzlichen Beschlüsse zur Frage der Tariffähigkeit und Tarifzuständigkeit der CGZP für den Bereich der gewerblichen Arbeitnehmerüberlassung haben nicht zuletzt aufgrund der damit verbundenen Frage der Wirksamkeit der bisher abgeschlossenen Tarifverträge große Beachtung erfahren und wurden weitgehend diskutiert. Aus diesem Grund wurde mit Spannung die **Entscheidung des BAG** erwartet. Das Bundesarbeitsgericht hat mit Beschluss vom 14. 12. 2010[336] entschieden, dass die **CGZP grundsätzlich für den Abschluss von Tarifverträgen für den gesamten Bereich der gewerblichen Arbeitnehmerüberlassung unzuständig** ist. In seiner Begründungslinie weicht das BAG von den dargestellten Wegen der Vorinstanzen in manchen Teilen ab. 187

Zunächst stellte das Bundesarbeitsgericht heraus, dass eine Spitzenorganisation grundsätzlich nur als Stellvertreter der von ihr vertretenen Verbände auftrete, soweit sie mit entsprechender Vollmacht ausgestattet ist und somit im Regelfall nicht selbst Partei der abgeschlossenen Tarifwerke werde. Es sei zwar grundsätzlich auch möglich, dass die **Spitzenorganisation Tarifverträge in eigenem Namen** abschließe und somit selbst deren Partei werde, allerdings nur, wenn der Abschluss von Tarifverträgen zu ihren satzungsmäßigen Aufgaben gehöre. In diesem Fall würden dann alle Arbeitnehmer kraft Mitgliedschaft in den dem Spitzenverband angeschlossen Gewerkschaften unmittelbar an das Tarifwerk gebunden. Entgegen der dargestellten Auffassung des Arbeitsgerichts Berlin[337] besitzen nach Auffassung des BAG **Spitzenverbände** allerdings **keine originäre Tariffähigkeit,** so dass sie ihre Tariffähigkeit ausschließlich von den ihnen angeschlossenen Mitgliedsgewerkschaften ableiten können. Aus diesem Grund müssen alle im Spitzenverband zusammengeschlossenen Gewerkschaften, welche das Tarifgeschehen der Spitzengewerkschaft bestimmen, zunächst selbst tariffähig sein. Zwar könnten sich einem Spitzenverband rein verbands- oder vereinsrechtlich im Einzelfall auch nicht tariffähige Gemeinschaften anschließen, allerdings nur insoweit, wie diese keinen Einfluss auf das Tarifgeschehen ausüben können. Auch gelten die von der Spitzenorganisation abgeschlossenen Tarifwerke ausdrücklich nicht für die angeschlossenen nicht tariffähigen Vereinigungen. Demnach komme es auch im Falle der CGZP entscheidend auf die **Tariffähigkeit der sich zusammenschließenden Arbeitnehmerkoalitionen,** also der CGM, GÖD und DHV an. 188

Unter Bestätigung der Auffassung des Landesarbeitsgerichts Berlin-Brandenburg stellt das BAG weiterhin grundsätzlich heraus, dass die **tarifrechtlichen Anforderungen** an eine Spitzenorganisation **nicht erfüllt** sind, wenn deren **satzungsmäßige Zuständigkeit** für den Abschluss von Tarifverträgen **über die Organisationsbereiche** der ihr **angeschlossenen Mitgliedsgewerkschaften hinausgeht.** Im Fall eines solchen Hinausgehens handele es sich bereits begrifflich nicht mehr um einen Zusammenschluss von Gewerkschaften, da ein Ableiten der Tariffähigkeit von den angeschlossenen Gewerkschaften dann nicht mehr möglich ist. Abschlüsse, welche außerhalb des von den angeschlossenen Gewerkschaften selbst gewählten Organisationsbereiches liegen, erfolgen dann losgelöst von der eingegangenen Verbindung zum Spitzenverband. Als Konsequenz stellte das Bundesarbeitsgericht heraus, dass ein Tarifvertragsschluss eines Spitzenverbandes in einem Bereich, welcher außerhalb der Organisationsbereich seiner Mitglieder liege, auf Arbeitnehmerseite keine Tarifbindung erzeugen könne und somit ins Leere gehe. Weiterhin sei es Voraussetzung für das Bestehen einer wirksamen Spitzenorganisa- 189

---
[336] BAG 14. 12. 2010 – 1 ABR 19/10, NZA 2011, 289.
[337] ArbG Berlin 1. 4. 2009 – 35 BV 17008/08, NZA 2009, 740.

tion, dass die **Mitglieder** dieser ihre **Tariffähigkeit vollständig** in der Form **vermitteln** müssen, dass nach Bildung der Spitzenorganisation diese allein zum Abschluss von Tarifverträgen im gesamten Organisationsbereich aller Mitglieder zuständig ist.

190 Im Rahmen der konkreten Subsumtion dieser Voraussetzungen macht das Bundesarbeitsgericht schließlich deutlich, dass die **CGZP keine tariffähige Spitzenorganisation** darstelle, da die Mitglieder zum einen ihre Tariffähigkeit nicht vollständig vermittelt haben und zum anderen der Organisationsbereich der CGZP über den seiner Mitglieder hinausgehe. Demnach komme es auf eine Beantwortung der in den Vorinstanzen thematisierten Frage des Bestehens der notwendigen sozialen Mächtigkeit der CGZP nicht an, so dass diese offen bleiben könne. An einer **vollständigen Vermittlung der Tariffähigkeit fehle** es nach den Satzungen der Mitglieder und des Spitzenverbandes schon deshalb, weil der CGZP jeweils nur die Tariffähigkeit für den Bereich der Leiharbeitnehmer übertragen wurde, die CGM, GÖD und DHV für die anderen **Bereiche der „normal beschäftigten"** Arbeitnehmer außerhalb der Zeitarbeit im Rahmen ihrer jeweiligen sachlichen Branche jedoch **weiterhin selbst zuständig** bleiben.

191 Weiterhin habe die CGZP im Rahmen ihrer Tarifabschlüsse den **Organisationsbereich ihrer Mitglieder überschritten.** Die Zuständigkeit der CGM beschränkt sich auf die Arbeitnehmer der metallerzeugenden und -verarbeitenden Branche, die DHV ist lediglich für Arbeitnehmerüberlassung im Bereich der kaufmännischen und verwaltenden Berufe zuständig. Zwar habe die GÖD ihren Organisationsbereich in ihrer Satzung noch nicht abschließend festgelegt, so dass zwar zumindest theoretisch eine Ausweitung auf den gesamten Bereich der gewerblichen Arbeitnehmerüberlassung denkbar wäre. Zum Einen sei jedoch eine solche Ausweitung auf den gesamten Dienstleistungssektor noch nicht erfolgt, zum Anderen würde diese auch deutliche Probleme mit sich bringen. Eine solch umfassende Zuständigkeit würde einerseits die Mitgliedschaft der GÖD im Spitzenverband der CGZP in Frage stellen, da ihre Zuständigkeit umfangreicher wäre als die der übergeordneten CGZP, wobei nach der GÖD-Satzung ein Zusammenschluss mit konkurrierenden Gewerkschaften gerade ausscheidet. Außerdem würde aus einer solchen Erweiterung der Zuständigkeit auf den gesamten Dienstleistungssektor mit großer Wahrscheinlichkeit die Tarifunfähigkeit der GÖD mangels ausreichender sozialer Mächtigkeit folgen, da sie nur über 57 000 Mitglieder verfüge, nach Zahlen des Statistischen Bundesamtes für das Jahr 2009 im gesamten Dienstleistungssektor aber insgesamt ca. 16 Millionen Arbeitnehmer beschäftigt waren.

192 Demnach erfasse im konkreten Fall der **Organisationsbereich aller** der CGZP angeschlossenen **Mitgliedsgewerkschaften** weder für sich allein genommen, noch insgesamt betrachtet die **Tarifzuständigkeit für den gesamten** und branchenübergreifenden **Sektor der gewerblichen Arbeitnehmerüberlassung.** Aus diesem Grund war die CGZP als Spitzenorganisation aufgrund des Überschreitens der Organisationsbereiche seiner Mitglieder für den Abschluss entsprechender flächendeckender Tarifvereinbarungen unzuständig. Damit wird die CGZP in Zukunft auf der Basis ihrer aktuellen Verfasstheit keine Tarifverträge für die gesamte Branche der gewerblichen Arbeitnehmerüberlassung mehr schließen können.

193 Die CGZP hat mittlerweile gegen die Entscheidung des BAG Verfassungsbeschwerde eingelegt.[338] Ob diese Aussicht auf Erfolg hat, bleibt abzuwarten und ist fraglich.

---

[338] *Zimmermann* PersF 6/2011, 86.

I. Begriffe und Grundlagen

dd) Erste Reaktionen in Praxis und Rechtsprechung auf den BAG-Beschluss

Bereits der Beschluss des Landesarbeitsgerichts Berlin-Brandenburg wurde vielseitig **194** diskutiert und aufgrund seiner möglichen Konsequenzen als von **erheblicher Bedeutung** für die **Praxis der Arbeitnehmerüberlassung** angesehen. Die im Ergebnis nun erfolgte Bestätigung durch den BAG-Beschluss von 14. 12. 2010 bedeutet: Die **CGZP ist unzuständig** für den Abschluss der branchenübergreifenden Tarifverträge für den Sektor der Leiharbeit. Der Beschluss hat **weitreichende Konsequenzen** und erfasst einen nicht unerheblichen Teil der Leiharbeitsbranche. Nach Schätzungen sind bis zu 1600 Zeitarbeitsfirmen und ca. 200 000 bis 300 000 der in Deutschland beschäftigten etwa zwischen 900 000 und einer Million Leiharbeitnehmer durch ihre bisherige Vergütung nach den mit der CGZP ausgehandelten Tarifverträgen von der Entscheidung des BAG betroffen.[339]

Umstritten sind nun die aus der Entscheidung des Bundesarbeitsgerichts folgenden **195** Konsequenzen für die arbeitsrechtliche Praxis. Weder das LAG Berlin-Brandenburg noch das BAG haben in den genannten Beschlüssen ausdrücklich Stellung zu der Frage genommen, ob die **Tarifzuständigkeit rückwirkend entfalle** und somit alle geschlossenen Tarifverträge von Anfang an nichtig sind. Der Sprecher des BAG, *Christoph Schmitz-Scholemann*, machte in einer Stellungnahme deutlich, dass eine Verurteilung zu Zahlungen durch Leiharbeitsfirmen nicht den Bestandteil des Urteils gebildet habe und die Entscheidung des BAG sich nicht auf die Vergangenheit erstrecke. Allerdings spreche viel dafür, dass die CGZP „auch in der Vergangenheit nicht tariffähig war".[340] In Bezug auf die Frage der Rückwirkung und den damit verbunden im Raum stehenden erheblichen Nachzahlungsverpflichtungen ist mit einer Vielzahl von Entscheidungen einzelner Arbeitsgerichte zu rechnen.

In einem ersten Verfahren zur punktuellen Klärung der Tariffähigkeit der CGZP in **196** der Vergangenheit hat das **Arbeitsgericht Berlin** am 30. 5. 2011 entschieden, dass die **CGZP konkret am 29. 11. 2004, 19. 6. 2006 und 9. 7. 2008 nicht tariffähig** war.[341] In der Begründungslinie folgte das Arbeitsgericht insoweit dem BAG-Beschluss vom 14. 12. 2011. Das Gericht führte zunächst aus, dass die **Grundsätze des BAG-Beschlusses** vom 14. 12. 2010 auf die **in Frage stehenden Zeiträume übertragbar** seien und sich keine grundlegenden Abweichungen ergäben. Zwar seien zu den früheren Zeitpunkten in der CGZP mit der CGPT, der Union Ganymed und der VDT noch drei weitere Gewerkschaften angeschlossen gewesen, welche zum für den BAG-Beschluss maßgeblichen Zeitpunkt bereits ausgetreten waren. Allerdings ändere der jeweils nur sehr beschränkte Zuständigkeitsbereich dieser Gewerkschaften nichts daran, dass die CGZP den Zuständigkeitsbereich ihrer Mitglieder überschritten habe. Es stützte demnach die fehlende Tariffähigkeit ebenfalls darauf, dass die Mitgliedsgewerkschaften sich einerseits nicht im vollen Bereich ihrer Zuständigkeit (sondern lediglich für den Bereich der Leiharbeit) zusammengeschlossen hätten und dass der fachliche Zuständigkeitsbereich der CGZP andererseits über den der angeschlossenen Gewerkschaften hinausgegangen sei. Weiterhin stellte das Arbeitsgericht Berlin noch einmal klärend heraus, der gute Glaube an die Tariffähigkeit sei nicht geschützt, so dass ein Vertrauensschutz ausscheide.[342] Im Anschluss wurden die Konsequenzen

---

[339] So auch: *Hennig/Bodler* AuA 2011, 511.
[340] Pressemitteilung Redaktion beck-aktuell, becklink 1 008 338; so auch: ArbG Freiburg 13. 4. 2011 – 3 Ca 487/10, DB 2011, 1001.
[341] ArbG Berlin 30. 5. 2011 – 29 BV 13 947/10, AuR 2011, 310.
[342] ArbG Berlin 30. 5. 2011 – 29 BV 13 947/10, AuR 2011, 310.

dieser Entscheidung zwar realisiert, da nicht mit einem Rechtskräftigwerden der Entscheidung zu rechnen sei.[343] Zwar ist mit Einlegung von Rechtsmitteln seitens der CGZP zu rechnen, jedoch haben die weiteren Instanzen, also das LAG Berlin-Brandenburg und das BAG mit den oben dargestellten Entscheidungen bereits ihre ablehnende Position deutlich gemacht und die für eine Anerkennung der Tariffähigkeit **notwendigen Voraussetzungen klar herausgestellt.** Aus diesem Grund ist auch für die betreffenden Zeitpunkte mit einer zukünftigen höchstrichterlichen Feststellung der Tarifunfähigkeit der CGZP zu rechnen. Die Entscheidung des ArbG Berlin wurde von anderen Stimmen ausdrücklich begrüßt und in vollem Umfang als zutreffend bewertet.[344] Die Entscheidung des ArbG Berlin ist inzwischen vom LAG Berlin-Brandenburg bestätigt worden.[345] Die Rechtsbeschwerde wurde nicht zugelassen.

197 In Kürze sind jedoch auch weitere erstinstanzliche Entscheidungen in bei anderen Arbeitsgerichten anhängigen Feststellungsverfahren zu erwarten. Es bleibt demnach also zunächst offen, ob auch diese zu ähnlichen Ergebnissen kommen werden. Unwahrscheinlich ist dies jedoch keineswegs. So hat etwa das ArbG Frankfurt (Oder) die Ansicht des ArbG Berlins geteilt und herausgestellt, die CGZP sei weder nach ihrer Satzung von 2005 noch von 2008 tariffähig gewesen, und hat einer Leiharbeitnehmerin Lohnnachzahlungen in Höhe der Differenz zum „equal-pay" zugesprochen.[346]

198 In einer ersten Entscheidung über eine **Zahlungsklage** im Anschluss an den CGZP-Beschluss des BAG hat das Arbeitsgericht Krefeld am 19. 4. 2011 einer Leiharbeitnehmerin, welche nach einem CGZP-Tarifvertrag bezahlt wurde, für den Zeitraum zwischen 2007 und 2010 rückwirkend nach dem equal-pay-Gebot den vollen Differenzbetrag in Höhe von 13 200 EUR zuerkannt.[347] Allerdings weist der zugrunde liegende Fall vom Sachverhalt her eine Besonderheit auf. Das beklagte Leiharbeitsunternehmen hatte ab dem Zeitpunkt der Gründung der CGZP im Jahre 2002 mit allen neu eingestellten Arbeitnehmern Verweisungsklauseln auf die entsprechenden Tarifverträge vereinbart. Weiterhin hatte sie versucht, mit allen schon vorher beschäftigten Arbeitnehmern, wie eben auch der Klägerin, entsprechende Vertragsänderungen abzuschließen, was die Klägerin allerdings dauerhaft ablehnte. Das Arbeitsgericht Krefeld entschied nun, dass durch die dann widerspruchslose Entgegennahme des Tariflohnes nach dem CGZP-Vertragswerk in Höhe von 6,66 bzw. in der Folge 7,66 EUR pro Stunde, bei gleichzeitig deutlich höheren Stundenlöhnen für die Stammbelegschaft in den Entleiherbetrieben zwischen 8,50 und 10,34 EUR, keine **konkludente Vereinbarung der Tarifbindung** zu Stande gekommen sei. Die Weigerung der Klägerin stelle sich auch nicht, wie von der Beklagten behauptet, als rechtsmissbräuchlich dar. Zwar stützte das ArbG Krefeld den **Nachzahlungsanspruch** – entgegen teilweiser Pressemeldungen – **nicht unmittelbar auf die Unwirksamkeit der CGZP-Tarifverträge,** da diese im Fall mangels wirksamer Verweisung gar nicht anwendbar waren, stellte aber generell heraus, dass ein Anspruch auf Zahlung nach dem equal-pay-Gebot auch rückwirkend immer dann bestehe, wenn kein wirksamer Tarifvertrag eine Abweichung zulasse.

199 Die zur Zeit anhängigen zahlreichen Verfahren konzentrieren sich im Wesentlichen auf drei Fragestellungen. Erstens geht es um die Frage, ob individualrechtliche Ge-

---

[343] *Bissels* BB 2011, 1523.
[344] *Voigt* AuR 2011, 311.
[345] LAG Berlin-Brandenburg 9. 1. 2012 – 24 TaBV 1285/11.
[346] ArbG Frankfurt (Oder) 9. 6. 2011 – 3 Ca 422/11, AuR 2011, 318.
[347] ArbG Krefeld 19. 4. 2011 – 4 Ca 3047/10, Pressemitteilungen auf http://www.faz-online.de und http://www.otto-schmidt.de.

I. Begriffe und Grundlagen

haltsnachforderungen aufgrund des equal-pay-Grundsatzes „durchentschieden" werden können oder ob zunächst Beschlussverfahren abzuwarten sind, die die fehlende Tariffähigkeit zu ganz bestimmten Zeitpunkten in der Vergangenheit rechtskräftig festgestellt haben. Zweitens geht es um die Frage, inwieweit solchen Gehaltsansprüchen Ausschlussfristen entgegengehalten werden können. Drittens geht es um die Frage, welche sozialrechtlichen Möglichkeiten und Rechtsbehelfe Unternehmen zur Verfügung stehen, um Nachforderungen von Sozialversicherungsbeiträgen durch die Sozialversicherung entgegenzutreten. In allen drei Komplexen ist festzustellen, dass sich hier bislang nur langsam eine einheitliche Linie herausbildet. Die **Arbeitsgerichte Siegen**[348] und **Freiburg**[349] haben in aktuellen Entscheidungen herausgestellt, der BAG-Beschluss habe **nur gegenwartsbezogen** die Tarifunfähigkeit der CGZP festgestellt, so dass die Klagen von Leiharbeitnehmer auf Nachzahlung von Differenzbeträgen nach dem equal-pay-Gebot weiterhin **auszusetzen** seien, bis eine rechtskräftige Entscheidung zur Tariffähigkeit der CGZP für die Vergangenheit im Beschlussverfahren nach §§ 2a Abs. 1 Nr. 4, 97 Abs. 1 und 5 ArbGG vorliege. Im Gegensatz dazu **verneinten** die **ArbG Dortmund**[350] und **Herford**[351] als erste Arbeitsgerichte eine entsprechende Pflicht zur Aussetzung nach § 97 Abs. 5 ArbGG zumindest für Zeiträume bis zurück ins Jahr 2005. Eine Aussetzung sei nicht notwendig, da sich bereits anhand der vom BAG für die Tariffähigkeit als maßgeblich angesehenen Kriterien bei einem Vergleich der CGZP-Satzungen von 2009 und 2005 ergebe, dass die **entscheidenden Voraussetzungen für die Tariffähigkeit** einer Spitzenorganisation **auch in der Vergangenheit nicht gegeben** waren. Zum Einen hatten die Mitgliedsorganisationen auch nach der Fassung der Satzung aus dem Jahre 2005 ihre Tariffähigkeit nicht vollständig, sondern nur auf den Bereich der Leiharbeit begrenzt, vermittelt. Außerdem deckten die Zuständigkeiten der angeschlossenen Gewerkschaften auch nach der Satzung von 2005 insgesamt nicht den fachlichen Bereich einer branchenübergreifenden Tarifzuständigkeit ab, welche die CGZP jedoch beansprucht habe. Dieser Ansicht haben sich mittlerweile weitere Arbeitsgerichte angeschlossen,[352] wogegen andere, auch zweitinstanzliche, Gerichte, ebenso wie das ArbG Freiburg eine zwingende Aussetzungspflicht annahmen.[353] Das Bundesarbeitsgericht hat jetzt mit Beschluss vom 23. 5. 2012 klargestellt, dass die Tarifunfähigkeit der CGZP ab dem 8. 10. 2009 besteht[354] und dies auch bis zu einer wesentlichen Änderung der entscheidungserheblichen Verhältnisse in die Zukunft fortwirkt.[355]

Die **Gewerkschaften**, insbesondere die IG Metall, der Deutsche Gewerkschaftsbund (DGB) und die Vereinte Dienstleistungsgewerkschaft (ver.di) zeigten sich insgesamt in einer ersten Reaktion **zufrieden** mit dem Beschluss des Bundesarbeitsgerichts

200

---

[348] ArbG Siegen 10. 3. 2011 – 3 Ca 1678/10 O, nv und 17. 3. 2011 – 3 Ca 236/11 O, nv.
[349] ArbG Freiburg 13. 4. 2011 – 3 Ca 497/10, DB 2011, 1001.
[350] ArbG Dortmund 16. 3. 2011 – 8 Ca 18/11, nv.
[351] ArbG Herford 4. 5. 2011 – 2 Ca 144/11, nv.
[352] So etwa: ArbG Frankfurt (Oder) 9. 6. 2011 – 3 Ca 422/11, AuR 2011, 318; ArbG Bremen-Bremerhaven 12. 5. 2011 – 5 Ca 5129/10; LAG Hamm 30. 6. 2011 – 8 Sa 387/11.
[353] LAG Mecklenburg-Vorpommern 15. 8. 2011 – 2 Ta 42/11, BeckRS 2011, 76977; LAG Rheinland-Pfalz 15. 6. 2011 – 6 Ta 99/11, BB 2011, 1916; LAG Baden-Württemberg 21. 6. 2011 – 11 Ta 10/11, BeckRS 2011, 74933; ArbG Kaiserslautern 25. 3. 2011 – 8 Ca 1031/09, nv; LAG Hamm 28. 9. 2011 – 1 Ta 500/11; LAG Köln 14. 10. 2011 – 13 Ta 284/11; LAG Nürnberg 19. 9. 2011 – 2 Ta 128/11; LAG Mainz 15. 6. 2011 – 6 Ta 99/11; LAG Chemnitz 5. 9. 2011 – 4 Ta 162/11 (5); vgl. *Bissels* JurisPR 3/2012, 62 (63).
[354] BAG 23. 5. 2012 – 1 AZB 67/11, NZA 2012, 625.
[355] BAG 23. 5. 2012 – 1 AZB 58/11, NZA 2012, 623.

und werteten diesen als deutliches **Zeichen gegen „Lohndumping"** auf dem Sektor der gewerblichen Arbeitnehmerüberlassung. Insbesondere DGB-Chef Sommer und ver.di forderten die Bundesregierung in einer Stellungnahme zum BAG-Beschluss darüber hinaus auf, weitere Schritte zum Schutz der Leiharbeitnehmer auf den Weg zu bringen, um dem equal-pay/-treatment-Gebot flächendeckend zu Wirksamkeit und Beachtung zu verhelfen.[356] Die **Spitzenorganisationen der Sozialversicherungen,** namentlich die Deutsche Rentenversicherung Bund, der GKV-Spitzenverband, die Deutsche Gesetzliche Unfallversicherung sowie die Bundesagentur für Arbeit vertraten in einer gemeinsamen Stellungnahme die Auffassung, dass mit dem BAG-Beschluss nun feststehe, dass der CGZP seit Beginn ihrer Tätigkeit die Tariffähigkeit fehle und somit alle mit ihr geschlossenen Tarifverträge nichtig seien.[357]

201 Der **Interessenverband Deutscher Zeitarbeitsunternehmen (IGZ)** zeigte sich nach der Entscheidung des BAG gelassen, da IGZ-Mitgliedsunternehmen nicht in den Anwendungsbereich der Tarifverträge mit der CGZP fielen, sondern eigene Tarifwerke mit der Tarifgemeinschaft Zeitarbeit der Einzelgewerkschaften beim DGB abgeschlossen haben, welche vom BAG-Beschluss nicht erfasst und rechtlich einwandfrei seien.[358] Entsprechendes gilt auch von Seiten des **BZA (BAP),** welcher bislang ebenfalls keine Abschlüsse mit der CGZP verzeichnete. Von Seiten der CGZP wurde angezweifelt, dass die Entscheidung mangels Wirkung für die Vergangenheit die Wirksamkeit bestehender Tarifverträge beeinträchtige, der Arbeitgeberverband der Mittelständischen Personaldienstleister (AMP) äußerte dagegen Bedenken und sieht durch jetzt drohende Nachzahlungen „unter Umständen tausende Unternehmen" sowohl in der Zeitarbeit als auch bei deren Kunden in ihrem Bestand bedroht. Auch nach Ansicht des Instituts der Deutschen Wirtschaft in Köln besteht die Möglichkeit einer **finanziellen Überlastung insbesondere der Zeitarbeitsunternehmen des Mittelstands.**[359] In der Literatur wurden vereinzelt Stimmen laut, welche den Beschluss des BAG insoweit als falsch bezeichneten, dass die CGZP nicht als Spitzenorganisation zu sehen sei. Vielmehr sei diese in Anlehnung an die Grundsätze zur fehlerhaften und in Vollzug gesetzten Gesellschaft als Tarifgemeinschaft anzusehen, welche die Abschlüsse – zumindest auch – als Vertreter im Namen ihrer Mitgliedsgewerkschaften geschlossen habe, so dass es auf die Tariffähigkeit der CGZP selbst gar nicht ankomme.[360] Auf die hiermit verbundenen Fragen wird unten noch detaillierter eingegangen.

ee) Mögliche Konsequenzen der Unwirksamkeit der Tarifverträge

202 Die für die Praxis entscheidende Konsequenz des BAG-Beschlusses ist neben der Entscheidung, dass die CGZP in ihrer aktuellen Verfasstheit zukünftig keine Tarifverträge mehr schließen können wird, vor allem die **Frage,** inwieweit die **bereits abgeschlossenen** und auf eine große Zahl von Leiharbeitnehmern angewandten **Tarifverträge ex-tunc unwirksam** sind. Mit dieser Frage eng verknüpft ist das Problem möglicher **erheblicher Nachzahlungsverpflichtungen** der Leiharbeitsunternehmen und Entleiher für zu niedrig gezahlte Löhne und Sozialversicherungsbeiträge für den gesamten Zeitraum. Nach Schätzungen könnte sich die Branche insgesamt **Nachzahlungsverpflichtungen von bis zu zwei Milliarden EUR** ausgesetzt sehen.[361]

---

[356] Pressemitteilung Redaktion beck-aktuell auf Beck-Online, becklink 1008145.
[357] Stellungnahme der Spitzenorganisationen der Sozialversicherung, DB 2011, Heft 12, M27.
[358] Stellungnahme der IGZ im Internet auf http://www. ig-zeitarbeit.de/artikel/7851.
[359] Pressemitteilung Redaktion beck-aktuell, becklink 1008338.
[360] *Lembke* jurisPR-ArbR 38/2011, Anm. 1.
[361] *Hennig/Bodler* AuA 2011, 511.

I. Begriffe und Grundlagen

Es war zwar grundsätzlich weitestgehend **einhellige Meinung**, dass der **BAG-Beschluss selbst** automatisch **keine Rückwirkung** besitzt und somit keine abschließend feststellende und für die Arbeitsgerichte bindende Entscheidung über die Begründetheit möglicher Nachzahlungsforderungen getroffen wurde.[362] Demnach sei lediglich festgestellt, dass **neu abgeschlossene Tarifverträge** mangels Tariffähigkeit der **CGZP unwirksam seien**.[363] Richtigerweise hatte das Bundesarbeitsgericht in seiner Begründung nicht die Möglichkeit, rechtsverbindlich über die Tariffähigkeit in der Vergangenheit und damit verbunden die rückwirkende Unwirksamkeit der Tarifverträge zu entscheiden, da der Feststellungsantrag gegenwarts- und nicht vergangenheitsbezogen gestellt war.[364] Die Tariffähigkeit in der Vergangenheit war nicht Streitgegenstand.[365] Bereits anderweitig hat das Bundesarbeitsgericht entschieden, dass sich ein gegenwartsbezogener Feststellungsantrag in der Rechtsbeschwerde nicht auf einen in der Vergangenheit liegenden Zeitpunkt, sondern auf die letzte mündliche Verhandlung vor dem Rechtsbeschwerdegericht bezieht.[366] Vor diesem Hintergrund wird darauf hingewiesen, dass die materielle Rechtskraft des Beschlusses des Bundesarbeitsgerichts vom 14. 12. 2010 sich lediglich auf den Zeitraum ab dem 14. 12. 2010 erstreckt.[367] Nach dieser Auffassung liegt für die Geltendmachung von Differenzlohnansprüchen, die sich auf einen Zeitpunkt vor dem 14. 12. 2010 beziehen, keine rechtskräftige Entscheidung über die Tarifunfähigkeit der CGZP vor. Insoweit wären alle derartigen Verfahren jedenfalls bis zur Erledigung eines entsprechenden Beschlussverfahrens nach § 97 Abs. 5 S. 1 ArbGG auszusetzen. Dies wurde von verschiedenen Seiten durchaus großzügiger gesehen. Die gegenwartsbezogene Feststellungswirkung bezieht sich nach Ansicht des ArbG Freiburg auf den Zeitpunkt der letzten mündlichen Verhandlung in der Tatsacheninstanz, also der Berufungsentscheidung des LAG Berlin-Brandenburg,[368] so dass durch das BAG die **Tarifunfähigkeit zumindest zurückreichend zum 7. 12. 2009** ausdrücklich festgestellt sei.[369] Nach anderer Ansicht reicht die Feststellungswirkung noch etwas weiter zurück, da festgestellt wurde dass die CGZP auf Grundlage ihrer Satzung vom 8. 10. 2009 nicht tariffähig sei und somit alle unter diesem Satzungsregime – bis hin zum Zeitpunkt des Satzungserlasses – geschlossenen Tarifverträge unwirksam seien.[370] Dies haben jüngst auch verschiedene Arbeitsgerichte genau so bewertet und zusätzlich noch herausgestellt, dass auch eine Tarifunfähigkeit der CGZP auf Grundlage ihrer Satzung aus dem Jahre 2005 feststehe, da das BAG durch die Feststellung, die Satzungen von 2005 und 2009 entsprächen sich im Wort-

---

[362] Vgl. *Bissels* jurisPR-ArbR 33/2011, Anm. 2; *Brors* AuR 2011, 138 (139); *Haussmann/Kaufmann* FD-ArbR 2010, 312 263; *Hennig/Bodler* AuA 2011, 511 (512); *Huke* BB 2011, 830 f.; *Lützeler/Bissels/Domke* ArbRAktuell 2011, 136; *Neef* NZA 2011, 615 (616); *Rieble/Vielmeier* ZIP 2011, 789 (790); *Schindele* ArbRAktuell 2010, 656; *Schmitz-Scholemann* (Sprecher des BAG), Pressemitteilung Redaktion beck-aktuell, becklink 1 008 338; *Thum* BB 2011, 755; *Wisskirchen/Bissels* BB 2011, Heft 8, I; *Zeppenfeld/Faust* NJW 2011, 1643; *Zimmermann* AuA 2011, 242; *ders.* PersF 6/2011, 86; aA lediglich: Stellungnahme der Spitzenorganisationen der Sozialversicherung DB 2011, Heft 12, M27; wohl auch *Heuchemer/Schielke* BB 2011, 758 (762).
[363] *Rieble/Vielmeier* ZIP 2011, 789 (790); *Zeppenfeld/Faust* NJW 2011, 1643.
[364] Ebenso: *Thum* BB 2011, 755.
[365] *Zimmermann* AuA 2011, 242.
[366] BAG 14. 12. 2004 – 1 ABR 51/03, NZA 2005, 697.
[367] Vgl. *Bissels* jurisPR-ArbR 33/2011; *ders.* jurisPR-ArbR 2/2012, Anm. 6; *Hennig/Bodeler* AuA 2011, 511.
[368] LAG Berlin-Brandenburg 7. 12. 2009 – 23 TaBV 1016/09, AuR 2010, 172.
[369] ArbG Freiburg 13. 4. 2011 – 3 Ca 497/10, DB 2011, 1001 (1002); so auch: *Neef* NZA 2011, 615 (616).
[370] *Zeppenfeld/Faust* NJW 2011, 1643.

A. Arbeitnehmerüberlassung

laut, inzident auch diese überprüft habe.[371] Diese Sichtweise ist jetzt vom Bundesarbeitsgericht bestätigt worden.[372]

204 Das **BAG** hat die satzungsmäßigen **Anforderungen an die Tariffähigkeit** einer Spitzenorganisation so **deutlich herausgestellt,** dass der Rückschluss zutrifft, die CGZP habe die entscheidenden Voraussetzung auch in der Vergangenheit in ihrer Satzung nicht erfüllt und sei somit über den gesamten Zeitraum seit dem Jahre 2005 mit gleicher Begründung nicht tariffähig bzw. -zuständig gewesen.[373] Auch in der Vergangenheit besaß die CGZP zu keinem Zeitpunkt Mitgliedsgewerkschaften, welche eine satzungsmäßige Zuständigkeit für den gesamten Bereich der gewerblichen Arbeitnehmerüberlassung besaßen. Aus diesem Grund ist die von der CGZP beanspruchte und **ausgeübte Tarifzuständigkeit stets über den Organisationsbereich ihrer Mitglieder hinausgegangen,** woraus sich bei Zugrundelegung der vom BAG aufgeführten Kriterien zwingend eine Tarifunfähigkeit ergibt.[374] Teilweise wird allerdings vertreten, dass zumindest im Anwendungsbereich der tariffähigen Mitgliedsgewerkschaften CGM und DHV für den Bereich ihrer Tarifzuständigkeit, die vor dem Jahre 2005 von der CGZP in Vertretung der Mitgliedsgewerkschaften abgeschlossenen Tarifverträge fortgelten würden, da diese von den seit 2005 abgeschlossenen, unwirksamen Tarifverträgen der CGZP weder abgelöst, noch geändert werden konnten.[375] Die Frage ist nun in Verfahren vor den Arbeitsgerichten zu entscheiden. Eine erste Entscheidung hat das Arbeitsgericht Berlin am 30. 5. 2011 getroffen.[376] Ihm folgend hat das LAG Berlin-Brandenburg der CGZP bereits ab 2004 die Tariffähigkeit aberkannt.[377] Demnach sind nun die möglichen Konsequenzen für Leiharbeitnehmer, Verleihbetriebe und Entleihunternehmen vor dem **Hintergrund der Annahme** zu skizzieren, dass die mit der CGZP geschlossenen **Tarifverträge ex-tunc als unwirksam zu behandeln** sein werden.

(1) Lohnnachzahlungsansprüche betroffener Leiharbeitnehmer

(a) Allgemeine Rechtsfolge der Unwirksamkeit als Ausgangspunkt für die Lohnnachforderung

205 Nach der geltenden Rechtslage entfaltet das **equal-pay/-treatment-Gebot** für **alle Leiharbeitsverhältnisse** Gültigkeit, auf die **kein wirksamer Tarifvertrag** Anwendung findet. Allerdings ist die Ausnahme der Abweichung durch Tarifvertrag in der Leiharbeitsbranche zur Regel geworden, da auf nahezu alle Arbeitsverhältnisse von Leiharbeitnehmern entweder die mit der CGZP oder den DGB-Tarifgemeinschaften bzw. den einzelnen Gewerkschaften abgeschlossenen Tarifverträge Anwendung finden.[378] Die Tarifverträge sind in der Praxis nur im Ausnahmefall kraft normativer Tarif-

---

[371] So etwa: ArbG Frankfurt (Oder) 9. 6. 2011 – 3 Ca 422/11, AuR 2011, 318; ArbG Bremen-Bremerhaven 12. 5. 2011 – 5 Ca 5129/10; im Ergebnis auch ArbG Herford 4. 5. 2011 – 2 Ca 144/11.
[372] BAG 23. 5. 2012 – 1 AZB 67/11, NZA 2012, 625.
[373] *Brors* AuR 2011, 138; *Huke* BB 2011, 830 (831); *Neef* NZA 2011, 615 (616); *Schindele* ArbRAktuell 2010, 656; *Schlegel* NZA 2011, 380 (381 f.); *Schmitz-Scholemann* (Sprecher des BAG), Pressemitteilung Redaktion beck-aktuell, becklink 1 008 338; *Segebrecht* jurisPR-SozR 13/2011, Anm. 1; *Thum* BB 2011, 755; *Zimmermann* AuA 2011, 242.
[374] So auch: *Brors* AuR 2011, 138 (139); *Voigt*, AuR 2011, 311; ArbG Berlin 30. 5. 2011 – 29 BV 13 947/10, AuR 2011, 310; ArbG Frankfurt (Oder) 9. 6. 2011 – 3 CA 422/11, AuR 2011, 318.
[375] Dazu ausführlich: *Neef* NZA 2011, 615 (616 ff.).
[376] ArbG Berlin 30. 5. 2011 – 29 BV 13 947/10, Pressemitteilung Redaktion beck-aktuell, becklink 1 013 545.
[377] LAG Berlin-Brandenburg 9. 1. 2012 – 24 TaBV 1285/11.
[378] *Geißler* ArbRAktuell 2010, 113; *Hennig/Bodler* AuA 2011, 511.

I. Begriffe und Grundlagen

bindung anwendbar; die tariflichen Konditionen gelten nach Schätzungen in über 95% der Fälle für die Leiharbeitnehmer über arbeitsvertragliche Bezugnahmen.[379]

Die **Folgen des BAG-Beschlusses,** die sich aus einer fehlenden Tariffähigkeit und der daraus resultierenden möglichen Unwirksamkeit der Tarifverträge ergeben, können wie folgt umrissen werden: Ein erhöhter Lohnanspruch, entweder für die Zukunft oder als Nachzahlungsanspruch für die Vergangenheit, muss einzeln geltend gemacht und notfalls gerichtlich eingeklagt werden.[380] Demnach wird es im überwiegenden Fall Sache des Leiharbeitnehmers sein, Forderungen gegenüber dem Verleiher aufzustellen und notfalls auch einzuklagen.[381] Zwar hat das BAG die fehlende Tariffähigkeit festgestellt, nicht ob und in welcher Höhe Ansprüche der Leiharbeitnehmer begründet werden oder entstanden sind;[382] wenn man sich allerdings vor Augen führt, dass mittlerweile etwa eine Million Leiharbeitnehmer bundesweit beschäftigt sind, von denen nach Schätzungen zwischen 200 000 und 250 000 Arbeitnehmer nach den CGZP-Tarifverträgen bezahlt wurden und deren tariflicher Stundenlohn zwischen 6,00 und 7,35 EUR (bei teilweiser zusätzlich vereinbarter Absenkungsmöglichkeit in den ersten Beschäftigungsmonaten) somit deutlich unter den Vergütungen der Stammbelegschaften lag, stehen jedoch bei angenommener Unwirksamkeit der Tarifverträge und damit Aufleben des equal-pay-Anspruchs **erhebliche Lohnnachforderungen im Raum.**[383] Ein Nachforderungsanspruch für mehrere Jahre wird nicht selten eine Größenordnung von über 50 000 EUR erreichen können.[384] Nach Stand März 2011 hatten bereits etwa 4000 Leiharbeitnehmer die Nachzahlung von Vergütungsansprüchen geltend gemacht, was einem Gesamtvolumen von Forderungen in Höhe von ca. 20 Millionen EUR entsprechen dürfte.[385]

206

Im Fall der Annahme einer rückwirkenden Unwirksamkeit der Tarifverträge ist demnach zunächst zu klären, ob etwaige Ansprüche der Arbeitnehmer bestehen und inwieweit solchen Ansprüchen **Gesichtspunkte des Vertrauensschutzes, Ausschlussfristen oder Verjährung** entgegenstehen können. Nach teilweiser Ansicht ist für die Vergangenheit ein Vertrauensschutz in den (unwirksamen) Tarifvertrag zugunsten des Verleihers zu gewähren.[386] Die **wohl herrschende Meinung** sieht dagegen die Geltung der gesetzlichen Gleichstellungsvorschrift des § 9 Nr. 2 AÜG als von Anfang an gegeben, ohne dass sich aus Vertrauensschutzgesichtspunkten für den Arbeitgeber etwas anderes ergeben könnte.[387] **Gegen einen Vertrauensschutz** spricht die Tatsache, dass die Tariffähigkeit der CGZP schon seit 2004 umstritten war und keine gerichtlichen Entscheidungen ergangen sind, die eine Tariffähigkeit unterstützt und

207

---

[379] *Waltermann* NZA 2010, 482 (483); *Zimmermann* PersF 6/2011, 86.
[380] *Wisskirchen/Bissels* BB 2011, Heft 8, I.
[381] So auch: *Melot de Beauregard* DB 2011, Heft 2, M 1.
[382] *Lützeler/Bissels/Domke* ArbRAktuell 2011, 136; *Thum* BB 2011, 755; *Wisskirchen/Bissels* BB 2011, Heft 8, I.
[383] Zahlen und Werte nach: *Geißler* ArbRAktuell 2010, 113; *Schmitt-Rolfes* AuA 2011, 199; *Zimmermann* PersF 6/2011, 86; genaue Aufschlüsselung bei: *Waltermann* NZA 2010, 482f.
[384] *Hennig/Bodler* AuA 2011, 511 (512).
[385] *Zimmermann* PersF 6/2011, 86.
[386] *Boemke/Lembke,* AÜG, § 9 Rn. 132; *Thüsing/Mengel,* AÜG, § 9 Rn. 46a; *Schöne* DB 2004, 136f.; Forderung ohne nähere Argumentation auch bei: *Huke* BB 2011, 830 (831); offen gelassen bei: *Bissels* BB 2011, 1523.
[387] *Böhm* DB 2003, 2598 (2599); *ders.* DB 2004, 137; *Brors* AuR 2011, 138; *Geißler* ArbRAktuell 2010, 113 (115); *Reipen* NZS 2005, 407 (408); *Reiserer* DB 2011, 764; *Rolfs/Witschen* DB 2010, 1180 (1183); *Schmitt-Rolfes* AuA 2011, 199; *Schüren/Behrend* NZA 2003, 521 (525); *Segebrecht,* jurisPR-SozR 13/2011, Anm. 1; *Ulber,* AÜG, § 9 Rn. 195; *Zimmermann* AuA 2011, 242; offen gelassen bei: *Haussmann/Kaufmann* FD-ArbR 2010, 312 263; *Thum* BB 2011, 755.

A. Arbeitnehmerüberlassung

den Glauben daran gestärkt hätten.[388] Nach Ansicht des ArbG Bremen-Bremerhaven könne gerade angesichts der weitreichenden öffentlichen Debatte, insbesondere auch in den Medien, sich niemand auf einen Vertrauensschutz hinsichtlich der Wirksamkeit der CGZP-Tarifverträge berufen, auch wenn hinsichtlich einer der angehörigen Mitgliedsorganisationen selbst die Tariffähigkeit vom BAG zuvor bejaht wurde.[389] Auch das **BAG** hat herausgestellt, dass das **Vertrauen auf die Wirksamkeit eines Tarifvertrags** und die Tariffähigkeit einer Vertragspartei für die Vergangenheit **nicht geschützt** sei, so dass der Tarifvertrag in aller Konsequenz vielmehr als von Anfang an nichtig anzusehen sei.[390]

208 Wird der CGZP also auch für die Vergangenheit die Tariffähigkeit abgesprochen, sind die von der CGZP geschlossenen **Tarifverträge** demnach **ex tunc unwirksam** und befreien nicht vom Schlechterstellungsverbot des § 9 Abs. 2 AÜG.[391] Leiharbeitnehmer, deren Arbeitsverhältnis in Anwendung von CGZP-Tarifverträgen durchgeführt wurde, könnten in diesem Fall gemäß § 10 Abs. 4 AÜG vom Verleiher rückwirkend die unter Beachtung des Schlechterstellungsverbots geltenden besseren Arbeitsbedingungen verlangen.[392] Demnach können für geleistete Arbeitszeiten die **Differenz** des vom Verleihunternehmen gezahlten Lohnes **zur Vergütung der Stammbelegschaft** im Entleiherbetrieb eingefordert werden, bei welchem der betroffene Leiharbeiter konkret eingesetzt wurde.[393] Teilweise wird darüber hinaus vertreten, dass für die einsatzfreie Zeit der Leiharbeiter ein Anspruch nach § 611 Abs. 2 BGB auf die Differenz zwischen den CGZP-Tariflohn und der üblichen Vergütung bestehen könne. Im Rahmen der üblichen Vergütung müsse dann auf den von der DGB-Tarifgemeinschaft vereinbarten Tariflohn für Leiharbeitnehmer abgestellt werden.[394] Allerdings wird vertreten, dass die „6-Wochen-Ausnahme" der §§ 3 Abs. 1 Nr. 3, 9 Nr. 2 AÜG aF bis zum Zeitpunkt ihrer Streichung am 30. 4. 2011 anwendbar bleibt und somit in die Berechnung einzubeziehen ist, dass zuvor arbeitslose Leiharbeitnehmer für den Zeitraum von 6 Wochen zu einem dem Arbeitslosengeld entsprechenden Vergütung beschäftigt werden konnten.[395] Wie gezeigt können demnach **Nachzahlungsverpflichtungen in erheblichem Umfang** entstehen. Grundsätzlich trägt allerdings der Leiharbeitnehmer die Darlegungs- und Beweislast für die Höhe des Ausgleichsanspruchs.[396] Aufgrund des möglichen Ablaufs von Verjährungs- oder Ausschlussfristen wird betroffenen Leiharbeitnehmern von Seiten der Gewerkschaft ver.di und des DGB zur Zeit angeraten, Nachzahlungsansprüche gegen die Verleiherbetriebe geltend zu machen.[397]

(b) Sonderfall der hilfsweisen Bezugnahme auf andere Tarifwerke

209 Auch bei Zugrundelegung der rückwirkenden Unwirksamkeit aller CGZP-Tarifverträge kann sich allerdings in Bezug auf die Lohnachforderungen eine Reihe von Problemen ergeben, deren Lösung teilweise strittig ist. Zunächst sind Konstellationen

---

[388] *Zimmermann* AuA 2011, 242.
[389] ArbG Bremen-Bremerhaven 12. 5. 2011 – 5 Ca 5129/10.
[390] BAG 15. 11. 2006 – 10 AZR 665/05, NZA 2007, 448.
[391] *Hümmerich/Boecken/Düwell/Ulrici*, AnwaltKommentar Arbeitsrecht, 2007, AÜG § 3 Rn. 43 f.; *Rolfs/Witschen* DB 2010, 1180 (1183).
[392] *Heuchemer/Schielke* BB 2011, 758 (762); *Rolfs/Witschen* DB 2010, 1180 (1183); *Schlegel* NZA 2011, 380 (382); *Ulrici* jurisPR-ArbR 33/2009, Anm. 1; *Ulber*, AÜG, § 10 Rn. 105.
[393] *Brors* AuR 2011, 138; *Lützeler/Bissels/Domke* ArbRAktuell 2011, 136 (137); *Schlegel* NZA 2011, 380 (382); *Schmitt-Rolfes* AuA 2011, 199; *Zeppenfeld/Faust* NJW 2011, 1643 (1644).
[394] *Rolfs/Witschen* DB 2010, 1180 (1183); *Schlegel* NZA 2011, 380 (382).
[395] *Zeppenfeld/Faust* NJW 2011, 1643 (1644).
[396] *Heuchemer/Schielke* BB 2011, 758 (762); *Zeppenfeld/Faust* NJW 2011, 1643 (1644).
[397] *Nielebrock* AiB 2011, 552 (553); *Trümner* AiB 2011, 333 (334).

I. Begriffe und Grundlagen

denkbar, in denen im Leiharbeitsvertrag aufgrund der bereits bestehenden Bedenken hinsichtlich der Tariffähigkeit der CGZP nicht nur auf deren Tarifverträge verwiesen wurde, sondern zur „Verhinderung" des equal-pay-Gebotes hilfsweise auch auf solche der DGB-Tarifgemeinschaften, deren Unwirksamkeit nicht im Raum steht. Solche hilfsweisen Bezugnahmen werden regelmäßig **in Form von Allgemeinen Geschäftsbedingungen** vereinbart sein, so dass der Wirksamkeitsmaßstab der §§ 305 ff. BGB eingreift. Eine entsprechende Verweisung **kann gegen das Transparenzgebot in § 307 Abs. 1 S. 2 BGB** verstoßen und somit **unwirksam** sein. Bei einer derartigen Hilfsregelung ist für den durchschnittlichen Leiharbeitnehmer, der die Wirksamkeit der CGZP-Tarifverträge selbst nicht beurteilen konnte, der jeweils geltende Vertragsinhalt je nach Formulierung nicht mehr ohne Weiteres erkennbar.[398]

(c) Entgegenstehende Verzichtsklauseln

Ein weiteres mögliches Hindernis für die Nachforderung von Lohnansprüchen können die oftmals nach Beendigung eines Leiharbeitsverhältnisses abgeschlossenen so genannten **Verzichts- oder Ausgleichsklauseln** darstellen. Darunter werden Vereinbarungen verstanden, mit denen Arbeitnehmer beim Ausscheiden auf **alle Ansprüche** aus dem Leiharbeitsverhältnis **verzichten**. Teilweise wird problematisiert, ob ein Arbeitnehmer überhaupt auf den gesetzlichen equal-pay-Anspruch wirksam verzichten kann.[399] Höchstrichterliche Rechtsprechung zu diesem Problemkreis fehlt bislang. Solche Klauseln genügen den AGB-rechtlichen Vorgaben, insbesondere dem Transparenzgebot, allerdings nur insoweit, wie eine eindeutige gegenseitige Abbedingung aller finanziellen Ansprüche vereinbart wird, wobei dem Leiharbeitnehmer **ausdrücklich sein Verzicht** auf mögliche weitergehende Ansprüche aus § 10 Abs. 4 AÜG verdeutlicht werden muss.[400] Auch wird teilweise verlangt, dass ein entsprechender Verzicht nur gegen Leistung einer Abfindung möglich sei, in welcher sich mögliche Nachzahlungen bereits niederschlagen.[401] Eine derart strenge Sicht erscheint allerdings fraglich. 210

(d) Auswirkung vereinbarter Ausschlussfristen

Sind Nachzahlungsansprüche über einen längeren Zeitraum wirksam entstanden, stellt sich die Frage, inwieweit diese nach dem Beschluss des BAG zur Tariffähigkeit der CGZP noch geltend gemacht werden können. Ein mögliches Hindernis kann sich in Form von Ausschlussfristen ergeben. Überwiegend wird vertreten, dass die **in den CGZP-Tarifwerken vereinbarte Ausschlussklausel** wie der Rest des Tarifvertrags **ohne Wirkung** für das Leiharbeitsverhältnis ist und entsprechende Nachzahlungsansprüche nicht hindern,[402] wobei allerdings noch zu prüfen wäre, ob nicht Kraft arbeitsvertraglicher Bezugnahme die im Tarifvertrag enthaltene Ausschlussfrist anwendbar ist oder ob der Arbeitsvertrag selbst eine eigene Ausschlussfrist enthält (die freilich der 211

---

[398] BAG 15. 1. 2009 – 2 AZR 641/07, NZA 2009, 957; ebenso auch: *Rolfs/Witschen* DB 2010, 1180 (1183 f.); *Reiserer* DB 2011, 764; *Schüren/Wilde* NZS 2009, 303 (304); für eine konkrete Einzelfallprüfung: *Schlegel* NZA 2011, 380 (381).
[399] *Brors* NZA 2010, 1385 (1389).
[400] *Reiserer* DB 2011, 764 (765 f.).
[401] *Brors* NZA 2010, 1385 (1389); *Reiserer* DB 2011, 764 (765 f.).
[402] So auch: *Heuchemer/Schielke* BB 2011, 758 (762); *Schlegel* NZA 2011, 380 (382); Einschränkung bei vertraglicher Inbezugnahme bei: *Zeppenfeld/Faust* NJW 2011, 1643 (1644) – danach soll eine AGB-Kontrolle im Einzelfall durchgeführt werden; s. auch ArbG Herford 10. 8. 2011 – 2 Ca 542/11, BeckRS 2011, 75 600, mit der Begründung, es sei auch eine Inbezugnahme von fehlerhaften Tarifverträgen möglich.

A. Arbeitnehmerüberlassung

AGB-Kontrolle standhalten müsste).[403] Umstritten ist allerdings, inwieweit für vergleichbare Arbeitnehmer in den **Entleiherbetrieben gültige Ausschlussfristen** aufgrund des equal-treatment-Grundsatzes auch für die in diesen Betrieben eingesetzten Leiharbeitnehmer Anwendung finden können. Entscheidende Frage ist dabei, ob solche Ausschlussfristen als **wesentliche Arbeitsbedingungen** einzustufen sind, damit der equal-treatment-Grundsatz auf sie anwendbar ist.

212 Nach einer Ansicht, welche in erster Linie das LAG München vertrat, sollen die entsprechend beim Entleiher gültigen Ausschlussfristen auch für die Leiharbeitnehmer nach diesen Grundsätzen Anwendung finden. Dies wird vor allem damit begründet, dass der Leiharbeitnehmer im Vergleich zu den Stammkräften zwar gleich, aber nicht besser gestellt werden soll, was jedoch die Folge einer Unabwendbarkeit der Ausschlussfristen wäre.[404] Des Weiteren seien Ausschlussfristen untrennbar mit dem Lohn verbunden und somit Teil der wesentlichen Arbeitsbedingungen. Die Gegenansicht verneint eine Anwendbarkeit solcher Ausschlussfristen, weil es sich bei diesen – im Gegensatz etwa zu Regelungen über Vergütung und Arbeitszeit – **nicht um wesentliche Arbeitsbedingungen** handele, sondern vielmehr um **Fragen der Abwicklung und Durchsetzung.**[405] Zwar sei ein mittelbarer sachlicher Bezug zum Arbeitsentgelt nicht zu verneinen, letztlich stehe aber jede Regelung eines Arbeitsverhältnisses mittelbar im Bezug zum Entgelt, so dass dies **nicht ausreichend** für eine **Qualifizierung als wesentliche Arbeitsbedingung** sei. Ausschlussfristen stellten gerade keine Arbeitsbedingungen im eigentlichen Sinn dar, sondern dienen dem Zweck, zwischen den Parteien in Bezug auf mögliche Ansprüche Rechtsklarheit zu schaffen.[406] Weiterhin wird argumentiert, dass Arbeitsbedingungen des Entleihers über den equal-treatment-Grundsatz nur dann zur Anwendung gelangen, wenn die Arbeitsbedingungen beim Verleiher schlechter seien. Ausschlussfristen als solche könnten für sich allerdings keine schlechterstellende, sondern vielmehr eine ambivalente Regelung darstellen, da sie beidseitig wirken und somit je nach Sachlage die eine oder die andere Partei „schlechter stellen".[407] Weiter sei der Argumentation des LAG München insofern zu entgegnen, dass mit dem equal-pay-Grundsatz gerade keine Gleichstellung mit der Stammbelegschaft hergestellt, sondern eine Schlechterstellung der Leiharbeitnehmer verhindert werden solle. Eine teilweise Besserstellung aufgrund der Unanwendbarkeit von Ausschlussfristen sei demnach nicht ausgeschlossen.[408]

213 Mittlerweile hat sich das **BAG** in einer aktuellen und mit Spannung erwarteten Entscheidung[409] im Ergebnis der zweiten Ansicht angeschlossen und **herausgestellt, dass beim Entleiher gültige Ausschlussfristen nicht für die equal-pay-Ansprüche** der im entsprechenden Betrieb beschäftigten Leiharbeitnehmer **gelten.** Das BAG gewinnt diese Überzeugung mittels **europarechtskonformer Auslegung,** wonach die Ausschlussfristen nicht zu den vom Verleiher zu gewährenden wesentlichen Arbeitsbedingungen gehören.[410] Die EU-Richtlinie nenne als die Gleichstellung betreffende wesentliche Bedingungen ausdrücklich die Dauer der Arbeitszeit, Überstunden, Pausen,

---

[403] Vgl. ArbG Köln 7. 9. 2011 – 20 Ca 4254/11, NZA-RR 2012, 29.
[404] LAG München 12. 11. 2009 – 3 Sa 579/09, FD-ArbR 2010, 297959; im Ergebnis mit abweichender Begründung wohl auch: *Heuchemer/Schielke* BB 2011, 758 (762); *Müller* ArbRAktuell 2010, 99.
[405] *Brors* NZA 2010, 1385 (1386); *Reiserer* DB 2011, 764f.; *Schlegel* NZA 2011, 380 (382).
[406] So auch: *Grünberg* AiB 2011, 218 (219).
[407] *Brors* NZA 2010, 1385 (1386); *Grünberg* AiB 2011, 218 (220).
[408] *Brors* NZA 2010, 1385 (1386).
[409] BAG 23. 3. 2011 – 5 AZR 7/10, ArbRAktuell 2011, 193 m. Anm. *Winzer.*
[410] So auch: *Schlegel* NZA 2011, 380 (382).

I. Begriffe und Grundlagen

Ruhezeiten, Nachtarbeit, Urlaub, arbeitsfreie Tage und das Arbeitsentgelt. Die Entscheidung des BAG wurde teilweise begrüßt,[411] teilweise kritisiert.[412] Demnach ist den Arbeitgebern in der Branche der gewerblichen Arbeitnehmerüberlassung zukünftig das Verteidigungsmittel genommen, der Nachforderung von equal-pay-Lohnansprüchen einen Verfall der Ansprüche aufgrund des Ablaufs der im Entleiherbetrieb anwendbaren Ausschlussfristen entgegenzuhalten. Dies wird auch für zukünftige Nachforderungsprozesse maßgeblich sein und **steigert die Erfolgschancen der Leiharbeitnehmer,** equal-pay-Ansprüche durchzusetzen.

Weiter ist zu prüfen, ob der **Leiharbeitsvertrag selbst** eine entsprechende **Ausschlussfrist enthält** und inwieweit diese den AGB-rechtlichen Anforderungen entspricht. Der gesetzliche equal-pay-Anspruch ist zwar in seinem Entstehen unabdingbar und damit der Parteivereinbarung entzogen, allerdings ist er nicht in seinem Bestand unauslöschlich, so dass die **Vereinbarung eines Verzichts** für den Zeitraum **nach Entstehen** des Anspruchs **grundsätzlich möglich** ist.[413] Außerdem sind nach § 9 Nr. 2 AÜG generell im Vergleich mit den Entleihbetrieben nur „schlechtere" Arbeitsbedingungen verboten, Ausschlussfristen stellen jedoch eine Regelung dar, die je nach Sachverhalt für oder gegen eine Partei wirken kann.[414] Die Möglichkeit der wirksamen Vereinbarung wird weiterhin dadurch gestützt, dass auch das BAG in seiner angesprochenen Entscheidung herausgestellt hat, bei Ausschlussfristen handele es sich nicht um dem equal-treatment-Gebot unterfallende wesentliche Arbeitsbedingungen.[415] Demnach spricht viel dafür, im Rahmen der AGB-rechtlichen Grenzen, insbesondere des Transparenzgebots, eine einzelvertragliche Vereinbarung von Ausschlussfristen zuzulassen.

Teilweise wird vertreten, dass einzelvertraglich vereinbarte Ausschlussfristen **generell wegen Verstoßes gegen das Transparenzgebot** nach § 307 Abs. 1 S. 2 BGB **unwirksam** sind, wenn gleichzeitig auch in dem unwirksamen CGZP-Tarifwerk Ausschlussfristen vereinbart sind. In diesem Fall könne nämlich der Arbeitnehmer nicht wirksam erkennen, welche Frist anwendbar sein soll.[416] Diese **generelle Einordnung** dürfte **zu weit gehen,** so dass die Einhaltung des AGB-Rechts in jedem konkreten Fall einzeln zu prüfen ist. Dabei ist in erster Linie darauf zu achten, ob die Klauseln sich als überraschend darstellen oder die gesetzlichen Verjährungsfristen übermäßig und damit unangemessen verkürzen.[417] Generell wird, gerade anknüpfend an die jüngste Entscheidung des BAG, den Verleihbetrieben zur Vereinbarung einzelvertraglicher Ausschlussfristen geraten.[418]

Der Beginn des Laufs von **Ausschlussfristen** ist ebenfalls umstritten. Zum Teil wird vertreten, der Lauf beginne ab dem Zeitpunkt der **Fälligkeit,** zum Teil, sie beginne, erst wenn der Gläubiger einer Forderung diese kenne und genau zu beziffern wisse. Im Zusammenhang mit der CGZP-Entscheidung wurde insoweit vertreten, dass die Ausschlussfristen frühestens mit Veröffentlichung des Beschlusses des BAG vom 14. 12. 2010 in der Pressemitteilung oder erst mit den ersten Berichten über die Ent-

---

[411] *Reiserer* DB 2011, 764.
[412] *Baeck/Winzer* NZG 2011, 579; *Bissels* BB 2011, 893 f.; *Thum* BB 2011, 885; *Winzer* ArbR-Aktuell 2011, 193.
[413] *Zeppenfeld/Faust* NJW 2011, 1643 (1645).
[414] *Brors* NZA 2010, 1385 (1386); *Reiserer* DB 2011, 764 (765).
[415] *Reiserer* DB 2011, 764 (765); *Thum* BB 2011, 885.
[416] *Brors* NZA 2010, 1385 (1389); so im Ergebnis auch: *Grünberg* AiB 2011, 218 (221).
[417] So auch: *Schlegel* NZA 2011, 380 (382).
[418] *Bissels* BB 2011, 893 (894); *Reiserer* DB 2011, 764 (765); *Thum* BB 2011, 885; *Ulrici* jurisPR-ArbR 8/2010, Anm. 2.

A. Arbeitnehmerüberlassung

scheidung in der Fachpresse ab März 2011 zu laufen begännen.[419] Diese Ansicht wird als zu extensiv kritisiert, da für die Fälligkeit eines Anspruchs eine vollständige Gewissheit über sein Bestehen nicht notwendig sei und Ausschlussfristen auf die kurzfristige Schaffung von Rechtssicherheit angelegt seien.[420] In diesem Zusammenhang wird weitere Klärung durch die Rechtsprechung abzuwarten sein. Untergerichtlich wird teilweise bereits auf die Einleitung des Verfahrens nach § 97 ArbGG im Jahr 2008 beim Arbeitsgericht Berlin abgestellt,[421] teilweise auf die Entscheidung des Landesarbeitsgerichts Berlin-Brandenburg vom 7. 12. 2009 (23 TaBV 1016/09).[422]

(e) Verjährung der Lohnnachforderungsansprüche

217   Soweit keine Ausschlussfristen anwendbar sind, wird die nachträgliche Geltendmachung von Lohnnachzahlungen für die Vergangenheit von den allgemeinen Regeln der Verjährung nach den §§ 195, 199 BGB begrenzt. Danach Verjähren die Ansprüche **grundsätzlich nach drei Jahren,** mit Ende des Jahres, in welchem der Anspruch entstanden ist und der Leiharbeitnehmer **von den anspruchsbegründenden Tatsachen Kenntnis erlangt** hat. Einer Kenntnis steht die grob fahrlässige Unkenntnis gleich. Fraglich ist nun erneut, ab wann eine solche den Beginn der Verjährungsfrist auslösende Kenntniserlangung angenommen werden kann. Dies ist von entscheidender Bedeutung, da die Entlohnung von Leiharbeitnehmern nach den im Nachhinein wohl unwirksamen CGZP-Tarifwerken in Einzelfällen bis ins Jahr 2003 zurückreicht. So wären alle bis Ende des Jahres 2007 entstandenen Lohnansprüche im Jahr 2011 bereits verjährt, wenn man annehmen könnte, dass die genannten Voraussetzungen zur Auslösung der Verjährung jeweils unmittelbar gegeben waren.

218   Zum Teil wird vertreten, zu den einen equal-pay-Anspruch begründenden Tatsachen gehöre auch die **Kenntnis von der Unwirksamkeit der CGZP-Tarifwerke.**[423] Eine sichere Kenntnis könne in diesem Zusammenhang **frühestens mit Bekanntwerden des BAG-Beschlusses vom 14. 12. 2010** zur Tarifunfähigkeit der CGZP angenommen werden, wobei sich zu verdeutlichen ist, dass auch dieser Beschluss nur eine gegenwartsbezogene Feststellung traf und somit keine unmittelbare Aussage zur Wirksamkeit der Tarifverträge für die Vergangenheit machte.[424] Teilweise wird die Annahme einer solchen Kenntnis bereits zum Zeitpunkt der Bekanntgabe der Entscheidung des LAG Berlin-Brandenburg in Betracht gezogen.[425]

219   Eine vorher bestehende mögliche grob fahrlässige Unkenntnis der Leiharbeitnehmer wird als irrelevant angesehen, da die **Rechtslage zur Tarifunfähigkeit der CGZP** dermaßen **verworren und unklar** sei, dass nicht einmal ein ausreichend Rechtskundiger sich ein klares Bild machen konnte.[426] Zum Teil wird angeregt, dass selbst bei Annahme der den Verjährungsbeginn eigentlich auslösenden Voraussetzungen in der Vergangenheit ein Hinausschieben aufgrund der unklaren Rechtslage, wie von den Zivilgerichten oftmals praktiziert, angemessen sei.[427] Aufgrund des umfassenden Strei-

---

[419] ArbG Bremen-Bremerhaven 12. 5. 2011 – 5 Ca 5129/10; so auch: *Grünberg* AiB 2011, 218 (220); *Schüren* AuR 2011, 142.
[420] *Bissels* jurisPR-ArbR 33/2011, Anm. 2.
[421] Vgl. ArbG Köln 7. 9. 2011 – 20 Ca 4254/11, NZA-RR 2012, 29 (31).
[422] Vgl. LAG Düsseldorf 8. 12. 2011 – 11 Sa 852/11.
[423] So auch: *Schüren/Wilde* NZS 2009, 303 (304).
[424] Ebenso: *Zeppenfeld/Faust* NJW 2011, 1643 (1645 f.).
[425] *Zimmermann* PersF 6/2011, 86 (87); in diesem Sinne auch LAG Düsseldorf 8. 12. 2011 – 11 Sa 852/11.
[426] *Zeppenfeld/Faust* NJW 2011, 1643 (1645).
[427] *Schüren* AuR 2011, 142 ff.

tes über die Tariffähigkeit der CGZP sei bis zur Klärung durch die angesprochen Entscheidung des BAG die Frage der Tariffähigkeit für den einzelnen Leiharbeitnehmer unklar gewesen, weshalb ein Hinausschieben angemessen sei.[428] Eine solche Praxis wäre jedoch mit dem geltenden Verjährungsrecht schwer vereinbar.

(f) Mögliche Probleme im Verfahren zur klageweisen Geltendmachung von „equal-pay"-Ansprüchen

Soweit der Verleiher den Nachforderungen des Arbeitnehmers nicht selbst nachkommt, ist der Leiharbeiternehmer auf die Erhebung einer **Leistungsklage vor den Arbeitsgerichten** angewiesen. Im Rahmen einer solchen Klage können Schwierigkeiten auftreten. Zunächst bestehen möglicherweise bei der **Bestimmung der Höhe** der Nachforderungsansprüche Probleme. Oftmals werden Leiharbeitnehmer für viele unterschiedliche Entleiherbetriebe tätig, bei welchen die Vergütung der jeweiligen Stammbelegschaft unterschiedlich hoch ist. Grundsätzlich trägt der Leiharbeitnehmer die Darlegungs- und Beweislast für die Höhe des Zahlungsanspruchs, wobei im Fall länger zurückliegender Sachverhalte die Darlegung der klagebegründenden Tatsachen schwierig sein kann,[429] da es ihm im Klageantrag gelingen muss, die Höhe der Nachzahlungsforderung konkret zu beziffern.[430] Allerdings steht dem Leiharbeitnehmer zur Ermittlung der Höhe möglicher Nachforderung gemäß § 13 AÜG ein **Auskunftsanspruch** gegenüber dem Entleiher hinsichtlich der Vergütungshöhe vergleichbarer Arbeitskräfte in der Stammbelegschaft zu. Sollten sich Entleiherbetriebe weigern, die notwendigen Auskünfte zu erteilen, ist der Auskunftsanspruch selbständig einklagbar. Nach Ansicht des BAG reicht es für die Schlüssigkeit einer Klage auf Leistung der Differenz zum equal-pay-Anspruch regelmäßig aus, wenn der Leiharbeitnehmer den **Inhalt einer ihm nach § 13 AÜG erteilten Auskunft mitteilt** und sich zur Begründung seines Zahlungsanspruchs auf die Differenz zu seiner vom Verleiher gezahlten Vergütung beruft.[431] Es sei dann Sache des Verleihers im Prozess, diesen Ausführungen Einwände substantiiert entgegenzuhalten, etwa wenn er der Auffassung ist, dass es an der Vergleichbarkeit zum angeführten Arbeitnehmer in der Stammbelegschaft des Entleihers fehlt. 220

Ein weiteres Problem im Rahmen der Leistungsklage auf „equal-pay" stellt dann die bereits angesprochene Frage dar, inwieweit das **Verfahren nach § 97 Abs. 5 ArbGG ausgesetzt** werden muss, um gesondert die jeweilige Tariffähigkeit der CGZP zum betroffenen Zeitpunkt feststellen zu lassen. Dies ist Gegenstand einer größeren Zahl von derzeit bei den Arbeitsgerichten anhängigen Klagen, wobei die erst- und zweitinstanzlichen Entscheidungen jüngst veröffentlicht wurden. Die **Arbeitsgerichte Siegen**[432] und **Freiburg**[433] sowie die Landesarbeitsgerichte Stuttgart,[434] Hamm,[435] Köln[436] sowie weitere kamen dabei in aktuellen Entscheidungen zu dem Schluss, dass die Klagen von Leiharbeitnehmer auf Nachzahlung von Differenzbeträgen nach dem equal-pay-Gebot **auszusetzen** seien, bis eine rechtskräftige Entscheidung zur Tariffähigkeit der CGZP für die Vergangenheit im Beschlussverfahren nach §§ 2a Abs. 1 Nr. 4, 97 Abs. 1 und 5 ArbGG vorliege. Dies sei geboten, da der BAG-Beschluss die 221

---

[428] *Schüren* AuR 2011, 142 ff.
[429] *Heuchemer/Schielke* BB 2011, 758 (762).
[430] *Zeppenfeld/Faust* NJW 2011, 1643 (1644).
[431] BAG 19. 9. 2007 – 4 AZR 656/06, NZA-RR 2008, 231.
[432] ArbG Siegen 10. 3. 2011 – 3 Ca 1678/10 O, nv und 17. 3. 2011 – 3 Ca 236/11 O, nv.
[433] ArbG Freiburg 13. 4. 2011 – 3 Ca 497/10, DB 2011, 1001.
[434] LAG Stuttgart 21. 6. 2011 – 11 Ta 10/11.
[435] LAG Hamm 28. 9. 2011 – 1 Ta 500/11.
[436] LAG Köln 14. 10. 2011 – 13 Ta 284/11.

Tarifunfähigkeit der CGZP nur gegenwartsbezogen festgestellt habe und somit eine verbindliche Feststellung für die Vergangenheit noch ausstehe, insbesondere für solche Fälle, in denen die Tariffähigkeit auf Grundlage der Satzung von 2005 (und nicht von 2009) zu beurteilen sei. Das ArbG Freiburg stellte zwar heraus, aus einer Subsumtion der im BAG-Beschluss geforderten Kriterien für die Tariffähigkeit auf die Satzungen der CGZP bis hin ins Jahr 2005 ergebe sich, dass die Tarifunfähigkeit auch für die Vergangenheit festzustehen scheine. Solange dies jedoch nicht ausdrücklich im Verfahren nach den §§ 2a Abs. 1 Nr. 4, 97 Abs. 1 und 5 ArbGG für den jeweils betreffenden Zeitpunkt festgestellt sei, bestehe trotz fast gänzlicher Sicherheit der Tarifunfähigkeit ohne Bestehen eines Entscheidungsspielraumes die Aussetzungspflicht nach § 97 Abs. 5 ArbGG.[437]

222 Ebenso hatte das ArbG Kaiserslautern[438] ein Verfahren zur Geltendmachung von Nachzahlungen mit ähnlicher Begründung bis zur Erledigung des Beschlussverfahrens nach § 97 Abs. 5 ArbGG zur Tariffähigkeit der CGZP ausgesetzt. Die gegen die Aussetzung erhobene **sofortige Beschwerde** wurde vom LAG Rheinland-Pfalz[439] zurückgewiesen, da anhand des eingeschränkten inhaltlichen Prüfungsrechts eine **Rechtswidrigkeit des Aussetzungsbeschlusses nicht offensichtlich feststellbar** sei, da die Tarifunfähigkeit zum maßgeblichen Zeitpunkt weder durch den BAG-Beschluss vom 14. 12. 2010 noch durch eine andere höchstrichterliche Entscheidung rechtskräftig festgestellt wurde. Das LAG Stuttgart wies die sofortige Beschwerde gegen den oben bereits angesprochenen Aussetzungsbeschluss des ArbG Freiburg vom 13. 4. 2011 unter ähnlicher Argumentation zurück.[440] Auch weitere Landesarbeitsgerichte haben die Aussetzungspflicht bestätigt und die entsprechenden sofortigen Beschwerden der Kläger gegen erstinstanzliche Aussetzungsbeschlüsse zurückgewiesen.[441] Auch in der Literatur wird teilweise eine **zwingende Aussetzungspflicht** für alle Fälle der Tariffähigkeit vor dem 7. 12. 2009 befürwortet.[442]

223 Dieser Weg der Aussetzung hat zwar zum Teil leise Zustimmung erfahren,[443] wurde jedoch insoweit kritisiert, dass sie aufgrund der Verzögerung des Verfahrens durch die Aussetzung dazu geeignet sei, Arbeitnehmer von der Geltendmachung ihrer equal-pay-Ansprüche abzuhalten.[444] Zunächst wird klargestellt, dass das Gericht keineswegs „ohne Entscheidungsspielraum" verpflichtet gewesen sei, das Verfahren auszusetzen, sondern dass es dem Kläger vielmehr angelehnt an eine Entscheidung des BAG vom 15. 11. 2006[445] auch hätte den equal-pay-Lohn zusprechen können.[446] Die angesprochene BAG-Entscheidung sei so zu verstehen, dass auch nach rein gegenwartsbezogenen Feststellungen der Tarifunfähigkeit einer Gewerkschaft oder eines Spitzenverbandes eine gewisse Wirkung für die Vergangenheit abgelehnt werden könne.[447] Bei

---

[437] ArbG Freiburg 13. 4. 2011 – 3 Ca 497/10, DB 2011, 1001 (1002).
[438] ArbG Kaiserslautern 25. 3. 2011 – 8 Ca 1031/09, nv.
[439] LAG Rheinland-Pfalz 15. 6. 2011 – 6 Ta 99/11, BB 2011, 1916.
[440] LAG Baden-Württemberg 21. 6. 2011 – 11 Ta 10/11, BeckRS 2011, 74933.
[441] LAG Mecklenburg-Vorpommern 15. 8. 2011 – 2 Ta 42/11, BeckRS 2011, 76977; LAG Sachsen 8. 9. 2011 – 4 Ta 149/11 (6), BeckRS 2011, 76874; 5. 9. 2011 – 4 Ta 162/11 (5), BeckRS 2011, 76875; LAG Hamm 28. 9. 2011 – 1 Ta 500/11, BeckRS 2011, 77414.
[442] *Hennig/Bodler* AuA 2011, 511 (512); *Neef* NZA 2011, 615 (618 f.); *Zimmermann* PersF 6/2011, 86.
[443] *Schindele* ArbRAktuell 2011, 258.
[444] *Brors* jurisPR-ArbR 18/2011, Anm. 1.
[445] BAG 15. 11. 2006 – 10 AZR 665/05, NZA 2007, 448.
[446] *Brors* jurisPR-ArbR 18/2011, Anm. 1.
[447] So auch: ArbG Frankfurt (Oder) 9. 6. 2011 – 3 Ca 422/11, AuR 2011, 318; ArbG Bremen-Bremerhaven 12. 5. 2011 – 5 Ca 5129/10.

I. Begriffe und Grundlagen

einmal festgestellter Tarifunfähigkeit müsse die beklagte Partei deutliche Tatsachen vortragen, oder es müsse sich zumindest aus von Amts wegen zu berücksichtigenden Tatsachen ergeben, dass die Tariffähigkeit zuvor bestanden haben könne. Dies sei im Fall der CGZP nicht gegeben, da das BAG in seinem Beschluss vom 14. 12. 2010 die **Anforderungen an die Tariffähigkeit deutlich herausgestellt** habe und nahezu eindeutig sei – wie auch vom ArbG Freiburg selbst herausgestellt – dass diese Voraussetzungen auch in der Vergangenheit nicht vorlagen.[448] Das **Verfahren nach § 97 Abs. 5 ArbGG** komme nach ständiger BAG-Rechtsprechung **nur** dann zur Anwendung, **wenn die Tariffähigkeit streitig** sei oder gegen diese Bedenken bestehen. Dies sei bei der CGZP nicht der Fall.[449] Die Ablehnung einer Aussetzungspflicht wird jedoch als **verfassungsrechtlich bedenklich angesehen,** da das BAG grundsätzlich nicht an seine vormalige Rechtsprechung gebunden sei und angesichts der langen Verfahrenslaufzeiten nach § 97 Abs. 5 ArbGG durchaus eine abweichende Bewertung in Frage käme.[450] Eine erneute **Abkehr von den aufgestellten Grundsätzen** für die Bewertung der Tariffähigkeit von Spitzenorganisationen und eine abweichende Übertragung dieser Gesichtspunkte auf die CGZP kann jedoch nach realistischer Einschätzung **wohl bezweifelt** werden.

In der Rechtsprechung wurde von einigen Gerichten ein abweichender Weg verfolgt. So **wies** das **ArbG Dortmund** in einem Beschluss vom 16. 3. 2011[451] etwa den **Antrag** des beklagten Verleihers **auf Aussetzung** des Verfahrens nach § 97 Abs. 5 ArbGG mit der Begründung **zurück,** es bestünden keine ernsthaften Zweifel an der Tariffähigkeit der CGZP auch in der Vergangenheit. Eine Aussetzung komme immer dann nicht in Betracht, wenn bereits eine rechtskräftige Entscheidung zur Tariffähigkeit bestehe, die immer noch Bindung entfalte. Eine solche Bindung entfalle nur insoweit, wie eine wesentliche Veränderung des Sachverhalts eingetreten sei, was im Falle der CGZP-Satzungen nicht anzunehmen sei, da die in Frage stehende **Satzung aus dem Jahre 2005 die gleichen Mängel** enthalte wie die Satzung, über welche das BAG in seinem Beschluss vom 14. 12. 2010 gegenwartsbezogen entschieden habe.[452] Dieser Ansicht haben sich mittlerweile weitere Arbeitsgerichte angeschlossen und herausgestellt, dass BAG habe auch inzident bereits die Satzung aus dem Jahre 2005 mitgeprüft, da es festgestellt habe, die Satzungen von 2005 und 2009 entsprächen sich im Wortlaut.[453]

224

In einer weiteren erstinstanzlichen Entscheidung über einen equal-pay-Anspruch eines Leiharbeitnehmers für einen vor dem BAG-Beschluss liegenden Zeitraum zwischen Mai und Dezember 2010 hat das **ArbG Herford** – der gerade angeführten Argumentation folgend – am 4. 5. 2011 in einem Teilurteil dem **Kläger ohne Aussetzung des Verfahrens** den **vollen Differenzlohn** in Höhe von 1793,97 EUR brutto nebst Zinsen in Höhe von 5 Prozentpunkten über dem Basiszinssatz **zugesprochen.**[454] Das Arbeitsgericht stellte zwar heraus, dass sich dem CGZP-Beschluss keine ausdrückliche Aussage über die Tariffähigkeit in der Vergangenheit entnehmen lasse, verwies aber ebenfalls anknüpfend an das angesprochene BAG-Urteil vom 15. 11.

225

---

[448] *Brors* jurisPR-ArbR 18/2011, Anm. 1.
[449] *Brors* AuR 2011, 138, 139; *dies.* jurisPR-ArbR 18/2011, Anm. 1.
[450] *Bissels* jurisPR-ArbR 33/2011, Anm. 2.
[451] ArbG Dortmund 16. 3. 2011 – 8 Ca 18/11, nv.
[452] ArbG Dortmund 16. 3. 2011 – 8 Ca 18/11, nv.
[453] So etwa: ArbG Frankfurt (Oder) 9. 6. 2011 – 3 Ca 422/11; ArbG Bremen-Bremerhaven 12. 5. 2011 – 5 Ca 5129/10.
[454] ArbG Herford 4. 5. 2011 – 2 Ca 144/11, nv.

2006 darauf, dass auch eine gegenwartsbezogene Feststellung eine Wirkung für die Vergangenheit besitzen könne. Dies gelte insbesondere für die Konstellationen, in denen sich keine besonderen, eine Tariffähigkeit in der Vergangenheit stützenden Umstände ergeben. Da es im zugrunde liegenden Fall jedoch an einem entsprechenden Vortrag fehle, sei anzunehmen, dass es der CGZP auch in der Vergangenheit an der Tariffähigkeit gefehlt habe und die abgeschlossenen Tarifverträge somit unwirksam seien.[455]

226 Das Bundesarbeitsgericht hat mit Beschluss vom 23. 5. 2012 jetzt klargestellt, dass die Rechtskraftwirkung des Beschlusses vom 14. 12. 2010 über die Tarifunfähigkeit der CGZP ab dem 8. 10. 2009 besteht.[456] Dies steht auch weiteren Verfahren (in der Zukunft) bis zu einer Änderung der entscheidungserheblichen Verhältnisse entgegen.[457]

227 Ein Problem im Zusammenhang mit einer möglichen Aussetzung bildet etwa die Frage der **doppelten Rechtshängigkeit.** Danach ist zunächst sowohl für Anträge als auch für Aussetzungsbeschlüsse entscheidend, dass der Zeitraum, für welchen die Tariffähigkeit der Vereinigung als entscheidungserheblich angesehen wird, eindeutig und exakt bestimmt wird. Dies ist gerade notwendig, da bereits einige **Verfahren für möglicherweise identische Zeiträume anhängig** sind, wie etwa vor dem ArbG Berlin.[458] Ist dies der Fall, so hat das Gericht im Vorfeld eines Aussetzungsbeschlusses nach § 97 Abs. 5 ArbGG zunächst zu prüfen, ob für den in Frage stehenden Zeitraum bereits ein **entsprechendes Feststellungsverfahren anhängig** ist. Soweit dies zu bejahen ist, muss das Verfahren bis zum Abschluss des anhängigen Verfahrens ausgesetzt werden, da weitere Beschlussverfahren wegen doppelter Rechtshängigkeit ansonsten als unzulässig abgelehnt werden müssten.[459]

(2) Pflicht zur Nachzahlung von Sozialversicherungsbeiträgen

(a) Theoretische Grundlagen für Nachforderungsansprüche

228 Die Lohnnachforderungen der Leiharbeitnehmer sind nicht die einzige drohende, auf der wahrscheinlichen Unwirksamkeit der Tarifverträge mit der CGZP beruhende, finanzielle Belastung für die Leiharbeitsbranche. Hinzu kommt die **Haftung von Verleihern und Entleihern** für in der Vergangenheit **zu wenig geleistete Sozialversicherungsbeiträge.**[460] Grundsätzlich richten sich die vom Arbeitgeber abzuführenden Beiträge zur Sozialversicherung nach dem zu Grunde liegenden Gehalt des jeweiligen Leiharbeitnehmers. Wird also aufgrund der unwirksamen Entlohnung nach den CGZP-Tarifen nachträglich ein höheres Entgelt fällig, so bildet dieses die neue Grundlage für die eigentlich zu zahlenden Sozialbeiträge, so dass auch **von Seiten der Sozialversicherungsträger erhebliche Nachforderungen** entstehen können. Bei zu geringer Leistung von Sozialversicherungsbeiträgen schuldet der Arbeitgeber grundsätzlich von Rechts wegen die Nachverbeitragung der Differenzbeträge zum eigentlich geschuldeten Arbeitsentgelt.[461] Eine Nachverbeitragung käme insoweit mittelbar auch

---

[455] ArbG Herford 4. 5. 2011 – 2 Ca 144/11, nv.
[456] BAG 23. 5. 2012 – 1 AZB 67/11, NZA 2012, 625.
[457] BAG 23. 5. 2012 – 1 AZB 58/11, NZA 2012, 623.
[458] *Schindele* ArbRAktuell 2011, 258.
[459] *Schindele* ArbRAktuell 2011, 258.
[460] *Rieble/Vielmeier* ZIP 2011, 789; *Schüren/Schüren*, AÜG, § 10 Rn. 239; *Schüren/Wilde* NZS 2009, 303.
[461] *Rieble/Vielmeier* ZIP 2011, 789.

I. Begriffe und Grundlagen

den Leiharbeitnehmern zu Gute, da sich insoweit auch entsprechend erhöhte Rentenansprüche ergeben können.[462]

Es wird erwartet, dass die Sozialversicherungsträger die Differenzen der Beiträge geltend machen werden und dass es nach Schätzungen bei einer Zahl von etwa 200 000 betroffenen Leiharbeitnehmern um **Nachforderungen in einer Größenordnung von rund einer halben Milliarde EUR** gehen könnte.[463] Die Spitzenorganisationen der Sozialversicherung haben in einer Pressemitteilung im Anschluss an den BAG-Beschluss bereits angekündigt, dass sie entsprechende Nachforderungsansprüche für alle Beschäftigungszeiten ab einschließlich Dezember 2005 noch geltend machen werden.[464] **229**

Die Beitragspflicht von Arbeitgebern zur Sozialversicherung richtet sich nach dem so genannten **Entstehungsprinzip**,[465] so dass die Beiträge mit Entstehung des jeweiligen Lohnanspruchs, also im Moment der Arbeitsleistung, fällig werden und zwar unabhängig davon, ob der als Berechnungsgrundlage zugrunde liegende Lohn im Anschluss tatsächlich an den Arbeitnehmer geleistet wird. Demnach ist zunächst festzuhalten, dass die **Sozialversicherungsbeiträge in jedem Fall** auch dann **zu entrichten** sind, wenn der entsprechende Lohnanspruch des Arbeitnehmers nicht geltend gemacht wird oder aufgrund wirksamer Verjährung, Ausschlussfristen oder Verzichtsklauseln selbst nicht mehr durchsetzbar wäre.[466] Solche Klauseln sind für die Sozialversicherungsbeiträge ohne Einfluss, weil das Sozialversicherungsrecht nicht zur Disposition der Arbeitsvertragsparteien steht.[467] Vereinzelt wird dagegen vertreten, dass eine Sozialversicherungspflicht nur für tatsächlich nachgezahlte Differenzlöhne bestehe, da dass „Entstehungsprinzip" für aufgrund von Verjährung oder Ausschluss nicht geleistete „Phantomlöhne" nicht anwendbar sei.[468] Diesem Ansatz ist allerdings wohl nicht zu folgen. **230**

Die **Arbeitgeber,** hier also die Verleiher, sind grundsätzlich **verpflichtet,** entsprechende **Beiträge selbst zu ermitteln, zu melden und anschließend abzuführen,** so dass auch eine entsprechende Pflicht zur Korrektur besteht, wenn sich im Nachhinein herausstellt, dass die Berechnungsgrundlage unrichtig war.[469] Teilweise wird zwar herausgestellt, mangels Rückwirkung des BAG-Beschlusses vom 14. 12. 2010 müssten die in Frage stehenden Beiträge nicht sofort entrichtet werden, sondern erst wenn mit Hilfe von gesonderten Feststellungsverfahren die Tariffähigkeit der CGZP auch für den maßgeblichen Zeitraum der Vergangenheit feststeht.[470] Diese Auffassung scheint allerdings in der sozialgerichtlichen Rechtsprechung nicht Fuß zu fassen. So hat das Sozialgericht Dortmund in einer Entscheidung vom 23. 1. 2012 bereits deutlich gemacht, dass die Deutsche Rentenversicherung Bund auch für die Vergangenheit eine Verbeitragung vornehmen könne, da an der Tariffähigkeit für die Vergangenheit ungeachtet der gegenwartsbezogenen Feststellung des Bundesarbeitsgerichts im Beschluss vom 14. 12. 2010 kein Zweifel bestehen könne.[471] Dem entgegengesetzt hat das Sozialgericht Hamburg allerdings einem Widerspruch gegen den Beitragsbescheid der Deutschen Rentenversicherung Bund aufschiebende Wir- **231**

---

[462] *Grüberg* AiB 2011, 218; *Schlegel* NZA 2011, 380; *Segebrecht* jurisPR-SozR 13/2011, Anm. 1.
[463] *Hennig/Bodler* AuA 2011, 511; *Schmitt-Rolfes* AuA 2011, 199; so auch *Huke* BB 2011, 830 (831).
[464] Pressemitteilung der Spitzenorganisationen der Sozialversicherung, DB 2011, Heft Nr. 12, M 27.
[465] BSG 14. 7. 2004 – B 12 KR 1/04 R, NZS 2005, 538.
[466] *Ferme* NZA 2011, 619 (620 f.); *Reiserer* DB 2011, 764 (765); *Zimmermann* AuA 2011, 242 (243).
[467] *Lützeler/Bissels/Domke* ArbRAktuell 2011, 136 (139); *Reiserer* DB 2011, 764 (765).
[468] Dazu im Einzelnen: *Plagemann/Brand* NJW 2011, 1488.
[469] *Schlegel* NZA 2011, 380 (382).
[470] *Rieble/Vielmeier* ZIP 2011, 789 (791).
[471] Vgl. SG Dortmund 23. 1. 2012 – S 25 R 2507/11 ER.

kung zuerkannt mit dem Hinweis darauf, dass bislang nicht rechtskräftig feststehe, dass die mit der CGZP abgeschlossenen Tarifverträge auch in der Vergangenheit unwirksam seien.[472] Dieser Ansicht des Sozialgerichts Hamburg ist zu folgen; allein so wird eine Dissonanz mit den arbeitsrechtlichen Verfahren vermieden. Gegebenenfalls können also Leiharbeitsunternehmen vor den Sozialgerichten die Anordnung der aufschiebenden Wirkung ihrer Widersprüche gegen Beitragsbescheide erwirken und so die Zahlungspflicht jedenfalls bis auf weiteres aufschieben. Alternativ kommt auch eine Stundungsmöglichkeit nach § 76 Abs. 2 Nr. 1 SGB IV in Betracht.[473] Die Spitzenorganisationen der Versicherungen hatten den betroffenen Leiharbeitgebern bereits eine **Frist bis zum 31. 5. 2011 zur Nachzahlung** eingeräumt. Sollte diese Frist ergebnislos verstreichen, würden entsprechende Säumniszuschläge auf die Beiträge erhoben. Weiterhin wurden zur Durchsetzung und Überwachung Betriebsprüfungen ab Juni 2011 angekündigt.[474] Entgegen der Auffassung der Sozialversicherungsträger ist die Tarifunfähigkeit für die Vergangenheit nicht verbindlich festgestellt, so dass diese Bescheide voreilig sind und angefochten werden können.[475]

232 Grundsätzlich sind für die **Nachzahlung** der Differenzbeträge die **Verleiherbetriebe als Arbeitgeber zuständig.** Sollten diese allerdings trotz Mahnung und entsprechendem Fristablauf die betreffenden Beiträge nicht entrichten, **haften** die Kunden der Verleiher, also die **Entleiher,** für nicht geleistete Beiträge zur Sozialversicherung und zur gesetzlichen Unfallversicherung nach § 28 e Abs. 2 S. 1 SGB IV **wie ein selbstschuldnerischer Bürge.**[476] Die Subsidiärhaftung des Entleihers bezieht sich sowohl auf den Arbeitgeber- als auch den Arbeitnehmeranteil zu den angesprochenen Versicherungen, und zwar Zinsen und Säumniszuschläge einschließend, und ist auf die jeweilige Einsatzzeit eines betroffenen Leiharbeitnehmers beim Entleiher beschränkt.[477] Relevant wird diese Bürgenhaftung insbesondere für die Fälle einer Insolvenz von Verleihern, wobei eine Insolvenz allerdings nicht Voraussetzung für die Inanspruchnahme des Entleihers durch die Sozialversicherungsträger ist.[478] Der Entleiher kann die Zahlung zwar so lange verweigern, wie eine Mahnung der Einzugsstelle gegenüber dem Verleiher nicht abgelaufen ist, kann jedoch nicht ein vorheriges gerichtliches Vorgehen gegen den Verleiher verlangen, da den **Entleihunternehmen die Einrede der Vorausklage nach § 773 Abs. 1 Nr. 1 BGB nicht zusteht.** Ein vertraglicher Haftungsausschluss des Entleihers ist nicht zulässig. Dies ergibt sich schon daraus, dass dies eine unzulässige Vereinbarung zu Lasten Dritter, namentlich der Sozialversicherungen, darstellen würde.

233 Eine Geltendmachung von sozialversicherungsrechtlichen Beitragsnachforderungen scheidet aus, wenn diese Ansprüche verjährt sind. **Sozialversicherungsbeiträge verjähren** gemäß § 25 Abs. 1 SGB IV grundsätzlich **in 4 Jahren** nach Ablauf des Kalenderjahres, in dem sie fällig geworden sind. Vorsätzlich enthaltene Sozialbeiträge unterfallen einer gesonderten Verjährungsfrist von 30 Jahren ab Fälligkeit. Eine **Bösgläubigkeit der Verleiherbetriebe,** welche eine Verjährung nach der langen Frist zur Folge hätte, ist mangels positiver Kenntnis von der Unwirksamkeit der Tarifver-

---

[472] Vgl. SG Hamburg 18. 11. 2011 – S 51 R 1149/11 ER.
[473] Vgl. *Lunk* ArbRB 2012, 49, 50; *Gaul/Köhler* ArbRB 2011, 273; *dies.* ArbRB 2011, 309.
[474] Pressemitteilung der Spitzenorganisationen der Sozialversicherung DB 2011, Heft Nr. 12, M 27.
[475] *Zeppenfeld/Faust* NJW 2011, 1643 (1646).
[476] *Brors* AuR 2011, 138; *Ferme* NZA 2011, 619 (621); *Hennig/Bodler* AuA 2011, 511 (513); *Huke* BB 2011, 830 (831).
[477] *Ferme* NZA 2011, 619 (621).
[478] *Zimmermann* AuA 2011, 242 (243).

I. Begriffe und Grundlagen

träge zumindest bis zum klärenden BAG-Beschluss am 14. 12. 2010 regelmäßig ausgeschlossen, so dass sich die Verjährung nach der vierjährigen Regelfrist richtet. Darüber hinaus wird vertreten, dass auch allein diese Entscheidung keine Bösgläubigkeit im Rahmen der Verjährung bewirke, da ein vorsätzliches Zurückhalten voraussetze, dass dem Schuldner die Entrichtung möglich sei, er also zumindest die Höhe des zu entrichtenden Beitrages kenne.[479] Auf der anderen Seite finden sich Stimmen, die herausstellen, dass für eine Bösgläubigkeit ausreiche, wenn die Möglichkeit einer Vorenthaltung von eigentlich geschuldeten Beiträgen zumindest erkannt und billigend in Kauf genommen worden sei, was zumindest für die Anfangsjahre der extrem billigen Tarifabschlüsse nicht völlig abwegig sei.[480] Andere meinen, eine Bösgläubigkeit liege ab Bekanntgabe der Entscheidungsgründe der zweitinstanzlichen Entscheidung des LAG Berlin-Brandenburg vom 7. 12. 2009 vor.[481]

Diese Ansichten, die eine Bösgläubigkeit annehmen, gehen jedoch zu weit, so dass **234** vielmehr die regelmäßige Verjährung Anwendung finden wird. Aus diesem Grund haben auch die Sozialversicherungsträger zur Wahrung ihrer Ansprüche bereits im Dezember 2010 ca. 1600 ihnen bekannte Leiharbeitsfirmen angeschrieben und darauf hingewiesen, dass sie im Fall der Anwendung von CGZP-Tarifverträgen für die Vergangenheit von sich aus verpflichtet sind, Differenzbeträge zu ermitteln und eigenständig zu entrichten.[482] Auf diese Weise wurde von Seiten der Sozialversicherung versucht, **eine Verjährung der vor 2006 fällig gewordenen, also ab der bis Dezember 2005 zu entrichtenden, Beiträge zu verhindern.** Ansprüche auf für vor diesem Zeitraum liegende Beiträge sind vorbehaltlich eines tatsächlichen Nachweises der Bösgläubigkeit eines Arbeitgebers nicht mehr durchsetzbar.

(b) Wirtschaftliche Folgen einer Nachverbeitragung

Durch erhebliche im Raum stehende Nachzahlungsverpflichtungen insbesondere **235** hinsichtlich der Sozialversicherungsbeiträge der gesamten Branche kann für manche Leiharbeitsunternehmen eine echte Existenzgefährdung bestehen.[483] Teilweise wird aus diesem Grund ein Vertrauensschutz der Verleiharbeitgeber zumindest bis zur Bekanntgabe des BAG-Beschlusses vom 14. 12. 2010 gefordert, was vor allem mit der **Pflicht der Sozialversicherungsträger** begründet wird, nach welcher sie den **Arbeitgeber zu beraten und** dabei **zu unterstützen** haben, die Beiträge rechtzeitig und ordnungsgemäß zu entrichten.[484] Die **Zuerkennung eines solchen Vertrauensschutzes** durch die Sozialgerichte ist allerdings **wenig wahrscheinlich**, gerade wenn man bedenkt, dass auch das BAG einen Vertrauensschutz in die Tariffähigkeit ausdrücklich abgelehnt hat.[485] Andere Stimmen sehen die wirtschaftlichen Konsequenzen bislang noch völlig im Unklaren, da eine mögliche Größenordnung von Nachforderung bislang noch gar nicht abschätzbar sei.[486]

Aus Sorge vor eventuellen Existenzbedrohungen wurden die Politik und auch die **236** Sozialversicherungsträger aufgefordert, die betroffenen Unternehmen zu unterstützen

---

[479] *Lützeler/Bissels/Domke* ArbRAktuell 2011, 136 (139).
[480] *Schüren/Wilde* NZS 2009, 303 (306).
[481] *Küttner/Schlegel,* Personalbuch, Mindestarbeitsbedingungen Rn. 14f.
[482] *Huke* BB 2011, 830 (831); *Schlegel* NZA 2011, 380 (383); *Wisskirchen/Bissels* BB 2011, Heft 8, I.
[483] *Baeck/Winzer* NZG 2011, 579; *Haussmann/Kaufmann* FD-ArbR 2010, 312263; *Hennig/Bodler* AuA 2011, 511 (513); *Rieble/Vielmeier* ZIP 2011, 789; *Thum* BB 2011, 755; *Wisskirchen/Bissels* BB 2011, Heft 8, I.
[484] *Haussmann/Kaufmann* FD-ArbR 2010, 312263; *Zeppenfeld/Faust* NJW 2011, 1643 (1647).
[485] BAG 15. 11. 2006 – 10 AZR 665/05, AuR 2007, 106.
[486] *Lützeler/Bissels/Domke* ArbRAktuell 2011, 136 (139).

A. Arbeitnehmerüberlassung

und diesen vor allen mit der Möglichkeit der Stundung oder des Verzichts auf Nachzahlungen entgegenzukommen.[487] Die Sozialversicherungsträger haben herausgestellt, dass im Falle entsprechender von den Verleihbetrieben gestellter Anträge im Einzelfall die Möglichkeit einer **Stundung** geprüft werde, soweit durch das Hinausschieben die Zahlung nicht gefährdet sei. Weiterhin bestehe in besonderen **Härtefällen** die Möglichkeit einer Aussetzung der Vollziehung von Beitragsbescheiden.[488] Es scheint, dass die Deutsche Rentenversicherung Bund die Praxis verfolgt, die sofortige Vollziehbarkeit ihrer Betriebsprüfungsbescheide aus Gründen wirtschaftlicher Härte auszusetzen, wenn die Nachzahlungssumme die freie Liquidität des Zeitarbeitsunternehmens übersteigen sollte. So soll die Zahlungsunfähigkeit der Zeitarbeitsunternehmen durch – nicht rechtskräftige – Bescheide vermieden werden. Es steht zu vermuten, dass sich die Deutsche Rentenversicherung Bund hierdurch gegen Regressansprüche absichern will. Rechtskräftige Entscheidungen in der Sozialgerichtsbarkeit sind erst innerhalb der nächsten vier bis sechs Jahre zu erwarten.

(c) Probleme bei der Berechnung der Nachforderungen

237 Sowohl im Rahmen der Geltendmachung der Nachzahlung von Lohnansprüchen durch die Leiharbeitnehmer als auch hinsichtlich der korrespondierenden Sozialversicherungsbeiträge treten **erhebliche praktische Probleme** auf. Diese betreffen in erster Linie die genaue **Berechnung der Nachzahlungshöhe** der Differenzlöhne und daran anknüpfend der entsprechenden Versicherungsbeiträge. Die Leiharbeitnehmer werden in vielen Fällen für unterschiedliche Entleiherbetriebe tätig geworden sein, so dass sich Abweichungen bei der Vergütung der jeweilgen Stammbelegschaft ergeben, welche in die Berechnungen einzubeziehen sind. Der Leiharbeitnehmer trägt zwar grundsätzlich die Darlegungs- und Beweislast für die Höhe des Ausgleichsanspruchs; ihm kommt jedoch der Auskunftsanspruch gemäß § 13 AÜG und die angesprochene durch das BAG gewährte Beweiserleichterung zu Gute, nach welcher es für die Schlüssigkeit einer Klage weitestgehend ausreichend ist, den Inhalt einer ihm nach § 13 AÜG erteilten Auskunft mitzuteilen.[489] Danach soll es dann Sache des Verleihers sein, diesen Ausführungen Einwände substantiiert entgegenzuhalten.

238 Diese Unsicherheiten und Schwierigkeiten bei der Berechnung von Lohnnachzahlungsansprüchen setzen sich auch im Rahmen der praktischen Umsetzung der für die Verleihunternehmen eigenständigen Nachzahlungspflicht hinsichtlich der Differenz zu den aufgrund des equal-pay-Lohnes nun einschlägigen **Sozialversicherungsbeiträgen** fort. Es steht dann zwar fest, dass eine Beitragsschuld und somit eine Pflicht zur Nachverbeitragung besteht, allerdings ist noch unklar, wie die Umsetzung der Nachverbeitragung im Einzelnen ablaufen soll.[490] Um die Höhe von Nachleistungspflichten bestimmen zu können, muss das Verleihunternehmen zunächst für alle im gesamten Zeitraum beschäftigten Arbeitnehmer und für alle einzelnen Einsätze die **Löhne vergleichbarer Arbeitnehmer in der jeweiligen Stammbelegschaft der Entleiherbetrieben ermitteln**. Die Kernprobleme liegen in diesem Zusammenhang in der Frage, welchen Sorgfaltsmaßstab die Verleiher im Zusammenhang mit der Nachverbeitragung einhalten müssen und in welchem Umfang sie selbst zur Anstellung von Nachermittlungen verpflichtet sind.[491]

---

[487] *Schlegel* NZA 2011, 380 (385); *Thum* BB 2001, 755; *Wisskirchen/Bissels* BB 2011, Heft 8, I.
[488] Pressemitteilung der Spitzenorganisationen der Sozialversicherung DB 2011, Heft Nr. 12, M 27.
[489] BAG 19. 9. 2007 – 4 AZR 656/06, NZA-RR 2008, 231.
[490] *Rieble/Vielmeier* ZIP 2011, 789 (790).
[491] *Rieble/Vielmeier* ZIP 2011, 789 (790).

I. Begriffe und Grundlagen

Als problematisch wird in diesem Zusammenhang gesehen, dass die **Verleiher**, anders als die betroffenen Leiharbeiter nach § 13 AÜG, **keinen durchsetzbaren Auskunftsanspruch gegen die Entleiher** hinsichtlich der Vergütungshöhe besitzen und somit auf deren freiwillige Auskunft angewiesen seien.[492] Zwar wird die Mitwirkungspflicht im Bemessungsverfahren gemäß § 98 Abs. 3 SGB X auch auf mithaftende Personen erweitert, so dass die nach § 28e Abs. 2 bis 3a SGB IV mitverpflichteten Entleiher ebenfalls der Auskunftspflicht unterliegen. Jedoch besteht **diese Mitwirkungspflicht nur gegenüber den Sozialkassen** und nicht gegenüber den Verleihern. Denkbar wäre zwar die Konstruktion einer vertraglichen Nebenpflicht zur Rücksichtnahme aus dem Entleihvertrag. In diesem Zusammenhang ist ebenso problematisch, dass zwischen Verleiher und Entleiher möglicherweise gar kein Vertragsverhältnis mehr besteht, etwa wenn bereits alle Leiheinsätze mit dem Kunden beendet sind. Aus diesem Grund wird eine entsprechende **Pflicht der Sozialversicherungsträger zur Mithilfe und Unterstützung bei der Nachverbeitragung** gefordert, etwa hinsichtlich einer Vereinfachung der Ermittlungsverfahren oder einer Ermittlung der Beitragsnachzahlung von Amts wegen.[493] 239

Weiterhin zur Vereinfachung ins Spiel gebracht wurde die Möglichkeit einer **Schätzung** der jeweiligen nach dem equal-pay-Gebot zu entrichtenden Entgeltbeträge und eine daran anknüpfende Beitragsschätzung, wobei allerdings nach § 28f Abs. 2 S. 2 SGB IV die **tatsächliche Ermittlung Vorrang** vor einer Schätzung besitzt.[494] Die Spitzenverbände der gesetzlichen Versicherungen haben allerdings bereits durchblicken lassen, dass sie zur Ermöglichung von Vereinfachungslösungen bei der Verbeitragung neigen, wenn die Ermittlung mit unverhältnismäßigem Aufwand verbunden sei.[495] 240

ff) Ausblick und mögliche Problemstellungen in der Zukunft

Die Arbeits- und Sozialgerichte werden sich in Zukunft noch in erheblichem Umfang mit Einzelproblem im Zusammenhang mit der Unwirksamkeit der CGZP-Tarifverträge auseinandersetzen müssen.[496] 241

Bereits im Jahr 2010 haben einige Arbeitgeberverbände aufgrund der bereits damals für möglich gehaltenen Tarifunfähigkeit der CGZP so genannte **mehrgliedrige Tarifverträge mit den Christlichen Gewerkschaften** rückwirkend zum 1. 1. 2010 geschlossen. Mehrgliedrige Tarifverträge liegen vor, soweit es sich um mehrere in einer Urkunde miteinander verknüpfte, von verschiedenen Tarifvertragsparteien abgeschlossene Tarifverträge handelt und jeder dieser Tarifverträge trotz Zusammenfassung selbständig ist. Im Fall der Unwirksamkeit eines Vertrags wird die Wirksamkeit der übrigen Tarifverträge dann nicht berührt.[497] Die in Frage stehenden Tarifverträge wurden **sowohl von der CGZP als Spitzenverband, als auch von den „christlichen Einzelgewerkschaften"** als deren Mitgliedsgewerkschaften **separat unterzeichnet**. An dem Tarifschluss waren also die bereits vorher der CGZP angeschlossenen Verbände CGM, DHV und GÖD sowie die neu hinzu gekommen Gewerkschaften des Beschäftigungsverband Industrie, Gewerbe, Dienstleistungen (BIGD), dem Arbeit- 242

---

[492] *Lützeler/Bissels/Domke* ArbRAktuell 2011, 136 (137f.).
[493] *Lützeler/Bissels/Domke* ArbRAktuell 2011, 136 (137f.); *Schlegel* NZA 2011, 380, 385; *Zeppenfeld/Faust* NJW 2011, 1643 (1646).
[494] Dazu im Einzelnen: *Rieble/Vielmeier* ZIP 2011, 789 (796f.).
[495] Pressemitteilung der Spitzenorganisationen der Sozialversicherung DB 2011, Heft Nr. 12, M 27.
[496] *Schindele* ArbRAktuell 2010, 656; *Spieler/Pollert* AuA 2011, 270 (271).
[497] *Lembke* BB 2010, 1357; *Reiserer* DB 2011, 764 (766).

nehmerverband land- und ernährungswirtschaftlicher Berufe (ALEB) und der Gesundheitsgewerkschaft medsonet beteiligt. Allerdings ist die **Wirksamkeit** dieser Tarifwerke bislang **noch nicht höchstrichterlich geklärt.**[498]

243 Einige Stimmen in der Literatur gehen ohne genauere Auseinandersetzung mit möglichen Problemfragen von der Wirksamkeit dieser Tarifverträge aus, da sich nicht allein von der CGZP unterzeichnet worden seien.[499] Die Vereinbarung mit dem Spitzenverband sei zwar mangels Tariffähigkeit möglicherweise unwirksam, was allerdings nicht die Vereinbarung mit den Einzelgewerkschaften berühre, da es sich um echte mehrgliedrige Tarifverträge handele. Andere Stimmen werfen zumindest die **Möglichkeit der Unwirksamkeit dieser Tarifverträge** auf[500] oder halten diese sogar ebenfalls für unwirksam.[501] So wird etwa herausgestellt, zwar ergebe eine Auslegung, dass es sich nicht um Einheitstarifverträge, sondern tatsächlich um echte mehrgliedrige Tarifverträge handele, allerdings könne eine Unwirksamkeit der Tarifverträge aus einer **Überschreitung der satzungsmäßigen Zuständigkeit der Einzelverbände** resultieren.[502] Es kommt demnach bei der Beurteilung entscheidend auf die Tariffähigkeit und Tarifzuständigkeit der Einzelgewerkschaften an.[503] Zunächst ergebe eine Auslegung der Tarifwerke, dass – ebenso wie bei den ursprünglich von der CGZP abgeschlossenen Verträgen – ein branchenübergreifender Anwendungsbereich beabsichtigt sei, da die Tarifverträge einen betrieblichen Geltungsbereich für alle Unternehmen beanspruchen, „die Dienstleistungen in der Arbeitnehmerüberlassung erbringen".[504] Dies hat in einer ersten Entscheidung zu mehrgliedrigen Tarifverträgen vom 4. 5. 2011 Im Rahmen eines equal-pay-Verfahrens auch das ArbG Herford so bewertet, da sich aus dem klaren Wortlaut entnehmen lasse, dass keine Beschränkung auf die Entleihung in bestimmte Branchen bezweckt werde, sondern vielmehr der Abschluss eines **bundesweit und branchenübergreifend** gültigen Tarifvertragswerkes.[505]

244 Demnach kommt es für die Beurteilung einer möglichen Unwirksamkeit entscheidend darauf an, ob die **Einzelgewerkschaften insgesamt eine branchenübergreifende Zuständigkeit** für den Bereich der gewerblichen Arbeitnehmerüberlassung besitzen. Das BAG hatte in seinem Beschluss von 14. 12. 2010[506] bereits herausgestellt, dass die zum in der Entscheidung maßgeblichen Zeitpunkt angeschlossenen Gewerkschaften weder einzeln noch insgesamt eine solche Zuständigkeit besäßen, so dass es demnach entscheidend ist, ob das Hinzutreten der BIGD, ALEB und medsonet ausreicht, eine umfassende Zuständigkeit zu begründen. Dazu wird vertreten, dass sich die Zuständigkeit von medsonet allein auf den Sektor des Gesundheitswesens und von ALEB auf den land- und ernährungswirtschaftlichen Bereich beschränke. Zwar sei der Zuständigkeitsbereich der BIGD weiter, allerdings nicht umfangreich genug, da **wichtige Bereiche der Arbeitnehmerüberlassung**, wie etwa in der Chemie, Holz- und

---

[498] *Reiserer* DB 2011, 764 (766).
[499] *Lützeler/Bissels/Domke* ArbRAktuell 2011, 136 (137); Wirksamkeit ohne nähere Auseinandersetzung in Betracht ziehend: *Haussmann/Kaufmann* FD-ArbR 2010, 312263; *Zimmermann* PersF 6/2011, 86.
[500] *Neef* NZA 2011, 615 (618); *Reiserer* DB 2011, 764 (766); *Schmitt-Rolfes* AuA 2011, 199; *Trümner* AiB 2011, 333 (334).
[501] *Brors* AuR 2011, 138; *Nielebrock* AiB 2011, 552 (553); *Voigt* AuR 2011, 311; so auch ArbG Herford 4. 5. 2011 – 2 Ca 144/11, nv.
[502] *Brors* AuR 2011, 138.
[503] *Neef* NZA 2011, 615 (618).
[504] *Brors* AuR 2011, 138 (139 ff.).
[505] ArbG Herford 4. 5. 2011 – 2 Ca 144/11, nv.
[506] BAG 14. 12. 2010 – 1 ABR 19/10, NZA 2011, 289.

I. Begriffe und Grundlagen

Kunststoffverarbeitung als auch im Gaststättengewerbe, in welchen jeweils spezielle „christliche Organisationen" bestehen, **nicht erfasst** seien. Aus diesen Gründen seien mangels branchenübergreifender Abdeckung der Zuständigkeit für die Arbeitnehmerüberlassung die **Tarifverträge unwirksam**.[507] Die Tariffähigkeit von medsonet selbst ist vorerst zumindest fraglich, da diese durch eine noch nicht rechtskräftige Entscheidung des ArbG Hamburg[508] in einer aktuellen Entscheidung verneint wurde. Auch bei der BIGD wird die Tariffähigkeit zumindest in Frage gestellt.[509] Dieser Schluss ist zwar nicht zwingend, aber auch nicht abwegig, so dass auch zum jetzigen Zeitpunkt **große Unsicherheiten** im Zusammenhang mit Tarifabschlüssen für den Bereich der Arbeitnehmerüberlassung fortbestehen. Auch das ArbG Herford hat sich in seiner Entscheidung vom 4. 5. 2011 dieser Sichtweise angeschlossen und trotz Verweisung auf einen solchen mehrgliedrigen Tarifvertrag einen Anspruch auf equal pay bejaht.[510] Hiervon zu unterscheiden ist die Frage, ob die CGZP die Tarifverträge zur Zeitarbeit nicht (nur) im eigenen Namen, sondern (auch) in Vertretung einzelner christlicher Gewerkschaften abgeschlossen habe, so dass insoweit die Tarifverträge wirksam seien,[511] was voraussetzt, dass die CGZP nicht als Spitzenverband nur im eigenen, sondern auch im fremden Namen als Vertreterin ihrer Mitglieder gehandelt habe. Gegen diese Annahme sprechen freilich nicht nur der Wortlaut vieler Tarifverträge, der ein Handeln im fremden Namen nicht nahelegt, sondern auch die Satzung der CGZP.[512]

Fraglich ist zudem, ob man die **gewerbliche Arbeitnehmerüberlassung** in tarifrechtlicher Hinsicht wirklich **als „eigene Branche"** betrachten will oder die Leiharbeit als ihren jeweiligen fachlichen Bereichen als zugehörig ansieht. In diesem Zusammenhang werden die teilweise branchenbezogenen Koalitionen aufgefordert, sich nicht länger gegenüber dem Feld der Leiharbeit zu verschließen, sondern für die jeweiligen fachlichen Bereiche eigene Tarifabschlüsse zu erzielen.[513] 245

Aufgrund der **verbleibenden Unsicherheiten** und bereits angeführten Szenarien wird die Politik aufgefordert, zu entsprechenden Lösungen und Verbesserungen beizutragen. Von vielen Seiten wird zur Abmilderung der erheblichen wirtschaftlichen Belastungen die Regierung und insbesondere das Bundesministerium für Arbeit und Soziales aufgefordert, die betroffenen Zeitarbeitsunternehmen durch geeignete Maßnahmen zu unterstützen und diese vor Existenzgefährdungen zu bewahren.[514] Ebenso wird von anderer Seite ein Tätigwerden der Politik zum Schutz der Leiharbeitnehmer gefordert und zwar besonders im Hinblick auf die Einführung einer Maximaldauer der Leihe, die Berücksichtigung der Leiharbeitnehmer bei den Schwellenwerten des Betriebsverfassungsgesetzes und eine equal-pay-/equal-treatment-Regelung ohne tarifrechtliche Ausnahme, jedenfalls nach einer Einarbeitungszeit.[515] Klar ist, dass die gewerbliche Arbeitnehmerüberlassung in tarifrechtlicher Sicht derzeit an einem entscheidenden Wendepunkt steht, so dass die zukünftige Entwicklung im Zusammenhang mit dem Tarifrecht abzuwarten bleibt. 246

---

[507] *Brors* AuR 2011, 138 (141); *Nielebrock* AiB 2011, 552 (553); so auch ArbG Herford 4. 5. 2011 – 2 Ca 144/11, nv.
[508] ArbG Hamburg 17. 5. 2011 – 1 BV 5/10, AE 2011, 195.
[509] *Trümner* AiB 2011, 333 (334).
[510] ArbG Herford 4. 5. 2011 – 2 Ca 144/11, nv.
[511] Vgl. *Neef* NZA 2011, 615 (617); *Lembke* NZA 2011, 1062; *Giesen* ZAAR 2011, 61 ff.
[512] Vgl. *Schüren* NZA 2011, 1406 (1407).
[513] *Melot de Beauregard* DB 2011, Heft 2, M 1.
[514] *Thum* BB 2011, 755; *Wisskirchen/Bissels* BB 2011, Heft 8, I.
[515] Vgl. *Bauer/Klebe/Schunder* NZA 2009, 1190 (dort S. 1192: *Klebe*).

II. Gewerberechtliche Erlaubnis

247 Wird die Arbeitnehmerüberlassung gewerbsmäßig bzw. ab dem 1. 12. 2011 **im Rahmen einer wirtschaftlichen Tätigkeit** betrieben, bedarf der Verleiher **gemäß § 1 Abs. 1 AÜG einer Erlaubnis der Bundesagentur für Arbeit.** Die gewerbsmäßige Arbeitnehmerüberlassung ist demnach grundsätzlich verboten, es sei denn, der Verleiher verfügt über eine entsprechende Erlaubnis. Rechtstechnisch handelt es sich bei dieser Regelung um ein **präventives Verbot mit Erlaubnisvorbehalt.**[516] Zweck der Vorschrift ist der individuelle arbeits- und sozialversicherungsrechtliche Schutz der Leiharbeitnehmer.[517] Durch das Verbot mit Erlaubnisvorbehalt wird eine vorbeugende Kontrolle der Verleiher durch die für die Erlaubniserteilung zuständige Arbeitsverwaltung ermöglicht.[518] Die Erlaubnispflicht gilt nicht nur für reine Verleiherunternehmen; auch Mischbetriebe, die neben einem anderen Betriebszweck Arbeitnehmerüberlassung betreiben, bedürfen der Erlaubnis.[519]

1. Gewerbsmäßigkeit der Arbeitnehmerüberlassung

248 Die Erlaubnispflicht nach § 1 Abs. 1 AÜG setzte in der **bis zum 30. 11. 2011 geltenden Fassung** voraus, dass der Verleiher gewerbsmäßig Leiharbeitnehmer überlässt. Aufgrund der Änderung des AÜG entfällt das Kriterium der Gewerbsmäßigkeit und wurde durch die **Formulierung ersetzt,** dass jede Form von Arbeitnehmerüberlassung erfasst wird, die der Verleiher „**im Rahmen seiner wirtschaftlichen Tätigkeit**" betreibt. Demnach ist der Anwendungsbereich in Zukunft weiter, so dass grundsätzlich alle Formen, wie etwa auch die Überlassung durch gemeinnützige Institutionen, erfasst werden,[520] wogegen nach teilweiser Ansicht lediglich der Verleih zu karitativen Zwecken als Ausnahme[521] ausgeklammert werden soll.[522] Auf eine **Gewinnerzielungsabsicht** bei der Überlassung kommt es somit **nicht mehr an.** Gleichwohl kann auf einige der seinerzeit geltenden Abgrenzungsmerkmale auch zukünftig noch zurückgegriffen werden, so dass dies kurz dargestellt werden soll.

249 Der Begriff der Gewerbsmäßigkeit war im AÜG nicht definiert. Nach herrschender Meinung war er im gewerberechtlichen Sinne zu verstehen.[523] Gewerbsmäßig handelt danach derjenige, der eine nicht nur gelegentliche, sondern **auf eine gewisse Dauer angelegte** und auf die **Erzielung** unmittelbarer oder mittelbarer **wirtschaftlicher Vorteile gerichtete selbständige Tätigkeit** ausübt.[524]

---

[516] Thüsing/*Waas,* AÜG, § 1 Rn. 2; Schüren/*Hamann,* AÜG, § 1 Rn. 4.
[517] BT-Drs. VI/2303, 9 f.; HWK/*Kalb* AÜG § 1 Rn. 1.
[518] Schüren/*Hamann,* AÜG, § 1 Rn. 4; *Ulber,* AÜG, § 1 Rn. 166; Thüsing/*Waas,* AÜG, § 1 Rn. 2.
[519] BAG 8. 11. 1978 – 5 AZR 261/77, DB 1979, 851; 15. 6. 1983 – 5 AZR 111/81, DB 1983, 2420; *Becker/Wulfgramm,* AÜG, Art. 1 § 1 Rn. 25–26 a; Schaub/*Koch,* ArbR-HdB, § 120 Rn. 29.
[520] *Lembke* DB 2011, 414.
[521] *Hamann* NZA 2011, 70 (71).
[522] Im Einzelnen → Rn. 125 ff.
[523] St. Rspr. seit BAG 10. 2. 1977 – 2 ABR 80/76, AP BetrVG 1972 § 103 Nr. 9; 21. 3. 1990 – 7 AZR 198/89, AP AÜG § 1 Nr. 15; Schüren/*Hamann,* AÜG, § 1 Rn. 239; Thüsing/*Waas,* AÜG, § 1 Rn. 95; HWK/*Kalb* AÜG § 1 Rn. 32; ErfK/*Wank* AÜG § 1 Rn. 31.
[524] BVerwG 16. 9. 1954 – BVerwG I C 181/53, NJW 1955, 844; 13. 4. 1962 – VII C 34/61, BVerwGE 14, 125; BAG 20. 4. 2005 – 7 ABR 20/04, NZA 2005, 1006; Schüren/*Hamann,* AÜG, § 1 Rn. 239; ErfK/*Wank* AÜG § 1 Rn. 31.

II. Gewerberechtliche Erlaubnis

a) Selbständige Tätigkeit

Das Überlassen von Arbeitnehmern ist nur gewerbsmäßig, wenn es als selbständige **250** Tätigkeit ausgeübt wird.[525] Die Selbständigkeit eines Gewerbetreibenden ist dadurch gekennzeichnet, dass er **im eigenen Namen und auf eigene Rechnung** tätig wird und bei grundsätzlich bestehender persönlicher und sachlicher Unabhängigkeit das Unternehmerrisiko trägt.[526]

b) Auf Dauer angelegte Tätigkeit

Gewerbsmäßigkeit erfordert des Weiteren ein „auf gewisse Dauer angelegtes Han- **251** deln". Dieses Merkmal dient dazu, Bagatellfälle auszuklammern.[527] Erfasst werden soll nur eine **nachhaltige, planmäßige** und **nicht** auch eine **nur gelegentliche,** zufällige oder auf vorübergehende Zeit ausgerichtete Tätigkeit.[528] Damit fällt eine einmalige Überlassung aus dem Anwendungsbereich des AÜG heraus.[529] Allerdings erfolgt auch eine einmalige Ausleihe gewerbsmäßig, wenn sie mit einer **Wiederholungsabsicht** verbunden ist.[530]

c) Gewinnerzielungsabsicht

Schließlich setzte die Gewerbsmäßigkeit ein Handeln in Gewinnerzielungsabsicht **252** voraus. Dies war zu bejahen, wenn die Tätigkeit auf **Erzielung unmittelbarer oder mittelbarer wirtschaftlicher Vorteile** gerichtet ist.[531] Dabei genügte die diesbezügliche Absicht. Ob tatsächlich ein Gewinn erzielt wird, war unerheblich.[532] Vorausgesetzt wurde, dass aus der Sicht des Handelnden die Möglichkeit einer Gewinnerzielung besteht.[533] **Gewinn** ist dabei **jede geldwerte Leistung,** die der Verleiher über die Deckung seiner Kosten hinaus erzielt.[534] Das Zeitarbeitsunternehmen handelten also mit Gewinnerzielungsabsicht, wenn es das Entgelt für die Überlassung des Zeitarbeitnehmers so bemaß, dass es die Personalkosten übersteigt. Für die Gewinnerzielungsabsicht reichte das Erstreben eines mittelbaren wirtschaftlichen Vorteils aus. Ein solcher war etwa dann anzunehmen, wenn der Verleiher lediglich versuchte, durch die Arbeitnehmerüberlassung die Geschäftsbeziehung zum Kunden zu verbessern oder zu pflegen (zB durch Überlassung im Rahmen einer Werbeaktion).[535]

---

[525] *Boemke/Lembke,* AÜG, § 1 Rn. 44.
[526] Tettinger/Wank/*Ennuschat,* GewO, § 1 Rn. 27 f.; Schüren/*Hamann,* AÜG, § 1 Rn. 246; Thüsing/*Waas,* AÜG, § 1 Rn. 97.
[527] ErfK/*Wank* AÜG § 1 Rn. 33.
[528] Tettinger/Wank/*Ennuschat,* GewO, § 1 Rn. 8 ff.; Thüsing/*Waas,* AÜG, § 1 Rn. 98; Schüren/ Hamann, AÜG, § 1 Rn. 257.
[529] ErfK/*Wank* AÜG § 1 Rn. 33.
[530] *Boemke/Lembke,* AÜG, § 1 Rn. 46; Schüren/*Hamann,* AÜG, § 1 Rn. 258.
[531] Schüren/*Hamann,* AÜG, § 1 Rn. 267.
[532] BAG 21. 3. 1990 – 7 AZR 198/89, AP AÜG § 1 Nr. 15; Schaub/*Koch,* ArbR-HdB, § 120 Rn. 12; *Boemke/Lembke,* AÜG, § 1 Rn. 49.
[533] Schaub/*Koch,* ArbR-HdB, § 120 Rn. 12.
[534] *Becker/Wulfgramm,* AÜG, Art. 1 § 1 Rn. 29; *Göbel* RdA 1980, 204, 210; *Schaub,* Arbeitnehmerüberlassung, 2001, 242; Schüren/*Hamann,* AÜG, § 1 Rn. 268.
[535] BayObLG 19. 11. 1990 – 3 Ob OWi 124/90, DB 1991, 1128; 31. 3. 1978 – 4 St 187/77, AP AÜG § 1 Nr. 1; *Becker/Wulfgramm,* AÜG, Art. 1 § 1 Rn. 29; Schüren/*Hamann,* AÜG, § 1 Rn. 274; *Ulber,* AÜG, § 1 Rn. 155.

253 Umstritten war, ob eine Gewinnerzielungsabsicht zu bejahen ist, wenn Arbeitnehmer lediglich zum Ausgleich oder zur Minderung eigener fixer Personalkosten verliehen werden.[536]

254 Bei einer **konzernangehörigen Personalführungsgesellschaft** fehlte es an der Absicht, aus der Arbeitnehmerüberlassung einen Gewinn zu erzielen, wenn sie als eine Service-Agentur und ausgelagerte Personalabteilung **auf Selbstkostenbasis** betrieben wurde.[537]

255 Eine Gewinnerzielungsabsicht lag schließlich nicht vor, wenn mit der Überlassung von Arbeitnehmern unmittelbar **gemeinnützige, karitative, wissenschaftliche oder sonstige ideelle Zwecke** verfolgt werden.[538] Dies galt zB für Selbsthilfeorganisationen, die ihren Mitgliedern Arbeitnehmer zur Arbeitshilfe zur Verfügung stellt,[539] für Gestellungsverträge, mit denen die Kirchen Geistliche zum Religionsunterricht in Schulen abstellt[540] sowie für Verträge zwischen Pflegeeinrichtungen und Schwesternorganisationen, in denen sich diese verpflichten, Pflegepersonal zur Verfügung zu stellen.[541] In diesen Fällen war das **AÜG nicht anwendbar.**[542]

256 Auf die **nichtgewerbsmäßige Arbeitnehmerüberlassung** fand das AÜG bislang grundsätzlich keine Anwendung. Sie bedurfte daher insbesondere keiner Erlaubnis. Die Vertragsbeziehungen einer nicht gewerbsmäßigen Arbeitnehmerüberlassung konnte frei vereinbart werden, durften aber den Vorschriften des Arbeitsrechts nicht widersprechen. Allerdings ist seit dem 1. 12. 2011 das Kriterium der Gewerbsmäßigkeit keine Voraussetzung mehr für die Erlaubnispflicht, was zu einer deutlichen Ausweitung des Anwendungsbereiches führt. Ersetzt wurde das Kriterium nun durch eine Überlassung „im Rahmen der wirtschaftlichen Tätigkeit" des Verleihers.

2. Überlassung im Rahmen der wirtschaftlichen Tätigkeit ab dem 1. 12. 2011

257 Seit dem 1. 12. 2011 ist für die Anwendbarkeit der Erlaubnispflicht nicht mehr maßgeblich, ob die Arbeitnehmerüberlassung gewerbsmäßig erfolgt oder nicht. Das AÜG gilt für **alle wirtschaftlich tätigen Überlassungsunternehmen.** Diese Veränderung durch das Änderungsgesetz vom 29. 4. 2011 ist der Umsetzung der Vorgaben der EU-Leiharbeitsrichtlinie geschuldet. Nach der Richtlinie sollen öffentliche und private Unternehmen erfasst werden, die eine wirtschaftliche Tätigkeit ausüben, und zwar **unabhängig davon,** ob sie einen **Erwerbszweck verfolgen.**[543] Also kommt es nicht mehr darauf an, ob das verleihende Unternehmen mit der Zurverfügungstellung von Arbeitnehmern unmittelbar oder mittelbar einen wirtschaftlichen Vorteil gleich welcher Art erstrebt.[544]

---

[536] Verneinend: BAG 22. 3. 2000 – 7 ABR 34/98, EzA AÜG § 14 Nr. 4; bejahend zB Schüren/Hamann, AÜG, § 1 Rn. 270, wenn der Vertragsarbeitgeber sonst keine oder jedenfalls keine sinnvolle Einsatzmöglichkeit für den Arbeitnehmer hätte; ErfK/Wank, AÜG, § 1 Rn. 34, wenn der Unternehmer Arbeitnehmer, die er bei sich nicht einsetzen kann, verleiht, um seine Fixkosten zu decken und den Arbeitnehmer dadurch weiter an sich zu binden.
[537] BAG 20. 4. 2005 – 7 ABR 20/04, NZA 2005, 1006.
[538] Schüren/Hamann, AÜG, § 1 Rn. 276 ff.; Thüsing/Waas, AÜG, § 1 Rn. 100.
[539] BT-Drs. VI/2303, 10.
[540] BVerwG 3. 9. 1990 – 6 P 20/88, AP BPersVG § 4 Nr. 2; LAG Hamm 9. 9. 1971 – 8 Sa 448/71, DB 1972, 295 f.
[541] BAG 4. 7. 1979 – 5 AZR 8/78, AP BGB § 611 Rotes Kreuz Nr. 10.
[542] ErfK/Wank AÜG § 1 Rn. 35.
[543] Schüren/Wank RdA 2011, 1 (2).
[544] Hamann NZA 2011, 70 (71).

II. Gewerberechtliche Erlaubnis

Der Begriff der Überlassung im Rahmen der wirtschaftlichen Tätigkeit ist daher deutlich weiter zu verstehen als der der Gewerbsmäßigkeit. Eine wirtschaftliche Tätigkeit liegt bereits dann vor, wenn **Güter oder Dienstleistungen auf einem bestimmten Markt angeboten werden,** ohne dass damit die Erzielung von Gewinn bezweckt sein muss.[545] Jedoch fehlen noch die notwendige Abgrenzungsschärfe und Kontur, welche sich erst im Laufe der weitergehenden Diskussion in Literatur und Rechtsprechung ergeben. 258

Aus diesem Grund gibt es derzeit auch noch **offene Fragen** hinsichtlich der Reichweite des ab dem 1. 12. 2011 geltenden Anwendungsbereichs, insbesondere in Bezug auf bislang mangels Gewinnerzielungsabsicht nicht erfasste Überlassungstatbestände. Konzerninterne reine **Personalführungsgesellschaften,** welche Arbeitnehmer zum **Selbstkostenpreis** überlassen, **fallen fortan unter die Erlaubnispflicht,** da sie zwar ohne Gewinnerzielungsabsicht, aber gleichwohl im Rahmen ihrer wirtschaftlichen Tätigkeit handeln.[546] **Problematischer** und umstritten ist dagegen die Einordnung von **Überlassungen zu karitativen oder gemeinnützigen Zwecken.** So fallen etwa nach einer Ansicht fortan auch solche Arbeitnehmerüberlassungen durch gemeinnützige Institutionen grundsätzlich unter die Erlaubnispflicht, weil sie als Verleiher in Konkurrenz zu anderen Verleihbetrieben treten und somit wirtschaftlich tätig werden.[547] Die Gegenansicht sieht Arbeitnehmerüberlassung, die ausschließlich zu gemeinnützigen, karitativen, wissenschaftlichen, künstlerischen oder sonstigen ideellen Zwecken erfolgt, als einzige auch fortan von der Erlaubnispflicht grundsätzlich befreite Ausnahme an.[548] Die auch zukünftige Herausnahme von Überlassungen zu karitativen Zwecken aus dem Anwendungsbereich des AÜG ist aber wohl vertretbar, da die Novellierung des Anwendungsbereichs in erster Linie auf die Verhinderung der gängigen Umgehungstatbestände wie durch die konzerninternen Personalservicegesellschaften ohne Gewinnerzielungsabsicht abzielt. 259

Auch wenn die bisherige an der „Gewerbsmäßigkeit" ausgerichtete Formulierung der Überlassung, bei richtiger Auslegung ebenfalls als mit den Vorgaben der Richtlinie vereinbar angesehen wurde, erfuhr die klarstellende Umformulierung dennoch deutliche Zustimmung.[549] 260

3. Nur „vorübergehende" Überlassung ab dem 1. 12. 2011

Mit der Gesetzesänderung wurde in Bezug auf die Ausweitung der Erlaubnispflicht in § 1 AÜG eine weitere Änderung vorgenommen. Es wurde im Abs. 1 ein neuer S. 2 eingefügt, nach welchem für die Zukunft ausdrücklich klargestellt wurde, dass eine Überlassung nur „vorübergehend" erfolgt. In der Vergangenheit war schon Gegenstand ausführlicher Streitigkeiten, ob nach dem AÜG **eine dauerhafte Überlassung zulässig** und möglich ist. Dies ist mit der Gesetzesänderung nun zumindest auf der theoretischen Grundlage eindeutig entschieden: Dauerhafte Überlassungen sind vom Gesetzgeber nicht bezweckt. Problematischer ist dagegen die Umsetzung und Bestimmung der praktischen Auswirkungen. Zum Einen besteht auch nach der eindeutig klarstellenden Einfügung **keine eindeutige Handhabe gegen Zuwiderhandlun-** 261

---

[545] *Leuchten* NZA 2011, 608 (609); *Raif* GWR 2011, 303.
[546] Vgl. *Thüsing/Thieken* DB 2012, 347 ff.
[547] *Lembke* DB 2011, 414.
[548] *Hamann* NZA 2011, 70 (71).
[549] *Schüren/Wank* RdA 2011, 1 (3).

gen, da das Gesetz keine dem Bestimmtheitsgebot entsprechende Rechtsfolge für den Fall der dauerhaften Überlassung statuiert, was verschiedentlich deutlich kritisiert wurde.[550] Ein zweites Problem ist die praktische Bestimmung der Reichweite bei der Entscheidung, ob eine Überlassung sich noch als vorübergehend darstellt oder nicht. Dies bildete ebenfalls den Gegenstand kritischer Äußerungen.[551] Der ursprünglich – zumindest politisch – bestehenden **Forderung nach einer Wiedereinführung von Überlassungshöchstgrenzen,** welche erst im Rahmen der Hartz-IV-Reformen aus dem AÜG endgültig gestrichen wurden, ist in der Gesetzesänderung **nicht gefolgt** worden. Demnach bedarf es der weiteren Diskussion in der Literatur und vor allem der Klarstellung durch die Rechtsprechung, inwieweit eine Überlassung noch als vorübergehend anzusehen ist.

262 Der deutschen Leiharbeitssystematik auf Grundlage der jetzigen Rechtslage liegt **eher eine zweck- als eine zeitbezogene Beschränkung** nahe. Schon die Gesetzesbegründung nannte als Beispielfälle vorübergehender Überlassung die Beschäftigung von Leiharbeitnehmern zur **Urlaubs- oder Krankheitsvertretung** oder bei **zeitlich befristeten Projekten,** etwa zur Bewältigung von Auftragsspitzen oder Personalengpässen.[552] Aufgrund dieser grundsätzlichen Ausrichtung am Überlassungszweck wird teilweise angenommen, dies lege den Schluss einer Koppelung der Auslegung des Begriffs „vorübergehend" an einen entsprechenden sachlichen Grund nahe, vergleichbar wie in § 14 Abs. 1 TzBfG.[553] Danach wäre eine „vorübergehende" Überlassung immer dann anzunehmen, wenn für den Entleiherbetrieb auch ein **sachlicher Grund iSv § 14 TzBfG** zur wirksamen befristeten Einstellung eines Arbeitnehmers bestanden hätte. Dies wären neben dem Auftreten eines nur vorübergehenden Arbeitskräftebedarfs etwa auch Fälle der Überlassung, in denen entsprechend § 14 Abs. 1 S. 2 Nr. 2 und 5 TzBfG eine Befristung im Anschluss an ein Ausbildungsverhältnis bzw. Studium oder zur Erprobung erfolgen würde.[554] Diese Annahme erscheint jedoch unzutreffend und fernliegend. Die genaue Ausgestaltung und Auslegung des Begriffs bleibt allerdings abzuwarten, wobei im Ergebnis keine Einengung der bisherigen Überlassungspraxis erfolgen dürfte und auch insbesondere nicht schon von vorneherein ein Ende des Einsatzes bestimmt sein muss. Diese Auffassung wurde vorher bereits zum Begriff der vorübergehenden Überlassung bei einem Arbeitseinsatz zwischen Konzernunternehmen (§ 1 Abs. 3 Nr. 2 AÜG) vertreten.[555]

4. Einschränkungen im Baugewerbe

263 Im Baugewerbe ist die **gewerbsmäßige Arbeitnehmerüberlassung grundsätzlich unzulässig** (§ 1b S. 1 AÜG). Hintergrund für dieses weitgehende Verbot ist, dass die Baubranche als **besonders anfällig für illegale Praktiken** der Arbeitnehmerüberlassung gilt.[556] Da sich die bestehenden Kontrollrechte und Meldepflichten als unzulänglich erwiesen hatten, sollte der zunehmenden Illegalität mit dem Verbot entgegengewirkt werden. Zudem führte der Einsatz von Leiharbeitnehmern zu deren

---

[550] *Hansen/Ragnit* AuA 2011, 8 (9); *Lembke* DB 2011, 414 (415); *Zimmermann* ArbRAktuell 2011, 62.
[551] *Hamann* NZA 2011, 70 (73 ff.).
[552] BT-Drs. 17/4804.
[553] *Hamann* NZA 2011, 70 (73 ff.); auch: *Zimmermann* ArbRAktuell 2011, 62.
[554] *Hamann* NZA 2011, 70 (73).
[555] BAG 10. 3. 2004 – 7 ABR 49/03, EzA BetrVG 2001 § 9 Nr. 2.
[556] BT-Drs. 14/4220, 30 f.

II. Gewerberechtliche Erlaubnis

sozialpolitisch unerwünschtem **Ausschluss von den tariflichen Sozialleistungen des Baugewerbes**. Schließlich befürchtete man aufgrund der Wettbewerbsvorteile durch die Leiharbeit einen fortschreitenden **Abbau von Stammarbeitsplätzen**.[557] Trotz der Bedenken gegen die Arbeitnehmerüberlassung im Baugewerbe entschloss sich der deutsche Gesetzgeber nach und nach zu einer **Lockerung des Verbots,** um die Wettbewerbsfähigkeit und Flexibilität der Betriebe im Baugewerbe zu erhöhen.[558]

a) Vereinbarkeit der Regelung mit höherrangigem Recht

Die **Verfassungsmäßigkeit** des Verbots der Arbeitnehmerüberlassung im Baugewerbe ist **seit langem umstritten**. Allerdings hat das **Bundesverfassungsgericht** im Jahre 1987 die Vorgängerregelung des § 1 b AÜG, § 12a AFG aF, für **verfassungsmäßig** erklärt.[559] Das Gericht begründete seine Entscheidung ua damit, dass es sich bei der Bestimmung um eine bloße **Berufsausübungsregelung** handele, die angesichts der Einschätzungsprärogative des Gesetzgebers auf dem Gebiet der Arbeits-, Sozial- und Wirtschaftsordnung als **gerechtfertigt** anzusehen sei. Die Regelung verletze daher weder den Verleiher noch den Entleiher oder den Leiharbeitnehmer selbst in seiner durch Art. 12 Abs. 1 GG garantierten Berufsfreiheit. Auch Art. 3 Abs. 1 GG sei nicht verletzt. Es komme zwar zu einer **Ungleichbehandlung** zwischen Betrieben des Baugewerbes und anderen Betrieben, die nicht von dem Verbot der Arbeitnehmerüberlassung betroffen seien. Die Regelung des Gesetzgebers sei aber **sachlich vertretbar** und **nicht willkürlich,** da die Missstände bei der Leiharbeit im Baugewerbe besonders ausgeprägt seien. 264

Auch nach der Entscheidung des Bundesverfassungsgerichts ist die Verfassungsmäßigkeit der **Nachfolgeregelung, des § 1 b AÜG,** nicht gänzlich unumstritten. Teilweise werden die seit der Entscheidung erfolgten **Änderungen der rechtlichen Rahmenbedingungen** zur Arbeitnehmerüberlassung als derart erheblich angesehen, dass die Begründung des Bundesverfassungsgerichts das sektorale Verbot des § 1 b AÜG nicht mehr tragen könne; die Regelung sei als verfassungsrechtlich bedenklich einzustufen.[560] Andere[561] verweisen hingegen darauf, dass der Gesetzgeber den Kritikern des Verbots mittlerweile durch weit reichende Lockerungen entgegengekommen sei. 265

Im Hinblick auf die Vereinbarkeit mit dem Gemeinschaftsrecht ist § 1 b AÜG bereits einer Änderung unterzogen worden. Mit Urteil vom 25. 10. 2001 hatte der **EuGH** § 1 b AÜG aF für **gemeinschaftsrechtswidrig erklärt**.[562] Die Vorschrift verstoße gegen die Dienstleistungsfreiheit gem. Art. 56 AEUV und gegen die Niederlassungsfreiheit nach Art. 49 AEUV. Dieser Auffassung des EuGH trägt der **neu angefügte S. 3** Rechnung. 266

Fraglich ist jedoch nunmehr, ob § 1 b AÜG mit der am 5. 12. 2008 in Kraft getretenen **Leiharbeitsrichtlinie** vereinbar ist.[563] Hierfür ist ausschlaggebend, ob sich die Einschränkung, wie von Art. 4 Abs. 1 der Richtlinie gefordert, aus „Gründen des Allgemeininteresses" rechtfertigen lässt. Teilweise wurde die **Einschränkung der Über-** 267

---

[557] BT-Drs. 9/846, 35 f.
[558] BT-Drs. 12/7564, 3; BT-Drs. 15/15, 38.
[559] BVerfG 6. 10. 1987 – 1 BvR 1086, 1468 und 1623/82, NJW 1988, 1195 ff.
[560] Schüren/Hamann, AÜG, § 1 b Rn. 15; Reineke, FS Löwisch, 2007, 211 (213 ff.); Boemke/Lembke, AÜG, § 1 b Rn. 4; Buchner NZA 2000, 905.
[561] Thüsing/Waas, AÜG, § 1 b Rn. 9.
[562] EuGH 25. 10. 2001 – C-493/99, NZA 2001, 1299.
[563] ErfK/Wank AÜG § 1 b Rn. 4; Schüren/Hamann, AÜG, § 1 b Rn. 17.

lassung in Betrieben des Baugewerbes nach § 1 b AÜG insoweit als europarechtswidrig bewertet, da die EG-Richtlinie sektorale Beschäftigungsverbote nur in geringen Grenzen zum Schutz des Leiharbeitnehmers zulasse, welche in diesem Fall nicht erfüllt seien.[564]

b) Voraussetzungen des Verbots

268   § 1 b S. 1 AÜG knüpft das Verbot der Arbeitnehmerüberlassung an mehrere Voraussetzungen. So bezieht es sich nur auf einen in gegenständlicher, fachlicher, persönlicher und räumlicher Hinsicht eingeschränkten Geltungsbereich.

aa) Gegenständlicher Geltungsbereich

269   Das Verbot des § 1 b S. 1 AÜG erstreckte sich bis zum 1. 12. 2011 nur auf die gewerbsmäßige Arbeitnehmerüberlassung. Nichtgewerbsmäßige Arbeitnehmerüberlassung war bis zu diesem Stichtag im Baugewerbe daher ebenso zulässig gewesen wie andere Formen des drittbezogenen Personaleinsatzes.[565] Allerdings ist im Zusammenhang mit der Gesetzesänderung auch in § 1 b AÜG das **Kriterium der Gewerbsmäßigkeit gestrichen** worden. Zukünftig ist grundsätzlich jede „Arbeitnehmerüberlassung nach § 1 AÜG" in einen Betrieb des Baugewerbes verboten und somit jede Überlassung **im Rahmen der wirtschaftlichen Tätigkeit** des Verleihers. Somit ist auch der gegenständliche Geltungsbereich des sektoralen Verbots durch Entfallen der Voraussetzung der Gewerblichkeit ausgeweitet worden.[566]

bb) Fachlicher Geltungsbereich

270   § 1 b S. 1 AÜG setzt voraus, dass es sich bei dem **Entleiherbetrieb** um einen **Betrieb des Baugewerbes** handelt. Was hierunter zu verstehen ist, ergibt sich aus der Legaldefinition des § 101 Abs. 2 S. 1 SGB III iVm der Baubetriebe-Verordnung.[567] Danach sind Betriebe des Baubetriebes solche, die **gewerblich überwiegend Bauleistungen auf dem Baumarkt** erbringen. Bauleistungen sind gemäß § 101 Abs. 2 S. 2 SGB III alle Leistungen, die der **Herstellung, Instandhaltung, Änderung oder Beseitigung von Bauwerken** dienen. Aus der nach hM auch für das AÜG maßgeblichen Baubetriebe-Verordnung ergibt sich darüber hinaus, dass das Verbot der Arbeitnehmerüberlassung nur für Betriebe des Bauhauptgewerbes, **nicht aber für das Baunebengewerbe** gilt.[568] Da in § 97 S. 2 SGB III Betriebsabteilungen den Betrieben iSd § 101 Abs. 2 S. 2 SGB III gleichgestellt sind, erstreckt sich das Verbot des § 1 b S. 1 AÜG auch auf baugewerbliche Betriebsabteilungen eines an sich nicht baugewerblichen Betriebs.[569] Keine Betriebsabteilungen in diesem Sinne sind in der Regel einzelne Baustellen, da mit ihnen kein abgrenzbarer, eigenständiger Zweck verfolgt wird.[570]

271   Für das Vorliegen eines „Betriebs des Baugewerbes" ist erforderlich, dass in dem Betrieb **überwiegend Bauleistungen** erbracht werden. Bei einem sogenannten Misch-

---

[564] *Böhm* DB 2011, 473 (474 f.); *Schüren/Wank* RdA 2011, 1 (6).
[565] *Schüren/Hamann*, AÜG, § 1 b Rn. 20.
[566] Vgl. hierzu auch *Salamon* NZA-RR 2012, 61 (62).
[567] BAG 17. 2. 2000, NZA 2000, 608; ErfK/*Wank* AÜG § 1 b Rn. 2; *Thüsing/Waas*, AÜG, § 1 b Rn. 16 f.
[568] BGH 17. 2. 2000 – III ZR 78/99, NZA 2000, 608; *Boemke/Lembke*, AÜG, § 1 b Rn. 9; *Schüren/Hamann*, AÜG, § 1 b Rn. 27 ff.; aA *Ulber*, AÜG, § 1 b Rn. 14.
[569] *Thüsing/Waas*, AÜG, § 1 b Rn. 19; *Schüren/Hamann*, AÜG, § 1 b Rn. 36; *Ulber*, AÜG, § 1 b Rn. 15.
[570] *Düwell* BB 1995, 1082.

II. Gewerberechtliche Erlaubnis

betrieb, in dem zT Leistungen nach der Baubetriebe-Verordnung und zT andere Leistungen erbracht werden, ist die für den baulichen Bereich aufgewandte Gesamtarbeitszeit der Arbeitnehmer für das Merkmal „überwiegend" maßgeblich.[571]

cc) Persönlicher Geltungsbereich

Das Verbot der gewerbsmäßigen Arbeitnehmerüberlassung im Baugewerbe ist ferner in persönlicher Hinsicht eingeschränkt. Gemäß § 1 b S. 1 AÜG erfasst es nur den Verleih für **Tätigkeiten, die üblicherweise von Arbeitern verrichtet** werden. Tätigkeiten von Angestellten werden daher von der Vorschrift nicht erfasst. Für die Abgrenzung sind die Tarifverträge des Baugewerbes heranzuziehen.[572] Ist eine Zuordnung anhand entsprechender Regelungen nicht möglich, kann auf die von Rechtsprechung und Literatur verwandte allgemeine Formel zur Abgrenzung von Arbeitern und Angestellten zurückgegriffen werden.[573] Danach ist **Angestellter,** wer **überwiegend geistige,** und **Arbeiter,** wer **überwiegend mechanisch-körperliche Arbeit** verrichtet.[574]

272

dd) Räumlicher Geltungsbereich

Das Verbot der Arbeitnehmerüberlassung in der Baubranche gilt nach dem sogenannten **Territorialitätsprinzip** nur für das Staatsgebiet der Bundesrepublik Deutschland.[575] § 1 b S. 1 AÜG ist daher nicht einschlägig, wenn ein Arbeiter von einem Verleiher mit Sitz im Inland gewerbsmäßig an Betriebe des Baugewerbes im Ausland verliehen wird.

273

Nach einer in der Literatur vertretenen Auffassung ist das Verbot auf den durch § 1 Wintergeld-Verordnung vom 24. 5. 1978 **erweiterten räumlichen Geltungsbereich** zu erstrecken und soll danach auch noch das europäische Gebiet innerhalb des 42. Grades nördlicher Breite erfassen.[576] Hiergegen spricht jedoch insbesondere die Entstehungsgeschichte des Verbots der Arbeitnehmerüberlassung.[577] So wird in der Begründung des Ausschusses für Arbeit und Sozialordnung zu § 12a AFG aF die Wintergeld-Verordnung im Gegensatz zu der Baubetriebe-Verordnung nicht ausdrücklich genannt, obwohl beide Verordnungen zum damaligen Zeitpunkt bereits erlassen waren. Eine Ausweitung des Verbots abweichend vom Territorialitätsprinzip auf Gebiete außerhalb der Bundesrepublik Deutschland hätte der Gesetzgeber ausdrücklich klarstellen müssen.

274

c) Ausnahmen vom Verbot

Das Verbot des § 1 b S. 1 AÜG wird durch mehrere Ausnahmen gelockert. So sehen die Sätze 2 und 3 des § 1 b AÜG verschiedene Fälle vor, in denen die gewerbsmäßige Arbeitnehmerüberlassung im Baugewerbe gestattet ist.

275

---

[571] BAG 24. 8. 1994 – 10 AZR 980/93, NZA 1995, 1116; *Boemke/Lembke,* AÜG, § 1 b Rn. 16; Schüren/*Hamann,* AÜG, § 1 b Rn. 42; Thüsing/*Waas,* AÜG, § 1 b Rn. 22; Schaub/*Koch,* ArbR-HdB, § 120 Rn. 30.
[572] *Ulber,* AÜG, § 1 b Rn. 18; KasselerHdb/*Düwell* Kap. 4.5 Rn. 212; *Hantl-Unthan* AR-Blattei SD, Arbeitnehmerüberlassung, Rn. 309.
[573] Thüsing/*Waas,* AÜG, § 1 b Rn. 26; Schüren/*Hamann,* AÜG, § 1 b Rn. 49.
[574] Schaub/*Vogelsang,* ArbR-HdB, § 14 Rn. 1.
[575] Thüsing/*Waas,* AÜG, § 1 b Rn. 28; *Becker/Wulfgramm,* AÜG, Art. 1 § 1 Rn. 97; KasselerHdb/ *Düwell* Kap. 4.5 Rn. 233; *Hantl-Unthan* AR-Blattei SD, Arbeitnehmerüberlassung, Rn. 311.
[576] *Ulber,* AÜG, § 1 b Rn. 17.
[577] Schüren/*Hamann,* AÜG, § 1 b Rn. 52.

A. Arbeitnehmerüberlassung

aa) Ausnahmeregelungen in § 1 b S. 2 AÜG

276 § 1 b S. 2 AÜG regelt zwei Situationen, in denen die gewerbliche Arbeitnehmerüberlassung in der Baubranche ausnahmsweise erlaubt ist.

277 § 1 b S. 2 lit. a AÜG gestattet die Arbeitnehmerüberlassung zwischen Betrieben des Baugewerbes und anderen Betrieben, wenn diese Betriebe erfassende, für **allgemeinverbindlich erklärte Tarifverträge** dies bestimmen. Da das Verbot nach S. 1 nur Arbeitnehmerüberlassungen **in** einen Betrieb des Baugewerbes hinein erfasst, setzt die Ausnahmeregelung des S. 2 lit. a zunächst voraus, dass es sich bei dem **Verleiher** um einen **nicht dem Baugewerbe zuzuordnenden Betrieb** handelt.[578] Erforderlich ist darüber hinaus, dass der verleihende und der entleihende Betrieb unter einen für allgemeinverbindlich erklärten Tarifvertrag fallen. Die Vorschrift ist so zu verstehen, dass Verleiher und Entleiher an denselben Tarifvertrag gebunden sein müssen.[579] Dieser Tarifvertrag muss die Arbeitnehmerüberlassung in den Baubetrieb ausdrücklich zulassen. Die **Ausnahmeregelung** des § 1 b S. 2 lit. a AÜG hat bisher mangels Abschlusses entsprechender Tarifverträge **keine praktische Bedeutung** erlangt.[580] Der allgemeinverbindliche BRTV sieht eine solche Arbeitnehmerüberlassung nicht vor.

278 Nach § 1 b S. 2 lit. b AÜG ist daneben die Arbeitnehmerüberlassung auch zwischen Betrieben des Baugewerbes erlaubt, wenn der **verleihende Betrieb** nachweislich seit mindestens drei Jahren von **denselben Rahmen- und Sozialkassentarifverträgen** oder von deren Allgemeinverbindlichkeit erfasst wird. Diese Bestimmung regelt die **„Kollegenhilfe" innerhalb des Baugewerbes**.[581] Hinsichtlich der Tarifgeltung ist der Gesetzeswortlaut nicht eindeutig. Der Begriff „denselben" kann einerseits zeitlich, andererseits auch fachlich gemeint sein. Nach ersterem Verständnis würde es genügen, wenn es sich bei den beteiligten Arbeitgebern um Betriebe des Baugewerbes handelt und der verleihende Betrieb mindestens seit drei Jahren von – zeitlich – denselben Rahmen- und Sozialkassentarifverträgen erfasst wurde.[582] Überwiegend wird die Ausnahmeregelung jedoch so verstanden, dass Verleiher und Entleiher dem **fachlichen Geltungsbereich „desselben" Tarifvertrags** angehören müssen.[583] Zulässig ist die Arbeitnehmerüberlassung daher nur innerhalb der jeweiligen Tarifbereiche des Baugewerbes. Die Tarifgeltung muss allerdings nur auf Seite des verleihenden Arbeitgebers bestehen, **nicht dagegen beim Entleiher**.[584] Unerheblich ist, ob die Geltung des Tarifvertrags beim Verleiher auf dessen Verbandszugehörigkeit oder auf einer Allgemeinverbindlicherklärung beruht. **Nicht ausreichend** ist dagegen eine **arbeitsvertragliche Inbezugnahme** des Tarifvertrags.[585] Um zu verhindern, dass Baubetriebe allein zu dem Zweck der Arbeitnehmerüberlassung in diesem Bereich gegründet werden, muss der verleihende Betrieb im Zeitpunkt der Überlassung bereits mindestens drei Jahre tarifgebunden sein.[586] Eine Tarifbindung auf Arbeitnehmerseite wird vom

---

[578] *Ulber*, AÜG, § 1 b Rn. 28; *Schüren/Hamann*, AÜG, § 1 b Rn. 56.
[579] Vgl. BT-Drs. 15/25, 19, 38; BT-Drs. 15/91, 17; *Schüren/Hamann*, AÜG, § 1 b Rn. 57; *Thüsing/Waas*, AÜG, § 1 b Rn. 34; *Ulber*, AÜG, § 1 b Rn. 28; aA *Boemke/Lembke*, AÜG, § 1 b Rn. 32; *Sandmann/Marschall/Schneider*, AÜG, Art. 1 § 1 b Rn. 15 a.
[580] *Schüren/Hamann*, AÜG, § 1 b Rn. 58.
[581] BT-Drs. 15/91, 17.
[582] So *Boemke/Lembke*, AÜG, § 1 b Rn. 38.
[583] *Schüren/Hamann*, AÜG, § 1 b Rn. 63; *Thüsing/Waas*, AÜG, § 1 b Rn. 37; *Ulber* AuR 2003, 7; *Sandmann/Marschall/Schneider*, AÜG, Art. 1 § 1 b Rn. 17; *HWK/Kalb* AÜG § 1 b Rn. 7.
[584] *Ulber* AuR 2003, 7; *Schüren/Hamann*, AÜG, § 1 b Rn. 64.
[585] *Boemke/Lembke*, AÜG, § 1 b Rn. 37.
[586] BT-Drs. 15/91, 17.

II. Gewerberechtliche Erlaubnis

Gesetz nicht verlangt.[587] In diesem Zusammenhang ist in der Praxis fraglich, ob die Ausnahme des § 1 b S. 2 lit. b AÜG nutzbar gemacht werden kann, wenn der Verleiher im Schwerpunkt Arbeitnehmerüberlassung betreibt. Es stellt sich dann nämlich die Frage, ob der verleihende Betrieb noch einen „Betrieb des Baugewerbes" darstellt. Entscheidend ist, ob im verleihenden Betrieb in ausreichendem Maße eigene Bauleistungen erbracht werden, um dem Betrieb insgesamt den Charakter als Baubetrieb zu verleihen.[588] § 1 Abs. 2 der Baubetriebe-Verordnung stellt in diesem Zusammenhang darauf ab, dass die im Katalog genannten Arbeiten „in" einem Betrieb verrichtet werden. Die (bloße) Arbeitnehmerüberlassung (ohne gleichzeitiges Vermieten von Baumaschinen mit Bedienpersonal) dürfte daher nicht dem Begriff des Baugewerbes unterfallen. Betriebe, die ausschließlich Arbeitnehmerüberlassung betreiben, fallen damit nicht unter den Ausnahmetatbestand des § 1 b S. 2 lit. b AÜG.[589]

bb) Ausnahmeregelung in § 1 b S. 3 AÜG

Mit § 1 b S. 3 AÜG wird für **Arbeitgeber** mit **Geschäftssitz in einem anderen** **279** **Mitgliedstaat des Europäischen Wirtschaftsraumes,** die Arbeitnehmer in inländische Betriebe des Baugewerbes zu Arbeitertätigkeiten überlassen wollen, auf das Erfordernis der Tarifbindung verzichtet. Nach der Regelung reicht es vielmehr aus, wenn die ausländischen Betriebe nachweislich **seit mindestens drei Jahren** überwiegend **Tätigkeiten** ausüben, die unter den **fachlichen Geltungsbereich derselben Rahmen- und Sozialkassentarifverträge** fallen, von denen der Betrieb des Entleihers erfasst wird. Vorausgesetzt wird demnach, dass es sich bei dem Verleiher um einen Betrieb mit Geschäftssitz in einem anderen Staat des Europäischen Wirtschaftsraums handelt. Nicht erfasst werden Unternehmen mit (Haupt-)Sitz in einem anderen EWR-Staat, die im Inland eine Niederlassung haben.[590] Der Verleiher muss darüber hinaus seit mindestens drei Jahren überwiegend Tätigkeiten im Geltungsbereich des für den Entleiher maßgeblichen Rahmen- und Sozialkassentarifvertrags ausüben. Eine **Tarifbindung** des **ausländischen Verleihers** ist dagegen **nicht (mehr) erforderlich**. Nach altem Recht (§ 1 b AÜG aF) waren im Ausland ansässige Verleiher gezwungen, eine Niederlassung in Deutschland zu gründen, um dadurch die geforderte Tarifbindung herbeizuführen. Dies verstieß nach Auffassung des EuGH gegen die Dienstleistungs- und die Niederlassungsfreiheit.[591] Aufgrund dieser Entscheidung hat der Gesetzgeber die Regelung neu gefasst und in S. 3 auf die Tarifbindung des Verleihers verzichtet.

Welchem konkreten Rahmen- und Sozialkassentarifvertrag die von dem Verleiher **280** ausgeübte Tätigkeit entsprechen muss, richtet sich danach, welchem Tarifbereich der Entleiher angehört.[592] Die Tarifgeltung beim inländischen Entleiherbetrieb kann auf Verbandszugehörigkeit oder auf Allgemeinverbindlicherklärung beruhen. Eine arbeitsvertragliche Inbezugnahme genügt dagegen nicht.[593] Das Erfordernis der mindestens dreijährigen Tätigkeitsausübung des Verleihers soll einen **Missbrauch der Ausnahmebestimmung** durch ausländische Verleihunternehmen **verhindern**.[594] Baubetriebe aus anderen EWR-Staaten werden damit inländischen Baubetrieben, für die nach § 1 b

---

[587] ErfK/*Wank* AÜG § 1 b Rn. 3.
[588] Vgl. hierzu *Salamon* NZA-RR 2012, 61 (63 f.).
[589] Vgl. *Salamon* NZA-RR 2012, 61 (63 f.).
[590] *Ulber* AuR 2003, 7.
[591] EuGH 25. 10. 2001 – C-493/99, NZA 2001, 1299.
[592] Schüren/*Hamann*, AÜG, § 1 b Rn. 74.
[593] Schüren/*Hamann*, AÜG, § 1 b Rn. 78.
[594] BT-Drs. 15/91, 17.

S. 2 lit. b dasselbe Erfordernis gilt, gleichgestellt. Mit dem Änderungsgesetz vom 28. 4. 2011 wurde konsequenter Weise auch in § 1 b S. 3 die Gewerbsmäßigkeit der Überlassung als Kriterium gestrichen.

d) Rechtsfolgen des Verbots

281 § 1 b S. 1 AÜG stellt ein **Verbotsgesetz iSd § 134 BGB** dar.[595] Dies hat zur Folge, dass ein Arbeitnehmerüberlassungsvertrag, der gegen § 1 b AÜG verstößt, nichtig ist.[596] Gewährte Leistungen sind grundsätzlich nach Bereicherungsrecht zurückzuerstatten.[597]

282 Wie sich ein **Verstoß** gegen das Verbot des § 1 b S. 1 AÜG **auf den Leiharbeitsvertrag auswirkt,** ist höchstrichterlich bisher nicht entschieden[598] und wird in der **Literatur unterschiedlich beurteilt.** Während nach einer Ansicht[599] durch den Verstoß die Wirksamkeit des Leiharbeitsvertrags nicht berührt wird, hält eine andere Auffassung[600] auch den Leiharbeitsvertrag für nichtig, wobei dann analog § 10 Abs. 1 S. 1 AÜG ein Arbeitsverhältnis mit dem Entleiher fingiert werden soll. Einer **vermittelnden Ansicht**[601] zufolge ist danach zu differenzieren, ob der Leiharbeitsvertrag ausschließlich oder nur gelegentlich die Erbringung von Arbeitertätigkeiten in fremden Baubetrieben vorsieht. Sei ausschließlich der Verleih in fremde Baubetriebe vereinbart, sei der Arbeitsvertrag wegen Verstoßes gegen ein gesetzliches Verbot nach § 134 BGB nichtig und nach den Grundsätzen über das fehlerhafte Arbeitsverhältnis abzuwickeln. Eine analoge Anwendung des § 10 Abs. 1 S. 1 AÜG und damit die **Fiktion eines Arbeitsverhältnisses** zwischen Arbeitnehmer und Entleiher wird hingegen **abgelehnt,** da es an einer planwidrigen Regelungslücke fehle.[602]

283 Zu beachten ist, dass bei **Fehlen einer gültigen Überlassungserlaubnis** der Leiharbeitsvertrag schon wegen **§ 9 Nr. 1 AÜG unwirksam** ist. In diesen Fällen kommt es auf die geschilderte Streitfrage nicht an. Ein Hinzutreten eines Verstoßes gegen das sektorale Verbot von § 1 b AÜG hindert den Eintritt der Fiktion nach § 10 Abs. 1 S. 1 AÜG nicht.[603]

284 Unabhängig von den umstrittenen Konsequenzen in zivilrechtlicher Hinsicht ergeben sich Rechtsfolgen eines Verstoßes gegen das Überlassungsverbot auch aus dem **Gewerbe- und dem Ordnungswidrigkeitenrecht.** Gewerberechtlich kann ein Verstoß gegen das Verbot der Arbeitnehmerüberlassung in der Baubranche dazu führen, dass dem Verleiher wegen Unzuverlässigkeit die Überlassungserlaubnis widerrufen (§ 5 Abs. 1 Nr. 3 AÜG) oder nicht verlängert wird (§ 3 Abs. 1 AÜG). Keine Rechtsgrundlage enthält das Gesetz dagegen für eine Untersagung einzelner gegen § 1 b S. 1 AÜG verstoßender Arbeitnehmerüberlassungen.[604]

---

[595] Thüsing/*Waas*, AÜG, § 1 b Rn. 48; Schüren/*Hamann*, AÜG, § 1 b Rn. 83; *Boemke/Lembke*, AÜG, § 1 b Rn. 21; KasselerHdb/*Düwell* Kap. 4.5 Rn. 250; *Hantl-Unthan* AR-Blattei SD, Arbeitnehmerüberlassung Rn. 301.
[596] ErfK/*Wank* AÜG § 1 b Rn. 5.
[597] BAG 17. 2. 2000 – III ZR 78/99, NJW 2000, 1557.
[598] Offen gelassen in: BAG 13. 12. 2006 – 10 AZR 674/05, AP AÜG § 1 Nr. 31.
[599] *Sandmann/Marschall/Schneider*, AÜG, Art. 1 § 1 b Rn. 14; *Urban-Crell/Schulz* Rn. 520.
[600] *Becker/Wulfgramm*, AÜG, Art. 1 § 1 Rn. 98; jetzt auch: *Urban-Crell*/Germakowski, AÜG, § 1 b Rn. 30.
[601] Schüren/*Hamann*, AÜG, § 1 b Rn. 87 ff.; *Boemke/Lembke*, AÜG, § 1 b Rn. 22; *Ulber*, AÜG, § 1 b Rn. 20 ff.
[602] Schüren/*Hamann*, AÜG, § 1 b Rn. 89; so auch: BAG 13. 12. 2006 – 10 AZR 674/05, AP AÜG § 1 Nr. 31 mit zust. Anm. *Urban-Crell*.
[603] LAG Hessen 20. 1. 2010 – 18 Sa 1339/09, ArbRAktuell 2010, 277.
[604] Thüsing/*Waas*, AÜG, § 1 b Rn. 57.

II. Gewerberechtliche Erlaubnis

Gemäß § 16 Abs. 1 Nr. 1b AÜG stellt ein Verstoß gegen das Überlassungsverbot des § 1b S. 1 AÜG sowohl für den **Verleiher** als auch für den **Entleiher eine bußgeldbewehrte Ordnungswidrigkeit** dar. Für den Arbeitnehmer selbst hat der Verstoß keine ordnungswidrigkeitsrechtlichen Folgen. Fehlt dem Verleiher eine gültige Überlassungserlaubnis, ist die speziellere Vorschrift des § 16 Abs. 1 Nr. 1 AÜG anzuwenden. 285

5. Ausnahmen vom Erfordernis der Erlaubnis

Der Geltungsbereich des AÜG wird durch mehrere Vorschriften eingeschränkt. § 1 Abs. 1 S. 3 und 4 AÜG beschreiben **Konstellationen, die bereits keine Arbeitnehmerüberlassung** im Sinne des Gesetzes darstellen sollen. **§ 1 Abs. 3 AÜG** trifft daneben für vier besondere Fallgestaltungen der Arbeitnehmerüberlassung eine **Ausnahmeregelung**. Liegen die Voraussetzungen eines der in Absatz 3 genannten Tatbestände vor, sind die Vorschriften des AÜG mit Ausnahme der im Eingangssatz des Absatzes 3 aufgeführten Normen nicht anwendbar. Insbesondere gelten in diesen Fällen weder die Vorschriften über die Erlaubnispflicht noch der Gleichbehandlungsgrundsatz. 286

a) Abordnung zu einer Arbeitsgemeinschaft

Nach **§ 1 Abs. 1 S. 3 AÜG** gilt die **Abordnung von Arbeitnehmern** zu einer Arbeitsgemeinschaft unter näher bezeichneten Voraussetzungen **nicht als Arbeitnehmerüberlassung**. Die Vorschriften des AÜG finden in diesem Fall keine Anwendung. Die Einfügung des S. 3 geht auf Forderungen der Gewerkschaften und der Arbeitgeberverbände aus der Bauwirtschaft zurück. Zweck der Regelung ist es, eine wirtschaftlich sinnvolle Form der Zusammenarbeit zu erleichtern.[605] Der Sozialschutz der Arbeitnehmer wird dadurch gewährleistet, dass **reine Verleihunternehmen von der Privilegierung ausgeschlossen** sind.[606] Denn die Bestimmung setzt voraus, dass der überlassende Arbeitgeber selbst Mitglied der Arbeitsgemeinschaft ist, für alle Mitglieder der Arbeitsgemeinschaft Tarifverträge desselben Wirtschaftszweiges gelten und alle Mitglieder auf Grund des Arbeitsgemeinschaftsvertrags zur selbständigen Erbringung von Vertragsleistungen verpflichtet sind. 287

Das Eingreifen der Privilegierung des § 1 Abs. 1 S. 3 AÜG verlangt zunächst, dass eine **Arbeitgemeinschaft zum Zwecke der Herstellung eines Werks** besteht. Unter einer Arbeitsgemeinschaft versteht man den Zusammenschluss von mindestens zwei Unternehmen auf vertraglicher Grundlage zur Verfolgung eines gemeinsamen Zwecks.[607] Das Gesetz sieht **keine besondere Rechtsform** für die Arbeitgemeinschaft vor; in der Praxis handelt es sich überwiegend um Gesellschaften bürgerlichen Rechts.[608] Der gemeinsame Zweck der Arbeitsgemeinschaft muss in der Herstellung eines Werks liegen. Dabei ist der Begriff „Werk" im Sinne von § 631 BGB zu verstehen.[609] Dies führt dazu, dass der Bereich der Dienstleistungen von der Privilegierung des § 1 Abs. 1 S. 3 AÜG ausgeschlossen ist.[610] 288

---

[605] BT-Drs. 10/4211, 32 f.
[606] *Boemke/Lembke,* AÜG, § 1 Rn. 106; *Sandmann/Marschall/Schneider,* AÜG, Art. 1 § 1 Rn. 52i; *Schwab* NZA-RR 2008, 169; *Thüsing/Waas,* AÜG, § 1 Rn. 112.
[607] *Boemke/Lembke,* AÜG, § 1 Rn. 108; *Thüsing/Waas,* AÜG, § 1 Rn. 115.
[608] ErfK/*Wank* AÜG § 1 Rn. 38a.
[609] *Schüren/Hamann,* AÜG, § 1 Rn. 320.
[610] ErfK/*Wank* AÜG § 1 Rn. 39; *Boemke/Lembke,* AÜG, § 1 Rn. 109; *Ulber,* AÜG, § 1 Rn. 179; *Urban-Crell/Schulz* Rn. 539; *Schüren/Hamann,* AÜG, § 1 Rn. 320.

289 Ferner wird vorausgesetzt, dass der **Arbeitgeber** des abgeordneten Arbeitnehmers **Mitglied der Arbeitsgemeinschaft** ist. Nicht ausreichend ist daher, wenn er nur auf Grund eines Werk- oder Dienstvertrags für die Arbeitsgemeinschaft tätig wird.[611]

290 Die Privilegierung verlangt weiter, dass für alle Mitglieder der Arbeitsgemeinschaft **Tarifverträge desselben Wirtschaftszweiges** gelten. Hierbei ist zu beachten, dass der Begriff des Wirtschaftszweiges über den des fachlichen Geltungsbereichs eines Tarifvertrags hinausgeht. Für die Festlegung des Wirtschaftszweiges ist auf die Zuständigkeitsbereiche der im DGB nach dem Industrieverbandsprinzip organisierten Einzelgewerkschaften bzw. der einzelnen Arbeitgeberverbände abzustellen.[612] Die Geltung der Tarifverträge kann zum einen durch Mitgliedschaft im tarifschließenden Verband oder durch Allgemeinverbindlicherklärung eintreten. Ob auch eine **Geltung kraft arbeitsvertraglicher Vereinbarung** ausreicht, ist umstritten, wird aber inzwischen **überwiegend bejaht**.[613] Begründet wird dies damit, dass der Zweck der Regelung, die Zusammenarbeit zu erleichtern und den sozialen Schutz der Arbeitnehmer zu gewährleisten, auch in diesen Fällen erreicht wird.

291 Des Weiteren müssen alle Mitglieder der Arbeitsgemeinschaft auf Grund des Arbeitsgemeinschaftsvertrags zur selbständigen Erbringung von Vertragsleistungen verpflichtet sein. Mit „Vertragsleistungen" meint das Gesetz die Verpflichtung der Arbeitsgemeinschaft gegenüber ihrem Auftraggeber, also die Herstellung eines Werks.[614] Die **Leistungen der Mitglieder** müssen daher **Teil der werkvertraglich geschuldeten Gesamtleistungen** der Arbeitsgemeinschaft sein.[615] Die geforderte Selbständigkeit der Leistungserbringung ist zu bejahen, wenn die Vertragsleistung in eigener unternehmerischer Verantwortung erbracht wird.[616] Ob dies mit eigenen Arbeitnehmern oder durch Subunternehmer geschieht, ist unerheblich.[617]

292 Schließlich setzt § 1 Abs. 1 S. 3 AÜG voraus, dass Arbeitnehmer abgeordnet werden. Der aus dem Beamtenrecht stammende Begriff der **Abordnung** ist im AÜG selbst nicht definiert. Er wird dahingehend verstanden, dass das **Arbeitsverhältnis zum abordnenden Mitglied** der Arbeitsgemeinschaft **fortbesteht** und der Arbeitnehmer **vorübergehend bei der Arbeitsgemeinschaft eingesetzt** wird.[618] Keine Abordnung in diesem Sinne liegt bei einer Freistellung nach den Tarifverträgen des Baugewerbes vor. In diesen Fällen wird der Arbeitnehmer bei seinem alten Arbeitgeber freigestellt und für die Dauer des Ruhens der Rechte und Pflichten aus diesem Arbeitsverhältnis ein eigenständiges Arbeitsverhältnis zwischen dem Arbeitnehmer und der Arbeitsgemeinschaft begründet.[619]

293 **Bedenken des EuGH** gegen § 1 Abs. 1 S. 3 AÜG im Hinblick auf die Dienstleistungsfreiheit und die Niederlassungsfreiheit sind durch § 1 Abs. 1 S. 4 AÜG ausgeräumt worden. Nach dieser Regelung brauchen **Arbeitgeber mit Geschäftssitz** in einem anderen **Mitgliedstaat des Europäischen Wirtschaftsraumes (EWR)** nicht

---

[611] ErfK/*Wank* AÜG § 1 Rn. 40.
[612] Thüsing/*Waas*, AÜG, § 1 Rn. 121; Schüren/*Hamann*, AÜG, § 1 Rn. 326; ErfK/*Wank*, AÜG, § 1 Rn. 41.
[613] Boemke/*Lembke*, AÜG, § 1 Rn. 119; ErfK/*Wank* AÜG § 1 Rn. 41; Thüsing/*Waas*, AÜG, § 1 Rn. 122; HWK/*Kalb* AÜG § 1b Rn. 40; seit 4. Aufl. (2010) auch: Schüren/*Hamann*, AÜG, § 1 Rn. 330.
[614] Schüren/*Hamann*, AÜG, § 1 Rn. 337.
[615] Thüsing/*Waas*, AÜG, § 1 Rn. 118.
[616] BAG 1. 6. 1994 – 7 AZR 7/93, AP AÜG § 9 Nr. 11.
[617] Thüsing/*Waas*, AÜG, § 1 Rn. 118.
[618] ErfK/*Wank* AÜG § 1 Rn. 43.
[619] Schüren/*Hamann*, AÜG, § 1 Rn. 346.

II. Gewerberechtliche Erlaubnis

demselben Tarifvertrag zu unterliegen wie die anderen Mitglieder der Arbeitsgemeinschaft. Damit wird auf die Tarifbindung des ausländischen Arbeitgebers verzichtet.[620] Die sonstigen Voraussetzungen des § 1 Abs. 1 S. 3 AÜG müssen für das Eingreifen der Privilegierung jedoch erfüllt sein.

Eine **Diskriminierung inländischer Arbeitgeber** aufgrund der Sonderregelung des § 1 Abs. 1 S. 4 AÜG für ausländische Arbeitgeber soll durch den ebenfalls neu gefassten § 8 Abs. 1 AEntG verhindert werden. Diese Bestimmung besagt, dass ein in einem anderen EWR-Staat ansässiger Verleiher, der seine Leiharbeitnehmer im Inland mit Tätigkeiten beschäftigt, die in den Geltungsbereich eines für allgemeinverbindlich erklärten Tarifvertrags nach den §§ 4 bis 6 AEntG oder einer Rechtsverordnung nach § 7 AEntG fallen, die dort vorgeschriebenen Arbeitsbedingungen zu gewähren sowie die der gemeinsamen Einrichtung nach diesem Tarifvertrag zustehenden Beiträge zu leisten hat. **294**

b) Arbeitnehmerüberlassung zur Vermeidung von Kurzarbeit oder Entlassungen

§ 1 Abs. 3 Nr. 1 AÜG nimmt die Arbeitnehmerüberlassung zur Vermeidung von Kurzarbeit und Entlassungen vom Anwendungsbereich des AÜG aus. Diese **Ausnahmeregelung für arbeitsplatzsichernde Arbeitnehmerüberlassung** wurde ursprünglich eingeführt, um die Praxis des Personalaustausches in der norddeutschen Werftindustrie („Nachbarschaftshilfe") zu legalisieren. Die Vorschrift greift ein bei einer Arbeitnehmerüberlassung zwischen Arbeitgebern desselben Wirtschaftszweiges zur Vermeidung von Kurzarbeit oder Entlassungen, wenn ein für den Entleiher und Verleiher geltender Tarifvertrag dies vorsieht. **295**

Vorausgesetzt wird demnach zunächst, dass **Verleiher und Entleiher demselben Wirtschaftszweig** angehören. Bei der Bestimmung des Wirtschaftszweigs ist nach verbreiteter Auffassung – wie bei Abs. 1 S. 3 – auf die Zuständigkeiten der nach dem Industrieverbandssystem organisierten Gewerkschaften und Arbeitgeberverbände abzustellen.[621] Bei gemischten Unternehmen entscheidet der **überwiegende Unternehmenszweck**, wobei in erster Linie auf die überwiegend in diesem Unternehmen zu leistende Arbeit abzustellen ist.[622] **296**

Des Weiteren erfordert § 1 Abs. 3 Nr. 1 AÜG, dass die Überlassung dazu dient, **Kurzarbeit oder Entlassungen zu vermeiden.** Unter Kurzarbeit wird allgemein die vorübergehende Verkürzung der betriebsüblichen Arbeitszeit verstanden.[623] Legte man dieses Verständnis für das Eingreifen der Ausnahmevorschrift zugrunde, könnte bereits jeder Personalüberhang oder jede geringfügige oder kurzfristige Verkürzung der betriebsüblichen Arbeitszeit zur Befreiung von den Vorschriften des AÜG führen. Aus diesem Grund fordert die **herrschende Meinung** für die Bejahung von Kurzarbeit iSd § 1 Abs. 3 Nr. 1 AÜG, dass die materiellen **Voraussetzungen für die Gewährung von Kurzarbeitergeld nach den §§ 95 ff. SGB III** vorliegen müssen.[624] Nur **297**

---

[620] Thüsing/Waas, AÜG, § 1 Rn. 132.
[621] Schüren/Hamann, AÜG, § 1 Rn. 431; Thüsing/Waas, AÜG, § 1 Rn. 165; Boemke/Lembke, AÜG, § 1 Rn. 176; aA Sandmann/Marschall/Schneider, AÜG, Art. 1 § 1 Rn. 76, die den allgemeinen Sprachgebrauch für maßgeblich halten.
[622] BAG 17. 2. 1971 – 3 AZR 62/70, BB 1971, 653; HWK/Kalb AÜG § 1 Rn. 50.
[623] Schaub/Linck, ArbR-HdB, § 47 Rn. 1.
[624] Thüsing/Waas, AÜG, § 1 Rn. 169; ErfK/Wank AÜG § 1 Rn. 55; Schüren/Hamann, AÜG, § 1 Rn. 437; Boemke/Lembke, AÜG, § 1 Rn. 179; Sandmann/Marschall/Schneider, AÜG, Art. 1 § 1 Rn. 77; Urban-Crell/Schulz Rn. 550; HWK/Kalb, AÜG, § 1 Rn. 51.

auf diese Weise kann sichergestellt werden, dass der Verleih der Arbeitnehmer lediglich als Alternative zur Kurzarbeit dient.[625] Kurzarbeit setzt demnach gemäß § 96 Abs. 1 Nr. 4 SGB III voraus, dass im jeweiligen Kalendermonat mindestens ein Drittel der in dem Betrieb beschäftigten Arbeitnehmer von einem Entgeltausfall von jeweils mehr als zehn Prozent ihres monatlichen Bruttoentgelts betroffen ist.[626] Auf die Ursache der Kurzarbeit kommt es nicht an.[627] Erforderlich ist jedoch weiter, dass der Arbeitsausfall vorübergehender Natur ist (§ 96 Abs. 1 Nr. 2 SGB III). Schließlich muss der Arbeitsausfall auf wirtschaftlichen Gründen oder einem unabwendbaren Ereignis beruhen und unvermeidbar sein (§ 96 Abs. 1 Nr. 1, 3, Abs. 3, 4 SGB III). **Keine Rolle** für das Vorliegen von Kurzarbeit iSd § 1 Abs. 3 Nr. 1 AÜG spielen hingegen die **verfahrensrechtlichen Voraussetzungen** für die Gewährung von Kurzarbeitergeld, wie zB die Anzeige des Arbeitsausfalls bei der zuständigen Agentur für Arbeit, in deren Bezirk der jeweilige Betrieb liegt.

298   Ebenso wie die „Kurzarbeit" ist der Begriff der **„Entlassungen"** im AÜG nicht definiert. Aus dem Gesetzeszweck lässt sich schließen, dass es sich um eine umfangreichere Maßnahme aus betrieblichen Gründen handeln muss, die zur Beendigung des Arbeitsverhältnisses führt.[628] Der Begriff lässt sich anhand der Bestimmungen in § 17 KSchG und § 112a BetrVG konkretisieren.[629] Neben Kündigungen durch den Arbeitgeber können **auch Aufhebungsverträge oder Eigenkündigungen der Arbeitnehmer** als Entlassungen im Sinne des § 1 Abs. 3 Nr. 1 AÜG in Betracht kommen. Maßgeblich ist allein, dass ein **wirtschaftlich motivierter Personalabbau auf Initiative des Arbeitgebers** erfolgen soll.[630]

299   Die Arbeitnehmerüberlassung muss zur Vermeidung von Kurzarbeit oder Entlassungen erfolgen. Dies setzt voraus, dass die Arbeitnehmerüberlassung **objektiv geeignet** ist, die Einführung von Kurzarbeit oder Entlassungen zu verhindern.[631] Ein nur zeitliches Hinauszögern dieser Folgen reicht ebenso wenig aus wie die bloße Absicht, Kurzarbeit einzuführen oder einer Mehrzahl von Arbeitnehmern zu kündigen.[632]

300   Das Eingreifen der Ausnahmeregelung hängt ferner davon ab, dass ein **für den Entleiher und Verleiher geltender Tarifvertrag** diese Möglichkeit ausdrücklich vorsieht. Die Norm enthält insoweit eine gesetzliche Ermächtigungsgrundlage für die Tarifparteien.[633] Keine Einigkeit besteht darüber, ob den Tarifvertragsparteien damit auch ein Regelungsspielraum hinsichtlich der tatbestandlichen Voraussetzungen („zur Vermeidung von Kurzarbeit und Entlassungen") eröffnet wird.[634]

301   Umstritten ist darüber hinaus, ob Verleiher und Entleiher an denselben Tarifvertrag gebunden sein müssen. Dies legt zwar der Wortlaut nahe, ist jedoch nach richtiger Ansicht zu verneinen.[635] Vielmehr **reicht es aus,** wenn beide **demselben Wirtschafts-**

---

[625] Schüren/*Hamann*, AÜG, § 1 Rn. 437.
[626] *Boemke/Lembke*, AÜG, § 1 Rn. 179; *Thüsing/Waas*, AÜG, § 1 Rn. 169.
[627] Schüren/*Hamann*, AÜG, § 1 Rn. 438.
[628] ErfK/*Wank* AÜG § 1 Rn. 55; *Thüsing/Waas*, AÜG, § 1 Rn. 173.
[629] Schüren/*Hamann*, AÜG, § 1 Rn. 443; ErfK/*Wank* AÜG § 1 Rn. 55.
[630] Schüren/*Hamann*, AÜG, § 1 Rn. 444; *Thüsing/Waas*, AÜG, § 1 Rn. 173.
[631] *Ulber*, AÜG, § 1 Rn. 227; Schüren/*Hamann*, AÜG, § 1 Rn. 447.
[632] ErfK/*Wank* AÜG § 1 Rn. 55.
[633] *Thüsing/Waas*, AÜG, § 1 Rn. 177; *Ulber*, AÜG, § 1 Rn. 233.
[634] Bejahend: Schüren/*Hamann*, AÜG, § 1 Rn. 453; *Thüsing/Waas*, AÜG, § 1 Rn. 178 ff.; verneinend: *Boemke/Lembke*, AÜG, § 1 Rn. 183; ErfK/*Wank* AÜG § 1 Rn. 52.
[635] So auch: Schüren/*Hamann*, AÜG, § 1 Rn. 465; HWK/*Kalb* AÜG § 1 Rn. 52; *Thüsing/Waas*, AÜG, § 1 Rn. 182; *Sandmann/Marschall/Schneider*, AÜG, Art. 1 § 1 Rn. 78; *Urban-Crell/Schulz* Rn. 554; aA ErfK/*Wank* AÜG § 1 Rn. 53; *Ulber*, AÜG, § 1 Rn. 234; *Boemke/Lembke*, AÜG, § 1 Rn. 184.

II. Gewerberechtliche Erlaubnis

zweig angehören und der jeweils anwendbare Tarifvertrag die Ausnahme vom AÜG vorsieht. Hierfür spricht, dass die Beschränkung der Ausnahmeregelung auf Arbeitgeber desselben Wirtschaftszweigs wenig Sinn machen würde, wenn ohnehin ein und derselbe Tarifvertrag für Verleiher und Entleiher gelten müsste. Hinzu kommt, dass die Norm ursprünglich der Legalisierung des Personalaustausches unter den norddeutschen Werften diente. Für diese galten jedoch auf Grund ihrer Lage in unterschiedlichen Tarifbezirken verschiedene Tarifverträge.[636]

Die **Geltung des Tarifvertrags** kann auf der Tarifbindung des Verleihers und des Entleihers oder auf der Allgemeinverbindlichkeit des Tarifvertrags beruhen. Nach überwiegender Ansicht **reicht auch die individualrechtliche Inbezugnahme** des Tarifvertrags durch einen nicht tarifgebundenen Arbeitgeber aus.[637]

c) Arbeitnehmerüberlassung im Konzern

Als zweiten Ausnahmetatbestand regelt § 1 Abs. 3 Nr. 2 AÜG die vorübergehende Arbeitnehmerüberlassung im Konzern. Dieses **so genannte Konzernprivileg** wurde im Rahmen der **Gesetzesänderung** modifiziert und zur Verhinderung einer missbräuchlichen Nutzung **eingeschränkt**. Zunächst sollen daher die allgemeinen und aktuellen Grundlagen der Vorschrift bezogen auf die bisher gültige Rechtslage dargestellt werden, bevor die seit 1. 12. 2011 geltenden Änderungen erläutert werden. Zweck dieser Vorschrift ist es, eine Anwendung des AÜG für Fälle auszuschließen, in denen von einem Austausch der Arbeitnehmer **nur der interne Arbeitsmarkt des Konzerns** betroffen und daher der soziale Schutz der Leiharbeitnehmer nicht gefährdet ist.[638] Nach der vormaligen Bestimmung ist das AÜG nicht anwendbar auf eine Arbeitnehmerüberlassung zwischen Konzernunternehmen, wenn der Arbeitnehmer seine Arbeit nur vorübergehend nicht bei seinem Arbeitgeber leistet.

Im Hinblick auf den **Konzernbegriff** verweist die Vorschrift auf **§ 18 AktG**. Danach liegt ein Konzern vor, wenn mindestens zwei rechtlich selbständige Unternehmen unter einheitlicher Leitung zusammengefasst sind. Die Verweisung in § 1 Abs. 3 Nr. 2 AÜG ist rechtsformneutral,[639] so dass es auf die Rechtsform der konzernangehörigen Unternehmen nicht ankommt. Die Ausnahmeregelung erfasst **auch internationale und multinationale Konzerne** mit einer nach deutschem Recht unbekannten Rechtsform, sofern eines der beteiligten Konzernunternehmen seinen **Sitz im Inland** hat und nach einer im Inland anerkannten Rechtsform organisiert ist.[640] Die konzernangehörigen Unternehmen müssen rechtlich selbständig sein. Irrelevant ist dabei die Art des Konzern, also, ob ein Unternehmen das andere beherrscht (Unterordnungskonzern, §§ 17, 18 Abs. 1 AktG) oder nicht (Gleichordnungskonzern, § 18 Abs. 2 AktG) und ob ein etwaiges Abhängigkeitsverhältnis auf Vertrag (Vertragskonzern) oder auf sonstigen Beherrschungsmitteln (faktischer Konzern) beruht.[641] Auch

---

[636] HWK/*Kalb* AÜG § 1 Rn. 52.
[637] ErfK/*Wank* AÜG § 1 Rn. 53; Schüren/*Hamann*, AÜG, § 1 Rn. 472; HWK/*Kalb* AÜG § 1 Rn. 52; Thüsing/*Waas*, AÜG, § 1 Rn. 183; aA KasselerHdb/*Düwell* Kap. 4.5 Rn. 194; *Ulber*, AÜG, § 1 Rn. 235.
[638] Schüren/*Hamann*, AÜG, § 1 Rn. 485.
[639] BAG 5. 5. 1988 – 2 AZR 795/87, AP AÜG § 1 Nr. 8; ErfK/*Wank* AÜG § 1 Rn. 58; Schüren/*Hamann*, AÜG, § 1 Rn. 490; Thüsing/*Waas*, AÜG, § 1 Rn. 187.
[640] *Boemke/Lembke*, AÜG, § 1 Rn. 193; *Urban-Crell/Schulz* Rn. 566; Schüren/*Hamann*, AÜG, § 1 Rn. 491; Thüsing/*Waas*, AÜG, § 1 Rn. 187; aA *Ulber*, AÜG, § 1 Rn. 246, der verlangt, dass sowohl das verleihende als auch das entleihende Unternehmen seinen Sitz im Inland hat.
[641] ErfK/*Wank* AÜG § 1 Rn. 58.

Gemeinschaftsunternehmen, dh rechtliche selbständige Unternehmen, die unter gemeinschaftlicher Leitung zweier oder mehrerer anderer Unternehmen stehen, fallen unter den Konzernbegriff des § 1 Abs. 3 Nr. 1 AÜG.[642] Nicht anwendbar ist die Vorschrift hingegen auf den sog. Gemeinschaftsbetrieb, bei dem mehrere Unternehmen nur einen gemeinsamen, rechtlich unselbständigen Betrieb führen.[643]

305 Das Eingreifen der Ausnahmeregelung erfordert weiter, dass der **Arbeitseinsatz zwischen den Konzernunternehmen** erfolgt. Das bedeutet, dass der Arbeitnehmer in einem Arbeitsverhältnis zu einem konzernangehörigen Unternehmen stehen muss und von diesem an ein anderes konzernangehöriges Unternehmen verliehen wird.[644] Unerheblich ist, ob der Arbeitnehmer vom beherrschenden Unternehmen an das abhängige Unternehmen überlassen wird oder umgekehrt.[645] Bei Gemeinschaftsunternehmen ist zu beachten, dass eine Arbeitnehmerüberlassung zwischen den gleichberechtigt herrschenden Unternehmen nicht unter die Ausnahmeregelung fällt. Hierbei handelt es sich um eine Überlassung zwischen verschiedenen Konzernen, da die herrschenden Unternehmen mit dem Gemeinschaftsunternehmen jeweils einen eigenen Konzern bilden.[646]

306 **Anlass und Zweck der Überlassung** sind unbedeutend. Die konzerninterne Arbeitnehmerüberlassung durfte jedoch nach der vormaligen Regelung **nur vorübergehender Natur** sein. Dabei bezog sich das Merkmal „vorübergehend" nicht auf den Einsatz bei dem anderen Konzernunternehmen, sondern auf das Nichttätigwerden beim vertraglichen Arbeitgeber.[647] Der Begriff „vorübergehend" ist weit auszulegen.[648] Vorübergehend ist danach **jede nicht als endgültig geplante** Überlassung.[649] Entscheidend ist, ob der Arbeitnehmer nach der zugrunde liegenden Regelung in sein ursprüngliches Unternehmen zurückkehren soll oder ob er endgültig aus diesem Unternehmen ausscheidet.[650] Im Zeitpunkt der Überlassung muss zwar nach herrschender Meinung das genaue Rückkehrdatum noch nicht festgelegt sein, jedoch wird verlangt, dass der Rückkehrzeitpunkt anhand der konkreten Umstände des Einzelfalls bestimmbar ist.[651]

307 Eine bestimmte **zeitliche Höchstgrenze** der konzerninternen Überlassung **gibt es nicht.** Auch ein Zeitraum von mehreren Jahren kann bei einem unbefristeten Arbeitsverhältnis noch als vorübergehend einzuordnen sein.[652]

308 Ein Sonderproblem stellen die sogenannten **Personaldienstleistungsgesellschaften** (oder Personalführungsgesellschaften) dar. Reine Personalführungsgesellschaften, deren einziger Zweck in der Einstellung und Beschäftigung von Arbeitnehmern besteht, die dann zu Konzernunternehmen entsandt werden, sollen nach dem Willen des Gesetzgebers **nicht von dem Privileg** des § 1 Abs. 3 Nr. 2 AÜG **erfasst** wer-

---

[642] Schüren/*Hamann*, AÜG, § 1 Rn. 494.
[643] BAG 3. 12. 1997 – 7 AZR 727/96, AP AÜG § 1 Nr. 24.
[644] Thüsing/*Waas*, AÜG, § 1 Rn. 193.
[645] ErfK/*Wank* AÜG § 1 Rn. 58; Schüren/*Hamann*, AÜG, § 1 Rn. 502.
[646] ErfK/*Wank* AÜG § 1 Rn. 58; Thüsing/*Waas*, AÜG, § 1 Rn. 19; Schüren/*Hamann*, AÜG, § 1 Rn. 503.
[647] Schüren/*Hamann*, AÜG, § 1 Rn. 506.
[648] BAG 5. 5. 1988 – 2 AZR 795/87, AP AÜG § 1 Nr. 8.
[649] Schüren/*Hamann*, AÜG, § 1 Rn. 507; *Boemke/Lembke*, AÜG, § 1 Rn. 199; Thüsing/*Waas*, AÜG, § 1 Rn. 194b.
[650] *B. Gaul* BB 1996, 1224; *Martens* DB 1985, 2144; ErfK/*Wank* AÜG § 1 Rn. 60.
[651] BAG 21. 3. 1990 – 7 AZR 198/89, NZA 1991, 269; KasselerHdb/*Düwell* Kap. 4.5 Rn. 203; Thüsing/*Waas*, AÜG, § 1 Rn. 194b.
[652] BAG 10. 3. 2004 – 7 ABR 49/03, EzA BetrVG 2001 § 9 Nr. 2; Schüren/*Hamann*, AÜG, § 1 Rn. 508; Urban-Crell/*Germakowski*, AÜG, § 1 Rn. 228.

II. Gewerberechtliche Erlaubnis

den.[653] Dies gilt auch für konzerninterne Beschäftigungs- oder Auffanggesellschaften, die Arbeitnehmer nach Umstrukturierungsmaßnahmen im Konzern zur Vermeidung betriebsbedingter Kündigungen einstellen. Auch hier handelt es sich um Verleihunternehmen ohne Beschäftigungsmöglichkeit im eigenen Unternehmen, die durch den Ausnahmetatbestand nicht privilegiert werden sollen.[654] Werden hingegen von der Personalführungsgesellschaft nur Aufgaben der Personalverwaltung für die übrigen Konzernunternehmen wahrgenommen, fällt eine vorübergehende Überlassung von Arbeitnehmern zwischen der Personalführungsgesellschaft und anderen konzernangehörigen Unternehmen unter das Konzernprivileg des Abs. 3 Nr. 2.[655] Besteht die Aufgabe einer konzernangehörigen Personalführungsgesellschaft **allein darin, für die anderen Konzernunternehmen Personal zu beschaffen** und für diese einzustellen, liegt mangels eigener Arbeitgeberstellung der Personalführungsgesellschaft keine Arbeitnehmerüberlassung vor, so dass auch für die **Anwendung des § 1 Abs. 3 Nr. 2 AÜG kein Raum** ist.[656]

Durch die Änderung des AÜG wurde die konzernprivilegierende Ausnahme mit Wirkung zum 1. 12. 2011 geändert. Das bislang **maßgebliche Kriterium „vorübergehend" wurde gestrichen** (bzw. in § 1 Abs. 1 S. 2 AÜG übernommen) **und ersetzt**. Demnach ist eine Überlassung nach dem Stichtag nur noch privilegiert „zwischen Konzernunternehmen im Sinne des § 18 des Aktiengesetzes, wenn der **Arbeitnehmer nicht zum Zweck der Überlassung eingestellt und beschäftigt** wird". Durch diese Ausweitung der Erlaubnispflicht in § 1 AÜG werden zukünftig die eben angesprochenen konzerninternen Personalservicegesellschaften, welche Leiharbeitnehmer zum Selbstkostenpreis an andere Konzernunternehmen überlassen, vom AÜG erfasst.[657] Dies hat für viele Unternehmen entscheidende Auswirkungen, da in der Vergangenheit konzerninterne Verleihmodelle in verschiedener Ausprägung weitreichend erlaubnisfrei genutzt wurden. Die Formulierung der Gesetzesänderung ist allerdings nach Meinung einiger Kritiker etwas ungenau geraten, da **nicht klar** wird, ob die Ausnahme nur anwendbar ist, wenn **Arbeitnehmer „überhaupt nicht"** oder auch wenn sie **„nicht ausschließlich" zum Zwecke der Überlassung eingestellt** und **beschäftigt** werden.[658] Weil dies unklar ist, sollten solche Konzernunternehmen jedenfalls vorsorglich eine Erlaubnis nach § 1 AÜG erwerben.

309

Einige Stimmen haben sich für eine **vollständige Streichung** des Konzernprivilegs ausgesprochen, da dieses auf Grundlage des aktuellen Standes des AÜG nach Abschaffung eines Großteils der ursprünglich geltenden Restriktionen (vor allem durch die Hartz-IV-Gesetze) keine Berechtigungsgrundlage mehr besitze und sich mangels entsprechender Regelung in der EG-Leiharbeitsrichtlinie zumindest in der jetzigen Form auch als **europarechtswidrig** darstelle.[659] Die Leiharbeitsrichtlinie sieht keine Ausnahme für die konzerninterne Arbeitnehmerüberlassung vor, welche der Regelung auch in der jetzigen abgeänderten Form des AÜG entsprechen würde. Demnach ist davon abzuraten, daß Verleiher diese Ausnahme nutzen sollten. Vorsorglich sollte in solchen Fällen eine Arbeitnehmerüberlassungserlaubnis beantragt werden.

310

---

[653] BT-Drs. 10/3206, 33.
[654] Thüsing/*Waas*, AÜG, § 1 Rn. 199; Schüren/*Hamann*, AÜG, § 1 Rn. 517.
[655] *Ulber*, AÜG, § 1 Rn. 248; Schüren/*Hamann*, AÜG, § 1 Rn. 514.
[656] *Ulber*, AÜG, § 1 Rn. 248.
[657] *Hamann* NZA 2011, 70 (71 f.); *Hansen/Ragnit* AuA 2011, 8 (9); *Rosenau* NJW-Spezial 2011, 242; *Zimmermann* ArbRAktuell 2011, 62.
[658] *Lembke* DB 2011, 414 (415 f.).
[659] *Böhm* DB 2011, 473 (474); *Lembke* DB 2011, 414 (416).

d) Nur gelegentliche Überlassung

311 Im Rahmen der Änderung des AÜG wurde eine **weitere Ausnahme in § 1 Abs. 3 Nr. 2a AÜG eingefügt,** welche ebenfalls zum 1. 12. 2011 in Kraft getreten ist. Nach dieser Ausnahmeregelung ist das AÜG künftig nicht anwendbar, wenn die **Überlassung** eines Arbeitnehmers **nur „gelegentlich"** erfolgt und dieser **nicht zum Zweck der Überlassung eingestellt und beschäftigt** wird. Mit dieser Ausnahme wird bezweckt, gelegentlich auftretende Überlassungsfälle auszuklammern, wie etwa den Fall einer Überlassung von Arbeitskräften zur kurzfristigen Abdeckung des Spitzenbedarfs eines anderen Unternehmens.[660] Wegen der Unbestimmtheit und den sich daraus ergebenen unterschiedlichen Auslegungsmöglichkeiten in Bezug auf das Kriterium „nicht zum Zweck der Überlassung eingestellt und beschäftigt" ergeben sich die gleichen Probleme, wie im Rahmen der Ausnahme nach Nr. 2 bereits geschildert. Da es sich vorliegend um einen Ausnahmetatbestand handelt, ist das **Merkmal der gelegentlichen Überlassung** eher **eng auszulegen,** so dass nur Arbeitnehmer erfasst sein werden, deren Verleih tatsächlich nur ausnahmsweise erfolgt. Auch der in § 1 Abs. 3 Nr. 2a neu eingefügte Ausnahmetatbestand für die Fälle der lediglich gelegentlichen Überlassung von Arbeitnehmern wird mangels entsprechender Vorgabe in der Leiharbeitsrichtlinie als europarechtswidrig angesehen.[661] Aus diesem Grund wird empfohlen, auch bei Verwendung dieser Ausnahmemöglichkeit zurückhaltend zu verfahren.

e) Arbeitnehmerüberlassung ins Ausland

312 § 1 Abs. 3 Nr. 3 AÜG nimmt schließlich Arbeitnehmerüberlassungen in das Ausland vom Anwendungsbereich des Gesetzes aus, wenn der Leiharbeitnehmer **in ein** auf der Grundlage zwischenstaatlicher Vereinbarungen begründetes **deutsch-ausländisches Gemeinschaftsunternehmen verliehen** wird, an dem der Verleiher beteiligt ist. Mit dieser im Jahre 1997 eingefügten Ausnahmeregelung wollte der deutsche Gesetzgeber die Durchführung internationaler Joint-Ventures erleichtern und zugleich zum Schutz der Arbeitnehmer die Geltung des deutschen Arbeits- und Sozialversicherungsrechts sicherstellen.[662]

313 Die Privilegierung erfasst lediglich die – gewerbsmäßige oder nichtgewerbsmäßige – Arbeitnehmerüberlassung vom Inland **in** das Ausland. Der umgekehrte Fall einer Entleihung eines Arbeitnehmers aus dem Ausland in ein deutsch-ausländisches **Gemeinschaftsunternehmen im Inland unterfällt** dagegen **nicht** dem Ausnahmetatbestand.

314 Die Überlassung des Arbeitnehmers muss in ein deutsch-ausländisches **Gemeinschaftsunternehmen** erfolgen, an welchem der **Verleiher beteiligt** ist. Ein Gemeinschaftsunternehmen setzt voraus, dass mindestens zwei selbständige Unternehmen an einem weiteren, rechtlich selbständigen Unternehmen gesellschaftsrechtlich beteiligt sind, um einen gemeinsamen Zweck zu verfolgen.[663] Ferner ist erforderlich, dass von den beteiligten Unternehmen eines, und zwar das entsendende, ein deutsches Unternehmen und mindestens ein weiteres Unternehmen ein ausländisches Unternehmen ist. Das deutsche Unternehmen muss seinen Geschäftssitz in Deutschland ha-

---

[660] Lembke DB 2011, 414 (416).
[661] Lembke DB 2011, 414 (416); schon zuvor feststellend: Ulber AuR 2010, 412 (414); Wank RdA 2010, 193 (203).
[662] BT-Drs. 13/4941, 248.
[663] Schüren/Hamann, AÜG, § 1 Rn. 529.

II. Gewerberechtliche Erlaubnis

ben.[664] Eine Beteiligung des Verleihunternehmens an dem Gemeinschaftsunternehmen liegt vor, wenn es **Gesellschaftsanteile** an diesem **hält,** also kapitalmäßig beteiligt ist.[665] Auf die Größe des Anteils kommt es grundsätzlich nicht an.[666] Jedoch reicht eine bloße „Scheinbeteiligung" nicht aus, da der Verleiher auf Grund seiner Beteiligung die Möglichkeit haben muss, auf die Geschäftstätigkeit des Gemeinschaftsunternehmens Einfluss zu nehmen.[667]

§ 1 Abs. 3 Nr. 3 setzt schließlich voraus, dass das Gemeinschaftsunternehmen auf der **Grundlage einer zwischenstaatlichen Vereinbarung gegründet** wurde. Dieses Tatbestandsmerkmal führt dazu, dass die Ausnahmeregelung praktisch nur eingreift, wenn Arbeitnehmer aus Deutschland in einen anderen Staat außerhalb der EU und des Europäischen Wirtschaftsraums überlassen werden.[668] Als einschlägige zwischenstaatliche Vereinbarung besteht derzeit der deutsch-chinesische Vertrag über die Förderung und den gegenseitigen Schutz von Kapitalanlagen vom 7. 10. 1983.[669] 315

6. Möglichkeit der bloßen Anzeige einer Überlassung

Eine weitere Erleichterung der gewerbsmäßigen Arbeitnehmerüberlassung enthält die Regelung des § 1a AÜG. Darin wird die sog. **„Kollegenhilfe" privilegiert,** indem der Verleiher unter den dort genannten Voraussetzungen von der Erlaubnispflicht befreit wird. Die übrigen Bestimmungen des AÜG bleiben anwendbar. Das Erfordernis der **Erlaubnis** wird durch eine **vorherige schriftliche Anzeige** der Überlassung **ersetzt.** 316

Nach § 1a AÜG sind Überlassungen bis zur Dauer von zwölf Monaten ohne Erlaubnis zulässig, wenn der Verleiher weniger als 50 Arbeitnehmer beschäftigt, die Überlassung zur Vermeidung von Kurzarbeit oder Entlassungen erfolgt und sie vorher schriftlich bei der Bundesagentur für Arbeit angezeigt wurde. 317

a) Anforderungen an das Verleiherunternehmen

Die Befreiung von der Erlaubnispflicht gilt nur für **Arbeitgeber, die weniger als 50 Beschäftigte** haben. § 1a AÜG stellt nicht auf den Betrieb ab, sondern ist arbeitgeberbezogen. Für die Berechnung des Schwellenwertes kommt es daher auf die Gesamtzahl der bei einem Arbeitgeber Beschäftigten an.[670] Entscheidend ist der **Zeitpunkt der Überlassung.**[671] Beschäftigte im Sinne des § 1a AÜG sind alle Arbeitnehmer sowie die zur Berufsausbildung Beschäftigten.[672] Nicht zu berücksichtigen sind dagegen arbeitnehmerähnliche Personen, Leiharbeitnehmer und freie Mitarbeiter.[673] Der Umfang der Beschäftigung ist unerheblich; daher **zählen Teilzeit- und geringfügig Beschäftigte** bei der Bestimmung der Beschäftigtenzahl **wie Vollzeitkräfte.**[674] 318

---

[664] Schüren/*Hamann,* AÜG, § 1 Rn. 530.
[665] ErfK/*Wank* AÜG § 1 Rn. 62.
[666] BT-Drs. 13/4941, 248.
[667] *Ulber,* AÜG, § 1 Rn. 264; Urban-Crell/*Schulz* Rn. 577.
[668] Urban-Crell/*Germakowski,* AÜG, § 1 Rn. 265; Thüsing/*Waas,* AÜG, § 1 Rn. 204; Schüren/ *Hamann,* AÜG, § 1 Rn. 525.
[669] BGBl. II 1985, 30.
[670] Schüren/*Hamann,* AÜG, § 1a Rn. 22.
[671] ErfK/*Wank* AÜG § 1a Rn. 2.
[672] Thüsing/*Waas,* AÜG, § 1a Rn. 14.
[673] Schüren/*Hamann,* AÜG, § 1a Rn. 17f.; Thüsing/*Waas,* AÜG, § 1a Rn. 15; Boemke/Lembke, AÜG, § 1a Rn. 11; Urban-Crell/*Germakowski,* AÜG, § 1a Rn. 5; aA *Ulber,* AÜG, § 1a Rn. 10.
[674] HWK/*Kalb* AÜG § 1a Rn. 3; Urban-Crell/*Germakowski,* AÜG, § 1a Rn. 5.

319 Von der Vorschrift **nicht erfasst** werden Arbeitgeber, die als **Verleiher bereits eine Erlaubnis** nach § 1 Abs. 1 S. 1 AÜG besitzen.[675] Dies ist deshalb gerechtfertigt, weil anderenfalls Arbeitgeber, die ihre Erlaubnis nur unter Bedingungen oder Auflagen erhalten haben, auf § 1 a AÜG ausweichen könnten.[676]

b) Arbeitnehmerüberlassung zur Vermeidung von Kurzarbeit oder Entlassungen

320 Die Arbeitnehmerüberlassung muss der Vermeidung von Kurzarbeit oder Entlassungen dienen. Der **Begriff der Kurzarbeit** ist dabei wie im Falle des § 1 Abs. 3 Nr. 1 AÜG durch einen Rückgriff auf **§§ 95 ff. SGB III** zu bestimmen.[677] Hinsichtlich des Begriffs **„Entlassungen"** soll nach herrschender Meinung auf **§ 17 KSchG und § 112 a BetrVG** abgestellt werden, ohne dass jedoch die dort genannten Mindestzahlen erreicht werden müssten.[678] Auch einzelne Kündigungen fallen unter § 1 a AÜG.[679] Dies ist aus dem Gesetzeszweck herzuleiten, wonach Beschäftigte in Kleinbetrieben, die sich in einer (vorübergehenden) Notlage befinden, vor dem Verlust ihres Arbeitsplatzes geschützt werden sollen.[680]

321 Zur **Vermeidung** von Kurzarbeit oder Entlassungen erfolgt die Überlassung nur, wenn diese **Maßnahmen konkret drohen**.[681] Es müssen Tatsachen vorliegen, nach denen sich der Arbeitgeber vor die Wahl gestellt sieht, entweder Kurzarbeit einzuführen bzw. Arbeitnehmer zu entlassen oder aber an „Kollegen" zu verleihen.[682]

c) Verleihdauer

322 § 1 a AÜG setzt weiter voraus, dass die Überlassungsdauer **nicht mehr als zwölf Monate** beträgt. Innerhalb dieses Zeitrahmens ist die wiederholte Überlassung eines bestimmten Arbeitnehmers zulässig; allerdings muss jede erneute Überlassung angezeigt werden.[683] Für einen weiteren Einsatz, der nach Ausschöpfung der Höchstfrist erfolgen soll, kommt es darauf an, ob bei dem Verleiher erneut eine wirtschaftliche Notlage vorliegt, die nicht bereits Anlass für die vorangegangene Überlassung war.[684] Nach einhelliger Meinung erlaubt § 1 a AÜG **auch die zeitgleiche oder zeitlich gestaffelte Überlassung mehrerer Arbeitnehmer**.[685] Eine Zusammenrechnung der Überlassungszeiten hat dabei nicht zu erfolgen.[686]

---

[675] BT-Drs. 11/4952, 12.
[676] Schüren/*Hamann*, AÜG, § 1 a Rn. 12.
[677] Schüren/*Hamann*, AÜG, § 1 a Rn. 25; *Boemke/Lembke*, AÜG, § 1 a Rn. 13; *Thüsing/Waas*, AÜG, § 1 a Rn. 19.
[678] ErfK/*Wank* AÜG § 1 a Rn. 4; Schüren/*Hamann*, AÜG, § 1 a Rn. 26.
[679] Schüren/*Hamann*, AÜG, § 1 a Rn. 27 f.; *Thüsing/Waas*, AÜG, § 1 a Rn. 20; *Hantl-Unthan* AR-Blattei SD Arbeitnehmerüberlassung Rn. 46; aA *Ulber*, AÜG, § 1 a Rn. 20.
[680] Vgl. BT-Drs. 11/4952, 9.
[681] BT-Drs. 11/4952, 11 f.
[682] Schüren/*Hamann*, AÜG, § 1 a Rn. 30.
[683] ErfK/*Wank* AÜG § 1 a Rn. 5.
[684] Schüren/*Hamann*, AÜG, § 1 a Rn. 36; ErfK/*Wank* AÜG § 1 a Rn. 5.
[685] *Thüsing/Waas*, AÜG, § 1 a Rn. 24; *Urban-Crell/Germakowski*, AÜG, § 1 a Rn. 9; Schüren/*Hamann*, AÜG, § 1 a Rn. 37.
[686] Schüren/*Hamann*, AÜG, § 1 a Rn. 38 ff.; *Thüsing/Waas*, AÜG, § 1 a Rn. 24; *Boemke/Lembke*, AÜG, § 1 a Rn. 18; aA *Ulber*, AÜG, § 1 a Rn. 16.

II. Gewerberechtliche Erlaubnis

d) Anzeige der Arbeitnehmerüberlassung

Der Verzicht auf die Überlassungserlaubnis erfordert nach § 1 a AÜG eine vorherige Anzeige der Arbeitnehmerüberlassung. Dabei ist zu beachten, dass **jede einzelne Überlassung angezeigt** werden muss.[687] Die Anzeige hat **schriftlich** zu erfolgen. Das Schriftformerfordernis dient der Rechtssicherheit[688] und bedeutet, dass der Arbeitgeber gemäß § 126 BGB die Anzeige eigenhändig unterschreiben muss. Auch eine Anzeige in elektronischer Form ist möglich, wenn sie den Anforderungen der §§ 126 Abs. 3, 126a Abs. 1 BGB entspricht. Nicht ausreichend ist hingegen eine per Telefax übersandte Anzeige.[689] Eine Stellvertretung ist nach den allgemeinen Regeln zulässig. Vorausgesetzt wird jedoch, dass die Anzeige von dem berechtigten Stellvertreter eigenhändig unterschrieben ist und sich das Vertretungsverhältnis aus der Anzeige selbst ergibt.[690] 323

§ 1 a Abs. 2 AÜG führt ausführlich und abschließend[691] auf, welchen **Inhalt die Anzeige** des Arbeitgebers haben muss. Die Angaben sollen der zuständigen Behörde die Überprüfung der Tatbestandsvoraussetzungen für Absatz 1 ermöglichen.[692] Die **Bundesagentur für Arbeit** hält **Vordrucke** für die Anzeige bereit, welche jedoch inhaltlich über die Anforderungen des § 1 a Abs. 2 AÜG hinausgehen. Eine Nichtbeantwortung der weitergehenden Fragen hat keinen Einfluss auf die Wirksamkeit der Anzeige.[693] Überhaupt stellt die Verwendung der Vordrucke keine Wirksamkeitsvoraussetzung für die Anzeige dar.[694] 324

Adressat der Anzeige ist nach dem Wortlaut der Vorschrift die Bundesagentur für Arbeit. Der Vorstand der Bundesagentur hat allerdings von der ihm nach Art. 8 Abs. 3 der Satzung der BA zustehenden Möglichkeit der Delegation von Aufgaben auf nachgeordnete Dienststellen Gebrauch gemacht, so dass gemäß Ziff. 1.a.2 der Durchführungsanweisungen der BA die **Anzeigen** nach § 1 a AÜG bei der für den Geschäftssitz des überlassenden Unternehmens **örtlich zuständigen Regionaldirektion** zu erstatten sind. 325

Die Arbeitnehmerüberlassung ist nur dann nach § 1 a AÜG von der Erlaubnispflicht befreit, wenn sie **zeitlich vor dem Beginn der Überlassung angezeigt** worden ist.[695] Erfolgt die Überlassung ohne die erforderliche Anzeige, ist sie illegal. Daran ändert auch eine etwaige nachträgliche Anzeige nichts.[696] Eine Anzeige mit bloß unvollständigem Inhalt führt demgegenüber nicht zur Unzulässigkeit der Arbeitnehmerüberlassung. Ein Verstoß gegen die Vorschriften zum Anzeigeninhalt stellt nach herrschender Ansicht nur eine Ordnungswidrigkeit gemäß § 16 Abs. 1 Nr. 2a AÜG dar.[697] Fehlende Angaben sind nachzuholen und unzutreffende richtig zu stellen.[698] 326

---

[687] Thüsing/*Waas*, AÜG, § 1 a Rn. 25.
[688] BT-Drs. 11/4952, 12.
[689] *Hennecke* NJW 1998, 2194; *Ulber*, AÜG, § 1 a Rn. 24; Schüren/*Hamann*, AÜG, § 1 a Rn. 44.
[690] Thüsing/*Waas*, AÜG, § 1 a Rn. 26.
[691] Schüren/*Hamann*, AÜG, § 1 a Rn. 45.
[692] ErfK/*Wank*, AÜG, § 1 a Rn. 6.
[693] Thüsing/*Waas*, AÜG, § 1 a Rn. 28; Sandmann/*Marschall*/Schneider, AÜG, Art. 1 § 1 a Rn. 15.
[694] Urban-Crell/*Germakowski*, AÜG, § 1 a Rn. 15; Schüren/*Hamann*, AÜG, § 1 a Rn. 47; Boemke/ Lembke, AÜG, § 1 a Rn. 20.
[695] *Boemke*/Lembke, AÜG, § 1 a Rn. 19.
[696] Urban-Crell/*Germakowski*, AÜG, § 1 a Rn. 11.
[697] Thüsing/*Waas*, AÜG, § 1 a Rn. 38; Schüren/*Hamann*, AÜG, § 1 a Rn. 76; Boemke/Lembke, AÜG, § 1 a Rn. 28; aA *Ulber*, AÜG, § 1 a Rn. 28.
[698] ErfK/*Wank* AÜG § 1 a Rn. 9.

7. Sondergesetzliche Regelungen

327 Neben den im AÜG geregelten Vorschriften gibt es sondergesetzliche Erlaubnisregelungen **für besondere Bereiche der Arbeitnehmerüberlassung** in Gesetzen, die bereits vor Inkrafttreten des AÜG bestanden. Derartige Spezialgesetze finden sich insbesondere in den Bereichen der Gesamthafenbetriebe, der Personenbeförderung sowie im Bewachungsgewerbe. Das Verhältnis dieser Normen zu den Regelungen des AÜG ist nicht vollständig geklärt.[699] Es hat sich jedoch gezeigt, dass in vielen Konstellationen das AÜG schon tatbestandlich nicht eingreift.

328 So besteht grundsätzlich **kein Spannungsverhältnis mit dem AÜG** bei den **Gesamthafenbetrieben.** Nach dem Gesetz über die Schaffung eines besonderen Arbeitgebers für Hafenarbeiter vom 3. 7. 1950[700] können sogenannte Gesamthafenbetriebe durch schriftliche Vereinbarung der zuständigen Arbeitgeberverbände und Gewerkschaften als überbetriebliche Arbeitgeber gebildet werden. Diesen erlaubt das Gesetz, ihre Arbeitnehmer den Hafeneinzelbetrieben für Hafenarbeiten zu überlassen. Da § 1 Abs. 1 S. 2 des Gesetzes die erwerbswirtschaftliche Betätigung von Gesamthafenbetrieben ausdrücklich ausschließt, konnte bislang unter der bis zum 30. 11. 2011 geltenden Gesetzesfassung eine **Kollision mit** dem ausschließlich gewerbliche Arbeitnehmerüberlassung erfassenden **AÜG nicht entstehen.**[701] Die Frage einer Verdrängung von dessen Vorschriften stellte sich in diesem Fall gar nicht. Ab dem 1. 12. 2011 liegt jedoch erlaubnispflichtige Arbeitnehmerüberlassung vor, wenn diese im Rahmen einer wirtschaftlichen Tätigkeit des Verleihers erfolgt. Daher wird diese Tätigkeit nunmehr erlaubnispflichtig. Überlassen einzelne Mitgliedsunternehmen des Gesamthafenbetriebs Arbeitnehmer vorübergehend an andere Mitgliedsunternehmen, handelt es sich ohnehin regelmäßig um eine nach dem AÜG erlaubnispflichtige Arbeitnehmerüberlassung.[702]

329 Zu den spezialgesetzlichen Regelungen zählt auch das **Personenbeförderungsgesetz.** Dort ist das Vermieten von Kraftfahrzeugen mit Fahrern zur Personenbeförderung durch sogenannte Mietwagenunternehmen geregelt. Der Betrieb eines solchen Mietwagenunternehmens ist nach §§ 2, 9ff. Personenbeförderungsgesetz genehmigungsbedürftig. Ob daneben noch eine **weitere Erlaubnis nach § 1 AÜG** erforderlich ist, ist umstritten, wird aber wohl **überwiegend verneint.**[703] Häufig liegt hier auch schon tatbestandlich keine Arbeitnehmerüberlassung vor, da regelmäßig die Überlassung des Fahrzeugs im Vordergrund stehen dürfte.[704]

330 Auch der Einsatz von **Wachpersonal** in einem fremden Betrieb stellt **in der Regel keine Arbeitnehmerüberlassung** dar. Vielmehr handelt es sich regelmäßig um einen Dienstvertrag über Bewachung,[705] sofern das Wachpersonal als Erfüllungsgehilfe seines Arbeitgebers tätig wird und dessen Weisungen unterliegt. Etwas anderes gilt, wenn die überlassenen Wachleute den **Weisungen des Beschäftigungsbetriebes unterwor-**

---

[699] Urban-Crell/*Germakowski*, AÜG, Einl. Rn. 38; Schüren/*Schüren*, AÜG, Einl. Rn. 18 ff.
[700] BGBl. I 352.
[701] Schüren/*Schüren*, AÜG, Einl. Rn. 21; Thüsing/*Thüsing*, AÜG, Einf. Rn. 18; Urban-Crell/*Germakowski*, AÜG, Einl. Rn. 40.
[702] Thüsing/*Thüsing*, AÜG, Einf. Rn. 18; *Ulber*, AÜG, Einl. C Rn. 119.
[703] *Sandmann/Marschall/Schneider*, AÜG, Art. 1 § 1 Rn. 47; *Grimm/Brock*, Praxis der Arbeitnehmerüberlassung, 2004, § 3 Rn. 70; *Urban-Crell/Schulz* Rn. 593.
[704] BAG 17. 2. 1993 – 7 AZR 167/92, AP AÜG § 10 Nr. 9; Schüren/*Schüren*, AÜG, Einl. Rn. 19; Thüsing/*Thüsing*, AÜG, Einf. Rn. 17.
[705] BAG 31. 3. 1993 – 7 AZR 338/92, AP AÜG § 9 Nr. 2 mit zust. Anm. *Eckardt*.

II. Gewerberechtliche Erlaubnis

fen sind und gemeinsam mit dessen Stammpersonal eingesetzt werden. In diesem Fall ist von einer **Arbeitnehmerüberlassung auszugehen.**[706] Dann ist neben der Erlaubnis für den Betrieb eines Bewachungsgewerbes (§ 34a GewO) eine gesonderte Erlaubnis gemäß § 1 AÜG erforderlich.

Im Bereich des **öffentlichen Dienstes** soll das **AÜG keine Anwendung** finden, wenn bei der Wahrnehmung öffentlicher Aufgaben eine Personalgestellung oder eine Übertragung des Direktionsrechts auf bestimmte Behörden erfolgt.[707] Nach Auffassung des Bundesarbeitsgerichts haben hier die einschlägigen Spezialgesetze Vorrang.[708]

331

8. Verfahren zur Erlaubniserteilung

Das Verfahren zur Erteilung der Überlassungserlaubnis ist in § 2 **AÜG** geregelt. Es wird durch eine **umfassende Prüfung der Zuverlässigkeit des Verleihers,** seiner **Betriebsorganisation** und seiner **wirtschaftlichen Verhältnisse** bestimmt. Anhand dieser Kriterien entscheidet die Erlaubnisbehörde, ob der Antragsteller voraussichtlich in der Lage sein wird, die Arbeitgeberpflichten gegenüber seinen Leiharbeitnehmern zu erfüllen.[709]

332

Die Erlaubnis zur Arbeitnehmerüberlassung nach dem AÜG ist ein mitwirkungsbedürftiger, den Antragsteller begünstigender Verwaltungsakt, der von der Bundesagentur für Arbeit erlassen wird. Neben den im AÜG selbst enthaltenen Verfahrensvorschriften ist **ergänzend auf das Verwaltungsverfahrensgesetz (VwVfG)** zurückzugreifen.[710]

333

a) Antrag

Gemäß § 2 Abs. 1 AÜG wird die Erlaubnis nur auf **schriftlichen Antrag** erteilt. Antragsteller können dabei neben natürlichen Personen auch Personengesamtheiten, Personengesellschaften sowie juristische Personen des privaten und öffentlichen Rechts sein. Dies ergibt sich aus § 7 Abs. 1 S. 2 AÜG. Für eine Stellvertretung bei der Antragstellung gelten die allgemeinen Vertretungsgrundsätze (§§ 164 ff. BGB).

334

Der Antrag muss schriftlich und gemäß § 23 Abs. 1 VwVfG **in deutscher Sprache** gestellt werden. Der Antragsteller hat den Antrag eigenhändig zu unterschreiben oder von seinem Vertreter unterschreiben zu lassen (§ 126 BGB). Ein Antrag per **Telefax genügt** dem Schriftformerfordernis **nicht.**[711] Inhaltliche Anforderungen an den Antrag enthält § 2 AÜG nicht. Ausreichend ist, dass dem Antrag hinreichend klar zu entnehmen ist, wer der Antragsteller ist, und dass er eine Erlaubnis nach § 1 Abs. 1 AÜG begehrt.[712] Zweckmäßig sind jedoch darüber hinausgehende Angaben sowie Nachweise über die Zuverlässigkeit, um das Erlaubnisverfahren zu beschleunigen. Die **Bundesagentur für Arbeit** stellt **entsprechende Antragsvordrucke** zur Verfügung,

335

---

[706] BAG 8. 11. 1978 – 5 AZR 261/77, AP AÜG § 1 Nr. 2; 28. 11. 1989 – 1 ABR 90/88, AP AÜG § 14 Nr. 5; Schüren/*Schüren,* AÜG, Einl. Rn. 20; Sandmann/Marschall/Schneider, AÜG, Art. 1 § 1 Rn. 48.
[707] Urban-Crell/*Germakowski,* AÜG, Einl. Rn. 45; Thüsing/*Thüsing,* AÜG, Einf. Rn. 19.
[708] BAG 11. 6. 1997 – 7 AZR 487/96, NZA 1998, 480; 5. 3. 1997 – 7 AZR 357/96, NZA 1997, 1165.
[709] BT-Drs. 15/6008, 41 ff.
[710] Thüsing/*Kämmerer,* AÜG, § 2 Rn. 1 f.; ErfK/*Wank* AÜG § 2 Rn. 4; Schüren/*Schüren,* AÜG, § 2 Rn. 10; *Ulber,* AÜG, § 2 Rn. 4; *Boemke/Lembke,* AÜG, § 2 Rn. 5; aA HWK/*Kalb* AÜG § 2 Rn. 3.
[711] Schüren/*Schüren,* AÜG, § 2 Rn. 15; Urban-Crell/*Germakowski,* AÜG, § 2 Rn. 3.
[712] Schüren/*Schüren,* AÜG, § 2 Rn. 13.

deren Verwendung jedoch keine Voraussetzung für die Wirksamkeit des Antrags ist.[713] Die Eigenschaft der Überlassungserlaubnis als mitwirkungsbedürftiger Verwaltungsakt begründet eine Obliegenheit des Antragstellers, über die für die Erteilung der Erlaubnis bedeutenden Umstände Auskunft zu geben.[714]

b) Zuständige Behörde

336 Zuständige Behörde für die Ausführung des AÜG und damit auch für die Erteilung der Erlaubnis ist nach § 17 S. 1 AÜG die **Bundesagentur für Arbeit**. Diese hat einen Teil ihrer Zuständigkeiten nach dem AÜG auf die untergeordneten Behörden übertragen. Da das AÜG keine Vorschriften über die sachliche und örtliche Zuständigkeit der Erlaubnisbehörde enthält, kann der Antrag grundsätzlich **bei jeder Agentur für Arbeit** – als Dienststelle der Bundesagentur – **eingereicht** werden.[715] Behördeninterne Regelungen sehen jedoch vor, dass die Erlaubnis **von der Regionaldirektion erteilt** wird, in deren Bezirk der Antragsteller seinen (Haupt-)Sitz hat.[716] Es ist daher empfehlenswert, den Antrag bei dieser Regionaldirektion zu stellen. Für Antragsteller mit Sitz im Ausland gilt eine besondere Regelung.[717]

c) Erteilung der Erlaubnis

337 Auf den Antrag hin entscheidet die zuständige Regionaldirektion über die Erteilung der Überlassungserlaubnis. Sie kann die beantragte Erlaubnis entweder gemäß § 2 AÜG erteilen oder nach § 3 AÜG ablehnen. Liegen **keine Versagungsgründe nach § 3 AÜG** vor, hat die Behörde die Erlaubnis zu erteilen; ihr **Ermessen** ist in diesen Fällen **auf Null reduziert**.[718] Nach Maßgabe des § 2 Abs. 2–4 AÜG kann die Erlaubnis mit Nebenbestimmungen versehen werden.

338 Anders als für den Antrag schreibt das Gesetz für die Erlaubnis selbst keine besondere Form vor. Die zuständigen Dienststellen sind jedoch intern dazu angewiesen, Erlaubnisse nur schriftlich, unter Benutzung spezieller Vordrucke, zu erteilen.[719] Dies führt aber nicht dazu, dass die Schriftform Voraussetzung für die Wirksamkeit der Erlaubnis ist.[720] Inhaltlich muss die **Erlaubnis** gemäß § 37 Abs. 1 VwVfG **hinreichend konkret** sein. Bei schriftlicher Erteilung muss sie die erlassende Behörde erkennen lassen und vom Behördenleiter seinem Vertreter oder Beauftragten unterschrieben sein (§ 37 Abs. 3 S. 1 VwVfG). Einer **Begründung** bedarf die Entscheidung gemäß § 39 VwVfG **nur** dann, wenn dem **Antrag nicht in vollem Umfang entsprochen** wird. Wirksam wird die Erlaubnis als Verwaltungsakt mit ihrer Bekanntgabe (§ 43 Abs. 1 VwVfG). Regelmäßig werden die Bescheide per Postzustellungsurkunde oder gegen Empfangsbekenntnis versandt.[721]

---

[713] *Urban-Crell/Schulz* Rn. 609.
[714] ErfK/*Wank* AÜG § 2 Rn. 4.
[715] Urban-Crell/*Germakowski*, AÜG, § 2 Rn. 14; Schüren/*Schüren*, AÜG, § 2 Rn. 17; ErfK/*Wank*, AÜG, § 2 Rn. 3; Thüsing/*Kämmerer*, AÜG, § 2 Rn. 4.
[716] Runderlaß der BA 16. 8. 1972, BAnz. 1972 Nr. 196, S. 5.
[717] Übersichten bei Urban-Crell/*Germakowski*, AÜG, § 2 Rn. 14; Schüren/*Riederer von Paar*, AÜG, Einl. Rn. 658.
[718] LSG Bremen 17. 12. 1975 – L 5 Ar 11/75, EzAÜG AÜG § 3 Versagungsgründe Nr. 1; LSG Niedersachsen 22. 7. 1977 – L 7 S (Ar) 31/77, EzAÜG AÜG § 4 Rücknahme Nr. 1; *Boemke/Lembke*, AÜG, § 3 Rn. 6.
[719] DA-AÜG zu § 2, Ziff. 2.1.1.
[720] ErfK/*Wank* AÜG § 2 Rn. 4; Schüren/*Schüren*, AÜG, § 2 Rn. 19.
[721] DA-AÜG zu § 2, Ziff. 2.1.4.

II. Gewerberechtliche Erlaubnis

9. Entscheidung der Behörde

Die gewerbsmäßige Arbeitnehmerüberlassung basiert auf dem Prinzip eines generellen Verbots mit Erlaubnisvorbehalt. Sie ist grundsätzlich untersagt, darf aber mit einer entsprechenden Erlaubnis ausgeübt werden. Bei einem präventiven Verbot mit Erlaubnisvorbehalt **muss die Behörde die Erlaubnis erteilen,** wenn die **Voraussetzungen** hierfür **vorliegen;** anderenfalls ist die Erlaubnis zu versagen.[722] 339

a) Versagung der Erlaubnis

In § 3 AÜG sind die **Gründe** für eine Versagung der Verleiherlaubnis oder für ihre Nichtverlängerung **abschließend**[723] aufgezählt. Greifen diese Versagungsgründe nicht ein, hat der Antragsteller einen Anspruch auf Erteilung der Erlaubnis. Die Versagungsgründe müssen im **Zeitpunkt der jeweiligen Entscheidung** der Erlaubnisbehörde vorliegen. Wird gegen die Entscheidung der Behörde Klage erhoben, ist auf den Zeitpunkt der **letzten mündlichen Verhandlung** abzustellen.[724] Während § 3 Abs. 1 AÜG die allgemeinen Gründe nennt, die zur Versagung der Erlaubnis führen, enthalten die Absätze 2 bis 5 besondere Versagungsgründe für die grenzüberschreitende gewerbsmäßige Arbeitnehmerüberlassung. 340

aa) Unzuverlässigkeit des Antragstellers

Nach § 3 Abs. 1 Nr. 1 AÜG ist die Erteilung oder Verlängerung der Überlassungserlaubnis zu versagen, wenn Tatsachen die Annahme rechtfertigen, dass der Antragsteller die erforderliche Zuverlässigkeit nicht besitzt. Bei dem Begriff der **„erforderlichen Zuverlässigkeit"** handelt es sich um einen **unbestimmten Rechtsbegriff** ohne Beurteilungsspielraum; die Frage der Zuverlässigkeit ist gerichtlich voll überprüfbar.[725] Gewerberechtlich unzuverlässig ist, wer nach dem **Gesamteindruck** seines Verhaltens keine Gewähr dafür bietet, dass er sein Gewerbe in Zukunft ordnungsgemäß ausüben wird.[726] Die gewerberechtliche Zuverlässigkeit ist danach stets **im Hinblick auf das konkrete Gewerbe** zu bestimmen.[727] An der erforderlichen Zuverlässigkeit im Sinne des Arbeitnehmerüberlassungsgesetzes fehlt es einem Antragsteller daher, wenn auf Grund bestimmter Tatsachen in seiner Person zu besorgen ist, dass er das gewerbsmäßige Überlassen von Arbeitnehmern nicht im Einklang mit den bestehenden rechtlichen Vorschriften ausüben wird.[728] Entsprechend dem Schutzzweck des AÜG kommt es entscheidend darauf an, ob eine **Gefährdung des sozialen Schutzes der Leiharbeitnehmer** zu befürchten ist.[729] 341

(1) Person des Antragstellers

Bei einer natürlichen Person als Antragsteller kommt es auf deren **persönliche Zuverlässigkeit** an. Ist Antragsteller eine juristische Person, müssen die jeweils vertre- 342

---

[722] LSG Bremen 17. 12. 1975 – L 5 Ar 11/75, EzAÜG AÜG § 3 Versagungsgründe Nr. 1.
[723] *Boemke/Lembke,* AÜG, § 3 Rn. 8; *Thüsing/Pelzner,* AÜG, § 3 Rn. 5; *Sandmann/Marschall/Schneider,* AÜG, Art. 1 § 3 Rn. 1; *Schüren/Schüren,* AÜG, § 3 Rn. 34; aA *Ulber,* AÜG, § 3 Rn. 13.
[724] BSG 6. 2. 1992 – 7 RAr 140/90, NZA 1992, 1006.
[725] BSG 6. 2. 1992 – 7 RAr 140/90, NZA 1992, 1006; ErfK/*Wank* AÜG § 3 Rn. 3.
[726] BVerwG 19. 3. 1970 – I C 6.69, DVBl. 1971, 277.
[727] BVerwG 27. 6. 1961 GewArch. 1961, 166; Landmann/Rohmer/*Marcks* GewO § 35 Rn. 34.
[728] BSG 6. 2. 1992 – 7 RAr 140/90, NZA 1992, 1006; Schüren/*Schüren,* AÜG, § 3 Rn. 61; ErfK/*Wank* AÜG § 3 Rn. 3; *Ulber,* AÜG, § 3 Rn. 22; *Thüsing/Pelzner,* AÜG, § 3 Rn. 10.
[729] ErfK/*Wank* AÜG § 3 Rn. 3.

tungsberechtigten Organe (Geschäftsführer, Vorstand) zuverlässig sein.[730] Hat die juristische Person **mehrere gesetzliche Vertreter,** so ist die Erlaubnis bereits dann zu versagen, wenn nur einem dieser Vertreter die erforderliche Zuverlässigkeit fehlt.[731] Eine Ausnahme kommt lediglich dann in Betracht, wenn die Erlaubnis unter entsprechenden **Auflagen nach § 2 Abs. 2 AÜG** nur den zuverlässigen Vertretern unter Ausschluss der unzuverlässigen Person erteilt werden kann.[732] Bei Personengesellschaften und Personengesamtheiten ist auf die Zuverlässigkeit derjenigen Gesellschafter oder Gesamthänder abzustellen, die zur Geschäftsführung berechtigt sind.[733] Ist nur einer der geschäftsführenden Mitgesellschafter bzw. Gesamthänder unzuverlässig, dann ist die Erlaubnis bzw. deren Verlängerung grundsätzlich zu versagen.[734] Auch hier kann die Behörde ausnahmsweise eine Erlaubnis erteilen, wenn durch Auflagen sichergestellt werden kann, dass die unzuverlässige Person von der Vertretung der Gesellschaft in Angelegenheiten des Verleihbetriebs ausgeschlossen wird.[735]

(2) Regelbeispiele für Unzuverlässigkeit

343   Zur Konkretisierung des Begriffs der Zuverlässigkeit nennt das Gesetz in § 3 Abs. 1 Nr. 1 AÜG einige Regelbeispiele, die eine Unzuverlässigkeit des Antragstellers indizieren. Die **Erfüllung eines der Regelbeispiele führt aber nicht zwingend zur Versagung** der Erlaubnis. Vielmehr muss im Einzelfall geprüft werden, ob unter Berücksichtigung der Art, der Intensität und der Konsequenzen des jeweiligen Verstoßes eine Unzuverlässigkeit angenommen werden kann.[736]

344   Die Regelbeispiele umfassen **Verstöße in den Bereichen** des Sozialversicherungsrechts, des Steuerrechts, des Arbeitsvermittlungsrechts, des Rechts der Ausländerbeschäftigung, des Arbeitsschutzrechts und der arbeitsrechtlichen Pflichten.

345   Unter die Vorschriften des **Sozialversicherungsrechts** fallen alle Bestimmungen über die Arbeitgeberpflichten im Bereich der Kranken-, Pflege-, Unfall-, Renten- und Arbeitslosenversicherung.[737] Nach diesen im SGB und den dazu erlassenen Nebengesetzen und Verordnungen enthaltenen Regelungen ist der Arbeitgeber insbesondere verpflichtet, Sozialversicherungsbeiträge abzuführen, Versicherungsleistungen zu erstatten, Entgeltbescheinigungen auszustellen sowie seinen Melde-, Anzeige- und Auskunftspflichten nachzukommen.

346   Im Hinblick auf das **einzuhaltende Steuerrecht** nennt das Gesetz ausdrücklich die Vorschriften über die Einbehaltung und Abführung der Lohnsteuer, die in den §§ 38 Abs. 3, 41a Abs. 1 Nr. 2 EStG und den dazu ergangenen Vorschriften in der Lohnsteuer-Durchführungsverordnung enthalten sind. Daneben kann auch die Verletzung sonstiger steuerrechtlicher Verpflichtungen zur Versagung der Erlaubnis führen, wenn

---

[730] BayLSG 29. 7. 1986 – L 8 A1 40/83, EzAÜG AÜG § 3 Versagungsgründe Nr. 9; Thüsing/*Pelzner,* AÜG, § 3 Rn. 16.
[731] Schüren/*Schüren,* AÜG, § 3 Rn. 68; Urban-Crell/*Germakowski,* AÜG, § 3 Rn. 21.
[732] ErfK/*Wank* AÜG § 3 Rn. 4; *Sandmann/Marschall/Schneider,* AÜG, Art. 1 § 3 Rn. 8; Schüren/*Schüren,* AÜG, § 3 Rn. 68.
[733] Thüsing/*Pelzner,* AÜG, § 3 Rn. 15; Urban-Crell/*Germakowski,* AÜG, § 3 Rn. 22.
[734] BVerfG 5. 8. 1965 – I C 69.62, BVerfGE 22, 16; *Boemke/Lembke,* AÜG, § 3 Rn. 20; *Ulber,* AÜG, § 3 Rn. 28; Urban-Crell/*Germakowski,* AÜG, § 3 Rn. 22; Thüsing/*Pelzner,* AÜG, § 3 Rn. 15; aA *Sandmann/Marschall/Schneider,* AÜG, Art. 1 § 3 Rn. 8; Schüren/*Schüren,* AÜG, § 3 Rn. 70.
[735] Thüsing/*Pelzner,* AÜG, § 3 Rn. 15; *Boemke/Lembke,* AÜG, § 3 Rn. 20; Urban-Crell/*Germakowski,* AÜG, § 3 Rn. 22; ErfK/*Wank* AÜG § 3 Rn. 4.
[736] BSG 6. 2. 1992 – 7 RAr 140/90, NZA 1992, 1006; BayLSG 14. 3. 1985 – L 9/A1 146/83, NZA 1986, 109.
[737] HWK/*Kalb* AÜG § 3 Rn. 16.

II. Gewerberechtliche Erlaubnis

aus der Art und Schwere der Pflichtverletzung auf eine Unzuverlässigkeit des Antragstellers geschlossen werden kann. Dies kommt etwa bei der Hinterziehung von Einkommens-, Körperschafts- oder Umsatzsteuern in Betracht.[738]

Auch die **Missachtung der Vorschriften über die Arbeitsvermittlung** sowie das Anwerben im Ausland und die Ausländerbeschäftigung kann eine Unzuverlässigkeit des Antragstellers begründen. Augrund der Aufhebung der Erlaubnispflicht für die private Arbeitsvermittlung beschränken sich die einzuhaltenden Bestimmungen des Arbeitsvermittlungsrechts auf wenige Vorschriften. So ist die Vermittlungstätigkeit bei der zuständigen Behörde anzumelden (§ 14 Abs. 1 S. 1 GewO) und ordnungsgemäß durchzuführen. Gleiches gilt für die ebenfalls inzwischen grundsätzlich erlaubte private Vermittlung mit Auslandsberührung auch außerhalb des EWR-Raums.[739] **Im Rahmen einer Ausländerbeschäftigung** hat der Antragsteller insbesondere die Regelungen des Arbeitsgenehmigungsrechts (§§ 284 ff. SGB III und die Arbeitsgenehmigungsverordnung – ArGV) zu beachten. Danach bedürfen Arbeitnehmer, die nicht Staatsangehörige der Mitgliedstaaten der EU oder des EWR sind, zur Arbeitsaufnahme grundsätzlich einer Arbeitsgenehmigung. Allerdings ist in § 6 Abs. 1 Nr. 2 ArGV und § 40 Abs. 1 Nr. 2 AufenthaltsG ausdrücklich festgelegt, dass diesen Arbeitnehmern eine erstmalige Arbeitserlaubnis grundsätzlich nicht erteilt werden kann, wenn sie als Leiharbeitnehmer tätig werden wollen. 347

Zum **Arbeitsschutzrecht** gehören alle **öffentlich-rechtlichen Bestimmungen,** die der Sicherheit und dem Gesundheitsschutz am Arbeitsplatz dienen. Die Arbeitnehmer sollen gegen Arbeitsunfälle, Berufserkrankungen und ungeeignete Arbeitsbedingungen oder Beschäftigungsarten sowie vorzeitigen Verschleiß geschützt werden.[740] Als Vorschriften des Arbeitsschutzrechts gelten neben dem Arbeitschutzgesetz und dem Arbeitssicherheitsgesetz insbesondere das Arbeitszeitgesetz, das Ladenschlussgesetz, die Bestimmungen der Arbeitsstättenverordnung, das Geräte- und Produktsicherheitsgesetz, die Unfallverhütungsvorschriften der Berufsgenossenschaften sowie die speziellen Regelungen zum Schutz bestimmter Arbeitnehmergruppen im Mutterschutzgesetz, im Jugendarbeitsschutzgesetz und im SGB IX. Während des Einsatzes der Leiharbeitnehmer im Entleiherbetrieb ist neben dem Entleiher auch der Verleiher für die Einhaltung der Arbeitsschutzvorschriften verantwortlich (§ 11 Abs. 6 AÜG). 348

Schließlich kann auch die **Nichteinhaltung der arbeitsrechtlichen Pflichten** gemäß § 3 Abs. 1 Nr. 1 AÜG zur Unzuverlässigkeit des Antragstellers führen. Zu den arbeitsrechtlichen Pflichten zählen alle nicht bereits in den anderen Regelbeispielen erwähnten Arbeitgeberpflichten, die sich aus **Gesetzen, Tarifverträgen, Betriebsvereinbarungen und Einzelarbeitsverträgen** ergeben.[741] Allerdings ist nicht jeder Verstoß geeignet, eine Unzuverlässigkeit zu begründen. Vielmehr muss eine **Verletzung** der Rechte des Leiharbeitnehmers **im Kernbereich** gegeben sein.[742] Abzustellen ist darauf, ob es sich um Verstöße gegen zwingende arbeitsrechtliche Pflichten handelt.[743] Dies ist damit zu begründen, dass derjenige Antragsteller, der seinen Ar- 349

---

[738] LSG Niedersachsen 22. 7. 1977 – L 7 S (Ar) 31/77, EzAÜG AÜG § 4 Rücknahme Nr. 1; *Boemke/Lembke,* AÜG, § 3 Rn. 28; Urban-Crell/*Germakowski,* AÜG, § 3 Rn. 35; *Sandmann/Marschall/Schneider,* AÜG, Art. 1 § 3 Rn. 14.
[739] Thüsing/*Pelzner,* AÜG, § 3 Rn. 22; Urban-Crell/*Germakowski,* AÜG, § 3 Rn. 38.
[740] Thüsing/*Pelzner,* AÜG, § 3 Rn. 24.
[741] HWK/*Kalb* AÜG § 3 Rn. 22.
[742] BayLSG 14. 3. 1985 – L 9/A1 146/83, NZA 1986, 109; Urban-Crell/*Germakowski,* AÜG, § 3 Rn. 43; ErfK/*Wank* AÜG § 3 Rn. 13; Thüsing/*Pelzner,* AÜG, § 3 Rn. 26.
[743] Urban-Crell/*Germakowski,* AÜG, § 3 Rn. 43; *Sandmann/Marschall/Schneider,* AÜG, Art. 1 § 3 Rn. 18; Thüsing/*Pelzner,* AÜG, § 3 Rn. 26.

A. Arbeitnehmerüberlassung

beitnehmern freiwillige Leistungen gewährt, nicht schlechter gestellt werden soll als derjenige, der nur die arbeitsrechtlichen Mindestpflichten erfüllt.[744] Für die Beurteilung der Zuverlässigkeit relevant sind ua die Pflicht zur Vergütungszahlung, die Gewährung von Erholungsurlaub, die Entgeltfortzahlung an Feiertagen und im Krankheitsfall sowie die Einhaltung der Bestimmungen über die Befristung von Arbeitsverhältnissen und des Kündigungsschutzes.[745] Auch eine Verletzung von Pflichten aus dem AÜG selbst kann den Regeltatbestand erfüllen.[746]

(3) Unzuverlässigkeit aus sonstigen Gründen

350   Die in § 3 Abs. 1 Nr. 1 AÜG genannten **Regelbeispiele** zur fehlenden Zuverlässigkeit sind **nicht abschließend.** Die Unzuverlässigkeit des Antragstellers kann sich daher auch aus anderen Umständen ergeben. So können zB **ungeordnete Vermögensverhältnisse** gegen die Zuverlässigkeit eines Verleihers sprechen.[747] Da der Verleiher das Lohnzahlungsrisiko für seine Leiharbeitnehmer auch für Zeiten trägt, in denen er sie nicht einsetzen kann, muss er über ein Mindestmaß an entsprechenden Finanzreserven verfügen.[748] Zweifel an der Zuverlässigkeit bestehen demnach, wenn der Verleiher eine eidesstattliche Versicherung nach § 807 ZPO abgegeben hat, wenn er in das bei einem Vollstreckungsgericht oder Insolvenzgericht geführte Schuldnerverzeichnis eingetragen ist oder wenn über sein Vermögen das Insolvenzverfahren eröffnet worden ist.[749]

351   Auch **einschlägige Vorstrafen,** insbesondere wegen Vermögensdelikten, sowie **Ordnungswidrigkeiten, die im Zusammenhang mit der Verleihtätigkeit** begangen wurden, können die Annahme der Unzuverlässigkeit rechtfertigen.[750] Zu berücksichtigen ist dabei der Zeitpunkt der Tatbegehung. Denn je länger der Gesetzesverstoß zurückliegt, desto weniger vermag er eine negative Prognose für die Zukunft zu begründen.[751]

352   **Zuverlässigkeit setzt nicht voraus,** dass der Antragsteller über **einschlägige Fachkunde** und **Berufserfahrung** verfügt.[752] Erforderlich sind allerdings die elementaren Kenntnisse für die Ausübung des Verleihgewerbes. Hierzu zählen insbesondere Grundkenntnisse des Arbeits- und Sozialversicherungsrechts. Fehlen dem Antragsteller diese Kenntnisse, ist nicht gewährleistet, dass er die mit der Arbeitnehmerüberlassung einhergehenden rechtlichen Verpflichtungen ordnungsgemäß erfüllen wird.[753] Von entsprechenden **Grundkenntnissen** gehen die Regionaldirektionen aus, wenn der Antragsteller bereits in der Vergangenheit als selbständiger Gewerbetreibender im Wirtschaftsleben tätig war, über ein abgeschlossene kaufmännische Ausbildung verfügt, im Besitz eines Meisterbriefes ist, längere Zeit im Personalbereich eines Unternehmens tätig war, an einem Existenzgründerlehrgang der IHK oder einem vergleichbaren Lehr-

---

[744] Thüsing/*Pelzner,* AÜG, § 3 Rn. 26.
[745] Thüsing/*Pelzner,* AÜG, § 3 Rn. 25.
[746] ErfK/*Wank* AÜG § 3 Rn. 7 e, 13; HWK/*Kalb* AÜG § 3 Rn. 22.
[747] BayLSG 8. 11. 2002 – L 8 AL 268/99, EzAÜG AÜG § 3 Versagungsgründe Nr. 20.
[748] ErfK/*Wank* AÜG § 3 Rn. 8; HWK/*Kalb* AÜG § 3 Rn. 14; Schüren/*Schüren,* AÜG, § 3 Rn. 137.
[749] *Boemke/Lembke,* AÜG, § 3 Rn. 40; Thüsing/*Pelzner,* AÜG, § 3 Rn. 34.
[750] BayLSG 8. 11. 2002 – L 8 AL 268/99, EzAÜG AÜG § 3 Versagungsgründe Nr. 20; Thüsing/*Pelzner,* AÜG, § 3 Rn. 35; *Ulber,* AÜG, § 3 Rn. 31.
[751] Urban-Crell/*Germakowski,* AÜG, § 3 Rn. 58; Schüren/*Schüren,* AÜG, § 3 Rn. 140; *Sandmann/Marschall/Schneider,* AÜG, Art. 1 § 3 Rn. 11.
[752] BSG 6. 2. 1992 – 7 RAr 140/90, NZA 1992, 1006; Thüsing/*Pelzner,* AÜG, § 3 Rn. 33.
[753] BSG 6. 2. 1992 – 7 RAr 140/90, NZA 1992, 1006; Schüren/*Schüren,* AÜG, § 3 Rn. 141; HWK/*Kalb* AÜG § 3 Rn. 15; Urban-Crell/*Germakowski,* AÜG, § 3 Rn. 51.

II. Gewerberechtliche Erlaubnis

gang teilgenommen hat oder Inhaber eines bereits seit längerer Zeit bestehenden Mischbetriebes ist.[754]

bb) Mangelnde Betriebsorganisation

Gemäß § 3 Abs. 1 Nr. 2 AÜG ist die Erlaubnis oder ihre Verlängerung auch dann zu versagen, wenn der Antragsteller nach der Gestaltung seiner Betriebsorganisation **nicht in der Lage ist, die üblichen Arbeitgeberpflichten ordnungsgemäß zu erfüllen.** Nach dem Willen des Gesetzgebers soll der Verleiher nicht lediglich formell als Arbeitgeber auftreten, sondern tatsächlich in der Lage sein, die Arbeitgeberfunktionen auszuüben.[755] 353

Die **üblichen Arbeitgeberpflichten** ergeben sich in erster Linie aus dem Arbeits- und Steuerrecht sowie den Vorschriften des Sozialversicherungsrechts. Neben der ordnungsgemäßen Abrechnung und Auszahlung des Arbeitsentgelts zählen zu diesen Pflichten insbesondere die Abführung von Sozialversicherungsbeiträgen und Lohnsteuern, die ordnungsgemäße Erfüllung von Melde-, Anzeige- und Auskunftspflichten sowie die Überwachung des Arbeitsschutzes im Einsatzbetrieb.[756] 354

Zur Erfüllung dieser Arbeitgeberpflichten muss der **Antragsteller** bestimmte **organisatorische Vorkehrungen treffen.** So setzt eine ordnungsgemäße Betriebsorganisation zunächst eine Betriebsstätte oder Geschäftsräume des Verleihers von gewisser Dauer voraus.[757] Die Zustellung von Post und die telefonische Erreichbarkeit müssen gewährleistet sein. Denn nur so wird es Behörden, Gerichten und Sozialversicherungsträgern ermöglicht, den Antragsteller zur Einhaltung seiner gesetzlichen Pflichten zu veranlassen.[758] Daher genügen zB ein Campingwagen, ein Hotelzimmer oder reine Briefkastenfirmen den Anforderungen regelmäßig nicht.[759] 355

Der Umfang und die Ausgestaltung der Betriebsorganisation, die zur ordnungsgemäßen Erfüllung der Arbeitgeberpflichten erforderlich sind, **richten sich nach der Größe des Verleihunternehmens.** Bei größeren Betrieben kann es notwendig sein, eine Buchhaltung und Personalabteilung einzurichten und diese mit Mitarbeitern zu besetzen, die über eine entsprechende fachliche Ausbildung verfügen.[760] Bestehen Zweigniederlassungen, müssen ggf. Überwachungs- und Leitungsaufgaben an zuverlässige Mitarbeiter übertragen werden.[761] Der Verleiher muss seinen Betrieb aber nicht zwingend so organisieren, dass die Arbeitgeberpflichten von eigenen Mitarbeitern erfüllt werden. Vielmehr kann er sich **auch der Hilfe Dritter bedienen** und zB seine Rechts- und Steuerangelegenheiten durch einen zugelassenen Steuerberater bzw. Rechtsanwalt erledigen lassen oder die Abrechnung und Auszahlung der Arbeitsentgelte einem externen Lohnbüro übergeben.[762] Zu einer ordnungsgemäßen Betriebsorganisation gehört des Weiteren ein bestimmtes Betriebsvermögen und eine ausreichende Liquidität, um die üblichen Arbeitgeberpflichten, wie die Zahlung von Arbeitsentgelten, Steuern und Sozialversicherungsbeiträgen erfüllen zu können.[763] 356

---

[754] Vgl. DA-AÜG zu § 3 Ziff. 3.1.1.
[755] BT-Drs. VI/2303, 11.
[756] Thüsing/*Pelzner*, AÜG, § 3 Rn. 37; HWK/*Kalb* AÜG § 3 Rn. 26.
[757] Urban-Crell/*Germakowski*, AÜG, § 3 Rn. 64; *Ulber*, AÜG, § 3 Rn. 77.
[758] *Sandmann/Marschall/Schneider*, AÜG, Art. 1 § 3 Rn. 20.
[759] ErfK/*Wank* AÜG § 3 Rn. 14; *Boemke/Lembke*, AÜG, § 3 Rn. 49.
[760] HWK/*Kalb* AÜG § 3 Rn. 26.
[761] Schüren/*Schüren*, AÜG, § 3 Rn. 156.
[762] Thüsing/*Pelzner*, AÜG, § 3 Rn. 39; Schüren/*Schüren*, AÜG, § 3 Rn. 157; *Sandmann/Marschall/Schneider*, AÜG, Art. 1 § 3 Rn. 20.
[763] Urban-Crell/*Germakowski*, AÜG, § 3 Rn. 66.

cc) Verletzung des Gleichstellungsgebots

357 Nach § 3 Abs. 1 Nr. 3 AÜG ist die Verleiherlaubnis oder ihre Verlängerung zu versagen, wenn Tatsachen die Annahme rechtfertigen, dass der Antragsteller dem Leiharbeitnehmer nicht die für einen vergleichbaren Arbeitnehmer des Entleihers geltenden wesentlichen Arbeitsbedingungen gewährt und kein Ausnahmefall vorliegt. Mit dieser Regelung wird das arbeitsrechtliche Gleichstellungsgebot in den **§§ 9 Nr. 2, 10 Abs. 4 AÜG** in gewerberechtlicher Hinsicht ergänzt.[764]

358 Das Gleichstellungsgebot[765] **(equal-pay-/equal-treatment-Grundsatz)** gilt nur für Zeiten der Überlassung an einen Entleiher. In verleihfreien Zeiten sind dagegen die mit dem Verleiher vereinbarten Arbeits- und Entgeltbedingungen maßgeblich.[766]

dd) Besondere Versagungsgründe bei grenzüberschreitender Arbeitnehmerüberlassung

359 § 3 Abs. 2 bis 5 AÜG regeln die sogenannten besonderen Versagungsgründe bei grenzüberschreitender Arbeitnehmerüberlassung.

360 Gemäß § 3 Abs. 2 AÜG ist die Erlaubnis oder ihre Verlängerung **zwingend zu versagen**, wenn die Betriebsstätte des Verleihers **weder in einem Mitgliedstaat der EU noch im EWR-Raum** liegt. Dieses Verbot ist absolut, da der Bundesagentur für Arbeit eine wirksame Kontrolle von Verleihern aus Drittstaaten nicht möglich ist.[767] Der Versagungsgrund des § 3 Abs. 2 AÜG knüpft ausschließlich **an den Ort für die Ausübung der Verleihtätigkeit** an. Weder ist die Staatsangehörigkeit des Verleihers erheblich, noch kommt es darauf an, nach welchem Recht die verleihende Gesellschaft gegründet wurde.[768] Aus der Vorschrift ergibt sich, dass Verleiher mit Geschäftssitz in Drittstaaten für eine grenzüberschreitende Arbeitnehmerüberlassung nach Deutschland einen **Betrieb, Betriebsteil oder Nebenbetrieb im EU-/EWR-Raum gründen** müssen. Dabei ist nicht erforderlich, dass diese Betriebsstätte in dem Einsatzstaat, also in Deutschland errichtet wird.[769]

361 Nach § 3 Abs. 3 AÜG **kann** die Erlaubnis ferner **versagt** werden, wenn der **Antragsteller nicht Deutscher im Sinne des Art. 116 GG** ist oder wenn eine **Gesellschaft oder juristische Person** den Antrag stellt, die entweder **nicht nach deutschem Recht gegründet** ist oder die weder ihren **satzungsmäßigen Sitz** noch ihre Hauptverwaltung noch ihre Hauptniederlassung **im Geltungsbereich des AÜG** hat. § 3 Abs. 3 AÜG regelt nur die erstmalige Erteilung der Erlaubnis. Spätere Verlängerungsanträge können nicht unter Hinweis auf diese Vorschrift abgelehnt werden.[770]

362 § 3 Abs. 4 AÜG stellt natürliche oder juristische Personen, die dem **Recht eines EU- oder EWR-Mitgliedstaates** unterliegen, **deutschen Staatsangehörigen** bzw. nach deutschem Recht gegründeten Gesellschaften und juristischen Personen **gleich.** Diese Antragsteller haben daher unter denselben Bedingungen einen Anspruch auf die Verleiherlaubnis wie deutsche Antragsteller. Damit wird den europäischen Grundsätzen der Niederlassungsfreiheit und des freien Dienstleistungsverkehrs Rechnung getragen.[771] Für Gesellschaften und juristische Personen gilt allerdings gemäß § 3 Abs. 4

---

[764] HWK/*Kalb* AÜG § 3 Rn. 28.
[765] Näheres zum Inhalt der Gleichstellungspflicht und den Ausnahmetatbeständen → Rn. 488 ff.
[766] Urban-Crell/*Germakowski*, AÜG, § 3 Rn. 70.
[767] BT-Drs. VI/2303, 12.
[768] Schüren/*Schüren*, AÜG, § 3 Rn. 180.
[769] Urban-Crell/*Germakowski*, AÜG, § 3 Rn. 179.
[770] HWK/*Kalb* AÜG § 3 Rn. 50.
[771] Thüsing/*Pelzner*, AÜG, § 3 Rn. 141.

II. Gewerberechtliche Erlaubnis

S. 3 AÜG die Einschränkung, dass, sofern sie zwar ihren satzungsmäßigen Sitz, nicht aber ihre Hauptverwaltung oder ihre Hauptniederlassung innerhalb der EWR-Staaten haben, ihre Tätigkeit in tatsächlicher und dauerhafter Verbindung mit der Wirtschaft eines EWR-Staates stehen muss.

Als weitere Ausnahme zu § 3 Abs. 3 AÜG bestimmt § 3 Abs. 5 AÜG, dass Antragsteller aus Drittstaaten auch dann mit deutschen Staatsangehörigen oder deutschen Gesellschaften und juristischen Personen gleichzustellen sind, wenn sich diese **auf Grund eines internationalen Abkommens in Deutschland niederlassen** und bei ihrer Geschäftstätigkeit mit deutschen natürlichen und juristischen Personen gleichbehandelt werden müssen. In diesem Zusammenhang von Bedeutung ist zB das **Assoziierungsabkommen** zwischen der **Europäischen Wirtschaftsgemeinschaft und der Türkei** vom 12. 9. 1963.[772] Nicht mehr relevant sind dagegen die Assoziierungsabkommen mit mittel- und osteuropäischen Staaten (MOE-Staaten), für die nach deren Beitritt zur EU am 1. 5. 2004 bzw. 1. 1. 2007 die europäischen Grundfreiheiten ohnehin gelten. Zu beachten ist jedoch, dass wegen bestehender Beschäftigungsverbote Arbeitnehmer aus Drittstaaten und – bis zum Ablauf der jeweiligen Übergangsfrist – auch aus MOE-Staaten in Deutschland nicht als Leiharbeitskräfte eingesetzt werden dürfen.[773]

363

b) Erlaubniserteilung mit Nebenbestimmungen

Ob die Behörde eine Erlaubnis zur gewerbsmäßigen Arbeitnehmerüberlassung mit Nebenbestimmungen versieht, liegt in ihrem **pflichtgemäßen Ermessen.** Als milderes Mittel gegenüber einer Versagung der Erlaubnis ist diese Möglichkeit stets zu prüfen.[774] Als Nebenbestimmungen kommen Bedingung, Auflage, Widerrufsvorbehalt und Befristung in Betracht.

364

aa) Bedingungen und Auflagen

Gemäß § 2 Abs. 2 S. 1 AÜG kann die Erlaubnis unter Bedingungen erteilt und mit Auflagen verbunden werden, um sicherzustellen, dass keine Tatsachen eintreten, die nach § 3 die Versagung der Erlaubnis rechtfertigen.

365

Unter einer **Bedingung** ist die Abhängigkeit einer Rechtsfolge vom Eintritt eines zukünftigen, ungewissen Ereignisses zu verstehen (vgl. § 36 Abs. 2 Nr. 2 VwVfG). Je nach den Rechtswirkungen ist zwischen der auflösenden und der aufschiebenden Bedingung zu unterscheiden. Bei einer **auflösenden Bedingung** fällt die zunächst rechtswirksam erteilte Erlaubnis **mit Eintritt des Ereignisses weg.** Dagegen wird eine unter einer **aufschiebenden Bedingung** erteilte Erlaubnis **erst mit Eintritt des Ereignisses wirksam;** vorher ist sie schwebend unwirksam. Im Bereich der Arbeitnehmerüberlassung wird eine Erlaubniserteilung unter auflösender Bedingung vielfach für unzulässig gehalten, da es im Gesetz an einer Regelung über die Nachwirkung fehlt.[775] Unstreitig möglich ist hingegen die Erteilung der Erlaubnis mit einer aufschiebenden Bedingung. In der **Praxis** kommt die **Erlaubniserteilung unter Bedingun-**

366

---
[772] BGBl. II 1964, 510.
[773] Vgl. Schüren/*Schüren*, AÜG, § 3 Rn. 172.
[774] BSG 21. 7. 1988 – 7 RAr 60/86, NZA 1989, 74; LSG NRW 2. 1. 1977 – L 12 Ar 15/76, nv; Schüren/*Schüren*, AÜG, § 2 Rn. 35; *Urban-Crell*/Germakowski, AÜG, § 2 Rn. 18.
[775] ErfK/*Wank* AÜG § 2 Rn. 5; *Boemke/Lembke*, AÜG, § 2 Rn. 20; Thüsing/*Kämmerer*, AÜG, § 2 Rn. 14; Schüren/*Schüren*, AÜG, § 2 Rn. 39; aA *Ulber*, AÜG, § 2 Rn. 24; Urban-Crell/*Germakowski*, AÜG, § 2 Rn. 21.

gen kaum vor, da sie aufgrund des oft nur schwer feststellbaren Bedingungseintritts mit einer erheblichen Rechtsunsicherheit verbunden ist.[776]

367 Mit einer **Auflage** soll dem Begünstigten ein bestimmtes Tun, Dulden oder Unterlassen auferlegt werden (vgl. § 36 Abs. 2 Nr. 4 VwVfG), welches sich nicht schon unmittelbar aus dem Gesetz ergibt.[777] Die Auflage **muss inhaltlich hinreichend bestimmt** sein (§ 37 Abs. 1 VwVfG). Zulässig sind zB Auflagen, durch die die Beachtung der Regeln des Arbeitsschutzes (§ 3 Abs. 1 Nr. 1 AÜG) oder eine ausreichende Betriebsorganisation im Verleiherbetrieb (§ 3 Abs. 1 Nr. 2 AÜG) sichergestellt werden soll.[778] Eine bestehende Überlassungserlaubnis kann **auch nachträglich** mit einer Auflage versehen werden (§ 2 Abs. 2 S. 2 AÜG). Nach dieser Vorschrift dürfen Auflagen auch nachträglich noch geändert oder ergänzt werden. Voraussetzung hierfür ist aber stets, dass einem Versagungsgrund nach § 3 AÜG entgegengewirkt wird.[779]

368 **Missachtet** der Verleiher eine ihm erteilte **Auflage,** berührt dies die Wirksamkeit der Erlaubnis nicht.[780] Allerdings berechtigt die Nichtbeachtung der Auflage die Erlaubnisbehörde gemäß § 5 Abs. 1 Nr. 2 AÜG zum **Widerruf der Erlaubnis.** Zudem kann die Erfüllung der Auflage im Wege des Verwaltungszwangs durchgesetzt werden (§ 6 AÜG) und der Verstoß als Ordnungswidrigkeit geahndet werden (§ 16 Abs. 1 Nr. 3, Abs. 2 AÜG).

bb) Widerrufsvorbehalt

369 Der Vorbehalt eines Widerrufs ermöglicht der Behörde die Erteilung einer Erlaubnis, ohne dass die Erteilungsvoraussetzungen abschließend und endgültig geprüft wurden. Er dient damit der **Verfahrensbeschleunigung.**[781] Der Widerrufsvorbehalt ist ein besonderer Fall der auflösenden Bedingung. Macht die Behörde von der Widerrufsmöglichkeit Gebrauch, erlischt die erteilte Erlaubnis mit Wirkung für die Zukunft.

370 Abweichend von § 36 Abs. 2 Nr. 3 VwVfG macht § 2 Abs. 3 AÜG die Erteilung einer Erlaubnis unter Widerrufsvorbehalt davon abhängig, dass eine **abschließende Beurteilung des Antrags noch nicht möglich** ist. Der Erlass eines Widerrufsvorbehalts steht damit nicht im freien Ermessen der Behörde. Vorausgesetzt wird vielmehr eine **fehlende Beurteilungsreife im Zeitpunkt der Antragstellung.**[782] Dies kann etwa bei notwendiger Aufklärung eines komplexen Sachverhalts der Fall sein.[783] Vielfach wird gefordert, dass die Gründe für die fehlende Beurteilungsreife nicht nur in der Person des Antragsstellers liegen dürfen.[784] Dem ist zuzustimmen, da der Widerrufsvorbehalt ansonsten einer Erteilung der Erlaubnis auf Probe gleichkäme. Teilweise wird darüber hinaus darauf abgestellt, dass ein Abwarten mit der Entscheidung dem Antragsteller unzumutbar sein muss.[785] Für eine derartige Einschränkung findet sich jedoch im Gesetz keine Stütze.[786]

---

[776] DA-AÜG zu § 2 Ziff. 2.2.
[777] BSG 19. 3. 1992 – 8 RAr 34/91, NZA 1993, 95.
[778] BT-Drs. VI/2303, 10 f.
[779] Schüren/*Schüren*, AÜG, § 2 Rn. 51; *Ulber*, AÜG, § 2 Rn. 28; Thüsing/*Kämmerer*, AÜG, § 2 Rn. 12; *Sandmann/Marschall/Schneider*, AÜG, Art. 1 § 2 Rn. 20.
[780] Urban-Crell/*Germakowski*, AÜG, § 2 Rn. 28.
[781] Schüren/*Schüren*, AÜG, § 2 Rn. 58.
[782] BT-Drs. VI/2303, 11.
[783] Urban-Crell/*Germakowski*, AÜG, § 2 Rn. 30.
[784] DA-AÜG zu § 2 Ziff. 2.3 Abs. 1; Schüren/*Schüren*, AÜG, § 2 Rn. 61; Urban-Crell/*Germakowski*, AÜG, § 2 Rn. 30.
[785] *Ulber*, AÜG, § 2 Rn. 35; HWK/*Kalb* AÜG § 2 Rn. 10.
[786] Vgl. Schüren/*Schüren*, AÜG, § 2 Rn. 62.

II. Gewerberechtliche Erlaubnis

Praktische Bedeutung erlangt die Erlaubniserteilung unter Widerrufsvorbehalt zB **371** beim **Tod des bisherigen Erlaubnisinhabers**. In diesen Fällen kommt es vor, dass dem neuen Betriebsinhaber auf Antrag eine vorläufige Erlaubnis unter Widerrufsvorbehalt erteilt wird, um eine Fortführung des Betriebs zu ermöglichen.[787]

cc) Befristung

Gemäß § 2 Abs. 4 S. 1 AÜG ist die Überlassungserlaubnis **bei erstmaliger Ertei- 372 lung zwingend auf ein Jahr zu befristen**. Erst nach Ablauf von drei aufeinanderfolgenden Jahren kann eine unbefristete Erlaubnis erteilt werden (§ 2 Abs. 5 S. 1 AÜG). Die Befristung dient der **Erprobung** des Verleihers.[788]

Auch wenn die Vorschrift zur Befristung als Berufsausübungsregelung in die Berufs- **373** freiheit des Verleihunternehmens eingreift, bestehen gegen sie **keine verfassungsrechtlichen Bedenken**.[789] Die Regelung dient dem Schutz der Leiharbeitnehmer und ist aufgrund der in den Sätzen 2 bis 4 vorgesehenen Möglichkeit der Verlängerung sowie der Erlaubnisfiktion bei Untätigkeit der Behörde als verhältnismäßig anzusehen.

Die befristete Erlaubnis wird **nur auf Antrag verlängert**. Nach § 2 Abs. 4 S. 2 **374** AÜG ist der Verlängerungsantrag spätestens drei Monate vor Ablauf der Jahresfrist zu stellen. Die Jahresfrist beginnt mit dem Zugang des (Erst-)Bescheids beim Antragsteller. Wird der **Verlängerungsantrag verspätet** gestellt, erlischt die befristete Erlaubnis mit Zeitablauf.[790] Der verspätet eingegangene Antrag gilt als Neuantrag.[791] Da die Bearbeitung eines solchen Antrags mehrere Monate dauern kann, kann ein verspäteter Verlängerungsantrag dazu führen, dass die **Verleihtätigkeit unterbrochen werden muss**. Der rechtzeitigen Antragstellung ist daher größte Bedeutung beizumessen. Für den Verlängerungsantrag gilt wie für den Erstantrag das Schriftformerfordernis.[792]

Lehnt die Behörde die fristgemäß beantragte Verlängerung nicht vor Ablauf der Jah- **375** resfrist ab, **verlängert sich die Erlaubnis nach § 2 Abs. 4 S. 3 AÜG automatisch** um ein weiteres Jahr. Dadurch wird für den Verleiher, der sich an die Fristen hält, ein ununterbrochener Bestand der Erlaubnis sichergestellt.[793]

Auch eine Erlaubnis unter Widerrufsvorbehalt wird nur befristet erteilt. Zu ihrer **376** Verlängerung ist daher ebenfalls ein rechtzeitig gestellter Verlängerungsantrag erforderlich. Im Falle der automatischen Verlängerung nach § 2 Abs. 4 S. 3 AÜG verlängert sich die Erlaubnis mitsamt ihren Einschränkungen; der Widerrufsvorbehalt bleibt demnach bestehen.[794]

Wird der Antrag auf Verlängerung abgelehnt, gilt die Erlaubnis nach § 2 Abs. 4 S. 4 **377** AÜG **zur Abwicklung** bereits bestehender Verträge für einen Zeitraum von **bis zu zwölf Monaten als fortbestehend**. Umstritten ist, wann die zwölfmonatige Abwicklungsfrist beginnt. Nach einer Ansicht soll die Frist in entsprechender Anwendung des § 5 Abs. 2 AÜG bereits mit dem Zugang der Ablehnung des Verlängerungs-

---

[787] Urban-Crell/*Germakowski*, AÜG, § 2 Rn. 31.
[788] BT-Drs. VI/2303, 11.
[789] Schüren/*Schüren*, AÜG, § 2 Rn. 65; Thüsing/*Kämmerer*, AÜG, § 2 Rn. 8; Urban-Crell/*Germakowski*, AÜG, § 2 Rn. 32; *Sandmann/Marschall/Schneider*, AÜG, Art. 1 § 2 Rn. 25; *Boemke/Lembke*, AÜG, § 2 Rn. 28.
[790] LAG Schleswig-Holstein 6. 4. 1984 – 3 (4) Sa 597/82, EzAÜG AÜG § 10 Fiktion Nr. 35; ErfK/*Wank* AÜG § 2 Rn. 8.
[791] Urban-Crell/*Germakowski*, AÜG, § 2 Rn. 34.
[792] Thüsing/*Kämmerer*, AÜG, § 2 Rn. 21.
[793] Schüren/*Schüren*, AÜG, § 2 Rn. 68.
[794] Schüren/*Schüren*, AÜG, § 2 Rn. 71; aA *Ulber*, AÜG, § 2 Rn. 44.

antrags beginnen.[795] Nach anderer Auffassung ist der Zeitpunkt des Auslaufens der befristeten Erlaubnis für den Beginn der Nachwirkung maßgeblich.[796]

378   Innerhalb des **Nachwirkungszeitraums** darf der Verleiher nach herrschender Meinung **weder Verträge mit Entleihern noch mit Leiharbeitnehmern neu abschließen.**[797] Die bestehenden Verträge muss er auslaufen lassen oder, soweit sie über die Zwölfmonatsfrist hinaus dauern würden, kündigen.[798] Hinsichtlich der Leiharbeitsverträge kommt insofern eine ordentliche Kündigung aus betriebsbedingten Gründen in Betracht.[799] Überlassungsverträge mit Entleihern können angesichts der auslaufenden Abwicklungsfrist ordentlich oder außerordentlich gekündigt werden.[800]

c) Unbefristete Erlaubniserteilung

379   Eine unbefristete Erlaubnis können Verleihunternehmen **frühestens nach Ablauf von drei Jahren** beantragen (§ 2 Abs. 5 S. 1 AÜG). Dabei muss der Antragsteller in drei aufeinanderfolgenden Jahren erlaubt als Verleiher tätig gewesen sein. Die Erteilung einer unbefristeten Erlaubnis steht grundsätzlich **im Ermessen der Behörde.** Einigkeit besteht jedoch dahingehend, dass einem Verleiher, der drei Jahre lang unbeanstandet seine Tätigkeit ausgeübt hat, ein Anspruch auf Erteilung einer unbefristeten Erlaubnis zusteht; hier ist das Ermessen der Behörde auf Null reduziert.[801] Hat der Verleiher während der letzten drei Jahre mehrere kleine Gesetzesverstöße begangen, die zwar unterhalb der Verbotsgrenze des § 3 AÜG liegen, aber dennoch Zweifel an seiner Zuverlässigkeit aufkommen lassen, soll nach herrschender Meinung eine nochmalige Befristung der Erlaubnis möglich sein.[802]

10. Erlöschen, Rücknahme und Widerruf der Erlaubnis

380   Eine einmal erteilte Erlaubnis zur gewerbsmäßigen Arbeitnehmerüberlassung kann unter bestimmten Voraussetzungen ihre Wirksamkeit verlieren. Dies kann kraft Gesetzes geschehen (Erlöschen) oder aber eine Handlung der zuständigen Behörde erfordern (Rücknahme und Widerruf).

a) Erlöschen der Erlaubnis

381   Die Überlassungserlaubnis kann aus verschiedenen Gründen erlöschen.

aa) Erlöschen der Erlaubnis durch Zeitablauf

382   Eine befristete Erlaubnis zur Arbeitnehmerüberlassung erlischt mit Zeitablauf. Dies gilt auch für den Fall, dass ein **Antrag auf Verlängerung** nach § 2 Abs. 4 S. 2 AÜG

---

[795] *Ulber,* AÜG, § 2 Rn. 45; Schüren/*Schüren,* AÜG, § 2 Rn. 72.
[796] Thüsing/*Kämmerer,* AÜG, § 2 Rn. 22; Urban-Crell/*Germakowski,* AÜG, § 2 Rn. 37; *Boemke/Lembke,* AÜG, § 2 Rn. 32.
[797] BT-Drs. VI/2303, 11; DA-AÜG zu § 2 Ziff. 2.4; Thüsing/*Kämmerer,* AÜG, § 2 Rn. 23; Schüren/*Schüren,* AÜG, § 2 Rn. 73; aA *Boemke/Lembke,* AÜG, § 2 Rn. 34; Urban-Crell/*Germakowski,* AÜG, § 2 Rn. 42, nach denen die Nachwirkung nicht für die Leiharbeitsverträge gelten soll.
[798] ErfK/*Wank* AÜG § 2 Rn. 9.
[799] Schüren/*Schüren,* AÜG, § 2 Rn. 84; ErfK/*Wank* AÜG § 2 Rn. 9.
[800] *Ulber,* AÜG, § 2 Rn. 47; ErfK/*Wank* AÜG § 2 Rn. 9.
[801] ErfK/*Wank* AÜG § 2 Rn. 8; *Ulber,* AÜG, § 2 Rn. 49; Schüren/*Schüren,* AÜG, § 2 Rn. 111; Thüsing/*Kämmerer,* AÜG, § 2 Rn. 29.
[802] SG Hamburg 14. 3. 1978 – 2 Ar 1067/76, nv; *Sandmann/Marschall/Schneider,* AÜG, Art. 1 § 2 Rn. 31; Schüren/*Schüren,* AÜG, § 2 Rn. 112; *Boemke/Lembke,* AÜG, § 2 Rn. 37; *Ulber,* AÜG, § 2 Rn. 49; aA Thüsing/*Kämmerer,* AÜG, § 2 Rn. 29.

II. Gewerberechtliche Erlaubnis

verspätet gestellt wurde und die Erlaubnisbehörde über diesen Antrag nicht vor Ablauf der Jahresfrist positiv entschieden hat.[803]

bb) Erlöschen der Erlaubnis durch Nichtgebrauch

Eine unbefristete Erlaubnis erlischt nach § 2 Abs. 5 S. 2 AÜG, wenn der Erlaubnisinhaber von ihr **drei Jahre lang keinen Gebrauch** gemacht hat. Ein Nichtgebrauchmachen liegt vor, wenn der Verleiher innerhalb von drei Jahren **keinen eigenen Arbeitnehmer** an einen Entleiher **überlassen** hat.[804] Der Abschluss von Überlassungsverträgen oder Leiharbeitsverträgen allein reicht nicht aus.[805] Unbeachtlich ist, aus welchen Gründen der Verleiher von der Erlaubnis keinen Gebrauch macht.[806]   383

cc) Erlöschen der Erlaubnis durch Tod des Verleihers oder Auflösung des Verleihunternehmens

Die Erlaubnis zur gewerbsmäßigen Überlassung von Arbeitnehmern ist personengebunden. Aufgrund ihres **höchstpersönlichen Charakters,** der sich aus den gesetzlichen Versagungsgründen des § 3 AÜG – insbesondere dem Merkmal der Zuverlässigkeit – herleiten lässt, erlischt die Erlaubnis grundsätzlich mit dem **Ende der Existenz des Erlaubnisträgers.**[807]   384

Im Falle des Todes des Erlaubnisinhabers ist **umstritten,** ob die Erlaubnis unmittelbar im Zeitpunkt des Todes endet oder ob ggf. eine **befristete oder unbefristete Fortwirkung für die Erben** in Betracht kommt. Die Frage ist von Bedeutung, da das Erlöschen der Erlaubnis gemäß § 9 Nr. 1 AÜG die Unwirksamkeit der Leiharbeitsverträge zur Folge hat. Während nach einer Ansicht die Erlaubnis sofort mit dem Tod erlöschen soll,[808] ist nach gegenteiliger Auffassung davon auszugehen, dass die Erben gemäß § 46 GewO die Erlaubnis unbeschränkt fortsetzen können.[809] Ein überwiegender Teil der Literatur[810] spricht sich dafür aus, im Interesse des Schutzes der Leiharbeitnehmer die Erlaubnis in entsprechender Anwendung des § 46 GewO iVm § 2 Abs. 4 S. 4 AÜG nur für die **Abwicklung der laufenden Geschäfte** auf die Erben übergehen zu lassen; wollen die Erben das Verleihunternehmen nicht nur abwickeln, sondern fortführen, müssen sie eine eigene Erlaubnis beantragen.   385

Bei juristischen Personen oder Personengesellschaften führt deren **endgültige Auflösung** zugleich zum Erlöschen der Erlaubnis.[811] In diesen Fällen bestehen im Hinblick auf den Schutz der Leiharbeitnehmer keine Bedenken, da zur Auflösung einer juristischen Person stets die vorhergehende Abwicklung der laufenden Geschäfte gehört (vgl. § 70 S. 1 GmbHG, § 268 Abs. 1 S. 1 AktG, §§ 145 ff. HGB, §§ 730 ff. BGB).[812]   386

---

[803] Urban-Crell/*Germakowski*, AÜG, § 2 Rn. 53.
[804] Schüren/*Schüren*, AÜG, § 2 Rn. 115; *Boemke/Lembke*, AÜG, § 2 Rn. 39; Urban-Crell/*Germakowski*, § 2 Rn. 50.
[805] Urban-Crell/*Germakowski*, AÜG, § 2 Rn. 50; KasselerHdb/*Düwell* Kap. 4.5 Rn. 180; Schüren/*Schüren*, AÜG, § 2 Rn. 116; aA Thüsing/*Kämmerer*, AÜG, § 2 Rn. 30, der das Bestehen von Leiharbeitsverhältnissen genügen lassen will.
[806] HWK/*Kalb* AÜG § 2 Rn. 14.
[807] BSG 12. 12. 1991 – 7 RAr 56/90, NZA 1992, 668.
[808] *Sandmann/Marschall/Schneider*, AÜG, Art. 1 § 2 Rn. 23.
[809] *Becker/Wulfgramm*, AÜG, § 2 Rn. 41.
[810] ErfK/*Wank* AÜG § 2 Rn. 10; Schüren/*Schüren*, AÜG, § 2 Rn. 98 ff.; Urban-Crell/*Germakowski*, AÜG, § 2 Rn. 57 ff.; HWK/*Kalb* AÜG § 2 Rn. 14; *Ulber*, AÜG, § 2 Rn. 53.
[811] LSG Baden-Württemberg 6. 12. 1983 – L 5 Ar 659/82, EzAÜG AÜG § 2 Erlöschensgründe Nr. 1.
[812] Schüren/*Schüren*, AÜG, § 2 Rn. 102; Urban-Crell/*Germakowski*, AÜG, § 2 Rn. 60.

387 Die Erlaubnis **erlischt** dagegen **nicht automatisch bei Insolvenz oder Geschäftsunfähigkeit** des Verleihers oder im Falle der **Untersagung der Berufsausübung** nach § 70 StGB, denn hier besteht die Person des Verleihers weiter.[813] In diesen Fällen kommt aber **regelmäßig** ein **Widerruf** der Erlaubnis wegen Unzuverlässigkeit in Betracht.

b) Rücknahme der Erlaubnis

388 Die Rücknahme der Überlassungserlaubnis ist in **§ 4 AÜG** geregelt. Nach dieser Vorschrift, die lex specialis zu der Regelung im Verwaltungsverfahrensgesetz (§ 48 VwVfG) ist, kann eine rechtswidrige Erlaubnis mit Wirkung für die Zukunft zurückgenommen werden. Abweichend von § 48 VwVfG genießt der Inhaber einer rechtswidrigen Überlassungserlaubnis **keinen Bestandsschutz**; § 4 Abs. 1 S. 1 AÜG ermöglicht die Rücknahme einer rechtswidrigen Erlaubnis ohne Einschränkungen.[814] **Praktisch** hat die Rücknahme jedoch **kaum Bedeutung**. Erlaubnisse zur Arbeitnehmerüberlassung erlöschen überwiegend aufgrund von Nichtverlängerung, einige auch aufgrund Widerrufs nach § 5 AÜG.[815]

aa) Voraussetzungen

389 Voraussetzung für die Rücknahme nach § 4 AÜG ist die **Rechtswidrigkeit der Erlaubnis**. Rechtswidrig ist die Erlaubnis, wenn sie nicht hätte erteilt werden dürfen, weil zum Zeitpunkt der Erteilung die entsprechenden Voraussetzungen nicht vorlagen, insbesondere weil Versagungsgründe gemäß § 3 AÜG bestanden.[816] Unerheblich ist, ob der Erlaubnisbehörde die Versagungsgründe schon bei der Erlaubniserteilung bekannt waren oder weswegen sie ihr unbekannt geblieben sind.[817] Entscheidend ist allein, dass die **Rechtswidrigkeit objektiv gegeben** war.[818] Dabei kommt es auf die bei Erlass der Entscheidung bestehende Sachlage an.[819] Spätere Änderungen der Sach- oder Rechtslage, die im Falle einer Neuerteilung zur Rechtswidrigkeit führen würden, können nur einen Widerruf der Erlaubnis zur Folge haben. Hat der Verleiher eine Straftat begangen, ist für die Frage, ob die Erlaubnis zurückzunehmen oder zu widerrufen ist, der Zeitpunkt der Begehung der Straftat und nicht der Zeitpunkt der späteren Verurteilung maßgeblich.[820] Eine auf falschen Angaben des Antragstellers beruhende Erlaubnis kann nicht zurückgenommen werden, wenn **trotz der Unrichtigkeit** der Angaben ein **Anspruch** auf die Erlaubniserteilung **bestand**.[821] **Verfahrens- oder Formfehler** sind ebenfalls unbeachtlich, soweit sie geheilt wurden oder die Erlaubnis trotz des Fehlers materiell zu Recht erteilt wurde.[822] Gleiches gilt für bloße Bagatellfehler wie offensichtliche Schreib- oder Rechenfehler; diese können jederzeit durch die Behörde berichtigt werden.[823] Um die Rücknahme zu rechtfertigen, muss die Rechtswidrigkeit bis zum Zeitpunkt der Rücknahmeentscheidung fortwirken.[824] Dies ist aus dem

---

[813] Schüren/*Schüren*, AÜG, § 2 Rn. 104; *Boemke/Lembke*, AÜG, § 2 Rn. 41.
[814] Urban-Crell/*Germakowski*, AÜG, § 4 Rn. 2.
[815] 10. AÜG-Erfahrungsbericht, BT-Drs. 15/6009, 13 (25 f.).
[816] *Boemke/Lembke*, AÜG, § 4 Rn. 4; Schüren/*Schüren*, AÜG, § 4 Rn. 7.
[817] HWK/*Kalb* AÜG § 4 Rn. 4.
[818] Schüren/*Schüren*, AÜG, § 4 Rn. 10; HWK/*Kalb* AÜG § 4 Rn. 4.
[819] ErfK/*Wank* AÜG § 4 Rn. 3.
[820] LSG Niedersachsen 22. 7. 1977 – L 7 S (Ar) 31/77, EzAÜG AÜG § 4 Rücknahme Nr. 1.
[821] Urban-Crell/*Germakowski*, AÜG, § 4 Rn. 6.
[822] ErfK/*Wank* AÜG § 4 Rn. 3; Schüren/*Schüren*, AÜG, § 4 Rn. 13.
[823] Schüren/*Schüren*, AÜG, § 4 Rn. 12.
[824] *Sandmann/Marschall/Schneider*, AÜG, Art. 1 § 4 Rn. 6; Schüren/*Schüren*, AÜG, § 4 Rn. 7; Urban-Crell/*Germakowski*, AÜG, § 4 Rn. 4.

II. Gewerberechtliche Erlaubnis

Rechtsgedanken des § 5 Abs. 3 AÜG herzuleiten, wonach ein Widerruf unzulässig ist, wenn eine Erlaubnis gleichen Inhalts neu erteilt werden müsste.[825]

Die **Beweislast für die Rechtswidrigkeit** der erteilten Erlaubnis trägt grundsätzlich die **Erlaubnisbehörde**. Sie muss die Tatsachen darlegen und beweisen, die eine Erlaubniserteilung damals und auch heute noch rechtswidrig machen.[826] 390

Die bloß rechtswidrige Erlaubnis ist von einer nichtigen zu unterscheiden. **Nichtig** ist eine Überlassungserlaubnis, wenn ihre **Fehlerhaftigkeit schwer und offenkundig** ist (§ 44 VwVfG). In diesem Fall ist die Erlaubnis von Anfang an unwirksam und für alle Beteiligten unbeachtlich, so dass es einer Rücknahme nicht bedarf. Erfolgt eine solche gleichwohl, hat sie lediglich klarstellende Bedeutung ist nicht geeignet, Ausgleichsansprüche nach § 4 Abs. 2 AÜG zu begründen.[827] 391

bb) Rechtsfolgen

§ 4 Abs. 1 S. 1 AÜG stellt die Rücknahme der rechtswidrigen Erlaubnis in das Ermessen der Behörde. Bei der **Ermessensausübung** hat die Behörde den **Grundsatz der Verhältnismäßigkeit** zu beachten. Das bedeutet, dass eine Rücknahme nur zulässig ist, wenn mildere Mittel wie zB der Erlass einer nachträglichen Auflage nicht ausreichen, um einen rechtmäßigen Zustand herbeizuführen.[828] Ist die Überlassungserlaubnis rechtswidrig und kommen mildere Mittel zur Beseitigung des Rechtswidrigkeitsgrundes nicht in Betracht, **reduziert sich das Ermessen der Behörde auf Null.** Sie ist in diesem Fall verpflichtet, die Erlaubnis zurückzunehmen.[829] Das Bestehen schutzwürdigen Vertrauens in den Bestand der Erlaubnis findet grundsätzlich bei der Entscheidung keine Berücksichtigung, sondern führt lediglich zu einem Anspruch des Verleihers auf Ausgleich des Vermögensnachteils.[830] 392

Nach § 4 AÜG kann die Erlaubnis nur **mit Wirkung für die Zukunft,** nicht auch für die Vergangenheit zurückgenommen werden. So wird verhindert, dass durch einen nachträglichen Wegfall der Erlaubnis ein rechtloser Zustand eintritt.[831] 393

§ 4 Abs. 1 S. 2 AÜG ordnet für den Fall der Rücknahme die entsprechende Geltung der Nachwirkungsregelung des § 2 Abs. 4 S. 4 AÜG an. Damit besteht für Verträge, die der Verleiher vor der Rücknahme geschlossen hat, eine **Schonfrist von zwölf Monaten.** Bis zum Ablauf dieser Abwicklungsfrist bleiben diese Verträge voll wirksam. 394

Unter bestimmten Voraussetzungen erhält der Verleiher nach § 4 Abs. 2 AÜG einen **Ausgleich des Vermögensnachteils,** der ihm durch die Rücknahme der rechtswidrigen Erlaubnis entstanden ist. Der Anspruch setzt voraus, dass der Verleiher auf den Fortbestand der Erlaubnis vertraut hat und dieses Vertrauen schutzwürdig war. Ein **schutzwürdiges Vertrauen** ist regelmäßig zu verneinen, wenn einer der dem Verantwortungsbereich des Verleihers zuzurechnenden Ausschlusstatbestände des Abs. 2 Nr. 1–3 vorliegt. Die dortige Aufzählung ist jedoch nicht abschließend, so dass ein Vertrauen des Verleihers auch aus anderen Gründen ausgeschlossen sein kann.[832] Im Ergebnis ist von einem schutzwürdigen Vertrauen nur in Fällen auszugehen, in denen 395

---

[825] *Sandmann/Marschall/Schneider,* AÜG, Art. 1 § 4 Rn. 6.
[826] Urban-Crell/*Germakowski,* AÜG, § 4 Rn. 7.
[827] ErfK/*Wank* AÜG § 4 Rn. 1; Schüren/*Schüren,* AÜG, § 4 Rn. 11.
[828] Urban-Crell/*Germakowski,* AÜG, § 4 Rn. 8; *Ulber,* AÜG, § 4 Rn. 7; *Boemke/Lembke,* AÜG, § 4 Rn. 7.
[829] *Sandmann/Marschall/Schneider,* AÜG, Art. 1 § 4 Rn. 7; Schüren/*Schüren,* AÜG, § 4 Rn. 19.
[830] Urban-Crell/*Germakowski,* AÜG, § 4 Rn. 8.
[831] Thüsing/*Kämmerer,* AÜG, § 4 Rn. 4.
[832] ErfK/*Wank* AÜG § 4 Rn. 6.

A. Arbeitnehmerüberlassung

die Behörde im wesentlichen korrekt informiert wurde, dann aber die ihr bekannten Tatsachen rechtlich falsch bewertet hat.[833] Die **praktische Bedeutung** des Ausgleichsanspruchs ist daher **äußerst gering**.[834] Soweit ein Anspruch besteht, ist dem Verleiher das negative Interesse (Vertrauensinteresse) zu ersetzen (§ 4 Abs. 2 S. 3 AÜG). Dabei handelt es sich um den Vermögensnachteil, den der Verleiher dadurch erleidet, dass er auf den Bestand der Erlaubnis vertraut hat. Ersatzfähig sind demnach **nur tatsächliche Aufwendungen, nicht aber entgangener Gewinn**.[835] Schließlich kann der Verleiher einen Anspruch auf Vermögensausgleich gemäß § 4 Abs. 2 S. 5 AÜG nur innerhalb eines Jahres geltend machen. Als Fristbeginn setzt die Vorschrift den Zeitpunkt fest, in dem die Behörde auf den Lauf der Frist hinweist.

cc) Rücknahmefrist

396   Die Rücknahme einer rechtswidrigen Verleiherlaubnis muss nach § 4 Abs. 3 AÜG **binnen eines Jahres erfolgen,** nachdem die Erlaubnisbehörde von den Tatsachen Kenntnis erhalten hat, die die Rücknahme rechtfertigen. Für die Kenntniserlangung ist die **positive Kenntnis der zur Rücknahme berechtigenden Umstände** maßgeblich; bloßes Kennenmüssen reicht nicht aus.[836] Umstritten ist, auf wessen Kenntnis es für den Fristbeginn ankommt. Während eine Ansicht die Kenntnis irgendeines Mitarbeiters der Bundesagentur für Arbeit für ausreichend hält,[837] verlangen andere die Kenntnis der zuständigen Dienststelle[838] bzw. sogar des zuständigen Sachbearbeiters.[839] Im Gegensatz zu der Regelung in § 48 Abs. 4 S. 2 VwVfG gilt die Ausschlussfrist nach dem AÜG auch in den Fällen, in denen die Erlaubnis durch arglistige Täuschung, Drohung oder Bestechung erwirkt worden ist.

c) Widerruf der Erlaubnis

397   Unter den Voraussetzungen des § 5 AÜG kann eine Erlaubnis mit Wirkung **für die Zukunft widerrufen** werden. Ebenso wie § 4 AÜG geht auch § 5 AÜG der entsprechenden Bestimmung des Verwaltungsverfahrensgesetzes (§ 49 VwVfG) vor. Die **praktische Bedeutung** des Widerrufs ist **sehr viel größer als die der Rücknahme**. Ausweislich des 10. AÜG-Erfahrungsberichts der Bundesregierung wurden im Berichtszeitraum 2000 bis 2004 lediglich 46 Erlaubnisse zurückgenommen, während 421 widerrufen wurden. Die meisten der insgesamt erloschenen Erlaubnisse (7010 von insgesamt 7477) entfielen auf andere Weise, insbesondere durch Nichtverlängerung befristeter Erlaubnisse.[840]

aa) Voraussetzungen

(1) Rechtmäßige oder rechtswidrige Erlaubnis

398   Von Anfang an **rechtmäßige Erlaubnisse** können nur durch einen Widerruf nach § 5 AÜG beseitigt werden. Statthaft ist der Widerruf darüber hinaus aber auch bei

---

[833] Schüren/*Schüren,* AÜG, § 4 Rn. 24; *Sandmann/Marschall/Schneider,* AÜG, Art. 1 § 4 Rn. 10 f.
[834] ErfK/*Wank* AÜG § 4 Rn. 6; Schüren/*Schüren,* AÜG, § 4 Rn. 5, 24.
[835] *Ulber,* AÜG, § 4 Rn. 11.
[836] ErfK/*Wank* AÜG § 4 Rn. 5; HWK/*Kalb* AÜG § 4 Rn. 13; Urban-Crell/*Germakowski,* AÜG, § 4 Rn. 17; aA Thüsing/*Kämmerer,* AÜG, § 4 Rn. 6.
[837] Schüren/*Schüren,* AÜG, § 4 Rn. 23; Urban-Crell/*Germakowski,* AÜG, § 4 Rn. 18.
[838] LSG Niedersachsen 25. 11. 1993 – L 10 Ar 219/92, EzAÜG AÜG § 5 Nr. 1, 3; Thüsing/ *Kämmerer,* AÜG, § 4 Rn. 6; *Sandmann/Marschall/Schneider,* AÜG, Art. 1 § 4 Rn. 14; *Ulber,* AÜG, § 4 Rn. 8 a; *Boemke/Lembke,* AÜG, § 4 Rn. 12.
[839] BVerwG 19. 12. 1984 – GS 1/84, NJW 1985, 819.
[840] BT-Drs. 15/6008, 7 (25).

II. Gewerberechtliche Erlaubnis

rechtswidrigen Verwaltungsakten.[841] Dies ergibt sich für den Fall der Überlassungserlaubnis bereits aus dem Wortlaut des § 5 AÜG, der – im Unterschied zu § 4 AÜG – keine Beschränkung auf nur rechtmäßige Erlaubnisse enthält. Wenn zudem schon rechtmäßige Verwaltungsakte durch Widerruf aufgehoben werden können, muss dies erst recht für rechtswidrige Verwaltungsakte gelten, sofern ein Widerrufsgrund gegeben ist.

(2) Widerrufsgründe

Ein Widerruf nach § 5 AÜG ist nur zulässig, wenn einer der in Abs. 1 **abschlie-** **ßend aufgezählten Widerrufsgründe** vorliegt. 399

(a) Widerrufsvorbehalt

Nach § 5 Abs. 1 Nr. 1 AÜG kann eine Erlaubnis widerrufen werden, wenn sich die Behörde den Widerruf bei ihrer Erteilung nach § 2 Abs. 3 AÜG vorbehalten hat. Nach dem ausdrücklichen Wortlaut bezieht sich die Widerrufsmöglichkeit des § 5 Abs. 1 Nr. 1 AÜG nur auf **Widerrufsvorbehalte, die nach § 2 Abs. 3 AÜG beigefügt** worden sind.[842] Die Fälle, in denen die Behörde in Ausübung des ihr durch § 3 Abs. 3 AÜG eingeräumten Ermessens einen Widerrufsvorbehalt angeordnet hat, werden daher nicht erfasst.[843] Aus dem Verweis auf § 2 Abs. 3 AÜG wird überwiegend gefolgert, dass die Rechtmäßigkeit des Widerrufs zweierlei erfordert: Der Widerruf muss **rechtmäßig vorbehalten** worden sein,[844] und die abschließende Prüfung des Antrags muss ergeben, dass der Erteilung der Erlaubnis ein **nicht ausräumbarer Versagungsgrund** nach § 3 AÜG **entgegensteht**.[845] Darüber hinaus soll der Widerruf auch dann möglich sein, wenn sich im weiteren Verlauf des Erlaubnisverfahrens entgegen dem ursprünglichen Anschein Anlass zu der Annahme ergibt, dass die mit der vorläufigen Erlaubniserteilung verbundenen Risiken nicht mehr länger hinnehmbar sind.[846] 400

(b) Nichterfüllung einer Auflage

§ 5 Abs. 1 Nr. 2 AÜG ermöglicht den Widerruf einer Erlaubnis, wenn der Verleiher eine **Auflage** nach § 2 Abs. 2 AÜG **nicht** innerhalb einer ihm gesetzten Frist **erfüllt** hat. Umstritten ist, ob von dieser Vorschrift sämtliche Auflagen erfasst werden. Da eine Fristsetzung nur zur Erfüllung eines Gebotes in Betracht komme, sollen nach einschränkender Auffassung Auflagen, die dem Verleiher ein Unterlassen (Verbot) auferlegen, nicht unter § 5 Abs. 1 Nr. 2 AÜG fallen.[847] Vielmehr sei in diesen Fällen der 401

---

[841] BVerwG 21. 11. 1986 – 8 C 33/84, NJW 1987, 1964; *Kopp/Ramsauer*, § 49 Rn. 12; *Thüsing/ Kämmerer*, AÜG, § 5 Rn. 2; *Urban-Crell/Germakowski*, AÜG, § 5 Rn. 3.
[842] *Sandmann/Marschall/Schneider*, AÜG, Art. 1 § 5 Rn. 3; *Schüren/Schüren*, AÜG, § 5 Rn. 13.
[843] *Thüsing/Kämmerer*, AÜG, § 5 Rn. 4; ErfK/*Wank* AÜG § 5 Rn. 3.
[844] VGH Kassel 26. 4. 1988 – 11 UE 219/84, NVwZ 1989, 165; ErfK/*Wank* AÜG § 5 Rn. 4; *Schüren/Schüren*, AÜG, § 5 Rn. 14; *Ulber*, AÜG, § 5 Rn. 5; *Becker/Wulfgramm*, AÜG, § 5 Rn. 9; aA *Thüsing/Kämmerer*, AÜG, § 5 Rn. 5; *Urban-Crell/Germakowski*, AÜG, § 5 Rn. 8, die die Rechtmäßigkeit des Widerrufsvorbehalt nicht als Voraussetzung für die Zulässigkeit des Widerrufs ansehen, jedoch bei offensichtlicher Rechtswidrigkeit eines bestandskräftigen Widerrufsvorbehalts die Ausübung des Widerrufs für ermessensfehlerhaft halten.
[845] ErfK/*Wank* AÜG § 5 Rn. 3 f.; *Ulber*, AÜG, § 5 Rn. 4; *Schüren/Schüren*, AÜG, § 5 Rn. 16.
[846] *Sandmann/Marschall/Schneider*, AÜG, Art. 1 § 5 Rn. 2; *Ulber*, AÜG, § 5 Rn. 4; ErfK/*Wank* AÜG § 5 Rn. 3; *Schüren/Schüren*, AÜG, § 5 Rn. 16; aA *Boemke/Lembke*, AÜG, § 5 Rn. 7; *Thüsing/ Kämmerer*, AÜG, § 5 Rn. 4.
[847] *Schüren/Schüren*, AÜG, § 5 Rn. 17 ff.; ErfK/*Wank* AÜG § 5 Rn. 5; *Boemke/Lembke*, AÜG, § 5 Rn. 9.

Widerrufsgrund der Nr. 3 einschlägig. Nach anderer Ansicht ist bei einer auf Unterlassen gerichteten Auflage die Fristsetzung entbehrlich; der Verleiher soll der Auflage demnach sofort nachzukommen haben.[848]

402 Der Widerruf nach § 5 Abs. 1 Nr. 2 AÜG setzt **nicht voraus,** dass den **Verleiher** an der Nichterfüllung der Auflage ein **Verschulden trifft.** Allerdings ist die Frage des Verschuldens im Rahmen der Ermessensausübung zu berücksichtigen; ein fehlendes Verschulden kann daher zur Unverhältnismäßigkeit des Widerrufs führen.[849]

403 Für die Ausübung des Widerrufs nach § 5 Abs. 2 Nr. 2 ist nicht erforderlich, dass die **Auflage** unanfechtbar geworden ist; sie **muss lediglich vollziehbar sein** (vgl. § 6 Abs. 1 VwVG).[850] Eine isolierte Anfechtung der Auflage durch den Verleiher schließt damit einen Widerruf der Erlaubnis (noch) nicht aus, da der Widerspruch gegen die Auflage gemäß §§ 86 Abs. 4, 86b SGG keine aufschiebende Wirkung entfaltet. Stellt sich jedoch während des Widerspruchsverfahrens heraus, dass die Auflage rechtswidrig ist, scheidet ein Widerruf nach § 5 Abs. 2 Nr. 2 AÜG aus.[851]

404 Die Behörde hat im Rahmen der **Ermessensausübung den Verhältnismäßigkeitsgrundsatz zu beachten.** Danach darf sie die Erlaubnis nicht schon wegen der Nichteinhaltung geringfügiger Auflagen widerrufen. Vielmehr muss sie zunächst versuchen, die Auflage im Wege der Verwaltungsvollstreckung durchzusetzen.[852] Zudem ist die Möglichkeit eines Bußgeldes nach § 16 Abs. 1 Nr. 3 AÜG in Betracht zu ziehen.[853]

(c) Nachträglich eingetretener Versagungsgrund

405 Nach § 5 Abs. 1 Nr. 3 AÜG ist ein Widerruf der Erlaubnis möglich, wenn die Erlaubnisbehörde auf Grund **nachträglich eingetretener Tatsachen** berechtigt wäre, die Erlaubnis zu versagen. Die Vorschrift verweist damit auf den Katalog der Versagungsgründe des § 3 Abs. 1 bis 5 AÜG.[854] Die Tatsachen, die nach § 3 AÜG eine Versagung rechtfertigen würden, dürfen **erst nach der Erlaubniserteilung eingetreten** sein. Lagen die Tatsachen schon bei der Erteilung der Erlaubnis vor, sind der Behörde aber erst nachträglich bekannt geworden, scheidet ein Widerruf aus. Allerdings kommt in diesem Fall eine Rücknahme der Erlaubnis nach § 4 AÜG in Betracht.[855] Typische Anwendungsfälle für einen Widerruf nach § 5 Abs. 1 Nr. 3 AÜG sind jene, in denen sich die Unzuverlässigkeit des Verleihers erst im Nachhinein herausstellt, zB bei einer nach Erlaubniserteilung erfolgenden Eröffnung des Insolvenzverfahrens über das Vermögen des Verleihers.[856]

---

[848] BVerwG 27. 9. 1982 – 8 C 96/81, BVerwGE 66, 172; Thüsing/*Kämmerer*, AÜG, § 5 Rn. 6; Urban-Crell/*Germakowski*, AÜG, § 5 Rn. 9; *Ulber*, AÜG, § 5 Rn. 6.
[849] ErfK/*Wank*, AÜG, § 5 Rn. 5; Thüsing/*Kämmerer*, AÜG, § 5 Rn. 6a; Urban-Crell/*Germakowski*, AÜG, § 5 Rn. 10.
[850] Schüren/*Schüren*, AÜG, § 5 Rn. 20.
[851] *Ulber*, AÜG, § 5 Rn. 7a; ErfK/*Wank*, AÜG, § 5 Rn. 5.
[852] Schüren/*Schüren*, AÜG, § 5 Rn. 21; ErfK/*Wank* AÜG § 5 Rn. 5; Thüsing/*Kämmerer*, AÜG, § 5 Rn. 7; Urban-Crell/*Germakowski*, AÜG, § 5 Rn. 13; aA *Ulber*, AÜG, § 5 Rn. 6.
[853] Urban-Crell/*Germakowski*, AÜG, § 5 Rn. 13.
[854] *Sandmann/Marschall/Schneider*, AÜG, Art. 1 § 5 Rn. 5; HWK/*Kalb* AÜG § 5 Rn. 5; *Ulber* AÜG, § 5 Rn. 8.
[855] LSG Niedersachsen 22. 7. 1977 – EzAÜG AÜG § 4 Rücknahme Nr. 1; ErfK/*Wank* AÜG § 5 Rn. 6.
[856] *Sandmann/Marschall/Schneider*, AÜG, Art. 1 § 5 Rn. 5; Urban-Crell/*Germakowski*, AÜG, § 5 Rn. 14.

II. Gewerberechtliche Erlaubnis

(d) Änderung der Rechtslage

Gemäß § 5 Abs. 1 Nr. 4 AÜG kann eine Erlaubnis schließlich widerrufen werden, **406** wenn die Erlaubnisbehörde **auf Grund einer geänderten Rechtslage berechtigt wäre, die Erlaubnis zu versagen**. Ein Widerruf nach dieser Bestimmung führt nach § 5 Abs. 1 Nr. 4 Hs. 2 AÜG zu einem Ausgleichsanspruch des Verleihers in entsprechender Anwendung des § 4 Abs. 2 AÜG.

Unstreitig liegt eine **Änderung der Rechtslage** im Sinne des § 5 Abs. 1 Nr. 4 **407** AÜG vor, wenn durch die Änderung von Gesetzesvorschriften ein **neuer einschlägiger Versagungsgrund geschaffen** worden ist.[857] Ob daneben auch eine **Änderung der höchstrichterlichen Rechtsprechung** einen Widerruf begründen kann, ist **umstritten**. Der Gesetzgeber ist davon ausgegangen, dass auch dieser Fall von § 5 Abs. 1 Nr. 4 AÜG erfasst wird.[858] In der Literatur herrscht dagegen die Ansicht[859] vor, dass eine Änderung der höchstrichterlichen Rechtsprechung die Erlaubnisbehörde grundsätzlich nicht zum Widerruf berechtigen könne. Dies wird überzeugend damit begründet, dass eine Änderung der Rechtsprechung keine Änderung des objektiven Rechts bewirke, sondern lediglich Ausdruck einer bisherigen falschen Rechtsanwendung sei. Da die erteilte Erlaubnis somit von Anfang an rechtswidrig gewesen sei, komme in diesen Fällen statt eines Widerrufs eine Rücknahme nach § 4 Abs. 1 AÜG in Betracht.

(3) Unzulässigkeit des Widerrufs

Der Widerruf ist nach § 5 Abs. 3 AÜG unzulässig, wenn eine **Erlaubnis gleichen** **408** **Inhalts erneut erteilt werden müsste**. Diese Vorschrift soll ein widersprüchliches Verhalten der Behörde verhindern. In den Fällen, in denen die Erlaubnisbehörde aufgrund des anwendbaren materiellen Rechts zur Erteilung einer Erlaubnis mit gleichem Inhalt verpflichtet wäre, würde sie mit der Ausübung des Widerrufs einen gesetzwidrigen Zustand herbeiführen. Als Ausprägung des Grundsatzes der Gesetzmäßigkeit der Verwaltung stellt § 5 Abs. 3 AÜG klar, dass ein Anspruch auf Erlaubniserteilung Vorrang vor einem nach Ermessen zulässigen Widerruf hat.[860] Ein Widerruf darf nicht zur Bestrafung des Verleihers, sondern nur zur Erreichung des gesetzmäßigen Zustands dienen.[861]

bb) Rechtsfolgen

Wie die Rücknahme steht auch der Widerruf der Erlaubnis im Ermessen der Behörde. Im Rahmen der Ermessensausübung hat die Erlaubnisbehörde den **Grundsatz** **409** **der Verhältnismäßigkeit** zu beachten. Stehen der Behörde **mildere Mittel** wie zB die nachträgliche Erteilung einer Auflage zur Verfügung, kann der Widerruf der Erlaubnis ermessensfehlerhaft sein.[862] Vor einem möglichen Widerruf wegen Nichterfül-

---

[857] *Becker/Wulfgramm*, AÜG, § 5 Rn. 15; *Boemke/Lembke*, AÜG, § 5 Rn. 14; *Ulber*, AÜG, § 5 Rn. 10; ErfK/*Wank* AÜG § 5 Rn. 7.
[858] BT-Drs. VI/3505, 3; unter Berufung hierauf ebenso: *Sandmann/Marschall/Schneider*, AÜG, Art. 1 § 5 Rn. 7; ErfK/*Wank* AÜG § 5 Rn. 7; HWK/*Kalb* AÜG § 5 Rn. 6.
[859] *Boemke/Lembke*, AÜG, § 5 Rn. 15; *Schüren/Schüren*, AÜG, § 5 Rn. 27; *Thüsing/Kämmerer*, AÜG, § 5 Rn. 10; *Ulber*, AÜG, § 5 Rn. 11 a; Urban-Crell/*Germakowski*, AÜG, § 5 Rn. 19; *Becker/Wulfgramm*, AÜG, § 5 Rn. 15.
[860] *Thüsing/Kämmerer*, AÜG, § 5 Rn. 13; ErfK/*Wank* AÜG § 5 Rn. 8.
[861] *Schüren/Schüren*, AÜG, § 5 Rn. 29; *Sandmann/Marschall/Schneider*, AÜG, Art. 1 § 5 Rn. 9.
[862] Urban-Crell/*Germakowski*, AÜG, § 5 Rn. 22.

lung von Auflagen (§ 5 Abs. 1 Nr. 2 AÜG) sind zunächst die Mittel des Verwaltungszwangs und des Ordnungswidrigkeitenrechts in Betracht zu ziehen.[863]

410 Der **Widerruf wirkt für die Zukunft.** Er führt zum Erlöschen der Erlaubnis. Gemäß § 5 Abs. 2 S. 1 AÜG wird die Überlassungserlaubnis mit dem Wirksamwerden des Widerrufs unwirksam. Wirksam wird der Widerruf in dem Zeitpunkt, in dem er dem Erlaubnisinhaber bekannt gegeben wird (§ 43 Abs. 1 VwVfG). Ab diesem Zeitpunkt ist die Arbeitnehmerüberlassung illegal. Allerdings sieht § 5 Abs. 2 S. 2 AÜG eine entsprechende Anwendung des § 2 Abs. 4 S. 4 AÜG vor, so dass die widerrufene Erlaubnis zum Zwecke der Abwicklung der laufenden Verträge für höchstens zwölf Monate nachwirkt. Für den Fall, dass der Widerruf auf einer Änderung der Rechtslage beruht, steht dem Verleiher ein **Anspruch auf Ausgleich des ihm entstandenen Vermögensnachteils** gemäß § 5 Abs. 1 Nr. 4 aE iVm § 4 Abs. 2 AÜG zu, soweit sein Vertrauen schutzwürdig ist. In den sonstigen Widerrufsfällen (§ 5 Abs. 1 Nr. 1 bis 3 AÜG) kommt ein Ausgleichsanspruch nicht in Betracht, da der Widerruf dem Erlaubnisinhaber zurechenbar ist.[864]

cc) Widerrufsfrist

411 Wie die Rücknahme, so ist auch der Widerruf **nur innerhalb eines Jahres** nach Kenntniserlangung der dafür erheblichen Tatsachen zulässig (§ 5 Abs. 4 AÜG).

11. Übertragbarkeit der Erlaubnis

412 Bei der Erlaubnis zur gewerbsmäßigen Arbeitnehmerüberlassung handelt es sich um eine rein **personenbezogene Erlaubnis**.[865] Sie ist an die natürliche oder juristische Person gebunden, der sie erteilt wurde. Sie ist deshalb **grundsätzlich nicht übertragbar**.[866] Weder kann sie rechtsgeschäftlich übertragen werden, noch geht sie im Wege der Erbfolge auf den Rechtsnachfolger über.[867]

413 Bei einem **Betriebsübergang** des Verleihunternehmens behält der Verleiher seine Erlaubnis.[868] Diese **erlischt** aber gemäß § 2 Abs. 5 S. 2 AÜG **nach drei Jahren**, wenn von ihr kein Gebrauch gemacht wird. Der Betriebserwerber bedarf einer eigenen Überlassungserlaubnis.

414 Auch bei einer **Umwandlung** ist nicht von einer Übertragung der Erlaubnis auszugehen. Tritt nach Auflösung einer Kommanditgesellschaft an ihre Stelle im Wege der Einzelrechtsnachfolge ein anderer Rechtsträger, benötigt dieser eine neue Erlaubnis.[869]

415 Fraglich ist, ob dies auch für die **formwechselnde Umwandlung** gilt, bei der die Rechtsform einer Gesellschaft geändert wird, ohne dass diese ihre Identität aufgibt. Das Bundessozialgericht hat diese Frage ausdrücklich offen gelassen.[870] Nach Auffassung des LAG Düsseldorf soll bei einer Verschmelzung des Erlaubnisträgers mit einem anderen Unternehmen die Erlaubnis mit der Eintragung der Verschmelzung ins Han-

---
[863] Schüren/*Schüren*, AÜG, § 5 Rn. 21; Thüsing/*Kämmerer*, AÜG, § 5 Rn. 7.
[864] BT-Drs. VI/2303, 12; Boemke/Lembke, AÜG, § 5 Rn. 25; Schüren/*Schüren*, AÜG, § 5 Rn. 36.
[865] BSG 12. 12. 1991 – 7 RAr 56/90, NZA 1992, 668; Becker/*Wulfgramm*, AÜG, § 1 Rn. 18; Sandmann/Marschall/Schneider, AÜG, Art. 1 § 2 Rn. 4.
[866] LSG Baden-Württemberg 6. 12. 1983 – L 5 Ar 659/82, EzAÜG AÜG § 2 Erlöschensgründe Nr. 1.
[867] BSG 12. 12. 1991 – 7 RAr 56/90, NZA 1992, 668.
[868] KasselerHdb/*Düwell* Kap. 4.5 Rn. 181.
[869] BSG 12. 12. 1991 – 7 RAr 56/90, NZA 1992, 668.
[870] BSG 12. 12. 1991 – 7 RAr 56/90, NZA 1992, 668.

II. Gewerberechtliche Erlaubnis

delsregister erlöschen.[871] Für den Fall, dass die aufnehmende Gesellschaft bei Abschluss des notariellen Verschmelzungsvertrags bereits einen Antrag auf Erteilung einer Erlaubnis gestellt hat und die gesetzlichen Voraussetzungen für die Erteilung zu diesem Zeitpunkt vorlagen, bejaht die Kammer allerdings eine Rückwirkung der neu erteilten Erlaubnis auf den Zeitpunkt der Verschmelzung.

12. Gewerberechtliche Pflichten im Rahmen der Verleihtätigkeit

Um den Schutz der Leiharbeitnehmer auch nach Erteilung der Erlaubnis zu gewährleisten, legt das Gesetz eine Reihe von **Pflichten für den Verleiher** fest, die der Behörde zu dessen Kontrolle und Überwachung dienen. So begründet § 7 AÜG umfangreiche Anzeige- und Auskunftspflichten des Verleihers sowie Prüfungs- und Eingriffsrechte der Behörde. Daneben ordnet § 8 AÜG eine Verpflichtung des Verleihers zu statistischen Meldungen an. 416

a) Anzeigepflichten

Die in § 7 Abs. 1 AÜG statuierten Anzeigepflichten sollen eine **effektive und kontinuierliche Kontrolle** der Verleiher durch die Bundesagentur für Arbeit sicherstellen.[872] 417

Nach **§ 7 Abs. 1 S. 1 AÜG** ist der Verleiher verpflichtet, der Erlaubnisbehörde nach Erteilung der Erlaubnis unaufgefordert bestimmte **betriebliche Veränderungen** vorher anzuzeigen, soweit sie die Ausübung der Arbeitnehmerüberlassung zum Gegenstand haben. Als anzeigepflichtige betriebliche Veränderungen nennt die Vorschrift die Verlegung, Schließung und Errichtung von Betrieben, Betriebsteilen oder Nebenbetrieben. Zur Bestimmung der Begriffe des Betriebs, des Betriebsteils und des Nebenbetriebs ist auf die betriebsverfassungsrechtlichen Grundsätze zurückzugreifen.[873] Um eine **Verlegung** handelt es sich bei **jeder örtlichen Veränderung** der Betriebsstätte unter **Beibehaltung ihrer Identität**.[874] Als **Schließung** gilt neben der endgültigen, nicht nur vorübergehenden Einstellung des Betriebs auch dessen Veräußerung oder Verpachtung.[875] Unter der **Errichtung** ist die Eröffnung eines Betriebs zu verstehen.[876] 418

Die Anzeige der geplanten betrieblichen Veränderungen setzt die Jahresfrist für den Widerruf (§ 5 Abs. 4 AÜG) noch nicht in Gang. Die **Frist beginnt** vielmehr erst, wenn die **angezeigte Veränderung tatsächlich eingetreten** ist.[877] 419

Nach **§ 7 Abs. 1 S. 2 AÜG** ist der Verleiher darüber hinaus verpflichtet, bestimmte **personelle Veränderungen anzuzeigen,** sofern er als Personengesamtheit, Personengesellschaft oder juristische Person organisiert ist. Dadurch soll die Überwachung der Zuverlässigkeit eines Erlaubnisinhabers, der keine natürliche Person ist, ermöglicht werden. Der Verleiher hat diejenigen **personellen Änderungen** in der **Geschäfts-** 420

---

[871] LAG Düsseldorf 25. 8. 2008 – 17 Sa 153/08, EzAÜG AÜG § 2 Erlöschensgründe Nr. 3.
[872] BT-Drs. VI/2303, 13.
[873] Thüsing/*Thüsing*, AÜG, § 7 Rn. 8; HWK/*Kalb* AÜG § 7 Rn. 5.
[874] ErfK/*Wank* AÜG § 7 Rn. 5.
[875] Schüren/*Schüren*, AÜG, § 7 Rn. 14; HWK/*Kalb* AÜG § 7 Rn. 5; Thüsing/*Thüsing*, AÜG, § 7 Rn. 9.
[876] ErfK/*Wank* AÜG § 7 Rn. 5; Schüren/*Schüren*, AÜG, § 7 Rn. 14.
[877] Schüren/*Schüren*, AÜG, § 7 Rn. 15; *Ulber*, AÜG, § 7 Rn. 9; Thüsing/*Thüsing*, AÜG, § 7 Rn. 10.

führung oder der **Vertretung** anzuzeigen, die auf einer Berufung nach Gesetz, Satzung oder Gesellschaftsvertrag beruhen. Nicht zu den anzeigepflichtigen Veränderungen zählen dagegen solche im Bereich rechtsgeschäftlich erteilter Geschäftsführungs- oder Vertretungsmacht wie zB die Erteilung oder der Entzug einer Prokura oder Handlungsvollmacht.[878]

421 Die Anzeige muss **rechtzeitig vor der geplanten Änderung** erfolgen, damit die Behörde mögliche Auswirkungen auf die Erlaubnis prüfen kann.[879] Der Verleiher hat die Veränderungen unaufgefordert anzuzeigen. Dies schließt jedoch nicht aus, dass die **Behörde** ihn ausdrücklich zu einer solchen Anzeige **auffordern** kann, wenn ihr **entsprechende Anhaltspunkte** für eine Veränderung vorliegen.[880] Die Anzeigepflicht kann notfalls im Wege des Verwaltungszwangs nach § 6 AÜG durchgesetzt werden. Die Verletzung der Anzeigepflicht stellt zudem eine Ordnungswidrigkeit gemäß § 16 Abs. 1 Nr. 4 AÜG dar. Wiederholte oder schwerwiegende Verstöße des Verleihers gegen die Anzeigepflichten können schließlich einen Widerruf der Erlaubnis nach § 5 Abs. 1 Nr. 3 iVm § 3 Abs. 1 Nr. 1 AÜG begründen, da sich aus ihnen nachträglich die Unzuverlässigkeit des Verleihers schließen lässt.[881]

b) Auskunftspflichten

422 Wie die Anzeigepflichten des Abs. 1 sollen auch die Auskunftspflichten nach § 7 Abs. 2 AÜG die Kontrolle des Verleihers gewährleisten. Dabei geht es in erster Linie um die Überprüfung, ob die in § 3 AÜG genannten Voraussetzungen eingehalten werden. Die Auskunftspflichten dienen damit vor allem der **Vorbereitung von Entscheidungen** über die **Erteilung von Auflagen,** über die **Rücknahme** und den **Widerruf** der Erlaubnis und über die Einleitung von Straf- oder Ordnungswidrigkeitenverfahren.[882]

423 Gemäß § 7 Abs. 2 S. 1 AÜG hat der Verleiher der Behörde auf Verlangen sämtliche Auskünfte zu erteilen, die zur Durchführung des Gesetzes erforderlich sind.

aa) Auskunftsverlangen

424 Die Verpflichtung setzt ein konkretes Auskunftsverlangen der Behörde voraus. Der Verleiher muss daher nicht bereits von sich aus über alle relevanten Umstände informieren. **Ob** und in **welchem Umfang** die Behörde von einem Verleiher Auskünfte verlangt, steht in ihrem **Ermessen.** Da Missbräuche und Verstöße gegen die Vorschriften des AÜG bereits im Vorfeld verhindert werden sollen,[883] ist ein Auskunftsverlangen nicht davon abhängig, dass der Behörde Anhaltspunkte für Unregelmäßigkeiten vorliegen. Auch einer besonderen Begründung des Verlangens bedarf es nicht.[884]

bb) Erteilung und Inhalt der Auskunft

425 **Auskunftsverpflichtet** ist der **Verleiher.** Handelt es sich bei diesem nicht um eine natürliche Person, trifft die Auskunftspflicht den gesetzlichen Vertreter. Der Verleiher

---

[878] ErfK/*Wank* AÜG § 7 Rn. 6; *Sandmann/Marschall/Schneider*, AÜG, Art. 1 § 7 Rn. 10; HWK/*Kalb* AÜG § 7 Rn. 7.
[879] Thüsing/*Thüsing*, AÜG, § 7 Rn. 6.
[880] *Sandmann/Marschall/Schneider*, AÜG, Art. 1 § 7 Rn. 7; *Ulber*, AÜG, § 7 Rn. 4.
[881] *Ulber*, AÜG, § 7 Rn. 3; Schüren/*Schüren*, AÜG, § 7 Rn. 18; Thüsing/*Thüsing*, AÜG, § 7 Rn. 12.
[882] BT-Drs. VI/2303, 13.
[883] BSG 12. 7. 1989 – 7 RAr 46/88, NZA 1990, 157.
[884] Thüsing/*Thüsing*, AÜG, § 7 Rn. 15; Schüren/*Schüren*, AÜG, § 7 Rn. 21.

II. Gewerberechtliche Erlaubnis

kann sich zur Erfüllung seiner Auskunftspflicht einer dritten Person, wie zB eines Angestellten, eines Steuer- oder Rechtberaters bedienen.[885]

Der Verleiher ist nach § 7 Abs. 2 S. 2 AÜG verpflichtet, die Auskünfte **wahrheitsgemäß, vollständig, fristgemäß und unentgeltlich** zu erteilen. Die Auskünfte müssen zudem in deutscher Sprache erfolgen (vgl. § 23 Abs. 1 VwVfG, § 19 Abs. 1 SGB X). In diesem Zusammenhang entstehende Kosten für Abschriften, Ablichtungen oder Übersetzungen werden dem Verleiher nicht erstattet.[886]

Zulässiger Inhalt des Auskunftsverlangens sind alle Angaben, die der Behörde die Kontrolle ermöglichen, ob der Verleiher die Vorschriften des AÜG einhält. Die **Auskunftspflichten** gehen damit **sehr weit**. So kann die Behörde von einem Mischbetrieb verlangen, alle seine Beschäftigten, getrennt nach Leiharbeitnehmern und anderen Arbeitnehmern, aufzuführen und Angaben zu deren Beschäftigungsdauer zu machen, um eine unzulässige Vermischung von Arbeitsbereichen zu verhindern.[887] Dagegen ist der Verleiher nicht verpflichtet, Auskünfte über die Verhältnisse bei Drittunternehmen zu erteilen, mit denen er in geschäftlichen Beziehungen steht.[888]

cc) Auskunftsverweigerungsrecht

Die Auskunftspflicht des Verleihers wird durch ein Auskunftsverweigerungsrecht beschränkt, das in **§ 7 Abs. 5 AÜG** geregelt ist. Danach kann der Verleiher die Auskunft auf solche Fragen verweigern, deren Beantwortung ihn selbst oder einen Angehörigen der **Gefahr der Verfolgung einer Straftat oder Ordnungswidrigkeit** aussetzen würde. Als Angehörige kommen gemäß der in Bezug genommenen Vorschrift des § 383 Abs. 1 Nr. 1–3 ZPO der Verlobte, der jetzige oder frühere Ehegatte, Verwandte oder Verschwägerte in gerader Linie, Verwandte in der Seitenlinie bis zum dritten Grad oder Verschwägerte in der Seitenlinie bis zum zweiten Grad in Betracht.

Zur Auskunftsverweigerung berechtigt ist der Verleiher. Bei Personengesamtheiten, Personengesellschaften und juristischen Personen steht dieses Recht dem Geschäftsführer oder dem gesetzlichen Vertreter zu.

Der Verleiher muss sich **ausdrücklich auf sein Auskunftsverweigerungsrecht berufen**, da ihm sonst ein Verfahren nach § 16 Abs. 1 Nr. 5 AÜG droht. Die Auskunftsverweigerung braucht **grundsätzlich nicht näher begründet** zu werden. Ist allerdings im Einzelfall weder eine Straftat noch eine Ordnungswidrigkeit auch nur entfernt ersichtlich, muss der Verleiher wenigstens andeutungsweise darlegen, warum die fragliche Gefahr bestehen könnte.[889]

Die Berufung auf das Auskunftsverweigerungsrecht ist für den Verleiher mit dem **Risiko zusätzlicher Ermittlungen durch die Erlaubnisbehörde** verbunden. Zwar dürfen aus der Verweigerung der Auskunft selbst keine für den Verleiher nachteiligen Schlüsse gezogen werden;[890] allerdings darf die Behörde den Tatsachenvortrag, auf den der Verleiher sein Auskunftsverweigerungsrecht stützt, zur Beurteilung seiner Zuverlässigkeit heranziehen.[891] Im Übrigen kann die Auskunftsverweigerung die Behörde dazu

---

[885] ErfK/*Wank* AÜG § 7 Rn. 7; *Sandmann/Marschall/Schneider*, AÜG, Art. 1 § 7 Rn. 11.
[886] Thüsing/*Thüsing*, AÜG, § 7 Rn. 18; *Ulber*, AÜG, § 7 Rn. 12; Schüren/*Schüren*, AÜG, § 7 Rn. 24.
[887] LSG Berlin 26. 1. 1988 – L 14 Ar 7/86, EzAÜG AÜG § 7 Auskunftspflichten Nr. 1.
[888] Schüren/*Schüren*, AÜG, § 7 Rn. 26; *Boemke/Lembke*, AÜG, § 7 Rn. 19; *Ulber*, AÜG, § 7 Rn. 12; Thüsing/*Thüsing*, AÜG, § 7 Rn. 17.
[889] Schüren/*Schüren*, AÜG, § 7 Rn. 28; *Sandmann/Marschall/Schneider*, AÜG, Art. 1 § 7 Rn. 36; Urban-Crell/*Germakowski*, AÜG, § 7 Rn. 22.
[890] *Boemke/Lembke*, AÜG, § 7 Rn. 59; ErfK/*Wank* AÜG § 7 Rn. 19; *Ulber*, AÜG, § 7 Rn. 32.
[891] Thüsing/*Thüsing*, AÜG, § 7 Rn. 42; *Ulber*, AÜG, § 7 Rn. 32; *Boemke/Lembke*, AÜG, § 7 Rn. 59.

veranlassen, sich die zur Überprüfung notwendigen Informationen auf andere Weise zu beschaffen.[892]

dd) Nachprüfung durch die Erlaubnisbehörde

432 Gemäß § 7 Abs. 2 S. 3 AÜG kann die Erlaubnisbehörde die **Vorlage von geschäftlichen Unterlagen** oder eine **andere Form der Glaubhaftmachung** verlangen, um die Richtigkeit der Auskünfte des Verleihers zu überprüfen. Zu den „geschäftlichen Unterlagen" gehören alle schriftlichen Unterlagen, Datenträger oder Tonbandaufzeichnungen, die einen Bezug zu der vom Verleiher betriebenen Arbeitnehmerüberlassung aufweisen.[893] Dazu zählen insbesondere Überlassungsverträge, Leiharbeitsverträge, Korrespondenz mit Vertragspartnern und Behörden, die Buchhaltung und Unterlagen über die Abführung von Sozialversicherungsbeiträgen und Lohnsteuern.[894] Bei gemischten Unternehmen fallen die in dem keine Arbeitnehmerüberlassung betreibenden Unternehmensteil entstandenen und geführten Unterlagen nicht unter den Begriff der geschäftlichen Unterlagen iSd § 7 Abs. 2 AÜG.[895]

433 Fehlen Unterlagen oder reichen die vorhandenen nicht aus, kann der Verleiher gemäß § 7 Abs. 2 S. 3, 2. Fall AÜG seine Angaben auch auf andere Weise glaubhaft machen. Zur **Glaubhaftmachung** reicht es aus, dass ein **überwiegender Grad von Wahrscheinlichkeit** für die Richtigkeit der Angaben spricht.[896] Im Hinblick auf die Mittel der Glaubhaftmachung ist zu beachten, dass in Verfahren nach dem AÜG eine Versicherung an Eides statt weder durch Gesetz noch durch Rechtsverordnung vorgesehen ist und die Erlaubnisbehörde insoweit auch nicht für zuständig erklärt worden ist. Daher kommt nach überwiegender Ansicht zur Glaubhaftmachung der Angaben nach § 7 Abs. 2 AÜG eine Versicherung an Eides statt gegenüber der Behörde nicht in Betracht.[897]

434 Um eine wirksame Überprüfung durch die Erlaubnisbehörde sicherzustellen, ist der Verleiher nach **§ 7 Abs. 2 S. 4 AÜG** gegenüber der Behörde verpflichtet, seine **Geschäftsunterlagen drei Jahre lang aufzubewahren**. Andere Aufbewahrungspflichten, zB nach dem Handels- oder Steuerrecht, werden dadurch nicht berührt.[898] Mit den Geschäftsunterlagen sind alle Dokumente, Datenträger und Tonbandaufzeichnungen gemeint, die der Verleiher im Rahmen des § 7 Abs. 2 S. 3 1. Fall AÜG der Behörde vorlegen muss.[899] Die Dreijahresfrist beginnt unabhängig vom Geschäftsjahr bereits mit der Entstehung der Geschäftsunterlagen, da ab diesem Zeitpunkt auch die Prüfungsmöglichkeit der Behörde besteht.[900]

---

[892] HWK/*Kalb* AÜG § 7 Rn. 25; ErfK/*Wank* AÜG § 7 Rn. 19; Schüren/*Schüren*, AÜG, § 7 Rn. 29.

[893] Thüsing/*Thüsing*, AÜG, § 7 Rn. 19; *Ulber*, AÜG, § 7 Rn. 13.

[894] *Sandmann/Marschall/Schneider*, AÜG, Art. 1 § 7 Rn. 15; *Boemke/Lembke*, AÜG, § 7 Rn. 23; ErfK/*Wank* AÜG § 7 Rn. 7.

[895] ErfK/*Wank* AÜG § 7 Rn. 7; Thüsing/*Thüsing*, AÜG, § 7 Rn. 21.

[896] MüKoZPO/*Prütting* § 294 Rn. 23.

[897] ErfK/*Wank* AÜG § 7 Rn. 7; Schüren/*Schüren*, AÜG, § 7 Rn. 35; *Sandmann/Marschall/Schneider*, AÜG, Art. 1 § 7 Rn. 16; *Boemke/Lembke*, AÜG, § 7 Rn. 27; aA *Ulber*, AÜG, § 7 Rn. 15; *Becker/Wulfgramm*, AÜG, § 7 Rn. 9a.

[898] *Ulber*, AÜG, § 7 Rn. 16; Schüren/*Schüren*, AÜG, § 7 Rn. 36.

[899] Schüren/*Schüren*, AÜG, § 7 Rn. 36; ErfK/*Wank* AÜG § 7 Rn. 8; Thüsing/*Thüsing*, AÜG, § 7 Rn. 23; *Boemke/Lembke*, AÜG, § 7 Rn. 28; aA *Sandmann/Marschall/Schneider*, AÜG, Art. 1 § 7 Rn. 17, wonach der Begriff der Geschäftsunterlagen in S. 4 enger zu verstehen sein soll als der Begriff der geschäftlichen Unterlagen in S. 3.

[900] *Boemke/Lembke*, AÜG, § 7 Rn. 29; KasselerHdb/*Düwell* Kap. 4.5 Rn. 532; Schüren/*Schüren*, AÜG, § 7 Rn. 37; Thüsing/*Thüsing*, AÜG, § 7 Rn. 23; aA *Ulber*, AÜG, § 7 Rn. 17.

II. Gewerberechtliche Erlaubnis

ee) Rechtsfolgen bei Verletzung der Auskunftspflichten

Die Erlaubnisbehörde kann sowohl die Auskunfts- als auch die Vorlagepflicht des Verleihers **im Wege des Verwaltungszwangs** durchsetzen. Verletzt der Verleiher seine Auskunfts- oder Aufbewahrungspflicht, macht er sich zudem einer Ordnungswidrigkeit gemäß § 16 Abs. 1 Nr. 5 bzw. Nr. 6 AÜG schuldig. Bei beharrlichen oder schwerwiegenden Verstößen kann die Behörde schließlich nach § 5 Abs. 1 Nr. 3 AÜG die Überlassungserlaubnis widerrufen. 435

c) Behördliche Nachschau

§ 7 Abs. 3 AÜG räumt der Behörde zur Sicherstellung einer ordnungsgemäßen Überwachung des Verleihers das Recht der behördlichen Nachschau ein. Dieses ermöglicht den von der Erlaubnisbehörde beauftragten Personen in begründeten Einzelfällen, **Grundstücke und Geschäftsräume des Verleihers zu betreten** und dort **Prüfungen vorzunehmen** (§ 7 Abs. 3 S. 1 AÜG). Der Verleiher hat diese Handlungen zu dulden (§ 7 Abs. 3 S. 2 AÜG). 436

aa) Betretungs- und Prüfungsrecht der Behörde

Das Betretungs- und Prüfungsrecht der Behörde besteht gemäß § 7 Abs. 3 S. 1 AÜG nur in begründeten Einzelfällen. Es setzt voraus, dass **konkrete Anhaltspunkte** vorliegen, die den **Verdacht eines gesetzwidrigen Verhaltens** des Verleihers begründen und zur Überprüfung des Verdachts ein Betreten der Geschäftsräume erforderlich machen.[901] Anlass für die behördliche Nachschau können zB Beschwerden von Leiharbeitnehmern oder auch eine Auskunftsverweigerung des Verleihers nach § 7 Abs. 5 AÜG sein.[902] **Stichprobenartige Kontrollen ohne konkreten Anlass** sind von § 7 Abs. 3 AÜG **nicht gedeckt**.[903] 437

Die Behörde hat den **Grundsatz der Verhältnismäßigkeit** zu beachten. Dies bedeutet jedoch nicht, dass der Ausübung des Nachschaurechts zwingend eine Aufforderung zur Auskunftserteilung vorausgegangen sein muss, welcher der Verleiher nicht oder nur unvollständig nachgekommen ist.[904] Zwar ist regelmäßig zunächst das mildere Mittel des Auskunftsverlangens einzusetzen. Es sind aber auch Fälle denkbar, in denen der konkrete Verdacht, der Verleiher habe seine Pflichten verletzt, nur durch eine Nachschau ohne vorhergehendes Auskunftsverlangen aufgeklärt werden kann.[905] Dann wäre ein Auskunftsverlangen ungeeignet und könnte sogar den Erfolg einer Nachschau vereiteln.[906] Auch eine **vorherige Ankündigung** der Nachschau wird **nicht verlangt**, da eine solche den Erfolg der Maßnahme gefährden könnte.[907] 438

Das Betreten von Grundstücken und Geschäftsräumen des Verleihers ist nur **Personen** gestattet, die dazu **von der Erlaubnisbehörde beauftragt** sind. Neben den eigenen Bediensteten der Erlaubnisbehörde kann es sich dabei um Angehörige anderer Behörden (zB der Gewerbeaufsicht oder Finanzbehörde) oder auch um Sachverständige handeln.[908] 439

---

[901] BSG 29. 7. 1992 – 11 RAr 57/91, NZA 1993, 524.
[902] ErfK/*Wank* AÜG § 7 Rn. 10; Thüsing/*Thüsing*, AÜG, § 7 Rn. 27; *Ulber*, AÜG, § 7 Rn. 22.
[903] HWK/*Kalb* AÜG § 7 Rn. 14; Schüren/*Schüren*, AÜG, § 7 Rn. 41.
[904] BSG 29. 7. 1992 – 11 RAr 57/91, NZA 1993, 524; Schüren/*Schüren*, AÜG, § 7 Rn. 42; Urban-Crell/*Germakowski*, AÜG, § 7 Rn. 8; ErfK/*Wank* AÜG § 7 Rn. 11; HWK/*Kalb* AÜG § 7 Rn. 15.
[905] BSG 29. 7. 1992 – 11 RAr 57/91, NZA 1993, 524; Thüsing/*Thüsing*, AÜG, § 7 Rn. 28.
[906] ErfK/*Wank* AÜG § 7 Rn. 11; Schüren/*Schüren*, AÜG, § 7 Rn. 42.
[907] BSG 29. 7. 1992 – 11 RAr 57/91, NZA 1993, 524; *Boemke/Lembke*, AÜG, § 7 Rn. 34; Urban-Crell/*Germakowski*, AÜG, § 7 Rn. 7; ErfK/*Wank* AÜG § 7 Rn. 9.
[908] *Sandmann/Marschall/Schneider*, AÜG, Art. 1 § 7 Rn. 21.

440 Das Betretungsrecht des § 7 Abs. 3 AÜG bezieht sich ausdrücklich auf Grundstücke und Geschäftsräume des Verleihers; **Wohnräume** werden von der Vorschrift **nicht erfasst.** Da jedoch auch Geschäftsräume in den Schutzbereich des Grundrechts auf Unverletzlichkeit der Wohnung aus Art. 13 GG fallen,[909] ist eine verfassungskonforme Auslegung der Bestimmung geboten. Diese führt zunächst dazu, dass auch solche Wohnräume nicht betreten werden dürfen, die gleichzeitig als Geschäftsräume genutzt werden.[910] Des Weiteren folgt aus Art. 13 GG, dass ein Betreten der Geschäftsräume und die Durchführung von Prüfungen **nur zu den üblichen Geschäftszeiten** gestattet ist.[911] Eine Durchsuchung von Geschäftsräumen außerhalb dieser Zeiten kann jedoch ebenso wie die Durchsuchung von Wohnräumen unter den Voraussetzungen des § 7 Abs. 4 AÜG oder im Rahmen eines Ordnungswidrigkeitenverfahrens erfolgen.[912]

441 Die Behörde darf im Wege der Nachschau nur prüfen, ob die Vorschriften des AÜG vom Verleiher eingehalten werden. Das Nachschaurecht umfasst inhaltlich die geschäftlichen Unterlagen des Verleihers.[913]

bb) Duldungspflicht des Verleihers

442 Gemäß § 7 Abs. 3 S. 2 AÜG hat der Verleiher die **Nachschau zu dulden.** Dazu gehört ein **Mindestmaß an Mitwirkungshandlungen,** um der Behörde die Durchführung der Nachschau zu ermöglichen. Danach muss der Verleiher dem Beauftragten der Erlaubnisbehörde zB Zutritt zu seinem Grundstück und seinen Geschäftsräumen gewähren, Auskunft über den Aufbewahrungsort von Unterlagen geben und ggf. einen Arbeitsplatz für die Durchführung der Prüfung zur Verfügung stellen.[914] Beruft sich der Verleiher auf sein **Auskunftsverweigerungsrecht** nach § 7 Abs. 5 AÜG, **beschränkt** sich seine **Duldungspflicht auf ein passives Gewährenlassen.**[915] Schließlich umfasst die Prüfungsbefugnis der Behörde auch das Recht, Geschäftsunterlagen vorübergehend zu einer eingehenden Prüfung gegen Quittungserteilung mitzunehmen.[916] Dies folgt bereits aus der Pflicht des Verleihers zur Vorlage der Unterlagen nach § 7 Abs. 2 AÜG. Die Behörde kann die Duldungspflicht des Verleihers mit den Mitteln des **Verwaltungszwangs** durchsetzen. Allerdings kommt in diesem Fall als Zwangsmittel **nur** ein **Zwangsgeld** in Betracht, da die Anwendung unmittelbaren Zwangs nicht zur Umgehung der besonderen, für eine Durchsuchung aufgestellten Voraussetzungen des § 7 Abs. 4 AÜG führen darf.[917]

d) Durchsuchungsrecht

443 Nach § 7 Abs. 4 AÜG steht der Bundesagentur für Arbeit unter den dort genannten Voraussetzungen das Recht zu, Durchsuchungen vorzunehmen. Eine Durchsuchung im Sinne dieser Vorschrift ist die **ohne oder gegen den Willen** des Verleihers durch-

---

[909] BVerfG 13. 10. 1971 – 1 BvR 280/66, NJW 1971, 2299.
[910] BVerfG 13. 10. 1971 – 1 BvR 280/66, NJW 1971, 2299; ErfK/*Wank* AÜG § 7 Rn. 12; Schüren/*Schüren*, AÜG, § 7 Rn. 46.
[911] BVerfG 13. 10. 1971 – 1 BvR 280/66, NJW 1971, 2299; BSG 29. 7. 1992 – 11 RAr 57/91, NZA 1993, 524; HWK/*Kalb* AÜG § 7 Rn. 16.
[912] Schüren/*Schüren*, AÜG, § 7 Rn. 48; ErfK/*Wank* AÜG § 7 Rn. 12.
[913] Schüren/*Schüren*, AÜG, § 7 Rn. 49.
[914] Thüsing/*Thüsing*, AÜG, § 7 Rn. 31; ErfK/*Wank* AÜG § 7 Rn. 13; HWK/*Kalb* AÜG § 7 Rn. 18.
[915] ErfK/*Wank* AÜG § 7 Rn. 13; Schüren/*Schüren*, AÜG, § 7 Rn. 50.
[916] *Ulber*, AÜG, § 7 Rn. 25; Thüsing/*Thüsing*, AÜG, § 7 Rn. 31.
[917] HWK/*Kalb*, AÜG § 7 Rn. 18; Schüren/*Schüren*, AÜG, § 7 Rn. 52; ErfK/*Wank* AÜG § 7 Rn. 14.

II. Gewerberechtliche Erlaubnis

geführte **zwangsweise Suche** auf dessen Grundstücken und in dessen Räumen zur Sicherstellung von Unterlagen, die sich auf die Verleihtätigkeit beziehen.[918]

aa) Voraussetzungen der Durchsuchung

Die Durchsuchung als besonders belastender Eingriff setzt nach dem **Verhältnismäßigkeitsgrundsatz** voraus, dass die **weniger einschneidenden Maßnahmen** nach Abs. 2 oder 3 **keinen Erfolg** versprechen.[919] Dies heißt jedoch nicht, dass die Behörde vor einer Durchsuchung stets sowohl das Auskunftsverlangen als auch das Nachschaurecht erfolglos durchgeführt haben muss. Vielmehr soll eine Durchsuchung auch ohne vorherige Maßnahme zulässig sein, wenn auf Grund bestimmter Tatsachen der konkrete Verdacht begründet ist, der Verleiher habe in so grober Weise gegen das AÜG verstoßen, dass die Erlaubnisbehörde die Erlaubnis voraussichtlich widerruft oder zurücknimmt und wenn weiterhin zu erwarten ist, dass der Verleiher seine Pflichten nach den Abs. 2 und 3 höchstwahrscheinlich nicht erfüllt.[920] 444

Die Durchsuchung darf grundsätzlich **nur auf Grund einer richterlichen Anordnung** erfolgen. Für deren Erlass ist der Richter desjenigen Amtsgerichts zuständig, in dessen Bezirk die Durchsuchung stattfinden soll.[921] Die Anordnung der Durchsuchung kann sich nicht nur auf die Geschäfträume, sondern **auch auf die Wohnräume** des Verleihers beziehen.[922] Ferner ist die **Durchsuchung nicht** wie die Nachschau **auf die üblichen Geschäftszeiten beschränkt**; sie kann sogar zur Nachtzeit vorgenommen werden (§ 104 StPO analog). Allerdings werden bei einem derart schwerwiegenden Grundrechtseingriff besondere hohe Anforderungen an die Wahrung des Verhältnismäßigkeitsgrundsatzes gestellt, die nur in Ausnahmefällen erfüllt sein dürften.[923] 445

Der Verleiher kann die richterliche Anordnung der Durchsuchung anfechten. Insoweit verweist § 7 Abs. 4 S. 2 AÜG auf die §§ 304 bis 310 StPO. 446

bb) Durchsuchung bei Gefahr im Verzug

Bei Gefahr im Verzug kann gemäß **§ 7 Abs. 4 S. 3 AÜG** eine Durchsuchung beim Verleiher ausnahmsweise **auch ohne richterliche Anordnung** vorgenommen werden. Gefahr im Verzug besteht, wenn die vorherige Einholung der richterlichen Anordnung den **Zweck der Durchsuchung gefährden** würde.[924] Dies ist dann anzunehmen, wenn konkrete Anhaltspunkte dafür vorliegen, dass der Verleiher bis zur Anordnung der Durchsuchung Unterlagen beseitigen, verfälschen oder wegschaffen wird.[925] Das Durchsuchungsrecht bei Gefahr im Verzug erstreckt sich auf die **Wohn- und Geschäftsräume des Verleihers**. Es ist allerdings nach dem ausdrücklichen Wortlaut der Vorschrift **auf die Geschäftszeit beschränkt**. Dabei ist auf die üblichen Geschäftszeiten der Verleiherbranche und nicht auf die konkreten Geschäftszeiten des betroffenen Verleihers abzustellen.[926] Hält der Verleiher die nach § 7 Abs. 4 S. 3 AÜG erfolgte 447

---

[918] ErfK/*Wank* AÜG § 7 Rn. 15; HWK/*Kalb* AÜG § 7 Rn. 19; *Ulber*, AÜG, § 7 Rn. 26 a.
[919] *Ulber*, AÜG, § 7 Rn. 26 a; Schüren/*Schüren*, AÜG, § 7 Rn. 55.
[920] Schüren/*Schüren*, AÜG, § 7 Rn. 55; Thüsing/*Thüsing*, AÜG, § 7 Rn. 34; *Ulber*, AÜG, § 7 Rn. 26 a; Sandmann/Marschall/Schneider, AÜG, Art. 1 § 7 Rn. 27.
[921] HWK/*Kalb* AÜG § 7 Rn. 19.
[922] Urban-Crell/*Germakowski*, AÜG, § 7 Rn. 11.
[923] Sandmann/Marschall/*Schneider*, AÜG, Art. 1 § 7 Rn. 28; ErfK/*Wank* AÜG § 7 Rn. 16; Schüren/*Schüren*, AÜG, § 7 Rn. 58.
[924] BVerwG 12. 12. 1967 – I C 112.64, DVBl. 1968, 752.
[925] Thüsing/*Thüsing*, AÜG, § 7 Rn. 36; *Ulber*, AÜG, § 7 Rn. 28; HWK/*Kalb* AÜG § 7 Rn. 21.
[926] Sandmann/Marschall/*Schneider*, AÜG, Art. 1 § 7 Rn. 30; Thüsing/*Thüsing*, AÜG, § 7 Rn. 37; Schüren/*Schüren*, AÜG, § 7 Rn. 63.

Durchsuchung für rechtswidrig, kann er beim Sozialgericht unter Darlegung eines entsprechenden Feststellungsinteresses eine Feststellungsklage gemäß § 55 Abs. 1 Nr. 1 SGG erheben. Soweit die Anordnung der Durchsuchung und ihre Durchführung einen Verwaltungsakt darstellen, ist eine Überprüfung im Wege der Fortsetzungsfeststellungsklage (§ 131 Abs. 1 S. 3 SGG analog) möglich.

cc) Niederschrift

448   Bei jeder Durchsuchung muss gemäß § 7 Abs. 4 S. 4 AÜG eine Niederschrift über die **Durchsuchung** und ihr **wesentliches Ergebnis** aufgenommen werden. In ihr sind zumindest Ort und Zeit der Durchsuchung, sämtliche anwesenden Personen, Gegenstand und Grund der Durchsuchung sowie deren wesentliches Ergebnis festzuhalten.[927] Im Falle einer Durchsuchung ohne richterliche Anordnung müssen sich aus der Niederschrift auch die Tatsachen ergeben, die zur Annahme einer Gefahr im Verzug geführt haben. Die Niederschrift ist **an Ort und Stelle** durch einen Beauftragten der Bundesagentur für Arbeit anzufertigen und zu unterschreiben. Eine nachträgliche Anfertigung in den Diensträumen der Behörde genügt nicht.[928] Nach einer Anweisung der Bundesagentur ist dem Verleiher auf Wunsch eine Abschrift auszuhändigen.[929]

e) Pflicht zu statistischen Meldungen

449   Um der Bundesagentur für Arbeit eine zuverlässige Arbeitsmarktbeobachtung im Bereich der Arbeitnehmerüberlassung zu ermöglichen,[930] werden dem Verleiher mit **§ 8 AÜG** umfangreiche statistische Meldepflichten auferlegt. Die durch diese Bestimmung vorgeschriebenen Meldungen der Verleiher bilden die Grundlage für die Erfahrungsberichte der Bundesregierung, die dem Bundestag alle vier Jahre zu erstatten sind.[931]

aa) Inhalt der Meldungen

450   Der Inhalt der vom Verleiher zu erstattenden Meldungen sind in § 8 Abs. 1 AÜG detailliert geregelt. Gemäß § 8 Abs. 1 S. 2 AÜG kann die Bundesagentur für Arbeit den Umfang der Meldpflicht einschränken, was sie auch bereits teilweise getan hat. So führt sie zB für einen Teil der Angaben nur Stichtagserhebungen durch.

bb) Verfahren

451   Der Verleiher hat die statistischen Meldungen **unaufgefordert und unentgeltlich** an die jeweils **zuständige Regionaldirektion** zu erstatten.[932] Die Behörde kann auch von sich aus zur Abgabe einer Meldung auffordern und diese Aufforderung notfalls im Wege des Verwaltungszwangs durchsetzen.[933] Die Meldungen sind als Halbjahresmeldungen gemäß § 8 Abs. 2 AÜG für das erste Halbjahr bis zum 1. September des laufenden Jahres und für das zweite Halbjahr bis zum 1. März des Folgejahres abzugeben. Der Verleiher muss nach § 8 Abs. 3 S. 2 und 3 AÜG für seine Meldungen die von der Bundesagentur herausgegebenen **Erhebungsvordrucke verwenden** und un-

---

[927] ErfK/*Wank* AÜG § 7 Rn. 18; Schüren/*Schüren*, AÜG, § 7 Rn. 65.
[928] *Boemke/Lembke*, AÜG, § 7 Rn. 48; *Ulber*, AÜG § 7 Rn. 29; Thüsing/*Thüsing*, AÜG, § 7 Rn. 39.
[929] *Sandmann/Marschall/Schneider*, AÜG, Art. 1 § 7 Rn. 34; Schüren/*Schüren*, AÜG, § 7 Rn. 66.
[930] Urban-Crell/*Germakowski*, AÜG, § 8 Rn. 1.
[931] Schüren/*Schüren*, AÜG, § 8 Rn. 4.
[932] *Ulber*, AÜG, § 8 Rn. 2; Urban-Crell/*Germakowski*, AÜG, § 8 Rn. 4; ErfK/*Wank* AÜG § 8 Rn. 2.
[933] Schüren/*Schüren*, AÜG, § 8 Rn. 7.

II. Gewerberechtliche Erlaubnis

terzeichnen. Nach herrschender Meinung ist es aufgrund des klaren Wortlauts der Vorschrift nicht ausreichend, die Meldung ohne Benutzung des Vordruckes abzugeben.[934]

Erfüllt der Verleiher seine **Meldepflicht** nach § 8 Abs. 1 AÜG nicht, nicht richtig, nicht vollständig oder nicht rechtzeitig, kann dieses **Versäumnis als Ordnungswidrigkeit** gemäß § 16 Abs. 1 Nr. 7 iVm § 16 Abs. 2 AÜG geahndet werden. Mit der Gesetzesänderung mit Wirkung vom 1. 12. 2011 wurde der Höchstsatz für ein Ordnungsgeld wegen Verstoßes gegen die statistischen Meldepflichten in § 16 Abs. 2 AÜG von 500 auf 1000 EUR angehoben. Bei schwerwiegenden oder wiederholten Verstößen gegen die Meldepflicht kann ein **Widerruf der Erlaubnis** zur Arbeitnehmerüberlassung nach § 5 Abs. 1 Nr. 3 AÜG in Betracht kommen. 452

cc) Geheimhaltungspflicht der Behörde

§ 8 Abs. 4 AÜG regelt die Geheimhaltungspflicht der Bundesagentur für Arbeit bezüglich der nach Absatz 1 vom Verleiher erstatteten Einzelangaben. Die Vorschrift dient dem **Schutz des sogenannten „Statistikgeheimnisses"**. Mit Einzelangaben sind Angaben über bestimmte einzelne Personen gemeint, zB über die persönlichen oder sachlichen Verhältnisse des Verleihers wie Art und Umfang seines Betriebs, Umsatz oder Gewinnspannen.[935] Keine Einzelangabe im Sinne der Vorschrift liegt nach § 8 Abs. 4 S. 5 AÜG vor, wenn die Angaben mehrerer Auskunftspflichtiger zusammengefasst werden. Um die Anonymität der Daten zu gewährleisten, muss dabei die Zusammenfassung so erfolgen, dass auch Dritte, die mit den Verhältnissen des Verleihers vertraut sind, **keine Rückschlüsse darauf ziehen** können, wer die Meldung erstattet hat oder auf wen die Angaben sich beziehen.[936] Gemäß § 8 Abs. 4 S. 2 und 3 AÜG ist die Erlaubnisbehörde abweichend von den allgemeinen Regelungen der Abgabenordnung grundsätzlich auch gegenüber den Finanzbehörden zur Verschwiegenheit verpflichtet. Eine Ausnahme von dieser Geheimhaltungspflicht gilt nach S. 3 dann, wenn die Finanzbehörden die Angaben für die Durchführung eines Verfahrens wegen einer Steuerstraftat und eines damit zusammenhängenden Besteuerungsverfahrens benötigen. Wegen des **Schutzzwecks der Vorschrift** ist die Auskunft jedoch nur zulässig, wenn der Verdacht einer Steuerstraftat bereits durch andere Feststellungen begründet ist und andere zumutbare, gleichermaßen beweiskräftige Maßnahmen nicht ersichtlich sind.[937] Zudem muss nach dem Wortlaut der Norm entweder ein zwingendes öffentliches Interesse an der Verfolgung der Steuerstraftat bestehen oder der Verleiher oder die für ihn tätige Person vorsätzlich falsche Angaben gemacht haben. Dabei kann ein zwingendes öffentliches Interesse an der Strafverfolgung nur bei Steuerstraftaten von erheblichem Umfang und Gewicht angenommen werden.[938] 453

---

[934] *Urban-Crell/Schulz* Rn. 753; *Thüsing/Thüsing*, AÜG, § 8 Rn. 5; *Schüren/Schüren*, AÜG, § 8 Rn. 11; *Boemke/Lembke*, AÜG, § 8 Rn. 6; *Ulber*, AÜG, § 8 Rn. 3; aA ErfK/*Wank* AÜG § 8 Rn. 2; *Becker/Wulfgramm*, AÜG, § 8 Rn. 6.
[935] *Schüren/Schüren*, AÜG, § 8 Rn. 14.
[936] ErfK/*Wank* AÜG § 8 Rn. 4; *Thüsing/Thüsing*, AÜG, § 8 Rn. 9; *Boemke/Lembke*, AÜG, § 8 Rn. 10; *Schüren/Schüren*, AÜG, § 8 Rn. 15.
[937] *Urban-Crell/Germakowski*, AÜG, § 8 Rn. 7; *Schüren/Schüren*, AÜG, § 8 Rn. 18; ErfK/*Wank* AÜG § 8 Rn. 5.
[938] *Thüsing/Thüsing*, AÜG, § 8 Rn. 12; ErfK/*Wank* AÜG § 8 Rn. 5.

13. Rechtsweg

a) Zuständigkeit der Sozialgerichte

454   Für Streitigkeiten, die sich auf die Erteilung oder Versagung der gewerberechtlichen Erlaubnis zur Arbeitnehmerüberlassung beziehen, ist der **Rechtsweg** zu den Sozialgerichten eröffnet. Dies ergibt sich aus § 51 Abs. 1 Nr. 4 SGG, wonach die Sozialgerichte für **öffentlich-rechtliche Streitigkeiten in Angelegenheiten der Arbeitsförderung** einschließlich der sonstigen Aufgaben der Bundesagentur für Arbeit zuständig sind. Mit den „sonstigen Aufgaben der Bundesagentur für Arbeit" werden öffentlich-rechtliche Streitigkeiten in Angelegenheiten derjenigen Rechtsgebieten erfasst, deren Vollzug durch Gesetz, Verordnung, internationale Abkommen oder hierauf beruhende Vorschriften der Bundesagentur als Aufgabe zugewiesen ist.[939] § 17 S. 1 AÜG überträgt der Bundesagentur für Arbeit die Durchführung des AÜG. Aus dieser Aufgabenübertragung folgt somit, dass für Entscheidungen über öffentlich-rechtliche Streitigkeiten aus dem AÜG die Sozialgerichte zuständig sind.[940]

b) Widerspruchsverfahren

455   **Gegen die Versagung der Erlaubnis** oder der **Verlängerung** der Erlaubnis oder gegen eine **Erteilung unter Auflagen** oder **Bedingungen** kann der Antragsteller zunächst beim Antragsgegner Widerspruch einlegen. Gleiches gilt bei einer **Aufhebung** der Erlaubnis durch **Rücknahme** oder **Widerruf**. Die Durchführung des Widerspruchsverfahrens ist notwendige Voraussetzung für eine Klage beim Sozialgericht (§ 78 SGG). Für das Vorverfahren gelten die **§§ 78 ff. SGG**. Danach muss der Widerspruch binnen eines Monats nach Bekanntgabe des Verwaltungsakts bei der jeweiligen **Regionaldirektion** eingereicht werden (§ 84 Abs. 1 S. 1 SGG). Über den Widerspruch entscheidet die Geschäftsführung oder der Leiter der Dienststelle, die den Verwaltungsakt erlassen hat (§ 85 Abs. 2 S. 1 Nr. 3 SGG iVm dem Beschluss des BA-Vorstands[941]). Dabei werden Recht- und Zweckmäßigkeit der Entscheidung überprüft (§ 78 Abs. 1 S. 1 SGG). Der Widerspruch gegen die Aufhebung oder Nichtverlängerung einer Verleiherlaubnis hat gemäß § 86 a Abs. 4 SGG keine aufschiebende Wirkung. Auf Antrag kann jedoch die Vollziehung ausgesetzt werden (§ 86 a Abs. 4 S. 2 iVm § 86 a Abs. 3 SGG).

c) Sozialgerichtliches Verfahren

456   Nach erfolgloser Durchführung des Widerspruchsverfahrens kann der Verleiher **gegen den Widerspruchsbescheid Klage beim zuständigen Sozialgericht** erheben. Dabei richtet sich die Klageart nach dem jeweiligen Rechtsschutzbegehren.

457   Gegen eine Versagung der Erlaubnis kann der Antragsteller **innerhalb eines Monats nach Zustellung** des Widerspruchsbescheids Verpflichtungsklage nach § 54 Abs. 1 SGG auf Erteilung der Erlaubnis oder auf ermessensfehlerfreie Entscheidung über den Antrag auf Erlaubniserteilung erheben. Entsprechendes gilt, wenn der Antrag des Verleihers auf Verlängerung seiner Erlaubnis abgelehnt wurde.

458   Wurde die **Erlaubnis unter Nebenbestimmungen** erteilt und möchte der Antragsgegner gegen diese vorgehen, ist zu unterscheiden: Bedingungen, Befristungen

---

[939] BSG 16. 2. 1983 – 7 RAr 90/81, NVwZ 1984, 62.
[940] BT-Drs. VI/2303, 16.
[941] Vgl. Meyer-Ladewig/Keller/*Leitherer*, SGG, § 85 Rn. 3 e.

II. Gewerberechtliche Erlaubnis

und Widerrufsvorbehalte können nach überwiegender Auffassung als **unselbständige Nebenbestimmungen nur mit der Verpflichtungsklage** angegriffen werden.[942] Diese richtet sich auf eine Erteilung der Erlaubnis ohne entsprechende Nebenbestimmung. Da Auflagen demgegenüber als selbständige und folglich **abtrennbare Teile** der Erlaubnis gelten, kann gegen diese auch **isoliert vorgegangen** werden. Der Verleiher hat in diesem Fall die Möglichkeit, je nach Art der Auflage eine **Anfechtungsklage,** gerichtet auf Aufhebung der Auflagen, oder eine Verpflichtungsklage, gerichtet auf Erteilung der Erlaubnis ohne oder mit abgeänderter Auflage, zu erheben.[943]

Rücknahme und **Widerruf** der Überlassungserlaubnis stellen belastende Verwaltungsakte dar, gegen die nach Durchführung des Widerspruchsverfahrens die **Anfechtungsklage** statthaft ist. Wie der Widerspruch hat nach § 86a Abs. 4 SGG auch die Klage gegen die Aufhebung der Erlaubnis keine aufschiebende Wirkung. Der Vollzug der Rücknahme bzw. des Widerrufs kann aber auf Antrag ausgesetzt werden (§ 86b Abs. 1 Nr. 2 SGG). 459

14. Tatbestände der illegalen Arbeitnehmerüberlassung

Verfügt der Verleiher **nicht** oder nicht mehr über die nach § 1 AÜG **erforderliche Erlaubnis** und greift keiner der gesetzlichen Ausnahmetatbestände ein, liegt eine illegale (unerlaubte) Arbeitnehmerüberlassung vor. Der Tatbestand der illegalen Arbeitnehmerüberlassung ist unabhängig davon erfüllt, ob die Erlaubnis von Anfang an fehlte oder erst zu einem späteren Zeitpunkt, zB durch Rücknahme, Widerruf oder Fristablauf weggefallen ist.[944] 460

An das Fehlen der erforderlichen Erlaubnis sind **gravierende Rechtsfolgen** geknüpft. So bestimmt § 9 Nr. 1 AÜG, dass in diesem Fall sowohl der **Arbeitnehmerüberlassungsvertrag** zwischen dem Verleiher und dem Entleiher **als auch der Leiharbeitsvertrag** zwischen dem Verleiher und dem Leiharbeitnehmer **unwirksam** ist. Die Unwirksamkeit des Leiharbeitsvertrags hat ihrerseits gemäß § 10 Abs. 1 AÜG zur Folge, dass zwischen dem Entleiher und dem Leiharbeitnehmer ein **Arbeitsverhältnis fingiert** wird. 461

Auf eine Kenntnis des Entleihers und des Leiharbeitnehmers vom Fehlen oder späteren Wegfall der Erlaubnis kommt es für das Eintreten der Unwirksamkeit nicht an.[945] Allerdings ist der Verleiher gemäß §§ 11 Abs. 1 Nr. 1, 12 Abs. 1 AÜG dazu verpflichtet, sowohl den Leiharbeitnehmer als auch den Entleiher über das Bestehen einer Erlaubnis und gemäß §§ 11 Abs. 3, 12 Abs. 2 AÜG über deren **Wegfall zu unterrichten.** 462

Die Unwirksamkeit der Vertragsverhältnisse tritt mit dem Wegfall der Erlaubnis und nicht rückwirkend ein. Nicht ausreichend ist daher, dass die Voraussetzungen für eine Versagung der Erlaubnis nach § 3 AÜG vorliegen. Vielmehr greift **§ 9 Nr. 1 AÜG nur** ein, **wenn die Erlaubnis tatsächlich nicht (mehr) besteht.**[946] In den Fällen der Rücknahme, des Widerrufs und der Nichtverlängerung der Erlaubnis ist zudem zu beachten, dass die Erlaubnis während einer Abwicklungsfrist von längstens 12 Mo- 463

---
[942] Schüren/*Schüren*, AÜG, § 2 Rn. 125f.; Urban-Crell/*Germakowski*, AÜG, § 2 Rn. 68; *Ulber*, AÜG, § 2 Rn. 37; *Boemke/Lembke*, AÜG, § 2 Rn. 45.
[943] Schüren/*Schüren*, AÜG, § 2 Rn. 52 ff.; *Sandmann/Marschall/Schneider*, AÜG, Art. 1 § 2 Rn. 19; Urban-Crell/*Germakowski*, AÜG, § 2 Rn. 68.
[944] *Boemke/Lembke*, AÜG, § 9 Rn. 21; HWK/*Kalb* AÜG § 9 Rn. 4.
[945] ErfK/*Wank* AÜG § 9 Rn. 3; *Sandmann/Marschall/Schneider*, AÜG, Art. 1 § 9 Rn. 19.
[946] Schüren/*Schüren*, AÜG, § 9 Rn. 20; ErfK/*Wank* AÜG § 9 Rn. 4.

naten als fortbestehend gilt. Auf die in diesem Zeitraum abgewickelten Verträge erstreckt sich die Unwirksamkeitsfolge des § 9 Nr. 1 AÜG folglich nicht.[947] Da die Verleiherlaubnis im Zeitpunkt der Überlassung der Arbeitnehmer vorliegen muss, führt die nachträgliche Erteilung einer Erlaubnis an einen ohne Erlaubnis tätigen Verleiher nicht zu einer **rückwirkenden Heilung** der laufenden Leiharbeitsverhältnisse und Überlassungsverträge.[948]

464 Die illegale Arbeitnehmerüberlassung ist in **zwei verschiedenen Formen** denkbar: Zum einen können offen Arbeitnehmer an Entleiher überlassen werden, **ohne** dass eine **Verleiherlaubnis** vorhanden ist („offene illegale Arbeitnehmerüberlassung"). Dieser Fall ist eher selten, kann aber auftreten, wenn sich die Beteiligten über das Vorliegen einer wirtschaftlichen Tätigkeit irren oder fälschlich eine nach § 1 Abs. 3 Nr. 2 AÜG erlaubte konzerninterne Überlassung annehmen.[949] Zum anderen können Verleiher und Entleiher **unter dem Deckmantel eines Werk- oder Dienstvertrags** illegale Arbeitnehmerüberlassung betreiben. Diese sogenannte verdeckte illegale Arbeitnehmerüberlassung in Form von Scheindienst- oder Scheinwerkverträgen kommt in der Praxis wesentlich häufiger vor.[950]

III. Durchführung der Rechtsbeziehung zwischen Verleiher und Leiharbeitnehmer

465 Zwischen dem Verleiher und dem Leiharbeitnehmer besteht ein **Arbeitsverhältnis** (Leiharbeitsverhältnis). Die Besonderheit dieses Arbeitsverhältnisses liegt darin, dass der Arbeitnehmer seine **Arbeitsleistung** regelmäßig zumindest überwiegend nicht bei dem Vertragsarbeitgeber, sondern **bei Dritten** zu erbringen hat. Dem Entleiher wird die Befugnis eingeräumt, den Leiharbeitnehmer in seinem Betrieb nach eigenen Weisungen einzusetzen. Die Arbeitgeberbefugnisse und -verpflichtungen, insbesondere das Weisungsrecht sowie die Schutz- und Fürsorgepflichten des Arbeitgebers sind damit zwischen Verleiher und Entleiher aufgespalten.

1. Abschluss des Arbeitsvertrags

466 Der Leiharbeitsvertrag ist ein allein zwischen dem Verleiher und dem Leiharbeitnehmer geschlossener Vertrag. Dogmatisch wird er meist als echter[951] oder unechter[952] Vertrag zugunsten Dritter eingeordnet. In der **Praxis** hat die **unterschiedliche Einordnung jedoch keine Bedeutung.**[953] Der Leiharbeitsvertrag wird nach den allgemeinen zivilrechtlichen Vorschriften begründet. Soweit es sich um gewerbsmäßige Arbeitnehmerüberlassung handelt,[954] sind bei Abschluss des Leiharbeitsvertrags allerdings die Vorgaben des § 11 AÜG zu beachten.

---

[947] HWK/*Kalb* AÜG § 9 Rn. 4; *Boemke/Lembke,* AÜG, § 9 Rn. 21.
[948] *Urban-Crell/Schulz* Rn. 765; Schüren/*Schüren,* AÜG, § 9 Rn. 24.
[949] Schüren/*Schüren,* AÜG, § 10 Rn. 20.
[950] Schüren/*Schüren,* AÜG, § 10 Rn. 21, 25; Urban-Crell/*Germakowski,* AÜG, § 10 Rn. 4.
[951] Schüren/*Schüren,* AÜG, Einl. Rn. 168; ErfK/*Wank* AÜG Einl. Rn. 33.
[952] Thüsing/*Thüsing,* AÜG, Einf. Rn. 35; *Urban-Crell/Schulz* Rn. 5.
[953] Urban-Crell/*Germakowski,* AÜG, § 1 Rn. 25.
[954] ErfK/*Wank* AÜG § 11 Rn. 1.

III. Durchführung der Rechtsbeziehung zwischen Verleiher und Leiharbeitnehmer

a) Form des Leiharbeitsvertrags

§ 11 Abs. 1 AÜG schreibt für den Leiharbeitsvertrag **keine Schriftform** vor.[955] Anders als der Überlassungsvertrag kann der Leiharbeitsvertrag zwischen Verleiher und Arbeitnehmer daher schriftlich oder mündlich geschlossen werden. Eine vereinbarte Befristungsabrede bedarf allerdings der Schriftform (§ 14 Abs. 4 TzBfG). Zudem gelten gemäß § 11 Abs. 1 S. 1 AÜG für das Leiharbeitsverhältnis die **Bestimmungen des Nachweisgesetzes (NachwG),** wonach der Arbeitgeber zur schriftlichen Niederlegung der wesentlichen Vertragsbedingungen verpflichtet ist. Der sich hieraus ergebenden Nachweispflicht kann der Verleiher auf zwei Wegen nachkommen: **entweder** schließt er gemäß § 2 Abs. 4 NachwG einen **schriftlichen Arbeitsvertrag,** der alle erforderlichen Angaben enthält, oder er legt die **notwendigen Angaben in einem separaten Dokument** nieder, welches der Leiharbeitnehmer spätestens einen Monat nach dem vereinbarten Beginn des Arbeitsverhältnisses erhalten muss.[956] In beiden Fällen ist der Verleiher gemäß § 2 Abs. 1 S. 1 NachwG verpflichtet, den Nachweis der Arbeitsbedingungen zu unterzeichnen. Hierfür ist eine **Originalunterschrift** erforderlich.[957] Bei einer Änderung der Arbeitsbedingungen, welche die erforderlichen Angaben berührt, hat der Arbeitgeber nach § 3 S. 1 NachwG dem Arbeitnehmer innerhalb eines Monats einen schriftlichen Nachtrag zum Nachweis zu übergeben. 467

Ein **Verstoß** gegen die Pflicht, den wesentlichen Inhalt des Leiharbeitsverhältnisses schriftlich niederzulegen, führt **nicht zur Nichtigkeit des Leiharbeitsvertrags.** Als Ordnungswidrigkeit kann die Verletzung der Nachweispflicht aber mit einer zum 1. 12. 2011 auf bis zu 1000 EUR angehobenen **Geldbuße** geahndet werden (§ 16 Abs. 1 Nr. 8, Abs. 2 AÜG). Daneben kann sie die Unzuverlässigkeit des Verleihers indizieren und damit zur Nichtverlängerung oder zum Widerruf der Erlaubnis führen. Schließlich läuft der Verleiher bei einer Nichteinhaltung der Nachweispflichten Gefahr, vom Arbeitnehmer auf Schadensersatz in Anspruch genommen zu werden.[958] 468

b) Pflichtangaben

Die vom Verleiher zu erstellende Niederschrift der wesentlichen Vertragsbedingungen muss einen **bestimmten Mindestinhalt** aufweisen. § 11 Abs. 1 S. 1 AÜG verweist insofern auf den Katalog des § 2 Abs. 1 S. 2 NachwG, der durch § 11 Abs. 1 S. 2 AÜG ergänzt wird. Es handelt sich hierbei lediglich um Mindestangaben, so dass Vereinbarungen, die zum wesentlichen Inhalt des Leiharbeitsvertrags gehören, ohne im Katalog des § 2 Abs. 1 S. 2 NachwG oder in § 11 Abs. 1 S. 2 AÜG genannt zu sein, ebenfalls in den schriftlichen Nachweis aufzunehmen sind.[959] 469

aa) Nachweispflichten nach dem Nachweisgesetz

Nach § 11 Abs. 1 S. 1 AÜG iVm § 2 Abs. 1 NachwG muss die Niederschrift der Arbeitsbedingungen mindestens die folgenden Angaben enthalten. 470

Zur **Individualisierung der Vertragspartner** verlangt § 2 Abs. 1 S. 2 Nr. 1 NachwG zunächst die Angabe von Namen und Anschrift der Vertragsparteien. Natür- 471

---

[955] *Ulber*, AÜG, § 11 Rn. 14; Schüren/*Schüren*, AÜG, § 11 Rn. 26; ErfK/*Wank* AÜG § 11 Rn. 2; Urban-Crell/*Germakowski*, AÜG, § 11 Rn. 2; Thüsing/*Mengel*, AÜG, § 11 Rn. 5.
[956] Thüsing/*Mengel*, AÜG, § 11 Rn. 5; ErfK/*Wank* AÜG § 11 Rn. 2; MüArbR/*Marschall* § 175 Rn. 9; Urban-Crell/*Germakowski*, AÜG, § 11 Rn. 3.
[957] Urban-Crell/*Germakowski*, AÜG, § 11 Rn. 4.
[958] Thüsing/*Mengel*, AÜG, § 11 Rn. 31.
[959] EuGH 8. 2. 2001 – C-350/99, AP NachwG § 2 Nr. 4; *Ulber*, AÜG, § 11 Rn. 12; *Boemke/Lembke*, AÜG, § 11 Rn. 44; Schüren/*Schüren*, AÜG, § 11 Rn. 29; Thüsing/*Mengel*, AÜG, § 11 Rn. 7.

A. Arbeitnehmerüberlassung

liche Personen müssen mit Vor- und Nachnamen genannt werden.[960] Wegen der besonderen Anforderungen an die Beschäftigung ausländischer Leiharbeitnehmer wird empfohlen, auch die Staatsangehörigkeit des Leiharbeitnehmers anzugeben.[961]

472 Gemäß § 2 Abs. 1 S. 2 Nr. 2 NachwG ist der **Zeitpunkt des Beginns** des Arbeitsverhältnisses in die Niederschrift aufzunehmen. Maßgeblich ist dabei weder der Zeitpunkt des Vertragsabschlusses noch der der tatsächlichen Arbeitsaufnahme, sondern der Beginn der Vertragslaufzeit, also der **vereinbarte Vertragsbeginn**.[962]

473 Bei **befristeten Leiharbeitsverhältnissen** muss gemäß § 2 Abs. 1 S. 2 Nr. 3 NachwG die vorhersehbare Dauer des Arbeitsverhältnisses angegeben werden. Dieser Vorschrift kommt angesichts des in § 14 Abs. 4 TzBfG vorgeschriebenen Schriftformerfordernisses keine eigenständige Bedeutung zu.[963] Anzugeben ist nur die Befristungsdauer, nicht auch der Befristungsgrund.[964]

474 § 2 Abs. 1 S. 2 Nr. 4 NachwG schreibt die **Angabe des Arbeitsortes** vor. Hier ist zunächst der Sitz oder die Niederlassung des Verleihers zu nennen.[965] Zugleich ist in der Niederschrift oder dem Vertrag darauf **hinzuweisen,** dass der Arbeitnehmer für Zeiten des **Einsatzes bei Entleihern an verschiedenen Orten** beschäftigt werden kann.[966] Soll der Leiharbeitnehmer nicht nur bei Entleihern am Ort des Verleihunternehmens tätig werden, muss die **Verpflichtung zur Erbringung auswärtiger Arbeitsleistungen** vertraglich vereinbart und schriftlich fixiert werden. Eine auswärtige Arbeitsleistung wird grundsätzlich angenommen, wenn der Leistungsort außerhalb des eigentlichen Arbeitsorts liegt.[967] Neben dem **räumlichen Einsatzgebiet** sind auch die **Sonderregelungen** für den auswärtigen Einsatz wie zB Ansprüche des Arbeitnehmers auf Fahrtkostenerstattung oder Wegezeitvergütung festzulegen.[968] Bei Einsätzen im Ausland sollte neben den möglichen Einsatzstaaten und den Sonderregelungen aus Gründen der Rechtssicherheit auch die Wahl des anwendbaren Rechts niedergeschrieben werden.[969]

475 Gemäß § 2 Abs. 1 S. 2 Nr. 5 NachwG muss die Niederschrift eine **kurze Charakterisierung** oder Beschreibung der vom Arbeitnehmer **zu leistenden Tätigkeit** enthalten. Dies kann entweder durch die Angabe einer bestimmten Tätigkeit oder durch eine fachliche Umschreibung erfolgen, wobei auch etwaige Nebenarbeiten aufzunehmen sind.[970] Nach dem Urteil des EuGH vom 4. 12. 1997[971] dürfte die bisher übliche Angabe eines Berufsbildes allein nicht mehr ausreichen; vielmehr bedarf es einer Konkretisierung der auszuübenden Tätigkeit unter Einbeziehung der dafür nötigen Qualifikationen.[972] Die Tätigkeitsbeschreibung muss erkennen lassen, dass der **Leiharbeit-**

---

[960] *Sandmann/Marschall/Schneider,* AÜG, Art. 1 § 11 Rn. 7.
[961] *Boemke/Lembke,* AÜG, § 11 Rn. 50; KasselerHdb/*Düwell* Kap. 4.5 Rn. 332; Schüren/*Schüren,* AÜG, § 11 Rn. 32.
[962] *Thüsing/Mengel,* AÜG, § 11 Rn. 9; Schüren/*Schüren,* AÜG, § 11 Rn. 33; ErfK/*Preis* NachwG § 2 Rn. 12; *Ulber,* AÜG, § 11 Rn. 22; aA ErfK/*Wank* AÜG § 11 Rn. 4 (Vertragsabschluss); *Becker/Wulfgramm,* AÜG, § 11 Rn. 13; KasselerHdb/*Düwell* Kap. 4.5 Rn. 334 (Arbeitsaufnahme).
[963] Schüren/*Schüren,* AÜG, § 11 Rn. 34.
[964] ErfK/*Preis* NachwG § 2 Rn. 13.
[965] *Thüsing/Mengel,* AÜG, § 11 Rn. 11.
[966] ErfK/*Wank* AÜG § 11 Rn. 4.
[967] *Sandmann/Marschall/Schneider,* AÜG, Art. 1 § 11 Rn. 9.
[968] *Ulber,* AÜG, § 11 Rn. 29; *Thüsing/Mengel,* AÜG, § 11 Rn. 11.
[969] Schüren/*Schüren,* AÜG, § 11 Rn. 38; ErfK/*Wank* AÜG § 11 Rn. 4.
[970] ErfK/*Wank* AÜG § 11 Rn. 5.
[971] EuGH 4. 12. 1997 – C-253/96, AP NachwG § 2 Nr. 2.
[972] Schüren/*Schüren,* AÜG, § 11 Rn. 39; *Ulber,* AÜG, § 11 Rn. 31; *Boemke/Lembke,* AÜG, § 11 Rn. 54.

III. Durchführung der Rechtsbeziehung zwischen Verleiher und Leiharbeitnehmer

nehmer in wechselnden Betrieben eingesetzt wird.[973] Soll der Arbeitnehmer nicht nur bei Entleihern, sondern auch im Unternehmen des Verleihers eingesetzt werden, bedarf dies einer schriftlichen Vereinbarung.[974] Auch wenn dem Leiharbeitnehmer einseitig vorübergehend andere Arbeiten zugewiesen werden sollen, muss dies in einer entsprechenden Versetzungsklausel vorgesehen werden.[975]

§ 2 Abs. 1 S. 2 Nr. 6 NachwG verlangt die Angabe der **Zusammensetzung und Höhe des Arbeitsentgelts** einschließlich der Zuschläge, Zulagen, Prämien und Sonderzahlungen sowie anderer Bestandteile des Arbeitsentgelts und deren Fälligkeit. Erforderlich ist die genaue Angabe der Arbeitsvergütung mitsamt ihrer Bemessungsfaktoren und der Lohnnebenleistungen.[976] In der Niederschrift oder dem schriftlichen Arbeitsvertrag sind demnach die Grundvergütung (Monatsgehalt, Stundenlohn) sowie alle etwaigen Zusatzvergütungen (zB Zuschläge, Provisionen, Prämien, Tantiemen) und Lohnnebenleistungen mit Entgeltcharakter (wie zB betriebliche Altersversorgung, Weihnachtsgeld und Urlaubsgeld) zu nennen.[977] Auch zu **Zahlungszeiträumen und Zahlungsterminen** sind Angaben zu machen. Etwaige Freiwilligkeits- oder Widerrufsvorbehalte hinsichtlich freiwilliger Leistungen sind nach dem Wortlaut des Gesetzes nicht zwingend anzugeben; ihre Aufnahme in die Niederschrift ist jedoch aus Beweisgründen zu empfehlen.[978] Soweit ein Tarifvertrag gilt, genügt gemäß § 2 Abs. 3 S. 1 NachwG der Verweis auf die tarifliche Regelung. 476

Besondere Schwierigkeiten hinsichtlich des Nachweises des Arbeitsentgeltes bestehen bei der Leiharbeit aufgrund des **Grundsatzes der Gleichstellung** (§ 3 Abs. 1 Nr. 3, § 9 Nr. 2 AÜG). Soweit keine tariflichen Vorschriften gelten, hat der Verleiher dem Leiharbeitnehmer während des Einsatzes bei einem Entleiher grundsätzlich die bei diesem für vergleichbare Arbeitnehmer geltenden Arbeitsbedingungen zu gewähren. Dadurch **ändert sich** bei **jedem Wechsel** des Entleihers das vom Verleiher zu zahlende **Mindestentgelt,** so dass der Verleiher bei Vertragsschluss Höhe und Zusammensetzung des Entgelts für Verleihzeiten kaum konkret wird angeben können.[979] Sofern bereits bekannt, muss jedoch zumindest das bei der ersten Überlassung zu zahlende Entgelt mitgeteilt werden.[980] Die Angaben müssen dann bei Änderungen durch neue Überlassungen jeweils aktualisiert werden.[981] Gilt der Grundsatz der Gleichstellung nicht, weil die Parteien tarifgebunden sind oder weil der Arbeitsvertrag auf einen Leiharbeitstarifvertrag Bezug nimmt, muss im Hinblick auf § 2 Abs. 1 Nr. 6 NachwG auf die entsprechende **Regelung im Tarifvertrag** hingewiesen werden. 477

Nach § 2 Abs. 1 S. 2 Nr. 7 NachwG ist des Weiteren die **vereinbarte Arbeitszeit** anzugeben. Durch diese Angabe soll verhindert werden, dass der Verleiher die durch § 11 Abs. 4 S. 2 AÜG festgeschriebene Unabdingbarkeit von § 615 BGB durch eine Reduzierung der Arbeitszeiten umgeht.[982] In jedem Fall ist nach der Vorschrift die Dauer der Arbeitszeit anzugeben; dies umfasst auch Abreden über die Verpflichtung zur Leistung von Mehrarbeit, Schichtarbeit, Nachtarbeit oder Sonn- und Feiertags- 478

---

[973] *Sandmann/Marschall/Schneider,* AÜG, Art. 1 § 11 Rn. 9.
[974] ErfK/*Wank* AÜG § 11 Rn. 5; KasselerHdb/*Düwell* Kap. 4.5 Rn. 333.
[975] Thüsing/*Mengel,* AÜG, § 11 Rn. 14; Schüren/*Schüren,* AÜG, § 11 Rn. 40.
[976] Schüren/*Schüren,* AÜG, § 11 Rn. 41.
[977] ErfK/*Preis* NachwG § 2 Rn. 17.
[978] Schüren/*Schüren,* AÜG, § 11 Rn. 43; Thüsing/*Mengel,* AÜG, § 11 Rn. 15a.
[979] Schüren/*Schüren,* AÜG, § 11 Rn. 45 ff.; Thüsing/*Mengel,* AÜG, § 11 Rn. 16.
[980] ErfK/*Wank* AÜG § 11 Rn. 6.
[981] *Boemke/Lembke,* AÜG, § 11 Rn. 76; ErfK/*Wank* AÜG § 11 Rn. 6.
[982] ErfK/*Wank* AÜG § 11 Rn. 7; Schüren/*Schüren,* AÜG, § 11 Rn. 51; KasselerHdb/*Düwell* Kap. 4.5 Rn. 340.

arbeit.⁹⁸³ Ob darüber hinaus auch Angaben zur **Lage der Arbeitszeit** erfolgen müssen, wird nicht einheitlich beurteilt.⁹⁸⁴ Ebenfalls umstritten ist die Frage, ob Vereinbarungen zwischen Verleiher und Leiharbeitnehmer über einen Arbeitseinsatz auf Abruf zulässig sind.⁹⁸⁵ Nachdem das Befristungsverbot aufgehoben wurde, gibt es nach dem geltenden Recht keine tragfähige Begründung für eine entsprechende Einschränkung.⁹⁸⁶ Wird die Arbeitszeit durch oder auf der Grundlage eines Tarifvertrags geregelt, können die nach § 2 Abs. 1 Nr. 7 NachwG geforderten Angaben über die Arbeitszeit durch einen Hinweis auf die einschlägigen tariflichen Regelungen ersetzt werden (§ 2 Abs. 3 S. 1 NachwG).

479 § 2 Abs. 1 S. 2 Nr. 8 NachwG verpflichtet den Arbeitgeber zur **Angabe der Dauer des jährlichen Erholungsurlaubs.** Damit soll in erster Linie die Gewährung des gesetzlichen Mindesturlaubs sichergestellt werden.⁹⁸⁷ Gewährt der Verleiher nur den gesetzlichen Mindesturlaub, ist nach § 2 Abs. 3 S. 2 NachwG ein Verweis auf das Bundesurlaubsgesetz (BUrlG) ausreichend. Individuell oder tariflich vereinbarte Regelungen, die über den gesetzlichen Mindesturlaub hinausgehen, sind in die Niederschrift aufzunehmen.⁹⁸⁸ Weitere Modalitäten der Urlaubsgewährung oder Bedingungen für die Gewährung von Sonderurlauben muss der Verleiher nicht angeben.⁹⁸⁹ Die Angabe eines etwaigen Anspruchs des Leiharbeitnehmers auf zusätzliches Urlaubsgeld fällt nicht unter Nr. 8, sondern bereits unter die Pflichtangaben zum Arbeitsentgelt nach Nr. 6.⁹⁹⁰

480 Nach § 2 Abs. 1 S. 2 Nr. 9 NachwG muss der Verleiher die **Fristen für die Kündigung des Leiharbeitsverhältnisses** in die Niederschrift aufnehmen. Dies kann durch eine ausdrückliche Angabe der vereinbarten Fristen oder gemäß § 2 Abs. 3 NachwG durch einen Hinweis auf die entsprechenden gesetzlichen oder tariflichen Regelungen erfolgen.

481 Schließlich muss der Nachweis einen in **allgemeiner** Form gehaltenen **Hinweis** auf die **Tarifverträge und Betriebs- oder Dienstvereinbarungen** enthalten, die auf das Leiharbeitsverhältnis anzuwenden sind (§ 2 Abs. 1 S. 2 Nr. 10 NachwG). Während der Wortlaut der Nachweis-Richtlinie⁹⁹¹ nahelegt, dass diese eine konkrete Auflistung der anwendbaren Kollektivverträge verlangt, soll nach dem Willen des deutschen Gesetzgebers eine detaillierte Angabe aller auf das Arbeitsverhältnis anwendbaren Tarifverträge nicht erforderlich sein.⁹⁹² In den – eher seltenen – Fällen der Geltung eines Tarifvertrags aufgrund bestehender Tarifbindung hat der Verleiher diesen gemäß § 8 TVG an geeigneter Stelle im Betrieb auszulegen. Auf diese Weise kann sich der Leiharbeitnehmer vom Inhalt des Tarifvertrags Kenntnis verschaffen. Gleiches gilt für Betriebsvereinbarungen, für deren Angabe ebenfalls ein allgemeiner Hinweis und das

---

⁹⁸³ Schüren/*Schüren*, AÜG, § 11 Rn. 51; *Boemke/Lembke*, AÜG, § 11 Rn. 58; *Ulber*, AÜG, § 11 Rn. 45 f.; Thüsing/*Mengel*, AÜG, § 11 Rn. 18.
⁹⁸⁴ Dafür: Schüren/*Schüren*, AÜG, § 11 Rn. 51; *Ulber*, AÜG, § 11 Rn. 46; HWK/*Gotthardt* AÜG § 11 Rn. 14; dagegen (jedenfalls wenn keine Vereinbarungen zur Lage der Arbeitszeit getroffen sind): Thüsing/*Mengel*, AÜG, § 11 Rn. 18; *Boemke/Lembke*, AÜG, § 11 Rn. 58.
⁹⁸⁵ Verneinend: BSG 29. 7. 1992 – 11 RAr 51/91, NZA 1993, 527 (zur alten Fassung des AÜG, wonach Befristungen grds. verboten waren); wohl auch ErfK/*Wank* AÜG § 11 Rn. 7; KasselerHdb/*Düwell* Kap. 4.5 Rn. 341; *Ulber*, AÜG, § 11 Rn. 47; bejahend: Schüren/*Schüren*, AÜG, § 11 Rn. 51; Thüsing/*Mengel*, AÜG, § 11 Rn. 18; *Boemke/Lembke*, AÜG, 11 Rn. 126 ff.; *Urban-Crell/Schulz* Rn. 2310 ff.
⁹⁸⁶ Schüren/*Schüren*, AÜG, § 11 Rn. 51.
⁹⁸⁷ *Ulber*, AÜG, § 11 Rn. 49.
⁹⁸⁸ HWK/*Gotthardt* AÜG § 11 Rn. 15; *Ulber*, AÜG, § 11 Rn. 49.
⁹⁸⁹ ErfK/*Preis* NachwG § 2 Rn. 21.
⁹⁹⁰ Schüren/*Schüren*, AÜG, § 11 Rn. 54.
⁹⁹¹ RL 91/533/EWG, Art. 2 Abs. 2 lit. j, i und ii, ABl. EG L 288, 32 vom 18. 10. 1991.
⁹⁹² BT-Drs. 13/668, 10 f.

III. Durchführung der Rechtsbeziehung zwischen Verleiher und Leiharbeitnehmer

Ausliegen der Betriebsvereinbarung gemäß § 77 Abs. 2 S. 3 BetrVG genügt.[993] Gelten die Tarifverträge hingegen mangels Tarifbindung nicht zwingend, hängt ihre Anwendbarkeit von der **arbeitsvertraglichen Inbezugnahme** ab, wobei diese die exakte Bezeichnung der jeweiligen Tarifverträge im Arbeitsvertrag erfordert.[994]

Soweit das Leiharbeitsverhältnis die Voraussetzungen einer **geringfügigen Beschäftigung** nach § 8 Abs. 1 SGB IV erfüllt, ist gemäß § 2 Abs. 1 S. 4 NachwG der zusätzliche Hinweis aufzunehmen, dass der Arbeitnehmer in der gesetzlichen Rentenversicherung die Stellung eines versicherungspflichtigen Arbeitnehmers erwerben kann, wenn er auf die Versicherungsfreiheit verzichtet. **482**

Soll der Leiharbeitnehmer **länger als einen Monat grenzüberschreitend ins Ausland** überlassen werden, müssen in den Nachweis gemäß § 2 Abs. 2 NachwG zusätzliche Angaben aufgenommen werden. So sind die Dauer der Auslandtätigkeit, die Währung, in der das Arbeitsentgelt geleistet wird, zusätzliche Geld- und Sachleistungen sowie die vereinbarten Rückkehrbedingungen anzugeben. Zudem ist dem Leiharbeitnehmer in diesem Fall die Niederschrift vor seiner Abreise auszuhändigen. **483**

bb) Zusätzliche Angaben nach § 11 Abs. 1 S. 2 AÜG

In **§ 11 Abs. 1 S. 2 AÜG** werden die nach dem NachwG erforderlichen Angaben im Hinblick auf die **Besonderheiten des Leiharbeitsverhältnisses** ergänzt. Nach § 11 Abs. 1 S. 2 Nr. 1 AÜG sind zunächst die Firma und Anschrift des Verleihers in die Niederschrift aufzunehmen. Diese Vorgabe hat aufgrund der bereits nach § 2 Abs. 1 S. 2 Nr. 1 NachwG vorgeschriebenen Angabe von Name und Anschrift der Vertragsparteien keine eigenständige Bedeutung. Eine tatsächliche Ergänzung stellt dagegen die Verpflichtung dar, die **Erlaubnisbehörde sowie Ort und Datum der Erteilung der Erlaubnis** nach § 1 AÜG zu nennen. Diese Angaben sind für den Leiharbeitnehmer angesichts der weitreichenden Folgen bei Fehlen der Verleiherlaubnis von wesentlicher Bedeutung. Als Erlaubnisbehörde ist stets die Behörde anzugeben, die die Erlaubnis tatsächlich erteilt hat, auch wenn ihre Zuständigkeit zweifelhaft oder nicht gegeben ist.[995] **484**

Gemäß § 11 Abs. 1 S. 2 Nr. 2 AÜG hat der Verleiher in der Niederschrift zusätzlich die **Art und Höhe der Leistungen für die Zeiten** anzugeben, in denen der **Leiharbeitnehmer nicht verliehen** ist. Zu beachten ist hier, dass nach § 11 Abs. 4 S. 2 AÜG der Anspruch des Leiharbeitnehmers auf Annahmeverzugslohn aus § 615 BGB nicht vertraglich ausgeschlossen werden kann. Damit wird das Beschäftigungsrisiko zwingend dem Verleiher als Arbeitgeber zugewiesen.[996] Dieser muss dem Leiharbeitnehmer auch für Zeiten, in denen er vorübergehend nicht an einen Entleiher überlassen werden kann, die vereinbarte Vergütung zahlen. Für diese Zeiten gilt allerdings das Gleichstellungsgebot der §§ 3 Nr. 3, 9 Nr. 2 AÜG nicht. Die Vergütungsleistung für verleihfreie Zeiten gehört daher zu den originären Arbeitsbedingungen des Verleihers.[997] Die in diesen Zeiten zu gewährenden Leistungen sind in den Nachweis aufzunehmen. Auch hier soll ein Verweis auf den geltenden Tarifvertrag ausreichen.[998] **485**

---

[993] Schüren/*Schüren,* AÜG, § 11 Rn. 62; ErfK/*Wank* AÜG § 11 Rn. 10.
[994] *Ulber,* AÜG, § 11 Rn. 54; Schüren/*Schüren,* AÜG, § 11 Rn. 59.
[995] ErfK/*Wank* AÜG § 11 Rn. 12; *Boemke/Lembke,* AÜG, § 11 Rn. 78; Thüsing/*Mengel,* AÜG, § 11 Rn. 27.
[996] Schüren/*Schüren,* AÜG, § 11 Rn. 101.
[997] Thüsing/*Mengel,* AÜG, § 11 Rn. 28.
[998] Schüren/*Schüren,* AÜG, § 11 Rn. 48, 63; ErfK/*Wank* AÜG § 11 Rn. 6; aA *Ulber,* AÜG, § 11 Rn. 74.

c) Erweiterte Verleiherpflichten

486 § 11 AÜG enthält noch weitere **besondere Informationspflichten** des Verleihers, die dem Schutz der Leiharbeitnehmer dienen. So ist der Verleiher nach § 11 Abs. 2 AÜG verpflichtet, dem Leiharbeitnehmer bei Abschluss des Leiharbeitsvertrags ein Merkblatt der Erlaubnisbehörde über den wesentlichen Inhalt des AÜG auszuhändigen. Der Text des **Merkblatts** ist durch die **Bundesagentur für Arbeit** festgelegt.[999] Das Merkblatt gibt Auskunft über das Arbeitsverhältnis des Leiharbeitnehmers, den Gleichstellungsgrundsatz, die Sozialversicherung, den Arbeitsschutz, die Unfallverhütung sowie über Fragen zur Zuständigkeit. Die Verpflichtung zur Aushändigung des Merkblattes soll sicherstellen, dass der **Leiharbeitnehmer** über seine besonderen Rechte und Pflichten **hinreichend informiert** wird.[1000] Anders als die Aushändigung des schriftlichen Nachweises über die Vertragsbedingungen muss die Übergabe des Merkblatts bereits **bei Vertragsschluss** erfolgen.[1001] Nichtdeutschen Arbeitnehmern ist das Merkblatt ebenso wie die Niederschrift über die wesentlichen Vertragsbedingungen auf Verlangen in ihrer Muttersprache zu übergeben, § 11 Abs. 2 S. 2 AÜG. Dieses Recht steht dem ausländischen Leiharbeitnehmer unabhängig davon zu, wie gut seine Deutschkenntnisse tatsächlich sind.[1002] Die Bundesagentur für Arbeit stellt das Merkblatt in zahlreichen europäischen Sprachen zur Verfügung. Die **Kosten des Merkblatts** hat gemäß § 11 Abs. 2 S. 3 AÜG der Verleiher zu tragen. Ob dies auch für die Kosten einer Übersetzung gilt, wenn die Bundesagentur kein Merkblatt in der Muttersprache des ausländischen Arbeitnehmers vorhält, ist umstritten.[1003]

487 § **11 Abs. 3 AÜG** statuiert die Pflicht des Verleihers, den Leiharbeitnehmer über einen **Wegfall der Überlassungserlaubnis** zu informieren. Danach muss der Verleiher im Falle des Wegfalls der Erlaubnis den Leiharbeitnehmer unverzüglich über diesen Umstand und den Zeitpunkt des Wegfalls unterrichten. Für die Unterrichtung ist keine besondere Form vorgeschrieben; in der Praxis empfiehlt sich jedoch schon aus Beweisgründen eine schriftliche Information.[1004] Fällt die Erlaubnis weg, weil sie nicht verlängert, zurückgenommen oder widerrufen wird, hat der Verleiher darüber hinaus auf das voraussichtliche Ende der Abwicklung und die gesetzliche Abwicklungsfrist von höchstens 12 Monaten hinzuweisen (§ 11 Abs. 3 S. 2 AÜG).

2. Anwendung des gesetzlichen Prinzips des „equal treatment"

488 Das Gleichstellungsgebot oder Prinzip des „equal treatment", das in §§ 3 Abs. 1 Nr. 3, 9 Nr. 2, 10 Abs. 4 AÜG geregelt ist, wurde durch das Erste Gesetz für moderne Dienstleistungen am Arbeitsmarkt vom 23. 12. 2002 eingeführt. Danach ist der Verleiher verpflichtet, dem Leiharbeitnehmer für die Zeit der Überlassung an einen Entleiher die im Betrieb des Entleihers **für einen vergleichbaren Arbeitnehmer geltenden wesentlichen Arbeitsbedingungen** einschließlich des Arbeitsentgelts zu ge-

---

[999] Das Merkblatt steht unter http://www.arbeitsagentur.de – als Veröffentlichung „Merkblatt für Leiharbeitnehmer" – zur Verfügung.
[1000] *Ulber*, AÜG, § 11 Rn. 85; *Schüren/Schüren*, AÜG, § 11 Rn. 84.
[1001] *Thüsing/Mengel*, AÜG, § 11 Rn. 32.
[1002] LSG Bremen 15. 3. 1983 – L 5 BR 11/82, nv.
[1003] Bejahend: KasselerHdb/*Düwell* Kap. 4.5 Rn. 352; *Sandmann/Marschall/Schneider*, AÜG, Art. 1 § 11 Rn. 19; HWK/*Gotthardt* AÜG § 11 Rn. 20; verneinend: *Boemke/Lembke*, AÜG, § 11 Rn. 107; *Schüren/Schüren*, AÜG, § 11 Rn. 87; *Thüsing/Mengel*, AÜG, § 11 Rn. 34; ErfK/*Wank* AÜG § 11 Rn. 14.
[1004] *Boemke/Lembke*, AÜG, § 11 Rn. 111.

III. Durchführung der Rechtsbeziehung zwischen Verleiher und Leiharbeitnehmer

währen. Faktisch soll der überlassene Arbeitnehmer damit wirtschaftlich so gestellt werden wie ein vergleichbarer, für die Überlassungszeit befristet eingestellter Arbeitnehmer des Entleihers.[1005]

a) Wesentliche Arbeits- und Entgeltbedingungen

Der Verleiher muss seinem Arbeitnehmer die wesentlichen Arbeits- und Entgeltbedingungen wie im Entleiherbetrieb gewähren. Die Begriffe „wesentliche Arbeitsbedingungen" und „Arbeitsentgelt" werden im AÜG nicht definiert. **489**

Zu den „wesentlichen Arbeitsbedingungen" gehören nach der Gesetzesbegründung alle **nach dem allgemeinen Arbeitsrecht vereinbarten Bedingungen** wie zB die Dauer der Arbeitszeit und des Urlaubs oder die Nutzung sozialer Einrichtungen.[1006] Zur Konkretisierung des Begriffs wird in der Literatur teilweise auf die Auflistung in § 2 Abs. 1 S. 2 NachwG abgestellt[1007] und nach Erlass der EU-Richtlinie zur Leiharbeit zunehmend auf die dortige Definition verwiesen.[1008] Art. 3 Abs. 1 f der Richtlinie bezeichnet als wesentliche Arbeits- und Beschäftigungsbedingungen solche, die im entleihenden Unternehmen gelten, festgelegt sind und sich auf die Punkte Dauer der Arbeitszeit, Überstunden, Pausen, Ruhezeiten, Nachtarbeit, Urlaub, arbeitsfreie Tage und das Arbeitsentgelt beziehen. **490**

Für das **„Arbeitsentgelt"** kommt es nach Art. 3 Abs. 2 der Leiharbeitsrichtlinie weiterhin auf die nationale Begriffsbestimmung an. Die Gesetzesbegründung zu § 3 Abs. 1 Nr. 3 AÜG definiert als „Arbeitsentgelt" nicht nur das laufende Entgelt, sondern auch Zuschläge, Ansprüche auf Entgeltfortzahlung, Sozialleistungen und andere Lohnbestandteile.[1009] Erfasst werden daher **auch Zuschläge, Zulagen, Prämien und Gratifikationen**[1010] sowie **Provisionen und Tantiemen.**[1011] Soweit Jahressonderzahlungen dem befristet beschäftigten Stammpersonal anteilig gewährt werden, steht auch den Leiharbeitnehmern ein Anspruch auf eine gleich hohe Zahlung zu.[1012] Entsprechendes gilt für Leistungen der betrieblichen Altersversorgung, wobei jedoch die praktische Bedeutung für Leiharbeitnehmer aufgrund der Anknüpfung an längere Betriebszugehörigkeiten eher gering ist.[1013] Ebenfalls zum Arbeitsentgelt zählen **Sachleistungen**, sofern sie eine Gegenleistung für die Arbeitsleistung darstellen. Hierbei kann es sich zB um einen zur privaten Nutzung überlassenen Firmenwagen,[1014] Personalrabatte[1015] oder auch Aktienoptionen des Arbeitgebers[1016] handeln. Diese Leistungen kann der Verleiher häufig nicht in der gleichen Weise wie der Entleiher erbringen. Daher ist bei Sachleistungen grundsätzlich deren **wirtschaftlicher Wert zu bestim- 491**

[1005] Schüren/*Schüren*, AÜG, § 9 Rn. 97.
[1006] BT-Drs. 15/25, 38.
[1007] Thüsing/*Mengel*, AÜG, § 9 Rn. 30; *Boemke/Lembke*, AÜG, § 9 Rn. 62; Schüren/*Schüren*, AÜG, § 9 Rn. 129.
[1008] Schüren/*Schüren*, AÜG, § 9 Rn. 130; ErfK/*Wank* AÜG § 3 Rn. 13; Urban-Crell/*Germakowski*, AÜG, § 3 Rn. 99, 105; HWK/*Kalb* AÜG § 3 Rn. 29.
[1009] BT-Drs. 15/25, 38.
[1010] BAG 15. 2. 1990 – 6 AZR 381/88, AP BGB § 611 Anwesenheitsprämie Nr. 15; Urban-Crell/*Germakowski*, AÜG, § 3 Rn. 100; Thüsing/*Pelzner*, AÜG, § 3 Rn. 61.
[1011] Schüren/*Schüren*, AÜG, § 9 Rn. 125.
[1012] BAG 8. 11. 1978 – 5 AZR 358/77, AP BGB § 611 Gratifikation Nr. 100; Schüren/*Schüren*, AÜG, § 9 Rn. 132.
[1013] Urban-Crell/*Germakowski*, AÜG, § 3 Rn. 101; Schüren/*Schüren*, AÜG, § 9 Rn. 133.
[1014] BAG 23. 6. 1994 – 8 AZR 537/92, EzA BGB § 249 Nr. 20; ErfK/*Wank* AÜG § 3 Rn. 14; Rieble/*Klebeck* NZA 2003, 23; Schüren/*Schüren*, AÜG, § 9 Rn. 135.
[1015] ErfK/*Preis* BGB § 611 Rn. 654.
[1016] Urban-Crell/*Germakowski*, AÜG, § 3 Rn. 102.

men und **als Geldleistung** an die Leiharbeitnehmer **auszuzahlen.**[1017] Ferner gehören auch **Sozialleistungen** wie die Nutzung betrieblicher Sozialeinrichtungen zum Arbeitsentgelt.[1018] Hier bestand die Schwierigkeit in der Praxis früher darin, dass nur der Entleiher den Zugang zu diesen Leistungen (zB Nutzung des betrieblichen Kindergartens oder der Kantine) ermöglichen konnte. Um dem Gleichstellungsgebot gerecht zu werden, konnte der Verleiher bislang entweder eine Vereinbarung mit dem Entleiher über die Nutzung der sozialen Einrichtungen durch die Leiharbeitnehmer treffen oder eine Umrechnung der nicht gewährten Sozialleistungen in Geld vornehmen.[1019] Seit dem 1. 12. 2011 ist den Leiharbeitnehmern im Entleiherbetrieb nach dem neu eingefügten § 13b AÜG Zugang und Nutzung zu den **Gemeinschaftseinrichtungen und -diensten** des Entleiherbetriebs, wie etwa Kantinen, Kinderbetreuungseinrichtungen oder Beförderungsmittel, in gleichem Umfang wie der Stammbelegschaft zu gewähren.

b) Vergleichbare Arbeitnehmer des Entleihers

492 **Vergleichsmaßstab** für das Gleichstellungsgebot sind die Arbeitsbedingungen eines vergleichbaren Arbeitnehmers des Entleihers. Vergleichbar sind zunächst nach der Gesetzesbegründung solche Arbeitnehmer des Entleihers, die **dieselbe oder zumindest ähnliche Tätigkeiten** wie der Leiharbeitnehmer ausüben.[1020] Mit Art. 5 Abs. 1 der Leiharbeitsrichtlinie ist darauf abzustellen, welche Arbeitsbedingungen für den Leiharbeitnehmer gelten würden, wenn er **vom Entleiher unmittelbar für den gleichen Arbeitsplatz eingestellt** worden wäre. Es kommt sowohl auf die Arbeitsaufgabe als auch auf personenbezogene Merkmale wie Qualifikation und Berufserfahrung an.[1021]

493 Fehlt es an einem vergleichbaren Stammarbeitnehmer beim Entleiher, sollte entsprechend dem Rechtsgedanken des § 10 Abs. 1 S. 4 Hs. 2 AÜG und § 612 Abs. 2 BGB auf die **üblichen Arbeitsbedingungen** der Stammbelegschaft **vergleichbarer Betriebe** abgestellt und ggf. ein einschlägiger Tarifvertrag herangezogen werden.[1022] Nach anderer Auffassung läuft das Gleichstellungsgebot in einem solchen Fall ins Leere.[1023]

494 Gibt es im Betrieb des Entleihers **mehrere vergleichbare Arbeitnehmer,** für die aufgrund individueller Vereinbarungen unterschiedliche Arbeitsbedingungen gelten, ist als Vergleichsmaßstab derjenige Arbeitnehmer mit den **insgesamt ungünstigsten Arbeitsbedingungen** heranzuziehen.[1024] Diese Orientierung am Minimum erscheint sachgerecht, da das Gleichstellungsgebot dem Leiharbeitnehmer lediglich Mindestbedingungen sichern und ihn nicht gegenüber anderen Arbeitnehmern des Entleihers besser stellen soll.[1025] Beruhen die unterschiedlichen Arbeitsbedingungen demgegen-

---

[1017] *Boemke/Lembke,* AÜG, § 9 Rn. 163; *Thüsing/Pelzner,* AÜG, § 3 Rn. 62; *Schüren/Schüren,* AÜG, § 9 Rn. 135; *Urban-Crell/Schulz* Rn. 368; HWK/*Kalb* AÜG § 3 Rn. 30.

[1018] BAG 21. 9. 1998 – 1 AZR 454/88, AP BetrVG 1972 § 77 Nr. 43; *Thüsing/Pelzner,* AÜG, § 3 Rn. 63.

[1019] *Urban-Crell/Germakowski,* AÜG, § 3 Rn. 103 f.; *Thüsing/Pelzner,* AÜG, § 3 Rn. 63; *Ulber,* AÜG, § 9 Rn. 101.

[1020] BT-Drs. 15/25, 38.

[1021] *Ulber,* AÜG, § 9 Rn. 104 ff.; *Schüren/Schüren,* AÜG, § 9 Rn. 121; aA HWK/*Kalb* AÜG § 3 Rn. 32, wonach allein die Art der Tätigkeit und nicht die persönlichen Merkmale maßgeblich sein sollen.

[1022] ErfK/*Wank* AÜG § 3 Rn. 16; *Boemke/Lembke,* AÜG, § 9 Rn. 57; *Thüsing/Pelzner,* AÜG, § 3 Rn. 68; HWK/*Kalb* AÜG § 3 Rn. 33.

[1023] *Rieble/Klebeck* NZA 2003, 23; *Thüsing* DB 2003, 446.

[1024] *Boemke/Lembke,* AÜG, § 9 Rn. 58; *Urban-Crell/Schulz* Rn. 356; *Thüsing/Pelzner,* AÜG, § 3 Rn. 68; HWK/*Kalb* AÜG § 3 Rn. 34; zweifelnd nach Erlass der Leiharbeitsrichtlinie: *Thüsing* RdA 2009, 118.

[1025] *Boemke/Lembke,* AÜG, § 9 Rn. 58.

III. Durchführung der Rechtsbeziehung zwischen Verleiher und Leiharbeitnehmer

über auf einer einheitlichen Entgeltregelung im Betrieb des Entleihers wie etwa einer Staffelung des Arbeitsentgelts nach dem Einstellungsdatum oder der Dauer der Betriebszugehörigkeit, so sind diese Grundsätze auch auf die Leiharbeitnehmer anzuwenden.[1026]

c) Zeitlicher Umfang des Gleichstellungsgebots

Die Arbeitsbedingungen des Entleihers müssen dem Leiharbeitnehmer „für die Zeit der Überlassung" gewährt werden. Die Pflicht zur Gleichstellung **beginnt** damit grundsätzlich mit dem **ersten Tag der Überlassung**.[1027] Zugleich ist sie auf die Zeit der Überlassung begrenzt. In **verleihfreien Zeiten** findet das Gleichstellungsgebot daher **keine Anwendung**. Hier gelten vielmehr die mit dem Verleiher für diese Zeiten vereinbarten Arbeitsbedingungen.[1028] In diesem Zusammenhang ist die Vorschrift des § 11 Abs. 4 AÜG zu beachten, nach der die gesetzlichen Regelungen über den Vergütungsanspruch bei Annahmeverzug (§ 615 BGB) vertraglich nicht ausgeschlossen oder beschränkt werden dürfen. Damit ist sichergestellt, dass der Verleiher dem Leiharbeitnehmer auch in Zeiten, in denen er ihn nicht verleihen kann, Arbeitsentgelt zu zahlen hat. Die Höhe des Entgelts ist jedoch nicht festgelegt, so dass grundsätzlich eine geringere Vergütung für verleihfreie Zeiten vereinbart werden kann.[1029] Allerdings ist der Schutzzweck des § 11 Abs. 4 AÜG zu berücksichtigen, so dass eine Lohnzahlung in symbolischer Höhe ebenso unzulässig ist wie eine Freistellung von der Arbeitsleistung ohne Entgeltzahlung.[1030]

495

d) Ausnahmen vom Gleichstellungsgebot

Das Gesetz sah in **§ 3 Abs. 1 Nr. 3 AÜG aF** grundsätzlich zwei Ausnahmen vom Grundsatz der Gleichstellung vor, deren praktische Bedeutung sich höchst unterschiedlich darstellte. Der erste Ausnahmefall betraf die **Einstellung zuvor arbeitsloser Arbeitnehmer** und war in der Praxis von geringer Relevanz. Zudem stellte sich dieser mangels Vorgabe in der EG-Leiharbeitsrichtlinie, welche bis zum 5. 12. 2011 in deutsches Recht umzusetzen war, als **europarechtswidrig** dar. Aus diesem Grund wurde diese Ausnahme durch das Änderungsgesetz zum AÜG vom 29. 4. 2011 mit Wirkung zum 30. 4. 2011 gestrichen. Der **zweite Ausnahmetatbestand** greift bei **Anwendung eines Tarifvertrags** und führte in der Vergangenheit praktisch dazu, dass der gesetzliche Gleichstellungsgrundsatz kaum Anwendung fand. Auch dieser **Ausnahmetatbestand** wurde durch Einfügung einer Rückausnahme ebenfalls mit Wirkung zum 30. 4. 2011 zur Verhinderung von Missbrauchsfällen **eingeschränkt**.

496

aa) Ausnahme der Einstellung von Arbeitslosen zum 30. 4. 2011 weggefallen

Wie bereits angesprochen wurde die zuvor in den § 3 Abs. 1 Nr. 3 bzw. § 9 Nr. 2 AÜG geregelte Ausnahme vom Gleichstellungsgebot im Fall der Einstellung von Arbeitslosen mit Wirkung zum 30. 4. 2011 aus den AÜG gestrichen. Dabei wurde in der Gesetzesbegründung herausgestellt, dass die Streichung im Rahmen der Umsetzung der EG-Leiharbeitsrichtlinie notwendig war, da sich in dieser keine entsprechende

497

[1026] Urban-Crell/*Germakowski*, AÜG, § 3 Rn. 94.
[1027] Thüsing/*Pelzner*, AÜG, § 3 Rn. 70; ErfK/*Wank* AÜG § 3 Rn. 17.
[1028] BT-Drs. 15/25, 38.
[1029] Thüsing/*Pelzner*, AÜG, § 3 Rn. 71.
[1030] ErfK/*Wank* AÜG § 3 Rn. 17.

A. Arbeitnehmerüberlassung

Vorgabe fand. Weiterhin mangelte es der Regelung auch in der Praxis an Akzeptanz, da diese nahezu nicht von Verleihbetrieben genutzt wurde.[1031]

bb) Abweichende Vereinbarung im Tarifvertrag

498   Gemäß **§ 3 Abs. 1 Nr. 3 S. 2, 3 AÜG** kann von dem Gleichstellungsgebot ferner durch einen **einschlägigen Tarifvertrag** abgewichen werden. Das Besondere an dieser Regelung ist, dass der Gesetzgeber damit eine Abweichung von dem gesetzlichen Gleichstellungsgrundsatz sowohl zu Gunsten als auch zu Ungunsten der Leiharbeitnehmer ermöglicht. Letzteres ist bei den tariflich vereinbarten Vergütungen nahezu ausnahmslos der Fall.[1032] Allerdings wurden im Rahmen der jüngsten Gesetzesänderung des AÜG **entscheidende Modifikationen zur Verhinderung des Missbrauchs** von Leiharbeit eingefügt. Diese waren vor dem Hintergrund von durch die Presse gegangenen missbräuchlichen Umgehungen des Gleichbehandlungsgebotes im Änderungsgesetz beschlossen worden und waren aufgrund der Brisanz im Gegensatz zu den restlichen Änderungen **bereits zum 30. 4. 2011** und nicht erst zum 1. 12. 2011 **in Kraft getreten.**

(1) Geltung des Tarifvertrags kraft Tarifbindung

499   Die Verdrängung des Gleichstellungsgrundsatzes kann zunächst gemäß § 3 Abs. 1 Nr. 3 S. 2 AÜG durch Regelungen eines Tarifvertrags erfolgen, der **kraft beiderseitiger Tarifbindung** auf das Leiharbeitsverhältnis anwendbar ist. Tarifgebunden sind Verleiher, wenn sie Mitglied des tarifvertragsschließenden Arbeitgeberverbandes oder bei einem Firmentarifvertrag selbst Tarifvertragspartei sind und Leiharbeitnehmer, die Mitglied der vertragsschließenden Gewerkschaft sind. Da **Leiharbeitnehmer** nur in einem **sehr geringen Grad gewerkschaftlich organisiert** sind, stellt die Geltung eines Tarifvertrags aufgrund beiderseitiger Tarifbindung den Ausnahmefall dar.[1033]

(2) Geltung des Tarifvertrags aufgrund einzelvertraglicher Bezugnahme

500   Nach § 3 Abs. 1 Nr. 3 S. 3 AÜG können aber auch nicht tarifgebundene Vertragsparteien die Anwendung der tariflichen Regelungen im Geltungsbereich eines solchen Tarifvertrags vereinbaren. Damit gestattet der Gesetzgeber ein Abweichen von der gesetzlichen Gleichstellung nicht nur den Tarifvertragsparteien, sondern auch den Parteien des Einzelarbeitsvertrags, wenn sie die **Anwendung eines einschlägigen Tarifvertrags vereinbaren.** Die Bezugnahme muss nicht ausdrücklich, sondern kann auch stillschweigend, zB durch betriebliche Übung, erfolgen.[1034] Allerdings ist eine ausdrückliche Inbezugnahme unbedingt zu empfehlen, um Streitigkeiten über die Wirksamkeit einer konkludenten Vereinbarung zu vermeiden. Liegt nämlich keine wirksame Bezugnahme auf einen abweichenden Tarifvertrag vor, muss der Verleiher die Arbeitsbedingungen gewähren, die einem vergleichbaren Arbeitnehmer des Entleihers zustehen.[1035]

501   Dies wird durch das folgende Beispiel illustriert: In einem jüngeren Fall hat das Arbeitsgericht Krefeld am 19. 4. 2011 einer Leiharbeitnehmerin für den Zeitraum zwischen 2007 und 2010 rückwirkend nach dem equal-pay-Gebot den vollen Differenzbetrag in Höhe von 13 200 EUR als Nachzahlung zugesprochen.[1036] Die beklagte

---

[1031] BT-Drs. 17/4804.
[1032] Schüren/*Schüren,* AÜG, § 9 Rn. 150; Urban-Crell/*Germakowski,* AÜG, § 3 Rn. 116.
[1033] ErfK/*Wank* AÜG § 3 Rn. 22.
[1034] BAG 19. 1. 1999 – 1 AZR 606/98, AP TVG § 1 Bezugnahme auf Tarifvertrag Nr. 9.
[1035] BAG 19. 9. 2007 – 4 AZR 656/06, DB 2008, 243.
[1036] ArbG Krefeld 19. 4. 2011 – 4 Ca 3047/10, Pressemitteilungen auf http://www.faz-online.de und http://www.otto-schmidt.de.

III. Durchführung der Rechtsbeziehung zwischen Verleiher und Leiharbeitnehmer

Leiharbeitsfirma hatte ab dem Zeitpunkt der Gründung der CGZP im Jahre 2002 mit allen neu eingestellten Arbeitnehmern Verweisungsklauseln auf die entsprechenden Tarifverträge vereinbart und mit allen schon vorher beschäftigten Arbeitnehmern, wie eben auch der Klägerin, entsprechende Vertragsänderungen abgeschlossen. Die betroffene Leiharbeitnehmerin hatte sich allerdings gegen diese angebotene Vertragsänderung stets zur Wehr gesetzt und dieser ausdrücklich nicht zugestimmt. Das Arbeitsgericht Krefeld entschied nun, dass durch die dann widerspruchslose Entgegennahme des Tariflohnes nach dem CGZP-Vertragswerk in Höhe von 6,66 bzw. in der Folge 7,66 EUR pro Stunde, bei gleichzeitig deutlich höheren Stundenlöhnen für die Stammbelegschaft in den Entleiherbetrieben zwischen 8,50 und 10,34 EUR, **keine konkludente Bezugnahmevereinbarung** zu Stande gekommen sei. Die Weigerung der Klägerin stelle sich auch nicht, wie von der Beklagten behauptet, als rechtsmissbräuchlich dar. Aus diesem Grund sei sie von Anfang an nach den gleichen Arbeitsbedingungen der jeweiligen Stammbelegschaften zu entlohnen gewesen, so dass auch ein entsprechender Nachzahlungsanspruch bestehe.

Die Abweichung vom gesetzlichen Gleichstellungsgebot erfordert, dass die Leiharbeitsvertragsparteien einen einschlägigen Tarifvertrag in Bezug nehmen. Es muss sich daher um einen **räumlich, zeitlich, fachlich und betrieblich anwendbaren Tarifvertrag** handeln.[1037] Die Bezugnahme „fremder" Tarifverträge ist für die Abbedingung des Gleichstellungsgrundsatzes nicht ausreichend.[1038] Ob ein Tarifvertrag auch nur teilweise – hinsichtlich eines zusammenhängenden Regelungskomplexes – in Bezug genommen werden kann[1039] bzw. welche Folgen ein solches Vorgehen für nicht übernommene Regelungsbereiche hat,[1040] ist umstritten. Aus Gründen der Rechtssicherheit empfiehlt es sich, den einschlägigen **Tarifvertrag in seiner Gesamtheit in Bezug zu nehmen.**

502

Fraglich ist überdies, ob eine Bezugnahme von Tarifverträgen durch sogenannte **Mischbetriebe** möglich ist. Nach der Praxis der Bundesagentur für Arbeit können Mischbetriebe, die nicht überwiegend Arbeitnehmerüberlassung betreiben, die Anwendung des Gleichstellungsgrundsatzes nicht durch die Inbezugnahme von Tarifverträgen der Zeitarbeitsbranche verhindern.

503

Schließlich ist entscheidende Voraussetzung auch, dass der in Bezug genommene **Tarifvertrag selbst wirksam ist,** was sich am Fall der Tarifverträge mit den christlichen Gewerkschaften, insbesondere der **CGZP,** zeigt, deren fehlende Zuständigkeit zum Abschluss der entsprechenden Tarifverträge mit Beschluss des BAG von 14. 12. 2010 festgestellt wurde.[1041] Ist das tarifliche Verweisungsobjekt selbst unwirksam, so **geht die Verweisung ins Leere** und die Arbeitsbedingungen nach dem equal-pay/-treatment-Grundsatz finden auch rückwirkend Anwendung, was gerade in Bezug auf die Entlohnung und damit verbundene Beiträge zur Sozialversicherung zu erheblichen Nachzahlungen führen kann.

504

[1037] Thüsing/*Pelzner,* AÜG, § 3 Rn. 89.
[1038] Urban-Crell/*Germakowski,* AÜG, § 3 Rn. 130.
[1039] So Thüsing/*Pelzner,* AÜG, § 3 Rn. 89; Thüsing/*Mengel,* AÜG, § 9 Rn. 41; Urban-Crell/*Germakowski,* AÜG, § 3 Rn. 131; aA Schüren/*Schüren,* AÜG, § 9 Rn. 167, wonach der Tarifvertrag insgesamt übernommen werden muss, um den gesetzlichen Anspruch auf Gleichstellung ebenso insgesamt zu verdrängen; so wohl auch Boemke/*Lembke,* AÜG, § 9 Rn. 117; DA-AÜG zu § 3 Ziff. 3.1.7.
[1040] Für eine partielle Anwendung des Gleichstellungsgebot: Urban-Crell/*Germakowski,* AÜG, § 3 Rn. 131; Thüsing/*Pelzner,* AÜG, § 3 Rn. 89; aA Schüren/*Schüren,* AÜG, § 9 Rn. 168, wonach eine partielle Ersetzung des Gleichstellungsgebot nicht möglich ist und es in diesem Fall bei der gesetzlichen Gleichstellungspflicht insgesamt bleibt.
[1041] Im Einzelnen → Rn. 180 ff.

505 Durch die Gesetzesänderung zum 30. 4. 2011 ist die **Abweichungsmöglichkeit** weitergehend **eingeschränkt** worden und zwar insofern, als dass nun gemäß § 3 Abs. 1 Nr. 3 S. 2 Hs. 2 und § 9 Nr. 2 AÜG eine Abweichung durch Tarifvertrag nur noch möglich ist, soweit dieser die Vorgaben einer gemäß § 3a AÜG durch das Bundesministerium für Arbeit und Soziales per Rechtsverordnung vorgegebenen **Lohnuntergrenze** einhält. Eine solche Rechtsverordnung ist nunmehr seit dem 1. 1. 2012 in Kraft getreten.

(3) Nachwirkende Tarifverträge

506 Auch nachwirkende Tarifverträge können den Gleichstellungsgrundsatz verdrängen.[1042] Dies gilt unstreitig für tarifgebundene Arbeitsvertragsparteien, deren Arbeitsverhältnis im Zeitpunkt des Eintritts der Nachwirkung bereits bestand.[1043] Nicht tarifgebundene Vertragspartner können nach verbreiteter Auffassung durch eine dynamische Verweisung auf einen geltenden Tarifvertrag dessen Anwendbarkeit auch für die Zeit der Nachwirkung erreichen.[1044] Auf erst im Nachwirkungszeitraum begründete Arbeitsverhältnisse soll sich die Nachwirkung nach der Rechtsprechung hingegen grundsätzlich nicht erstrecken.[1045] In der Literatur ist umstritten, ob mit einer dynamischen Verweisung auf einen bei Vertragsschluss nur noch nachwirkenden Tarifvertrag die Anwendung des Gleichstellungsgebots wirksam ausgeschlossen werden kann.[1046]

(4) Ausländische Tarifverträge

507 Bei grenzüberschreitender Überlassung von Leiharbeitnehmern nach Deutschland gilt für **Verleiher mit Sitz im Europäischen Wirtschaftsraum** die Verpflichtung zur Gleichstellung gemäß § 7 Abs. 1 Nr. 4 AEntG iVm §§ 1, 3 AÜG ebenso wir für Verleiher mit Sitz in Deutschland. Die gemeinschaftsrechtlichen Grundfreiheiten (Art. 45, 56 AEUV) gebieten es, dass diese ausländischen Verleiher unter den gleichen Voraussetzungen wie in Deutschland ansässige Verleiher die Möglichkeit haben müssen, von dem Gleichstellungsgebot abzuweichen.[1047] Soweit dies nach dem im Entsendestaat geltenden Arbeitsrecht zulässig ist, kann der Verleiher mit Sitz im EWR **auch einen ausländischen Tarifvertrag** einzelvertraglich in Bezug nehmen.[1048] Allerdings muss der ausländische Tarifvertrag gewissen Mindestanforderungen genügen, um von der Gleichstellungspflicht befreien zu können. Diesbezüglich verlangen die Erlaubnisbehörden, dass der ausländische Tarifvertrag die Arbeitsbedingungen zwingend und verbindlich regeln muss.[1049] Dies hat im Rahmen des Wegfalls der letzten Beschränkungen der EU-Arbeitnehmerfreizügigkeit und -Dienstleistungsfreiheit zum 1. 5. 2011 gegenüber den mittel- und osteuropäischen Mitgliedstaaten zu **Angst vor Lohndumping** in der Zeitarbeit geführt und wesentlich beeinflusst, dass nun in § 3a AÜG eine Regelung zur Einführung eines Mindestlohns per Rechtsverordnung einge-

---

[1042] ErfK/*Wank* AÜG § 3 Rn. 25.
[1043] Urban-Crell/*Germakowski*, AÜG, § 3 Rn. 142.
[1044] Thüsing/*Pelzner*, AÜG, § 3 Rn. 89; Schüren/*Schüren*, AÜG, § 9 Rn. 177; Urban-Crell/*Germakowski*, AÜG, § 3 Rn. 142.
[1045] BAG 22. 7. 1998 – 4 AZR 403/97, EzA TVG § 4 Nachwirkung Nr. 27; 2. 3. 2004 – 1 AZR 271/03, NZA 2004, 852.
[1046] Dafür: Urban-Crell/*Germakowski*, AÜG, § 3 Rn. 143; HWK/*Kalb* AÜG § 3 Rn. 38; Schüren/*Schüren*, AÜG, § 9 Rn. 177; Thüsing/*Mengel*, AÜG, § 9 Rn. 41; dagegen: *Ulber*, AÜG, § 9 Rn. 293; Thüsing/*Pelzner*, AÜG, § 3 Rn. 89.
[1047] Thüsing/*Pelzner*, AÜG, § 3 Rn. 87.
[1048] Urban-Crell/*Germakowski*, AÜG, § 3 Rn. 144; Thüsing/*Pelzner*, AÜG, § 3 Rn. 90.
[1049] DA-AÜG zu § 3 Ziff. 3.1.7.8.

führt wurde, so dass ein **auch für ausländische Verleiher maßgeblicher Mindestlohn** existiert.[1050]

cc) Rückausnahme zur tariflichen Abweichungsmöglichkeit zur Verhinderung des Missbrauchs

Wie bereits oben dargestellt, erschütterte eine Reihe von Missbrauchsfällen die Leiharbeitsbranche, wobei der so genannte **„Drehtüreffekt"** den Hauptkritikfall bildete.[1051] Dieser Begriff beschreibt die Konstellation, dass ein Arbeitgeber bestimmte Arbeitnehmer entlässt, diese dann an eine Verleihfirma vermittelt, welche sie zu wesentlich günstigeren Konditionen, geknüpft an die tariflichen Abweichungsmöglichkeiten nach § 3 Abs. 1 Nr. 3 S. 2 und § 9 Nr. 2 AÜG, an den ehemaligen Arbeitgeber als Entleiher zurücküberlässt, so dass sie **zu schlechteren Konditionen auf ihre alten Arbeitsplätze** zurückkehren. Zur Verhinderung entsprechender Missbräuche hat der Gesetzgeber durch Einfügung eines neuen S. 4 in § 3 Abs. 1 Nr. 3 und einer entsprechenden Regelung in § 9 Nr. 2 AÜG reagiert. Nach dieser Neuregelung gilt eine **abweichende tarifliche Regelung nicht für Leiharbeitnehmer,** die in den **letzten sechs Monaten** vor der Überlassung an den Entleiher aus einem **Arbeitsverhältnis** bei diesem oder einem Arbeitgeber, der mit dem Entleiher einen Konzern im Sinne des § 18 des Aktiengesetzes bildet, **ausgeschieden** sind.

508

Auf diese Weise soll der so genannte „Drehtüreffekt" zukünftig verhindert werden. Eine **Entlassung von Arbeitnehmern bei zeitnaher Wiedereinstellung** als Leiharbeitnehmer auf demselben Arbeitsplatz **bleibt** somit zwar **auch zukünftig möglich,** nach der gesetzlichen Regelung allerdings nicht mehr zu verschlechternden Arbeitsbedingungen. Dies macht entsprechende Konstellationen für die Entleihunternehmen in finanzieller Hinsicht deutlich weniger reizvoll. Auch die Verleiher werden zukünftig besonders darauf achten, bei der Einstellung ihre Leiharbeitnehmer nach möglichen Voranstellungen in den letzten sechs Monaten zu fragen, um einen entsprechenden Ausschluss des Tarifprivilegs zu verhindern. Entgegen der teilweise geäußerten Ansicht ist im Fall der Rücküberlassung die **Nichtgeltung der Tarifverträge nicht auf sechs Monate beschränkt,** so dass vor Ablauf dieser Karenzzeit zurückverliehene Leiharbeitnehmer **für die gesamte Dauer** ihres Einsatzes bei ihrem alten Arbeitgeber nach dem equal-pay-Grundsatz zu vergüten sind.[1052] In der nun gültigen gesetzlichen Regelung wurde in der angepassten Übergangsvorschrift des § 19 AÜG allerdings herausgestellt, dass die ursprüngliche Fassung der §§ 3 und 9 AÜG weiterhin auf Leiharbeitsverhältnisse anwendbar bleibt, die bereits vor dem 15. 12. 2010 geschlossen wurden.

509

e) Rechtsfolgen bei Verstoß gegen das Gleichstellungsgebot

Verletzt der Verleiher den Grundsatz der Gleichstellung, drohen ihm zum einen **gewerberechtliche Sanktionen.** So kann die Behörde die Erlaubnis zur Arbeitnehmerüberlassung oder ihre Verlängerung versagen (§ 3 Abs. 1 Nr. 3 AÜG) sowie eine bereits erteilte Erlaubnis zurücknehmen (§ 4 Abs. 1 AÜG) oder widerrufen (§ 5 Abs. 1 Nr. 3 AÜG). Daneben greift auch die Vermittlungsvermutung des § 1 Abs. 2 AÜG. Zum anderen sind in § 9 Nr. 2 AÜG und § 10 Abs. 4 AÜG weitreichende arbeitsrechtliche Konsequenzen eines Verstoßes gegen das Gleichstellungsgebot festgelegt. Danach sind Vereinbarungen, die der Gleichstellungsverpflichtung zuwiderlaufen, von

510

[1050] Im Einzelnen dazu → Rn. 147 ff.
[1051] Zu den Hintergründen ausführlich → Rn. 118 ff.
[1052] *Heuchemer/Schielke* BB 2011, 758 (760); *Lembke* DB 2011, 414 (419).

Anfang an unwirksam. Es handelt sich hierbei um eine Teilnichtigkeit, da sich die Unwirksamkeit nicht auf den gesamten Leiharbeitsvertrag erstreckt.[1053] Statt des vertraglich vereinbarten Anspruchs haben **die Leiharbeitnehmer einen gesetzlichen Anspruch** auf die gleichen wesentlichen Arbeits- und Entgeltbedingungen wie vergleichbare Stammarbeitnehmer im Entleiherbetrieb (§ 10 Abs. 4 AÜG). Zudem wurde durch die Änderung der **Ordnungswidrigkeits- und Bußgeldvorschrift in § 16 AÜG** eine stärkere Sanktion von ungerechtfertigten Abweichungen vom Gleichstellungsgebot eingeführt. Gemäß den neu eingefügten § 16 Abs. 1 Nr. 7a AÜG stellt die Nichtgewährung gleicher wesentlicher Arbeitsbedingungen entgegen der Vorgabe von § 10 Abs. 4 AÜG eine Ordnungswidrigkeit dar, welche gemäß § 16 Abs. 2 AÜG mit Bußgeldern **bis zu einer Höhe von 500 000 EUR** geahndet werden kann.

3. Hauptleistungspflichten

511   Als Hauptleistungspflicht schuldet der Leiharbeitnehmer die Leistung abhängiger Arbeit, der Arbeitgeber die Vergütung dieser Arbeitsleistung.

a) Pflicht des Arbeitnehmers zur Arbeitsleistung

512   Der Leiharbeitnehmer schuldet die **Erbringung der vertraglich vereinbarten Arbeitsleistung.** Im Unterschied zu einem gewöhnlichen Arbeitsverhältnis hat der Leiharbeitnehmer die Arbeitsleistung jedoch nicht im Betrieb seines Arbeitgebers, des Verleihers, sondern regelmäßig **bei einem Dritten** und nach dessen Weisungen zu erbringen. Schließen die Parteien keinen schriftlichen Arbeitsvertrag, ist der Verleiher nach § 2 Abs. 1 S. 2 Nr. 5 NachwG verpflichtet, die vom Arbeitnehmer zu leistende Tätigkeit in einer Niederschrift kurz zu charakterisieren oder zu beschreiben. Die Einzelheiten der zu erbringenden Arbeitsleistung werden im Rahmen der durch den Arbeitsvertrag gezogenen Grenzen im **Wege des Direktionsrechts** bestimmt.[1054] Diesbezüglich ergeben sich bei der Arbeitnehmerüberlassung Besonderheiten, weil das Leistungsbestimmungsrecht zwischen Verleiher und Entleiher aufgeteilt ist.[1055] Wie bei anderen Arbeitsverhältnissen ist es aber auch bei der Leiharbeit nicht zulässig, dem Arbeitnehmer andere als die vereinbarten Tätigkeiten einseitig zu übertragen. Hierzu bedarf es vielmehr einer Anpassung des Arbeitsvertrags durch einvernehmliche Änderung oder Änderungskündigung.

513   Soweit Gründe aus der Sphäre des Verleihers den Arbeitnehmer zur **Leistungsverweigerung** berechtigen, kann der Leiharbeitnehmer dieses Recht auch gegenüber dem Entleiher gemäß § 334 BGB einwenden. Dies kommt insbesondere in Betracht, wenn der Verleiher mit der Zahlung der Vergütung in Rückstand gerät.[1056]

b) Pflicht des Arbeitgebers zur Vergütung

514   Den **Verleiher** trifft als Arbeitgeber die Hauptleistungspflicht der Vergütung des Leiharbeitnehmers. Da er das **Beschäftigungsrisiko** trägt, muss der Verleiher die Vergütung auch dann zahlen, wenn er den Leiharbeitnehmer wegen fehlender Überlassungsmöglichkeiten nicht beschäftigen kann.

[1053] Thüsing/*Mengel*, AÜG, § 9 Rn. 48; *Boemke/Lembke*, AÜG, § 9 Rn. 157.
[1054] Schüren/*Schüren*, AÜG, Einl. Rn. 184.
[1055] *Urban-Crell/Schulz* Rn. 300.
[1056] Schüren/*Schüren*, AÜG, Einl. Rn. 196; ErfK/*Wank* AÜG Einl. Rn. 29; *Urban-Crell/Schulz* Rn. 315.

III. Durchführung der Rechtsbeziehung zwischen Verleiher und Leiharbeitnehmer

Die **Höhe der Vergütung** richtet sich grundsätzlich nach der vertraglichen Vereinbarung, wobei in den meisten Fällen auf einen Tarifvertrag Bezug genommen wird.[1057] Fehlt es an einem anwendbaren Tarifvertrag, hat der Verleiher das Gleichstellungsgebot zu beachten (§§ 3 Abs. 1 Nr. 3, 9 Nr. 2, 10 Abs. 4 AÜG). 515

Zur Vergütungspflicht gehören **alle Lohn- und Lohnersatzleistungen**. Der Verleiher ist gegenüber dem Leiharbeitnehmer daher auch zur Entgeltfortzahlung im Krankheitsfall (§ 3 Abs. 1 EFZG) und an Feiertagen (§ 2 Abs. 1 EFZG) sowie zur Lohnfortzahlung bei persönlicher Verhinderung des Arbeitnehmers (§ 616 BGB) verpflichtet.[1058] 516

Ferner hat der Verleiher dem Leiharbeitnehmer **Urlaub nach dem BUrlG** zu gewähren und die Regelungen des **Mutterschutzes** zu beachten. Ebenso wie andere Arbeitnehmer haben auch Leiharbeitnehmer nach den gesetzlichen Bestimmungen Anspruch auf Elterngeld und Elternzeit. 517

Festzuhalten ist, dass der Verleiher sich nicht unter Hinweis auf die Besonderheiten der Arbeitnehmerüberlassung seiner Arbeitgeberpflichten entledigen kann. Dies stellt insbesondere die Regelung in § 1 Abs. 2 AÜG klar, die auf § 3 Abs. 1 Nr. 1–3 AÜG verweist. Danach hat der Verleiher die gesamte Unternehmensorganisation und die Betriebsabläufe so zu gestalten, dass die Wahrung der Arbeitgeberpflichten gewährleistet ist.[1059] 518

4. Nebenpflichten

Auch im Verhältnis zwischen Leiharbeitnehmer und Verleiher bestehen Nebenpflichten. Zu beachten ist jedoch, dass die die Arbeitnehmerüberlassung kennzeichnende Ausgestaltung der Rechtsverhältnisse als **Dreiecksbeziehung** eine **besondere Verteilung dieser Treue- und Fürsorgepflichten** bedingt. 519

a) Nebenpflichten des Leiharbeitnehmers

Wie jeder andere Arbeitnehmer auch hat der Leiharbeitnehmer während der Dauer des Arbeitsverhältnisses **Rücksicht auf die Interessen seines Arbeitgebers** zu nehmen. 520

Als wichtige Nebenpflicht ist hier zunächst die **Verschwiegenheitspflicht** zu nennen. Diese trifft den Leiharbeitnehmer während der Überlassung **auch gegenüber dem Entleiher**. Die Pflicht zur Verschwiegenheit betrifft nicht nur Geschäfts- und Betriebsgeheimnisse, sondern alle Informationen, an deren Geheimhaltung der Verleiher oder der jeweilige Entleiher ein schützenswertes Interesse hat.[1060] Zudem besteht sie nicht nur gegenüber Dritten, sondern auch gegenüber dem Verleiher selbst und gegenüber anderen Entleihern.[1061] Ob der Leiharbeitnehmer **auch nach Beendigung des Arbeitsverhältnisses** verpflichtet ist, Verschwiegenheit über Geschäfts- und Betriebsgeheimnisses seines Arbeitgebers und des Entleihers zu bewahren, ist **umstritten**.[1062] Aus Gründen der Rechtssicherheit sollte eine über das Ende des Arbeits- 521

[1057] Schüren/*Schüren*, AÜG, Einl. Rn. 203.
[1058] ErfK/*Wank* AÜG Einl. Rn. 25.
[1059] *Ulber*, AÜG, § 1 Rn. 49.
[1060] *Becker/Wulfgramm*, AÜG, § 11 AÜG Rn. 36; *Urban-Crell/Schulz* Rn. 376; Schüren/*Schüren*, AÜG, Einl. Rn. 238.
[1061] Schüren/*Schüren*, AÜG, Einl. Rn. 238.
[1062] BAG 15. 12. 1987 – 3 AZR 474/86, AP BGB § 611 Betriebsgeheimnis Nr. 5; 15. 6. 1993 – 9 AZR 558/91, AP BGB § 611 Konkurrenzklausel Nr. 40; *Urban-Crell/Schulz* Rn. 376; aA Schüren/ *Schüren*, AÜG, Einl. Rn. 238; Schaub/*Vogelsang*, ArbR-HdB, § 55 Rn. 57.

verhältnisses hinausgehende Verschwiegenheitspflicht **stets vertraglich vereinbart werden.**

522 Während der Dauer des Arbeitsverhältnisses trifft den Leiharbeitnehmer außerdem ein **Wettbewerbsverbot.** Damit ist ihm jede Tätigkeit untersagt, die im Geschäftszweig des Arbeitgebers liegt.[1063] Dies folgt für Handlungsgehilfen aus § 60 HGB und für andere Arbeitnehmer aus der Pflicht zur Rücksichtnahme auf die Interessen des Arbeitgebers. Ein nachvertragliches Wettbewerbsverbot muss unter Berücksichtigung der gesetzlichen Vorgaben (§ 110 GewO, §§ 74 ff. HGB) vereinbart werden.

b) Nebenpflichten des Verleihers

523 Als Arbeitgeber treffen den Verleiher neben der Hauptleistungspflicht auch Nebenpflichten aus dem Arbeitsvertrag. So ist der Verleiher zur **umfassenden Fürsorge** für den Leiharbeitnehmer verpflichtet. Wichtige Ausprägungen der Fürsorgepflicht lassen sich – auch für Betriebe ohne Betriebsrat – den §§ 81 bis 84 BetrVG entnehmen.[1064] Danach muss der Verleiher den Leiharbeitnehmer zB über alle relevanten Umstände der Arbeitsleistung **aufklären** (§ 81 BetrVG) und ihn über sein Arbeitseinkommen und seine beruflichen Entwicklungsmöglichkeiten **informieren** (§ 82 Abs. 2 BetrVG). Das Bundesarbeitsgericht leitet aus der Fürsorgepflicht auch eine Hinweispflicht des Verleihers her, wenn die bestehende Qualifikation des Leiharbeitnehmers nicht genügt, um ihn zukünftig in neuen Aufträgen einsetzen zu können und daher eine Kündigung droht.[1065] Der Verleiher muss ferner Anregungen und Beschwerden des Arbeitnehmers entgegennehmen und ggf. zur Abhilfe tätig werden (§§ 82 Abs. 1, 84 BetrVG).

524 Schließlich obliegt dem Verleiher als Arbeitgeber auch die **Fürsorgepflicht** gem. § 618 BGB **für Leben und Gesundheit des Arbeitnehmers,** die durch die Regelungen des öffentlich-rechtlichen Arbeitsschutzrechts konkretisiert wird. Aufgrund der begrenzten Einflussmöglichkeiten des Verleihers auf die Arbeitsabläufe im Entleiherbetrieb trifft jedoch auch den Entleiher diesbezüglich eine Fürsorgepflicht (§ 11 Abs. 6 AÜG).

5. Haftung

525 Verletzt eine der Parteien eine ihr obliegende Pflicht aus dem Arbeitsverhältnis, stellt sich die Frage nach der Haftung. Dabei sind grundsätzlich alle auch im Normalarbeitsverhältnis vorkommenden Haftungsfälle denkbar. Zu berücksichtigen sind zum einen die **Besonderheiten der Dreiecksbeziehung** und zum anderen die **arbeitsrechtlichen Haftungsbeschränkungen.**

a) Haftung des Verleihers

526 Hinsichtlich der Haftung des Verleihers gegenüber dem Leiharbeitnehmer ist zwischen Verletzungen der **Hauptleistungspflicht und Nebenpflichtverletzungen zu unterscheiden.**

aa) Verletzung der Hauptleistungspflicht

527 Hauptleistungspflicht des Verleihers ist die Zahlung der vereinbarten Vergütung. Gerät der Verleiher mit der Zahlung des Arbeitsentgelts in Verzug, haftet er nach §§ 280 Abs. 1, 2, 286 BGB für den **Verzugsschaden.** Zudem kann der Leiharbeit-

---

[1063] *Urban-Crell/Schulz* Rn. 377.
[1064] *Richardi/Thüsing,* BetrVG, Vorbem. §§ 81–86 a Rn. 6; *Schüren/Schüren,* AÜG, Einl. Rn. 243.
[1065] BAG 18. 5. 2006 – 2 AZR 412/05, AP AÜG § 9 Nr. 7.

III. Durchführung der Rechtsbeziehung zwischen Verleiher und Leiharbeitnehmer

nehmer ggf. nach entsprechender Mahnung Schadensersatz gemäß §§ 280 Abs. 1, 3, 281 BGB verlangen. Von Bedeutung ist in diesem Zusammenhang auch das Zurückbehaltungsrecht des Arbeitnehmers. Dieses ermöglicht es dem Leiharbeitnehmer, die Arbeitsleistung gegenüber dem Entleiher zu verweigern, wenn der Verleiher seiner Vergütungspflicht nicht nachgekommen ist.[1066]

bb) Verletzung von Nebenpflichten

Auch eine Verletzung von Nebenpflichten kann grundsätzlich zur Haftung des Verleihers führen. Allerdings wird eine Verletzung eigener Pflichten des Verleihers beim Einsatz des Arbeitnehmers im Entleiherbetrieb nur ausnahmsweise vorkommen. **528**

Erleidet der Leiharbeitnehmer beim Einsatz **im Betrieb des Entleihers oder beim Verleiher einen Körperschaden, scheidet** eine **Haftung des Verleihers** aufgrund der sozialversicherungsrechtlichen Haftungsbeschränkungen des § 104 SGB VII in den meisten Fällen **aus**. Dies gilt gleichermaßen für den Entleiher, so dass für einen fahrlässig verursachten Arbeitsunfall im Entleiherbetrieb weder der Verleiher noch der Entleiher haften.[1067] **529**

Für eingetretene **Sachschäden** haftet der **Verleiher im Falle des Verschuldens** nach §§ 280 Abs. 1, 241 Abs. 2 BGB. Hat der Verleiher den Schadenseintritt nicht verschuldet, kommt für Sachschäden an eigenen Gegenständen des Leiharbeitnehmers eine Haftung des Verleihers analog § 670 BGB in Betracht.[1068] **530**

Nach einer vor allem in der **älteren Rechtsprechung** vertretenen Ansicht soll der Verleiher auch für Sachschäden des Leiharbeitnehmers haften, die dieser auf Grund einer schuldhaften Pflichtverletzung des Entleihers erleidet.[1069] Der Entleiher ist insoweit als Erfüllungsgehilfe des Verleihers eingeordnet worden. Diese Auffassung wird mittlerweile zu Recht als **überholt** angesehen.[1070] Der Entleiher, der dem Leiharbeitnehmer einen Schaden zufügt, verletzt damit vielmehr eine ihm selbst gegenüber dem Arbeitnehmer obliegende Fürsorgepflicht. Richtigerweise kann daher nur in Fällen, in denen der durch Nachlässigkeit des Entleihers eingetretene Schaden des Arbeitnehmers zugleich durch eine eigene Pflichtverletzung des Verleihers verursacht wurde, eine gesamtschuldnerische Mithaftung des Verleihers neben dem Entleiher in Betracht kommen.[1071] **531**

Gemäß § 11 Abs. 3 AÜG ist der Verleiher verpflichtet, den Leiharbeitnehmer über den **Bestand der Überlassungserlaubnis** zu informieren. Die möglichen Folgen einer Verletzung dieser Informationspflicht regelt § 10 Abs. 2 AÜG. Danach haftet der Verleiher bei einer Unwirksamkeit des Leiharbeitsvertrags aufgrund fehlender Erlaubnis für den Schaden, den der Leiharbeitnehmer dadurch erleidet, dass er auf die Gültigkeit des Vertrags vertraut hat. **532**

b) Haftung des Leiharbeitnehmers

Eine Haftung des Leiharbeitnehmers kommt zunächst in Betracht, wenn er seine **Hauptleistungspflicht** – die Pflicht zur Arbeitsleistung – **schuldhaft nicht oder schlecht** erfüllt. **533**

[1066] Vgl. Schüren/Brors, AÜG, Einl. Rn. 452.
[1067] ErfK/Wank AÜG Einl. Rn. 29.
[1068] ErfK/Wank AÜG Einl. Rn. 29; ausführlich Schüren/Brors, AÜG, Einl. Rn. 463 ff.
[1069] RAG 5. 6. 1940 ARS 40, 10; RG 17. 12. 1942 RGZ 170, 216.
[1070] Schüren/Brors, AÜG, Einl. Rn. 456; Urban-Crell/Schulz Rn. 396; ErfK/Wank AÜG Einl. Rn. 29; Thüsing/Thüsing, AÜG, Einf. Rn. 39.
[1071] Urban-Crell/Schulz Rn. 396; Schüren/Brors, AÜG, Einl. Rn. 458.

aa) Nichtleistung

534 Der Leiharbeitnehmer haftet für Vermögensschäden des Verleihers, die dieser dadurch erleidet, dass er die **Arbeit beim Entleiher nicht antritt oder einstellt**. Da die Arbeitsleistung in der Regel nicht nachholbar ist, ergibt sich die Haftung für den Schaden nicht aus den Verzugs-, sondern aus den **Unmöglichkeitsregeln**. Der Verleiher kann bei Nichterfüllung der Arbeitsleistung daher Schadensersatz statt der Leistung gemäß §§ 280 Abs. 1, 3, 283 S. 1 BGB verlangen. Eine Haftung des Leiharbeitnehmers scheidet allerdings aus, wenn er schuldlos an der Erbringung der Arbeitsleistung verhindert oder ausnahmsweise zur Zurückhaltung der Arbeitsleistung berechtigt war. Der Schaden des Verleihers besteht in der entgangenen Überlassungsvergütung oder den für eine Ersatzkraft aufzubringenden zusätzlichen Kosten.[1072] Da der Leiharbeitnehmer für die Zeit der Nichtleistung gemäß § 275 Abs. 4 iVm § 326 Abs. 1 S. 1 BGB keinen Vergütungsanspruch hat, reduziert sich der Schaden des Verleihers entsprechend um die ersparten Aufwendungen.[1073] Der Verleiher kann darüber hinaus Kosten geltend machen, die ihm aus der Erfüllung weitergehender Schadensersatzansprüche des Entleihers aus der Verletzung des Überlassungsvertrags entstehen.[1074]

bb) Schlechtleistung und Nebenpflichtverletzungen

535 Erfüllt der Leiharbeitnehmer seine Arbeitsleistung beim Entleiher schlecht, kommt eine **Haftung im Verhältnis zum Verleiher nur ausnahmsweise** in Betracht. In der Regel wird die Schlechtleistung des Leiharbeitnehmers nicht zu einem ersatzfähigen Schaden des Verleihers führen. Denn der Verleiher hat selbst gegenüber dem Entleiher grundsätzlich **nicht für fehlerhafte Arbeitsleistungen** seiner Arbeitnehmer einzustehen; er haftet nur für die ordnungsgemäße Auswahl der Leiharbeitnehmer.[1075]

536 Nur in Ausnahmefällen stellt eine schuldhafte Verletzung der Arbeitspflicht gegenüber dem Entleiher zugleich eine Nebenpflichtverletzung gegenüber dem Verleiher dar. Ein solcher Fall kann zB angenommen werden, wenn der Leiharbeitnehmer den Verleiher nicht auf seine fehlende Eignung für die Tätigkeit hingewiesen oder ihn über seine Qualifikation getäuscht hat, und der Verleiher in der Folge einen für die konkrete Arbeitsaufgabe nicht geeigneten Arbeitnehmer an den Entleiher überlassen hat.[1076] Trifft den Leiharbeitnehmer insoweit ein Verschulden, haftet er dem Verleiher gemäß §§ 280 Abs. 1, 241 Abs. 2 BGB auf Schadensersatz. Allerdings wird den für die Auswahl verantwortlichen Verleiher bei fehlender Eignung des Arbeitnehmers regelmäßig ein erhebliches Mitverschulden an der Schadensentstehung treffen, das nach § 254 Abs. 1 BGB anspruchsmindernd zu berücksichtigen ist.[1077]

537 Verletzt der Leiharbeitnehmer schuldhaft **sonstige Nebenpflichten** gegenüber dem Verleiher, kann diese Pflichtverletzung zu einer vertraglichen Haftung nach §§ 280 Abs. 1, 241 Abs. 2 BGB und ggf. auch zu einer deliktischen Haftung gegenüber dem Verleiher führen.

cc) Besondere Regelung der Beweislast

538 Bei der Haftung des Leiharbeitnehmers im Verhältnis zum Verleiher ist stets zu beachten, dass im Hinblick auf die Beweislastverteilung die von § 280 Abs. 1 S. 2 BGB

[1072] Schüren/*Brors,* AÜG, Einl. Rn. 481; *Urban-Crell/Schulz* Rn. 389.
[1073] Schüren/*Brors,* AÜG, Einl. Rn. 481.
[1074] *Urban-Crell/Schulz* Rn. 389.
[1075] BGH 9. 3. 1971 – VI ZR 138/69, AP BGB § 611 Leiharbeitsverhältnis Nr. 1.
[1076] Schüren/*Brors,* AÜG, Einl. Rn. 484 f.; *Urban-Crell/Schulz* Rn. 391.
[1077] Schüren/*Brors,* AÜG, Einl. Rn. 485.

III. Durchführung der Rechtsbeziehung zwischen Verleiher und Leiharbeitnehmer

abweichende Regelung des § 619a BGB eingreift. Während nach § 280 Abs. 1 S. 2 BGB grundsätzlich der Schuldner die Beweislast dafür trägt, dass er die Pflichtverletzung nicht zu vertreten hat, sieht § 619a BGB für Haftungsfälle im Arbeitsverhältnis vor, dass der Arbeitgeber darlegen und beweisen muss, dass der Arbeitnehmer die Pflichtverletzung zu vertreten hat. Somit trägt der **Verleiher als Arbeitgeber die Beweislast** für das Verschulden des Leiharbeitnehmers.

dd) Haftungsbeschränkungen und -freistellungen

539 Schließlich gelten auch im Leiharbeitsverhältnis die Grundsätze des **innerbetrieblichen Schadensausgleichs**. Nach diesen von der Rechtsprechung entwickelten Grundsätzen[1078] ist die Haftung des Arbeitnehmers bei betrieblich veranlassten Tätigkeiten eingeschränkt, wobei nach dem Grad des Verschuldens zu differenzieren ist. Bei **Vorsatz** haftet der Arbeitnehmer in vollem Umfang; dies gilt in der Regel auch bei **grober Fahrlässigkeit**, soweit nicht das vom Arbeitgeber zu tragende Betriebsrisiko zu einer Herabsetzung der Schadensersatzpflicht des Arbeitnehmers zwingt. Im Falle **leichter Fahrlässigkeit** trägt den Schaden der Arbeitgeber allein; bei mittlerer **(normaler) Fahrlässigkeit** ist die Haftung zwischen Arbeitgeber und Arbeitnehmer zu teilen.

540 **Schädigt der Leiharbeitnehmer** bei der Erbringung der Arbeitsleistung **einen Dritten**, haftet er diesem gegenüber ohne besondere Haftungsbeschränkungen aus unerlaubter Handlung. Allerdings kann er in diesem Fall von seinem **Arbeitgeber Regress** oder Freistellung in der Höhe verlangen, in der er bei einer Schädigung des Arbeitgebers diesem nach den Grundsätzen des innerbetrieblichen Schadensausgleichs nicht zu haften brauchte. Da Fehler des Leiharbeitnehmers bei der Arbeitsleistung regelmäßig nicht in den Risikobereich des Verleihers fallen, sind **Regress- oder Freistellungsansprüche grundsätzlich gegen den Entleiher** zu richten;[1079] ein direkter Anspruch gegen den Verleiher ist nur denkbar, wenn der Leiharbeitnehmer ausnahmsweise unmittelbar nach Weisungen des Verleihers und in dessen Interesse gehandelt hat.[1080]

6. Bestandsschutz

541 Das AÜG soll dem **sozialen Schutz der Arbeitnehmer** dienen. Der Gesetzgeber hat als Regelform das unbefristete Arbeitsverhältnis des Leiharbeitnehmers mit dem Verleiher vorgesehen. Der Verleiher soll den Leiharbeitnehmer immer wieder befristet an wechselnde Entleiher überlassen. In der Praxis ist es jedoch bislang nur teilweise gelungen, das Leiharbeitsverhältnis als **unbefristetes Dauerschuldverhältnis** auszugestalten.[1081] Die Verleiher haben ein wirtschaftliches Interesse daran, die Vergütungspflichten für unproduktive Zeiten möglichst gering zu halten. Zu diesem Zweck wird neben anderen Gestaltungsformen auf Befristungsregelungen und Kündigungen zurückgegriffen.

a) Befristung des Leiharbeitsverhältnisses

542 Für die Befristung des Leiharbeitsverhältnisses gelten seit dem Jahr 2004 die **allgemeinen Vorschriften des Teilzeit- und Befristungsgesetzes (TzBfG)**. Die spe-

---

[1078] Vgl. BAG 27. 9. 1994 – GS 1/89 (A), NZA 1994, 1083.
[1079] ErfK/*Wank* AÜG Einl. Rn. 31.
[1080] *Urban-Crell/Schulz* Rn. 400; Schüren/*Brors*, AÜG, Einl. Rn. 514.
[1081] 11. Erfahrungsbericht der Bundesregierung zum AÜG, BT-Drs. 17/464, 34.

ziellen Regelungen zur Befristung von Leiharbeitsverhältnissen im AÜG sind aufgehoben worden. Die §§ 14ff. TzBfG sehen **Befristungen mit und ohne Sachgrund** vor. Beide Befristungsarten bedürfen zu ihrer Wirksamkeit der Schriftform (§ 14 Abs. 4 TzBfG). Ein etwaiger Sachgrund für die Befristung muss indes nicht schriftlich vereinbart werden.[1082]

aa) Befristung ohne Sachgrund

543 Die Befristung des Leiharbeitsverhältnisses ohne Sachgrund richtet sich nach **§ 14 Abs. 2 TzBfG.** Danach ist die kalendermäßige Befristung eines Arbeitsvertrags ohne Vorliegen eines sachlichen Grundes grundsätzlich **bis zur Dauer von zwei Jahren zulässig,** sofern nicht schon zuvor ein befristetes oder unbefristetes Arbeitsverhältnis mit demselben Arbeitgeber bestanden hat. Dies hat das Bundesarbeitsgericht dahingehend konkretisiert, dass es unschädlich ist, wenn das Ende des vormaligen Arbeitsverhältnisses drei Jahre vor Beginn des befristeten Arbeitsverhältnisses zurückliegt.[1083]

544 Die Befristung ohne Sachgrund ist grundsätzlich auf eine maximale Dauer von zwei Jahren beschränkt. Innerhalb dieser zwei Jahre kann das **Arbeitsverhältnis bis zu drei Mal verlängert** werden. Bei der Verlängerung ist zu beachten, dass sich der Verlängerungsvertrag jeweils nahtlos an die vorangegangene Befristung anschließen und die Verlängerung vor Ablauf des zu verlängernden Vertrags und ohne Änderung der übrigen Vertragsbestandteile schriftlich vereinbart werden muss.[1084] Von den gesetzlichen Grundregeln zur Höchstbefristungsdauer und zur Anzahl der möglichen Verlängerungen **kann durch Tarifvertrag abgewichen** werden (§ 14 Abs. 2 S. 3 TzBfG). Die Tarifverträge der Zeitarbeitsbranche sehen daher sowohl längere Befristungszeiträume als auch eine größere Anzahl von Verlängerungen vor.[1085] Neu gegründete Verleihunternehmen können in den ersten vier Jahren jedes neue Leiharbeitsverhältnis mit mehrfachen Verlängerungen auf maximal vier Jahre befristen (§ 14 Abs. 2a TzBfG).

545 Die Möglichkeit zur sachgrundlosen Befristung wird durch § 14 Abs. 2 S. 1 TzBfG insoweit eingeschränkt, als **mit demselben Arbeitgeber** nicht schon in den letzten drei Jahren zuvor ein unbefristetes oder befristetes Arbeitsverhältnis bestanden haben darf. Grundsätzlich ist maßgeblich, ob der Vertragsarbeitgeber bei den Arbeitsverhältnissen derselbe ist. Daher kann ein Unternehmen einen zuvor entliehenen Arbeitnehmer nach § 14 Abs. 2 befristet einstellen.[1086] Ebenso wenig steht das Anschlussverbot des § 14 Abs. 2 S. 1 TzBfG einer sachgrundlosen Befristung entgegen, wenn der Entleiher, in dessen Betrieb der Arbeitnehmer eingesetzt werden soll, zuvor der Vertragsarbeitgeber dieses Leiharbeitnehmers war. Dies gilt nach der höchstrichterlichen Rechtsprechung selbst dann, wenn der Verleiher eine hundertprozentige Tochtergesellschaft des Entleihers ist.[1087] Denn das Anschlussverbot knüpft nicht an eine vorangegangene Beschäftigung im selben Betrieb, sondern allein an **die Identität der Vertragsarbeitgeber** an. Allerdings kann eine rechtsmissbräuchliche Ausnutzung der Möglichkeit zur sachgrundlosen Befristung vorliegen, wenn der Arbeitgeberwechsel nur mit dem Zweck erfolgt, sachgrundlose Befristungen zu ermöglichen.[1088]

[1082] BAG 23. 6. 2004 – 7 AZR 636/03, NZA 2004, 1333.
[1083] BAG 6. 4. 2011 – 7 AZR 716/09, NZA 2011, 905.
[1084] BAG 26. 7. 2000 – 7 AZR 51/99, DB 2001, 100; 18. 1. 2006 – 7 AZR 178/05, DB 2006, 1221.
[1085] Vgl. *Düwell/Dahl* NZA 2007, 889, Fn. 27.
[1086] LAG Niedersachsen 29. 1. 2003 – 10 SHa 18/02, NZA-RR 2003, 624.
[1087] BAG 18. 10. 2006 – 7 AZR 145/06, AP TzBfG § 14 Verlängerung Nr. 4.
[1088] BAG 25. 4. 2001 – 7 AZR 376/00, AP BeschFG 1996 § 1 Nr. 10; LAG Berlin 7. 1. 2005 – 6 Sa 2008/04, NZA-RR 2005, 353.

III. Durchführung der Rechtsbeziehung zwischen Verleiher und Leiharbeitnehmer

§ 9 Nr. 3 AÜG aF wurde der Schluss gezogen, dass dem Arbeitgeber ein Zeitraum von **drei Monaten ohne Überlassungsauftrag zuzumuten** sei.[1124] Mit Blick auf die Streichung der Vorschrift des § 9 Nr. 3 AÜG aF hat das BAG jedoch eine pauschale Pflicht des Verleihunternehmens zur Übernahme des Risikos fehlender Einsetzbarkeit für drei Monate verneint.[1125] Die jeweilige Abwartefrist soll vielmehr stets im Einzelfall unter Berücksichtigung der Beschäftigungszeit des Leiharbeitnehmers und entsprechend den Bedürfnissen der Branche zu bestimmen sein. Allerdings lässt die höchstrichterliche Rechtsprechung auch nicht den Hinweis des Verleihers auf einen auslaufenden Auftrag ausreichen, um eine betriebsbedingte Kündigung des Leiharbeitnehmers zu rechtfertigen. Der Verleiher muss anhand der Auftrags- und Personalplanung dezidiert aufzeigen, dass es sich **nicht nur um eine kurzfristige Auftragsschwankung** handelt, sondern dass auch in absehbarer Zeit kein Folgeauftrag zu erwarten ist.[1126]

Eine **Änderungskündigung** zum Zweck der Absenkung des Arbeitsentgelts auf die Höhe der Tarifverträge für Zeitarbeitsunternehmen ist **regelmäßig sozial nicht gerechtfertigt**.[1127] Allein das Interesse des Verleihers, in seinem Betrieb einheitliche Vertragsbedingungen zu schaffen, stellt kein dringendes betriebliches Erfordernis dar. 563

Neben dem dringenden betrieblichen Erfordernis erfordert die wirksame betriebsbedingte Kündigung darüber hinaus, dass es **keine anderweitige Beschäftigungsmöglichkeit** für den betroffenen Leiharbeitnehmer gibt und dass eine **ordnungsgemäße Sozialauswahl** durchgeführt worden ist. Letzteres bedeutet, dass eine Kündigung wegen fehlender Beschäftigungsmöglichkeit nicht einfach gegenüber demjenigen Leiharbeitnehmer ausgesprochen werden darf, der gerade nicht eingesetzt werden kann. Vielmehr muss der Verleiher unter den iSv § 1 Abs. 3 KSchG vergleichbaren Arbeitnehmern – einschließlich der zu dem Zeitpunkt verliehenen Arbeitnehmer – den oder die am **wenigsten Schutzbedürftigen** heraussuchen.[1128] 564

dd) Besonderer Kündigungsschutz

Der spezialgesetzlich geregelte besondere Kündigungsschutz für einzelne Arbeitnehmergruppen gilt auch für Leiharbeitsverhältnisse. In Betracht kommen hier insbesondere der Kündigungsschutz nach **§ 9 MuSchG** und der Kündigungsschutz für **Schwerbehinderte** (§§ 85 ff. SGB IX). 565

7. Arbeitsschutz

Gemäß § 11 Abs. 6 S. 1 AÜG unterliegt die Tätigkeit des Leiharbeitnehmers im Entleiherbetrieb den dort **geltenden öffentlich-rechtlichen Arbeitsschutzvorschriften**.[1129] Der Entleiher ist für die Einhaltung dieser Vorschriften verantwortlich. Daneben bleibt aber auch der Verleiher, den als Arbeitgeber die Fürsorgepflicht des § 618 BGB trifft, für den Arbeitsschutz mitverantwortlich (§ 11 Abs. 6 S. 1 AÜG). Während teilweise eine eigenständige **Pflicht des Verleihers** zur Einhaltung der öf- 566

[1124] Schüren/*Schüren*, AÜG, Einl. Rn. 279; *Boemke/Lembke*, AÜG, § 11 Rn. 127; *Urban-Crell/Schulz* Rn. 454.
[1125] BAG 18. 5. 2006 – 2 AZR 412/05, AP AÜG § 9 Nr. 7.
[1126] BAG 18. 5. 2006 – 2 AZR 412/05, AP AÜG § 9 Nr. 7.
[1127] BAG 12. 1. 2006 – 2 AZR 126/052, NZA 2006, 587; Thüsing/*Pelzner*, AÜG, § 3 Rn. 54; ErfK/*Wank* AÜG Einl. Rn. 28; Schüren/*Schüren*, AÜG, Einl. Rn. 280.
[1128] Schüren/*Schüren*, AÜG, § 3 Rn. 131.
[1129] Vgl. hierzu ausf. *Anton-Dyck/Böhm* ArbRB 2012, 58 ff.

fentlich-rechtlichen Vorschriften angenommen wird,[1130] sehen andere die Pflicht des Verleihers aus praktischen Gründen auf die Überwachung und Kontrolle des Entleihers, dem in erster Linie die Durchführung der Arbeitsschutzmaßnahmen obliege, beschränkt.[1131]

567 Inhaltlich umfassen die in § 11 Abs. 6 AÜG genannten öffentlich-rechtlichen Vorschriften des Arbeitsschutzes zunächst die **Bestimmungen des Arbeitsschutzgesetzes.** Dazu gehören weitere bundes- und landesrechtliche Vorschriften wie zB die **Arbeitsstättenverordnung** sowie die **Unfallverhütungsvorschriften der Berufsgenossenschaften.** Schließlich zählen auch die Vorschriften zum Arbeitszeitschutz (Arbeitszeitgesetz, Ladenschlussgesetz) und zum Schutz bestimmter Arbeitnehmergruppen (MuSchG, JArbSchG, SGB IX) dazu.

8. Sozialversicherungsrechtliche Pflichten des Verleihers

568 Anders als das Arbeitsrecht sieht das Sozialrecht nur vereinzelt **Sonderregelungen für Leiharbeitnehmer** vor. Bei der legalen Arbeitnehmerüberlassung ist der Verleiher alleiniger Arbeitgeber des Leiharbeitnehmers. Ihn treffen daher die üblichen sozialversicherungsrechtlichen Arbeitgeberpflichten.

a) Kranken-, Pflege-, Renten- und Arbeitslosenversicherung

569 Die Kranken-, Pflege-, Renten- und Arbeitslosenversicherung der Leiharbeitnehmer knüpft jeweils an das abhängige Beschäftigungsverhältnis zum Verleiher an. Somit hat der **Verleiher den Gesamtsozialversicherungsbeitrag** für alle Versicherungszweige **abzuführen** (§ 28e Abs. 1 S. 1 SGB IV). Ihm obliegen auch die allgemeinen Meldepflichten nach § 28a SGB IV.

570 Besonderheiten ergeben sich im Hinblick auf einige Leistungen der Arbeitslosenversicherung: Die Voraussetzungen der Arbeitslosigkeit sind in den Zeiten zwischen zwei Fremdfirmeneinsätzen regelmäßig nicht erfüllt. Denn das Leiharbeitsverhältnis besteht fort und der Leiharbeitnehmer steht dem Verleiher weiterhin zur Verfügung. Daher hat der Leiharbeitnehmer in **verleihfreien Zeiten grundsätzlich keinen Anspruch auf Arbeitslosengeld** nach §§ 136 ff. SGB III. Zahlt der Verleiher in dieser Zeit pflichtwidrig kein Arbeitsentgelt, steht dem Arbeitnehmer jedoch trotz des bestehenden, aber unerfüllten Anspruchs auf Arbeitsvergütung Anspruch auf Arbeitslosengeld gem. § 158 Abs. 4 S. 1 SGB III zu (sog. Gleichwohlgewährung).[1132]

571 **Kurzarbeitergeld** erhielten Leiharbeitnehmer in Zeiten der Nichtbeschäftigung grundsätzlich nicht, da der Arbeitsausfall bei ihnen als branchenüblich iSd § 96 Abs. 4 S. 2 Nr. 1 SGB III angesehen wird. Angesichts der Wirtschaftskrise hatte der Gesetzgeber jedoch im neuen § 11 Abs. 4 S. 3 AÜG – zunächst befristet – die **Möglichkeit zur Einführung von Kurzarbeit von Leiharbeitnehmern** geschaffen. In dieser Übergangszeit kann auch Leiharbeitnehmern Kurzarbeitergeld gewährt werden, wenn der Arbeitsausfall nicht nur Ausdruck einer kurzfristigen Auftragsschwankung, sondern eines voraussichtlich zur betriebsbedingten Kündigung berechtigenden dauerhaften Arbeitsausfalls iSd § 1 Abs. 2 KSchG ist.[1133]

[1130] *Ulber,* AÜG, § 11 Rn. 136; Thüsing/*Mengel,* AÜG, § 11 Rn. 54.
[1131] ErfK/*Wank* AÜG § 11 Rn. 21; Schüren/*Schüren,* AÜG, § 11 Rn. 134; KasselerHdb/*Düwell* Kap. 4.5 Rn. 406.
[1132] Schüren/*Schüren,* AÜG, Einl. Rn. 740.
[1133] Urban-Crell/*Germakowski,* AÜG, Einl. Rn. 111.

III. Durchführung der Rechtsbeziehung zwischen Verleiher und Leiharbeitnehmer

bb) Befristung mit Sachgrund

Neben der Befristung ohne Sachgrund kommt für Leiharbeitsverhältnisse auch eine 546 Befristung mit Sachgrund gemäß § 14 Abs. 1 TzBfG in Betracht. Dabei sind einige Besonderheiten zu beachten. So kann sich nach überwiegender Ansicht[1089] ein **Befristungsgrund nur aus der Rechtsbeziehung zwischen Verleiher und Leiharbeitnehmer** ergeben, da nur zwischen ihnen ein Arbeitsverhältnis besteht. Für eine Befristung des Leiharbeitsverhältnisses liegen mehrere Gründe nahe; fraglich ist jedoch, ob sich aus den Besonderheiten der Leiharbeit ein Befristungsgrund herleiten lässt.

§ 14 Abs. 1 S. 2 Nr. 1 TzBfG als Befristungsgrund setzt voraus, dass ein **Bedarf an** 547 **der Arbeitsleistung nur vorübergehend** besteht. Dies ist zu bejahen, wenn eine Prognose zum Zeitpunkt des Vertragsschlusses mit hinreichender Sicherheit ergibt, dass der Bedarf für die Beschäftigung des Leiharbeitnehmers beim Verleiher künftig entfällt.[1090] Im Gegensatz zu einem solchen, von vornherein feststehenden, vorübergehenden Bedarf rechtfertigt die bloße Unsicherheit über die künftige Entwicklung, welche jeder wirtschaftlichen Tätigkeit innewohnt,[1091] eine Befristung nicht.[1092] Auch die Prognose des Verleihers, den Leiharbeitnehmer nur für eine bestimmte Zeit zur Überlassung an einen Entleiher zu benötigen, eignet sich nicht für eine zulässige Rechtfertigung nach § 14 Abs. 1 S. 2 Nr. 1 TzBfG.[1093] Denn diese Situation stellt gerade das für den **Verleiher typische unternehmerische Beschäftigungsrisiko** dar, welches nicht auf den Leiharbeitnehmer abgewälzt werden darf. Da für die Prognose des vorübergehenden Beschäftigungsbedarfs nicht auf den Bedarf des Entleihers, sondern auf den des Verleihers abzustellen ist, wird § 14 Abs. 1 S. 2 Nr. 1 TzBfG **nur selten** als Befristungsgrund herangezogen werden können.[1094] Denkbar ist eine Befristung wegen vorübergehenden Bedarfs bei Saisonkräften wie zB bei Erntehelfern, für deren Beschäftigung nach Ende der Saison am **gesamten Arbeitsmarkt kein Bedarf** mehr besteht.[1095]

Der Befristungsgrund der **Vertretung** (§ 14 Abs. 1 S. 2 Nr. 3 TzBfG) wird ebenfalls 548 nur **in Ausnahmefällen** einschlägig sein, da es auf den Vertretungsbedarf beim Verleiher und nicht beim Entleiher ankommt.[1096] Möglich ist ein Vertretungsbedarf beim Verleiher in dem seltenen Fall, dass ein langfristig beschäftigter Leiharbeitnehmer wegen Elternzeit, Pflegezeit oder Langzeiterkrankung ausfällt und für diesen eine Ersatzkraft benötigt wird.[1097]

Eine Befristungsmöglichkeit für Leiharbeitsverträge ergibt sich **grundsätzlich** 549 **nicht aus der Eigenart der Arbeitsleistung** iSd § 14 Abs. 1 S. 2 Nr. 4 TzBfG. Dies liegt daran, dass Leiharbeitnehmer jede Art von Tätigkeiten ausüben; die Rege-

---

[1089] BAG 22. 3. 2000 – 7 AZR 758/98, NZA 2000, 881; ErfK/*Wank* AÜG Einl. Rn. 6; *Ulber*, AÜG, § 9 Rn. 311; *Dahl* DB 2006, 2519; vgl. *Frik* NZA 2005, 386.
[1090] BAG 25. 8. 2004 – 7 AZR 7/04, NZA 2005, 357.
[1091] BT-Drs. 14/4374, 19.
[1092] BAG 22. 3. 2000 – 7 AZR 758/98, NZA 2000, 881; 18. 5. 2006 – 2 AZR 412/05, AP AÜG § 9 Nr. 7.
[1093] BAG 18. 5. 2006 – 2 AZR 412/05, AP AÜG § 9 Nr. 7; *Wank* NZA 2002, 14; *Hamann* Jura 2003, 361; *Lembke* DB 2003, 2703; *Reinert* ZTR 2003, 106; *Schüren*/*Behrend* NZA 2003, 521; Schüren/ *Schüren*, AÜG, § 3 Rn. 98 f.; *Thüsing*/*Pelzner*, AÜG, § 3 Rn. 104; aA *Bauer*/*Krets* NJW 2003, 537; *Kokemoor* NZA 2003, 238; *Thüsing* DB 2003, 446; *Ulber* AuR 2003, 7.
[1094] Urban-Crell/*Germakowski*, AÜG, § 11 Rn. 92.
[1095] Schüren/*Schüren*, AÜG, § 3 Rn. 100.
[1096] ErfK/*Wank* AÜG Einl. Rn. 8; *Gutmann*/*Kilian*, Zeitarbeit. Fakten, Trends und Visionen, 2009, 57; Urban-Crell/*Germakowski*, AÜG, § 11 Rn. 103; Schüren/*Schüren*, AÜG, § 3 Rn. 96.
[1097] Schüren/*Schüren*, AÜG, § 3 Rn. 96; Urban-Crell/*Germakowski*, AÜG, § 11 Rn. 104.

lung soll hingegen vor allem den Interessen von Tendenzarbeitgebern Rechnung tragen.[1098]

550 Möglich ist eine Befristung zur **Erprobung des Leiharbeitnehmers** gemäß § 14 Abs. 1 S. 2 Nr. 5 TzBfG. Auch hier ist auf das Verhältnis zwischen Verleiher und Leiharbeitnehmer abzustellen. Nicht eindeutig geklärt ist, ob zur Erprobung lediglich eine Erstbefristung erfolgen kann oder ob aufgrund der wechselnden Tätigkeiten des Leiharbeitnehmers auch eine mehrfache Befristung zur Erprobung zulässig ist.[1099] Die Möglichkeit einer neuerlichen Erprobung erscheint sachgerecht, sofern dem Leiharbeitnehmer eine erheblich abweichende Arbeitsaufgabe übertragen wird, so dass der Bewährung im Rahmen einer vorangegangenen Beschäftigung für den Verleiher keine Aussagekraft mehr zukommt.[1100]

551 Die **Dauer der Befristung** muss im Hinblick auf den **Erprobungszweck angemessen** sein.[1101] Nach der Rechtsprechung trägt der Erprobungszweck eine Befristung nur so lange, wie ein vernünftiger Arbeitgeber benötigt, um sich ein Bild von der Leistungsfähigkeit des Arbeitnehmers zu machen.[1102] Eine Befristung zur Erprobung für zwei oder drei Monate ist auch bei einfachen Tätigkeiten unstreitig zulässig.[1103] In Anlehnung an die Regelung in § 1 KSchG wird grundsätzlich ein **Zeitraum von sechs Monaten als Regelgrenze** für die Erprobung angesehen;[1104] darüber hinausgehende Erprobungszeiten kommen nur in Ausnahmefällen in Betracht.[1105]

552 Eine Befristung aus **persönlichen Gründen des Arbeitnehmers** nach § 14 Abs. 1 S. 2 Nr. 6 TzBfG kann bei Leiharbeitsverhältnissen zB aufgrund eines entsprechenden Wunsches des Arbeitnehmers vorkommen.[1106] Dabei ist es für die Rechtfertigung der Befristung ohne Bedeutung, ob der Befristungswunsch des Arbeitnehmers objektiv begründet ist.[1107]

553 Die sachlichen Gründe der Nr. 7 (Zweckbindung von Haushaltsmitteln) und Nr. 8 (gerichtlicher Vergleich) haben für den Bereich der Leiharbeit grundsätzlich **keine besondere Bedeutung**.[1108]

554 Da die **Aufzählung** der Sachgründe in § 14 Abs. 1 S. 2 TzBfG **nicht abschließend** ist, kann eine Befristung des Arbeitsverhältnisses auch durch andere Gründe gerechtfertigt sein. Ein nicht genannter Sachgrund muss allerdings den **Wertungsmaßstäben des § 14 Abs. 1 TzBfG entsprechen** und den dort genannten Sachgründen von seinem Gewicht her gleichwertig sein.[1109] Ein solcher Grund, der speziell für die Leiharbeit eingreifen würde, ist nicht ersichtlich.

[1098] ErfK/*Wank* AÜG Einl. Rn. 9.
[1099] Für idR nur einmalige Befristung: ErfK/*Wank* AÜG Einl. Rn. 9; *Thüsing/Pelzner*, AÜG, § 3 Rn. 106; für mehrfache Befristung bei Aufgabenwechsel: Schüren/*Schüren*, AÜG, § 3 Rn. 105; *Boemke/Lembke*, AÜG, § 9 Rn. 230.
[1100] So: Schüren/*Schüren*, AÜG, § 3 Rn. 105; *Schüren/Behrend* NZA 2003, 521; *Boemke/Lembke*, AÜG, § 9 Rn. 230.
[1101] Schüren/*Schüren*, AÜG, § 3 Rn. 109; *Boemke/Lembke*, AÜG, § 9 Rn. 230.
[1102] BAG 15. 3. 1978 – 5 AZR 831/76, AP BGB § 620 Befristeter Arbeitsvertrag Nr. 45.
[1103] *Annuß/Thüsing/Maschmann*, TzBfG, § 14 Rn. 57.
[1104] BAG 15. 3. 1978 – 5 AZR 831/76, AP BGB § 620 Befristeter Arbeitsvertrag Nr. 45; ErfK/*Müller-Glöge* TzBfG § 14 Rn. 49; *Boemke/Lembke*, AÜG, § 9 Rn. 230; *Thüsing/Pelzner*, AÜG, § 3 Rn. 106.
[1105] Schüren/*Schüren*, AÜG, § 3 Rn. 107 f.
[1106] Urban-Crell/*Germakowski*, AÜG, § 11 Rn. 109.
[1107] Schüren/*Schüren*, AÜG, § 3 Rn. 115.
[1108] *Wank* NZA 2002, 14; *Reipen* BB 2003, 787.
[1109] BAG 16. 3. 2005 – 7 AZR 289/04, NZA 2005, 923; 23. 1. 2002 – 7 AZR 611/00, NZA 2002, 986; ErfK/*Wank* AÜG Einl. Rn. 9.

III. Durchführung der Rechtsbeziehung zwischen Verleiher und Leiharbeitnehmer

b) Kündigung des Leiharbeitsverhältnisses

Das Leiharbeitsverhältnis kann **von beiden Vertragspartnern** durch Kündigung 555
beendet werden. Dabei ist sowohl eine außerordentliche Kündigung nach § 626 BGB
als auch eine ordentliche Kündigung denkbar. Der jeweilige Entleiher ist nicht kündigungsberechtigt.

Für die **ordentliche Kündigung** gelten (mangels anderer gesetzlicher oder tarif- 556
licher Regelung) die **Fristen des § 622 BGB**. Wegen dessen Tarifdispositivität (§ 622
Abs. 4 BGB) können jedoch durch Tarifvertrag oder durch arbeitsvertragliche Inbezugnahme eines einschlägigen Tarifvertrags abweichende Kündigungsfristen vereinbart
sein. Von der nach § 622 Abs. 5 Nr. 1 BGB bestehenden Möglichkeit, für Aushilfskräfte individualvertraglich eine kürzere als die in § 622 Abs. 1 BGB genannte Kündigungsfrist zu vereinbaren, kann der Verleiher hingegen gemäß § 11 Abs. 4 S. 1 AÜG
keinen Gebrauch machen.

Die weiteren Anforderungen an die Kündigung richten sich danach, ob der betrof- 557
fene Arbeitnehmer dem **Kündigungsschutzgesetz (KSchG)** unterfällt. So greift der
Kündigungsschutz des KSchG in Kleinbetrieben nicht ein, § 23 Abs. 1 S. 2 KSchG.
Für den Schwellenwert des § 23 KSchG ist ausschließlich auf die Arbeitnehmerzahl
beim Verleiher abzustellen.[1110] Zu den Beschäftigten des Verleihers zählen dabei sowohl die Stammarbeitnehmer als auch die Leiharbeitnehmer, und zwar unabhängig
davon, ob sie gerade in einem Drittbetrieb eingesetzt sind.[1111] Darüber hinaus erfordert
die Anwendung des KSchG, dass das Arbeitsverhältnis ohne Unterbrechung länger als
sechs Monate bestanden hat (§ 1 Abs. 1 KSchG). Zu beachten ist hierbei, dass bei erneuter Begründung eines Arbeitsverhältnisses die Zeit einer früheren Beschäftigung
bei demselben Arbeitgeber auf die Wartezeit von sechs Monaten angerechnet werden
kann, wenn die Unterbrechung verhältnismäßig kurz war und zwischen den beiden
Arbeitsverhältnissen ein enger sachlicher Zusammenhang besteht.[1112] Ist das KSchG auf
das Arbeitsverhältnis nicht anzuwenden, bedarf die Kündigung des Leiharbeitnehmers
keines Grundes; allerdings findet auch in diesen Fällen eine Missbrauchskontrolle
statt.[1113]

Liegen die Voraussetzungen für die Anwendung des KSchG vor, bedarf die Kündi- 558
gung einer **sozialen Rechtfertigung** (§ 1 KSchG). Dafür muss sie durch Gründe, die
in der Person oder in dem Verhalten des Arbeitnehmers liegen, oder durch dringende
betriebliche Erfordernisse bedingt sein (§ 1 Abs. 2 S. 1 KSchG).

aa) Personenbedingte Kündigung

Die personenbedingte Kündigung kommt in der Praxis **meist als krankheits-** 559
bedingte Kündigung vor. Diese ist nur dann gerechtfertigt, wenn für die Zukunft
unzumutbar lange oder häufige krankheitsbedingte Ausfälle zu erwarten sind.[1114] Zu
berücksichtigen ist, dass der Verleiher im Verhältnis zum Entleiher allein das Krankheitsrisiko des Leiharbeitnehmers trägt. Er ist gegenüber dem Entleiher verpflichtet,
bei Ausfall eines Leiharbeitnehmers eine Ersatzkraft zur Verfügung zu stellen. Daher
muss er für übliche Ausfälle wegen Krankheit stets eine Personalreserve bereit halten.
Lässt die Prognose jedoch erwarten, dass der betroffene Arbeitnehmer auch in Zukunft

---

[1110] Urban-Crell/*Germakowski*, AÜG, § 11 Rn. 117.
[1111] ErfK/*Kiel* KSchG § 23 Rn. 19.
[1112] BAG 10. 5. 1989 – 7 AZR 450/88, AP KSchG 1969 § 1 Wartezeit Nr. 7.
[1113] ErfK/*Wank* AÜG Einl. Rn. 26.
[1114] BAG 10. 11. 2005 – 2 AZR 44/05, NZA 2006, 655.

deutlich überdurchschnittliche Krankheitszeiten** haben wird, kann es für den Verleiher wirtschaftlich unzumutbar sein, für diesen überdurchschnittlichen Vertretungsbedarf eine Personalreserve vorzuhalten.[1115]

560   Eine Kündigung wegen **mangelnder Qualifikationen oder Leistungsfähigkeit** des Leiharbeitnehmers ist nur zulässig, wenn der Verleiher dem Arbeitnehmer nicht anderswo, dh bei Entleihern, die geringere oder andere Anforderungen stellen, eine **leistungs- und qualifikationsgerechte Beschäftigung** bieten kann.[1116] Zu berücksichtigen ist in diesem Zusammenhang auch die neuere Rechtsprechung des BAG, nach der den Verleiher eine Hinweispflicht treffen soll, wenn die bestehende Qualifikation des Leiharbeitnehmers nicht ausreicht, um ihn künftig bei neuen Aufträgen einsetzen zu können und deshalb eine Kündigung droht.[1117] Weist der Verleiher den Leiharbeitnehmer hierauf nicht hin, soll in bestimmten Fällen sein Recht entfallen, das Arbeitsverhältnis wegen künftig fehlender Einsetzbarkeit zu beenden.[1118]

bb) Verhaltensbedingte Kündigung

561   Eine verhaltensbedingte Kündigung des Leiharbeitnehmers kann sowohl auf **Pflichtverletzungen gegenüber dem Verleiher als auch** auf solche bei der Erbringung der Arbeitsleistung **im Entleiherbetrieb** gestützt werden.[1119] Bei Pflichtverletzungen im Entleiherbetrieb, die ihre Ursache in besonderen, dort geltenden Regeln haben, ist zu berücksichtigen, dass der Arbeitnehmer nur zeitlich eingeschränkt im Entleiherbetrieb tätig ist und daher entsprechend einem neu eingestellten Arbeitnehmer zu behandeln ist.[1120] Eine Kündigung aus verhaltensbedingten Gründen kommt **in der Regel** nur nach **vorheriger Abmahnung** in Betracht. Für die Abmahnung ist der Verleiher als Arbeitgeber zuständig; eine durch den Entleiher ausgesprochene Abmahnung ist rechtlich unbeachtlich.[1121] Zulässig erscheint eine verhaltensbedingte Kündigung zB in dem Fall, dass der Leiharbeitnehmer sich im Entleiherbetrieb Schlechtleistungen zu Schulden kommen lässt, die sich auch nach einer Abmahnung durch den Verleiher wiederholen und der Entleiher deshalb berechtigterweise vom Verleiher den Abzug des Leiharbeitnehmers verlangen kann.[1122]

cc) Betriebsbedingte Kündigung

562   Eine betriebsbedingte Kündigung kommt in Betracht, wenn der Verleiher den Leiharbeitnehmer **dauerhaft wegen fehlender Überlassungsaufträge nicht beschäftigen** kann. Die Feststellung, wann fehlender Beschäftigungsbedarf eine Kündigung des Leiharbeitnehmers rechtfertigen kann, ist **in der Praxis häufig schwierig.** Denn das Auftreten verleihfreier Zeiten gehört gerade zum typischen Risiko eines Verleiherunternehmens. Daher stellt die nur kurzfristig fehlende Beschäftigungsmöglichkeit noch keinen Grund für eine betriebsbedingte Kündigung dar.[1123] Fraglich ist nur, welche Überbrückungszeiten ohne Verleihmöglichkeit dem Verleiher zumutbar sein sollen. Aus

---

[1115] Schüren/*Schüren*, AÜG, Einl. Rn. 287; aA *Ulber*, AÜG, § 1 Rn. 93.
[1116] *Becker/Wulfgramm*, AÜG, § 11 Rn. 65 b; Schüren/*Schüren*, AÜG, Einl. Rn. 288; *Ulber*, AÜG, § 1 Rn. 93.
[1117] BAG 18. 5. 2006 – 2 AZR 412/05, AP AÜG § 9 Nr. 7.
[1118] BAG 18. 5. 2006 – 2 AZR 412/05, AP AÜG § 9 Nr. 7.
[1119] ErfK/*Wank* AÜG Einl. Rn. 27; Schüren/*Schüren*, AÜG, Einl. Rn. 289.
[1120] LAG Hessen 18. 7. 1978 – 9 Sa 104/78, EzAÜG BGB § 626 Nr. 1; Schüren/*Schüren*, AÜG, Einl. Rn. 289.
[1121] *Ulber*, AÜG, § 1 Rn. 96.
[1122] LAG Hamburg 18. 3. 1987 – 4 Sa 123/86, nv.
[1123] BAG 18. 5. 2006 – 2 AZR 412/05, AP AÜG § 9 Nr. 7.

Ist der **Verleiher zahlungsunfähig,** ist auch ein Anspruch der Leiharbeitnehmer 572
auf **Insolvenzgeld** gegen die Bundesagentur für Arbeit nach § 165 SGB III für die
letzten drei Monate des Leiharbeitsverhältnisses vor Eröffnung des Insolvenzverfahrens
möglich.

b) Unfallversicherung

Der **Verleiher** hat neben dem Gesamtsozialversicherungsbeitrag auch die **Beiträge** 573
zur gesetzlichen Unfallversicherung zu zahlen (§ 150 Abs. 1 S. 1 SGB VII). Denn
auch bei der Unfallversicherung wird an das Arbeitsverhältnis angeknüpft (§§ 7, 2
Abs. 1 Nr. 1 SGB VII). Der Beitragseinzug erfolgt bei den reinen Verleihunternehmen
durch die zuständige Verwaltungs-Berufsgenossenschaft.[1134] Bei Mischunternehmen
richtet sich die Zuständigkeit des Versicherungsträgers nach dem Schwerpunkt der Tätigkeit.[1135] Erleidet der Leiharbeitnehmer im Betrieb des Entleihers einen **Arbeitsunfall** und wird dabei verletzt, begründet dies gemäß §§ 26 ff. SGB VII **Leistungsansprüche gegen** die für den Verleiher **zuständige Berufsgenossenschaft.** Nach
§ 193 SGB VII muss der Verleiher einen Arbeitsunfall seiner Berufsgenossenschaft
melden; dabei ist es unerheblich, ob der Unfall im eigenen Betrieb oder – wie üblich – im Betrieb des Entleihers stattgefunden hat. Wird ein ausländischer Arbeitnehmer im Rahmen legaler Arbeitnehmerüberlassung von einem ausländischen Verleiher
an einen deutschen Entleiher verliehen und erleidet er im Entleiherbetrieb einen
Arbeitsunfall, ist er nicht gemäß § 2 Abs. 1 Nr. 1 SGB VII unfallversichert. Das Leiharbeitsverhältnis eines Arbeitnehmers aus einem anderen Mitgliedstaat der EU unterfällt gemäß Art. 1 Nr. 1 VO 1408/71 dem Sozialversicherungsrecht des Entsendestaates.
Daher ist in diesem Fall der dortige Unfallversicherungsträger zuständig.[1136]

9. Rechtsweg

Da es sich bei dem Rechtsverhältnis zwischen Leiharbeitnehmer und Verleiher um 574
ein **Arbeitsverhältnis** handelt, sind für Streitigkeiten aus diesem Rechtsverhältnis
grundsätzlich die **Arbeitsgerichte nach § 2 Abs. 1 Nr. 3 ArbGG** zuständig. Die
Gerichte für Arbeitssachen haben eine umfassende Zuständigkeit für alle bürgerlich-rechtlichen Streitigkeiten zwischen Arbeitnehmer und Arbeitgeber.[1137] Für Ansprüche
im Zusammenhang mit dem **Sozialversicherungsrecht,** die das Verhältnis einer der
Arbeitsvertragsparteien zu den Sozialversicherungsträgern betreffen, ist hingegen der
Rechtsweg zu den Sozialgerichten gegeben (§ 55 SGG).

IV. Betriebsverfassungsrechtliche Stellung des Leiharbeitnehmers im Verleihbetrieb

Die betriebsverfassungsrechtliche Zuordnung des Leiharbeitnehmers ist in § 14 575
AÜG und § 7 S. 2 BetrVG geregelt.

[1134] Vgl. BSG 9. 5. 2006 – B 2 U 34/04 R, EzAÜG SGB VII § 122 Nr. 42.
[1135] Schüren/*Schüren,* AÜG, Einl. Rn. 750; ErfK/*Wank* AÜG Einl. Rn. 37.
[1136] Vgl. hierzu Schüren/*Schüren,* AÜG, Einl. Rn. 753 ff.
[1137] BAG 23. 2. 1979 – 1 AZR 172/78, AP GG Art. 9 Nr. 30; 14. 11. 1979 – 4 AZR 3/78, AP
TVG § 4 Gemeinsame Einrichtungen Nr. 2.

1. Betriebszugehörigkeit

576 Kennzeichen der Arbeitnehmerüberlassung ist die Aufspaltung der Arbeitgeberfunktionen zwischen Verleiher und Entleiher. Diese individualrechtliche Aufteilung der Arbeitgeberbefugnisse wirkt sich auch betriebsverfassungsrechtlich aus. Gemäß § 14 Abs. 1 AÜG **bleiben Leiharbeitnehmer** während der Zeit ihrer Arbeitsleistung bei einem Entleiher **Angehörige des entsendenden Betriebs** des Verleihers. Die Zugehörigkeit des Leiharbeitnehmers zum Verleiherbetrieb wird also durch die Fremdfirmeneinsätze nicht unterbrochen. Dies gilt selbst bei einer längerfristigen Überlassung an einen Entleiher, da das Gesetz nicht nach der Dauer der Überlassung differenziert.[1138] Zudem ist zu beachten, dass die Anwendung des § 14 Abs. 1 AÜG trotz des insoweit missverständlichen Wortlauts nicht voraussetzt, dass der Arbeitnehmer vorher tatsächlich in den Betrieb des Verleihers eingegliedert war.[1139]

577 Die Zuordnung zum Verleiherbetrieb führt dazu, dass Leiharbeitnehmer **als Beschäftigte des Verleihers zu berücksichtigen** sind, wenn es nach dem BetrVG auf eine bestimmte Anzahl (regelmäßig) Beschäftigter ankommt.[1140] Dies gilt zB für die Feststellung der Betriebsratsfähigkeit (§ 1 BetrVG), die Berechnung der Anzahl der Betriebsratssitze (§ 9 BetrVG), die Zahl der Freistellungen (§ 38 BetrVG), die Mitbestimmung bei personellen Einzelmaßnahmen (§ 99 BetrVG), die Bildung eines Wirtschaftsausschusses (§ 106 BetrVG) oder die Beteiligungsrechte des Betriebsrats bei Betriebsänderungen (§ 111 BetrVG).

2. Rechte des Leiharbeitnehmers im Verleihbetrieb

578 Leiharbeitnehmer gehören gemäß § 14 Abs. 1 AÜG auch während der Überlassungszeiten dem Verleiherbetrieb an. Ihnen stehen daher gegenüber dem Verleiher grundsätzlich **alle Arbeitnehmerrechte des Betriebsverfassungsrechts** zu.

a) Wahlrecht

579 Aufgrund ihrer Zugehörigkeit zum Verleiherbetrieb sind Leiharbeitnehmer dort unter den Voraussetzungen der §§ 7, 8 BetrVG **wahlberechtigt und wählbar**.[1141] Auch wenn sie zeitlich unbegrenzt verliehen werden, verlieren sie dadurch nicht ihr aktives und passives Wahlrecht im Verleiherbetrieb.[1142]

580 Wurde ein Leiharbeitnehmer zum **Betriebsrat, Wahlvorstandsmitglied oder Mitglied einer Jugend- und Auszubildendenvertretung** gewählt, ist er ebenso wie andere Funktionsträger unter Fortzahlung der Arbeitsvergütung einschließlich der aufgewandten Wege- und Reisezeiten im erforderlichen Umfang von der Arbeit freizustellen, §§ 37 Abs. 2, 20 Abs. 3, 65 Abs. 1 BetrVG. Dies gilt auch während eines Fremdfirmeneinsatzes.[1143] Die Leiharbeitnehmer müssen sich allerdings vor der Wahr-

---

[1138] BAG 20. 4. 2005 – 7 ABR 20/04, NZA 2005, 1006.
[1139] BAG 20. 4. 2005 – 7 ABR 20/04, NZA 2005, 1006.
[1140] *Boemke/Lembke*, AÜG, § 14 Rn. 13; *Thüsing/Thüsing*, AÜG, § 14 Rn. 16; *Schüren/Hamann*, AÜG, § 14 Rn. 114.
[1141] BT-Drs. 9/847, 8; *Boemke/Lembke*, AÜG, § 14 Rn. 14; *Thüsing/Thüsing*, AÜG, § 14 Rn. 17; *Urban-Crell/Schulz* Rn. 908; GK-BetrVG/*Kreutz* § 7 Rn. 40; *Schüren/Hamann*, AÜG, § 14 Rn. 115.
[1142] BAG 20. 4. 2005 – 7 ABR 20/04, NZA 2005, 1006.
[1143] *Ulber*, AÜG, § 14 Rn. 18.

IV. Betriebsverfassungsrechtliche Stellung des Leiharbeitnehmers im Verleihbetrieb

nehmung ihrer betriebsverfassungsrechtlichen Aufgaben **beim Entleiher abmelden**[1144] und auch den Verleiher vorab informieren.[1145]

b) Sonstige Rechte

Leiharbeitnehmer können im Verleiherbetrieb die Betriebsverfassungsrechte grundsätzlich **in vollem Umfang** wie andere Arbeitnehmer wahrnehmen.[1146] Daraus, dass § 14 Abs. 2 AÜG den Leiharbeitnehmern gegenüber dem Entleiher bestimmte betriebsverfassungsrechtliche Rechte einräumt, darf nicht geschlossen werden, dass ihnen diese Rechte gegenüber dem Verleiher nicht zustehen.[1147] **581**

Der Leiharbeitnehmer ist auch während des Einsatzes in einem Fremdbetrieb berechtigt, die Sprechstunden des Verleiherbetriebsrats aufzusuchen (§ 39 BetrVG). Für jugendliche Leiharbeitnehmer folgt das Recht zum Besuch der Sprechstunde einer beim Verleiher eingerichteten Jugend- und Auszubildendenvertretung aus § 69 BetrVG. Allerdings wird verlangt, dass sich der Leiharbeitnehmer, der während seiner Arbeitszeit beim Entleiher die Sprechstunde im Verleiherbetrieb aufsuchen will, vorher **beim Entleiher ordnungsgemäß abmeldet**.[1148] Ferner muss er auch den Verleiher informieren und um Freistellung ersuchen, damit dieser dem Entleiher eine Ersatzkraft zur Verfügung stellen kann.[1149] Umstritten ist, ob das Recht der Leiharbeitnehmer auf Beratung durch den Verleiherbetriebsrat auf bestimmte Angelegenheiten beschränkt ist. So wird vertreten, dass Leiharbeitnehmer die Sprechstunde des Verleiherbetriebsrats nur im Zusammenhang mit Umständen aufsuchen dürfen, die ihre Ursache im Verleiherbetrieb haben.[1150] Ebenfalls ungeklärt ist, wer für die Dauer des Sprechstundenbesuchs das Vergütungsrisiko trägt.[1151] **582**

Gemäß §§ 42 ff. BetrVG ist der Leiharbeitnehmer berechtigt, an **Betriebs- und Abteilungsversammlungen** des Verleiherbetriebs teilzunehmen. § 71 BetrVG sieht entsprechendes für die Teilnahme jugendlicher Arbeitnehmer und Auszubildender an Jugend- und Auszubildendenversammlungen vor. Der **Entleiher muss** die Leiharbeitnehmer hierfür grundsätzlich **freistellen.** Der Verleiher ist nach § 44 Abs. 1 BetrVG verpflichtet, den Leiharbeitnehmern die Zeit der Teilnahme sowie ggf. erforderliche Wegzeiten zu vergüten. Der Entleiher schuldet dem Verleiher für die infolge der Versammlungsteilnahme ausgefallene Arbeitszeit grundsätzlich keine Überlassungsvergütung.[1152] Dies folgt daraus, dass es bei den Versammlungen im Verleiherbetrieb ausschließlich um Angelegenheiten geht, die den Verleiherbetrieb betreffen. Im Überlassungsvertrag kann eine abweichende Regelung getroffen werden.[1153] **583**

Schließlich gelten auch die in den §§ 81 ff. BetrVG geregelten Rechte und Pflichten im Verhältnis zwischen Verleiher und Leiharbeitnehmer. Danach ist der **Verleiher zur** **584**

[1144] BAG 13. 5. 1997 – 1 ABR 2/97, NZA 1997, 1062.
[1145] *Ulber*, AÜG, § 14 Rn. 18; *Schüren/Hamann*, AÜG, § 14 Rn. 139.
[1146] *Ulber*, AÜG, § 14 Rn. 11; *Urban-Crell/Germakowski*, AÜG, § 14 Rn. 16.
[1147] *Becker/Wulfgramm*, AÜG, § 14 Rn. 43; ErfK/*Wank* AÜG § 14 Rn. 5; *Sandmann/Marschall/Schneider*, AÜG, Art. 1 § 14 Rn. 5; *Urban-Crell/Schulz* Rn. 907; *Schüren/Hamann*, AÜG, § 14 Rn. 117.
[1148] *Urban-Crell/Schulz* Rn. 911; *Ulber*, AÜG, § 14 Rn. 18; *Thüsing/Thüsing*, AÜG, § 14 Rn. 19.
[1149] *Schüren/Hamann*, AÜG, § 14 Rn. 121; *Urban-Crell/Schulz* Rn. 911.
[1150] *Thüsing/Thüsing*, AÜG, § 14 Rn. 19; *Boemke/Lembke*, AÜG, § 14 Rn. 16; aA *Schüren/Hamann*, AÜG, § 14 Rn. 120; *Urban-Crell/Schulz* Rn. 915.
[1151] Vgl. hierzu: *Schüren/Hamann*, AÜG, § 14 Rn. 122; *Ulber*, AÜG, § 14 Rn. 17.
[1152] *Boemke/Lembke*, AÜG, § 14 Rn. 17; *Sandmann/Marschall/Schneider*, AÜG, Art. 1 § 14 Rn. 5; *Ulber*, AÜG, § 14 Rn. 15; *Schüren/Hamann*, AÜG, § 14 Rn. 125.
[1153] *Urban-Crell/Germakowski*, AÜG, § 14 Rn. 21; *Schüren/Hamann*, AÜG, § 14 Rn. 125.

Unterrichtung über Unfall- und Gesundheitsgefahren und zur Erörterung von Veränderungen der Arbeitsabläufe und deren Auswirkungen auf den Arbeitsplatz des Leiharbeitnehmers verpflichtet. Der **Verleiher** muss sich insoweit ein **Bild** von den **Aufgaben und Arbeitsbedingungen im Entleiherbetrieb machen** und den Arbeitnehmer entsprechend informieren.[1154] Der Leiharbeitnehmer hat ferner gegenüber dem Verleiher das Recht, bei betrieblichen Angelegenheiten, die seine Person betreffen, angehört zu werden und zu den Maßnahmen des Arbeitgebers Stellung zu nehmen oder Vorschläge zu machen (§ 82 Abs. 1 S. 1, 2 BetrVG). Im Verleiherbetrieb kommen hier vor allem Maßnahmen in Betracht, die die Planung der Fremdfirmeneinsätze, den Urlaub oder die Nutzung sozialer Einrichtungen betreffen.[1155] Gegenüber dem Verleiher stehen dem Leiharbeitnehmer auch die in § 82 Abs. 2 BetrVG geregelten Auskunfts- und Erörterungsrechte hinsichtlich der Berechnung und Zusammensetzung des Arbeitsentgelts sowie der Beurteilung der Leistungen und Möglichkeiten der beruflichen Entwicklung zu.[1156] Der **Leiharbeitnehmer** kann zudem vom Verleiher **Einsicht in seine Personalakten** verlangen (§ 83 BetrVG). Zudem ist der Leiharbeitnehmer berechtigt, im Verleiherbetrieb sein Beschwerderecht gemäß §§ 84 bis 86 BetrVG auszuüben. Nach diesen Vorschriften kann er sich bei den jeweils zuständigen betrieblichen Stellen oder beim Betriebsrat beschweren, wenn er sich vom Verleiher, vom Entleiher oder von anderen Arbeitnehmern benachteiligt oder ungerecht behandelt oder in sonstiger Weise beeinträchtigt fühlt. Der Verleiherbetriebsrat hat die Beschwerde entgegenzunehmen und, falls er sie für begründet erachtet, beim Verleiher auf Abhilfe hinzuwirken (§ 85 Abs. 1 BetrVG). Das **Beschwerderecht** gegenüber dem Verleiher bezieht sich nicht nur auf Beeinträchtigungen, denen sich der Leiharbeitnehmer im Verleiherbetrieb ausgesetzt sieht, sondern **auch auf solche aus dem Entleiherbetrieb**.[1157] Hält der Verleiherbetriebsrat in diesen Fällen die Beschwerde für begründet, muss er den Verleiher auffordern, sich gegenüber dem Entleiher für eine Abhilfe einzusetzen. Da sich seine Befugnisse auf den Betrieb, für den er gewählt wurde, beschränken, ist es dem Verleiherbetriebsrat verwehrt, sich direkt an den Entleiher zu wenden.[1158]

3. Beteiligungsrechte des Verleiherbetriebsrats

585   Aus der Zugehörigkeit der Leiharbeitnehmer zum Verleiherbetrieb folgt die **grundsätzliche Zuständigkeit des Verleiherbetriebsrats** für die sie betreffenden Angelegenheiten. Allerdings ergeben sich aufgrund der für die Arbeitnehmerüberlassung typischen Aufspaltung der Arbeitgeberbefugnisse einige Besonderheiten. So ist eine **Mitbestimmung des Verleiherbetriebsrats** insoweit ausgeschlossen, als das **Direktionsrecht bei dem Entleiher** liegt.[1159] Für die Frage, ob bei Maßnahmen, die die Leiharbeitnehmer betreffen, der Betriebsrat des Verleiherbetriebs oder derjenige des

---
[1154] *Boemke/Lembke*, AÜG, § 14 Rn. 19; *Urban-Crell/Schulz* Rn. 928 f.
[1155] *Schüren/Hamann*, AÜG, § 14 Rn. 131; *Ulber*, AÜG, § 14 Rn. 20.
[1156] *Schüren/Hamann*, AÜG, § 14 Rn. 93, 132; HWK/*Gotthardt* AÜG § 14 Rn. 3.
[1157] *Boemke/Lembke*, AÜG, § 14 Rn. 22; *Schüren/Hamann*, AÜG, § 14 Rn. 136; *Erdlenbruch*, Die betriebsverfassungsrechtliche Stellung gewerbsmäßig überlassener Arbeitnehmer, 110 f.; *Urban-Crell/Schulz* Rn. 940; Urban-Crell/*Germakowski*, AÜG, § 14 Rn. 24; ErfK/*Wank* AÜG § 14 Rn. 12; aA Thüsing/*Thüsing*, AÜG, § 14 Rn. 18.
[1158] *Schüren/Hamann*, AÜG, § 14 Rn. 136.
[1159] Thüsing/*Thüsing*, AÜG, § 14 Rn. 21; *Schüren/Hamann*, AÜG, § 14 Rn. 356; Urban-Crell/*Germakowski*, AÜG, § 14 Rn. 26.

IV. Betriebsverfassungsrechtliche Stellung des Leiharbeitnehmers im Verleihbetrieb

Entleiherbetriebs zu beteiligen ist, ist grundsätzlich maßgebend, ob der Verleiher oder der Entleiher die mitbestimmungspflichtige Entscheidung trifft.[1160]

a) Allgemeine Aufgaben

Die Grundsätze der vertrauensvollen Zusammenarbeit, die in § 74 BetrVG geregelt sind, gelten auch im Verhältnis zwischen Verleiher und einem bei ihm gebildeten Betriebsrat. Auch kommen dem **Verleiherbetriebsrat die allgemeinen Aufgaben** aus § 75 und § 80 BetrVG zu. Gemäß § 75 Abs. 1 BetrVG hat der Verleiherbetriebsrat insbesondere darüber zu wachen, dass Leiharbeitnehmer vom Verleiher nicht wegen ihrer Stellung als Leiharbeitnehmer im Vergleich zu Stammarbeitnehmern benachteiligt werden. Dies schließt allerdings nicht aus, dass eine unterschiedliche Behandlung im Einzelfall aus sachlichen Gründen gerechtfertigt sein kann.[1161] Schließlich stehen dem Verleiherbetriebsrat die in § 80 BetrVG genannten Befugnisse auch in Bezug auf die Leiharbeitnehmer zu. Damit der Betriebsrat die in § 80 Abs. 1 BetrVG aufgezählten Aufgaben möglichst effektiv durchführen kann, werden dem **Arbeitgeber** in § 80 Abs. 2 BetrVG **umfangreiche Unterrichtungspflichten auferlegt**. Dabei soll der Informations- und Unterrichtungsanspruch aus § 80 Abs. 2 BetrVG den Betriebsrat des Verleihers dazu berechtigen, vom Verleiher die Vorlage der mit dem Entleiher geschlossenen Überlassungsverträge zu verlangen.[1162] Zudem hat der Verleiherbetriebsrat das Recht, zur Wahrnehmung seiner Aufgaben die Leiharbeitnehmer an ihrem Arbeitsplatz beim Entleiher aufzusuchen.[1163]

586

b) Beteiligung in sozialen Angelegenheiten

Grundsätzlich stehen dem Verleiherbetriebsrat die Beteiligungsrechte in sozialen Angelegenheiten bezüglich der Leiharbeitnehmer zu. Allerdings scheidet seine Zuständigkeit dort aus, wo die Beteiligungsrechte **ausschließlich** an die Art und Weise der **Arbeitsleistung** oder das **sonstige Verhalten** des Leiharbeitnehmers während seines Arbeitseinsatzes **im Entleiherbetrieb anknüpfen**.[1164] Da insoweit allein der Entleiher das Direktionsrecht ausübt, ist in diesen Fällen der Entleiherbetriebsrat zuständig.[1165]

587

aa) Betriebliche Ordnung

Im Hinblick auf Fragen der Ordnung des Betriebs und des Verhaltens der Arbeitnehmer im Betrieb (§ 87 Abs. 1 Nr. 1 BetrVG) gilt folgendes: Soweit es um eine **beim Verleiher zu gestaltende Betriebsordnung** geht, hat der Verleiherbetriebsrat nach dieser Vorschrift ein **Mitbestimmungsrecht**. Als Beispiele lassen sich betriebliche Regelungen über Melde- und Verhaltenspflichten bei Fremdfirmeneinsätzen oder standardisierte Abmelde- und Nachweisverfahren bei krankheitsbedingter Ar-

588

[1160] BAG 19. 6. 2001 – 1 ABR 43/00, BAGE 98, 60.
[1161] Thüsing/*Thüsing*, AÜG, § 14 Rn. 22.
[1162] *Ulber*, AÜG, § 14 Rn. 25; *Boemke/Lembke*, AÜG, § 14 Rn. 27; Thüsing/*Thüsing*, AÜG, § 14 Rn. 25; *Urban-Crell/Schulz* Rn. 945; *Schüren/Hamann*, AÜG, § 14 Rn. 363.
[1163] *Ulber*, AÜG, § 14 Rn. 25 a; *Schüren/Hamann*, AÜG, § 14 Rn. 362; Thüsing/*Thüsing*, AÜG, § 14 Rn. 25; *Boemke/Lembke*, AÜG, § 14 Rn. 27.
[1164] BAG 17. 6. 2008 – 1 ABR 39/07, nv; 19. 6. 2001 – 1 ABR 43/00, NZA 2001, 1263; *Becker/Wulfgramm*, AÜG, § 14 Rn. 80 f.; *Boemke/Lembke*, AÜG, § 14 Rn. 28; *Erdlenbruch*, Die betriebsverfassungsrechtliche Stellung gewerbsmäßig überlassener Arbeitnehmer, 122 f.; *Schüren/Hamann*, AÜG, § 14 Rn. 365.
[1165] BAG 15. 12. 1992 – 1 ABR 38/92, NZA 1993, 513.

beitsunfähigkeit anführen.[1166] Geht es hingegen um die **Ordnung im Entleiherbetrieb** und das Verhalten der Leiharbeitnehmer im Entleiherbetrieb, kommt ein Mitbestimmungsrecht des Verleiherbetriebsrats **nicht** in Betracht.[1167]

bb) Arbeitszeit

589   Im Bereich der Arbeitszeit wird die **Aufspaltung der Arbeitgeberbefugnisse** und der damit korrespondierenden Zuständigkeit der Betriebsräte besonders deutlich. Die nach § 87 Abs. 1 Nr. 2 BetrVG mitbestimmungspflichtige Lage der Arbeitszeit richtet sich für Leiharbeitnehmer regelmäßig nach den **Bedürfnissen des jeweiligen Einsatzbetriebs.** Dem Entleiher steht in Bezug auf die bei ihm eingesetzten Leiharbeitnehmer ein Weisungsrecht insoweit zu, als er auch für diese Beginn und Ende der täglichen Arbeitszeit festlegen kann. Folglich ist das Mitbestimmungsrecht bezüglich der Lage der Arbeitszeit der Leiharbeitnehmer im Entleiherbetrieb von dem dort gebildeten Betriebsrat auszuüben.[1168] Der **Verleiherbetriebsrat ist insoweit nicht zuständig.**[1169] Das Mitbestimmungsrecht aus § 87 Abs. 1 Nr. 3 BetrVG bei Änderungen der betriebsüblichen Arbeitszeit kann hingegen dem Verleiherbetriebsrat zustehen, wenn Leiharbeitnehmer in Betriebe entsandt werden sollen, deren betriebsübliche Arbeitszeit die vom Leiharbeitnehmer **vertraglich geschuldete Arbeitszeit übersteigt.**[1170] In einem solchen Fall ordnet der Verleiher als Arbeitgeber gegenüber seinen Leiharbeitnehmern die Leistung von Mehrarbeit an. Dies führt zu einer vorübergehenden Erhöhung der betriebsüblichen Arbeitszeit des Verleiherbetriebs und damit zu einem Mitbestimmungsrecht des Verleiherbetriebsrats gemäß § 87 Abs. 1 Nr. 3 BetrVG.[1171]

cc) Auszahlung der Arbeitsentgelte

590   Das Mitbestimmungsrecht hinsichtlich der Auszahlung der Arbeitsentgelte nach § 87 Abs. 1 Nr. 4 BetrVG steht ausschließlich dem Verleiherbetriebsrat zu, da der Verleiher dem Leiharbeitnehmer die Arbeitsvergütung schuldet und damit allein das Verhältnis zwischen Verleiher und Leiharbeitnehmer betroffen ist.[1172]

dd) Urlaub

591   Gleiches gilt für das Mitbestimmungsrecht nach § 87 Abs. 1 Nr. 5 BetrVG über mit dem Urlaub zusammenhängende Regelungen. Auch hier ist der **Verleiher als Arbeitgeber** für die **Gewährung und zeitliche Festlegung** des Urlaubs zuständig, so dass bei der Aufstellung allgemeiner Urlaubsgrundsätze grundsätzlich nur der Verleiherbetriebsrat mitzubestimmen hat.[1173] Dies gilt auch dann, wenn bei der Urlaubsgewährung eine Abstimmung mit dem Entleiher erforderlich ist.[1174] Allerdings kann ein Mitbe-

---

[1166] BAG 25. 1. 2000 – 1 ABR 3/99, NZA 2000, 665.
[1167] Thüsing/*Thüsing*, AÜG, § 14 Rn. 26; *Urban-Crell/Schulz* Rn. 988; *Schüren/Hamann*, AÜG, § 14 Rn. 368.
[1168] BAG 15. 12. 1992 – 1 ABR 38/92, AP AÜG § 14 Nr. 7; LAG Hamm 26. 8. 2005, EzAÜG AÜG § 14 Betriebsverfassung Nr. 63; Thüsing/*Thüsing*, AÜG, § 14 Rn. 27; *Ulber*, AÜG, § 14 Rn. 108.
[1169] BAG 15. 12. 1992 – 1 ABR 38/92, AP AÜG § 14 Nr. 7.
[1170] BAG 19. 6. 2001 – 1 ABR 43/00, BAGE 98, 60.
[1171] BAG 19. 6. 2001 – 1 ABR 43/00, BAGE 98, 60.
[1172] *Boemke/Lembke*, AÜG, § 14 Rn. 36; *Schüren/Hamann*, AÜG, § 14 Rn. 384; Thüsing/*Thüsing*, AÜG, § 14 Rn. 30; *Ulber*, AÜG, § 14 Rn. 39.
[1173] *Schüren/Hamann*, AÜG, § 14 Rn. 385; *Ulber*, AÜG, § 14 Rn. 39; *Becker/Wulfgramm*, AÜG, § 14 Rn. 81.
[1174] *Boemke/Lembke*, AÜG, § 14 Rn. 37.

stimmungsrecht des Entleiherbetriebsrats bestehen, wenn nach den Vereinbarungen im Überlassungsvertrag der Entleiher zur Festlegung des Urlaubs berechtigt ist.[1175]

ee) Technische Überwachungseinrichtungen

Hinsichtlich der Einführung und Anwendung von technischen Einrichtungen, die dazu bestimmt sind, das Verhalten oder die Leistung der Arbeitnehmer zu überwachen, **scheidet ein Mitbestimmungsrecht des Verleiherbetriebsrats** grundsätzlich **aus**.[1176] Denn von den technischen Überwachungseinrichtungen iSd § 87 Abs. 1 Nr. 6 BetrVG sind Leiharbeitnehmer in erster Linie im **Entleiherbetrieb** betroffen. Daher ist der dortige Betriebsrat zuständig.[1177] Ein Beteiligungsrecht des Verleiherbetriebsrats nach dieser Vorschrift kann jedoch bei Personalinformationssystemen in Betracht kommen, wenn diese Aufschluss über Lage, Dauer und Häufigkeit krankheitsbedingter Fehlzeiten einzelner Leiharbeitnehmer geben und zur Grundlage von Personalmaßnahmen gemacht werden.[1178] 592

ff) Unfallverhütung und Gesundheitsschutz

Das Mitbestimmungsrecht in Bezug auf Regelungen zur Unfallverhütung und zum Gesundheitsschutz gemäß § 87 Abs. 1 Nr. 7 BetrVG steht **in erster Linie dem Entleiherbetriebsrat** zu.[1179] Die Leiharbeitnehmer unterliegen bei ihrem Einsatz im Fremdbetrieb den dort geltenden Arbeitsschutzvorschriften (§ 11 Abs. 6 S. 1 Hs. 1 AÜG). Daneben bleibt aber ausdrücklich auch der Verleiher für die Einhaltung der Bestimmungen verantwortlich (§ 11 Abs. 6 S. 1 Hs. 2 AÜG). Aus diesem Grund hat auch der Verleiherbetriebsrat mitzubestimmen, wenn er in Erfüllung seiner Pflichten mitbestimmungspflichtige Maßnahmen trifft.[1180] 593

gg) Sozialeinrichtungen und Werksmietwohnungen

Für die Mitbestimmungsrechte der § 87 Abs. 1 Nr. 8 und 9 BetrVG ist entscheidend, ob die Sozialeinrichtung bzw. Werkswohnung von dem Verleiher oder dem Entleiher zur Verfügung gestellt wird.[1181] Geht es um Sozialeinrichtungen oder Werkswohnungen des Verleihers, hat der Verleiherbetriebsrat diesbezüglich ein Mitbestimmungsrecht auch in Bezug auf die Leiharbeitnehmer.[1182] Bei entsprechenden Einrichtungen des Entleihers ist der Betriebsrat des Entleihers auch in Bezug auf die Leiharbeitnehmer zu beteiligen.[1183] 594

hh) Betriebliche Lohngestaltung und Leistungslohn

In den Fragen der betrieblichen Lohngestaltung und der leistungsbezogenen Entgelte steht das Mitbestimmungsrecht nach § 87 Abs. 1 Nr. 12 bzw. Nr. 13 BetrVG **grundsätzlich dem Betriebsrat des Verleihers** zu, da allein der Verleiher als Vertrags- 595

[1175] *Urban-Crell/Schulz* Rn. 995; Thüsing/*Thüsing*, AÜG, § 14 Rn. 31.
[1176] Thüsing/*Thüsing*, AÜG, § 14 Rn. 32; Schüren/*Hamann*, AÜG, § 14 Rn. 386; *Urban-Crell/Germakowski*, AÜG, § 14 Rn. 40.
[1177] *Urban-Crell/Germakowski*, AÜG, § 14 Rn. 90; *Boemke/Lembke*, AÜG, § 14 Rn. 39; Thüsing/*Thüsing*, AÜG, § 14 Rn. 32.
[1178] Schüren/*Hamann*, AÜG, § 14 Rn. 386 mwN.
[1179] Thüsing/*Thüsing*, AÜG, § 14 Rn. 33; *Urban-Crell/Germakowski*, AÜG, § 14 Rn. 91.
[1180] *Erdlenbruch*, Die betriebsverfassungsrechtliche Stellung gewerbsmäßig überlassener Arbeitnehmer, 142; Schüren/*Hamann*, AÜG, § 14 Rn. 387; *Ulber*, AÜG, § 14 Rn. 40; Thüsing/*Thüsing*, AÜG, § 14 Rn. 33; *Boemke/Lembke*, AÜG, § 14 Rn. 40.
[1181] *Boemke/Lembke*, AÜG, § 14 Rn. 41; *Urban-Crell/Schulz* Rn. 999.
[1182] Schüren/*Hamann*, AÜG, § 14 Rn. 388 f.; *Urban-Crell/Germakowski*, AÜG, § 14 Rn. 39.
[1183] Thüsing/*Thüsing*, AÜG, § 14 Rn. 34.

arbeitgeber Schuldner der Arbeitsvergütung der Leiharbeitnehmer ist.[1184] In den meisten Fällen wird einer Ausübung des Mitbestimmungsrechts jedoch die Tarifsperre nach § 87 Abs. 1 Eingangssatz BetrVG entgegenstehen, da die Entlohnungsgrundsätze in aller Regel in Leiharbeitstarifverträgen festgelegt sind.[1185] Richtet sich die **Vergütung** ausnahmsweise **nach dem Gleichstellungsgrundsatz** (§§ 3 Abs. 1 Nr. 3, 9 Nr. 2 AÜG), **scheidet** wegen dieser gesetzlichen Regelung iSd § 87 Abs. 1 Eingangssatz BetrVG ein **Mitbestimmungsrecht** des Verleiherbetriebsrats ebenfalls **aus**.[1186] Relevant bleibt das Mitbestimmungsrecht des Verleiherbetriebsrats aber für Regelungen, die die Vergütung der Leiharbeitnehmer während der **verleihfreien Zeiten** betreffen.[1187]

ii) Betriebliches Vorschlagswesen

596   Ein Mitbestimmungsrecht des Verleiherbetriebsrats in Bezug auf das betriebliche Vorschlagswesen gemäß § 87 Abs. 1 Nr. 12 BetrVG besteht grundsätzlich auch im Hinblick auf die Leiharbeitnehmer, ist aber nur **von geringer praktischer Bedeutung.** Denn die Leiharbeitnehmer haben aufgrund ihrer wechselnden Einsätze in Fremdfirmen häufig kaum Einblicke in die Arbeitsabläufe im Verleiherbetrieb.[1188] Kommt es indes zu einer Vereinbarung zwischen Verleiher und Verleiherbetriebsrat über Grundsätze des betrieblichen Vorschlagswesens, dürfen Leiharbeitnehmer dabei mit Blick auf § 75 Abs. 1 BetrVG nicht allein wegen ihrer Stellung als Leiharbeitnehmer ausgenommen werden. Für Verbesserungsvorschläge von Leiharbeitnehmern in den Entleiherbetrieben ist der jeweilige Entleiherbetriebsrat zuständig, da die Vergütungspflicht dann in entsprechender Anwendung von § 11 Abs. 7 AÜG den Entleiher trifft.[1189]

jj) Grundsätze über die Durchführung von Gruppenarbeit

597   Hinsichtlich der Durchführung von Gruppenarbeit kommt ein **Mitbestimmungsrecht** nach § 87 Abs. 1 Nr. 13 BetrVG des Verleiherbetriebsrats **nicht in Betracht**.[1190] Die Leiharbeitnehmer erbringen ihre Arbeitsleistung in den Entleiherbetrieben. Daher ist für Regelungen über die Durchführung von Gruppenarbeit der dort gebildete Betriebsrat zuständig.[1191]

c) Beteiligung in personellen Angelegenheiten

598   Nach den §§ 92 bis 95 BetrVG stehen dem Betriebsrat Beteiligungsrechte im Hinblick auf die Personalplanung, die Beschäftigungssicherung, die Ausschreibung von Arbeitsplätzen sowie bezüglich Personalfragebögen, Beurteilungsgrundsätzen und Auswahlrichtlinien zu. Soweit es sich hierbei um **Maßnahmen und Planungen** handelt, **die sich auf den Verleiherbetrieb** beziehen, ist der Verleiherbetriebsrat zuständig. Werden die Maßnahmen hingegen im Entleiherbetrieb getroffen, scheidet eine Zuständigkeit des Verleiherbetriebsrats aus.[1192]

[1184] Thüsing/*Thüsing*, AÜG, § 14 Rn. 35; *Boemke/Lembke*, AÜG, § 14 Rn. 42; *Becker/Wulfgramm*, AÜG, § 14 Rn. 81.
[1185] Schüren/*Hamann*, AÜG, § 14 Rn. 390, 392.
[1186] Schüren/*Hamann*, AÜG, § 14 Rn. 390, 392; Thüsing/*Thüsing*, AÜG, § 14 Rn. 35.
[1187] *Ulber*, AÜG, § 14 Rn. 43; Schüren/*Hamann*, AÜG, § 14 Rn. 390.
[1188] Schüren/*Hamann*, AÜG, § 14 Rn. 393.
[1189] *Boemke/Lembke*, AÜG, § 14 Rn. 171; Schüren/*Hamann*, AÜG, § 14 Rn. 394.
[1190] Urban-Crell/*Germakowski*, AÜG, § 14 Rn. 40; Thüsing/*Thüsing*, AÜG, § 14 Rn. 36.
[1191] Thüsing/*Thüsing*, AÜG, § 14 Rn. 36; Schüren/*Hamann*, AÜG, § 14 Rn. 395; *Boemke/Lembke*, AÜG, § 14 Rn. 44; *Ulber*, AÜG, § 14 Rn. 39 a.
[1192] Thüsing/*Thüsing*, AÜG, § 14 Rn. 40; Urban-Crell/*Germakowski*, AÜG, § 14 Rn. 44; *Boemke/Lembke*, AÜG, § 14 Rn. 48.

IV. Betriebsverfassungsrechtliche Stellung des Leiharbeitnehmers im Verleihbetrieb

Die Mitbestimmungsrechte bei **Berufsbildungsmaßnahmen** gemäß §§ 96 bis 98 BetrVG stehen in der Regel **nur dem Verleiherbetriebsrat** zu, da die Berufsbildung der Leiharbeitnehmer primär Aufgabe des vertraglichen Arbeitgebers und damit des Verleihers ist.[1193]   **599**

Die **personellen Einzelmaßnahmen** der §§ 99 bis 101 BetrVG knüpfen an die arbeitsvertragliche Stellung des Leiharbeitnehmers an. Deshalb ist der Verleiherbetriebsrat bei der Einstellung, der Eingruppierung und Umgruppierung sowie bei Versetzungen des Leiharbeitnehmers gem. § 99 BetrVG zu beteiligen. Das Mitbestimmungsrecht setzt voraus, dass der **Verleiher in der Regel mehr als 20 wahlberechtigte Arbeitnehmer beschäftigt**. Zu beachten ist, dass die Entsendung eines Leiharbeitnehmers in einen Entleiherbetrieb grundsätzlich nicht als Versetzung im Sinne des § 99 BetrVG gilt.[1194] Es gehört zur Eigenart des Leiharbeitsverhältnisses, dass Leiharbeitnehmer an ständig wechselnden Arbeitsplätzen beschäftigt werden, so dass ein Fall des § 95 Abs. 3 S. 2 BetrVG vorliegt. Im Übrigen bestehen bei den Beteiligungsrechten keine Besonderheiten. Bei der **Einstellung** eines Arbeitnehmers durch den Verleiher zur späteren Überlassung ist der Verleiherbetriebsrat allein zuständig. Besitzt der Verleiher **keine Überlassungserlaubnis,** berechtigt dies den Verleiherbetriebsrat zur **Zustimmungsverweigerung** gemäß § 99 Abs. 2 Nr. 1 BetrVG.[1195] Gleiches gilt für den Fall, dass der Verleiher seine Verpflichtungen aus § 81 Abs. 1 S. 1 und 2 SGB IX verletzt hat.[1196] Nach dieser Vorschrift sind Arbeitgeber verpflichtet zu prüfen, ob freie Arbeitsplätze mit schwerbehinderten Menschen besetzt werden können. Unterlässt der Arbeitgeber diese Prüfung und stellt einen nicht schwerbehinderten Menschen ein, verstößt er gegen seine Pflichten.[1197] Dies gilt auch dann, wenn der Arbeitgeber beabsichtigt, einen freien Arbeitsplatz mit einem Leiharbeitnehmer zu besetzen.[1198] Eine Verletzung der Prüf- und Konsultationspflichten aus § 81 Abs. 1 S. 1 und 2 SGB IX berechtigt den Verleiherbetriebsrat, die Zustimmung zur Einstellung eines Leiharbeitnehmers nach § 99 Abs. 2 Nr. 1 BetrVG zu verweigern.[1199]   **600**

Der Verleiherbetriebsrat ist schließlich bei der **Eingruppierung und Umgruppierung** eines Leiharbeitnehmers nach den allgemeinen Grundsätzen zu beteiligen. Dies setzt voraus, dass beim Verleiher ein auf Leiharbeitnehmer anwendbares kollektives Vergütungssystem besteht.[1200]   **601**

Beabsichtigt der Verleiher, das Leiharbeitsverhältnis **ordentlich oder außerordentlich zu kündigen,** muss er gemäß § 102 Abs. 1 BetrVG zuvor den in seinem Betrieb gebildeten Betriebsrat anhören. Der Verleiherbetriebsrat kann der Kündigung aus den in § 102 Abs. 3 BetrVG genannten Gründen **widersprechen.** Für das Vorliegen dieser Gründe sind die Verhältnisse im Verleiherbetrieb und nicht die im Entleiherbetrieb maßgeblich.[1201] Der Betriebsrat des Entleihers ist vor einer Kündigung des Leiharbeitnehmers nicht zu beteiligen, da das Arbeitsverhältnis nur zwischen Leiharbeitnehmer und Verleiher besteht. Die Beendigung eines Einsatzes des Leiharbeit-   **602**

[1193] Urban-Crell/*Germakowski*, AÜG, § 14 Rn. 45; Schüren/*Hamann*, AÜG, § 14 Rn. 411.
[1194] BAG 19. 6. 2001 – 1 ABR 43/00, BAGE 98, 60; Becker/*Wulfgramm*, AÜG, § 14 Rn. 86; Boemke/Lembke, AÜG, § 14 Rn. 51.
[1195] *Urban-Crell/Schulz* Rn. 960 mwN.
[1196] BAG 23. 6. 2010 – 7 ABR 3/09, NZA 2010, 1361.
[1197] BAG 17. 6. 2008 – 1 ABR 20/07, BAGE 127, 51.
[1198] BAG 23. 6. 2010 – 7 ABR 3/09, NZA 2010, 1361; aA Schüren/*Hamann*, AÜG, § 14 Rn. 196.
[1199] BAG 23. 6. 2010 – 7 ABR 3/09, NZA 2010, 1361.
[1200] Schüren/*Hamann*, AÜG, § 14 Rn. 422 ff.
[1201] Thüsing/*Thüsing*, AÜG, § 14 Rn. 45; Schüren/*Hamann*, AÜG, § 14 Rn. 429; Becker/*Wulfgramm*, AÜG, § 14 Rn. 88; Boemke/Lembke, AÜG, § 14 Rn. 55; aA Ulber, AÜG, § 14 Rn. 30.

nehmers im Entleiherbetrieb stellt keine Kündigung dar und bedarf daher weder einer Mitbestimmung nach § 102 BetrVG durch den Betriebsrat des Entleihers noch durch denjenigen des Verleihers.

603 Bei Leiharbeitnehmern, die **Funktionsträger** iSv § 103 Abs. 1 BetrVG sind, hat der Verleiher den besonderen Kündigungsschutz gem. § 103 BetrVG, § 15 KSchG zu beachten.

d) Wirtschaftliche Angelegenheiten

604 Die Bildung eines **Wirtschaftsausschusses** gemäß §§ 106 bis 110 BetrVG setzt voraus, dass der Verleiher in der Regel **mehr als 100 Arbeitnehmer** beschäftigt. Da Leiharbeitnehmer gemäß § 14 Abs. 1 AÜG zur Belegschaft des Verleiherbetriebs gehören, sind sie bei der Ermittlung des Schwellenwertes mitzuzählen.[1202]

605 Auch im Hinblick auf die bei **Betriebsänderungen** maßgebliche Betriebsgröße nach § 111 BetrVG sind Leiharbeitnehmer als wahlberechtigte Arbeitnehmer des Verleiherbetriebs zu berücksichtigen. Nach allgemeinen Grundsätzen kann auch die Entlassung von (Leih-)Arbeitnehmern im Verleiherbetrieb eine Betriebsänderung im Sinne der §§ 111 S. 3 Nr. 1, 112a BetrVG darstellen.[1203] Bei der Aufstellung eines Interessenausgleichs oder Sozialplans müssen Leiharbeitnehmer wie Stammarbeitnehmer des Verleiherbetriebs einbezogen werden.[1204]

V. Durchführung der Rechtsbeziehung zwischen Verleiher und Entleiher

606 Die Arbeitnehmerüberlassung ist dadurch gekennzeichnet, dass ein Verleiher seine eigenen Arbeitnehmer einem Entleiher zur Arbeitsleistung zur Verfügung stellt. Neben der arbeitsvertraglichen Beziehung zwischen Verleiher und Leiharbeitnehmer setzt die Arbeitnehmerüberlassung ein Rechtsverhältnis zwischen Verleiher und Entleiher voraus. Dieses entsteht durch Abschluss des **Arbeitnehmerüberlassungsvertrags.**

1. Form und Inhalt des Arbeitnehmerüberlassungsvertrags

607 Bei dem Überlassungsvertrag handelt es sich um einen gegenseitigen Vertrag eigener Art als **Unterfall des Dienstverschaffungsvertrags:**[1205] Der Verleiher verpflichtet sich darin, dem Entleiher Arbeitnehmer zu überlassen; der Entleiher schuldet ihm als Gegenleistung die vereinbarte Vergütung. Bei der Gestaltung des Arbeitnehmerüberlassungsvertrags sind die in § 12 AÜG aufgestellten Mindestanforderungen bezüglich Form und Inhalt zu berücksichtigen.

a) Form des Arbeitnehmerüberlassungsvertrags

608 Der Vertrag zwischen Verleiher und Entleiher bedarf **gemäß § 12 Abs. 1 S. 1 AÜG der Schriftform.** Dafür muss die Vertragsurkunde entweder von beiden Parteien eigenhändig durch Namensunterschrift oder durch notariell beglaubigtes Hand-

---

[1202] *Boemke/Lembke,* AÜG, § 14 Rn. 56; Schüren/*Hamann,* AÜG, § 14 Rn. 435.
[1203] Thüsing/*Thüsing,* AÜG, § 14 Rn. 46; Schüren/*Hamann,* AÜG, § 14 Rn. 436.
[1204] Schüren/*Hamann,* AÜG, § 14 Rn. 436.
[1205] ErfK/*Wank* AÜG Einl. Rn. 14; Schüren/*Schüren,* AÜG, Einl. Rn. 308.

V. Durchführung der Rechtsbeziehung zwischen Verleiher und Entleiher

zeichen unterzeichnet sein (§ 126 Abs. 1 BGB). Hinsichtlich der „Eigenhändigkeit" ist es ausreichend, wenn ein hierzu berechtigter Vertreter die Unterschrift leistet.[1206] Nach § 126 Abs. 3 BGB kann die Schriftform des Arbeitnehmerüberlassungsvertrags durch die elektronische Form gemäß § 126a BGB ersetzt werden.

Das **Formerfordernis umfasst sämtliche Haupt- und Nebenabreden;** demnach sind in die Urkunde alle Vertragspunkte einschließlich eventuell einbezogener Allgemeiner Geschäftsbedingungen aufzunehmen.[1207] Auch Rahmen- und Vorverträge sind schriftlich abzufassen.[1208] 609

Ein Arbeitnehmerüberlassungsvertrag, der die von § 12 Abs. 1 AÜG vorgegebene Schriftform nicht erfüllt, ist nach § 125 S. 1 BGB nichtig. In der Regel erfasst die Nichtigkeit gemäß § 139 BGB den gesamten Vertrag einschließlich der Nebenabreden.[1209] Eine Durchführung des formnichtigen Vertrags bewirkt **keine Heilung des Formmangels.**[1210] In bestimmten Ausnahmefällen kann die Berufung auf den Formmangel allerdings gegen Treu und Glauben verstoßen. Dies wird zB dann angenommen, wenn der Verleiher den Entleiher arglistig von der Wahrung der Form abhält.[1211] Ein formnichtiger Arbeitnehmerüberlassungsvertrag begründet keine Leistungspflichten zwischen Verleiher und Entleiher.[1212] Wurden dennoch bereits Leistungen erbracht, so erfolgt die Rückabwicklung nach dem Bereicherungsrecht.[1213] 610

b) Inhalt des Arbeitnehmerüberlassungsvertrags

Zum Inhalt des Arbeitnehmerüberlassungsvertrags macht das Gesetz kaum Vorgaben. Während sich **einzelne Mindestanforderungen aus § 12 AÜG** ergeben, lassen sich Umrisse der Hauptleistungspflichten aus § 1 Abs. 1 AÜG entnehmen. 611

aa) Pflichtangaben für Verleiher und Entleiher nach § 12 Abs. 1 S. 2, 3 AÜG

Gemäß § 12 Abs. 1 S. 2 AÜG hat der Verleiher in der Vertragsurkunde zu erklären, ob er die nach § 1 AÜG erforderliche **Erlaubnis zur Arbeitnehmerüberlassung** besitzt. Wahrheitswidrige Erklärungen des Verleihers können zu Schadensersatzansprüchen des Entleihers führen. 612

§ 12 Abs. 1 S. 3 AÜG verpflichtet den Entleiher, in der Vertragsurkunde anzugeben, welche **besonderen Merkmale** die für den Leiharbeitnehmer vorgesehene **Tätigkeit** hat, welche **berufliche Qualifikation** dafür erforderlich ist und welche im Betrieb des Entleihers für einen vergleichbaren Arbeitnehmer des Entleihers **wesentlichen Arbeitsbedingungen** einschließlich des Arbeitsentgelts gelten. Die Vorschrift dient der praktischen Durchsetzbarkeit des Gleichstellungsgebots aus § 3 Abs. 1 Nr. 3, § 9 Nr. 2 AÜG.[1214] Die entsprechenden Angaben des Entleihers sind daher **entbehrlich,** soweit für den einzelnen Leiharbeitnehmer **einer der Ausnahmetatbestände** zum Gleichstellungsgrundsatz **eingreift** (§ 12 Abs. 1 S. 3 aE AÜG). Zu beachten ist, 613

[1206] ErfK/*Wank* AÜG § 12 Rn. 2.
[1207] *Boemke/Lembke,* AÜG, § 12 Rn. 7; Urban-Crell/*Germakowski,* AÜG, § 12 Rn. 3; Schüren/*Brors,* AÜG, § 12 Rn. 19; Thüsing/*Thüsing,* AÜG, § 12 Rn. 7.
[1208] *Ulber,* AÜG, § 12 Rn. 4; Thüsing/*Thüsing,* AÜG, § 12 Rn. 10.
[1209] Schüren/*Brors,* AÜG, § 12 Rn. 12; Urban-Crell/*Germakowski,* AÜG, § 12 Rn. 6.
[1210] Thüsing/*Thüsing,* AÜG, § 12 Rn. 11; Schaub/*Koch,* ArbR-HdB, § 120 Rn. 81.
[1211] OLG München 12. 5. 1993 – 7 U 5740/92, EzAÜG AÜG § 12 Nr. 3; Schüren/*Brors,* AÜG, § 12 Rn. 14.
[1212] Thüsing/*Thüsing,* AÜG, § 12 Rn. 12; Schüren/*Brors,* AÜG, § 12 Rn. 15.
[1213] ErfK/*Wank* AÜG § 12 Rn. 4; Schaub/*Koch,* ArbR-HdB, § 120 Rn. 81.
[1214] Urban-Crell/*Germakowski,* AÜG, § 12 Rn. 17.

dass der Verleiher durch die Erklärungspflicht des Entleihers nicht von seinen Gleichstellungspflichten befreit wird; so hat er zB bei Unklarheiten über die wesentlichen Arbeitsbedingungen nachzufragen.[1215]

bb) Hauptleistungspflichten

614 Der Arbeitnehmerüberlassungsvertrag muss die Hauptpflichten der Parteien enthalten.[1216] Die Hauptleistungspflichten von Verleiher und Entleiher ergeben sich zumindest in ihren groben Zügen aus § 1 Abs. 1 AÜG.

615 Der **Verleiher schuldet** danach die **entgeltliche Überlassung von Arbeitskräften.** Er muss dem Entleiher für die vertraglich vereinbarte Überlassungsdauer einen arbeitsbereiten, den vertraglich festgelegten Anforderungen entsprechenden Arbeitnehmer zur Verfügung stellen.[1217] Bei dieser Verpflichtung zur Arbeitnehmerüberlassung handelt es sich grundsätzlich um eine **Gattungsschuld.**[1218] Soweit keine anderweitige Vereinbarung getroffen wurde, ist der Verleiher daher lediglich verpflichtet, einen isV § 243 Abs. 1 BGB allgemein für die vorgesehene Arbeit geeigneten, nicht aber einen bestimmten Arbeitnehmer bereitzustellen.[1219] Die Überlassung eines bestimmten Arbeitnehmers führt in der Regel nicht zu einer endgültigen Konkretisierung iSd § 243 Abs. 2 BGB.[1220] Denn der Arbeitnehmerüberlassungsvertrag ist ein Dauerschuldverhältnis, so dass der Verleiher während der **gesamten Überlassungszeit** dafür Sorge tragen muss, dass ein **geeigneter Arbeitnehmer zur Verfügung steht.** Dies hat zur Folge, dass bei Ausfall eines Leiharbeitnehmers auch keine Leistungsbefreiung nach § 275 Abs. 1 BGB eintritt. Vielmehr bleibt der Verleiher zur Überlassung eines anderen qualifizierten Arbeitnehmers verpflichtet.[1221] Gleiches gilt für den Fall, dass sich der ausgewählte Arbeitnehmer als ungeeignet erweist; der Entleiher kann jederzeit dessen **Auswechslung** verlangen.[1222] Andererseits ist der Verleiher berechtigt, den Leiharbeitnehmer während der Verleihzeit auszuwechseln, sofern er sich nicht zur Überlassung eines bestimmten Arbeitnehmers verpflichtet hat.[1223] Bei einem solchen **Austausch von Leiharbeitnehmern** hat der Verleiher allerdings auf die Interessen des Entleihers Rücksicht zu nehmen; so kann die Ausübung der Ersetzungsbefugnis zB bei einer langen Einarbeitungszeit gegen den Grundsatz von Treu und Glauben verstoßen.[1224] In Betracht kommt auch, dass der Verleiher vor dem Austausch eines Leiharbeitnehmers eine angemessene Ankündigungsfrist einhalten muss.[1225]

616 Die **Hauptleistungspflicht des Entleihers** besteht in der **Zahlung der vereinbarten Vergütung** für die Überlassung der Arbeitnehmer. Grundsätzlich wird bei Fehlen einer abweichenden Vereinbarung davon ausgegangen, dass der Verleiher in Anlehnung an die Regelung für Arbeitsverträge vorleistungspflichtig ist (§ 614 BGB)

[1215] Thüsing/*Thüsing*, AÜG, § 12 Rn. 22; Schüren/*Brors*, AÜG, § 12 Rn. 24.
[1216] Schüren/*Brors*, AÜG, § 12 Rn. 19.
[1217] BAG 18. 1. 1989 – 7 ABR 21/88, AP BetrVG 1972 § 9 Nr. 1; 5. 5. 1992 – 1 ABR 78/91, AP BetrVG 1972 § 99 Nr. 97; *Boemke/Lembke*, AÜG, § 12 Rn. 32; *Ulber*, AÜG, § 12 Rn. 9.
[1218] ErfK/*Wank* AÜG § 12 Rn. 6; Thüsing/*Thüsing*, AÜG, § 12 Rn. 23; Schüren/*Brors*, AÜG, § 12 Rn. 320.
[1219] BGH 13. 5. 1975 – VI ZR 247/73, AP AÜG § 12 Nr. 1; *Becker/Wulfgramm*, AÜG, § 12 Rn. 21.
[1220] Urban-Crell/*Germakowski*, AÜG, § 1 Rn. 61; Schüren/*Brors*, AÜG, § 12 Rn. 325.
[1221] *Boemke/Lembke*, AÜG, § 12 Rn. 34 ff.; Urban-Crell/*Germakowski*, AÜG, § 1 Rn. 61; Thüsing/*Thüsing*, AÜG, § 12 Rn. 26.
[1222] ErfK/*Wank* AÜG Einl. Rn. 15; Thüsing/*Thüsing*, AÜG, § 12 Rn. 25.
[1223] Schüren/*Schüren*, AÜG, Einl. Rn. 328; *Boemke/Lembke*, AÜG, § 12 Rn. 32.
[1224] Thüsing/*Thüsing*, AÜG, § 12 Rn. 27; Urban-Crell/*Germakowski*, AÜG, § 1 Rn. 63; Schüren/*Schüren*, AÜG, Einl. Rn. 328.
[1225] *Ulber*, AÜG, § 12 Rn. 13; Thüsing/*Thüsing*, AÜG, § 12 Rn. 27.

und die Zahlung der Überlassungsvergütung erst am Ende der Überlassung bzw. eines bestimmten Überlassungszeitraums fällig wird.[1226] Kann der Entleiher den Leiharbeitnehmer während der Überlassungsdauer nicht beschäftigen, befreit ihn das nicht von seiner Pflicht zur Zahlung der vereinbarten Vergütung.[1227] Durch das Bereitstellen der Leiharbeitnehmer wird der **Entleiher** in diesen Fällen **in Annahmeverzug** gesetzt (§§ 293, 294, 295 BGB).[1228] Da die Leistung nicht nachgeholt werden kann, hat die Nichtbeschäftigung der Leiharbeitnehmer regelmäßig die Unmöglichkeit der geschuldeten Überlassung zur Folge (§ 275 Abs. 1 BGB). Der Verleiher behält dann nach § 326 Abs. 2 BGB den Anspruch auf Zahlung der Überlassungsvergütung.

cc) Nebenpflichten

Beide Parteien treffen aus dem Arbeitnehmerüberlassungsvertrag verschiedene Nebenpflichten. **617**

Ausdrücklich geregelt ist eine Nebenpflicht des Verleihers in § 12 Abs. 2 AÜG. Danach hat der Verleiher den Entleiher über den **Bestand der Überlassungserlaubnis** zu informieren. Konkret verpflichtet § 12 Abs. 2 S. 1 AÜG den Verleiher, den Entleiher unverzüglich zu unterrichten, wenn die Erlaubnis nach Abschluss des Arbeitnehmerüberlassungsvertrags entfällt. Dabei ist der genaue Zeitpunkt des Wegfalls der Erlaubnis zu bezeichnen. Darüber hinaus muss der Verleiher den Entleiher gemäß § 12 Abs. 2 S. 2 AÜG auf das voraussichtliche Ende der Abwicklung und die gesetzliche Abwicklungsfrist hinweisen, wenn der Wegfall der Erlaubnis auf deren Nichtverlängerung, Rücknahme oder Widerruf beruht. Die Regelungen des § 12 Abs. 2 AÜG dienen dem Schutz des Entleihers, den im Fall einer fehlenden Erlaubnis selbst Arbeitgeberpflichten treffen. Durch die Unterrichtungs- und Hinweispflichten des Verleihers soll dem Entleiher die Möglichkeit gegeben werden, sich **rechtzeitig auf das Ende der Überlassungszeit einzustellen.**[1229] Ob die Unterrichtungen und Hinweise nach § 12 Abs. 2 AÜG in einer besonderen Form erfolgen müssen, ist umstritten.[1230] Auch wenn dies überwiegend verneint wird, ist aus Beweisgründen in jedem Fall eine schriftliche Unterrichtung zu empfehlen. **618**

Neben den genannten Unterrichtungs- und Hinweispflichten treffen den Verleiher die üblichen **Schutz- und Sorgfaltspflichten.**[1231] Insbesondere muss er während der Durchführung der Arbeitnehmerüberlassung die Vermögensinteressen des Entleihers wahren, soweit ihm dies zumutbar ist (§ 241 Abs. 2 BGB). **619**

Auch den **Entleiher** treffen vielfältige Nebenpflichten. So hat er für die **Sicherheit der Leiharbeitnehmer am Arbeitsplatz** zu sorgen.[1232] Diese Nebenpflicht des Entleihers besteht auch gegenüber dem Verleiher, da Arbeitsunfälle von Leiharbeitnehmern für den Verleiher ein erhebliches finanzielles Risiko darstellen. Darüber hinaus hat der Verleiher als Arbeitgeber der Leiharbeitnehmer ein berechtigtes Interesse daran, **620**

[1226] Schüren/*Schüren*, AÜG, Einl. Rn. 354; Thüsing/*Thüsing*, AÜG, § 12 Rn. 35; *Ulber*, AÜG, § 12 Rn. 17.
[1227] ErfK/*Wank* AÜG Einl. Rn. 16; Schaub/*Koch*, ArbR-HdB, § 120 Rn. 84; Urban-Crell/*Germakowski*, AÜG, § 1 Rn. 66.
[1228] Schüren/*Schüren*, AÜG, Einl. Rn. 360; Urban-Crell/*Germakowksi*, AÜG, § 1 Rn. 66; Schaub/*Koch*, ArbR-HdB, § 120 Rn. 84.
[1229] Urban-Crell/*Germakowski*, AÜG, § 12 Rn. 23.
[1230] Bejahend: Schüren/*Brors*, AÜG, § 12 Rn. 27f.; *Ulber*, AÜG, § 12 Rn. 42; verneinend: Thüsing/*Thüsing*, AÜG, § 12 Rn. 9; ErfK/*Wank* AÜG § 12 Rn. 12; *Boemke/Lembke*, AÜG, § 12 Rn. 52; KasselerHdb/*Düwell* Kap. 4.5 Rn. 421.
[1231] ErfK/*Wank* AÜG § 12 Rn. 7.
[1232] Schüren/*Schüren*, AÜG, Einl. Rn. 363; Thüsing/*Thüsing*, AÜG, § 12 Rn. 37; ErfK/*Wank* AÜG § 12 Rn. 9.

dass der Entleiher auch seine **sonstigen Fürsorgepflichten,** die die **Arbeitsleistung betreffen,** erfüllt.[1233] Schließlich treffen den Entleiher bestimmte **Auskunftspflichten.** Denn der Verleiher, der auch während der Dauer der Überlassung Arbeitgeber des Leiharbeitnehmers bleibt, hat keine Möglichkeit, letzteren während des Einsatzes zu überwachen. Daher muss der Entleiher ihn über das Leistungsverhalten des überlassenen Leiharbeitnehmers informieren.[1234]

dd) Vereinbarungen über Einstellungsverbote und Vermittlungsgebühren

621   Im Hinblick auf den Inhalt des Überlassungsvertrags ist schließlich die Regelung des § 9 Nr. 3 AÜG zu beachten.

(1) Unwirksamkeit von Einstellungsverboten

622   § 9 Nr. 3 AÜG erklärt Vereinbarungen für unwirksam, die dem Entleiher untersagen, den **Leiharbeitnehmer zu einem Zeitpunkt einzustellen,** in dem dessen **Arbeitsverhältnis zum Verleiher nicht mehr besteht.** Der Gesetzgeber verfolgt mit dieser Regelung arbeitsmarktpolitische Ziele. Die Arbeitnehmerüberlassung soll für Leiharbeitnehmer ein „**Sprungbrett**" in eine dauerhafte Beschäftigung im Entleiherbetrieb sein.[1235] Zu diesem Zweck räumt das Gesetz dem Entleiher die Möglichkeit ein, einen Leiharbeitnehmer, den er während der Überlassungsdauer erproben konnte, dauerhaft als Stammarbeitnehmer zu beschäftigen. Die in § 9 Nr. 3 AÜG bestimmte Nichtigkeitsfolge bedeutet zwar eine Einschränkung der Vertragsfreiheit von Verleiher und Entleiher. Diese ist jedoch vor dem Hintergrund, dass die Regelung zugleich das Recht des Leiharbeitnehmers auf freie Wahl des Arbeitsplatzes gewährleistet, als verfassungsrechtlich unbedenklich anzusehen.[1236] Das allgemein geltende Verbot der Sperrabrede in § 75f HGB beruht auf analogen Überlegungen.

623   Von der Unwirksamkeitsfolge des **§ 9 Nr. 3 AÜG** erfasst werden **sowohl unmittelbare als auch mittelbare Einstellungs- und Abwerbeverbote.** So macht es keinen Unterschied, ob die Parteien des Überlassungsvertrags vereinbaren, dass es dem Entleiher untersagt ist, den Leiharbeitnehmer zu einem Zeitpunkt einzustellen, in dem dessen Arbeitsverhältnis zum Verleiher nicht mehr besteht, oder ob sie eine Abrede treffen, die es dem Entleiher verbietet, dem Leiharbeitnehmer eine Beschäftigung im Entleiherbetrieb für die Zeit nach ordentlicher Beendigung des Leiharbeitsvertrags anzubieten; beide Vereinbarungen sind nach § 9 Nr. 3 AÜG unwirksam.[1237] Etwas anderes gilt allerdings für **unlautere Formen der Abwerbung** wie etwa die Aufforderung des Entleihers, ohne Einhaltung der Kündigungsfrist in seinen Betrieb zu wechseln.[1238] Damit verleitet der Entleiher den Leiharbeitnehmer zum **Vertragsbruch** und verletzt eine Nebenpflicht aus dem Überlassungsverhältnis.

(2) Vereinbarung einer Vermittlungsgebühr

624   Vereinbarungen zwischen Verleiher und Entleiher darüber, dass dem Verleiher bei einer nach dem Ende des Verleihs erfolgenden Einstellung des Leiharbeitnehmers

---

[1233] Thüsing/*Thüsing*, AÜG, § 12 Rn. 37; Schüren/*Schüren*, AÜG, Einl. Rn. 366.
[1234] *Boemke/Lembke*, AÜG, § 12 Rn. 43; ErfK/*Wank* AÜG § 12 Rn. 9.
[1235] ErfK/*Wank* AÜG § 9 Rn. 8; Schüren/*Schüren*, AÜG, § 9 Rn. 69; Urban-Crell/*Germakowski*, AÜG, § 9 Rn. 35.
[1236] BT-Drs. VI/2303, 13; *Urban-Crell/Schulz* Rn. 200.
[1237] *Urban-Crell/Schulz* Rn. 200; Urban-Crell/*Germakowski*, AÜG, § 9 Rn. 36; ErfK/*Wank* AÜG § 9 Rn. 8; Schüren/*Schüren*, AÜG, § 9 Rn. 74.
[1238] Urban-Crell/*Germakowski*, AÜG, § 9 Rn. 37; Schüren/*Schüren*, AÜG, § 9 Rn. 75; HWK/*Kalb* AÜG § 9 Rn. 14.

V. Durchführung der Rechtsbeziehung zwischen Verleiher und Entleiher

durch den Entleiher eine **angemessene Vermittlungsgebühr** zu zahlen ist, sind **zulässig.** Dies hat der Gesetzgeber durch die seit dem 1. 1. 2004 geltende Ergänzung in § 9 Nr. 3 aE AÜG klargestellt und damit einen jahrelangen Streit in Rechtsprechung Literatur beendet.[1239] Der BGH hatte zuvor für formularmäßige Vereinbarungen von Vermittlungsgebühren in Allgemeinen Geschäftsbedingungen entschieden, dass in diesen Fällen ein Verstoß gegen § 9 Nr. 3 AÜG aF anzunehmen sei.[1240] Die Leistung des Verleihers sei bereits mit der Überlassungsvergütung abgegolten, so dass jede weitere Zahlung ein vertragsstrafenbewehrtes Einstellungsverbot darstelle. Nach der Gesetzesänderung hat der BGH seine frühere Rechtsprechung aufgegeben und die Vereinbarung von Vermittlungsprovisionen als grundsätzlich zulässig angesehen.[1241] Eine solche Klausel kann auch in Allgemeinen Geschäftsbedingungen vereinbart werden und ist **nicht überraschend,** da sie vom Gesetz vorgesehen und branchenüblich ist.[1242]

Nach § 9 Nr. 3 aE AÜG muss die vereinbarte Vermittlungsgebühr „angemessen" sein. **625** Zur Frage der **Angemessenheit** sind von der Rechtsprechung noch **keine verlässlichen Leitlinien** entwickelt worden. Nach der Gesetzesbegründung sind bei der Beurteilung der Angemessenheit der Vermittlungsgebühr die **Dauer des vorangegangenen Verleihs,** die **Höhe des** vom Entleiher **für die Überlassung gezahlten Entgelts** und der **Aufwand** für die Gewinnung eines vergleichbaren Arbeitnehmers zu berücksichtigen.[1243] In der Literatur reichen die Meinungen zur **Obergrenze** einer angemessenen Vermittlungsgebühr von 1000 EUR bei einfachen Tätigkeiten[1244] über ein Bruttogehalt[1245] bis zu drei Bruttomonatsgehältern.[1246] Der Bundesgerichtshof hat eine gestaffelte Vermittlungsvergütung (nach Zeitabschnitten ab Ende der Überlassung degressiv gestaffelt und am Jahresbruttoeinkommen des Arbeitnehmers orientiert) für wirksam gehalten.[1247]

Ein Vergütungsanspruch des Verleihers für die Vermittlung setzt die **Kausalität der** **626** **Arbeitnehmerüberlassung für die Einstellung** des Leiharbeitnehmers durch den Entleiher voraus. Der Kausalzusammenhang ist stets zu bejahen, wenn der Abschluss des Arbeitsvertrags mit dem Entleiher noch während der Überlassung stattfindet oder wenn der Arbeitnehmer das Leiharbeitsverhältnis kündigt, um nach Ablauf der Kündigungsfrist zum gegenwärtigen Entleiher zu wechseln.[1248] Nicht geklärt ist, ob auch bei Bewerbungen des ehemaligen Leiharbeitnehmers nach Abschluss des Einsatzes im Entleiherbetrieb noch ein ursächlicher Zusammenhang und damit ein Vergütungsanspruch des Verleihers angenommen werden kann.[1249] Jedenfalls stellt eine Klausel, die eine Vergütungspflicht des Entleihers für eine spätere, nicht nur im unmittelbaren Zusammenhang mit der vorhergehenden Überlassung stehenden Übernahme des Arbeitnehmers vorsieht, eine unangemessene Benachteiligung gem. §§ 307, 310 Abs. 1 S. 2

[1239] Zur früheren Rechtslage ausführlich *Urban-Crell/Schulz* Rn. 202 ff.
[1240] BGH 3. 7. 2003 – III ZR 348/02, NJW 2003, 2906.
[1241] BGH 7. 12. 2006 – III ZR 82/06, NZA 2007, 571.
[1242] BGH 7. 12. 2006 – III ZR 82/06, NZA 2007, 571.
[1243] BT-Drs. 15/1749, 29.
[1244] *Ulber,* AÜG, § 9 Rn. 355; *Benkert* BB 2004, 998.
[1245] *Boemke/Lembke,* AÜG, § 9 Rn. 189; *Lembke/Fesenmeyer* DB 2007, 801.
[1246] *Sandmann/Marschall/Schneider,* AÜG, Art. 1 § 9 Rn. 29; *Schüren/Schüren,* AÜG, § 9 Rn. 82: absolute Obergrenze.
[1247] BGH 10. 11. 2011 – III ZR 77/11, NZA-RR 2012, 67 ff.; hierzu *Schäder* ArbRB 2012, 48 (49).
[1248] *Thüsing/Mengel,* AÜG, § 9 Rn. 55 a; *Schüren*/Hamann, § 9 Rn. 84; *Urban-Crell/Germakowski,* AÜG, § 9 Rn. 43.
[1249] Abl.: *Schüren/Schüren,* AÜG, § 9 Rn. 85, nach dem es an der für die Vermittlung erforderlichen Initiative des Entleihers fehlt; bejahend: *Thüsing/Mengel,* AÜG, § 9 Rn. 55 a; *Boemke/Lembke,* AÜG, § 9 Rn. 184; einzelfallabhängig: *Urban-Crell/Germakowski,* AÜG, § 9 Rn. 43.

BGB dar. Dadurch wird nämlich dem Entleiher die Möglichkeit des Nachweises genommen, dass es an der Kausalität der Überlassung für die Übernahme des Arbeitnehmers fehlt.[1250]

627 Auch nach den 2011 in Kraft getretenen Änderungen bleibt die **Vereinbarung einer Vermittlungsgebühr** zwischen Verleiher und Entleiher **weiterhin** innerhalb der dargestellten Grenzen **möglich.** Nicht zu verwechseln ist dies mit der Vereinbarung einer **Vermittlungsgebühr zwischen Verleiher und Leiharbeitnehmer,** welche nach Einfügung des Verbots in § 9 Nr. 5 AÜG ausdrücklich verboten und somit unwirksam ist. Entsprechende, untersagte vertragliche Vereinbarungen hatten vorgesehen, dass ein Leiharbeitnehmer, welcher in Anschluss an eine Überlassung beim Entleiher eine Anstellung fand, dafür an den Verleihbetrieb eine Vermittlungsprovision zu zahlen hatte. Die das nun eingefügte Verbot tragende Wertung, dass die Leiharbeit im optimalen Fall nur zur Überbrückung des Zeitraumes dient, bis der Arbeitnehmer wieder eine Festanstellung findet, lässt sich der EG-Leiharbeitsrichtlinie entnehmen. Die Vereinbarung einer vom Leiharbeiter zu zahlenden Vermittlungsgebühr wäre geeignet, diesen davon abzuhalten, seine Stelle als Leiharbeitnehmer zugunsten einer angebotenen Anstellung im Entleihbetrieb anzuhalten, so dass das Verbot der aufgezeigten Wertung nach folgerichtig ist. Durch das statuierte Verbot der Vereinbarung von Vermittlungsgebühren mit dem Leiharbeitnehmer werden Vermittlungsprovisionen zwischen Verleiher und Entleiher gegebenenfalls an Bedeutung gewinnen.

ee) Gestaltung des Überlassungsvertrags durch AGB

628 Regelmäßig wird die Arbeitnehmerüberlassung auf der Grundlage von vorformulierten, vom Verleiher verwendeten Überlassungsverträgen erfolgen. Als Allgemeine Geschäftsbedingungen unterliegen diese einer **Inhaltskontrolle,** die jedoch wegen § 310 Abs. 1 BGB auf die Generalklausel des § 307 Abs. 1 und ihre Regelbeispiele nach § 307 Abs. 2 BGB beschränkt ist, sofern der Entleiher Unternehmer iSd § 14 BGB ist.

2. Haftung

629 Erfüllen die Parteien ihre Pflichten aus dem Überlassungsverhältnis nicht oder nicht vereinbarungsgemäß, haften sie sich gegenseitig nach den allgemeinen Grundsätzen.

a) Haftung des Verleihers

630 Der Verleiher schuldet nach dem Überlassungsvertrag die **Auswahl und Bereitstellung** eines leistungsbereiten und für die vorgesehene Tätigkeit ausreichend qualifizierten Arbeitnehmers für die Überlassungsdauer.

631 Verletzt der Verleiher seine Pflicht zur Überlassung der Arbeitnehmer, kann der Entleiher unter den Voraussetzungen der §§ 280 Abs. 1, 3, 281 ff. BGB **Schadensersatz** verlangen.

632 Hierbei ist zunächst denkbar, dass dem Verleiher die geschuldete **Arbeitnehmerüberlassung unmöglich** ist (§ 275 Abs. 1 BGB). Stellt er dem Entleiher vertragswidrig zur vereinbarten Zeit keine geeigneten Arbeitskräfte zur Verfügung und kann die Arbeitsleistung nicht nachgeholt werden, kommt ein Anspruch des Entleihers auf Schadensersatz statt der Leistung gemäß **§§ 280 Abs. 1, 3, 283 BGB** in Betracht.

[1250] BGH 10. 11. 2011 – III ZR 77/11, NZA-RR 2012, 67 (71, Rn. 34).

V. Durchführung der Rechtsbeziehung zwischen Verleiher und Entleiher

Dabei wird vertreten, dass der Verleiher mit der Pflicht zur Überlassung geeigneter Arbeitnehmer das **Beschaffungsrisiko** übernommen hat und deshalb nach § 276 Abs. 1 S. 1 BGB auch ohne Verschulden haftet.[1251] Er muss dem Entleiher den Schaden ersetzen, der diesem durch den Ausfall des Leiharbeitnehmers entsteht.[1252] Für die Zeit des Ausfalls des Leiharbeitnehmers verliert der Verleiher seinen Anspruch auf die Überlassungsvergütung gemäß § 326 Abs. 1 BGB. Eine die Haftung des Verleihers begründende Nichtleistung ist auch dann anzunehmen, wenn der Leiharbeitnehmer aus Gründen in der Sphäre des Verleihers – zB wegen Verzugs mit der Lohnzahlung – die Arbeitsleistung beim Entleiher verweigert.[1253]

Möglich ist auch, dass der Verleiher mit seiner **Leistung in Verzug** gerät. Der Verzug des Verleihers setzt voraus, dass die **Überlassung nachholbar** ist und damit keine Unmöglichkeit wegen Zeitablaufs eingetreten ist. Dies kann etwa der Fall sein, wenn der Entleiher einen für die konkrete Aufgabe nicht geeigneten Arbeitnehmer ablehnt und der Verleiher nicht rechtzeitig eine Ersatzkraft zur Verfügung stellt.[1254] Der Verleiher haftet dann nach § 280 Abs. 1, 2, 286 BGB für den Verzögerungsschaden. Eine Mahnung ist dabei gemäß § 286 Abs. 2 Nr. 1 BGB entbehrlich, wenn im Vertrag für die Überlassung ein bestimmter Zeitpunkt genannt ist. Der **Verzögerungsschaden** umfasst alle wirtschaftlichen Verluste infolge der verspäteten Leistung wie entgangenen Gewinn, Rechtsverfolgungskosten und Kosten für die Einstellung von Ersatzkräften.[1255] Des Weiteren kommt auch ein Anspruch des Entleihers auf Schadensersatz statt der Leistung unter den Voraussetzungen der §§ 280 Abs. 1, 2, 281 BGB in Betracht.

633

Im Hinblick auf eine Haftung des Verleihers wegen **Schlechtleistung** ist folgendes zu beachten: Für eine Schlechtleistung seiner Leiharbeitnehmer hat der Verleiher grundsätzlich nicht einzustehen.[1256] Er schuldet dem Entleiher **nur die sachgerechte Auswahl und Überlassung** der Arbeitnehmer. Die Haftung des Verleihers erstreckt sich nicht darauf, dass die Arbeitnehmer die ihnen gegenüber dem Entleiher obliegenden Pflichten ordnungsgemäß erfüllen. Die **Leiharbeitnehmer** sind hinsichtlich der konkret zu erbringenden Arbeitsleistung **nicht als Erfüllungsgehilfen des Verleihers** anzusehen.[1257] Der Verleiher haftet nur dafür, dass die von ihm überlassenen Arbeitnehmer für die im Vertrag vorgesehenen Tätigkeiten tauglich und geeignet sind.[1258]

634

Eine Schlechtleistung des Verleihers kommt somit **lediglich bei einem Auswahlfehler** in Betracht. Fällt dem Verleiher bei der Auswahl des überlassenen Leiharbeitnehmers ein **Verschulden** zur Last, haftet er dem Entleiher für daraus entstandene Schäden nach § 280 Abs. 1 BGB. **Erhöhte Sorgfaltspflichten** bei der Auswahl können sich aus einer mit dem Arbeitsplatz verbundenen **besonderen Vertrauensstellung** ergeben; in einem solchen Fall kann der Verleiher gegenüber dem Entleiher verpflichtet sein, die charakterliche Eignung des Arbeitnehmers zB durch Anfordern eines Führungszeugnisses zu überprüfen.[1259] Voraussetzung für den Schadensersatzanspruch

635

[1251] Schüren/*Brors,* AÜG, Einl. Rn. 402; ErfK/*Wank* AÜG Einl. Rn. 18.
[1252] *Urban-Crell/Schulz* Rn. 237.
[1253] Schüren/*Brors,* AÜG, Einl. Rn. 404; Thüsing/*Thüsing,* AÜG, § 12 Rn. 29.
[1254] *Urban-Crell/Schulz* Rn. 240.
[1255] Schüren/*Brors,* AÜG, Einl. Rn. 411.
[1256] Thüsing/*Thüsing,* AÜG, § 12 Rn. 32; Urban-Crell/*Germakowski,* AÜG, § 1 Rn. 70.
[1257] BGH 9. 3. 1971 – VI ZR 138/69, AP BGB § 611 Nr. 1 Leiharbeitsverhältnis; 13. 5. 1975 – VI ZR 247/73, AP AÜG § 12 Nr. 1; ErfK/*Wank* AÜG Einl. Rn. 20.
[1258] BGH 9. 3. 1971 – VI ZR 138/69, AP BGB § 611 Leiharbeitsverhältnis Nr. 1; 13. 5. 1975 – VI ZR 247/73, AP AÜG § 12 Nr. 1; Thüsing/*Thüsing,* AÜG, § 12 Rn. 32; ErfK/*Wank* AÜG Einl. Rn. 20.
[1259] BGH 13. 5. 1975 – VI ZR 247/73, AP AÜG § 12 Nr. 1; *Sandmann/Marschall/Schneider,* AÜG, Art. 1 § 12 Rn. 6.

ist, dass der Auswahlfehler für die Verletzung von Rechtsgütern des Entleihers kausal geworden ist. Konnte der Entleiher erkennen, dass der Leiharbeitnehmer für die vorgesehene Tätigkeit ungeeignet ist, und hat er ihn dennoch eingesetzt, muss er sich bei einem durch diesen untauglichen Arbeitnehmer verursachten Schaden ein Mitverschulden nach § 254 Abs. 1 BGB anrechnen lassen.[1260]

636 Im Falle der **Verletzung von Rücksichtnahmepflichten** haftet der Verleiher dem Entleiher nach § 280 Abs. 1 iVm § 241 Abs. 2 BGB. Da auch die in § 12 Abs. 2 AÜG festgelegten Unterrichtungspflichten über den Wegfall der Überlassungserlaubnis Rücksichtnahmepflichten iSd § 241 Abs. 2 BGB sind, kann deren Verletzung ebenfalls einen Schadensersatzanspruch des Entleihers aus § 280 Abs. 1 BGB begründen. Nach herrschender Ansicht stellt **§ 12 Abs. 2 S. 1 AÜG** zudem ein **Schutzgesetz iSd § 823 Abs. 2 BGB** dar,[1261] so dass darüber hinaus auch eine deliktische Haftung des Verleihers in Betracht kommt. Ersatzfähig im Rahmen beider Ansprüche sind insbesondere **Schäden,** die dem Entleiher dadurch entstehen, dass **aufgrund der Fiktion** des § 10 Abs. 1 iVm § 9 Nr. 1 AÜG ein **Arbeitsverhältnis mit dem Leiharbeitnehmer begründet** wird.[1262] War dem Entleiher hingegen das Fehlen der Erlaubnis bekannt und hat er dennoch Arbeitnehmer entliehen, kann er einen daraus resultierenden Schaden wegen Verstoßes gegen den Grundsatz von Treu und Glauben nicht geltend machen.[1263]

b) Haftung des Entleihers

637 Hauptleistungspflicht des **Entleihers** ist die **Zahlung der vereinbarten Überlassungsvergütung.** Mit dieser Pflicht kann der Entleiher nach § 286 BGB in **Verzug** geraten.

638 Zudem kann der Entleiher wegen der **Verletzung von Nebenpflichten** zum Schadensersatz verpflichtet sein.

639 Verletzt der Entleiher schuldhaft seine **Fürsorgepflichten** und führt dies **zu einem Sach- oder Personenschaden des Leiharbeitnehmers,** kommt eine **Haftung** des Entleihers **auch gegenüber dem Verleiher** in Betracht. Denn darin liegt zugleich eine Verletzung der Nebenpflicht aus dem Überlassungsvertrag, für die Sicherheit der entsandten Arbeitnehmer zu sorgen.[1264] Ein Arbeitsunfall im Entleiherbetrieb, der die Arbeitsunfähigkeit des betroffenen Leiharbeitnehmers zur Folge hat, kann zu einem **Vermögensschaden des Verleihers** in Form von entgangenen Aufträgen und Lohnfortzahlungen führen. Diesen Schaden kann der Verleiher vom Entleiher grundsätzlich nach §§ 280 Abs. 1, 241 Abs. 2 BGB ersetzt verlangen.[1265] Da die Haftungsbeschränkungen der §§ 104, 105 SGB VII nur die Haftung eines Betriebsinhabers und der im Betrieb tätigen Personen untereinander betreffen, berühren sie die vertragliche Haftung des Entleihers aus der Nebenpflichtverletzung des Überlassungsvertrags nicht.[1266] Daneben kann sich eine Haftung des Entleihers bei einer Verletzung des Leiharbeitnehmers grundsätzlich auch aus übergegangenem Recht ergeben. Soweit der Verleiher

---

[1260] Schüren/*Brors*, AÜG, Einl. Rn. 407; *Uban-Crell/Schulz*, Rn. 244.
[1261] Thüsing/*Thüsing*, AÜG, § 12 Rn. 44; *Ulber*, AÜG, § 12 Rn. 38; *Boemke/Lembke*, AÜG, § 12 Rn. 53; Urban-Crell/*Germakowski*, AÜG, § 12 Rn. 27; Schüren/*Brors*, AÜG, § 12 Rn. 29.
[1262] Urban-Crell/*Germakowski*, AÜG, § 12 Rn. 28; Schüren/*Brors*, AÜG, § 12 Rn. 29.
[1263] BGH 5. 11. 1974 – VI ZR 100/73, BGHZ 63, 140; OLG Karlsruhe 23. 9. 2005 – 15 U 16/04, EzAÜG AÜG § 9 Nr. 19.
[1264] *Urban-Crell/Schulz* Rn. 248; Schüren/*Brors*, AÜG, Einl. Rn. 433.
[1265] *Urban-Crell/Schulz* Rn. 248.
[1266] ErfK/*Wank* AÜG Einl. Rn. 21.

im Krankheitsfall des Leiharbeitnehmers dessen Entgelt gemäß § 3 EFZG fortzahlt, gehen Ansprüche des Leiharbeitnehmers gegen den Schädiger kraft Gesetzes auf den Verleiher über (§ 6 EFZG). Einen solchen Anspruch aus übergegangenem Recht kann der Verleiher gegenüber dem Entleiher jedoch nur geltend machen, soweit der Entleiher dem verletzten Arbeitnehmer tatsächlich haftet.[1267] Da diese Haftung durch die im Verhältnis zwischen Entleiher und Leiharbeitnehmer anwendbaren §§ 104, 105 SGB VII weitgehend eingeschränkt ist,[1268] scheidet der Anspruch aus übergegangenem Recht in der Regel aus.[1269]

Auch durch eine Verletzung der ihm gegenüber dem Verleiher obliegenden **Informationspflichten** kann sich der Entleiher schadensersatzpflichtig machen.[1270]

640

Bei einer **Abwerbung** des Leiharbeitnehmers durch den Entleiher **ist zu unterscheiden:** Bietet der Entleiher dem Leiharbeitnehmer an, nach Beendigung des Arbeitsverhältnisses mit dem Verleiher eine Dauerbeschäftigung bei ihm anzutreten, liegt darin keine Verletzung seiner Pflichten aus dem Überlassungsvertrag.[1271] Mit den Vorschriften in § 9 Nr. 3 und 4 AÜG hat der Gesetzgeber deutlich gemacht, dass dem Leiharbeitnehmer dieser Weg zu einem festen Dauerbeschäftigungsverhältnis offen stehen soll. Verleitet der Entleiher hingegen den Leiharbeitnehmer zur Aufnahme einer Vertragsbeziehung, ohne die im Rahmen des Leiharbeitsverhältnisses einzuhaltende Kündigungsfrist zu beachten, verletzt er damit eine Nebenpflicht aus dem Überlassungsvertrag.[1272] Für Vermögensschäden, die dem Verleiher durch den Arbeitsvertragsbruch des Leiharbeitnehmers entstehen, haften Entleiher und Leiharbeitnehmer in diesem Fall als Gesamtschuldner.[1273]

641

3. Beendigung des Überlassungsverhältnisses

Das Überlassungsverhältnis zwischen Verleiher und Entleiher kann je nach Gestaltung des Vertrags auf verschiedene Art und Weise sein Ende finden.

642

a) Befristung und Bedingung

Die Parteien können den Überlassungsvertrag befristen. Dann endet das Überlassungsverhältnis mit Ablauf der vertraglich vorgesehenen Frist. Haben Verleiher und Entleiher den Vertrag unter einer auflösenden Bedingung abgeschlossen, endet er mit deren Eintritt. In beiden Fällen besteht ein Recht zur ordentlichen Kündigung des Überlassungsvertrags nur, wenn dies vertraglich vereinbart wurde.[1274]

643

b) Kündigung

In den häufigen Fällen eines befristeten oder auflösend bedingten Überlassungsvertrags ist eine **ordentliche Kündigung nur** zulässig, wenn diese Möglichkeit im Vertrag **vorgesehen** ist.

644

[1267] Schüren/*Brors,* AÜG, Einl. Rn. 434; ErfK/*Wank* AÜG Einl. Rn. 21.
[1268] BAG 15. 2. 1974 – 2 AZR 57/73, AP RVO § 637 Nr. 7; 13. 4. 1983 – 7 AZR 650/79, AP RVO § 637 Nr. 13; 25. 9. 1990 – VI ZR 285/89, AP RVO § 636 Nr. 19.
[1269] Urban-Crell/*Schulz* Rn. 250; Schüren/*Brors,* AÜG, Einl. Rn. 434.
[1270] Schüren/*Brors,* AÜG, Einl. Rn. 444.
[1271] ErfK/*Wank* AÜG Einl. Rn. 22; Schüren/*Brors,* AÜG, Einl. Rn. 430.
[1272] *Becker/Wulfgramm,* AÜG, § 9 Rn. 30 c.
[1273] Schüren/*Brors,* AÜG, Einl. Rn. 431; *Urban-Crell/Schulz* Rn. 252.
[1274] ErfK/*Wank* AÜG § 12 Rn. 11.

A. Arbeitnehmerüberlassung

645 Beiden Parteien steht jedoch unter den Voraussetzungen des § 314 Abs. 1 BGB das Recht zur **außerordentlichen Kündigung** des Überlassungsvertrags zu. Die Befugnis zur außerordentlichen Kündigung kann weder durch Allgemeine Geschäftsbedingungen noch durch Individualvereinbarungen eingeschränkt oder vollständig ausgeschlossen werden.[1275] Daher können sowohl der Verleiher als auch der Entleiher den Überlassungsvertrag jederzeit ohne Einhaltung einer Kündigungsfrist aus wichtigem Grund kündigen. Ein **wichtiger Grund** zur Kündigung liegt nach der Legaldefinition des § 314 Abs. 1 S. 2 BGB vor, wenn dem kündigenden Teil unter Berücksichtigung aller Umstände des Einzelfalls und unter Abwägung der beiderseitigen Interessen die Fortsetzung des Vertragsverhältnisses bis zur vereinbarten Beendigung oder bis zum Ablauf einer Kündigungsfrist nicht zugemutet werden kann. Die außerordentliche Kündigung setzt damit eine **erhebliche Pflichtverletzung** voraus, die die Fortsetzung des Vertrags bis zu seinem regulären Ende unzumutbar macht. Besteht der wichtige Grund in der Verletzung einer vertraglichen Pflicht, ist die Kündigung **regelmäßig nur nach** vorheriger erfolgloser **Abmahnung** zulässig (§ 314 Abs. 2 S. 1 BGB). Entbehrlich ist eine solche Abmahnung nur unter den Voraussetzungen des § 323 Abs. 2 BGB.

646 Ein wichtiger Grund zur Kündigung des Überlassungsverhältnisses durch den Entleiher kann zB bei Pflichtverletzungen des Verleihers angenommen werden, die zu einer subsidiären Haftung des Entleihers führen (§ 9 Nr. 1 iVm § 10 Abs. 1 AÜG, § 12 AÜG iVm § 28 e Abs. 2 SGB IV).[1276] Auch die **Verletzung von Hinweis- und Unterrichtungspflichten** kann den Entleiher zur fristlosen Kündigung berechtigen, sofern dadurch das Vertrauensverhältnis so schwerwiegend gestört ist, dass eine umgehende Beendigung des Vertrags unumgänglich erscheint.[1277]

647 Eine Kündigung aus wichtigem Grund kann ferner auf die Verletzung der Pflicht zur Überlassung eines Leiharbeitnehmers gestützt werden, wenn der verliehene **Arbeitnehmer** seiner **Arbeitsverpflichtung beim Entleiher nicht nachkommt** und der **Verleiher nicht** innerhalb eines angemessenen Zeitrahmens eine **geeignete Ersatzkraft** zur Verfügung stellt.[1278]

648 Eine **Pflichtverletzung des Leiharbeitnehmers** berechtigt den Entleiher demgegenüber **regelmäßig nicht** zur fristlosen Kündigung des Überlassungsvertrags.[1279] Denn die konkrete Arbeitsleistung ist keine Leistungspflicht des Verleihers, sondern eine eigene Pflicht des Leiharbeitnehmers. Nur wenn das Verhalten des Arbeitnehmers zugleich darauf hinweist, dass der Verleiher eine ungeeignete Arbeitskraft entsandt hat und es dem Entleiher unzumutbar ist, die Gestellung einer Ersatzkraft innerhalb angemessener Frist abzuwarten, kann eine außerordentliche Kündigung ausnahmsweise zulässig sein.[1280]

649 Auf der anderen Seite kann auch der Verleiher das Überlassungsverhältnis fristlos kündigen, wenn ein wichtiger Grund iSd § 314 Abs. 1 S. 2 BGB in Gestalt einer Pflichtverletzung des Entleihers vorliegt. In Betracht kommt hier insbesondere ein **Verstoß des Entleihers gegen seine Arbeitsschutzpflichten** (§ 11 Abs. 6 AÜG).

[1275] BGH 4. 4. 1973 – VIII ZR 47/72, BB 1973, 819; 16. 5. 1986 – VIII ZR 218/85, ZIP 1986, 919.
[1276] Schüren/*Schüren*, AÜG, Einl. Rn. 338; *Urban-Crell/Schulz* Rn. 257.
[1277] BGH 2. 3. 2004 – XI ZR 288/02, NJW-RR 2004, 873; 21. 11. 2005 – II ZR 367/03, NJW 2006, 844.
[1278] *Urban-Crell/Schulz* Rn. 258.
[1279] Schüren/*Schüren*, AÜG, Einl. Rn. 341.
[1280] *Urban-Crell/Schulz* Rn. 259; Schüren/*Schüren*, AÜG, Einl. Rn. 341.

V. Durchführung der Rechtsbeziehung zwischen Verleiher und Entleiher

Der Verleiher hat ein erhebliches Interesse daran, dass zum Schutz der Arbeitnehmer die Sicherheits- und Gesundheitsbestimmungen im Entleiherbetrieb eingehalten werden. Die Missachtung der Vorschriften des Arbeitsschutzes durch den Entleiher stellt daher eine Verletzung seiner Nebenpflichten aus dem Arbeitnehmerüberlassungsvertrag dar. Eine derartige Pflichtverletzung berechtigt den Verleiher zur außerordentlichen Kündigung des Überlassungsvertrags, wenn der Entleiher die Missstände in seinem Betrieb nicht in angemessener Zeit beseitigt.[1281]

Zu beachten ist schließlich, dass der Kündigungsberechtigte das Recht zur außerordentlichen Kündigung **nur innerhalb einer angemessenen Frist** nach Kenntniserlangung vom Kündigungsgrund ausüben kann (§ 314 Abs. 3 BGB). 650

c) Aufhebungsvertrag

Die Parteien können das Überlassungsverhältnis jederzeit durch Abschluss eines Aufhebungsvertrags **einvernehmlich beenden.** Im Unterschied zu einem Aufhebungsvertrag zwischen Verleiher und Leiharbeitnehmer unterliegt der Vertrag zur Beendigung des Überlassungsverhältnisses keiner besonderen inhaltlichen Kontrolle.[1282] Denn im Überlassungsverhältnis ist anders als bei einem Arbeitsverhältnis nicht von einem strukturellen Ungleichgewicht der Parteien auszugehen. 651

d) Tod des Leiharbeitnehmers?

Der Tod des Leiharbeitnehmers **beendet** zwar **das Leiharbeitsverhältnis,** hat aber auf den **Bestand des Überlassungsverhältnisses** zwischen Verleiher und Entleiher regelmäßig **keinen Einfluss.**[1283] Denn bei der Pflicht des Verleihers zur Überlassung von Arbeitskräften handelt es sich nach zutreffender Ansicht grundsätzlich um eine **Gattungsschuld.** Durch die Bereitstellung eines bestimmten Leiharbeitnehmers tritt regelmäßig keine dauerhafte Konkretisierung ein. Vielmehr bleibt die Pflicht zur Bereitstellung eines geeigneten Arbeitnehmers während der gesamten vereinbarten Überlassungsdauer bestehen.[1284] Der Tod des Leiharbeitnehmers hat daher die gleiche Wirkung wie ein Ausfall eines Arbeitnehmers aus sonstigen Gründen. Der Verleiher ist verpflichtet, dem Entleiher für die restliche Überlassungszeit eine **Ersatzkraft** für den verstorbenen Arbeitnehmer zur Verfügung zu stellen.[1285] Lediglich in dem seltenen Fall, dass die Überlassung eines konkreten Leiharbeitnehmers vereinbart wurde, führt der Tod dieses Arbeitnehmers zur Beendigung des Überlassungsverhältnisses.[1286] 652

e) Nachträglicher Wegfall der Verleiherlaubnis?

Fällt die Verleiherlaubnis nachträglich durch Nichtverlängerung, Rücknahme oder Widerruf weg, wird dadurch das **Arbeitnehmerüberlassungsverhältnis nicht automatisch beendet.** Denn die Erlaubnis gilt für eine maximal zwölfmonatige Abwicklungsfrist hinsichtlich der laufenden Verträge als fortbestehend (§§ 2 Abs. 4 S. 4, 4 Abs. 1 S. 2, 5 Abs. 2 S. 2 AÜG). 653

[1281] *Urban-Crell/Schulz* Rn. 260.
[1282] Schüren/*Schüren*, AÜG, Einl. Rn. 343; *Urban-Crell/Schulz* Rn. 254.
[1283] ErfK/*Wank* AÜG § 12 Rn. 11; Schüren/*Schüren*, AÜG, Einl. Rn. 344; *Boemke/Lembke*, AÜG, § 12 Rn. 39; Thüsing/*Thüsing*, AÜG, § 12 Rn. 41; aA *Becker/Wulfgramm*, AÜG, § 12 Rn. 62.
[1284] Schüren/*Schüren*, AÜG, Einl. Rn. 325; Thüsing/*Thüsing*, AÜG, § 12 Rn. 41; *Urban-Crell/Schulz* Rn. 216.
[1285] Schüren/*Schüren*, AÜG, Einl. Rn. 344; *Urban-Crell/Schulz* Rn. 261.
[1286] Schaub/*Koch*, ArbR-HdB, § 120 Rn. 85; Thüsing/*Thüsing*, AÜG, § 12 Rn. 41.

654 Ein **Wegfall der Erlaubnis,** der nicht auf einer Nichtverlängerung, einer Rücknahme oder einem Widerruf beruht, führt dagegen zur **sofortigen Beendigung** des Überlassungsvertrags.[1287] Ein solcher Fall kann eintreten, wenn der Verleiher **keinen Verlängerungsantrag gestellt hat** und die Erlaubnis durch **Zeitablauf endet.**[1288] Etwas anderes soll jedoch gelten, wenn die Erlaubnis durch den Tod des Verleihers entfällt. In diesem Fall wird den Erben von der herrschenden Meinung ein Fortführungsrecht zur Abwicklung des Verleihbetriebs zugebilligt.[1289]

4. Risiken des Entleihers bei illegaler Arbeitnehmerüberlassung

655 Die legale Arbeitnehmerüberlassung im Rahmen der wirtschaftlichen Tätigkeit des Verleihers darf nur mit einer Verleiherlaubnis betrieben werden (§ 1 Abs. 1 S. 1 AÜG). Werden Arbeitnehmer ohne die erforderliche Erlaubnis verliehen, liegt **illegale Arbeitnehmerüberlassung** vor. Daneben werden unter dem Begriff der illegalen Arbeitnehmerüberlassung auch Sachverhalte verstanden, in denen der Verleiher die üblichen Arbeitgeberpflichten oder das Arbeitgeberrisiko nicht übernimmt (§ 3 Abs. 1 Nr. 1–3 AÜG).[1290] Die zuletzt genannten Konstellationen sind jedoch für den Entleiher weitaus weniger folgenreich als die Arbeitnehmerüberlassung ohne Erlaubnis. Für den Fall der illegalen Arbeitnehmerüberlassung bei Fehlen der erforderlichen gewerberechtlichen Erlaubnis sieht das AÜG tief greifende Konsequenzen vor, die – auch – für den Entleiher von erheblicher Bedeutung sind.

a) Unwirksamkeit der Verträge

656 Verfügt der **Verleiher nicht** über die nach § 1 AÜG **erforderliche Erlaubnis** zur gewerbsmäßigen Arbeitnehmerüberlassung, sind sowohl der **Überlassungsvertrag** zwischen Verleiher und Entleiher **als auch** der Arbeitsvertrag zwischen Verleiher und **Leiharbeitnehmer unwirksam** (§ 9 Nr. 1 AÜG). Die Unwirksamkeit der Verträge tritt dabei unabhängig davon ein, ob die Erlaubnis von Anfang an fehlte oder zu einem späteren Zeitpunkt, etwa durch Nichtverlängerung, Rücknahme oder Widerruf, wegfällt.[1291] Bei nachträglichem Wegfall der Erlaubnis wegen Ablehnung einer Verlängerung, Rücknahme oder Widerruf tritt die Unwirksamkeit allerdings erst nach Ablauf der gesetzlich eingeräumten Abwicklungsfrist von zwölf Monaten ein (§ 2 Abs. 4 S. 4 AÜG). **Unerheblich** ist ferner, ob den Beteiligten das **Fehlen der Erlaubnis bekannt** oder **infolge grober Fahrlässigkeit unbekannt** war oder ob sie irrtümlich davon ausgingen, eine Verleiherlaubnis nicht zu benötigen.[1292]

[1287] Thüsing/*Thüsing,* AÜG, § 12 Rn. 40; Schüren/*Schüren,* AÜG, Einl. Rn. 348; ErfK/*Wank* AÜG § 12 Rn. 11.
[1288] *Ulber,* AÜG, § 2 Rn. 40.
[1289] Urban-Crell/*Schulz* Rn. 263; Thüsing/*Thüsing,* AÜG, § 12 Rn. 40; Schüren/*Schüren,* AÜG, Einl. Rn. 348; *Ulber,* AÜG, § 2 Rn. 53; ErfK/*Wank* AÜG § 12 Rn. 11; aA Sandmann/Marschall/ Schneider, AÜG, Art. 1 § 2 Rn. 23.
[1290] Urban-Crell/*Germakowski,* AÜG, § 9 Rn. 2.
[1291] ErfK/*Wank* AÜG § 9 Rn. 3.
[1292] LAG Frankfurt 10. 6. 1983 – 6 Sa 62/83, AuR 1984, 154; *Sandmann/Marschall/Schneider,* AÜG, Art. 1 § 9 Rn. 19; Urban-Crell/*Schulz* Rn. 776.

b) Fiktion eines Arbeitsverhältnisses zwischen Leiharbeitnehmer und Entleiher

An die Unwirksamkeit des Leiharbeitsverhältnisses nach § 9 Nr. 1 AÜG knüpft das Gesetz zum Schutz der Leiharbeitnehmer eine für den Entleiher gravierende Rechtsfolge: Gemäß **§ 10 Abs. 1 AÜG** wird in diesem Fall ein **Arbeitsverhältnis zwischen dem Entleiher und dem Leiharbeitnehmer fingiert**. Mit dieser Fiktion soll erreicht werden, dass die Entleiher auch im eigenen Interesse genau überprüfen, ob mögliche Überlassungen auf der Grundlage einer ordnungsgemäß erteilten Verleihererlaubnis erfolgen und die Kontrolle somit nicht lediglich den staatlichen Stellen allein obliegt.[1293] Voraussetzung für das Zustandekommen des Arbeitsverhältnisses nach dieser Vorschrift ist lediglich das Fehlen der Erlaubnis zur Arbeitnehmerüberlassung nach § 1 AÜG. Ob Leiharbeitnehmer und Entleiher das Fehlen der Erlaubnis kannten oder kennen mussten, ist auch hier ohne Bedeutung.[1294] Das **Arbeitsverhältnis** wird unabhängig vom Willen der Beteiligten **kraft Gesetzes** begründet.[1295] § 10 Abs. 1 S. 1 AÜG ist zwingend; die Fiktion kann nicht durch vertragliche Vereinbarung abbedungen werden.[1296] Nach herrschender Ansicht kann der Leiharbeitnehmer das Eintreten der Fiktionswirkung auch nicht durch einen Widerspruch verhindern.[1297] Überwiegend wird dem Arbeitnehmer ein Recht zur außerordentlichen Kündigung aus wichtigem Grund (§ 626 BGB) zugestanden.[1298] Allerdings findet die Fiktion des § 10 Abs. 1 S. 1 AÜG grundsätzlich keine Anwendung, wenn das Arbeitsverhältnis auch noch aus anderen Gründen (wie etwa Geschäftsunfähigkeit, Anfechtung, Vertretungsmängel) unwirksam ist.[1299] Unschädlich ist dagegen, wenn neben der fehlenden Erlaubnis zusätzlich noch ein Verstoß gegen das sektorale Verbot für Überlassungen in die Baubranche in § 1b AÜG vorliegt.[1300]

657

Das fingierte Arbeitsverhältnis ist im Gesetz nur unvollständig geregelt. Einige Vorgaben zu Beginn, Dauer und Inhalt des fingierten Arbeitsverhältnisses finden sich in § 10 Abs. 1 AÜG.

658

aa) Beginn des fingierten Arbeitsverhältnisses

Für den Beginn des fingierten Arbeitsverhältnisses unterscheidet § 10 Abs. 1 S. 1 AÜG nach dem **Zeitpunkt des Eintritts der Unwirksamkeit**.

659

Fehlt die erforderliche **Verleiherlaubnis** bereits **bei Abschluss des Leiharbeitsvertrags**, ist dieser Vertrag zwischen Verleiher und Leiharbeitnehmer gemäß § 9 Nr. 1 AÜG unwirksam. Eine **spätere Erteilung** der Erlaubnis kann den nichtigen Arbeits-

660

[1293] *Schindele* ArbRAktuell 2010, 277; *Ulrici* jurisPR-ArbR 17/2010, Anm. 2.
[1294] BGH 8. 11. 1979 – VII ZR 337/78, NJW 1980, 452; Urban-Crell/*Schulz* Rn. 781; Schüren/*Schüren*, AÜG, § 10 Rn. 36; LAG Hessen 20. 1. 2010 – 18 Sa 1339/09, ArbRAktuell 2010, 277.
[1295] BGH 8. 11. 1979 – VII ZR 337/78, NJW 1980, 452; ErfK/*Wank* AÜG § 10 Rn. 5.
[1296] HWK/*Gotthardt* AÜG § 10 Rn. 3a; Urban-Crell/*Germakowski*, AÜG, § 10 Rn. 7; Thüsing/*Mengel*, AÜG, § 10 Rn. 6; Schüren/*Schüren*, AÜG, § 10 Rn. 40.
[1297] ErfK/*Wank* AÜG § 10 Rn. 8; Urban-Crell/*Schulz* Rn. 787 ff.; Schüren/*Schüren*, AÜG, § 10 Rn. 41; HWK/*Gotthardt* AÜG § 10 Rn. 3a; Thüsing/*Mengel*, AÜG, § 10 Rn. 6; aA LAG Frankfurt a. M. 6. 3. 2001 – 2/9 Sa 1246/00, NZA-RR 2002, 73; ArbG Köln 7. 3. 1996 – 17 Ca 6257/95, DB 1996, 1342.
[1298] Urban-Crell/*Schulz* Rn. 790; Becker/*Wulfgramm*, AÜG, § 10 Rn. 38; Sandmann/Marschall/*Schneider*, AÜG, Art. 1 § 10 Rn. 19; ErfK/*Wank* AÜG § 10 Rn. 8; HWK/*Gotthardt* AÜG § 10 Rn. 3a; aA Boemke/*Lembke*, AÜG, § 10 Rn. 26.
[1299] *Ulrici* jurisPR-ArbR 17/2010, Anm. 2.
[1300] LAG Hessen 20. 1. 2010 – 18 Sa 1339/09, ArbRAktuell 2010, 277.

vertrag **nicht heilen;** es kommt allenfalls ein Neuabschluss in Betracht.[1301] Das **fingierte Arbeitsverhältnis** zwischen Entleiher und Leiharbeitnehmer beginnt nach § 10 Abs. 1 S. 1 Hs. 1 AÜG zu dem zwischen dem Entleiher und dem Verleiher für den **Beginn der Tätigkeit vorgesehenen Zeitpunkt.** Dabei ist auf den im Überlassungsvertrag vereinbarten Zeitpunkt der Arbeitsaufnahme abzustellen.[1302] Ist der Zeitpunkt der Arbeitsaufnahme zwischen Verleiher und Entleiher nicht bestimmt oder im Nachhinein nicht mehr feststellbar, ist ausnahmsweise auf den Zeitpunkt der tatsächlichen Arbeitsaufnahme abzustellen.[1303] Nach anderer Ansicht soll die Fiktion insbesondere aus praktischen Erwägungen stets erst im Zeitpunkt der tatsächlichen Arbeitsaufnahme eintreten.[1304]

661 **Entfällt die Erlaubnis** zur Arbeitnehmerüberlassung **nach Aufnahme der Tätigkeit** beim Entleiher, beginnt das fingierte Arbeitsverhältnis nach dem Gesetzeswortlaut des § 10 Abs. 1 S. 1 Hs. 2 AÜG **mit dem Eintritt der Unwirksamkeitsfolge** des § 9 Nr. 1 AÜG. Dabei ist zu beachten, dass in den Fällen der Nichtverlängerung, der Rücknahme und des Widerrufs der Erlaubnis die Unwirksamkeit der Verträge nicht sofort, sondern erst nach Ablauf der höchstens zwölfmonatigen Abwicklungsfrist eintritt (§§ 2 Abs. 4 S. 4, 4 Abs. 1 S. 2, 5 Abs. 2 S. 2 AÜG).

bb) Inhalt des fingierten Arbeitsverhältnisses

662 Durch die gesetzliche Fiktion des Arbeitsverhältnisses rückt der **Entleiher in die volle Arbeitgeberstellung** ein. Das fingierte Arbeitsverhältnis ist ein vollwertiges Arbeitsverhältnis und steht dem vertraglich begründeten Arbeitsverhältnis gleich.[1305] Die inhaltliche Ausgestaltung des fingierten Arbeitsverhältnisses richtet sich im Wesentlichen nach § 10 Abs. 1 S. 3–5 AÜG.

(1) Arbeitszeit

663 Hinsichtlich der Arbeitszeit gilt für das fingierte Arbeitsverhältnis gemäß § 10 Abs. 1 S. 3 AÜG die zwischen dem **Verleiher und dem Entleiher vorgesehene Arbeitszeit** als vereinbart. Dadurch soll der Leiharbeitnehmer vor unvorhersehbaren Änderungen geschützt werden.[1306] War zwischen Entleiher und Verleiher zB eine Überlassung des Leiharbeitnehmers als Teilzeitkraft vereinbart, handelt es sich bei dem fingierten Arbeitsverhältnis dementsprechend um ein Teilzeitarbeitsverhältnis. Nach herrschender Auffassung erstreckt sich die Regelung des § 10 Abs. 1 S. 3 AÜG nicht nur auf die Dauer, sondern **auch auf die Lage der Arbeitszeit.**[1307] Haben Verleiher und Entleiher im Überlassungsvertrag keine Arbeitszeitregelung getroffen, greift § 10 Abs. 1 S. 4 AÜG ein, wonach die im Entleiherbetrieb allgemein geltenden oder subsidiär die in vergleichbaren Betrieben geltenden Regelungen maßgeblich

---

[1301] *Thüsing/Mengel,* AÜG, § 10 Rn. 10.
[1302] *Urban-Crell/Schulz* Rn. 791; *Becker/Wulfgramm,* AÜG, § 10 Rn. 12; *Thüsing/Mengel,* AÜG, § 10 Rn. 9f.; ErfK/*Wank* AÜG § 10 Rn. 3; *Sandmann/Marschall/Schneider,* AÜG, Art. 1 § 10 Rn. 4; Schaub/*Koch,* ArbR-HdB, § 120 Rn. 71.
[1303] BAG 10. 2. 1977 – 2 ABR 80/76, AP BetrVG 1972 § 103 Nr. 9; ErfK/*Wank* AÜG § 10 Rn. 3; *Urban-Crell/Schulz* Rn. 791.
[1304] *Boemke/Lembke,* AÜG, § 10 Rn. 16 ff.; *Ulber,* AÜG, § 10 Rn. 10, 21; Urban-Crell/*Germakowski,* AÜG, § 10 Rn. 11; Schüren/*Schüren,* AÜG, § 10 Rn. 47.
[1305] BAG 30. 1. 1991 – 7 AZR 497/89, AP AÜG § 10 Nr. 8.
[1306] BT-Drs. VI/2303, 13.
[1307] ErfK/*Wank* AÜG § 10 Rn. 10; *Thüsing/Mengel,* AÜG, § 10 Rn. 18; Urban-Crell/*Germakowski,* AÜG, § 10 Rn.17; *Becker/Wulfgramm,* AÜG, § 10 Rn.19; *Ulber,* AÜG, § 10 Rn. 52 ff.; *Boemke/Lembke,* AÜG, § 10 Rn. 48; differenzierend nach befristetem und unbefristetem Arbeitsverhältnis: Schüren/*Schüren,* AÜG, § 10 Rn. 83 ff.

V. Durchführung der Rechtsbeziehung zwischen Verleiher und Entleiher

sind.[1308] Die arbeitszeitrechtlichen Vorgaben des Überlassungsvertrags sollen der Entleiher jedoch nicht schlechter stellen als der Verleiher nach den mit dem Leiharbeitnehmer vereinbarten Bedingungen stehen würde. Innerhalb der tariflichen oder durch eine Betriebsvereinbarung gezogenen Grenzen kann der Entleiher daher die Arbeitszeit grundsätzlich kraft seines Direktionsrechts nach billigem Ermessen gemäß § 106 GewO festlegen.[1309] Ferner können Entleiher und Leiharbeitnehmer die gesetzlich fingierte Arbeitszeitregelung unter Berücksichtigung der durch kollektivrechtliche Vereinbarungen im Entleiherbetrieb gesetzten Grenzen auch durch eine andere einvernehmliche Regelung ersetzen.[1310]

(2) Arbeitsentgelt

Für das Arbeitsentgelt kommt es nach § 10 Abs. 1 S. 4 AÜG grundsätzlich auf die **664** im Entleiherbetrieb geltenden Regelungen und Vorschriften an. Bei **beidseitiger Tarifbindung** von Entleiher und Leiharbeitnehmer gelten die einschlägigen **tariflichen Entgeltregelungen** unmittelbar und zwingend (§ 4 Abs. 1 S. 1 TVG); Gleiches gilt bei Allgemeinverbindlichkeit.[1311] Werden an Stammarbeitnehmer des Entleiherbetriebs **übertarifliche Zulagen** gezahlt, hat der Leiharbeitnehmer nach dem arbeitsrechtlichen Gleichbehandlungsgrundsatz einen Anspruch auf die gleiche Vergütung.[1312] Sind die Entgeltbedingungen im Entleiherbetrieb in einer Betriebsvereinbarung geregelt, gilt diese auch für das fingierte Arbeitsverhältnis und gewährt dem Leiharbeitnehmer **dieselben Ansprüche wie den Stammarbeitskräften** des Entleihers.[1313] Ohne kollektivrechtliche Regelung bemisst sich das Gehalt des Leiharbeitnehmers gemäß § 10 Abs. 1 S. 4 AÜG nach dem, was ein Stammarbeitnehmer mit vergleichbarer Tätigkeit in dem Betrieb des Entleihers erhält. Bestehen im Entleiherbetrieb keine Regelungen zur Vergütung eines vergleichbaren Arbeitnehmers, richtet sich die dem Leiharbeitnehmer zu zahlende Vergütung gemäß der gesetzlichen Vorschrift nach dem Arbeitsentgelt von Arbeitnehmern in vergleichbaren Betrieben.[1314]

Unabhängig von den im Entleiherbetrieb geltenden Regelungen garantiert § 10 **665** Abs. 1 S. 5 AÜG dem Leiharbeitnehmer **mindestens das Entgelt, das er mit dem Verleiher vereinbart** hat. Diese Vorschrift wird jedoch nur in dem (seltenen) Fall relevant, dass der Leiharbeitsvertrag ein höheres Arbeitsentgelt vorsah als die im Entleiherbetrieb geltende Vergütungsregelung.

(3) Sonstige Arbeitsbedingungen

Gemäß § 10 Abs. 1 S. 4 AÜG sind hinsichtlich der sonstigen Arbeitsbedingungen **666** auf das fingierte Arbeitsverhältnis die im Entleiherbetrieb geltenden Vorschriften und sonstigen Regelungen anzuwenden. Soweit derartige Vorschriften und Regelungen nicht bestehen, ist auf die Regelungen vergleichbarer Betriebe zurückzugreifen.

[1308] Thüsing/*Mengel*, AÜG, § 10 Rn. 19; Schaub/*Koch*, ArbR-HdB, § 120 Rn. 71; Urban-Crell/*Germakowski*, AÜG, § 10 Rn. 20.
[1309] ErfK/*Wank* AÜG § 10 Rn. 10; Thüsing/*Mengel*, AÜG, § 10 Rn. 20; *Boemke/Lembke*, AÜG, § 10 Rn. 48.
[1310] *Urban-Crell/Schulz* Rn. 807; *Becker/Wulfgramm*, AÜG, § 10 Rn. 23; Thüsing/*Mengel*, AÜG, § 10 Rn. 21; ErfK/*Wank* AÜG § 10 Rn. 11.
[1311] *Becker/Wulfgramm*, AÜG, § 10 Rn. 26; ErfK/*Wank* AÜG § 10 Rn. 13; Thüsing/*Mengel*, AÜG, § 10 Rn. 24.
[1312] ErfK/*Wank* AÜG § 10 Rn. 13.
[1313] Thüsing/*Mengel*, AÜG, § 10 Rn. 24.
[1314] BAG 21. 7. 1993 – 5 AZR 554/92, NZA 1994, 217.

667 Zu den Vorschriften und sonstigen Regelungen iSd § 10 Abs. 1 S. 4 Hs. 1 AÜG zählen die jeweils einschlägigen **Gesetze, Verordnungen, Tarifverträge, Betriebsvereinbarungen und die betriebliche Übung,** die auch für die Stammarbeitnehmer im Entleiherbetrieb gelten.[1315] Dabei gelten Betriebsvereinbarungen im Entleiherbetrieb auch für den Leiharbeitnehmer unmittelbar und zwingend nach § 77 Abs. 4 S. 1 BetrVG. Vorschriften eines Entleihertarifvertrags werden dagegen nur selten unmittelbar normativ iSd TVG wirken, da es meist an der nach § 3 Abs. 1 TVG erforderlichen beidseitigen Tarifbindung oder an einer Allgemeinverbindlicherklärung fehlen wird. Ist nur der Entleiher tarifgebunden, gelten die tariflichen Rechtsnormen über betriebliche und betriebsverfassungsrechtliche Fragen gemäß § 3 Abs. 2 TVG auch für den Leiharbeitnehmer.

668 Subsidiär gelten hinsichtlich der sonstigen Arbeitsbedingungen gemäß § 10 Abs. 1 S. 4 Hs. 2 AÜG die **Vorschriften und Regelungen vergleichbarer Betriebe.** Vergleichbar sind Betriebe, die im Hinblick auf die Größe, die örtlichen Verhältnisse, die Geschäftstätigkeiten und ggf. die Tarifbedingungen dem Entleiherbetrieb entsprechen.[1316]

669 Die Parteien des kraft Gesetzes begründeten Arbeitsverhältnisses können – unter Berücksichtigung zwingender gesetzlicher oder tarifvertraglicher Bestimmungen – den Inhalt des fingierten Arbeitsverhältnisses einvernehmlich ändern. Eine einseitige Änderung der Arbeitsbedingungen durch den Entleiher ist nur unter den strengen Voraussetzungen der Änderungskündigung (§ 2 KSchG) möglich.

670 Da sich das fingierte Arbeitsverhältnis nicht von einem normalen Arbeitsverhältnis unterscheidet, bestehen für Entleiher und Leiharbeitnehmer die üblichen Rechte und Pflichten, die sich aus einem Arbeitsverhältnis ergeben.[1317]

cc) Dauer des fingierten Arbeitsverhältnisses

671 Zur Dauer des fingierten Arbeitsverhältnisses enthält § 10 Abs. 1 S. 2 AÜG eine weitere Fiktion. Danach gilt das Arbeitsverhältnis als **befristet,** wenn auch die Tätigkeit des Leiharbeitnehmers **beim Entleiher nur für einen befristeten Zeitraum vorgesehen** war und zudem ein sachlicher Grund für die Befristung vorliegt. Im Übrigen bestimmt sich die Dauer des fingierten Arbeitsverhältnisses gemäß § 10 Abs. 1 S. 4 AÜG nach den für den Entleiherbetrieb geltenden Vorschriften und sonstigen Regelungen.

(1) Befristung

672 War die Tätigkeit des Leiharbeitnehmers im Betrieb des Entleihers nur befristet vorgesehen und lag ein die Befristung sachlich rechtfertigender Grund vor, so gilt das fingierte Arbeitsverhältnis zum Entleiher gemäß § 10 Abs. 1 S. 2 AÜG als befristet.

673 Die **Befristungsfiktion** setzt damit zunächst voraus, dass der Einsatz des Leiharbeitnehmers im Entleiherbetrieb für einen befristeten Zeitraum geplant war. Dabei ist auf die **Vereinbarung zwischen Verleiher und Entleiher** im Arbeitnehmerüberlassungsverhältnis und nicht auf die Vereinbarung zwischen Verleiher und Leiharbeitnehmer im Leiharbeitsverhältnis abzustellen.[1318] Maßgeblich ist die Vereinbarung zum

---

[1315] BAG 18. 2. 2003 – 3 AZR 160/02, AP AÜG § 13 Nr. 5 m. Anm. *Boemke;* 1. 6. 1994 – 7 AZR 7/93, AR-Blattei ES 1840 Nr. 26; ErfK/*Wank* AÜG § 10 Rn. 15; HWK/*Gotthardt* AÜG § 10 Rn. 13.
[1316] *Thüsing/Mengel,* AÜG, § 10 Rn. 28; *Boemke/Lembke,* AÜG, § 10 Rn. 54; *Sandmann/Marschall/Schneider,* AÜG, Art. 1 § 10 Rn. 20; Urban-Crell/*Germakowski,* AÜG, § 10 Rn. 32.
[1317] ErfK/*Wank* AÜG § 10 Rn. 15.
[1318] *Becker/Wulfgramm,* AÜG, § 10 Rn. 35; *Ulber,* AÜG, § 10 Rn. 26 ff.; *Urban-Crell/Schulz* Rn. 811.

V. Durchführung der Rechtsbeziehung zwischen Verleiher und Entleiher

konkreten Einsatz des Leiharbeitnehmers zwischen Verleiher und Entleiher.[1319] Hier zeigt sich, dass es **für den Entleiher empfehlenswert** ist, mit dem Verleiher **ausschließlich Abreden über befristete Einsätze** von Leiharbeitnehmern zu treffen. Spätere Vereinbarungen über eine Verlängerung des Einsatzes sind unproblematisch möglich.

Darüber hinaus setzt die Fiktion des § 10 Abs. 1 S. 2 AÜG voraus, dass ein die Befristung des Arbeitsverhältnisses sachlich **rechtfertigender Grund** vorliegt. Dabei kommt es nicht auf eine wirksame Befristung des Leiharbeitsvertrags zwischen Verleiher und Leiharbeitnehmer an; entscheidend ist allein, ob für die Befristung des fingierten Arbeitsverhältnisses zwischen Entleiher und Leiharbeitnehmer ein Sachgrund besteht.[1320] Insoweit ist auf die Situation des Entleihers abzustellen.[1321] Die Prüfung, ob ein sachlicher Grund für die Befristung gegeben ist, richtet sich nach **§ 14 TzBfG**. Allerdings verlangt § 10 Abs. 1 S. 2 AÜG lediglich das Vorliegen eines Sachgrundes, nicht aber eine tatsächlich bestehende Befristungsabrede. Die Wahrung der Schriftform nach § 14 Abs. 4 TzBfG ist daher nicht erforderlich.[1322] Zu beachten ist schließlich, dass die Befristungsfiktion ausdrücklich einen „sachlich rechtfertigenden Grund" voraussetzt; eine sachgrundlose Befristung nach § 14 Abs. 2 TzBfG scheidet daher aus.[1323]

674

Liegen die Voraussetzungen des § 10 Abs. 1 S. 2 AÜG vor, **endet das fingierte Arbeitsverhältnis** zwischen Entleiher und Leiharbeitnehmer **mit dem Ablauf der Befristung**. Vorher ist das fingierte Arbeitsverhältnis nach überwiegender Auffassung nicht ordentlich kündbar (§ 15 Abs. 3 TzBfG),[1324] kann aber durch einvernehmlichen Aufhebungsvertrag oder außerordentliche Kündigung vorzeitig beendet werden.

675

(2) Andere Beendigungstatbestände

Sind die Voraussetzungen der Befristungsfiktion nach § 10 Abs. 1 S. 2 AÜG nicht erfüllt, ist das fingierte Arbeitsverhältnis zwischen Entleiher und Leiharbeitnehmer **unbefristet**. Dieses unbefristete Arbeitsverhältnis kann nach den allgemeinen Grundsätzen durch **Aufhebungsvertrag, ordentliche oder außerordentliche Kündigung beendet** werden.

676

Die ordentliche Kündigung durch den Arbeitgeber ist an den Grundsätzen des allgemeinen und besonderen Kündigungsschutzes zu messen. Damit der allgemeine Kündigungsschutz des KSchG eingreift, muss die Wartezeit von sechs Monaten erfüllt sein (§ 1 Abs. 1 KSchG). Dabei sind Zeiten vor Beginn des gesetzlich fingierten Arbeitsverhältnisses nicht zu berücksichtigen; etwaige Beschäftigungszeiten des Leiharbeitnehmers bei dem Entleiher vor Eintritt der Fiktion werden nicht angerechnet.[1325] Für die nach § 23 Abs. 1 KSchG erforderliche Mindestgröße des Betriebs ist der aufgrund des fingierten Arbeitsverhältnisses beschäftigte Arbeitnehmer mitzuzählen.[1326]

677

[1319] *Thüsing/Mengel*, AÜG, § 10 Rn. 36; *Urban-Crell/Germakowski*, AÜG, § 10 Rn. 36.
[1320] *Boemke/Lembke*, AÜG, § 10 Rn. 39; *Schüren/Schüren*, AÜG, § 10 Rn. 59.
[1321] *Thüsing/Mengel*, AÜG, § 10 Rn. 39; *Schüren/Schüren*, AÜG, § 10 Rn. 59.
[1322] HWK/*Gotthardt*, AÜG § 10 Rn. 9; *Ulber*, AÜG, § 10 Rn. 26; *Urban-Crell/Schulz* Rn. 812; *Thüsing/Mengel*, AÜG, § 10 Rn. 40.
[1323] *Schüren/Schüren*, AÜG, § 10 Rn. 66; *Urban-Crell/Germakowski*, AÜG, § 10 Rn. 38; *Thüsing/Mengel*, AÜG, § 10 Rn. 41; *Ulber*, AÜG, § 10 Rn. 30.
[1324] HWK/*Gotthardt* AÜG § 10 Rn. 10; *Thüsing/Mengel*, AÜG, § 10 Rn. 42; ErfK/*Wank* AÜG § 10 Rn. 16; *Schüren/Schüren*, AÜG, § 10 Rn. 106; *Ulber*, AÜG, § 10 Rn. 34.
[1325] ArbG Bochum 14. 1. 1982 – 2 Ca 495/81, DB 1982, 1623; BAG 8. 12. 1988 – 2 AZR 308/88, AP BeschFG 1985 § 1 Nr. 6; ErfK/*Wank* AÜG § 10 Rn. 18; *Schüren/Schüren*, AÜG, § 10 Rn. 107; *Thüsing/Mengel*, AÜG, § 10 Rn. 44; aA *Ulber*, AÜG, § 10 Rn. 39.
[1326] LAG Frankfurt a. M. 18. 9. 1987 – 13 Sa 153/87, FHArbSozR 34 Nr. 1877; *Schüren/Schüren*, AÜG, § 10 Rn. 108.

Hinsichtlich der **Kündigungsfristen** ergeben sich **keine Besonderheiten.** So sind bei der ordentlichen Kündigung des fingierten Arbeitsverhältnisses diejenigen Kündigungsfristen einzuhalten, die bei vertraglicher Begründung des Arbeitsverhältnisses gelten würden.

678 Als Dauerschuldverhältnis kann das fingierte Arbeitsverhältnis jederzeit von beiden Seiten ohne Einhaltung einer Kündigungsfrist **aus wichtigem Grund** gekündigt werden (§ 626 BGB). Eine solche außerordentliche Kündigung ist möglich, wenn es Arbeitgeber oder Arbeitnehmer nicht zuzumuten ist, den Ablauf der ordentlichen Kündigungsfrist abzuwarten. Die kraft Gesetzes eingetretene Fiktion des Arbeitsverhältnisses und damit verbundene Pflichten begründen für den Entleiher jedoch keinen wichtigen Grund zur fristlosen Kündigung.[1327] Demgegenüber soll dem **Leiharbeitnehmer** zum Schutz seines Rechts auf freie Arbeitsplatzwahl ein **Recht zur außerordentlichen Eigenkündigung** des gesetzlich **unabhängig von seinem Willen begründeten Arbeitsverhältnisses** zustehen.[1328]

679 Schließlich kann das kraft gesetzlicher Fiktion begründete Arbeitsverhältnis jederzeit durch Abschluss eines **Aufhebungsvertrags** beendet werden.[1329] Dies gilt unabhängig davon, ob das fingierte Arbeitsverhältnis befristet oder unbefristet ist.

680 Eine **Anfechtung** des fingierten Arbeitsverhältnisses ist **nicht möglich,** da es kraft Gesetzes und nicht durch die Abgabe von Willenserklärungen begründet worden ist.[1330]

c) Sozialversicherungspflicht

681 Als Folge der Fiktion eines Arbeitsverhältnisses zwischen Entleiher und Leiharbeitnehmer ergeben sich für den **Entleiher die üblichen Pflichten eines Arbeitgebers.** Als solcher muss er nicht nur die Vergütung an den Leiharbeitnehmer zahlen, sondern auch die sozialversicherungsrechtlichen Pflichten eines Arbeitgebers übernehmen. Dazu gehören die Anmeldung des Arbeitnehmers zur Sozialversicherung ebenso wie die ordnungsgemäße Abführung des Gesamtsozialversicherungsbeitrages gemäß § 28e Abs. 1 SGB IV.[1331] Zahlt der illegale Verleiher trotz Unwirksamkeit des Leiharbeitsvertrags nach § 9 Nr. 1 AÜG das vereinbarte Arbeitsentgelt ganz oder teilweise an den Leiharbeitnehmer, hat er auch den hierauf entfallenden Gesamtsozialversicherungsbeitrag abzuführen. Verleiher und Entleiher gelten insoweit beide als Arbeitgeber und haften als Gesamtschuldner für die Sozialabgaben (§ 28e Abs. 2 S. 3, 4 SGB IV).[1332]

[1327] *Urban-Crell/Germakowski,* AÜG, § 10 Rn. 46; *Thüsing/Mengel,* AÜG, § 10 Rn. 45; *Sandmann/Marschall/Schneider,* AÜG, Art. 1 § 10 Rn. 19.

[1328] *Becker/Wulfgramm,* AÜG, § 10 Rn. 38; *Sandmann/Marschall/Schneider,* AÜG, Art. 1 § 10 Rn. 19; *Ulber,* AÜG, § 10 Rn. 34; *Thüsing/Mengel,* AÜG, § 10 Rn. 45; *Urban-Crell/Schulz* Rn. 822; aA ErfK/*Wank* AÜG § 10 Rn. 19; *Boemke/Lembke,* AÜG, § 10 Rn. 24; Schüren/*Schüren,* AÜG, § 10 Rn. 112.

[1329] ErfK/*Wank* AÜG § 10 Rn. 17; Schüren/*Schüren,* AÜG, § 10 Rn. 116; *Thüsing/Mengel,* AÜG, § 10 Rn. 46.

[1330] *Becker/Wulfgramm,* AÜG, § 10 Rn. 37; *Boemke/Lembke,* AÜG, § 10 Rn. 23; Urban-Crell/ *Germakowski,* AÜG, § 10 Rn. 48.

[1331] LSG Niedersachsen 15. 5. 1985 – L 4 Kr 50/83, EzAÜG BGB § 631 Werkvertrag Nr. 9; Thüsing/*Thüsing,* AÜG, Einf. Rn. 79; Schaub/*Koch,* ArbR-HdB, § 120 Rn. 78; Urban-Crell/ *Germakowski,* AÜG, § 10 Rn. 34; ErfK/*Wank* AÜG Einl. Rn. 40.

[1332] Thüsing/*Thüsing,* AÜG, Einf. Rn. 80; Urban-Crell/*Germakowski,* AÜG, § 10 Rn. 34; Schaub/ *Koch,* ArbR-HdB, § 120 Rn. 78.

d) Ordnungswidrigkeit

Schließlich bestimmt § 16 Abs. 1 Nr. 1a AÜG, dass ein Entleiher, der vorsätzlich oder fahrlässig einen ihm von einem Verleiher ohne Erlaubnis überlassenen Leiharbeitnehmer tätig werden lässt, eine **Ordnungswidrigkeit** begeht. Diese Ordnungswidrigkeit kann gemäß § 16 Abs. 2 AÜG mit einer **Geldbuße bis zu 30 000 EUR** geahndet werden. 682

5. Rechtsweg

Für Rechtsstreitigkeiten zwischen Verleihern und Entleihern, die ihre Grundlage im Arbeitnehmerüberlassungsverhältnis haben, sind die **ordentlichen Gerichte** zuständig. Streitigkeiten zwischen Arbeitnehmer und illegalem Entleiher über Bestand und Inhalt des fingierten Arbeitsverhältnisses fallen in die Zuständigkeit der Arbeitsgerichte (§§ 2, 2a ArbGG). 683

VI. Durchführung der Rechtsbeziehung zwischen Entleiher und Leiharbeitnehmer

Bei der gewerbsmäßigen Arbeitnehmerüberlassung wird der Leiharbeitnehmer von seinem Vertragsarbeitgeber zur Arbeitsleistung an den Entleiher überlassen. Zwischen dem **Entleiher** und dem **Leiharbeitnehmer** besteht bei legaler Arbeitnehmerüberlassung **keine arbeitsvertragliche Beziehung**. Die Arbeitgeberstellung ist allein dem Verleiher zugewiesen. Der Umstand, dass der Leiharbeitnehmer seine Arbeitsleistung nicht bei seinem Vertragsarbeitgeber, sondern im Betrieb des Entleihers erbringt, bedingt jedoch, dass dem Entleiher gegenüber dem Leiharbeitnehmer **einige Arbeitgeberfunktionen übertragen** werden müssen. So sind dem Entleiher diejenigen Arbeitgeberrechte einzuräumen, die er benötigt, um den Arbeitnehmer wie eigenes Personal in seinem Betrieb beschäftigen zu können. Auf der anderen Seite hat der Entleiher auch diejenigen Arbeitgeberpflichten wahrzunehmen, die zum Schutz des in seine Betriebsorganisation eingegliederten Leiharbeitnehmers notwendig sind. 684

1. Rechtsnatur des Beschäftigungsverhältnisses

Wie die gegenseitigen Rechte und Pflichten zwischen Entleiher und Leiharbeitnehmer rechtlich zu begründen sind, wird nicht einheitlich beurteilt. Dies hängt mit der umstrittenen Frage der Rechtsnatur des Beschäftigungsverhältnisses zusammen. Hierzu werden **verschiedene Lösungsansätze** vertreten. 685

Nach einer Ansicht besteht zwischen Entleiher und Leiharbeitnehmer ein **Schuldverhältnis ohne primäre Leistungspflichten**.[1333] Dies bedeutet, dass dem Entleiher kein eigenes Forderungsrecht auf die Arbeitsleistung des Leiharbeitnehmers zusteht. Schutz- und Fürsorgepflichten zwischen Entleiher und Leiharbeitnehmer werden zumeist aus der Annahme begründet, dass der Leiharbeitsvertrag zugunsten des Entleihers und der Arbeitnehmerüberlassungsvertrag zugunsten des Leiharbeitnehmers einen Vertrag mit Schutzwirkung zugunsten Dritter darstellten.[1334] Einige Stimmen in 686

[1333] *Becker/Wulfgramm*, AÜG, § 11 Rn. 23, 59; *Thüsing/Thüsing*, AÜG, Einf. Rn. 35; *Konzen* ZfA 1982, 259; *Schaub/Koch*, ArbR-HdB, § 120 Rn. 65 ff.

[1334] *Schaub/Koch*, ArbR-HdB, § 120 Rn. 66; *Urban-Crell/Schulz* Rn. 479.

der Literatur wollen im Hinblick auf die Haftungsfragen auch die Figur der Drittschadensliquidation anwenden.[1335]

687 **Andere** vertreten die Auffassung, dass zwischen Entleiher und Leiharbeitnehmer ein **Schuldverhältnis** besteht, kraft dessen der **Entleiher die Arbeitsleistung** unmittelbar vom Leiharbeitnehmer **fordern kann.** Das eigene Forderungsrecht des Entleihers wird dabei auf verschiedenem Wege begründet. Während einige eine primäre Leistungspflicht des Leiharbeitnehmers durch Abtretung des Anspruchs auf die Arbeitsleistung an den Entleiher annehmen,[1336] gehen andere von einer nur faktischen Gestaltungsmöglichkeit des Entleihers durch eine bloße Ermächtigung zur Ausübung des Direktionsrechts aus.[1337] **Vorzugswürdig** erscheint hingegen die Ansicht, die in dem Arbeitsvertrag **zwischen Leiharbeitnehmer und Verleiher einen echten Vertrag zugunsten Dritter** gemäß § 328 Abs. 1 BGB sieht und daraus das eigene Forderungsrecht des Entleihers ableitet.[1338]

688 Auch wenn Einigkeit herrscht, dass zwischen Leiharbeitnehmer und Entleiher **keine echte arbeitsvertragliche Beziehung** besteht, hat die Albron Catering-Entscheidung des EuGH im Zusammenhang mit **Betriebsübergängen** für Aufsehen gesorgt. Der **EuGH** hat am 21. 10. 2010[1339] entschieden, dass von einem Betriebsübergang nicht nur die bei dem Zielunternehmen beschäftigten Arbeitnehmer, sondern auch die durch ein Konzernunternehmen dauerhaft überlassenen Arbeitnehmer erfasst werden können. Bei einer konzerninternen dauerhaften Arbeitnehmerüberlassung gehen auch die **Arbeitsverhältnisse der dauerhaft überlassenen Leiharbeitnehmer,** welche ja eigentlich nur zum Verleiher bestehen, **auf den Erwerber des Entleiherbetriebs über.** Nach Ansicht des EuGH **bedarf** es zur Annahme der Veräußerstellung in Bezug auf überlassene Leiharbeitnehmer **keiner echten arbeitsvertraglichen Beziehung** der betroffenen Arbeitnehmer zum Betriebsveräußerer, soweit diese ständig dorthin abgestellt waren.[1340]

689 Nach einer in der Literatur vertretenen **Ansicht** ist diese Konstellation nach deutschem Überlassungsrecht allerdings **nicht auf konzerninterne Sachverhalte beschränkt,** so dass im Fall des Betriebsübergangs eines Entleiherbetriebs eine Pflicht zur Übernahme der Arbeitsverhältnisse der dort beschäftigten Leiharbeitnehmer nach § 613a Abs. 1 S. 1 BGB generell in Frage komme und zu prüfen sei.[1341] Ein Übergang der Arbeitsverhältnisse der **Leiharbeitnehmer** komme insbesondere in Betracht, wenn diese **dem als wirtschaftliche Einheit bestehenden Betrieb(steil),** welcher auf den Erwerber übertragen wird, **zugehören,** was – neben anderen personellen und räumlichen Faktoren – dann anzunehmen sei, wenn der Leiharbeiter nicht nur für einen kurzen und begrenzten Zeitraum überlassen worden sei.[1342] Ob sich diese Ansicht durchsetzen wird, erscheint fraglich. Das Albron Catering-Urteil wird auf die spezielle Konstellation der dauerhaften konzerninternen Arbeitnehmerüberlassung zu begren-

---

[1335] *Konzen* ZfA 1982, 259; Schaub/*Koch,* ArbR-HdB, § 120 Rn. 68.
[1336] BVerwG 20. 5. 1992 – 6 P 4/90, AP LPVG Rheinland-Pfalz § 80 Nr. 2; *Becker/Kreikebaum,* Zeitarbeit, 152 f.
[1337] *Konzen* ZfA 1982, 259; vgl. auch BAG 8. 8. 1958 – 4 AZR 173/55, AP BGB § 611 Mittelbares Arbeitsverhältnis Nr. 3.
[1338] *Schüren/Schüren,* AÜG, Einl. 168 ff.; ErfK/*Wank* AÜG Einl. Rn. 33; *Walker* AcP 194 (1994), 295; *Hamann* WiVerw 1996, 212; offengelassen in LAG Hamm 4. 8. 2003 – 2 Ta 739/02, NZA-RR 2004, 106.
[1339] EuGH 21. 10. 2010 – C-242/09, NJW 2011, 439.
[1340] EuGH 21. 10. 2010 – C-242/09, NJW 2011, 439.
[1341] *Kühn* NJW 2011, 1408 (1409).
[1342] *Kühn* NJW 2011, 1408 (1409 ff.).

VI. Durchführung der Rechtsbeziehung zwischen Entleiher und Leiharbeitnehmer

zen sein. Das **BAG** hat in einer aktuellen Entscheidung[1343] jedenfalls die **Begründungslinie** des EuGH zumindest im Zusammenhang mit konzerninterner Überlassung bereits erwähnt und in seine Erwägungen aufgenommen.

2. Rechte und Pflichten des Entleihers

Nach allen Auffassungen begründet das Beschäftigungsverhältnis **bestimmte Rechte und Pflichten** des Entleihers gegenüber dem Leiharbeitnehmer. 690

a) Weisungsrecht

Unabhängig von der zugrundeliegenden rechtlichen Konstruktion besteht Einigkeit, dass der Entleiher, in dessen Betrieb der Leiharbeitnehmer eingesetzt wird, zur **Ausübung des Direktionsrechts** im Hinblick auf die konkrete Arbeitsausführung ermächtigt ist. Dieses arbeitsbezogene Weisungsrecht betrifft zB den Gegenstand der Arbeitspflicht, die Zuweisung eines bestimmten Arbeitsplatzes, Beginn und Ende der täglichen Arbeitszeit sowie Pausenregelungen.[1344] 691

b) Arbeitnehmererfindungen

Schutzwürdigen Interessen des Entleihers zu Gute kommt die Regelung des § 11 Abs. 7 AÜG. Danach wird die **Arbeitgeberstellung des Entleihers im Sinne des Arbeitnehmererfinderrechts fingiert,** wenn der Leiharbeitnehmer während der Dauer seiner Tätigkeit bei dem Entleiher eine Erfindung oder einen technischen Verbesserungsvorschlag macht. Damit soll eine **interessengerechte Zuordnung der Verwertungsrechte** und Vergütungsansprüche bei Arbeitnehmererfindungen gewährleistet werden.[1345] Die Verwertungsrechte für Erfindungen und technische Verbesserungsvorschläge, die der Leiharbeitnehmer beim Entleiher macht, fallen demnach dem Entleiher zu; dafür erhält der Leiharbeitnehmer entsprechende Vergütungsansprüche gegen den Entleiher. Nach allgemeiner Auffassung ist der Wortlaut der Vorschrift allerdings zu weit; er soll dahingehend **teleologisch zu reduzieren** sein, dass nur solche Erfindungen und technischen Verbesserungsvorschläge erfasst werden, die **auf den Betrieb des Entleihers bezogen** sind.[1346] Dies ist dann zu bejahen, wenn sie im Entleiherbetrieb entstanden sind oder maßgeblich auf der dortigen Tätigkeit und der dort gewonnenen Erfahrung beruhen.[1347] 692

c) Arbeitsschutz

Auf der anderen Seite ergeben sich für den Entleiher aus dem Beschäftigungsverhältnis mit dem Leiharbeitnehmer auch **Pflichten,** die er zu erfüllen hat. 693

So ist der Entleiher den in seinen Betrieb eingegliederten Leiharbeitnehmern gegenüber zur **Einhaltung der Arbeitsschutzvorschriften** gemäß § 11 Abs. 6 AÜG ver- 694

[1343] BAG 9. 2. 2011 – 7 AZR 32/10, NZA 2011, 791.
[1344] *Urban-Crell/Schulz* Rn. 482.
[1345] ErfK/*Wank* AÜG § 11 Rn. 22; Schüren/*Schüren*, AÜG, § 11 Rn. 143; HWK/*Gotthardt* AÜG § 11 Rn. 34.
[1346] Schüren/*Schüren*, AÜG, § 11 Rn. 146; *Sandmann/Marschall/Schneider*, AÜG, Art. 1 § 11 Rn. 34; *Ulber*, AÜG, § 11 Rn. 140; ErfK/*Wank* AÜG § 11 Rn. 22; Thüsing/*Mengel*, AÜG, § 11 Rn. 56; HWK/*Gotthardt* AÜG § 11 Rn. 34; aA *Boemke/Lembke*, AÜG, § 11 Rn. 171.
[1347] ErfK/*Wank* AÜG § 11 Rn. 22; Schüren/*Schüren*, AÜG, § 11 Rn. 146; Thüsing/*Mengel*, AÜG, § 11 Rn. 56.

pflichtet. Die Vorschrift stellt klar, dass die für den Entleiherbetrieb geltenden öffentlich-rechtlichen Arbeitsschutzvorschriften auch auf Leiharbeitsverhältnisse anwendbar sind und dass der Entleiher für ihre Einhaltung verantwortlich ist.[1348] Die diesbezüglichen Pflichten des Verleihers bleiben gemäß § 11 Abs. 6 S. 1 Hs. 2 AÜG unberührt.

695 Daneben treffen den Entleiher **spezielle Unterrichtungspflichten,** die die allgemeine Bestimmung des § 11 Abs. 6 S. 1 AÜG ergänzen. Nach § 11 Abs. 6 S. 2 AÜG hat der Entleiher den **Leiharbeitnehmer über Gefahren für Sicherheit und Gesundheit,** denen er bei der Arbeit ausgesetzt sein kann, und über **Maßnahmen und Einrichtungen** zur Abwendung dieser Gefahren zu unterrichten. Durch diese Unterweisung muss der Leiharbeitnehmer in die Lage versetzt werden, Anordnungen zum Arbeitsschutz richtig zu erfassen, Gesundheitsgefahren zu erkennen und sich sicherheitsgerecht zu verhalten.[1349] Die Unterrichtung hat sowohl **vor Beginn der Beschäftigung** als auch bei **Veränderungen im Arbeitsbereich** des Leiharbeitnehmers stattzufinden. Zusätzlich muss der Entleiher den Leiharbeitnehmer gemäß § 11 Abs. 6 S. 3 AÜG über die Notwendigkeit besonderer Qualifikationen oder beruflicher Fähigkeiten oder einer besonderen ärztlichen Überwachung sowie über erhöhte Gefahren des Arbeitsplatzes informieren.

d) Schutz vor Diskriminierung

696 Ferner treffen den Entleiher gegenüber dem Leiharbeitnehmer die Pflichten aus dem Allgemeinen Gleichbehandlungsgesetz (AGG). Denn gemäß § 6 Abs. 2 S. 2 AGG ist der Entleiher dem Verleiher als Arbeitgeber **im Anwendungsbereich des AGG** ausdrücklich gleichgestellt. Dem Entleiher ist daher jede Benachteiligung eines Leiharbeitnehmers aus einem in § 1 AGG genannten Grund untersagt.

e) Sonstige Schutzpflichten

697 Schließlich obliegen dem Entleiher sämtliche Schutzpflichten, die mit der **Einordnung** des Leiharbeitnehmers **in den betrieblichen Geschehensablauf** und mit seiner Arbeitsleistung verbunden sind.[1350] Er hat daher beim Einsatz des Leiharbeitnehmers auf dessen Person, Eigentum und sonstige Rechtsgüter Rücksicht zu nehmen.[1351]

3. Rechte und Pflichten des Leiharbeitnehmers

698 Das Beschäftigungsverhältnis zwischen Leiharbeitnehmer und Entleiher begründet auch für den Leiharbeitnehmer gewisse Rechte und Pflichten.

a) Pflichten

699 Der Leiharbeitnehmer schuldet aufgrund des Leiharbeitsvertrags mit dem Verleiher den **Arbeitseinsatz im Betrieb** des Entleihers **nach dessen Weisungen.** Ob die Pflicht zur Arbeitsleistung beim Entleiher nur gegenüber dem Verleiher[1352] oder auch unmittelbar gegenüber dem Entleiher[1353] besteht, wird aufgrund der umstrittenen

---

[1348] BT-Drs. VI/2303, 21.
[1349] *Ulber*, AÜG, § 11 Rn. 135; Schüren/*Schüren*, AÜG, § 11 Rn. 139.
[1350] LAG Hamm 4. 8. 2003 – 2 Ta 739/02, NZA-RR 2004, 106; *Becker/Wulfgramm*, AÜG, § 1 Rn. 58; Urban-Crell/*Germakowski*, AÜG, § 1 Rn. 81.
[1351] *Boemke/Lembke*, AÜG, § 11 Rn. 153; Schüren/*Brors*, AÜG, Einl. Rn. 503.
[1352] Urban-Crell/*Germakowski*, AÜG, § 1 Rn. 85.
[1353] Schüren/*Brors*, AÜG, Einl. Rn. 491.

VI. Durchführung der Rechtsbeziehung zwischen Entleiher und Leiharbeitnehmer

Rechtsnatur des Verhältnisses zwischen Entleiher und Leiharbeitnehmer nicht einheitlich beurteilt. Auf jeden Fall ist der Leiharbeitnehmer dem Entleiher gegenüber bei der Ausführung der Arbeit zur **Rücksichtnahme** verpflichtet.[1354] Darüber hinaus treffen den Leiharbeitnehmer auch nicht arbeitsbezogene Nebenpflichten wie **Wettbewerbsverbote** und **Verschwiegenheitspflichten**.[1355]

b) Rechte

Vertragliche Ansprüche stehen dem Leiharbeitnehmer bei legaler Arbeitnehmerüberlassung **ausschließlich gegen seinen Arbeitgeber, den Verleiher,** zu. Allerdings treffen den Entleiher die oben genannten Schutz- und Fürsorgepflichten. Mit den Pflichten aus § 11 Abs. 6 AÜG korrespondiert das Recht des Leiharbeitnehmers, dass der Entleiher die in seinem Betrieb anwendbaren Vorschriften des Arbeitsschutzes beachtet.[1356] Ausdrücklich regelt daneben **§ 13 AÜG** einen **Auskunftsanspruch** des Leiharbeitnehmers gegen den Entleiher. Danach kann er im Falle der Überlassung von seinem Entleiher Auskunft über die im Betrieb des Entleihers für einen vergleichbaren Arbeitnehmer des Entleihers geltenden wesentlichen Arbeitsbedingungen einschließlich des Arbeitsentgelts verlangen. Die Vorschrift dient dazu, dem Leiharbeitnehmer die **Durchsetzung seines Gleichstellungsanspruchs** zu ermöglichen.[1357] Der Leiharbeitnehmer muss wissen, welche Arbeitsbedingungen für vergleichbare Arbeitnehmer des Entleihers gelten, um nachvollziehen zu können, ob der Verleiher seiner Gleichstellungsverpflichtung aus § 3 Abs. 1 Nr. 3, § 9 Nr. 2 AÜG tatsächlich nachkommt. Ein Auskunftsanspruch nach § 13 AÜG besteht nicht, wenn eine der beiden Ausnahmen vom Gleichstellungsgebot eingreift. 700

Im Rahmen der letzten Änderung des AÜG mit dem Änderungsgesetz vom 29. 4. 2011 wurden mit Wirkung vom 1. 12. 2011 zwei weitere Rechte des Leiharbeitnehmers gegenüber dem jeweiligen Entleiher in §§ 13a und 13b AÜG eingeführt.[1358] Mit dem Ziel der Förderung und Unterstützung einer Übernahme von Leiharbeitnehmern in die Stammbelegschaft wurden zum einen **in § 13 a AÜG eine Informationspflicht** der Entleiherbetriebe **über freie Arbeitsplätze** festgelegt. Diese Informationspflicht bezieht sich nicht nur auf **unbefristete,** sondern auch auf **befristete** Stellen, und zwar unabhängig davon, ob der betroffene Arbeitgeber für die entsprechende Stelle geeignet ist oder nicht.[1359] Allerdings ist insoweit eine teleologische Reduktion der Vorschrift durch die Arbeitsgerichte denkbar, wenn der betroffene Leiharbeitnehmer für die zu besetzende Stelle offensichtlich ungeeignet ist.[1360] Die Informationspflicht bezieht sich weiterhin **nicht nur auf freie Stellen im Einsatzbetrieb** selbst, sondern auf alle Stellen **in allen Betrieben des Entleihers**.[1361] Da es insoweit nur auf die Anwendung deutschen Rechts ankommt, müssen besonders bei Einsatzbetrieben in grenznahen Regionen die Entleiher wohl auch über frei werdende Stellen in im Ausland liegenden Betrieben ihres Unternehmens unterrichten.[1362] 701

[1354] Schaub/*Koch,* ArbR-HdB, § 120 Rn. 66.
[1355] Schüren/*Brors,* AÜG, Einl. Rn. 500.
[1356] *Urban-Crell/Schulz* Rn. 494.
[1357] BT-Drs. 15/25, 39.
[1358] Vgl. hierzu *Kock* BB 2012, 323 ff.
[1359] *Lembke* NZA 2011, 319 (320).
[1360] *Zimmermann* ArbRAktuell 2011, 264.
[1361] *Raif* GWR 2011, 303; *Zimmermann* ArbRAktuell 2011, 264.
[1362] *Zimmermann* ArbRAktuell 2011, 264.

A. Arbeitnehmerüberlassung

702 Eine geeignete Bekanntgabe muss nicht gegenüber jedem der eingesetzten Leiharbeitnehmer einzeln vorgenommen werden, sondern kann auch öffentlich, also etwa durch **Aushang am schwarzen Brett oder im Intranet** erfolgen.[1363] Diese Informationspflicht stellt praktisch sogar eine **Besserstellung der Leiharbeitnehmer** gegenüber der Stammbelegschaft dar, da diese, abgesehen von weiteren Ausnahmeregelungen wie für befristet Beschäftigte, keinen allgemeinen Auskunftsanspruch über freie Arbeitsplätze besitzen.[1364] Allerdings wird teilweise erwartet, dass zukünftig innerhalb der Entleiherbetriebe wohl meist eine allgemeine interne Ausschreibung erfolgen wird, da eine Vorenthaltung dieser Informationen gegenüber der eigenen Belegschaft und die Beschränkung auf die Leiharbeitnehmer praktisch weder gewollt sein kann, noch der Stammbelegschaft zu vermitteln wäre.[1365]

703 Die Verpflichtung des Entleihers aus **§ 13a AÜG hindert** ihn allerdings **nicht daran**, die **Stelle gleichzeitig extern auszuschreiben,** und **verpflichtet** ihn auch **nicht**, die **Leiharbeitnehmer** bei der Besetzung von Stellen **bevorzugt zu behandeln**.[1366] Es handelt sich um eine bloße Pflicht zur Mitteilung, aus welcher allerdings deutlich hervorgehen muss, um welche Stelle es sich genau handelt und welche Anforderungen an einen Bewerber bestehen.[1367] Im Fall der Verletzung der Informationspflicht kann dem Leiharbeitnehmer ein Schadensersatzanspruch zukommen. Zusätzlich stellt dies für den Entleiher eine Ordnungswidrigkeit dar, welche nach § 16 Abs. 1 Nr. 9 AÜG bußgeldbewährt ist. Ein **Einstellungsanspruch** besteht dagegen **nicht**.[1368]

704 Im ebenfalls neuen **§ 13b AÜG** werden die Entleiher fortan grundsätzlich verpflichtet, Leiharbeitnehmern in gleichem Maße wie der Stammbelegschaft **Zugang zu den Gemeinschaftseinrichtungen und -diensten des Betriebes,** wie etwa Kinderbetreuungseinrichtungen, Gemeinschaftsverpflegung und Beförderungsmittel, zu gewähren. Weder § 13b AÜG noch der EU-Leiharbeitsrichtlinie lässt sich eine direkte Definition des Begriffs der Gemeinschaftseinrichtungen entnehmen, so dass die nähere Bestimmung in Anlehnung an § 87 Abs. 1 Nr. 8 BetrVG vorgenommen wird. Er umfasst damit alle **auf Dauer angelegten** Einrichtungen und Dienste mit bestimmter Sachmittelausstattung, die **vom Einsatzunternehmen errichtet und betrieben** sind und einer **Gemeinschaft von Arbeitnehmern zur Verfügung gestellt** werden.[1369]

705 Zu solchen „echten" Einrichtungen eines Betriebs gehören etwa Kantinen, Erholungsheime, Sportanlagen, Parkplätze, Personalkaufeinrichtungen oder betriebseigene Tankstellen zum verbilligten Bezug von Benzin, **nicht jedoch Geldleistungen** (Leistungen zur betrieblichen Altersvorsorge, Essens-, Fahrtkosten- oder Mietzuschüsse) **oder Geldsurrogate** (zB Essens- der Tankgutscheine).[1370] Diese Geld- oder Geldersatzleistungen werden allenfalls im Fall der Anwendung des Gleichstellungsprinzips relevant.

706 Eine **Ausnahme** vom Grundsatz des gleichen Zugangsrechts kann nur bestehen, wenn eine **unterschiedliche Behandlung aus objektiven Gründen gerechtfer-**

[1363] *Leuchten* PersF 9/2011, 88 (89); Zimmermann ArbRAktuell 2011, 62 (63).
[1364] *Lembke* NZA 2011, 319 (320).
[1365] *Hamann* NZA 2011, 70 (77).
[1366] *Zimmermann* ArbRAktuell 2011, 264.
[1367] *Lembke* NZA 2011, 319 (321).
[1368] *Kock* BB 2012, 323 (324).
[1369] *Lembke* NZA 2011, 319 (323).
[1370] *Leuchten* NZA 2011, 608 (611); *Lembke* NZA 2011, 319 (323f.); *Zimmermann* ArbRAktuell 2011, 264.

VI. Durchführung der Rechtsbeziehung zwischen Entleiher und Leiharbeitnehmer

tigt ist. Ein entsprechender sachlicher Grund kann insoweit etwa anzunehmen sein, wenn dem Entleiher durch die Zugangsgewährung ein an der individuellen Einsatzdauer gemessener unverhältnismäßig hoher Mehraufwand bei Organisation und Verwaltung entstehen würde.[1371] Allerdings darf die Ausnahmeregelung nicht direkt oder mittelbar an die Eigenschaft als Leiharbeitnehmer anknüpfen. Ein **Beispiel für** einen solchen **unrechtmäßigen Grund** und damit ein **Verstoß gegen § 13 b AÜG** wäre etwa die Beschränkung des Zugangs zu einem Betriebskindergarten für Kinder von Arbeitnehmern, die voraussichtlich zumindest ein Jahr im Betrieb tätig sein werden, was bei Leiharbeitnehmern regelmäßig gerade nicht der Fall sein kann.[1372] Für die **gängigsten Gemeinschaftseinrichtungen** wie Kantinen, Unternehmenssportanlagen oder Kinderbetreuungseinrichtungen sind mit Blick auf die Praxis dagegen im Regelfall **wohl kaum sachlichen Gründe denkbar**, welche geeignet erscheinen, den Ausschluss von Leiharbeitnehmern zu rechtfertigen.[1373]

Verstöße gegen die Verpflichtungen aus den §§ 13 a und b AÜG sind künftig gemäß § 16 Abs. 1 Nr. 9 und 10 AÜG ordnungswidrig und bußgeldbewährt und können **mit Strafen von bis zu 2500 EUR** belegt werden. Eine Verletzung dieser Pflichten kann in manchen Fällen Schadensersatzansprüche nach § 280 BGB und § 823 Abs. 2 BGB nach sich ziehen, da §§ 13 a und b AÜG als von der deliktischen Haftung erfasste Schutzgesetze anzusehen sind.[1374] Beide Regelungen stellen sich als folgerichtige Umsetzungen der EG-Richtlinie dar. **707**

4. Haftung

Auch im Beschäftigungsverhältnis zwischen Leiharbeitnehmer und Entleiher kann es zu **Schäden aufgrund von Pflichtverletzungen** der Beteiligten kommen. Bei der Frage der Haftung erlangt die Diskussion um Natur und Inhalt der Beziehung zwischen Arbeitnehmer und Entleiher Bedeutung. **708**

a) Haftung des Leiharbeitnehmers

Ob vertragliche Ansprüche des Entleihers gegen den Leiharbeitnehmer bestehen, **hängt von der dogmatischen Einordnung** des Verhältnisses zwischen Entleiher und Leiharbeitnehmer ab. Nur wenn ein eigenes Forderungsrecht des Entleihers auf die Arbeitsleistung bejaht wird, kommt bei Nichterscheinen des Leiharbeitnehmers zur Arbeit eine Verletzung der Arbeitspflicht gegenüber dem Entleiher in Betracht. Dann haftet der Leiharbeitnehmer dem Entleiher bei Nichterfüllung auf Schadensersatz. Ist die Arbeitsleistung nachholbar, ergibt sich ein Anspruch des Entleihers aus §§ 280 Abs. 1, 2, 286 BGB, sofern der Leiharbeitnehmer den Verzug verschuldet hat. Ist die Arbeitsleistung nicht nachholbar, greift bei zu vertretender Unmöglichkeit der Anspruch aus §§ 280 Abs. 1, 3, 283 BGB. Nach der Auffassung, die ein **unmittelbares Forderungsrecht des Entleihers** aufgrund eines echten Vertrags zugunsten Dritter **ablehnt**, kann der Entleiher Ansprüche gegen den Leiharbeitnehmer wegen Nichtleistung hingegen nur geltend machen, wenn ihm der Verleiher den Anspruch auf die Arbeitsleistung und die damit einhergehenden Folgeansprüche für den Überlassungszeitraum abtritt. **709**

[1371] *Zimmermann* ArbRAktuell 2011, 264.
[1372] *Hamann* NZA 2011, 70 (77).
[1373] *Leuchten* PersF 9/2011, 88 (89).
[1374] Dazu ausführlich: *Lembke* NZA 2011, 319 (321 ff.); *Zimmermann* ArbRAktuell 2011, 264.

710 **Vertragliche Sekundäransprüche** des Entleihers bei Schlechtleistung des Leiharbeitnehmers werden je nach rechtsdogmatischer Beurteilung der Beziehung zwischen Entleiher und Leiharbeitnehmer **unterschiedlich begründet.** Sieht man den Leiharbeitsvertrag als echten Vertrag zugunsten Dritter an, ergeben sich Ansprüche wegen Schlechterfüllung unproblematisch aus §§ 280 Abs. 1, 241 Abs. 2 BGB.[1375] Gleiches gilt bei einer Abtretung des Leistungsanspruchs und der Folgeansprüche vom Verleiher an den Entleiher. Ansonsten werden Ansprüche des Entleihers aus einem Vertrag mit Schutzwirkung zugunsten Dritter bejaht.[1376] Daneben kommen unabhängig von der Rechtsnatur des Verhältnisses zwischen Entleiher und Leiharbeitnehmer deliktsrechtliche Ansprüche des Entleihers in Betracht.[1377]

711 Nach **überwiegender Ansicht** sind – obwohl zwischen Entleiher und Leiharbeitnehmer kein Arbeitsverhältnis besteht – bei der Haftung des Leiharbeitnehmers die von der **Rechtsprechung zum innerbetrieblichen Schadensausgleich** entwickelten Grundsätze über die **Haftungsbeschränkung zu beachten.**[1378]

712 Verletzt der Leiharbeitnehmer schuldhaft seine Nebenpflichten, haftet er dem Entleiher nach §§ 280 Abs. 1, 241 Abs. 2 BGB[1379] bzw. nach den **Grundsätzen des Vertrags mit Schutzwirkung zugunsten Dritter.**[1380]

b) Haftung des Entleihers

713 Eine Haftung des Entleihers kommt in Betracht, wenn er seine **Nebenpflichten gegenüber dem Leiharbeitnehmer verletzt.** Hier ist insbesondere die Pflicht des Entleihers zur Einhaltung der Arbeitsschutzvorschriften gemäß § 11 Abs. 6 AÜG von Bedeutung. Erleidet der Leiharbeitnehmer im Betrieb des Entleihers einen **Körperschaden,** sind Ansprüche gegen den Entleiher oder gegen die Arbeitnehmer des Entleihers nach §§ 104, 105 SGB VII beschränkt.[1381] Erleidet der **Leiharbeitnehmer Schäden an seinen eigenen Sachen,** ist zu differenzieren: Trifft den Entleiher oder seine Erfüllungsgehilfen ein Verschulden, haftet er nach §§ 280 Abs. 1, 241 Abs. 2 BGB für die schuldhafte Verletzung der Fürsorgepflicht.[1382] Daneben ist auch eine Haftung aus unerlaubter Handlung möglich. Fehlt es am Verschulden, kann sich eine Haftung des Entleihers aus § 670 BGB analog ergeben, wenn der Schaden in Ausübung der Arbeitsleistung eingetreten ist.[1383]

714 **Verletzt der Entleiher schuldhaft** die ihm nach § 13 AÜG obliegende **Auskunftspflicht,** haftet er dem Leiharbeitnehmer für den daraus entstehenden Schaden nach §§ 280 Abs. 1, 241 Abs. 2 BGB und aus § 823 Abs. 2 BGB iVm § 13 AÜG.[1384] Ein Schaden des Leiharbeitnehmers kann zB dann entstehen, wenn er aufgrund der

---

[1375] So Schüren/*Brors,* AÜG, Einl. Rn. 495; ErfK/*Wank* AÜG Einl. Rn. 34.
[1376] So *Urban-Crell*/*Schulz* Rn. 498; *Urban-Crell*/*Germakowski,* AÜG, § 1 Rn. 86.
[1377] ErfK/*Wank* AÜG Einl. Rn. 34; *Urban-Crell*/*Schulz* Rn. 495.
[1378] Thüsing/*Thüsing,* AÜG, Einf. Rn. 38; Schüren/*Brors,* AÜG, Einl. Rn. 496; ErfK/*Wank* AÜG Einl. Rn. 34; MüArbR/*Marschall* § 175 Rn. 86; *Urban-Crell*/*Germakowski,* AÜG, § 1 Rn. 86; *Urban-Crell*/*Schulz* Rn. 498; Schaub/*Koch,* ArbR-HdB, § 120 Rn. 66.
[1379] Schüren/*Brors,* AÜG, Einl. Rn. 500; ErfK/*Wank* AÜG Einl. Rn. 34.
[1380] Schaub/*Koch,* ArbR-HdB, § 120 Rn. 66; *Urban-Crell*/*Schulz* Rn. 498.
[1381] Schaub/*Koch,* ArbR-HdB, § 120 Rn. 67; Schüren/*Brors,* AÜG, Einl. Rn. 504; *Urban-Crell*/*Schulz* Rn. 500; ErfK/*Wank* AÜG Einl. Rn. 35.
[1382] ErfK/*Wank* AÜG Einl. Rn. 35; Schüren/*Brors,* AÜG, Einl. Rn. 505.
[1383] *Urban-Crell*/*Schulz* Rn. 501; Schaub/*Koch,* ArbR-HdB, § 120 Rn. 67; ErfK/*Wank* AÜG Einl. Rn. 35.
[1384] *Boemke*/*Lembke,* AÜG, § 13 Rn. 15; *Urban-Crell*/Germakowski, AÜG, § 13 Rn. 8; HWK/*Gotthardt* AÜG § 13 Rn. 2; Thüsing/*Pelzner,* AÜG, § 13 Rn. 10.

VI. Durchführung der Rechtsbeziehung zwischen Entleiher und Leiharbeitnehmer

fehlenden oder fehlerhaften Auskunft Ansprüche gegen den Verleiher wegen Verjährung oder Ablaufs einer Ausschlussfrist nicht mehr durchsetzen kann.

5. Sozialversicherungsrechtliche Pflichten des Entleihers

Bei der legalen Arbeitnehmerüberlassung treffen grundsätzlich den **Verleiher die Arbeitgeberpflichten im Sinne des Sozialversicherungsrechts.** Dieser hat daher gemäß § 28f SGB IV die Lohnunterlagen über seine Arbeitnehmer zu führen, den Meldepflichten des § 28a SGB IV nachzukommen und gemäß § 28e Abs. 1 SGB IV den **Gesamtsozialversicherungsbeitrag** abzuführen. Daneben hat der Verleiher auch die Beiträge für die Unfallversicherung des Leiharbeitnehmers zu zahlen. 715

Zahlt der Verleiher die Beiträge nicht oder nur unzureichend, **haftet der Entleiher** neben dem Verleiher gemäß § 28e Abs. 2 S. 1 SGB IV **wie ein selbstschuldnerischer Bürge** für die rückständigen Beiträge. Dabei hat der Entleiher nicht nur für die ordnungsgemäße Abführung der Gesamtsozialversicherungsbeiträge, sondern nach § 150 Abs. 3 SGB VII auch für die Beiträge zur Unfallversicherung einzustehen. Der Entleiher kann jedoch nach § 28e Abs. 2 S. 2 SGB IV so lange die Zahlung verweigern, wie die Einzugstelle den Verleiher nicht gemahnt hat und die Mahnfrist nicht abgelaufen ist. Wird allerdings über das Vermögen des Verleihers das **Insolvenzverfahren** eröffnet, kann der Entleiher auch ohne Mahnung anstelle des Vertragsarbeitgebers in Anspruch genommen werden.[1385] 716

6. Rechtsweg

Die **Rechtswegzuständigkeit** für Streitigkeiten zwischen Leiharbeitnehmern und Entleihern wird in Schrifttum und Rechtsprechung **nicht einheitlich beurteilt.** Die Schwierigkeiten bei der Bestimmung des Rechtswegs haben ihren Ausgangspunkt in der Ausgestaltung der Arbeitnehmerüberlassung als **Dreipersonenverhältnis.** Arbeitgeber des Leiharbeitnehmers ist grundsätzlich nur der Verleiher – dies gilt auch während der Dauer der Überlassung. Nur im Falle eines unwirksamen Leiharbeitsvertrags nach § 9 Nr. 1 AÜG wird ein Arbeitsverhältnis zwischen Leiharbeitnehmer und Entleiher fingiert (§ 10 Abs. 1 AÜG). 717

Aufgrund der fehlenden arbeitsvertraglichen Verbindung zwischen Entleiher und Leiharbeitnehmer wird teilweise angenommen, dass der Rechtsweg zu den Arbeitsgerichten nicht eröffnet sei; zuständig seien die ordentlichen Gerichte.[1386] 718

Die **herrschende Meinung bejaht** jedoch zu Recht die **Zuständigkeit der Arbeitsgerichte** für Rechtsstreitigkeiten zwischen Entleiher und Leiharbeitnehmer.[1387] **Auch wenn** zwischen den Beteiligten **kein Arbeitsverhältnis** besteht, ist **ihre Beziehung von arbeitsrechtlichen Grundsätzen beherrscht** und geprägt. So gliedert der Entleiher den Leiharbeitnehmer in seinen Betrieb ein und übt das Weisungsrecht hinsichtlich der Arbeitsausführung aus. Er ist berechtigt, die Arbeitskraft des Leih- 719

[1385] BSG 7. 3. 2007 – B 12 KR 11/06 R, DB 2007, 1870.
[1386] Thüsing/*Pelzner,* AÜG, § 13 Rn. 11; ErfK/*Koch* ArbGG § 2 Rn. 18 aE.
[1387] LAG Hamm 4. 8. 2003 – 2 Ta 739/02, NZA-RR 2004, 106; LAG Hamburg 24. 10. 2007 – 4 Ta 11/07, nv; ArbG Freiburg (Breisgau) 7. 7. 2010 – 12 Ca 188/10, nv; Urban-Crell/*Germakowski,* AÜG, § 1 Rn. 88; GMPM/*Matthes/Schlewing,* ArbGG, § 2 Rn. 52; *Sandmann/Marschall/Schneider,* AÜG, Art. 1 § 2 Rn. 7; *Boemke/Lembke,* AÜG, § 13 Rn. 17; HWK/*Gotthardt* AÜG § 13 Rn. 3; Schüren/*Brors,* AÜG, Einl. Rn. 491; *Schüren* RdA 2009, 58; BAG 19. 9. 2007 – 4 AZR 656/06, NZA-RR 2008, 231.

arbeitnehmers für seinen Betrieb zu nutzen. Zwar bleibt der Verleiher auch während der Dauer der Überlassung Vertragsarbeitgeber, jedoch sind die Arbeitgeberfunktionen in dieser Zeit zwischen Entleiher und Verleiher aufgeteilt. Dem Entleiher kommen unstreitig **arbeitsvertragsähnliche Schutz- und Fürsorgepflichten** zu. Auch gelten die arbeitsrechtlichen Haftungsbeschränkungen zugunsten des Arbeitnehmers für Schäden des Entleihers, die bei der Ausübung betrieblich veranlasster Tätigkeit entstanden sind.

720   Aus diesen Erwägungen erscheint es sachgerecht, Rechtsstreitigkeiten zwischen Entleiher und Leiharbeitnehmer den **Arbeitsgerichten** zuzuweisen. Sowohl für Schadensersatzklagen des Entleihers als auch für Ansprüche des Leiharbeitnehmers auf Auskunft oder Schadensersatz ist daher der Rechtweg zu den Arbeitsgerichten gem. § 2 Abs. 1 Nr. 3a ArbGG eröffnet.

VII. Betriebsverfassungsrechtliche Stellung des Leiharbeitnehmers im Entleiherbetrieb

721   Die Eingliederung des Leiharbeitnehmers in den Betrieb des Entleihers bedingt, dass der Leiharbeitnehmer in gewissem Maße auch in betriebsverfassungsrechtlicher Hinsicht in den Entleiherbetrieb eingebunden wird.

1. Zugehörigkeit zum Entleiherbetrieb?

722   § 14 Abs. 1 AÜG regelt den Grundsatz, dass Leiharbeitnehmer auch während der Zeit ihrer Überlassung **Angehörige des Verleiherbetriebs** bleiben. Unklar ist, ob die Vorschrift eine ausschließliche oder eine zusätzliche Zuordnung des Leiharbeitnehmers zum Verleiherbetrieb enthält. So ist umstritten, ob der Leiharbeitnehmer neben dem Verleiherbetrieb auch dem Betrieb des Entleihers, bei dem er gerade eingesetzt ist, angehört. Während das **Bundesarbeitsgericht** und die überwiegende Ansicht in der Literatur aufgrund des fehlenden Arbeitsverhältnisses eine **Zugehörigkeit der Leiharbeitnehmer zum Entleiherbetrieb ablehnt**,[1388] bejahen **andere** mit Hilfe eines eigenständigen betriebsverfassungsrechtlichen Arbeitnehmerbegriffs eine **doppelte Betriebszugehörigkeit** der Leiharbeitnehmer.[1389] In der Praxis dürfte sich dieser Streit kaum auswirken, da die Regelung in § 14 AÜG klarstellt, dass mit der Aufteilung der Arbeitgeberfunktionen eine gesplittete Zuständigkeit von Verleiher- und Entleiherbetriebsrat einhergeht. Ob sich diese allein aus § 14 AÜG oder aus einer doppelten Betriebszugehörigkeit des Leiharbeitnehmers ergibt, ist letztlich unbedeutend.[1390]

2. Rechte des Leiharbeitnehmers im Entleiherbetrieb

723   Dem Leiharbeitnehmer stehen – obwohl er nicht als Angehöriger des Betriebs anzusehen ist – aufgrund seiner **tatsächlichen Eingliederung** bestimmte betriebsverfassungsrechtliche Rechte auch im Entleiherbetrieb zu.

[1388] BAG 10. 3. 2004 – 7 ABR 49/03, NZA 2004, 1340; 18. 1. 1989 – 7 ABR 21/88, AP BetrVG 1972 § 9 Nr. 1; *Brors* NZA 2003, 1380; ErfK/*Wank* AÜG § 14 Rn. 5.
[1389] Schüren/*Hamann*, AÜG, § 14 Rn. 20ff. mwN; *Boemke/Lembke*, AÜG, § 14 Rn. 57; Urban-Crell/*Schulz* Rn. 1023.
[1390] Urban-Crell/*Germakowski*, AÜG, § 14 Rn. 14.

VII. Betriebsverfassungsrechtliche Stellung des Leiharbeitnehmers im Entleiherbetrieb

a) Wahlrecht

Im Hinblick auf den wahlrechtlichen Status von Leiharbeitnehmern im Entleiherbetrieb ist zwischen **aktivem und passivem Wahlrecht** zu unterscheiden. 724

Gemäß § 14 Abs. 2 S. 1 AÜG sind **Leiharbeitnehmer** bei der Wahl der Arbeitnehmervertreter in den Aufsichtsrat im Entleiherunternehmen und bei der Wahl der betriebsverfassungsrechtlichen Arbeitnehmervertretung **im Entleiherbetrieb nicht wählbar.** Damit schließt die Vorschrift ein passives Wahlrecht der Leiharbeitnehmer im Entleiherbetrieb aus. Dies gilt unabhängig von der Dauer des Einsatzes im Betrieb des Entleihers.[1391] 725

Nach § 7 S. 2 BetrVG steht dem Leiharbeitnehmer allerdings ein **aktives Wahlrecht** im Entleiherbetrieb zu, wenn er **länger als drei Monate im Betrieb des Entleihers eingesetzt** wird. Dies setzt nach der Gesetzesbegründung nicht voraus, dass der Leiharbeitnehmer bereits drei Monate im Entleiherbetrieb eingesetzt war; vielmehr soll dem Arbeitnehmer das Wahlrecht bereits mit dem ersten Tag seines Arbeitseinsatzes zustehen.[1392] Erforderlich ist somit eine Prognoseentscheidung über die Einsatzdauer, für die der Arbeitnehmerüberlassungsvertrag maßgeblich ist.[1393] Für die Berechnung der dreimonatigen Mindesteinsatzsatz kommt es also nicht auf die tatsächliche Einsatzdauer, sondern auf die zu Beginn des Einsatzes **geplante Überlassungsdauer** an. War der Leiharbeitnehmer länger als drei Monate im Betrieb eingesetzt, ist er auch am letzten Tag seines Einsatzes wahlberechtigt.[1394] Dass er von den Folgen der Wahl nicht mehr betroffen sein wird, ist unerheblich. 726

Daneben setzt § 7 S. 1 BetrVG für die Wahlberechtigung voraus, dass der Arbeitnehmer am Wahltag das **18. Lebensjahr vollendet** haben muss. 727

Das aktive Wahlrecht steht allen überlassenen Arbeitnehmern zu, egal ob diese im Rahmen einer wirtschaftlichen Tätigkeit des Verleihers überlassen wurden, und gilt auch für eine Arbeitnehmerüberlassung im Konzern.[1395] Zu beachten ist ferner, dass § 7 S. 2 BetrVG ein **zusätzliches Wahlrecht** gewährt; das Wahlrecht des Leiharbeitnehmers im Betrieb des Verleihers bleibt neben dem Wahlrecht im Entleiherbetrieb bestehen.[1396] 728

Unter den oben genannten Voraussetzungen können Leiharbeitnehmer gemäß § 10 Abs. 2 S. 2 MitbestG, § 8 Abs. 2 S. 2 MontanMitbestErgG und § 5 Abs. 2 S. 2 DrittelbG auch an der Wahl der Arbeitnehmervertreter in den Aufsichtsrat des Entleiherunternehmens aktiv teilnehmen. 729

b) Berücksichtigung bei Schwellenwerten?

Trotz ihrer Wahlberechtigung nach § 7 S. 2 BetrVG **sind Leiharbeitnehmer keine Arbeitnehmer des Entleiherbetriebs.** Die Frage, ob Leiharbeitnehmer bei der Berechnung von Schwellenwerten im Betrieb des Entleihers zu berücksichtigen sind, war lange Zeit heftig umstritten. Durch einen Beschluss des Bundesarbeitsgerichts aus dem 730

[1391] Urban-Crell/*Germakowski*, AÜG, § 14 Rn. 63; HWK/*Gotthardt* AÜG § 14 Rn. 7.
[1392] BT-Drs. 14/5741, 36.
[1393] Thüsing/*Thüsing*, AÜG, § 14 Rn. 58; Schüren/*Hamann*, AÜG, § 14 Rn. 55; Urban-Crell/ *Germakowski*, AÜG, § 14 Rn. 61; Böhm DB 2006, 104; ErfK/*Wank* AÜG § 14 Rn. 6.
[1394] ErfK/*Wank* AÜG § 14 Rn. 6; Thüsing/*Thüsing*, AÜG, § 14 Rn. 58.
[1395] BT-Drs. 14/5741, 36; *Konzen* RdA 2001, 76; *Maschmann* DB 2001, 2446; ErfK/*Wank* AÜG § 14 Rn. 6; HWK/*Gotthardt* AÜG § 14 Rn. 8.
[1396] BT-Drs. 14/5741, 36; Schüren/*Hamann*, AÜG, § 14 Rn. 49; Thüsing/*Thüsing*, AÜG, § 14 Rn. 51.

Jahr 2004 hatte sich dieser Meinungsstreit für die Praxis zum Teil erledigt.[1397] Nunmehr gilt, dass **Leiharbeitnehmer weder im Rahmen der Ermittlung der Zahl der wahlberechtigten Arbeitnehmer** zur Bestimmung der Betriebsratsgröße (§ 9 BetrVG)[1398] **noch bei der Ermittlung der Zahl die freizustellenden Betriebsratsmitglieder**[1399] **mitzuzählen sind.** Dies gilt auch dann, wenn die Leiharbeitnehmer trotz Wegfalls der 24-monatigen Maximalgrenze längerfristig in den Entleiherbetrieb überlassen werden.[1400] Diese Grundsätze sind auch mit Art. 7 Abs. 2 der EU-Leiharbeitsrichtlinie vereinbar.[1401] Denn die **Richtlinie ermöglicht** den Mitgliedstaaten lediglich, die Leiharbeitnehmer bei der Ermittlung der Schwellenwerte in einem Entleiherunternehmen zu berücksichtigen, **schreibt dies aber nicht vor.** Allerdings ist bei der Ermittlung von Schwellenwerten durchaus zu differenzieren, wie eine neuere Entscheidung des Bundesarbeitsgerichts deutlich macht.[1402] Danach sind bei der Ermittlung des Schwellenwertes nach § 111 S. 1 BetrVG Leiharbeitnehmer mitzuzählen, soweit sie entsprechend § 7 S. 2 BetrVG länger als drei Monate im Betrieb eingesetzt werden und wegen einer Beschäftigung von mehr als sechs Monaten im Laufe eines Jahres zu den „in der Regel" Beschäftigten gehören.[1403] Für die Praxis ist dieses neue Urteil des Bundesarbeitsgerichts von nicht unerheblicher Bedeutung. Gemäß § 111 S. 1 BetrVG hat der Arbeitgeber in Unternehmen mit in der Regel mehr als 20 wahlberechtigten Arbeitnehmern den Betriebsrat über geplante Betriebsänderungen, die wesentliche Nachteile für die Belegschaft oder erhebliche Teile der Belegschaft zur Folge haben können, rechtzeitig und umfassend zu unterrichten. Diese Regelung ist Anknüpfungspunkt für die Interessenausgleichs- und Sozialplanpflicht. Ein Unternehmen kann sich daher der Interessenausgleichs- und Sozialplanpflicht nicht mehr entziehen, wenn die Arbeitnehmerzahl knapp unterhalb des Schwellenwerts liegt, es aber in größerem Umfang auf länger als sechs Monate tätige Leiharbeitnehmer zurückgreift. Dies wirft die weitergehende Frage auf, ob dieselbe Betrachtungsweise auch bei der Bestimmung des Schwellenwerts in § 99 BetrVG angezeigt ist. Danach hat der Arbeitgeber in Unternehmen mit in der Regel mehr als 20 wahlberechtigten Arbeitnehmern den Betriebsrat vor jeder Einstellung, Eingruppierung, Umgruppierung und Versetzung zu unterrichten. Es liegt nahe, unter Berücksichtigung der Wertung des § 7 S. 2 BetrVG auch hier die Leiharbeitnehmer mitzuzählen, die länger als drei Monate im Betrieb eingesetzt sind und daher wahlberechtigt sind und die im Laufe eines Jahres mehr als sechs Monate bei dem Arbeitgeber eingesetzt werden.[1404]

c) Sonstige betriebsverfassungsrechtliche Rechte

731 § 14 Abs. 2 AÜG nennt in seinen Sätzen 2 und 3 **einzelne Individualrechte,** die der Leiharbeitnehmer im Betrieb des Entleihers wahrnehmen kann. Diese Aufzählung

---

[1397] Vgl. zum Meinungsstand: Schüren/*Hamann*, AÜG, § 14 Rn. 107 ff.
[1398] BAG 10. 3. 2004 – 7 ABR 49/03, NZA 2004, 1340; 16. 4. 2003 – 7 ABR 53/02, BAGE 106, 64; LAG Schleswig-Holstein 23. 6. 2011 – 5 TaBV 38/10, DB 2012, 240; Urban-Crell/*Germakowski*, AÜG, § 14 Rn. 53; ErfK/*Wank* AÜG § 14 Rn. 7; HWK/*Gotthardt* AÜG § 14 Rn. 10.
[1399] BAG 16. 4. 2003 – 7 ABR 53/02, BAGE 106, 64; 22. 10. 2003 – 7 ABR 3/03, AP BetrVG 1972 § 38 Nr. 28.
[1400] LAG Hamm 15. 7. 2011 – 10 TaBV 1/11, BeckRS 2011, 76548.
[1401] *Klumpp* GPR 2009, 89; HWK/*Gotthardt* AÜG § 14 Rn. 11.
[1402] BAG 18. 10. 2011 – 1 AZR 335/10, NZA 2012, 221.
[1403] BAG 18. 10. 2011 – 1 AZR 335/10, NZA 2012, 221; vgl. *Laber* ArbRB 2012, 51 ff.; *Mues* ArbRB 2012, 44 f.
[1404] *Laber* ArbRB 2012, 51, 53.

VII. Betriebsverfassungsrechtliche Stellung des Leiharbeitnehmers im Entleiherbetrieb

von Rechten ist nach dem ausdrücklichen Willen des Gesetzgebers nicht abschließend.[1405]

aa) Teilnahme an Sprechstunden und Versammlungen

§ 14 Abs. 2 S. 2 AÜG regelt ausdrücklich das **Recht des Leiharbeitnehmers,** Sprechstunden der Arbeitnehmervertretungen **im Entleiherbetrieb aufzusuchen.** Dies gilt sowohl für Sprechstunden des Betriebsrats (§ 39 BetrVG) als auch, soweit vorhanden, für solche einer Jugend- und Auszubildendenvertretung (§ 69 BetrVG). Das Recht zur Wahrnehmung der Sprechstunde steht dem Leiharbeitnehmer sowohl im Entleiher- als auch im Verleiherbetrieb zu. Daraus folgt, dass der Leiharbeitnehmer während des Fremdfirmeneinsatzes bei Bestehen eines sachlichen Grundes vom Entleiher eine Arbeitsfreistellung für den Besuch der Sprechstunde des Verleiher- oder des Entleiherbetriebsrats verlangen kann.[1406] Der Verleiher hat dem Arbeitnehmer die Arbeitsvergütung für die Zeit des Sprechstundenbesuchs fortzuzahlen, sofern der Besuch erforderlich war.[1407] Im Hinblick auf die Frage, wer diese **Kosten im Verhältnis zwischen Verleiher und Entleiher** zu tragen hat, ist auf die Vereinbarungen im Überlassungsvertrag abzustellen.[1408] Fehlt es an einer Vereinbarung, wird aus der Regelung des § 14 Abs. 2 S. 2 AÜG geschlossen, dass der **Entleiher** die Wahrnehmung **betriebsverfassungsrechtlicher Befugnisse** durch die in seinem Betrieb eingesetzten Leiharbeitnehmer **hinzunehmen** und daher grundsätzlich **kein Recht zur Kürzung der Überlassungsvergütung** hat.[1409] 732

Arbeitnehmer sind gemäß §§ 42 ff. BetrVG **berechtigt, an Betriebsversammlungen** bzw. an **Jugend- und Auszubildendenversammlungen** (§ 72 BetrVG) **teilzunehmen.** Diese Rechte stehen den Leiharbeitnehmern nicht nur im Verleiherbetrieb, sondern nach § 14 Abs. 2 S. 2 AÜG auch im Entleiherbetrieb zu. Dies ist sachgerecht, da die Zwecke der Betriebsversammlung – Aussprache zwischen Betriebsrat und Arbeitnehmerschaft sowie Unterrichtung der Arbeitnehmer über die Angelegenheiten des Betriebes – auch auf die Leiharbeitnehmer zutreffen.[1410] Auch für die Zeit der Teilnahme an Versammlungen hat der Verleiher dem Leiharbeitnehmer die Arbeitsvergütung fortzuzahlen (vgl. § 44 Abs. 1 S. 2 BetrVG). Dabei ist unerheblich, ob an einer Versammlung im Verleiher- oder im Entleiherbetrieb teilgenommen wurde.[1411] Hinsichtlich der Kostentragung zwischen Verleiher und Entleiher gelten die Ausführungen zum Sprechstundenbesuch entsprechend. 733

bb) Unterrichtungs- und Erörterungspflicht des Entleihers

Nach § 14 Abs. 2 S. 3 AÜG treffen den Entleiher auch die in § 81 BetrVG genannten Unterrichtungs- und Erörterungspflichten. Danach hat der Entleiher den Leiharbeitnehmer **vor Aufnahme seiner Tätigkeit** und **bei Änderungen in seinem** 734

[1405] BT-Drs. 9/847, 9; *Boemke/Lembke*, AÜG, § 14 Rn. 70; ErfK/*Wank* AÜG § 14 Rn. 13; Schüren/ *Hamann*, AÜG, § 14 Rn. 72.
[1406] Schüren/*Hamann*, AÜG, § 14 Rn. 78; ErfK/*Wank* AÜG § 14 Rn. 9.
[1407] Vgl. § 39 Abs. 3 BetrVG; *Boemke/Lembke*, AÜG, § 14 Rn. 72; Schüren/*Hamann*, AÜG, § 14 Rn. 79; *Sandmann/Marschall/Schneider*, AÜG, Art. 1 § 14 Rn. 11; *Ulber*, AÜG, § 14 Rn. 52; ErfK/ *Wank* AÜG § 14 Rn. 9; Urban-Crell/*Schulz* Rn. 1052.
[1408] ErfK/*Wank* AÜG § 14 Rn. 9; Urban-Crell/*Schulz* Rn. 1053.
[1409] Schüren/*Hamann*, AÜG, § 14 Rn. 80; Urban-Crell/*Schulz* Rn. 1053; KasselerHdb/*Düwell* Kap. 4.5 Rn. 469; Thüsing/*Thüsing*, AÜG, § 14 Rn. 79; *Ulber*, AÜG, § 14 Rn. 52; ErfK/*Wank* AÜG § 14 Rn. 9; aA *Becker/Wulfgramm*, AÜG, § 14 Rn. 44; *Sandmann/Marschall/Schneider*, AÜG, Art. 1 § 14 Rn. 11, die das Kostenrisiko danach verteilen, welcher Betriebsrat aufgesucht wurde.
[1410] Urban-Crell/*Schulz* Rn. 1056; Schüren/*Hamann*, AÜG, § 14 Rn. 83.
[1411] *Sandmann/Marschall/Schneider*, AÜG, Art. 1 § 14 Rn. 11; Schüren/*Hamann*, AÜG, § 14 Rn. 85.

Arbeitsbereich über dessen Aufgabe und Verantwortung sowie über die Art seiner Tätigkeit und ihre Einordnung in den Betriebsablauf zu **unterrichten.** Darüber hinaus muss er den Leiharbeitnehmer über Sicherheit und Gesundheitsschutz bei der Arbeit informieren. Gemäß § 81 Abs. 4 BetrVG ist der Entleiher schließlich verpflichtet, den Arbeitnehmer über neue Technologien zu unterrichten und mit ihm die Auswirkungen auf den Arbeitsplatz sowie eine Anpassung der erforderlichen beruflichen Kenntnisse und Fähigkeiten zu erörtern.

cc) Anhörungs- und Vorschlagsrecht

735 § 14 Abs. 2 S. 3 AÜG verweist ferner auf die Rechte des Arbeitnehmers aus § 82 Abs. 1 BetrVG. Demnach kann der Leiharbeitnehmer auch im Betrieb des Entleihers verlangen, in betrieblichen Angelegenheiten, die seine Person betreffen, angehört zu werden. Zudem ist er sowohl im Verleiher- als auch im Entleiherbetrieb berechtigt, zu ihn betreffenden Maßnahmen Stellung zu nehmen und **Vorschläge für die Gestaltung des Arbeitsplatzes** und des Arbeitsablaufs zu machen.

736 Hingegen stehen die in § 82 Abs. 2 BetrVG geregelten **Auskunfts- und Erörterungsrechte** im Hinblick auf die Berechnung und Zusammensetzung des **Arbeitsentgelts** den Leiharbeitnehmern **nur gegenüber dem Verleiher zu.** Sie sind von der Verweisung in § 14 Abs. 2 S. 3 AÜG ausgenommen.

dd) Beschwerderecht

737 Gemäß § 14 Abs. 2 S. 3 AÜG sind schließlich auch die §§ 84 bis 86 BetrVG auf das Verhältnis zwischen Leiharbeitnehmer und Entleiher anzuwenden. Diese geben dem Leiharbeitnehmer auch im Entleiherbetrieb das Recht, sich bei den jeweils zuständigen **betrieblichen Stellen** oder beim **Betriebsrat zu beschweren,** wenn er sich vom Arbeitgeber oder von Arbeitnehmern des Betriebes benachteiligt oder ungerecht behandelt oder in sonstiger Weise beeinträchtigt fühlt. Der Kreis der beschwerdefähigen Angelegenheiten ist sehr weitreichend; Voraussetzung ist nur, dass die individuelle Stellung als Arbeitnehmer betroffen ist.[1412] Für ein Beschwerderecht im Entleiherbetrieb wird allerdings verlangt, dass es sich um eine **Beeinträchtigung aus dem Entleiherbetrieb** handelt.[1413] Nach herrschender Auffassung kann der Leiharbeitnehmer bei solchen Beeinträchtigungen wählen, ob er sich an den Entleiher- oder den Verleiherbetriebsrat wendet.[1414] Umgekehrt hat der Leiharbeitnehmer jedoch nicht die Möglichkeit, sich über Angelegenheiten des Verleiherbetriebs beim Entleiherbetriebsrat zu beschweren.[1415] Denn der Entleiher ist diesbezüglich nicht als „zuständige Stelle des Betriebs" iSd § 84 Abs. 1 S. 1 BetrVG anzusehen. Das Verfahren richtet sich nach § 85 Abs. 2 und 3 BetrVG. Die Ausübung des Beschwerderechts darf gemäß § 84 Abs. 3 BetrVG nicht zu Nachteilen für den Leiharbeitnehmer führen.

[1412] Schüren/Hamann, AÜG, § 14 Rn. 98; ErfK/Wank AÜG § 14 Rn. 12; Urban-Crell/Schulz Rn. 1070.

[1413] Urban-Crell/Schulz Rn. 1070; Thüsing/Thüsing, AÜG, § 14 Rn. 92; Boemke/Lembke, AÜG, § 14 Rn. 81.

[1414] Schüren/Hamann, AÜG, § 14 Rn. 98; ErfK/Wank AÜG § 14 Rn. 12; Erdlenbruch, Die betriebsverfassungsrechtliche Stellung gewerbsmäßig überlassener Arbeitnehmer, 110 f.; Ulber, AÜG, § 14 Rn. 60; aA Thüsing/Thüsing, AÜG, § 14 Rn. 92.

[1415] KasselerHdb/Düwell Kap. 4.5 Rn. 472; Schüren/Hamann, AÜG, § 14 Rn. 102; Urban-Crell/Schulz Rn. 1070.

VII. Betriebsverfassungsrechtliche Stellung des Leiharbeitnehmers im Entleiherbetrieb

ee) Weitere betriebsverfassungsrechtliche Individualrechte des Leiharbeitnehmers

Da die Aufzählung in § 14 Abs. 2 S. 2, 3 AÜG **nicht abschließend** ist, können für Leiharbeitnehmer im Entleiherbetrieb weitere betriebsverfassungsrechtliche Bestimmungen Anwendung finden. So gilt zB § 75 BetrVG, nach dem alle im Betrieb tätigen Personen nach den Grundsätzen von Recht und Billigkeit zu behandeln sind, auch für die Leiharbeitnehmer im Entleiherbetrieb.[1416] Ferner soll den Leiharbeitnehmern das Vorschlagsrecht des Arbeitnehmers nach § 86a BetrVG zustehen.[1417]

738

3. Beteiligungsrechte des Entleiherbetriebsrats

Nach § 14 Abs. 3 AÜG steht dem Betriebsrat des Entleiherbetriebs ein **Mitbestimmungsrecht** nach § 99 BetrVG zu, wenn ein **Leiharbeitnehmer in den Entleiherbetrieb übernommen** wird. § 14 Abs. 3 S. 2 und 3 AÜG erweitern die Unterrichtungspflicht des Entleihers. Damit sind die Beteiligungsrechte des Entleiherbetriebsrats beim Einsatz von Leiharbeitnehmern jedoch nicht abschließend geregelt.[1418]

739

a) Beteiligung bei der Übernahme von Leiharbeitnehmern

§ 14 Abs. 3 S. 1 AÜG schreibt vor, dass der Betriebsrat des Entleiherbetriebs vor der Übernahme eines Leiharbeitnehmers zur Arbeitsleistung nach § 99 BetrVG zu beteiligen ist.

740

aa) Rechtscharakter der Verweisung

Ob die Vorschrift des § 14 Abs. 3 S. 1 AÜG eine **Rechtsgrund-** oder eine **Rechtsfolgenverweisung** darstellt, ist **umstritten**. Diese Frage ist insoweit praktisch bedeutsam, als ihre Beantwortung darüber entscheidet, ob das Mitbestimmungsrecht von der in § 99 BetrVG **vorgegebenen Unternehmensgröße** (regelmäßig mehr als 20 Arbeitnehmer) **abhängt oder nicht**. Während im Falle einer Rechtsgrundverweisung[1419] alle Tatbestandsmerkmale des § 99 BetrVG erfüllt sein müssten, bestünde das Mitbestimmungsrecht bei Annahme einer Rechtsfolgenverweisung[1420] unabhängig von diesen Voraussetzungen. Die **besseren Argumente** sprechen für die **Rechtsgrundverweisung**. Denn der Gesetzgeber wollte mit § 14 Abs. 3 S. 1 AÜG nur klarstellen, dass die vorübergehende Eingliederung von Leiharbeitnehmern mitbestimmungspflichtig ist; § 99 BetrVG sollte dadurch nicht tatbestandlich erweitert werden.[1421] Die Annahme einer Rechtsfolgenverweisung würde dazu führen, dass die Beteiligungsrechte des Betriebsrats in Bezug auf Leiharbeitnehmer weitreichender wären als bezüglich des Stammpersonals. Dass der Betriebsrat eines Betriebs unterhalb der Schwellenzahl des § 99 BetrVG bei einer Eingliederung eines Leiharbeitnehmers mitbestim-

741

[1416] Schüren/*Hamann*, AÜG, § 14 Rn. 106; Thüsing/*Thüsing*, AÜG, § 14 Rn. 97; ErfK/*Wank* AÜG § 14 Rn. 13; HWK/*Gotthardt* AÜG § 14 Rn. 13.
[1417] Thüsing/*Thüsing*, AÜG, § 14 Rn. 96; Schüren/*Hamann*, AÜG, § 14 Rn. 106.
[1418] BT-Drs. 9/847, 8 f.
[1419] *Urban-Crell/Schulz* Rn. 1097; Schüren/*Hamann*, AÜG, § 14 Rn. 146; Thüsing/*Thüsing*, AÜG, § 14 Rn. 147; *Boemke/Lembke*, AÜG, § 14 Rn. 98; KasselerHdb/*Düwell* Kap. 4.5 Rn. 476; *Erdlenbruch*, Die betriebsverfassungsrechtliche Stellung gewerbsmäßig überlassener Arbeitnehmer, 181 f.
[1420] ErfK/*Wank* AÜG § 14 Rn. 18; *Becker/Wulfgramm*, AÜG, § 14 Rn. 96; *Sandmann/Marschall/Schneider*, AÜG, Art. 1 § 14 Rn. 16.
[1421] *Boemke/Lembke*, AÜG, § 14 Rn. 98; Schüren/*Hamann*, AÜG, § 14 Rn. 146; Thüsing/*Thüsing*, AÜG, § 14 Rn. 147.

men hätte, nicht aber bei der eines Stammarbeiters, erscheint jedoch sachlich nicht gerechtfertigt.

bb) Übernahme

742 Unter einer „Übernahme" im Sinne des § 14 Abs. 3 S. 1 AÜG ist die Eingliederung, dh die **tatsächliche Beschäftigung des Leiharbeitnehmers** im Entleiherunternehmen zu verstehen.[1422] Der bloße Abschluss des Arbeitnehmerüberlassungsvertrags stellt noch keine solche Eingliederung und damit keine das Beteiligungsrecht auslösende Übernahme dar.[1423] Gleiches gilt für die Aufnahme von Leiharbeitnehmern aufgrund eines Rahmenüberlassungsvertrags in einen Stellenpool; hier greift das Mitbestimmungsrecht erst, wenn es zu einem konkreten Einsatz kommt.[1424] Die **Dauer der beabsichtigten Überlassung** ist für das Mitbestimmungsrecht **irrelevant**.[1425] Die Verlängerung des Einsatzes des Leiharbeitnehmers im Entleiherunternehmen unterfällt dem Begriff der Übernahme; sie ist wie eine erneute Übernahme zu behandeln.[1426] Wird dem Leiharbeitnehmer während der Dauer der Überlassung innerhalb des Entleiherbetriebs ein anderer Arbeitsplatz zugewiesen, handelt es sich hingegen nicht um eine Übernahme iSd § 14 Abs. 3 AÜG.[1427] Unter Umständen kann darin jedoch eine gemäß § 99 Abs. 1 iVm § 95 Abs. 3 BetrVG zustimmungspflichtige Versetzung liegen.[1428] Wird ein **Leiharbeitnehmer gegen einen anderen ausgetauscht,** stellt dies eine **mitbestimmungspflichtige Übernahme** iSv § 14 Abs. 3 S. 1 AÜG dar.[1429] Die Begründung eines Arbeitsverhältnisses zwischen Leiharbeitnehmer und Entleiher löst zwar ein Beteiligungsrecht des Betriebsrats nach § 99 BetrVG aus – es handelt sich jedoch nicht um eine Übernahme iSd § 14 Abs. 3 AÜG, sondern um eine Einstellung nach § 99 BetrVG.[1430]

cc) Inhalt des Beteiligungsrechts

743 Grundsätzlich hat der Arbeitgeber gemäß § 99 Abs. 1 S. 1 BetrVG vor einer der dort genannten Maßnahmen den **Betriebsrat zu unterrichten,** ihm die **erforderlichen Bewerbungsunterlagen** vorzulegen, **Auskunft** über die Person der Beteiligten zu geben sowie unter Vorlage der erforderlichen Unterlagen **Auskunft über die Auswirkungen** der geplanten Maßnahme zu geben und die **Zustimmung des Betriebsrats** zu der Maßnahme **einzuholen.** Aus der Natur der Arbeitnehmerüberlassung als Dreipersonenverhältnis ergeben sich hinsichtlich des Umfangs der Unterrichtungspflicht des Entleihers nach § 14 Abs. 3 AÜG jedoch einige **Besonderheiten,**[1431]

[1422] BAG 23. 1. 2008 – 1 ABR 74/06, AP AÜG § 14 Nr. 14 m. Anm. *Hamann.*
[1423] BAG 23. 1. 2008 – 1 ABR 74/06, AP AÜG § 14 Nr. 14 m. Anm. *Hamann; Boemke/Lembke,* AÜG, § 14 Rn. 99; Thüsing/*Thüsing,* AÜG, § 14 Rn. 159; Schüren/*Hamann,* AÜG, § 14 Rn. 150.
[1424] BAG 23. 1. 2008 – 1 ABR 74/06, AP AÜG § 14 Nr. 14 m. Anm. *Hamann.*
[1425] KasselerHdb/*Düwell* Kap. 4.5. Rn. 479; ErfK/*Wank* AÜG § 14 Rn. 20.
[1426] LAG Frankfurt 9. 2. 1988 – 5 TaBV 113/87, DB 1988, 1956; *Boemke/Lembke,* AÜG, § 14 Rn. 99; Schüren/*Hamann,* AÜG, § 14 Rn. 152.
[1427] Thüsing/*Thüsing,* AÜG, § 14 Rn. 160; Schüren/*Hamann,* AÜG, § 14 Rn. 153.
[1428] KasselerHdb/*Düwell* Kap. 4.5. Rn. 481; Thüsing/*Thüsing,* AÜG, § 14 Rn. 160.
[1429] BAG 23. 1. 2008 – 1 ABR 74/06, AP AÜG § 14 Nr. 14 m. Anm. *Hamann;* LAG Frankfurt 16. 1. 2007 – 4 TaBV 203/06, EzAÜG AÜG § 14 Betriebsverfassung Nr. 66; Urban-Crell/*Germakowski,* AÜG, § 14 Rn. 115; Thüsing/*Thüsing,* AÜG, § 14 Rn. 160; ErfK/*Wank* AÜG § 14 Rn. 20.
[1430] *Boemke/Lembke,* AÜG, § 14 Rn. 101; Thüsing/*Thüsing,* AÜG, § 14 Rn. 161.
[1431] BAG 16. 6. 2008 – 1 ABR 39/07, nv; LAG Frankfurt 16. 1. 2007 – 4 TaBV 203/06, EzAÜG AÜG § 14 Betriebsverfassung Nr. 66 unter Hinweis auf BAG 14. 5. 1974 – 1 ABR 40/73, AP BetrVG 1972 § 99 Nr. 2; LAG Köln 12. 6. 1987 – 4 TaBV 10/87, DB 1987, 2106; *Becker/Wulfgramm,* AÜG, § 14 Rn. 97; ErfK/*Wank* AÜG § 14 Rn. 21; KasselerHdb/*Düwell* Kap. 4.5 Rn. 483.

VII. Betriebsverfassungsrechtliche Stellung des Leiharbeitnehmers im Entleiherbetrieb

die teilweise nicht einheitlich beurteilt werden. Grundsätzlich hat der Entleiher dem Entleiherbetriebsrat **alle Informationen** zu erteilen, die für eine **Zustimmungsverweigerung** nach § 99 Abs. 2 BetrVG **relevant sein können**.[1432]

Der Entleiher hat dem Betriebsrat zunächst die **Anzahl** der zu übernehmenden Leiharbeitnehmer sowie den **Beginn** und die geplante **Dauer des jeweiligen Einsatzes** mitzuteilen.[1433] Unstreitig ist ferner die Notwendigkeit von Angaben über den **vorgesehenen Arbeitsplatz**, die **Art der auszuführenden Tätigkeit** sowie die **Arbeitszeit** des einzelnen Leiharbeitnehmers.[1434] Darüber hinaus erstreckt sich die Unterrichtungspflicht des Entleihers auf die berufliche Qualifikation der Leiharbeitnehmer.[1435]

744

Angaben zur Person des Leiharbeitnehmers (Name, Alter, Nationalität, Geschlecht) können nach überwiegender Ansicht **nur** verlangt werden, wenn dem Entleiher die **Personalien bekannt** sind.[1436] Ist der zu überlassende Arbeitnehmer – wie üblich – im Überlassungsvertrag nicht namentlich festgelegt, soll der Entleiher in der Regel auch nicht verpflichtet sein, von sich aus umfassende Informationen über die Person des Leiharbeitnehmers beim Verleiher zu erfragen.[1437] Schuldet der Verleiher nach dem Überlassungsvertrag hingegen die Überlassung eines konkreten Arbeitnehmers, hat der Entleiher dessen persönliche Daten dem Betriebsrat von sich aus mitzuteilen; sind dem Entleiher die Daten nicht bekannt, trifft ihn in diesem Fall eine Erkundigungspflicht gegenüber dem Verleiher.[1438]

745

Gemäß § 99 Abs. 1 S. 1 BetrVG hat der Entleiher dem Betriebsrat des Weiteren Auskunft über die **Auswirkungen der geplanten Übernahme auf den Entleiherbetrieb** zu geben. Solche Auswirkungen können beispielsweise im Hinblick auf die Zuteilung von Parkplätzen oder die Beaufsichtigung und Einweisung bestehen.[1439]

746

Nach herrschender Meinung gehört zur Unterrichtungspflicht auch die **Vorlage des Arbeitnehmerüberlassungsvertrags** mit dem Verleiher.[1440] Denn nur durch Einsicht in den Überlassungsvertrag wird der Betriebsrat in die Lage versetzt, sich ein

747

[1432] ErfK/*Wank* AÜG § 14 Rn. 21; Schüren/*Hamann*, AÜG, § 14 Rn. 158; *Ulber*, AÜG, § 14 Rn. 148; *Erdlenbruch*, Die betriebsverfassungsrechtliche Stellung gewerbsmäßig überlassener Arbeitnehmer, 185; *Plum* DB 2011, 2916 ff.

[1433] Thüsing/*Thüsing*, AÜG, § 14 Rn. 164; *Ulber*, AÜG, § 14 Rn. 152; *Urban-Crell*/*Schulz* Rn. 1102; Schüren/*Hamann*, AÜG, § 14 Rn. 159.

[1434] LAG Köln 12. 6. 1987 – 4 TaBV 10/87, DB 1987, 2106; *Fitting* § 99 Rn. 153; Schüren/*Hamann*, AÜG, § 14 Rn. 160; *Urban-Crell*/*Schulz* Rn. 1102; *Ulber*, AÜG, § 14 Rn. 152.

[1435] *Urban-Crell*/*Schulz* Rn. 1102; Thüsing/*Thüsing*, AÜG, § 14 Rn. 165; *Fitting* § 99 Rn. 178; MüArbR/*Schüren* § 318 Rn. 60; *Ulber*, AÜG, § 14 Rn. 152; Schüren/*Hamann*, AÜG, § 14 Rn. 161.

[1436] *Urban-Crell*/*Germakowski*, AÜG, § 14 Rn. 119; Schüren/*Hamann*, AÜG, § 14 Rn. 162; *Fitting* § 99 Rn. 178; Thüsing/*Thüsing*, AÜG, § 14 Rn. 165; aA *Ulber*, AÜG, § 14 Rn. 152; *Boemke*/*Lembke*, AÜG, § 14 Rn. 102.

[1437] LAG Frankfurt 16. 1. 2007 – 4 TaBV 203/06, EzAÜG AÜG § 14 Betriebsverfassung Nr. 66; LAG Baden-Württemberg 14. 7. 2006 – 5 TaBV 6/05, AuA – Personalprofi 2007, 568; LAG Köln 12. 6. 1987– 4 TaBV 10/87, DB 1987, 2106; Thüsing/*Thüsing*, AÜG, § 14 Rn. 165; Schüren/*Hamann*, AÜG, § 14 Rn. 162; *Hunold* NZA-RR 2008, 281; *Wensing*/*Freise* BB 2004, 2238; aA *Ulber*, AÜG, § 14 Rn. 152.

[1438] Thüsing/*Thüsing*, AÜG, § 14 Rn. 165; Schüren/*Hamann*, AÜG, § 14 Rn. 164.

[1439] Schüren/*Hamann*, AÜG, § 14 Rn. 166; Thüsing/*Thüsing*, AÜG, § 14 Rn. 166.

[1440] BAG 6. 6. 1978 – 1 ABR 66/75, AP BetrVG 1972 § 99 Nr. 6; *Urban-Crell*/*Schulz* Rn. 1105; *Boemke*/*Lembke*, AÜG, § 14 Rn. 103; *Ulber*, AÜG, § 14 Rn. 151; Schüren/*Hamann*, AÜG, § 14 Rn. 167; *Fitting* § 99 Rn. 178; KasselerHdb/*Düwell* Kap. 4.5 Rn. 483; MüArbR/*Schüren* § 318 Rn. 60; Thüsing/*Thüsing*, AÜG, § 14 Rn. 165; *Sandmann*/*Marschall*/*Schneider*, AÜG, Art. 1 § 14 Rn. 18; aA LAG Niedersachsen 28. 2. 2006 – 13 TaBV 56/05, EzAÜG AÜG § 14 Nr. 64; *Wensing*/*Freise* BB 2004, 2238.

genaues Bild über das Ausmaß des Einsatzes von Leiharbeitnehmern und damit über die Auswirkungen für den Betrieb zu machen. Die Vorlagepflicht soll allerdings **nicht** die Vereinbarungen über die **Höhe der Überlassungsvergütung** umfassen.[1441] Der Entleiher ist nicht verpflichtet, seinem Betriebsrat Auskunft über die Arbeitsverträge der Leiharbeitnehmer mit dem Verleiher zu geben.[1442] Gleiches gilt für Angaben zur Lohnhöhe und Eingruppierung der Leiharbeitnehmer, da diese allein das Verhältnis zwischen Verleiher und Leiharbeitnehmer betreffen.[1443] Auch die Geltung des Gleichbehandlungsgrundsatzes (§§ 3 Abs. 1 Nr. 3, 9 Nr. 1 AÜG) führt diesbezüglich nicht zu einer anderen Bewertung.[1444] Ob der Verleiher der ihm obliegenden Vergütungspflicht nachkommt, ist für die Tätigkeit des Leiharbeitnehmers beim Entleiher irrelevant. Die nach § 99 Abs. 1 S. 1 BetrVG grundsätzlich erforderliche Vorlage von Bewerbungsunterlagen kann der Betriebsrat des Entleihers in Bezug auf Leiharbeitnehmer nicht verlangen.[1445] Denn die Übernahme des Leiharbeitnehmers erfolgt nicht aufgrund einer Bewerbung beim Entleihunternehmen, sondern durch Zuweisung des Verleihers.

748 Vorzulegen hat der Entleiher dem Betriebsrat hingegen die **schriftliche Erklärung des Verleihers** nach § 12 Abs. 1 S. 2 AÜG **bezüglich der Überlassungserlaubnis** (§ 14 Abs. 3 S. 2 AÜG). Ferner muss der Entleiher den Betriebsrat sofort unterrichten, wenn ihm der Verleiher den Wegfall der Erlaubnis mitgeteilt hat (§ 14 Abs. 3 S. 3 AÜG). Dadurch soll dem Betriebsrat die Beurteilung seiner Beteiligungsrechte hinsichtlich der im Unternehmen eingesetzten Fremdfirmenpersonen erleichtert werden.[1446] Bei fehlender Arbeitnehmerüberlassungserlaubnis wird gemäß § 10 Abs. 1 AÜG ein Arbeitsverhältnis zwischen den Leiharbeitnehmern und dem Entleiher fingiert. Damit wäre dann der Entleiherbetriebsrat in vollem Umfang für diese Arbeitnehmer zuständig. Der Entleiher ist ferner nicht verpflichtet, den Betriebsrat darüber zu unterrichten, welche teilzeitbeschäftigten Arbeitnehmer aufgrund ihres angezeigten Wunsches auf Aufstockung ihrer Arbeitszeit für die zu besetzende Stelle grundsätzlich in Betracht gekommen wären. Diese Information weist keinen hinreichenden Bezug zu der dem Betriebsrat mit der Unterrichtung nach § 99 Abs. 1 S. 1 und S. 2 BetrVG zu eröffnenden sachangemessenen Prüfung auf, ob ein Grund für die Verweigerung der Zustimmung zu der beabsichtigten Einstellung des Arbeitnehmers vorliegt.[1447]

[1441] *Fitting* § 99 Rn. 153; *Urban-Crell/Schulz* Rn. 1105; *Schüren/Hamann*, AÜG, § 14 Rn. 167.
[1442] BAG 6. 6. 1978 – 1 ABR 66/75, AP BetrVG 1972 § 99 Nr. 6; 14. 5. 1974 – 1 ABR 40/73, AP BetrVG 1972 § 99 Nr. 2; LAG Niedersachsen 29. 11. 2006 – 13 TaBV 56/05, jurisPR-ArbR 48/2006, Anm. 3; *Schüren/Hamann*, AÜG, § 14 Rn. 168; *Erdlenbruch*, Die betriebsverfassungsrechtliche Stellung gewerbsmäßig überlassener Arbeitnehmer, 1992, 186 ff.; *Boemke/Lembke*, AÜG, § 14 Rn. 104; *Fitting* § 99 Rn. 178; *Becker/Wulfgramm*, AÜG, § 14 Rn. 97; *Urban-Crell/Schulz* Rn. 1107; KasselerHdb/*Düwell* Kap. 4.5 Rn. 483; *Sandmann/Marschall/Schneider*, AÜG, Art. 1 § 14 Rn. 19; *Thüsing/Thüsing*, AÜG, § 14 Rn. 165; zweifelnd seit Geltung des equal-pay-Grundsatzes: *Urban-Crell/Germakowski*, AÜG, § 14 Rn. 120.
[1443] BAG 6. 6. 1978 – 1 ABR 66/75, AP BetrVG 1972 § 99 Nr. 6; *Schüren/Hamann*, AÜG, § 14 Rn. 169; *Urban-Crell/Germakowski*, AÜG, § 14 Rn. 120; *Urban-Crell/Schulz* Rn. 1107; ErfK/*Wank* AÜG § 14 Rn. 22; *Erdlenbruch*, Die betriebsverfassungsrechtliche Stellung gewerbsmäßig überlassener Arbeitnehmer, 189; KasselerHdb/*Düwell* Kap. 4.5 Rn. 483.
[1444] *Urban-Crell/Schulz* Rn. 1107; *Schüren/Hamann*, AÜG, § 14 Rn. 169.
[1445] LAG Niedersachsen 19. 11. 2008 – 15 TaBV 159/07, nv; BAG 18. 12. 1990 – 1 ABR 37/90, AP BetrVG 1972 § 99 Nr. 85; ErfK/*Wank* AÜG § 14 Rn. 22; *Schüren/Hamann*, AÜG, § 14 Rn. 170; *Urban-Crell/Schulz* Rn. 1104; *Becker/Wulfgramm*, AÜG, § 14 Rn. 97; *Plum* DB 2011, 2916 (2919).
[1446] BT-Drs. 9/847, 9.
[1447] BAG 1. 6. 2011 – 7 ABR 117/09, NZA 2011, 1435.

dd) Zustimmungsverweigerung

Unter den Voraussetzungen des § 99 Abs. 2 BetrVG kann der Entleiherbetriebsrat **749** die Zustimmung zur Übernahme des Leiharbeitnehmers verweigern. Dabei enthalten die Nrn. 1 bis 6 auch für den Fall der Übernahme von Leiharbeitnehmern eine **abschließende Aufzählung der Gründe** für die Verweigerung der Zustimmung.[1448] Zusätzliche Verweigerungsgründe bestehen nicht. Insbesondere können allgemeine sozial- oder arbeitsmarktpolitische Erwägungen oder die grundsätzliche Ablehnung der Leiharbeit als Wirtschaftsform eine Zustimmungsverweigerung nicht rechtfertigen.[1449]

(1) Zustimmungsverweigerungsgründe

Nach § 99 Abs. 2 Nr. 1 BetrVG kann der Betriebsrat die Zustimmung zur Über- **750** nahme des Leiharbeitnehmers verweigern, wenn diese gegen eine der in Nr. 1 genannten Rechtsvorschriften, gegen eine gerichtliche Entscheidung oder eine behördliche Anordnung verstoßen würde. Dabei muss die **Übernahme als solche eine der Rechtsvorschriften** verletzen.[1450] Auch der Verstoß gegen eine Bestimmung des AÜG kann zur Zustimmungsverweigerung berechtigen. Verfügt der Verleiher nicht über die nach § 1 Abs. 1 S. 1 AÜG erforderliche Überlassungserlaubnis, stellt dies einen Gesetzesverstoß dar, der dem Entleiherbetriebsrat das Recht zur Verweigerung der Zustimmung gibt.[1451] **Verletzt der Verleiher den Gleichbehandlungsgrundsatz**, berechtigt dies den Entleiherbetriebsrat **nicht** zur Zustimmungsverweigerung nach § 99 Abs. 2 Nr. 1 BetrVG.[1452] Denn nicht die Übernahme als solche, sondern allein das Verhalten des Verleihers ist gesetzwidrig. Der Leiharbeitnehmer ist ausreichend dadurch geschützt, dass das Gesetz ihm einen Auskunftsanspruch gegen den Entleiher gewährt (§ 13 AÜG) und den Verleiher zur Zahlung der Vergütungsdifferenz verpflichtet (§ 10 Abs. 4 AÜG). Ein Zustimmungsverweigerungsrecht des Betriebsrats nach § 99 Abs. 2 Nr. 1 BetrVG besteht hingegen nach den allgemeinen Grundsätzen bei **Verstößen gegen Beschäftigungsverbote** nach dem JArbSchG, dem MuSchG oder bei fehlender Arbeitserlaubnis[1453] sowie bei Verstößen gegen Bestimmungen des AGG, ASiG, ArbZG, des BDSG oder des BGB.[1454]

[1448] *Becker/Wulfgramm*, AÜG, § 14 Rn. 98; *Schüren/Hamann*, AÜG, § 14 Rn. 182; ErfK/*Wank* AÜG § 14 Rn. 23; *Thüsing/Thüsing*, AÜG, § 14 Rn. 167; *Sandmann/Marschall/Schneider*, AÜG, Art. 1 § 14 Rn. 21.
[1449] LAG Düsseldorf 4. 10. 2001 – 11 (17) TaBV 23/01, BB 2002, 357; *Sandmann/Marschall/Schneider*, AÜG, Art. 1 § 14 Rn. 21; *Erdlenbruch*, Die betriebsverfassungsrechtliche Stellung gewerbsmäßig überlassener Arbeitnehmer, 190 f.; *Becker/Wulfgramm*, AÜG, § 14 Rn. 98; KasselerHdb/*Düwell* Kap. 4.5 Rn. 487; *Thüsing/Thüsing*, AÜG, § 14 Rn. 167.
[1450] BAG 28. 1. 1992 – 1 ABR 45/91, NZA 1992, 606; 14. 11. 1989 – 1 ABR 88/88, AP BetrVG 1972 § 99 Nr. 77; 28. 9. 1988 – 1 ABR 85/87, NZA 1989, 358; *Fitting* § 99 Rn. 189; Urban-Crell/*Germakowski*, AÜG, § 14 Rn. 123; *Schüren/Hamann*, AÜG, § 14 Rn. 183.
[1451] LAG Schleswig-Holstein 18. 6. 2008 – 3 TaBV 8/08, EzA-SD 2008, Nr. 22, 15; aA LAG Düsseldorf 30. 10. 2008 – 15 TaBV 114/08, EzA-SD 2009, Nr. 5, 14; *Schüren/Hamann*, AÜG, § 14 Rn. 186; *Erdlenbruch*, Die betriebsverfassungsrechtliche Stellung gewerbsmäßig überlassener Arbeitnehmer, 1992, 191; *Ulber*, AÜG, § 14 Rn. 162.
[1452] LAG Niedersachsen 19. 11. 2008 – 15 TaBV 159/07, nv; LAG Düsseldorf 30. 10. 2008 – 15 TaBV 114/08, jurisPR-ArbR 14/2009, Anm. 3, *Hamann*; *Fitting* § 99 Rn. 191; Urban-Crell/*Germakowski*, AÜG, § 14 Rn. 126; *Urban-Crell/Schulz* Rn. 1111; *Hamann* NZA 2003, 526; *Hunold* NZA-RR 2008, 281; *Wensing/Freise* BB 2004, 2238; aA MüArbR/*Matthes* § 263 Rn. 52; *Grimm/Brock* DB 2003, 1116.
[1453] BAG 22. 1. 1991 – 1 ABR 18/90, AP BetrVG 1972 § 99 Nr. 86.
[1454] *Schüren/Hamann*, AÜG, § 14 Rn. 194; *Fitting* § 99 Rn. 195 ff.

751 Gemäß § 99 Abs. 2 Nr. 2 BetrVG ist der Betriebsrat befugt, einer **personellen Maßnahme** zu widersprechen, wenn sie **gegen eine Auswahlrichtlinie** iSd § 95 Abs. 1 BetrVG **verstoßen** würde. Auch Auswahlrichtlinien über die Übernahme von Leiharbeitnehmern sind grundsätzlich zulässig.[1455] Ob eine bei dem Entleiher bestehende Auswahlrichtlinie auch auf Leiharbeitnehmer anzuwenden ist, ist bei Fehlen einer ausdrücklichen Regelung durch Auslegung zu ermitteln.[1456]

752 Des Weiteren besteht ein Zustimmungsverweigerungsrecht des Betriebsrats nach § 99 Abs. 2 Nr. 3 BetrVG, wenn die durch Tatsachen begründete Besorgnis besteht, dass infolge der Übernahme eines **Leiharbeitnehmers Stammarbeitnehmern des Entleihers gekündigt wird** oder ihnen **sonstige Nachteile drohen,** ohne dass dies aus betrieblichen oder persönlichen Gründen gerechtfertigt ist. Dies kann zB der Fall sein, wenn der Einsatz von Leiharbeitnehmern für Stammarbeitnehmer eine Versetzung mit ungünstigeren Arbeitsbedingungen zur Folge hat.[1457] Da die Übernahme eines Leiharbeitnehmers keine „Einstellung" iSd § 99 Abs. 2 Nr. 3 BetrVG darstellt, können Leiharbeitnehmer nicht mit (befristet) Beschäftigten der Stammbelegschaft um die Besetzung eines unbefristeten Arbeitsplatzes konkurrieren.[1458] Die **Entscheidung** des Entleihers, **Dauerarbeitsplätze mit Leiharbeitnehmern zu besetzen,** löst daher für den Betriebsrat **kein Zustimmungsverweigerungsrecht** nach § 99 Abs. 2 Nr. 3 BetrVG aus.[1459] Ein Zustimmungsverweigerungsrecht des Betriebsrats nach § 99 Abs. 2 Nr. 3 BetrVG kann jedoch bestehen, wenn ein teilbeschäftigter Arbeitnehmer den Anspruch auf Verlängerung seiner Arbeitszeit nach § 9 TzBfG geltend gemacht hat und der Arbeitgeber beabsichtigt, den entsprechenden freien Arbeitsplatz mit einem anderen Arbeitnehmer zu besetzen. Bei einer anderweitigen Besetzung des freien Arbeitsplatzes würde der an einer Aufstockung seiner Arbeitszeit interessierte Teilzeitarbeitnehmer den Nachteil erleiden, seinen Rechtsanspruch nach § 9 TzBfG nicht mehr durchsetzen zu können; die Erfüllung des Anspruchs eines teilzeitbeschäftigten Arbeitnehmers aus § 9 TzBfG wäre dann rechtlich unmöglich, so dass der Arbeitnehmer auf einen Schadensersatzanspruch verwiesen wäre.[1460] Dies gilt freilich nicht schon dann, wenn Arbeitnehmer ihren Wunsch nach einer Verlängerung der vertraglich vereinbarten Arbeitszeit angezeigt haben; der Arbeitnehmer muss vielmehr ein hierauf bezogenes Vertragsangebot an den Arbeitgeber richten.[1461]

753 Gemäß § 99 Abs. 2 Nr. 4 BetrVG kann der Betriebsrat die Zustimmung verweigern, wenn „**der betroffene Arbeitnehmer**" selbst, dh der Leiharbeitnehmer bei einem Einsatz im Entleiherbetrieb **ungerechtfertigt benachteiligt** wird. Dabei ist zu beach-

---

[1455] *Boemke/Lembke,* AÜG, § 14 Rn. 109; *Schüren/Hamann,* AÜG, § 14 Rn. 202; KasselerHdb/ *Düwell* Kap. 4.5 Rn. 489.

[1456] *Thüsing/Thüsing,* AÜG, § 14 Rn. 169; *Becker/Wulfgramm,* AÜG, § 14 Rn. 100; Schüren/ Hamann, AÜG, § 14 Rn. 203.

[1457] *Schüren/Hamann,* AÜG, § 14 Rn. 208; *Becker/Wulfgramm,* AÜG, § 14 Rn. 101; Thüsing/ *Thüsing,* AÜG, § 14 Rn. 171; *Boemke/Lembke,* AÜG, § 14 Rn. 110.

[1458] BAG 25. 1. 2005 – 1 ABR 61/03, NZA 2005, 1199; LAG Düsseldorf 30. 10. 2008 – 15 TaBV 114/08, jurisPR-ArbR 14/2009, Anm. 3, *Hamann*; LAG Niedersachsen 9. 8. 2006 – 15 TaBV 53/05, jurisPR-ArbR 2/2007, Anm. 1, *Hamann*; *Düwell/Dahl* NZA 2007, 889; *Fitting* § 99 Rn. 232; *Hunold* NZA-RR 2008, 281.

[1459] *Urban-Crell/Germakowski,* AÜG, § 14 Rn. 133; *Thüsing/Thüsing,* AÜG, § 14 Rn. 171a; *Schüren/Hamann,* AÜG, § 14 Rn. 207; vgl. LAG Niedersachsen 31. 10. 2006 – 12 TaBV 1/06, EzAÜG AÜG § 1 Konzerninterne Arbeitnehmerüberlassung Nr. 16; LAG Niedersachsen 9. 8. 2006 – 15 TaBV 53/05, nv.

[1460] BAG 1. 6. 2011 – 7 ABR 117/09, NZA 2011, 1435 (1438, Rn. 31).

[1461] BAG 1. 6. 2011 – 7 ABR 117/09, NZA 2011, 1435 (1438).

ten, dass solche Nachteile ausscheiden, die auf Grund der Besonderheiten des Leiharbeitsverhältnisses gerechtfertigt sind.[1462] Zudem muss der Leiharbeitnehmer unmittelbar durch die Übernahme benachteiligt werden.[1463] Soweit Nachteile aus dem Vertragsverhältnis zwischen Verleiher und Leiharbeitnehmer resultieren, begründet dies kein Zustimmungsverweigerungsrecht des Entleiherbetriebsrats.[1464] In Betracht kommt eine Zustimmungsverweigerung nach § 99 Abs. 2 Nr. 4 BetrVG beispielsweise bei Behandlungsweisen, die gegen § 75 Abs. 1 BetrVG verstoßen[1465] oder wenn ein **Leiharbeitnehmer zu Tätigkeiten** herangezogen werden soll, **die dem Überlassungsvertrag widersprechen.**[1466] Umstritten ist, ob ein zur Zustimmungsverweigerung berechtigender Nachteil vorliegt, wenn Leiharbeitnehmer für besonders schwere, schmutzige oder gefährliche Arbeiten eingesetzt werden, die der Stammbelegschaft erspart bleiben sollen.[1467]

§ 99 Abs. 2 Nr. 5 BetrVG sieht ein Zustimmungsverweigerungsrecht des Betriebsrats für den Fall vor, dass eine nach § 93 BetrVG **erforderliche Ausschreibung im Betrieb unterblieben** ist. Dieser Grund zur Zustimmungsverweigerung kann auch bei der Übernahme eines Leiharbeitnehmers vorliegen.[1468] Teilweise wird danach differenziert, ob der betreffende Arbeitsplatz ausschließlich mit Leiharbeitnehmern besetzt werden soll, da dieser dann bereits dem innerbetrieblichen Arbeitsmarkt entzogen sei.[1469] Einigkeit besteht insoweit, dass der Betriebsrat im Entleiherbetrieb der Übernahme eines Leiharbeitnehmers jedenfalls dann widersprechen kann, wenn dieser auf einem nicht ausschließlich für Leiharbeitnehmer eingerichteten Arbeitsplatz eingesetzt werden soll und keine Ausschreibung nach § 93 BetrVG erfolgt ist.[1470]

754

Schließlich kann der Betriebsrat nach § 99 Abs. 2 Nr. 6 BetrVG die Zustimmung verweigern, wenn die durch Tatsachen begründete Besorgnis besteht, dass durch die **personelle Maßnahme der Betriebsfrieden** durch gesetzwidriges Verhalten oder durch grobe Verletzung der in § 75 Abs. 1 BetrVG enthaltenen Grundsätze **gestört wird.** Dabei muss die Störung von einem bestimmten Bewerber oder Arbeitnehmer ausgehen. Da der Betriebsfrieden durch einen Leiharbeitnehmer in gleicher Weise beeinträchtigt werden kann wie durch einen Arbeitnehmer des Stammpersonals, ist § 99 Abs. 2 Nr. 6 BetrVG auch auf die Übernahme eines Leiharbeitnehmers anzuwen-

755

[1462] *Becker/Wulfgramm*, AÜG, § 14 Rn. 102; *Schüren/Hamann*, AÜG, § 14 Rn. 209; *Boemke/Lembke*, AÜG, § 14 Rn. 111; *Erdlenbruch*, Die betriebsverfassungsrechtliche Stellung gewerbsmäßig überlassener Arbeitnehmer, 196.

[1463] BAG 16. 7. 1985 – 1 ABR 35/83, NZA 1986, 163; *Schüren/Hamann*, AÜG, § 14 Rn. 209; *Urban-Crell/Germakowski*, AÜG, § 14 Rn. 134.

[1464] *Urban-Crell/Germakowski*, AÜG, § 14 Rn. 134; *Schüren/Hamann*, AÜG, § 14 Rn. 209.

[1465] *Ulber*, AÜG, § 14 Rn. 173; *Schüren/Hamann*, AÜG, § 14 Rn. 209.

[1466] *Erdlenbruch*, Die betriebsverfassungsrechtliche Stellung gewerbsmäßig überlassener Arbeitnehmer, 196; *Ulber*, AÜG, § 14 Rn. 175; *Schüren/Hamann*, AÜG, § 14 Rn. 209.

[1467] Bejahend: *Becker/Wulfgramm*, AÜG, § 14 Rn. 102; *Ulber*, AÜG, § 14 Rn. 175; MüArbR/*Marschall* § 175 Rn. 123; verneinend, solange nicht gegen Rechtsvorschriften verstoßen wird: *Schüren/Hamann*, AÜG, § 14 Rn. 209; *Thüsing/Thüsing*, AÜG, § 14 Rn. 172; *Boemke/Lembke*, AÜG, § 14 Rn. 111.

[1468] BAG 14. 5. 1974 – 1 ABR 40/73, AP BetrVG 1972 § 99 Nr. 2; *Becker/Wulfgramm*, AÜG, § 14 Rn. 103; *Boemke/Lembke*, AÜG, § 14 Rn. 112; *Schüren/Hamann*, AÜG, § 14 Rn. 210; *Fitting* § 93 Rn. 5; *Ulber*, AÜG, § 14 Rn. 178.

[1469] LAG Niedersachsen 9. 8. 2006 – 15 TaBV 53/05, nv; *Thüsing/Thüsing*, AÜG, § 14 Rn. 173; *Hunold* NZA-RR 2008, 281.

[1470] *Schüren/Hamann*, AÜG, § 14 Rn. 210; *Thüsing/Thüsing*, AÜG, § 14 Rn. 173; *Boemke/Lembke*, AÜG, § 14 Rn. 112; *Ulber*, AÜG, § 14 Rn. 178; *Urban-Crell/Germakowski*, AÜG, § 14 Rn. 136; vgl. auch LAG Schleswig-Holstein 29. 2. 2012 – 6 TaBV 43/11.

A. Arbeitnehmerüberlassung

den.[1471] Erweist sich der Leiharbeitnehmer erst während des Einsatzes als betriebsstörend, kann der Betriebsrat vom Entleiher in entsprechender Anwendung des § 104 BetrVG verlangen, dass er den weiteren Einsatz dieses Leiharbeitnehmers gegenüber dem Verleiher ablehnt.[1472]

(2) Folgen der Zustimmungsverweigerung

756 Verweigert der Betriebsrat des Entleihers unter Berufung auf einen der in § 99 Abs. 2 BetrVG genannten Gründe die Zustimmung, muss der **Entleiher** gemäß § 99 Abs. 4 BetrVG das **arbeitsgerichtliche Zustimmungsersetzungsverfahren einleiten,** wenn er an der Maßnahme festhalten will. Bis zur rechtskräftigen Ersetzung der Zustimmung darf der Entleiher den Leiharbeitnehmer nicht einsetzen. Lässt er den Leiharbeitnehmer trotzdem arbeiten, kann der Entleiherbetriebsrat nach § 101 BetrVG die Aufhebung der Maßnahme durch das Arbeitsgericht beantragen. Allerdings hat der Entleiher auch die Möglichkeit, den Einsatz des Leiharbeitnehmers unter den Voraussetzungen des § 100 BetrVG als vorläufige Maßnahme durchzuführen.

757 Nicht eindeutig geklärt ist die Frage, wie sich eine Zustimmungsverweigerung des Entleiherbetriebsrats **auf die Zahlung der Überlassungsvergütung auswirkt.** Sachgerecht erscheint eine Unterscheidung danach, **wer den Umstand,** der den Betriebsrat zur Verweigerung der Zustimmung berechtigt, **zu vertreten hat.**[1473] Hat der Entleiher zB eine erforderliche innerbetriebliche Ausschreibung unterlassen (§ 99 Abs. 2 Nr. 5 BetrVG) oder gegen eine Auswahlrichtlinie verstoßen (§ 99 Abs. 2 Nr. 2 BetrVG), gerät er in Annahmeverzug und bleibt dem Verleiher gegenüber zur Zahlung der Überlassungsvergütung verpflichtet (§§ 326 Abs. 2 S. 1, 293 ff. BGB).[1474] Hat hingegen der Verleiher den Zustimmungsverweigerungsgrund zu vertreten (zB mangelnde Qualifikation des Leiharbeitnehmers, Besorgnis der Störung des Betriebsfriedens), liegt schon kein Annahmeverzug vor, da die Zuweisung eines solchen Leiharbeitnehmers regelmäßig kein ordnungsgemäßes Angebot zur Erfüllung des Überlassungsvertrags darstellt. Der Entleiher kann in diesem Fall weiter die Überlassung eines geeigneten Leiharbeitnehmers verlangen.[1475]

b) Sonstige Beteiligungsrechte

758 Nach dem Willen des Gesetzgebers soll über die Regelung des § 14 Abs. 3 AÜG hinaus die **Feststellung weiterer Beteiligungsrechte** des Betriebsrats durch die Rechtsprechung möglich sein.[1476] Hier kommen vor allem die allgemeinen Aufgaben des Betriebsrats nach §§ 75, 80 BetrVG, die Mitbestimmungsrechte nach § 87 BetrVG sowie Unterrichtungs- und Beratungsrechte, die sich auf die Gestaltung der Arbeitsplätze nach §§ 90 f. BetrVG beziehen, in Betracht. Bei der Frage, ob der Betriebsrat des Verleihers oder des Entleihers mitzubestimmen hat, kann man sich daran orientieren, wer die mitbestimmungspflichtige Entscheidung trifft.[1477] Rechte des Entleiherbetriebsrats in Bezug auf die Leiharbeitnehmer bestehen grundsätzlich dort, wo eine

---

[1471] Thüsing/*Thüsing*, AÜG, § 14 Rn. 174; Urban-Crell/*Germakowski*, AÜG, § 14 Rn. 137; Schüren/*Hamann*, AÜG, § 14 Rn. 211.
[1472] Schüren/*Hamann*, AÜG, § 14 Rn. 212; Thüsing/*Thüsing*, AÜG, § 14 Rn. 174.
[1473] So: Schüren/*Hamann*, AÜG, § 14 Rn. 216 f.
[1474] Schüren/*Hamann*, AÜG, § 14 Rn. 216; Thüsing/*Thüsing*, AÜG, § 14 Rn. 176; *Boemke/Lembke*, AÜG, § 14 Rn. 105.
[1475] Schüren/*Hamann*, AÜG, § 14 Rn. 217; Thüsing/*Thüsing*, AÜG, § 14 Rn. 176.
[1476] BT-Drs. 9/847, 8 f.
[1477] BAG 19. 6. 2001 – 1 ABR 43/00, NZA 2001, 1263.

VII. Betriebsverfassungsrechtliche Stellung des Leiharbeitnehmers im Entleiherbetrieb

Eingliederung in die betriebliche Organisation vorausgesetzt ist oder der Entleiher infolge des ihm eingeräumten Direktionsrechts Maßnahmen auch mit Wirkung gegenüber den Leiharbeitnehmern anordnen kann.[1478]

aa) Allgemeine Aufgaben

§ 75 BetrVG gilt nach herrschender Meinung auch für Leiharbeitnehmer im Entleiherbetrieb.[1479] Dies ergibt sich bereits aus dem Wortlaut der Vorschrift, der gerade nicht auf das Bestehen eines Arbeitsverhältnisses abstellt. Die **Überwachungsaufgabe des Betriebsrats** nach § 75 Abs. 1 BetrVG dient insbesondere der **Verwirklichung des arbeitsrechtlichen Gleichbehandlungsgrundsatzes** und des **AGG**.[1480] Allerdings ist zu beachten, dass eine unterschiedliche Behandlung von Stammarbeitnehmern und Leiharbeitnehmern bei Vorliegen eines sachlichen Grundes möglich ist.[1481] 759

Die in § 80 Abs. 1 BetrVG aufgezählten Befugnisse stehen dem Entleiherbetriebsrat in Bezug auf Leiharbeitnehmer insoweit zu, als sie an deren **Eingliederung in den Entleiherbetrieb** anknüpfen.[1482] 760

Praktische Bedeutung kommt vor allem der Überwachung der Einhaltung der Arbeitnehmerschutzvorschriften gemäß § 80 Abs. 1 Nr. 1 BetrVG zu. Danach hat der Betriebsrat des Entleiherbetriebs auch hinsichtlich der dort beschäftigten Leiharbeitnehmer über die **Einhaltung** insbesondere des **Bundesurlaubsgesetzes,** des **Entgeltfortzahlungsgesetzes,** des **Arbeitszeitgesetzes** und des **Jugendarbeitsschutzgesetzes** zu wachen.[1483] Auch die öffentlich-rechtlichen Arbeitsschutzvorschriften und Schutzbestimmungen aus im Entleiherbetrieb geltenden Tarifverträgen und Betriebsvereinbarungen sind zu beachten.[1484] 761

Nach § 80 Abs. 1 Nr. 2 BetrVG ist der Entleiherbetriebsrat berechtigt, Maßnahmen zu beantragen, die dem Betrieb und der Belegschaft dienen. Da auch **Leiharbeitnehmer** als **Teil der Belegschaft** anzusehen sind, kommen auch diesen dienende Maßnahmen, die zB auf eine bessere Integration der Leiharbeitnehmer abzielen, in Betracht.[1485] 762

Die Durchsetzung der **tatsächlichen Gleichstellung von Frauen und Männern** (§ 80 Abs. 1 Nr. 2a BetrVG) stellt ebenso wie die **Förderung der Vereinbarkeit von Familie und Erwerbstätigkeit** (§ 80 Abs. 1 Nr. 2b BetrVG) auch im Hinblick auf Leiharbeitnehmer eine Aufgabe des Entleiherbetriebsrats dar.[1486] 763

Anregungen von Leiharbeitnehmern hat der Entleiherbetriebsrat ebenso wie solche von Stammarbeitnehmern entgegenzunehmen und nach § 80 Abs. 1 Nr. 3 BetrVG zu behandeln.[1487] 764

[1478] ErfK/*Wank* AÜG § 14 Rn. 14.
[1479] Thüsing/*Thüsing,* AÜG, § 14 Rn. 102; Schüren/*Hamann,* AÜG, § 14 Rn. 219; Boemke/Lembke, AÜG, § 14 Rn. 84; *Fitting* § 75 Rn. 12; Richardi/*Richardi,* BetrVG, § 75 Rn. 7; *Ulber,* AÜG, § 14 Rn. 62; aA GK-BetrVG/*Kreutz* § 75 Rn. 16.
[1480] *Fitting* § 75 Rn. 58; Schüren/*Hamann,* AÜG, § 14 Rn. 220; *Ulber,* AÜG, § 14 Rn. 62.
[1481] Urban-Crell/*Germakowski,* AÜG, § 14 Rn. 75; Schüren/*Hamann,* AÜG, § 14 Rn. 220.
[1482] Schüren/*Hamann,* AÜG, § 14 Rn. 222; *Ulber,* AÜG, § 14 Rn. 63; MüArbR/*Schüren* § 318 Rn. 65.
[1483] Urban-Crell/*Schulz* Rn. 1075.
[1484] Schüren/*Hamann,* AÜG, § 14 Rn. 223; Urban-Crell/*Germakowski,* AÜG, § 14 Rn. 78, 80; Thüsing/*Thüsing,* AÜG, § 14 Rn. 104.
[1485] *Boemke/Lembke,* AÜG, § 14 Rn. 88; Thüsing/*Thüsing,* AÜG, § 14 Rn. 105; Schüren/*Hamann,* AÜG, § 14 Rn. 225.
[1486] Schüren/*Hamann,* AÜG, § 14 Rn. 226f.
[1487] Thüsing/*Thüsing,* AÜG, § 14 Rn. 107; *Boemke/Lembke,* AÜG, § 14 Rn. 90; Schüren/*Hamann,* AÜG, § 14 Rn. 228.

765 Sowohl die **Förderung der Eingliederung schwerbehinderter** und sonst **besonders schutzbedürftiger Personen** (§ 80 Abs. 1 Nr. 4 BetrVG) als auch die Förderung der **Beschäftigung älterer Arbeitnehmer** (§ 80 Abs. 1 Nr. 6 BetrVG) ist primär Aufgabe des Verleiher- und nicht des Entleiherbetriebsrats.[1488] Der Verleiher verpflichtet sich im Überlassungsvertrag zur Bereitstellung einer geeigneten Arbeitskraft; die konkrete Auswahlentscheidung obliegt ihm. Der Entleiherbetriebsrat kann daher vom Entleiher nicht verlangen, dass dieser gegenüber dem Verleiher zur Bedingung macht, dass ihm vorzugsweise ältere, schwerbehinderte oder sonst besonders schutzwürdige Arbeitnehmer überlassen werden.[1489] Solche Regeln könnten aber vom Entleiher zum Gegenstand des Arbeitnehmerüberlassungsvertrags gemacht werden („Diversity Policy").

766 § 80 Abs. 1 Nr. 5 BetrVG hat auch bezüglich Leiharbeitnehmern Bedeutung, die die Voraussetzungen für das Wahlrecht zur Jugend- und Auszubildendenvertretung erfüllen.[1490]

767 Nach § 80 Abs. 1 Nr. 7 BetrVG gehört es zu den Aufgaben des Entleiherbetriebsrats, die Integration ausländischer Leiharbeitnehmer im Betrieb zu fördern und auf Maßnahmen zur Bekämpfung von Rassismus und Fremdenfeindlichkeit hinzuwirken.[1491]

768 Die Aufgaben aus § 80 Abs. 1 Nr. 8 und 9 BetrVG haben in Bezug auf Leiharbeitnehmer keine Bedeutung. Die **Förderung und Sicherung von Beschäftigung im Betrieb** (Nr. 8) zielt auf den **Erhalt vorhandener Arbeitsplätze** ab. Es geht dabei um den Bestand des arbeitsvertraglichen Grundverhältnisses, welches bei den Leiharbeitnehmern nur zum Verleiher, nicht aber zum Entleiher besteht.[1492] Der Betriebsrat des Entleihers ist nicht berechtigt, Maßnahmen zum Erhalt von Arbeitsplätzen beim Verleiher zu ergreifen.[1493] Der **Förderung von Maßnahmen des Arbeitsschutzes und des betrieblichen Umweltschutzes** (Nr. 9) kommt im Hinblick auf die Leiharbeitnehmer keine besondere Bedeutung zu.[1494] Die Überwachung der Einhaltung von Arbeitsschutzvorschriften auch in Bezug auf die im Betrieb tätigen Leiharbeitnehmer obliegt dem Entleiherbetriebsrat bereits nach § 80 Abs. 1 Nr. 1 BetrVG.

769 Zur Wahrnehmung der in § 80 Abs. 1 BetrVG genannten Aufgaben steht dem Betriebsrat ein **umfassendes Unterrichtungsrecht** nach § 80 Abs. 2 BetrVG zu. § 80 Abs. 2 S. 1 Hs. 2 BetrVG stellt ausdrücklich klar, dass sich die Informationsansprüche auch auf die Beschäftigung von Personen erstrecken, „die nicht in einem Arbeitsverhältnis zum Arbeitgeber stehen". Damit sind eindeutig auch Leiharbeitnehmer erfasst. Der allgemeine Unterrichtungsanspruch umfasst insbesondere die **Anzahl der im Betrieb tätigen Leiharbeitnehmer,** deren **Einsatzdauer** und – soweit bekannt – **Person, Qualifikation,** die **Art der Tätigkeit** und den **Einsatzort.**[1495] Regelmäßig

---

[1488] Schüren/Hamann, AÜG, § 14 Rn. 229; Boemke/Lembke, AÜG, § 14 Rn. 91; Edenfeld NZA 2006, 126; Urban-Crell/Schulz Rn. 1076; aA Ulber, AÜG, § 14 Rn. 67.
[1489] Schüren/Hamann, AÜG, § 14 Rn. 229, 231.
[1490] Thüsing/Thüsing, AÜG, § 14 Rn. 109; Schüren/Hamann, AÜG, § 14 Rn. 230; Ulber, AÜG, § 14 Rn. 67; aA Boemke/Lembke, AÜG, § 14 Rn. 91, nach denen die Aufgabe der Nr. 5 ausschließlich in den Zuständigkeitsbereich des Verleiherbetriebsrats fällt.
[1491] Vgl. hierzu: Schüren/Hamann, AÜG, § 14 Rn. 232; Thüsing/Thüsing, AÜG, § 14 Rn. 111.
[1492] Urban-Crell/Schulz Rn. 1077; Boemke/Lembke, AÜG, § 14 Rn. 93; Thüsing/Thüsing, AÜG, § 14 Rn. 112.
[1493] Schüren/Hamann, AÜG, § 14 Rn. 233.
[1494] Thüsing/Thüsing, AÜG, § 14 Rn. 112; Boemke/Lembke, AÜG, § 14 Rn. 94.
[1495] Schüren/Hamann, AÜG, § 14 Rn. 236; Thüsing/Thüsing, AÜG, § 14 Rn. 113; Urban-Crell/Schulz Rn. 1079.

VII. Betriebsverfassungsrechtliche Stellung des Leiharbeitnehmers im Entleiherbetrieb

werden diese Angaben bereits durch die spezielle Unterrichtungspflicht nach § 99 Abs. 1 BetrVG im Zusammenhang mit der Übernahme von Leiharbeitnehmern abgedeckt sein.[1496] Eigenständige Bedeutung erlangt der Unterrichtungsanspruch jedoch bei einem **Fremdfirmeneinsatz** auf Werk- oder Dienstvertragsbasis. Aufgrund der in diesen Fällen bestehenden Gefahr der Umgehung zwingender Arbeitnehmerschutzvorschriften und des AÜG kann der Betriebsrat nach § 80 Abs. 2 S. 2 BetrVG auch die Vorlage der Werk- und Dienstverträge verlangen.[1497] Dadurch soll dem Betriebsrat die Feststellung ermöglicht werden, ob es sich bei den **Fremdfirmenleuten um (illegale) Leiharbeitnehmer** handelt.

bb) Soziale Angelegenheiten

Auch wenn § 14 AÜG die Beteiligungsrechte der §§ 87 ff. BetrVG nicht ausdrücklich nennt, können dem Entleiherbetriebsrat dennoch **Mitbestimmungsrechte** auch **in sozialen Angelegenheiten** bezüglich der Leiharbeitnehmer zustehen. Grundsätzlich kommt ein solches Beteiligungsrecht des Entleiherbetriebsrats in Betracht, wenn **Gegenstand und Zweck** des Mitbestimmungsrechts an die **tatsächliche Eingliederung** in die Organisation des Entleihers oder an die Ausübung des Direktionsrechts durch diesen **anknüpfen**; keine Rechte hat der Entleiherbetriebsrat dagegen, wenn der Regelungsgegenstand das Bestehen eines Arbeitsverhältnisses voraussetzt, es sei denn, ein Zugangsrecht zB zu Gemeinschaftseinrichtungen ergibt sich schon kraft Gesetzes (§ 13b AÜG).[1498]

770

(1) Betriebliche Ordnung

Nach § 87 Abs. 1 Nr. 1 BetrVG hat der Betriebsrat über **Fragen der Ordnung des Betriebs und des Verhaltens der Arbeitnehmer** im Betrieb mitzubestimmen. Dieses Mitbestimmungsrecht knüpft an die Eingliederung des Arbeitnehmers in den Betrieb an und steht dem Entleiherbetriebsrat daher auch in Bezug auf die Leiharbeitnehmer zu.[1499] Entsprechend finden Betriebsvereinbarungen nach § 87 Abs. 1 Nr. 1 BetrVG, einschließlich Betriebsbußenordnungen, grundsätzlich auch auf Leiharbeitnehmer Anwendung.[1500] Gegenstand des Mitbestimmungsrechts können zB Regelungen über Rauch- und Alkoholverbote, Torkontrollen, Parkplatzbenutzung, Radiohören und Internetnutzung sein.[1501]

771

(2) Arbeitszeit

Das Mitbestimmungsrecht aus § 87 Abs. 1 Nr. 2 BetrVG, welches sich auf die **Lage der Arbeitszeit** bezieht, steht auch im Hinblick auf die im Betrieb eingesetzten Leih-

772

[1496] *Urban-Crell/Schulz* Rn. 1079.
[1497] BAG 31. 1. 1989 – 1 ABR 72/87, AP BetrVG 1972 § 80 Nr. 33; 9. 7. 1991 – 1 ABR 45/90, AP BetrVG 1972 § 99 Nr. 94; *Schüren/Hamann*, AÜG, § 14 Rn. 236; *Erdlenbruch*, Die betriebsverfassungsrechtliche Stellung gewerbsmäßig überlassener Arbeitnehmer, 1992, 117; *Boemke/Lembke*, AÜG, § 14 Rn. 96; *Thüsing/Thüsing*, AÜG, § 14 Rn. 113.
[1498] BAG 17. 6. 2008 – 1 ABR 39/07, nv; *Urban-Crell/Schulz* Rn. 1117; *Thüsing/Thüsing*, AÜG, § 14 Rn. 117; *Schüren/Hamann*, AÜG, § 14 Rn. 240; *Boemke/Lembke*, AÜG, § 14 Rn. 116; ErfK/*Wank* AÜG § 14 Rn. 14; *Ulber*, AÜG, § 14 Rn. 95.
[1499] *Urban-Crell/Germakowski*, AÜG, § 14 Rn. 84; *Thüsing/Thüsing*, AÜG, § 14 Rn. 118; *Boemke/Lembke*, AÜG, § 14 Rn. 117.
[1500] LAG Hamm 24. 5. 1973 – 8 Ta BV 13/73, DB 1973, 1511; *Urban-Crell/Schulz* Rn. 1118; *Schüren/Hamann*, AÜG, § 14 Rn. 248.
[1501] *Fitting* § 87 Rn. 71 ff.; *Schüren/Hamann*, AÜG, § 14 Rn. 247; *Thüsing/Thüsing*, AÜG, § 14 Rn. 118; *Urban-Crell/Germakowski*, AÜG, § 14 Rn. 85.

arbeitnehmer dem **Entleiherbetriebsrat** zu.[1502] Denn die Lage der Arbeitszeit richtet sich nach den betrieblichen Bedürfnissen im Entleiherbetrieb, so dass der Entleiher auch für die Leiharbeitnehmer Beginn und Ende der täglichen Arbeitszeit festlegen kann. Auch bezüglich der vorübergehenden **Verkürzung oder Verlängerung der betriebsüblichen Arbeitszeit** (§ 87 Abs. 1 Nr. 3 BetrVG) kommt ein Mitbestimmungsrecht des Entleiherbetriebsrats in Betracht. Dies ist zB dann zu bejahen, wenn der Entleiher während des Einsatzes des Leiharbeitnehmers nachträglich die in seinem Betrieb übliche Arbeitszeit auch für die Leiharbeitnehmer vorübergehend verlängert oder verkürzt.[1503] Gleiches gilt, wenn der Entleiher zur Abdeckung eines vorübergehenden Arbeitsanfalls Wochenend- oder Feiertagsschichten für bereits für ihn tätige Leiharbeitnehmer anordnen will.[1504] Werden Leiharbeitnehmer hingegen von vornherein einem Entleiher zugewiesen, dessen betriebübliche Arbeitszeit die vom Leiharbeitnehmer vertraglich geschuldete Arbeitszeit übersteigt, steht das Mitbestimmungsrecht aus § 87 Abs. 1 Nr. 3 BetrVG dem beim Verleiher gebildeten Betriebsrat zu.[1505]

(3) Auszahlung des Arbeitsentgelts

773 Ein Mitbestimmungsrecht des Entleiherbetriebsrats nach § 87 Abs. 1 Nr. 4 BetrVG über Zeit, Ort und Art der Auszahlung der Arbeitsentgelte **besteht** in Bezug auf die **Leiharbeitnehmer grundsätzlich nicht.**[1506] Für die Vergütung des Leiharbeitnehmers ist der **Verleiher** als Vertragsarbeitgeber **verantwortlich;** somit scheidet eine Zuständigkeit des Entleiherbetriebsrats regelmäßig aus. Eine Ausnahme ist lediglich denkbar, wenn der Entleiher dem Leiharbeitnehmer ein „Arbeitsentgelt" (zB Zuschüsse) gewährt oder wenn er gegenüber dem Verleiher im Überlassungsvertrag die Pflicht zur Auszahlung der Arbeitsvergütung übernommen hat.[1507]

(4) Urlaub

774 Das Recht zur Gewährung des Urlaubs steht **allein dem Verleiher als Schuldner des Urlaubsanspruchs** zu, so dass auch nur der bei ihm bestehende Betriebsrat ein Mitbestimmungsrecht nach § 87 Abs. 1 Nr. 5 BetrVG in Bezug auf die Leiharbeitnehmer hat. Ein **Beteiligungsrecht des Entleiherbetriebsrats** hinsichtlich der Urlaubsgewährung im Hinblick auf die beim Entleiher eingesetzten Leiharbeitnehmer **scheidet daher grundsätzlich aus.**[1508] Etwas anderes kann nur dann gelten, wenn aufgrund von Regelungen im Überlassungsvertrag der Entleiher gegenüber dem Leiharbeitnehmer berechtigt ist, den Urlaub festzulegen.[1509]

[1502] BAG 15. 12. 1992 – 1 ABR 38/92, NZA 1993, 513; 28. 7. 1992 – 1 ABR 22/92, NZA 1993, 272; *Ulber,* AÜG, § 14 Rn. 108; *Boemke/Lembke,* AÜG, § 14 Rn. 118; *Schüren/Hamann,* AÜG, § 14 Rn. 251; KasselerHdb/*Düwell* Kap. 4.5 Rn. 497; *Thüsing/Thüsing,* AÜG, § 14 Rn. 119; Urban-Crell/*Germakowski,* AÜG, § 14 Rn. 86.
[1503] *Boemke/Lembke,* AÜG, § 14 Rn. 120; *Schüren/Hamann,* AÜG, § 14 Rn. 262; *Thüsing/Thüsing,* AÜG, § 14 Rn. 122; *Ulber,* AÜG, § 14 Rn. 112.
[1504] *Schüren/Hamann,* AÜG, § 14 Rn. 265.
[1505] BAG 19. 6. 2001 – 1 ABR 43/00, NZA 2001, 1263; *Thüsing/Thüsing,* AÜG, § 14 Rn. 122; *Schüren/Hamann,* AÜG, § 14 Rn. 261; Urban-Crell/*Germakowski,* AÜG, § 14 Rn. 86.
[1506] BAG 15. 12. 1992 – 1 ABR 38/92, NZA 1993, 513; *Thüsing/Thüsing,* AÜG, § 14 Rn. 124; *Boemke/Lembke,* AÜG, § 14 Rn. 121; *Ulber,* AÜG, § 14 Rn. 117.
[1507] *Schüren/Hamann,* AÜG, § 14 Rn. 269; *Ulber,* AÜG, § 14 Rn. 117; *Thüsing/Thüsing,* AÜG, § 14 Rn. 124.
[1508] Urban-Crell/*Schulz* Rn. 1123; *Schüren/Hamann,* AÜG, § 14 Rn. 270; *Becker/Wulfgramm,* AÜG, § 14 Rn. 109; *Thüsing/Thüsing,* AÜG, § 14 Rn. 125.
[1509] *Schüren/Hamann,* AÜG, § 14 Rn. 270; Urban-Crell/*Germakowski,* AÜG, § 14 Rn. 89; *Thüsing/Thüsing,* AÜG, § 14 Rn. 125; *Boemke/Lembke,* AÜG, § 14 Rn. 122.

VII. Betriebsverfassungsrechtliche Stellung des Leiharbeitnehmers im Entleiherbetrieb

(5) Technische Überwachungseinrichtungen

Von technischen Einrichtungen, die dazu bestimmt sind, das Verhalten oder die Leistung der Arbeitnehmer zu überwachen, sind **Leiharbeitnehmer** aufgrund ihrer Eingliederung in den Entleiherbetrieb regelmäßig **in gleicher Weise betroffen** wie Arbeitnehmer der Stammbelegschaft. Das dem Entleiherbetriebsrat bei der Einführung und Anwendung solcher Einrichtungen zustehende Mitbestimmungsrecht nach § 87 Abs. 1 Nr. 6 BetrVG erstreckt sich daher auch auf Leiharbeitnehmer, sofern diese der Überwachung durch technische Einrichtungen ausgesetzt sind.[1510] **775**

(6) Arbeitsschutz

Das Mitbestimmungsrecht nach § 87 Abs. 1 Nr. 7 BetrVG über Regelungen zur **Unfallverhütung und zum Gesundheitsschutz** dient dazu, Gesundheitsgefahren im Betrieb so weit wie möglich zu minimieren. Aufgrund ihrer Eingliederung in den Betrieb sind **Leiharbeitnehmer** diesbezüglich **ebenso schutzbedürftig** wie Stammarbeitnehmer, was sich auch in der Regelung des § 11 Abs. 6 AÜG zeigt. Daher besteht das Mitbestimmungsrecht des Betriebsrats im Entleiherbetrieb auch in Bezug auf die dort eingesetzten Leiharbeitnehmer.[1511] So kann der Entleiherbetriebsrat zB verlangen, dass Leiharbeitnehmer in Kollektivregelungen über die Sicherheit am Arbeitsplatz oder den Gesundheitsschutz mit einbezogen werden.[1512] **776**

(7) Sozialeinrichtungen und Werksmietwohnungen

Gemäß § 87 Abs. 1 Nr. 8 BetrVG kann der Betriebsrat bezüglich der Form, Ausgestaltung und Verwaltung einer bestehenden Sozialeinrichtung mitbestimmen. Den begünstigen Personenkreis kann der Arbeitgeber grundsätzlich nach allgemeinen Kriterien mitbestimmungsfrei festlegen.[1513] Bei der Aufstellung der Kriterien hat er allerdings die **Diskriminierungsverbote** des AGG, § 75 BetrVG und ggf. den Gleichbehandlungsgrundsatz nach §§ 3 Abs. 1 Nr. 3, 9 Nr. 2 AÜG zu beachten.[1514] Zudem schreibt **§ 13 b AÜG** vor, dass Leiharbeitnehmer **gleichen Zugang zu den Gemeinschaftseinrichtungen und -diensten** haben müssen wie Stammarbeitnehmer, soweit nicht eine unterschiedliche Behandlung aus sachlichen Gründen gerechtfertigt ist. Eine solche **Rechtfertigung** wurde bislang angenommen, wenn das **Bestehen eines Arbeitsverhältnisses Voraussetzung** für die Einbeziehung in den begünstigten Personenkreis sei; ist allerdings kann dieses Merkmal nach der Einfügung in § 13 b AÜG nicht mehr zulässiges Differenzierungsmerkmal sein, wenn eine tatsächliche Eingliederung erfolgt ist.[1515] Soweit die Leiharbeitnehmer Sozialeinrichtungen des Entleihers in Anspruch nehmen können, steht dem Entleiherbetriebsrat das **Mitbestimmungsrecht** auch für ihre Belange zu.[1516] **777**

[1510] Schüren/*Hamann*, AÜG, § 14 Rn. 272; Thüsing/*Thüsing*, AÜG, § 14 Rn. 126; *Urban-Crell/Schulz* Rn. 1124; *Ulber*, AÜG, § 14 Rn. 119; *Boemke/Lembke*, AÜG, § 14 Rn. 118; *Becker/Wulfgramm*, AÜG, § 14 Rn. 109.
[1511] *Urban-Crell/Germakowski*, AÜG, § 14 Rn. 91; Thüsing/*Thüsing*, AÜG, § 14 Rn. 127; Schüren/*Hamann*, AÜG, § 14 Rn. 273; *Ulber*, AÜG, § 14 Rn. 120.
[1512] *Urban-Crell/Schulz* Rn. 1125.
[1513] BAG 26. 4. 1988 – 3 AZR 168/86, NZA 1989, 219.
[1514] Thüsing/*Thüsing*, AÜG, § 14 Rn. 129; Schüren/*Hamann*, AÜG, § 14 Rn. 274 f.; *Urban-Crell/Germakowski*, AÜG, § 14 Rn. 92.
[1515] Schüren/*Hamann*, AÜG, § 14 Rn. 275; Thüsing/*Thüsing*, AÜG, § 14 Rn. 130.
[1516] LAG Hamm 24. 5. 1973 – 8 Ta BV 13/73, DB 1973, 1511; *Urban-Crell/Schulz* Rn. 1126; Schüren/*Hamann*, AÜG, § 14 Rn. 276; *Boemke/Lembke*, AÜG, § 14 Rn. 125; *Becker/Wulfgramm*, AÜG, § 14 Rn. 109.

A. Arbeitnehmerüberlassung

778   Das Mitbestimmungsrecht in Bezug auf Werksmietwohnungen nach § 87 Abs. 1 Nr. 9 BetrVG nimmt zwar nach seinem Wortlaut Bezug auf ein bestehendes Arbeitsverhältnis; überwiegend wird jedoch eine entsprechende Anwendung für Leiharbeitnehmer befürwortet.[1517]

(8) Arbeitsentgelt

779   Gemäß § 87 Abs. 1 Nr. 10 BetrVG hat der Betriebsrat bei **Fragen der betrieblichen Lohngestaltung** mitzubestimmen. Dieses Beteiligungsrecht soll die Angemessenheit und Durchsichtigkeit des innerbetrieblichen Lohngefüges sichern und die innerbetriebliche Lohngerechtigkeit gewährleisten.[1518] Da allein der Verleiher den Leiharbeitnehmern die Vergütung schuldet, sind diese von der betrieblichen Lohngestaltung im Entleiherbetrieb grundsätzlich nicht betroffen. Ein **Mitbestimmungsrecht** des Entleiherbetriebsrats in Bezug auf die Leiharbeitnehmer besteht daher **in aller Regel nicht.**[1519] Etwas anderes ist wiederum nur dann denkbar, wenn der Entleiher ausnahmsweise den Leiharbeitnehmern selbst geldwerte Leistungen gewährt.[1520] Die gleichen Erwägungen gelten für das Mitbestimmungsrecht über leistungsbezogene Entgelte nach § 87 Abs. 1 Nr. 11 BetrVG – es scheidet in Bezug auf Leiharbeitnehmer regelmäßig aus und kann nur ausnahmsweise in Betracht kommen, wenn die Leiharbeitnehmer zusätzlich ein Entgelt für ihre Leistung im Entleiherbetrieb vom Entleiher erhalten.[1521]

(9) Betriebliches Vorschlagswesen

780   Soweit Arbeitgeber und Betriebsrat Grundsätze zum betrieblichen Vorschlagswesen vereinbart haben, erstreckt sich das Mitbestimmungsrecht des Entleiherbetriebsrats aus § 87 Abs. 1 Nr. 12 BetrVG auch auf die Verbesserungsvorschläge der Leiharbeitnehmer.[1522] Im Hinblick auf die Honorierung hat der Entleiherbetriebsrat darüber zu wachen, dass Leiharbeitnehmer bei der Bewertung ihrer Vorschläge und der Zuteilung der Prämie nicht schlechter behandelt werden als Stammarbeitnehmer.[1523]

(10) Gruppenarbeit

781   Gemäß § 87 Abs. 1 Nr. 13 BetrVG hat der Betriebsrat schließlich ein Mitbestimmungsrecht bei der Aufstellung von Grundsätzen über die Durchführung von Gruppenarbeit. Da auch **Leiharbeitnehmer in solche Gruppenarbeitssysteme eingebunden** werden können, steht dem Entleiherbetriebsrat insoweit das Mitbestimmungsrecht **auch in Bezug auf die Leiharbeitnehmer** zu.[1524] Die regelmäßig mit der Gruppenarbeit verbundene Einführung von ergebnisorientierten Entlohnungssystemen wird von dem Mitbestimmungsrecht hinsichtlich der Leiharbeitnehmer je-

---

[1517] BAG 28. 7. 1992 – 1 ABR 22/92, NZA 1993, 272; *Schüren/Hamann*, AÜG, § 14 Rn. 278; *Thüsing/Thüsing*, AÜG, § 14 Rn. 132 f.; *Ulber*, AÜG, § 14 Rn. 123.
[1518] BAG (GS) 3. 12. 1991 – GS 2/90, AP BetrVG 1972 § 87 Lohngestaltung Nr. 51; BAG 19. 9. 1995 – 1 ABR 20/95, AP BetrVG 1972 § 87 Lohngestaltung Nr. 81; *Fitting* § 87 Rn. 408.
[1519] *Urban-Crell/Schulz* Rn. 1127; *Schüren/Hamann*, AÜG, § 14 Rn. 281; *Thüsing/Thüsing*, AÜG, § 14 Rn. 134; *Boemke/Lembke*, AÜG, § 14 Rn. 126; *Becker/Wulfgramm*, AÜG, § 14 Rn. 109.
[1520] *Thüsing/Thüsing*, AÜG, § 14 Rn. 145; *Urban-Crell/Schulz* Rn. 1127; *Boemke/Lembke*, AÜG, § 14 Rn. 126; *Schüren/Hamann*, AÜG, § 14 Rn. 281.
[1521] *Schüren/Hamann*, AÜG, § 14 Rn. 283; *Thüsing/Thüsing*, AÜG, § 14 Rn. 137; *Boemke/Lembke*, AÜG, § 14 Rn. 126; *Urban-Crell/Schulz* Rn. 1127.
[1522] *Urban-Crell/Germakowski*, AÜG, § 14 Rn. 94; *Thüsing/Thüsing*, AÜG, § 14 Rn. 138.
[1523] *Schüren/Hamann*, AÜG, § 14 Rn. 287.
[1524] *Thüsing/Thüsing*, AÜG, § 14 Rn. 139; *Schüren/Hamann*, AÜG, § 14 Rn. 291; *Urban-Crell/Germakowski*, AÜG, § 14 Rn. 95.

doch nicht erfasst.[1525] Denn für die Leiharbeitnehmer betreffenden Entlohnungsgrundsätze ist nicht der Entleiher-, sondern der Verleiherbetriebsrat zuständig.

cc) Personelle Angelegenheiten

Dem Betriebsrat stehen Mitbestimmungsrechte bei den Allgemeinen personellen Angelegenheiten sowie bei personellen Einzelmaßnahmen zu. 782

(1) Allgemeine personelle Angelegenheiten

Gemäß § 92 BetrVG hat der Betriebsrat ein Unterrichtungs-, Beratungs- und Vorschlagsrechte bei der Personalplanung. Planungen, die den Einsatz von Leiharbeitnehmern betreffen, können sich auf den **gegenwärtigen und künftigen Personalbedarf des Entleiherbetriebs** auswirken. Sie unterfallen daher dem Mitbestimmungsrecht des Entleiherbetriebsrats nach § 92 BetrVG.[1526] Plant der Entleiher beispielsweise, die notwendige Abdeckung des Beschäftigungsbedarfs im Falle von **Auftragsspitzen** und **Mutterschutz- oder Urlaubszeiten** durch Rahmenverträge zum Einsatz von Leiharbeitnehmern sicherzustellen, hat er diesbezüglich den Betriebsrat zu beteiligen.[1527] 783

§ 92a BetrVG räumt dem Betriebsrat ein **Vorschlagsrecht im Hinblick auf Maßnahmen der Beschäftigungssicherung** ein. Der Arbeitgeber muss die Vorschläge mit dem Betriebsrat beraten und ggf. schriftlich ablehnen (§ 92a Abs. 2 BetrVG). Im Zusammenhang mit dem Einsatz von Leiharbeitnehmern ist zum einen denkbar, dass der Betriebsrat des Entleihers den Abbau von Leiharbeit zur Erhaltung von Stammarbeitsplätzen anregt. Zum anderen kann er vorschlagen, Leiharbeitnehmer als Stammarbeitnehmer zu übernehmen.[1528] 784

Der Betriebsrat kann gemäß § 93 BetrVG verlangen, dass zu besetzende Arbeitsplätze vorab innerhalb des Betriebs ausgeschrieben werden. Die Pflicht zur **innerbetrieblichen Ausschreibung** gilt grundsätzlich auch dann, wenn die Arbeitsplätze mit Leiharbeitnehmern besetzt werden sollen.[1529] Umstritten war bislang jedoch, ob die Ausschreibungspflicht auch dann besteht, wenn der freie Arbeitsplatz dauerhaft nur noch mit Leiharbeitnehmern besetzt werden soll und daher **dem innerbetrieblichen Arbeitsmarkt nicht zur Verfügung** steht.[1530] Diesen Streit hat das **BAG** nun[1531] entschieden und herausgestellt, dass eine Pflicht zur Ausschreibung nach § 93 BetrVG und Beteiligung des Betriebsrats nach § 99 BetrVG auch in diesem Fall bestehe. Das Argument des dauerhaften Entzugs eines Arbeitsplatzes vom innerbetrieblichen Arbeitsmarkt sei **nicht zutreffend**. Unter einer **dauerhaften** Besetzung mit Leiharbeitnehmern versteht man insoweit jede Besetzung über einem Zeitraum von 785

[1525] *Urban-Crell/Schulz* Rn. 1129; Schüren/*Hamann*, AÜG, § 14 Rn. 292; aA *Ulber*, AÜG, § 14 Rn. 127b.

[1526] *Thüsing/Thüsing*, AÜG, § 14 Rn. 148; Schüren/*Hamann*, AÜG, § 14 Rn. 307; *Boemke/Lembke*, AÜG, § 14 Rn. 133.

[1527] *Urban-Crell/Germakowski*, AÜG, § 14 Rn. 98.

[1528] *Urban-Crell/Schulz* Rn. 1088.

[1529] BAG 14. 5. 1974 – 1 ABR 40/73, AP BetrVG 1972 § 99 Nr. 2; ArbG Detmold 12. 9. 2007 – 1 BV 43/07, EzAÜG AÜG § 14 Betriebsverfassung Nr. 68; Schüren/*Hamann*, AÜG, § 14 Rn. 310; *Urban-Crell/Schulz* Rn. 1089; *Thüsing/Thüsing*, AÜG, § 14 Rn. 150; *Boemke/Lembke*, AÜG, § 14 Rn. 112; *Becker/Wulfgramm*, AÜG, § 14 Rn. 113; *Erdlenbruch*, Die betriebsverfassungsrechtliche Stellung gewerbsmäßig überlassener Arbeitnehmer, 168 ff.; *Ulber*, AÜG, § 14 Rn. 79, 178.

[1530] Bejahend: Schüren/*Hamann*, AÜG, § 14 Rn. 310; verneinend: LAG Niedersachsen 9. 8. 2006 – 15 TaBV 53/05, nv; *Thüsing/Thüsing*, AÜG, § 14 Rn. 150; *Urban-Crell/Germakowski*, AÜG, § 14 Rn. 101.

[1531] BAG 1. 2. 2011 – 1 ABR 79/09, NJW 2011, 1757.

mindestens einem Jahr.[1532] Weiter stellte das BAG heraus, dass das Zustimmungsverweigerungsrechts des Betriebsrats nach § 99 Abs. 2 BetrVG in diesem Zusammenhang auch nicht – wie vom Berufungsgericht noch angenommen – eingeschränkt sei, soweit es sich um die Besetzung einer Tendenzträgerstelle handele.[1533] Diese Rechtsprechung hat etwa auch das ArbG Berlin jüngst in einer Entscheidung aufgenommen und entschieden, dass eine Ausschreibungspflicht auch besteht, wenn eine Stelle lediglich über einen Zeitraum von sechs Monaten mit Leiharbeitnehmern besetzt werden soll.[1534]

786 **Nicht erforderlich** soll dagegen eine **Ausschreibung** nach § 93 BetrVG sein, wenn es sich nicht um die Neubesetzung einer Stelle, sondern lediglich um den **Austausch eines Leiharbeitnehmers** gegen einen anderen handele, obwohl auch in diesem Fall eine Zustimmung des Betriebsrats nach § 99 BetrVG erforderlich ist.

787 Der Entleiher hat gegenüber seinem Betriebsrat vor der Einstellung von Leiharbeitnehmern die Verpflichtungen aus § 81 Abs. 1 S. 1 und 2 SGB IX zu erfüllen.[1535] Nach dieser Vorschrift sind Arbeitgeber verpflichtet zu prüfen, ob freie **Arbeitsplätze mit schwerbehinderten Menschen** besetzt werden können. Unterlässt der Arbeitgeber diese Prüfung und stellt einen nicht schwerbehinderten Menschen ein, verstößt er insoweit gegen die ihm obliegenden Pflichten.[1536] Dies gilt **auch** dann, wenn der Arbeitgeber beabsichtigt, einen **freien Arbeitsplatz mit einem Leiharbeitnehmer zu besetzen.**[1537] Auch wenn der Entleiher nicht Arbeitgeber des Leiharbeitnehmers ist, sei er im Rahmen des in § 81 SGB IX so zu verstehen, da nur auf diese Weise auch in Entleiherbetrieben die **Einstellungschancen schwerbehinderter Arbeitnehmer** gegenüber Leiharbeitnehmern **gesteigert** werden könnten. Es sei zumindest denkbar, dass der Entleiher von einer Einstellung eines Leiharbeitnehmers absehe und an dessen Stelle einem geeigneten schwerbehinderten Arbeitnehmer einen Arbeitsvertrag anbiete.[1538]

788 Diese Entscheidung des BAG wird zum einen dahin gehend **kritisiert,** dass eine Prüfungs- und Beteiligungspflicht zu einer **Erschwerung der kurzfristigen Abdeckung eines vorübergehenden Spitzenbedarfs** an zusätzlichen Arbeitskräften durch Leiharbeitnehmer führen könnte.[1539] Zum anderen wird bezweifelt, ob allein die theoretische Möglichkeit der bevorzugten Einstellung von Schwerbehinderten deren Einstellungschancen in der Praxis tatsächlich verbessert oder bloß die Einstellung des Leiharbeitnehmers verzögert.[1540] Um die Leiharbeit als flexibles Instrument zur Reaktion auf kurzfristigen Personalbedarf zu erhalten, wird – gerade vor dem Hintergrund der üblichen Dauer des Verfahrens – vorgeschlagen, zumindest **vorübergehende Einstellungen** von Leiharbeitnehmern (etwa bis zu 8 Wochen), bei denen die **Schaffung eines dauerhaften Arbeitsplatzes ausgeschlossen** erscheint, ohne die Verpflichtungen aus § 81 SGB IX zuzulassen.[1541] Ob das Bundesarbeitsgericht seine Rechtsprechung aber insoweit fortentwickeln wird, bleibt abzuwarten. Eine Verletzung der Prüf- und Konsultationspflichten aus § 81 Abs. 1 S. 1 und 2 SGB IX berech-

---

[1532] *Hamann* jurisPR-ArbR 23/2011, Anm. 3.
[1533] BAG 1. 2. 2011 – 1 ABR 79/09, NJW 2011, 1757.
[1534] ArbG Berlin 18. 8. 2011 – 33 BV 5005/11, BeckRS 2011, 77 252.
[1535] BAG 23. 6. 2010 – 7 ABR 3/09, NZA 2010, 1361.
[1536] BAG 17. 6. 2008 – 1 ABR 20/07, BAGE 127, 51.
[1537] BAG 23. 6. 2010 – 7 ABR 3/09, NZA 2010, 1361; aA Schüren/*Hamann*, AÜG, § 14 Rn. 196.
[1538] BAG 23. 6. 2010 – 7 ABR 3/09, NZA 2010, 1361.
[1539] *Fabritius* BB 2011, 317 (320); *Freihube/Sasse* BB 2011, 1657 (1658).
[1540] *Fabritius* BB 2011, 317 (320).
[1541] *Freihube/Sasse* BB 2011, 1657 (1658).

VII. Betriebsverfassungsrechtliche Stellung des Leiharbeitnehmers im Entleiherbetrieb

tigt auch den Verleiherbetriebsrat, die Zustimmung zur Einstellung eines Leiharbeitnehmers nach § 99 Abs. 2 Nr. 1 BetrVG zu verweigern.[1542]

Nach § 94 BetrVG bedürfen **Personalfragebögen, persönliche Angaben** in schriftlichen Arbeitsverträgen sowie die **Aufstellung allgemeiner Beurteilungsgrundsätze** der Zustimmung des Betriebsrats. Da dem Verleiher als Vertragsarbeitgeber die Auswahl und Beurteilung des Leiharbeitnehmers obliegt, ist grundsätzlich nur der bei ihm gebildete Betriebsrat für die von § 94 BetrVG betroffenen Entscheidungen zuständig.[1543] Ein Mitbestimmungsrecht des Entleiherbetriebsrats kommt jedoch dann in Betracht, soweit (auch) der Entleiher beim Einsatz von Leiharbeitnehmern Personalfragebögen einführen möchte.[1544] Schließlich kann im Arbeitnehmerüberlassungsvertrag vorgesehen sein, dass der Entleiher dem Verleiher Tatsachen über die Leistung und das Verhalten des Leiharbeitnehmers während des Einsatzes bei ihm zu übermitteln hat. Soll dies nach allgemeinen Beurteilungsgrundsätzen erfolgen, ist der **Entleiherbetriebsrat** an deren Aufstellung gemäß § 94 Abs. 2 BetrVG **zu beteiligen**.[1545] 789

Nach § 95 BetrVG hat der Betriebsrat ein **Mitbestimmungsrecht bei Auswahlrichtlinien** für Einstellungen, Versetzungen, Umgruppierungen und Kündigungen. Da Umgruppierungen und Kündigungen ein Arbeitsverhältnis zum Betriebsinhaber voraussetzen, kommen Auswahlrichtlinien über diese Maßnahmen für Leiharbeitnehmer im Entleiherbetrieb von vornherein nicht in Betracht.[1546] Hingegen können **Auswahlrichtlinien über Einstellungen auch für Leiharbeitnehmer von Bedeutung** sein, wenn diese in ein Arbeitsverhältnis übernommen werden sollen.[1547] Die Einbeziehung von Leiharbeitnehmern in Versetzungsrichtlinien ist denkbar, wenn der Einsatz nach dem Überlassungsvertrag für eine konkrete Aufgabe in einem bestimmten Arbeitsbereich erfolgen soll.[1548] Im Übrigen wird häufig wegen § 95 Abs. 3 S. 2 BetrVG eine Versetzung und damit ein Mitbestimmungsrecht des Betriebsrats ausscheiden. 790

Maßnahmen zur Berufsbildung fallen regelmäßig in den **Bereich des Verleihers**. Lässt aber der Entleiher derartige Maßnahmen auch den in seinem Betrieb tätigen Leiharbeitnehmern zuteil werden, greifen auch die Beteiligungsrechte des Entleiherbetriebsrats nach den §§ 96 ff. BetrVG. 791

(2) Personelle Einzelmaßnahmen

Als mitbestimmungspflichtige personelle Einzelmaßnahme ist in erster Linie die bereits oben erläuterte **Übernahme eines Leiharbeitnehmers** von Bedeutung (§ 14 Abs. 3 AÜG iVm § 99 BetrVG). Im Hinblick auf die **Ein- und Umgruppierung des Leiharbeitnehmers** steht grundsätzlich **allein dem Verleiherbetriebsrat** ein Mitbestimmungsrecht nach § 99 Abs. 1 BetrVG zu.[1549] Hinsichtlich der **Zuweisung** 792

[1542] BAG 23. 6. 2010 – 7 ABR 3/09, NZA 2010, 1361.
[1543] Urban-Crell/*Germakowski*, AÜG, § 14 Rn. 103.
[1544] Schüren/*Hamann*, AÜG, § 14 Rn. 314; Urban-Crell/*Schulz* Rn. 1091.
[1545] *Erdlenbruch*, Die betriebsverfassungsrechtliche Stellung gewerbsmäßig überlassener Arbeitnehmer, 172; Boemke/*Lembke*, AÜG, § 14 Rn. 136; Schüren/*Hamann*, AÜG, § 14 Rn. 315; Urban-Crell/*Schulz* Rn. 1091; Thüsing/*Thüsing*, AÜG, § 14 Rn. 151.
[1546] Becker/*Wulfgramm*, AÜG, § 14 Rn. 113; Schüren/*Hamann*, AÜG, § 14 Rn. 317; Urban-Crell/*Schulz* Rn. 1092.
[1547] Ulber, AÜG, § 14 Rn. 84; Thüsing/*Thüsing*, AÜG, § 14 Rn. 152.
[1548] Boemke/*Lembke*, AÜG, § 14 Rn. 137; Schüren/*Hamann*, AÜG, § 14 Rn. 321; Urban-Crell/*Schulz* Rn. 1092; Thüsing/*Thüsing*, AÜG, § 14 Rn. 153.
[1549] BAG 17. 6. 2008 – 1 ABR 39/07, AP BetrVG 1972 § 99 Eingruppierung Nr. 34.

A. Arbeitnehmerüberlassung

eines anderen Arbeitsplatzes innerhalb des Entleiherbetriebs ist zu unterscheiden: Im Regelfall liegt keine Versetzung iSd §§ 99 Abs. 1, 95 Abs. 3 BetrVG vor. Denn üblicherweise wird die Arbeitsaufgabe des Leiharbeitnehmers im Überlassungsvertrag nur allgemein beschrieben. Dann entsprechen Umsetzungen des Leiharbeitnehmers der im Überlassungsvertrag festgelegten Eigenart des Einsatzes und eine Versetzung scheidet gemäß § 95 Abs. 3 S. 2 BetrVG aus.[1550] Enthält der Überlassungsvertrag dagegen eine konkrete Aufgabenbeschreibung für einen festgelegten Arbeitsbereich, gilt § 95 Abs. 3 S. 1 BetrVG.[1551] Danach kommt es darauf an, ob die Zuweisung eines anderen Arbeitsbereiches mit einer erheblichen Änderung der Umstände, unter denen die Arbeit zu leisten ist, verbunden ist und die Maßnahme voraussichtlich die Dauer von einem Monat überschreitet. Liegt ausnahmsweise eine mitbestimmungspflichtige Versetzung vor, kann ihr der Entleiherbetriebsrat unter den Voraussetzungen des § 99 Abs. 2 BetrVG widersprechen.

793 Ein **Mitbestimmungsrecht** des Entleiherbetriebsrats nach §§ 102 ff. BetrVG im Zusammenhang mit der **Beendigung des Einsatzes eines Leiharbeitnehmers besteht nicht.** Da der Entleiher nicht in einem Arbeitsverhältnis zum Leiharbeitnehmer steht, ist er nicht zur Kündigung berechtigt. Dieses Recht steht allein dem Verleiher als Vertragsarbeitgeber zu. Daher steht auch dem **Entleiherbetriebsrat bei der Kündigung kein Mitbestimmungsrecht** zu. Die tatsächliche Beendigung des Einsatzes des Leiharbeitnehmers im Entleiherbetrieb ist nicht mitbestimmungspflichtig.[1552] Dies gilt nach herrschender Meinung auch für den Fall der vorzeitigen Beendigung des Arbeitseinsatzes eines Leiharbeitnehmers auf Initiative des Entleihers.[1553] Allerdings kann der Entleiherbetriebsrat in entsprechender Anwendung des § 104 BetrVG verlangen, dass der Einsatz eines Leiharbeitnehmers vorzeitig beendet wird, wenn dieser den Betriebsfrieden wiederholt und ernsthaft stört.[1554]

dd) Wirtschaftliche Angelegenheiten

794 Gemäß § 106 Abs. 1 BetrVG ist in Unternehmen mit in der Regel mehr als 100 ständig beschäftigten Arbeitnehmer ein **Wirtschaftsausschuss** zu bilden. Im Zusammenhang mit dieser Vorschrift sind hinsichtlich des Einsatzes von Leiharbeitnehmern zwei Gesichtspunkte von Bedeutung. Zum einen waren nach der überwiegenden Ansicht **bei diesem Schwellenwert** die im Entleiherbetrieb eingesetzten **Leiharbeitnehmer nicht mitzuzählen.**[1555] Diese Auffassung ist allerdings nach der Entscheidung des Bundesarbeitsgerichts zum Schwellenwert des § 111 S. 1 BetrVG nicht mehr aufrecht zu erhalten.[1556] Vielmehr sind nunmehr Leiharbeitnehmer, die über 6 Monate im Laufe eines Jahres eingesetzt sind, für den Schwellenwert des § 106 Abs. 1 BetrVG mitzuzählen. Zum anderen stellt sich die Frage, ob in dem Einsatz von Leiharbeit-

---

[1550] Schüren/*Hamann*, AÜG, § 14 Rn. 329.
[1551] *Urban-Crell/Schulz* Rn. 1113.
[1552] Thüsing/*Thüsing*, AÜG, § 14 Rn. 177; *Boemke/Lembke*, AÜG, § 14 Rn. 142.
[1553] Schüren/*Hamann*, AÜG, § 14 Rn. 335; *Becker/Wulframm*, AÜG, § 14 Rn. 118; *Boemke/Lembke*, AÜG, § 14 Rn. 142; *Urban-Crell/Schulz* Rn. 1114; Thüsing/*Thüsing*, AÜG, § 14 Rn. 177; *Sandmann/Marschall/Schneider*, AÜG, Art. 1 § 14 Rn. 23; *Ulber*, AÜG, § 14 Rn. 184.
[1554] *Urban-Crell/Schulz* Rn. 1115; Thüsing/*Thüsing*, AÜG, § 14 Rn. 178; Schüren/*Hamann*, AÜG, § 14 Rn. 338 f.
[1555] Urban-Crell/*Germakowski*, AÜG, § 14 Rn. 144; ErfK/*Wank* AÜG § 14 Rn. 28; HWK/*Gotthardt* AÜG § 14 Rn. 10; *Boemke/Lembke*, AÜG, § 14 Rn. 144; *Becker/Wulframm*, AÜG, § 14 Rn. 122; differenzierend: Thüsing/*Thüsing*, AÜG, § 14 Rn. 180; Schüren/*Hamann*, AÜG, § 14 Rn. 342.
[1556] BAG 18. 10. 2011 – 1 AZR 335/10, NZA 2012, 221.

VIII. Musterverträge

nehmern eine **wirtschaftliche Angelegenheit** iSd § 106 Abs. 3 BetrVG zu sehen ist. Dies ist grundsätzlich zu **verneinen.**[1557] Insbesondere stellt der Einsatz von Leiharbeitnehmern kein „Rationalisierungsvorhaben" im Sinne der Nr. 4 und auch keine „neue Arbeitsmethode" im Sinne der Nr. 5 dar. Somit kann der Einsatz von Leiharbeitnehmern in aller Regel nicht Gegenstand von Beratungen im Wirtschaftsausschuss sein. Die Interessen der Belegschaft werden durch die Beteiligungsrechte des Betriebsrats im Rahmen der Personalplanung (§§ 92ff. BetrVG) und bei der Übernahme einzelner Leiharbeitnehmer gemäß § 14 Abs. 3 S. 1 AÜG iVm § 99 BetrVG hinreichend gewahrt.[1558]

Im Hinblick auf die Beteiligungsrechte des Betriebsrats nach §§ 111 ff. BetrVG gilt, **795** dass der **Einsatz von Leiharbeitnehmern** grundsätzlich **keine Betriebsänderung** im Sinne des § 111 BetrVG darstellt.[1559] Es handelt sich weder um eine „grundlegende Änderung der Betriebsorganisation" iSd § 111 S. 3 Nr. 4 BetrVG noch um eine „grundlegend neue Arbeitsmethode" iSv § 111 S. 3 Nr. 5 BetrVG. Auch der Abbau von Leiharbeitnehmern fällt regelmäßig nicht unter §§ 111 S. 3 Nr. 1, 112a BetrVG.[1560] Schließlich findet ein **Sozialplan** im Entleiherbetrieb **auf Leiharbeitnehmer** grundsätzlich **keine Anwendung.**[1561] Denn die Beendigung eines Einsatzes von Leiharbeitnehmern aufgrund einer Betriebsänderung im Entleiherbetrieb hat keinen direkten Einfluss auf den Fortbestand des Leiharbeitsverhältnisses.

VIII. Musterverträge

Wie deutlich geworden ist, bestehen im Bereich der Arbeitnehmerüberlassung nach **796** deutschem Recht generell **zwei entscheidende Rechtsbeziehungen,** die auf einer **vertraglichen Grundlage** beruhen. Zum einen wird zwischen dem Leiharbeitnehmer und dem Verleiher ein Arbeitsvertrag geschlossen, aufgrund dessen sich die wesentlichen Haupt- und Nebenpflichten der Arbeitsvertragsparteien ergeben. Das zweite Vertragsverhältnis besteht in Form des Arbeitnehmerüberlassungsvertrags, welcher zwischen dem Verleiher und seinem jeweiligen Kunden (Entleiher) geschlossen wird und welcher die genauen Pflichten und Konditionen der Überlassung näher regelt. Zwischen dem **Entleiher** und dem **Leiharbeitnehmer fehlt** es dagegen regelmäßig an einer **echten vertraglichen Beziehung,** auch wenn zwischen ihnen selbstverständlich im Rahmen der Überlassung ebenfalls zu erfüllende Pflichten bestehen. So ist etwa der Leiharbeitnehmer zur Befolgung der Weisungen des Entleihers und zur Diensterbringung im Zeitraum der Überlassung verpflichtet und der Entleiher gegenüber dem Leiharbeitnehmer zur Einhaltung der Arbeitsschutzbestimmungen. Im Folgenden sollen nun **Musterbeispiele** und kurze darauf bezogene Erläuterungen für beide Vertragstypen dargestellt werden.

[1557] *Boemke/Lembke,* AÜG, § 14 Rn. 145; Thüsing/*Thüsing,* AÜG, § 14 Rn. 181; Urban-Crell/ *Germakowski,* AÜG, § 14 Rn. 144; Urban-Crell/*Schulz* Rn. 1135; Schüren/*Hamann,* AÜG, § 14 Rn. 343; aA *Ulber,* AÜG, § 14 Rn. 87 a; ErfK/*Wank* AÜG § 14 Rn. 28; HWK/*Gotthardt* AÜG § 14 Rn. 23.
[1558] Schüren/*Hamann,* AÜG, § 14 Rn. 343; Thüsing/*Thüsing,* AÜG, § 14 Rn. 181.
[1559] *Boemke/Lembke,* AÜG, § 14 Rn. 146; Schüren/*Hamann,* AÜG, § 14 Rn. 347; Urban-Crell/ *Schulz* Rn. 1136.
[1560] Thüsing/*Thüsing,* AÜG, § 14 Rn. 183; Urban-Crell/*Germakowski,* AÜG, § 14 Rn. 145; *Becker/Wulfgramm,* AÜG, § 14 Rn. 121.
[1561] Urban-Crell/*Germakowksi,* AÜG, § 14 Rn. 146; Schüren/*Hamann,* AÜG, § 14 Rn. 353; Thüsing/*Thüsing,* AÜG, § 14 Rn. 184.

A. Arbeitnehmerüberlassung

1. Arbeitsvertrag mit einem Leiharbeitnehmer (Leiharbeitsvertrag)

a) Allgemeine Grundlagen und Gestaltungshinweise

797 Im Grunde genommen handelt es sich bei einem Leiharbeitsvertrag um einen **regulären Arbeitsvertrag iSv § 611 BGB,** auf den grundsätzlich die arbeits- und zivilrechtlichen Vorschriften Anwendung finden und der lediglich einige Besonderheiten aufweist, die bei der Vertragsgestaltung beachtet werden müssen. Es ist sich allerdings bewusst zu machen, dass der Leiharbeitsvertrag, noch stärker als reguläre Arbeitsverträge, zu einem gewissen Maße bereits **durch gesetzliche Vorgaben geprägt** ist. Zunächst müssen nach § 11 Abs. 1 AÜG die nach dem Nachweisgesetz (NachwG) festgelegten gesetzlichen Vorgaben wie bei jedem anderen Arbeitsverhältnis erfüllt werden. Gemäß § 2 Abs. 1 S. 1 NachwG hat der Verleiher dem Leiharbeitnehmer spätestens innerhalb eines Monats nach dem vereinbarten Beginn des Arbeitsverhältnisses dem Arbeitnehmer eine unterschriebene, die wesentlichen Vertragsbedingungen umfassende Niederschrift auszuhändigen.[1562] Diese muss nach § 2 Abs. 1 S. 2 NachwG **zumindest die folgenden Angaben** enthalten:
- Name des Verleihers mit vollständiger Anschrift, unter der das Unternehmen tatsächlich zu erreichen ist,
- Name und vollständige Anschrift des Leiharbeitnehmers,
- Zeitpunkt des Beginns des Arbeitsverhältnisses,
- im Fall der Befristung die voraussichtliche Dauer des Arbeitsverhältnisses,
- den Arbeitsort und falls nicht nur ein Einsatz an einem bestimmten Ort bezweckt ist, ein entsprechender Hinweis, dass eine Beschäftigung an verschiedenen Orten möglich ist,
- eine kurze Charakterisierung oder Beschreibung der vom Leiharbeiter zu leistenden Tätigkeit,
- Zusammensetzung, Höhe und Fälligkeit des Arbeitsentgelts, einschließlich aller Zuschläge, Zulagen, Prämien und Sonderzahlungen sowie anderer Bestandteile des Arbeitsentgelts und deren Fälligkeit,
- die vereinbarte Arbeitszeit,
- die Dauer des jährlichen Erholungsurlaubs,
- die Kündigungsfristen,
- ein allgemeiner Hinweis auf für das Arbeitsverhältnis anwendbare Tarifverträge und Betriebsvereinbarungen.

798 Darüber hinaus ergeben sich besonders aus § 11 Abs. 1 und 2 AÜG weitere im Rahmen der Vertragsgestaltung einzuhaltende Vorgaben speziell für Leiharbeitsverträge. So muss der Vertrag gemäß § 11 Abs. 1 S. 2 Nr. 1 AÜG ausdrücklich die Firma und Anschrift des Verleihers sowie die **Erteilung der Erlaubnis** zur Arbeitnehmerüberlassung iSv § 1 AÜG enthalten. Dazu sind zwingend die Erlaubnisbehörde sowie Ort und Datum der Erteilung anzugeben. Im Zusammenhang mit der Erlaubnis wird dem Verleiher gemäß § 11 Abs. 3 AÜG die Pflicht auferlegt, den Arbeitnehmer über mögliche Änderungen im Bereich der Erlaubnis, wie den Wegfall, die Nichtverlängerung, die Rücknahme und den Widerruf sowie das voraussichtliche Ende der Abwicklung, zu unterrichten.

799 Eine weitere Besonderheit für Leiharbeitsverträge besteht darin, dass gemäß § 11 Abs. 1 S. 2 Nr. 2 AÜG eine ausdrückliche **Regelung über die Art und Höhe der**

[1562] Zu den Vorgaben des NachwG im Einzelnen: → Rn. 469 ff.

VIII. Mustervertäge

Vergütung des Arbeitnehmers **während verleihfreier Zeiten** im Vertrag enthalten sein muss. Die Höhe der Vergütung für Zeiträume des Nichtverleihs kann von derjenigen für Entleihzeiträume abweichen, für welche entweder das „equal-pay"-Gebot oder eine tarifliche Regelung Anwendung findet. Der Arbeitgeber ist weiterhin nach § 11 Abs. 2 AÜG verpflichtet, allen Leiharbeitern bei Vertragsschluss ein **Merkblatt der Erlaubnisbehörde** über die wesentlichen Inhalte von Leiharbeitsverhältnissen auszuhändigen. Soweit es sich bei den Leiharbeitnehmern um Nichtdeutsche handelt müssen sowohl das Merkblatt, als auch der nach § 11 Abs. 1 AÜG iVm den NachwG anzufertigende Nachweis über die wesentlichen Vertragsbedingungen auf deren Verlangen hin in ihrer Muttersprache abgefasst sein. Anders als reine Verletzungen des Nachweisgesetzes bei regulären Arbeitsverhältnissen sind die Verstöße gegen § 11 Abs. 1 und 2 AÜG sanktionsbewehrt und können gemäß § 16 Abs. 1 Nr. 8, Abs. 2 AÜG mit **Geldbußen bis zur Höhe von 1000 EUR** geahndet werden.

Bei der Vertragsgestaltung sind weiterhin die **Einschränkungen gemäß § 11** **800** **Abs. 4 AÜG** zu beachten. Danach ist zum einen die Ausnahmeregelung des § 622 Abs. 5 Nr. 1 BGB im Rahmen der Arbeitnehmerüberlassung nicht anwendbar, nach welcher bei regulären Arbeitsverhältnissen mit kürzer als drei Monate beschäftigten Aushilfen von § 622 BGB abweichende Kündigungsfristen im Arbeitsvertrag vereinbart werden können. Demnach sind die **gesetzlichen Mindest-Kündigungsfristen** im Rahmen der Arbeitnehmerüberlassung **in jedem Fall bindend.** Es entspricht weiterhin grundsätzlich dem Konzept der Leiharbeit, dass der Arbeitnehmer auch in verleihfreien Zeiten zu entlohnen ist. Folgerichtig darf gemäß § 11 Abs. 4 S. 2 AÜG das **Recht** des Leiharbeitnehmers **auf Lohn bei Annahmeverzug** des Arbeitgebers nach § 615 Abs. 1 BGB **nicht vertraglich abbedungen** werden. Neben diesen zwingend vorgeschriebenen Vorgaben für die Vertragsgestaltung wird in § 11 Abs. 5 AÜG ein weiteres Recht des Leiharbeitnehmers geregelt. Gemäß § 11 Abs. 5 AÜG ist der Leiharbeitnehmer nicht dazu verpflichtet, in Entleihbetrieben tätig zu werden, welche sich im **Arbeitskampf** befinden, worauf ihn der Verleiher im Fall des Arbeitskampfes gesondert hinweisen muss.

Weiterhin ist in den Vertrag **ausdrücklich aufzunehmen,** dass der Arbeitnehmer **801** der Erbringung **seiner Arbeitsleistung** in anderen Betrieben (Entleiher) **zustimmt,** da gemäß § 613 S. 2 BGB der Anspruch auf Dienste grundsätzlich nicht übertragbar ist.[1563] Es entspricht zwar der Natur der Sache, dass bei Abschluss eines Leiharbeitsvertrags die Überlassung des Arbeitnehmers an Dritte bezweckt ist. Trotzdem sollte unbedingt ein entsprechender Passus in den Vertrag aufgenommen werden.

Nach dem AÜG ist weiterhin die **Aufnahme bestimmter Vereinbarungen** in **802** Leiharbeitsverträgen **untersagt,** so dass diese bei der Vertragsgestaltung unbedingt vermieden werden sollten. Gemäß § 9 Nr. 4 AÜG sind alle Arten von Vereinbarungen verboten und damit unwirksam, welche es dem Leiharbeitnehmer untersagen, im Anschluss an die Tätigkeit beim Verleiher ein Arbeitsverhältnis mit einem Entleiher einzugehen. Nach § 9 Nr. 5 AÜG darf darüber hinaus keine vom Arbeitnehmer an den Verleiher zu zahlende **Vermittlungsgebühr** für den Fall der Übernahme durch einen Entleiher vereinbart werden.

Grundsätzlich lassen sich im Rahmen der Arbeitnehmerüberlassung **zwei verschie-** **803** **dene Typen** von Arbeitsverträgen unterscheiden. Zum einen existieren Leiharbeitsverträge, welche hinsichtlich der wesentlichen Arbeitsbedingungen auf einen **einschlägigen Tarifvertrag verweisen und** zum anderen (auch wenn solche in der Praxis kaum

---

[1563] *Pollert/Spieler*, Die Arbeitnehmerüberlassung in der betrieblichen Praxis, 133 f.

zu finden sind) solche **ohne Tarifbezug.** Dies ist in erster Linie der in § 3 Abs. 1 Nr. 3 S. 2 und § 9 Nr. 2 AÜG vorgesehenen Ausnahme vom „equal-treatment/-pay"-Grundsatz geschuldet, welcher vorsieht, dass eine Gleichbehandlung mit den im Entleiherbetrieb fest angestellten Arbeitnehmern immer dann ausnahmsweise entbehrlich ist, wenn die Arbeitsbedingungen in einem wirksamen Tarifvertrag geregelt werden. Die Ausnahme stellt in der Arbeitnehmerüberlassung die Regel dar, und aufgrund des sehr niedrigen Organisationsgrades im Bereich der Zeitarbeit erfolgt die Anwendbarkeit der Tarifverträge nur selten Kraft beidseitiger Tarifbindung, sondern fast ausschließlich im Wege der arbeitsvertraglichen Inbezugnahme. Allerdings ist sich im Rahmen der Vertragsgestaltung, gerade vor dem Hintergrund der Unwirksamkeit der CGZP-Tarifverträge, **genau zu überlegen, auf welche Tarifwerke verwiesen** wird. Die meisten Arbeitsverträge werden wohl fortan die zwischen den Arbeitgeberverbänden BZA (heute BAP) bzw. der iGZ jeweils mit der Tarifgemeinschaft Zeitarbeit beim DGB bzw. den einzelnen Gewerkschaften geschlossenen Tarifverträge anknüpfen.

804 In der Praxis stellt der **Leiharbeitsvertrag mit Tarifbezug** den **Regelfall** dar, so dass sich das unten aufgeführte Vertragsmuster auf diesen Fall beschränkt, bevor anschließend die **notwendigen Änderungen in einem Vertragsmuster** für den Fall der Vereinbarung eines **Leiharbeitsvertrags ohne tarifliche Inbezugnahme** aufgezeigt werden sollen. Grundsätzlich ist sich aber bewusst zu machen, dass bei der Verwendung von Arbeitsverträgen ohne Tarifbezug das **„equal-treatment"-Gebot** einzuhalten ist, was regelmäßig für den Verleiher nicht nur mit **höheren Lohnkosten** und **Beiträgen zur Sozialversicherung** verbunden ist, sondern auch einen **hohen Verwaltungsaufwand** bedeutet. Der Leiharbeitnehmer wird nämlich regelmäßig in verschiedenen Entleiherbetrieben eingesetzt, so dass das jeweils zu zahlende Entgelt und die korrespondierenden Abgaben variieren und somit stets einzeln zu ermitteln und abzuführen sind. Aus diesem Grund wird für reine Verleihunternehmen von der Verwendung solcher Verträge abgeraten, so dass eine Verwendung aufgrund der dargestellten Nachteile allenfalls für **Mischbetriebe** in Frage käme, bei welchen die Arbeitnehmer den Hauptteil ihrer Tätigkeit verrichten und von denen aus sie nur ausnahmsweise anderen Unternehmen vorübergehend überlassen werden.[1564]

805 **Arbeitsverträge mit Tarifbezug** sind in der Regel inhaltlich so wesentlich von den größtenteils umfassenden Tarifverträgen der Zeitarbeitsbranche, welche regelmäßig Mantel-, Entgeltrahmen- und Entgelttarifverträge enthalten, geprägt, dass es ausreichend sein kann, im Arbeitsvertrag selbst lediglich einige ergänzende Regelungen aufzunehmen. Der Tarifvertrag sollte in seiner Gänze und nicht nur partiell in Bezug genommen und seine Vorrangigkeit eindeutig herausgestellt werden.[1565] Dazu ist es zweckmäßig, aus Gründen der Transparenzkontrolle iSd § 307 Abs. 1 BGB eine Geltung des **Günstigkeitsprinzips** gemäß § 4 Abs. 3 TVG ausdrücklich zu vereinbaren, um zu verdeutlichen, dass vom Tarifvertrag abweichende Regelungen des Arbeitsvertrags nur dann gelten sollen, wenn sie sich für den Arbeitnehmer als vorteilhaft auswirken. Auch im Rahmen der Verweisungsklausel selbst ist allerdings gerade vor dem Hintergrund der in letzter Zeit aufgetretenen Unsicherheiten im Hinblick auf die Auslegung von **Bezugnahmeklauseln**[1566] auf eine **klare und transparente Formu-**

[1564] *Grimm/Brock,* Praxis der Arbeitnehmerüberlassung, § 13 Rn. 8 f.
[1565] *Grimm/Brock,* Praxis der Arbeitnehmerüberlassung, § 13 Rn. 5.
[1566] Insbesondere aufgrund der veränderten Rechtsprechung des BAG zur Auslegung dynamischer Bezugnahmeklauseln: BAG 14. 12. 2005 – 4 AZR 536/04, NZA 2006, 607; 18. 4. 2007 – 4 AZR 652/05, NZA 2007, 965; 22. 10. 2008 – 4 AZR 793/07, NZA 2009, 323; 17. 11. 2010 – 4 AZR 127/09, NZA 2011, 457.

VIII. Musterverträge

lierung zu achten. Es muss deutlich herausgestellt werden, auf welche Tarifverträge in welcher Form (statisch oder dynamisch) verwiesen werden soll und welche Folge im Fall des Wegfalls der Tarifverträge oder der Tarifgebundenheit bezweckt ist.

b) Muster eines Leiharbeitsvertrags mit Tarifbezug

Arbeitsvertrag

zwischen

der Firma _____ (vollständige Bezeichnung und Anschrift) _____

– nachstehend Arbeitgeber genannt –

und

Herrn/Frau _____ (vollständiger Name und Anschrift) _____

geboren am _____

– nachstehend Mitarbeiter genannt –

1. Rechtliche Grundlagen

a) Der Arbeitgeber ist im Besitz einer gültigen Erlaubnis zur Arbeitnehmerüberlassung im Sinne von § 1 Abs. 1 des Gesetzes zur Regelung der gewerbsmäßigen Arbeitnehmerüberlassung (AÜG). Diese Erlaubnis wurde von der _____ [Erlaubnisbehörde] in _____ am _____ ausgestellt.

b) Auf das Arbeitsverhältnis sind die Tarifverträge der Zeitarbeit _____ [genaue Bezeichnung angeben], geschlossen zwischen dem Arbeitgeberverband _____ und den Gewerkschaft(en) _____, bestehend aus _____ [Mantel-, Entgeltrahmen- und Entgelttarifvertrag] in ihrer jeweils geltenden Fassung anwendbar. Es handelt sich dabei um Tarifverträge iSd §§ 3 Abs. 1 Nr. 3, 9 Nr. 2 AÜG. Eine Geltung dieser Tarifverträge wird auch für den Fall vereinbart, dass der Mitarbeiter nicht Mitglied der tarifschließenden Gewerkschaft ist. Die Tarifverträge liegen zur Einsichtnahme in den Geschäftsräumen bereit.

c) Soweit der Mitarbeiter nicht Mitglied der tarifschließenden Gewerkschaft ist, wird vereinbart, dass die vorgenannten Tarifverträge den Regelungen dieses Arbeitsvertrags vorgehen. Dies gilt allerdings nicht, wenn die Tarifverträge eine Abweichung im Einzelarbeitsvertrag ausdrücklich zulassen oder eine Bestimmung dieses Arbeitsvertrags für den Mitarbeiter günstiger ist. Insoweit wird die Geltung des Günstigkeitsprinzips gemäß § 4 Abs. 3 des Tarifvertragsgesetzes (TVG) vereinbart.

d) Im Fall des Wegfalls oder der Änderung der Tarifbindung des Arbeitgebers, der Kündigung oder des sonstigen Wegfalls der Wirksamkeit der vorgenannten Tarifverträge, vereinbaren die Parteien die Fortgeltung der vorgenannten Tarifverträge in der zuletzt geltenden Fassung, soweit sie nicht durch andere Abmachungen ersetzt werden.

e) Das Merkblatt für Leiharbeitnehmer der Bundesagentur für Arbeit wird dem Mitarbeiter mit Vertragsschluss ausgehändigt.

2. Beginn des Arbeitsverhältnisses

Das Arbeitsverhältnis beginnt am _____ und wird auf unbestimmte Zeit geschlossen.

3. Gegenstand der Tätigkeit

a) Der Mitarbeiter wird eingestellt als Leiharbeitnehmer mit der Qualifikation als _____ zur Ausübung einer Tätigkeit als _____.

b) Die Einstellung folgt unter der Voraussetzung der fachlichen und gesundheitlichen Eignung für die vorgesehene Tätigkeit.

c) Der Arbeitgeber ist berechtigt, dem Mitarbeiter innerhalb der vorgenannten Tätigkeit auch andere Aufgaben zuzuweisen. In diesem Zusammenhang ist auch ein Einsatz an allen Orten sowie in allen Abteilungen oder Betrieben des Arbeitgebers möglich.

d) Der Arbeitgeber ist berechtigt, den Mitarbeiter gegen Entgelt an Kunden (Entleiher) zu überlassen. In diesem Fall ist der Mitarbeiter verpflichtet, innerhalb des vertraglich festgelegten Rahmens seine Tätigkeit auch im Entleiherbetrieb nach den Weisungen des Entleihers auszuüben. Der Mitarbeiter ist mit dieser Überlassung an Kunden des Arbeitgebers einverstanden.

e) Der Mitarbeiter kann an verschiedenen Einsatzorten bei Kundenbetrieben beschäftigt werden.

f) Der Arbeitgeber ist jederzeit berechtigt, den Mitarbeiter von einem Einsatz bei einem Kunden abzuberufen und anderweitig einzusetzen. Während der Einsatzdauer unterliegt der Mitarbeiter dem Direktionsrecht des Entleihers.

g) In Zeiträumen, in denen der Mitarbeiter nicht an einen Kundenbetrieb überlassen werden kann (einsatzfreie Zeiträume), ist der Mitarbeiter verpflichtet, seine Arbeitskraft dem Arbeitgeber zur Verfügung zu stellen.

4. Auskunftspflicht des Mitarbeiters

a) Der Mitarbeiter ist verpflichtet, auf Anfrage des Arbeitgebers in Bezug auf einen Einsatz bei einem Entleiher mitzuteilen, ob er in den sechs Monaten vor dem Beginn der beabsichtigten Überlassung zu dem Entleiher oder einem mit ihm im Sinne des § 18 AktG verbundenen Konzernunternehmen in einem Arbeitsverhältnis gestanden hat. Dies umfasst auch alle Neben- und Aushilfstätigkeiten innerhalb dieses maßgeblichen Zeitraumes.

b) Kommt der Mitarbeiter dieser Verpflichtung nicht ordnungs- und wahrheitsgemäß nach, so ist er dem Arbeitgeber zum Ersatz jeglichen daraus entstehenden Schaden verpflichtet.

5. Arbeitszeit

a) Die Arbeitszeit richtet sich grundsätzlich nach den tariflichen Bestimmungen. Der Mitarbeiter ist in _____ (Vollzeit/Teilzeit) beschäftigt.

b) Der Mitarbeiter verpflichtet sich, auf Anordnung Mehrarbeits- und Überstunden sowie Nacht-, Samstags-, Sonntags- und Feiertagsarbeit im gesetzlich zulässigen Umfang zu erbringen.

c) Während der Beschäftigung im Betrieb des Arbeitgebers in einsatzfreien Zeiten richten sich der Beginn, das Ende und die Aufteilung der täglichen Arbeitszeit nach den betrieblichen Gegebenheiten. Pausen- und Wegezeiten sowie die Zeit für Waschen und Umkleiden gelten nicht als Arbeitszeit.

d) Während der Einsatzzeiten richten sich der Beginn, das Ende und die Aufteilung der täglichen Arbeitszeit sowie die Pausenregelungen und Verteilung der wöchentlichen Arbeitszeit auf die einzelnen Wochentage nach den im Entleiherbetrieb gültigen Regelungen bzw. den Anforderungen des Kundenbetriebs.

6. Vergütung

a) Die Vergütung des Mitarbeiters einschließlich Zulagen und Sonderzahlungen richtet sich nach den tariflichen Bestimmungen.

b) Gemäß der in Nr. 3 a) dieses Vertrags festgelegten Tätigkeitsbeschreibung und Qualifikation wird der Mitarbeiter in die Entgeltgruppe ___ gemäß § ___ Entgeltrahmentarifvertrag Zeitarbeit eingegliedert. Sein Stundenlohn beträgt demnach nach dem Entgelttarifvertrag Zeitarbeit derzeit ___ EUR brutto.

7. Arbeitsverhinderung und Entgeltfortzahlung

a) Die Entgeltfortzahlung im Fall von Krankheit oder sonstiger Arbeitsverhinderung richtet sich nach den gesetzlichen und tariflichen Bestimmungen.

b) Der Mitarbeiter ist verpflichtet, dem Arbeitgeber jede Arbeitsverhinderung und deren voraussichtliche Dauer unverzüglich, spätestens jedoch vor Arbeitsbeginn während der geschäftlichen Betriebszeiten möglichst telefonisch anzuzeigen.

c) Der Mitarbeiter verpflichtet sich, am dritten Kalendertag der Arbeitsverhinderung aufgrund einer Erkrankung eine ärztliche Arbeitsunfähigkeitsbescheinigung mit Angaben über die voraussichtliche Dauer der Erkrankung unaufgefordert vorzulegen. Dauert die Arbeitsunfähigkeit länger als in der Bescheinigung angegeben, ist der Mitarbeiter verpflichtet, weitere Folgebescheinigungen einzureichen und den Arbeitgeber jeweils vorab telefonisch über die Fortdauer der Arbeitsunfähigkeit zu unterrichten. Der Arbeitgeber behält sich grundsätzlich vor, eine ärztliche Bescheinigung bereits vor dem dritten Krankheitstag zu fordern.

8. Urlaub

a) Der Urlaubsanspruch des Mitarbeiters richtet sich nach § ___ des Manteltarifvertrags und beträgt bei Zugrundelegung einer 5-Tage-Woche im ersten Jahr ___ Arbeitstage pro Kalenderjahr. Der Urlaubsanspruch erhöht sich je nach Betriebszugehörigkeit auf bis zu ___ Arbeitstage pro Kalenderjahr [bzw. Verweis auf Steigerungen nach Manteltarifvertrag].

b) Der Zeitpunkt des Urlaubs wird vom Arbeitgeber unter Berücksichtigung der vom Mitarbeiter angegebenen Wünsche in Abwägung mit den betrieblichen Interessen, insbesondere bereits feststehender Einsätze bei Entleihern sowie den Urlaubswünschen anderer Mitarbeiter festgelegt.

c) Desweiteren gelten die Bestimmungen des anwendbaren Tarifvertrags und des Bundesurlaubsgesetzes (BUrlG).

9. Unfallverhütung

a) Der Mitarbeiter wird ausdrücklich auf die Bedeutung der Einhaltung der Unfallverhütungsvorschriften sowohl im Betrieb des Arbeitgebers, als auch in den verschiedenen Entleiherbetrieben hingewiesen und auf ihre Einhaltung, insbesondere das Tragen der persönlichen Schutzausrüstung, verpflichtet.

b) Der Mitarbeiter ist verpflichtet, dem Arbeitgeber eventuelle Arbeitsunfälle unverzüglich anzuzeigen.

10. Verschwiegenheitsverpflichtung, Herausgabe von Unterlagen und Materialien

a) Der Mitarbeiter ist verpflichtet, alle Geschäfts- und Betriebsgeheimnisse sowie betriebliche Angelegenheiten vertraulicher Natur, die als solche vom Arbeitgeber gekennzeichnet oder bezeichnet worden oder offensichtlich als solche zu erkennen sind, geheim zu halten und ohne ausdrückliche Genehmigung des Arbeitgebers keinen anderen Personen zugänglich zu machen. Im Zweifel ist der Mitarbeiter verpflichtet, eine Weisung der Geschäftsleitung einzuholen, ob eine bestimmte Tatsache als vertraulich zu behandeln ist oder nicht.

b) Diese Verpflichtung besteht in gleichem Umfang im Hinblick auf alle Geschäfts- und Betriebsgeheimnisse sowie betriebliche Angelegenheiten vertraulicher Natur der Entleiher, bei denen der Mitarbeiter eingesetzt wird.

c) Auch die Höhe der Vergütung des Mitarbeiters fällt unter die Verschwiegenheitspflicht. Dies gilt allerdings nicht für Fälle, in denen der Mitarbeiter gesetzlich berechtigt oder verpflichtet ist, Angaben über sein Einkommen zu machen.

d) Diese Verschwiegenheitsverpflichtungen bestehen auch nach Beendigung des Arbeitsverhältnisses fort. Sollte eine Verschwiegenheitspflicht den Mitarbeiter in seinem beruflichen Fortkommen unangemessen benachteiligen, steht dem Mitarbeiter gegenüber dem Arbeitgeber ein Recht auf Freistellung von dieser Verpflichtung zu.

e) Der Mitarbeiter hat jederzeit nach erfolgter Aufforderung sowie jedenfalls im Falle seines Ausscheidens alle ihm überlassenen Materialen und Werkzeuge, Betriebsmittel, Unterlagen, Urkunden, Aufzeichnungen, Notizen, Entwürfe oder hiervon gefertigte Durchschriften oder Kopien, gleich auf welchem Datenträger, an den Arbeitgeber zurückzugeben.

11. Nebentätigkeiten, Geschenke

a) Die Ausübung jeder Nebentätigkeit des Mitarbeiters, gleichgültig, ob diese entgeltlich oder unentgeltlich ausgeübt wird, bedarf der vorherigen Zustimmung des Arbeitgebers. Die Zustimmung ist zu erteilen, soweit die Ausübung der Nebentätigkeit die Wahrnehmung der dienstlichen Aufgaben des Mitarbeiters und sonstige berechtigte Interessen des Arbeitgebers oder des Entleihers nicht oder nur unwesentlich beeinträchtigt.

b) Dem Mitarbeiter ist grundsätzlich untersagt, Geschenke oder sonstige Vergünstigungen von Vertretern, Lieferanten, Auftraggebern oder sonstigen Geschäftspartnern anzunehmen. Von diesem Verbot ausgenommen sind alltägliche Gegenstände, deren Wert [35,00] EUR nicht überschreitet.

12. Diensterfindungen

a) Für die Behandlung von Diensterfindungen gelten die gesetzlichen Bestimmungen des Gesetzes über Arbeitnehmererfindungen (ArbNErfG).

b) Etwaige bei einem Entleiher gemachte Diensterfindungen des Mitarbeiters sind dem Arbeitgeber schnellstmöglich anzuzeigen.

13. Personaldatenerfassung, Mitteilungspflicht

Der Mitarbeiter erklärt sich damit einverstanden, dass seine Personaldaten gespeichert, elektronisch verarbeitet und, soweit erforderlich, an die jeweiligen potentiellen und aktuellen Entleiherbetriebe weitergegeben werden. Änderungen seiner Anschrift oder sonstiger personenbezogenen Daten teilt der Mitarbeiter dem Arbeitgeber unverzüglich mit.

14. Beendigung des Arbeitsverhältnisses, Altersgrenze, Freistellung

a) Das Arbeitsverhältnis endet ohne die Notwendigkeit einer Kündigung mit Ablauf des Monats, in dem der Mitarbeiter die Altersgrenze für eine Regelaltersrente in der gesetzlichen Rentenversicherung erreicht hat. Dies ist derzeit mit Ablauf des Monats, in dem der Mitarbeiter das ___ Lebensjahr vollendet. Das Arbeitsverhältnis endet ebenfalls ohne Kündigung mit Ablauf des Monats, in welchem dem Mitarbeiter der Bescheid eines Rentenversicherungsträgers über eine dauerhafte Rente wegen voller Erwerbsminderung zugeht. Die vorstehenden Sätze berühren nicht das Recht zur ordentlichen Kündigung.

b) Das Arbeitsverhältnis ist beiderseits unter der Einhaltung der in § 622 Abs. 1 und 2 BGB geregelten Kündigungsfristen ordentlich kündbar.

c) Das Recht zur fristlosen Kündigung aus wichtigem Grund bleibt unberührt.

d) Nach Ausspruch einer Kündigung ist der Arbeitgeber berechtigt, den Mitarbeiter unter Fortzahlung des Entgeltes und unter Anrechnung etwaiger noch bestehender Urlaubsansprüche von der Arbeitsleistung freizustellen.

15. Schlussbestimmungen

a) Die Parteien sind sich einig, dass keine mündlichen Nebenabreden getroffen wurden. Nebenabreden und Änderungen dieses Vertrags bedürfen zu ihrer Wirksamkeit der Schriftform.

b) Sollten einzelne Bestimmungen dieses Vertrags ganz oder teilweise unwirksam sein bzw. werden oder sollte sich in diesem Vertrag eine Lücke befinden, so bleiben die übrigen Regelungen hiervon unberührt. Anstelle der unwirksamen Bestimmung gilt eine Regelung als vereinbart, welche dem Sinn und Zweck der unwirksamen Bestimmung am ehesten entspricht. Im Fall des Auftretens einer Lücke im Vertrag gilt diejenige Bestimmung zwischen den Parteien als vereinbart, welche diese unter Beachtung des Sinn und Zwecks des Vertrags und der Berücksichtigung der beidseitigen Interessen vereinbart hätten, wenn sie diesen Punkt von vorne herein bedacht hätten. Soweit die Unwirksamkeit einer Regelung auf einem Maß, einer Leistung oder Zeit beruht, gilt das rechtlich zulässige Maß als vereinbart.

c) Für den Arbeitgeber handelt Herr/Frau _____ als Vertretungsberechtigte(r). Er/Sie ist vom Arbeitgeber sowohl zur Abgabe von Willenserklärungen im Rahmen des Abschlusses von Arbeitsverträgen als auch im Hinblick auf mögliche Kündigungen bevollmächtigt.

Ort, Datum

_____   _____
(Arbeitgeber)   (Mitarbeiter)

Der Mitarbeiter bestätigt, eine vom Arbeitgeber unterschriebene vollständige Abschrift dieses Vertrags einschließlich des Merkblatts für Leiharbeitnehmer erhalten zu haben.

_____
(Mitarbeiter)

VIII. Musterverträge

c) Erläuterungen und abweichende Gestaltungsmöglichkeiten

Das oben angeführte Vertragsmuster repräsentiert den Typus **eines relativ um-** 807
fangreichen Leiharbeitsvertrags mit Tarifbezug. Die Tarifverträge im Bereich
der Zeitarbeit regeln den Inhalt der Leiharbeitsverhältnisse schon relativ umfangreich.
Der Vertrag hätte also an einigen Stellen auch **kürzer** gestaltet werden können. Im
Folgenden sollen zunächst einige kurze Anmerkungen und Gestaltungshinweise zum
obigen Vertragsmuster gegeben werden, bevor in Kürze aufgezeigt werden soll, welche
Änderungen des dargestellten Mustervertrags notwendig werden, wenn ein Leiharbeitsvertrag ohne Tarifbezug geschlossen werden soll.

aa) Anmerkungen und spezielle Gestaltungshinweise zum Vertragsmuster

Der Mustervertrag stellt eine umfassende und ausreichende Regelung für einen 808
Leiharbeitsvertrag mit Tarifbezug dar. Einige Regelungen erklären sich von selbst, zu
anderen sollen dagegen kurze Erklärungen und Hinweise gegeben werden. Daneben
werden an einigen Stellen **alternative Gestaltungsmöglichkeiten** aufgezeigt. Um
eine möglichst übersichtliche Darstellung zu schaffen, wird dabei in der Reihenfolge
der Vertragsregelungen vorgegangen.

Im Rahmen der **rechtlichen Grundlagen** als ersten Regelungsbereich des Vertrags 809
wird in Nr. 1 a) und b) in erster Linie den Anforderungen entsprochen, welche nach
§ 11 AÜG im Zusammenhang mit der **Erlaubnis für die Arbeitnehmerüberlassung** bestehen. Wie bereits im Rahmen der allgemeinen Gestaltungshinweise ausgeführt, muss die Erlaubniserteilung mitsamt der erteilenden Behörde, Ort und Datum
der Erteilung ausdrücklich nach § 11 Abs. 1 S. 2 Nr. 1 AÜG in den Leiharbeitsvertrag
aufgenommen werden.

Die Vereinbarung einer **Bezugnahmeklausel** auf anzuwendende Tarifverträge der 810
Zeitarbeit bereits zu Vertragsbeginn ist eine zweckmäßige Lösung. Auf diese Weise
wird von Anfang an deutlich, dass sich für alle folgenden Regelungen Besonderheiten
aus tariflichen Bestimmungen ergeben können. Gerade die vor kürzerer Zeit erfolgte
Rechtsprechungsänderung des BAG zur Auslegung dynamischer Bezugnahmeklauseln[1567] hat gezeigt, dass es entscheidend ist, die Klausel selbst **klar und unmissverständlich** zu formulieren. Besonders im Bezug auf mögliche zukünftige Änderungen
tariflicher oder tatsächlicher Natur, insbesondere der Kündigung oder des Wegfalls eines
Tarifvertrags, aber auch des Wegfalls der Tarifgebundenheit des Arbeitgebers, sollten
ausdrückliche und unmissverständliche Regelungen getroffen werden. Die Bezugnahme in Nr. 1 b) bis d) folgt diesen Vorgaben. Es wird zunächst in Nr. 1 b) deutlich gemacht, dass es sich um eine dynamische Bezugnahme auf die **jeweils gültige Fassung** eindeutig bestimmter Tarifverträge handelt, da sowohl die tarifschließenden
Parteien, als auch das Datum genannt werden. Auch der Hinweis, dass es sich um Tarifverträge iSv §§ 3 Abs. 1 Nr. 3, 9 Nr. 2 AÜG handelt ist empfehlenswert, obwohl
ihm keine eigene rechtliche Wirkung zukommt. Auf diese Weise wird aber gerade die
bezweckte Abweichung vom „equal-treatment/-pay"-Grundsatz deutlich gemacht.
Durch den Hinweis auf die Auslage der anwendbaren Tarifverträge in den Geschäftsräumen wird dem Arbeitnehmer aufgezeigt, dass er diese dort jederzeit einsehen kann,
um seine Rechte bestimmen zu können.

[1567] BAG 14. 12. 2005 – 4 AZR 536/04, NZA 2006, 607; 18. 4. 2007 – 4 AZR 652/05, NZA 2007, 965; 22. 10. 2008 – 4 AZR 793/07, NZA 2009, 323; 17. 11. 2010 – 4 AZR 127/09, NZA 2011, 457.

811 In Nr. 1c) wird herausgestellt, dass auf das Arbeitsverhältnis das tarifliche Günstigkeitsprinzip Anwendung finden soll und somit Abweichungen von den tariflichen Regelungen nur dann wirksam sind, wenn sie zugunsten des Arbeitnehmers wirken oder von den Tarifverträgen ausdrücklich zugelassen werden. Eine **eindeutige Darstellung des Rangverhältnisses** ist **anzuraten,** da auf diese Weise dem Arbeitnehmer bewusst gemacht wird, welche Regelungen auf sein Arbeitsverhältnis Anwendung finden. Die in Nr. 1d) geregelte Bestimmung ist den Vorgaben der angesprochenen BAG-Rechtsprechung zur Auslegung dynamischer Bezugnahmen geschuldet und stellt für die aufgeführten Fälle tariflicher Veränderungen die Rechtsfolge heraus, dass die zuletzt angewandten Tarifverträge lediglich statisch, das heißt in ihrer letztgültigen Fassung, weitergelten sollen. Auf diese Weise wird die Gefahr einer Auslegung als mögliche unbedingte zeitdynamische Verweisung vermieden.

812 Im Zusammenhang mit den Regelungen zum **Beginn des Arbeitsverhältnisses** ist hervorzuheben, dass mit Leiharbeitnehmern grundsätzlich auch befristete Verträge geschlossen werden können. Dies ist in der Praxis jedoch wohl eher nicht der Regelfall. Falls eine **Befristung** vereinbart werden soll, muss dies allerdings an dieser Stelle in Nr. 2a) geschehen. Dann sind jedoch die Vorgaben des **Teilzeit- und Befristungsgesetzes (TzBfG),** insbesondere das Vorliegen eines Sachgrundes nach § 14 Abs. 1 TzBfG bzw. die sachgrundlose Befristung nach § 14 Abs. 2 TzBfG, einzuhalten, auf welche hier nicht näher einzugehen ist. Eine entsprechende Vereinbarung könnte etwa lauten:

2. Beginn des Arbeitsverhältnisses
 a) Das Arbeitsverhältnis beginnt am _____ und wird befristet bis zum _____ geschlossen. Es endet mit Ablauf der Frist, ohne dass es hierzu einer Kündigung bedarf.

813 Keine bedeutenden Besonderheiten bestehen im Rahmen der Bestimmungen zum **Gegenstand der Tätigkeit** des Leiharbeitnehmers in Nr. 3 des Vertragsmusters. In diesen Bereichen, in erster Linie im Regelungsgegenstand von Nr. 3c) bis e), finden sich auch **in den anwendbaren Tarifverträgen ausführlichere Bestimmungen,** etwa zu Wege- und Übernachtungskosten, je nach Entfernung des Einsatzortes.

814 Die Vereinbarung einer **Auskunftspflicht des Mitarbeiters** hinsichtlich seiner Vorbeschäftigungen in den letzten sechs Monaten, wie in Nr. 4 geschehen, ist durch eine der bereits oben beschriebenen, zum 30. 4. 2011 in Kraft getretenen Änderungen des AÜG notwendig geworden. In den §§ 3 Abs. 1 Nr. 3 S. 4 und 9 Nr. 2 AÜG wurde zur Verhinderung so genannter „Drehtür-Konstellationen" festgelegt, dass die Abweichungsmöglichkeit vom „equal-treatment"-Gebot durch Tarifvertrag nicht gilt, wenn der Leiharbeiter bestimmte Vorbeschäftigungen beim Entleiherbetrieb erbracht hat. Danach gilt trotz anwendbaren Tarifvertrags das „equal-treatment"-Gebot, wenn der Leiharbeiter in einem Entleiherbetrieb eingesetzt wird und zu diesem Betrieb selbst oder einem mit diesem verbundenen Konzernunternehmen **innerhalb der letzten 6 Monate** in einem **Arbeitsverhältnis gleich welcher Art** stand. Um diese Konstellation zu vermeiden, muss der Verleiher die Beschäftigungsbiografie des Leiharbeitnehmers für die letzten 6 Monate lückenlos nachvollziehen können, um von einer Überlassung an solche Betriebe, in denen der Leiharbeitnehmer in der maßgeblichen Zeit beschäftigt war, abzusehen. Zur Erlangung der für eine entsprechende Auswertung notwendigen Informationen bietet sich die Vereinbarung einer vertraglichen Auskunftspflicht des Arbeitnehmers wie in Nr. 4 des Vertrags an. Empfehlenswert ist dabei die **Kombination mit der Vereinbarung einer Schadensersatzpflicht** für

VIII. Musterverträge

den Fall, dass der Arbeitnehmer der Auskunftspflicht nicht ordnungs- oder wahrheitsgemäß nachkommt. Ein etwaiger **Schaden** kann dabei in den **höheren Lohn- und Lohnnebenkosten** auf „equal-pay"-Niveau bestehen, welche anfallen, soweit die Ausnahme nach §§ 3 Abs. 1 Nr. 3, 9 Nr. 2 AÜG wegen der zu beachtenden Vorbeschäftigung nicht anwendbar ist.

Die Regelungen zur **Arbeitszeit** entsprechen weitgehend den gängigen tariflichen Bestimmungen in den Tarifverträgen der Zeitarbeit. Auch die genauen Modalitäten der Einrichtung und Behandlung von **Arbeitszeitkonten** sind in den von IGZ bzw. BZA bzw. BAP mit der Tarifgemeinschaft Zeitarbeit beim DGB geschlossenen Tarifverträgen ausführlich geregelt, so dass in diesem Bereich relativ wenig Spielraum für individualvertragliche Regelungen bleibt. **815**

Die Regelungen zur **Vergütung** erklären sich zwar aus sich selbst heraus, allerdings gibt es dennoch die Möglichkeit verschiedener abweichender Gestaltungen. Grundsätzlich richtet sich die Vergütung bei Leiharbeitsverträgen mit Tarifbezug weitestgehend nach den anwendbaren tariflichen Bestimmungen. Aus diesem Grund erklärt sich der ausdrückliche Verweis in Nr. 6 a), dass sich die gesamte Vergütung einschließlich Zulagen und Sonderzahlungen nach den Tarifverträgen richten. Dieser Hinweis wäre eigentlich schon ausreichend. Dennoch möchte der Arbeitnehmer oftmals „schwarz auf weiß" in seinem Vertrag lesen können, was er letztlich verdient, so dass zumindest **deklaratorisch dargestellt** werden sollte, welcher **Stundenlohn zum Zeitpunkt des Vertragsschlusses** anwendbar ist. Dazu wurde im Mustervertrag in Nr. 6 b) zunächst festgelegt, in welche tarifliche Entgeltgruppe der Leiharbeiter auf Grundlage seiner Qualifikation eingegliedert wird, um dann den konkreten Stundenlohn nach dem derzeitigen Stand darzulegen. Eine entsprechend konkrete Darstellung anhand der tariflichen Vorgaben kann natürlich auch bezüglich der **Zulagen und Sonderzahlungen** vorgenommen werden. Dazu sollten zusätzliche Absätze, etwa nach der Regelung Nr. 6 c), in den Mustervertrag eingefügt werden. **816**

Die in Nr. 9 geregelte **Unfallverhütung** geht zurück auf die in § 11 Abs. 6 AÜG geregelten **Vorschriften zum Arbeitsschutz.** Darin wird zwar in erster Linie der Entleiher verpflichtet, den Leiharbeitnehmer ausreichend zu informieren und aufzuklären sowie die Einhaltung des Arbeitsschutzes in seinem Betrieb sicherzustellen. Allerdings ist es zweckmäßig, wenn der Verleiher durch die schriftliche Regelung im Arbeitsvertrag beweisen kann, dass er seinerseits den Leiharbeitnehmer zur Einhaltung der Unfallverhütungsvorschriften auch in Kundenbetrieben belehrt und verpflichtet hat. Es empfiehlt sich weiterhin im Zusammenhang mit der **Personaldatenerfassung** die ausdrückliche Zustimmung des Leiharbeitnehmers zur Speicherung seiner personenbezogenen Daten und, soweit erforderlich, zur Übermittlung an die jeweiligen (potentiellen) Entleiher einzuholen. Dies ist notwendig, da dem jeweiligen Entleiher im Rahmen des Arbeitnehmerüberlassungsvertrags[1568] ggf. personenbezogene Daten zum Profiling übermittelt werden müssen. Die Regelungen zur Beendigung des Leiharbeitsverhältnisses unterscheiden sich wiederum nicht von denen in regulären Arbeitsverträgen. **817**

Im Rahmen der **Schlussbestimmungen** entsprechen die einfache Schriftformklausel in Nr. 17 a) und die salvatorische Klausel in Nr. 17 b) den gängigen Vorgaben, die auch in regulären Arbeitsverhältnissen vereinbart werden. Ebenfalls anzuraten ist die Aufnahme einer Bestimmung zu den **Vertretungsverhältnissen** in der Gesellschaft des Arbeitgebers. Dies ist insbesondere von Bedeutung im Hinblick auf eine mögliche **818**

[1568] Im Einzelnen → Rn. 247 ff.

spätere arbeitgeberseitige Kündigung des Leiharbeitnehmers. Die Kündigung stellt ein einseitiges Rechtsgeschäft dar, so dass der Erklärung grundsätzlich gemäß § 174 S. 1 BGB im Fall der Ausübung durch einen rechtsgeschäftlichen Vertreter die Vollmachtsurkunde im Original beigefügt werden muss. Dies gilt gemäß § 174 S. 2 BGB allerdings nicht, wenn dem Erklärungsempfänger die Vertretungsmacht zuvor ausreichend deutlich gemacht wurde. Eine solch ausreichende Bekanntmachung wird hier durch die Bestimmung in Nr. 17 c) bewirkt, so dass eine spätere Zurückweisung einer Kündigung durch den Arbeitnehmer nach § 174 S. 1 BGB ausscheidet, wenn sie durch die im Vertrag bezeichnete Person ausgesprochen wird. Zwar findet die **Regelung des § 174 BGB** von vorne herein **keine Anwendung auf die gesetzliche Vertretung,** wie etwa durch den Geschäftsführer einer GmbH nach § 35 GmbHG. Allerdings werden die notwendigen Willenserklärungen für den Abschluss von Arbeitsverträgen oder den Ausspruch von Kündigungen gerade in größeren Betrieben oft nicht von gesetzlichen Vertretern, sondern von rechtsgeschäftlich Bevollmächtigten, wie etwa dem Leiter der Personalabteilung abgegeben. Aus diesem Grund empfiehlt sich eine ausdrückliche Regelung zur Vertretungsberechtigung.

819   Der **Zusatz** unterhalb der Unterschriften, dass der Arbeitnehmer eine vollständige und unterschriebene Vertragsausfertigung samt aller Anhänge erhalten hat, dient dem Arbeitgeber in erster Linie zu **Beweiszwecken.**

bb) Änderungen im Fall der Vereinbarung eines Leiharbeitsvertrags ohne Tarifbezug

820   Wie bereits dargestellt, ist der Abschluss von Leiharbeitsverträgen ohne Tarifbezug höchstens in **Mischbetrieben** zu empfehlen, in denen ein Tätigwerden für den Arbeitgeber die Regel und eine **Überlassung** an Kunden lediglich den **Ausnahmefall** darstellt. Bei der Vereinbarung eines solchen Arbeitsverhältnisses kann jedoch ebenfalls das oben dargestellte Vertragsmuster dem Grunde nach verwendet und lediglich an einigen Stellen abgeändert werden. Die notwendigen Änderungen sollen hier trotz der geringen praktischen Relevanz in Kürze dargestellt werden. Zunächst kann allgemein festgehalten werden, dass selbstverständlich alle Verweise auf „tarifliche Regelungen/Bestimmungen" entfernt werden müssen und stattdessen nur auf die ergänzenden gesetzlichen Regelungen verwiesen werden kann. Auch muss beachtet werden, dass alle Bereiche, die in Verträgen mit Tarifbezug inhaltlich von den tariflichen Regelungen ausgefüllt werden, wie etwa bei der Arbeitszeit, der Vergütung und den Arbeitsbedingungen, durch **eigene inhaltliche Regelungen** ersetzt werden müssen. Es ist sich darüber hinaus grundsätzlich bewusst zu machen, dass alle **Vereinbarungen des Vertrags nur für verleihfreie Zeiten** gelten, da während der Einsätze gem. §§ 3 Abs. 1 Nr. 3, 9 Nr. 2 AÜG das **„equal-treatment/-pay"-Gebot** greift.

821   Soll ein Leiharbeitsvertrag ohne Tarifbindung vereinbart werden, so ist dies bereits im Rahmen der Nr. 1 des Vertrags, also den **rechtlichen Grundlagen,** deutlich zu machen. Die Ausführungen des obigen Mustervertrags zur Arbeitnehmerüberlassungserlaubnis in Nr. 1 a) können auch in einem solchen Vertrag eingefügt werden. Anstelle der Vereinbarung der Inbezugnahme von Tarifverträgen sollte im Rahmen der rechtlichen Grundlagen **deutlich** gemacht werden, dass **keine Bezugnahme auf Tarifnormen** erfolgt. Eine entsprechende Formulierung könnte lauten:

1. Rechtliche Grundlagen
   a) *wie im Mustervertrag*
   b) *wie im Mustervertrag*

VIII. Musterverträge

c) Auf das Arbeitsverhältnis finden keine Tarifverträge Anwendung. Der Verleiher wird für die Zeiträume der Überlassung des Mitarbeiters an Entleiher die dort geltenden Tarifverträge bzw. wesentlichen Arbeitsbedingungen einschließlich des Arbeitsentgelts zur Anwendung bringen. Für Zeiträume, in denen eine Überlassung nicht möglich ist, gelten die Arbeitsbedingungen nach den §§ _____ dieses Vertrags.[1569]

Die Regelungen des angeführten Mustervertrags in Nr. 2 und Nr. 3 können im Wesentlichen auch in Leiharbeitsverträgen ohne Tarifbindung vereinbart werden. Im Rahmen der Vereinbarung zum **Gegenstand der Tätigkeit** ist allerdings darauf zu achten, dass hinsichtlich der Ersetzung von Auslagen und Übernachtungskosten selbstverständlich nicht auf die tariflichen Regelungen verwiesen werden kann. Vielmehr müssen **eigenständige Regelungen** getroffen werden. 822

Nicht notwendig ist die Einfügung der **Auskunftspflicht** in Nr. 4, da diese – wie gezeigt – nur zur Verhinderung der Einschlägigkeit des „equal-treatment"-Gebotes dient, welches aber nach dem Konzept des Leiharbeitsvertrags ohne Tarifbezug generell befolgt wird. Die Regelungen zur Arbeitszeit in Nr. 5 können grundsätzlich übernommen werden, mit der Ausnahme, dass in Nr. 5 a) kein Verweis auf die tariflich vereinbarte **Arbeitszeit** möglich ist, sondern eine eigene Regelung getroffen werden muss. 823

Auch im Rahmen der **Vergütung** in Nr. 6 müssen bei Leiharbeitsverträgen ohne Tarifbindung eigene Regelungen getroffen werden, wobei diese wiederum **nur für Zeiten** gelten, in denen der **Arbeitnehmer nicht an einen Entleiher überlassen wird**. Demnach könnte etwa vereinbart werden: 824

6. Vergütung
a) Der Mitarbeiter erhält für seine Tätigkeit als _____ eine monatliche Vergütung von _____ EUR brutto.
b) Während der Zeiträume einer Überlassung des Arbeitnehmers an einen Kunden(Entleiher) finden die Vergütungsregelungen für einen mit dem Mitarbeiter vergleichbaren Arbeitnehmer des Entleiherbetriebs einschließlich sämtlicher Zulagen und Sonderzahlungen Anwendung, unabhängig davon, ob diese auf individualvertraglicher, betrieblicher oder tariflicher Grundlage gewährt werden.

In der Regelung zur **Arbeitsverhinderung und Entgeltfortzahlung** muss nicht auf die tariflichen, sondern auf die gesetzlichen Bestimmungen des Entgeltfortzahlungsgesetzes (EFZG) verwiesen werden. Eine kleine Abweichung ist auch im Rahmen der Regelung zum **Urlaub** notwendig. 825

8. Urlaub
a) Der Urlaubsanspruch des Mitarbeiters beträgt bei Zugrundelegung einer 5-Tage-Woche ___ Arbeitstage pro Kalenderjahr. Des Weiteren gelten die gesetzlichen Bestimmungen des Bundesurlaubsgesetzes (BUrlG).

Bevor im Weiteren des Vertrags die Nebenpflichten geregelt werden, empfiehlt sich bei Leiharbeitsverträgen ohne Tarifbezug an dieser Stelle die **Einfügung einer zusätzlichen Regelung,** welche sich im obigen Vertragsmuster nicht findet. Diese zwar rein deklaratorische, aber aus Transparenzgründen empfehlenswerte Bestimmung betrifft die **Darstellung der abweichenden Arbeitsbedingungen während der Einsatzzeiträume** in Entleiherbetrieben. Damit soll eindeutig klargestellt werden, 826

[1569] Hümmerich/Reufels/*Mengel*, Gestaltung von Arbeitsverträgen, Rn. 2590.

A. Arbeitnehmerüberlassung

dass während der Einsatzzeiten das „equal-treatment"-Gebot angewandt wird und der Leiharbeitnehmer somit gegenüber vergleichbaren Arbeitnehmern des Kundenbetriebes gleich zu behandeln ist. Eine derartige deklaratorische Klarstellung könnte lauten:

9. Abweichende Arbeitsbedingungen während Verleihzeiten

a) Während der Zeiträume, in denen der Mitarbeiter als Leiharbeitnehmer an einen Kunden(Entleiher) überlassen wird, finden auf das Arbeitsverhältnis, abweichend von den in diesem Vertrag vereinbarten Regelungen, die wesentlichen Arbeitsbedingungen einschließlich des Arbeitsentgeltes für einen mit dem Mitarbeiter vergleichbaren Arbeitnehmer des Entleiherbetriebs gemäß § 9 Nr. 2 AÜG Anwendung, soweit diese für den Arbeitnehmer günstiger sind.

b) Umfasst werden wesentliche Arbeitsbedingungen im Entleiherbetrieb, gleich auf welcher Rechtsgrundlage, so dass auch alle im Entleiherbetrieb anwendbaren Tarifnormen und betrieblichen Regelungen (insbesondere Betriebsvereinbarungen, Gesamtzusagen und betriebliche Übungen) während der Überlassungszeiträume auf den Mitarbeiter anwendbar sind.

c) Die günstigeren Arbeitsbedingungen des Entleiherbetriebs gelten nur für den Zeitraum der jeweiligen Überlassung, so dass ein Anspruch des Mitarbeiters auf Fortgewährung dieser Bedingungen nach Ende der jeweiligen Überlassung ausscheidet. Während verleihfreier Zeiträume richten sich sämtliche Arbeitsbedingungen ausschließlich nach diesem Vertrag.

827 Bei **Ausschlussklauseln** ist wohl unterschiedslos für Verleihzeiten und verleihfreie Zeiträume die Vereinbarung einheitlicher Fristen möglich, da das BAG in seiner jüngeren Rechtsprechung entschieden hat, dass **Ausschlussfristen nicht zu den „wesentlichen Arbeitsbedingungen"** im Sinne des „equal-treatment"-Gebotes gehören.[1570] Somit gelten die Ausschlussfristen der Entleiherbetriebe auch während der Überlassungszeiträume nicht für den Leiharbeitnehmer, so dass durchgängig auf die im Leiharbeitsvertrag vereinbarten Ausschlussfristen zurückgegriffen werden kann, wenn man nicht auch hier ggf. die tariflichen Ausschlussfristen des Entleihers in Bezug nehmen will (was freilich AGB-rechtlich problematisch sein kann), da diese meist sehr kurz sind und die Regelung dem Transparenzgebot (§ 307 Abs. 1 BGB) standhalten muss.

828 Wie gezeigt lässt sich im Zusammenspiel zwischen dem Grundgerüst des oben dargestellten Vertragsmusters und den hier aufgeführten Änderungen und Ergänzungen ein **taugliches Vertragsmuster** für einen Leiharbeitsvertrag ohne Tarifbezug zur möglichen **Verwendung in einem Mischbetrieb** erstellen.

2. Vertrag zwischen Verleiher und Entleiher über die Überlassung von Arbeitnehmern (Arbeitnehmerüberlassungsvertrag)

a) Allgemeine Grundlagen und Gestaltungshinweise

829 Der zwischen Verleiher und Entleiher geschlossene Arbeitnehmerüberlassungsvertrag bildet die Grundlage einer jeden gewerblichen Überlassung von Arbeitnehmern. Er stellt zwar einen **Spezialfall der so genannten Dienstverschaffung** dar, bleibt aber hinter dieser zurück, da dem Vertragspartner nur die Arbeitsleistung durch eigene Arbeitskräfte, gegebenenfalls mit bestimmten zugesicherten Qualifikationen, zu verschaffen ist, jedoch gerade nicht eine vorher bestimmte selbständige Dienstleistung eines Dritten.[1571] Vielmehr überlässt der Verleiher dem Entleiher gegen Zahlung einer Vergütung entweder namentlich bezeichnete oder nur nach der Gattung ihrer Qualifika-

---

[1570] BAG 23. 3. 2011 – 5 AZR 7/10, NZA 2011, 850.
[1571] *Pollert/Spieler*, Die Arbeitnehmerüberlassung in der betrieblichen Praxis, 52.

VIII. Musterverträge

tion bestimmte eigene Arbeitnehmer für einen bestimmten Zeitraum und **überträgt** dem Entleiher das **arbeitgeberseitige Weisungsrecht,** damit dieser die Arbeitskräfte innerhalb seines Betriebes wie eigene Arbeitnehmer einsetzen kann. So wird die letztliche Arbeitsleistung der Leiharbeitnehmer im Entleiherbetrieb nicht aufgrund des Überlassungsvertrags, sondern der Weisungen des Entleihers erbracht.

Anders als etwa beim bereits dargestellten Leiharbeitsvertrag bestehen im Rahmen der Vereinbarung eines Arbeitnehmerüberlassungsvertrag wesentlich **weniger feste gesetzliche Vorgaben,** so dass sich deutlich **weitere Gestaltungsspielräume** für die Vertragsparteien bieten. Daraus folgt natürlich, dass der jeweilige Vertrag je nach Einflussnahme der Parteien deutlich durch die Interessen des Verleihers oder des Entleihers geprägt sein kann. Regelmäßig wird der Vertragstext zunächst von Seiten des Verleihers ausgearbeitet und dann dem Entleiher vorgelegt. Entleihunternehmen sollten jedoch in jedem Fall vermeiden, die allgemeinen Geschäftsbedingungen des Verleihers anzunehmen, sondern zumindest versuchen dafür zu sorgen, für ihre Position vorteilhafte Regelungen zu erhalten.[1572] Aus diesem Grund sollen hier, neben der Darstellung eines **umfassenderen und gängigen Vertragsmusters,** alternative Gestaltungsmöglichkeiten unter **Darstellung** der **jeweiligen Vorteilhaftigkeit für Entleiher bzw. Verleiher** aufgezeigt werden. 830

Wie bereits dargestellt, ist der **gesetzliche Rahmen** für die Vereinbarung eines Arbeitnehmerüberlassungsvertrags nicht besonders umfangreich. Dennoch bestehen einige Vorgaben des AÜG, die bei der Vertragsgestaltung beachtet werden müssen. Darüber hinaus ist regelmäßig die **AGB-Kontrolle nach den §§ 305 ff. BGB** einschlägig, wenn auch zumeist nur in Form einer eingeschränkten Inhaltskontrolle iSv §§ 310 Abs. 1, 307 BGB, da es sich regelmäßig bei Verleiher und Entleiher jeweils um Unternehmer nach § 14 BGB handelt. Daher muss in erster Linie auf Gesichtspunkte der **Transparenz und Verständlichkeit der Formulierungen** Wert gelegt werden. Die gesetzlichen Anforderungen an die Gestaltung eines Vertrags zur Überlassung von Arbeitnehmern ergeben sich in erster Linie aus § 12 AÜG. Zwingende Voraussetzung ist nach § 12 Abs. 1 S. 1 AÜG demnach zunächst, dass der **Vertrag** in seinem **gesamten Umfang schriftlich geschlossen** wird. Im Fall einer Nichtbeachtung der Formvorschrift ist der Vertrag gemäß § 125 S. 1 BGB von Anfang an nichtig, wobei die Nichtigkeit nach § 139 BGB grundsätzlich das gesamte Vertragswerk einschließlich aller eventuell getroffenen Nebenabreden erfasst. Demnach ist darauf zu achten, dass die Vereinbarung iSv § 126 BGB in einer schriftlichen Vertragsurkunde niedergelegt wird, welche dann von beiden Vertragsparteien **eigenhändig zu unterzeichnen** ist. 831

Weiterhin besteht nach § 12 Abs. 1 S. 2 AÜG eine Pflicht des Verleihers, gegenüber dem Entleiher in der Vertragsurkunde zu erklären, inwieweit er über die zur Arbeitnehmerüberlassung notwendige **Erlaubnis gemäß § 1 AÜG** verfügt. Auch wenn diese Pflicht vom reinen Wortlaut des Gesetzes her nicht so weit reicht wie die gegenüber dem Leiharbeitnehmer im Leiharbeitsvertrag gemäß § 11 Abs. 1 S. 2 Nr. 1 AÜG bestehende Informationspflicht, da nach § 12 Abs. 1 S. 2 AÜG keine genauen Angaben etwa zur Ausstellungsbehörde gemacht werden müssen, sollte dennoch eine **vom Umfang her dem Leiharbeitsvertrag entsprechende,** klarstellende Information in den Vertrag aufgenommen werden. In diesem Zusammenhang besteht weiterhin gemäß § 12 Abs. 2 AÜG für den Verleiher die Pflicht, seinen Vertragspartner über etwaige die **Erlaubnis betreffende Änderungen,** wie den Wegfall, die Nichtverlängerung, die Rücknahme oder den Widerruf der Erlaubnis zu unterrichten. 832

[1572] So auch: *Grimm/Brock,* Praxis der Arbeitnehmerüberlassung, § 13 Rn. 21.

A. Arbeitnehmerüberlassung

833 Die **gesetzlichen Pflichtangaben** betreffen allerdings nicht nur den Verleiher, sondern auch den jeweiligen Entleiher. Nach § 12 Abs. 1 S. 3 Hs. 1 AÜG ist der **Entleiher** verpflichtet, im Rahmen des Überlassungsvertrags **Angaben** dazu zu machen, welche **besonderen Merkmalen** die für den Leiharbeitnehmer **vorgesehene Stelle** im Entleiherbetrieb hat und welche berufliche **Qualifikation sie erfordert.** Diese Verpflichtung soll es dem Verleiher ermöglichen, geeignete, den Anforderungen im Entleiherbetrieb entsprechende Leiharbeitnehmer für die jeweilige Überlassung auszuwählen. Darüber hinaus muss der Entleiher im Vertrag grundsätzlich dezidierte Angaben zu den **im Entleiherbetrieb geltenden wesentlichen Arbeitsbedingungen** für einen mit dem zu überlassenen Leiharbeiter vergleichbaren Arbeitnehmer machen. Diese Pflicht umfasst alle wesentlichen Arbeitsbedingungen gleich auf welcher Grundlage, so dass neben arbeitsvertraglichen Regelungen, auch tarifliche und betriebliche Rechte, auch etwa aus betrieblicher Übung, zu nennen sind. Aufgrund der Umfänglichkeit dieser Informationen empfiehlt es sich, diese **nicht im eigentlichen Vertragstext** selbst, **sondern** gegebenenfalls in einem **Anhang** zum Vertrag darzustellen und im Vertrag unter grundsätzlicher Darstellung dieser Pflicht auf die Anlage zu verweisen.

834 Die angesprochene Pflicht des Entleihers beruht auf der gesetzlichen Vorgabe, dass der Verleiher grundsätzlich dem Leiharbeitnehmer während der Überlassungszeiträume die wesentlichen Arbeitsbedingungen, einschließlich der Vergütung, eines vergleichbaren Arbeitnehmers im Entleiherbetrieb zu gewähren hat und er diese wesentlichen Arbeitsbedingungen somit zwangsläufig kennen muss. Wie bereits dargestellt, besteht diese Pflicht zum „**equal treatment**" allerdings nicht, wenn auf das Leiharbeitsverhältnis wirksame tarifliche Regelungen Anwendung finden, was im Rahmen der Zeitarbeitsbranche den Regelfall darstellt. Folgerichtig besteht gemäß § 12 Abs. 1 S. 3 Hs. 2 AÜG die **Pflicht des Entleihers zur Information** über die wesentlichen Arbeitsbedingungen immer dann **nicht,** wenn die Voraussetzungen der in den §§ 3 Abs. 1 Nr. 3 und 9 Nr. 2 AÜG genannten Ausnahme vorliegen, also im Vertrag mit den betroffenen Leiharbeitnehmern **auf wirksame Tarifverträge der Zeitarbeit verwiesen** wird. Da eine solche Verweisung, wie im Rahmen der Ausführungen zum Muster eines Leiharbeitsvertrags bereits deutlich wurde, für reine Verleihbetriebe unbedingt ratsam ist, wird die dargestellte gesetzliche Informationspflicht des Entleihers also im Regelfall nicht einschlägig sein.

835 Im Hinblick auf die Frage, ob die Informationspflicht des jeweiligen Entleihers besteht, ist es demnach unbedingt ratsam, auch im Überlassungsvertrag deutlich hervorzuheben, welche Tarifverträge zwischen dem Verleiher und seinen Leiharbeitnehmern zur Anwendung kommen und dass es sich bei diesen um Tarifverträge iSd. §§ 3 Abs. 1 Nr. 3 und 9 Nr. 2 AÜG handelt. Die **Geltung tariflicher Vorschriften** birgt auch im Rahmen des Arbeitnehmerüberlassungsvertrags den **Vorteil,** dass die **Kosten** der Überlassung aufgrund der feststehenden tariflichen Lohnvorgaben für beide Parteien **exakt kalkulierbar** sind.[1573] Soweit der Verleiher aufgrund der festen tariflichen Regelung die anfallenden Lohn- und Lohnnebenkosten genau berechnen kann, ist es ihm auch möglich, **einheitliche Verleihtarife** aufzustellen und diese dem Entleiher mitzuteilen, um sie zur Grundlage des Überlassungsvertrags zu machen.

836 **Verboten** sind nach § 9 Nr. 3 AÜG jegliche Vereinbarungen, die den Entleiher daran hindern, einen überlassenen Arbeitnehmer im Anschluss an die Überlassung in seinem Betrieb selbst einzustellen. Somit darf auch die **Anbahnung eines solchen**

[1573] *Hurst* AuA 2010, 602 ff.; *Spieler/Pollert* AuA 2011, 270 (271).

VIII. Musterverträge

Vertragsverhältnisses nicht durch vertragliche Regelung zwischen Verleiher und Entleiher **behindert** werden. Es entspricht dem Grundkonzept von Leiharbeit, dass den Leiharbeitnehmern durch die zeitweise Überlassung an einen Kunden die Möglichkeit verschafft wird, sich bei diesem zu bewähren und sich für eine dauerhafte Anstellung in dessen Betrieb zu empfehlen. Der Einbuße, welche der Verleiher durch den Verlust eines Leiharbeiters erleidet, den er zuvor eingearbeitet und fortgebildet hat, kann durch die **Vereinbarung einer vom Entleiher** im Fall der Übernahme **zu zahlenden Vermittlungsprovision** Rechnung getragen werden.

Vom **Grundkonzept** her lassen sich im Rahmen der Arbeitnehmerüberlassungsverträge **verschiedene Modelle** unterscheiden. Einerseits sind **Rahmenverträge** denkbar, welche zwischen einem Verleiher und seinem Kunden die Rahmenbedingungen für künftige Überlassungen regeln. Im konkreten Überlassungsfall wird dann nur noch die Zahl der zu überlassenen Arbeitnehmer, deren notwendige Qualifikation sowie die konkrete Überlassungsdauer festgelegt, wogegen sich die sonstigen Modalitäten der Überlassung bereits nach dem Rahmenvertrag richten. Eine solche Rahmenvereinbarung sollte neben den oben bereits angegebenen gesetzlichen Mindestvorgaben zumindest enthalten: 837
– Grundsätze des Einsatzes,
– Vergütung,
– Verfahrensfragen, Kommunikation,
– Vereinbarungen zur Haftung,
– Austausch oder Ersatz von Leiharbeitnehmern,
– Kündigung des Vertrags.[1574]

Eine Rahmenvereinbarung bietet den **Vorteil,** dass der **einzelne Vertrag** über die konkrete Entlassung **deutlich verkürzt** werden kann und damit übersichtlicher wird, da nur kurz auf die Rahmenvereinbarung Bezug genommen werden kann. Außerdem werden die konkreten Bedingungen im Wesentlichen für alle folgenden Überlassungen festgelegt, so dass hinsichtlich der Rahmenbedingungen eine **Kontinuität gewahrt** ist und beide Parteien diese bereits im Vorfeld möglicher Einsätze kennen und genau kalkulieren können. 838

Die Verwendung von Rahmenvereinbarungen birgt die Gefahr, dass bestimmte Regelungen vergessen werden, da die Parteien irrtümlicherweise davon ausgehen, schon die Rahmenvereinbarung habe diesen Bereich umfassend genug behandelt. Auch lassen sich einzelne Vereinbarungen für zukünftige Einsätze bei Verwendung von langfristigen Rahmenbedingungen nicht einfach anpassen oder abändern. Soll eine Rahmenvereinbarung getroffen werden, empfiehlt sich die Vereinbarung eines ordentlichen Kündigungsrechts, um zu verhindern, dass die Parteien im Fall von notwendig gewordenen Änderungen weiter an unangepasste Bedingungen gebunden bleiben. 839

Soweit sich im speziellen Fall keine Besonderheiten ergeben, handelt es bei der **Arbeitnehmerüberlassung** grundsätzlich um eine **Gattungsschuld.** Der Entleiher macht detaillierte Angaben zur konkreten im Entleiherbetrieb zuzuweisenden Aufgabe und der zur Erfüllung notwendigen Qualifikation, und der Verleiher schuldet die Überlassung eines entsprechend qualifizierten Arbeitnehmers. Die Auswahl eines der die Qualifikationsanforderungen erfüllenden Leiharbeitnehmer obliegt dann dem Verleiher. Er haftet demnach grundsätzlich lediglich für die **ordnungsgemäße Auswahl** und nicht für die beim Entleiher erbrachte Arbeitsleistung. Demnach wird regelmäßig lediglich eine bestimmte Anzahl von Leiharbeitnehmern mit bestimmter Qualifikation 840

[1574] *Spieler/Pollert* AuA 2011, 270.

angefordert und geschuldet. Der **Verleiher trägt** demnach das so genannte **Personalbeschaffungsrisiko.**[1575]

841 Grundsätzlich kann im Fall der Überlassung mehrerer Arbeitnehmer an denselben Entleiher ein Arbeitnehmerüberlassungsvertrag **für jeden einzelnen Arbeitnehmer** geschlossen werden. Zweckmäßiger ist allerdings ein Vertrag, in dessen Anhang die einzelnen Arbeitnehmer bzw. Einsatzbereiche bezeichnet und in die maßgeblichen Kategorien eingeordnet werden. Bei Arbeitnehmerüberlassungsverträgen handelt es sich um **Dauerschuldverhältnisse,** welche sowohl befristet als auch unbefristet geschlossen werden können. Im Regelfall wird jedoch eine **Befristung auf einen bestimmten Zeitraum,** gegebenenfalls unter Hinzunahme einer **Verlängerungsoption** vereinbart werden. Auch im Rahmen eines befristeten Überlassungsvertrags empfiehlt sich die Vereinbarung eines ordentlichen Kündigungsrechts mit einer bestimmten Kündigungsfrist.

b) Muster eines Arbeitnehmerüberlassungsvertrags

842
Arbeitnehmerüberlassungsvertrag

zwischen

der Firma _____ (vollständige Bezeichnung und Anschrift)

– nachstehend Verleiher genannt –

und

der Firma _____ (vollständige Bezeichnung und Anschrift)

– nachstehend Entleiher genannt –

1. Rechtliche Grundlagen

a) Der Verleiher ist im Besitz einer gültigen Erlaubnis zur Arbeitnehmerüberlassung im Sinne von § 1 Abs. 1 des Gesetzes zur Regelung der gewerbsmäßigen Arbeitnehmerüberlassung (AÜG).

b) Der Verleiher wird den Entleiher unverzüglich über den Zeitpunkt eines möglichen Wegfalls der Erlaubnis unterrichten. Eine entsprechende Unterrichtungspflicht besteht auch für den Fall der Nichtverlängerung, der Rücknahme oder des Widerrufs. Die Unterrichtung wird einen Hinweis auf das voraussichtliche Ende der Abwicklung und die gesetzliche Abwicklungsfrist enthalten.

c) Auf die zwischen Verleiher und seinen Leiharbeitnehmern geschlossenen Arbeitsverhältnisse sind die Tarifverträge der Zeitarbeit, geschlossen zwischen dem Arbeitgeberverband _____ und der Tarifgemeinschaft Zeitarbeit des Deutschen Gewerkschaftsbundes (DGB) bzw. der einzelnen Gewerkschaften _____ vom _____, bestehend aus Mantel-, Entgeltrahmen- und Entgelttarifvertrag in ihrer jeweils geltenden Fassung anwendbar. Diese gelten zumindest kraft einzelvertraglicher Inbezugnahme. Es handelt sich dabei um Tarifverträge iSd §§ 3 Abs. 1 Nr. 3, 9 Nr. 2 AÜG.

d) Der Entleiher versichert, gem. § 15a AÜG keine Ausländer ohne Genehmigung zu überlassen. Hierbei handelt es sich um eine wesentliche Verpflichtung dieses Vertrags.

2. Vertragsgegenstand

a) Der Verleiher verpflichtet sich dem Entleiher die in der Anlage zu diesem Vertrag genannten Arbeitnehmer für die in Nr. 3 dieses Vertrags festgelegte Dauer des Einsatzes zur Verfügung zu stellen.

b) Die nach Angaben des Entleihers besonderen Merkmale der im Entleiherbetrieb vorgesehen Tätigkeiten sowie die zur Erbringung jeweils notwendigen Qualifikationen sind in der Anlage zu

---

[1575] *Grimm/Brock*, Praxis der Arbeitnehmerüberlassung, § 13 Rn. 26.

VIII. Musterverträge

diesem Vertrag festgehalten. Der Verleiher bestätigt, dass die zu überlassenden Arbeitnehmer diese Anforderungen erfüllen.

c) Für den Zeitraum der Überlassung nach Nr. 3 dieses Vertrags überträgt der Verleiher dem Entleiher seinen gegenüber den bezeichneten Arbeitnehmern bestehenden Anspruch auf deren Arbeitsleistung und das damit verbundene Recht zur Erteilung entsprechender Weisungen.

3. Beginn und Dauer der Überlassung

a) Die Überlassung beginnt am _____ und erfolgt befristet bis zum _____. Krankheit und/oder Urlaub der überlassenen Arbeitnehmer verlängern diese Frist nicht.

b) Beide Seiten sind berechtigt, diese Überlassungsvereinbarung ohne Angabe von Gründen mit einer Frist von _____ Wochen zum Monatsende ordentlich zu kündigen. Die Kündigung bedarf zu ihrer Wirksamkeit der Schriftform.

4. Prüfungs- und Informationspflicht des Entleihers zu möglichen Vorbeschäftigungen

Der Entleiher verpflichtet sich, vor dem tatsächlichen Beginn der Überlassung zu prüfen, ob einer der in der Anlage bezeichneten Arbeitnehmer innerhalb der letzten sechs Monate mit dem Entleiher oder einem anderen mit ihm iSv § 18 des Aktiengesetzes (AktG) verbundenen Konzernunternehmen in einem Arbeitsverhältnis gleich welcher Art stand. Diese Prüfungspflicht besteht auch im Fall des Austauschs von Leiharbeitnehmern. Der Entleiher hat den Verleiher hierauf vor Überlassung des Arbeitnehmers hinzuweisen, jedenfalls aber unverzüglich nachdem er den Namen des überlassenen Arbeitnehmers mitgeteilt erhalten hat.

5. Arbeitsumfang der Leiharbeitnehmer und Tätigkeitsnachweise

a) Die überlassenen Arbeitnehmer werden im Entleiherbetrieb in einem wöchentlichen Umfang von _____ Stunden tätig. Die genaue Lage der Arbeitszeit, Pausenzeiten sowie die Ableistung von Überstunden richten sich nach den betrieblichen Anforderungen und Gegebenheiten im Entleiherbetrieb. Die Leistung von Mehrarbeit bedarf der vorherigen Zustimmung des Verleihers.

b) Der Verleiher verpflichtet die überlassenen Leiharbeitnehmer während des Einsatzes beim Entleiher dazu, Tätigkeitsnachweise auszufüllen und diese wöchentlich vom Entleiher oder einer durch diesen bestimmten Person gegenzeichnen zu lassen. Der Entleiher ist verpflichtet, jeweils nach dem letzten Arbeitstag einer Woche bzw. zum Ende der Überlassung die Tätigkeitsnachweise selbst oder durch eine von ihm bestimmten Person ordnungsgemäß zu prüfen, mit Stempel und Unterschrift zu bestätigen und anschließend dem jeweiligen Arbeitnehmer auszuhändigen.

6. Überlassungsvergütung

a) Die für die Überlassung vom Entleiher an den Verleiher zu zahlende Vergütung richtet sich nach den tatsächlich von einem überlassenen Leiharbeitnehmer geleisteten Arbeitsstunden im Betrieb des Entleihers. Zur Bestimmung der genauen Stundenzahl pro Mitarbeiter werden die vom Entleiher unterzeichneten Tätigkeitsnachweise zu Grunde gelegt.

b) Die Vergütung ist dabei abhängig von der jeweiligen Eingruppierung der überlassenden Arbeitnehmer in eine entsprechende Vergütungsgruppe. Die jeweilige Vergütungsgruppe ist für jeden überlassenen Leiharbeiter in der Anlage zu diesem Vertrag angegeben.

c) Vereinbart wird eine Stundenvergütung je überlassenem Leiharbeitnehmer in Höhe von
- _____ EUR für Arbeitnehmer der Vergütungsgruppe I
- _____ EUR für Arbeitnehmer der Vergütungsgruppe II
- _____ EUR für Arbeitnehmer der Vergütungsgruppe III
- _____ EUR für Arbeitnehmer der Vergütungsgruppe IV
- _____ EUR für Arbeitnehmer der Vergütungsgruppe V
- _____ EUR für Arbeitnehmer der Vergütungsgruppe VI
- _____ EUR für Arbeitnehmer der Vergütungsgruppe VII
- _____ EUR für Arbeitnehmer der Vergütungsgruppe VIII

jeweils zuzüglich der zum Abrechnungszeitpunkt geltenden gesetzlichen Mehrwertsteuer. Diese liegt zum Zeitpunkt des Vertragsschlusses bei 19%.

d) Für vom überlassenen Arbeitnehmer geleistete Überstunden ist ein Zuschlag pro geleistete Arbeitsstunde in Höhe von [25]% zu zahlen. Für geleistete Sonntagsstunden wird ein Zuschlag in Höhe von [100]%, für Feiertagsstunden ein Zuschlag von [150]% berechnet. Der zu zahlende

Zuschlag für Nachtarbeit beträgt [25]% pro geleistete Arbeitsstunde. Nachtarbeit ist die Zeit zwischen 23.00 Uhr und 6.00 Uhr. Sonn- und Feiertagsarbeit gilt ganztägig von 0.00 bis 24.00 Uhr. Für die Beurteilung, ob es sich um einen Feiertag handelt gelten die gesetzlichen Vorschriften an dem Ort, an welchem der überlassene Leiharbeiter seine Leistung erbringt.

e) Die Überlassungsvergütung ist durch den Entleiher bis spätestens zum ____ des Monats, welcher auf die jeweilige Arbeitsleistung folgt, auf das Konto des Verleihers zu überweisen, soweit die Rechnung mitsamt der zuvor bestätigten Tätigkeitsnachweise bis spätestens zum Ende des ___. Werktages des auf die Arbeitsleistung folgenden Monats bei der Rechnungsprüfungsstelle des Entleihers eingegangen ist.

7. Abberufung und Austausch von Arbeitnehmern

a) Der Entleiher ist berechtigt, den Austausch eines ihm auf Grundlage dieses Vertrags überlassenen Leiharbeitnehmers durch eine andere, die Qualifikationsanforderungen erfüllende Ersatzkraft für den nächsten Arbeitstag zu verlangen, soweit der Entleiher eine Weiterbeschäftigung aus leistungs-, personen- oder verhaltensbedingten Gründen ablehnt. Die Gründe müssen dabei nicht den Anforderungen des § 1 Abs. 2 KSchG entsprechen. Eine Pflicht zum Austausch bereits zum nächsten Werktag besteht für den Verleiher allerdings nur, soweit der Entleiher das Austauschverlangen, unter Darstellung der maßgeblichen Gründe, bis spätestens 15.00 Uhr des Vortages schriftlich geltend gemacht hat.

b) Im Fall des unentschuldigten oder entschuldigten Fehlens eines Leiharbeitnehmers, etwa aufgrund von Krankheit, ruhendem Arbeitsverhältnis, Beschäftigungsverbot, Beendigung des Arbeitsverhältnisses oder ähnlichen Gründen, ist der Verleiher berechtigt und verpflichtet, als Ersatz einen anderen Leiharbeiter gleicher Eignung gemäß der Anlage zu diesem Vertrag zu stellen.

c) Kommt der Verleiher dem jeweiligen Austausch- und Ersatzverlangen nicht, nicht rechtzeitig oder nicht durch eine genügend qualifizierte Ersatzkraft nach, steht dem Entleiher in Bezug auf die jeweilige Überlassungsvereinbarung mit dem betroffenen Arbeitnehmer ein Recht zur fristlosen Kündigung zu. Etwaige darauf bezogene Schadenersatzansprüche bleiben hiervon unberührt.

d) Der Verleiher ist jederzeit berechtigt, Arbeitnehmer unter Einhaltung einer angemessenen Frist vom Einsatz beim Entleiher abzuberufen, soweit er dem Entleiher als Ersatz gleichzeitig andere Leiharbeitnehmer mit entsprechender Qualifikation zur Verfügung stellt.

e) Der Verleiher ist gegenüber dem Entleiher verpflichtet, hinsichtlich der als Ersatz eingesetzten Leiharbeitnehmer sämtliche Angaben entsprechend der Vorgaben der Anlage zu diesem Vertrag zu machen.

8. Direktionsrecht des Entleihers und Qualifikationsnachweise

a) Für die Dauer der in diesem Vertrag vereinbarten Überlassung überträgt der Verleiher dem Entleiher sein arbeitgeberseitiges Direktions- und Weisungsrecht gegenüber den überlassenen Arbeitnehmern.

b) Der Entleiher ist berechtigt, die Arbeitsausführung zu überwachen und den überlassenen Arbeitnehmern insoweit Weisungen zu erteilen. Der Entleiher ist grundsätzlich nur berechtigt, die überlassenen Arbeitnehmer in den in der Anlage bestimmten Tätigkeitsbereichen einzusetzen und nach Art und Umfang entsprechende Weisungen zu erteilen. Ein Einsatz in anderen Bereichen bedarf der vorherigen Zustimmung des Verleihers.

c) Der Verleiher versichert, dass die zu überlassenden Arbeitnehmer die zur Ausführung der in der Anlage festgelegten Tätigkeiten notwendigen Qualifikationen besitzen. Auf Verlangen des Entleihers ist der Verleiher zur Vorlage der entsprechenden Zeugnisse oder sonstigen Qualifikationsnachweise verpflichtet. Eine Prüfungspflicht des Verleihers in Bezug auf von Arbeitnehmern vorgelegte Zeugnisse und sonstige Qualifikationsnachweise besteht nicht.

9. Unfallverhütung und Arbeitsschutz

a) Der Entleiher verpflichtet sich, zur Einhaltung der sich aus den öffentlich-rechtlichen Vorschriften zum Arbeitsschutz ergebenden Pflichten (insb. § 12 ArbSchG, § 12 Abs. 6 AÜG). Dies umfasst in erster Linie die Einhaltung der in seinem Betrieb geltenden Fürsorge-, Sicherheits- und Schutzvorschriften (insbesondere Unfallverhütungsvorschriften).

b) Der Entleiher verpflichtet sich weiterhin, die überlassenen Arbeitnehmer zu Beginn der Tätigkeit und bei entsprechenden Veränderungen in deren Arbeitsbereich über mögliche Gefahren für Sicherheit und Gesundheit, denen sie im Rahmen ihrer Tätigkeit ausgesetzt sein können sowie über Maßnahmen und Einrichtungen zur Abwendung dieser Gefahren zu unterrichten. Darüber hinaus besteht für den Entleiher eine weitergehende Unterrichtungspflicht in Bezug auf die Notwendigkeit besonderer Qualifikationen, beruflicher Fähigkeiten oder einer besonderen ärztlichen Überwachung sowie über erhöhte oder besondere Gefahren des jeweiligen Arbeitsplatzes.

c) Der Entleiher ist verpflichtet, dem Verleiher Arbeitsunfälle mit Leiharbeitnehmern unverzüglich mitzuteilen.

10. Haftung des Verleihers

a) Eine Haftung des Verleihers beschränkt sich auf die ordnungsgemäße Auswahl der zu überlassenen Leiharbeitnehmer für die vertraglich vereinbarte Tätigkeit.

b) Eine weitergehende Haftung für ein Handeln der Leiharbeitnehmer im Betrieb des Entleihers ist ausgeschlossen. Sollten Dritte in Bezug auf die Tätigkeit eines überlassenen Leiharbeiters Ansprüche gegen den Verleiher geltend machen, ist der Entleiher verpflichtet, den Verleiher von diesen Ansprüchen freizustellen.

11. Verpflichtung zur Geheimhaltung

Der Verleiher hat die zu überlassenden Leiharbeitnehmer im Arbeitsvertrag bzw. in einer gesonderten Zusatzvereinbarung zu verpflichten, alle Geschäfts- und Betriebsgeheimnisse des Entleihers sowie dessen betriebliche Angelegenheiten vertraulicher Natur, die als solche gekennzeichnet oder bezeichnet worden oder offensichtlich als solche zu erkennen sind, während der Dauer der Überlassung und auch nach deren Beendigung geheim zu halten und ohne ausdrückliche Genehmigung des Entleihers keinen anderen Personen zugänglich zu machen.

12. Haftung für Sozialversicherungsbeiträge und Sicherheitsleistung

a) Der Verleiher ist bezüglich der überlassenen Leiharbeitnehmer verpflichtet, sämtliche Beiträge zur Sozialversicherung zu entrichten und die anfallende Lohnsteuer abzuführen.

b) Der Verleiher ist weiterhin verpflichtet, jederzeit auf Verlangen des Entleihers Bescheinigungen oder Nachweise über die Abführung der Sozialversicherungsbeiträge und der Lohnsteuer an die zuständigen Einzugsstellen bzw. das Finanzamt zu erbringen.

c) Wird der Entleiher gemäß § 28e Abs. 2 SGB IV und/oder § 42d EStG von der zuständigen Einzugsstelle bzw. dem Finanzamt in Anspruch genommen, ist er berechtigt, die dem Verleiher geschuldete Vergütung in der Höhe der Inanspruchnahme so lange zurückzubehalten, bis der Verleiher eine ordnungsgemäße Abführung der Beiträge nachweist. Sollte eine Zurückbehaltung an zu zahlender Vergütung nicht mehr möglich sein, etwa aufgrund der Beendigung aller Überlassungseinsätze, steht dem Entleiher hinsichtlich der auf die Forderung an die jeweilige Einzugsstelle bzw. das Finanzamt zu leistenden Beiträge ein entsprechender Freistellungsanspruch gegenüber dem Verleiher zu.

d) Der Verleiher verpflichtet sich, auf Verlangen des Entleihers mit Rücksicht auf die nach § 28e Abs. 2 SGB IV bzw. § 42d EStG bestehende Haftung des Entleihers für Sozialversicherungsbeiträge bzw. die Lohnsteuer der überlassenen Arbeitnehmer Bürgschafts- oder Garantieerklärungen (Avalkredite) einer als Steuer- oder Zollbürgen zugelassenen Bank oder Sparkasse in Höhe einer möglichen Inanspruchnahme für sechs Monate beizubringen.

13. Vermittlungsprovision

a) Der Entleiher ist verpflichtet, im Fall des Abschlusses eines Arbeitsvertrags mit einem überlassenen Leiharbeitnehmer während der Dauer der Überlassung oder innerhalb eines Zeitraumes von drei Monaten nach dessen Beendigung eine Vermittlungsprovision an den Verleiher zu zahlen. Erfolgt die Übernahme erst nach Ende der Überlassung, so entfällt die Vermittlungsprovision, wenn der Entleiher nachweist, dass die Überlassung nicht kausal für die spätere Einstellung war.

b) Die Höhe der Vermittlungsprovision richtet sich nach der Dauer der vorherigen Überlassung an den Entleiher und beträgt
– bei einer bis zu sechsmonatigen Überlassung das 2,5-fache
– bei einer bis zu zwölfmonatigen Überlassung das 1,5-fache

des an den Leiharbeitnehmer während der Überlassung gezahlten Bruttomonatsgehaltes jeweils zuzüglich Umsatzsteuer. Ab einer Überlassungsdauer von mehr als zwölf Monaten wird keine Vermittlungsprovision mehr fällig.

c) Die Vermittlungsprovision wird zum Zeitpunkt der Begründung des Arbeitsverhältnisses fällig.

14. Schlussbestimmungen

a) Die Parteien sind sich einig, dass keine mündlichen Nebenabreden getroffen wurden. Nebenabreden und Änderungen dieses Vertrags bedürfen zu ihrer Wirksamkeit der Schriftform.

b) Sollten einzelne Bestimmungen dieses Vertrags ganz oder teilweise unwirksam sein bzw. werden oder sollte sich in diesem Vertrag eine Lücke befinden, bleiben die übrigen Regelungen hiervon unberührt. Anstelle der unwirksamen Bestimmung gilt eine Regelung als vereinbart, welche dem Sinn und Zweck der unwirksamen Bestimmung am ehesten entspricht. Im Fall des Auftretens einer Lücke im Vertrag gilt diejenige Bestimmung zwischen den Parteien als vereinbart, welche diese redlicherweise unter Beachtung des Sinn und Zwecks des Vertrags und der Berücksichtigung der beidseitigen Interessen vereinbart hätten, wenn sie diesen Punkt von vorne herein bedacht hätten. Soweit die Unwirksamkeit einer Regelung auf einem Maß einer Leistung oder Zeit beruht, gilt das rechtlich zulässige Maß als vereinbart.

c) Die Parteien vereinbaren als ausschließlichen Gerichtsstand für beide Teile und alle Streitigkeiten aus dem Vertragsverhältnis _____.

_____   _____
Ort, Datum   Verleiher

_____   _____
Ort, Datum   Entleiher

Der Entleiher bestätigt, eine unterschriebene Ausfertigung dieses Vertrags einschließlich der im Vertrag aufgeführten Anlage erhalten zu haben.

_____   _____
Ort, Datum   Entleiher

Anlage
Qualifikationen und notwendige Anforderungen der zu überlassenden Arbeitnehmer
Vergütungsgruppe:
Art der auszuübenden Tätigkeit:
Besondere Merkmale der auszuübenden Tätigkeit:
Erforderliche Qualifikation (zB Geselle, Meister etc.):
Erforderliche berufliche Fähigkeiten/Erfahrung:

c) Erläuterungen zum Vertragsmuster und alternative Gestaltungsmöglichkeiten

843   Die oben dargestellte Vereinbarung zwischen Verleiher und Entleiher zur Überlassung von Arbeitnehmer stellt ein eher **umfangreiches Vertragsmuster** dar. Es sind Regelungen enthalten, die typischerweise in Verleiher- bzw. Entleiherentwürfen auftauchen und daher in der hier vorgestellten Form kaum je so „zusammen" in einem Vertrag auftauchen. An den einzelnen Stellen soll im Rahmen dieser Anmerkungen dargestellt werden, zu wessen Gunsten eine bestimmte Regelung wirkt, so dass der Gegenpart im Rahmen der Vertragsverhandlungen darauf hinwirken kann, die Aufnahme der entsprechenden Vereinbarung zu verhindern oder sie inhaltlich zu ändern. Hinsichtlich der Passagen, die eindeutig und unproblematisch sind oder sich vor dem Hintergrund dieses Werkes von selbst erklären, soll auf entsprechende Anmerkungen

VIII. Musterverträge

verzichtet werden. Die Erläuterungen sind in der Reihenfolge des Mustervertrags aufgebaut.

Im Rahmen der **rechtlichen Grundlagen** in Nr. 1 des Vertrags werden zunächst die zwingenden Vorgaben für Arbeitnehmerüberlassungsverträge iSv § 12 AÜG umgesetzt. Das Gesetz verlangt im Hinblick auf die Regelung in Nr. 1 a) nur die Feststellung, dass der Verleiher die zur Überlassung notwendige **Erlaubnis** besitzt. Eine genauere Ausführung zu Erlaubnisbehörde, Ort und Datum der Erteilung und die damit verbundene Hinzufügung einer Erlaubniskopie in der Anlage zum Vertrag empfiehlt sich ggf. aus Entleihersicht. Es ist für den Entleiher entscheidende Voraussetzung zu wissen und auch nachprüfen zu können, ob der Verleiher tatsächlich die behauptete Erlaubnis besitzt, da die Überlassung ansonsten gemäß § 9 Nr. 1 AÜG unwirksam ist. Aus der Unwirksamkeit würde dann folgen, dass gemäß § 10 Abs. 1 AÜG ein Arbeitsverhältnis zwischen dem Leiharbeitnehmer und dem Entleiher zu Stande gekommen gilt.   844

Die Pflicht des Verleihers zur **Information** über mögliche **Veränderungen im Rahmen der Erlaubnis** besteht nach § 12 Abs. 2 AÜG, so dass die Vereinbarung in Nr. 1 b) deklaratorischer Natur ist. Soweit die Erlaubnis zunächst lediglich befristet erteilt wurde, kann sich von Seiten des Entleihers die Vereinbarung einer Informationspflicht des Verleihers über die **Stellung eines rechtzeitigen Antrags auf Verlängerung** anbieten, zumindest soweit eine Überlassung über die Frist hinaus geplant ist.[1576] Eine entsprechende Formulierung aus Entleihersicht könnte lauten: 845

1. Rechtliche Grundlagen

a) Der Verleiher ist im Besitz einer gültigen Erlaubnis zur gewerbsmäßigen Arbeitnehmerüberlassung im Sinne von § 1 Abs. 1 des Gesetzes zur Regelung der gewerbsmäßigen Arbeitnehmerüberlassung (AÜG). Diese Erlaubnis wurde von der _____ [Erlaubnisbehörde] _____ in _____ am _____ ausgestellt und ist zunächst befristet bis zum _____. Die betreffende Erlaubnis ist diesem Vertrag als Anlage 1 beigefügt.

b) Der Verleiher verpflichtet sich, den Entleiher rechtzeitig über seinen Antrag auf Verlängerung der Erlaubnis und die entsprechende Entscheidung der Erlaubnisbehörde zu unterrichten.

Weiterhin von Bedeutung ist die Regelung in Nr. 1 c) der Ausgangsklausel, in welcher herausgestellt wird, welche **Tarifverträge in der Beziehung zwischen Verleiher und seinen Leiharbeitnehmern** Anwendung finden. Dies ist zwar in erster Linie von Bedeutung für den Verleiher in Bezug auf die Ausnahme vom „equal-treatment/-pay"-Gebot in §§ 3 Abs. 1 Nr. 3, 9 Nr. 2 AÜG, kann aber **auch direkte und mittelbare Auswirkungen auf den Entleiher** haben, so dass eine Information über die anwendbaren Tarifverträge im Überlassungsvertrag notwendig ist. Zunächst besteht für den Entleiher die Pflicht gemäß § 12 Abs. 1 S. 3 AÜG zur ausführlichen Information über die wesentlichen Arbeitsbedingungen eines mit dem Leiharbeitnehmer vergleichbaren Arbeitnehmers in seinem Betrieb nur dann nicht, wenn auf die Arbeitsverträge der Leiharbeitnehmer wirksame Tarifverträge der Zeitarbeit anwendbar sind. Demnach muss er über die **Anwendbarkeit von Tarifnormen** sicher Bescheid wissen, um seine **Informationspflicht** richtig einschätzen zu können. Darüber hinaus kann es für den Entleiher auch in mittelbarer Hinsicht entscheidend werden, ob der Verleiher Tarifverträge zur Anwendung bringt. Ist dies nicht der Fall, gilt zwischen Verleiher und Leiharbeitnehmern das „equal-pay"-Gebot, so dass auch dementsprechend höhere Beitragspflichten zur Sozialversicherung entstehen, für welche der Ent-   846

[1576] *Spieler/Pollert* AuA 2011, 270 (272).

leiher gegebenenfalls gemäß § 28 e Abs. 2 SGB IV wie ein selbstschuldnerischer Bürge haftet. Desweiteren empfiehlt sich im Rahmen der Regelung in Nr. 1 c), gerade im Hinblick auf die **Rechtsverordnung zur Festlegung eines gesetzlichen Mindestlohns** für die Zeitarbeit, ggf. der Zusatz, dass der Verleiher dazu verpflichtet ist, für die Einhaltung der tariflichen und gesetzlichen Lohnuntergrenzen Sorge zu tragen.

847 Sollte der Ausnahmefall vorliegen, dass der Verleiher gegenüber seinen Leiharbeitnehmer keine Tarifverträge zur Anwendung bringt, müsste die Regelung in Nr. 1 entsprechend modifiziert werden:

1. Rechtliche Grundlagen

a) *wie im Mustervertrag*

b) *wie im Mustervertrag*

c) Auf die zwischen Verleiher und seinen Leiharbeitnehmern geschlossenen Arbeitsverhältnisse finden keinerlei Tarifverträge Anwendung. Der Verleiher wird für die Zeiträume der Überlassung an den Entleiher gegenüber den überlassenen Leiharbeitnehmern die beim Entleiher geltenden Arbeitsbedingungen zur Anwendung bringen.

d) Der Entleiher listet in Anlage 2 zu diesem Vertrag umfassend die wesentlichen Arbeitsbedingungen einschließlich des Arbeitsentgeltes auf, welche für mit den überlassenen Arbeitnehmern vergleichbare Arbeitnehmer in seinem Betrieb gleich auf welcher Rechtsgrundlage gelten.

848 Auch die Aufnahme einer Regelung bezüglich der **Beschäftigungen von Ausländern,** die weder den Freizügigkeitsrechten von EU und EWR unterfallen, noch einen erforderlichen Aufenthaltstitel nach § 4 Abs. 3 des Aufenthaltsgesetzes, eine Aufenthaltsgestattung, Duldung mit Berechtigung zur Ausübung einer Beschäftigung oder eine Genehmigung nach § 284 Abs. 1 SGB III besitzen, ist empfehlenswert. Sie dient insbesondere dem **Schutz des Entleihers,** da ein Verstoß gegen § 15 a AÜG auch für den Entleiher nach § 16 Abs. 1 Nr. 2 AÜG eine Ordnungswidrigkeit darstellt, obwohl er nicht der eigentliche Arbeitgeber ist.

849 Die in den Regelungen zum **Vertragsgegenstand** in Nr. 2 des Vertrags gewählte Gestaltungsvariante, sowohl die Leiharbeitnehmer, als auch die Beschreibung der auszuübenden Tätigkeit samt erforderlicher Qualifikation **in den Anhang des Vertrags zu verlagern,** dient dazu, den Vertrag übersichtlicher zu gestalten. Dies entspricht ein wenig der **Prägung so genannter Rahmenverträge,** welche versuchen, den Vertragstext zu entzerren und die konkreten Fälle in einer gesonderten Vereinbarung zu regeln. Dieser Effekt kann ebenso gut mit der hier gewählten Gestaltungsvariante erreicht werden, da der Mustervertrag in allen Fällen der Überlassung erneut verwendet werden kann, jedoch im Vertrag selbst auch die konkreten Angaben innerhalb der Anlage enthalten sind. Demnach muss jeweils nur die Anlage ausgetauscht und auf den konkreten Überlassungsfall abgestimmt werden. Der immer wieder verwendete Vertragstext fungiert quasi wie ein Rahmenvertrag, wobei dann die jeweils individuell gestaltete Anlage die Funktion der konkreten, auf dem Rahmen beruhenden Überlassungsvereinbarung darstellen würde.

850 Natürlich wäre es grundsätzlich auch möglich, anstelle der Verwendung einer Anlage, in den Nr. 2 a) und b) in der Form und im Umfang der Anlage alle zu überlassenen Arbeitnehmer sowie die Merkmale und Anforderungen an die auszuübenden Stellen bereits im Vertragstext zu nennen. Aus den genannten Gründen der **Übersichtlichkeit und Entzerrung** wird allerdings **eher zur Verwendung von Anlagen geraten,** vor allem, wenn mehrere Arbeitnehmer an den gleichen Kunden überlassen werden.

VIII. Mustervertäge

Es ist darauf hinzuweisen, dass es im Regelungsbereich von **Beginn und Dauer** 851
der Überlassung üblich ist, **befristete Verträge** über die Arbeitnehmerüberlassung
zu schließen. Zwar ist ein unbefristeter Vertrag denkbar, dieser widerspräche aber dem
Konzept von Leiharbeit als vorübergehende Überlassung (§ 1 Abs. 1 S. 2 AÜG). Im
Rahmen der jüngst erfolgten Änderung des AÜG in Umsetzung der EG-Leiharbeitsrichtlinie wurde diese Qualifikation der **Überlassung als vorübergehend** auch im ab
1. 12. 2011 gültigen Gesetzestext durch Neueinfügung des § 1 Abs. 1 S. 2 AÜG noch
einmal deutlich herausgestellt. Auch unbefristete Überlassungen sind möglich; es sollten dann aber ausdrückliche Kündigungsmöglichkeiten vertraglich vereinbart werden.
Der Hinweis in Nr. 3 a), dass Krankheiten und Urlaub der überlassenen Arbeitnehmer
den Überlassungszeitraum nicht verlängern, kann aus Klarstellungsgründen aufgenommen werden, ist aber nicht zwingend. Möglich ist darüber hinaus die Einfügung
einer Verlängerungsoption. Oftmals lässt sich der erhöhte **Bedarf** des Entleihers an
Arbeitskraft etwa zur Bewältigung von Auftragsspitzen oder als Vertretung **zum Zeitpunkt des Vertragsbeginns nicht genau abschätzen** und zeitlich beziffern, so dass
es durchaus möglich ist, dass ein entsprechender Bedarf auch über den angegeben
Zeitpunkt hinaus besteht. In diesem Fall müsste eigentlich eine erneute Überlassung
vereinbart werden. Daher ist eine **automatische Verlängerungsoption** ein probates
und flexibles Mittel diese Konstellation abzudecken. Dabei empfiehlt sich die **Regelung einer Kündigungsfrist**, welche zur Verhinderung der Verlängerung bereits eine
gewisse Zeit vor Ablauf der ursprünglichen Überlassungsdauer bzw. einer bereits zuvor
erfolgten Verlängerung genutzt werden muss. Die **Kündigung der Verlängerungsoption** sollte allerdings, anders als teilweise vorgeschlagen, nicht nur zu Gunsten des
Entleihers, sondern **beidseitig** ausgestaltet werden. Auch dem Verleiher muss vor
Ende der eigentlichen Überlassung die Möglichkeit gegeben werden zu prüfen, inwieweit eine etwaige Verlängerung unter Umständen mit dem Personalbedarf für Einsätze bei anderen Kunden kollidiert. Eine mögliche Modifikation der Regelung in
Nr. 3 a) könnte lauten:

3. Beginn und Dauer der Überlassung

a) Die Überlassung beginnt am _____ und erfolgt befristet bis zum _____.
Krankheit und/oder Urlaub der überlassenen Arbeitnehmer verlängern diese Frist nicht. Sollte
dieser Arbeitnehmerüberlassungsvertrag nicht mit einer Frist von zwei Wochen vor Ablauf der
ursprünglich vereinbarten Überlassung bzw. einer bereits erfolgten automatischen Verlängerung
von einer der beiden Parteien gekündigt werden, so verlängert sich diese Vereinbarung automatisch um einen weiteren Zeitraum von _____ Monaten.
(...)

Die **Vereinbarung eines ordentlichen Kündigungsrechts** trotz befristeten Ver- 852
trags ist empfehlenswert und in der Gestaltung von Überlassungsverträgen gängige
Praxis. Die **Länge** der jeweiligen Kündigungsfrist sollte dabei **vom jeweiligen Ge-
samtzeitraum der Überlassung abhängig** gemacht werden. Ist dieser relativ kurz
bemessen, etwa drei Monate oder weniger, so empfiehlt sich die Vereinbarung einer
entsprechend kurzen Frist, etwa von sieben Tagen zum Ende einer Arbeitswoche. Soll
die Überlassung dagegen etwa sechs Monate oder länger dauern, ist auch die Vereinbarung einer Frist von zwei Wochen zum Monatsende angemessen. Es ist sich bewusst
zu machen, dass aus Verleihersicht die Vereinbarung längerer oder gar keiner Fristen
zur ordentlichen Kündigung vorteilhaft ist, da somit größere Planungssicherheit hinsichtlich der Einnahmen aus der Überlassung und des Personalbedarfs besteht. Dem
Entleiher kommt es dagegen zupass, sich von einem Überlassungsvertrag schnell lösen

zu können, falls der Mehrbedarf an Arbeitskräften früher entfällt als zu Beginn der Überlassung angenommen. Weiterhin **sollte vereinbart werden,** dass die **Kündigung nur schriftlich** erklärt werden kann.

853 Die Vereinbarung einer **Prüfungs- und Informationspflicht des Entleihers** (bzw. auch des Verleihers) hinsichtlich möglicher Vorbeschäftigungen der zu überlassenden Leiharbeiter in den letzten sechs Monaten, wie in Nr. 4 geschehen, ist durch eine der bereits oben beschriebenen, zum 30. 4. 2011 in Kraft getretenen Änderungen des AÜG notwendig geworden. In den §§ 3 Abs. 1 Nr. 3 S. 4 und 9 Nr. 2 AÜG wurde zur Verhinderung so genannter **„Drehtür-Konstellationen"** festgelegt, dass die Abweichungsmöglichkeit vom „equal-treatment"-Gebot durch Tarifvertrag nicht gilt, wenn der Leiharbeiter bestimmte Vorbeschäftigungen beim Entleiherbetrieb erbracht hat. Danach gilt trotz anwendbaren Tarifvertrags das „equal-treatment"-Gebot, wenn der Leiharbeiter in einem Entleiherbetrieb eingesetzt wird und zu diesem Betrieb selbst oder einem mit diesem verbundenden Konzernunternehmen **innerhalb der letzten sechs Monate** in einem **Arbeitsverhältnis gleich welcher Art stand.** In erster Linie ist es daher im Interesse des Verleihers, eine solche Rückausnahme zu verhindern und dazu den Entleiher vor Beginn der Überlassung zu einer entsprechenden, umfassenden Prüfung und Mitteilung zu verpflichten. Teilweise wird dazu vorgeschlagen, im Rahmen einer solchen Vereinbarung auch dem Verleiher aufzuerlegen, dem Entleiher die auf Grundlage der Befragung der Leiharbeitnehmer erfahrene **Vorbeschäftigungsbiografie** lückenlos mitzuteilen, um dem Entleiher somit die Nachforschungen zu erleichtern. Dies ist freilich datenschutzrechtlich bedenklich. Regelmäßig wird der Entleiher diese Prüfung selbst (besser) durchführen können. Gleichwohl könnte eine solche Klausel wie folgt lauten:

4. Prüfungs- und Informationspflicht des Entleihers zu möglichen Vorbeschäftigungen
   a) Der Verleiher ist verpflichtet, dem Entleiher rechtzeitig vor der Arbeitsaufnahme des Leiharbeitnehmers lückenlos mitzuteilen, ob der Arbeitnehmer bei Unternehmen in den letzten sechs Monaten vor der Überlassung in einem Arbeitsverhältnis stand, mit denen der Entleiher gemäß § 18 AktG in einem Konzernverhältnis steht.

854 Das **Überprüfungsrecht des Entleihers** bei der Überlassung von Leiharbeitern mit einer Vorbeschäftigung dient auch dessen Interesse aus zwei Gesichtspunkten. Zum Einen kann es je nach den Gründen für die zuvor erfolgte Beendigung des Vorbeschäftigungsverhältnisses (zB Kündigung wegen Vertrauensverlust oder Schlechtleistung) im Interesse des Entleihers liegen, eine Rückkehr des Gekündigten in den Betrieb als Leiharbeitnehmer zu verhindern. Außerdem besteht für den Fall der Überlassung eines Arbeitnehmers der nach dem „equal-pay"-Gebot entlohnt wird, auch zumindest mittelbar die Gefahr der Bürgenhaftung nach § 28 e Abs. 2 SGB IV für entsprechend höhere Sozialversicherungsbeiträge.

855 Unter dem Vertragspunkt **Arbeitsumfang der Leiharbeitnehmer und Tätigkeitsnachweise** bestehen hinsichtlich der Regelungen in Nr. 5 a) und b) keinerlei Besonderheiten, so dass sich diese von selbst erklären. Allerdings wird die Aufnahme einer der Nr. 5 b) entsprechenden Regelung zu den **Modalitäten von Tätigkeitsnachweisen** empfohlen. Parallel müssen auch die Leiharbeitnehmer im Rahmen der Arbeitsverträge von Seiten des Verleihers zur umfassenden Führung von Tätigkeitsnachweisen verpflichtet werden. Wird dies vereinbart, ist es auch notwendig, den Entleiher zur Mitwirkung bei der Kontrolle und Abzeichnung der einzeln angefertigten Nachweise zu verpflichten. Auf diese Art und Weise besteht für den Verleiher eine

einheitliche Berechnungs- und Prüfungsgrundlage, auf welcher er einerseits den Leiharbeitnehmern ihren Lohn gewährt und andererseits dem Entleiher die Rechnung für die Überlassungsvergütung stellen kann. Zur Vereinfachung und Verhinderung späterer Streitigkeiten sollte der Entleiher verpflichtet werden, für die einzelnen Bereiche ausdrücklich zur Kontrolle und Abzeichnung zuständige Personen zu benennen. Diese muss der Verleiher dann im Anschluss den zu überlassenen Leiharbeitnehmern mitteilen und verdeutlichen, dass ausschließlich diese Personen zur Abzeichnung berechtigt sind.

Auch im Rahmen der **Überlassungsvergütung** sollten diese **Tätigkeitsnachweise** – wie hier in Nr. 6 a) geschehen – ausdrücklich als **maßgebliche Grundlage zur Berechnung** festgelegt werden. Daneben sollten im Rahmen der Vertragsgestaltung auch die tariflichen Vorgaben, welche von Seiten des Verleihers gegenüber seinen Leiharbeitnehmern durch die Inbezugnahme bestehen, Berücksichtigung finden. Da hinsichtlich der vom Verleiher an die Leiharbeitnehmer zu zahlenden tariflichen Vergütung in allen Tarifverträgen der Zeitarbeitsbranche eine erhebliche, an der jeweiligen Qualifikation ausgerichtete Spanne bei den jeweiligen Stundenlöhnen existiert, sollte wie in Nr. 6 b) und c) eine **Einteilung der Arbeitnehmer in bestimmte Vergütungsgruppen** erfolgen, wobei die Vergütungsgruppe I die nicht qualifizierten Arbeitnehmer erfasst und die Vergütungsgruppen jeweils mit der Qualifikation aufsteigen. Bei der Einrichtung der Gruppen kann sich an den Entgeltgruppen in den Tarifverträgen der Zeitarbeit orientiert werden.[1577] Für jeden zu überlassenen Arbeitnehmer ist die Vergütungsgruppe in der Anlage dann anzugeben. Wie in Nr. 6 c) ist zwischen Verleiher und Entleiher dann für **jede mögliche Vergütungsgruppe ein Stundensatz zu vereinbaren.** Dabei müssen im Rahmen der Vereinbarung lediglich die Stundensätze für Vergütungsgruppen ausgehandelt und aufgeführt werden, in welche die durch den Vertrag zu überlassenden Arbeitnehmer tatsächlich einzugruppieren sind. Der **Vorteil dieses Gruppenrasters** zeigt sich besonders in dem Fall, in welchen Leiharbeitnehmer verschiedener Qualifikation und damit verschiedener Lohngruppen überlassen werden. Werden also beispielsweise zum einen gering qualifizierte Arbeitnehmer, zum anderen aber auch hochqualifizierte Ingenieure an denselben Kunden überlassen, so reicht es etwa aus, dass lediglich Vereinbarungen hinsichtlich der Lohngruppe II und Lohngruppe VIII im Vertrag aufgeführt werden.

Auch die Vereinbarung in Nr. 6 d) ist deutlich von für den Verleiher gegenüber den Leiharbeitnehmern bestehenden tariflichen Regelungen geprägt. Nach den gängigen Tarifvereinbarungen für die Zeitarbeit ergeben sich **Zuschläge** für von den Leiharbeitnehmern geleistete **Mehrarbeit, Sonn- und Feiertags- sowie Nachtarbeit.** Es liegt natürlich im Interesse des Verleihers, diese **Mehrkosten** auch **an den Entleiher weiterzugeben,** da dieser letztendlich auch von der Arbeitsleistung zu irregulären Arbeitszeiten profitiert. Demnach empfiehlt es sich auch wie in Nr. 6 d) die entsprechenden tariflichen Zuschläge (hier unter Zugrundelegung der Tarifverträge zwischen BAD und der DGB-Tarifgemeinschaft Zeitarbeit) unverändert in der Vereinbarung mit dem Entleiher umzusetzen. Weiterhin ist es ratsam, **genaue Definitionen** für Sonn-, Feiertags- und Nachtarbeit in den Vertrag aufzunehmen, um spätere Unklarheiten zu vermeiden und entsprechenden Streitigkeiten vorzubeugen. Die Regelung zu den Zahlungsmodalitäten erklärt sich von selbst. Allerdings ist es möglich und auch in der Praxis nicht selten, zusätzlich monatliche **Abschlagszahlungen** des Ent-

---

[1577] Vgl. etwa § 3 Entgeltrahmen-TV zwischen BAD und der Tarifgemeinschaft Zeitarbeit beim DGB, abrufbar unter http://www.bza.de.

leihers im Voraus zur eigentlichen Begleichung der Rechnung festzulegen. Dies wird besonders interessant, wenn die eigentliche rechnungsgenaue Begleichung der Forderung erst zum Ende des auf die Arbeitsleistung folgenden Monats vorgenommen werden muss. Zur Vereinbarung einer solchen Abschlagspflicht könnte etwa an den beibehaltenen Klauseltext von Nr. 6 e) folgender Zusatz angehängt werden:

> e) (...) Der Entleiher ist dem Verleiher monatlich bis zum 15. eines Monats (alternativ: wöchentlich jeden Montag) zur Leistung einer Abschlagszahlung in Höhe von ____% der für den laufenden Monat zu erwartenden Vergütung verpflichtet. Die gezahlten Abschläge sind dann im Rahmen der monatlichen Endabrechnung zu berücksichtigen.

858 Die Regelung in Nr. 7 zu **Abberufung und Austausch von Leiharbeitnehmern** ist eine Reaktion auf die besondere Konstellation, dass der Leiharbeiter zwar seine Tätigkeit für den Entleiher ausübt, ein Vertragsverhältnis jedoch nur zum Verleiher besteht. Demnach stellt sich das Problem, dass der **Entleiher** mangels Vertragsverhältnis **nicht die Möglichkeit** wie bei regulären Arbeitskräften hat, **auf Schlechtleistungen und Mängel** im Leistungsverhältnis sowie **auf personenbedingte Gründe** der überlassenen Arbeitskraft entsprechend, wie etwa mit Abmahnung oder Kündigung, **zu reagieren.**[1578] Der Verleiher ist im Rahmen der Überlassung allerdings – wie auch in Nr. 10 des Vertrags deutlich wird – grundsätzlich ebenfalls nicht für das von den Leiharbeitnehmern geleistete Arbeitsergebnis, sondern nur für deren ordnungsgemäße Auswahl der Leiharbeiter verantwortlich. Demnach besteht die einzige Lösung für dieses Problem in einer der Nr. 7 entsprechenden Vereinbarung, nach welcher dem Entleiher in bestimmten Fällen ein Recht zukommt, den Austausch bestimmter Leiharbeiter verlangen zu können. In Nr. 7 a) wird dazu die Pflicht des Verleihers zum Austausch zum nächsten Arbeitstag einerseits an die Voraussetzung des Vorliegens einer **Ablehnung bestimmter Leiharbeitnehmer aus leistungs-, personen- oder verhaltensbedingten Gründen** gebunden. Auch ist es vernünftig, die Ersatzpflicht bereits zum nächsten Arbeitstag aus organisatorischen Gründen weiterhin an die rechtzeitige schriftliche Geltendmachung bis spätestens 15 Uhr des Vortages oder an eine andere erforderliche (angemessene) Frist zu knüpfen. Nur auf diese Weise verbleibt dem Verleiher ein **ausreichender zeitlicher Spielraum,** um für eine geeignete Ersatzkraft zu sorgen. Es ist insoweit weiterhin sinnvoll zu vereinbaren, dass die Gründe für das Austauschverlangen, obwohl sie eine gewisse Intensität verlangen, nicht an die Voraussetzungen einer gedachten Kündigung nach § 1 Abs. 2 KSchG geknüpft sein sollen. Dies stellt einen Kompromiss dar, um dem Entleiher die Austauschmöglichkeit praktisch nicht allzu sehr zu erschweren und nicht umgekehrt ganz ohne Grund zuzulassen. Natürlich ist hier auch eine **Beschränkung des Austauschrechts** für die Fälle des Vorliegens der vom KSchG vorausgesetzten Anforderungen an eine personen- oder verhaltensbedingte ordentliche Kündigung **denkbar.** Zusätzlich kann auch ein sofortiges Austauschrecht parallel zu einer im regulären Arbeitsverhältnis ansonsten möglichen außerordentlichen Kündigung iSv § 626 BGB an die Vereinbarung in Nr. 7 a) angehängt werden, welches folgendermaßen formuliert werden könnte:

> a) (...) Liegt ein Grund vor, welcher einen Arbeitgeber zur außerordentlichen Kündigung berechtigen würden, kann der Entleiher vom Verleiher die sofortige Abberufung bei gleichzeitiger Stellung eines geeigneten Ersatzes verlangen.

Entleiher werden freilich die jederzeitige Abberufbarkeit „at will" vereinbaren wollen.

[1578] *Spieler/Pollert* AuA 2011, 270 (273).

VIII. Musterverträge

Die in Nr. 7b) verwandte Klausel spiegelt das **beiderseitige Interesse** an der **ord-** 859 **nungsgemäßen Durchführung** der getroffenen Überlassungsvereinbarung wider. Der Entleiher hat ein Interesse daran, dass im die Arbeitskraft der Leiharbeitnehmer unabhängig vom persönlichen Ausfall einzelner Arbeiter aus der „Gattung ausreichend qualifizierter Leiharbeiter" genau im vereinbarten zeitlichen Umfang gewährt wird. Der Verleiher hat dagegen im Hinblick auf die zu zahlende Überlassungsvergütung ein Interesse am möglichst vollständigen Ausschöpfen des Stundenvolumens. Deshalb wird im Rahmen der Regelung **in beide Richtungen** sowohl das Recht, als auch die Pflicht zur **Verschaffung eines gleich geeigneten Ersatzes** für den Fall begründet, dass überlassene Arbeitnehmer ausfallen. Als Konsequenz für eine mangelhafte Erfüllung der Austauschpflicht durch den Verleiher wird dem Entleiher ein **Recht zur außerordentlichen Kündigung des Überlassungsvertrags,** unter Vorbehaltung möglicher Schadensersatzansprüche, eingeräumt. Dies ist sinnvoll und auch in der Praxis verbreitet.

Die Vereinbarung des **jederzeitigen Abruf- und Ersatzrechts des Verleihers** in 860 Nr. 7d) ist eine zu dessen Gunsten wirkende Regelung, welche auch ein Korrektiv zum beschriebenen Entgegenkommen in Nr. 7a) darstellt. Wenn es ein Verleihunternehmen seinem Vertragspartner erleichtert, bestimmte Arbeitnehmer abzulehnen und einen Austausch zu verlangen, muss dem Verleiher im Rahmen der schnellen Ersatzbeschaffung auch die Möglichkeit eingeräumt werden, gleich **qualifizierte Leiharbeiter,** welche sich bei anderen Kunden im Einsatz befinden **abzuziehen und auszutauschen.** Es findet dann ein Austausch von Arbeitnehmern zwischen zwei Kundenbetrieben statt. Dies ist allerdings nur möglich, wenn der Verleiher in allen Überlassungsvereinbarung ein entsprechendes Recht zur Abberufung vereinbart. Solche Vereinbarungen sind im Rahmen der schnellen Ersatzbeschaffung von entscheidender Bedeutung, sie werden aber häufig nur mit bestimmter Frist realisierbar sein. Auch die Rekrutierung neuer Kräfte zur Erfüllung der Ersatzpflicht scheidet aufgrund des Zeitdrucks regelmäßig aus. Dies verdeutlicht die starke Motivation des Verleihers zur Vereinbarung entsprechender Regelungen. Dagegen besteht für den Entleiher ein Interesse daran, diese **Abberufungsmöglichkeit** so weit wie möglich **auf dringende Fälle** einzuschränken, da der Austausch von Arbeitnehmer natürlich stets zur Folge hat, dass die Ersatzkräfte neu eingearbeitet werden müssen.[1579] Daher kann die Möglichkeit der Abberufung nach Nr. 7d) natürlich an das Vorliegen bestimmter Voraussetzungen geknüpft werden. Die **genaue Ausgestaltung** ist insoweit **Verhandlungssache.**

Weiterhin wäre es denkbar, eine zusätzliche, zu Gunsten des Verleihers wirkende 861 Vereinbarung – ähnlich einer Ausschlussfrist – einzufügen, nach welcher dessen Auswahlrisiko dadurch abgemildert wird, dass der Entleiher zur Wahrung seiner Rechte verpflichtet wird, etwaige Beanstandungen innerhalb einer bestimmten Frist geltend zu machen:

7. Abberufung und Austausch von Leiharbeitnehmern
  a) *wie im Mustervertrag*
  b) *wie im Mustervertrag*
  c) *wie im Mustervertrag*
  d) *wie im Mustervertrag*
  e) *wie im Mustervertrag*

[1579] *Spieler/Pollert* AuA 2011, 270 (273).

A. Arbeitnehmerüberlassung

f) Sämtliche Beanstandungen sind dem Verleiher unverzüglich mitzuteilen. Insbesondere wenn die Leistung eines von dem Verleiher überlassenen Arbeitnehmers nicht dem vertraglich vereinbarten Anforderungsprofil entspricht, wird der Entleiher dem Verleiher unverzüglich die Mängel anzeigen. Zeigt der Entleiher die Mängel nicht spätestens innerhalb einer Woche nach Überlassung [bzw. Kenntnis des Umstands von der Beanstandung] an, sind sämtliche weitergehende Ansprüche ausgeschlossen.[1580]

862 Die Vereinbarung über das **Direktionsrecht des Entleihers und Qualifikationsnachweise** ist in engem Zusammenhang mit dessen Pflicht zur umfassenden Darstellung der Merkmale und Qualifikationsanforderungen der mit einem Leiharbeitnehmer zu besetzenden Stelle zu sehen. Durch diese Informationen wird der **Verleiher in die Lage** versetzt, selbst einen **entsprechend qualifizierten Leiharbeitnehmer auszuwählen** und dem Kunden zu überlassen. Mit der Überlassung wird dem Kunden auch das Direktionsrecht übertragen. Die Regelung in Nr. 8 b) macht nun deutlich, dass das Direktionsrecht grundsätzlich allerdings auch nur innerhalb des vom Entleiher selbst bestimmten Rahmens der Tätigkeit ausgeübt werden darf. Darüber **hinausgehende Weisungen in andere Tätigkeits- und Qualifikationsbereiche** werden folgerichtig unter den Vorbehalt der **Zustimmung des Verleihers** gestellt. Eine solche Vereinbarung macht Sinn und ist in der Praxis üblich. Sie entspricht dem Interesse des Verleihers, da dieser beispielsweise für den Fall, dass der Entleiher dem überlassenen Leiharbeitnehmer Tätigkeiten mit höheren Qualifikationsanforderungen zuweist, ansonsten einen Leiharbeitnehmer mit höherer Qualifikation und einer damit verbundenen möglichen höheren Gewinnspanne im Rahmen der Überlassungsvergütung überlassen hätte. Dagegen liegt es eher im Interesse des Entleihers, das **Direktionsrecht möglichst weit** zu halten, um den Arbeitnehmer im Betrieb flexibel einsetzen zu können, so dass er eher an der Vereinbarung einer Mindestanforderung mit einem größeren Rahmen interessiert sein wird.[1581] Die genaue Ausgestaltung ist Verhandlungssache.

863 Die Vorschrift zu **Unfallverhütung und Arbeitsschutz** ist zum einen Ausdruck der gesetzlichen Vorgabe in § 11 Abs. 6 AÜG, welche dem Entleiher Pflichten zur Einhaltung und Überwachung des Arbeitsschutzes sowie zur Information der Leiharbeitnehmer auferlegt, zum anderen aber auch der speziellen **Dreieckskonstellation bei der Arbeitnehmerüberlassung** geschuldet. Eigentlich bestehen derartige Schutzpflichten immer im Verhältnis zwischen Arbeitgeber und Arbeitnehmer, weshalb diese Pflichten grundsätzlich auch dem Verleiher obliegen. Allerdings besteht für diesen in Zeiten der Überlassung die Problematik, dass eine Einhaltung und Überwachung der notwendigen Schutzvorschriften aufgrund der Eingliederung der Leiharbeitnehmer in fremde Betriebsabläufe schwierig bis unmöglich ist. Aus diesem Grund ist zu empfehlen, **den Entleiher** wie in Nr. 9 a) und b), unter Wiedergabe der gesetzlichen Pflichten aus § 11 Abs. 6 AÜG, auf die **Einhaltung der Vorschriften zu Arbeitsschutz und Unfallverhütung** (§ 12 Abs. 2 ArbSchG) sowie auf eine jeweilige konkrete und **umfängliche Information der einzelnen Leiharbeitnehmer zu verpflichten**. Auch die Vereinbarung einer **Anzeigepflicht für Arbeitsunfälle** entspricht den praktischen Erfordernissen. Da der Verleiher Arbeitgeber bleibt, entbindet die Verpflichtung des Entleihers, wie auch in § 11 Abs. 6 S. 1 Hs. 2 aE AÜG deutlich wird, allerdings nicht den Verleiher von seinen Arbeitgeberpflichten in Bezug auf die Unfallverhütung, selbst wenn diese nur eingeschränkt erfüllbar ist. Aus diesem Grund

---
[1580] *Grimm/Brock*, Praxis der Arbeitnehmerüberlassung, § 13 Rn. 48.
[1581] *Spieler/Pollert* AuA 2011, 270 (273).

VIII. Musterverträge

sehen manche Verträge vor, dass dem Verleiher ein **Zugangsrecht zum jeweiligen Kundenbetrieb** eingeräumt wird, damit dieser sich von der Einhaltung durch den Entleiher selbst überzeugen kann. Dann könnte die Vereinbarung etwa folgendermaßen ausgestaltet werden:

9. Unfallverhütung und Arbeitsschutz

a) *wie im Mustervertrag*

b) *wie im Mustervertrag*

c) Der Entleiher verpflichtet sich, dem Verleiher zum Zwecke der Überprüfung der Einhaltung der dargestellten Verpflichtungen jederzeit Zugang zu den Arbeitsplätzen der überlassenen Leiharbeitnehmer zu verschaffen.

d) *wie Nr. 9 c) des Mustervertrags.*

Die **Haftung des Verleihers** beschränkt sich, wie bereits an anderer Stelle herausgestellt, auf die vertraglich festgelegten Pflichten, die lediglich in der **ordnungsgemäßen Auswahl** und anschließenden **Überlassung** von Arbeitskräften bestehen. Er haftet dagegen weder selbst für die später im Kundebetrieb erbrachte Arbeitsleistung, noch sind die Leiharbeitnehmer als seine Erfüllungsgehilfen anzusehen, da die eigentliche Arbeitsleistung nicht in seinem Pflichtenkreis liegt. Es empfiehlt sich aber schon allein aus Klarstellungsgründen die Vereinbarung einer der Nr. 10 entsprechenden **ausdrücklichen Haftungsbeschränkung.** Zweckmäßig ist insoweit die Verbindung mit der in Nr. 10 b getroffenen Freistellungsvereinbarung für den Fall, dass der Verleiher für im Rahmen der Überlassung der Leiharbeitnehmer aufgetretene Forderungen von Dritten in Anspruch genommen wird. Die Klausel in Nr. 11, mit welcher dem Verleiher auferlegt wird, mit seinen Arbeitnehmern eine **Verpflichtung zur Geheimhaltung** über die Belange des Entleihers arbeitsvertraglich zu vereinbaren, ist erneut der besonderen Konstellation bei der Arbeitnehmerüberlassung geschuldet. Zwischen Entleiher und den überlassenen Arbeitskräften besteht kein Vertragsverhältnis, so dass dieser keine Möglichkeit hat, die Leiharbeitnehmer selbst umfänglich zur Verschwiegenheit über seine Betriebsgeheimnisse und vertraulichen Angelegenheiten zu verpflichten. Durch praktische Eingliederung in den Betrieb **kommen** die Leiharbeiter **in gleichem Umfang wie eigene Arbeitnehmer** mit diesen im Rahmen ihrer Tätigkeit in Berührung. Die in Nr. 11 verwendete Klausel macht aus diesem Grund Vorgaben zur Art und Reichweite der notwendigen arbeitsvertraglichen Verpflichtung der Leiharbeitnehmer zur Geheimhaltung im Entleiherbetrieb durch den Verleiher. Vom Umfang her ist die Klausel der hier im Rahmen des Musters zum Arbeitnehmerüberlassungsvertrag vorgeschlagenen Regelung zur Verschwiegenheit[1582] angepasst. Sollten sich in den Arbeitsverträgen des Verleihers mit den zu überlassenden Arbeitnehmern keine entsprechenden Vorgaben zur Geheimhaltung im Entleiherbetrieb finden, sollte eine nachträgliche Vereinbarung darüber vor Beginn der Überlassung getroffen werden, soweit nicht die allgemeine Loyalitätspflicht eingreift.

864

Zum Risiko des Entleihers in Bezug auf die **Haftung** für vom Verleiher **nicht gezahlte Sozialversicherungsbeiträge** sowie gegebenenfalls nicht abgeführte Lohnsteuer wurde schon mehrfach hingewiesen. Dieser Gefahr trägt die aus Sicht des Entleihers ratsame Vereinbarung einer Klausel zur **Haftung für Sozialversicherungsbeiträge und Sicherheitsleistung** Rechnung. Es empfiehlt sich dabei, in den

865

[1582] → Rn. 806 in Nr. 11 des Mustervertrags.

Vertragstext eine ausführliche und in verschiedene Szenarien unterscheidende Regelung aufzunehmen, wie auch in Nr. 12 des Mustervertrags geschehen. Auf die deklaratorische Herausstellung der Verpflichtung des Verleihers zur Abführung der Beiträge in Nr. 12a) folgt unter b) die **Vereinbarung einer entsprechenden Nachweispflicht,** um dem Entleiher eine entsprechende Überprüfung zu ermöglichen. In diesem Zusammenhang wäre aus präventiven Gründen bereits die Vereinbarung eines Zurückbehaltungsrechts an der Überlassungsvergütung für den Fall möglich, dass der Verleiher seiner Nachweispflicht nicht nachkommt. Auf diese Weise könnte der Entleiher im Vorfeld einer möglichen Inanspruchnahme durch den mit dem **Zurückbehaltungsrecht** erzwungenen regelmäßigen Nachweis sicherstellen, zumindest die möglichen Gefahren einer Inanspruchnahme abschätzen zu können. Sollte die Abführung unterblieben sein, besteht dann die Möglichkeit der Kündigung des Vertrags, so dass das Risiko einer Inanspruchnahme minimiert werden kann. Eine entsprechend an Nr. 12b) angefügte Regelung könnte demnach lauten:

b) (...) Für den Fall der Nichterfüllung der Nachweispflicht innerhalb einer Frist von einer Woche nach der schriftlichen Aufforderung steht dem Entleiher bis zur Erfüllung der Pflicht ein Zurückbehaltungsrecht an der vereinbarten Überlassungsvergütung zu. Sollte ein Nachweis weiterhin nicht geführt werden oder ergeben, dass eine ordnungsgemäße Abführung der Beiträge unterblieben ist, steht dem Entleiher ein Recht zur fristlosen Kündigung dieses Vertrags zu.

866 In Nr. 12c) wird dagegen eine **Regelung** für den Fall der **Inanspruchnahme des Entleihers durch die Einzugsstellen der Sozialversicherung bzw. das Finanzamt** getroffen, nach welcher dem Entleiher grundsätzlich ein Zurückbehaltungsrecht an der Überlassungsvergütung bis zum Zeitpunkt des lückenlosen Nachweises einer ordnungsgemäßen Abführung aller Beiträge eingeräumt wird. Allerdings ist eine Inanspruchnahme auch zu einem **Zeitpunkt** denkbar, in dem **alle Vertragsverhältnisse** zwischen Verleiher und Entleiher bereits **abgeschlossen und abgewickelt** sind. In diesem Fall kann der Entleiher mangels noch zu bezahlender Vergütung für aktuelle Einsätze ein Zurückbehaltungsrecht praktisch nicht mehr geltend machen. Daher soll ihm als Ersatz zumindest ein **entsprechender Freistellungsanspruch** gegenüber dem Verleiher zustehen. Allerdings kann ein solcher Freistellungsanspruch häufig nicht von besonders großem wirtschaftlichem Wert sein. Er ist auch nicht insolvenzfest. Etwa im Zusammenhang mit der CGZP-Problematik stehen nun möglicherweise umfassende Nachforderungen der Sozialversicherung für mehrere Jahre gegenüber den Verleihern im Raum. Sollten diese damit in wirtschaftlicher Sicht überfordert sein, werden sich die Einzugsstellen an die Entleiher wenden, welche gemäß § 28e Abs. 2 SGB IV als selbstschuldnerische Bürgen haften. Dem Entleiher steht somit **nicht** die **Einrede der Vorausklage** zu, so dass er lediglich das Recht hat eine Zahlung zu verweigern, bis die Einzugsstelle den Verleiher gemahnt und die Mahnungsfrist abgelaufen ist. Weiterhin stellt allerdings auch ein **Freistellungsanspruch** gegenüber einem sich möglicherweise in oder am Rande der Insolvenz befindlichen Verleiherbetrieb **keine große Absicherung** dar, da dieser in wirtschaftlicher Hinsicht praktisch wertlos sein kann. Aus diesem Grund empfiehlt es sich aus Entleihersicht, wie in Nr. 12d) eine durch sein konkretes Verlangen ausgelöste Pflicht des Verleihers zu vereinbaren, nach welcher dieser zur **Beibringung** einer mögliche Inanspruchnahmen abdeckenden **Bürgschafts- oder Garantieerklärung einer Bank** verpflichtet wird. Nur auf diese Weise kann sich der Entleiher wirksam vor den wirtschaftlichen Belastungen einer tatsächlichen Inanspruchnahme schützen.

VIII. Musterverträge

867 Wie bereits dargestellt entspricht es der **gesetzgeberischen Idee von Leiharbeit**, die **Leiharbeitnehmer** über kurz oder lang **wieder in dauerhafte und reguläre Arbeitsverhältnisse** zu bringen. Dazu soll ihnen in erster Linie die Möglichkeit eröffnet werden, sich in Kundenbetrieben zu bewähren. Auch für die Entleiher birgt die Leiharbeit den Vorteil, Leiharbeitnehmer einzustellen, von denen er im Gegensatz zu einer vollkommenen Neueinstellung bereits weiß, dass diese in seinem Betrieb bereits gute Arbeit geleistet haben und eingearbeitet sind. Demnach haben sowohl der Leiharbeitnehmer als auch der Entleiher ein **grundsätzliches Übernahmeinteresse.** Dem steht allerdings das Interesse des **Verleihers** entgegen, den **Verlust von zuverlässigen Leiharbeitnehmern**, die er womöglich auch noch aus- und weitergebildet hat, an Entleiherbetriebe zu verhindern. Mit jeder Übernahme entsteht dem Verleiher ein **messbarer wirtschaftlicher Verlust**. Das Gesetz hat diese Konstellation zugunsten der Leiharbeitnehmer entschieden, so dass nach § 9 Nr. 3 AÜG sämtliche Vereinbarungen unwirksam sind, die eine Übernahme im Anschluss an eine Überlassung verhindern oder erschweren. Seit dem 30. 4. 2011 ist nach § 9 Nr. 6 AÜG die Vereinbarung einer vom Leiharbeitnehmer im Fall der Übernahme zu zahlenden **Vermittlungsprovision** an den Verleiher verboten. Auch teilweise vorgeschlagene **Vertragsstrafenregelungen** zwischen Verleiher und Entleiher **für den Fall des aktiven Abwerbens von Leiharbeitnehmern** sind vor diesem Hintergrund zumindest bedenklich. Demnach besteht die weitgehend einzige Möglichkeit dem wirtschaftlichen Verlust Rechnung zu tragen in der Vereinbarung einer **vom Entleiher** an den Verleiher **zu zahlenden Vermittlungsprovision.** Dazu ist eine mit Nr. 13 des Vertrags vergleichbare Klausel zu wählen, welche zB die Höhe der Provision an die vorherige Überlassungsdauer knüpft und eine zeitliche Begrenzung in der Form vorsieht, dass nach Ablauf einer bestimmten Karenzzeit nach Überlassung sowie ab einer bestimmten Überlassungsdauer keine Vermittlungsgebühr mehr fällig wird. Auch empfiehlt sich eine Regelung zur generellen Fälligkeit der zu zahlenden Gebühr. Vorsicht ist bei einer Vermittlungsgebühr geboten, die dann anfällt, nachdem die Überlassung schon beendet war. Hier muss dem Entleiher der Gegenbeweis eröffnet sein, dass die Überlassung nicht kausal für die Einstellung war.[1583]

868 Im Zusammenhang mit den **Schlussbestimmungen** und dem **Zusatz** über die Bestätigung des Entleihers, eine unterschriebene Ausfertigung des Vertrags erhalten zu haben, bestehen keinerlei Besonderheiten, so dass insoweit auf die oben im Bereich des Musters zum Leiharbeitsvertrag ausgeführten Anmerkungen verwiesen werden kann.[1584]

[1583] BGH 10. 11. 2011 – III ZR 77/11, DB 2011, 2852 ff.
[1584] → Rn. 808 ff.

B. Contracting/Freelancer

Übersicht

	Rn.
I. Begriffe und Grundlagen	1
II. Gewerberechtliche Anzeige	8
III. Durchführung zwischen Personaldienstleister und selbständig Tätigem	10
1. Rechtliche Rahmenbedingungen	10
2. Ausgestaltung der vertraglichen Beziehungen	18
a) Überblick	18
b) Vertragsgegenstand und Leistungspflichten	20
c) Vertragsdauer und Kündigung	23
d) Vergütung	28
e) Kundenschutz und Wettbewerbsverbote	30
aa) Vertragliche Wettbewerbsverbote	31
bb) Nachvertragliche Wettbewerbsverbote	33
cc) Kundenschutzklauseln und Kundenübernahmeklauseln	37
f) Nebenpflichten	40
g) Haftung	43
IV. Durchführung zwischen Personaldienstleister und Auftraggeber	49
1. Rechtliche Rahmenbedingungen	49
2. Einzelheiten der Zuordnung zu einem Vertragstyp	53
3. Vertragliche Gestaltungsmöglichkeiten	58
V. Durchführung der Rechtsbeziehungen zwischen Auftraggeber und Freelancer/Subunternehmer	63
1. Einsatz von Freelancern im Zwei-Personen-Verhältnis oder Drei-Personen-Verhältnis	63
2. Ausgestaltung der Rechtsbeziehung zwischen Auftraggeber und Freelancer/Subunternehmer im Drei-Personen-Verhältnis	66
a) Vorüberlegungen zur Wahl eines Drei-Personen-Verhältnisses	67
b) Bestellung eines freien Mitarbeiters zum Organ; Bevollmächtigung	70
c) Weitere Gesichtspunkte einer vertraglichen Gestaltung	73
d) Rechtsbeziehungen ohne Vertragsverhältnis	75
3. Begründung eines Vertragsverhältnisses durch Scheinselbständigkeit und Arbeitnehmerüberlassung	78
4. Haftung	92
VI. Kollektivrechtliche Mitbestimmungsrechte des Betriebsrats des Auftraggebers	93

I. Begriffe und Grundlagen

Mit den Begriffen des Contracting, des Einsatzes von Freelancern und auch dem sogenannten Interim-Management werden Erscheinungsformen des Fremdeinsatzes von selbständigen Personen umschrieben.[1] **1**

Als **Contracting** bezeichnet man ganz allgemein Formen der Übertragung von eigenen Aufgaben eines Unternehmens auf ein Dienstleistungsunternehmen. In seinem Hauptanwendungsbereich bedeutet Contracting die Übertragung von Aufgaben der Energiebereitstellung und -lieferung auf ein darauf spezialisiertes Unternehmen, den **2**

---

[1] Zur besonderen Gestaltungsform des Outtasking → Abschnitt C. dieses Handbuchs.

B. *Contracting/Freelancer*

sog. Contractor.² Im Bereich des Fremdpersonaleinsatzes beschreibt der – nicht scharf umrissene – Begriff des Contracting den Einsatz von freien Mitarbeitern (Freelancern) beim Auftraggeber auf Geheiß eines Personaldienstleisters, zumeist auf der Grundlage von Rahmen- und/oder Projekteinzelverträgen.³ Als sog. Subcontracting wird es auch bezeichnet, wenn namentlich ein (Werk-)Unternehmer seinerseits einen Subunternehmer beauftragt, der als Ein-Personen-Subunternehmen beim Auftraggeber/Kunden tätig wird. Ohne dass dies in der Begriffsbildung zum Ausdruck kommt, bestehen rechtliche Unterschiede in den einzelnen Gestaltungsformen vor allem im Hinblick auf die Reichweite der dem Personaldienstleister obliegenden Verpflichtungen im Verhältnis zum Auftraggeber/Kunden. Die übernommenen Verpflichtungen können sich auf die Zuführung einer bestimmten selbständig tätigen Person beschränken, sie können hingegen auch die Verpflichtung zur Erfüllung einer dienst- oder werkvertraglichen Leistung umfassen, in deren Rahmen sich der Personaldienstleister sich des Einsatzes des freien Mitarbeiters bzw. Subunternehmers bedient.

3   Eine weitere Erscheinungsform des Einsatzes von selbständigen Dienstnehmern stellt das so genannte **Interim Management** dar. Bei dieser Gestaltungsform, die in der Literatur – im Gegensatz zum Contracting – bereits etwas nähere Betrachtung erfahren hat,⁴ werden Führungskräfte für eine vorübergehende Zeit aufgrund einer selbständigen Tätigkeit in einem Unternehmen tätig.⁵ Der vorübergehende Einsatz der externen Führungskräfte erfolgt dabei zB im Rahmen von Sanierungs- oder Restrukturierungsmaßnahmen (Krisenmanagement), zur Begleitung eines Unternehmensverkaufs oder einer Umstrukturierung sowie zur Abwicklung einzelner Projekte als Projektleiter oder als Übergangs-Geschäftsführer.⁶ Die Ausgestaltung des Interim Managements erfolgt dabei sowohl im Zwei-Personen-Verhältnis als auch im Drei-Personen-Verhältnis:

4   Im **Zwei-Personen-Verhältnis** werden vertragliche Beziehungen ausschließlich zwischen dem Interim Manager und dem Kunden begründet. Das Vertragsverhältnis ist dabei regelmäßig als selbständiger Dienstvertrag angelegt. Nach Maßgabe der allgemeinen Abgrenzungskriterien bestimmt sich, ob bei zutreffender rechtlicher Bewertung von einem Arbeitsverhältnis auszugehen ist.⁷

5   Häufig erfolgt das Interim Management in einem **Drei-Personen-Verhältnis,** das in seiner Struktur mit einer Arbeitnehmerüberlassung vergleichbar ist. Der „Verleih" der Interim Manager erfolgt dabei durch den sog. Interim-Provider, der auch als Agentur bezeichnet wird. Der Interim-Provider, ein Personaldienstleistungsunternehmen, stellt den Interim Manager auf der Basis regelmäßig eines Dienst- oder Werkvertrags als Freelancer oder Subunternehmer an. Der Interim Manager soll in dieser Konstellation ohne eigenen Vertrag mit dem Kunden zu den og Zwecken bei diesem tätig werden.⁸ Diese Konstellation bezeichnet man auch als so genanntes holländisches Modell. Auch beim Interim Management können sich die Pflichten des Providers von der bloßen Verschaffung bis hin zur Verpflichtung zur Erbringung der Dienst- oder Werkleistung erstrecken. Beim so genannten angelsächsischen Modell beschränkt sich

---

² Vgl. etwa den Contracting Leitfaden des Landes NRW (abrufbar unter http://www.energie agentur.nrw.de/contracting).
³ Der Begriff des Contracting hat in der arbeits- und dienstrechtlichen Literatur bisher kaum Einzug gehalten, vgl. aber *van Venrooy* NZA 2011, 617.
⁴ Umfassend etwa *Dahl/Riedel,* Praxishandbuch Interim Management, 2008.
⁵ Vgl. etwa Schaub/*Koch,* ArbR-HdB, § 120 Rn. 6; *Haag/Tiberius* NZA 2004, 190; *Dahl* DB 2005, 1738; Schüren/*Hamann,* AÜG, § 1 Rn. 216; *Düwell/Dahl* FA 2009, 258.
⁶ Urban-Crell/*Schulz* Rn. 64.
⁷ *Haag/Tiberius* NZA 2004, 192.
⁸ HzA/*Düwell/Dahl* Arbeitnehmerüberlassung, Gruppe 16, Rn. 93 ff.

III. Durchführung zwischen Personaldienstleister und selbständig Tätigem

das Vertragsverhältnis zwischen Interim Manager und Provider auf die reine Vermittlung des Interim Managers.[9]

Die folgende Darstellung zum **Fremdpersonaleinsatz von selbständigen Personen** klammert das Interim Management und sonstige Erscheinungsformen im Zwei-Personen-Verhältnis aus.

Die Erscheinungsformen des drittbezogenen Einsatzes von freien Mitarbeitern, insbesondere das Interim Management und das Contracting, haben bisher keinen nennenswerten Eingang in die arbeits- oder sozialrechtliche Rechtsprechung gefunden. Soweit sie in der Literatur erörtert werden, geschieht dies vor allem vor dem Hintergrund der Problematik der Scheinselbständigkeit und der Abgrenzung zur Arbeitnehmerüberlassung.[10] Die folgende Darstellung gibt einen **Überblick über die Rechtsbeziehungen der Beteiligten** und stellt **Möglichkeiten der vertraglichen Ausgestaltung** vor.

II. Gewerberechtliche Anzeige

Die Entsendung selbständig tätiger Personen stellt **keine Arbeitnehmerüberlassung** dar und unterfällt damit auch nicht den Erlaubnis- und Anzeigepflichten des AÜG.

Es richtet sich darüber hinaus nach den **allgemeinen gewerberechtlichen Bestimmungen,** ob etwa Erlaubnisse oder Genehmigungen, zB nach §§ 30–34a GewO, § 1 HandwO, erforderlich sind. Regelmäßig sind gewerbliche Tätigkeiten gemäß § 14 GewO anzuzeigen.

III. Durchführung zwischen Personaldienstleister und selbständig Tätigem

1. Rechtliche Rahmenbedingungen

Erschöpft sich die Tätigkeit des Personaldienstleisters in der reinen Vermittlung eines freien Mitarbeiters, wie etwa eines Interim Managers, ist das Verhalten des Personaldienstleisters als Maklertätigkeit im Sinne der §§ 652 ff. BGB einzuordnen.[11]

Schließt demgegenüber der Personaldienstleister mit dem Kunden einen Vertrag nicht nur über die reine Vermittlung, ist das bestehende Vertragsverhältnis zwischen Personaldienstleister und Freelancer regelmäßig auf den Abschluss eines selbständigen Dienstvertrags, teilweise jedoch auch auf den Abschluss eines Werkvertrags ausgerichtet. Der Abschluss eines Werkvertrags kommt insbesondere dann in Betracht, wenn zB ein Interim Manager im Rahmen eines bestimmten Projekts beim Kunden tätig werden und es dabei maßgeblich auf einen bestimmten Erfolg seiner Tätigkeit ankommen soll.[12] Die **Abgrenzung von Dienst- und Werkvertrag** erfolgt auch in diesem Rahmen nach Maßgabe der in der Rechtsprechung entwickelten Kriterien. Beim Dienstvertrag iSd §§ 611 ff. BGB ist das Tätigwerden als solches, beim Werkvertrag iSd

---

[9] *Dahl/Riedel,* Praxishandbuch Interim Management, 103.
[10] Vgl. nur *van Venrooy* NZA 2011, 670, der das Thema Contracting unter der Überschrift des Missbrauchs eines Dienstverschaffungsvertrags behandelt.
[11] *Dahl/Riedel,* Praxishandbuch Interim Management, 103.
[12] *Dahl/Riedel,* Praxishandbuch Interim Management, 96.

B. Contracting/Freelancer

§§ 631 ff. BGB das Herbeiführen eines bestimmten Erfolges geschuldet.[13] In der Praxis ist die Abgrenzung häufig kaum verlässlich möglich, da auch Dienstverpflichtete leistungs- und erfolgsbezogen tätig werden und der Gegenstand eines Werkvertrags nach § 631 Abs. 2 BGB auch ein durch eine Dienstleistung herbeizuführender Erfolg sein kann. Im Verhältnis zwischen Personaldienstleister und Freelancer bzw. Subunternehmer ist die Abgrenzung zwischen Dienst- und Werkvertrag nicht unerheblich, da die vertragliche Einordnung über die Risikoverteilung entscheidet: Bei Bestehen eines Dienstvertrags schuldet der freie Mitarbeiter nur die Vornahme der vereinbarten Tätigkeit mit der erforderlichen Sorgfalt, bei Abschluss eines Werkvertrags ist er schon gegenüber dem Provider für die Herbeiführung bestimmter Erfolge verantwortlich und trägt das Risiko des Erfolgseintritts.[14] Es wird davon ausgegangen, dass der Wille der Vertragsparteien für die Abgrenzung von erheblicher Bedeutung ist und ihnen ein erheblicher vertraglicher Gestaltungsspielraum zukommt.[15] Abgrenzungskriterien sind vor allem der vereinbarten Leistungsgegenstand, die Reichweite der vom Provider gegenüber dem Kunden übernommenen Verpflichtungen und die Art der vereinbarten Vergütung. Regelmäßig wird man vom Abschluss eines Dienstvertrags ausgehen können.[16] Haben die Parteien hingegen als Leistungsgegenstand das Erreichen konkreter Ziele etwa eines festumrissenen Projekts vereinbart, wird man einen Werkvertrag anzunehmen haben.[17]

12 In der Praxis ist die Vertragsgestaltung dabei nicht darauf angelegt, ein **Arbeitsverhältnis zwischen dem Personaldienstleister und dem freien Mitarbeiter** zu begründen.[18] Es stellt sich jedoch nicht selten schon aufgrund der Vertragsgestaltung zwischen Provider und freiem Mitarbeiter die Frage, ob angesichts der getroffenen vertraglichen Regelungen oder aber aufgrund der praktischen Handhabung nicht schon in diesem Verhältnis von einem Arbeitsverhältnis auszugehen ist. Davon zu unterschieden ist die Frage, ob nicht aufgrund der Ausgestaltung des Einsatzes des freien Mitarbeiters beim Einsatz-Unternehmen ein Arbeitsverhältnis zwischen Freelancer und Auftraggeber anzunehmen ist.[19] Ob das Vertragsverhältnis zwischen Personaldienstleister und freiem Mitarbeiter als Arbeitsverhältnis zur beurteilen ist, bestimmt sich nach dem Grad der persönlichen Abhängigkeit. Es gelten die allgemeinen Abgrenzungskriterien.[20] Im Zweifel entscheidet nicht die regelmäßig auf eine freie und selbständige Tätigkeit angelegte vertragliche Bezeichnung des Verhältnisses, sondern es ist die tatsächliche Vertragspraxis für die rechtliche Zuordnung maßgeblich.[21]

13 Beim Interim Management und auch in den Fallgestaltungen des Contracting wird man dabei häufig aufgrund der Tätigkeitsfelder der Mitarbeiter von einer selbständigen Tätigkeit ausgehen können, doch ist auch bei Projekt- und Managementtätigkeiten ein Grad der persönlichen Abhängigkeit des Mitarbeiters denkbar, der ihn als Arbeitnehmer des Personaldienstleisters erscheinen lässt.[22] In der Literatur wird angenommen, dass schon dann nicht mehr von einer Selbständigkeit des freien Mitarbeiters ausgegangen werden kann, wenn gewerbliche Schutzrechte oder Urheberrechte nicht in

---

[13] Vgl. allgemein zur Abgrenzung Palandt/*Sprau* BGB vor § 631 Rn. 8.
[14] *Haag/Tiberius* NZA 2004, 192 f.
[15] *Haag/Tiberius* NZA 2004, 193; *Dahl/Riedel*, Praxishandbuch Interim Management, 97 f.
[16] *Dahl/Riedel*, Praxishandbuch Interim Management, 98.
[17] *Dahl/Riedel*, Praxishandbuch Interim Management, 99.
[18] *Dahl/Riedel*, Praxishandbuch Interim Management, 102; *Haag/Tiberius* NZA 2004, 190 (193).
[19] Im Einzelnen → Rn. 63 ff.
[20] Vgl. etwa ErfK/*Preis* BGB § 611 Rn. 34 ff.
[21] *Haag/Tiberius* NZA 2004, 193.
[22] *van Venrooy* NZA 2011, 672.

III. Durchführung zwischen Personaldienstleister und selbständig Tätigem

seiner Person entstehen sollen und er seine Arbeitsergebnisse nicht für sich behalten darf.[23] Dem wird man in dieser Allgemeinheit nicht folgen können, da es auch im Rahmen „echter" freier Mitarbeiterverhältnisse nicht unüblich ist, derartige Schutzrechte zu übertragen und diese Beeinträchtigung in der Verwertung von Rechten nicht zwingend einen hinreichenden Grad an persönlicher Abhängigkeit bedeuten muss. Kommen jedoch weitere, die eigenen Dispositionsmöglichkeiten beschränkende Verpflichtungen des Mitarbeiters, wie Wettbewerbsverbote, Geheimhaltungsverpflichten und andere, die persönliche Unabhängigkeit einschränkende Pflichten hinzu, kann von einem Arbeitsverhältnis zwischen Personaldienstleister und Mitarbeiter auszugehen sein.

Ist von einem Arbeitsverhältnis zwischen Personaldienstleister und Mitarbeiter auszugehen, kann sich dies auch erheblich auf die Rechtsbeziehungen zu dem Kunden auswirken.[24] Für das Rechtsverhältnis zwischen Provider und Mitarbeiter gelten bei einer Scheinselbständigkeit die arbeitsrechtlichen Bestimmungen zum Schutz des Mitarbeiters. Seine Tätigkeit ist sozialversicherungsrechtlich in diesen Fällen als abhängige Beschäftigung einzuordnen.[25] **14**

Um diesen Problemen der **Scheinselbständigkeit** zu entgehen, wird mitunter eine Personen- oder Kapitalgesellschaft (zB GmbH, KG, Limited) gegründet, die als Vertragspartner des Personaldienstleisters auftritt und als solche für den Einsatz beim Kunden vorgesehen ist, wobei Geschäftsführer oder Gesellschafter tätig werden, um die konkreten Aufgaben zu erledigen.[26] Die Bewertung dieser Gestaltungsformen ist noch nicht abschließend geklärt.[27] Man wird von folgenden Grundsätzen auszugehen haben: Für das Rechtsverhältnis zwischen Personaldienstleister und Personen- oder Kapitalgesellschaft kommt nur eine Bewertung als freies Dienst- oder Werkvertragsverhältnis in Betracht. Eine Arbeitnehmereigenschaft der juristischen Person oder teilrechtsrechtsfähigen Personenvereinigung, wie einer Gesellschaft bürgerlichen Rechts, ist gemäß § 613 BGB ausgeschlossen.[28] Nicht ausgeschlossen ist es jedoch, dass man dieses Rechtsverhältnis als Scheinvertrag oder Umgehungsgeschäft zu bewerten hat und zu dem Ergebnis kommt, dass neben oder anstelle des Vertragsverhältnisses mit der juristischen Person oder teilrechtsfähigen Personenvereinigung ein Rechtsverhältnis mit den (vermeintlich) für diese Gesellschaft auftretenden natürlichen Personen besteht.[29] Dieses Rechtsverhältnis kann nach Maßgabe der allgemeinen Kriterien als Arbeitsverhältnis einzustufen sein. Dementsprechend kommt in Betracht, dass Arbeitnehmerüberlassung vorliegt oder der Gesellschafter oder Geschäftsführer namentlich einer Ein-Personen-Subunternehmer-Gesellschaft in einem Arbeitsverhältnis zum Einsatz-Unternehmen steht. Auch die Spitzenverbände der Sozialversicherungsträger gehen davon aus, dass in Einzelfällen in diesen Konstellationen ein sozialversicherungspflichtiges Beschäftigungsverhältnis vorliegen kann.[30] **15**

Diese Problematik der Umgehung von sozialversicherungspflichtigen Beschäftigungsverhältnissen ist nicht zu verwechseln mit der Frage, ob der für eine Gesellschaft **16**

---

[23] *van Venrooy* NZA 2011, 672.
[24] → Rn. 49 ff.
[25] → Rn. 63 ff.
[26] HzA/*Düwell/Dahl* Arbeitnehmerüberlassung, Gruppe 16, Rn. 95.
[27] Vgl. *Bauer/Baeck/Schuster* NZA 2000, 863 ff.; *Dahl/Riedel*, Praxishandbuch Interim Management, 169.
[28] HzA/*Düwell/Dahl* Arbeitnehmerüberlassung, Gruppe 16, Rn. 96.
[29] AA *Bauer/Baeck/Schuster* NZA 2000, 863 f.; wie hier hingegen *Dahl/Riedel*, Praxishandbuch Interim Management, 170.
[30] Rundschreiben vom 5. 7. 2005, S. 18.

B. Contracting/Freelancer

tätige Geschäftsführer oder Gesellschafter in einem Arbeitsverhältnis zu dieser Gesellschaft steht.[31]

17   Bei **Streitigkeiten** aus dem Dienst- oder Werkvertrag zwischen Personaldienstleister und freiem Mitarbeiter sind die ordentlichen Gerichte zuständig. Liegt eine Scheinselbständigkeit vor, ist mithin von einer Arbeitnehmereigenschaft des Freelancers bzw. Subunternehmers auszugehen, besteht eine Zuständigkeit der Arbeitsgerichte.

2. Ausgestaltung der vertraglichen Beziehungen

a) Überblick

18   Die Vertragsbeziehungen zwischen Freelancer und Personaldienstleister werden entweder durch einen Einzelvertrag oder durch Rahmenverträge und konkrete Einsatzvereinbarungen geregelt. Personaldienstleister verwenden dabei regelmäßig Allgemeine Geschäftsbedingungen. Die zu treffenden Regelungen sind je nach Einzelfall und konkreter Interessenlage der Parteien abzustimmen. Regelmäßig sollten zu folgenden Gesichtspunkten Vereinbarungen getroffen werden:
– Vertragsgegenstand und Leistungspflichten,
– Vertragsdauer und Beendigung,
– Vergütung,
– Kundenschutz und Wettbewerbsverbote,
– Nebenpflichten und
– Haftung.

19   Hinzukommen für selbständige Dienst- oder Werkverträge übliche Schluss- und Nebenbestimmungen, wie etwa Schriftformklauseln, Regelungen zum Erfüllungsort und Gerichtsstand sowie eine salvatorische Klausel.[32]

b) Vertragsgegenstand und Leistungspflichten

20   Vertragsgegenstand und Leistungspflichten im Verhältnis zwischen Personaldienstleister und freiem Mitarbeiter bzw. Subunternehmer werden maßgeblich mitbestimmt durch die Vertragsbeziehungen zwischen Personaldienstleister und Auftraggeber. Von Inhalt und Reichweite der in diesem Verhältnis bestehenden Leistungspflichten hängen in wesentlichen Punkten auch die konkreten Leistungspflichten des freien Mitarbeiters bzw. Subunternehmers und die Bestimmung des Vertragsgegenstandes ab. Je nachdem, ob der Personaldienstleister dem Kunden nur die Vermittlung, die bloße Dienstverschaffung, eine bestimmte Dienstleistung oder einen Werkerfolg schuldet, können auch die Leistungspflichten von Provider und Freelancer variieren. Es kann sich empfehlen, die durchaus variierenden Einzelheiten der geschuldeten Leistungen erst im Rahmen von Einzelverträgen zu bestimmen und in einem Rahmenvertrag die Grundsätze der Vertragsbeziehungen zu regeln. Insoweit weichen selbständige Dienst- oder Werkverträge, Verträge über freie Mitarbeit etc. im Bereich des Fremdpersonaleinsatzes nicht von den üblichen Vertragsgestaltungen im Bereich der Zwei-Personen-Verhältnisse ab. In diesem Zusammenhang sollte auch geregelt werden, ob der freie Mitarbeiter verpflichtet ist, die geschuldeten Leistungen höchstpersönlich zu erbringen oder ob er Dritte zur Aufgabenerfüllung hinzuziehen darf.

---

[31] Vgl. hierzu etwa *Bauer/Baeck/Schuster* NZA 2000, 864 f.
[32] Vgl. etwa Schaub/*Schrader,* ArbRFV-HdB, § 13 Verträge mit freien Mitarbeitern.

III. Durchführung zwischen Personaldienstleister und selbständig Tätigem

Auch wenn dies angesichts des Vorrangs der tatsächlichen Vertragsübung allenfalls 21
von begrenzter rechtlicher Wirkung ist, sollte vertraglich dokumentiert werden, dass die
Parteien den **Abschluss eines selbständigen Dienst- oder Werkvertrags beabsichtigen** und der Freelancer oder Subunternehmer dementsprechend in der Gestaltung
seiner Tätigkeit frei ist. Ferner sollte im (Rahmen-)Vertrag darauf hingewiesen werden,
dass auch das Einsatz-Unternehmen nicht berechtigt ist, dem Mitarbeiter arbeitgeberseitige Weisungen zu erteilen. Bei einem Verstoß gegen diese Bestimmung durch den
Kunden kann sich der Personaldienstleister – bei Fehlen einer abweichenden vertraglichen Praxis – uU darauf berufen, derartige Weisungen nicht gebilligt zu haben. Es
wird in diesem Zusammenhang empfohlen,[33] die vertragliche Verpflichtung des freien
Mitarbeiters mit aufzunehmen, etwaige arbeitsbezogene Weisungen des Kunden unverzüglich zu melden und dem Mitarbeiter durch ein Merkblatt die wesentlichen Unterschiede zwischen einer selbständigen und einer abhängigen Tätigkeit als Arbeitnehmer
zu erläutern.

Im Bereich der **Vermittlung von Interim Managern** durch Agenturen finden sich 22
Regelungen über die Zulassung der jeweiligen Interim Manager zum Interim Manager-Pool des Providers und dessen Zusage, sich professionell um die Vermarktung zu kümmern. Der Interim Manager zahlt in diesen Fällen regelmäßig eine Registrierungsgebühr oÄ und ein Vermittlungshonorar, falls es zu einer erfolgreichen Vermittlung an ein
Einsatz-Unternehmen kommt. Um die jeweiligen Kontakte der Agenturen zu nutzen,
sind professionelle Interim Manager regelmäßig gleichzeitig bei mehreren Agenturen
gemeldet.[34] Die Rechtsbeziehungen zwischen Provider und Managern sind dabei
regelmäßig zunächst in Rahmenverträgen geregelt. Für den Fall, dass es zu einer Vermittlung und dem Einsatz bei einem Kunden kommt, werden dann auf der Grundlage
des Rahmenvertrags konkrete Einsatzverträge geschlossen.

c) Vertragsdauer und Kündigung

Die Vertragsdauer kann durch die Parteien **weitgehend frei bestimmt** werden. 23
Gerade für das Interim Management, aber auch für sonstige Gestaltungsformen des
Fremdpersonaleinsatzes von freien Mitarbeitern und Subunternehmern ist eine zeitlich
begrenzte Vertragsdauer typisch. Die zeitliche Begrenzung kann dabei erreicht werden, indem von vornherein ein befristeter Vertrag abgeschlossen wird oder kurze
Kündigungsfristen vereinbart werden. Bei Abschluss von Dienst- oder Werkverträgen
haben die Parteien einen recht weiten Gestaltungsspielraum, um Kündigungsmöglichkeiten und -fristen festzulegen. § 621 BGB, der die Kündigungsfristen bei freien
Dienstverhältnissen regelt, ist abdingbar und auch die Kündigungsrechte bei Abschluss
eines Werkvertrags können die Parteien im Wesentlichen frei bestimmen.

Das Risiko einer nur **scheinbaren Selbständigkeit** des freien Mitarbeiters zeigt 24
sich bei der Vereinbarung der Vertragsdauer und der Möglichkeiten der Beendigung
des Vertrags deutlich. Ist der Freelancer in Wahrheit Arbeitnehmer des Dienstleisters,
gelten zu seinen Gunsten grundsätzlich die Bestimmungen des Teilzeit- und Befristungsgesetzes sowie des Kündigungsschutzgesetzes, soweit dessen persönlicher und
sachlicher Anwendungsbereich (vgl. §§ 1, 23 KSchG) eröffnet ist.

Die **fristlose Kündigung** eines selbständigen Dienstvertrags beurteilt sich regelmä- 25
ßig nach § 626 BGB und unterliegt insoweit vergleichbaren Kriterien, wie sie durch

---

[33] *Dahl/Riedel*, Praxishandbuch Interim Management, 172.
[34] Vgl. *Dahl/Riedel*, Praxishandbuch Interim Management, 101 f.

die arbeitsgerichtliche Rechtsprechung herausgearbeitet worden sind.[35] Als wichtige Gründe, die an sich geeignet sind, den Ausspruch einer fristlosen außerordentlichen Kündigung zu rechtfertigen, kommen für den Personaldienstleister zB in Betracht Vorzeigen falscher Zeugnisse, schwerwiegende und schuldhafte Dienstpflichtverletzungen, die in der Regel vorsätzlich begangen sein müssen, oder auch vorsätzliche Nebenpflichtverletzungen sowie unerlaubte Konkurrenztätigkeit, Annahme von finanziellen Sonderzuwendungen oder Verrat von Betriebsgeheimnissen.[36] Aufgrund der drittgerichteten Einsatzes des freien Mitarbeiters und der Konstruktion, dass ein Vertragsverhältnis zu dem Einsatz-Unternehmen nicht begründet werden soll, wird man regelmäßig zu dem Ergebnis gelangen, dass derartige Pflichtverletzungen auch dann, wenn sie in Bezug auf den Auftraggeber begangen werden, geeignet sind, den Ausspruch einer fristlosen Kündigung durch den Personaldienstleister an sich zu rechtfertigen. Dies gilt auch bei weiteren typischen Verfehlungen, wie strafbaren Handlungen, die auch bei Vorliegen eines dringenden Verdachts den Ausspruch einer fristlosen Kündigung nach Anhörung des freien Mitarbeiters rechtfertigen können.[37]

26 Eine **fristlose außerordentliche Kündigung** des freien Mitarbeiters kann gerechtfertigt sein, wenn es wiederholt oder über längere Zeit zur Nichtzahlung oder nicht fristgerechten Erbringung der geschuldeten Vergütung kommt oder schwerwiegende schuldhafte Verletzungen der dem Provider obliegenden Vertragspflichten vorliegen.[38]

27 In Einzelfällen zB des Interim Managements ist zu überprüfen, ob **§ 627 BGB** Anwendung findet und unter vereinfachten Voraussetzungen den Ausspruch einer fristlosen Kündigung erlaubt. Nach § 627 Abs. 1 BGB ist bei einem Dienstverhältnis, das kein Arbeitsverhältnis im Sinne des § 622 BGB ist, die fristlose Kündigung auch ohne die in § 626 BGB genannten Voraussetzungen zulässig, wenn der zur Dienstleistung Verpflichtete, ohne in einem dauernden Dienstverhältnis mit festen Bezügen zu stehen, Dienste höherer Art zu leisten hat, die aufgrund besonderen Vertrauens übertragen zu werden pflegen. Dienste höherer Art, die üblicherweise aufgrund besonderen Vertrauens übertragen werden, sind zB Tätigkeiten eines Wirtschaftsprüfers oder Wirtschaftsberaters, Dienste im Rahmen einer Projektsteuerung oder eines Managers und Promoters,[39] so dass auch Tätigkeiten eines Interim Managers oder sonstigen Freelancers erfasst sein können. § 627 BGB gelangt jedoch nur dann zur Anwendung, wenn es sich nicht um ein dauerndes Dienstverhältnis mit festen Bezügen handelt. Von einem dauernden Dienstverhältnis ist auszugehen, wenn es für eine bestimmte, sei es auch nur befristete längere Zeit abgeschlossen ist. Es genügt ein Dienstverhältnis, das auf die Dauer eines Jahres abgeschlossen ist, wenn es sich um ständige oder längerfristige Aufgaben handelt und die Parteien von der Möglichkeit und Zweckmäßigkeit einer Verlängerung ausgehen.[40] Regelmäßig wird es beim Einsatz freier Mitarbeiter im Fremdpersonaleinsatz angesichts dieser Kriterien an der Anwendbarkeit des § 627 BGB fehlen, da dauernde Dienstverhältnisse mit festen Bezügen vorliegen.

d) Vergütung

28 Die Vergütung der Interim Manager und sonstigen Freelancer erfolgt zumeist auf der Basis von Stunden- oder Tagessätzen. Hinzu kommen Vereinbarungen über den

---

[35] Vgl. etwa ErfK/*Müller-Glöge* BGB § 626 Rn. 40 ff., 60 ff.
[36] Vgl. Palandt/*Weidenkaff* BGB § 626 Rn. 42 ff.
[37] Palandt/*Weidenkaff* BGB § 626 Rn. 49.
[38] Vgl. nur Palandt/*Weidenkaff* BGB § 626 Rn. 57 ff.
[39] Palandt/*Weidenkaff* BGB § 627 Rn. 2.
[40] Palandt/*Weidenkaff* BGB § 627 Rn. 1.

III. Durchführung zwischen Personaldienstleister und selbständig Tätigem

Ersatz von Spesen und Auslagen sowie über die Art und Weise der Abrechnung. Als Unternehmer sind die freien Mitarbeiter bzw. Subunternehmer nach allgemeinen Regeln umsatzsteuerbar und gewerbesteuerbar. Rechtliche Probleme entstehen in diesem Zusammenhang eher selten. Haben die Parteien keine hinreichende Vergütungsvereinbarung getroffen, gelten ergänzend die Bestimmungen der §§ 612, 631 BGB.

Stellt sich heraus, dass eine **Scheinselbständigkeit** vorliegt, können sich hingegen nicht unerhebliche Auswirkungen und Abwicklungsschwierigkeiten ergeben. Der Mitarbeiter ist regelmäßig rückwirkend wie ein Arbeitnehmer zu behandeln. Er kann – unter Berücksichtigung der bestehenden Verjährungs- und Ausschlussfristen – die für ein Arbeitsverhältnis etwa durch Tarifvertrag festgesetzte oder in Ermangelung entsprechender Regelunge übliche Vergütung verlangen.[41] Auf der anderen Seite kann der Arbeitgeber unter Umständen die Rückzahlung überzahlter Honorare verlangen, wenn rückwirkend festgestellt wird, dass der Mitarbeiter Arbeitnehmer war und daher eine Rechtsgrundlage für eine abweichende Vergütungsregelung als selbständiger Dienstnehmer weggefallen ist. Der Mitarbeiter hat es allerdings in der Hand, diese Rückabwicklung zeitlich dadurch zu begrenzen, dass er sich lediglich in Bezug auf einen bestimmten rückwirkenden Zeitpunkt auf eine Arbeitnehmereigenschaft beruft.[42]   **29**

e) Kundenschutz und Wettbewerbsverbote

Besondere Bedeutung besitzen Fragen des Kundenschutzes und der Wettbewerbsverbote von Freelancern und Subunternehmern in Bezug auf ihren Einsatz beim Kunden. Das Einsatz-Unternehmen ist häufig darauf angewiesen, dem freien Mitarbeiter oder Subunternehmer tiefgehende Einblicke zu gewähren und auch Betriebs- oder Geschäftsgeheimnisse zu offenbaren, damit der Freelancer die vereinbarten Tätigkeiten beim Auftraggeber sinnvoll erbringen kann. Der Kunde hat ein dringendes Interesse, dass diese Informationen nicht zweckentfremdet werden und zB ein Interim Manager die erlangten Kenntnisse nicht bei einem nachfolgenden Einsatz bei einem Konkurrenten nutzt.[43] Dem Personaldienstleister ist hingegen daran gelegen, dass Kunde und Mitarbeiter ihn nicht durch den Abschluss eines unmittelbaren Vertrags umgehen. Es werden daher in der Praxis häufig sog. Kundenschutzklauseln oder Kundenübernahmeklauseln vereinbart, die ein Umgehungsverbot und die Zulässigkeit einer Tätigkeit des Mitarbeiters beim Einsatz-Unternehmen nur gegen Zahlung einer Vermittlungsprovision vorsehen.[44] Für das **Vertragsverhältnis zwischen Personaldienstleister und freiem Mitarbeiter** bzw. Subunternehmer gelten für die Vereinbarung von Wettbewerbsverboten und Kundenschutzklauseln die folgenden Grundsätze.[45] Dabei gelten die Beschränkungen des § 9 Nr. 3, 4 AÜG für freie Mitarbeiter bzw. Subunternehmer nicht.   **30**

aa) Vertragliche Wettbewerbsverbote

Für die Zeit der Vertragsdauer und Beschäftigung normieren §§ 60, 61 HGB für **Handlungsgehilfen (kaufmännische Angestellte)** ein gesetzliches Wettbewerbsverbot. Für sonstige Arbeitnehmer wird § 60 HGB analog angewandt oder aus den allgemeinen Rücksichtnahmepflichten nach § 241 Abs. 2 BGB abgeleitet, dass ein Ar-   **31**

---

[41] Vgl. ErfK/*Preis* BGB § 612 Rn. 7 mwN.
[42] Vgl. ErfK/*Preis* BGB § 611 Rn. 102; *Lampe* RdA 2002, 18 ff.
[43] Vgl. *Dahl/Riedel*, Praxishandbuch Interim Management, 111.
[44] Vgl. *Dahl/Riedel*, Praxishandbuch Interim Management, 111 ff.
[45] Zu entsprechenden vertraglichen Regelungen im Verhältnis zwischen Provider und Kunden → Rn. 58 ff.

beitnehmer seinem Arbeitgeber während der Vertragslaufzeit ohne dessen Einwilligung keine Konkurrenz machen darf.[46]

32 Für **freie Mitarbeiter** gilt § 60 HGB hingegen nicht.[47] Auch im Rahmen eines freien Mitarbeiterverhältnisses gelten allerdings die allgemeinen Rücksichtnahmepflichten gemäß § 241 Abs. 2 BGB. Sie stehen einer Konkurrenztätigkeit auch eines freien Mitarbeiters entgegen, wenn der konkrete Nachweis geführt werden kann, dass die konkurrierende Tätigkeit die Interessen des Vertragspartners nicht nur unwesentlich beeinträchtigt.[48] Darüber hinaus können Wettbewerbsverbote auch mit freien Mitarbeitern vertraglich vereinbart werden.[49] Häufig wird den freien Mitarbeitern das Recht eingeräumt, auch für anderen Auftraggeber tätig zu werden, sofern durch die anderweitige Tätigkeit die Interessen des Auftraggebers nicht beeinträchtigt werden.

bb) Nachvertragliche Wettbewerbsverbote

33 Für Arbeitnehmer bestimmen die §§ 74 ff. HGB iVm § 110 GewO die Möglichkeit, ein nachvertragliches Wettbewerbsverbot gegen Zahlung einer **Karenzentschädigung** zu vereinbaren. Diese Regelungen gelten auch für Leiharbeitnehmer.[50] Fehlt es an einer vertraglichen Vereinbarung, ist ein Arbeitnehmer im Wesentlichen frei darin, Wettbewerb zu betreiben. Er hat allenfalls – begrenzte – nachwirkende Treuepflichten und gesetzliche Schutzbestimmungen, insbesondere nach §§ 1, 17 UWG zu beachten.[51]

34 Für **freie Mitarbeiter** gelten die §§ 74 ff. HGB grundsätzlich nicht. Es werden jedoch die für Organmitglieder entwickelten Grundsätze herangezogen. Bei wirtschaftlich oder sozial abhängigen freien Mitarbeitern, die einen arbeitnehmerähnlichen Status aufweisen, setzt daher die wirksame Vereinbarung eines nachvertraglichen Wettbewerbsverbots regelmäßig in Anlehnung an §§ 90a, 74 HGB eine angemessene Karenzentschädigung voraus.[52] Die Karenzregelung der §§ 90a, 74 HGB soll auch bei einem Vertrag mit einer GmbH erforderlich sein, die mit der Person ihres Geschäftsführers und Gesellschafters „steht und fällt".[53] Ferner wird davon ausgegangen, dass die Wirksamkeit eines Wettbewerbsverbots mit einem wirtschaftlich abhängigen freien Mitarbeiter auch dann die Verpflichtung zur Zahlung einer Karenzentschädigung voraussetzt, wenn der freie Mitarbeiter nur für einen einzigen Konkurrenten und nur für die Dauer eines Jahres gesperrt sein soll, wenn dieser Konkurrent für den freien Mitarbeiter von entscheidender Bedeutung ist.[54]

35 Die vorstehenden Grundsätze betreffen das Verhältnis des Personaldienstleisters zum freien Mitarbeiter bzw. Subunternehmer. Die Parteien können auch in diesem Rahmen wirksam die Anwendbarkeit der §§ 74 ff. HGB vereinbaren. Solche Vereinbarungen sind im Rahmen des § 138 BGB zulässig. Werden sie vorformuliert, ist zweifelhaft, inwieweit die §§ 305 ff. BGB anwendbar sind. Es wird angenommen, dass

---

[46] Vgl. nur Palandt/*Weidenkaff* BGB § 611 Rn. 42a; zum Wettbewerbsverbot von Leiharbeitnehmern s. Schüren/*Schüren* bzw. *Brors*, AÜG, Einleitung Rn. 239, 487 ff.
[47] ErfK/*Oetker* HGB § 60 Rn. 2.
[48] ErfK/*Oetker* HGB § 60 Rn. 2.
[49] Palandt/*Weidenkaff* BGB § 611 Rn. 42a.
[50] Schüren/*Schüren,* AÜG, Einleitung Rn. 239.
[51] Vgl. nur Baumbach/*Hopt* HGB § 60 Rn. 6.
[52] *Bauer/Diller,* Wettbewerbsverbote, Rn. 776 mwN.
[53] OLG München 22. 1. 1997 – 7 U 476/96, NZG 1998, 113.
[54] BGH 10. 4. 2003 – III ZR 196/02, NJW 2003, 1864; OLG Düsseldorf 9. 9. 2004 – 6 U 38/04, NZA-RR 2005, 318.

III. Durchführung zwischen Personaldienstleister und selbständig Tätigem

die zwingenden Schutzvorschriften der §§ 74 ff. HGB zumindest teilweise vorrangig sind.[55]

Nach einer Entscheidung des OLG Stuttgart sollen die §§ 74 ff. HGB entsprechend 36 anzuwenden sein, wenn zwischen einem Dienstleister und dem Mitarbeiter eines Subunternehmers ein nachvertragliches Wettbewerbsverbot im Hinblick auf das Arbeitsverhältnis des Mitarbeiters mit dem Subunternehmer vereinbart wird.[56]

cc) Kundenschutzklauseln und Kundenübernahmeklauseln

So genannte **Kundenschutzklauseln** (Mandantenschutzklauseln) verbieten nicht 37 jede Konkurrenztätigkeit, sondern regeln in Bezug auf Kunden des Auftraggebers, dass eine Tätigkeit des Mitarbeiters für solche Kunden in einem gewissen Zeitraum nach Beendigung des Dienstverhältnisses unzulässig ist. Diese allgemeinen Kundenschutzklauseln unterfallen im oben genannten Rahmen ebenfalls dem Anwendungsbereich der §§ 74 ff. HGB.[57]

Dagegen ist die Anwendbarkeit der §§ 74 ff. HGB zweifelhaft, sofern es sich um so 38 genannte **Kundenübernahmeklauseln** handelt. Bei einer solchen Klauselgestaltung wird dem Mitarbeiter die spätere Tätigkeit für einen Kunden gestattet, wobei der Mitarbeiter einen gewissen Vergütungsanteil aus der Tätigkeit für den Kunden an den früheren Dienstherren abzuführen hat. Jedenfalls dann, wenn dieser Anteil des abzugebenden Honorars so hoch ist, dass sich die Tätigkeit für den Mitarbeiter nicht lohnen würde und er daher von ihrer Übernahme regelmäßig Abstand nehmen würde, orientiert sich die Zulässigkeit der Kundenübernahmeklausel an den §§ 74 ff. HGB.[58] Sofern zwischen Personaldienstleister und Interim Manager eine nachvertragliche Kundenübernahmeklausel vereinbart wird, wird angenommen, diese sei dann nicht an den §§ 74 ff. HGB zu messen ist, als die Abführungsquote nicht mehr als 20 bis 25 Prozent beträgt.[59]

In **Subunternehmerverträgen** soll es allerdings eine wesentliche Vertragsbestim- 39 mung sein, wenn zugunsten des Hauptauftragnehmers ein Wettbewerbsverbot hinsichtlich des Kunden vereinbart wird, auf die sich das Subunternehmerverhältnis bezieht. Eine solche Vereinbarung bindet auch den Alleingesellschafter und Geschäftsführer persönlich, der es für den Subunternehmer vereinbart hat und allein deren gewerbliches Handeln bestimmt.[60] Für das Interim Management wird hieraus abgeleitet, dass vertragliche Kundenschutzklauseln, mit denen der Provider dem Interim Manager untersagt, während der Laufzeit des Vertrags zum Provider keine Tätigkeit beim Kunden aufzunehmen, wirksam sind.[61]

f) Nebenpflichten

Je nach Sachverhaltskonstellation können sich Regelungen zu Nebenpflichten emp- 40 fehlen. In Betracht kommen etwa Klauseln zu Auskunfts- und Mitteilungspflichten, Verschwiegenheitspflichten und ähnliche auch für Arbeitsverhältnisse übliche Regelungen. Zu berücksichtigen ist, dass die Regelung einer Vielzahl von Nebenpflichten

---

[55] Zum Meinungsstand und zur Klauselgestaltung siehe *Henssler/Moll*, AGB-Kontrolle vorformulierter Arbeitsbedingungen, 109 ff.
[56] OLG Stuttgart 14. 8. 1970 – 2 U 6/70, BB 1970, 1176.
[57] *Bauer/Diller*, Wettbewerbsverbote, Rn. 45 f.
[58] *Bauer/Diller*, Wettbewerbsverbote, Rn. 169 ff. mwN zum Meinungsstand.
[59] *Dahl/Riedel*, Praxishandbuch Interim Management, 118.
[60] BGH 30. 11. 2004 – X ZR 109/02, NZG 2005, 274.
[61] *Dahl/Riedel*, Praxishandbuch Interim Management, 118.

die persönliche Unabhängigkeit des Dienstverpflichteten berühren und zur Begründung eines Arbeitsverhältnisses beitragen kann.

41 Häufig sind Bestimmungen, die die **Geheimhaltungspflichten** des freien Mitarbeiters sowohl in Bezug auf Informationen, die er beim Provider erhalten hat, als auch im Hinblick auf das Einsatz-Unternehmen im Einzelnen regeln. Damit gehen einher Regelungen über die Herausgabe von Unterlagen.[62] Solche Bestimmungen sind auch bei sonstigen selbständigen Dienst- oder Werkverträgen üblich. Ihre Besonderheit besteht beim Fremdpersonaleinsatz darin, dass sie auch den Auftraggeber und damit einen nicht am Vertrag beteiligten Dritten betreffen. Durch Auslegung der verwendeten Klauseln ist zu ermitteln, ob der Auftraggeber eigene Rechte aus dieser Klauselgestaltung ableiten können soll oder in deren Schutzbereich einbezogen ist.[63]

42 Nicht selten werden dem freien Mitarbeiter oder Subunternehmer **Berichtspflichten** auferlegt. Soweit diese Berichte sich auf eine Auflistung der geleisteten Tage bzw. Stunden und eine Beschreibung der durchgeführten Tätigkeiten beschränken, sind auch solche Stundenzettel-Klauseln für Dienst- und Werkverträge typisch und nicht zu beanstanden. Problematisch ist es hingegen, wenn weiterreichende Berichtspflichten normiert werden und die Klauseln etwa auch Vorgaben über die Einordnung des Mitarbeiters beim Kunden enthalten oder das Berichtswesen so detailliert vorgegeben ist, dass eine arbeitgeberseitige Weisungsgebundenheit indiziert sein kann.[64]

g) Haftung

43 Die vertragliche Haftung des Freelancers oder Subunternehmers gegenüber dem Personaldienstleister unterscheidet sich je nach rechtlicher Einordnung ihrer Vertragsbeziehungen. Da das Dienstvertragsrecht eine gesetzliche Gewährleistungsregelung nicht kennt, ist der Dienstverpflichtete dem Dienstherrn nach Maßgabe der allgemeinen Haftungsregeln der §§ 280 ff. BGB verantwortlich. Eine Haftung setzt damit eine schuldhafte Pflichtverletzung voraus. Haben die Parteien hingegen einen Werkvertrag geschlossen, gelten vorrangig die Gewährleistungsregeln der §§ 633 ff. BGB und den Werkunternehmer trifft eine verschuldensunabhängige Einstandspflicht für die Mängelfreiheit des geschuldeten Werks. Die Frage des Verschuldens wird insoweit erst für die Bestimmung der daraus resultierenden Rechte des Bestellers relevant.

44 Die Parteien können unter Berücksichtigung der Grenzen des § 276 Abs. 3 BGB jeweils abweichende **individualvertragliche Regelungen** treffen. Es darf nur die Haftung für Vorsatz nicht im Voraus erlassen werden, im Übrigen sind Begrenzungen der Haftung des Freelancers im Einzelvertrag zulässig. Erfolgt der Einsatz der Freelancer und Subunternehmer auf der Grundlage Allgemeiner Geschäftsbedingungen, sind die dortigen Grenzen von Haftungsausschlüssen und Haftungserleichterungen – zumeist: für die Haftung des Personaldienstleisters als Verwender der AGB – zu berücksichtigen.[65] Die Haftung des freien Mitarbeiters oder Subunternehmers darf durch AGB nicht unangemessen erweitert werden. Unzulässig wäre etwa eine formularmäßige Begründung einer schuldunabhängigen Haftung eines Dienstnehmers, da eine solche Regelung mit den wesentlichen Grundgedanken des Bürgerlichen Rechts nicht vereinbar wäre.[66]

---

[62] *van Venrooy* NZA 2011, 672.
[63] Zu den Kriterien s. etwa allgemein Palandt/*Grüneberg* BGB § 328 Rn. 1 ff., Rn. 13 ff. Vgl. auch *van Venrooy* NZA 2011, 672.
[64] *van Venrooy* NZA 2011, 672.
[65] Vgl. etwa Palandt/*Grüneberg* BGB § 307 Rn. 96 und § 309 Rn. 40 ff.
[66] Palandt/*Grüneberg* BGB § 307 Rn. 96 mwN.

III. Durchführung zwischen Personaldienstleister und selbständig Tätigem

In der Sache wird es überwiegend um Haftungssituationen gehen, die infolge des Einsatzes des Mitarbeiters beim Auftraggeber entstehen. Im Drei-Personen-Verhältnis haftet der Freelancer oder Subunternehmer dem Auftraggeber aus Vertrag nicht unmittelbar, da zwischen Mitarbeiter und Einsatz-Unternehmen regelmäßig kein Vertrag zustande kommt. Vertragspartner des Auftraggebers ist der Personaldienstleister. Wird dieser durch den Kunden in Anspruch genommen, wird er seinerseits versuchen, den Freelancer oder Subunternehmer in Regress zu nehmen. Maßgeblich für die Haftungssituation ist dabei insbesondere auch, ob der freie Mitarbeiter im Verhältnis zum Einsatz-Unternehmen Erfüllungsgehilfe des Providers gemäß § 278 BGB ist.[67] Es ist daher bei der Vertragsgestaltung unbedingt darauf zu achten, dass die Haftungsregelungen zwischen Auftraggeber und Dienstleister einerseits und zwischen Dienstleister und Freelancer andererseits aufeinander abgestimmt sind. Den freien Mitarbeitern, so etwa einem Interim Manager in Führungspositionen, können dabei ganz erhebliche Haftungsrisiken drohen. Soweit diese Risiken nicht durch die vertragliche Gestaltung begrenzt wurden, ist unbedingt über eine Versicherung zur Abdeckung der Haftungsrisiken nachzudenken.[68] **45**

Liegt ein Fall der **Scheinselbständigkeit** vor, stellt sich die Haftungssituation grundsätzlich anders dar. Ist das Vertragsverhältnis als Arbeitsverhältnis zu bewerten, gelten für den in Wahrheit abhängig Beschäftigten die Grundsätze der eingeschränkten Arbeitnehmerhaftung. Die Rechtsprechung geht bekanntlich davon aus, dass der Arbeitnehmer gegenüber dem Arbeitgeber bei einer betrieblich veranlassten Tätigkeit nur eingeschränkt haftet. Der innerbetriebliche Schadensausgleich begrenzt den Umfang der Arbeitnehmerhaftung je nach dem Grad des Arbeitnehmerverschuldens. Bei einer betrieblich veranlassten Tätigkeit haftet der Arbeitnehmer daher nach folgenden Grundsätzen:[69] **46**

– Die von ihm vorsätzlich verursachten Schäden des Arbeitgebers hat der Arbeitnehmer in vollem Umfang zu tragen. Vorsätzlich handelt der Arbeitnehmer nur dann, wenn er auch den Schaden in seinen Vorsatz mitaufgenommen hat und diesen in seiner konkreten Höhe zumindest als möglich voraussieht und ihn für den Fall des Eintritts billigend in Kauf nimmt.[70]

– Bei grober Fahrlässigkeit ist der Schaden im Grundsatz ebenfalls vom Arbeitnehmer allein zu tragen. Grob fahrlässig handelt, wer die im Verkehr erforderliche Sorgfalt nach den gesamten Umständen in ungewöhnlich hohem Maße verletzt und unbeachtet lässt, was im gegebenen Fall jedem hätte einleuchten müssen. In den Fällen der groben Fahrlässigkeit berücksichtigt die Rechtsprechung allerdings auch, ob unter Berücksichtigung der Umstände des Einzelfalls der Verdienst des Arbeitnehmers in einem deutlichen Missverhältnis zum Schadensrisiko der Tätigkeit steht und eine besonders grobe (gröbste) Fahrlässigkeit nicht festgestellt werden kann. Haftungserleichterungen kommen danach in Betracht, wenn der Schaden sich auf mehr als drei Bruttomonatsgehälter beläuft.[71] Nach der neuesten Rechtsprechung des BAG sind solche Haftungsbegrenzungen selbst bei gröbster Fahrlässigkeit nicht mehr ausgeschlossen.[72]

---

[67] Dazu → Rn. 49 ff.
[68] Hierzu für das Interim Management ausführlich *Dahl/Riedel*, Praxishandbuch Interim Management, 173 ff.
[69] BAG (GS) 27. 9. 1994 – GS 1/89 (A), NJW 1995, 210 ff.; ErfK/*Preis* BGB § 619a Rn. 9 ff.; Palandt/*Weidenkaff* BGB § 611 Rn. 156 ff.
[70] BAG 18. 4. 2002 – 8 AZR 348/01, NJW 2003, 377 ff.
[71] BAG 18. 1. 2007 – 8 AZR 250/06, NZA 2007, 1230.
[72] BAG 28. 10. 2010 – 8 AZR 418/09, NZA 2011, 345 ff.

B. Contracting/Freelancer

– Bei mittlerer („normaler") Fahrlässigkeit erfolgt eine Schadensquotelung unter Abwägung der Gesamtumstände. Mittlere Fahrlässigkeit ist anzunehmen, wenn der Arbeitnehmer die im Verkehr erforderliche Sorgfalt außer Acht gelassen hat, der rechtlich missbilligte Erfolg bei Anwendung der gebotenen Sorgfalt voraussehbar und vermeidbar war (§ 276 Abs. 1 S. 2 BGB). Zu den Abwägungskriterien zählen der Grad des dem Arbeitnehmer zur Last fallenden Verschuldens, die Gefahrgeneigtheit der Arbeit, die Höhe des Schadens, die Versicherbarkeit des Risikos, die Stellung des Arbeitnehmers im Betrieb und die Höhe seines Arbeitsentgelts.[73]
– Ist der Schaden auf leichte Fahrlässigkeit zurückzuführen, haftet der Arbeitnehmer nicht. Es handelt sich um Fälle, in denen zB ein einfaches „Sich-Versprechen" vorliegt.

47 Für **freie Mitarbeiter,** die nur wirtschaftlich, nicht aber persönlich abhängig sind, sollen diese Grundsätze der Haftungserleichterung nicht gelten.[74] Etwas anderes kann in Einzelfällen in Betracht kommen, wenn der freie Mitarbeiter eine arbeitnehmerähnliche Stellung innehat und über seine wirtschaftliche Abhängigkeit hinaus vergleichbar einem Arbeitnehmer in einem organisierten Bereich tätig werden muss.[75]

48 Neben der jeweiligen vertraglichen Haftung kommt stets nach allgemeinen Regeln eine deliktische Haftung des freien Mitarbeiters oder Subunternehmers nach §§ 823 ff. BGB in Betracht. Bei einer durch ein schuldhaftes vertragswidriges Verhalten (sog. Auflösungsverschulden) des anderen Teils veranlassten Kündigung kommt ferner ein Schadensersatzanspruch nach § 628 Abs. 2 BGB in Betracht.[76] Im Bereich von Personenschäden sind die Sonderregelungen der §§ 104 ff. SGB VII zu berücksichtigen.

IV. Durchführung zwischen Personaldienstleister und Auftraggeber

1. Rechtliche Rahmenbedingungen

49 Personaldienstleister und Kunde bestimmen im Rahmen ihrer vertraglichen Beziehungen, häufig über Rahmenverträge und darauf aufbauenden Einsatzverträgen, Inhalt und Modalitäten der Leistungen, die der Dritte beim Kunden erbringen soll. Auch beim Interim Management im Dreiecksverhältnis bestehen vertragliche Beziehungen zwischen dem Personaldienstleister, dem sog. Interim Provider oder der sog. Agentur, und dem Kunden bzw. Auftraggeber. Die rechtlichen Rahmenbedingungen und die Zuordnung zu einem bestimmten Vertragstypus bestimmen sich im Wesentlichen nach der Reichweite der übernommenen Verpflichtungen:

50 Übernimmt der Personaldienstleister gegenüber dem Auftraggeber (nur) die Verpflichtung, die selbständige Dienstleistung eines Dritten, zB eines Interim Managers oder sonstigen Freelancers, zu verschaffen, handelt es sich um einen **Dienstverschaffungsvertrag.**[77] Kennzeichen eines solchen Dienstverschaffungsvertrags ist es, dass der Dienstleister im Verhältnis zum Kunden nur schuldet, die Dienstleistung des Dritten zur Verfügung zu stellen und der Dritte die Dienste selbständig und in wirtschaftlicher

---

[73] Vgl. ErfK/*Preis* BGB § 619a Rn. 16 mwN.
[74] ErfK/*Preis* BGB § 619a Rn. 19 mwN.
[75] LAG Berlin 11. 4. 2003 – 6 Sa 2262/02.
[76] Vgl. dazu etwa ErfK/*Müller-Glöge* BGB § 628 Rn. 13 ff.
[77] *Urban-Crell/Schulz* Rn. 63, 65; HWK/*Kalb* AÜG § 1 Rn. 28; *Thüsing/Waas,* AÜG § 1 Rn. 58; Schüren/*Hamann,* AÜG, § 1 Rn. 216; *van Venrooy* NZA 2011, 671.

IV. Durchführung zwischen Personaldienstleister und Auftraggeber

und sozialer Unabhängigkeit erbringt.[78] Ist das der Fall, greifen die Bestimmungen des AÜG nicht ein.[79]

Werden dem Kunden dagegen unselbständige Dienste verschafft, liegt Arbeitnehmerüberlassung oder Arbeitsvermittlung vor: **Arbeitnehmerüberlassung** ist gegeben, wenn der so genannte Bereitstellungsvertrag darauf gerichtet ist, dass der Dienstleister einen Mitarbeiter anstellt und ihn dem Kunden zur Leistung von Diensten in wirtschaftlicher oder sozialer Abhängigkeit überlässt.[80] Um **Arbeitsvermittlung** handelt es sich dagegen, wenn der Dritte Dienste weisungsgebunden im Rahmen eines eigenständigen (Arbeits-)Vertrags mit dem Einsatz-Unternehmen erbringen soll.[81] 51

Denkbar ist es auch, dass in Einzelfällen von einem Werkvertrag (§§ 631 ff. BGB) auszugehen ist. So kann die Agentur die Herbeiführung eines bestimmten Erfolges versprechen und damit als Werkunternehmer auftreten.[82] Verspricht die Agentur dagegen dem Kunden, ihm das Werk eines Dritten, also etwa des Interim Managers zu verschaffen, handelt es sich um einen sog. **Werkverschaffungsvertrag**.[83] 52

2. Einzelheiten der Zuordnung zu einem Vertragstyp

Ein **Dienstverschaffungsvertrag** ist ein schuldrechtlicher Vertrag eigener Art. Wird – wie üblich – ein Entgelt vereinbart, handelt es sich um einen gegenseitigen Vertrag.[84] Er hat zum Inhalt, dass sich die eine Partei verpflichtet, der anderen Partei die Dienste eines Dritten oder mehrerer Dritter zu verschaffen. Gehen die vertraglichen Verpflichtungen des Dienstleisters darüber hinaus, handelt es sich nicht mehr um einen bloßen Dienstverschaffungsvertrag, sondern um einen Dienst- oder Werkvertrag.[85] Bei Vereinbarung eines Dienstvertrags schuldet die Agentur dem Auftraggeber die Leistung von Diensten (und nicht nur deren Verschaffung), wobei ein Dritter als Ersatzmann iSd § 613 S. 2 BGB die Dienste erbringt.[86] Beim Dienstvertrag hat also der Auftraggeber gegen den Dienstleister einen Anspruch auf Leistung der Dienste, während beim Dienstverschaffungsvertrag der Dienstleiter einen Anspruch gegen den Dritte dahingehend hat, dass er die Dienste beim Kunden erbringt.[87] 53

Die Abgrenzung des Dienstverschaffungsvertrags vom Dienst- und auch Werkvertrag ist für die **Haftung des Personaldienstleisters** von erheblicher Bedeutung: 54

Beim **Dienst- oder Werkvertrag** ist die Agentur dem Kunden für die Erfüllung der im Vertrag vorgesehenen Dienste oder für die Herstellung des geschuldeten Werkes verantwortlich. Sie hat für schuldhafte Pflichtverletzungen der beim Kunden eingesetzten freien Mitarbeiter/Subunternehmer **gemäß § 278 BGB einzustehen,** da sie sich dieser dritten Personen bedient, um ihre vertraglichen Verpflichtungen zur Dienst- oder Werkleistung gegenüber den Kunden zu erfüllen.[88] 55

---

[78] HWK/*Kalb* AÜG § 1 Rn. 28.
[79] *Urban-Crell/Schulz* Rn. 63; *Sandmann/Marschall,* AÜG, Art. 1 § 1 Rn. 22.
[80] BAG 1. 6. 1994 – 7 AZR 7/93, AP AÜG § 10 Nr. 11; *Ulber,* AÜG, Einleitung C Rn. 101.
[81] *Ulber,* AÜG, Einleitung C Rn. 100; anders Schüren/*Hamann,* AÜG, § 1 Rn. 217.
[82] *Haag/Tiberius* NZA 2004, 190 (194).
[83] Palandt/*Weidenkaff* BGB vor § 611 Rn. 26.
[84] BGH 9. 3. 1971 – VI ZR 138/69, NJW 1971, 1129; OLG Sachsen-Anhalt 16. 3. 2007 – 10 U 85/06; Palandt/*Weidenkaff* BGB vor § 611 Rn. 25.
[85] Staudinger/*Richardi/Fischinger* BGB vor § 611 Rn. 70.
[86] MüKoBGB/*Müller-Glöge* § 611 Rn. 25.
[87] Palandt/*Weidenkaff* BGB vor § 611 Rn. 25.
[88] MüKoBGB/*Müller-Glöge* § 611 Rn. 36; *Haag/Tiberius* NZA 2004, 190, 194; *Hantl-Unthan* AR-Blattei, Dezember 2004, Arbeitnehmerüberlassung Rn. 69.

56 Da sich demgegenüber beim **Dienstverschaffungsvertrag** die Leistungspflicht des Dienstleisters darin erschöpft, die Dienste eines Dritten nur zu beschaffen, ist der Dritte **nicht Erfüllungsgehilfe (§ 278 BGB)** für die Erbringung einer übernommenen Leistungspflicht, sondern seine Dienste bilden selbst den Gegenstand der Verschaffungspflicht.[89] Entsprechend der Situation bei der Arbeitnehmerüberlassung haftet der Personaldienstleister daher auf der Grundlage eines Dienstverschaffungsvertrags nicht dafür, dass der freie Mitarbeiter/Subunternehmer oder Interim Manager die Dienst- oder Werkleistungen gegenüber dem Kunden ordnungsgemäß erbringt. Der Personaldienstleister haftet nur dafür, dass die von ihm zur Verfügung gestellten selbständigen Dienstleister für die vorgesehene Dienst- oder Werkleistung geeignet sind. Die Agentur hat also nur für ein **Auswahlverschulden** einzustehen.[90]

57 Für die **Abgrenzung der Dienstverschaffungsverträge von Dienst- oder Werkverträgen** ist maßgeblich, ob die Agentur die zur Erreichung eines wirtschaftlichen Erfolgs notwendigen Handlungen selbst organisiert und sich dabei ihrer Mitarbeiter als Erfüllungsgehilfen bedient oder ob sie dem Kunden geeignete Dienstkräfte überlässt, die der Kunde nach seinen Erfordernissen einsetzen kann.[91] Über die rechtliche Einordnung des Vertrags als Dienstverschaffungsvertrag oder als Werk- bzw. Dienstvertrag entscheidet der wirkliche Geschäftsinhalt und nicht die von den Vertragsparteien gewünschte Rechtsfolge oder eine Bezeichnung, die dem tatsächlichen Geschäftsinhalt nicht entspricht. Der Geschäftsinhalt kann sich dabei sowohl aus den ausdrücklichen Vereinbarungen der Vertragsparteien als auch aus der praktischen Durchführung des Vertrags ergeben. Widersprechen sich beide, so ist die tatsächliche Durchführung des Vertrags maßgebend, sofern die auf Seiten der Vertragsparteien zum Vertragsabschluss berechtigten Personen die abweichende Vertragspraxis kannten und sie zumindest geduldet haben.[92]

3. Vertragliche Gestaltungsmöglichkeiten

58 Den Inhalt des Vertrags können Dienstleister und Kunden im Wesentlichen frei vereinbaren. Vorgaben des Arbeitnehmerüberlassungsgesetzes gelten nicht. Auch das Schriftformerfordernis und die sonstigen Voraussetzungen des § 12 AÜG finden bei der Überlassung von freien Mitarbeitern und sonstigen selbständigen Dienstnehmern keine Anwendung. Es empfiehlt sich jedoch, jedenfalls die wesentlichen vertraglichen Vereinbarungen schriftlich zu vereinbaren. In der Praxis geschieht dies auch, wobei die Überlassung von Freelancern oder Subunternehmern häufig unter Einbeziehung von Allgemeinen Geschäftsbedingungen (AGB) vereinbart wird. In diesen Fällen sind die vorformulierten Überlassungsbedingungen am Maßstab der §§ 305 ff. BGB zu prüfen.

59 Die **Regelungsgegenstände** entsprechen dabei in weiten Teilen „echten" Arbeitnehmerüberlassungsverträgen. Es sollten Vereinbarungen zu folgenden Gesichtspunkten getroffen werden:

---

[89] Staudinger/*Richardi/Fischinger* BGB vor § 611 Rn. 70.
[90] Vgl. BGH 9. 3. 1971 – VI ZR 138/69, NJW 1971, 1129; 13. 5. 1975 – VI ZR 247/73, NJW 1975, 1695; Staudinger/*Richardi/Fischinger* BGB vor § 611 Rn. 70; MüKoBGB/*Müller-Glöge* § 611 Rn. 36; zum Auswahlverschulden bei gewerbsmäßiger Arbeitnehmerüberlassung siehe ferner *Dahl/Färber* DB 2009, 1650 und *Walker* AcP 1974, 295 ff. Zur Haftung für Verrichtungsgehilfen s. ErfK/*Preis* BGB § 611 Rn. 26.
[91] BAG 8. 11. 1978 – 5 AZR 261/77, NJW 1979, 2636; 30. 1. 1991 – 7 AZR 497/89, NZA 1992, 19; MüKoBGB/*Müller-Glöge* BGB § 611 Rn. 36.
[92] BAG 30. 1. 1991 – 7 AZR 497/89, NZA 1992, 19; 6. 8. 2003 – 7 AZR 180/08, AP AÜG § 9 Nr. 6; MüKoBGB/*Müller-Glöge* BGB § 611 Rn. 36.

- Vertragsgegenstand und Leistungspflichten,
- Laufzeit des Vertragsverhältnisses und Kündigungsmöglichkeiten,
- Vergütung,
- Kundenschutz, Wettbewerbsverbote und Verschwiegenheitsverpflichtungen,
- Nebenpflichten und Haftung.

Auch insoweit kommen übliche **Nebenabreden und Schlussbestimmungen** hinzu.[93] Die Einzelheiten namentlich zum Vertragsgegenstand und zu den Leistungspflichten richten sich ganz wesentlich danach, ob eine bloße Vermittlung, eine Dienstverschaffung, eine Dienstleistung oder ein Werkerfolg geschuldet sein soll. Denkbar sind auch gemischte Verträge. So wird etwa bei der Vermietung von Maschinen mit Bedienpersonal häufig ein gemischter Miet- und Dienstverschaffungsvertrag vorliegen.[94] 60

Es wird darüber hinaus empfohlen, dass sich der Kunde vom Vermittler die Zusage gewähren lässt, dass dieser mit dem Dritten keine Vereinbarungen trifft, die die Selbständigkeit des freien Mitarbeiters beeinträchtigen können.[95] Eine solche Klausel führt nicht dazu, dass sich das Einsatz-Unternehmen im Verhältnis zum Mitarbeiter darauf berufen kann, der Mitarbeiter sei deshalb nicht als Arbeitnehmer tätig gewesen, weil er zwar beim Einsatz-Unternehmen arbeitsvertraglichen Weisungen unterworfen gewesen sei, im Verhältnis zum Verleiher jedoch nicht wirksam ein Arbeitsverhältnis hätte begründet werden können. In diesen Konstellationen kann es allerdings an der Überlassung eines Arbeitnehmers fehlen, so dass kein Arbeitsverhältnis zum Verleiher besteht, sondern „nur" zum Einsatz-Unternehmen begründet worden ist. Ergibt sich, dass der Mitarbeiter in Wahrheit schon aufgrund seiner Beziehungen zum Personaldienstleister nicht als freier Mitarbeiter, sondern als Arbeitnehmer einzustufen war, kann sich der Kunde gegenüber dem Personaldienstleister allerdings unter Umständen auf einen Schadensersatzanspruch berufen. 61

Bei **Streitigkeiten** zwischen Personaldienstleister und Auftraggeber sind die ordentlichen Gerichte zuständig. 62

V. Durchführung der Rechtsbeziehungen zwischen Auftraggeber und Freelancer/Subunternehmer

1. Einsatz von Freelancern im Zwei-Personen-Verhältnis oder Drei-Personen-Verhältnis

Der Einsatz von freien Mitarbeitern und insbesondere auch Interim Managern kann entweder im Zwei-Personen-Verhältnis zwischen Auftraggeber und Mitarbeiter oder im Dreiecksverhältnis erfolgen. 63

Im **Zwei-Personen-Verhältnis** wird ein Vertragsverhältnis unmittelbar zwischen dem Einsatz-Unternehmen und dem freien Mitarbeiter bzw. Subunternehmer begründet. Die dabei getroffenen vertraglichen Regelungen sind regelmäßig als Dienstvertrag einzustufen, können jedoch in Einzelfällen auch werkvertraglichen Charakter besitzen. Nach allgemeinen Kriterien entscheidet sich dabei, ob es sich bei dem Dienst- oder Werkvertrag tatsächlich um ein Arbeitsverhältnis handelt.[96] Da es bei sol- 64

---

[93] Muster-Verträge zwischen Personaldienstleistern und Kunden finden sich für das Interim Management zB bei *Dahl/Riedel*, Praxishandbuch Interim Management, 234 ff.
[94] BAG 2. 8. 2006 – 10 AZR 765/05, NZA 2006, 1432; OLG Frankfurt 9. 5. 2003 – 2 U 122/02.
[95] *van Venrooy* NZA 2011, 672.
[96] *Ulber*, AÜG, Einleitung C Rn. 95; *Haag/Tiberius* NZA 2004, 190 (192 f.).

B. Contracting/Freelancer

chen Konstellationen an einem Drittbezug fehlt, stellen sich hingegen keine Abgrenzungsprobleme zur Arbeitnehmerüberlassung.[97]

65 Im **Drei-Personen-Verhältnis** kommt ein Vertragsverhältnis zwischen dem Mitarbeiter und dem Kunden ebenfalls zustande, wenn die Leistung des Personaldienstleisters auf eine bloße Vermittlung beschränkt ist. Der Inhalt der zu erbringenden Dienst- oder Werkleistung wird in einer solchen Konstellation allein im Rahmen eines zwischen Auftraggeber und Freelancer bzw. Subunternehmer zu vereinbarendem Vertrag bestimmt.[98] Wird dagegen ein Dienst- oder Werkvertrag zwischen Personaldienstleister und Freelancer selbst abgeschlossen, ist die Vertragsgestaltung im Drei-Personen-Verhältnis darauf ausgerichtet, dass zwischen freiem Mitarbeiter bzw. Subunternehmer und Auftraggeber kein eigenes Vertragsverhältnis begründet werden soll.[99]

2. Ausgestaltung der Rechtsbeziehung zwischen Auftraggeber und Freelancer/Subunternehmer im Drei-Personen-Verhältnis

66 Ist die Vertragskonstellation – wie üblich – darauf angelegt, dass zwischen Einsatz-Unternehmen und Freelancer keine vertraglichen Beziehungen bestehen, treffend den freien Mitarbeiter bzw. Subunternehmer diejenigen Leistungspflichten, die er in seinem mit dem Personaldienstleister eingegangenen Vertragsverhältnis übernommen hat.[100]

a) Vorüberlegungen zur Wahl eines Drei-Personen-Verhältnisses

67 Der **Vorteil** dieser Konstellation und insbesondere des sog. Contracting wird darin gesehen, dass arbeitsvertragliche Beziehungen zwischen Einsatz-Unternehmen und Mitarbeitern nicht begründet werden und dadurch der sog. Headcount nicht erhöht wird und arbeitgeberseitige Pflichten vermieden werden. Zudem soll auch eine Leiharbeit zB wegen etwaiger Beteiligungsrechte des Betriebsrats nach § 14 Abs. 3 AÜG, § 99 BetrVG vermieden werden. Für den Freelancer bzw. Subunternehmer ergibt sich die Möglichkeit, flexibel tätig zu werden und über die Anbindung zB an einen professionellen Provider Einsatzmöglichkeiten in Erfahrung bringen zu können.

68 Das Fehlen von vertraglichen Beziehungen kann jedoch auch **Nachteile** besitzen. So hat der Auftraggeber nicht die Möglichkeit, durch vertragliche Gestaltung konkrete Pflichten des Freelancers zu vereinbaren. Auch kann der freie Mitarbeiter bzw. Subunternehmer nicht vom Einsatz-Unternehmen selbst auf Erfüllung der vom Personaldienstleister zugesagten Leistungen in Anspruch genommen werden.[101] Handelt es sich bei dem Vertragsverhältnis zwischen Auftraggeber und Provider um einen reinen Dienstverschaffungsvertrag, besteht darüber hinaus nicht einmal gegen den Personaldienstleister ein Anspruch auf Erfüllung einer Dienstpflicht oder Werkleistung. Darüber hinaus wird kritisch eingewandt, dass aufgrund der Rechtsverhältnisse zwischen Provider und Auftraggeber sowie Provider und freiem Mitarbeiter und auch der tatsächlichen Praxis des Einsatzes des Freelancers beim Einsatz-Unternehmen – entgegen der „Papierform" – regelmäßig von einem Rechtsverhältnis zwischen Kunde und frei-

---

[97] *Ulber,* AÜG, Einleitung C Rn. 95.
[98] Vgl. *Dahl/Riedel,* Praxishandbuch Interim Management, 102 f.
[99] Vgl. *Haag/Tiberius* NZA 2004, 190; *Dahl/Riedel,* Praxishandbuch Interim Management, 104 f.; HzA/*Düwell/Dahl* Arbeitnehmerüberlassung, Gruppe 16, Rn. 94.
[100] Zur Ausgestaltung dieser vertraglichen Beziehung → Rn. 18 ff.
[101] *van Venrooy* NZA 2011, 671.

V. Durchführung der Rechtsbeziehungen zwischen Auftraggeber und Freelancer/Subunternehmer

em Mitarbeiter bzw. Subunternehmer auszugehen ist.[102] Je nach Ausgestaltung des Vertrags kommt in Betracht, dass es sich entweder um eine Arbeitnehmerüberlassung oder um ein vertragliches Werk-, Dienst- oder Arbeitsverhältnis zwischen Auftraggeber und eingesetztem Mitarbeiter handelt.[103]

Angesichts dieser bestehenden Nachteile und Risiken ist jeweils genau zu überprüfen, ob nicht die Möglichkeit genutzt werden sollte, ein **Vertragsverhältnis zwischen Einsatz-Unternehmen und freiem Mitarbeiter** zu begründen und selbst durch unmittelbare vertragliche Beziehungen auszugestalten. Die kann sich insbesondere dann empfehlen, wenn zB ein Interim Manager Organ oder Bevollmächtigter des Einsatz-Unternehmens werden soll (→ Rn. 70 ff.). Soll ein Vertragsverhältnis zwischen Auftraggeber und Freelancer hingegen unbedingt vermieden werden, ist streng darauf zu achten, dass nicht infolge der Vertragspraxis und insbesondere der Ausübung von Weisungen durch den Kunden ein selbständiger Werk- oder Dienstvertrag oder gar ein Arbeitsverhältnis begründet wird bzw. ein Fall der Arbeitnehmerüberlassung vorliegt (→ Rn. 78 ff.). **69**

b) Bestellung eines freien Mitarbeiters zum Organ; Bevollmächtigung

Vor allem dann, wenn ein freier Mitarbeiter oder Subunternehmer Führungsaufgaben im Einsatz-Unternehmen wahrnehmen soll, kann es sich empfehlen, ihn dadurch gegenüber Mitarbeitern und Kunden zu stärken, dass ihm eine Organstellung eingeräumt oder er bevollmächtigt wird. Daher ist es namentlich in den Bereichen des Interim Managements nicht unüblich, den Interim Manager zum Geschäftsführer einer GmbH oder auch zum Vorstand oder Aufsichtsrat einer AG zu bestellen.[104] **70**

Fragen der Scheinselbständigkeit und der Abgrenzung zur Arbeitnehmerüberlassung ergeben sich nicht schon deshalb, wenn und weil namentlich der Mitarbeiter beim Auftraggeber zum **Organ** berufen wird. Als Geschäftsführer einer GmbH oder Vorstand einer AG ist der Interim Manager kein Arbeitnehmer.[105] Das Recht der Arbeitnehmerüberlassung ist in diesen Fällen weder unmittelbar noch entsprechend anwendbar.[106] Allerdings werden in der Praxis für Fallgestaltungen, in denen namentlich Interim Manager zum Organ beim Einsatz-Unternehmen berufen werden, Ausnahmen von der Grundkonstellation vorgesehen und es wird insbesondere aufgrund bestehender Haftungsrisiken vereinbart, dass der freie Mitarbeiter im Falle der Organbestellung in ein eigenes Vertragsverhältnis mit dem Einsatz-Unternehmen tritt.[107] Fehlt es an einer solchen vertraglichen Vereinbarung, kommt ein Dienstverhältnis mit dem Auftraggeber nur nach Maßgabe der allgemeinen Regeln in Betracht; es entsteht nach Maßgabe des Trennungsmodells nicht schon durch die Bestellung zum Organ, die nur das Amtsverhältnis begründet.[108] **71**

Wird dem Interim Manager eine **Bevollmächtigung** erteilt, also etwa Prokura (§§ 48 ff. HGB) oder Handlungsvollmacht (§§ 54 ff. HGB), führt auch dieser Umstand als solcher nicht dazu, dass der Interim Manager deshalb als Arbeitnehmer anzusehen **72**

---

[102] *van Venrooy* NZA 2011, 671; *HzA/Düwell/Dahl* Arbeitnehmerüberlassung, Gruppe 16, Rn. 93 ff.
[103] *van Venrooy* NZA 2011, 672 geht sehr kritisch davon aus, es liege in den Fällen des Contracting ein Missbrauch von Dienstverschaffungsverträgen vor. Er gelangt zusammenfassend zu der Feststellung, dass das Selbständigen-Contracting nicht funktionieren würde.
[104] Vgl. *Dahl/Riedel*, Praxishandbuch Interim Management, 104 ff.
[105] Vgl. eingehend *Dahl/Riedel*, Praxishandbuch Interim Management, 105 ff.; *Haag/Tiberius* NZA 2004, 190 (194). Zu denkbaren Ausnahmen s. etwa ErfK/*Preis* BGB § 611 Rn. 137 ff.
[106] *Urban-Crell/Schulz* Rn. 68.
[107] *Dahl/Riedel*, Praxishandbuch Interim Management, 107 f.
[108] Vgl. etwa *Bauer/Gragert* ZIP 1997, 2177 ff.

wäre.[109] Wegen der erheblichen Handlungsspielräume zB eines Prokuristen im Außenverhältnis kann es jedoch auch in diesen Fällen der Bevollmächtigung ratsam sein, das von der Vertretungsmacht zu trennende Innenverhältnis vertraglich zu regeln.[110]

c) Weitere Gesichtspunkte einer vertraglichen Gestaltung

73 Auch wenn der Mitarbeiter nicht als Organ oder Bevollmächtigter für den Auftraggeber tätig werden soll, stellt sich die Frage, ob es nicht sinnvoll ist, **Vereinbarungen über die Tätigkeit zwischen Mitarbeiter und Auftraggeber** zu treffen. Solche vertraglichen Regelungen, die die Rechte und Pflichten im Verhältnis zwischen Auftraggeber und eingesetzten Mitarbeiter unmittelbar und nicht nur vermittelt über den Provider regeln, erscheinen in der Tat häufig empfehlenswert.[111] Entsprechende Vereinbarungen empfehlen sich – unabhängig von einer Bestellung zum Organ oder einer Bevollmächtigung – vor allem im Hinblick auf Haftungsfragen und Konkurrenzverbote.

74 Ist der freie Mitarbeiter zum Organ bestellt, kann sich die Vertragsgestaltung an üblichen Anstellungsverträgen zB des Geschäftsführers einer GmbH[112] oder des Vorstands einer AG[113] orientieren. Es wird empfohlen, selbst dann, wenn ein Anstellungsvertrag nicht abgeschlossen wird, die Geschäftsführungsbefugnisse des Organs zB durch eine Geschäftsordnung oder einen Zustimmungskatalog näher zu bestimmen.[114] Daneben ist stets zu prüfen, inwieweit bei Abschluss eines Anstellungsvertrags Regelungen zum **vertraglichen und nachvertraglichen Wettbewerbsverbot** erforderlich sind. Dem Vorstand einer AG ist gemäß § 88 AktG während der Dauer seiner Bestellung jede Wettbewerbstätigkeit verboten. Für den GmbH-Geschäftsführer fehlt eine entsprechende Regelung. Aufgrund seiner organisationsrechtlichen Stellung ist der Geschäftsführer jedoch nach Treu und Glauben verpflichtet, Wettbewerb während des Dienstverhältnisses zu unterlassen. Im Hinblick auf Inhalt und Reichweite des Wettbewerbsverbots wird § 88 AktG entsprechend angewandt.[115] Die Bestimmungen der §§ 74 ff. HGB über das nachvertragliche Wettbewerbsverbot finden auf Organmitglieder grundsätzlich keine Anwendung. Die Rechtsprechung geht allerdings davon aus, dass nachvertragliche wettbewerbsbeschränkende Abreden einer an § 138 BGB ausgerichteten Kontrolle standzuhalten haben. Vorausgesetzt ist, dass ein berechtigtes Interesse des Unternehmens besteht und nach Ort, Zeit und Gegenstand die Berufsausübung und die wirtschaftliche Betätigung des Organmitglieds nicht unbillig erschwert wird.[116] Sollen entsprechende Bindungen erzeugt werden, empfiehlt sich die vertragliche Vereinbarung der Anwendbarkeit der §§ 74 ff. HGB.

d) Rechtsbeziehungen ohne Vertragsverhältnis

75 Ist ein Anstellungsverhältnis nicht vereinbart, treffen ein **Organ** die ihm nach dem Gesetz und nach der Satzung der Gesellschaft obliegenden Verpflichtungen. Aufgrund

---

[109] *Dahl/Riedel*, Praxishandbuch Interim Management, 108 f.; *Haag/Tiberius* NZA 2004, 190 (194).
[110] So auch die Empfehlung bei *Dahl/Riedel*, Praxishandbuch Interim Management, 109.
[111] *Dahl/Riedel*, Praxishandbuch Interim Management, 109; *van Venrooy* NZA 2011, 672.
[112] Musterverträge finden sich etwa bei *Hümmerich/Reufels*, Gestaltung von Arbeitsverträgen, 1137 ff., 1419 ff.
[113] Musterverträge finden sich etwa bei *Hümmerich/Reufels*, Gestaltung von Arbeitsverträgen, 1501 ff., 1579 ff.
[114] *Dahl/Riedel*, Praxishandbuch Interim Management, 107.
[115] Baumbach/Hueck/*Zöllner/Noack* GmbHG § 35 Rn. 41 ff. mwN.
[116] Vgl. zu den Einzelheiten *Bauer/Diller*, Wettbewerbsverbote, Rn. 703 ff.; Baumbach/Hueck/ *Zöllner/Noack* GmbHG § 35 Rn. 195 ff.

V. Durchführung der Rechtsbeziehungen zwischen Auftraggeber und Freelancer/Subunternehmer

ihrer Amtsstellung sind Geschäftsführer und Vorstand zudem den Weisungen der jeweils zuständigen Organe, wie etwa den Beschlüssen der Gesellschafterversammlung gemäß § 46 Nr. 5 GmbHG – bzw. wenn auch gemäß §§ 76, 90 AktG erheblich eingeschränkt – den Beschlüssen des Aufsichtsrats (§ 112 AktG) unterworfen. Besonders bedeutsam ist, dass uU gravierende Haftungstatbestände, die Geschäftsleiter allein aufgrund ihrer Amtsstellung treffen, so dass insbesondere vor diesem Hintergrund sich vertragliche Regelungen über die Rechte und Pflichten des Geschäftsleiters empfehlen, wenn auch haftungsbeschränkende Vereinbarungen allenfalls eingeschränkt zulässig sind.[117]

Auch wenn eine Organbestellung oder Bevollmächtigung nicht erfolgt, gelten im Verhältnis zwischen Mitarbeiter und Einsatz-Unternehmen **allgemeine Rücksichtnahmepflichten (§ 241 Abs. 2 BGB)**. Die Rechtsbeziehungen bestimmen sich hingegen vorrangig nach den Vertragsverhältnissen, wie sie einerseits zwischen Auftraggeber und Dienstleister sowie andererseits zwischen Dienstleister und Freelancer bzw. Subunternehmer getroffen wurden. 76

Vergütungspflichten namentlich des Einsatz-Unternehmens gegenüber dem eingesetzten Mitarbeiter bestehen grundsätzlich nicht. Es besteht jedoch insbesondere in diesem Zusammenhang das Risiko, dass der tatsächliche Einsatz des Mitarbeiters beim Auftraggeber als **konkludent begründetes Vertragsverhältnis** angesehen wird. Es wird in der Literatur zutreffend darauf hingewiesen, dass sich das Risiko einer Inanspruchnahme seitens des Mitarbeiters vor allem dann realisieren kann, wenn zB der Interim Manager vom Provider seine Vergütung nicht erhalten hat, etwa wegen einer eingetretenen Insolvenz, und nunmehr versuchen wird, sich beim Auftraggeber schadlos zu halten.[118] Darüber hinaus kann ein Vertragsverhältnis zum Einsatz-Unternehmen durch Scheinselbständigkeit und eine tatsächlich gegeben Arbeitnehmerüberlassung entstehen. 77

3. Begründung eines Vertragsverhältnisses durch Scheinselbständigkeit und Arbeitnehmerüberlassung

Treffen die Parteien keine ausdrückliche vertragliche Vereinbarung über die Begründung eines Vertragsverhältnisses zwischen dem Auftraggeber und dem Freelancer bzw. Subunternehmer, ist dies im Grundsatz zu akzeptieren.[119] Sofern in einem solchen Fall nicht aufgrund einer Organstellung oder Bevollmächtigung Rechtsbeziehungen zwischen Einsatz-Unternehmen und eingesetztem Mitarbeiter begründet werden, bestehen solche Rechtsverhältnisse allein zwischen Kunde und Provider einerseits sowie Provider und Freelancer andererseits. In diesem Fällen kann indessen eine von der Vertragsform abweichende tatsächliche Vertragspraxis dazu führen, dass infolge tatsächlichen Verhaltens der Parteien doch von einer Vertragsbeziehung zwischen Auftraggeber und Freelancer auszugehen ist. Praktisch bedeutsam sind dabei Fallkonstellationen, in denen der Auftraggeber dem freien Mitarbeiter oder Subunternehmer derart **arbeitgeberseitige Weisungen** erteilt, dass von einer persönlichen Abhängigkeit und damit der (originären) Begründung eines Arbeitsverhältnisses auszugehen ist. Geschieht dies in Kenntnis und mit Billigung des Personaldienstleisters oder ist das Geschäftsmodell in Wahrheit schon hierauf ausgerichtet, kommt ein gemäß §§ 9 Nr. 1, 10 Abs. 1 AÜG fingiertes Arbeitsverhältnis zum Einsatz-Unternehmen aufgrund einer tatsächlich vorliegenden Arbeitnehmerüberlassung in Betracht. 78

---

[117] Vgl. *Dahl/Riedel*, Praxishandbuch Interim Management, 139 f.
[118] *van Venrooy* NZA 2001, 671.
[119] Vgl. *van Venrooy* NZA 2011, 671.

B. Contracting/Freelancer

79 Die Abgrenzungsfrage zwischen Dienst- bzw. Werkvertrag und Arbeitsvertrag stellt sich zum einen im Zwei-Personen-Verhältnis, wenn Auftraggeber und zB Interim Manager einen selbständigen Dienst- oder Werkvertrag abgeschlossen haben. Diese Problematik der **Scheinselbständigkeit** ist ferner auch dann bedeutsam, wenn der Freelancer nach der auf dem Papier vorgenommenen Vertragsgestaltung nur in Vertragsbeziehungen zu seinem Provider steht (Drei-Personen-Verhältnis), er entgegen der vertraglichen Regelungen jedoch arbeitgeberseitige Weisungen von Auftraggeber erhält und in dessen Betriebsorganisation eingegliedert ist.[120]

80 **Arbeitnehmerüberlassung** setzt voraus, dass die Tätigkeit des „freien Mitarbeiters" im Verhältnis zu seinem Vertragspartner die eines Arbeitnehmers ist.[121] Darüber hinaus müssen die vertraglichen Beziehungen zwischen Personaldienstleister und Auftraggeber ihrem Geschäftsinhalt nach auf Arbeitnehmerüberlassung gerichtet sein.[122] Erforderlich ist, dass der Personaldienstleister – zumindest stillschweigend – dem Auftraggeber sein arbeitsbezogenes Weisungsrecht überträgt.[123] Daran fehlt es objektiv, wenn aufgrund der vertraglichen Regelungen und der Vertragspraxis zwischen Personaldienstleister und Freelancer bzw. Subunternehmer ein arbeitgeberseitiges Weisungsrecht nicht besteht. Aus subjektiven Gründen kann eine Arbeitnehmerüberlassung ausgeschlossen sein, wenn der Personaldienstleister keine Kenntnis davon hat, dass das Einsatz-Unternehmen dem Freelancer arbeitsbezogene Weisungen erteilt und ihn in seine Betriebsorganisation wie einen Arbeitnehmer eingliedert.[124] Eine Arbeitnehmerüberlassung kann nur dann vorliegen, wenn die von der Vertragsform abweichende tatsächliche Vertragspraxis mit Wissen und Wollen des Personaldienstleisters erfolgt.[125] Fehlt es an Kenntnis und Billigung durch den Provider, scheidet eine Arbeitnehmerüberlassung aus. Der Auftraggeber wird indessen dann, wenn er eigenmächtig arbeitgeberseitige Weisungen erteilt und den eingesetzten Mitarbeiter in seine Betriebsorganisation wie seine sonstigen Arbeitnehmer eingliedert, aufgrund konkludenter vertraglicher Vereinbarung Arbeitgeber. Ein Arbeitsverhältnis zwischen dem Personaldienstleister und dem Mitarbeiter entsteht in diesen Fällen nicht.[126]

81 Für ein **Arbeitsverhältnis** (mit oder ohne Billigung des Personaldienstleisters) zwischen freiem Mitarbeiter und Einsatz-Unternehmen sprechen nach Maßgabe der allgemeinen Abgrenzungskriterien etwa
– Eingliederung in die Betriebsorganisation,
– Vorgabe von bestimmten Arbeitszeiten,
– „Genehmigung" von Urlaub durch das Einsatz-Unternehmen,
– Übernahme von Tätigkeiten, die bisher durch Arbeitnehmer durchgeführt wurden,
– Übernahme der Personalverwaltung durch den Kunden.

82 Für eine **selbständige** Tätigkeit des eingesetzten Mitarbeiters sprechen folgende Indizien:
– Personaldienstleister und Auftraggeber sind nicht berechtigt, arbeitgeberseitige Weisungen zu erteilen,

---

[120] Vgl. HzA/*Düwell/Dahl* Arbeitnehmerüberlassung, Gruppe 16, Rn. 94.
[121] BAG 9. 11. 1994 – 7 AZR 217/94, NZA 1995, 572.
[122] BAG 9. 11. 1994 – 7 AZR 217/94, NZA 1995, 572. Dazu im Einzelnen → Rn. 49 ff.
[123] HzA/*Düwell/Dahl* Arbeitnehmerüberlassung, Gruppe 16, Rn. 92, 94 mwN.
[124] HzA/*Düwell/Dahl* Arbeitnehmerüberlassung, Gruppe 16, Rn. 92 mwN.
[125] HzA/*Düwell/Dahl* Arbeitnehmerüberlassung, Gruppe 16, Rn. 92 mwN; vgl. auch *Ulber*, AÜG, Einleitung C, Rn. 96 a ff.
[126] HzA/*Düwell/Dahl* Arbeitnehmerüberlassung, Gruppe 16, Rn. 94.

V. Durchführung der Rechtsbeziehungen zwischen Auftraggeber und Freelancer/Subunternehmer

- der Freelancer/Subunternehmer ist berechtigt, Dritte zur Erfüllung seiner Verpflichtungen hinzuzuziehen,
- der Freelancer/Subunternehmer ist nicht organisatorisch in den Betrieb des Einsatz-Unternehmens eingegliedert,
- vertragliche Vereinbarung und tatsächliche Durchführung eines Dienst- oder Werkvertrags zwischen Auftraggeber und Dienstleister,
- Übernahme unternehmerischer Risiken durch den Freelancer, etwa durch Einsatz eigenen Kapitals und Übernahme der Betriebskosten,
- der Mitarbeiter kann im Wesentlichen frei seine Tätigkeit gestalten und seine Arbeitszeit bestimmen,
- Bestellung zum Geschäftsführer oder Vorstand des Einsatz-Unternehmens,
- keine Ansprüche auf Urlaub und Entgeltfortzahlung bei Krankheit oder sonstiger Dienstverhinderung,
- Tätigkeit für verschiedene Unternehmen,
- Befugnis, einzelne Aufträge abzulehnen,
- eigene Versicherungen in Bezug auf die berufliche Tätigkeit,
- Art der Vergütungsregelung.

Liegt nach diesen Grundsätzen und Indizien eine Arbeitnehmerüberlassung vor, richten sich die Rechtsfolgen va auch danach, ob der Personaldienstleister über eine **gültige Arbeitnehmerüberlassungserlaubnis** verfügt oder nicht. 83

Liegt zB statt eines Handelsvertreterverhältnisses tatsächlich ein Arbeitsverhältnis vor und ist der „Handelsvertreter" im Sinne des § 1 AÜG von seinem Vertragspartner ohne dass dieser im Besitz einer erforderlichen Erlaubnis gewesen ist an einen Kunden zur Arbeitsleistung überlassen worden, ist zwischen dem vermeintlichen Vertreter und dem Kunden ein gemäß § 10 Abs. 1 S. 1 AÜG gesetzlich fingiertes Arbeitsverhältnis zustande gekommen.[127] Auf den dann dem „Handelsvertreter" gegenüber dem Kunden für den Überlassungszeitraum nach § 10 Abs. 1 S. 4 AÜG zustehenden Vergütungsanspruch hat er sich nicht den Teil der ihm für den Überlassungszeitraum von der „Verleihfirma" erbrachten Vergütung anrechnen zu lassen, den der – bei zutreffender rechtlicher Bewertung: – Arbeitnehmer wegen seines vermeintlichen selbständigen Handelsvertreterverhältnisses als freiwillige Beiträge zur Kranken- und Rentenversicherung sowie als zwangsweisen Beitrag zur IHK aufgewendet hat.[128] 84

Sozialversicherungsrechtlich führt eine Scheinselbständigkeit des Freelancers oder Subunternehmers dazu, dass der Auftraggeber als Arbeitgeber die fälligen Sozialversicherungsbeiträge zu entrichten hat. Er schuldet sowohl den Arbeitgeber- als auch den Arbeitnehmeranteil. Gegenüber vermeintlich freien Mitarbeiter besteht ein Rückgriffsanspruch allenfalls gemäß § 28g SGB IV. Der Anspruch kann nur durch Abzug vom Arbeitsentgelt geltend gemacht werden. Ein unterbliebener Abzug darf nur bei den drei nächsten Lohn- und Gehaltszahlungen nachgeholt werden, danach nur dann, wenn der Abzug ohne Verschulden des Arbeitgebers unterblieben ist. 85

Der Personaldienstleister ist nicht verantwortlich, wenn aufgrund der Weisungsunterworfenheit des Mitarbeiters ein Arbeitsverhältnis zwischen dem Mitarbeiter und dem Auftraggeber entstanden ist. Dies gilt jedenfalls dann, wenn – wie üblich – im Vertrag zwischen Personaldienstleister und Auftraggeber vereinbart ist, dass der Auftraggeber nicht berechtigt ist, den Dritten einzugliedern und ihm arbeitgeberseitige Weisungen zu erteilen, es jedoch vertragswidrig gleichwohl zu solchen Weisungen 86

---

[127] BAG 2. 3. 1994 – 5 AZR 462/03, BeckRS 1994, 30919064.
[128] LAG Hamm 21. 11. 1996 – 17 Sa 1026/96, NZA-RR 1997, 380 (L).

B. Contracting/Freelancer

kommt.¹²⁹ Erfolgt die Eingliederung des Dritten in die Betriebsorganisation des Auftraggebers dagegen vertragsgemäß oder zumindest in **Kenntnis und mit Billigung durch den Dienstleister,** wird angenommen, diese Dreieckskonstellation sei als Arbeitnehmerüberlassung einzuordnen.¹³⁰

87   Dies erscheint nicht zweifelsfrei, da die Anwendung des AÜG bei „freien Mitarbeitern" voraussetzt, dass ihre Tätigkeit im Verhältnis zu ihrem Vertragspartner die eines Arbeitnehmers ist¹³¹ und allein aus der Billigung arbeitgeberseitiger Weisungen durch einen Auftraggeber nicht stets zu folgern sein dürfte, dass auch der Provider im Verhältnis zum Mitarbeiter berechtigt ist, derartige Weisungen zu erteilen und – vor allem – auch nicht ohne Weiteres davon ausgegangen werden kann, der „freie Mitarbeiter" sei damit einverstanden, dass nicht nur ein Arbeitsverhältnis zum Kunden, sondern auch ein solches zu dem Provider entsteht.¹³² Es muss also, damit eine Arbeitnehmerüberlassung angenommen werden kann, auch eine hinreichende persönliche Abhängigkeit im Verhältnis des Mitarbeiters zum Personaldienstleister bestehen.¹³³ Allerdings wird man anzunehmen haben, dass eine hinreichende persönliche Abhängigkeit und ein auf Überlassung von Arbeitsleistungen gerichteter Überlassungsvertrag konkludent geschlossen werden, wenn die drei Parteien das Verhältnis auf der Grundlage nicht nur gelegentlicher arbeitgeberseitiger Weisungen des Auftraggebers fortsetzen oder gar, etwa in Bezug auf die Vergütung, ausdrücklich anpassen.

88   So wird man auch ein Urteil des Hessischen Landessozialgerichts vom 20. 10. 2005 verstehen können. Das LSG Hessen hat in einer Konstellation, in der eine Agentur Messen, Tagungen, Kongresse und andere Veranstaltungen organisiert und hierfür das erforderliche Personal (Hostessen) bereitgestellt hat, angenommen, dass es einem sozialversicherungspflichtigen Beschäftigungsverhältnis nicht entgegen steht, dass der Agenturbetreiber auf den Messen und den anderen Veranstaltungen nicht präsent ist, sondern die Einweisung und Aufsicht der Hostessen vor Ort durch die jeweiligen Kunden erfolgt. Begibt der Agenturbetreiber den Einsatz der Hostessen vollständig in die Verantwortung seiner Kunden, handelt es sich um Arbeitnehmerüberlassung im Sinne des § 1 Abs. 1 S. 1 AÜG.¹³⁴ Kennzeichen dieser Fallgestaltung war es indessen, dass bereits die mit den Hostessen abgeschlossenen Rahmenverträge und auch die Vereinbarungen zwischen der Agentur und den jeweiligen Kunden ihrem Geschäftsinhalt nach auf eine Arbeitnehmerüberlassung gerichtet sind.

89   Auch in **steuerrechtlicher Hinsicht** kann eine Scheinselbständigkeit des Dienstverpflichteten Auswirkungen für den Auftraggeber besitzen. Der Auftraggeber ist insbesondere nicht zu einem Vorsteuerabzug berechtigt, wenn sich ergibt, dass der Freelancer oder Subunternehmer nicht als Unternehmer im Sinne des § 15 Abs. 1 Nr. 1 UStG anzusehen ist.¹³⁵

90   Liegt eine **legale Arbeitnehmerüberlassung** vor, trifft den Entleiher für Vergütungsansprüche keine Einstandspflicht oder subsidiäre Haftung. Der Entleiher haftet allerdings subsidiär, wie ein selbständiger Bürge für diejenigen Beträge zur Sozialver-

---

[129] *Düwell/Dahl* FA 2009, 258, 260; ähnlich *Ulber,* AÜG, Einleitung C Rn. 98, der auf ein kollusives Verhalten von freiem Mitarbeiter und Einsatzbetrieb abstellt.
[130] *Düwell/Dahl* FA 2009, 258, 260; HzA/*Düwell/Dahl* Arbeitnehmerüberlassung, Gruppe 16, Rn. 94 mwN.
[131] BAG 9. 11. 1994 – 7 AZR 217/94, NZA 1995, 572.
[132] Vgl. *Zahrnt* BB 1990, 779.
[133] Vgl. auch OLG Frankfurt 17. 11. 1988 – 4 O 984/88, BB 1990, 778 f.; aA *Ulber,* AÜG, Einleitung C Rn. 96 a, 97.
[134] LAG Hessen 20. 10. 2005 – L 8 14 Kr 334/04.
[135] *Düwell/Dahl* FA 2009, 258 (259).

sicherung (Kranken-, Pflege-, Renten- und Arbeitslosenversicherung), die auf die Zeit der entgeltlichen Überlassung an ihn entfallen und vom Verleiher nicht oder nicht vollständig abgeführt wurden (§ 28e Abs. 2 S. 1 SGB IV). Die Haftung erstreckt sich dabei auch auf Säumniszuschläge und Zinsen (§ 28e Abs. 4 SGB IV). Eine entsprechende Haftung existiert für Beiträge zur Unfallversicherung (§ 150 Abs. 3 SGB VII).

Gemäß **§ 42d EStG** trifft den Entleiher eine subsidiäre Haftung für die vom Verleiher und bei Arbeitnehmern geschuldete Einkommensteuer, wenn eine illegale Arbeitnehmerüberlassung vorliegt. 91

4. Haftung

Bestehen zwischen Freelancer bzw. Subunternehmer und Auftraggeber keine vertraglichen Beziehungen, kommen für eine Haftung des Mitarbeiters nur außervertragliche Haftungsgrundlagen in Betracht. Namentlich haftet der Mitarbeiter deliktsrechtlich wegen einer unerlaubten Handlung nach Maßgabe der §§ 823 ff. BGB. Ist der Mitarbeiter darüber hinaus zum Organ bestellt, treffen ihn die nicht unerheblichen Haftungsrisiken namentlich des GmbHG und des AktG.[136] 92

VI. Kollektivrechtliche Mitbestimmungsrechte des Betriebsrats des Auftraggebers

§ 14 AÜG, der – nicht abschließend – Betriebsverfassungsrechte der Leiharbeitnehmer im Entleiherbetrieb regelt, erfasst in seinem unmittelbaren Anwendungsbereich nur die erlaubte gewerbsmäßige Arbeitnehmerüberlassung, ist jedoch jedenfalls mit den Abs. 1, 2 sowie Abs. 3 S. 1 analog auf die nicht gewerbsmäßige Arbeitnehmerüberlassung anzuwenden.[137] Werden hingegen – nicht nur zum Schein – selbständig tätige Mitarbeiter überlassen, ist **§ 14 AÜG nicht anwendbar.**[138] Allein das Tätigwerden im fremden Betrieb rechtfertigt insoweit auch keine analoge Anwendung der Vorschrift.[139] 93

Nach überwiegender Auffassung ist darüber hinaus auch betriebsverfassungsrechtlich bei einem Fremdfirmeneinsatz aufgrund echter Werk- oder Dienstverträge sowie den hier behandelten Fallgestaltungen des Einsatzes freier Mitarbeiter bzw. Subunternehmer keine betriebsverfassungsrechtliche Zuordnung der Mitarbeiter beim Einsatz-Unternehmen vorzunehmen.[140] Die Freelancer oder Subunternehmer sind weder wahlberechtigt, noch stehen ihnen sonstige Betriebsverfassungsrechte zu.[141] 94

Problematisch und nicht abschließend geklärt ist allerdings, ob nicht ein Betriebsrat im Einsatz-Unternehmen Rechte in Bezug auf den Einsatz der freien Mitarbeiter und Subunternehmer besitzen kann. Insbesondere streitig ist, ob und unter welchen Voraussetzungen der Einsatz von Fremdpersonal auf der Grundlage selbständiger Verträge ein 95

---

[136] Vgl. etwa *Dahl/Riedel*, Praxishandbuch Interim Management, 133 ff. sowie umfassend etwa *Krieger/Schneider*, Handbuch Managerhaftung, 2. Aufl. 2010, passim.
[137] *Schüren/Hamann*, AÜG, § 14 Rn. 14 f. mwN.
[138] *Ulber*, AÜG, § 14 Rn. 6; ErfK/*Wank* AÜG § 14 Rn. 17.
[139] *Schüren/Hamann*, AÜG, § 14 Rn. 541 mwN.
[140] Vgl. nur *Schüren/Hamann*, AÜG, § 14 Rn. 542 ff. mwN.
[141] *Schüren/Hamann*, AÜG, § 14 Rn. 543, 544.

Mitbestimmungsrecht des Betriebsrats nach **§ 99 BetrVG** auslösen kann.[142] Dogmatisch vorzugswürdig erscheint es, dann, wenn ein „echter" freier Mitarbeiter oder Subunternehmer eingesetzt wird und die Tätigkeit auf der Basis eines „echten" Dienst- oder Werkvertrags und nicht im Wege einer verdeckten Arbeitnehmerüberlassung erfolgt, keine Einstellung im Sinne von § 99 BetrVG anzunehmen.[143] Nimmt dagegen der Auftraggeber teilweise eine Arbeitgeberstellung ein, sei es aufgrund einer in Wahrheit vorliegenden Arbeitnehmerüberlassung, sei es aufgrund eigenmächtiger arbeitgeberseitiger Weisungen gegenüber dem Dritten, ist der Anwendungsbereich von § 99 BetrVG eröffnet. Praktisch empfiehlt es sich vor diesem Hintergrund, im Zweifelsfall den Betriebsrat im Einsatz-Unternehmen zu beteiligen.

---

[142] Vgl. zum kontroversen und unübersichtlichen Meinungsstand Schüren/*Hamann,* AÜG, § 14 Rn. 550 ff.; ErfK/*Kania* BetrVG § 99 Rn. 8 f.; *Fitting* § 99 Rn. 58 ff.; Richardi/*Thüsing,* BetrVG, § 99 Rn. 48 ff.; *Walle* NZA 1999, 518.

[143] So etwa Richardi/*Thüsing,* BetrVG, § 99 Rn. 56 mwN.

C. Outtasking durch Werk- und Dienstverträge

Übersicht

	Rn.
I. Begriffe und Grundlagen	1
1. Begriffe	1
2. Motive	6
a) Wirtschaftliche Überlegungen	6
b) Andere Motive	9
3. Rechtliche Grundlagen	10
II. Steuerliche Entscheidungskriterien	12
1. Umsatzsteuer	13
2. Ertragsteuer	16
III. Gewerberechtliche Anzeige und öffentlich-rechtliche Beschränkungen	17
1. Gewerberechtliche Anzeige	18
2. Sonstige Ge- und Verbotsnormen	19
a) Kreditwesengesetz	20
b) Versicherungsaufsichtsgesetz	21
c) Rundschreiben 5/2010 der Bundesanstalt für Finanzdienstleistungsaufsicht	23
d) Bundesdatenschutzgesetz	24
e) Strafgesetzbuch	27
f) Telekommunikationsgesetz	30
g) Urheberrecht	31
h) Weitere Vorschriften	32
IV. Haftungsrisiken des Unternehmensleiters bei *outtasking* und *outsourcing*	33
1. Aktiengesellschaft	35
2. Sonstige Kapitalgesellschaften	38
V. Ausgestaltung der Vertragsverhältnisse	39
1. Werkvertrag	40
a) Überblick	42
b) Regelungsgegenstände im Einzelnen	43
aa) Vertragspartner	43
bb) Gegenstand der Leistung	44
cc) Leistungszeit	46
dd) Leistungsort	49
ee) Werklohn	50
ff) Festlegung der vom Auftraggeber beizusteuernden (Betriebs-)Mittel	56
gg) Anforderungen an das Personal/die Subunternehmer des Auftragnehmers	59
hh) Regelung des Umfangs der Übertragung von (Nutzungs-)Rechten an dem herzustellenden Werk	60
ii) Umfang der Weisungsbefugnisse/Kontrollrechte des Auftraggebers	61
jj) Voraussetzungen und Rechtsfolgen der Leistungsverzögerung	63
kk) Übergang der Leistungsgefahr/Abnahme	64
ll) Voraussetzungen und Rechtsfolgen sonstiger Leistungsmängel	67
mm) Sonstige Nebenpflichten	68
nn) Laufzeit/Kündigung	69
oo) Abwicklung des beendeten Vertragsverhältnisses	70
2. Werklieferungsverträge	71
3. Dienstverträge	72
4. Rahmenverträge	74

	Rn.
VI. Durchführung zwischen Auftraggeber und dem eingesetzten Mitarbeiter des Auftragnehmers	76
1. Beziehungen zwischen den Beteiligten	77
2. Haftung des Auftragnehmers für den Mitarbeiter	79
3. Haftung gegenüber Dritten	80
4. Gesetzliche Unfallversicherung	81
5. Rechtswegbesonderheiten	82
VII. Mitbestimmungsrechte des Betriebsrats des Auftraggebers	83
1. Unterrichtung des Wirtschaftsausschusses	85
2. Interessenausgleich/Sozialplan	87
3. Mitbestimmung nach § 99 BetrVG	89
VIII. Mitbestimmung des Personalrats	91
1. Privatisierung	91
2. Sonstige Mitbestimmungstatbestände	93
IX. Ausblick	94

I. Begriffe und Grundlagen

1. Begriffe

1 Unter *outtasking* wird im geschäftlichen Verkehr teilweise eine Auslagerung von Einzelaufgaben *(tasks)* einer Unternehmung auf eine andere Unternehmung verstanden, die für die Übernahme periodisch wiederholt anfallender Arbeiten einen flexiblen Pool eigener Arbeitnehmer bereithält, die nach Bedarf vom Auftraggeber hinzugezogen werden können. Vom *outsourcing* soll sich das *outtasking* im Wesentlichen dadurch unterscheiden, dass Aufgaben der Unternehmung nur selektiv und/oder periodisch ausgelagert werden. Beim selektiven *outsourcing* werde lediglich ein Teilbereich oder eine Teilaufgabe der von dem Unternehmen zu erbringenden Leistung ausgegliedert.[1]

2 Teilweise wird das entscheidende **Unterscheidungskriterium** darin erkannt, dass beim *outtasking* keine Auslagerung der unternehmerischen Verantwortlichkeit geschieht,[2] so dass Planung und Kontrolle der Gesamtaufgabe weiterhin der funktionsauslagernden Unternehmung obliegen.

3 Die sogar vom Gesetzgeber in Gesetzgebungsverfahren betriebene[3] einzelfallbezogene Einschaltung von Anwaltskanzleien zur Erstellung einzelner Gesetzesentwürfe lässt sich nach diesen Definitionen begrifflich dem *outtasking* zuordnen. Eine allgemeingültige trennscharfe Unterscheidung der vielfältigen Erscheinungsformen der Auslagerung mehr oder weniger umfangreicher Funktionen auf Dritte erscheint nicht möglich. Die Unterscheidung zwischen *outsourcing* und *outtasking* wird deshalb von den Gerichten idR nicht nachvollzogen. Unter den Begriff des *outsourcing* wird vielmehr die Vergabe jeder bisher selbst durchgeführten Aufgabe an einen Dritten subsumiert,[4] also insbesondere auch die periodische oder selektive oder die unter Beibehalt der unternehmerischen Verantwortung beim funktionsauslagernden Unternehmen. Die rechtswissenschaftliche Literatur tendiert ebenfalls dazu, den Begriff des *outsourcing* un-

---

[1] *Fritzemeyer/Schoch* CR 2003, 793; *Joos* RVaktuell 2007, 143; *Stück* AuA 2004, Nr. 9, 10; *Zervas/Hunten* ZBB 2000, 276; *Sübbing* ITRB 2004, 44; *Bastian* VW 2005, 1591.
[2] *Blöse/Pechardschek* CR 2002, 785; *Brogl* in Becker/Berndt/Klein, Outsourcing von Geschäftsbereichen, 65.
[3] *v. Lewinski* AnwBl. 2011, 665.
[4] BAG 26. 1. 2011 – 4 AZR 159/09, NZA 2011, 808.

I. Begriffe und Grundlagen

terschiedslos auf alle Formen der Auslagerung bislang unternehmensintern erbrachter Funktionen anzuwenden.[5] Der Gesetzgeber benutzt die Unterscheidung ebenfalls nicht.

Im Weiteren soll unter *outtasking* der auf periodische oder selektive Auslagerung bezogene Sonderfall des *outsourcing* verstanden werden.   4

Die Vertragspartner des *outsourcing*- bzw. *outtasking*-Vertrags werden im Weiteren – unabhängig von der zivilrechtlichen Ausgestaltung und der damit verbundenen jeweiligen gesetzlichen Terminologie – als Auftraggeber und Auftragnehmer bezeichnet.   5

2. Motive

a) Wirtschaftliche Überlegungen

Regelmäßig stehen beim *outtasking* wirtschaftliche Überlegungen im Vordergrund.   6

Die wirtschaftliche Motivation zur Durchführung des *outtasking* ist idR identisch mit der zum *outsourcing*. Es handelt sich um eine typische *make or buy*-Entscheidung einer Unternehmung. *Outsourcing* bietet regelmäßig die Entlastung des eigenen Managements, bessere Qualität sowie Vorteile infolge von Skaleneffekten, die der Auftragnehmer durch seine eigene Spezialisierung erreichen kann.[6] Teilweise wird die so genannte Tarifflucht als weiteres Motiv genannt.[7]   7

Diese Vorteile sind abzuwägen mit den **unternehmerischen Risiken.** Risikokategorien der Auslagerung bestimmter betrieblicher Aufgaben sind das operationelle Risiko, das strategische Risiko sowie das Reputationsrisiko, die bei einer Risikoanalyse zu unterscheiden sind.[8]   8

b) Andere Motive

Seltener stehen andere als wirtschaftliche Überlegungen im Vordergrund, wie zB bei der Einschaltung von Vertrauensleuten oder Ombudsmännern und -frauen. In jüngster Zeit häufig vorkommender Anwendungsfall dieser Motivation ist das *outsourcing* von *compliance*-Funktionen auf anwaltliche Ombudsleute.[9]   9

3. Rechtliche Grundlagen

Eine **gesetzliche Ausgestaltung** des mit dem ungenauen Begriff des *outtasking* verbundenen Rechtsverkehrs **fehlt naturgemäß.** Es handelt sich um einen vom geschäftlichen Verkehr gebildeten Begriff für die Fremdvergabe von Einzelleistungen. Anbieter von *outtasking* bieten idR fest umrissene *Support*- und ähnliche Tätigkeiten an. Typische Anwendungsgebiete sind die Bereiche Datenübermittlung und -verarbeitung.   10

Die Vertragstypen, die zur Ausgestaltung des *outtasking* in Betracht kommen, sind idR, je nachdem, ob der Auftragnehmer einen Erfolg schuldet oder nicht, der **Werk-**   11

---

[5] *Dahm/Hamacher* UR 2009, 869.
[6] *Saffer/Moser* ITRB 2011, 63; *Sieg/Maschmann*, Unternehmensumstrukturierung aus arbeitsrechtlicher Sicht, 24.
[7] *Bachner/Köstler/Matthießen/Trittin*, Arbeitsrecht bei Unternehmensumwandlung und Betriebsübergang, § 5 Rn. 63.
[8] *Gabel/Steinhauer* VersR 2010, 177 (180).
[9] *Hild* AnwBl. 2010, 641.

C. Outtasking durch Werk- und Dienstverträge

bzw. Werklieferungs- oder der Dienstvertrag, auch in ihren Mischformen oder in Kombination mit Elementen anderer Vertragstypen, wie zB der Miete.

II. Steuerliche Entscheidungskriterien

12 Die Entscheidung zum *outtasking* muss unter Beachtung steuerlicher Effekte getroffen werden.

1. Umsatzsteuer

13 Die Antwort auf die Frage, ob auf die ausgelagerte Leistung Umsatzsteuer erhoben wird oder nicht, kann – insbesondere in Fällen eingeschränkt möglichen Vorsteuerabzugs – für die Sinnhaftigkeit der Entscheidung zur Fremdvergabe von entscheidender Bedeutung sein.[10] Regelmäßig ist in umsatzsteuerlicher Hinsicht eine **Benachteiligung des *outtasking* und des *outsourcing*** zu konstatieren.[11] Außerhalb von Mutter-Tochter-Konstellationen, in denen, sofern eine Mehrheitsbeteiligung gewahrt ist,[12] eine umsatzsteuerliche Organschaft in Betracht kommt, kommen allenfalls einzelne Befreiungstatbestände wie der des § 4 Nr. 8 UStG in Betracht, um der Umsatzsteuer zu entgehen.[13] Als in diesem Sinne hilfreich hat sich die **Rechtsprechung des EuGH**[14] zu Art. 13 Teil B Buchst. d) Nr. 1 und Nrn. 3–5 der Sechsten Richtlinie des Rates vom 17. Mai 1977 zur Harmonisierung der Rechtsvorschriften der Mitgliedstaaten über die Umsatzsteuern – Gemeinsames Mehrwertsteuersystem: einheitliche steuerpflichtige Bemessungsgrundlage (77/388/EWG) in Bezug auf die umsatzsteuerliche Behandlung des *outsourcing* bei Kreditinstituten[15] erwiesen.[16] Die Umsetzung der (allgemeineren) Regelung in Art. 132 Abs. 1 Buchst. f) MwStSystRl in **nationales Recht,** nach der von der Umsatzsteuer zu befreien sind die Leistungen von Zusammenschlüssen von Personen, die eine Tätigkeit ausüben, die von der Steuer befreit ist oder für die sie nicht Steuerpflichtige sind, an ihre Mitglieder für unmittelbare Zwecke der Ausübung dieser Tätigkeit, soweit diese Zusammenschlüsse von ihren Mitgliedern lediglich die genaue Erstattung des jeweiligen Anteils an den gemeinsamen Kosten fordern und keine Wettbewerbsverzerrung eintritt, ist bislang nicht vollständig geschehen.[17] Die vollständige Umsetzung in nationales Recht würde viele *outsourcing*- bzw. *outtasking*-Konstellationen erleichtern. Umgesetzt wurde die Richtlinie bislang in § 4 Nr. 14 Buchst. d) UStG für Praxisgemeinschaften ärztlicher und arztähnlicher Berufe.[18]

14 Eine weitere Möglichkeit zur umsatzsteuerrechtlichen Optimierung kann in der Nutzung des Instituts der **Beistellung** iSd R 1 Abs. 7 und 8 UStR 2008 liegen. Die Beistellung kann sich auf Arbeitsmaterialien und auf Personal beziehen.

15 In der Praxis sind alternativ auch **Mehrfacharbeitsverträge** von Arbeitnehmern bei verschiedenen Gesellschaften zur Umsatzsteuergestaltung anzutreffen.[19]

---

[10] *Stabenau* in Becker/Berndt/Klein (Hrsg.), Outsourcing von Geschäftsbereichen, Rn. 263.
[11] *Schmitz/Erdbrügger/Liegmann* DStR 2011, 1157.
[12] *Dahm/Hamacher* UR 2009, 869.
[13] *Stabenau* in Becker/Berndt/Klein (Hrsg.), Outsourcing von Geschäftsbereichen, Rn. 266 f.
[14] EuGH 5. 6. 1997 – C – 2/95, IStR 1997, 397.
[15] ABl. EG L 145 vom 13. 6. 1977, 1 ff.
[16] *Dahm/Hamacher* UR 2009, 869.
[17] *Diehl/Hamacher* VW 2010, 1744.
[18] *Dahm/Hamacher* UR 2009, 869 (871).
[19] *Diehl/Hamacher* VW 2010, 1744.

2. Ertragsteuer

Bei der Vergabe von Aufträgen an konzerninterne Auftragnehmer stellt sich in ertragsteuerrechtlicher Hinsicht[20] regelmäßig die nach der Findung von Verrechnungspreisen, die einem Drittvergleich standhalten.[21] Die Funktionsverlagerung ins Ausland ist Anknüpfungspunkt der besonderen Regelung zur Berichtigung von Einkünften gemäß § 1 Abs. 3 AStG; dies setzt voraus, dass „eine Funktion einschließlich der dazugehörigen Chancen und Risiken und der mit übertragenen oder überlassenen Wirtschaftsgüter und sonstigen Vorteile verlagert" wird. **16**

III. Gewerberechtliche Anzeige und öffentlich-rechtliche Beschränkungen

Den (umsatz-)steuerrechtlichen Einschränkungen des *outtaskings* und des *outsourcings* stehen eine ganze Reihe sonstiger öffentlich-rechtlicher Beschränkungen zur Seite, die bei der Entscheidung über das *outtasking* bzw. das *outsourcing* beachtet werden müssen. **17**

1. Gewerberechtliche Anzeige

Derjenige, der zur Erbringung entsprechender Werk-, Werklieferungs- und Dienstverträge den selbständigen Betrieb eines stehenden Gewerbes anfängt, muss eine gewerberechtliche Anzeige abgeben (§ 14 Abs. 1 S. 1 GewO). Es handelt sich gewissermaßen um eine Formalie, die ihre Relevanz insbesondere in den Fällen gewinnt, in denen der Auftragnehmer des *outsourcing* bzw. des *outtasking* bislang keine selbständige Tätigkeit ausgeübt hat, sondern die mehr oder weniger gleiche Aufgabe bislang in einem Arbeitsverhältnis erfüllt hat. **18**

2. Sonstige Ge- und Verbotsnormen

Neben dem Gebot zur gewerberechtlichen Anzeigen existieren zahlreiche weitere Ge- und Verbotsnormen, die beim *outtasking* bzw. *outsourcing* zu beachten sind. Auch wenn der Auftraggeber idR frei ist in seiner unternehmerischen Entscheidung, ob er bestimmte Teilfunktionen seines eigenen Unternehmens durch angestelltes Personal erledigen lässt oder an einen Externen vergibt, so gibt es zahlreiche Branchen und Materien, in denen diese Freiheit zur Auslagerung durch Gesetz oder aufgrund Gesetzes in unterschiedlichem Maße eingeschränkt ist. **Beispiele** sind: **19**

a) Kreditwesengesetz

Durch **§ 25a Abs. 2 S. 1 KWG** wird angeordnet, dass ein Kreditinstitut abhängig von Art, Umfang, Komplexität und Risikogehalt einer Auslagerung von Aktivitäten und Prozessen auf ein anderes Unternehmen, die für die Durchführung von Bankgeschäften, Finanzdienstleistungen oder sonstigen institutstypischen Dienstleistungen wesentlich sind, angemessene Vorkehrungen treffen muss, um übermäßige zusätzliche **20**

---

[20] Vgl. BFH 17. 10. 2001 – I R 103/00, BStBl. II 2004, 171.
[21] *Seffer/Moser* ITRB 2011, 63.

C. Outtasking durch Werk- und Dienstverträge

Risiken zu vermeiden. Die Bankenaufsicht ahndet die Verstöße gegen diese Vorschrift.[22]

b) Versicherungsaufsichtsgesetz

21 Durch § 64 a VAG werden Versicherungsunternehmen zu einer aufsichtsbehördlich überprüfbaren ordnungsgemäßen Geschäftsorganisation verpflichtet, wozu auch ein angemessenes Risikomanagement gehört.[23] Eine spezielle Vorschrift für bestimmte Fälle des *outsourcing* findet sich in § 64 a Abs. 4 VAG, die ua dazu führt, dass sich das Versicherungsunternehmen bei einer Funktionsausgliederung – so der gesetzliche Begriff – erforderliche Auskunftsrechte und Weisungsbefugnisse vorbehalten muss.[24] Erforderlich ist ferner, die mit der Funktionsausgliederung verbundenen Risiken zu steuern und zu überwachen.[25]

22 In dem Rundschreiben der BaFin zu den **versicherungsaufsichtsrechtlichen Mindestanforderungen an das Risikomanagement** (MaRisk VA) werden an die abzuschließenden Verträge folgende inhaltliche Anforderungen gestellt:
– Spezifizierung und ggf. Abgrenzung der vom Unternehmen, auf das ausgegliedert wird, zu erbringenden Leistungen (Leistungsgegenstand),
– Festlegung von Informations- und Prüfungsrechten der internen Revision des Auftraggebers sowie externer Prüfer,
– Sicherstellung der Informations- und Prüfungsrechte sowie der Kontrollmöglichkeiten der Aufsichtsbehörde,
– Vereinbarung von Weisungsrechten,
– Regelungen, die die Beachtung des Datenschutzes gewährleisten,
– angemessene Kündigungsfristen,
– Sicherstellung der Einhaltung versicherungsaufsichtsrechtlicher Anforderungen durch den Auftragnehmer,
– Benachrichtigungspflichten bei Entwicklungen, die die Auftragserledigung beeinträchtigen.[26]

c) Rundschreiben 5/2010 der Bundesanstalt für Finanzdienstleistungsaufsicht

23 Ähnliches hat die Bundesanstalt für Finanzdienstleistungsaufsicht (BaFin) in ihrem Rundschreiben 5/2010 (WA) vom 30. 6. 2010 über die **Mindestanforderungen an das Risikomanagement für Investmentgesellschaften** (InvMARisk) formuliert. Der Mindestvertragsinhalt jedes *outtasking*- oder *outsourcing*-Vertrags, der von den InvMARisk erfasst wird, muss umfassen:
– Leistungsbeschreibung,
– Informations- und Prüfungsrechte der internen Revision der Kapitalanlagegesellschaft sowie externer Prüfer,
– Informations- und Prüfungsrechte sowie Kontrollmöglichkeiten der BaFin,
– Weisungsrechte,
– Datenschutz,
– Kündigung,
– Weiterverlagerungen (Einschaltung von Subunternehmern) sowie

---

[22] *Brogl* in Becker/Berndt/Klein (Hrsg.), Outsourcing von Geschäftsbereichen, 31.
[23] *Gabel/Steinhauer* VersR 2010, 177.
[24] *Gabel/Steinhauer* VersR 2010, 177 (178).
[25] *Gabel/Steinhauer* VersR 2010, 177 (181).
[26] *Gabel/Steinhauer* VersR 2010, 177 (181).

III. Gewerberechtliche Anzeige und öffentlich-rechtliche Beschränkungen

– Informationspflichten des Auftragnehmers bei leistungsbeeinträchtigenden Entwicklungen.[27]

d) Bundesdatenschutzgesetz

Bei der **Auslagerung einer Datenverarbeitung** auf einen Auftragnehmer (Auftragsdatenverarbeitung) ist insbesondere **§ 11 BDSG** zu beachten. 24

Die Novelle des § 11 BDSG hat einen (nicht abschließenden) 10-Punkte-Katalog 25 hervorgebracht, der bei der Ausgestaltung von Verträgen über die Auslagerung der Datenverarbeitung im Wege der so genannten Auftragsdatenverarbeitung beachtet werden muss. Der Vertrag muss mindestens Angaben enthalten zu
– Gegenstand und Dauer des Auftrags,
– Umfang, Art und Zweck der Erhebung, Verarbeitung oder Nutzung von Daten, Art der Daten, Kreis der Betroffenen,
– technischen und organisatorischen Maßnahmen iSd § 9 BDSG,
– Berichtigung, Löschung und Sperrung von Daten,
– Pflichten des Auftragnehmers nach § 11 Abs. 4 BDSG,
– Berechtigung zur Begründung von Unterauftragsverhältnissen,
– Kontrollrecht des Auftraggebers und Duldungs- und Mitwirkungspflichten,
– mitzuteilenden Verstöße,
– Umfang der Weisungsbefugnis des Auftraggebers,
– Rückgabe überlassener Datenträger und Löschung beim Auftragnehmer gespeicherter Daten nach Beendigung des Auftrags.[28]

Die **Grenzen der (bloßen) Auftragsdatenverarbeitung** werden überschritten, 26 wenn es zu einer so genannten Funktionsverlagerung im datenschutzrechtlichen Sinne kommt, der Auftragnehmer also sachliche Entscheidungen hinsichtlich der Daten und ihrer Verarbeitung treffen kann und darf und somit zu einem Dritten iSd § 3 Abs. 8 BDSG wird.[29]

e) Strafgesetzbuch

Möchten Auftraggeber, die zugleich Geheimnisträger sind, interne Verwaltungs- 27 abläufe auf eine Tochtergesellschaft übertragen, so sind sie genötigt, die Regelung des **§ 203 StGB** (Verletzung von Privatgeheimnissen) zu berücksichtigen.[30] Als betroffene Auftraggeber werden beispielhaft Versicherungen, Kanzleien, Klinikbetreiber genannt.[31]

Bei einem funktionalen Verständnis des Begriffs des Geheimnisträgers soll nach teil- 28 weise vertretener Auffassung zumindest bei konzerninternen Sachverhalten („*internes outsourcing*") § 203 StGB kein Hindernis sein, während bei einer Weitergabe von Geheimnissen an Dritte als externe Dienstleister die weitere Rechtsentwicklung abgewartet werden soll.[32]

Die herrschende Auffassung im strafrechtlichen Schrifttum nimmt hingegen an, dass 29 auch bei konzerninternen Sachverhalten die Weitergabe an einen Dritten vorliegt; eine eigenständige juristische Person könne kein – ebenfalls dem Geheimnisschutz unter-

---

[27] *Hörl* ITRB 2010, 264.
[28] *Söbbing* ITRB 2010, 36 (37).
[29] *Söbbing* ITRB 2010, 36 (39).
[30] *Bräutigam* CR 2011, 411; *Jahn/Palm* AnwBl. 2011, 613.
[31] *Bräutigam* CR 2011, 411.
[32] *Bräutigam* CR 2011, 411 f.

worfener – Gehilfe iSd § 203 StGB sein,[33] weswegen in der Praxis aus Gründen der Vorsicht auf den aufwendigen, freilich auch umsatzsteuerrechtlich motivierten[34] Weg des Doppel- oder Mehrfacharbeitsverhältnisses des Gehilfen zurückgegriffen wird.[35]

f) Telekommunikationsgesetz

30 Relevant werden können die **Vorschriften des TKG,** wenn ein Arbeitgeber den Betrieb des Mailservers auf einen außenstehenden Provider überträgt. Solange der Arbeitgeber die private Nutzung des E-Mail-Accounts durch seine Mitarbeiter gestattet, ist auch der den Mailserver betreibende Provider Telekommunikationsdiensteanbieter, weil nach § 3 Nr. 6 TKG Diensteanbieter jeder ist, der geschäftsmäßig an der Erbringung der Telekommunikationsdienstleistung mitwirkt.[36] Dies kann zu Zugriffsschwierigkeiten des Arbeitgebers führen, wenn dieser auf den „Postkorb" als Ganzes zugreifen möchte.[37]

g) Urheberrecht

31 Durch drei Entscheidungen des BGH aus dem Jahr 2009[38] ist die Frage nach **urheberrechtlichen Verantwortlichkeiten** bei der Auslagerung von Vervielfältigungsaufgaben, nämlich die Frage nach der Herstellereigenschaft einer näheren Klärung zugeführt worden. Vervielfältigungsvorgänge werden regelmäßig von einem Auftraggeber in Auftrag gegeben und erfolgen überwiegend auf den Servern des Auftragnehmers, die technische Auslösung des Vorgangs erfolgt dabei entweder durch den Auftragnehmer oder durch den Auftraggeber.[39] Nach der Ansicht des BGH ist Hersteller derjenige, der die körperliche Festlegung technisch bewerkstelligt, auch wenn er sich dabei der technischen Hilfe Dritter bedient.[40] Wenn ein Auftraggeber beim Auftragnehmer auf technische Weise einen Vervielfältigungsvorgang auslöst, der sich dann auf dessen Servern vollautomatisch vollzieht, ist Hersteller der Vervielfältigung der Auftraggeber.[41] Besondere Bedeutung kommt dieser Verschiebung der Herstellereigenschaft hin zum Auftraggeber (Kunden) bei der Ausgestaltung von Auslagerungsverträgen zu. Ein *outsourcing* kann vertraglich ggf. in der Weise gestaltet werden, dass eine Zustimmung des Softwarelizenzgebers nicht erforderlich ist.[42]

h) Weitere Vorschriften

32 Es gibt schließlich auch Vorschriften, die ein *outtasking* oder gar ein *outsourcing* schlechterdings verbieten, nämlich wenn die höchstpersönliche Leistungserbringung vorgeschrieben ist. So verstößt die Bedienung eines Apothekenterminals durch das Personal eines gewerblichen Dienstleisters gegen die Pflicht des Apothekers aus § 7 ApothekenG zur persönlichen Leitung der Apotheke in eigener Verantwortung.[43]

---

[33] *Bräutigam* CR 2011, 411 (413).
[34] *Diehl/Hamacher* VW 2010, 1744.
[35] *Bräutigam* CR 2011, 411 (414).
[36] *Kremer/Meyer-van Raay* ITRB 2010, 133 (136).
[37] *Kremer/Meyer-van Raay* ITRB 2010, 133 (137).
[38] BGH 22. 4. 2009 – I ZR 175/07, AfP 2009, 377; 22. 4. 2009 – I ZR 215/06, ZUM-RD 2009, 508; 22. 4. 2009 – I ZR 216/06, NJW 2009, 3511.
[39] *Niemann* CR 2009, 661 (662).
[40] BGH 22. 4. 2009 – I ZR 216/06, NJW 2009, 3511.
[41] *Niemann* CR 2009, 661 (662).
[42] *Niemann* CR 2009, 661 (663).
[43] BVerwG 24. 6. 2010 – 3 C 31/09, GewArch 2010, 414.

IV. Haftungsrisiken des Unternehmensleiters bei *outtasking* und *outsourcing*

Neben den öffentlich-rechtlichen Beschränkungen bei der Einführung und Aus- 33
gestaltung von *outtasking* und *outsourcing* sind auch **haftungsrechtliche Aspekte des Zivilrechts** zu beachten.

Die zahlreichen Vorschriften für die Kreditinstitute, Versicherungen und sonstige 34
Finanzdienstleister zeigen auf, dass mit einem *outsourcing* bzw. *outtasking* Risiken verbunden sein können, die für die Überlebensfähigkeit der auslagernden Unternehmung von Bedeutung sein können; dies ist der Grund für die gesetzgeberische bzw. aufsichtsbehördliche Aktivität bei der Regulierung des *outsourcing* bzw. *outtasking* in bestimmten Branchen. Soweit solche speziellen Vorgaben des Gesetzgebers bzw. der Aufsichtsbehörden fehlen, ist auf die allgemeinen, insbesondere gesellschaftsrechtlichen Regelungen zurückzugreifen, die unabhängig von Branche und Art der Auslagerung eingreifen. Diese Normen richten sich in der Regel an die Leiter einer Unternehmung, regeln also das Verhältnis zwischen dem Inhaber einer Unternehmung und dem Manager.

1. Aktiengesellschaft

Bei der Entscheidung des Vorstands einer Aktiengesellschaft zum *outsourcing* bzw. 35
outtasking muss dieser beachten, dass er gemäß § 91 Abs. 2 AktG verpflichtet ist, geeignete Maßnahmen zu treffen, insbesondere ein **Überwachungssystem** einzurichten, damit den Fortbestand der Gesellschaft gefährdende Entwicklungen frühzeitig erkannt werden. Diese Verpflichtung ist Bestandteil der allgemeinen Verpflichtung des Vorstands, für eine ordnungsgemäße Organisation im Unternehmen zu sorgen.[44] Die für bestimmte Branchen geltenden Risikomanagement-Vorgaben wie § 25a KWG sind dabei ein geeigneter Vergleichsmaßstab.[45]

Es gibt **Aufgaben des Vorstands,** die dieser nicht vollständig auf eine untergeord- 36
nete Ebene, erst recht nicht auf externe Unternehmen verlagern darf, nämlich die strategischen Führungsaufgaben. Soweit der Vorstand einer Aktiengesellschaft die Aufgaben teilweise delegieren darf, wandelt sich seine Pflicht um zu einer Überwachungspflicht der ausgewählten Personen. Diese müssen über ihre Aufgaben, die zu beachtenden Rechtsnormen, interne Richtlinien und Risiken unterrichtet werden.[46]

Lagert ein Vorstand einer Aktiengesellschaft **Kernfunktionen der Unterneh-** 37
mung auf einen Externen aus, ohne hinreichende Vorkehrungen dafür zu treffen, das bei einer Leistungsstörung zwischen der Aktiengesellschaft und diesem Externen die Funktionsfähigkeit der Unternehmung der Aktiengesellschaft gewahrt bleibt, kann sich dieser folglich schadensersatzpflichtig machen.

2. Sonstige Kapitalgesellschaften

Da es sich bei der beschriebenen Pflicht des Vorstands einer Aktiengesellschaft um 38
die Pflicht zur ordnungsgemäßen Unternehmensführung handelt, gelten für die Un-

---

[44] MüKoAktG/*Spindler* § 91 Rn. 18.
[45] MüKoAktG/*Spindler* § 91 Rn. 31.
[46] MüKoAktG/*Spindler* § 91 Rn. 19.

ternehmensleiter anderer Gesellschaften jedenfalls dem Grunde nach ähnliche Pflichten. Der Gesetzgeber hat § 91 Abs. 2 AktG eine Ausstrahlungswirkung auch für Gesellschaften anderer Rechtsform beigemessen.[47]

V. Ausgestaltung der Vertragsverhältnisse

39 Ist die Entscheidung zum *outtasking* getroffen, vollzieht sich dies idR auf der gleichen zivilrechtlichen Basis wie das *outsourcing,* also auf der Grundlage von Werk- oder Dienstverträgen.[48]

1. Werkvertrag

40 Wird vom Auftragnehmer und vom Auftraggeber vereinbart, dass der Auftragnehmer einen bestimmten Erfolg, insbesondere die Erstellung eines Werkes, schuldet, richten sich die wechselseitigen Rechte und Pflichten der Vertragsparteien nach den §§ 631 ff. BGB. Zum Mindestinhalt eines Werkvertrags gehört eine Vereinbarung betreffend das herzustellende Werk. Eine Abrede über die Vergütung ist gemäß § 631 Abs. 2 BGB nicht zwingend notwendig, wenngleich sinnvoll.

41 Für die Ausgestaltung im Einzelnen gilt Folgendes:

a) Überblick

42 Der **Inhalt eines Werkvertrags** für ein *outtasking* umfasst sinnvollerweise eine Definition bzw. Regelung
– der Vertragspartner,
– des Gegenstands der Leistung,
– der Leistungszeit,
– des Leistungsorts,
– des Werklohns,
– der vom Auftraggeber beizusteuernden materiellen oder immateriellen (Betriebs-) Mittel sowie deren Rückübertragung nach Durchführung des Werks,
– der Anforderungen an das Personal/die Subunternehmer des Auftragnehmers,[49]
– des Umfangs der Übertragung von Nutzungsrechten an dem herzustellenden Werk,
– der Weisungsbefugnisse/Kontrollrechte des Auftraggebers,
– der Voraussetzungen und Rechtsfolgen der Leistungsverzögerung,
– des Übergangs der Gefahr,
– der Abnahme,
– der Haftung für Mängel und sonstige Schäden,
– der sonstigen Nebenpflichten (zB Wahrung der Vertraulichkeit[50]),
– der Laufzeit/Kündigung,
– der Abwicklung des beendeten Vertragsverhältnisses.

---

[47] Gesetzentwurf der Bundesregierung, Entwurf eines Gesetzes zur Kontrolle und Transparenz im Unternehmensbereich (KonTraG), Begründung zu Nr. 7 – § 91 Abs. 2 AktG, BR-Drs. 872/97 vom 7. 11. 1997, 37.
[48] *Willemsen/Hohenstatt/Schweibert/Seibt,* Umstrukturierung und Übertragung von Unternehmen, Rn. 104.
[49] *Heymann/Lensdorf* in Redeker, Handbuch der IT-Verträge, 5.4. Rn. 18.
[50] *Heymann/Lensdorf* in Redeker, Handbuch der IT-Verträge, 5.4. Rn. 18.

V. Ausgestaltung der Vertragsverhältnisse

b) Regelungsgegenstände im Einzelnen

aa) Vertragspartner

Während die Definition der Vertragspartnereigenschaft idR kein Problem darstellt, kann die Abgrenzung der in den Schutzbereich des Vertrags einbezogenen Dritten eher zu Kontroversen führen. Um Streitigkeiten über den Umfang des Kreises der in den Schutzbereich des Vertrags einbezogenen Dritter zu vermeiden, empfiehlt sich die ausdrückliche **Definition dieser Drittbegünstigten.** 43

bb) Gegenstand der Leistung

Die Komplexität vieler Vertragsmaterien hat die Vertragspraxis entstehen lassen, die (technischen) Einzelheiten in Anlagen zum Vertrag (*service level agreements* bzw. (technischen) Leistungsbeschreibungen) festzuhalten. 44

Als vertragliche Regelungstechnik wird empfohlen, sowohl eine positive Formulierung für den auszulagernden Bereich als auch – insbesondere bei Gemengelagen – eine negative Abgrenzung des nicht auszulagernden Teils vorzunehmen.[51] 45

cc) Leistungszeit

Bei der Regelung von Leistungszeiten ist zu unterscheiden zwischen der Festlegung von Terminen, bis zu denen die Leistungen erbracht sein müssen (Fertigstellungstermine), und der Festlegung von Zeiten, zu denen Leistungen erbracht werden müssen oder können (Arbeits-/Präsenzzeiten). 46

(1) Termine für die Leistung

Die Festlegung eines bestimmten Zeitpunkts, bis zu dem eine Leistung erbracht worden sein muss, dient der vereinfachten Herbeiführung des Leistungsverzugs des jeweiligen Schuldners. Ist für die Leistung eine Zeit nach dem Kalender bestimmt, bedarf es zur Verzugsbegründung keiner Mahnung (§ 286 Abs. 2 Nr. 1 BGB). 47

(2) Festlegung von Arbeitszeiten

Besteht im Rahmen des *outtasking* die Notwendigkeit der Zusammenarbeit sowohl der Arbeitnehmer des Auftraggebers als auch der Arbeitnehmer des Auftragnehmers, kann es erforderlich sein, für die Durchführung des *outtasking* bestimmte Arbeits-, Anwesenheits- oder Zutrittszeiten festzulegen, die den wechselseitigen Informations- oder Leistungsaustausch sicherstellen. 48

dd) Leistungsort

Soweit die Werkleistung ihrer Natur nach nur an einem bestimmten Ort erfolgen kann, bedarf es einer vertraglichen Festlegung nicht. Sofern hingegen ein Interesse des Auftraggebers besteht, dass eine ihrer Natur nach überall mögliche Leistung an einem bestimmten Ort erbracht wird, bedarf es einer entsprechenden Vertragsregelung. 49

ee) Werklohn

Oftmals stehen die zur Erfüllung eines Werkvertrags notwendigen Leistungen bei Vertragsschluss noch nicht (exakt) fest. Aus diesem Grund kennt das Bürgerliche Gesetzbuch in § 631 Abs. 2 BGB eine Preisfindungsklausel. 50

Die im Gesetz enthaltene **Preisfindungsklausel** für nicht durch Vertrag festgelegte Preise ist grob. Das Bemühen der Vertragsparteien muss deshalb darauf gerichtet sein, 51

---

[51] *Stabenau* in Becker/Berndt/Klein (Hrsg.), Outsourcing von Geschäftsbereichen, Rn. 303.

vertragliche Preisfindungsklauseln zu vereinbaren, die dem jeweiligen Regelungsgegenstand adäquat sind.

52 Bei der Preisfindung sind grundsätzlich **verschiedene Typen** voneinander zu trennen. Der in vielen Situationen, in denen lediglich der Umfang bestimmter Leistungen nicht sicher vorhersagbar ist, interessengerechte Vertragstypus ist der so genannte Einheitspreisvertrag. Bei der Wahl eines solchen Preisfindungsmodells wird die vom Auftragnehmer zu erbringende Leistung der Art nach vorab in möglichst viele Teilleistungen aufgesplittet und für diese Teilleistungen pro Berechnungseinheit (Stück) vorab ein sogenannter Einheitspreis gebildet. Nach Abschluss der Leistung des Auftragsnehmers wird dann festgestellt, wie viele Einheiten der einzelnen Leistungen erbracht worden sind und deren Zahl mit dem Einheitspreis (Preis pro Einheit) multipliziert. Die auf solche Art ermittelte Vergütung entspricht stets der tatsächlich erbrachten Leistung. Anders als ein Stundenlohnvertrag kann die Einheitspreisvereinbarung keinen Anreiz geben, zu Lasten des Auftraggebers langsam zu arbeiten.[52]

53 Das Gegenmodell bildet der sogenannte **Pauschalpreisvertrag,** nach dessen Inhalt es für die Abrechnung des Werkes grundsätzlich unerheblich ist, was in welchem Umfang tatsächlich ausgeführt worden ist. Bei einem Pauschalpreisvertrag ist zwar die spätere Erhöhung der Vertragspreise nicht immer ausgeschlossen. Das setzt aber voraus, dass erhebliche, nach dem ursprünglichen Leistungsinhalt nicht vorgesehene Leistungen hinzukommen.[53] Dem Pauschalpreisvertrag wohnt, je weniger zuverlässig die zu erbringenden Leistungen abzuschätzen sind, ein umso stärkerer spekulativer Charakter inne.[54] Das Risiko der Vergrößerung des Umfangs notwendiger Arbeiten trägt in diesem Fall regelmäßig der Auftragnehmer.

54 Ein weiteres Preisfindungsmodell ist die Vergütung des Auftragnehmers nach seinem **Zeitaufwand.** Gelegentlich trifft man selbst Kostenerstattungsverträge an.[55]

55 Die Vertragsparteien sind frei darin, bei bestimmten Einzelleistungen unterschiedliche Preisklauseln zu definieren. Dies gestattet auch die **Kombination verschiedener Preisfindungsmodelle.**

ff) Festlegung der vom Auftraggeber beizusteuernden (Betriebs-)Mittel

56 Der Auftraggeber kann ein Interesse daran haben, dass die vom Auftragnehmer zu erbringenden Leistungen an oder mit bestimmten vom Auftraggeber zur Verfügung zu stellenden (Betriebs-)Mitteln durchgeführt werden. Dies können Stoffe und Anlagen, aber auch EDV-Programme und sonstige Gegenstände sein.

57 Verpflichtet der Auftraggeber den Auftragnehmer dazu, bei der Erbringung der Leistung bestimmte Gegenstände zu verwenden oder diese an bestimmten Gegenständen zu erbringen, muss der Auftraggeber sich des Umstands bewusst sein, dass eine solche Verpflichtung **Haftungserleichterungen** zugunsten des Auftragnehmers mit sich bringt, soweit keine abweichenden vertraglichen Regelungen erfolgen. Gesetzliche Ausgestaltung dieser Haftungserleichterung ist die Regelung in § 645 BGB. Ist das vom Auftragnehmer herzustellende Werk vor der Abnahme in Folge eines Mangels des vom Auftraggeber gelieferten Stoffes oder in Folge einer von dem Auftraggeber für die Ausführung des Vertrags erteilten Weisung untergegangen, verschlechtert oder unausführbar geworden, ohne dass ein Umstand mitgewirkt hat, den der Auftragnehmer zu vertreten hat, so kann der Auftragnehmer einen der geleisteten Arbeit entsprechen-

---

[52] Staudinger/*Peters/Jacoby* BGB § 632 Rn. 4.
[53] BGH 9. 4. 1981 – VII ZR 262/80 [III.1.], NJW 1981, 1442.
[54] Staudinger/*Peters/Jacoby* BGB § 632 Rn. 7.
[55] Staudinger/*Peters/Jacoby* BGB § 632 Rn. 23.

V. Ausgestaltung der Vertragsverhältnisse

den Teil der Vergütung und Ersatz der in der Vergütung nicht inbegriffenen Auslagen verlangen.

Aus diesem Grunde sollte im Fall der „Beistellung" von Stoffen, Personal etc. eine Regelung in den Vertrag aufgenommen werden, die den Auftragnehmer dazu verpflichtet, die beigestellten Gegenstände vor der Verwendung zu untersuchen und auf Bedenken gegen die Verwendung der Gegenstände (bzw. die Befolgung bestimmter Weisungen) hinzuweisen. 58

gg) Anforderungen an das Personal/die Subunternehmer des Auftragnehmers

Regelungen zu den Anforderungen an das Personal bzw. die Subunternehmer des Auftragnehmers sollten neben Qualitätsanforderungen auch Bestimmungen enthalten, ob und in welchem Umfang diese vom Auftragnehmer dazu verpflichtet werden müssen, datenschutzrechtliche oder sonstige Bestimmungen zu beachten, oder entsprechende Belehrungen erhalten müssen. Bei Einsatz in datenschutzrechtlich relevanten Bereichen des Auftraggebers muss das eingesetzte Personal die einschlägigen Bestimmungen einhalten.[56] Die mit der Datenverarbeitung beschäftigten Personen sind, soweit sie bei nicht-öffentlichen Stellen beschäftigt werden, bei der Aufnahme ihrer Tätigkeit auf das Datengeheimnis zu verpflichten (§ 5 S. 2 BDSG). 59

hh) Regelung des Umfangs der Übertragung von (Nutzungs-)Rechten an dem herzustellenden Werk

Handelt es sich bei dem herzustellenden Werk um ein solches, das „geistiges Eigentum" sein kann, ist der Umfang der dem Auftraggeber einzuräumenden (Nutzungs-) Rechte im Vertrag zu definieren. 60

ii) Umfang der Weisungsbefugnisse/Kontrollrechte des Auftraggebers

Je komplexer die vom Auftraggeber ausgelagerte Funktion ist, je größer das damit verbundene Risiko von Fehlern ist, desto dringlicher ist der Auftraggeber darauf angewiesen, dass der Auftragnehmer bestimmte Weisungen beachten muss. 61

Im Zusammenhang mit diesen Weisungen nach § 645 BGB (Bestelleranweisungen) tritt regelmäßig das **Problem der Abgrenzung zu arbeitsrechtlichen Weisungen** auf, bei deren Vorliegen idR auf das (versteckte) Vorliegen eines Arbeitnehmerüberlassungsvertrags geschlussfolgert werden kann. Die Grenze zur Arbeitnehmerüberlassung ist (erst) dann überschritten, wenn die Fremdfirmen-Arbeitnehmer „voll" in den Betrieb des Auftraggebers eingegliedert sind und ihre Arbeit dort allein nach dessen Weisungen ausführen.[57] Dabei unterscheidet die Rechtsprechung zwischen arbeitsrechtlichen Weisungen und Weisungen, die nur den Vertragsgegenstand konkretisieren.[58] Ein ein Projekt begleitendes Qualitätsmanagement ist vor diesem Hintergrund kein Indiz für Arbeitnehmerüberlassung.[59] 62

jj) Voraussetzungen und Rechtsfolgen der Leistungsverzögerung

Sofern über die gesetzlichen Regelungen des Schuldnerverzugs hinaus besondere Regelungen zu Voraussetzungen und/oder Rechtsfolgen einer Leistungsverzögerung geregelt werden sollen, ist insbesondere an Vertragsstrafen zu denken. Der Strafan- 63

---

[56] *Heymann/Lensdorf* in Redeker, Handbuch der IT-Verträge, 5.4. Rn. 178.
[57] BAG 13. 8. 2008 – 7 AZR 269/07, EzAÜG AÜG § 10 Fiktion Nr. 121.
[58] BAG 6. 8. 1997 – 7 AZR 663/96, EzAÜG BGB § 631 Werkvertrag Nr. 39.
[59] *Hamann*, Anm. zu LAG Mainz 11. 11. 2010 – 11 Sa 189/10, jurisPR-ArbR 10/2011.

spruch setzt nach § 339 S. 1 BGB lediglich voraus, dass der Schuldner mit der Leistung in Verzug ist. Mehr ist nicht erforderlich.[60]

kk) Übergang der Leistungsgefahr/Abnahme

64   Spricht man im Werkvertragsrecht von der Leistungsgefahr, ist damit von der Gefahr des zufälligen, also von keiner Vertragspartei zu vertretenden Untergangs bzw. einer entsprechenden Verschlechterung der Werkleistung die Rede.

65   Diese Gefahr trägt im Werkvertragsrecht gemäß § 644 Abs. 1 S. 1 BGB bis zur Abnahme des Werkes grundsätzlich der Auftragnehmer, danach der Auftraggeber.

66   Davon abweichende Regelungen bedürfen der Vereinbarung. Gleiches gilt für die Regelungen zur Art und Weise der Abnahme.

ll) Voraussetzungen und Rechtsfolgen sonstiger Leistungsmängel

67   *Outtasking-* und *outsourcing-*Verträge sind idR typengemischte Verträge, was im Fall von Leistungsmängeln einzelner (Teil-) Leistungen zu schwierigen Abgrenzungsfragen führen kann, sofern keine vertraglichen Vereinbarungen dazu getroffen werden.[61] Diese werden deshalb empfohlen.

mm) Sonstige Nebenpflichten

68   Zahlreiche Nebenpflichten können Gegenstand ergänzender Bestimmungen sein, zB:
(1) Wichtige Nebenpflicht ist die der Wahrung der **Vertraulichkeit.** Deren Verletzung wird regelmäßig durch Vertragsstrafen sanktioniert.[62]
(2) Weitere – mit § 241 Abs. 2 BGB korrespondierende – Pflicht kann die zur **Anzeige von bekannt gewordenen Mängeln** oder Schäden an den Sachen des Auftraggebers sein.[63]
(3) Bei hohen Risiken und begrenzter Haftungsmasse des Auftragnehmers liegt es regelmäßig im Interesse des Auftraggebers, den Auftragnehmer vertraglich dazu zu verpflichten, eine **Haftpflichtversicherung** abzuschließen und deren Bestand fortlaufend nachzuweisen.

nn) Laufzeit/Kündigung

69   Die gesetzlichen Regelungen zur Kündigung des Werkvertrags (§ 643 BGB für die Kündigung durch den Auftragnehmer; § 649 BGB für die Kündigung durch den Auftraggeber) werden den auf längerfristige bzw. sich periodisch wiederholende Zusammenarbeit ausgelegten Verträgen über *outsourcing* bzw. *outtasking* nur unzureichend gerecht. Die Modifikation dieser Regelungen ist idR der wirtschaftlichen Überlegung geschuldet, dass die mit der Auslagerung von Funktionen verbundenen Investitionen regelmäßig einen längeren Amortisierungszeitraum erfordern.[64]

oo) Abwicklung des beendeten Vertragsverhältnisses

70   Stellt der Auftraggeber dem Auftragnehmer Gegenstände durch Übertragung dinglicher Rechte zur Verfügung, ist deren Rückübertragung *(„backsourcing"*[65]*)* zu regeln. Insbesondere bei Einräumung von Softwarelizenzen ist dies zu berücksichtigen.

---

[60] Staudinger/*Rieble* BGB § 339 Rn. 268.
[61] *Heymann/Lensdorf* in Redeker, Handbuch der IT-Verträge, 5.4. Rn. 137.
[62] *Heymann/Lensdorf* in Redeker, Handbuch der IT-Verträge, 5.4. Rn. 18.
[63] MüVHdb/*Castor*, Band 5, 6. Aufl. 2008, III. 19, § 7 Abs. 1.
[64] *Heymann/Lensdorf* in Redeker, Handbuch der IT-Verträge, 5.4. Rn. 619.
[65] *Heymann/Lensdorf* in Redeker, Handbuch der IT-Verträge, 5.4. Rn. 644.

2. Werklieferungsverträge

Soweit der Vertrag über das *outtasking* die Lieferung noch herzustellender oder zu 71
erzeugender beweglicher Sachen zum Gegenstand hat, finden gemäß § 651 BGB die
Vorschriften über den Kauf Anwendung. Soweit es sich bei den herzustellenden oder
zu erzeugenden beweglichen Sachen um nicht-vertretbare Sachen handelt („Sonderanfertigungen"), sind auch die §§ 642, 643, 645, 649 und 650 mit der Maßgabe anzuwenden, dass an die Stelle der Abnahme der nach dem §§ 446 und 447 BGB maßgebliche Zeitpunkt tritt (§ 651 S. 3 BGB).

3. Dienstverträge

Fehlt es dem Inhalt des *outtasking*-Vertrags an der Definition eines herzustellenden 72
Werkes und erschöpft sich die Leistung des Auftragnehmers in einer bloßen Dienstleistung, finden die §§ 611 ff. BGB Anwendung. Zu dem notwendigen Bestandteil eines
Dienstleistungsvertrags gehört lediglich die Bestimmung der zu erbringenden Dienstleistung. Dienstleistung in diesem Sinne ist jede menschliche Arbeit. Da kein Erfolg
geschuldet ist, ist das zeitliche Moment wesentliches Kriterium der zu erbringenden
Dienstleistungen.[66] Sach- bzw. Werkmängelgewährleistungsrechte gibt es in diesen Fällen
nicht. Es gelten die Regelungen über die Vertragsverletzung des allgemeinen Teils des
Bürgerlichen Gesetzbuchs.

Im Hinblick auf die Ergänzung der notwendigen Vertragsbestandteile um spezifische 73
Regelungen einzelner Komplexe gilt das zum Werkvertrag Ausgeführte.

4. Rahmenverträge

Insbesondere beim *outtasking* kann ein Interesse daran bestehen, für sich unregel- 74
mäßig wiederholende, aber ähnliche Leistungen einen vertraglichen Rahmen zu schaffen, innerhalb dessen sich der einzelne Leistungsvollzug auf Basis von Einzelverträgen
vollzieht. Zweck eines Rahmenvertrags ist es, dass die allgemeinen Bestimmungen
nicht immer wieder neu verhandelt werden müssen, sondern grundsätzlich für alle neu
vereinbarten oder veränderten Leistungen gelten.[67] Der Inhalt der Rahmen- und Einzelverträge kann sowohl dienst- als auch werkvertraglicher als auch typengemischter
Natur sein.

Ob und in welchem Umfang der Auftragnehmer in diesen Fällen dazu verpflichtet 75
sein soll, ihm angetragene Einzelarbeiten auszuführen, kann Gegenstand einer Klausel
zu den Voraussetzungen eines Kontrahierungszwangs bezüglich der Einzelverträge
sein.

VI. Durchführung zwischen Auftraggeber und dem eingesetzten Mitarbeiter des Auftragnehmers

Schon bei der vertraglichen Ausgestaltung des *outtasking* zwischen Auftragnehmer 76
und Auftraggeber sollten die Besonderheiten bedacht werden, die auftreten, wenn sich

---

[66] Staudinger/*Richardi* BGB § 611 Rn. 2.
[67] *Heymann/Lensdorf* in Redeker, Handbuch der IT-Verträge, 5.4. Rn. 45.

1. Beziehungen zwischen den Beteiligten

77 In dem Dreiecksverhältnis zwischen dem Auftraggeber, dem Auftragnehmer und dem vom Auftragnehmer eingesetzten Mitarbeiter stellt das Verhältnis zwischen dem Auftragnehmer und dem Auftraggeber das sogenannte **Valuta-Verhältnis** dar. Das Rechtsverhältnis zwischen dem Auftragnehmer und seinem Mitarbeiter stellt das sogenannte **Deckungsverhältnis** dar.

78 Das Verhältnis zwischen dem Auftraggeber und dem Mitarbeiter des Auftragnehmers ist, sofern keine besonderen Absprachen getroffen werden, kein Rechtsverhältnis, sondern lediglich ein **tatsächliches Leistungsverhältnis.** Vertragliche Beziehungen zwischen dem eingesetzten Mitarbeiter des Auftragnehmers und dem Auftraggeber gibt es nicht, sofern keine besonderen Absprachen getroffen werden. Zur Durchführung des *outtasking* notwendige Kontakte zwischen dem Auftraggeber und dem Mitarbeiter des Auftragnehmers erfordern oftmals den Abschluss entsprechender Vereinbarungen, insbesondere zur Begründung von Verpflichtungen des Mitarbeiters zur Einhaltung rechtlicher Vorgaben, wie sie in Betriebsordnungen, Hausordnungen oder Kantinenordnungen enthalten sind. Auch datenschutzrechtliche Einwilligungserklärungen iSd § 4a BDSG oder Verpflichtungen nach § 5 S. 2 BDSG können notwendig werden.

2. Haftung des Auftragnehmers für den Mitarbeiter

79 Der Mitarbeiter des Auftragnehmers ist, wenn kein Fall der Arbeitnehmerüberlassung bzw. Dienstverschaffung vorliegt, dessen Erfüllungsgehilfe iSd § 278 BGB, so dass der Auftragnehmer für dessen Verschulden wie für eigenes Verschulden einstehen muss. Gegenüber den Mitarbeitern des Auftraggebers stellt der Mitarbeiter des Auftragnehmers nur dann einen Erfüllungsgehilfen des Auftragnehmers dar, wenn die Mitarbeiter des Auftraggebers in den Schutzbereich des Vertrags zwischen dem Auftraggeber und dem Auftragnehmer einbezogen sind, und zwar im Sinne eines Vertrags mit Schutzwirkung zugunsten Dritter (§ 328 BGB analog). Dies dürfte regelmäßig der Fall sein. Klarstellende vertragliche Regelungen sollten dies vorsehen.

3. Haftung gegenüber Dritten

80 Im Übrigen ist der Mitarbeiter des Auftragnehmers dessen Verrichtungsgehilfe iSd § 831 BGB, so dass der Auftragnehmer, sofern die Voraussetzungen des § 831 BGB erfüllt sind, nicht nur gegenüber dem Auftraggeber und dessen Mitarbeitern, sondern auch gegenüber sonstigen Dritten haftet, die in den Schutzbereich des Vertrags zwischen Auftragnehmer und Auftraggeber nicht einbezogen sind.

4. Gesetzliche Unfallversicherung

81 Haftungsrechtliche Besonderheiten ergeben sich bei **Personenschäden,** die vom Anwendungsbereich des § 105 SGB VII erfasst werden. Nach § 105 Abs. 1 S. 1

SGB VII sind Personen, die durch eine betriebliche Tätigkeit einen Versicherungsfall von Versicherten desselben Betriebs verursachen, diesen und deren Angehörigen und Hinterbliebenen nur dann zum Ersatz des Personenschadens verpflichtet, wenn sie den Versicherungsfall vorsätzlich oder auf einem versicherten Weg herbeigeführt haben. Dieser Haftungsausschluss gilt nicht nur zwischen Arbeitnehmern desselben Betriebs, sondern auch dann, wenn Geschädigter und Schädiger Arbeitnehmer verschiedener Betriebe sind, beide aber in demselben Betrieb tätig sind und der betriebsfremde Arbeitnehmer in den Betrieb, in dem er vorübergehend arbeitet, eingegliedert ist.[68] § 106 Abs. 3, 3. Var. SGB VII erweitert den Anwendungsbereich des Haftungsprivilegs auch auf die Fälle, in denen Versicherte mehrerer Unternehmen vorübergehend betriebliche Tätigkeiten auf einer gemeinsame Betriebsstätte verrichten.

5. Rechtswegbesonderheiten

Für gerichtliche Auseinandersetzungen ist die Regelung in § 2 **Abs. 1 Nr. 9** 82 **ArbGG** zu beachten. Nach dieser Vorschrift gehören bürgerliche Rechtsstreitigkeiten zwischen Arbeitnehmern aus gemeinsamer Arbeit und aus unerlaubten Handlungen, soweit diese mit dem Arbeitsverhältnis im Zusammenhang stehen, vor die Gerichte für Arbeitssachen. Diese Vorschrift findet auch dann Anwendung, wenn die Arbeitnehmer die gemeinsame Arbeit verrichtet haben, obwohl sie gar nicht bei demselben Arbeitgeber angestellt sind.[69] Möchte hingegen der geschädigte Auftrageber den Mitarbeiter des Auftragnehmers oder den Auftragnehmer selbst in Anspruch nehmen, handelt es sich um eine bürgerlich-rechtliche Streitigkeit, die vor die ordentlichen Gerichte gehört.

VII. Mitbestimmungsrechte des Betriebsrats des Auftraggebers

Das *outtasking* als solches unterliegt als freie unternehmerische Entscheidung nicht 83 der Mitbestimmung des Betriebsrats. Es handelt sich im Wesentlichen um eine klassische „make or buy"-Entscheidung.[70] Nur wenn und soweit das *outtasking* mit mitbestimmungsrechtlich relevanten Tatbeständen im Zusammenhang steht, sind die mitbestimmungsrechtlichen Vorschriften zu beachten.

Im Einzelnen können **mehrere Mitbestimmungstatbestände** berührt sein: 84

1. Unterrichtung des Wirtschaftsausschusses

In allen Unternehmen mit in der Regel mehr als 100 ständig beschäftigten Arbeit- 85 nehmern ist ein Wirtschaftsausschuss zu bilden (§ 106 Abs. 1 S. 1 BetrVG). Der Wirtschaftsausschuss hat die Aufgabe, wirtschaftliche Angelegenheiten mit dem Unternehmer zu beraten und den Betriebsrat zu unterrichten (§ 106 Abs. 1 S. 2 BetrVG). Diese Aufgabe kann der Wirtschaftsausschuss nur dann wahrnehmen, wenn er über die wirtschaftlichen Angelegenheiten informiert ist. Aus diesem Grund muss der Unternehmer den Wirtschaftsausschuss nach § 106 Abs. 2 S. 1 BetrVG rechtzeitig und umfas-

---

[68] Staudinger/*Richardi* BGB § 611 Rn. 625.
[69] LG Frankenthal 27. 6. 2002 – 8 T 59/02, NZA 2003, 751; ErfK/*Koch* ArbGG § 2 Rn. 30; GMPM/*Matthes/Schlewing*, ArbGG, § 2 Rn. 104.
[70] *Blöse/Pechardschek* CR 2002, 785.

C. Outtasking durch Werk- und Dienstverträge

send über die wirtschaftlichen Angelegenheiten des Unternehmens und der Vorlage der erforderlichen Unterlagen unterrichten. Zu den wirtschaftlichen Angelegenheiten in diesem Sinne gehören nach § 106 Abs. 3 BetrVG jedes Rationalisierungsvorhaben, jede Einschränkung oder Stilllegung von Betrieben oder von Betriebsteilen, die Änderung der Betriebsorganisation und des Betriebszwecks sowie sonstige Vorgänge und Vorhaben, welche die Interessen der Arbeitnehmer des Unternehmens wesentlich berühren können.

86   *Outtasking*-Maßnahmen, die sich nicht in unwesentlichen Konsequenzen erschöpfen, gehören in der Regel zu den wirtschaftlichen Angelegenheiten iSd § 106 Abs. 3 BetrVG, so dass der Wirtschaftsausschuss regelmäßig zu informieren ist.

2. Interessenausgleich/Sozialplan

87   Kommt es im Zuge des *outtasking* zu einer Betriebsänderung iSd § 111 BetrVG, muss der Arbeitgeber in Unternehmen mit in der Regel mehr als 20 Wahlberechtigten den Betriebsrat über die geplante Betriebsänderung, die wesentlichen Nachteile für die Belegschaft oder für erhebliche Teile der Belegschaft zur Folge haben können, rechtzeitig und umfassend unterrichten und die geplanten Betriebsänderungen mit dem Betriebsrat beraten. Ziel dieser Beratung soll der Abschluss eines Interessenausgleichs iSd § 112 Abs. 1 S. 1 BetrVG sowie eines Sozialplans iSd § 112 Abs. 1 S. 2 BetrVG sein.

88   Eine wesentliche Betriebsänderung kann ausgelöst werden, wenn infolge der Auslagerung im bisherigen betriebliche Funktionen wegfallen[71] oder sich der Betriebszweck ändert.[72]

3. Mitbestimmung nach § 99 BetrVG

89   Eine Einstellung iSd § 99 BetrVG kann auch dann vorliegen, wenn Arbeitnehmer von Fremdfirmen, die aufgrund eines Werk- oder Dienstvertrags mit Tätigkeiten im Betrieb beauftragt werden, „eingestellt" werden.[73]

90   Entscheidend kann in diesem Zusammenhang sein, ob auch der Einsatz der Mitarbeiter des Fremdunternehmens von dem bei dem Auftraggeber angestellten Leiter eines Betriebs/einer Abteilung gesteuert wird und bei der Verhinderung von eigenen Arbeitnehmern eine Vertretung durch zusätzliche Mitarbeiter des Auftragnehmers erfolgt,[74] was beim outtasking, bei dem der Arbeitgeber regelmäßig die Leitungsfunktion behält, der Fall sein kann.

---

[71] *Willemsen/Hohenstatt/Schweibert/Seibt,* Umstrukturierung und Übertragung von Unternehmen, C. Rn. 68.
[72] *Willemsen/Hohenstatt/Schweibert/Seibt,* Umstrukturierung und Übertragung von Unternehmen, C. Rn. 70.
[73] BAG 11. 9. 2001 – 1 ABR 14/01, EzA BetrVG 1972 § 99 Einstellung Nr. 10; 6. 8. 2003 – 7 AZR 180/03, AP AÜG § 9 Nr. 6.
[74] LAG Köln 21. 7. 2010 – 9 TaBV 6/10.

VIII. Mitbestimmung des Personalrats

1. Privatisierung

Einige Landespersonalvertretungsgesetze sehen vor, dass der Personalrat in Fällen des *outtasking* zu beteiligen ist.

91

Das *outtasking* in Form des selektiven *outsourcing* kann erfasst werden von den Mitbestimmungstatbeständen des § 72 Abs. 4 S. 1 Nr. 22 LPVG NW, § 68 Abs. 2 Nr. 2 PersVG BB, § 84 Nr. 7 SPersVG (Übertragung von Arbeiten der Dienststelle, die üblicherweise von ihren Beschäftigten vorgenommen werden, auf Dauer an Privatpersonen oder auf Dritte in jeglicher Rechtsform [Privatisierung]), § 81 Abs. 1 S. 1 HPVG (Vergabe oder Privatisierung von Arbeiten oder Aufgaben, die bisher durch die Beschäftigten der Dienststelle wahrgenommen werden) bzw. von der Allzuständigkeit des Personalrats nach § 52 Abs. 1 S. 1 PersVG BR, § 51 Abs. 1 S. 1 MBG SH.

92

2. Sonstige Mitbestimmungstatbestände

Die mit einzelnen Maßnahmen im Zuge des *outtasking* verbunden Einzel-Maßnahmen (Versetzungen, Kündigungen usw.) unterliegen wiederum gesonderten Mitbestimmungstatbeständen.

93

IX. Ausblick

Das Institut des *outsourcing* bzw. *outtasking* hat sich in der Vertragspraxis bislang bewährt. Die Vielgestaltigkeit der Anwendungsfälle zeigt die Flexibilität des zur Verfügung stehenden vertraglichen Instrumentariums. Dieser Flexibilität bedarf es auch in der Zukunft. Technische Neuerungen erfordern regelmäßig gesetzgeberische oder vertragliche Innovationen. Dies Entwicklung läuft unverändert weiter. Für den neuen Bereich des *cloud computing* liegen bereits Stellungnahmen vor, dass die zum *outsourcing* im IT-Bereich entwickelten Vertragsmodelle im Wesentlichen unverändert werden Anwendung finden können.[75]

94

---

[75] *Schuster/Reichl* CR 2010, 38 (41).

D. Personalberatung, Arbeits- und Personalvermittlung

Übersicht

	Rn.
I. Allgemeines	1
II. Begriffe und Grundlagen	5
1. Begriff der Personalberatung	9
2. Begriff der Personalvermittlung	12
a) Abgrenzung zur Arbeitsvermittlung	13
b) Abgrenzung zur Arbeitnehmerüberlassung	15
3. Erlaubnisfreiheit privater Arbeitsvermittlung	17
a) Rechtslage bis zum 26. 3. 2002	17
b) Rechtslage seit dem 27. 3. 2002	25
4. Steuerrechtliche Differenzierung zwischen Vermittlung und Beratung	36
III. Berufsbild der Personalberater und -vermittler	39
IV. Durchführung zwischen Vermittler und Arbeitgeber	44
1. Rechtliche Einordnung der Personalvermittlung	45
2. Anwendbarkeit des AGB-Rechts	50
3. Vorvertragliche Beziehung/Akquise	52
4. Rahmenvertrag bei längerfristiger Zusammenarbeit	54
5. Einzelne Vertragsinhalte	55
a) Tätigkeit des Personalberaters	55
b) Vorherige Arbeitnehmerüberlassung	57
c) Vergütung	58
aa) Personalvermittlung	59
bb) Vergütungsvereinbarungen beim sog. „Klebeeffekt"	65
d) Nachbesserung und Haftung	75
aa) Haftung bei Ungeeignetheit des Bewerbers	77
bb) Unzulässigkeit der Kostenabwälzung auf Arbeitnehmer	80
cc) Einbeziehung von Verstößen gegen das AGG in die Haftung	81
e) Dokumentation des Auswahlprozesses	90
f) Vertragslaufzeit	92
g) Kündigung	93
h) Vertraulichkeit	96
i) Exklusivität	98
6. Mitbestimmungsrechtliche Aspekte	101
a) Mitbestimmung bei der Personalplanung (§ 92 BetrVG)	102
b) Innerbetriebliche Stellenausschreibung (§§ 93, 99 Abs. 2 Nr. 5 BetrVG)	105
c) Mitbestimmung bei Auswahlrichtlinien (§ 95 BetrVG)	107
d) Mitbestimmung bei Personalentwicklungsmaßnahmen (§§ 97, 98 BetrVG)	109
e) Unterrichtungsrecht des Betriebsrats bei der Einstellung (§ 99 BetrVG)	114
f) Mitbestimmung bei Assessment-Center und Management Diagnostik	117
7. Allgemeines Gleichbehandlungsgesetz (AGG)	119
a) Ernsthaftigkeit der Bewerbung	122
b) Stellenausschreibung (§ 11 AGG)	125
c) Benachteiligung bei der Personalauswahl	128
aa) Ablehnung aufgrund eines Diskriminierungsmerkmals	129
bb) Besten- oder Spontanauswahl	131
cc) Besonderer Schutz der Schwerbehinderten	133
d) Schadenersatzansprüche des Bewerbers bei Verstößen gegen das AGG	135
aa) Schadenersatzansprüche nach § 15 Abs. 1 AGG	136

D. Personalberatung, Arbeits- und Personalvermittlung

	Rn.
bb) Entschädigungsansprüche nach § 15 Abs. 2 AGG	138
cc) Haftungsschuldner bei Hinzuziehung Dritter	148
e) Auskunftsansprüche des Bewerbers	153
aa) Auskunft über die Identität des tatsächlichen Auftraggebers	155
bb) Auskunft über Auswahlkriterien bei abgelehnter Einstellung	164
cc) Frist für die Geltendmachung von Ansprüchen gegenüber dem Arbeitgeber	167
8. Datenschutz	174
V. Durchführung zwischen Vermittler und Arbeitsuchendem	178
1. Rechtscharakter des Vermittlungsvertrags	181
a) Allgemeines Maklerrecht gem. §§ 652 ff. BGB	182
b) Modifikationen durch das SGB III	184
aa) Schriftformerfordernis	185
bb) Verbot von Vorschüssen	186
cc) Stundung der Vergütung bei Aktivierungs- und Vermittlungsgutschein	187
dd) Nachweis für Vermittlungserfolg	190
ee) Unwirksamkeit von Vereinbarungen	193
2. Besonderheiten des Vermittlungsvertrags mit Aktivierungs- und Vermittlungsgutschein	195
a) Rechtsbeziehung zwischen Arbeitsuchendem und Agentur für Arbeit	195
b) Rechtsbeziehungen zwischen Personalvermittler und Agentur für Arbeit	197
aa) Rechtliche Einordnung der Rechtsbeziehung	197
bb) Einwendungen aus dem Vertragsverhältnis	200
cc) Exkurs: Keine Förderung der Vermittlung im Prostitutionsbereich	203
c) Rechtliche Einordnung der Vermittlung mit Aktivierungs- und Vermittlungsgutschein	205
d) Voraussetzungen für Anspruch auf Aktivierungs- und Vermittlungsgutschein	208
e) Vergütungshöchstgrenze des Aktivierungs- und Vermittlungsgutscheins	210
f) Fälligkeit der Vergütung	214
g) Gültigkeit des Aktivierungs- und Vermittlungsgutscheins	216
h) Nachgewiesene Vermittlungstätigkeit	217
i) Rechtslage nach Erteilung des Aktivierungs- und Vermittlungsgutscheins	221
3. Vergütungsabreden im Vermittlungsvertrag	224
a) AGB-Kontrolle	224
b) Vergütungsbeschränkung auf gesetzlichen Höchstbetrag	226
c) Fälligkeitsabrede	227
aa) Beachtung der arbeitsrechtlichen Besonderheiten	228
bb) Unbeachtlichkeit der Zeitpunkte bei Aktivierungs- und Vermittlungsgutschein	232
4. Anpassung unverhältnismäßiger Vergütungen	234
a) Anpassungen gem. § 655 BGB unterhalb der Vergütungshöchstgrenze	235
b) Keine geltungserhaltende Reduktion bei unzulässiger Vergütungsabrede	239
5. Keine wirtschaftliche Verflechtung	242
6. Vermittlung nach Arbeitnehmerüberlassung	244
VI. Personal-Service-Agenturen	247
1. Aufgaben der Personal-Service-Agenturen	248
2. Einordnung des Rechtsverhältnisses	252
VII. Durchführung der Personalsuche („Headhunting")	254
1. Direktsuche	257
2. Abwerben von Mitarbeitern	262
3. Unzulässiges Abwerben	266
a) Rücksichtnahmepflichten bei Abwerbung durch Vertragspartner	268

I. Allgemeines

	Rn.
b) Verstoß gegen § 1 UWG	269
aa) Grenze zur Sittenwidrigkeit des Abwerbens	271
bb) Unzulässiges Einwirken auf die Arbeitnehmerentscheidung	277
cc) Verleitung zum Vertragsbruch	279
dd) Ausnutzen einer Vertragsuntreue des Arbeitnehmers	282
c) Verstoß gegen § 826 BGB	284
d) Verstoß gegen § 823 BGB	286
e) Abwerbung durch ehemalige Arbeitnehmer	287
f) Kontaktaufnahme am Arbeitsplatz	291
g) Zusammenfassung	298
4. Ersatz von Vorstellungskosten	301
5. Rechtsfolgen bei einem unzulässigen Abwerben	303
a) (Rechts-)Folgen für den abgeworbenen Arbeitnehmer	304
aa) Nichtigkeit des Neuvertrags	305
bb) Schadenersatzansprüche	310
b) Ansprüche gegenüber dem abwerbenden Arbeitgeber	311
c) Ansprüche gegen den Headhunter	315
d) Ansprüche bei Abwerbung eines Mitarbeiters durch einen Arbeitnehmer	317
6. Background Checks vor Einstellungen	322

I. Allgemeines

Die Suche von Unternehmen nach qualifiziertem Personal erfolgt traditionell über **1** selbst veranlasste Stellenanzeigen in überregionalen Tages- oder Wochenzeitungen, in branchenspezifischen Fachzeitschriften und seit Ende der 90er Jahre zunehmend im Internet. In den Zeiten eines vielfach auftretenden Fachkräftemangels setzen sowohl Unternehmen als auch wechselwillige Beschäftigte oder Arbeitsuchende daneben – parallel zu den Vermittlungsbemühungen der Bundesagentur für Arbeit – verstärkt auf die Angebote von Dienstleistungsunternehmen.[1] Die Dienste von Personalberatungsgesellschaften wurden bereits in den 70er und 80er Jahren als notwenige Elemente einer Wettbewerbsgesellschaft erachtet.[2] Ursprünglich wurde dieser Weg der Personalbeschaffung vor allem für Führungspositionen oder Fachpersonal genutzt, wobei diese Eingrenzung insbesondere rechtlichen Gründen geschuldet war. Inzwischen werden Personalberatungsgesellschaften umfassend für alle Beschäftigungsgruppen hinzugezogen. Sie stellen eines der wichtigsten Instrumentarien der Wirtschaft dar, um in der heutigen Marktlage Personal zu suchen und das vorhandene Potential an Arbeitskräften zu vermitteln.

Die Suche und die Auswahl von geeignetem Personal erfordern sehr viel Detailarbeit **2** und Erfahrung. Nicht selten fehlt es den Personalverantwortlichen von Unternehmen an der nötigen Zeit, um sich intensiv mit dem Ausschreibungs- und Bewerbungsverfahren zu beschäftigen. Oft erhalten sie aber auch Initiativbewerbungen oder wenig geeignete Bewerbungen, für deren Bearbeitung – gerade in mittelständischen Unternehmen – die personellen Ressourcen fehlen. Daher kann sich die Zusammenarbeit mit Personalvermittlern und Personalberatern aus unterschiedlichsten Aspekten lohnen.

Die Zusammenarbeit mit Personalvermittlern und Personalberatern kann insgesamt **3** sehr vielgestaltig sein und von der erfolgsbezogenen Vermittlung bis zur umfassenden

---

[1] *Diller* NZA 2007, 649.
[2] *Säcker* ZfA 1989, 307 (308).

Beratung reichen. Neben Profiling, Auswahl und Vermittlung von Personal beinhaltet das Leistungsspektrum auch Bewerbermanagement, Outplacement oder Personalentwicklungsberatung, so dass auch eine vollständige Übernahme der Personalarbeit durch eine Personalberatungsgesellschaft denkbar ist. Zudem gehört die Beratung bei der Einführung und Weiterentwicklung von Personalsystemen zum Dienstleistungsangebot der Personalberatung. Dies umfasst beispielsweise Systeme der Erfolgs- oder Kapitalbeteiligung der Mitarbeiter, der Personalbeurteilung, der Mitarbeiterbefragungen sowie Personalinformationssysteme. Überdies ist die Beratung von Führungskräften bei einer beruflichen Neuorientierung inzwischen ein wichtiges Beratungsfeld für die Personalberaterbranche geworden.

4   Mittlerweile haben sich Personalberater, die vielfach als Spin-off ihre Leistungen anbieten, oftmals auf spezielle Berufe oder Beschäftigtengruppen spezialisiert. Derart spezialisierte Personalvermittler oder Personalberater kennen ihren Markt und wissen, aus welchem Bewerberpool sie geeignete Kandidaten rekrutieren können. Dies bietet im Rahmen der Personalbeschaffung den Vorteil, dass dort Erfahrungswissen abgeschöpft werden kann. Ein weiterer Gesichtspunkt für den Einsatz von Personalberatern ist daneben oftmals, dass die Personalsuche auf diese Weise im „Verborgenen" stattfindet. Dies ist zum einen von Vorteil, wenn der bisherige Inhaber einer (Führungs-)Position von den Aktivitäten des Arbeitgebers mit Blick auf die Nachbesetzung der Position nichts bemerken soll. Zum anderen kann aber auch vermieden werden, dass Wettbewerber durch eine offene Personalsuche auf dahinterstehende konzeptionelle Erwägungen, wie den Ausbau bestimmter Bereiche, schließen können.

II. Begriffe und Grundlagen

5   Die Begrifflichkeiten in der Personalberatungs- und Personalvermittlungsbranche werden trotz des Umstandes, dass sich diese Branche über mehrere Jahrzehnte entwickelt hat, uneinheitlich gebraucht. Dies folgt aus dem Umstand, dass sie keiner gesetzlichen Definition unterliegen. Auch in der Rechtsprechung hat sich bislang **keine Definition** durchgesetzt. Die Berufs- bzw. Tätigkeitsbezeichnungen werden deshalb in der Praxis unterschiedlich verwandt und mit divergierenden Inhalten gefüllt. Dies führt nicht nur dazu, dass die Vergleichbarkeit der Dienstleister untereinander erschwert ist, sondern vor allem auch zu der Notwendigkeit einer besonders sorgsamen Prüfung der Vertragsinhalte und Geschäftsbedingungen bei einer Beauftragung. Denn nicht immer ist unmittelbar erkennbar, welche Leistungen vom dienstleistenden Berater oder Vermittler geschuldet werden und welche Vergütungen zu zahlen sind bzw. wann sie fällig werden. Der Auswahl eines entsprechenden Dienstleistungsunternehmens, das zum Zwecke der Personalsuche oder -beratung hinzugezogen werden soll, sollte deshalb eine eingehende Prüfung und Sondierung der Angebote durch das beauftragende Unternehmen vorausgehen.

6   Gleichwohl hat sich der Begriff des **Personalvermittlers** für Personen etabliert, die passendes Personal an Arbeitgeber vermitteln und dafür üblicherweise vom Arbeitgeber eine Erfolgsprovision erhalten. Hierzu bauen sich Personalvermittler meist einen Stamm an Kandidaten auf, zu denen ein regelmäßiger Kontakt gepflegt wird. Daneben führen sie zur Bedienung entsprechender Anfragen aber auch eine weitergehende aktive Suche nach am Markt verfügbaren Kandidaten durch und bilden so einen Pool, aus dem sie die geeigneten Kandidaten an Unternehmen mit einem bestimmten Bedarf vermitteln.

II. Begriffe und Grundlagen

Der Begriff des **Personalberaters** wird dagegen vorrangig gebraucht, wenn neben der Personalsuche ein umfassenderes Tätigwerden auf Mandatsbasis erfolgt und ein Teil oder sogar das gesamte Honorar unabhängig von der erfolgreichen Besetzung der Position zu zahlen ist. 7

Eine **strikte Differenzierung** zwischen Personalvermittlern einerseits und Personalberatern andererseits ist indes **nicht möglich,** insbesondere nicht hinsichtlich deren Arbeitsweise. Beiden ist das Ziel gemeinsam, Angebot und Nachfrage auf dem Arbeitsmarkt schnell und passgenau zum Ausgleich zu bringen. Abstrakt lässt sich allenfalls dadurch eine Unterscheidung treffen, dass dem Personalberater in der Regel eine Vergütung für seinen Aufwand gewährt wird, der Personalvermittler dagegen eine Vergütung für seinen Erfolg erhält. 8

1. Begriff der Personalberatung

Personalberater werden von Unternehmen vordergründig mit der Suche nach Führungskräften oder nach Spezialisten beauftragt. Das **Leistungsspektrum** der Personalberater erstreckt sich jedoch weit **über eine reine Vermittlungstätigkeit hinaus.** Neben zusätzlichen unterstützenden Tätigkeiten bei der Personalentwicklung und dem Personalmanagement, bei Umstrukturierungen oder bei Arbeitnehmerüberlassungen werden umfangreiche betriebswirtschaftliche Beratungsleistungen im Bereich des Personalwesens angeboten. Das Angebot der Personalberater umfasst Assessment-Center, Management-Diagnostik oder psychologische Begutachtungen. Nicht selten übernehmen Personalberater für Unternehmen sogar nahezu vollständig die Aufgaben der Personalverwaltung. Insbesondere bei der Personalauswahl hat ein solches Outsourcing für das Unternehmen den Vorteil, dass der interne Bearbeitungsaufwand bei einer zu besetzenden Stelle ganz erheblich reduziert werden kann. Je nach der Art der vakanten Stelle müssen zum Teil einige hundert Bewerbungen gesichtet und die Unterlagen an die nicht ausgewählten Bewerber nach Abschluss des Verfahrens zurückgesandt werden. Mit diesem zeit- und beratungsintensiven Leistungsangebot können Personalberater zu einer erheblichen Entlastung des Managements und der Personalabteilung beitragen und damit die Opportunitätskosten erheblich reduzieren. 9

Personalberater werden aber auch hinzugezogen, wenn sich **Unternehmen von Mitarbeitern** trennen wollen oder müssen. In diesen Fällen begleiten sie Outplacement-Maßnahmen oder helfen, die bei einem Personalabbau ausscheidenden Mitarbeiter planvoll in eine neue Beschäftigung zu überführen. Personalberater vermitteln Coaching-Maßnahmen für die betreffenden Mitarbeiter oder führen diese selbst durch, bieten Bewerbertrainings an, bereiten Kontaktgespräche vor oder geben Existenzgründungstipps. Aufgrund dieser komplexen Leistungen und vorhandener Kontakte werden Personalberater überdies unmittelbar im Auftrag wechselwilliger oder arbeitsuchender Arbeitnehmer tätig, um bei der Suche nach freien Stellen zu unterstützen bzw. Angebote zu vermitteln. 10

Hintergrund für die Beauftragung einer Personalberatungsgesellschaft kann insbesondere bei Führungskräften auch sein, dass ein Unternehmen bei der Bewerbersuche ganz bewusst nicht nach außen in Erscheinung treten will, weil die zu besetzende Stelle noch anderweitig besetzt ist und eine Trennung vom Stelleninhaber erst beabsichtigt ist, sobald ein Ersatz zur Verfügung steht **(Suche im Verborgenen).**[3] Zudem wird teilweise befürchtet, dass bei einer bekannt werdenden Suche nach Spezialkräften für 11

---

[3] *Fischer* NJW 2009, 3547.

2. Begriff der Personalvermittlung

12 Mittels der reinen Personalvermittlung, die im Grunde einen **Teilaspekt der umfangreicheren Personalberatung** darstellt, soll der Arbeitskräftebedarf eines Unternehmens durch Personen gedeckt werden, die gezielt vom Personalvermittler gesucht oder bereits in einem Pool verwaltet werden. Ziel der Personalvermittlung ist es, dem Auftraggeber einen Vertragsabschluss zu verschaffen. In der Regel werden Personalvermittler von Personal suchenden Arbeitgebern beauftragt. Allerdings wenden sich inzwischen vermehrt auch Arbeitsuchende aktiv an sie, um auf diesem Weg mit Unternehmen in Kontakt zu treten oder in den Bewerberpool aufgenommen zu werden.

a) Abgrenzung zur Arbeitsvermittlung

13 Von der privaten Personalvermittlung ist die **Arbeitsvermittlung der Bundesagentur für Arbeit** begrifflich abzugrenzen. In der öffentlichen Wahrnehmung werden die Personalvermittlung und die Arbeitsvermittlung häufig mit ein und denselben Inhalten verbunden. Die Personalvermittlung wird zumeist vom Auftrag gebenden Arbeitgeber finanziert und soll dessen Nachfrage nach Arbeitskräften befriedigen. Unter der Berufsbezeichnung „Arbeitsvermittler" werden dagegen im Wesentlichen die Beschäftigten der Bundesagentur für Arbeit bzw. der Arbeitsgemeinschaften tätig, bei denen eine Zusammenarbeit der Bundesagentur für Arbeit mit der jeweiligen Kommune nach dem SGB II erfolgt (sog. ARGE oder Jobcenter). Sie beraten Arbeitslose und andere Ratsuchende vor allem im Hinblick auf offene Stellenangebote auf dem Arbeitsmarkt und informieren über die Möglichkeiten der Arbeitsaufnahme, Weiterbildung und anderer Leistungen nach dem Sozialgesetzbuch sowie der Förderung der Existenzgründung. Die Arbeitsvermittlung der Bundesagentur für Arbeit wird insofern von Arbeitsuchenden in Anspruch genommen, um eine angemessene Arbeit zu finden. Ferner sind Arbeitsvermittler aber auch Ansprechpartner der regional ansässigen Firmen und Wirtschaftsverbände.

14 Für die Beschreibung des Berufsbildes der Personalvermittler ist die Abgrenzung zur Arbeitsvermittlung nach wie vor von aktueller Bedeutung. Denn diese war durch das lange Jahre geltende **„Arbeitsvermittlungsmonopol"** der damaligen Bundesanstalt für Arbeit bestimmt. Als Ergänzung zur öffentlich-rechtlichen Vermittlung der Bundesagentur für Arbeit ist die private Arbeits- oder Personalvermittlung erst seit dem 27. 3. 2002 erlaubnisfrei zugelassen worden. Seitdem ist die gewerbsmäßige Besetzung offener Stellenangebote durch private Arbeitsvermittler mit Hilfe eines und **Vermittlungsgutscheines** (VGS) möglich. Dadurch wird bezweckt, eine zuvor arbeitslose Person aus dem Leistungsbezug (Arbeitslosengeld I oder II) in ein sozialversicherungspflichtiges Beschäftigungsverhältnis zu führen.[4] Arbeitsvermittlung ist eine Tätigkeit, die darauf gerichtet ist, Ausbildungsuchende mit Arbeitgeber zur Begründung eines Ausbildungsverhältnisses und Arbeitsuchende mit Arbeitgeber zur Begründung von Arbeitsverhältnissen zusammenzuführen (vgl. § 35 Abs. 1 S. 2 SGB III). Jede natürliche oder juristische Person oder Personengesellschaft kann als Vermittler tätig werden. Voraussetzung ist im Grunde lediglich die Anzeige beim Gewerbeamt (§ 14

---

[4] BT-Drs. 14/8546, 3 f.

II. Begriffe und Grundlagen

Abs. 1 GewO).[5] Ab dem **1. 1. 2013** müssen alle privaten Arbeitsvermittler als „zugelassener Träger nach dem Recht der Arbeitsförderung" gemäß der Akkreditierungs- und Zulassungsverordnung Arbeitsförderung (AZAV) zertifiziert sein.

b) Abgrenzung zur Arbeitnehmerüberlassung

Zudem ist die Personalvermittlung von der **Arbeitnehmerüberlassung** abzugrenzen. Während bei der Arbeitnehmerüberlassung ein oder mehrere Arbeitnehmer (Leiharbeitnehmer) vom Arbeitgeber (Verleiher) einem Dritten (Entleiher) zur Arbeitsleistung überlassen werden, ist durch die Personalvermittlung in der Regel beabsichtigt, dass vakante Stellen besetzt werden, indem eine (Neu-)Einstellung unmittelbar beim Unternehmen erfolgt. Viele Personalvermittlungsunternehmen bieten auch eine sogenannte **„vermittlungsorientierte Arbeitnehmerüberlassung"** an. Bei dieser wird der Arbeitskräftebedarf eines Unternehmens zunächst durch Personen gedeckt, die nicht bei dem Unternehmen direkt angestellt werden, sondern beim Verleiher arbeitsvertraglich gebunden sind. Ein Unternehmen (Entleiher) entleiht sich die Personen vom Verleiher und schließt so die vorhandene Personallücke.[6] Ein späterer Wechsel des Arbeitnehmers zum Entleiher wird jedoch ausdrücklich gewünscht. Mittels der Arbeitnehmerüberlassung wird eine Testphase vorgeschaltet, die in eine Festanstellung des Leiharbeitnehmers beim Entleiher münden soll (sog. **„Klebeeffekt"**[7]). Indem Personalvermittlungsunternehmen sowohl Arbeitnehmerüberlassung als auch Personalvermittlung durchführen, verzahnen sie beide Instrumente miteinander. Betreibt ein Personalvermittler eine vermittlungsorientierte Arbeitnehmerüberlassung, wird zusätzlich zur allgemeinen Gewerbeerlaubnis auch die Erlaubnis zur gewerbsmäßigen Arbeitnehmerberlassung benötigt (§ 1 AÜG).

15

Diese **Verzahnung der Arbeitnehmerüberlassung mit der Personalvermittlung** findet sich in § 1 Abs. 2 AÜG ausdrücklich im Gesetz und soll den gewünschten Klebeeffekt unterstützen.[8] Nach dieser Vorschrift wird vermutet, dass ein Verleiher Arbeitsvermittlung betreibt, wenn Arbeitnehmer Dritten zur Arbeitsleistung überlassen werden und der Verleiher nicht die üblichen Arbeitgeberpflichten oder das Arbeitgeberrisiko übernimmt (§ 3 Abs. 1 Nr. 1 bis 3 AÜG). Zudem finden sich in § 9 Nr. 3 AÜG sowie in § 9 Nr. 4 AÜG Bestimmungen, die verhindern sollen, dass der beabsichtigte Klebeeffekt durch vertragliche Vereinbarungen „verpufft". Danach sind Vereinbarungen unwirksam, die es dem Entleiher untersagen, den Leiharbeitnehmer zu einem Zeitpunkt einzustellen, in dem dessen Arbeitsverhältnis zum Verleiher nicht mehr besteht. Selbiges gilt für Vereinbarungen, die es dem Leiharbeitnehmer verwehren sollen, mit dem Entleiher zu einem Zeitpunkt ein Arbeitsverhältnis einzugehen, in dem sein Arbeitsverhältnis zum Verleiher nicht mehr besteht. Ausdrücklich zugelassen werden jedoch Vereinbarungen zwischen dem Verleiher und dem Entleiher, die eine angemessene Vergütung für eine nach vorangegangenem Verleih erfolgte Vermittlung vorsehen.[9]

16

---

[5] Küttner/*Röller*, Personalbuch, Arbeitsvermittlung (private) Rn. 3.
[6] Grundlegend hierzu BVerfG 4. 4. 1967 – 1 BvR 84/65, NJW 1967, 974.
[7] Bericht der Kommission „Moderne Dienstleistungen am Arbeitsmarkt" (Hartz-Kommission) vom 16. 8. 2002, 147 ff.
[8] Kritisch zum Sinn dieser Vorschrift ErfK/*Wank* AÜG § 1 Rn. 45 ff.
[9] *Düwell/Dahl* FA 2007, 330 ff.

3. Erlaubnisfreiheit privater Arbeitsvermittlung

a) Rechtslage bis zum 26. 3. 2002

17 Von 1927 und 1994 hatten die damaligen Arbeitsämter (heute: Agenturen für Arbeit) als lokale Dienststellen der Bundesanstalt für Arbeit (heute: Bundesagentur für Arbeit) ein **Vermittlungsmonopol bei der Besetzung freier Stellen.** Auf der Grundlage des Gesetzes über die Arbeitsvermittlung und Arbeitslosenversicherung (AVAVG) vom 16. 7. 1927[10] wurden erstmals die öffentliche Arbeitsvermittlung und die Arbeitslosenversicherung miteinander institutionell verknüpft, indem der neu gegründeten „Reichsanstalt für Arbeitsvermittlung und Arbeitslosenversicherung" unter anderem die Aufgaben der öffentlichen Berufsberatung und der Vermittlung von Lehrstellen übertragen wurde.[11] Unmittelbar nach dem Ende des Zweiten Weltkrieges setzten Bestrebungen ein, die Arbeitsvermittlung und die Arbeitslosenversicherung aus den einzelnen Landesarbeitsämtern herauszunehmen und sie wieder einer staatlichen Institution zu übertragen. Dies führte dazu, dass im Jahr 1952 die „Bundesanstalt für Arbeitsvermittlung und Arbeitslosenversicherung" errichtet wurde, deren Selbstverwaltung sich durch eine Drittelparität von Arbeitgebern, Arbeitnehmern und öffentlicher Hand auszeichnete. Das *Bundesverfassungsgericht* (BVerfG) erachtete das Arbeitsvermittlungsmonopol (§ 35 AVAVG) in einer grundlegenden Entscheidung für verfassungsgemäß; und zwar auch soweit der Beruf des selbständigen Vermittlers von „Führungskräften der Wirtschaft" in das Arbeitsvermittlungsmonopol einbezogen wurde.[12] Das Vermittlungsmonopol sei im Interesse wichtiger Gemeinschaftsgüter geboten. Es habe die Aufgabe, einerseits die Arbeitslosigkeit durch Nachweis offener Stellen und andererseits den Mangel an Arbeitskräften der Wirtschaft und Verwaltung zu vermeiden und zu beheben und diene damit einem Gemeinschaftswert.[13]

18 Am 1. 7. 1969 wurde schließlich das bis dahin geltende AVAVG durch das neue Arbeitsförderungsgesetz (AFG)[14] ersetzt. In dessen § 4 wurde das sog. Arbeitsvermittlungsmonopol der Bundesanstalt für Arbeit, deren Name gleichzeitig mit der Verabschiedung des Arbeitsförderungsgesetzes entstand, festgelegt. Aus diesem Arbeitsvermittlungsmonopol ergab sich, dass eine Arbeitsvermittlung grundsätzlich nur von der Bundesanstalt für Arbeit betrieben werden durfte. Dies führte zu zahlreichen Streitigkeiten zwischen der Bundesanstalt für Arbeit und einzelnen Personalberatern beziehungsweise dem Bundesverband Deutscher Unternehmensberater e. V. (BDU), die in dem Monopol einen schwerwiegenden **Eingriff in die Berufsfreiheit** des Art. 12 Abs. 1 GG sahen.[15] Denn das Gesetz verstand in § 13 Abs. 1 AFG aF unter Arbeitsvermittlung umfassend jede Tätigkeit, die darauf gerichtet ist, Arbeitsuchende mit Arbeitgebern zur Begründung von Arbeitsverhältnissen zusammenzuführen. Gerade das Zusammenführen von Arbeitsuchenden und Arbeitgebern stellte aber in der Praxis von Beginn an eine der beabsichtigten Hauptaktivitäten der Personalberater dar. Diese konnten ihre Tätigkeiten nicht darauf beschränken, vom suchenden Arbeitgeber be-

---

[10] RGBl. I 1927, 187.
[11] *Zierau/Kornbrust* JurPC Web-Dok. 18/2000.
[12] BVerfG 4. 4. 1967 – 1 BvR 84/65, NJW 1967, 971; zustimmend BSG 14. 12. 2000 – B 11/7 AL 30/99 R, NZA-RR 2001, 650 ff.
[13] BVerfG 4. 4. 1967 – 1 BvR 84/65, NJW 1967, 971.
[14] BGBl. I 1969, 582.
[15] Die Darstellung zur Vereinbarkeit des Arbeitsvermittlungsmonopols mit dem Grundgesetz: *Säcker* ZfA 1989, 307 (310 ff.).

II. Begriffe und Grundlagen

reits im Voraus ausgewählte Kandidaten lediglich zu begutachten. Vielmehr sollten Personalberater auch damals schon im Vorfeld der Suche nach Führungskräften eingeschaltet werden, so dass ihnen durch das Vermittlungsmonopol der Bundesanstalt für Arbeit ein wichtiger Teilbereich ihrer Tätigkeit untersagt wurde. Es wurde jedoch die Auffassung vertreten, dass hierfür es jedenfalls im Bereich der Führungskräfte keine verfassungsrechtliche Rechtfertigung gegeben habe.[16] Insofern wurde der Gesetzgeber an seine Verpflichtung[17] erinnert, wegen einer grundlegenden Veränderung der Gesamtumstände eine Korrektur der verfassungswidrig gewordenen Gesetze vorzunehmen.[18]

Um eine statthafte Personalberatung von unerlaubter Arbeitsvermittlung abzugrenzen und um die Zusammenarbeit zwischen Personalberatern und den Dienststellen der Bundesanstalt für Arbeit bei der Besetzung von Stellen für Führungskräfte der Wirtschaft zu regeln, einigten sich der Bundesminister für Arbeit und Sozialordnung, die Bundesanstalt für Arbeit, die Bundesvereinigung der Deutschen Arbeitgeberverbände und der BDU bereits im Jahr 1970 auf die **„Grundsätze zur Abgrenzung von Personalberatung und Arbeitsvermittlung bei der Besetzung von Stellen für Führungskräfte der Wirtschaft".**[19] Diese wurden durch eine Vereinbarung der Bundesanstalt für Arbeit mit dem BDU und dem Arbeitskreis der Personalberater in Deutschland am 5. 7. 1990[20] neu gefasst und grenzte die zulässige erlaubnisfreie Personalberatung von der unzulässigen Arbeitsvermittlung ab. Personalberatung lag demnach vor, wenn dem Berater für einen konkreten Einzelfall nachweisbar durch ein Unternehmen der Auftrag erteilt wird, bei der Besetzung offener Führungspositionen mitzuwirken.[21] Zu den Führungskräften im Sinne dieser Grundsätze zählten Angestellte, die in einer für den Bestand und die Entwicklung eines Unternehmens oder von Unternehmensteilen bedeutenden Position tätig sind, oder Personen, die als unmittelbare Nachfolger für solche Positionen eingestellt werden.[22] Arbeitsvermittlung war dagegen anzunehmen, wenn der Personalberater unabhängig von einem konkreten Auftrag – etwa in Anzeigen – Führungskräfte der Wirtschaft sucht oder anbietet oder von Bewerbern Gebühren oder Erfolgshonorare verlangt oder annimmt.[23] Eine zweifelsfreie Abgrenzung von erlaubter Personalberatung und grundsätzlich verbotener Arbeitsvermittlung war indes nicht möglich.[24] Daher wurde in der Vergangenheit von Unternehmen immer wieder versucht, sich einer Zahlungsverpflichtung gegenüber den Personalberatern dadurch zu entziehen, indem die Unwirksamkeit bzw. gar die Nichtigkeit des Vertrags (vgl. §§ 4, 24a AFG, § 134 BGB) behauptet wurde.[25]

19

---

[16] *Säcker* ZfA 1989, 307 (324).
[17] Das BVerfG betont diese Pflicht seit der Entscheidung BVerfG 18. 12. 1968 – 1 BvL 5/64, NJW 1969, 499 (Mühlengesetz); vgl. auch BVerfG 14. 1. 1981 – 1 BvR 612/72, NJW 1981, 1655 ff. (Fluglärm); 26. 5. 1981 – 1 BvL 56/78, NJW 1981, 2107 ff. (Schwerbehindertenabgabe); 15. 12. 1983 – 1 BvR 209/83, NJW 1984, 419 ff. (Volkszählung).
[18] *Säcker* ZfA 1989, 307 (324).
[19] „Grundsätze zur Abgrenzung von Personalberatung und Arbeitsvermittlung bei der Besetzung von Stellen für Führungskräfte der Wirtschaft" vom 6. 11. 1970, Amtliche Nachrichten der Bundesanstalt (ANBA) 12/1970, 861 ff.; erstmals wurden diese Grundsätze bereits 1957 veröffentlicht, ANBA 9/1957, 458; siehe auch *Döser* BB 1976, 1371 (1374).
[20] Abgedruckt in NZA 1990, 804 f.
[21] OLG Düsseldorf 13. 7. 1989 – 8 U 193/88, NZA 1990, 373 ff.
[22] „Grundsätze zur Abgrenzung von Personalberatung und Arbeitsvermittlung bei der Besetzung von Stellen für Führungskräfte der Wirtschaft", NZA 1990, 804.
[23] OLG Düsseldorf 13. 7. 1989 – 8 U 193/88, NZA 1990, 373 ff.
[24] Umfassend *Döser* BB 1976, 1371 ff.; *Säcker* ZfA 1989, 307 (330 ff.).
[25] KG Berlin 5. 7. 2000 – 23 U 4565/98; BGH 19. 2. 1986 – IV a ZR 58/84, NJW-RR 1986, 732; 12. 4. 1978 – IV ZR 157/75, BB 1978, 1415 f.

D. Personalberatung, Arbeits- und Personalvermittlung

20 Der *Europäische Gerichtshof* (EuGH) entschied am 23. 4. 1991,[26] dass eine öffentlich-rechtliche Anstalt, die Arbeitsvermittlung betreibt, dem Verbot des damaligen Art. 86 EWGV unterläge, soweit die Anwendung dieser Vorschrift nicht die Erfüllung der ihr übertragenen besonderen Aufgaben verhindere. Ein Mitgliedstaat, der einer solchen Anstalt ein Arbeitsvermittlungsmonopol eingeräumt habe, verstoße gegen Art. 90 Abs. 1 EWGV, wenn er eine Lage schaffe, in der die Anstalt zwangsläufig gegen Art. 86 EWGV verstoßen müsse. Dies gelte nach dem EuGH insbesondere dann, wenn sich das Monopol auf die Tätigkeiten der Vermittlung von Führungskräften erstrecke, wenn die öffentlich-rechtliche Anstalt für Arbeit offenkundig nicht in der Lage sei, die Nachfrage auf dem Markt nach solchen Leistungen zu befriedigen, wenn die tatsächliche Ausübung der Vermittlungstätigkeiten durch die Beibehaltung einer Gesetzesbestimmung unmöglich gemacht werde, wenn die diese Tätigkeiten „bei Strafe" der Nichtigkeit der entsprechenden Verträge verbiete und wenn sich die betreffenden Vermittlungstätigkeiten auf Angehörige oder das Gebiet anderer Mitgliedstaaten erstrecken können. Der EuGH stellte damit klar, dass Personalberatungsunternehmen jedenfalls dann nicht von der Vermittlungstätigkeit ausgeschlossen werden durften, wenn auch Arbeitnehmer anderer EG-Staaten betroffen waren. Als Konsequenz aus dieser Entscheidung wurde die private Arbeitsvermittlung zum 1. 8. 1994 durch das **Beschäftigungsförderungsgesetz** vom 26. 7. 1994[27] für alle Berufsgruppen freigegeben. Sie unterlag allerdings weiter einem Erlaubnisvorbehalt, deren Erteilung sich nach der bereits zum 1. 4. 1994 in Kraft getretenen **Arbeitsvermittlerverordnung** (AVermV)[28] bestimmte. Die Inhaber der Erlaubnis konnten seitdem sowohl gewerbsmäßig als auch nicht gewerbsmäßig Arbeitsvermittlung betreiben. Zudem besaß die Bundesanstalt für Arbeit weiterhin die Hoheit über die Vermittlung offener Stellen. Darüber hinaus verblieb ein staatliches Monopool für die Berufsberatung und die Vermittlung von Ausbildungsstellen.

21 Die seit dem 1. 8. 1994 erforderliche **behördliche Erlaubnis für eine Tätigkeit als privater Personalvermittler** wurde von der staatlichen Arbeitsverwaltung nur unter **strengen Auflagen** erteilt. Eine Erlaubnis erhielt danach nur, wer die erforderliche Eignung und Zuverlässigkeit besaß, in geordneten Vermögensverhältnissen lebte und über angemessene Geschäftsräume verfügte. Sofern es sich beim Antragsteller um eine juristische Person oder Personengesellschaft handelte, mussten für die Vermittlungstätigkeit verantwortliche, zuverlässige natürliche Personen bestellt werden, die die erforderliche Eignung besaßen. Die Feststellung der **Zuverlässigkeit als Zugangsvoraussetzung** zur Arbeitsvermittlung erforderte die Würdigung der Gesamtpersönlichkeit des Bewerbers – einschließlich seiner durch ein religiöses oder weltanschauliches Bekenntnis belegten grundsätzlichen Haltung zum geltenden Recht – und die an objektive wie subjektive Tatsachen anknüpfende Prognose, er werde die für die Arbeitsvermittlung und sonstige im Allgemeininteresse erlassenen Vorschriften beachten.[29] Dabei waren die Allgemeininteressen, die bis zum 31. 12. 1993 das Alleinvermittlungsrecht der Arbeitsverwaltung gerechtfertigt haben (Ausgleich am Arbeitsmarkt, Unparteilichkeit, Datenschutz, Unentgeltlichkeit für Arbeitsuchende), auch für die Beurteilung der Zugangsvoraussetzungen zur Arbeitsvermittlung durch Dritte zu be-

---

[26] EuGH 23. 4. 1991 – C-41/90, NZA 1991, 447; aufgrund eines Vorlagebeschlusses des OLG München 31. 1. 1990 – 15 U 6478/87, NZA 1990, 372.
[27] BGBl. I 1994, 1786.
[28] Verordnung über Arbeitsvermittlung durch private Arbeitsvermittler (Arbeitsvermittlerverordnung – AVermV) vom 11. 3. 1994, BGBl. I 563.
[29] BSG 14. 12. 2000 – B 11/7 AL 30/99 R, NZA-RR 2001, 650 ff.

rücksichtigen.³⁰ Gemäß § 294 SGB III aF war die Erlaubnis zunächst auf drei Jahre befristet und konnte auf Antrag unbefristet verlängert werden, wenn die Voraussetzungen hierfür erfüllt wurden. Weitere Bestimmungen zum Inhalt des Antrages waren in §§ 2, 3 AVermV geregelt.

Eine weitere Neuordnung im Recht der Arbeitsvermittlung erfolgte dann mit Wirkung ab dem 1. 1. 1998. Das gesamte Arbeitsförderungsrecht wurde in einem neu geschaffenen Dritten Buch des Sozialgesetzbuchs (SGB III)³¹ integriert, wobei sich das Arbeitsvermittlungsrecht nun in die Vorschriften zur Arbeitsvermittlung durch die Bundesanstalt für Arbeit (§§ 35 ff. SGB III) und in die Vorschriften zur Durchführung der Arbeitsvermittlung durch Dritte (§§ 291 ff. SGB III) aufteilt. Damit wurde die partnerschaftliche Zusammenarbeit zwischen Arbeitsverwaltung und privaten Dritten als Möglichkeit geregelt, Dritte zur Unterstützung der Arbeitsämter an der Vermittlung zu beteiligen. Das **Job-AQTIV-Gesetz** vom 10. 12. 2001³² hat Arbeitslosen, die länger als sechs Monate arbeitslos sind, einen Anspruch auf die Beauftragung Dritter mit ihrer Vermittlung zusätzlich zu den Vermittlungsaktivitäten der Arbeitsämter eingeräumt. 22

Mit der Neugestaltung des Arbeitsförderungsrechtes ist auch die **Frage der Vergütung** für die Tätigkeit als privater Personalvermittler gesetzlich geregelt worden (§ 296 SGB III aF). Danach durften private Personalvermittler grundsätzlich nur vom Arbeitgeber eine Vergütung verlangen. Vom Arbeitnehmer durften die Vermittler hingegen grundsätzlich keine Vergütungen fordern oder annehmen. Hiervon ausgenommen waren allerdings Berufssportler, Künstler, Fotomodelle, Stuntmen und ähnliche in § 10 AVermV genannte Berufsgruppen. Die Vergütung zwischen dem Arbeit- bzw. Auftraggeber und dem privaten Personalvermittler konnte frei vereinbart werden. 23

Nach § 298 SGB III aF durften private Personalvermittler **Daten** über Ausbildungs- und Arbeitsplätze sowie über Arbeitnehmer nur insoweit **erheben** und **verarbeiten,** wie dies für ihre Vermittlungstätigkeit unbedingt erforderlich war. Handelte es sich um personenbezogene Daten oder um Geschäfts- oder Betriebsgeheimnisse, war in jedem Einzelfall die vorherige Einwilligung des Betroffenen einzuholen. Für die **datenschutzrechtliche Kontrolle** der privaten Personalvermittler waren die Aufsichtsbehörden der Länder gemäß § 38 BDSG aF zuständig. Nach § 299 SGB III aF hatten die privaten Personalvermittler der den Landesarbeitsämtern regelmäßig nicht personenbezogene statistische Daten über Ratsuchende, Beratungen, Bewerber, offene Stellen und Vermittlungen zu melden und damit alle Auskünfte zu erteilen, die zur Durchführung und Überprüfung der Einhaltung dieser Bestimmungen erforderlich waren. 24

b) Rechtslage seit dem 27. 3. 2002

Im Zusammenhang mit den Hartz-Reformen ist die **Erlaubnispflicht** für die gesamte private Arbeits- und Ausbildungsvermittlung zum 27. 3. 2002³³ **aufgehoben** worden. Seitdem genügte eine „normale" Gewerbeanmeldung (§ 14 Abs. 1 GewO), um als privater Arbeitsvermittler tätig zu sein. Die private Arbeitsvermittlung unterlag seither keinem präventiven Verbot mehr, die Vermittlungsunternehmen unterfielen allein der allgemeinen **Gewerbefreiheit** und den hierzu ergangenen Regelungen.³⁴ 25

---

³⁰ BSG 14. 12. 2000 – B 11/7 AL 30/99 R, NZA-RR 2001, 650 ff.
³¹ Art. 1 des Gesetzes zur Reform der Arbeitsförderung vom 24. 3. 1997, BGBl. I 594.
³² Gesetz zur Reform der arbeitsmarktpolitischen Instrumente (Job-AQTIV-Gesetz) vom 10. 12. 2001, BGBl. I 3443.
³³ Art. 3 des Gesetzes zur Vereinfachung der Wahl der Arbeitnehmervertreter in den Aufsichtsrat, BGBl. I 2002, 1130.
³⁴ *Kühl/Breitkreuz* NZS 2004, 568 (569); *Rixen* NZS 2002, 466 (467).

Ab dem **1. 1. 2013** müssen alle privaten Arbeitsvermittler, die Ansprüche aus einem Vermittlungsgutschein geltend machen wollen, als „zugelassener Träger nach dem Recht der Arbeitsförderung" gemäß der **Akkreditierungs- und Zulassungsverordnung Arbeitsförderung (AZAV)** zertifiziert sein. Betreibt ein Personalberater eine vermittlungsorientierte Arbeitnehmerüberlassung, wird jedoch zusätzlich zur allgemeinen Gewerbeerlaubnis auch die Erlaubnis zur gewerbsmäßigen Arbeitnehmerberlassung benötigt (§ 1 AÜG).

26 Eine besondere persönliche Eignung ist von den privaten Arbeitsvermittlern im Rahmen der **AZAV-Zertifizierung** nachzuweisen. Nicht ordnungsgemäß arbeitende private Arbeitsvermittler können zudem durch die Untersagungstatbestände des § 35 GewO sanktioniert werden.[35] Untersagt werden kann eine Vermittlungstätigkeit daher beispielsweise bei Missbrauch.[36]

27 Im SGB III sind darüber hinaus weiterhin verschiedene **Schutzvorschriften** enthalten, die die Rechtsbeziehung zwischen Arbeitsuchendem und dem privaten Arbeitsvermittler regeln. Dort bestehen weiterhin Bestimmungen, die zur **Unwirksamkeit bestimmter Vereinbarungen** führen können, nämlich verbleibende Beschränkungen zur Auslandsvermittlung, zur Form des Vermittlungsvertrags und das Verbot der Berechnung von Ausbildungsvermittlungen. Danach ist ein Vermittlungsvertrag ist unwirksam, wenn die Höchstgrenzen der Vermittlungsvergütung überschritten werden, wenn zusätzliche Vergütungen für Leistungen entgegen genommen werden, die zur Leistung der Vermittlung gehören (zB Vergütung für Tests, die die Kenntnisse und Fähigkeiten des Arbeitsuchenden betreffen), wenn die erforderliche Schriftform nicht eingehalten wird sowie sich der Arbeitsuchende, der Arbeitgeber oder ein Auszubildender verpflichtet, sich nur eines bestimmten Vermittlers zu bedienen.[37] Auch die generell **datenschutzgemäße Behandlung** der Daten (§§ 292, 296 bis 298 SGB III) ist weiter gesetzlich normiert.

28 Mit dem Wegfall der Erlaubnispflicht wurden sowohl die Arbeitsvermittlungsverordnung (AVermV) als auch das Vermittlungsmonopol der Bundesagentur für Arbeit für Beschäftigungen im Ausland aufgehoben.[38] Die **Auslandsvermittlung** von und nach Nicht-EU-/EWR-Staaten ist somit seitdem grundsätzlich **erlaubt.** Zu beachten ist jedoch, dass die Vermittlung nur solcher Ausländer in Betracht kommt, die auch eine Arbeitsgenehmigung (Aufenthaltstitel) erhalten können. Das Bundesministerium für Arbeit kann zudem durch Rechtsverordnung bestimmen, dass die Vermittlung für eine Beschäftigung im Ausland außerhalb der EG oder eines anderen Vertragsstaats des Abkommens des europäischen Wirtschaftsraums sowie die Vermittlung und die Abwerbung aus diesem Ausland für eine Beschäftigung im Inland für bestimmte Berufe und Tätigkeiten nur von der Bundesagentur für Arbeit durchgeführt werden kann (§ 292 SGB III). Dies ist durch § 42 BeschV[39] erfolgt. Danach darf die Anwerbung und Vermittlung ausländischer Saisonkräfte, Schaustellergehilfen, Haushaltshilfen, Pflegekräfte und Gastarbeitnehmer nur von der Bundesagentur für Arbeit durchgeführt werden.[40]

---

[35] *Rixen* NZS 2002, 466 (473 f.).
[36] *Braun* NZA 2003, 633.
[37] Gagel/*Fuchs* SGB III § 297 Rn. 2 ff.
[38] Art. 3, 12 des Gesetzes zur Vereinfachung der Wahl der Arbeitnehmervertreter in den Aufsichtsrat, BGBl. I 2002, 1130.
[39] Verordnung über die Zulassung von neueinreisenden Ausländern zur Ausübung einer Beschäftigung Beschäftigungsverordnung vom 22. 11. 2004, BGBl. I 2937.
[40] Küttner/*Röller*, Personalbuch, Arbeitsvermittlung (private) Rn. 1.

II. Begriffe und Grundlagen

Mit dem **Vermittlungsgutschein** (VGS) wurde zum 27. 3. 2002 zugleich ein zu- 29
sätzliches Förderinstrument für Arbeitslose in § 421 g SGB III eingeführt. Seit dem
1. 4. 2012 ist diese Regelung in § 45 SGB III integriert und wird als **Aktivierungs-
und Vermittlungsgutschein** fortgeführt. Danach haben Arbeitnehmer einen Anspruch auf einen Vermittlungsgutschein, die Anspruch auf Arbeitslosengeld haben, dessen Dauer nicht allein auf § 147 Abs. 3 SGB III beruht, und die nach einer Arbeitslosigkeit von zwei Monaten innerhalb einer Frist von drei Monaten noch nicht vermittelt sind oder die eine Beschäftigung ausüben, die als Arbeitsbeschaffungsmaßnahme[41] gefördert wird. Im Übrigen kann der Gutschein auch als Ermessensleistung der Agentur für Arbeit ausgestellt werden. Der Vermittlungsgutschein ermöglicht es Arbeitslosen, im Rahmen ihrer Eigenbemühungen bei einer Kostenübernahme durch die Bundesagentur für Arbeit privat eigene Vermittler ihrer Wahl einzuschalten. Auf die privaten Arbeitsvermittler kamen die Arbeitslosen damit erstmals als „Kunden" zu. Nachdem die privaten Arbeitsvermittler zuvor – bis auf wenige Ausnahmen[42] – nur von Arbeitgebern eine Vergütung verlangen durften, ist durch die Neuregelung des § 296 SGB III nunmehr auch eine Honorarberechnung gegenüber den Arbeitsuchenden zulässig. Nachdem sodann jeder gewerbsmäßige Vermittler von Arbeitsstellen nach § 421 g SGB III aF einen Rechtsanspruch auf das Erfolgshonorar von der Bundesagentur für Arbeit aus dem Vermittlungsgutschein geltend machen konnte, hat § 45 SGB III wieder für eine Begrenzung der Anspruchsberechtigten gesorgt. Einzelheiten zur Durchführung des Vermittlungsgutschein-Verfahrens werden von der Bundesagentur für Arbeit in der **Geschäftsanweisung zum Vermittlungsgutschein** (GA-VGS[43]) geregelt. Die GA-VGS wurde in den Jahren seit 2002 mehrfach aktualisiert, zuletzt zum 6. 12. 2011. Seit der Entscheidung des EuGH vom 11. 1. 2007[44] ist auch eine Vermittlung in das europäische Ausland innerhalb der EU mit dem Vermittlungsgutschein möglich. Nach einer Entscheidung des *Bundessozialgerichts* (BSG)[45] hat ein Vermittlungsmakler trotz Vorlage eines Vermittlungsgutscheines keinen Anspruch auf Vergütung gegen die Bundesagentur für Arbeit, wenn er mit dem Arbeitgeber des „vermittelten" Arbeitnehmers wirtschaftlich verflochten ist.

Weiter fordert das Gesetz in § 296 Abs. 1 S. 1 SGB III, dass ein **schriftlicher Ver-** 30
mittlungsvertrag[46] geschlossen werden muss. Aus diesem Vertrag muss insbesondere die **Vermittlungsvergütung** hervorgehen (vgl. § 296 Abs. 1 S. 2 SGB III), die der Arbeitsuchende bei Erfolg an den Vermittler zahlen soll. In der Regel wird sich das Arbeitnehmer-Honorar an der Höhe des vorliegenden Vermittlungsgutscheines bemessen. Ursprünglich sah das Gesetz in § 421 g Abs. 2 SGB III aF eine Vermittlungsgebühr vor, die nach der Dauer der Arbeitslosigkeit von 1.500,– EUR bis 2.500,– EUR gestaffelt wurde. Diese Staffelung wurde mit Wirkung ab dem 1. 1. 2005[47] abgeschafft und durch eine einheitliche Vergütung von 2.000,– EUR ersetzt, um eine Verwaltungsvereinfachung herbeizuführen und Langzeitarbeitslosigkeit zu verhindern. Zugleich wurde klargestellt, dass der einheitliche Vergütungsbetrag wie die Regelung in

---

[41] Nach dem Gesetzeswortlaut besteht der Anspruch auch bei geförderten Strukturanpassungsmaßnahmen nach §§ 272 ff. SGB III aF, die jedoch im SGB III nicht mehr vorgesehen sind.
[42] Vgl. § 10 AVermV aF.
[43] Zum Download unter http://www.arbeitsagentur.de.
[44] EuGH 11. 1. 2007 – C-208/05, NZA-RR 2007, 267, aufgrund eines Vorlagebeschlusses des SG Berlin 11. 4. 2005 – S 77 AL 5946/03, NJW 2005, 1968.
[45] BSG 6. 4. 2006 – B 7 a AL 56/05 R, NJW 2007, 1902.
[46] Gagel/*Fuchs* SGB III § 296 Rn. 2; zur Schriftform Palandt/*Ellenberger* BGB § 126 Rn. 8 ff.
[47] Viertes Gesetz zur Änderung des Dritten Buches Sozialgesetzbuch und anderer Gesetze vom 19. 11. 2004, BGBl. I 2902.

§ 296 Abs. 3 SGB III die anfallende gesetzliche Umsatzsteuer umfasst.[48] Mit Wirkung ab dem 1. 1. 2008[49] wurde für die Vermittlung von Langzeitarbeitslosen und behinderten Menschen die Möglichkeit geschaffen, den Vermittlungsgutschein bis zu einer Höhe von 2.500,– EUR auszustellen (§ 421g Abs. 2 S. 2 SGB III aF; § 45 Abs. 6 SGB III). Dementsprechend wurde auch § 296 Abs. 3 S. 1 SGB III an diese Neuregelung angepasst. Weitgehend unverändert blieb seit dem Inkrafttreten zum 27. 3. 2002 die Regelung zur gestaffelten Auszahlung der Vermittlungsvergütung durch das Arbeitsamt bzw. (nachfolgend) die Agentur für Arbeit (vgl. § 421g Abs. 2 S. 2 SGB III aF; § 45 Abs. 6 SGB III). Hiernach wird ein Teilbetrag von 1.000,– EUR bei Beginn des vermittelten Beschäftigungsverhältnisses bzw. ab dem 1. 1. 2005 nach einer sechswöchigen Dauer des Beschäftigungsverhältnisses und der Restbetrag nach einer sechsmonatigen Dauer des Beschäftigungsverhältnisses gezahlt.[50] Das Verlangen oder Entgegennehmen von Vorschüsse auf diese Vergütungen ist dem Vermittler allerdings weiterhin untersagt.[51]

31 Auf der Grundlage der §§ 296 Abs. 3 S. 1, 301 SGB III hat das Bundesministerium für Arbeit die **Vermittler-Vergütungsordnung**[52] erlassen, nach welcher mit dem Arbeitnehmer für die Vermittlung in eine Tätigkeit als Künstler, Artist, Fotomodell, Werbetyp, Mannequin und Dressman, Doppelgänger, Stuntman, Discjockey oder Berufssportler Vergütungen vereinbart werden dürfen, die sich nach dem ihm zustehenden Arbeitsentgelt bemessen.

32 Für **Nebenleistungen** wie Bewerbertraining, Mappendurchsicht oder -erstellung darf jedoch **keine gesonderte Vergütung** im Zusammenhang mit der Vermittlung eines Arbeitsuchenden verlangt werden.[53] Eine getrennt davon zu vereinbarende Vertragsbeziehung für Coachingleistungen bleibt den beiden Vertragsparteien nach wie vor selbst überlassen. Bei der Ausbildungsvermittlung dürfen nach wie vor nur Vergütungen vom Arbeitgeber verlangt oder entgegengenommen werden (§ 296a SGB III).

33 Die Vergütung des Personalvermittlers durch einen Arbeitgeber ist indes der Höhe nach nicht beschränkt. § 296 SGB III und die Vermittler-Vergütungsordnung gelten im Verhältnis zwischen Vermittler und Arbeitgeber nicht. Dies bedeutet unter anderem, dass ein Vergütungsanspruch auch für den bloßen Hinweis auf eine Vertragsabschlussmöglichkeit entstehen kann.[54] Ist eine unverhältnismäßig hohe Vergütung vereinbart worden, soll diese jedoch, wenn sie den Bestimmungen des Maklerrechtes zuzuordnen ist, auf Antrag des Arbeitgebers durch Urteil auf den angemessenen Betrag herabgesetzt werden können (§ 655 Abs. 1 BGB).[55]

34 Die **Wettbewerbssituation** zwischen der Bundesagentur für Arbeit und der privaten Arbeitsvermittlung auf der einen und die Verfahrensabwicklung und Kontrollfunktion der Bundesagentur für Arbeit auf der anderen Seite ist nicht unproblematisch.

---

[48] BT-Drs. 15/3674, 10.
[49] Gesetz zur Förderung der zusätzlichen Altersvorsorge und zur Änderung des Dritten Buches Sozialgesetzbuch vom 10. 12. 2007, BGBl. I 2838.
[50] Zu alledem Gagel/*Peters-Lange* SGB III § 421g Rn. 4.
[51] Gagel/*Fuchs* SGB III § 296 Rn. 8.
[52] Verordnung über die Zulässigkeit der Vereinbarung von Vergütungen von privaten Vermittlern mit Angehörigen bestimmter Berufe und Personengruppen (Vermittler-Vergütungsordnung) vom 27. 6. 2002, BGBl. I 2439.
[53] Zur Unzulässigkeit der Erhebung von „Aufwendungsersatz" von 5,– EUR pro Bewerbungsanfrage: SG Berlin 4. 12. 2008 – S 22 AL 6030/08 ER.
[54] Küttner/*Röller*, Personalbuch, Arbeitsvermittlung (private) Rn. 10.
[55] Küttner/*Röller*, Personalbuch, Arbeitsvermittlung (private) Rn. 10; ausführlich hierzu *Rieble* DB 1994, 1776 ff.

II. Begriffe und Grundlagen

Denn der Bundesagentur für Arbeit obliegt weiterhin nach § 402 Abs. 1 S. 2 Nr. 5 SGB III aF (neu: § 394 Abs. 1 S. 2 Nr. 4 SGB III) die Aufgabe, für die Einhaltung der vorstehenden Vorschriften zu sorgen. Die zentrale Pflicht zur Meldung statistischer Daten ist jedoch ersatzlos weggefallen. Dies folgt aus dem Umstand, dass die Vermittlungserlaubnis der Bundesagentur für Arbeit zur Ausübung der Personalvermittlung gesetzlich nicht mehr erforderlich ist. Aus diesem Grund verfügt die Bundesagentur für Arbeit auch nicht mehr über eine zuvor geführte Liste, in der alle privaten Vermittler erfasst sind.

Als ein Kernpunkt des Ersten[56] und Zweiten[57] Gesetzes für moderne Dienstleistungen am Arbeitsmarkt vom 30. 12. 2002 hatte jedes Arbeitsamt nach der inzwischen wieder aufgehobenen Vorschrift des § 37c SGB III für die Einrichtung mindestens einer **Personal-Service-Agentur** (PSA) zu sorgen. Die Aufgabe der Personal-Service-Agenturen sollte es sein, eine Arbeitnehmerüberlassung zur Vermittlung von Arbeitslosen in Arbeit durchzuführen und die Beschäftigten in verleihfreien Zeiten zu qualifizieren und weiterzubilden (vgl. § 37c Abs. 1 S. 2 SGB III aF).[58] Arbeitslose sollten hierdurch wieder in den ersten Arbeitsmarkt integriert werden. Der Überlassung soll dasselbe Dreiecksverhältnis wie anderen Arbeitnehmerüberlassungen zu Grunde liegen. Die Hartz-Kommission bezeichnete die Personal-Service-Agenturen als „Herzstück" des Abbaus der Arbeitslosigkeit.[59] Nachdem bereits zum 1. 1. 2006 durch eine Änderung des § 37c SGB III bewirkt wurde, dass die Pflicht zur Errichtung von Personal-Service-Agenturen entfiel und lediglich eine Zusammenarbeit mit erlaubt tätigen Vermittlern angestrebt war, wurde § 37c SGB III zum 31. 12. 2008[60] gänzlich aufgehoben. Damit wurden die Personal-Service-Agenturen, die sich nach Auffassung des Gesetzgebers als weniger wirksames bzw. kaum oder wenig genutztes Instrument[61] erwiesen haben, wieder abgeschafft.

4. Steuerrechtliche Differenzierung zwischen Vermittlung und Beratung

Bis zu einer Änderung des § 3a UStG zum 1. 1. 2010 musste im Steuerrecht eine Differenzierung zwischen Personalberatung einerseits und Personal- bzw. Arbeitsvermittlung andererseits vorgenommen werden.[62] Die nötige Abgrenzung folgte auch einer **unterschiedlichen umsatzsteuerlichen Behandlung** ihrer jeweiligen Dienstleistungen. Zwar bestimmt sich die Pflicht zur Umsatzsteuerzahlung seit jeher nach dem Ort der Leistung. Bis zum 31. 12. 2009 leitete sich der **Ort der Leistung** jedoch bei diesen Tätigkeitsfeldern anhand unterschiedlicher Kriterien ab. Deshalb war die Frage strittig, ob die Suche und Auswahl von Fach- und Führungskräften durch Personalberatungsunternehmen eine Vermittlungsleistung, eine sonstige Beratungsleistung oder aber eine allgemeine sonstige Leistung darstellte. Denn eine Vermittlungsleistung nach § 3a Abs. 2 Nr. 4 UStG aF galt an dem Ort als erbracht, an dem der vermittelte Umsatz ausgeführt wurde. Bei einer Beratungsleistung gegenüber einem Unterneh-

---

[56] BGBl. I 2002, 4607.
[57] BGBl. I 2002, 4621.
[58] Gagel/*Peters-Lange* SGB III § 37c Rn. 1 ff.
[59] *Bauer/Krets* NJW 2003, 537 (540).
[60] BGBl. I 2008, 2917.
[61] BT-Drs. 16/10810, 2, 23 f.; BT-Drs. 16/3982, 11.
[62] BFH 18. 6. 2009 – V R 57/07, DStR 2009, 2305 ff.; 18. 6. 2009 – V R 34/08, BeckRS 2009, 25015723; *Prätzler* jurisPR-SteuerR 50/2009, Anm. 9.

men ergab sich der Ort der Leistung wiederum danach, wo der Empfänger sein Unternehmen betreibt (§ 3a Abs. 4 Nr. 3 UStG aF). Schließlich war eine allgemeine sonstige Leistung gemäß § 3a Abs. 1 UStG aF an dem Ort ausgeführt, von dem aus der Unternehmer sein Unternehmen betreibt.

37 Das *FG Hamburg*[63] hatte bereits im Jahr 2007 entschieden, dass Beratungsleistungen im Sinne des UStG jedenfalls dann vorliegen, wenn sich die vertraglich geschuldete Leistung als ein einheitlicher Beratungsprozess erweist. Ein solcher einheitlicher Beratungsprozess wird angenommen, wenn er die personalwirtschaftliche Analyse der in Frage stehenden Position sowie der Unternehmensstrategie und des betrieblichen Umfelds der Auftraggeber, die Erarbeitung und Diskussion des fachlichen und persönlichen Anforderungsprofils der vakanten Position, die Überprüfung der fachlichen und persönlichen Qualifikation von Bewerbern – ggf. unter Einsatz psychometrischer Verfahren –, die Diskussion mit den Auftraggebern über die einzuladenden Bewerber und die (fakultative) Beratung bei der Festlegung von Einstellungs-, Arbeits- und Vergütungsbedingungen umfasst.[64] Dem hat sich der *Bundesfinanzhof* (BFH)[65] jetzt in zwei Entscheidungen angeschlossen. Seiner Auffassung nach ist bei der Leistungsortbestimmung entsprechend § 3a UStG eine richtlinienkonforme Auslegung der Begriffe vorzunehmen. Hierbei ist unter „Beratung" die Vermittlung von Informationen zur Lösung, und zwar auch als Entscheidungshilfe, konkreter Fragen zu verstehen.[66] Der EuGH gehe – zu Art. 86 und 90 des Vertrags zur Gründung der Europäischen Gemeinschaft – davon aus, dass die Vermittlung von Führungskräften der Wirtschaft zum Tätigkeitsbereich privater Personalberatungsunternehmen gehört.[67] Zudem enthalte Art. 9 Abs. 2 lit. e RL 77/388/EWG den Hinweis auf Leistungen von Beratern und ähnlichen Leistungen. Unter Bezugnahme auf seine ständige Rechtsprechung begründete der BFH, dass die Leistungen der von Personalberatern **typische Beratungsleistungen** darstellten. Ihr wesentlicher Gehalt bestehe darin, eine fundierte und qualifizierte Empfehlung zur Besetzung einer Position auszusprechen. Berufstypische Leistungen von Personalberatern im Rahmen der Suche nach Führungskräften stellen in der Regel Beratungsleistungen dar. Der Kern und Schwerpunkt dieser aus verschiedenen Leistungsbestandteilen bestehenden Tätigkeit liege darin, eine fundierte und qualifizierte Empfehlung zur Besetzung der jeweiligen Position aussprechen zu können.[68] Dem stehe nicht entgegen, dass dabei letztlich eine Personenauswahl präsentiert wird. Die einzelnen Leistungen lassen sich auch nicht getrennt beurteilen. Sie gehen vielmehr als Vorbereitungshandlungen in der zu erbringenden Beratungsleistung auf, die den wirtschaftlichen Gehalt des von dem Personalberater erbrachten Leistungsbündels ausmacht.[69] Aus der Sicht des BFH spricht auch die Vergütungsabrede, wonach ein nicht erfolgsabhängiges Honorar geschuldet wird, für eine Beratungsleistung.[70] Dies werde durch die „Grundsätze zur Abgrenzung von Personalberatung und Arbeitsvermittlung bei der Besetzung von Stellen für Führungskräfte der Wirtschaft" der

---

[63] FG Hamburg 21. 8. 2007 – 6 K 253/05, DStRE 2008, 503.
[64] FG Düsseldorf 10. 10. 2008 – 1 K 779/06 U, BeckRS 2008, 26026045; FG Hamburg 21. 8. 2007 – 6 K 253/05, DStRE 2008, 503; aA FG München 13. 6. 2007 – 3 K 4881/03, DStRE 2008, 375.
[65] BFH 18. 6. 2009 – V R 57/07, DStR 2009, 2305 ff.; 18. 6. 2009 – V R 34/08, BeckRS 2009, 25015723.
[66] BFH 18. 6. 2009 – V R 34/08, BeckRS 2009, 25015723.
[67] EuGH 23. 4. 1991 – C-41/90, NZA 1991, 447.
[68] BFH 18. 6. 2009 – V R 57/07, DStR 2009, 2305 ff.
[69] BFH 18. 6. 2009 – V R 34/08, BeckRS 2009, 25015723.
[70] BFH 18. 6. 2009 – V R 57/07, DStR 2009, 2305 ff.

Bundesanstalt für Arbeit bestätigt, da diese bei der Definition von Personalberatung insbesondere auf ein Fest- oder Zeithonorar als Charakteristikum abstellten.

Seit dem 1. 1. 2010[71] ist der Leistungsort für Leistungen von Unternehmern an Unternehmer gesetzlich neu geregelt. Nunmehr gilt nach § 3a Abs. 2 UStG nF als Grundprinzip, dass der **Empfängerort als Ort der Leistung** zu werten ist. Demzufolge haben der vorgenannte Streit und die jüngste Entscheidung des BFH bei Leistungen an Unternehmer für ab dem 1. 1. 2010 verwirklichte Steuertatbestände keine praktische Bedeutung mehr. **38**

III. Berufsbild der Personalberater und -vermittler

In der Personalberaterbranche waren ursprünglich vor allem **Quereinsteiger** aus den unterschiedlichsten Eingangsberufen tätig. Auch weiterhin wird die Eignung eines privaten Personal- bzw. Arbeitsvermittlers durch keine Berufsordnung oder gesetzliche Bestimmungen geregelt. Allerdings bieten seit einigen Jahren verschiedene Industrie- und Handelskammern die Weiterbildungsmöglichkeit zur **IHK-Fachkraft „Personalberatung und -vermittlung"** an. Die Fortbildung zur Fachkraft für Personalvermittlung (IHK) wurde entwickelt, um den veränderten Bedingungen mit der Liberalisierung der Branche gerecht zu werden. Seit August 2008 gibt es zudem den Ausbildungsberuf **„Personaldienstleistungs-Kaufmann/-frau"**. Einzelne Industrie- und Handelskammern bieten überdies weitere Fortbildungsqualifizierungen für Personalvermittler an. **39**

Die selbständigen Personalberater bzw. entsprechende Agenturen sind hauptsächlich im **Bundesverband Personalvermittlung e. V.** (BPV e. V.),[72] im **Bundesverband Deutscher Unternehmensberater e. V.** (BDU e. V.)[73] oder in der **Vereinigung deutscher Executive Search Berater e. V.** (VDESB)[74] organisiert. Bereits seit Anbeginn der privaten Arbeitsvermittlung mit Vermittlungsgutschein bestehen in Ergänzung zu den „Grundsätze zur Abgrenzung von Personalberatung und Arbeitsvermittlung bei der Besetzung von Stellen für Führungskräfte der Wirtschaft"[75] eigene **Richtlinien zu Qualitätsstandards.**[76] Diese wurden auf Anregung des Bundestages[77] entwickelt und sind von den Verbänden, die die Interessen privater Arbeitsvermittler vertreten, sowie von nicht in einem Verband organisierten privaten Arbeitsvermittlern auf der Basis einer freiwilligen Verpflichtung anerkannt worden. Danach soll ein privater Arbeitsvermittler als Gewerbetreibender über entsprechende Geschäftsräume und über eine angemessene Sachkenntnis verfügen. Letztgenanntes soll der Vermittler durch Befähigungsnachweise belegen können (etwa durch Berufserfahrung, ein einschlägiges Diplom, gegebenenfalls durch eine vermittlungsspezifische Zusatzausbildung oder durch nachgewiesene Kenntnisse der Methoden des Profilings, einer kundengerechten Gesprächsführung sowie der Klärung bestehender Vermittlungshemmnisse). Auch werden Kenntnisse der einschlägigen gesetzlichen Vorschriften, des regionalen und überregionalen Arbeitsmarktes und seiner Akteure, von Branchen- und Berufs- **40**

---

[71] Art. 7 des Jahressteuergesetzes 2009 vom 19. 12. 2008, BGBl. I 2794 (2818 ff.).
[72] http://www.bpv-info.de.
[73] http://www.bdu.de.
[74] http://www.vdesb.de.
[75] Abgedruckt in NZA 1990, 804 f.
[76] S. auch BT-Drs. 15/2521, 4 ff.
[77] Entschließung des Bundestages vom 15. 3. 2002 über die Notwendigkeit zur Entwicklung von Qualitätsstandards für private Arbeitsvermittlungen, BT-Drs. 14/8529.

D. Personalberatung, Arbeits- und Personalvermittlung

profilen sowie des Datenschutzes verlangt. Neben eindeutigen Geschäftsbedingungen und dem Vorliegen eines Beschwerdemanagements soll der Vermittler auch zur Zusammenarbeit mit fachkundigen Stellen (zB Schuldnerberatung) in der Lage sein und darüber hinaus Kontakte zu Arbeitgebern und Arbeitnehmern unterhalten.[78]

41 Weiter orientieren sich die in den Verbänden organisierten Personalberater an folgenden **Leistungen und Verhaltensrichtlinien:**[79]
– Personalberater werden nur im Rahmen eines ihnen nachweislich übertragenen Beratungsauftrages tätig und informieren Klienten über eventuelle Interessenskonflikte.
– Personalberater übernehmen nur dann Aufträge, wenn sie für deren Durchführung die erforderlichen Fähigkeiten, Kenntnisse sowie zeitliche Kapazitäten haben.
– Personalberater stimmen in enger Zusammenarbeit mit dem Klienten das Stellen- und Anforderungsprofil der zu besetzenden Position ab. Dabei werden auch die persönlichen Eigenschaften des „idealen" Kandidaten diskutiert.
– Personalberater beherrschen unterschiedliche Such- und Auswahlmethoden und schlagen eine entsprechende Strategie vor.
– Personalberater empfehlen nur geeignete Medien in den Bereichen Print und Online zur Platzierung von Stellenangeboten.
– Personalberater verfügen über fundierte Erfahrungen in der qualifizierten Kandidatenbeurteilung und Referenzprüfung.
– Personalberater informieren sich über die firmenspezifische Unternehmenskultur einschließlich Führungsstil und berücksichtigen diese bei den Interviews.
– Personalberater vereinbaren vor Projektbeginn die Honorarhöhe einschließlich der Zahlungsweise, zB drei bis vier Projektraten.
– Personalberater unterrichten ihre Auftraggeber und Kandidaten zeitnah über den jeweiligen Projektstand.
– Personalberater und Klienten verpflichten sich in gleicher Weise zur vertraulichen Behandlung der Bewerberinformationen.
– Personalberater verhalten sich objektiv gegenüber Kandidaten und Klienten.
– Personalberater stellen dem Klienten umfangreiche schriftliche Exposés einschließlich Lebenslaufanalysen über die Eignung der Kandidaten zur Verfügung.
– Personalberater empfehlen nur Kandidaten, die ihnen persönlich bekannt und an der Position tatsächlich interessiert sind.
– Personalberater nehmen von Kandidaten weder Honorare oder Entgelte entgegen noch verlangen sie solche.
– Personalberater verpflichten sich zur Diskretion im Hinblick auf Artikel und Interviews in den Medien, soweit die jeweils Betroffenen nicht ihre Zustimmung erteilt haben.
– Personalberater halten sich an Recht und Gesetz zur Vermeidung sittenwidriger Abwerbung sowie an das Allgemeine Gleichbehandlungsgesetz (AGG).
– Personalberater führen für den Klienten eine vertrauliche Bewerberverwaltung einschließlich Reisekostenabrechnung durch.
– Personalberater übernehmen die komplette Projektkoordination bis zum Vertragsabschluss.

42 Ungeachtet der IHK-Ausbildungsberufe ist jedoch der Einstieg in die Personalberatungsbranche unmittelbar nach einem Hochschulabschluss weiterhin der Regelfall.

---

[78] Qualitätsstandards, NZA 1990, 804 f.
[79] Vgl. die Grundsätze des Bundesverband Personalvermittlung e. V. (BPV e. V.) unter http://www.bpv-info.de oder diejenigen des Bundesverband Deutscher Unternehmensberater e. V. (BDU e. V.) unter http://www.bdu.de; Hansen AuA 2003, 25 (26).

Dies gilt im Prinzip für Absolventen aller Studiengänge. Allerdings überwiegen Wirtschaftswissenschaftler, Juristen und Psychologen. Aufgrund der Struktur der auftraggebenden Unternehmen sind Praktika sowie ein Auslandsstudium mit entsprechenden Sprachkenntnissen von Vorteil. Typisch bei mittleren und kleineren Beratungsgesellschaften sind weiterhin auch „Quereinsteiger" mit Führungserfahrungen bzw. Spezialkenntnissen, nicht selten auch ehemalige Personalleiter. Viele erfolgreiche Personalberater verstehen sich weiterhin als „Allround-Berater", wobei sie ihre Methoden-Kompetenz in Suche und Auswahl in den Vordergrund stellen. Zahlreiche Personalberatungen sind zudem als „Spin-Off" entstanden. Generell ist aber ein **Trend zur Spezialisierung** feststellbar. Diese erfolgt meist nach:
- Branchen (zB Automotive, Engineering, Consulting, Banken, Handel, Fashion, Medien),
- Funktionen (zB Finanz- und Rechnungswesen/Finance, Marketing und Vertrieb, Technik, Personalwesen/Human Ressource, Logistik) oder
- Regionen (zB Bundesländer) bzw. Länder (zB Frankreich, Osteuropa, USA oder Asien).

Zunehmend ist auch zu beobachten, dass eine Spezialisierung auf mittelständische 43 Unternehmen erfolgt, die zumeist über keine professionelle Personalabteilung verfügen. Hier spielt auch die Beratung bei der Nachfolgeplanung und dem Generationswechsel eine Rolle. Größere Beratungsgesellschaften verfügen zudem über sogenannte „Kompetenzzentren" oder unterhalten ein Netz von Regionalbüros im Inland oder gar eigene Niederlassungen im Ausland.

IV. Durchführung zwischen Vermittler und Arbeitgeber

Im Wesentlichen binden sich sowohl die Personalberater als auch die Personalver- 44 mittler vertraglich an Unternehmen, also an den Arbeitgeber. Angesichts der unterschiedlichen Formen und der Vielfältigkeit der Tätigkeiten im Zusammenhang mit den Personaldienstleistungen ist die Vertragsgestaltung jeweils den konkreten Bedürfnissen anzupassen. Dies gilt insbesondere für die Festlegung der geschuldeten Tätigkeiten und die Vergütungsregelung. Angesichts der insgesamt in Betracht kommenden und sehr unterschiedlich strukturierten Vertragsinhalte kann eine rechtliche Einordnung der Vertragsgestaltung zwischen dem Arbeitgeber und dem Personalberater oder Personalvermittler nicht ohne Weiteres vorgenommen werden.

1. Rechtliche Einordnung der Personalvermittlung

Die rechtliche Einordnung der Verträge über private Personalvermittlung lässt sich 45 nicht pauschal vornehmen. In der Zusammenarbeit mit dem Arbeitgeber kommen Bestimmungen sowohl über **Dienstverträge,** über **Werkverträge** als auch über **Maklerverträge** in Betracht. Nach welchen Rechtsnormen ein gesamter Vertrag oder einzelne Vertragsinhalte rechtlich zu beurteilen sind, lässt sich daher nur einzelfallbezogen anhand der von den Vertragsparteien gestalteten Interessenlage und dem wirtschaftlichen Gesamtsinn der Verträge entscheiden. Hier kommt es auch auf das jeweilige Gewicht der einzelnen Vertragselemente im Rahmen des gesamten Vertrags an.[80]

---

[80] BGH 29. 9. 1994 – I ZR 173/92, NJW 1995, 324 ff.

Aufgrund der Schwierigkeiten der rechtlichen Einordnung ist deshalb eine genaue vertragliche Regelung zu wählen, so dass Auslegungsschwierigkeiten vermieden, zumindest jedoch eingegrenzt werden.

46 Das *OLG Köln*[81] hat Verträge über eine Personalvermittlung, bei denen die Parteien Teilzahlungen in erheblicher Höhe nach Ablauf bestimmter Zeiträume vereinbart haben, als **Dienstverträge** qualifiziert. Ein Werkvertrag setze voraus, dass die Herbeiführung eines Erfolgs geschuldet wird.[82] Dies wäre bei der Personalvermittlung die Einstellung eines vom Personalvermittler vorgeschlagenen Kandidaten. Ob allerdings eine Einstellung erfolgt, hänge allein von der freien Entscheidung des Auftrag- bzw. Arbeitgebers ab und nicht vom Arbeitseinsatz des Vermittlers. Insofern könne der Vermittler keinen Erfolg schulden, so dass in der vorliegenden Konstellation eine Dienstleistung anzunehmen sei.

47 Das *LG Memmingen*[83] wertete einen Personalvermittlungsvertrag, bei dem das erste Drittel des Honorars nach Auftragsvergabe, das zweite bei schriftlicher Präsentation des engsten Kandidatenkreises und das dritte bei Vertragsschluss mit dem ausgewählten Kandidaten zu zahlen war, als **gemischten Vertrag mit einem dienstvertraglichen und einem maklerrechtlichen Teil.** Das rechtliche und wirtschaftliche Schwergewicht sah es dabei im konkreten Fall im Dienstvertragsrecht. Für die ersten beiden Drittel würde demnach das Dienstvertragsrecht Anwendung finden, so dass es unerheblich gewesen sei, dass der maklerrechtliche Teil (drittes Drittel) nicht zum Erfolg führte. Die wesentlichen Tätigkeiten des Personalvermittlers (Voruntersuchung, Direktsuche, Vorinterviews, Vorstellung der Kandidaten beim Arbeitgeber) sprächen für die Annahme eines Dienstvertrags.

48 Im Zweifel dürften Verträge über die umfassende Hilfe bei der Suche und Auswahl von Personal gegen Honorar regelmäßig als Dienstverträge zu qualifizieren sein mit der Folge, dass dem Personberater unabhängig vom Erfolg seiner Bemühungen ein Vergütungsanspruch zusteht.[84] Auch wenn es sich bei einem Personalberatungsvertrag um einen gemischten Vertrag mit einem dienstvertraglichen und einem maklerrechtlichen Teil handeln sollte, findet überwiegend Dienstleistungsrecht Anwendung. Das rechtliche und wirtschaftliche **Schwergewicht** eines solchen Vertrags liegt in den meisten Fällen **im Dienstvertragsrecht.** Für die Vergütungspflicht kommt es dann nicht darauf an, dass der maklerrechtliche Teil zum Erfolg führt. Dies entspricht gewöhnlich der Interessenlage beider Parteien, weil es letzten Endes von der freien Entscheidung des Auftraggebers abhängt, ob die Tätigkeit des Personalberatungsunternehmens zu dem von beiden Seiten gewollten Erfolg, nämlich der Einstellung des Bewerbers, führt. Lediglich die reine Vermittlungstätigkeit dürfte dem allgemeinen Maklerrecht des BGB (§§ 652 ff. BGB) unterfallen.[85] Zu beachten sind allerdings die Modifikationen, die sich aus dem SGB III ergeben. Zudem ist der Arbeitsvermittler kein Handelsmakler im Sinne der §§ 93 ff. HGB. Denn Dienst- und insbesondere Ar-

---

[81] OLG Köln 5. 7. 1996 – 4 U 27/95, NJW-RR 1997, 885.
[82] Palandt/*Sprau* BGB Einf. vor § 631 Rn. 1.
[83] LG Memmingen 5. 5. 1999 – 1 S 105/99, NJW-RR 2000, 870.
[84] OLG Köln 5. 7. 1996 – 4 U 27/95, NJW-RR 1997, 885; LG Memmingen 5. 5. 1999 – 1 S 105/99, NJW-RR 2000, 870; aA Küttner/*Röller*, Personalbuch, Arbeitsvermittlung (private) Rn. 10, wonach auf den Vertrag zwischen Vermittler und Arbeitgeber ausschließlich das Maklervertragsrecht des BGB (§§ 652 ff. BGB) Anwendung finden soll.
[85] BFH 26. 6. 2003 – IV R 12/02, BeckRS 2003, 25002636; 19. 9. 2002 – IV R 70/00, NJW 2003, 775; *Rieble* DB 1994, 1776; *Kühl/Breitkreuz* NZS 2004, 568 (569 Fn. 20); Küttner/*Röller*, Personalbuch, Arbeitsvermittlung (private) Rn. 10.

IV. Durchführung zwischen Vermittler und Arbeitgeber

beitsleistungen gehören nicht zu den in § 93 Abs. 1 HGB genannten Geschäfte des Handelsverkehrs.[86]

Eine interessengerechte Auslegung ergibt daher in der Regel, dass ein Personalberater (im Gegensatz zum reinen Personalvermittler) für seinen Vergütungsanspruch zwar keinen Erfolg, wohl aber die vertragsgerechte Erbringung seiner Dienstleistung schuldet. Denn ein Erfolg hängt in den häufigsten Konstellationen nicht vom Arbeitseinsatz des Personalberaters ab, sondern von der freien persönlichen Entscheidung des Arbeitgebers, die Stelle zu besetzen. Der Arbeitgeber behält sich regelmäßig vor, jeden Bewerber – unabhängig von seiner Qualifikation und ohne Angabe von objektiv nachvollziehbaren Gründen – abzulehnen. Deshalb kann ein Vermittler – in den Grenzen des § 655 BGB – mit einem Arbeitgeber eine Vergütung auch für den bloßen Nachweis der Gelegenheit zum Abschluss eines Arbeitsvertrags vereinbaren.[87] **49**

2. Anwendbarkeit des AGB-Rechts

In der Regel nutzen Personalvermittlungsgesellschaften und Personalberater von ihnen vorformulierte Verträge. Akzeptiert der Kunde diese, handelt es sich um **Allgemeine Geschäftsbedingungen** (AGB), auf die das AGB-Recht (§§ 305 ff. BGB) Anwendung findet. Keine Allgemeinen Geschäftsbedingungen liegen vor, soweit die Vertragsparteien im Rahmen von Verhandlungen über den Vertrag zu inhaltlichen Änderungen des vorformulierten Textes kommen. Teilweise werden aber auch ausdrücklich Allgemeine Geschäftsbedingungen in Bezug genommen. **50**

Falls nicht nur die Personalvermittlungs- bzw. Personalberatungsgesellschaft, sondern auch der Vertragspartner ein Unternehmer im Sinne der §§ 310 Abs. 1, 14 BGB ist, finden die Klauselverbote der §§ 308, 309 BGB keine Anwendung.[88] Geltung haben jedoch weiter die Verbote überraschender und mehrdeutiger Klauseln (§ 305c BGB), das Umgehungsverbot (§ 306a BGB) und die Inhaltskontrolle wegen unangemessener Benachteiligung (§ 307 BGB).[89] **51**

3. Vorvertragliche Beziehung/Akquise

Nicht selten werden Personalberater bereits im Vorfeld einer tatsächlichen Beauftragung für einen potentiellen Auftraggeber tätig, um diesen von ihren Fähigkeiten und den Vorteilen einer Zusammenarbeit zu überzeigen. Insbesondere erstellen Personalberater oftmals sehr frühzeitig ohne ausdrückliche Beauftragung durch den Arbeitgeber Anforderungsprofile für zu besetzende Stellen. Für derartige Aktivitäten kann der Personalberater, wenn es anschließend zu keiner vertraglichen Zusammenarbeit kommt, grundsätzlich keine Vergütung verlangen. Sofern keine gegenteiligen Anhaltspunkte ersichtlich sind, ist die Erteilung eines „Vorab-Auftrages" zur Erstellung von Anforderungsprofilen oder sonstiger vorbereitender Tätigkeiten nicht anzunehmen. Vielmehr handelt es sich insoweit um **Akquise-Leistungen,** deren Bezahlung entgegen § 612 Abs. 1 BGB aus verständiger Sicht nicht zu erwarten ist.[90] **52**

---

[86] *Rieble* DB 1994, 1776; Küttner/*Röller,* Personalbuch, Arbeitsvermittlung (private) Rn. 10.
[87] BFH 19. 9. 2002 – IV R 70/00, NJW 2003, 775; Gagel/*Fuchs* SGB III § 296 Rn. 13.
[88] Palandt/*Grüneberg* BGB § 310 Rn. 2 ff.
[89] BGH 7. 12. 2006 – III ZR 82/06, NJW 2007, 764; *Lembke/Fesenmeyer* DB 2007, 801 (802).
[90] LG Hagen 14. 11. 2005 – 9 O 123/05, BeckRS 2006, 01 518.

D. Personalberatung, Arbeits- und Personalvermittlung

53   Ein Vergütungsanspruch würde voraussetzen, dass die Tätigkeiten selbstständige Leistungen bedeuten, deren separate Vergütung erwartet werde. Ohne eine entsprechende Vereinbarung ist jedoch eine auf eigenes wirtschaftliches Risiko erbrachte Vorleistung des Personalberaters anzunehmen. Dieses Verständnis teilen Personalberater mit anderen Dienstleistungsgesellschaften, die zunächst auf eigenes Risiko Investitionen aufbringen, die erst bei Auftragserteilung ausgeglichen werden.

4. Rahmenvertrag bei längerfristiger Zusammenarbeit

54   Die Geschäftsbeziehungen zwischen einem Personalvermittlungs- bzw. Personalberatungsunternehmen und dem beauftragenden Arbeitgeber ist in den meisten Fällen auf eine längerfristige Zusammenarbeit angelegt. In solchen Konstellationen, in denen die Suche nach Personal grundsätzlich von dem bekannten Vermittler durchgeführt werden soll, bieten sich Rahmenverträge an. Durch einen Rahmenvertrag[91] wird die Beauftragung im Einzelfall vereinfacht, zudem profitieren beide Vertragspartner. Der Vermittler sichert sich ein längerfristiges Mandat, das Unternehmen kann günstigere Konditionen durchsetzen, zum Beispiel in Form von Rabattstaffeln.

5. Einzelne Vertragsinhalte

a) Tätigkeit des Personalberaters

55   Die **geschuldete Tätigkeit** des Personalberaters ist angesichts der vielfältigen Formen der Personalsuche konkret vertraglich festzulegen. In dem Vertragsverhältnis mit einem Arbeitgeber sind verschiedenste Aufgaben denkbar, zu deren Erfüllung sich der Berater verpflichten kann. Das **Leistungsspektrum** der Personalberater erstreckt sich zumeist weit über eine reine Vermittlungstätigkeit hinaus. Neben zusätzlichen unterstützenden Tätigkeiten bei der Personalentwicklung und dem Personalmanagement, bei Umstrukturierungen oder bei Arbeitnehmerüberlassungen werden umfangreiche betriebswirtschaftliche Beratungsleistungen im Bereich des Personalwesens angeboten. Das Angebot der Personalberater umfasst Assessment-Center, Management-Diagnostik oder psychologische Begutachtungen. Nicht selten übernehmen Personalberater für Unternehmen sogar nahezu vollständig die Aufgaben der Personalverwaltung. Personalberater werden aber im Zusammenhang mit der beabsichtigten Trennung von Mitarbeitern hinzugezogen. In diesen Fällen begleiten sie Outplacement-Maßnahmen oder helfen, die bei einem Personalabbau ausscheidenden Mitarbeiter planvoll in eine neue Beschäftigung zu überführen. Personalberater vermitteln Coaching-Maßnahmen für die betreffenden Mitarbeiter oder führen diese selbst durch, bieten Bewerbertrainings an, bereiten Kontaktgespräche vor oder geben Existenzgründungstipps.

56   Weiter ist zu regeln, ob der Personalvermittler den Kreis der in Frage kommenden Bewerber selbst eingrenzt oder ob umfassend an das Unternehmen berichtet wird. Die Vertragsparteien sollten den **Auswahlprozess** in klar festgelegten Schritten regeln und die Aufgabenverteilung entsprechend zuordnen. Bei einer Direktsuche empfiehlt es sich, die zu kontaktierenden Personen zu definieren. Dem Personalberater können hierzu im Rahmen der Vertragsgestaltung konkrete **Vorgaben zu den Rekrutierungskanälen** gemacht werden. Dies kommt insbesondere dann in Betracht, wenn

---

[91] Vgl. Palandt/*Ellenberger* BGB Einf. vor § 145 Rn. 19; Palandt/*Grüneberg* BGB § 305 Rn. 44, 50.

IV. Durchführung zwischen Vermittler und Arbeitgeber

der den Auftrag gebende Arbeitgeber wettbewerbsrechtlichen Einschränkungen unterliegt. Ingesamt sollte vorab das Anforderungsprofil der vakanten Position klar abgestimmt werden.

b) Vorherige Arbeitnehmerüberlassung

In der Praxis erfolgen Personalvermittlungen häufig nach einer vorherigen Arbeitnehmerüberlassung. Viele Personalvermittlungs- bzw. Personalberatungsunternehmen bieten eine sogenannte **„vermittlungsorientierte Arbeitnehmerüberlassung"** an. Bei dieser wird der Arbeitskräftebedarf eines Unternehmens zunächst durch Personen gedeckt, die nicht bei dem Unternehmen direkt angestellt werden, sondern beim Verleiher arbeitsvertraglich gebunden sind. Ein Unternehmen (Entleiher) entleiht sich die Personen vom Verleiher und schließt so die vorhandene Personallücke. Ein späterer Wechsel des Arbeitnehmers zum Entleiher wird jedoch ausdrücklich gewünscht. Mittels der Arbeitnehmerüberlassung wird eine Testphase vorgeschaltet, die in eine Festanstellung des Leiharbeitnehmers beim Entleiher münden soll (sog. **„Klebeeffekt"**). 57

c) Vergütung

Bei den Vergütungsregelungen ist zwischen den Personalberatern und den Personalvermittlern zu unterscheiden. Die **Unterscheidung** ergibt sich zumeist deshalb, weil dem **Personalberater** in der Regel eine Vergütung für seinen Aufwand gewährt wird, der reine **Personalvermittler** dagegen eine Vergütung für seinen Erfolg erhält. Zudem ergeben sich Besonderheiten bei einer vorangegangenen Arbeitnehmerüberlassung. 58

aa) Personalvermittlung

Üblicherweise bestimmt sich das **(Erfolgs-)Honorar** eines Personalvermittlers für die Suche nach einem gewissen **Prozentsatz vom Zielgehalt** des Kandidaten im ersten Beschäftigungsjahr. Beim zu berücksichtigenden Zielgehalt können auch Nebenleistungen wie Dienstwagen oder Altersversorgung mit eingerechnet werden. Branchenüblich sind Sätze zwischen einem Viertel und einem Drittel der Bruttojahresbezüge. Die Differenzierung erfolgt nach der Komplexität der Suche und der Branche. Aus dieser Vergütungsform folgt, dass die Kosten für die Personalsuche sowohl durch die Seniorität der einzustellenden Führungskraft als auch deren hierarchischer Position beeinflusst werden, weil sich die Zielvergütungen entsprechend erhöhen. 59

Weiter ist im Vertrag eindeutig zu regeln, wann eine Vergütung fällig wird. In der Regel wird das Honorar in drei gleichen **Raten** in Rechnung gestellt, die **in Abhängigkeit vom Projektfortschritt** gezahlt werden. Eine erste Rate, der sog. Retainer, wird zu Beginn der Suche fällig. Zu einem fest vereinbarten Zwischenschritt bei der Besetzung der freien Stelle, beispielsweise wenn eine bestimmte Kandidatenzahl ermittelt wurde (Shortlist), wird die zweite Rate fällig. Die dritte Rate ist schließlich mit der Unterzeichnung des Anstellungsvertrags durch den Kandidaten zu zahlen. Da die genaue Jahresvergütung des Bewerbers bei den ersten beiden Raten selten bereits bekannt ist, kann zunächst eine geschätzte Jahresvergütung herangezogen werden. Mit der dritten Rate kann ein Ausgleich bei Abweichungen erfolgen. 60

Im Rahmen der Vergütungsregelung ist auch zu vereinbaren, wie entstehende **Kosten des Auswahlverfahrens** (zB Anzeigen, Reisen, Bewirtung) ausgeglichen werden. Dies kann pauschaliert oder nach tatsächlichem Aufwand erfolgen. Schließlich ist der Fall regelungsbedürftig, dass eine **vorzeitige Beendigung der Vermittlungstätig-** 61

keit erfolgt. Dies ist denkbar, wenn der Vertrag gekündigt wird oder eine nachträgliche Unmöglichkeit eintritt, weil die vakante Stelle während der Suche auch ohne Hilfe des Personalvermittlers besetzt werden kann, etwa durch unternehmensinterne personelle Maßnahmen, oder wegfällt. Daneben ist der Vereinbarung der Vergütungsregelung aber auch der – durchaus häufige – Fall zu bedenken, dass mehr als nur ein vom Vermittler vorgestellter Bewerber eingestellt werden. Hier ist eine gesonderte Honorierung üblich.

62 Sofern zwischen dem Unternehmen und dem Personalberater eine Rahmenvereinbarung für eine ganze Reihe von Aufträgen über einen längeren Zeitraum besteht, empfehlen sich abweichende Vergütungsregelungen, die an das konkrete Vertragsverhältnis angepasst werden.

63 Die **Vergütung** des Personalvermittlers durch einen Arbeitgeber ist **der Höhe nach nicht beschränkt.** § 296 SGB III und die Vermittler-Vergütungsordnung gelten nicht im Verhältnis zwischen Vermittler und Arbeitgeber. Dies bedeutet unter anderem, dass ein Vergütungsanspruch auch für den bloßen Hinweis auf eine Vertragsabschlussmöglichkeit entstehen kann.[92] Ist eine unverhältnismäßig hohe Vergütung vereinbart worden, soll diese jedoch, wenn sie den Bestimmungen des Maklerrechtes zuzuordnen ist, auf Antrag des Arbeitgebers durch Urteil auf den angemessenen Betrag herabgesetzt werden können (§ 655 Abs. 1 BGB).[93]

64 Aus Sinn und Zweck eines Personalvermittlungsvertrags lässt sich schließlich ableiten, dass ein dem Auftraggeber benannter Bewerber auch die „innere Bereitschaft" iS einer „Geneigtheit" haben muss, die angebotene Stelle anzunehmen. Trifft dies nicht zu, hat der Personalvermittler keine Gelegenheit zu einem Vertragsabschluss erbracht.[94]

bb) Vergütungsvereinbarungen beim sog. „Klebeeffekt"

65 Sofern Personalvermittlungs- bzw. Personalberatungsunternehmen sowohl Arbeitnehmerüberlassung als auch Personalvermittlung (**„vermittlungsorientierte Arbeitnehmerüberlassung"**) durchführen, bedarf es gesonderter Vergütungsregelungen.

(1) Rechtslage bis zum 31. 12. 2003

66 Seit dem Inkrafttreten des Arbeitnehmerüberlassungsgesetzes (AÜG) zum 7. 8. 1972[95] sind Vereinbarungen unwirksam, die es dem Entleiher untersagen, den Leiharbeitnehmer zu einem Zeitpunkt einzustellen, in welchem dessen Arbeitsverhältnis zum Verleiher nicht mehr besteht (vgl. § 9 Nr. 4 AÜG 1972; seit dem 1. 1. 2003:[96] § 9 Nr. 3 AÜG).

67 Der *Bundesgerichtshof* (BGH) hat diese Unwirksamkeitsfolge in einer Entscheidung vom 3. 7. 2003[97] nicht nur auf ausdrückliche **Einstellungsverbote** beschränkt. Vielmehr hat er sie auch auf sonstige Vereinbarungen zwischen Verleiher und Entleiher erstreckt, die den **Wechsel des Leiharbeitnehmers zum Entleiher verhindern oder wesentlich erschweren,** da grundsätzlich jede Verpflichtung zur Zahlung einer

---

[92] Küttner/*Röller*, Personalbuch, Arbeitsvermittlung (private) Rn. 10.
[93] Küttner/*Röller*, Personalbuch, Arbeitsvermittlung (private) Rn. 10; ausführlich hierzu *Rieble* DB 1994, 1776 ff.
[94] LG Stuttgart 1. 7. 2002 – 14 O 395/01.
[95] Gesetz zur Regelung der gewerbsmäßigen Arbeitnehmerüberlassung (Arbeitnehmerüberlassungsgesetz – AÜG), BGBl. I 1972, 1393 ff.
[96] Erstes Gesetz für moderne Dienstleistungen am Arbeitsmarkt vom 23. 12. 2002, BGBl. I 4607.
[97] BGH 3. 7. 2003 – III ZR 348/02, NJW 2003, 2906 ff.; die Nachweise zu vorheriger Rechtsprechung der Instanzgerichte bei *Dahl* DB 2002, 1374 (1375 f.) oder *Rambach/Begerau* BB 2002, 937 (939 f).

IV. Durchführung zwischen Vermittler und Arbeitgeber

Vermittlungsprovision den Entleiher davon abhalten könne, den Leiharbeitnehmer einzustellen. Dementsprechend hat er entgegen Stimmen der Literatur[98] eine vertragliche Bestimmung grundsätzlich für unwirksam gemäß § 9 Nr. 4 AÜG aF gehalten, wonach der Entleiher dem Verleiher eine Vermittlungsprovision zu zahlen hatte, wenn er den Leiharbeitnehmer vor Ablauf der gesetzlich geregelten maximalen Überlassungsdauer von zwölf Monaten oder innerhalb von sechs Monaten nach der Überlassung übernahm.[99]

(2) Rechtslage seit dem 1. 1. 2004

Auch das zum 1. 1. 2004 in Kraft getretene Dritte Gesetz für moderne Dienstleistungen am Arbeitsmarkt (**„Hartz III-Gesetz"**)[100] ließ zwar die Regelung unberührt, nach welcher vereinbarte Einstellungsverbote unwirksam sind. Allerdings wurde die *„Vereinbarung einer angemessenen Vergütung zwischen Verleiher und Entleiher für die nach vorangegangenem Verleih oder mittels vorangegangenem Verleih erfolgte Vermittlung"* legitimiert, indem § 9 Nr. 3 AÜG um einen entsprechenden Halbsatz ergänzt wurde.[101] Damit hatte der Gesetzgeber im Rahmen des Hartz III-Gesetzes auf die vorgenannte, noch anderslautende Entscheidung des BGH[102] reagiert. Der Grund für die gesetzliche Anerkennung der Vereinbarung eines Personalvermittlungsentgelts bei Arbeitnehmerüberlassung war der Umstand, dass die entgeltliche Arbeitsvermittlung inzwischen eine erlaubte Tätigkeit darstellt und Arbeitnehmerüberlassung häufig mit dem Ziel der **Personalgewinnung nach vorangegangenem Verleih** erfolgt. **68**

Der Gesetzgeber berücksichtigt somit das Interesse des Entleihers, einen Arbeitnehmer einzustellen, den er zunächst während der Überlassung erprobt hat, und ließ sich davon leiten, dass die Arbeitnehmerüberlassung häufig zum selben Ergebnis wie die Arbeitsvermittlung führt, nämlich zu der Übernahme des Leiharbeitnehmers in die Stammbelegschaft des entleihenden Unternehmers (sog. **„Klebeeffekt"**).[103] Verleih und Vermittlung könnten ineinander übergehende Geschäfte sein, die von der Privatautonomie geschützt seien. Dieser positive beschäftigungspolitische Effekt der Arbeitnehmerüberlassung sollte „honoriert" werden.[104] Solange die Höhe des zwischen Verleiher und Entleiher vereinbarten Vermittlungsentgelts nicht faktisch den sozialpolitisch durchaus erwünschten Wechsel eines Leiharbeitnehmers zum Entleiher erschwere, sind derartige vertragliche Abreden als zulässig anzusehen.[105] Vor dem Hintergrund dieser gesetzgeberischen Zielsetzung ist es grundsätzlich unerheblich, ob die nunmehr ausdrücklich in § 9 Nr. 3 Hs. 2 AÜG legitimierte Personalvermittlungsprovision durch eine Individualvereinbarung, eventuell in einem besonderen Arbeitsvermittlungsvertrag, oder bereits formularmäßig in dem Arbeitnehmerüberlassungsvertrag vereinbart wurde. **69**

---

[98] *Rambach/Begerau* BB 2002, 937 (941 f.); *Dahl* DB 2002, 1374 (1378).
[99] BGH 3. 7. 2003 – III ZR 348/02, NJW 2003, 2906 ff.; auch LG Düsseldorf 25. 1. 2002 – 22 S 54/01, BB 2002, 946.
[100] Art. 93 Nr. 1 a des Dritten Gesetzes für moderne Dienstleistungen am Arbeitsmarkt („Hartz III") vom 23. 12. 2003, BGBl. I 2848 ff.
[101] BGH 7. 12. 2006 – III ZR 82/06, NJW 2007, 764.
[102] BGH 3. 7. 2003 – III ZR 348/02, NJW 2003, 2906 ff.
[103] Bericht der Kommission „Moderne Dienstleistungen am Arbeitsmarkt" (Hartz-Kommission) vom 16. 8. 2002, 147 ff.; *Dahl* DB 2002, 1374 f.; *Böhm* DB 2004, 1150.
[104] *Böhm* DB 2004, 1150; BT-Drs. 15/1749, 29.
[105] Beschlussempfehlung des Ausschusses für Wirtschaft und Arbeit BT-Drs. 15/1728, 146 und Bericht dieses Ausschusses BT-Drs. 15/1749, 29; ferner zur Neuregelung: *Benkert* BB 2004, 998 (999); *Böhm* DB 2004, 1150; ErfK/*Wank* AÜG § 9 Rn. 10.

D. Personalberatung, Arbeits- und Personalvermittlung

(3) Angemessenheit der Vergütung

70 Bei der Entscheidung der Frage, ob das Vermittlungshonorar nach § 9 Nr. 3 Hs. 2 AÜG **angemessen** ist, sind die Dauer des vorangegangenen Verleihs, die Höhe des vom Entleiher für die Überlassung bereits gezahlten Entgelts und der Aufwand für die Gewinnung eines vergleichbaren Arbeitnehmers zu berücksichtigen.[106] Vor diesem Hintergrund wird hinsichtlich der Vergütungsvereinbarung vorgeschlagen, sich zunächst an den Provisionen zu orientieren, die Personal-Dienstleistungsunternehmen für die Vermittlung von Personal üblicherweise erheben; dies wären grundsätzlich bis zu drei Bruttomonatsvergütungen.[107] Mit zunehmender Überlassungsdauer ist die Vermittlungsprovision allerdings ratierlich zu kürzen, bis nach sechs Monaten vorangegangener Überlassung keine Vermittlungsprovision mehr zu zahlen wäre. Eine Reduktion einer zu hoch berechneten Vermittlungsprovision scheidet, da § 655 BGB nicht unmittelbar gilt,[108] allerdings aus.[109] Für die Ursächlichkeit zwischen Überlassung und Übernahme genügt ein zeitlicher Zusammenhang von bis zu sechs Monaten, wobei die Ursächlichkeit vom ehemaligen Entleiher widerlegt werden kann.

71 Dieser Auffassung hat sich inzwischen auch die Rechtsprechung angeschlossen. Nach einer aktuellen Entscheidung des *Bundesgerichtshofs* (BGH)[110] ist die Höhe der in den Allgemeinen Geschäftsbedingungen eines Verleihers festgesetzten Vergütung, die der einen Leiharbeitnehmer übernehmende Entleiher dem Verleiher zu zahlen hat, grundsätzlich dann nicht angemessen im Sinne des § 9 Nr. 3 Hs. 2 AÜG, wenn sie nicht **nach der Dauer des vorangegangenen Verleihs gestaffelt** ist. Eine solche Vereinbarung ist wegen eines Verstoßes gegen § 9 Nr. 3 Hs. 1 AÜG unwirksam. Nach dem Willen des Gesetzgebers sind die Dauer des vorangegangenen Verleihs, die Höhe des vom Entleiher für den Verleiher bereits gezahlten Entgelts und der Aufwand für die Gewinnung eines vergleichbaren Arbeitnehmers zu berücksichtigen.[111]

72 Die Dauer des vorangegangenen Verleihs und die Höhe des bereits gezahlten Entgelts sind zwei Kriterien, die sich im Verlauf des Verleihs ändern. Aufgrund dieser Veränderung ist eine Anpassung der Provision für die Übernahme eines Leiharbeitnehmers über die Dauer der Verleihzeit angezeigt. Bei der Formulierung eines Arbeitnehmerüberlassungsvertrags, welcher auch eine Provision für den Fall einer späteren Übernahme des Leiharbeitnehmers vorsieht, ist deshalb eine entsprechende Vergütung unter Berücksichtigung der Faktoren „vorangegangene Einsatzdauer" und „bereits gezahltes Entgelt" (degressiv) zu staffeln. Wenn möglich, sollten auch die ersparten Aufwendungen für die Personalgewinnung berücksichtigt werden.[112]

73 Eine Reduzierung der Provision auf das angemessene Maß gem. § 655 S. 1 BGB war in dem vom BGH entschiedenen Sachverhalt bereits deshalb ausgeschlossen, weil eine Nachweis- oder Vermittlungsleistung nicht erbracht wurde. Der von den Parteien geschlossene Vertrag richtete sich primär auf eine Arbeitnehmerüberlassung. Im Übrigen steht auch der Schutzzweck des § 9 Nr. 3 AÜG einer Anwendung von § 655 S. 1 BGB entgegen.[113] Weiterhin hat der BGH darauf hingewiesen, dass sich die Angemessenheit der Provisionshöhe – auch wenn es im vorliegenden Fall nicht einschlägig war

---

[106] BT-Drs. 15/1749, 29; *Groeger* ArbRB 2007, 203; kritisch hierzu *Benkert* BB 2004, 998 (999 f.).
[107] *Düwell/Dahl* FA 2007, 330 (331); *Lembke/Fesenmeyer* DB 2007, 801 (803).
[108] BGH 11. 3. 2010 – III ZR 240/09, NJW 2010, 2048 ff.
[109] *Düwell/Dahl* FA 2007, 330 (331); *Lembke/Fesenmeyer* DB 2007, 801 (804).
[110] BGH 11. 3. 2010 – III ZR 240/09, NJW 2010, 2048 ff.
[111] Gagel/*Fuchs* SGB III § 296 Rn. 14.
[112] *Sasse* ArbRB 2010, 146 (147).
[113] BGH 11. 3. 2010 – III ZR 240/09, NJW 2010, 2048 ff.

– ganz wesentlich nach dem in den beteiligten Wirtschaftskreisen Üblichen richtet, was vom Tatrichter ggf. im Rahmen der Beweisaufnahme zu ermitteln ist.[114]

Die Vereinbarung einer Vermittlungsvergütung nach vorangegangener Arbeitnehmerüberlassung hält schließlich grundsätzlich auch einer Inhaltskontrolle nach § 307 BGB stand und ist keine überraschende Klausel im Sinne von § 305c Abs. 1 BGB.[115] Eine mit wesentlichen Grundgedanken der gesetzlichen Regelung nicht zu vereinbarende und deshalb im Zweifel unangemessen benachteiligende Bestimmung (§ 307 Abs. 1 S. 1 iVm Abs. 2 Nr. 1 BGB) kann nach der seit dem 1. 1. 2004 wirksamen Änderung des § 9 Nr. 3 AÜG nicht mehr angenommen werden.[116] Zudem handelt es sich um eine branchenübliche Regelung.[117]

d) Nachbesserung und Haftung

Im **Innenverhältnis** haftet der Personalberater dem Arbeitgeber grundsätzlich unter den Voraussetzungen der §§ 675, 241 Abs. 2, 280 Abs. 1 BGB. Aus § 241 BGB ergibt sich die Pflicht des Personalberaters, bei der Durchführung der Geschäftsbesorgung die gesetzlichen Vorgaben zu beachten. Besondere Relevanz hat hierbei eine Diskriminierung nach dem Allgemeinen Gleichbehandlungsgesetz (AGG), etwa wenn der Personalberater eine diskriminierende Stellenausschreibung schaltet. In einem solchen Fall kann der Arbeitgeber bei einer Geltendmachung von Schadenersatzansprüchen durch einen Bewerber grundsätzlich bei dem Vermittler aus § 280 Abs. 1 BGB Rückgriff nehmen.[118]

Daneben bestimmen sich die Haftungsbeziehungen zwischen dem Arbeitgeber und dem Personalberater nach den vertraglich vereinbarten Bedingungen. Deshalb ist die **Haftung,** wenn sie einer rechtlichen Überprüfung Stand halten soll, **der jeweils geschuldeten Leistung anzupassen.**

Klausel:[119]

Ein Verstoß des Auftragnehmers gegen die Verpflichtungen aus dieser Vereinbarung stellt gegenüber dem Arbeitgeber eine Verletzung der vertraglichen Pflichten dar.

aa) Haftung bei Ungeeignetheit des Bewerbers

Sowohl zunächst nicht erkennbare fachliche Mängel als auch Defizite bei den sog. Soft Skills (zB Team- und Führungsfähigkeit, Belastbarkeit usw.) können dazu führen, dass ein Bewerber den Stellenanforderungen entgegen erster Erwartungen nicht gerecht wird. Insofern sollte bei der Vertragserstellung berücksichtigt werden, dass sich der vom Vermittler vorgeschlagene Bewerber nach der Einstellung als ungeeignet erweist oder die Erwartungen aus anderen Gründen nicht erfüllt. Die **Nichteignung** des vermittelten Mitarbeiters kann indes nicht zwangsläufig dem Personalvermittler vorgeworfen werden. Insofern wäre es nicht sachgerecht, diesen in solchen Fällen haftbar zu machen. Schließlich obliegt die Letztentscheidung der Einstellung stets dem Arbeitgeber. Oftmals entscheiden gerade bei Führungs- und Leitungspersonen persönliche Sympathien, die vom Vermittler nicht beeinflusst werden können. Daraus folgt,

---

[114] *Sasse* ArbRB 2010, 146 (147).
[115] BGH 7. 12. 2006 – III ZR 82/06, NJW 2007, 764.
[116] BGH 7. 12. 2006 – III ZR 82/06, NJW 2007, 764.
[117] *Rambach/Begerau* BB 2002, 937 (938); *Dahl* DB 2002, 1374 (1378).
[118] *Seel* MDR 2006, 1321.
[119] *Oberthür* ArbRB 2007, 86 (88).

D. Personalberatung, Arbeits- und Personalvermittlung

dass die Haftung vom Grundsatz her begrenzt sein muss, soweit der Vermittler keine Anhaltspunkte oder gar Kenntnis von der Nichteigung hatte oder es nicht ausdrücklich übernommen hat, die Echtheit und Richtigkeit von Unterlagen, die der Bewerber vorgelegt hat, zu überprüfen.

78 Um die Risiken der fehlenden Eignung der Kandidaten angemessen zu verteilen und der Haftung gerecht zu werden, wird regelmäßig vereinbart, dass sich der Vermittler zu einer **Nachbesserung** verpflichtet. Dies geschieht regelmäßig dadurch, dass der Personalvermittler ohne zusätzlichen Vergütungsanspruch einen Ersatz sucht, wenn der zunächst vermittelte Kandidat innerhalb eines bestimmten Zeitraumes wieder ausscheidet. Denkbar ist auch eine Regelung, wonach im Falle eines Ausscheidens des Arbeitnehmers während der Probezeit ein weiterer Auftrag zum halben Vergütungsanspruch zustande kommt.

79 Generell empfiehlt sich eine allgemeine **Beschränkung der Haftung** im Hinblick auf das Verschulden (Haftung nur für Vorsatz und grobe Fahrlässigkeit) sowie eine summenmäßige Beschränkung (Begrenzung der Haftungshöhe auf den Auftragswert oder die Teilleistungen).

bb) Unzulässigkeit der Kostenabwälzung auf Arbeitnehmer

80 Der Arbeitgeber kann im Übrigen die Kosten, die ihm durch die Einschaltung eines Personalberaters entstehen, nicht auf den Arbeitnehmer abwälzen, etwa wenn dieser die Arbeit nicht antritt oder in der Probezeit kündigt.[120] Ein entsprechendes **Strafversprechen** im Arbeitsvertrag mittels einer vorformulierten Vertragsklausel für den Nichtantritt bzw. die vertragswidrige Beendigung des Arbeitsverhältnisses ist gem. § 309 Nr. 6 BGB unwirksam. Es ist die alleinige Entscheidung des Arbeitgebers, für die Arbeitnehmersuche einen Personalberater einzuschalten. Solche Kosten, die zudem unabhängig vom Verhalten des Arbeitnehmers anfallen, können dem Arbeitnehmer nicht aufgebürdet werden.

cc) Einbeziehung von Verstößen gegen das AGG in die Haftung

81 Schon im Rahmen des Bewerbungsverfahrens, das mit der Stellenausschreibung beginnt, wird ein vorvertragliches Schuldverhältnis zwischen dem Bewerber und dem Arbeitgeber mit **gegenseitigen Rücksichtnahmepflichten** begründet.[121] Zu diesen Pflichten gehört auch die Einhaltung der Bestimmungen des Allgemeinen Gleichbehandlungsgesetzes (AGG). Wird ein Personalberater bei dem Einstellungsverfahren für den Arbeitgeber tätig, ist er bei der Erfüllung der Pflichten nach dem AGG sog. **Erfüllungsgehilfe** des Auftrag- bzw. Arbeitgebers. Seine Pflichtverletzung und – soweit für eine Haftung erforderlich – sein Verschulden werden dem Auftraggeber nach § 278 BGB zugerechnet.[122] Es kommt nicht darauf an, ob der Arbeitgeber Überwachungspflichten eingehalten hat oder nicht.[123] Nach § 31 AGG ist eine Abweichung von den Vorschriften des AGG zu Ungunsten der geschützten Personen unzulässig, so dass die Haftung gegenüber dem Bewerber nicht ausgeschlossen werden kann. Dies gilt sowohl für die Haftung des Arbeitgebers für eigene als auch für fremde Pflichtverletzungen.[124]

82 In der Zusammenarbeit mit externen Personalberatern hat der Arbeitgeber folglich aus eigenem Interesse sicherzustellen, dass bereits im Bewerbungsverfahren Benachtei-

---

[120] ArbG Augsburg 8. 4. 2003 – 8 Ca 1208/02 N, ArbRB 2004, 39 f.
[121] *Adomeit/Mohr* NZA 2007, 179 (181).
[122] BAG 17. 12. 2009 – 8 AZR 670/08, NZA 2010, 383.
[123] BAG 5. 2. 2004 – 8 AZR 112/03, NZA 2004, 540.
[124] *Gastell* AuA 2006, 722.

ligungen möglichst ausgeschlossen werden. Nach § 12 Abs. 1 AGG muss ein Arbeitgeber die zur Verhinderung von Benachteiligungen erforderlichen **Maßnahmen präventiv** ergreifen. Dies beinhaltet die Verpflichtung, einen effektiven Schutz auch unabhängig von einer unmittelbaren betrieblichen Veranlassung der Benachteiligung zu gewährleisten. Dementsprechend bietet es sich an, die **Verpflichtung zu benachteiligungsfreiem Verhalten** klarstellend in den Berater- bzw. Vermittlervertrag mit aufzunehmen und für das Innenverhältnis entsprechende Haftungsregelungen zu vereinbaren.[125] Die umfangreichen Haftungsrisiken, die das AGG dem Arbeitgeber im Zusammenhang mit der Auswahl potentieller Mitarbeiter auferlegt, werden anderenfalls unkalkulierbar, wenn der Auswahlprozess an externe Berater vergeben wird, ohne sich durch geeignete Haftungsregelungen abzusichern. Insofern muss der Arbeitgeber als Auftraggeber auch seine eigenen wirtschaftlichen Interessen im Blick behalten.

Der Arbeitgeber haftet gegenüber einem Bewerber nicht nur, wenn eine unzulässige Benachteiligung tatsächlich begangen und nachgewiesen wurde. Vielmehr haftet er wegen der Beweislastregelung des § 22 AGG bereits dann, wenn eine unzulässige Benachteiligung aufgrund besonderer Umstände vermutet wird und dem Arbeitgeber der Gegenbeweis nicht gelingt.[126] Auch benachteiligungsfreies Verhalten des Personalberaters kann daher zu einer Haftung des Arbeitgebers führen, sofern es die **Vermutung der Benachteiligung** erlaubt. Dementsprechend muss der Arbeitgeber größtmöglich sicherstellen, dass der Personalberater bereits indiziell benachteiligendes Verhalten unterlässt.[127] Weiterhin muss sichergestellt sein, dass der Personalberater auch für die von ihm beschäftigten Mitarbeiter einzustehen hat. Schuldhaftes Verhalten der in den Auswahlprozess eingebundenen Mitarbeiter wird zwar in der Regel gem. § 278 BGB zurechenbar sein. Ein haftungsrechtlich relevanter Anschein einer Benachteiligung kann jedoch auch außerhalb dieses Rahmens gesetzt werden, so dass die Zurechnung ausdrücklich festgelegt werden muss. 83

Ein besonderes Gefährdungspotenzial für Verstöße gegen das AGG oder die Begründung einer solchen Vermutung liegt insbesondere in dem **Ablehnungsschreiben.** Den Personalvermittler kann die volle Haftung treffen, wenn er fahrlässig unklare Ablehnungsformulierungen benutzt und daraus Schadenersatzansprüche resultieren. In solchen Fällen trifft den Arbeitgeber meist kein Verschulden, so dass er bei einer Inanspruchnahme durch den Bewerber beim Personalvermittler grundsätzlich in voller Höhe Regress nehmen kann.[128] 84

Ohne eine ausdrücklich vereinbarte Verpflichtung des Personalberaters zu benachteiligungsfreiem Verhalten, die nach Möglichkeit weiter zu konkretisieren ist, ist zumindest fraglich, ob und in welchem Umfang der Arbeitgeber bei einer etwaigen Inanspruchnahme durch den Bewerber eine **Freistellung im Innenverhältnis** durchsetzen kann. Bislang ist hierzu – soweit ersichtlich – keine Rechtsprechung ergangen. Es spricht jedoch viel dafür, dass die gegenüber den Bewerbern bestehende Verpflichtung zur Beachtung des AGG gem. § 241 Abs. 2 BGB als vertragliche Nebenpflicht auch gegenüber dem Arbeitgeber besteht und damit eine haftungsrechtliche Anknüpfung für das Innenverhältnis liefert. Die Aufnahme der dargestellten Pflichten in den Vermittlungs- oder Beratungsverträge ist gleichwohl als Voraussetzung für einen etwaigen Regress des Arbeitgebers anzuraten. 85

---

[125] *Oberthür* ArbRB 2007, 86.
[126] BAG 17. 8. 2010 – 9 AZR 839/08, NZA 2011, 153.
[127] *Oberthür* ArbRB 2007, 86 (87).
[128] *Oberwetter* BB 2007, 1109 (1111).

D. Personalberatung, Arbeits- und Personalvermittlung

86 Die bislang üblicherweise verwandten Vertragsbedingungen der Personalberater beschränken die Haftung gegenüber dem Arbeitgeber häufig auf Vorsatz und grobe Fahrlässigkeit. Der Arbeitgeber haftet gegenüber benachteiligten Bewerbern jedoch nach § 15 Abs. 2 AGG nach allgemeinem Verständnis der Norm und europarechtskonformer Auslegung verschuldensunabhängig, und zwar auch für das Verhalten des Personalberaters und dessen Mitarbeiter. Dies sollte sich zur Herstellung eines Gleichgewichtes in der Risikoverteilung in der vertraglichen Haftungsregelung widerspiegeln. Dabei ist es sinnvoll, die **verschuldensunabhängige Haftung** des Personalberaters auch auf die Verletzung der **Dokumentations- und Aufbewahrungspflichten** zu erstrecken, da diese zur Abwehr von Entschädigungsansprüchen für den Arbeitgeber gleichermaßen essentiell sind.[129] Durch den Vertrag kann die Haftung im Innenverhältnis deshalb dergestalt ausgeweitet werden, dass ein Gleichlauf mit möglichen Regressansprüchen gegenüber dem Bewerber erfolgt, soweit nicht der Arbeitgeber selbst das diskriminierende Merkmal als Anforderung gesetzt hat. Dies kann auch durch die Verpflichtung des Personalvermittlers erfolgen, die Stellenausschreibung benachteiligungsfrei und den Anforderungen des AGG entsprechend zu fertigen.

87 Während sich abgewiesene Bewerber gegenüber dem Arbeitgeber zum Nachweis des diskriminierenden Charakters der Ablehnung auf § 22 AGG berufen können, ist zweifelhaft, ob diese Regelung auch in einem etwaigen **Regressprozess** des Arbeitgebers gegenüber dem Personalberater anwendbar ist. Der Arbeitgeber hat daher den Vollbeweis zu führen, dass der Personalberater gegen die Vorgaben des AGG verstoßen hat. Um hier Erkenntnisse aus dem Entschädigungsprozess des Bewerbers auch gegenüber dem Personalberater verwerten zu können, wäre denkbar, dem Personalberater gem. § 72 ZPO den Streit zu verkünden. Allerdings entfaltet die **Interventionswirkung keine rechtswegübergreifende Wirkung,**[130] so dass ein Amts- oder Landgericht, vor dem der Regressanspruch gegen den Personalberater zu verhandeln wäre, nicht an die Feststellungen der Arbeitsgerichtsbarkeit gebunden wäre. Die Verwertbarkeit der Feststellungen aus dem arbeitsgerichtlichen Verfahren lässt sich daher nur durch eine entsprechende vertragliche Vereinbarung herstellen.

88 Verstößt der Personalberater gegen die vertraglich vereinbarten Handlungspflichten, stehen dem Arbeitgeber die allgemeinen Rechte für den Fall der vertraglichen **Leistungsstörung** zu. In schweren Fällen kommt zudem die Kündigung des Vertrags gem. § 314 BGB in Betracht, gegebenenfalls nach vorheriger erfolgloser Abmahnung.[131] Bei der Entscheidung, ob und mit welcher Intensität gleichbehandlungsrelevante Vertragsverstöße sanktioniert werden, hat der Arbeitgeber die sich aus § 12 Abs. 4 AGG ergebende Verpflichtung zu beachten, die im Einzelfall „geeigneten, erforderlichen und angemessenen Maßnahmen" zum Schutz der Bewerber zu ergreifen. In besonders gravierenden Fällen, in denen der Personalberater trotz Abmahnung wiederholt gegen das Benachteiligungsverbot des AGG verstößt, ist deshalb nicht auszuschließen, dass der Arbeitgeber verpflichtet sein kann, die Zusammenarbeit mit dem Personalberater zu beenden. Anderenfalls wird bei weiteren Benachteiligungen ein Organisationsverschulden des Arbeitgebers angenommen werden können.[132]

89 Schließlich ist eine Vertragsbestimmung über die Haftung auch für den Fall sinnvoll, dass mit dem Bewerber eine einvernehmliche Lösung vereinbart werden sollte. Dies

---

[129] *Oberthür* ArbRB 2007, 86 (87).
[130] BGH 16. 6. 1993 – VIII ZR 222/92, NJW 1993, 2539.
[131] *Oberthür* ArbRB 2007, 86 (88).
[132] *Oberthür* ArbRB 2007, 86 (88).

IV. Durchführung zwischen Vermittler und Arbeitgeber

beginnt mit der Frage, wer zum Abschluss eines solchen Vergleiches berechtigt sein soll. Wenn der Personalberater im Innenverhältnis die alleinige Haftung trägt, wäre es auch interessengerecht, wenn dieser über das Zustandekommen des Vergleiches entscheidet. Mittlerweile bieten zudem verschiedene deutsche Versicherungsunternehmen an, eine Versicherung zur Deckung des Haftungsrisikos bei Pflichtverletzungen, insbesondere wegen einer Verletzung des AGG, abzuschließen.[133]

Klausel:[134]

(1) Der Personalberater ist verpflichtet, bei der Durchführung des Vertrags, insb. bei der Suche, Beurteilung und Auswahl potentieller Mitarbeiter/-innen für den Arbeitgeber, die Bestimmungen des Allgemeinen Gleichbehandlungsgesetzes (AGG) einzuhalten. Er hat insb. jede unzulässige Benachteiligung sowie jedes Verhalten, das eine unzulässige Benachteiligung vermuten lässt, zu unterlassen. Das Verhalten seiner Mitarbeiter/-innen wird dem Personalberater zugerechnet.

(2) Verstößt der Personalberater gegen die Verpflichtungen aus dieser Vereinbarung, so ist er verpflichtet, dem Arbeitgeber den hierdurch entstandenen Schaden zu ersetzen. Dies gilt auch, wenn der Personalberater nicht schuldhaft gehandelt hat. Der Personalberater haftet verschuldensunabhängig insb. für Schadenersatz- und Entschädigungsansprüche von Bewerber/-innen und/oder Mitarbeiter/-innen gem. § 15 AGG, die auf einem Verstoß des Personalberaters gegen die Verpflichtungen aus dieser Vereinbarung beruhen.

(3) Der Arbeitgeber ist berechtigt, dem Auftragnehmer den Streit zu verkünden, wenn er von einem Bewerber auf Schadenersatz in Anspruch genommen wird. Die Interventionswirkung gilt in diesem Fall auch rechtswegübergreifend.

e) Dokumentation des Auswahlprozesses

Sofern Indizien vorliegen, die eine unzulässige Benachteiligung vermuten lassen, kann der Arbeitgeber den Gegenbeweis entsprechend des § 22 AGG nur führen, wenn er in der Lage ist, die – diskriminierungsfreie – Auswahlentscheidung überzeugend darzulegen.[135] Dabei wird insbesondere die Bewertung der fachlichen und persönlichen Eignung des Bewerbers im Vordergrund stehen. Der Arbeitgeber benötigt deshalb eine vollständige und aussagekräftige Dokumentation des Auswahlprozesses, um in etwaigen Entschädigungsverfahren die **diskriminierungsfreie Auswahlentscheidung darlegen und beweisen** zu können.[136] Auch sonstige Daten und Unterlagen, die im Zusammenhang mit dem Bewerbungsverfahren stehen, sind für die Abwehr von Entschädigungsansprüchen von Bedeutung. Das Fehlen objektiver Einstellungsvoraussetzungen oder die mangelnde Ernstlichkeit der Bewerbung, die dem Entschädigungsanspruch entgegengehalten werden können,[137] lässt sich beispielsweise ohne die Bewerbungsunterlagen des abgelehnten Bewerbers kaum nachweisen. Im Rahmen des Beratervertrags muss daher eine ausreichende **Aufbewahrungs- und Herausgabeverpflichtung** festgelegt sein. Die Aufbewahrung der Bewerberdaten ist ferner gem. § 28 Abs. 1 Nr. 2 BDSG datenschutzrechtlich zulässig, da sie zur Wahrung berechtigter Interessen erforderlich ist.

90

Die Länge einer zu vereinbarenden Aufbewahrungs- und Herausgabeverpflichtung sollte sich an der **Verjährungsfrist** des § 195 BGB orientieren. Zwar müssen Ansprü-

91

---

[133] Dahnz/Grimminger AuA 2006, 522 (523).
[134] Oberthür ArbRB 2007, 86 (87 f.).
[135] BAG 17. 8. 2010 – 9 AZR 839/08, NZA 2011, 153.
[136] Oberthür ArbRB 2007, 86 (87).
[137] BAG 19. 8. 2010 – 8 AZR 466/09, NZA 2011, 203; 12. 11. 1998 – 8 AZR 365/97, NZA 1999, 371; LAG Berlin 30. 3. 2006 – 10 Sa 2395/05, NZA-RR 2006, 513.

che auf Entschädigung immaterieller Nachteile nach § 15 Abs. 2 AGG von dem Bewerber innerhalb einer Frist von zwei Monaten schriftlich und innerhalb einer weiteren Frist von drei Monaten gerichtlich geltend gemacht werden (§ 15 Abs. 4 AGG bzw. § 61b Abs. 1 ArbGG). Allerdings ist die Geltendmachung von Ansprüche auf materiellen Schadenersatz gem. § 15 Abs. 1 AGG nicht nach § 15 Abs. 4 AGG fristgebundenen. Auf den Fristablauf nach § 15 Abs. 4 AGG kann sich der Arbeitgeber zudem nur dann berufen, wenn der Zugang der Ablehnungsentscheidung nachweisbar feststeht, so dass auch insoweit eine entsprechende Verpflichtung des Personalberaters festgelegt werden sollte.

Klausel:[138]

Der Personalberater ist verpflichtet, sämtliche Maßnahmen und Verfahrensabläufe im Rahmen der Durchführung des Vertrags in prozessual verwertbarer Weise vollständig und nachvollziehbar zu dokumentieren; dies gilt insb. für die Durchführung, den Inhalt und die Ergebnisse der Auswahlverfahren sowie die Gründe, die zu der Ablehnung eines Bewerbers geführt haben. Der Personalberater ist verpflichtet, diese Dokumentationen sowie sämtliche sonstigen Daten und Unterlagen, insb. Stellenausschreibungen und Bewerbungsunterlagen, die er im Zusammenhang mit der Durchführung des Vertrags erstellt oder erhalten hat, für mindestens drei Jahre nach Ablauf des Kalenderjahres, in dem der Vertrag beendet wurde, aufzubewahren und auf Verlangen an den Arbeitgeber herauszugeben. Der Personalberater ist verpflichtet, den Zugang ablehnender Entscheidungen an Bewerber sowie den Zugangszeitpunkt nachweisbar zu dokumentieren.

f) Vertragslaufzeit

92   Grundsätzlich endet der Vertrag, der nicht als Rahmenvertrag ausgestaltet ist, mit dem **Erreichen des beabsichtigten Zwecks.** Diese Zweckerreichung ist zumeist der erfolgreiche Suchauftrag, der mit der Einstellung eines vom Vermittler vorgeschlagenen Kandidaten endet. Diese Zweckerreichung und deren Kausalität zum Tätigwerden des Personalberaters gilt es im Vertrag klar zu definieren. In den Vertrag ist deshalb aufzunehmen, dass eine Vermittlung bzw. Vorstellung dann dem Personalvermittler zuzurechnen ist, wenn die Einstellung darauf zurückzuführen ist, dass der Kontakt mündlich, schriftlich oder persönlich hergestellt wurde. Auch der Begriff der „Einstellung" sollte eindeutig definiert werden. Dies ist in erster Linie der Abschluss des Anstellungsvertrags. Da aber auch eine konkludente Einstellung oder ein mündlicher Vertragsschluss denkbar sind, bedarf es entsprechender Regelungen. Zudem ist zu bedenken, dass die Vertragsverhandlungen zwischen dem Arbeitgeber und dem vermittelten Bewerber längere Zeit in Anspruch nehmen können. Auch insoweit ist eine vertragliche Regelung sinnvoll.

g) Kündigung

93   Bei der Personalvermittlung handelt es sich regelmäßig um eine Dienstleistung höherer Art, die zudem durch ein besonderes Vertrauensverhältnis zwischen dem Vermittler und dem Auftraggeber gekennzeichnet ist. Dies ermöglicht dem Auftraggeber nach § 627 BGB jederzeit, ohne Kündigungsfrist und ohne Grund den Personalvermittlungsvertrag zu kündigen.[139] Diese Vorschrift ist zwar grundsätzlich abdingbar, jedoch nur eingeschränkt in Formularverträgen.[140] Insofern ist es bei Allgemeinen Ge-

---

[138] *Oberthür* ArbRB 2007, 86 (87).
[139] Palandt/*Weidenkaff* BGB § 627 Rn. 2.
[140] Palandt/*Weidenkaff* BGB § 627 Rn. 5.

schäftsbedingungen (AGB) unzulässig, die ordentliche Kündigung vollständig auszuschließen.

Die Kündigungsmöglichkeit des Auftraggebers darf auch nicht dadurch erschwert werden, dass eine im Verhältnis zur Gegenleistung unverhältnismäßig hohe Vergütung zu zahlen ist.[141] Nach § 308 Nr. 7 BGB ist deshalb eine **Kündigungserschwernis unwirksam,** nach welcher der Verwender für den Fall der Kündigung durch den anderen Vertragsteil eine unangemessen hohe Vergütung für erbrachte Leistung oder einen unangemessen hohen Ersatz von Aufwendungen verlangen kann. Diese Regelung gilt als Ausfluss des Grundgedankens des § 307 Abs. 1 S. 1 BGB auch bei Formularverträgen gegenüber einem Unternehmer. Insofern empfiehlt sich eine Rückzahlungsregelung hinsichtlich geleisteter Vorschüssen für den Fall der vorzeitigen Beendigung, die sich inhaltlich an § 628 Abs. 1 S. 1 BGB orientieren kann.[142] Unwirksam es wäre, wenn der Auftraggeber ohne Rücksicht auf die bisher tatsächlich erbrachten Leistungen des Personalvermittlers die volle vereinbarte Vergütung zu leisten hätte oder eine im Voraus geleistete, nicht erfolgsabhängige Vergütung bei vorzeitiger Vertragsbeendigung in keinem Fall und auch nicht anteilig zurückzugewähren wäre.[143]

94

Eine Beendigung der Vertragsbeziehung kann auch erforderlich werden, wenn die vakante Stelle während der Suche auch ohne Hilfe des Personalvermittlers besetzt werden kann, etwa durch unternehmensinterne personelle Maßnahmen, oder wegfällt. Auch dies gilt es in der Vertragsgestaltung zu beachten bzw. zu berücksichtigen.

95

h) Vertraulichkeit

Da es sich bei der Personalsuche um ein sehr sensibles Thema handelt, ist die vertrauliche Behandlung der Daten von besonderer Wichtigkeit. Um dem gerecht zu werden, verpflichten sich die Vermittler oftmals, die Daten der Bewerber zunächst **anonymisiert** an die Arbeitgeber weiterzugeben und sie erst zu einem späteren Zeitpunkt offenzulegen.

96

Aber auch das Auftragsverhältnis selbst kann eine besondere Vertraulichkeit erfordern. Zwischen Auftraggeber und Vermittler wird regelmäßig vereinbart, dass über den Namen des Auftraggebers besonderes Stillschweigen zu bewahren ist. Dies gilt beispielsweise, wenn eine (ungeeignete) Führungskraft nicht mitbekommen soll, dass bereits ein Nachfolger für sie gesucht wird.[144] Die vertragliche Vertraulichkeitsabrede kann jedoch mit dem Auskunftsanspruch des Bewerbers kollidieren. Dieser kann, etwa wenn er Entschädigungsansprüche gegen den Arbeitgeber geltend machen will, den Personalberater auf Nennung der Identität des Auftraggebers in Anspruch nehmen.[145] Eine vertragliche **Verschwiegenheitserklärung** zwischen Auftraggeber und Personalvermittlung kann jedoch nicht dazu führen, dass der Bewerber seine Ansprüche in Ermangelung einer Kenntnis des Auftraggebers nicht geltend machen kann. Insofern kann der Personalvermittler in diesen Fällen nicht verpflichtet werden, über die Identität des Auftraggebers zu schweigen.

97

---

[141] ErfK/*Preis* BGB §§ 305–310 Rn. 50.
[142] *Gastell* AuA – Sonderausgabe „Branchenführer Personalberater", 65.
[143] *Gastell* AuA – Sonderausgabe „Branchenführer Personalberater", 65.
[144] *Fischer* NJW 2009, 3547 (3548).
[145] *Lützeler/Bissels* Branchenführer Personalberater 2007, 70; *Diller* NZA 2007, 649 (652); *Schwab* NZA 2007, 178 (179); *Fischer* NJW 2009, 3547 (3548).

i) Exklusivität

98 Abweichend vom allgemeinen Maklerrecht ist nach § 297 Nr. 4 SGB III im Verhältnis zwischen Personalvermittler und Arbeitgeber die **Vereinbarung eines Alleinauftrages unwirksam**.[146] Selbiges gilt im Übrigen auch für Vereinbarungen zwischen Arbeitsuchendem und Vermittler. Diese Regelung dient dem Schutz sowohl der Arbeitsuchenden als auch der Arbeitgeber. Beide sollen nicht durch Vereinbarung an nur einen Vermittler gebunden werden können. Allerdings ist nur die Vereinbarung der Ausschließlichkeitsklausel selbst, nicht jedoch der gesamte Vermittlungsvertrag unwirksam, da in der Regel nicht angenommen werden kann, dass der Vermittler die Vereinbarung ohne diese Klausel überhaupt nicht geschlossen hätte (§ 139 BGB).[147]

99 Außerhalb der Regelungen des SGB III ist eine Exklusivität darüber hinaus auch problematisch, soweit der Vertrag der AGB-Kontrolle unterliegt. Ein vorformuliertes Verbot, gleichzeitig andere Personalvermittler zu beauftragen, greift in erheblicher Weise in die allgemeine Handlungs- und Vertragsfreiheit des Arbeitgebers ein.[148] Deshalb bedarf es einer Kompensation durch eine vertragliche Tätigkeitspflicht des Vermittlers. Unzulässig dürfte zudem sein, dem Arbeitgeber formularmäßig zu untersagen, während der Vertragslaufzeit eigene Aktivitäten zu entfalten oder Personen einzustellen, die nicht vom Vermittler vorgeschlagen wurden.

100 Sofern gleichwohl derartige Exklusivitätsklauseln gewählt werden, sind diese jedenfalls in dem Vertrag durch eigenständige Paragrafen mit gesonderter Überschrift besonders kenntlich zu machen. Durch eine solche **deutliche Kenntlichmachung** kann eine Unwirksamkeit aufgrund des Verbotes überraschender und mehrdeutiger Klauseln nach § 305 c BGB vermieden werden.[149]

6. Mitbestimmungsrechtliche Aspekte

101 Der Einsatz von Personalberatern bzw. die Übertragung von Aufgaben der Personalauswahl auf Dritte führt nicht dazu, dass Unternehmen, bei denen Betriebsräte gebildet sind, von der Einhaltung gesetzlicher Bestimmungen entlastet werden.

a) Mitbestimmung bei der Personalplanung (§ 92 BetrVG)

102 Sofern ein Unternehmen einen Personalberater für die Personalplanung nutzt, muss es den Betriebsrat anhand von Unterlagen **rechtzeitig und umfassend unterrichten** und mit diesem nach § 92 Abs. 1 BetrVG über Art und Umfang der erforderlichen Maßnahme beraten.[150] Unter Personalplanung ist der Abgleich des momentanen zum zukünftigen Personalbestand unter Berücksichtigung von Renteneintritten oder Rationalisierungen zu verstehen.[151] Dabei knüpft das Mitbestimmungsrecht nicht an ein Verlangen des Betriebsrats an. Der Arbeitgeber ist bei jeder Art der Personalplanung verpflichtet, auf den Betriebsrat zuzugehen und ihm die erforderlichen In-

---

[146] Küttner/*Röller,* Personalbuch, Arbeitsvermittlung (private) Rn. 10; Gagel/*Fuchs* SGB III § 297 Rn. 4.
[147] Gagel/*Fuchs* SGB III § 297 Rn. 4.
[148] *Gastell* AuA – Sonderausgabe „Branchenführer Personalberater", 62.
[149] Vgl. zum Hervorheben von Klauseln LG Düsseldorf 23. 10. 2008 – 19 S 29/08, NJOZ 2009, 391; LAG Berlin-Brandenburg 3. 6. 2009 – 15 Sa 310/09, BeckRS 2009, 69 206.
[150] *Lützeler/Bissels* AuA – Sonderausgabe „Branchenführer Personalberater", 72.
[151] ErfK/*Kania* BetrVG § 92 Rn. 1; *Fitting* § 92 Rn. 9 ff.

IV. Durchführung zwischen Vermittler und Arbeitgeber

formationen zu übermitteln. Auch die Motivation, die das Unternehmen zu einer entsprechenden Personalplanung veranlasst, ist für die Mitbestimmung beachtlich.[152]

Der Einsatz von Personalberatern bei der Personalbedarfs- und Personaleinsatzplanung befreit ihn nicht von seinen betriebsverfassungsrechtlichen Pflichten. Vielmehr muss er dem Betriebsrat auch die von dem Berater generierten Unterlagen vorlegen, wenn das Unternehmen auf dieser Grundlage entsprechende Überlegungen anstellt.[153] Diese Vorlagepflicht ergibt sich bereits aus dem Gebot der umfassenden Unterrichtung. Gleiches gilt in Bezug auf entsprechend erstellte Stellenbeschreibungen, Stellenpläne und Stellenbesetzungsvorschläge.[154] Dabei ist es – im Gegensatz zu § 80 Abs. 2 BetrVG – ausreichend, wenn der Arbeitgeber dem Betriebsrat nur einen Einblick in die Unterlagen gewährt. Eine Überlassung, und sei es zeitlich begrenzt, oder die Anfertigung von Kopien ist ebenso wenig erforderlich wie das Anfertigung von Unterlagen zum Zwecke der Betriebsratsinformation. **103**

Die Verletzung von § 92 BetrVG macht eine personelle Maßnahme nicht unwirksam.[155] Sie stellt jedoch eine Ordnungswidrigkeit nach § 121 BetrVG dar. Bei groben Verstößen gegen die Informations- und Beratungspflicht kommt zudem ein Verfahren gegen den Arbeitgeber nach § 23 Abs. 3 BetrVG in Betracht.[156] **104**

b) Innerbetriebliche Stellenausschreibung (§§ 93, 99 Abs. 2 Nr. 5 BetrVG)

Nach § 93 BetrVG kann der Betriebsrat verlangen, dass freie Arbeitsplätze, auf denen keine leitenden Angestellte nach § 5 Abs. 3, 4 BetrVG tätig werden sollen, vor ihrer Besetzung innerhalb des Betriebes ausgeschrieben werden. Eine solche Stellenausschreibung soll innerbetriebliche Bewerber über freie Stellen im Unternehmen informieren, damit sie sich hierauf bewerben können. Gibt der Arbeitgeber die Stellenausschreibung in die Hand eines externen Personalberaters, so erledigt sich damit nicht die Pflicht zur innerbetrieblichen Ausschreibung.[157] **105**

Nach § 99 Abs. 2 Nr. 5 BetrVG kann der Betriebsrat die Zustimmung zur Einstellung eines Mitarbeiters verweigern, wenn eine interne Ausschreibung unterblieben ist. Dies gilt auch, wenn die Stellenausschreibung nicht den erforderlichen Mindestinhalt aufweist und damit den eigenen Mitarbeitern eine sinnvolle Bewerbung unmöglich macht.[158] Die externe Ausschreibung darf zudem keine geringeren Anforderungen an den Bewerber stellen als die innerbetriebliche Stellenausschreibung.[159] **106**

c) Mitbestimmung bei Auswahlrichtlinien (§ 95 BetrVG)

Grundsätzlich entscheidet ein Arbeitgeber nach eigenem Ermessen, wen er einstellen will. Sofern jedoch zwischen den Betriebsparteien nach § 95 BetrVG **Richtlinien** über die Auswahl bei Einstellungen oder auch Versetzungen, Umgruppierungen oder Kündigungen bestehen, muss der Arbeitgeber diese beachten und anwenden.[160] In Betrieben mit mehr als 500 Mitarbeitern kann der Betriebsrat derartige Richtlinien auch **107**

---

[152] *Lützeler/Bissels* AuA – Sonderausgabe „Branchenführer Personalberater", 72.
[153] LAG Schleswig-Holstein 14. 12. 1993 – 1 TaBV 3/93, ArbuR 1994, 202.
[154] *Lützeler/Bissels* AuA – Sonderausgabe „Branchenführer Personalberater", 72.
[155] ErfK/*Kania* BetrVG § 92 Rn. 12; *Fitting* § 92 Rn. 45.
[156] *Fitting* § 92 Rn. 45.
[157] *Lützeler/Bissels* AuA – Sonderausgabe „Branchenführer Personalberater", 69.
[158] ErfK/*Kania* BetrVG § 93 Rn. 8.
[159] BAG 23. 2. 1988 – 1 ABR 82/86, NZA 1988, 551.
[160] *Lützeler/Bissels* AuA – Sonderausgabe „Branchenführer Personalberater", 70.

gegen den Willen des Arbeitgebers verlangen.[161] In Betrieben mit bis zu 500 Mitarbeitern hat der Arbeitgeber dagegen grundsätzlich die Möglichkeit, ohne feste Kriterien zu entscheiden. Die Festlegung von festen Auswahlgesichtspunkten kann jedoch auch in Betrieben, die den Schwellenwert nicht erreichen, sinnvoll und zweckmäßig sein. Wenn sich ein Arbeitgeber allerdings für konkrete Kriterien entscheidet, bedarf dies der Zustimmung des Betriebsrats.[162]

108 Sofern der Personalberater die (Vor-)Auswahl der Bewerber anhand fester Kriterien für den Arbeitgeber durchführt, indem er die eingehenden Bewerbungen sichtet und den einzustellenden Bewerber vorschlägt, ist das Mitbestimmungsrecht des Betriebsrats nach § 95 BetrVG tangiert. Falls jedoch nur **Personalvorschläge** gemacht werden sollen, besteht **mangels einer Auswahlentscheidung kein Mitbestimmungsrecht**. Dies gilt auch, wenn den Vorschlägen ein Anforderungsprofil des Arbeitgebers zu Grunde liegt. Bei diesen handelt es sich um keine Auswahlrichtlinie.[163]

d) Mitbestimmung bei Personalentwicklungsmaßnahmen (§§ 97, 98 BetrVG)

109 Auch vor der Einführung und Durchführung **betrieblicher Bildungsmaßnahmen** sowie der Umsetzung von Personalentwicklungsmaßnahmen ist nach §§ 97 Abs. 1, 98 Abs. 1 BetrVG eine Beteiligung des Betriebsrats erforderlich.

110 Bei der Durchführung von **Maßnahmen der betrieblichen Berufsbildung** ist der Betriebsrat umfassend beim Festlegen des Inhaltes und des Umfangs der zu vermittelnden Kenntnisse und Fähigkeiten, den Methoden der Wissensvermittlung sowie der zeitlichen Dauer und Lage der Maßnahme zu beteiligen. Im Falle der Nichteinigung entscheidet die Einigungsstelle auch über die inhaltliche Ausgestaltung des durchzuführenden Schulungsprogramms. Voraussetzung für die Mitbestimmung bei betrieblichen Berufsbildungsmaßnahmen ist allerdings, dass das Unternehmen die konkrete Maßnahme selbst veranstaltet und trägt. Es muss sie also allein durchführen oder auf Inhalt, Organisation und Durchführung zumindest tatsächlich rechtlich beherrschend einwirken können. Keine betriebliche Bildungsmaßnahme liegt somit vor, wenn der Arbeitgeber einen unabhängigen Dritten mit der Durchführung der Maßnahme betraut oder diese gemeinsam mit einem anderen Unternehmen umsetzt. Allerdings sollen die Mitbestimmungsrechte auf diese Weise nicht umgangen werden dürfen. Die Rechtsprechung billigt dem Betriebsrat in diesen Konstellationen deshalb ein Mitbestimmungsrecht bei Abschluss des Vertrags zu, der die Grundlage der gemeinsamen Durchführung der Maßnahme ist.[164] Dies gilt auch im Verhältnis zu einem unabhängigen Drittanbieter. Die Mitbestimmung wird in diesen Fällen auf den Vertragsschluss vorverlagert. Der Betriebsrat kann seine Rechte durch entsprechende Ausgestaltung des Vertrags sichern, indem beispielsweise Regelungen über die spätere Durchführung der Bildungsmaßnahme getroffen werden.

111 Nach § 98 Abs. 2 BetrVG kann der Betriebsrat der Durchführung betrieblicher Berufsbildung durch eine bestimmte beauftragte Person widersprechen oder deren Abberufung verlangen. Voraussetzung ist, dass diese die persönliche oder fachliche, insbesondere die berufs- und arbeitspädagogische Eignung im Sinne des Berufsbildungsgesetzes (BBiG) nicht besitzt oder ihre Aufgaben vernachlässigt. Liegt keiner der Ausschlussgründe vor, kann das Unternehmen den Berater frei bestimmen.

---

[161] *Fitting* § 95 Rn. 16.
[162] *Fitting* § 95 Rn. 15.
[163] BAG 31. 5. 1983 – 1 ABR 6/80, NZA 1984, 49; *Lützeler/Bissels* AuA – Sonderausgabe „Branchenführer Personalberater", 70.
[164] BAG 18. 4. 2000 – 1 ABR 28/99, NZA 2001, 167.

IV. Durchführung zwischen Vermittler und Arbeitgeber

Die **Personalentwicklung** umfasst alle geplanten Maßnahmen der Bildung und 112
Förderung von Mitarbeitern, die vom Arbeitgeber zielorientiert geplant, realisiert und
evaluiert werden. Die Pflicht zur Betriebsratsbeteiligung erstreckt sich auf den Inhalt
der Maßnahmen, den Teilnehmerkreis, die Lehrkräfte und den gesamten organisatorischen Ablauf (Dauer/Zeitplan) und umfasst auch solche Maßnahmen, die in der Verantwortung des Unternehmens von einem außerbetrieblichen Träger, also etwa einem
Personalberatungsunternehmen, veranstaltet werden. Zum Leistungsspektrum der Personalberater gehören entsprechend auch betriebsinterne Coachings, Seminare, Kurse
oder Schulungen zu verschiedensten fachlichen Themen oder sog. Soft Skills. Dadurch
werden Mitarbeitern systematisch Kenntnisse und Fähigkeiten vermittelt, die ihnen
zur Ausübung der beruflichen Tätigkeiten befähigen und qualifizieren.

Bei der **Einweisung eines Arbeitnehmers** durch den Arbeitgeber liegt dagegen 113
keine mitbestimmungspflichtige Maßnahme der Berufsbildung vor, sofern der Arbeitnehmer die notwendigen beruflichen Fähigkeiten und Kenntnisse, die zur Ausübung
der Tätigkeiten an diesem Arbeitsplatz erforderlich sind, bereits besitzt. Nach § 81
BetrVG ist der Arbeitgeber verpflichtet, einen Arbeitnehmer über dessen Aufgabe und
Verantwortung und über die Art seiner Tätigkeit und ihre Einordnung in den Arbeitsablauf des Betriebes zu unterrichten. Auch über Veränderungen im Arbeitsbereich ist
der Arbeitnehmer aufzuklären. Eine solche Einweisung dient damit nur der Beschleunigung des „Lernprozesses" sowie der Fehlervermeidung und hat für den Arbeitnehmer keinen „Mehrwert".[165]

e) Unterrichtungsrecht des Betriebsrats bei der Einstellung (§ 99 BetrVG)

Vor der Einstellung von Arbeitnehmern muss der Arbeitgeber nach § 99 BetrVG 114
die Zustimmung des Betriebsrats einholen. Hierbei hat er die erforderlichen **Bewerbungsunterlagen** vorzulegen und Auskunft über die Person der Beteiligten zu geben.
Dies umfasst alle vom Kandidaten eingereichten Unterlagen, aber auch die Dokumentation, die das Unternehmen anlässlich der Bewerbung erstellt hat.[166] Hierzu zählen
beispielsweise ausgefüllte Fragebögen, Ergebnisse von Einstellungstests sowie Aufzeichnungen von Einstellungsgesprächen. Zudem sind die Personalien aller Bewerber
mitzuteilen und nicht nur derjenigen, die in die engere Auswahl genommen wurden.

Allerdings muss ein Unternehmen dem Betriebsrat nur solche Unterlagen vorlegen, 115
die ihm selbst zur Verfügung stehen.[167] Ein Unternehmen, welches einen Personalberater mit der Personalsuche beauftragt, muss dem Betriebsrat nur die Personen benennen und die Unterlagen vorlegen, die es vom Personalberater erhalten hat.[168] Sofern
ein Unternehmen entschlossen ist, bereits den ersten vorgeschlagenen Bewerber einzustellen, braucht es auch nur dessen Unterlagen vorzulegen.[169] Das BAG hat bislang ausdrücklich offen gelassen, ob der Arbeitgeber, für den ein Personalberater mit einer Anzeige einen Arbeitnehmer mit einer bestimmten Qualifikation sucht, verpflichtet ist,
vom Berater die Unterlagen aller sich auf die Anzeige beworbener Personen anzufordern, um sie dem Betriebsrat vorzulegen. Hierfür könnte sprechen, dass dem Betriebsrat
grundsätzlich alle Unterlagen vorzulegen sind.

---

[165] *Lützeler/Bissels* AuA – Sonderausgabe „Branchenführer Personalberater", 72.
[166] BAG 28. 6. 2006 – 1 ABR 26/04, NZA 2006, 111; 14. 12. 2004 – 1 ABR 55/03, BB 2006, 612.
[167] BAG 18. 7. 1978 – 1 ABR 8/75, NJW 1979, 1120.
[168] BAG 18. 12. 1990 – 1 ABR 15/90, NZA 1991, 482; *Lunk* ArbRB 2005, 237 (238).
[169] BAG 18. 12. 1990 – 1 ABR 15/90, NZA 1991, 482; kritisch ErfK/*Kania* BetrVG § 99 Rn. 19,
weil sich Arbeitgeber durch die Einschaltung Dritter von ihren Pflichten befreien können.

116 Bei Personen, die der Personalberater in einer eigenen **Datenbank** vorhält, handelt es sich hingegen nicht um Bewerber im Sinne des § 99 BetrVG. Erst wenn diese Personen dem Unternehmen vom Personalberater als geeignete Kandidaten vorgeschlagen werden, werden sie zum konkreten Bewerber, so dass der Arbeitgeber die Unterlagen dieser Personen auch dem Betriebsrat vorlegen muss.[170]

f) Mitbestimmung bei Assessment-Center und Management Diagnostik

117 Sowohl das Assessment-Center als auch die Management Diagnostik werden für unternehmensfremde Bewerber und für eigene Mitarbeiter eingesetzt. Sie dienen der Ermittlung von Einsatz und Fördermöglichkeiten, beinhalten aber keine Schulung iSd §§ 96 ff. BetrVG. Erhalten die Teilnehmer dagegen für eine in Aussicht genommene Beschäftigung eine spezielle vorbereitende Ausbildung, liegt darin bereits eine zustimmungsbedürftige Einstellung im Sinne von § 99 BetrVG.[171]

118 Auch bei den **Auswahlverfahren** besteht ein Mitbestimmungsrecht des Betriebsrats. § 94 BetrVG erfasst alle formalisierten, standardisierten Informationserhebungen des Arbeitgebers im Hinblick auf Mitarbeiterdaten und ist nicht nur auf schriftlich niedergelegte Fragen beschränkt.[172] Es ist gleichgültig, ob die Fragen vom Unternehmen und der Personalabteilung oder einem beauftragten Dritten gestellt werden und dieser die Daten nur in anonymisierter Form weitergibt.[173]

7. Allgemeines Gleichbehandlungsgesetz (AGG)

119 Das am 18.8.2006 in Kraft getretene Allgemeine Gleichbehandlungsgesetz (AGG)[174] erfasst in der arbeitsrechtlichen Bezugsnorm des § 2 AGG ausdrücklich alle Stadien in der Entwicklung eines Arbeitsverhältnisses, dh die vorvertragliche Phase wie seine Begründung, seine Durchführung, aber auch seine Beendigung. Im Zusammenhang mit der Begründung von Arbeitsverhältnissen bezieht es sich auf die Stellenausschreibung, das Auswahlverfahren und die konkrete Einstellung.[175] Auch bei der Beschäftigtensuche über Personalberater bzw. Personalvermittler ist das AGG somit zu beachten. Soweit sich das AGG in seinem zweiten Abschnitt (§§ 6 bis 18 AGG) ausdrücklich dem Schutz der Beschäftigten vor Benachteiligung widmet, werden die Bewerber für ein Beschäftigungsverhältnis ausdrücklich in den geschützten Personenkreis einbezogen (§ 6 Abs. 1 S. 2 AGG). Das AGG greift ferner auch ein, wenn Personen für Beschäftigungsverhältnisse gesucht werden, die nicht der Sozialversicherungspflicht unterfallen. Denn die §§ 7 bis 18 AGG gelten nach § 6 Abs. 3 AGG, soweit es die Bedingungen für den Zugang zur Erwerbstätigkeit sowie den beruflichen Aufstieg betrifft, entsprechend auch für Selbstständige und Organmitglieder, insbesondere Geschäftsführer und Vorstände, mithin auch für freie Mitarbeiter.[176] Insofern kommen diese Bewerbergruppen auch als Anspruchsteller gem. § 15 AGG in Betracht.

---

[170] LAG Köln 6.10.1987 – 11 TaBV 50/87, NZA 1988, 589.
[171] BAG 20.4.1993 – 1 ABR 59/92, NZA 1993, 1096.
[172] BAG 21.9.1993 – 1 ABR 28/93, NZA 1994, 375.
[173] ArbG Bonn 31.10.2003 – 2 BVGa 15/03, BeckRS 2003, 30984336; LAG Sachsen 20.8.2004 – 2 Sa 872/03, BeckRS 2004, 31044074.
[174] BGBl. I 2006, 1897.
[175] *Adomeit/Mohr* NZA 2007, 179 (180).
[176] BAG 17.12.2009 – 8 AZR 670/08, NZA 2010, 383.

IV. Durchführung zwischen Vermittler und Arbeitgeber

Der Zugang zur Erwerbstätigkeit ist nach § 2 Abs. 1 AGG ebenso vom **sachlichen** **120** **Geltungsbereich des AGG** umfasst wie der berufliche Aufstieg und die allgemeinen Beschäftigungs- und Arbeitsbedingungen. Ein Bewerber kann sich folglich auf eine Benachteiligung wegen eines nach § 1 AGG geschützten Merkmals, nämlich einer Benachteiligungen aus Gründen der Rasse oder wegen der ethnischen Herkunft, des Geschlechts, der Religion oder Weltanschauung, einer Behinderung, des Alters oder der sexuellen Identität, bei einer berufen. Hinsichtlich des Merkmals der Behinderung ist zudem § 81 Abs. 2 S. 2 SGB IX in der seit dem 18. 8. 2006 geltenden Fassung zu beachten.[177]

Für Personalberater bzw. Personalvermittler gilt das AGG allerdings nicht unmittel- **121** bar, soweit das Gesetz als Adressat der gesetzlichen Regelung ausdrücklich eine Arbeitgebereigenschaft benennt. Dies gilt insbesondere für die §§ 12 bis 15 AGG. Personalvermittler treten nämlich – jedenfalls soweit sie nicht in eigener Angelegenheit handeln – nicht als Arbeitgeber in Erscheinung. Allerdings ist das Benachteiligungsverbot des § 7 Abs. 1 AGG in seinem **Adressatenkreis** personell nicht beschränkt; es erfasst damit jede Person, mit der der Bewerber in seiner beruflichen Funktion in Berührung kommt.[178] Daher dürfen auch sie die Voraussetzungen des Gesetzes bei der Stellenausschreibung nicht unbeachtet lassen.

a) Ernsthaftigkeit der Bewerbung

Als zusätzliche Voraussetzung für das Eingreifen des AGG im Einstellungs- bzw. **122** Bewerbungsverfahren wird in Rechtsprechung und Schrifttum neben einer Bewerbung verlangt, dass sich die Person subjektiv ernsthaft bewirbt.[179] An einer **Ernsthaftigkeit** der Bewerbung fehlt es, wenn der Bewerber nicht aufrichtig an der Stelle interessiert ist, sondern in Wirklichkeit nur eine Entschädigung anstrebt und sich damit rechtsmissbräuchlich verhält.[180] Zweifel an der Ernsthaftigkeit können bereits dann bestehen, wenn der Bewerber, auch für ihn erkennbar, objektiv für die Stelle nicht in Betracht kommt.[181] Allein der Umstand, dass sich ein bereits für den Arbeitgeber tätiger Arbeitnehmer intern auf eine ausgeschriebene Stelle bewirbt, die deutlich höher bewertet wird, lässt allerdings keinen Rückschluss auf eine nicht ernsthafte Bewerbung zu.[182] Denn die bisherige Entgeltgruppe des Beschäftigten besagt nichts über dessen berufliche Qualifikation und Fähigkeiten, sondern bewertet nur die tatsächlich vertraglich geschuldete Tätigkeit.

Für den Bewerberstatus kommt es nicht darauf an, ob der Bewerber für die ausge- **123** schriebene Tätigkeit **objektiv geeignet** ist, sofern nicht ein krasses Missverhältnis zwischen Anforderungsprofil der zu vergebenden Stelle und Qualifikation des Bewerbers gerade die Ernsthaftigkeit seiner Bewerbung in Frage stehen lässt.[183] Maßgeblich für die objektive Eignung ist dabei nicht das formelle Anforderungsprofil, welches der Arbeitgeber erstellt hat, sondern die Anforderungen, die an die jeweilige Tätigkeit nach der im Arbeitsleben herrschenden Verkehrsanschauung gestellt werden. Der Arbeit-

---

[177] BAG 17. 8. 2010 – 9 AZR 839/08, NZA 2011, 153.
[178] ErfK/*Schlachter* AGG § 7 Rn. 1; *Oberthür* ArbRB 2007, 86.
[179] BAG 19. 8. 2010 – 8 AZR 466/09, NZA 2011, 203; 17. 12. 2009 – 8 AZR 670/08, NZA 2010, 383; 28. 5. 2009 – 8 AZR 536/08, NZA 2009, 1016; ErfK/*Schlachter* AGG § 6 Rn. 3 mwN.
[180] BAG 21. 7. 2009 – 9 AZR 431/08, NZA 2009, 1087; 17. 8. 2010 – 9 AZR 839/08, NZA 2011, 153.
[181] BAG 17. 12. 2009 – 8 AZR 670/08, NZA 2010, 383; ErfK/*Schlachter* AGG § 15 Rn. 10 mwN.
[182] BAG 17. 8. 2010 – 9 AZR 839/08, NZA 2011, 153.
[183] BAG 19. 8. 2010 – 8 AZR 466/09, NZA 2011, 203.

geber hat über den der Stelle zugeordneten Aufgabenbereich frei zu entscheiden, wie Art. 12 Abs. 1 GG es gebietet, er kann aber nicht durch das Stellen hierfür nicht erforderlicher Anforderungen an Bewerber die Vergleichbarkeit der Situation selbst gestalten und den Schutz des AGG de facto beseitigen.[184]

124 Hinsichtlich der objektiven Eignung des Bewerbers ist allerdings nicht erforderlich, dass er für die in Aussicht genommene Stelle von allen Kandidaten am Besten geeignet wäre. Dies ergibt sich bereits daraus, dass bei einer Auswahlentscheidung wie der Besetzung einer offenen Stelle nicht nur der am Besten geeignete Bewerber benachteiligt sein kann.[185] Ein Nachteil im Rahmen einer Auswahlentscheidung, insbesondere bei einer Einstellung und Beförderung, liegt bereits vor, wenn der Beschäftigte nicht in die Auswahl einbezogen wird. Die Benachteiligung liegt in der Versagung der Chance.[186] Dies wird durch § 15 Abs. 2 S. 2 AGG bestätigt. Danach wird für den Fall, dass der Bewerber auch bei benachteiligungsfreier Auswahl nicht eingestellt worden wäre, nicht der Anspruch ausgeschlossen, sondern lediglich die Entschädigungshöhe begrenzt.

b) Stellenausschreibung (§ 11 AGG)

125 Die Stellenausschreibung bildet regelmäßig den Ausgangspunkt der Personalsuche. § 11 AGG verlangt, dass ein Arbeitsplatz nicht unter Verstoß gegen die Benachteiligungsverbote des § 7 Abs. 1 AGG ausgeschrieben wird. Insofern sind Stellenausschreibung ein Haftungsrisiko, wenn diese den Bewerber aus einem der in § 1 AGG genannten Gründen benachteiligen.[187] Durch das **Gebot der neutralen Stellenausschreibung** soll verhindert werden, dass bereits bei der Ausschreibung einer Stelle eine mögliche Benachteiligung bestimmter Gruppen von Bewerbern erfolgt, die nach der Legaldefinition des § 6 Abs. 1 AGG als Beschäftigte im Sinne des Gesetzes gelten.[188] Darunter fällt beispielsweise die Suche nach Bewerbern nur eines bestimmten Geschlechts oder mit Höchst- oder Mindestalter, ohne dass derartige Einschränkungen nach §§ 8 bis 10 AGG gerechtfertigt wären.

126 Die Vorschrift des § 11 AGG lässt im Gegensatz zur Vorgängernorm (§ 611b BGB), die noch ausdrücklich und ausschließlich an die Arbeitgeber adressiert war, offen, an wen sie sich unmittelbar richtet. Im Umkehrschluss daraus folgert *Thüsing*,[189] dass sich § 11 AGG an jeden richte, der einen Arbeitsplatz ausschreibt, egal ob dies der Arbeitgeber selbst ist oder ein von ihm beauftragter Dritter. Bereits vor dem Inkrafttreten des AGG haftete ein Arbeitgeber, der sich zur Stellenausschreibung eines Dritten bediente, für Rechtsverstöße, wenn die Pflicht zur neutralen Stellenausschreibung verletzt wurde.[190] Auch im Geltungsbereich des AGG sei eine Pflichtverletzung des hinzugezogenen Dritten dem Arbeitgeber zuzurechnen.[191] Nach Auffassung des BAG muss der Arbeitgeber die Ordnungsmäßigkeit der Fremdausschreibung überwachen.[192] Dies gilt auch bei der Hinzuziehung eines Personalberaters.[193]

---

[184] BAG 19. 8. 2010 – 8 AZR 466/09, NZA 2011, 203.
[185] BAG 5. 2. 2004 – 8 AZR 112/03, NZA 2004, 540.
[186] BAG 17. 8. 2010 – 9 AZR 839/08, NZA 2011, 153.
[187] *Schwab* NZA 2007, 178.
[188] ErfK/*Schlachter* AGG § 11 Rn. 1.
[189] *Diller* NZA 2007, 649.
[190] BAG 5. 2. 2004 – 8 AZR 112/03, NZA 2004, 540; BVerfG 21. 9. 2006 – 1 BvR 308/03, NZA 2007, 195; aA *Adomeit/Mohr* NJW 2007, 2522 (2523).
[191] *Wisskirchen* DB 2006, 1491 (1493).
[192] BAG 5. 2. 2004 – 8 AZR 112/03, NZA 2004, 540.
[193] *Seel* MDR 2006, 1321.

IV. Durchführung zwischen Vermittler und Arbeitgeber

Die in der Stellenausschreibung verwendeten Formulierungen sollten hinsichtlich aller genannten Kriterien und Anforderungen **Interpretationsspielräume vermeiden**.[194] Zudem ist darauf zu achten, dass Bewerbern, die nicht alle genannten Voraussetzungen mitbringen, ausdrücklich Hoffnungen gemacht werden, bevor eine endgültige Personalentscheidung getroffen ist. Anderenfalls könnte daraus abgeleitet werden, dass der Arbeitgeber ggf. dazu neigt, von seinem Anforderungsprofil in der Bewerbungsausschreibung abzuweichen. Dann ließe sich im Falle späterer Streitigkeiten nicht mehr hinreichend darlegen und beweisen, dass eine Nichtberücksichtigung aufgrund des Fehlens von Qualifikationen und gerade nicht wegen einer vermuteten Benachteiligung erfolgte. 127

c) Benachteiligung bei der Personalauswahl

Dem Arbeitgeber steht es – auch unter Geltung des AGG – frei, für welchen Bewerber er sich entscheidet. Insbesondere ist er nicht gehalten, den (objektiv) am Besten qualifizierten Bewerber einzustellen.[195] Er kann auch insgesamt davon absehen, die Stelle zu besetzen. Das AGG sanktioniert lediglich Ablehnungen aufgrund eines Diskriminierungsmerkmals. 128

aa) Ablehnung aufgrund eines Diskriminierungsmerkmals

Es genügt für eine Verletzung des § 7 AGG nicht, wenn ein abgewiesener Bewerber im Gegensatz zum angenommenen Bewerber einem der geschützten Personenkreise angehört. Diese Zurücksetzung muss gerade durch das entsprechende Merkmal motiviert (gewesen) sein und abwertenden Charakter haben.[196] Nach erfolgter Stellenausschreibung kann es bei der Auswahl von potentiellen Bewerbern zu Benachteiligungen kommen, indem bestimmte Bewerber nicht berücksichtigt werden, weil sie diskriminierenden Anforderungen des Arbeitgebers, beispielsweise Alters- oder Geschlechtsvorgaben, nicht genügen. Die **Vorauswahl** von Bewerbern durch den Personalvermittler unterliegt in Bezug auf die Rechte der Bewerber den gleichen Anforderungen, als wenn sie das Unternehmen selbst durchführen würde. Eine Aussortierung ungewünschter Bewerber unter Verletzung der Tatbestände des AGG bedeutet daher eine unzulässige Benachteiligung, die zu Ansprüchen der betroffenen Bewerber führen kann. 129

Regelmäßig ist es für den Bewerber äußerst schwierig, eine unzulässige Benachteiligung darzulegen. Dies gilt vor allem dann, wenn ein Indiz wie eine unzulässige Stellenausschreibung fehlt. Auch den Nachweis, dass eine Vielzahl von Bewerbern unter Verstoß gegen das AGG abgewiesen wurde, wird ein Bewerber selten führen können. Dementsprechend liegt insbesondere in dem **Ablehnungsschreiben** ein Gefährdungspotenzial für den Personalvermittler. 130

bb) Besten- oder Spontanauswahl

Eine verbotene Benachteiligung eines abgelehnten Bewerbers scheidet in der Regel bei einer positiven **Spontanauswahl** zugunsten eines anderen Kandidaten aus.[197] Auch im Rahmen ausführlicher Bewerbungsvorgänge, bei denen nach dem Abschluss umfassender Sichtungen der Kandidaten eine Entscheidung erfolgt, ist eine Verletzung 131

---

[194] *Seel* MDR 2006, 1321 f.
[195] *Seel* MDR 2006, 1321 (1323).
[196] *Adomeit/Mohr* NZA 2007, 179 (182).
[197] *Adomeit/Mohr* NZA 2007, 179 (182).

des AGG grundsätzlich nicht zu besorgen, wenn diese zugunsten des am besten geeigneten Bewerbers ausfällt. Es empfiehlt sich für Arbeitgeber daher zur Vermeidung von Haftungsrisiken, die Umstände zu dokumentieren, die zur Einstellung eines konkreten Kandidaten bewogen haben.

132 Eine solche spontane positive Auswahl schließt jedoch die Vermutung von diskriminierenden Benachteiligungen nicht aus, wenn diese vor dem Ablauf einer zuvor veröffentlichten **Bewerbungsfrist** erfolgt.[198] Denn die Chance auf Einstellung oder Beförderung kann dem Bewerber oder Beschäftigten auch durch eine diskriminierende Gestaltung des Bewerbungsverfahrens genommen werden, etwa weil ein diskriminierendes Verhalten des Arbeitgebers den Bewerber von einer früheren Bewerbung abhielt.[199] Sofern der Arbeitgeber schnell auf geeignete Bewerbungen reagieren können will, sollte auf eine offizielle Bewerbungsfrist verzichtet werden.

cc) Besonderer Schutz der Schwerbehinderten

133 Im Hinblick auf das in § 1 AGG und zudem in § 81 Abs. 2 SGB IX geschützte Merkmal der Behinderung ist allerdings zu beachten, dass Arbeitgeber nach § 81 Abs. 1 S. 1 SGB IX verpflichtet sind zu prüfen, ob freie Arbeitsplätze mit schwerbehinderten Menschen, insbesondere mit bei der Agentur für Arbeit arbeitslos oder arbeitsuchend gemeldeten schwerbehinderten Menschen, besetzt werden können. Die Hervorhebung des Wortes „insbesondere" weist darauf hin, dass die Pflicht auch gegenüber nicht arbeitslosen oder arbeitsuchenden schwerbehinderten Menschen bestehen soll. Damit ist ein Arbeitgeber unter Beteiligung der Schwerbehindertenvertretung[200] verpflichtet zu prüfen, ob der freie Arbeitsplatz mit einem bereits bei ihm beschäftigten schwerbehinderten Arbeitnehmer besetzt werden kann.[201]

134 Diese Verpflichtung trifft den Arbeitgeber unabhängig davon, ob er die **Beschäftigungsquote** nach § 71 Abs. 1 SGB IX erfüllt hat.[202] Mit dieser Quote sind zwar weder ein Einstellungs- noch ein Beförderungsanspruch verbunden. Es soll aber erreicht werden, dass die Beschäftigung schwerbehinderter Menschen gefördert wird. Führt ein Arbeitgeber eine solche Prüfung nicht durch, begründet dies die Vermutung einer Benachteiligung wegen der Behinderung.[203] Als Vermutungstatsachen für einen Zusammenhang mit der Behinderung kommen alle Pflichtverletzungen in Betracht, die der Arbeitgeber begeht, indem er Vorschriften nicht befolgt, die zur Förderung der Chancen der schwerbehinderten Menschen geschaffen wurden.

d) Schadenersatzansprüche des Bewerbers bei Verstößen gegen das AGG

135 Bei einer Verletzung eines der Benachteiligungsverbote des AGG besteht ein Anspruch des Bewerbers auf Schadenersatz (§ 15 Abs. 1 AGG) und wegen eines Schadens, der nicht Vermögensschaden ist, auf Geldentschädigung (§ 15 Abs. 2 AGG).

aa) Schadenersatzansprüche nach § 15 Abs. 1 AGG

136 Nach § 15 Abs. 1 AGG hat der Arbeitgeber dem Benachteiligten den ihm entstandenen Schaden zu ersetzen, soweit ihn ein **Verschulden** trifft. Die Haftung aus § 15 Abs. 1 AGG ist auf **Ersatz des materiellen Schadens** gerichtet.[204] Hinsichtlich der

---

[198] BAG 17. 8. 2010 – 9 AZR 839/08, NZA 2011, 153.
[199] Auch EuGH 10. 7. 2008 – C-54/07, NZA 2008, 929.
[200] Vgl. § 81 Abs. 1 S. 6 iVm § 95 Abs. 2 S. 1 SGB IX.
[201] BAG 17. 8. 2010 – 9 AZR 839/08, NZA 2011, 153.
[202] BAG 17. 8. 2010 – 9 AZR 839/08, NZA 2011, 153.
[203] BAG 17. 8. 2010 – 9 AZR 839/08, NZA 2011, 153.
[204] ErfK/*Schlachter* AGG § 15 Rn. 3; *Seel* MDR 2006, 1321 (1323).

IV. Durchführung zwischen Vermittler und Arbeitgeber

Schadenshöhe muss der Arbeitnehmer nachweisen, dass er bei benachteiligungsfreier Auswahl die Stelle bekommen hätte. Der Schadenersatzanspruch nach § 15 Abs. 1 AGG richtet sich nach seinem ausdrücklichen Wortlaut ausschließlich gegen den „Arbeitgeber". Dritte, die der Arbeitgeber in das Bewerbungsverfahren eingeschaltet hat, haften deshalb nicht nach dieser Vorschrift.

Schadenersatzansprüche aus § 15 Abs. 1 AGG wegen Benachteiligung bei der Einstellung sind aber auch gegenüber dem Arbeitgeber praktisch so gut wie ausgeschlossen. In der Regel wird ein Bewerber nicht den Nachweis führen können, dass er die ausgeschriebene Stelle bei einer benachteiligungsfreien Auswahl tatsächlich bekommen hätte. Insoweit hilft ihm auch die **Beweislastregel** des § 22 AGG regelmäßig nicht weiter. Denn über § 22 AGG ergibt sich allenfalls eine Beweislastumkehr dafür, dass während des Bewerbungsverfahrens eine „Benachteiligung" stattgefunden hat. § 22 AGG gilt aber nicht auf der Rechtsfolgenseite für die haftungsausfüllende Kausalität. Aus dieser Regelung kann daher nicht abgeleitet werden, dass der Arbeitnehmer bei benachteiligungsfreier Auswahl die Stelle bekommen hätte.[205] Zudem wird von einem Bewerber zumeist ein bezifferbarer Schaden, der diesem durch eine erfolglose Bewerbung entsteht, kaum beweisbar sein. Dem Anspruch nach § 15 Abs. 1 AGG kommt aufgrund dieser Umstände bislang insgesamt im Zusammenhang mit Einstellungsvorgängen nur geringe Bedeutung zu.

bb) Entschädigungsansprüche nach § 15 Abs. 2 AGG

Für den Bewerber von weitaus größerer Bedeutung ist der Anspruch auf Geldentschädigung nach § 15 Abs. 2 AGG.[206] Dies gilt umso mehr, weil der Anspruch **verschuldensunabhängig** besteht und insbesondere eine Benachteiligungsabsicht nicht erforderlich ist.[207] Dies folgt nach herrschender Meinung aus europarechtlichen Vorgaben.[208] Der Anspruch setzt weder einen kausalen Schaden noch eine Verletzung des Persönlichkeitsrechts voraus, sondern knüpft allein an einen Verstoß gegen die §§ 3, 7 AGG an. Allerdings treffen den Arbeitgeber weder eine Garantie- noch eine Gefährdungshaftung, so dass ein gewisser Zurechnungszusammenhang mit seinem Verhalten bestehen muss.[209]

(1) Verstoß gegen das Benachteiligungsverbot

Der Entschädigungsanspruch setzt einen Verstoß gegen das Benachteiligungsverbot gemäß § 7 Abs. 1 iVm § 1 AGG voraus. Dies stellt § 15 Abs. 2 S. 1 AGG zwar nicht ausdrücklich klar, ergibt sich aber aus dem Gesamtzusammenhang der Bestimmungen in § 15 AGG.[210] Gemäß § 7 Abs. 1 Hs. 1 AGG dürfen Beschäftigte nicht wegen eines der in § 1 AGG genannten Merkmale benachteiligt werden. Dies gilt nach dem Gesetzeswortlaut auch dann, wenn die Person, die die Benachteiligung begeht, das Vorliegen eines Diskriminierungsmerkmals bei der Benachteiligung nur annimmt, § 7 Abs. 1 Hs. 2 AGG.

Auch der **„Versuch am untauglichen Objekt"** stellt grundsätzlich eine verbotene Benachteiligung dar.[211] Nach der Gesetzesbegründung trägt die Bestimmung nach § 7

137

138

139

140

---

[205] *Diller* NZA 2007, 649 (650).
[206] *Schwab* NZA 2007, 178 (179).
[207] BAG 17. 8. 2010 – 9 AZR 839/08, NZA 2011, 153.
[208] *Richardi* NZA 2006, 881 (885).
[209] *Diller* NZA 2007, 649 (650).
[210] BAG 22. 1. 2009 – 8 AZR 906/07, NZA 2009, 945; 17. 8. 2010 – 9 AZR 839/08, NZA 2011, 153.
[211] BAG 17. 12. 2009 – 8 AZR 670/08, NZA 2010, 383.

Abs. 1 Hs. 2 AGG dem Umstand Rechnung, dass Menschen oft bestimmte Eigenschaften oder Verhaltensweisen zugeschrieben werden, zB allein aufgrund ihres äußeren Erscheinungsbildes.[212] Macht sich der Benachteiligende Vorstellungen über das Vorliegen eines Benachteiligungsgrundes, kann dies genügen, um den Entschädigungsanspruch auszulösen.[213]

141 Ein entsprechender Verstoß kann nach Rechtsprechung des BAG zu den Vorgängernormen des § 611a BGB schon dann vorliegen, wenn der Bewerber nicht in die engere Auswahl einbezogen wurde.[214] Dies hat das BAG nunmehr auch für das AGG entschieden.[215] Die Benachteiligung liegt bereits in der **Versagung der Chance.** Ob der Bewerber die Stelle tatsächlich bekommen hätte, ist allein für die Anspruchshöhe relevant (vgl. die Differenzierung in § 15 Abs. 2 S. 2 AGG). Da für einen Entschädigungsanspruch nach § 15 Abs. 2 AGG die Benachteiligung „wegen" eines in § 1 AGG genannten Grundes erfolgt sein muss, ist ein entsprechender Kausalzusammenhang erforderlich.[216] Dieser ist gegeben, wenn die Benachteiligung an einen oder mehrere der in § 1 AGG genannten Gründe anknüpft oder dadurch motiviert ist.[217] Ausreichend ist, dass ein in § 1 AGG genannter Grund Bestandteil eines Motivbündels ist, welches die Entscheidung beeinflusst hat.[218] In Bezug auf das Merkmal der Behinderung genügt, wenn vom Arbeitgeber unterlassene Maßnahmen objektiv geeignet sind, schwerbehinderten Menschen keine oder schlechtere Chancen einzuräumen.[219]

(2) Immaterielle Schäden

142 Nach § 15 Abs. 2 S. 1 AGG kann der Bewerber wegen eines Schadens, der nicht Vermögensschaden ist, eine **angemessene Entschädigung** in Geld verlangen. Das Unternehmen ist zur Zahlung einer Entschädigung in „angemessener Höhe" verpflichtet. Damit wird den Arbeitsgerichten über die Entschädigungshöhe – entsprechend den Regeln des § 253 BGB – ein **Beurteilungsspielraum** eingeräumt.[220] Steht einem Gericht ein Beurteilungsspielraum zu oder hängt die Bestimmung eines Betrags vom billigen Ermessen des Gerichts ab, ist ein unbezifferter Zahlungsantrag zulässig. Der klagende Arbeitnehmer muss lediglich Tatsachen, die das Gericht bei der Bestimmung des Betrags heranziehen soll, benennen und die Größenordnung der geltend gemachten Forderung angeben.[221]

143 Die Höhe der Entschädigung darf nach § 15 Abs. 2 S. 2 AGG **drei Monatsgehälter** nicht überschreiten, wenn der Bewerber auch bei benachteiligungsfreier Auswahl nicht eingestellt worden wäre. Es geht also für den Bewerber bei dem Entschädigungsanspruch um eine nicht unerhebliche Summe, quasi um ein Arbeitsentgelt für mehrere Monate, ohne eine Arbeitsleistung dafür erbringen zu müssen.[222]

---

[212] BT-Drs. 16/1780, 34.
[213] BAG 17. 12. 2009 – 8 AZR 670/08, NZA 2010, 383.
[214] BAG 5. 2. 2004 – 8 AZR 112/03, NZA 2004, 540.
[215] BAG 17. 8. 2010 – 9 AZR 839/08, NZA 2011, 153.
[216] BAG 17. 12. 2009 – 8 AZR 670/08, NZA 2010, 383; 17. 8. 2010 – 9 AZR 839/08, NZA 2011, 153.
[217] BT-Drs. 16/1780, 32.
[218] BAG 22. 1. 2009 – 8 AZR 906/07, NZA 2009, 945.
[219] BAG 17. 8. 2010 – 9 AZR 839/08, NZA 2011, 153.
[220] BT-Drs. 16/1780, 38.
[221] BAG 16. 9. 2008 – 9 AZR 791/07, NZA 2009, 79; 17. 8. 2010 – 9 AZR 839/08, NZA 2011, 153.
[222] *Fischer* NJW 2009, 3547 f.

IV. Durchführung zwischen Vermittler und Arbeitgeber

(3) Darlegungs- und Beweislast

Nach der allgemeinen Darlegungs- und Beweislastregel muss grundsätzlich derjenige, der einen Anspruch geltend macht, die anspruchsbegründenden Tatsachen darlegen und beweisen. Zu den anspruchsbegründenden Tatsachen gehört auch die **Kausalität zwischen Nachteil und Behinderung**. Nach der gesetzlichen **Beweislastregelung gem. § 22 AGG** genügt es, dass der Anspruchsteller Indizien vorträgt und im Streitfalle beweist, die eine Benachteiligung wegen eines in § 1 AGG genannten Grundes vermuten lassen. Dies ist der Fall, wenn die vorgetragenen Tatsachen aus objektiver Sicht nach allgemeiner Lebenserfahrung mit überwiegender Wahrscheinlichkeit darauf schließen lassen, dass die Benachteiligung aufgrund eines der in § 1 AGG geschützten Merkmale erfolgte.[223]

144

Liegt eine **Vermutung** für eine solche Benachteiligung vor, trägt nach § 22 AGG die andere Seite die Beweislast dafür, dass kein Verstoß gegen die Bestimmungen zum Schutz vor Benachteiligungen vorgelegen hat. An die Vermutungsvoraussetzungen ist nach der Rechtsprechung des BAG kein zu strenger Maßstab anzulegen.[224] Es ist nicht erforderlich, dass die Tatsachen einen zwingenden Indizienschluss für eine Verknüpfung der Benachteiligung mit einem Benachteiligungsmerkmal zulassen. Vielmehr reicht es aus, wenn nach allgemeiner Lebenserfahrung hierfür eine überwiegende Wahrscheinlichkeit besteht. Sodann trägt der Arbeitgeber die Beweislast dafür, dass kein Verstoß gegen die Bestimmungen zum Schutz vor Benachteiligung vorgelegen hat.[225]

145

Diskriminierungsrelevante **Fehler in Stellenanzeigen** sind dabei über die Beweislastumkehr des § 22 AGG der klassische Ansatzpunkt für Entschädigungsforderungen wegen Einstellungsdiskriminierung nach § 15 Abs. 2 AGG. Ausschreibungsfehler in Anzeigen, die der Arbeitgeber selbst aufgibt, beruhen nicht selten auf Verschulden Dritter (zB Werbeagentur, Anzeigenabteilung der Zeitung). Oft wird eine Anzeige auch unmittelbar im Namen eines Dritten, insbesondere eines Personalberaters, geschaltet, der für den Arbeitgeber sucht.

146

Wenn die festgestellten Tatsachen eine Benachteiligung wegen eines der geschützten Merkmale vermuten lassen, trägt der Arbeitgeber nach § 22 AGG die Beweislast dafür, dass eine solche Benachteiligung nicht vorlag. Der Arbeitgeber muss das Gericht davon überzeugen, dass die Benachteiligung nicht (auch) auf einem der geschützten Merkmale beruht. Damit müssen Tatsachen vortragen und gegebenenfalls bewiesen werden, aus denen sich ergibt, dass es ausschließlich andere Gründe waren, die zu der weniger günstigen Behandlung des Betroffenen führten.[226] Im Rahmen der Auswahlentscheidung darf ein geschütztes Merkmal in dem Motivbündel weder – weil es besteht – als negatives noch – weil es fehlt – als positives Kriterium enthalten sein.[227]

147

cc) Haftungsschuldner bei Hinzuziehung Dritter

Bedient sich ein Arbeitgeber für die Durchführung des Bewerbungsverfahrens eines Dritten, also etwa eines Personalberaters oder Personalvermittlers, haftet er nach der gefestigten Rechtsprechung nicht nur für eigene Verletzungen des AGG, sondern auch

148

---

[223] BAG 17. 12. 2009 – 8 AZR 670/08, NZA 2010, 383; 17. 8. 2010 – 9 AZR 839/08, NZA 2011, 153.
[224] BAG 17. 8. 2010 – 9 AZR 839/08, NZA 2011, 153.
[225] BAG 17. 12. 2009 – 8 AZR 670/08, NZA 2010, 383.
[226] BAG 21. 7. 2009 – 9 AZR 431/08, NZA 2009, 1087; 17. 8. 2010 – 9 AZR 839/08, NZA 2011, 153.
[227] BAG 17. 8. 2010 – 9 AZR 839/08, NZA 2011, 153.

für eventuelle diskriminierende Handlungen durch den Dritten.[228] Dies folgt unter anderem daraus, dass ein Bewerber regelmäßig nicht selbst in der Lage ist, zu ermitteln, wie es zu einer Stellenausschreibung gekommen ist und ob Zeugen vorhanden sind, die entlastende Behauptungen des Unternehmens widerlegen können.[229] Der Arbeitgeber muss sich das Verhalten des Personalvermittlers zurechnen lassen, wenn dieser eine Stellenausschreibung unter Verstoß gegen § 11 AGG schaltet.[230] Die Delegierung des Auswahlverfahrens an unternehmensfremde Dritte schließt die Haftung des Arbeitgebers somit nicht aus.[231] Den Arbeitgeber trifft im Fall der Fremdausschreibung die **Sorgfaltspflicht,** die ordnungsgemäße Ausschreibung zu überwachen.[232] Das BAG hat allerdings bislang ausdrücklich offen gelassen, ob und welche Grenzen der Einstandspflicht des Arbeitgebers ggf. greifen können, insbesondere, ob dem Arbeitgeber jeglicher Handlungsbeitrag eines eingeschalteten Dritten zuzurechnen ist.

149 Der Personalberater haftet gegenüber dem Bewerber grundsätzlich nicht nach dem AGG, da zwischen beiden kein Schuldverhältnis besteht.[233] Der Personalberater ist gegenüber den Bewerbern zwar unmittelbar verpflichtet, das AGG zu beachten und unzulässige Benachteiligungen zu unterlassen. Insofern kommen gegen den Personalberater Ansprüche aus § 823 Abs. 2 BGB iVm § 7 Abs. 1 AGG in Betracht.[234] Dies folgt daraus, dass das Benachteiligungsverbot des § 7 Abs. 1 AGG in seinem Adressatenkreis personell nicht beschränkt ist und damit jede Person erfasst, mit der ein Bewerber in seiner beruflichen Funktion in Berührung kommt.[235] Allerdings knüpft das AGG bei den Rechtsfolgen entweder an eine vertragliche Beziehung (vgl. § 7 Abs. 2, 3 AGG) oder an die Eigenschaft als Arbeitgeber (vgl. §§ 12 ff. AGG) an. Diese finden somit auf Personalberater keine Anwendung.

150 Es gibt auch keinen Anlass, die Haftung nach dem AGG auf Dritte auszudehnen. Denn gegenüber Dritten würde es stets an der **Kausalität** fehlen. Anknüpfungspunkt für einen Schadenersatzanspruch wegen Diskriminierung im Bewerbungsverfahren kann immer nur sein, dass dem Bewerber rechtswidrig eine Stelle vorenthalten wurde, die er bei diskriminierungsfreier Auswahl erhalten hätte. Egal welche Dritten der Arbeitgeber auf welcher Stufe des Bewerbungsverfahrens einschaltet, die letzte Entscheidung trifft immer er selbst. Selbst wenn zB ein Personalberater eine fehlerhafte Vorauswahl getroffen hat, kann dessen Fehlverhalten die Haftung auf Schadenersatz noch nicht begründen, da erst die Letztentscheidung des Arbeitgebers die Kette der haftungsbegründenden Kausalität schließt.[236]

151 Allenfalls unter dem Gesichtspunkt der von der Rechtsprechung entwickelten **Eigenhaftung des Erfüllungsgehilfen** im Rahmen des vorvertraglichen Schuldver-

---

[228] BAG 17. 12. 2009 – 8 AZR 670/08, NZA 2010, 383; bereits zur Regelung in § 611a BGB aF: BAG 5. 2. 2004 – 8 AZR 112/03, NZA 2004, 540; BVerfG 21. 9. 2006 – 1 BvR 308/03, NZA 2007, 195; *Oberwetter* BB 2007, 1109 (1111); *Gastell* AuA 2006, 722; *Fischer* NJW 2009, 3547 (3548 f.); *Oberthür* ArbRB 2007, 86; *Seel* MDR 2006, 1321; ablehnend bei Anzeigen durch die Bundesagentur für Arbeit *Adomeit/Mohr* NJW 2007, 2522 (2523 f.).
[229] BVerfG 21. 9. 2006 – 1 BvR 308/03, NZA 2007, 195.
[230] BAG 5. 2. 2004 – 8 AZR 112/03, NZA 2004, 540; LAG Hamm 24. 4. 2008 – 11 Sa 95/08, BeckRS 2008, 55306.
[231] *Oberthür* ArbRB 2007, 86.
[232] BAG 5. 2. 2004 – 8 AZR 112/03, NZA 2004, 540; *Seel* MDR 2006, 1321; *Oberwetter* BB 2007, 1109 (1111).
[233] *Schwab* NZA 2007, 178 (179); *Fischer* NJW 2009, 3547 (3548); aA *Diller* NZA 2007, 649 (650).
[234] *Schwab* NZA 2007, 178 (179).
[235] ErfK/*Schlachter* AGG § 7 Rn. 1; *Oberthür* ArbRB 2007, 86.
[236] *Diller* NZA 2007, 649 (650).

hältnisses kommt eine Inanspruchnahme des Personalberaters in Betracht.[237] Hierzu bedarf es jedoch entweder eines unmittelbaren wirtschaftlichen Eigeninteresses des Personalberaters am Zustandekommen des Vertrags oder einer Beeinflussung der Vertragsverhandlungen durch die Inanspruchnahme eines besonderen persönlichen Vertrauens.[238] Die Anforderungen hieran sind allerdings hoch. Es genügt nicht, dass der Personalberater eine Provision für den Vertragsschluss erhält. Vielmehr muss er so sehr in eigener Sache tätig sein, dass er als wirtschaftlicher Herr des Geschäfts anzusehen ist.[239] Das ist beim Personalberater selbst dann nicht der Fall, wenn er ausschließlich im Falle des Abschlusses eines Arbeitsvertrags mit einem von ihm vorgeschlagenen Bewerber eine Vergütung erhält. Damit haftet der Dritte nach außen nicht.[240]

Eine von *Diller*[241] vorgeschlagene Einbeziehung des Personalberaters in die unmittelbare Haftung nach § 15 Abs. 2 AGG, indem nach dem „Herr des Verfahrens" differenziert wird, ist abzulehnen. Dies gilt auch deshalb, weil die Haftung des Personalberaters nach dieser Auffassung nicht „neben" dem Arbeitgeber, sondern „statt" des Arbeitgebers bestehen soll.[242] Für den Bewerber ist regelmäßig nicht erkennbar, ob eine Benachteiligung im Bewerbungsverfahren durch den Arbeitgeber oder bereits im Rahmen der Vorauswahl durch den hinzugezogenen Dritten bewirkt wird. Selbst wenn ein ausdrücklicher Bezug zu Handlungen des Personalberaters hergestellt werden kann, ist nicht sicher erkennbar, ob nicht der auftraggebende Arbeitgeber die eigentlichen Vorgaben gemacht hat. Der Bewerber hätte somit das Risiko, den „Falschen" in Anspruch zu nehmen. **152**

e) Auskunftsansprüche des Bewerbers

Bei Stellenausschreibungen von Personalvermittlungen tritt regelmäßig der Auftraggeber der Personalvermittlung, also der zukünftige Arbeitgeber, nicht unmittelbar in Erscheinung. Der Bewerber weiß deshalb zumeist in solchen Fällen bei der Einreichung seiner Bewerbung nicht, welcher Arbeitgeber hinter der Stellenausschreibung steckt. Nicht selten soll die Personalsuche ausdrücklich „im Verborgenen" stattfinden. Dadurch kann beispielsweise vermieden werden, dass Konkurrenzunternehmen Rückschlüsse auf personelle Veränderungen ziehen können oder dass der bisherige Stelleninhaber etwas von den Aktivitäten des Arbeitgebers mit Blick auf die Nachbesetzung der Position bemerkt. Die Kunst der Personalvermittlung besteht dann darin, in der Stellenausschreibung zwar das Profil des Unternehmens und der zu besetzenden Stelle zu beschreiben, aber Rückschlüsse auf den Auftraggeber nicht zu ermöglichen. **153**

Üblicherweise sind die Ausschreibung der Stelle sowie die Sichtung der eingehenden Bewerbungen nach vom Auftraggeber vorgegebenen Kriterien im Leistungspaket der Personalvermittlung enthalten. Die Personalvermittlung schlägt ihrem Kunden dann einige wenige Bewerber vor, die den vorgegebenen Kriterien hinsichtlich der Qualifikation und des Persönlichkeitsprofils am besten entsprechen. Der Auftraggeber **154**

---

[237] Vgl. OLG Düsseldorf 31. 10. 2002 – 8 U 15/02; LG Frankfurt 1. 6. 1992 – 2/21 O 523/91, WM 1992, 2140.
[238] BGH 17. 9. 1954 – V ZR 32/53, NJW 1954, 1925; 4. 7. 1983 – II ZR 220/82, NJW 1983, 2696; 3. 4. 1990 – XI ZR 206/88, NJW 1990, 1907.
[239] BGH 17. 6. 1991 – II ZR 171/90, NJW-RR 1991, 1241.
[240] *Gastell* AuA 2006, 722; aA für Personalberater, die als „Herr des Auswahlverfahrens" auftreten *Diller* NZA 2007, 649 (650 f.).
[241] So *Diller* NZA 2007, 649 (650 ff.).
[242] *Diller* NZA 2007, 649 (652).

kann anschließend unter den von der Personalvermittlung vorgeschlagenen Bewerbern die Endauswahl für die zu besetzende Stelle treffen. Welche Auswahlkriterien der Arbeitgeber der Personalvermittlung für die Bewerberauswahl vorgegeben hat, ist für Außenstehende, insbesondere für den Bewerber, nicht transparent. Der Arbeitgeber kann demnach sogar diskriminierende Kriterien, zB hinsichtlich des Alters oder des Geschlechts der Bewerber, explizit vorgeben, ohne dass diese Vorgaben offenkundig werden. Bei dem geschilderten Verfahren ist die Personalvermittlung also der eigentliche Filter, bei dem der Großteil der Bewerber heraussortiert wird.[243]

aa) Auskunft über die Identität des tatsächlichen Auftraggebers

155   In der Anspruchsdurchsetzung problematisch ist die Beauftragung eines Personalberaters folglich dann, wenn dieser die Vorschriften des AGG verletzt, indem er zB eine im Hinblick auf den suchenden Arbeitgeber zwar anonymisierte, aber diskriminierende Stellenausschreibung schaltet. Dieses Verhalten muss sich der Auftraggeber im Rahmen von Schadenersatz- und Entschädigungsansprüchen zwar gem. § 15 AGG grundsätzlich zurechnen lassen.[244] Da jedoch Ansprüche gem. § 15 AGG unmittelbar gegen das Personalberatungsunternehmen nach überwiegender Auffassung ausscheiden,[245] bringt dem abgelehnten Bewerber die **Zurechnung des Verstoßes** lediglich dann einen Vorteil, wenn diesem zusätzlich der Name des beauftragenden Arbeitgebers bekannt ist. Nur in diesem Fall kann er versuchen, seine Forderungen gegen den Auftrag- bzw. Arbeitgeber gerichtlich durchzusetzen.

156   Die Personalvermittlung teilt dem Bewerber den Namen ihres Auftraggebers jedoch in der Regel nicht freiwillig mit. Deshalb bedarf es eines **Auskunftsanspruches** des Bewerbers gegen den Personalvermittler auf Nennung des Arbeitgebers. Ob ein abgelehnter Bewerber einen solchen Auskunftsanspruch gegenüber dem Personalvermittler erfolgreich geltend machen kann, ist bislang von der Rechtsprechung nicht geklärt.[246]

(1) Sonderverbindung als Voraussetzung

157   Das deutsche Zivilrecht kennt jedoch keinen **allgemeinen Auskunftsanspruch.** Nach den von der Rechtsprechung entwickelten Grundsätzen besteht eine Auskunftspflicht nach Treu und Glauben nur, wenn zwischen den Parteien eine Sonderverbindung besteht und der Berechtigte in entschuldbarer Weise über Bestehen oder Umfang seines Rechts im Ungewissen ist und der Verpflichtete die zur Beseitigung der Ungewissheit erforderliche Auskunft unschwer geben kann. Die letzten beiden Kriterien sind unproblematisch. Fraglich ist allein, ob im Bewerbungsvorgang eine **ausreichende Sonderverbindung** besteht.

158   Der *Bundesgerichtshof* (BGH)[247] hat eine ausreichende Sonderverbindung je nach den Umständen bereits in einer **Vertragsanbahnung** gesehen. Gegen eine Auskunftspflicht könnte eingewandt werden, dass der Umweg über Chiffreanzeige bzw. Einschaltung eines Agenten/Personalberaters gerade deshalb gewählt wurde, um die Iden-

---

[243] *Fischer* NJW 2009, 3547.
[244] BAG 5. 2. 2004 – 8 AZR 112/03, NZA 2004, 540; LAG Hamm 24. 4. 2008 – 11 Sa 95/08, BeckRS 2008, 55306.
[245] LAG Düsseldorf 14. 2. 2008 – 11 Sa 1939/07, BeckRS 2008, 55440 mwN; *Schwab* NZA 2007, 178 (179); *Gastell* AuA 2006, 722; einschränkend dagegen: *Lützeler/Bissels* Branchenführer Personalberater 2007, 70; *Diller* NZA 2007, 649 (650 f.).
[246] Ausdrücklich offen gelassen BAG 27. 8. 2008 – 5 AZB 71/08, NZA 2008, 1259.
[247] BGH 14. 11. 1969 – V ZR 124/66, BeckRS 1969, 31175061; 5. 6. 1985 – I ZR 53/83, NJW 1986, 1244.

IV. Durchführung zwischen Vermittler und Arbeitgeber

tität des Arbeitgebers geheim zu halten.[248] Dafür kann es durchaus vernünftige Gründe geben, zB wenn eine noch vorhandene Führungskraft nicht mitbekommen soll, dass für sie bereits ein Nachfolger gesucht wird. Wer sich auf eine verdeckte Anzeige bewirbt, lässt sich bewusst auf ein Bewerbungsverfahren ein, bei dem er die Identität des potenziellen Arbeitgebers nicht kennt. Allerdings wird das europarechtliche Gebot zu beachten sein, dass die Richtlinien wirksam und in abschreckender Weise umgesetzt werden müssen. Könnte der Arbeitgeber sich wirksam vor Entschädigungsansprüchen in Bewerbungsverfahren dadurch schützen, dass er einen Dritten einschaltet,[249] ließe sich die Sanktion des § 15 Abs. 2 AGG leicht umgehen. Das würde kaum die Billigung des EuGH finden.

159 Der *Europäische Gerichtshof* (EuGH)[250] hat bereits in anderem Zusammenhang entschieden, dass man sich im Bereich arbeitsrechtlicher EU-Richtlinien nicht durch formale Funktionsaufteilung seinen Pflichten entziehen kann (vgl. § 17 Abs. 3a KSchG). Deshalb ist schon aus europarechtlichen Gründen ein Auskunftsanspruch geboten.[251]

160 Im Ergebnis wird dem Bewerber in diesem Zusammenhang ein Auskunftsanspruch zuzubilligen sein, durch den er die **Identität des Auftraggebers** klären kann, um diesen selbst gem. § 15 AGG in Anspruch nehmen zu können.[252] Anderenfalls bestünde die Gefahr, dass sich ein Arbeitgeber seinen Pflichten aus dem AGG entziehen und der benachteiligte Bewerber seine Ansprüche wegen Verstöße gegen das AGG – insbesondere den Entschädigungsanspruch – nicht durchsetzen könnte.[253] Die für ein solches Auskunftsverlangen ggf. zu verlangende Sonderverbindung[254] ist hier anzunehmen.

(2) Rechtsweg für Auskunftsersuchen

161 Nach dem Inkrafttreten des AGG war unklar, vor welchen Gerichten ein behaupteter Auskunftsanspruch gegen einen Dritten über die Identität des Auftraggebers geltend zu machen ist. Das *Bundesarbeitsgericht* (BAG) hat inzwischen eine Zuständigkeit der Arbeitsgerichte verneint.[255] Zu den Arbeitsgerichten ist der Rechtsweg gemäß § 2 Abs. 1 Nr. 3c ArbGG für Entschädigungsansprüche des Stellenbewerbers wegen Benachteiligung im Bewerbungsverfahren nur dann eröffnet, wenn sich die Klage gegen den potenziellen Arbeitgeber richtet. Deshalb kann vor dem Arbeitsgericht zulässiger Weise nur Klage erhoben werden, wenn zugleich um die Arbeitgebereigenschaft des Personalvermittlungsunternehmens selbst gestritten wird.[256] Die Arbeitgebereigenschaft ist dann eine doppelrelevante Tatsache (sog. „sic-non-Fallgestaltung").

162 Klagen gegen Dritte, wie zB einen Personalberater, gehören deshalb vor die **ordentlichen Gerichte**. Es liegt auch kein Fall der Rechtsnachfolge nach § 3 ArbGG vor. Eine Zuständigkeit der Arbeitsgerichte besteht allerdings dann, wenn der Bewerber gleichzeitig den Arbeitgeber und den Dritten in Anspruch nimmt; hier ergibt sich die Zuständigkeit der Arbeitsgerichte aus dem Gesichtspunkt des Zusammenhangs

---

[248] *Diller* NZA 2007, 649 (652) mwN.
[249] Auch § 2 Abs. 5 AGG, wonach auch die Anweisung zur Benachteiligung einer Person aus einem in § 1 AGG genannten Grund als Benachteiligung gilt.
[250] EuGH 7. 12. 1995 – C-449/93, BeckRS 2004, 77 312.
[251] *Diller* NZA 2007, 649 (652) mwN.
[252] *Lützeler/Bissels* Branchenführer Personalberater 2007, 70; *Diller* NZA 2007, 649 (652); *Schwab* NZA 2007, 178 (179); *Fischer* NJW 2009, 3547 (3548).
[253] *Schwab* NZA 2007, 178 (179).
[254] BGH 5. 6. 1985 – I ZR 53/83, NJW 1986, 1244.
[255] BAG 27. 8. 2008 – 5 AZB 71/08, NZA 2008, 1259; ebenso *Diller* NZA 2007, 649 (652 f.); *Fischer* NJW 2009, 3547 (3548); aA *Groeger* ArbRB 2008, 339 (340).
[256] ArbG München 21. 12. 2007 – 3 Ca 10240/07, BeckRS 2009, 54 513.

D. Personalberatung, Arbeits- und Personalvermittlung

nach § 2 Abs. 3 ArbGG. Dies gilt unabhängig davon, ob die gleichzeitige Klage gegen beide letztlich begründet ist oder nicht.[257]

163 In der Praxis sieht sich ein Bewerber, der zunächst auf einen Auskunftsanspruch gegenüber dem Personalberater über die Identität des Arbeitgebers angewiesen ist, damit erheblichen Schwierigkeiten ausgesetzt. Während die Kosten eines arbeitsgerichtlichen Verfahrens zumindest in der ersten Instanz kalkulierbar sind, gilt beim Zivilgericht nicht die Privilegierung des § 12a ArbGG. Unterliegt der Bewerber beim Zivilgericht, hat er auch die außergerichtlichen Kosten der Gegenseite zu tragen. Da zudem aufgrund des Streitwertes regelmäßig eine Zuständigkeit des Landgerichts gegeben sein wird, kann sich der Bewerber wegen des Anwaltszwangs auch nicht gewerkschaftlich – und damit für ihn kostenfrei – vertreten lassen, so wie es beim Arbeitsgericht möglich wäre. Zudem ist die Eintrittpflicht einer eventuell vorhandenen Rechtsschutzversicherung rechtzeitig zu prüfen.

bb) Auskunft über Auswahlkriterien bei abgelehnter Einstellung

164 Mit Beschluss vom 20. 5. 2010 hatte das *Bundesarbeitsgericht*[258] dem EuGH die Frage vorgelegt, ob einem Arbeitnehmer, der darlegt, dass er die Voraussetzungen für eine von einem Arbeitgeber ausgeschriebene Stelle erfüllt, im Falle seiner Nichtberücksichtigung ein Anspruch gegen den Arbeitgeber auf Auskunft eingeräumt werden muss, ob dieser einen anderen Bewerber eingestellt hat und wenn ja, aufgrund welcher Kriterien diese Einstellung erfolgt ist. Falls der EuGH einen solchen Auskunftsanspruch annimmt, sollte zudem die Frage beantwortet werden, ob der Umstand, dass der Arbeitgeber die geforderte Auskunft nicht erteilt, eine Tatsache ist, welche das Vorliegen der vom Arbeitnehmer behaupteten Diskriminierung vermuten lässt.

165 Das **BAG** lehnt einen solchen Auskunftsanspruch nach nationalem Recht ab. Er bestehe weder nach Treu und Glauben noch nach dem AGG und sei auch in den europäischen Richtlinien nicht ausdrücklich vorgesehen.[259] Das BAG hält jedoch die Klärung der Frage für notwendig, ob die Auslegung der einschlägigen europäischen Richtlinien zu einem entsprechenden Auskunftsanspruch für Bewerber führt.

166 Der **EuGH** hat nunmehr die Auffassung des BAG bestätigt.[260] Der geltend gemachte Auskunftsanspruch ist den Richtlinien nicht zu entnehmen. Die Entscheidung des EuGH ist richtungweisend. Hinsichtlich der Auswahlentscheidung ist es für einen abgelehnten Bewerber zumeist unmöglich, der insoweit ihm obliegenden Darlegungslast für Verstöße gegen das AGG gerecht zu werden. Dies gilt trotz § 22 AGG, wonach es genügt, dass der Anspruchsteller Indizien vorträgt und im Streitfalle beweist, die eine Benachteiligung wegen eines in § 1 AGG genannten Grundes vermuten lassen. Die Ablehnung eines Bewerbers, der sämtlichen in der Stellenausschreibung geforderten Anforderungen genügt, begründet nämlich noch nicht den Anschein, dass diese Ablehnung auf einem der in § 1 AGG genannten Gründe beruht. Diese auf den ersten Blick für Arbeitgeber positive Entscheidung des EuGH sollte jedoch nicht als Freifahrtschein verstanden werden. Der EuGH weist ausdrücklich auch darauf hin, dass die vollständige Verweigerung von Informationen nicht dazu führen dürfe, dass die Geltendmachung von Schadensersatzansprüchen verhindert wird. Vielmehr ist das Verhalten des Arbeitgebers in die Gesamtwürdigung einzubeziehen.

---

[257] *Diller* NZA 2007, 649 (653).
[258] BAG 20. 5. 2010 – 8 AZR 287/08 (A), NZA 2010, 1006.
[259] BAG 20. 5. 2010 – 8 AZR 287/08 (A), NZA 2010, 1006.
[260] EuGH 19. 4. 2012 – C-415/10, NZA 2012, 98; vgl. auch EuGH 21. 7. 2011 – C-104/10, BeckRS 2011, 81408.

cc) Frist für die Geltendmachung von Ansprüchen gegenüber dem Arbeitgeber

Nach § 15 Abs. 4 AGG muss der Bewerber Ansprüche auf Schadenersatz oder Entschädigung gem. § 15 Abs. 1, 2 AGG gegen den Arbeitgeber innerhalb von **zwei Monaten** schriftlich geltend machen, wenn keine andere tarifliche Regelung besteht. Daneben gilt die Frist des § 61 b Abs. 1 ArbGG, wonach innerhalb von **drei Monaten**, nachdem der Anspruch schriftlich geltend gemacht worden ist, Klage erhoben werden muss.

167

(1) Fristbeginn

Nach § 15 Abs. 4 S. 2 AGG beginnt die Frist im Fall einer Bewerbung oder eines beruflichen Aufstiegs mit dem **Zugang der Ablehnung.** Für den Beginn der Frist ist unerheblich, ob der betroffene Arbeitnehmer auf andere Weise erfährt, dass die vakante Stelle mit einer anderen Person besetzt wurde. Zwar bedarf die Ablehnungserklärung des Arbeitgebers nach § 15 Abs. 4 S. 2 AGG keiner Schriftform. Damit der Fristlauf beginnen kann, ist eine ausdrückliche oder konkludente Erklärung des Arbeitgebers erforderlich, aus der sich für den Beschäftigten aus der Sicht eines objektiven Erklärungsempfängers eindeutig ergibt, dass seine Bewerbung erfolglos war.[261] Überträgt der Arbeitgeber einem anderen Mitarbeiter die Aufgaben der übertragenen Stelle, bedeutet das nicht zwangsläufig eine endgültige Besetzung der ausgeschriebenen Position. Denn aus der Sicht der Mitbewerbers ist nicht hinreichend zu erkennen, ob die Übertragung nur kommissarisch/vertretungsweise oder dauerhaft erfolgte.

168

Angesichts der eindeutigen gesetzlichen Regelung, wonach im Fall einer Bewerbung oder eines beruflichen Aufstiegs die Frist erst mit dem Zugang der Ablehnung beginnt, wird die Frist nicht deshalb in Gang gesetzt, weil der Bewerber aus anderen Quellen erfährt, dass er die Stelle nicht bekommen hat. Da es der Arbeitgeber in der Hand hat, den Zugang für die Ablehnung zu bewirken, besteht keine Notwendigkeit für eine nicht am Wortlaut orientierte Auslegung der gesetzlichen Regelung.[262]

169

(2) Rechtzeitige Geltendmachung bei Unkenntnis des Arbeitgebers

Sofern dem Bewerber jedoch die Identität des Arbeitgebers nicht bekannt und er somit zunächst auf eine Auskunftsklage gegen den hinzugezogenen Dritten (Personalberater) angewiesen ist, wird eine fristgerechte Anzeige beim Arbeitgeber praktisch unmöglich. In der Praxis wird der Bewerber seinen Anspruch auf Auskunft nicht innerhalb dieser zweimonatigen Ausschlussfrist gerichtlich durchgesetzt und gegebenenfalls vollstreckt haben. Daher könnten sich Arbeitgeber häufig auf § 15 Abs. 4 AGG berufen. Die Unternehmen würden ihre Haftungsrisiken bei zurechenbaren Verstößen gegen das AGG durch die Einschaltung eines Personalvermittlers mehr oder weniger faktisch ausschließen können. Dies wäre jedoch mit dem europarechtlichen Gebot, Verstöße gegen das Diskriminierungsverbot mit einer abschreckenden Sanktion zu versehen, nicht zu vereinbaren.[263] Rechtsprechung ist hierzu bislang – soweit ersichtlich – noch nicht veröffentlicht. In der Literatur werden verschiedene Wege vorgeschlagen, wie diese Problematik zu lösen ist.

170

---

[261] BAG 17. 8. 2010 – 9 AZR 839/08, NZA 2011, 153.
[262] BAG 17. 8. 2010 – 9 AZR 839/08, NZA 2011, 153.
[263] AA *Fischer* NJW 2009, 3547 (3548).

D. Personalberatung, Arbeits- und Personalvermittlung

171 Es wird vorgeschlagen, dass der Bewerber den Auskunftsanspruch im Wege der **einstweiligen Verfügung** durchsetzen kann.[264] Falls der Personalberater trotz entsprechender gerichtlicher Entscheidung die Identität des Auftraggebers nicht mitteilt, soll der Bewerber bereits vorsorglich einen Antrag gem. § 61 Abs. 2 ArbGG stellen können.[265] Mit diesem Antrag kann das Gericht für den Fall, dass der Personalvermittler seiner Auskunftsverpflichtung nicht innerhalb einer bestimmten Frist nachkommt, eine Entschädigung nach freiem Ermessen bestimmen. Das Gericht wird sich bezüglich der Länge der Frist daran orientieren, wie viel Zeit dem Bewerber noch übrig bleibt, um seinen Entschädigungsanspruch innerhalb der Zwei-Monats-Frist des § 15 Abs. 4 AGG beim Arbeitgeber geltend zu machen, und bei der gegen den Personalvermittler festzusetzenden Entschädigung den Rahmen des § 15 Abs. 2 AGG (bis zu drei Monatsgehälter) beachten.

172 Zu einem ähnlichen Ergebnis käme man auch, wenn dem Bewerber ein **Schadenersatzanspruch** gegenüber dem Personalberater zugebilligt wird, weil dieser durch die verzögerte Auskunftserteilung rechtswidrig den Anspruch gegen den Arbeitgeber vereitelt hat. Schließlich wird vertreten, dass die Frist des § 15 Abs. 4 AGG erst beginnt, wenn der Anspruchsteller die Identität des potentiellen Arbeitgebers kennt. Allerdings muss der Bewerber innerhalb von zwei Monaten – entsprechend § 15 Abs. 4 AGG – den Dritten schriftlich zur Erteilung der Auskunft aufgefordert haben.[266]

173 Auch wenn letztlich die besseren Argumente für die letztgenannte Auffassung sprechen dürften, ist gegenwärtig nicht absehbar, welcher Auffassung die Rechtsprechung folgen wird. Es ist allerdings zu erwarten, dass die Gerichte dem Bewerber einen Weg weisen werden, die eine Geltendmachung ungeachtet der vorgenannten Schwierigkeiten zulässt. Dem Anspruchsteller kann nur empfohlen werden, von dem Personalberater rechtzeitig, dh innerhalb von zwei Monaten nach Zugang der Ablehnung, Auskunft zu verlangen und – sofern diese verweigert wird – bei den Zivilgerichten eine einstweilige Verfügung zu beantragen sowie daneben das Hauptsacheverfahren anzustrengen.[267]

8. Datenschutz

174 Die Suche nach Personal führt zwangsläufig dazu, dass **Bewerberdaten** erhoben werden. Personalberater tragen die erhaltenen Informationen über potentielle Kandidaten zusammen und speichern diese regelmäßig in Datenbanken, um später hierauf zurückgreifen zu können. Mithilfe der Datenbanken können auch Kandidaten für spätere Suchprozesse vorgehalten werden. Die so ermittelten, gespeicherten und ggf. genutzten Daten (Namen, Telefonnummern, Arbeitgeber Beruf usw.) sind personenbezogene Daten im Sinne des § 3 Abs. 1 BDSG.[268] Daher ist § 28 BDSG zu beachten.

175 Die Weitergabe der Daten der Bewerber zwischen Arbeitgeber und Personalberater muss entweder nach § 28 BDSG zulässig sein oder bedarf der Einwilligung des Betroffenen nach § 4 BDSG. Ein Arbeitgeber kann sich jedoch gegenüber dem Kandidaten auf ein in § 28 Abs. 1 S. 1 Nr. BDSG genanntes „**vertragsähnliches Vertrauensverhältnis mit dem Betroffenen**" stützen. In diesem Rahmen ist das Erheben, Speichern

---

[264] Schwab NZA 2007, 178 (179).
[265] Schwab NZA 2007, 178 (179).
[266] Diller NZA 2007, 649 (653); Bissels jurisPR-ArbR 45/2008, Anm. 4.
[267] Bissels jurisPR-ArbR 45/2008, Anm. 4.
[268] Schloßer DB 2003, 554.

und Übermitteln personenbezogener Daten sowie ihre Nutzung als Mittel für die Erfüllung eigener Geschäftszwecke auch ohne eine Einwilligung des Betroffenen zulässig.[269] Gleiches gilt für den Personalberater, der eine Anzeige im eigenen Namen schaltet. Allerdings hat der Gesetzgeber den privaten Arbeitsvermittlern die datenschutzgemäße Behandlung von Arbeitnehmerdaten in den §§ 292, 296 bis 298 SGB III gesetzlich normiert. Danach bedürfen die Erhebung, Verarbeitung, Speicherung und Nutzung von personenbezogenen Daten stets der Einwilligung des Betroffenen im Sinne von § 4a BDSG. Um bei Personalberatern diese Rechtsfolge und die daraus abzuleitenden Sanktionen im Falle etwaiger Verstöße zu verhindern, ist eine Abgrenzung der Personalberatung von der privaten Arbeitsvermittlung notwendig.[270]

Der bereits vorgelegte Entwurf eines neuen Bundesdatenschutzgesetzes (BDSG-E)[271] geht in § 32 hinsichtlich des Umgangs mit den Bewerberdaten über die bisherige Gesetzeslage hinaus. In der Praxis bedeutet dies, dass bereits die handschriftlichen Aufzeichnungen aus Bewerbergesprächen und papiergebundene Notizen aus dem Einstellungsvorgang den Bestimmungen des BDSG-E unterfallen.[272] Auch Dritte unterfallen den Neuregelungen des BDSG, soweit sie für den Arbeitgeber tätig werden.

176

Zudem enthält der Regierungsentwurf zum neuen Bundesdatenschutzgesetz (BDSG-E)[273] Vorgaben, wie ein **Background Check** (noch) durchgeführt werden kann, ohne die Rechte von Bewerbern zu verletzen. Demnach darf ein Arbeitgeber nach § 32 Abs. 1 BDSG-E vom Bewerber außer den Kontaktdaten nur solche Daten erfragen, die erforderlich sind, um die Eignung des Bewerbers für eine in Betracht kommende Tätigkeit festzustellen.

177

V. Durchführung zwischen Vermittler und Arbeitsuchendem

Neben den Arbeitgebern können sich auch Arbeitsuchende unmittelbar an Personalvermittler wenden. Diese unterstützen Arbeitsuchende und Bewerber, die sich beruflich verändern wollen, bei der Suche nach einer passenden neuen Beschäftigung. Durch eventuelle Tests, Bewerbungsgespräche sowie aus den Referenzen ermitteln sie ein individuelles Eignungsprofil und halten dies in einem Bewerberexposé fest. Darüber hinaus erhalten Bewerber durch die Personalvermittler oftmals vielfältige **Unterstützung für den gesamten Bewerbungsprozess.** Welchen Umfang die Bemühungen des Vermittlers haben und welche Maßnahmen er ergreift, ist seiner freien Entscheidung bzw. der vertraglich vereinbarten Leistungen überlassen. Ein Rechtsanspruch auf bestimmte Maßnahmen besteht allerdings zugunsten der Arbeitsuchenden nicht. Der Arbeitsuchende kann kein spezielles Tätigwerden verlangen – auch nicht für ein besonderes Entgelt.

178

Durch den Abschluss des Vermittlungsvertrags ist der Arbeitsuchende in seiner Entschließungsfreiheit nicht beeinträchtigt. Ob er auf ein Vermittlungsangebot eingehen will oder nicht, entscheidet ausschließlich er.[274] Arbeitsuchende können sich grundsätzlich auch bei mehreren Personalvermittlern gleichzeitig registrieren lassen. Das gilt

179

---

[269] *Schloßer* DB 2003, 554.
[270] *Schloßer* DB 2003, 554 (556).
[271] Vgl. BT-Drs. 16/10529, 16/10581, 16/13219; BR-Drs. 535/10.
[272] *Schmid/Appt* AuA (Sonderausgabe) 2010, 23 (24); nach *Novara/Ohrmann* AuA 2011, 145 unterfallen diese Unterlagen wie auch Personalfragebögen bereits dem heute geltenden Recht.
[273] Vgl. BT-Drs. 16/10529, 16/10581, 16/13219; BR-Drs. 535/10.
[274] *Gagel/Fuchs* SGB III § 296 Rn. 6.

ebenso für Bewerber mit einem Aktivierungs- und Vermittlungsgutschein der Bundesagentur für Arbeit.

180   Das Vermittlungshonorar wird, sofern ein Aktivierungs- und Vermittlungsgutschein nicht beansprucht werden kann, in der Regel vom einstellenden Unternehmen getragen. Vermittlungskosten entstehen einem Bewerber nur dann, wenn er dafür ausdrücklich einen schriftlichen Vertrag abgeschlossen hat. Dabei hat sich der Gesetzgeber von dem Gedanken leiten lassen, dass Arbeitslose grundsätzlich die Möglichkeit haben sollen, die Dienste eines privaten Vermittlers ohne einen eigenen finanziellen Beitrag in Anspruch zu nehmen.[275]

1. Rechtscharakter des Vermittlungsvertrags

181   Zivilrechtlich gilt zwischen dem Arbeitsuchenden und dem Arbeitsvermittler der **Grundsatz der Vertragsfreiheit.** In der Regel sind die Vereinbarungen zwischen privaten Arbeitsvermittlern und Arbeitsuchenden Allgemeine Geschäftsbeziehungen im Sinne der §§ 305 ff. BGB.[276] Der Vermittlungsvertrag ist ein privatrechtlicher Vertrag, auf den die Regelungen des **Maklerrechts** (§§ 652 ff. BGB) anzuwenden sind.[277] Modifizierungen und Ergänzungen ergeben sich jedoch durch die Regelungen des SGB III.[278]

a) Allgemeines Maklerrecht gem. §§ 652 ff. BGB

182   Der Maklervertrag ist ein Vertrag *sui generis,* mit dem sich der Auftraggeber verpflichtet, für den Nachweis einer Gelegenheit zum Abschluss eines von ihm gewünschten Vertrags mit einem Dritten **(Nachweisvermittlung)** oder für die Vermittlung dieses Vertragsschlusses selbst eine Vergütung zu zahlen.[279] Der Makler ist zu eigenem Tätigwerden nicht verpflichtet, er kann dann allerdings naturgemäß auch keine Vergütung verdienen. Der Vergütungsanspruch entsteht nur bei Zustandekommen des Vertrags.[280] Daher darf der Wortlaut des § 296 Abs. 1 S. 1 SGB III, der von einer Verpflichtung des Vermittlers zur Vermittlung des Arbeitsuchenden in eine Arbeitsstelle spricht, nicht überinterpretiert werden. Die Modifikation des allgemeinen Maklerrechts geht nicht so weit, dass der Vermittlungsvertrag im Gegensatz zu anderen Maklerverträgen synallagmatisch und der Makler daher zu eigenen Vermittlungsbemühungen verpflichtet wäre.[281] Unbillige Nachteile entstehen dem Arbeitsuchenden aus der fehlenden Verpflichtung des Vermittlers zum Tätigwerden nicht, da ein Vermittlungsvertrag die Agentur für Arbeit nicht von eigenen Vermittlungsbemühungen entbindet und § 297 Nr. 4 SGB III Alleinaufträge ausschließt.[282]

183   Die Normen des SGB III sind nicht dispositiv, so dass von ihnen in Vermittlungsverträgen mit Personen, die die Voraussetzungen des § 45 SGB III erfüllen, nicht ab-

---

[275] Gagel/*Fuchs* SGB III § 296 Rn. 11.
[276] BGH 18. 3. 2010 – III ZR 254/09, NJW 2010, 3222.
[277] Küttner/*Röller,* Personalbuch, Arbeitsvermittlung (private) Rn. 5.
[278] BGH 18. 3. 2010 – III ZR 254/09, NJW 2010, 3222; *Kühl/Breitkreuz* NZS 2004, 568; BSG 6. 4. 2006 – B 7 a AL 56/05 R, NJW 2007, 1902; *Fischer* NJW 2007, 3107; *Rixen* NZS 2002, 466 (470 f.); BSG 6. 5. 2008 – B 7/7 a AL 8/07 R, NZS 2009, 291; Gagel/*Fuchs* SGB III § 296 Rn. 1, 6; Gagel/*Peters-Lange* SGB III § 421 g Rn. 17; MüKoBGB/*Roth* § 655 Rn. 2.
[279] Palandt/*Sprau* BGB Einf. vor § 652 Rn. 1; *Kühl/Breitkreuz* NZS 2004, 568 (569).
[280] BGH 20. 2. 2003 – III ZR 184/02, NJW-RR 2003, 699 f.
[281] *Kühl/Breitkreuz* NZS 2004, 568 (569 f.).
[282] *Kühl/Breitkreuz* NZS 2004, 568 (570).

V. Durchführung zwischen Vermittler und Arbeitsuchendem

gewichen werden darf. Insofern ist diese Zusammenarbeit von einer solchen mit Personen, die diese Voraussetzungen nicht erfüllen, zu unterscheiden. Bei Letztgenannten können die allgemeinen Regeln durchaus modifiziert werden.

b) Modifikationen durch das SGB III

Im Anwendungsbereich der §§ 296 ff., 45 SGB III finden sich erhebliche Veränderungen gegenüber den allgemeinen Regeln des Maklerrechts. Mit den einschränkenden Bestimmungen in § 296 SGB III bezweckte der Gesetzgeber den **Schutz der Arbeitsuchenden vor der Ausnutzung persönlicher und wirtschaftlicher Notlagen und ihrer Unerfahrenheit**.[283] Diese befinden sich in aller Regel gegenüber den Arbeitsvermittlern in einer schwächeren Verhandlungsposition als die Arbeitgeber. Zu diesen einschränkenden Regelungen zählen das Schriftformerfordernis (§ 296 Abs. 1 S. 1 und 2 SGB III).[284] Auch die Regelung, wonach die vereinbarte Vergütung des Vermittlers einschließlich der auf sie entfallenden Umsatzsteuer die in § 45 Abs. 6 SGB III für den Aktivierungs- und Vermittlungsgutschein der Agentur für Arbeit genannten Beträge nicht übersteigen darf (§ 296 Abs. 3 SGB III), ist diesem Zweck geschuldet. Dadurch sollen auch Arbeitsuchende, die keinen Anspruch auf einen Aktivierungs- und Vermittlungsgutschein haben, vor ungerechtfertigter Inanspruchnahme geschützt werden.[285] Die Fassung des § 296 Abs. 3 SGB III wurde seitdem laufend mit den nahezu jährlichen Änderungen des § 421 g Abs. 2 SGB III aF (neu: § 45 Abs. 6 SGB III) abgestimmt.[286]

184

aa) Schriftformerfordernis

Der Vertrag zwischen Arbeitsuchendem und dem privaten Arbeitsvermittler bedarf der Schriftform.[287] Der Vertragsinhalt ist dem Arbeitsuchenden durch den Vermittler in Textform (§ 126 b BGB) mitzuteilen (§ 296 Abs. 1 S. 4 SGB III).[288] In dem Vertrag ist insbesondere die Vergütung des Vermittlers anzugeben (§ 296 Abs. 1 S. 2 SGB III).[289] Der schriftliche Vermittlungsvertrag muss außerdem zwingend bereits vor einer Vermittlung vorliegen, wenn ein Vermittlungsgutschein eingelöst werden soll.[290] Es reicht nicht aus, dass der Vermittlungsvertrag irgendwann später schriftlich fixiert wird.

185

bb) Verbot von Vorschüssen

Die Erfolgsabhängigkeit des Vergütungsanspruchs gilt auch hier und wird noch dahingehend verschärft, dass nur die **Abschlussvermittlung** zulässig ist. Der Vermittler darf diesen Grundsatz nicht durch Vorschussforderungen unterlaufen (§ 296 Abs. 2 S. 2 SGB III) und vorbereitende Maßnahmen nicht gesondert in Rechnung stellen.

186

cc) Stundung der Vergütung bei Aktivierungs- und Vermittlungsgutschein

Nach § 296 Abs. 4 S. 2 SGB III ist ein Vergütungsanspruch nach Vorlage des Aktivierungs- und Vermittlungsgutscheins bis zu dem Zeitpunkt gestundet, in dem die

187

---

[283] BT-Drs. 14/8546, 6.
[284] Gagel/*Fuchs* SGB III § 296 Rn. 2; BT-Drs. 14/8546, 7.
[285] BT-Drs. 14/8546, 6 f.
[286] BGH 18. 3. 2010 – III ZR 254/09, NJW 2010, 3222.
[287] Zur Schriftform Palandt/*Ellenberger* BGB § 126 Rn. 8 ff.
[288] Gagel/*Fuchs* SGB III § 296 Rn. 3.
[289] Küttner/*Röller*, Personalbuch, Arbeitsvermittlung (private) Rn. 4; Gagel/*Fuchs* SGB III § 296 Rn. 2 f.
[290] Gagel/*Fuchs* SGB III § 296 Rn. 5.

Agentur für Arbeit nach Maßgabe des § 421g SGB III aF (neu: § 45 SGB III) gezahlt hat.[291] Die Pflicht des Auftraggebers aus dem Maklervertrag zur Zahlung der vertragsgemäßen und gesetzlich zulässigen Vergütung trifft damit im Ergebnis vorerst nicht den Arbeitsuchenden, sondern grundsätzlich die Agentur für Arbeit. Ihre Zahlungspflicht entfällt trotz erfolgreicher Vermittlung und Vorliegen eines Vermittlungsgutscheins ausnahmsweise nach § 421g Abs. 3 SGB III aF bzw. seit dem 1. 4. 2012 nach § 45 Abs. 6 S. 6 SGB III.

188 Von besonderer praktischer Relevanz sind Nr. 2 und 3 des § 421g Abs. 3 SGB III (ebenso § 45 Abs. 6 S. 6 Nr. 1 und 2 SGB III), wenn die Einstellung bei einem Arbeitgeber erfolgt ist, bei dem der Arbeitslose im letzten Jahr vor der Arbeitslosmeldung mindestens drei Monate lang versicherungspflichtig beschäftigt war, oder wenn das Beschäftigungsverhältnis von vornherein auf eine Dauer von weniger als drei Monaten begrenzt ist.[292] Den Vergütungsanspruch gegen den Arbeitnehmer lässt § 421g Abs. 3 SGB III aF (neu: § 45 Abs. 6 S. 6 SGB III) zwar unberührt, jedoch greift auch hier – wie bei völligem Fehlen eines Vermittlungsgutscheins – die (zivil-)richterliche Angemessenheitskontrolle nach § 655 BGB iVm § 296 Abs. 2 S. 2 SGB III.

189 **Zivilrechtliche Klagen des Vermittlers** gegen den Arbeitnehmer mit Vermittlungsgutschein sind zwar zulässig, jedoch regelmäßig wegen § 296 Abs. 4 S. 2 SGB III unbegründet.[293] Die als Schutznorm zu Gunsten des Arbeitnehmers konzipierte Regelung kann nur so verstanden werden, dass der Vergütungsanspruch des Maklers gegen den Arbeitnehmer auf Dauer gestundet ist und auch dann vom Makler gegenüber dem Arbeitnehmer nicht geltend gemacht werden kann, wenn dessen Anspruch im Gerichtsverfahren verneint wird.[294] Das „Vermittlungsgutscheinverfahren" tritt nämlich nur an die Stelle der ansonsten kostenfreien Vermittlung durch die Beklagte selbst. Dann aber kann das Zahlungsrisiko nicht auf den Arbeitnehmer/Arbeitslosen verlagert werden. Der Vermittlungsgutschein soll ihn davon gerade befreien.[295]

dd) Nachweis für Vermittlungserfolg

190 Der Nachweis der **Gelegenheit zum Abschluss eines Vertrags** besteht in einer Mitteilung des Maklers an seinen Auftraggeber, durch den dieser in die Lage versetzt wird, in konkrete Verhandlungen über den von ihm angestrebten Hauptvertrag einzutreten.[296] Vermittlung liegt demgegenüber erst dann vor, wenn der Makler bewusst und aktiv auf die Willensentschließung des Vertragspartners des Auftraggebers einwirkt, um dessen Bereitschaft zum Abschluss des Hauptvertrags zu fördern. Beide Parteien treffen die allgemeinen Nebenpflichten, insbesondere Sorgfalts-, Vertraulichkeits- und Aufklärungspflichten.[297]

191 Die (gesteigerte) Erfolgsabhängigkeit des Vergütungsanspruchs dürfte bei der Beurteilung der in der Praxis häufigen Fälle der rechtlichen und/oder wirtschaftlichen Verflechtung zwischen Vermittler und Arbeitgeber eine Rolle spielen.[298] Eine den Provisionsanspruch auslösende Arbeitsvermittlung setzt voraus, dass der Makler auf die

---

[291] Gagel/*Peters-Lange* SGB III § 421g Rn. 30.
[292] LSG Berlin-Brandenburg 19. 4. 2012 – L 28 AS 719/11.
[293] *Kühl/Breitkreuz* NZS 2004, 568 (570).
[294] BSG 6. 4. 2006 – B 7a AL 56/05 R, NJW 2007, 1902.
[295] BSG 6. 4. 2006 – B 7a AL 56/05 R, NJW 2007, 1902.
[296] BGH 15. 4. 2010 – III ZR 153/09, NJW-RR 2010, 1385.
[297] *Kühl/Breitkreuz* NZS 2004, 568 (569).
[298] SG Stralsund 21. 8. 2003 – S 4 AL 36/03.

V. Durchführung zwischen Vermittler und Arbeitsuchendem

Willensentschließung des Arbeitgebers einwirkt, was erfordert, dass weder eine rechtliche noch eine wirtschaftliche Verflechtung mit diesem vorliegt.[299]

Das Maklerrecht des BGB ist weitgehend dispositiv, insbesondere kann das Erfordernis einer Kausalität der Maklerleistung für den Vertragschluss unter bestimmten Voraussetzungen abbedungen werden.[300] Ein Alleinauftrag, dh die Verpflichtung des auftraggebenden Arbeitsuchenden, keinen weiteren Makler zu beauftragen, ist nach § 297 Nr. 4 SGB III grundsätzlich unzulässig.[301] **192**

ee) Unwirksamkeit von Vereinbarungen

Den Interessen des Arbeitsuchenden trägt das Gesetz in Vorschriften und den Tatbeständen, die zur Unwirksamkeit der Vereinbarung führen, Rechnung. Zum Schutz des Arbeitsuchenden nennt § 297 SGB III verschiedene Gründe, aus denen die Unwirksamkeit des Vermittlungsvertrags folgt. Danach sind Vereinbarungen zwischen Vermittler und Arbeitsuchenden unwirksam, wenn **193**
– die Höchstgrenzen der Vergütung überschritten werden oder die Schriftform des Vertrags nicht eingehalten wurde (Nr. 1),
– Vereinbarungen zwischen einem Vermittler und einem Ausbildungsuchenden über die Zahlung einer Vergütung (Nr. 2),
– Vereinbarungen zwischen einem Vermittler und einem Arbeitgeber, wenn der Vermittler eine Vergütung mit einem Ausbildungsuchenden vereinbart oder von diesem entgegennimmt, obwohl dies nicht zulässig ist (Nr. 3) oder
– Vereinbarungen, die sicherstellen sollen, dass ein Arbeitgeber oder ein Ausbildungsuchender sich ausschließlich eines bestimmten Vermittlers bedient (Nr. 4).

Letzteres bedeutet, dass sog. **Exklusivverträge,** die verhindern, dass weitere Arbeitsvermittler eingeschaltet werden, unwirksam sind. Bei § 297 SGB III handelt es sich um eine spezielle Regelung zur Unwirksamkeit von Vermittlungsverträgen. Sie bezweckt den Schutz der Arbeitsuchenden vor Übervorteilung und erleichtert es, Vergütungen zurückzufordern, die entgegen den genannten Bestimmungen geleistet wurden.[302] Die Regelung ist allerdings nicht abschließend, so dass daneben auch die allgemeinen Regelungen der §§ 134, 138 BGB Anwendung finden.[303] **194**

2. Besonderheiten des Vermittlungsvertrags mit Aktivierungs- und Vermittlungsgutschein

a) Rechtsbeziehung zwischen Arbeitsuchendem und Agentur für Arbeit

Die Rechtsbeziehung zwischen dem Arbeitsuchenden und der Agentur für Arbeit ist **öffentlich-rechtlich**.[304] Der Arbeitsuchende macht, wenn er die Ausstellung eines Aktivierungs- und Vermittlungsgutscheins beansprucht, einen allein gegen einen Hoheitsträger gerichteten Sozialleistungsanspruch geltend, dessen Voraussetzungen und Inhalt im SGB III geregelt sind. Zudem ist der Anspruch schon angesichts § 19 Abs. 1 Nr. 2 SGB I und § 35 Abs. 1 S. 1 SGB III in das insgesamt öffentlich-rechtliche Verhältnis zwischen Arbeitsuchendem und Agentur für Arbeit eingebettet. **195**

---

[299] OLG Düsseldorf 26. 6. 1992 – 7 U 193/91.
[300] OLG München 2. 12. 1992 – 3 U 3073/92.
[301] Gagel/*Fuchs* SGB III § 297 Rn. 6.
[302] BT-Drs. 14/8546, 6; BGH 18. 3. 2010 – III ZR 254/09, NJW 2010, 3222.
[303] Küttner/*Röller,* Personalbuch, Arbeitsvermittlung (private) Rn. 9.
[304] *Kühl/Breitkreuz* NZS 2004, 568 (570).

D. Personalberatung, Arbeits- und Personalvermittlung

196 Bei dem Aktivierungs- und Vermittlungsgutschein handelt es sich um einen **Verwaltungsakt** iSd § 31 S. 1 SGB X.[305] Der Anspruch auf Erteilung eines Aktivierungs- und Vermittlungsgutscheins gem. § 45 SGB III ist im Wege der Verpflichtungsklage (§ 54 Abs. 1 S. 1 2. Alt. SGG) geltend zu machen. Mit dem Aktivierungs- und Vermittlungsgutschein verpflichtet sich die Agentur für Arbeit, den Vergütungsanspruch eines vom Arbeitnehmer eingeschalteten Vermittlers, der den Arbeitnehmer in eine sozialversicherungspflichtige Beschäftigung mit einer Arbeitszeit von mindestens 15 Stunden wöchentlich vermittelt hat, zu erfüllen (§ 45 SGB III). Durch die Erteilung des Aktivierungs- und Vermittlungsgutscheins setzt die Agentur für Arbeit damit eine Rechtsfolge, sie begründet die genannte Verpflichtung. Diese Maßnahme ist auch einseitig, mithin hoheitlich, insbesondere schließt die Agentur für Arbeit mit dem Arbeitsuchenden keinen öffentlich-rechtlichen Vertrag sondern sie gewährt im Bereich Arbeitsvermittlung eine Sozialleistung iSd § 11 SGB I. Aus ähnlichen Gründen kann der Qualifizierung des Aktivierungs- und Vermittlungsgutscheins als öffentlich-rechtlich iSd § 31 S. 1 SGB X auch nicht unter Berufung auf Zuordnungstheorie und Rechtsnatur des Vermittlungsvertrags entgegengehalten werden, die Agentur für Arbeit nähme eine Art Schuldbeitritt[306] vor, zu dem auch ein Privater in der Lage sei, und handele nicht auf dem Gebiet des öffentlichen Rechts. Denn der Aktivierungs- und Vermittlungsgutschein darf vorrangig nicht von seinen Rechtsfolgen für den Vermittler betracht werden, sondern ist in erster Linie eine Form der Arbeitsvermittlung und somit eine Sozialleistung gegenüber dem Arbeitsuchenden. Dies bestätigt § 19 Abs. 1 Nr. 2 SGB I, wonach Arbeitsvermittlung zu den Leistungen der Arbeitsförderung gehört, ohne dass zwischen eigener Arbeitsvermittlung durch die Agentur für Arbeit und Förderung der Vermittlung durch Dritte differenziert wird.

b) Rechtsbeziehungen zwischen Personalvermittler und Agentur für Arbeit

aa) Rechtliche Einordnung der Rechtsbeziehung

197 Die Rechtsbeziehungen zwischen dem privaten Arbeitsvermittler und der Agentur für Arbeit werden in der Literatur und Rechtsprechung kontrovers diskutiert.[307] Teilweise wird vertreten, der Vermittler erwerbe durch die Ausstellung des Aktivierungs- und Vermittlungsgutscheins keine eigenen Ansprüche gegen die Agentur für Arbeit. Nur der Auftraggeber, nicht der Vermittler habe aufgrund der im Aktivierungs- und Vermittlungsgutschein verlautbarten öffentlich-rechtlichen Erklärung bei Vorliegen der im Gesetz genannten Voraussetzungen einen Anspruch auf Zahlung des vom Arbeitnehmer geschuldeten Vermittlungshonorars. Der Arbeitnehmer seinerseits habe allerdings keinen Anspruch auf Zahlung an sich selbst, sondern nur auf Zahlung an den Vermittler. Ferner wird auch der Weg des öffentlich-rechtlichen Schuldbeitritts vorgeschlagen.

198 Die herrschende Meinung[308] bejaht dagegen einen **öffentlich-rechtlichen Anspruch des privaten Arbeitsvermittlers gegen die Agentur für Arbeit.** Aus dem Wortlaut des § 421g Abs. 2 S. 4 SGB III aF (neu: § 45 SGB III) folge ein eigener sozialrechtlicher Anspruch des Vermittlers auf Zahlung der Vergütung an ihn. Sodann ist zu

---

[305] *Kühl/Breitkreuz* NZS 2004, 568 (570).
[306] Zum Schuldbeitritt Palandt/*Grüneberg* BGB Überbl. vor § 414 Rn. 2; Palandt/*Sprau* BGB Einf. vor § 765 Rn. 15.
[307] Gagel/*Peters-Lange* SGB III § 421g Rn. 21; *Kühl/Breitkreuz* NZS 2004, 568 (571).
[308] BSG 6. 4. 2006 – B 7a AL 56/05 R, NJW 2007, 1902; Gagel/*Peters-Lange* SGB III § 421g Rn. 21; *Rixen* NZS 2002, 466 (472).

V. Durchführung zwischen Vermittler und Arbeitsuchendem

beachten, dass der Arbeitsuchende von der Agentur für Arbeit zwar die Erteilung des Aktivierungs- und Vermittlungsgutscheins, sonst aber nichts, insbesondere keine Freistellung vom Vergütungsanspruch des Vermittlers beanspruchen kann. Zugleich aber kann der Vermittler im Anwendungsbereich von § 421g SGB III aF bzw. § 45 SGB III vom Arbeitslosen vorerst keine Vergütung verlangen, denn die in § 296 Abs. 4 S. 2 SGB III normierte Stundung bringt zwar den Anspruch gegen den Arbeitsuchenden nicht zum Erlöschen, ordnet jedoch ein Rangverhältnis der Schuldner an. Dies lässt allein den Schluss zu, dass der Vermittler einen Vergütungsanspruch unmittelbar gegen die Agentur für Arbeit hat.[309] Dieses rechtslogisch gebotene Ergebnis wird durch den Wortlaut des § 421g Abs. 2 S. 4 SGB III aF bestätigt, wonach die Leistung unmittelbar an den Vermittler gezahlt wird. Der Konstruktion eines öffentlich-rechtlichen Schuldbeitritts bedarf es nicht. Allerdings handelt es sich bei der Zahlung der Vermittlungsvergütung unmittelbar an den Vermittler nicht um eine Sozialleistung, denn letztendlich macht der Vermittler eine Vergütung aus wirtschaftlicher Betätigung geltend.

Die Rechtsbeziehung zwischen privatem Arbeitsvermittler und der Agentur für Arbeit ist **öffentlich-rechtlich**, so dass Ansprüche gem. § 51 Abs. 1 Nr. 4 SGG vor den Gerichten der Sozialgerichtsbarkeit geltend zu machen sind.[310] Die Normen, auf die sich der Arbeitsvermittler bei der Geltendmachung von Ansprüchen gegen die Agentur für Arbeit möglicherweise stützen kann, sind Normen des SGB III, die insoweit ausschließlich einen Hoheitsträger verpflichten und mithin öffentlich-rechtlich sind. Der Umstand, dass es sich bei dem Vertrag zwischen dem Vermittler und seinem Auftraggeber um einen privatrechtlichen Vertrag handelt, ist für die Beurteilung der Rechtsbeziehung zwischen dem Vermittler und der Agentur für Arbeit irrelevant. Entsprechende gerichtliche Verfahren sind kostenpflichtig gem. § 197a SGG.[311] 199

bb) Einwendungen aus dem Vertragsverhältnis

Der **Anspruch des Vermittlers** gegen die Agentur für Arbeit ist zugleich auf den Vergütungsanspruch begrenzt, es kommt insbesondere nicht zu einem völligen Eintritt der Agentur für Arbeit in die Rechtsstellung des Arbeitsuchenden. Nebenpflichten des Maklervertrags (und Schadenersatzansprüche bei ihrer Verletzung) bestehen allein zwischen Arbeitsuchendem und Vermittler. Umgekehrt kann die Agentur für Arbeit dem Vermittler originäre Einwendungen oder Einreden aus dem Verhältnis zwischen Auftraggeber und Vermittler entgegenhalten, soweit der Auftraggeber hierdurch nicht benachteiligt wird. 200

Ausgeschlossen ist demnach die Aufrechnung mit einem Anspruch des Arbeitsuchenden gegen den Vermittler, da sie den Anspruch des Arbeitsuchenden zum Erlöschen bringt und der Arbeitsuchende durch die (von § 421g SGB III aF bzw. § 45 SGB III nicht nur geduldete, sondern gerade intendierte) Einschaltung Privater in die Arbeitsvermittlung nicht schlechter gestellt werden darf. 201

Somit kann der Arbeitsuchende von der Agentur für Arbeit die Erteilung eines Aktivierungs- und Vermittlungsgutscheines, bei erfolgreicher Vermittlung der Vermittler von der Agentur für Arbeit **Vergütung beanspruchen.** Ein Vergütungsanspruch des Vermittlers gegenüber dem Arbeitnehmer besteht nur, wenn kein Aktivierungs- und Vermittlungsgutschein erteilt wurde; durch Modifikationen des allgemeinen Maklerrechts ist der Arbeitnehmer auch in diesem Fall hinreichend geschützt. Die Ansprüche 202

---

[309] *Kühl/Breitkreuz* NZS 2004, 568 (571).
[310] *Kühl/Breitkreuz* NZS 2004, 568 (571).
[311] *Kühl/Breitkreuz* NZS 2004, 568 (571).

D. Personalberatung, Arbeits- und Personalvermittlung

sowohl des Arbeitsuchenden als auch des Vermittlers gegenüber der Agentur für Arbeit sind öffentlich-rechtlicher, der Vermittlungsvertrag privatrechtlicher Natur. Auch angesichts der Abkehr vom (präventiven) Verbot der Arbeitsvermittlung, verbunden mit der Hoffnung nach belebender Konkurrenz auf dem Arbeitsmarkt, ist der Arbeitsuchende nach wie vor hinreichend geschützt.

cc) Exkurs: Keine Förderung der Vermittlung im Prostitutionsbereich

203 Das *Bundessozialgericht* (BSG)[312] hat inzwischen klargestellt, dass ein Betreiber eines Bordells keinen Anspruch darauf hat, dass die Bundesagentur für Arbeit Prostituierte in seinen Betrieb vermittelt. Eine gegen dieses Urteil erhobene Verfassungsbeschwerde wurde nicht zur Entscheidung angenommen.[313] Die Förderung des Zustandekommens von Arbeits- bzw. Beschäftigungsverhältnissen im Bereich der Prostitution ist weder mit den Zielsetzungen des SGB III noch der Wertordnung des Grundgesetzes vereinbar. Auch das Inkrafttreten des Prostitutionsgesetzes (ProstG) am 1. 1. 2002[314] ändere daran nicht. Mit diesem Gesetz werde lediglich klargestellt, dass Prostituierte nach Erbringung ihrer Leistung einen Anspruch auf Entgelt haben, ohne dass dies als Verstoß gegen die guten Sitten iSd § 138 BGB gewertet würde.[315] Gegenstand dieses Gesetzes sei also der Schutz Prostituierter, nicht aber Rechtsansprüche von Kunden und Bordellbetreibern gegen die Prostituierten.[316] Aus den Gesetzesmaterialien folgt insbesondere nicht, dass der Gesetzgeber die Beschäftigung Prostituierter umfassend legalisieren wollte, Vor allem sollte die Vermittlungstätigkeit der Bundesagentur für Arbeit nicht für diesen Bereich eröffnet werden. Speziell im Recht der Arbeitslosenversicherung werde die Versicherungs- und Beitragspflicht von der Leistungspflicht unterschieden, wozu auch die Vermittlung zähle. Die Bejahung der Beitragspflicht ziehe daher nicht zwangsläufig die Bejahung der Leistungspflicht nach sich.[317]

204 Unter Beachtung der vom BSG dargelegten Wertungen dürften auch andere Leistungen an Arbeitgeber iSd § 3 Abs. 2 SGB III, insbesondere Vergütungen aus Vermittlungsgutscheinen, für den Prostitutionsbereich ausgeschlossen sein. Es dürfte nur schwerlich vorstellbar sein, dass die Bundesagentur für Arbeit über Vermittlungsgutscheine die vermittelnde Tätigkeit Dritter in Bereichen zu fördern hat, die ihrer eigenen Vermittlung nach der verfassungsrechtlichen Wertordnung verschlossen sind.[318]

c) Rechtliche Einordnung der Vermittlung mit Aktivierungs- und Vermittlungsgutschein

205 Bei den Regelungen des SGB III, die die – privatrechtlichen – Rechtsbeziehungen zwischen Arbeitsuchendem und Arbeitsvermittler ergänzen, handelt es sich um keine öffentlich-rechtliche, sondern ebenfalls um privatrechtliche Normen. Diese modifizieren und präzisieren das allgemeine Maklerrecht in Bezug auf Arbeitsvermittlungsverträge.[319] Denn durch die Regelungen des SGB III wird im Sinne der modifizierten Subjekts- oder Zuordnungstheorie kein Hoheitsträger ausschließlich berechtigt oder verpflichtet. Vielmehr sind (beide) Normadressaten Privatpersonen. Das allgemeine

---

[312] BSG 6. 5. 2009 – B 11 AL 11/08 R, NJW 2010, 1627.
[313] BVerfG 7. 4. 2010 – 1 BvR 434/10.
[314] Gesetz zur Regelung der Rechtsverhältnisse der Prostituierten vom 20. 12. 2001, BGBl. I 3983.
[315] BT-Drs. 14/5958, 4 ff.
[316] BSG 6. 5. 2009 – B 11 AL 11/08 R, NJW 2010, 1627.
[317] BSG 6. 5. 2009 – B 11 AL 11/08 R, NJW 2010, 1627.
[318] *Wehrhahn* jurisPR-SozR 11/2010, Anm. 2.
[319] *Kühl/Breitkreuz* NZS 2004, 568 (569).

V. Durchführung zwischen Vermittler und Arbeitsuchendem

Maklerrecht wird jedoch durch §§ 296, 297 SGB III so stark modifiziert, dass der **privatrechtliche Charakter der Rechtsbeziehung** zwischen Arbeitslosem und Arbeitsvermittler zwar noch dogmatisch richtig, praktisch aber jedenfalls hinsichtlich der Maklervergütung nur noch in Ausnahmefällen relevant ist.

Die Ansprüche aus einem Aktivierungs- und Vermittlungsgutschein bestimmen sich nach § 421g SGB III aF bzw. § 45 SGB III. Diese Regelungen setzen dem Grunde nach ausdrücklich einen Vergütungsanspruch des vom Arbeitnehmer eingeschalteten Vermittlers gegen den Arbeitnehmer voraus. Dieser Vergütungsanspruch kann sich seinerseits nur aus einem zivilrechtlichen Vertrag ergeben, dessen Wirksamkeit und nähere Ausgestaltung sich zwar nach den Vorschriften des BGB richtet, die aber von öffentlich-rechtlichen Normen, insbesondere denen des § 296 SGB III, überlagert sind.[320] Der Vermittlungsmakler kann an Stelle des privatrechtlichen Vermittlungshonorars nur einen öffentlich-rechtlichen Zahlungsanspruch gegen die Bundesagentur für Arbeit geltend machen, die „den Vergütungsanspruch des vom Arbeitnehmer eingeschalteten Vermittlers zu erfüllen" hat (§ 421g Abs. 1 S. 2 SGB III aF).[321] Wenn mithin einerseits der Vermittlungsmakler seinen privatrechtlichen Anspruch gegen den Vermittelten nicht durchsetzen kann, andererseits an die Stelle dieses privatrechtlichen Anspruchs eine Verpflichtung der Bundesagentur für Arbeit zur unmittelbaren Zahlung an den Vermittlungsmakler tritt, lässt dies nur den Schluss zu, dass der Vermittler selbst Inhaber eines öffentlich-rechtlichen gesetzlichen Zahlungsanspruchs werden muss.[322] Es bedarf dabei nicht der Konstruktion eines öffentlich-rechtlichen Freistellungsanspruchs des Arbeitnehmers gegenüber der Bundesagentur für Arbeit, den der Arbeitnehmer an den Vermittlungsmakler mit der Rechtsfolge abtritt, dass sich der Freistellungsanspruch mit der Abtretung in einen Zahlungsanspruch umwandelt. Diese Konstruktion entspricht bereits nicht den tatsächlichen Gegebenheiten im Rahmen der vertraglichen Beziehungen. Das Gleiche gilt für die Konstruktion eines (privat- oder öffentlich-rechtlichen) vertraglichen (kumulativen) Schuldbeitritts bzw. einer ersetzenden (privativen) Schuldübernahme (§§ 414ff. BGB).[323]

206

Der Vermittler ist Inhaber eines **öffentlich-rechtlichen Zahlungsanspruchs**. Es bedarf weder der Konstruktion eines öffentlich-rechtlichen Freistellungsanspruchs, eines Schuldbeitritts, einer Schuldübernahme oder einer Zusicherung. Aufgrund des öffentlich-rechtlichen Zahlungsanspruchs des Vermittlers ist der Rechtsweg zu den Gerichten der Sozialgerichtsbarkeit gem. § 51 Abs. 1 Nr. 4 SGG eröffnet. Wegen der Abhängigkeit der Vergütungsansprüche des privaten Vermittlers gegenüber der Bundesagentur für Arbeit mit ihren Vermittlungsmakleransprüchen gegen die Arbeitnehmer ist eine Entscheidung im sozialgerichtlichen Verfahren nur einheitlich möglich, so dass die Arbeitnehmer bzw. Vermittelten notwendig beizuladen sind (§ 75 Abs. 2 SGG). Der Vermittler ist kein Leistungsempfänger im Sinne des § 183 SGG, so dass Kostenpflichtigkeit nach § 197a SGG besteht. Bei dem Vermittlungshonorar handelt es sich nicht um eine Leistung, sondern um eine Vergütung aus wirtschaftlicher Betätigung, selbst wenn man sie nach der Systematik des SGB III in einem weiteren Sinne als Leistung an einen Träger verstehen könnte.[324]

207

---

[320] *Rixen* NZS 2002, 466 (469); *Kühl/Breitkreuz* NZS 2004, 568 (569).
[321] BSG 6. 4. 2006 – B 7a AL 56/05 R, NJW 2007, 1902.
[322] *Kühl/Breitkreuz* NZS 2004, 568 (571); *Rixen* NZS 2002, 466 (472).
[323] BSG 6. 4. 2006 – B 7a AL 56/05 R, NJW 2007, 1902.
[324] BSG 6. 4. 2006 – B 7a AL 56/05 R, NJW 2007, 1902.

d) Voraussetzungen für Anspruch auf Aktivierungs- und Vermittlungsgutschein

208 Arbeitnehmer haben gem. § 45 SGB III (alt: § 421g SGB III aF) Anspruch auf einen Aktivierungs- und Vermittlungsgutschein von der örtlichen Arbeitsagentur, wenn sie **Anspruch auf Arbeitslosengeld** haben, dessen Dauer nicht allein auf § 147 Abs. 3 SGB III beruht und die nach einer Arbeitslosigkeit von sechs Wochen (alt: zwei Monaten) innerhalb einer Frist von drei Monaten noch nicht vermittelt sind oder die eine Beschäftigung ausüben, die als Arbeitsbeschaffungsmaßnahme[325] gefördert wird oder wurde.[326]

209 Mit einem Aktivierungs- und Vermittlungsgutschein kann der Arbeitslose bzw. Arbeitnehmer im Rahmen seiner Eigenbemühungen bei einer Kostenübernahme durch die Bundesagentur für Arbeit einen privaten **Arbeitsvermittler seiner Wahl** einschalten. Ab dem **1. 1. 2013** muss der private Arbeitsvermittler eine **AZAV-Zertifizierung** haben. Der private Arbeitsvermittler schließt mit dem Arbeitsuchenden einen schriftlichen Vermittlungsvertrag, aus dem auch die Vergütung für die erfolgreiche Stellenvermittlung hervorgeht. Als Vergütung ist maximal der im Aktivierungs- und Vermittlungsgutschein genannte Betrag erlaubt. Bei erfolgreicher Vermittlung und Erfüllung der formalen Voraussetzungen für die Einlösung des Gutscheines durch die Arbeitsagentur wird der Aktivierungs- und Vermittlungsgutschein direkt von der Arbeitsagentur an den privaten Vermittler ausgezahlt.

e) Vergütungshöchstgrenze des Aktivierungs- und Vermittlungsgutscheins

210 Die Höhe der Vergütung, die der Vermittler vom Arbeitsuchenden verlangen kann, ist durch § 296 Abs. 3 SGB III auf den in § 421g Abs. 2 SGB III aF bzw. § 45 Abs. 6 SGB III genannten Betrag begrenzt. Einschließlich Umsatzsteuer darf die Vergütung deshalb den Betrag iHv 2.000,– EUR nicht überschreiten, bei Langzeitarbeitslosen[327] beträgt die Obergrenze 2.500,– EUR (1.680,67 EUR netto). Für die Vermittlung in Au-pair-Verhältnisse beträgt die maximale Vergütung 150,– EUR (§ 296 Abs. 3 S. 3 SGB III). Für Leistungen zur Ausbildungsvermittlung dürfen nur vom Arbeitgeber Vergütungen verlangt und entgegengenommen werden (§ 296a SGB III).

211 Auf der Grundlage der §§ 296 Abs. 3 S. 1, 301 SGB III hat das Bundesministerium für Arbeit die **Vermittler-Vergütungsordnung**[328] erlassen, nach welcher mit dem Arbeitnehmer für die Vermittlung in eine Tätigkeit als Künstler, Artist, Fotomodell, Werbetyp, Mannequin und Dressman, Doppelgänger, Stuntman, Discjockey oder Berufssportler Vergütungen vereinbart werden dürfen, die sich nach dem ihm zustehenden Arbeitsentgelt bemessen. Die Vergütung einschließlich der auf sie entfallenden Umsatzsteuer darf 14 Prozent des dem vermittelten Arbeitnehmer zustehenden Arbeitsentgelts nicht übersteigen (§ 2 Vermittler-Vergütungsordnung).[329]

212 Für die private Arbeitsvermittlung bestimmt § 296 Abs. 1 SGB III ausdrücklich, dass zu den **Leistungen der Vermittlung** auch alle Leistungen gehören, die zur Vorberei-

---

[325] Nach dem Gesetzeswortlaut besteht der Anspruch auch bei geförderten Strukturanpassungsmaßnahmen nach §§ 272 ff. SGB III aF, die jedoch im SGB III nicht mehr vorgesehen sind.
[326] Gagel/*Peters-Lange* SGB III § 421g Rn. 8 f.
[327] Vgl. § 18 SGB III.
[328] Verordnung über die Zulässigkeit der Vereinbarung von Vergütungen von privaten Vermittlern mit Angehörigen bestimmter Berufe und Personengruppen (Vermittler-Vergütungsordnung) vom 27. 6. 2002, BGBl. I 2439.
[329] Küttner/*Röller*, Personalbuch, Arbeitsvermittlung (private) Rn. 6.

V. Durchführung zwischen Vermittler und Arbeitsuchendem

tung und Durchführung der Vermittlung erforderlich sind. Die gesetzliche Regelung zum Vergütungsanspruch des Vermittlers ist abschließend. Der Schutzzweck des § 296 SGB III umfasst nicht nur den eigentlichen Maklerlohn des Vermittlers, sondern sämtliche Zahlungsansprüche aus dem Vermittlungsvertrag. Nach § 35 Abs. 1 SGB III umfasst die Vermittlungstätigkeit der Agentur für Arbeit alle Tätigkeiten, die darauf gerichtet sind, Ausbildungsuchende mit Arbeitgebern zur Begründung eines Ausbildungsverhältnisses und Arbeitsuchende mit Arbeitgebern zur Begründung eines Beschäftigungsverhältnisses zusammenzuführen. Der **Vergütungsbegriff** des § 296 SGB III ist in diesem Sinn weit auszulegen.[330] Nur so kann verhindert werden, dass Leistungen, die notwendigerweise Bestandteil der Vermittlungstätigkeit sind, aus dem Vermittlungsvertrag herausgelöst und gesondert vereinbart werden. Auch nach der Rechtsprechung des Bundessozialgerichts zur früheren Rechtslage (§ 24 Abs. 1 AFG bzw. § 296 SGB III aF) war der Vergütungsbegriff weit auszulegen und erstreckte sich nicht nur auf die Entlohnung im engeren Sinne, sondern auch das Verlangen zum Ersatz der durch die Vermittlung entgangenen Aufwendungen.[331] Um solche von der Vermittlungstätigkeit in diesem Sinne umfasste Tätigkeiten handelt es sich beispielsweise bei der Erstellung und Versendung von Bewerbungsunterlagen für Arbeitsuchende an potentielle Arbeitgeber. Die als Aufwandsentschädigung bezeichnete Vergütung für diese Leistung ist Teil des Vergütungsanspruchs nach § 296 Abs. 2 SGB III, der erfolgsabhängig ist.[332]

Neben der Vergütung kann der Vermittler **Auslagenersatz** verlangen, wenn dies mit dem Arbeitsuchenden vereinbart ist.[333] Soweit derartige Ansprüche in Allgemeinen Geschäftsbedingungen geregelt sind, sind die strengen Vorgaben der Gerichte, insbesondere bei Pauschalierungen, zu beachten.[334] 213

f) Fälligkeit der Vergütung

Der Anspruch auf die Vermittlungsvergütung ist erfolgsabhängig. Der Arbeitsuchende ist nur dann zur Zahlung verpflichtet, wenn infolge der Vermittlung der Arbeitsvertrag zustande gekommen ist. Der Vermittler darf keine **Vorschüsse** auf die Vergütungen verlangen oder entgegennehmen (§ 296 Abs. 2 SGB III). Der Vermittler ist verpflichtet, einen Aktivierungs- und Vermittlungsgutschein der Agentur für Arbeit zu den für die Zahlung genannten Bedingungen entgegenzunehmen. § 296 Abs. 4 SGB III bestimmt weiter, dass ein Arbeitsuchender, der dem Vermittler einen Aktivierungs- und Vermittlungsgutschein vorlegt, die Vergütung abweichend von § 266 BGB in Teilbeträgen zahlen kann. Zudem ist geregelt, dass die Vergütung im Falle der Einlösung des Aktivierungs- und Vermittlungsgutscheins bis zum Zeitpunkt der Zahlung durch die Agentur für Arbeit gestundet wird.[335] 214

In der Vergangenheit kam es häufig zu **Scheinvermittlungen** von Arbeitsuchenden mit Vermittlungsgutschein. Die erste Gutscheinrate in Höhe von 1.000,– EUR wurde bereits bei Antritt des Arbeitsverhältnisses fällig, welches jedoch nach wenigen Wochen von Seiten des in den Missbrauch involvierten Arbeitgebers wieder gekündigt wurde, um anschließend erneut Scheinvermittlungen vorzunehmen. Als Reaktion 215

---

[330] SG Berlin 4. 12. 2008 – S 22 AL 6030/08 ER.
[331] BSG 6. 4. 2000 – B 11/7 AL 50/99 R, NZS 2001, 46.
[332] SG Berlin 4. 12. 2008 – S 22 AL 6030/08 ER.
[333] Gagel/*Fuchs* SGB III § 296 Rn. 12; Küttner/*Röller*, Personalbuch, Arbeitsvermittlung (private) Rn. 8.
[334] BGH 28. 1. 1987 – IV a ZR 173/85, NJW 1987, 1634.
[335] Küttner/*Röller*, Personalbuch, Arbeitsvermittlung (private) Rn. 7.

darauf wird seit dem 1. 1. 2005[336] die erste Rate in Höhe von 1.000,– EUR nur ausgezahlt, wenn das Arbeitsverhältnis sechs Wochen überdauert hat, die zweite Rate in Höhe von 1.000,– EUR ist nach sechs Monaten, in der Regel also nach dem Ende der Probezeit, fällig.

g) Gültigkeit des Aktivierungs- und Vermittlungsgutscheins

216   Vermittlungsgutscheine nach § 421g Abs. 1 SGB III aF waren grundsätzlich drei Monate gültig. Die Rückdatierung des Vermittlungsgutscheins nach bereits erfolgter Arbeitsaufnahme ist unbeachtlich und unzulässig.[337] Nunmehr sieht § 45 Abs. 4 S. 2 SGB III die **Möglichkeit der zeitlichen Befristung und der regionalen Beschränkung** vor. Ein Vermittlungsgutschein durfte ursprünglich nur an Arbeitnehmer ausgeben werden, bei denen die Voraussetzungen nach § 421g Abs. 1 S. 1 SGB III aF bzw. § 45 Abs. 7 SGB III vorliegen. Sofern bei der Ausstellung des Vermittlungsgutscheins ein solcher Leistungsanspruch nicht (mehr) besteht, weil eine versicherungspflichtige Beschäftigung aufgenommen wurde, ist die zu den Anspruchsvoraussetzungen auf diese Leistungen gehörende Arbeitslosigkeit nach § 117 Abs. 1 Nr. 1 SGB III aF bzw. § 136 Abs. 1 Nr. 1 SGB III nicht gegeben. Die aktuelle Gesetzesfassung erlaubt die Ausgabe von Aktivierungs- und Vermittlungsgutscheinen auch an sonstige Arbeitsuchende. Der Anwendungsbereich ist also erheblich erweitert worden.

h) Nachgewiesene Vermittlungstätigkeit

217   Nach § 421g Abs. 1 S. 2 SGB III aF bzw. § 45 SGB III wird die Bundesagentur für Arbeit zur Erfüllung aus dem Vermittlungsgutschein nur verpflichtet, wenn ein vom Arbeitnehmer eingeschalteter Vermittler den Arbeitnehmer tatsächlich vermittelt hat.[338] Dabei hat die Einschaltung des Vermittlers durch den Arbeitnehmer gemäß § 296 Abs. 1 SGB III durch Abschluss eines entsprechenden eines Vertrags zwischen beiden zu erfolgen. Zwischen dem Arbeitsuchenden und dem Vermittler entsteht ein Rechtsverhältnis privatrechtlicher Natur, denn es werden ausschließlich Privatpersonen am Rechtverhältnis beteiligt.[339] Das bedeutet, dass die allgemeinen Grundsätze über das Zustandekommen von Verträgen gelten. Dazu gehört elementar der Wille, ein entsprechendes Rechtsgeschäft abschließen zu wollen. Weiß ein Beteiligter nicht, dass er einen Vertrag schließt, fehlt es am entsprechenden Erklärungswillen. Es kommt kein Vertrag zustande, selbst wenn er durch Unterschrift scheinbar einen solchen Willen dokumentiert.[340]

218   Durch die Verknüpfung der sich aus § 421g Abs. 2 S. 2 SGB III aF bzw. § 45 SGB III ergebenden Verpflichtung mit dem Vertragerfordernis nach § 296 SGB III, insbesondere der Schrift- und Textform, ergibt sich unmittelbar, dass ein Tätigwerden des Vermittlers vor Abschluss eines schriftlichen Vertrags keinen Vergütungsanspruch auslöst. Nach § 297 Nr. 1 SGB III sind demgemäß Vereinbarungen zwischen einem Vermittler und einem Arbeitsuchenden unwirksam, wenn die erforderliche Schriftform nicht eingehalten wird. Vor Abschluss des schriftlichen Arbeitsvermittlervertrags ist der Vermittler nicht durch den Arbeitsuchenden im Sinne von § 421g Abs. 1 S. 2 SGB III aF bzw. § 45 SGB III eingeschaltet.

---

[336] Gagel/*Peters-Lange* SGB III § 421g Rn. 23.
[337] SG Duisburg 7. 3. 2006 – S 12 (32) AL 151/04.
[338] SG Duisburg 7. 3. 2006 – S 12 (32) AL 121/04.
[339] Gagel/*Fuchs* SGB III § 296 Rn. 6.
[340] SG Duisburg 7. 3. 2006 – S 12 (32) AL 121/04.

V. Durchführung zwischen Vermittler und Arbeitsuchendem

Schlichte Anwesenheit des Vermittlers beim Vorstellungsgespräch bzw. bei Abschluss **219** des Arbeitsvertrags, bei dem zugleich der Vermittlervertrag unterschrieben wird, löst somit keinen Vergütungsanspruch aus dem Vermittlungsgutschein aus, selbst wenn der Vermittler dem Arbeitsuchenden zuvor die Arbeitsstelle nachgewiesen hat.[341]

Der Vergütungsanspruch aus einem Vermittlungsgutschein ist gem. § 421g Abs. 3 **220** Nr. 4 SGB III aF ausgeschlossen, wenn der Vermittler zwar ein Gewerbe der Personal- und Unternehmensberatung angemeldet, aber die gewerbliche Tätigkeit der Arbeitsvermittlung dem Gewerbeamt noch nicht gem. § 14 GewO angezeigt hat.[342]

i) Rechtslage nach Erteilung des Aktivierungs- und Vermittlungsgutscheins

Hat die Agentur für Arbeit den Aktivierungs- und Vermittlungsgutschein erteilt **221** und liegt eine erfolgreiche Arbeitsvermittlung iSd § 296 Abs. 2 S. 1 SGB III vor, kann der Arbeitnehmer von der Agentur für Arbeit nichts mehr verlangen. Wie bereits dargelegt ist der Vergütungsanspruch des Vermittlers bis zu dem Zeitpunkt gestundet, in dem die Agentur für Arbeit nach Maßgabe des § 421g SGB III aF bzw. § 45 SGB III zahlt. Ist die Agentur für Arbeit also bei Vorliegen aller Voraussetzungen und Fehlen von Einwendungen verpflichtet, die Vergütung unmittelbar an den Vermittler zu zahlen, kann der Vermittler vom Arbeitnehmer nichts verlangen. Der Arbeitnehmer kann von der Agentur für Arbeit auch keine Freistellung von einer Verpflichtung beanspruchen. Diese Freistellung hat er bereits mit der Erteilung des Vermittlungsgutscheines erreicht.[343]

Liegen trotz erfolgreicher Arbeitsvermittlung die Voraussetzungen für eine Zahlung **222** (zB gem. § 421g Abs. 3 SGB III aF) ausnahmsweise nicht vor, besteht **kein Freistellungsanspruch,** den der Arbeitnehmer erfolgreich geltend machen könnte. Ein Haftungsanspruch gegen die Agentur für Arbeit aufgrund von Fehlverhalten des Vermittlers steht ihm bereits deswegen nicht zu, weil er und nicht die Agentur den Vermittler ausgewählt und eingeschaltet hat. Praxisrelevant ist auch die Fallkonstellation, dass die Agentur für Arbeit die Zahlung wegen enger rechtlicher oder wirtschaftlicher Verflechtungen zwischen Vermittler und Arbeitgeber verweigert[344] und der Vermittler nunmehr (die Stundung nach § 296 Abs. 4 S. 2 SGB III greift nicht länger) den (ehemaligen) Arbeitsuchenden verklagt. Da dieser in einer solchen Situation – schon mangels Amtsermittlung – auf dem Zivilrechtsweg erheblich weniger geschützt ist als die Agentur für Arbeit gegenüber der Inanspruchnahme aus dem Vermittlungsgutschein, stellt sich die Frage, inwieweit sie den Arbeitsuchenden beraten und ihm entsprechende Informationen zur Verfügung stellen muss. Vor dem Hintergrund, dass das Gesetz mit der Liberalisierung der privaten Arbeitsvermittlung den Wunsch nach einer Belebung des Arbeitsmarktes verknüpft und eine private Arbeitsvermittlung intendiert, erscheint es nicht sachgerecht, den Arbeitnehmer in diesem Punkt (an dem sich eine Schattenseite privater Arbeitsvermittlung zeigt) allein zu lassen. Die Agentur für Arbeit hat ihm daher die wesentlichen tatsächlichen Eckpunkte ihrer Entscheidung mitzuteilen. In einem vorangehenden sozialgerichtlichen Verfahren erscheint eine Beiladung des Arbeitnehmers nach § 75 SGG sinnvoll.[345]

---

[341] SG Duisburg 7. 3. 2006 – S 12 (32) AL 121/04.
[342] LSG Nordrhein-Westfalen 31. 1. 2011 – L 20 AS 1057/10, BeckRS 2011, 69385; nachfolgend BSG 16. 2. 2012 – B 4 AS 77/11 R.
[343] *Kühl/Breitkreuz* NZS 2004, 568 (571).
[344] BSG 6. 4. 2006 – B 7a AL 56/05 R, NJW 2007, 1902.
[345] *Kühl/Breitkreuz* NZS 2004, 568 (571).

D. Personalberatung, Arbeits- und Personalvermittlung

223   Nach § 35 Abs. 1 S. 1 SGB III in der hier maßgebenden Fassung des Dritten Gesetzes für moderne Dienstleistungen am Arbeitsmarkt vom 23. 12. 2003[346] hat die Agentur für Arbeit Ausbildungsuchenden, Arbeitsuchenden und Arbeitgebern **Ausbildungsvermittlung und Arbeitsvermittlung** (Vermittlung) anzubieten. Die Vermittlung umfasst nach § 35 Abs. 1 S. 2 SGB III idF des Arbeitsförderungs-Reformgesetzes vom 24. 3. 1997[347] ua alle Tätigkeiten, die darauf gerichtet sind, Arbeitsuchende mit Arbeitgebern zur Begründung eines Beschäftigungsverhältnisses zusammenzuführen. Zu diesen Tätigkeiten gehören nicht nur die konkreten unmittelbaren Vermittlungsbemühungen, sondern bereits auch Vorbereitungshandlungen wie etwa die Entgegennahme von Arbeitsangeboten, Arbeitsgesuchen usw. Nach Abs. 2 S. 1 der Vorschrift hat die Agentur für Arbeit durch Vermittlung ua darauf hinzuwirken, dass Arbeitsuchende eine Arbeitsstelle und Arbeitgeber geeignete Arbeitnehmer erhalten. Daraus folgt zwar, dass derjenige, der Vermittlung durch die Agentur für Arbeit geltend macht, ein subjektiv-öffentliches Recht auf deren Tätigwerden hat. Letzteres ist durch die Rechtsprechung des BSG[348] bereits zu der Vorgängervorschrift des § 14 Abs. 1 AFG vom 25. 6. 1969[349] entschieden worden. In § 14 Abs. 1 S. 1 AFG war bestimmt, dass die Bundesanstalt für Arbeit darauf hinzuwirken habe, dass Arbeitsuchende Arbeit und Arbeitgeber die erforderlichen Arbeitskräfte erhalten. Daraus folgt nach der zitierten Rechtsprechung, dass derjenige, der die Arbeitsvermittlungsdienste der Bundesanstalt für Arbeit nachfragt, einen subjektiv-öffentlichen Anspruch auf deren Tätigwerden hat. Dieser Anspruch verwirklicht sich jedoch – so das BSG[350] weiter – nicht in der Form der Erfüllung eines Rechtsanspruchs auf eine nur allein richtige (gesetzmäßige) Handlung, sondern durch die der Bundesanstalt für Arbeit verbleibende Wahl der dafür geeigneten Maßnahme, ggf. unter mehreren je für sich ebenfalls gesetzmäßigen Möglichkeiten. Die Entscheidung über ein Vermittlungsbegehren erfolgt demgemäß durch Ausübung und im Rahmen eines durch das Gesetz eingeräumten Ermessens, wobei sich dieses Ermessen nicht nur auf die konkrete Art der Umsetzung eines Vermittlungsbegehrens, sondern auch darauf bezieht, ob eine Vermittlung überhaupt in Betracht kommt.[351] Denn auch dann, wenn aus § 35 Abs. 1 S. 1 SGB III ein subjektiv-öffentliches Recht auf Vermittlung dem Grunde nach folgt, liegt jedenfalls die Entscheidung über ein konkretes Vermittlungsbegehren einschließlich der Ablehnung eines konkreten Vermittlungswunsches im Rahmen eines durch das Gesetz eingeräumten Ermessens der Bundesanstalt für Arbeit.[352] Diese Rechtsprechung ist auf die Rechtslage unter Geltung des SGB III übertragbar.

3. Vergütungsabreden im Vermittlungsvertrag

a) AGB-Kontrolle

224   Die **Bestimmung der Vergütungshöhe** ist als solche der AGB-rechtlichen Überprüfung entzogen. Klauseln, die Art und Umfang der vertraglichen Hauptleistung und den dafür zu zahlenden Preis unmittelbar regeln (Leistungsbeschreibungen), unterlie-

---
[346] BGBl. I 2003, 2848.
[347] BGBl. I 1997, 594.
[348] BSG 25. 7. 1985 – 7 RAr 33/84, NZA 1986, 69.
[349] BGBl. I 1969, 582.
[350] BSG 25. 7. 1985 – 7 RAr 33/84, NZA 1986, 69.
[351] BSG 25. 7. 1985 – 7 RAr 33/84, NZA 1986, 69.
[352] BSG 6. 5. 2009 – B 11 AL 11/08 R, NJW 2010, 1627.

gen gemäß § 307 Abs. 3 S. 1 BGB nicht der Wirksamkeitskontrolle nach § 307 Abs. 1 und 2, §§ 308, 309 BGB.[353] Insofern gilt Abweichendes im Vergleich zu (Preisneben-) Bestimmungen, die sich zwar mittelbar auf die Vergütungspflicht auswirken, an deren Stelle aber bei Fehlen einer wirksamen vertraglichen Regelung dispositives Gesetzesrecht treten kann. Kontrollfähig können allein die **Regelungen zu den Vergütungsvoraussetzungen** sein.[354]

Daher begegnet es keinen Bedenken, wenn die geschuldete Vermittlungsvergütung unabhängig von der tatsächlichen Dauer des vermittelten, auf eine vertragliche Mindestbeschäftigungsdauer von drei Monaten[355] angelegten, Beschäftigungsverhältnisses bereits spätestens vier Wochen nach Beginn des Beschäftigungsverhältnisses zu entrichten ist.[356] Daraus ergibt sich keine unangemessene Benachteiligung des Auftraggebers entgegen den Geboten von Treu und Glauben im Sinne von § 307 Abs. 1 S. 1, Abs. 2 BGB. Eine solche setzt voraus, dass der Verwender durch eine einseitige Vertragsgestaltung missbräuchlich eigene Interessen auf Kosten seines Vertragspartners durchzusetzen versucht, ohne von vornherein auch dessen Belange hinreichend zu berücksichtigen und ihm einen angemessenen Ausgleich zuzugestehen.[357] Daher muss die Vergütungsregelung den Interessen beider Vertragsparteien unter gebotener Berücksichtigung des gesetzlichen Leitbildes hinreichend gerecht werden. 225

b) Vergütungsbeschränkung auf gesetzlichen Höchstbetrag

§ 296 Abs. 3 SGB III beschränkt den Vergütungsanspruch der Höhe nach auch für die Vermittlung derjenigen Arbeitsuchenden, die nicht die Voraussetzungen des § 421g SGB III aF bzw. § 45 SGB III erfüllen.[358] Dabei hat sich der Gesetzgeber von dem Gedanken leiten lassen, dass Arbeitsuchende grundsätzlich die Möglichkeit haben sollen, die Dienste eines privaten Vermittlers ohne einen eigenen finanziellen Beitrag in Anspruch zu nehmen.[359] Zudem schützt § 655 S. 1 BGB den Arbeitsuchenden wegen der Möglichkeit richterlicher Angemessenheitskontrolle.[360] Ein angerufenes Zivilgericht wird die Angemessenheit der Vergütung besonders kritisch prüfen, wenn die Tatbestände aus § 45 SGB III (§ 421g Abs. 3 SGB III aF) vorliegen. Auf den Ausschluss nach § 655 S. 2 BGB kann sich der Vermittler schon wegen § 296 Abs. 2 S. 2 SGB III nicht berufen. 226

c) Fälligkeitsabrede

Gem. § 652 Abs. 1 BGB wird der Maklerlohnanspruch fällig, wenn der vermittelte Hauptvertrag wirksam zustande kommt. Ob dieser Vertrag tatsächlich durchgeführt wird und wie lange ein vermitteltes (Dauerschuld-)Verhältnis andauert, ist grundsätzlich auf den Vergütungsanspruch des Maklers ohne Einfluss. 227

---

[353] BGH 24. 11. 1988 – III ZR 188/87, NJW 1989, 222; ferner BGH 6. 2. 1985 – VIII ZR 61/84, NJW 1985, 3013 mwN; 17. 10. 2007 – VIII ZR 251/06, NJW 2008, 214; Palandt/*Grüneberg* BGB § 307 Rn. 57, 60 mwN.
[354] BGH 18. 3. 2010 – III ZR 254/09, NJW 2010, 3222.
[355] LSG Berlin-Brandenburg 19. 4. 2012 – L 28 AS 719/11.
[356] BGH 18. 3. 2010 – III ZR 254/09, NJW 2010, 3222.
[357] Etwa BGH 17. 1. 2008 – III ZR 74/07, NJW 2008, 1064; 12. 2. 2009 – III ZR 179/08, NJW 2009, 1334; 17. 9. 2009 – III ZR 207/08, NJW 2010, 57.
[358] *Kühl/Breitkreuz* NZS 2004, 568 (570).
[359] Gagel/*Fuchs* SGB III § 296 Rn. 11.
[360] *Kühl/Breitkreuz* NZS 2004, 568 (570).

D. Personalberatung, Arbeits- und Personalvermittlung

aa) Beachtung der arbeitsrechtlichen Besonderheiten

228 Dieses Leitbild gilt im Ausgangspunkt auch für die private Arbeitsvermittlung, wie § 296 Abs. 2 SGB III klarstellt. Die allein auf ausgestellte Vermittlungsgutscheine abgestellte Zahlungsregelung des § 421g Abs. 2 S. 3 SGB III aF (ebenso nunmehr § 45 Abs. 6 SGB III) betrifft nur die Rechtsbeziehung zwischen der Agentur für Arbeit und dem Vermittler und hat für die Rechtsbeziehung zwischen dem Vermittler und dem Arbeitsuchenden keine Leitbildfunktion.[361]

229 Allerdings darf jedoch bei der rechtlichen Würdigung die gerade bei der Vermittlung von Dienst- und Arbeitsverträgen bestehende Besonderheit nicht außer Acht gelassen werden, dass der auftraggebende Arbeitsuchende häufig auf den im Erfolgsfalle erzielten Lohn nicht nur zur Bestreitung seines Lebensunterhalts, sondern auch zur Erfüllung der Provisionsforderung des Vermittlers angewiesen ist. Dieser Besonderheit müssen die vertraglichen Regelungen gerecht werden. Dies kann beispielsweise dadurch geschehen, dass die Fälligkeit der Vergütung um vier Wochen hinausgeschoben wird. Hierdurch wäre im Regelfall sichergestellt, dass die erste Lohnzahlung bereits erfolgt ist.

230 Eine Regelung, dass bei befristeten Arbeitsverträgen eine Provision erst ab einer Mindestlaufzeit von drei Monaten anfällt, orientiert sich ersichtlich an der Bestimmung des § 421g Abs. 3 Nr. 3 SGB III aF. Aus dieser ergibt sich, dass im Verhältnis der Agentur für Arbeit zum Vermittler Zeitarbeitsverträge erst ab einer solchen Laufzeit dem Grunde nach „vergütungsfähig" sind. Wenn nun der Vermittler mit seinem privaten Auftraggeber eine entsprechende zeitliche Mindestgrenze vereinbart, so ist dies (auch unter dem Blickwinkel der vorgesehenen Provisionshöhe von einem Bruttomonatsgehalt) unter dem Aspekt des § 307 BGB hinzunehmen. Dabei ist zu bedenken, dass auch unbefristete Arbeitsverhältnisse gekündigt werden können (was vor allem in den ersten sechs Monaten erleichtert möglich ist, vgl. § 1 Abs. 1 KSchG) und befristete Arbeitsverhältnisse vielfach die Chance bieten, im Falle der Bewährung ein längerfristiges Arbeitsverhältnis eingehen zu können. Hierauf hat der Vermittler typischerweise keinen Einfluss. Beides ist für ihn in aller Regel auch nicht vorhersehbar. Dementsprechend ist es vor allem Sache des Arbeitsuchenden abzuschätzen, ob es für ihn lohnend ist, das angebotene Arbeitsverhältnis zu den vorgesehenen Bedingungen einzugehen und somit den Vergütungsanspruch des Vermittlers auszulösen.[362]

231 Im Übrigen können **unbillige Härten,** die sich daraus ergeben können, dass es aus Gründen, die der auftraggebende Arbeitnehmer nicht zu vertreten hat, zu einer frühzeitigen Beendigung des vermittelten Arbeitsverhältnisses und infolge dessen zu einem groben Missverhältnis zwischen der geschuldeten Vermittlungsvergütung und dem aus der Vermittlung gezogenen Nutzen des Auftraggebers kommt, über eine Herabsetzung der Maklerprovision nach § 655 S. 1 BGB angemessen ausgeglichen werden können.[363]

bb) Unbeachtlichkeit der Zeitpunkte bei Aktivierungs- und Vermittlungsgutschein

232 Für die Wirksamkeit eines den Betrag von 2.000,– EUR nicht übersteigenden Vergütungsanspruchs ist es ohne Belang, dass § 45 Abs. 6 SGB III für die Bezahlung der Vermittlungsvergütung durch die Agentur für Arbeit bestimmt, dass ein Teilbetrag von

---
[361] BGH 18. 3. 2010 – III ZR 254/09, NJW 2010, 3222.
[362] BGH 18. 3. 2010 – III ZR 254/09, NJW 2010, 3222.
[363] BGH 18. 3. 2010 – III ZR 254/09, NJW 2010, 3222.

V. Durchführung zwischen Vermittler und Arbeitsuchendem

1.000,– EUR nach einer sechswöchigen Dauer und der Restbetrag – erst – nach einer sechsmonatigen Dauer des vermittelten Beschäftigungsverhältnisses gezahlt wird, wohingegen das im Vermittlungsvertrag der Parteien vereinbarte Entgelt in vollem Umfang bereits spätestens vier Wochen nach Beginn des vermittelten Beschäftigungsverhältnisses zu entrichten ist. Die Gesetzesbestimmung bezieht sich nach dem klaren Regelungsinhalt von § 45 SGB III (ehem. § 421g Abs. 2 SGB III) allein auf die Vergütung, welche die Agentur für Arbeit auf den von ihr ausgestellten Aktivierungs- und Vermittlungsgutschein an den Vermittler zu zahlen hat, und wird von der Verweisung in § 296 Abs. 3 S. 1 SGB III aF auf „den in § 421g Abs. 2 S. 1 genannten Betrag" nicht mit umfasst.

Dementsprechend setzt nach § 296 Abs. 2 S. 1 SGB III und § 652 Abs. 1 BGB der **233** Provisionsanspruch nur das (wirksame) Zustandekommen des vermittelten Arbeitsvertrags voraus, nicht aber eine bestimmte Dauer des Arbeitsverhältnisses. Zudem wäre die Vorschrift des § 296 Abs. 2 S. 2 SGB III, wonach der Vermittler keine Vergütungsvorschüsse verlangen oder entgegennehmen darf, überflüssig, wenn die Zahlungsregelung in § 421g Abs. 2 S. 3 SGB III aF auch für den Vergütungsanspruch des Vermittlers gegen den Arbeitsuchenden maßgebend wäre. Der Hinweis darauf, dass der Arbeitsuchende schutzwürdig sei und hinsichtlich seiner Vergütungsverpflichtung nicht schlechter gestellt werden dürfe als die Agentur für Arbeit, verfängt nicht. Die in § 421g Abs. 2 S. 3 SGB III aF vorgesehene Staffelung des Vergütungsanspruchs je nach Dauer des Beschäftigungsverhältnisses (1.000,– EUR nach 6-wöchigem, der Restbetrag nach 6-monatigem Bestehen), die sich auch in § 45 Abs. 6 SGB III nF wiederfindet, soll eine besondere Anreizwirkung zugunsten einer dauerhaften Integration in den Arbeitsmarkt schaffen; darüber hinaus soll dadurch, dass die erste Rate nicht schon zu Beginn des Beschäftigungsverhältnisses gezahlt wird, Missbräuchen vorgebeugt werden.[364] Diese gesetzgeberische Intention ist schon wegen der grundsätzlich anders geregelten Risikoverteilung (§ 296 Abs. 2 SGB III, § 652 Abs. 1 BGB) auf das Verhältnis zwischen dem Arbeitsvermittler und dem Arbeitsuchenden nicht übertragbar. So wäre es etwa dann, wenn das vermittelte Arbeitsverhältnisses aus einem allein in der Verantwortungssphäre des Arbeitsuchenden liegenden Grund frühzeitig beendet wird, nicht gerechtfertigt, dem Vermittler jeglichen Vergütungsanspruch gegen den Arbeitsuchenden zu versagen oder diesen Anspruch auch nur zu kürzen.[365]

4. Anpassung unverhältnismäßiger Vergütungen

Gem. § 655 S. 1 BGB kann der für die Vermittlung eines Dienstvertrags vereinbarte **234** Maklerlohn, der sich im Einzelfall als unverhältnismäßig hoch erweist, auf Antrag des Schuldners durch Urteil auf den angemessenen Betrag herabgesetzt werden. Diese Regelung findet grundsätzlich auch dann Anwendung, wenn die Maklerprovision durch gesetzliche Regelung – wie hier gemäß § 296 Abs. 3 S. 1 SGB III – auf einen Höchstbetrag begrenzt ist.[366] Die Höchstgrenze soll nur eine normale Kontrolle des Rechtsgeschäftes ermöglichen, macht jedoch eine nachträgliche Sonderkorrektur nicht entbehrlich.[367]

---

[364] Gagel/*Peters-Lange* SGB III § 421g Rn. 4, 23 unter Hinweis auf BT-Drs. 15/3674, 10.
[365] BGH 18. 3. 2010 – III ZR 254/09, NJW 2010, 3222.
[366] BGH 18. 3. 2010 – III ZR 254/09, NJW 2010, 3222; *Kühl/Breitkreuz* NZS 2004, 568 (570); *Rieble* DB 1994, 1776 (1778) mwN; ebenso Palandt/*Sprau* BGB § 655 Rn. 1, § 652 Rn. 58.
[367] *Rieble* DB 1994, 1776 (1778).

D. Personalberatung, Arbeits- und Personalvermittlung

a) Anpassungen gem. § 655 BGB unterhalb der Vergütungshöchstgrenze

235 Ungeachtet der Höchstgrenze besteht ein Bedürfnis für Vergütungsanpassungen nach § 655 S. 1 BGB. Der vereinbarte Maklerlohn kann sich im konkreten Einzelfall nämlich auch unterhalb der gesetzlichen Höchstbegrenzung schon als „unverhältnismäßig hoch" darstellen, wenn ein **Missverhältnis zwischen Leistung und Gegenleistung** anzunehmen ist. Für das Vorliegen eines solchen Missverhältnisses kommt es zum einen auf den Aufwand an, den der Makler für die Erbringung der von ihm geschuldeten Vermittlungsleistung zu tragen hatte, und zum anderen auf den wirtschaftlichen Nutzen, den der Auftraggeber (Arbeitnehmer) aus dem vermittelten Dienstvertrag (Arbeitsverhältnis) ziehen kann.[368]

236 Nach diesen Maßgaben ist nicht auszuschließen, dass eine vereinbarte Vermittlungsvergütung von 2000,– EUR oder geringer, die damit unterhalb der gesetzlichen Höchstgrenze liegt, unter bestimmten Umständen als „unverhältnismäßig hoch" einzuordnen und deshalb nach Wortlaut und Zweck von § 655 S. 1 BGB einer richterlichen Korrektur zugänglich ist.[369] Dementsprechend hat der Gesetzgeber – soweit ersichtlich – auch nicht erwogen, den Anwendungsbereich von § 655 S. 1 BGB im Hinblick auf die Höchstbetragsregelung in § 296 Abs. 3 S. 1 SGB III einzuschränken. Mit dieser Höchstbetragsregelung sollte der Arbeitsuchende geschützt werden und nicht den – teilweise weiterreichenden – Schutz aus § 655 S. 1 BGB verlieren. Die Anwendbarkeit von § 655 S. 1 BGB eröffnet zudem den erforderlichen Raum für eine Einzelfallabwägung, inwieweit das Vergütungsrisiko beim Vermittler oder beim Arbeitsuchenden liegen soll, wenn das vermittelte Arbeitsverhältnis schon nach kurzer Dauer beendet wird.[370]

237 Bei der Prüfung einer Herabsetzung des verlangten Maklerlohns gemäß § 655 S. 1 BGB, die dem **tatrichterlichen Ermessen** unterliegt,[371] ist nicht allein auf die Verhältnisse bei Vertragsabschluss, sondern auch auf die nachfolgend eingetretenen Umstände abzustellen. Auch bei § 655 S. 1 BGB handelt es sich nach dem Vorbild von § 343 BGB im Schwerpunkt um eine richterliche Rechtsausübungskontrolle.[372] Neben dem Aufwand, den der Makler für die Erbringung der von ihm geschuldeten Vermittlungsleistung zu tragen hatte, ist auch der wirtschaftliche Nutzen des Auftraggebers (Arbeitnehmers) aus dem vermittelten Dienstvertrag (Arbeitsverhältnis) zu berücksichtigen. Letzterer wird vor allem von der arbeitsvertraglich vereinbarten Laufzeit, aber auch von der tatsächlichen Dauer des vermittelten Arbeitsverhältnisses beeinflusst. Dabei ist bei der anzustellenden Abwägung in den Blick zu nehmen, ob und inwieweit eine frühzeitige Beendigung des Arbeitsverhältnisses der Verantwortungssphäre des Auftraggebers (Arbeitnehmers) oder seines Arbeitgebers – oder des Vermittlers selbst – zuzurechnen ist. Die Darlegungs- und Beweislast für die Tatsachen, aus denen die Unverhältnismäßigkeit der Vergütung hergeleitet werden soll, trifft den Schuldner.[373]

238 Eine **Herabsetzung nach § 655 BGB** muss vom Schuldner beantragt werden. Eine Provisionskorrektur von Amts wegen ist ausgeschlossen.[374] Für die Frage der

---

[368] Dazu *Rieble* DB 1994, 1776 (1778); auch Palandt/*Sprau* BGB § 652 Rn. 58.
[369] BGH 18. 3. 2010 – III ZR 254/09, NJW 2010, 3222.
[370] BGH 18. 3. 2010 – III ZR 254/09, NJW 2010, 3222; siehe dazu Gagel/*Fuchs* SGB III § 296 Rn. 10; Gagel/*Peters-Lange* SGB III § 421g Rn. 30f.
[371] *Rieble* DB 1994, 1776 (1780); Palandt/*Grüneberg* BGB § 343 Rn. 7.
[372] BGH 18. 3. 2010 – III ZR 254/09, NJW 2010, 3222.
[373] Palandt/*Grüneberg* BGB § 343 Rn. 7 mwN.
[374] Für § 343 BGB: BGH 22. 1. 1993 – V ZR 164/90, NJW-RR 1993, 464.

V. Durchführung zwischen Vermittler und Arbeitsuchendem

Wahrung dieses Antragserfordernisses kann auf die von der Rechtsprechung entwickelten Grundsätze zu § 343 BGB zurückgegriffen werden, dem § 655 BGB nachgebildet worden ist.[375] Danach kann der Herabsetzungsantrag des Schuldners auch konkludent, unbeziffert und im Wege der Einrede gegen die Zahlungsklage angebracht werden; es genügt jede Anregung oder Äußerung, die den Willen des Schuldners erkennen lässt, eine Herabsetzung zu erreichen, weil er den geforderten Betrag als unangemessen hoch und drückend empfindet.[376] Der Schuldner muss dementsprechend zum Ausdruck bringen, dass er nicht lediglich die rechtliche Wirksamkeit der Klageforderung bekämpfen, sondern – gegebenenfalls hilfsweise – auch eine auf Billigkeitserwägungen zurückgehende richterliche Gestaltungsmacht in Anspruch nehmen will.[377]

b) Keine geltungserhaltende Reduktion bei unzulässiger Vergütungsabrede

In der Literatur ist diskutiert worden, ob der Vermittler bei einer vereinbarten, die gesetzliche Höchstgrenze überschreitenden Vergütung jedenfalls Anspruch auf die gesetzlich zulässige Höchstvergütung hat.[378] Dem ist der *Bundesgerichtshof* (BGH)[379] nunmehr entgegengetreten. Danach führt die Vereinbarung eines die nach § 296 Abs. 3 SGB III geltende Höchstgrenze überschreitenden Vermittlungsentgelts gemäß § 297 Nr. 1 Alt. 1 SGB III zur **Unwirksamkeit der Vergütungsvereinbarung insgesamt** und somit nicht lediglich zu einer Reduzierung der vereinbarten Vergütung auf den höchstzulässigen Umfang (im Sinne einer „geltungserhaltenden Reduktion"). Dies führt zum Verlust des gesamten Vergütungsanspruchs des Vermittlers.[380]

239

Zwar hat der **Verstoß gegen ein preisrechtliches Verbotsgesetz** nach der ständigen Rechtsprechung des Bundesgerichtshofs gemäß § 134 BGB im Allgemeinen die Nichtigkeit der Entgeltregelung nur in dem Umfang zur Folge, als der zulässige Preis überschritten wird, so dass der zulässige Preis geschuldet bleibt.[381] Dieser Grundsatz kommt für die Nichtigkeitsanordnung nach § 297 Nr. 1 SGB III jedoch nicht zum Zuge.[382] Dies folgt bereits aus dem Wortlaut von § 297 Nr. 1 SGB III, wo von „wenn" und nicht von „soweit" die Rede ist. Zudem bestätigen dies der Zweck und der Gesamtzusammenhang dieser Gesetzesbestimmung. Der vom Gesetzgeber beabsichtigte Schutz des Arbeitsuchenden vor Übervorteilung durch eine die genannten Höchstgrenzen übersteigende Vergütungsverpflichtung erweist sich nur dann als wirkungsvoll, wenn der Vermittler in einem solchen Falle Gefahr läuft, seinen gesamten Vergütungsanspruch zu verlieren. Könnte der Vermittler sicher sein, in jedem Falle eine Vergütung im Umfang des höchstzulässigen Betrags zu erhalten, so wäre die gesetzwidrige Vereinbarung einer diesen Betrag übersteigenden Vergütung für ihn weitestgehend risiko- und folgenlos, wohingegen der Arbeitsuchende einseitig mit der

240

---

[375] BGH 18. 3. 2010 – III ZR 254/09, NJW 2010, 3222; Palandt/*Sprau* BGB § 655 Rn. 1; *Rieble* DB 1994, 1776 (1779).
[376] BGH 18. 3. 2010 – III ZR 254/09, NJW 2010, 3222; 22. 1. 1993 – V ZR 164/90, NJW-RR 1993, 464; Palandt/*Sprau* BGB § 655 Rn. 1; Palandt/*Grüneberg* BGB § 343 Rn. 5.
[377] Palandt/*Sprau* BGB § 655 Rn. 1.
[378] Für eine geltungserhaltende Reduktion auf das zulässige Maß: MüKoBGB/*Roth* § 655 Rn. 7; keine Vergütung: *Rixen* NZS 2002, 466 (469).
[379] BGH 18. 3. 2010 – III ZR 254/09, NJW 2010, 3222.
[380] BGH 18. 3. 2010 – III ZR 254/09, NJW 2010, 3222; *Rixen* NZS 2002, 466 (469); Gagel/ *Fuchs* SGB III § 296 Rn. 11.
[381] BGH 4. 8. 2000 – III ZR 158/99, NJW 2001, 892; 11. 1. 1984 – VIII ARZ 13/83, NJW 1984, 722; 23. 6. 1989 – V ZR 289/87, NJW 1989, 2470; 11. 10. 2007 – VII ZR 25/06, NJW 2008, 55.
[382] BGH 18. 3. 2010 – III ZR 254/09, NJW 2010, 3222.

D. Personalberatung, Arbeits- und Personalvermittlung

Gefahr belastet bliebe, in Unkenntnis der gesetzlichen Regelung eine unzulässig hohe Vergütung zu entrichten.

241 Dieses Ergebnis bestätigen weitere systematische Erwägungen. Aus § 297 Nr. 1 Fall 3 und § 296 Abs. 1 S. 1 und 2 SGB III ergibt sich, dass die Vergütungsvereinbarung insgesamt nichtig ist und dem Vermittler somit kein Anspruch auf Provision zusteht, wenn der Vertrag nicht in schriftlicher Form abgefasst wurde oder auch nur keine (schriftliche) Angabe zur Vergütung des Vermittlers enthält.[383] Hinsichtlich der Nichtigkeitsfolge enthalten die in § 297 Nr. 1 SGB III aufgezählten Fälle keine Differenzierung, und es ist – zumal in Anbetracht der einheitlichen Zweckrichtung – auch kein sachlicher Grund dafür ersichtlich, der eine solche Differenzierung erforderlich machen könnte.[384] Fehlt es an einer wirksamen Vergütungsvereinbarung, so mangelt es – anders als bei einem gewöhnlichen Maklervertrag (§ 653 BGB) – also an einer notwendigen Voraussetzung für die Entstehung (irgend-)eines Provisionsanspruchs des Vermittlers.[385]

5. Keine wirtschaftliche Verflechtung

242 In der Rechtsprechung des *Bundesgerichtshofs* (BGH)[386] ist seit langem anerkannt, dass einem Makler kein Vergütungsanspruch zusteht, wenn durch seine Tätigkeit ein Hauptvertrag mit einer Person (Gesellschaft) zu Stande kommt, mit der er gesellschaftlich oder auf andere Weise „verflochten" ist.[387] Dabei wird unterschieden zwischen der sogenannten echten und unechten Verflechtung. Eine echte Verflechtung liegt vor, wenn zwischen dem Makler und dem vorgesehenen Vertragspartner eine so enge Verbindung besteht, dass entweder der Wille des einen von dem des anderen oder der Wille beider von einem Dritten bestimmt wird. Bei der unechten Verflechtung fehlt es an einem solchen Beherrschungsverhältnis. Die Verbindung des Maklers mit der Gegenseite ist jedoch derart, dass sich der Makler in einem Interessenkonflikt befindet, der ihn zur sachgerechten Wahrnehmung der Interessen seines Auftraggebers ungeeignet erscheinen lässt.[388] Eine solche unechte Verflechtung wird insbesondere dann angenommen, wenn es sich sowohl bei dem Makler als auch bei dem Dritten um Kapitalgesellschaften handelt, die von derselben Person wirtschaftlich beherrscht werden.[389] Diese Rechtsprechung des BGH ist auch beim Vermittlungsmaklervertrag zu beachten.[390] Ein Vermittlungsmakler hat deshalb trotz Vorlage eines Vermittlungsgutscheins keinen Anspruch auf Vergütung gegen die Bundesagentur für Arbeit, wenn er mit dem Arbeitgeber des „vermittelten" Arbeitnehmers wirtschaftlich verflochten ist.[391]

243 Wann von einer Verflechtung zwischen dem Dritten und dem den Arbeitnehmer vermittelten Makler im Sinne des Maklerrechts im Zusammenhang mit den Regelun-

---

[383] Siehe dazu LSG Nordrhein-Westfalen 30. 4. 2009 – L 9 AL 42/07, BeckRS 2009, 68305; LSG Niedersachsen-Bremen 12. 6. 2007 – L 7 AL 391/04, BeckRS 2007, 45255; LG Berlin 7. 2. 2006 – 5 O 287/05, MDR 2006, 1036; Gagel/*Fuchs* SGB III § 297 Rn. 3.
[384] BGH 18. 3. 2010 – III ZR 254/09, NJW 2010, 3222; LG Berlin 7. 2. 2006 – 5 O 287/05, MDR 2006, 1036.
[385] BGH 18. 3. 2010 – III ZR 254/09, NJW 2010, 3222.
[386] BGH 13. 3. 1974 – IV ZR 53/73, NJW 1974, 1130; 24. 4. 1985 – IVa ZR 211/83, NJW 1985, 2473.
[387] *Dehner* NJW 1991, 3254 (3259).
[388] *Dehner* NJW 1991, 3254 (3259 f.).
[389] BGH 13. 3. 1974 – IV ZR 53/73, NJW 1974, 1130; 24. 4. 1985 – IVa ZR 211/83, NJW 1985, 2473.
[390] Gagel/*Peters-Lange* SGB III § 421g Rn. 18 f.
[391] BSG 6. 4. 2006 – B 7 a AL 56/05 R, NJW 2007, 1902; Gagel/*Fuchs* SGB III § 296 Rn. 7.

gen des SGB III auszugehen ist, ist noch nicht abschließend geklärt.[392] Der *Bundesgerichtshof* (BGH) geht grundsätzlich von einer den Maklerlohn ausschließenden rechtlichen oder wirtschaftlichen Verflechtung (Beherrschung oder institutionalisierter Interessenkonflikt) aus, wenn das Zustandekommen des Hauptvertrags nicht allein von den Vertragsparteien, sondern (auch) von der Entscheidung des Maklers abhängig ist.[393] Eine Personenidentität des Alleingesellschafter-Geschäftsführers sowohl des Maklers als auch des Arbeitgebers ist nicht erforderlich.

6. Vermittlung nach Arbeitnehmerüberlassung

Die tatsächlichen Vermittlungen haben sich in der Praxis seit Inkrafttreten der Marktliberalisierung weiterhin auf die Vermittlung zuvor ohnehin bereits verliehener Arbeitnehmer durch Zeitarbeitsfirmen beschränkt. **244**

Nachvertragliche Tätigkeits- und Einstellungsverbote zu Lasten des Leiharbeitnehmers bzw. des Entleihers sind nach § 9 Nr. 3 und 4 AÜG rechtsunwirksam.[394] Ob § 9 Nr. 4 AÜG als Sondervorschrift den Vorschriften über ein nachvertragliches Wettbewerbsverbot vorgeht, hat keine praktische Bedeutung. Die Beschäftigung bei einem früheren Entleiher im erlernten Beruf ist keine Konkurrenztätigkeit. Allerdings steht § 9 Nr. 4 AÜG einem Wettbewerbsverbot, das dem Leiharbeitnehmer den Wechsel zu einem anderen Verleiher oder den Aufbau eines eigenen Verleihunternehmens verbietet, nicht entgegen.[395] § 9 Nr. 4 AÜG erfasst dagegen auch Nebenabreden, die in einem Zusammenhang mit einem unwirksamen Abschlussverbot stehen (Vertragsstrafeversprechen, Rückzahlungsklauseln bei Abfindungen).[396] **245**

Die frühere Kontroverse, ob von dem Verbot des § 9 Nr. 3 AÜG auch die Verpflichtung des ehemaligen Entleihers zur Zahlung einer zusätzlichen Vermittlungs-Vergütung an den Verleiher erfasst wird, wenn der Entleiher den Arbeitnehmer in ein Arbeitsverhältnis übernimmt, ist aufgrund der Neufassung des § 9 Nr. 3 AÜG durch Art. 93 des Dritten Gesetzes für moderne Dienstleistungen am Arbeitsmarkt vom 23. 12. 2003[397] gegenstandslos geworden. Einer gesonderten Vermittlungsvereinbarung bedarf es nicht; die Vereinbarung kann im Arbeitnehmerüberlassungsvertrag (auch Formularvertrag) erfolgen. **246**

VI. Personal-Service-Agenturen

Aufgrund des Ersten[398] und Zweiten[399] Gesetzes für moderne Dienstleistungen am Arbeitsmarkt vom 30. 12. 2002 hatte jedes Arbeitsamt bzw. jede Arbeitsagentur nach § 37c SGB III aF für die Einrichtung mindestens einer **Personal-Service-Agentur** **247**

---

[392] BSG 21. 2. 2008 – B 11 a AL 91/07 B, BeckRS 2008, 51 232.
[393] BGH 26. 9. 1990 – IV ZR 226/89, NJW 1991, 168; zur Verflechtung bei Personenidentität des persönlich haftenden Gesellschafters einer vermittelnden OHG und späteren KG sowie des Geschäftsführers und Mitgesellschafters der am Hauptvertrag beteiligten GmbH vgl. BGH 8. 10. 1975 – IV ZR 13/75, NJW 1976, 45; zur Verflechtung auch ohne Beherrschung der Geschäftsführung bei lediglich 40%iger Kapital- und Gewinnbeteiligung des Maklers an der als KG organisierten Hauptvertragspartei vgl. BGH 30. 6. 1976 – IV ZR 28/75, MDR 1977, 126.
[394] ErfK/*Wank* AÜG § 9 Rn. 11; *Bauer/Diller,* Wettbewerbsverbote, Rn. 235a.
[395] *Bauer/Diller,* Wettbewerbsverbote, Rn. 235a.
[396] *Bauer/Diller,* Wettbewerbsverbote, Rn. 235b.
[397] BGBl. I 2003, 2848.
[398] BGBl. I 2002, 4607.
[399] BGBl. I 2002, 4621.

(PSA) Sorge zu tragen. Diese sind von der Hartz-Kommission als wirkungsvolles **Instrument zum Abbau von Arbeitslosigkeit** erachtet worden.[400] Die Aufgabe der Personal-Service-Agenturen sollte es sein, eine Arbeitnehmerüberlassung zur Vermittlung von Arbeitslosen in Arbeit durchzuführen und die Beschäftigten in verleihfreien Zeiten zu qualifizieren und weiterzubilden (vgl. § 37c Abs. 1 S. 2 SGB III aF).[401] Arbeitslose sollten hierdurch wieder in den ersten Arbeitsmarkt integriert werden. Der Überlassung soll dasselbe Dreiecksverhältnis wie anderen Arbeitnehmerüberlassungen zu Grunde liegen. Die Hartz-Kommission bezeichnete die Personal-Service-Agenturen als „Herzstück" des Abbaus der Arbeitslosigkeit.[402] Nachdem bereits zum 1. 1. 2006 durch eine Änderung des § 37c SGB III bewirkt wurde, dass die Pflicht zur Errichtung von Personal-Service-Agenturen entfiel und lediglich eine Zusammenarbeit mit erlaubt tätigen Vermittlern angestrebt war, wurde § 37c SGB III zum 31. 12. 2008[403] gänzlich aufgehoben. Damit wurden die Personal-Service-Agenturen, die sich Auffassung des Gesetzgebers als weniger wirksames bzw. kaum oder wenig genutztes Instrument[404] erwiesen hat, wieder abgeschafft.

1. Aufgaben der Personal-Service-Agenturen

248 Die Personal-Service-Agenturen waren im Rahmen des Vorstehenden als **Verleiher** anzusehen und hatten dementsprechend grundsätzlich die (lohnsteuerlichen) Arbeitgeberpflichten für die angestellten Arbeitslosen zu erfüllen. Die Beschäftigten, die von der Arbeitsagentur vorgeschlagen wurden,[405] waren Arbeitnehmer der Personal-Service-Agenturen und hatten mit dieser einen Arbeitsvertrag mit allen Rechten und Pflichten.[406] Die Personal-Service-Agenturen schlossen ihrerseits mit dem Entleiher Arbeitnehmerüberlassungsverträge ab. Die Hauptaufgabe der Personal-Service-Agenturen war, **Arbeitslose durch Arbeitnehmerüberlassung zu vermitteln.** Ziel der Verleihung war die dauerhafte Übernahme in das entleihende Unternehmen. In den Phasen ohne Arbeit sollten die Mitarbeiter qualifiziert und weitergebildet werden (§ 37c Abs. 1 S. 2 SGB III aF).

249 Für die Obliegenheit eines Arbeitslosen, eine Tätigkeit in einer Personal-Service-Agentur aufzunehmen, galten die allgemeinen **Regelungen zur Zumutbarkeit.**[407] Die Dauer des Arbeitsvertrags betrug mindestens neun Monate und sollte im Regelfall zwölf Monate nicht übersteigen.[408] Die Personal-Service-Agentur wiederum schloss einen Vertrag mit dem Entleiher (Arbeitnehmerüberlassungsvertrag). Die Hartz-Kommission schlug vor, dem Arbeitslosen während einer bis maximal sechs Monate dauernden Probezeit einen Nettolohn in Höhe des Arbeitslosengeldes zu zahlen. Diese Periode betrug nach dem tatsächlich verwirklichten Gesetz nur noch sechs Wochen, § 3 Abs. 1 Nr. 3 AÜG.

---

[400] Bericht der Kommission „Moderne Dienstleistungen am Arbeitsmarkt" (Hartz-Kommission) vom 16. 8. 2002, 147 ff.; ebenso BT-Drs. 15/25, 23 f.
[401] Gagel/*Peters-Lange* SGB III § 37c Rn. 1.
[402] *Bauer/Krets* NJW 2003, 537 (540).
[403] BGBl. I 2008, 2917.
[404] BT-Drs. 16/10810, 2, 23 f.; BT-Drs. 16/3982, 11.
[405] *Böhm* DB 2004, 1150.
[406] Gagel/*Peters-Lange* SGB III § 37c Rn. 18.
[407] BA-Rundbrief 71/2002 v. 23. 12. 2002, Nr. 5.4.
[408] BA-Rundbrief 71/2002 v. 23. 12. 2002, Nr. 2.4.

VI. Personal-Service-Agenturen

In erster Linie sollten die Arbeitsämter keine eigenen Agenturen gründen, sondern mit erlaubt tätigen Verleihern Verträge schließen (Subsidiaritätsprinzip). Nach § 434g Abs. 5 SGB III aF durfte das Arbeitsamt bis zum 31. 12. 2003 einen Vertrag zur Einrichtung einer Personal-Service-Agentur nur schließen, wenn sich die Arbeitsbedingungen nach einem Tarifvertrag für Arbeitnehmerüberlassung richten. Seit dem 1. 1. 2004 gilt ohnehin der Grundsatz des „equal pay". Vertragsgegenstand war die Einrichtung und der Betrieb einer Personal-Service-Agentur. Erforderlich war, dass die Personal-Service-Agentur eine organisatorisch eigenständige Einheit bildet, etwa eine selbstständige Betriebsabteilung oder eine eigene GmbH.[409] Die Personal-Service-Agenturen durften ausschließlich vom Arbeitsamt vermittelte Arbeitslose einstellen und beschäftigen.[410] Das Arbeitsamt konnte für die Tätigkeit der Personal-Service-Agentur ein – auch pauschaliertes – Honorar vereinbaren.[411] Für die Verträge zwischen Arbeitsamt und Personal-Service-Agentur galt Vergaberecht. Falls solche Verträge nicht zu Stande kamen, hätten sich die Arbeitsagenturen an Verleihunternehmen beteiligen können. Eine Personal-Service-Agentur erhielt nach § 37 c Abs. 2 S. 6 SGB III aF nur ein gekürztes Honorar von der Arbeitsagentur, wenn sie Arbeitslose an einen früheren Arbeitgeber überließ, bei dem sie während der letzten vier Jahre mehr als drei Monate versicherungspflichtig beschäftigt waren. Die Regelung wollte „Mitnahmeeffekte" verhindern, die dadurch entstehen können, dass Unternehmen Mitarbeitern kündigen, um sie als Entleiher im Wege der Arbeitnehmerüberlassung – subventioniert durch die Personal-Service-Agentur – erneut zu beschäftigen.

250

Fraglich war allerdings, wie der Begriff „früherer Arbeitgeber" zu verstehen war. Zutreffend dürfte gewesen sein, auf den rechtlichen Arbeitgeberbegriff abzustellen. Arbeitgeber im Sinne des § 37 c Abs. 2 S. 6 SGB III aF ist danach der Vertragsarbeitgeber.[412] Ein früheres Arbeitsverhältnis in einem anderen Unternehmen des Konzerns war daher unschädlich. Dasselbe galt für einen Betriebsübergang nach § 613a BGB oder eine Umwandlung.[413]

251

2. Einordnung des Rechtsverhältnisses

Für Streitigkeiten zwischen einer Personal-Service-Agentur und der Bundesagentur für Arbeit bzw. deren Regionalagenturen um die von diesen geschuldeten Vergütungen (Fallpauschalen, Vermittlungsprämien) war bzw. ist nicht der Rechtsweg zu den Sozialgerichten, sondern der **Rechtsweg zu den ordentlichen Gerichten** eröffnet.[414] Eine ausdrückliche Rechtswegzuweisung des Gesetzgebers fehlt. Die Beurteilung, ob eine Streitigkeit öffentlich-rechtlich oder bürgerlich-rechtlich ist, richtet sich nach der Natur des Rechtsverhältnisses, aus dem der Klageanspruch hergeleitet wird. Maßgeblich für die Abgrenzung ist die wahre Natur des Anspruchs, wie er sich nach dem Sachvortrag des Klägers darstellt, und nicht, ob dieser sich auf eine zivilrechtliche oder eine öffentlich-rechtliche Anspruchsgrundlage beruft.[415] Dabei kommt es regel-

252

---

[409] BA-Rundbrief 71/2002 v. 23. 12. 2002, Nr. 2.3.
[410] *Böhm* DB 2004, 1150; BA-Rundbrief 71/2002 v. 23. 12. 2002, Nr. 2.3.
[411] BA-Rundbrief 71/2002 v. 23. 12. 2002, Nr. 2.6.
[412] BAG 25. 4. 2001 – 7 AZR 376/00, NZA 2001, 1384 zu § 1 Abs. 3 S. 1 BeschFG 1996; 8. 12. 1988 – 2 AZR 308/88, NZA 1989, 459 zu § 1 BeschFG 1985; zum „früheren Arbeitgeber" bei § 14 Abs. 2 TzBfG: *Bauer* BB 2001, 2473 (2475 f.).
[413] *Bauer/Krets* NJW 2003, 537 (540 f.).
[414] OLG Düsseldorf 29. 4. 2009 – I-24 W 9/09, BeckRS 2009, 23 466.
[415] GmS-OGB 10. 4. 1986 – GmS-OGB 1/85, NJW 1986, 2359; 29. 10. 1987 – GmS-OGB 1/86, NJW 1988, 2295; 10. 7. 1989 – GmS-OGB 1/88, NJW 1990, 1527; BGH 7. 7. 1992 – KZR

D. Personalberatung, Arbeits- und Personalvermittlung

mäßig darauf an, ob sich ein Träger hoheitlicher Gewalt der besonderen Rechtsnormen des öffentlichen Rechts bedient. Zu prüfen ist danach, welche Rechtsnormen den Sachverhalt prägen und für die Beurteilung des Klagebegehrens objektiv herangezogen werden können. Beruht die Streitigkeit auf einem Vertrag (Zahlung der vertraglich versprochenen Fallpauschalen und Vermittlungsprämien), so kann allein aus dem damit verbundenen Gleichordnungsverhältnis der Vertragsparteien noch nicht auf eine bürgerlich-rechtliche Streitigkeit geschlossen werden. Vielmehr ist auf die Rechtsnatur des Vertrags abzustellen. Entscheidend ist also, ob der Vertragsgegenstand dem öffentlichen oder dem bürgerlichen Recht zuzurechnen ist.[416] Dabei ist für den öffentlich-rechtlichen Vertrag zwischen einem Träger öffentlicher Verwaltung und einer Privatperson typisch, dass er an die Stelle einer sonst möglichen Regelung durch Verwaltungsakt tritt (vgl. § 53 Abs. 1 S. 2 SGB X).

253 Die gemäß § 37c Abs. 1 S. 2 SGB III aF den Personal-Service-Agenturen übertragene Aufgabe, eine Arbeitnehmerüberlassung zur Vermittlung von Arbeitslosen in Arbeit durchzuführen sowie ihre Beschäftigten in verleihfreien Zeiten zu qualifizieren und weiterzubilden (zB EDV-Kurse), stand im Zusammenhang mit der Erfüllung der den Agenturen für Arbeit nach den Vorschriften des SGB III obliegenden öffentlich-rechtlichen Aufgaben.[417] Allein aus der gesetzlichen Verpflichtung der Arbeitsagenturen zur Arbeitsvermittlung und zur Förderung der beruflichen Weiterbildung von arbeitslosen Arbeitnehmern lässt sich allerdings noch nicht auf einen öffentlich-rechtlichen Charakter der vertraglichen Beziehungen zwischen der Arbeitsagentur und der jeweiligen Personal-Service-Agentur schließen.[418] Denn das öffentlich-rechtlichen Normen folgende Verhältnis zwischen der Arbeitsverwaltung und Arbeitsuchenden prägt nicht zugleich das hiervon zu unterscheidende Verhältnis zwischen der Arbeitsverwaltung und den zur Durchführung der Arbeitsvermittlung und Weiterbildung eingeschalteten privatrechtlichen Unternehmern. Entscheidend ist vielmehr, ob Normen des öffentlichen Rechts für den Abschluss und die Durchführung des zwischen der Agentur für Arbeit und der jeweiligen Personal-Service-Agentur geschlossenen Vertrags derart maßgebend sind, dass auf die hoheitliche Natur des Rechtsverhältnisses geschlossen werden muss. Es reicht nicht aus, dass mit dem Vertrag öffentliche Aufgaben wahrgenommen werden sollen. Denn die öffentliche Verwaltung kann die ihr anvertrauten Aufgaben auch in der Form und mit den Mitteln des Privatrechts erfüllen.[419] Es kommt vielmehr darauf an, ob die das vereinbarte Rechtsverhältnis beherrschenden (wesentlichen) Rechtsnormen für jedermann gelten oder Sonderrecht des Staates oder sonstiger Träger sind, das sich zumindest auf einer Seite nur an Hoheitsträger wendet. Die vorliegend einschlägigen Regelungen des SGB III geben keinen zureichenden Hinweis auf die öffentlich-rechtliche Natur des Vertragsverhältnisses, so dass sich die streitige Abwicklung des Vertragsverhältnisses allein nach privatrechtlichen Normen beurteilt.[420] Zwar mag es sein, dass das Spektrum der von den Personal-Service-Agenturen übernommenen arbeitsmarktorientierten Integrationsbemühungen (von Bewer-

---

15/91, NJW 1993, 789; 18. 5. 1995 – I ZB 22/94, NJW 1995, 2295; BSG 6. 9. 2007 – B 3 SF 1/07 R, BeckRS 2007, 47 648.
[416] GmS-OGB 4. 6. 1974 – GmS-OGB 2/73, NJW 1974, 2087; BSG 12. 5. 1998 – B 11 SF 1/97 R, NZS 1999, 56.
[417] Gagel/*Peters-Lange* SGB III § 37 c Rn. 6 f.
[418] OLG Düsseldorf 29. 4. 2009 – I-24 W 9/09, BeckRS 2009, 23 466; Gagel/*Peters-Lange* SGB III § 37 c Rn. 12 f.
[419] Gagel/*Peters-Lange* SGB III § 37 c Rn. 13.
[420] Ebenso ausdrücklich für die Rechtsbeziehung zwischen Arbeitsverwaltung und Bildungsträgern BSG 12. 5. 1998 – B 11 SF 1/97 R, NZS 1999, 56.

bungstraining über Coaching bis zur assistierten Vermittlung) über den Kreis der für einen Arbeitnehmerverleiher üblichen Aufgaben hinausging. Ihrem Charakter nach handelte es sich aber durchgängig um Servicetätigkeiten, die als solche keinen Bezug zu hoheitlicher Verantwortung erkennen ließen. Die Einschaltung der Personal-Service-Agentur durch die Arbeitsverwaltung im Wege des Vertragsschlusses stellte sich danach letztlich als fiskalisches Hilfsgeschäft, als Beschaffungsvertrag dar, für den allein die allgemeinen Regeln des bürgerlichen Gesetzbuches gelten.[421]

VII. Durchführung der Personalsuche („Headhunting")

Lange Zeit war die **anzeigengestützte Personalsuche** der Regelfall, um frei Positionen zu besetzen. Im Wettbewerb um die besten Kräfte reichen die passiven Beschaffungsmethoden allerdings nicht aus.[422] Denn es genügt oftmals nicht, sich auf die Initiative des noch anderweitig gebundenen Kandidaten zu verlassen. Vertraglich ungebundene Arbeitskräfte stehen in der Regel nur als Berufsanfänger oder Arbeitslose zur Verfügung. Um den Beschäftigungsbedarf zu decken erfolgt die Personalsuche deshalb zwischenzeitlich für nahezu alle Beschäftigungsbereiche und Arbeitnehmer aller Qualifikationen verstärkt auch durch eine direkte Ansprache („Headhunting") der möglichen, noch in anderen Arbeitsverhältnissen tätigen Kandidaten, um die Wechselwilligkeit zu wecken. 254

Bei dieser, teilweise als „aggressivste Art der Personalbeschaffung"[423] benannten Methode werden Fach- und Führungskräfte von sogenannten **„Executive Searcher"** angesprochen, die dem Anforderungsprofil einer vakanten Position entsprechen und die sich zum Zeitpunkt der Kontaktaufnahme noch in einem Arbeitsverhältnis befinden. Dementsprechend wird unter einem **„Headhunting"** die Abwerbung von Mitarbeitern bzw. die ernstliche und beharrliche Einflussnahme eines Dritten auf einen durch Arbeitsvertrag gebundenen Arbeitnehmer zur Beendigung eines Arbeitsverhältnisses zwecks Begründung eines neuen Arbeitsverhältnisses verstanden.[424] Eine solche Personalsuche berührt jedoch eine Reihe rechtlicher Bestimmungen. Diese entstammen insbesondere dem Wettbewerbsrecht, aber auch dem Arbeits- und dem allgemeinen Haftungsrecht. 255

In den **Grundsätzen zur Abgrenzung von Personalberatung und Arbeitsvermittlung von 1990**[425] gehen die Bundesagentur für Arbeit und die Personalberaterverbände davon aus, dass der Personalberater bei Vereinbarung der Direktansprache keine sittenwidrige Abwerbung im Sinne des UWG betreibt. Die ebenfalls aufgestellten Verpflichtungen, beispielsweise das Absehen von Angeboten mit unrealistischen, insbesondere überhöhten Gehaltsangeboten umschreiben im Groben die Fallgruppen des § 1 UWG. Allerdings stellen die Grundsätze lediglich eine Vereinbarung dar, so dass Gerichte diese nur zur Orientierung heranziehen können und ein Verstoß gegen dieselben nicht automatisch einen Verstoß gegen § 1 UWG darstellt. 256

---

[421] OLG Düsseldorf 29. 4. 2009 – I-24 W 9/09, BeckRS 2009, 23 466; Gagel/*Peters-Lange* SGB III § 37c Rn. 13.
[422] *Busch/Dendorfer* BB 2002, 301; *Salger/Breitfeld* BB 2004, 2574.
[423] *Lutz* AuA 2002, 388.
[424] LAG Rheinland-Pfalz 7. 2. 1992 – 6 Sa 528/91, NZA 1993, 265.
[425] Abgedruckt in NZA 1990, 804 f.

1. Direktsuche

257 Unter der Direktansprache ist die **aktive Kontaktaufnahme** eines Personal suchenden Beraters bzw. Vermittlers mit potentiellen Kandidaten zu verstehen, deren Wechselwilligkeit des Arbeitsplatzes bis zu diesem Zeitpunkt noch nicht bekannt ist und somit zunächst erfragt oder gar erst geweckt werden muss.

258 Hierzu wird zunächst anhand der Informationen des zu beratenden Unternehmens ein Anforderungsprofil der zu besetzenden Position erstellt.[426] Die Direktansprache soll eine zu weite Streuung der Werbung vermeiden, indem gezielt die Kandidaten angesprochen werden. Auf das Profil gestützt bestimmt der Berater anschließend eine Zielgruppe von Unternehmen, in der sich die potentiell geeigneten Arbeitnehmer befinden könnten.[427] Dabei beschränkt sich der Berater nicht auf die Auskünfte des Auftraggebers zum Anforderungsprofil, sondern nutzt auch andere Quellen, um die idealen Kandidaten zu finden. Insbesondere werden allgemeine Informationen über die Entwicklungen des relevanten Marktes eingeholt, um zukünftige Anforderungen an die vakante Stelle prognostizieren zu können. Die Informationen über die in Frage kommenden Unternehmen können sowohl in Wirtschafts- und Fachzeitschriften, aber auch in Branchen- und Industrienachschlagewerken und dem Internet gesammelt werden.[428] Weitere Möglichkeiten der Informationsbeschaffung sind die Bildung eines Netzwerkes mit Insidern der verschiedenen Branchen sowie die aufmerksame Sichtung von Veröffentlichungen potentieller Arbeitnehmer in Fachzeitschriften oder deren Auftritte in Vortragsveranstaltungen. Die auf diese Weise gebildete Zielfirmenliste wird regelmäßig als **„target list"** bezeichnet.

259 Anhand der Zielfirmenliste und des vorgelegten Anforderungsprofils werden anschließend potentielle Kandidaten kontaktiert. Dabei ist bereits die Art und Weise dieses Erstkontaktes entscheidend für eine spätere erfolgreiche Platzierung. Nicht zu unterschätzen ist insofern auch die Reputation des Personalberatungsunternehmens, da ein guter Ruf in der Branche bereits einen Vertrauensvorschuss mit sich bringen kann.

260 In der Regel erfolgt der Erstkontakt telefonisch. Je nach zu besetzender Stelle ist es aber auch keine Seltenheit, dass bei unterschiedlichsten Gelegenheiten spontane persönliche Ansprachen erfolgen. Insbesondere auf Fachmessen ist dies häufig zu beobachten. Ziel der ersten Kontaktaufnahme ist, die Wechselwilligkeit des potentiellen Kandidaten zu erforschen und möglicherweise erst zu wecken. Der Personalberater nennt seinen Namen und sein Anliegen, wobei der Auftraggeber zumeist aus Diskretionsgründen zunächst nicht bekannt gegeben wird.

261 Bekundet der potentielle Kandidat sein Interesse an einem Stellenwechsel anhand des ihm umschriebenen Tätigkeitsbereiches und ist er entsprechend qualifiziert, wird er um Zusendung der Bewerbungsunterlagen gebeten. Im Rahmen einer systematischen Analyse aller Bewerber erfolgt dann ein Abgleich des Anforderungsprofils der Position mit dem Qualifikationsprofil des potentiellen Kandidaten. Die für die vakante Position geeigneten Bewerber werden zu einem persönlichen Gespräch mit dem Personalberater eingeladen. Entspricht der Kandidat den Anforderungen des Kunden, wird er diesem präsentiert. Erfolgreicher Abschluss des Projektes ist das Platzieren des neuen Arbeitnehmers in dem Unternehmen des Kunden.[429]

---

[426] *Hansen* AuA 2003, 25 (26).
[427] *Schloßer* DB 2003, 554.
[428] *Schloßer* DB 2003, 554.
[429] *Zierau/Kornbrust* JurPC Web-Dok. 18/2000.

VII. Durchführung der Personalsuche („Headhunting")

2. Abwerben von Mitarbeitern

Der **Grundsatz des freien Wettbewerbs** gilt auch auf dem Arbeitsmarkt.[430] Denn der Wettbewerb um Arbeitskräfte ist einer freiheitlichen Wirtschaftsordnung ebenso wesensimmanent wie der Wettbewerb um Kunden. Daher ist das Abwerben fremder Mitarbeiter grundsätzlich erlaubt. Der Begriff „Abwerbung" bedeutet nach herrschender Ansicht, dass ein mit gewisser Ernsthaftigkeit und Beharrlichkeit vorgenommenes, zumindest gemischt objektiv-subjektiv zu beurteilendes Einwirken eines Dritten auf einen durch Arbeitsvertrag gebundenen Arbeitnehmer mit dem Ziel vorliegen muss, diesen Arbeitnehmer zur Aufgabe des einen zwecks Begründung des eines neuen Arbeitsverhältnisses zu bewegen.[431] Die grundsätzliche Zulässigkeit von Abwerbungen folgt aus einer Güter- und Interessensabwägung.[432]

262

Als angemessenes Mittel einer gesunden Wettbewerbswirtschaft ist eine Abwerbung auch durch eine **Direktansprache** grundsätzlich erlaubt.[433] Allerdings dürfen die Wahl der angewandten Mittel und das angestrebte Ziel weder rechtswidrig noch sittenwidrig sein. In diesen Grenzen steht jedem Unternehmen frei, seine Marktposition durch die Anwerbung von qualifizierten Arbeitskräften zu stabilisieren und auszubauen. Insofern gehört es zu einer schützenswerten freien Wirtschaftsordnung, dass sich Unternehmen bemühen, ihren Leistungsstand durch die Hinzugewinnung neuer Arbeitskräfte zu sichern oder zu erhöhen, indem sie die Mobilität von Arbeitnehmern nutzen.[434] Dabei spielt es grundsätzlich keine Rolle, ob der bisherige Arbeitgeber durch das Ausscheiden von Führungskräften oder besonders qualifizierten Arbeitskräften wirtschaftliche Schäden erleidet, die durch Abwerbemaßnahmen konkurrierender Unternehmen entstehen, zB dass es bis zur Neueinstellung eventuell gleichwertiger Beschäftigter zu Produktionsrückgängen oder wirtschaftlichen Entwicklungshemmnissen kommt. Die darin liegende Beeinträchtigung des Mitbewerbers gehört zum Wesen des wirtschaftlichen Wettbewerbs.[435] Bei der Kontaktaufnahme steht die Berufsausübungsfreiheit des Abwerbenden dem Interesse des Alt-Arbeitgebers an Personalkontinuität, ungestörtem betrieblichem Ablauf und der Wahrung seiner Geschäfts- und Betriebsgeheimnisse gegenüber. Es entspricht dem **Wettbewerb einer freien Marktwirtschaft,** dass ein Arbeitgeber bei Unzufriedenheit seines Mitarbeiters damit rechnen muss, dass sich dieser sowohl beruflich als auch finanziell verbessern möchte und sich deshalb von dem bestehenden Arbeitsverhältnis löst. Wirtschaftlicher Wettbewerb besteht gerade darin, dass niemand Anspruch auf Wahrung seiner Position hat. Zudem gehört es zum Wesen des Leistungswettbewerbs, in einen fremden Kundenkreis einzudringen, um diesen von der Qualität und Preiswürdigkeit des eigenen Leistungsangebots zu überzeugen und zu sich herüberzuziehen. Als Teil dieses freien Wettbewerbs ist es daher prinzipiell gestattet, Mitarbeiter eines anderen Unternehmens dazu zu bewegen, den bestehenden Arbeitsvertrag mit seinem bisherigen Arbeitgeber ordentlich zu kündigen oder durch einvernehmlichen Abschluss eines Aufhebungsvertrags zu beenden.[436]

263

---

[430] *Salger/Breitfeld* BB 2004, 2574.
[431] LAG Rheinland-Pfalz 28. 3. 2002 – 20 Sa 75/01; *Benecke/Pils* NZA-RR 2005, 561 f.; *Schloßer* BB 2003, 1382; *Schmiedl* BB 2003, 1120; *Busch/Dendorfer* BB 2002, 301.
[432] *Schmiedl* BB 2003, 1120 (1122); *Benecke/Pils* NZA-RR 2005, 561 (562).
[433] OLG Düsseldorf 13. 7. 1989 – 8 U 193/88, NZA 1990, 373 (374); *Salger/Breitfeld* BB 2004, 2574.
[434] *Braun* NZA 2003, 633 (634); *Busch/Dendorfer* BB 2002, 301.
[435] BGH 17. 3. 1961 – I ZR 26/60, NJW 1961, 1308; 19. 11. 1965 – Ib ZR 122/63, GRUR 1966, 263 ff.
[436] BAG 22. 11. 1965 – 3 AZR 130/65, NJW 1966, 689; 19. 10. 1962 – 1 AZR 487/61, NJW 1963, 124; OLG München 24. 5. 1966 – 6 U 1169/64; BGH 17. 3. 1961 – I ZR 26/60, NJW 1961, 1308; *Benecke/Pils* NZA-RR 2005, 561.

264 Es ist jedem Arbeitnehmer grundsätzlich gestattet, seine wirtschaftliche Lage und sein Fortkommen durch einen Wechsel des Arbeitsplatzes zu verbessern.[437] Jeder Arbeitnehmer, der keinem nachvertraglichen Wettbewerbsverbot[438] unterliegt, ist berechtigt, Angebote mit besseren Arbeitsbedingungen auch von Mitbewerbern anzunehmen und – nach Ablauf der Kündigungsfrist[439] – eine Tätigkeit beim abwerbenden Unternehmen zu beginnen. Das gilt auch in den Fällen, in denen der abgeworbene Arbeitnehmer eine schwer entbehrliche Kraft ist und der Arbeitgeber durch seinen Wechsel etwa zu einem Mitbewerber stark betroffen wird.

265 Ein Abwerben eines in einem fremden Beschäftigungsverhältnis stehenden Arbeitnehmers ist regelmäßig nur dann erfolgreich, wenn durch den neuen Arbeitgeber bessere Arbeitsbedingungen angeboten werden. Diese können sowohl monetärer Art sein, sich aber auch in **besseren beruflichen Perspektiven** wiederfinden. Ein Arbeitgeber handelt jedenfalls dann nicht unlauter, wenn er Arbeitnehmern den Wechsel durch das Anbieten einer höheren Vergütung oder besseren Fortkommens erleichtert. Denn er kommt damit lediglich Bestrebungen entgegen, deren Verfolgung dem Arbeitnehmer in der Regel gestattet ist.[440] Auch die Tätigkeit eines Headhunters und dessen Beauftragung durch Konkurrenzunternehmen ist für sich genommen zulässig. Eine Abwerbung ist zulässig, durch die ein Arbeitnehmer zur ordnungsgemäßen Vertragslösung, also unter Einhaltung gesetzlicher oder vertraglicher Kündigungsfristen, angehalten werden soll. Erst besondere Begleitumstände können eine solche Abwerbung als sittenwidrig erscheinen lassen.[441] Dafür genügt es nicht schon, dass eine fremde Arbeitskraft durch das Versprechen eines höheren Lohnes oder besserer Arbeitsbedingungen zur Kündigung veranlasst wird. Jeder Unternehmer muss damit rechnen, dass seine Beschäftigten kündigen, wenn ihnen bessere Bedingungen geboten werden. Das ist aber eine unweigerliche Folge des funktionierenden Wettbewerbs.

3. Unzulässiges Abwerben

266 Abwerbungsversuche können jedoch dann rechtlich zu beanstanden sein, wenn der damit verfolgte Zweck oder die hierzu eingesetzten Mittel und Methoden gegen das **Verbot der sittenwidrigen Schädigung eines Wettbewerbers** gem. § 826 BGB verstoßen, einen Eingriff in den eingerichteten und ausgeübten Gewerbebetrieb gem. § 823 Abs. 1 BGB darstellen oder die Sittenwidrigkeit nach § 1 UWG begründen. Dem Verdikt der Sittenwidrigkeit oder der wettbewerbsrechtlichen Unzulässigkeit (§ 3 UWG) können dabei nur solche Fälle unterfallen, bei denen die anerkennenswerten Interessen des bisherigen Arbeitgebers diejenigen der anderen Beteiligten überwiegen.[442] Dies kann beim Einsatz unlauterer Mittel anzunehmen sein. Unlauter kann eine Abwerbung in diesem Zusammenhang sein, wenn der Abwerbende auf die für ihn fremden Arbeitskräfte in verwerflicher Weise einwirkt, wenn er den Mitbewerber lediglich zu schädigen trachtet oder wenn er sich die Leistung eines Mitbewerbers auf diese Weise nutzbar machen will.

267 Die **Darlegungs- und Beweislast** für das Vorliegen einer rechtswidrigen Abwerbung trifft den geschädigten Arbeitgeber. Nach allgemeinen Grundsätzen der Vertei-

---

[437] *Schultze* AuA 2007, 263.
[438] Hierzu umfassend *Bauer/Diller*, Wettbewerbsverbote, 5. Aufl. 2009.
[439] *Zimmer* AuA 2007, 264.
[440] *Braun* NZA 2003, 633 (634).
[441] *Braun* NZA 2003, 633 (634).
[442] *Grobys* NJW-Spezial 2007, 225.

VII. Durchführung der Personalsuche („Headhunting")

lung der Darlegungs- und Beweislast muss er darlegen und im Bestreitensfall beweisen, dass bei der Einstellung eines ehemaligen Mitarbeiters durch den Mitbewerber die Initiative für den Arbeitsplatzwechsel von dem Mitbewerber ausging.[443] Dies bereitet in der Praxis vielfach Schwierigkeiten.[444]

a) Rücksichtnahmepflichten bei Abwerbung durch Vertragspartner

Die Rechtsordnung bietet einem Arbeitgeber einen gewissen Schutz, dass Unternehmen, mit denen eine sehr enge Zusammenarbeit erfolgt, in den Mitarbeiterstamm eingreift. Aus dem Vertragsverhältnis schulden die Vertragsparteien einander neben der Erfüllung der Hauptleistungspflichten auch Rücksichtnahme auf die Rechte, Rechtsgüter und Interessen des jeweils anderen Vertragsteils.[445] Dieser seit jeher geltende Grundsatz folgt seit der Schuldrechtsreform ausdrücklich aus § 241 Abs. 2 BGB. Je intensiver die Bindung der Vertragsparteien ist, also insbesondere bei Dauerschuldverhältnissen, desto größer ist der Pflichtenkanon. Insofern sind **Kooperationspartner** und **Subunternehmer** jedenfalls in Dauerschuldverhältnissen während des Vertragsverhältnisses aufgrund der allgemeinen vertraglichen Rücksichtnahmepflicht gehindert, Arbeitnehmer abzuwerben. **268**

b) Verstoß gegen § 1 UWG

Abwerbungen sind unzulässig, wenn sie eine **Zweck-Mittel-Relation** bzw. **besondere Begleitumstände** rechts- oder sittenwidrig im Sinne des § 1 UWG erscheinen lassen.[446] Das für die Anwendbarkeit des § 1 UWG erforderliche Wettbewerbsverhältnis ergibt sich – auch bei Branchenverschiedenheit – aus dem Wettbewerb um die Arbeitskräfte.[447] Eine die Wettbewerbswidrigkeit begründende Unlauterkeit lässt sich bei der Anwendung von § 1 UWG nur durch eine einzelfallbezogene Bewertung der entgegenstehenden Interessen ermitteln.[448] Ein Verstoß gegen § 1 UWG ist zu besorgen, wenn die Abwerbung eines Arbeitnehmers zum Zwecke des Wettbewerbs erfolgt. Hierfür reicht es noch nicht aus, dass ein Arbeitgeber lediglich bezweckt, mit dem abgeworbenen Arbeitnehmer seine eigene Produktion bzw. seinen Umsatz zu steigern oder einen höheren Gewinn zu erzielen. Auch die Vermeidung von Einarbeitungskosten anzulernender Arbeitnehmer durch Abwerbung qualifizierter Arbeitskräfte oder die beabsichtigte Verschaffung eines Wettbewerbsvorsprungs, indem einem Mitkonkurrenten dessen Mitarbeiter abgeworben werden, bedeutet für sich noch keinen Gesetzesverstoß. Vielmehr ist für § 1 UWG **Sittenwidrigkeit erforderlich.** Maßstab hierfür ist das Anstandsgefühl des verständigen und anständigen Durchschnittsgewerbetreibenden. Es gilt als verletzt, wenn die angewandten (Wettbewerbs-)Mittel oder der erstrebte (Wettbewerbs-)Zweck sittlich zu missbilligen sind. Es sind jeweils die besonderen Umstände des Einzelfalls maßgebend. Generell ist nicht jede aktive Einflussnahme auf einen Arbeitnehmer zum Arbeitsplatzwechsel unter Einhaltung der Kündigungsfrist verboten. Zulässig sind so beispielsweise das Versprechen besserer Arbeitsbedingungen oder eines höheren Entgeltes sowie zusätzliche Sozialleistungen. Auch liegt der Tatbestand der Sittenwidrigkeit nicht bereits deswegen vor, weil **269**

---

[443] *Salger/Breitfeld* BB 2004, 2574 (2578 f.).
[444] *Busch/Dendorfer* BB 2002, 301.
[445] *Salger/Breitfeld* BB 2004, 2574 (2577).
[446] *Benecke/Pils* NZA-RR 2005, 561 (562).
[447] *Sasse* ArbRB 2003, 277.
[448] *Lutz* AuA 2002, 388 (390).

der Arbeitgeber sich durch die Einstellung fremder Fachkräfte die Vorteile sichert, die dieser aus der Verwertung der im Betrieb des früheren Arbeitgebers gewonnenen Kenntnisse hat, sofern es sich dabei um solche Erfahrungen handelt, die sich der Arbeitnehmer auf redliche Weise angeeignet hat.[449]

270 Um einen wettbewerbsrechtlichen Schutz aus dem UWG ableiten zu können, ist erforderlich, dass ein Vertragsverhältnis (auch ein Vorvertrag) begründet ist. Es bedarf somit einer vertraglichen Beziehung zwischen dem Mitbewerber als Arbeitgeber und dessen Arbeitnehmer, die von der Abwerbung bedroht sind. Ein vertraglich nicht oder nicht mehr gebundener Arbeitnehmer kann seinen Arbeitsplatz – außer bei einem noch bestehenden nachvertraglichen Wettbewerbsverbot – selbstverständlich gänzlich frei wählen.

aa) Grenze zur Sittenwidrigkeit des Abwerbens

271 Die Grenze zur Sittenwidrigkeit wird erst überschritten, wenn die im Konkurrenzunternehmen erworbenen Fähigkeiten bzw. internen Marktkenntnisse des Abgeworbenen gezielt zum eigenen Vorteil nutzbar gemacht werden sollen und wenn zugleich mit dem Abwerben eine **Behinderung oder gar eine Schädigung des anderen Arbeitgebers im Wettbewerb bezweckt** ist. Hierbei genügt jedes fahrlässige Verhalten. Die gesetzliche Bestimmung stellt nicht auf den Erfolg, also auf einen Schaden ab. Das Bewusstsein der Sittenwidrigkeit ist nicht erforderlich. Der Abwerbende muss nur die maßgeblichen Umstände kennen, die sein Vorgehen objektiv sittenwidrig machen. Das von § 1 UWG vorausgesetzte Wettbewerbsverhältnis kann dabei auch bei Branchenverschiedenheit des Betroffenen und des abwerbenden Arbeitgebers gegeben sein, weil es bei der Abwerbung um die Arbeitskraft selbst geht.[450]

272 Allerdings ist auch **Planmäßigkeit des Vorgehens** für sich allein, wenn sie nicht Ausdruck einer auf Ausbeutung oder Behinderung des Mitbewerbers gerichteten Absicht ist, kein besonderer Umstand, der die Sittenwidrigkeit einer Abwerbung begründet.[451] Der BGH verwendet die Kurzformel „planmäßig" für ein auf Dauer angelegtes, zielbewusstes Vorgehen des Abwerbenden. Dabei werden mit dem Begriff „planmäßig" feststellbare äußere Umstände beschrieben. Der BGH hat klargestellt, dass es bei diesem Merkmal entscheidend darauf ankommt, wie nach objektiv erkennbaren Umständen die Zielrichtung der Abwerbung zu bewerten ist.[452] Dies allein begründet jedoch noch keine Sittenwidrigkeit im Sinne des § 1 UWG. Der Umstand, dass die Abwerbung fremder Arbeitskräfte vorsätzlich geschieht, begründet ebenfalls in objektiver Hinsicht noch keine Sittenwidrigkeit im Sinne von § 1 UWG, selbst wenn der Abwerbende hierbei nach einem bestimmten Plan vorgeht und es sich um Spitzenkräfte handelt. Anderenfalls wäre jede Abwerbung im Ergebnis unlauter, sobald bezüglich der Abwerbung der Vorsatz nachgewiesen ist. Das aber würde auf Seiten des Konkurrenzunternehmens, für das der Personalberater tätig wird, dem Grundsatz der Wettbewerbsfreiheit widersprechen und seitens des Arbeitnehmers in abhängiger Stellung eine unzulässige Beeinträchtigung der beruflichen Freizügigkeit mit sich bringen.[453]

273 Das grundsätzlich zulässige planmäßige Ausspannen fremder Beschäftigter ist somit erst dann unlauter, wenn es zum **Zweck der Ausbeutung des Mitbewerbers** erfolgt. Die Sittenwidrigkeit kann darauf beruhen, dass besonders wichtige Arbeitskräfte über-

---

[449] *Braun* NZA 2003, 633 (634 f.).
[450] *Reufels* GRUR 2001, 214 (215).
[451] BGH 16. 3. 1979 – I ZR 39/77, GRUR 1979, 553; *Salger/Breitfeld* BB 2004, 2574 (2576).
[452] BGH 19. 11. 1965 – Ib ZR 122/63, GRUR 1966, 263.
[453] *Zierau/Kornbrust* JurPC Web-Dok. 18/2000.

VII. Durchführung der Personalsuche („Headhunting")

nommen werden, um sich so die Erfahrungen und Leistungen des Mitbewerbers für eigene Zwecke nutzbar zu machen. Ferner ist es sittenwidrig, mit von einer Konkurrenzfirma abgeworbenen Arbeitskräften deren eigene Kunden abspenstig zu machen.[454] Da es dem Abwerbenden auf den eigenen Vorteil ankommt, liegt der Schwerpunkt auf der Ausbeutung des Mitbewerbers. Unlauter handelt der Abwerbende insbesondere, wenn er danach trachtet die **Geschäftsgeheimnisse** seines Mitbewerbers zu erfahren.[455]

Unlauter im Sinne des § 1 UWG ist auch die systematische Abwerbung von Beschäftigten zum Zwecke der Behinderung des Mitbewerbers. Voraussetzung dafür ist, dass eine **ernsthafte Beeinträchtigung** oder **Existenzgefährdung** des Geschäftsbetriebs des Konkurrenzunternehmens bezweckt oder in Kauf genommen wird. Das Vorgehen muss sich als eine wettbewerbliche Kampfmaßnahme darstellen, die erkennen lässt, dass der Abwerber den Mitbewerber durch planmäßiges Ausspannen eingearbeiteter Arbeitskräfte schädigen will. Eine Bestandsgefährdung des Unternehmens ist nicht erforderlich.[456] Angenommen wird dies beim Abwerben von Spezialkräften und sonst wichtiger Arbeitnehmer sowie beim Abwerben zur Ausbeutung von Geschäftsgeheimnissen und Leistungen.[457]

274

Auch die Abwerbung eines Mitarbeiters unter Missbrauch eines Vertrauensverhältnisses, welches zwischen den Unternehmen besteht, kann sich als wettbewerbswidrig erweisen. Besteht unter Wettbewerbern ein Vertragsverhältnis dessen Durchführung vom gegenseitigen Vertrauen abhängt, so kann eine Abwerbung von Arbeitnehmern des Vertragspartners wegen des darin liegenden Vertrauensbruches sittenwidrig sein. Gleiches ist schon für Vertragsverhandlungen anzunehmen, die zB auf Abschluss eines Gesellschaftsverhältnisses unter Wettbewerbern gerichtet sind.[458]

275

Besondere Fragestellungen können sich aber auch dann ergeben, wenn das Abwerbung zu **Doppel- oder Mehrfachbeschäftigungen** führen kann.[459] Die Doppelbeschäftigung eines fremden Angestellten oder Arbeiters ist wettbewerbswidrig, wenn sie auf teilweise verwerfliches Abwerben hinausläuft. So beispielsweise wenn der Beschäftigte vertragswidrig bei einem Mitbewerber nebenher tätig werden soll.[460]

276

bb) Unzulässiges Einwirken auf die Arbeitnehmerentscheidung

Unzulässig sind weiter täuschende Angaben und irreführende Mitteilungen, die geeignet sind, die Entscheidung des umworbenen Mitarbeiters zu beeinflussen. Hierbei genügt auch der erfolglose Versuch. Es ist ebenso wettbewerbswidrig einen Beschäftigten durch herabsetzende Äußerungen über den bisherigen Arbeitgeber oder das Unternehmen zur Kündigung zu veranlassen.[461] Eine unzulässige Abwerbung durch **verwerfliche Willensbeeinflussung** liegt zum Beispiel vor, wenn der Abwerbende dem Arbeitnehmer unter Vorspiegelung falscher Tatsachen mitteilt, dass über das Unternehmen, in dem er arbeitet, bald das Insolvenzverfahren eröffnet wird.[462] Es versteht sich von selbst, dass jegliche Täuschung des Mitarbeiters über die bei dem abwerbenden Unternehmer herrschenden Bedingungen unlauter ist. Sie stellt eine unangemessene un-

277

---

[454] BGH 19. 2. 1971 – I ZR 97/69, WM 1971, 627.
[455] *Lutz* AuA 2002, 388 (390); *Braun* NZA 2003, 633 (635 f.); *Salger/Breitfeld* BB 2004, 2574 (2577).
[456] *Braun* NZA 2003, 633 (635 f.).
[457] BGH 19. 11. 1965 – Ib ZR 122/63, GRUR 1966, 263.
[458] *Braun* NZA 2003, 633 (635 f.).
[459] *Benecke/Pils* NZA-RR 2005, 561 (562).
[460] *Braun* NZA 2003, 633 (635 f.).
[461] *Lutz* AuA 2002, 388 (390); *Braun* NZA 2003, 633 (635 f.).
[462] *Reufels* GRUR 2001, 214 (215 f.).

sachliche Beeinflussung im Sinne des § 4 Nr. 1 UWG dar.[463] Unlauter ist es ferner, den abzuwerbenden Mitarbeiter zu überrumpeln oder Druck auf ihn auszuüben.[464]

278 Schließlich sind **unsachliche Abwerbemethoden** wie ein Eindringen in den räumlichen Betriebsbereich des Konkurrenten oder das Aufsuchen von Arbeitnehmern in der Privatwohnung sowie die Leistung unerbetener Kündigungshilfe und der Missbrauch eines Vertrauensverhältnisses unzulässig.[465] Verwerflich ist es zum Beispiel, einen Beschäftigten durch Versprechen zu locken, die man nicht einzuhalten gedenkt oder ihn durch unwahre Angaben von angeblich bevorstehenden Entlassungen oder betrieblichen Änderungen unsicher zu machen. Der Beschäftigte darf nicht in eine Lage gebracht werden, die seine freie Entscheidung ungehörig beeinträchtigt.[466]

cc) Verleitung zum Vertragsbruch

279 Abwerbungen sind weiter unzulässig, wenn die fremden Beschäftigten zum Vertragsbruch verleitet werden sollen.[467] Dabei kommt es weder darauf an, ob ein tatsächlicher Wechsel erfolgt, noch darauf, ob die Methode des Abwerbens im Einzelfall bereits sittenwidrig ist oder dem Alt-Arbeitgeber Nachteile entstehen. Als Vertragsbruch ist jede **Verletzung einer wesentlichen Vertragspflicht** anzusehen. Zwar bindet ein Vertragsverhältnis nur die Vertragsparteien, aber in der Verleitung zum Vertragsbruch liegt ein unmittelbarer Angriff auf die wettbewerbliche Betätigung des Mitbewerbers, der zwar jederzeit mit einer Kündigung, nicht aber mit einem Vertragsbruch seines Beschäftigten rechnen muss.[468] Ein solches Vorgehen widerspricht dem Sinn des Wettbewerbs und ist schon aus diesem Grund verwerflich.

280 Ein Verleiten zum Vertragsbruch liegt vor, wenn darauf hingewirkt wird, dass der Arbeitnehmer seine Tätigkeit von vornherein nicht aufnimmt bzw. rechtswidrig einstellt.[469] Hierzu zählt beispielsweise, dass die Kündigungsfrist nicht eingehalten bzw. ein befristet geschlossener Arbeitsvertrag ohne Kündigungsmöglichkeit vorzeitig beendet oder eine außerordentliche Kündigung des Arbeitgebers durch Verletzung von Vertragspflichten provoziert wird. Unzulässig ist deshalb, einem Arbeitnehmer die Übernahme der Vertragsstrafe oder von etwaigen Schadensersatzansprüchen anzubieten, damit er vorzeitig die Arbeitsstelle wechseln kann.[470] Für den Vertragsbruch genügt schon ein Vorvertrag, nicht aber der bloße Eintritt in Vertragsverhandlungen, da dadurch noch keine Pflicht zur Arbeitsleistung begründet wird. Schon das bloße Hinwirken auf einen Vertragsbruch ist verwerflich. Auf den Erfolg, das Hervorrufen des Vorsatzes zum Vertragsbruch oder gar auf diesen selbst kommt es nicht an. Gleichgültig bleibt, ob die erste Anregung vom neuen Unternehmer ausging. Verleitung zum Vertragsbruch kann daher auch vorliegen, wenn ein Beschäftigter bereits zum Vertragsbruch entschlossen ist. Schon der Versuch den vertraglich Gebundenen zum Vertragsbruch zu beeinflussen genügt.[471]

---

[463] *Salger/Breitfeld* BB 2004, 2574 (2575).
[464] *Salger/Breitfeld* BB 2004, 2574 (2575).
[465] BGH 19. 11. 1965 – Ib ZR 122/63, GRUR 1966, 263; OLG Karlsruhe 23. 1. 1962 – 6 U 7/61, GRUR 1963, 80; BGH 17. 3. 1961 – I ZR 26/60, GRUR 1961, 482.
[466] *Zierau/Kornbrust* JurPC Web-Dok. 18/2000.
[467] BGH 17. 2. 1956 – I ZR 57/54, NJW 1956, 909; 16. 7. 1998 – I ZR 32/96, NJW 1999, 363; *Reufels* NJW 2001, 214 (215); *Lutz* AuA 2002, 388 (390); *Schultze* AuA 2007, 263.
[468] *Baumbach/Hefermehl,* Wettbewerbsrecht, 1998, UWG § 1 Rn. 584.
[469] *Lutz* AuA 2002, 388 (390).
[470] *Zierau/Kornbrust* JurPC Web-Dok. 18/2000.
[471] *Braun* NZA 2003, 633 (635).

VII. Durchführung der Personalsuche („Headhunting")

Eine **Sonderregelung** in diesem Bereich enthält § 125 GewO. Diese sieht eine **281** Mithaftung des Arbeitgebers vor, der einen **gewerblichen Arbeiter** oder **technischen Angestellten** verleitet, seine Arbeit vor rechtmäßiger Beendigung des Arbeitsverhältnisses zu verlassen. Es ist nicht erforderlich, dass dieser Arbeitnehmer eingestellt wird. Die Haftung des vorsätzlich abwerbenden Arbeitgebers besteht allein für den nachzuweisenden konkreten Schaden, zB eine Konventionalstrafe wegen Überschreitens eines Terminauftrages oder Leistung von Überstundenzuschlägen infolge Fehlens des abgeworbenen Arbeitnehmers. Der abwerbende Arbeitgeber haftet dabei neben dem vertragsbrüchigen Arbeitnehmer als Gesamtschuldner gem. §§ 421 ff. BGB. Zu beachten ist, dass die Anwendung von § 125 GewO auf andere Arbeitsverhältnisse, zB die der kaufmännischen Angestellten nicht zulässig ist. Auch erfasst § 125 GewO nur die Abwerbung, die zum Arbeitsvertragsbruch führt.[472]

dd) Ausnutzen einer Vertragsuntreue des Arbeitnehmers

Liegt kein Verleiten zum Vertragsbruch vor, so ist das bloße Anwerben fremder Beschäftigter grundsätzlich nicht sittenwidrig. Wenn ein Arbeitgeber, der einen ehemals **282** beim Wettbewerber tätigen, vertragsbrüchigen Beschäftigten einstellt, im Zeitpunkt der Anstellung keine Kenntnis von dessen Vertragsbruch hat, kommt die Annahme einer Wettbewerbswidrigkeit in der Regel nicht in Betracht.[473] Das bloße Ausnutzen eines vom Arbeitnehmer bereits begangenen Arbeitsvertragsbruchs stellt mangels Beteiligung keine unzulässige Abwerbung dar, es sei denn, es treten besondere Umstände hinzu.[474] Dies gilt jedenfalls, wenn keine Anhaltspunkte gegeben sind, die dem einstellenden Arbeitgeber eine Nachprüfungspflicht auferlegen.[475]

Aber auch die Einstellung eines Bewerbers, von dem der Arbeitgeber weiß, dass er **283** sich aus seiner Vertragsbeziehung mit einem Mitbewerber ohne Einhaltung gesetzlicher oder vertraglicher Kündigungsfristen gelöst hat, kann nicht von vornherein als sittenwidrig angesehen werden.[476] Eine Wettbewerbs- bzw. Sittenwidrigkeit ergibt sich bei einem Ausnutzen der Vertragsuntreue fremder Arbeitnehmer erst daraus, dass der Anwerbende **Vorteile** erstrebt, die nicht auf eigener Leistung, sondern auf einer Ausnutzung der Beziehungen zum fremden Unternehmen beruhen.[477] Ein solches wettbewerbswidriges Verhalten kann demnach im Ausnutzen der Vertragsuntreue zwecks Erlangung eines Wettbewerbsvorsprungs liegen, etwa bei Verwertung von Geschäftsgeheimnissen oder von Arbeitsergebnissen des Konkurrenten.[478] Auch das Herüberziehen weiterer Beschäftigter oder die Verwendung des Mitarbeiters zum Zwecke des Abwerbens von Kunden des früheren Arbeitgebers können ein unlauteres Verhalten begründen. Selbiges gilt, wenn die Übernahme von Anwalts- oder Gerichtskosten zugesagt wird oder eine vereinbarte Vertragsstrafe übernommen werden soll. Ebenso kann ein Vorgehen, das den vertragsuntreuen Beschäftigten erst veranlasst, die Verpflichtungen aus dem früheren Beschäftigungsverhältnis nicht weiter zu erfüllen oder das den Vertragsbruch – etwa durch Einstellen des Beschäftigten – überhaupt erst ermöglicht, wettbewerbsrechtlich bedenklich und der Verleitung zum Vertragsbruch

---

[472] *Braun* NZA 2003, 633 (634).
[473] *Lutz* AuA 2002, 388 (393).
[474] *Reufels* GRUR 2001, 214 (215); *Salger/Breitfeld* BB 2004, 2574 (2575); *Braun* NZA 2003, 633 (635).
[475] BGH 23. 11. 1979 – I ZR 60/77, GRUR 1980, 296.
[476] *Reufels* GRUR 2001, 214 (215); *Salger/Breitfeld* BB 2004, 2574 (2575).
[477] *Baumbach/Hefermehl* UWG § 1 Rn. 585.
[478] BGH 19. 2. 1971 – I ZR 97/69, WM 1971, 627.

D. Personalberatung, Arbeits- und Personalvermittlung

gleichwertig sein. Kann der Arbeitgeber aber nach den Umständen als feststehend davon ausgehen, dass der beim Konkurrenten tatsächlich ausgeschiedene Arbeitnehmer seine Tätigkeit bei diesem nicht wieder aufnehmen wird, dürfte die Übernahme eines Arbeitnehmers in den Betrieb des Wettbewerbers als wettbewerbskonform anzusehen sein, auch wenn der Arbeitnehmer, etwa als Spezialkraft, für den früheren Arbeitgeber schwer zu ersetzen ist.[479]

c) Verstoß gegen § 826 BGB

284 Bei einer vorsätzlichen sittenwidrigen Schädigung kann zudem § 826 BGB einschlägig sein. Der Tatbestand des § 826 BGB setzt im Gegensatz zu § 1 UWG kein Wettbewerbsverhältnis voraus.

285 Nach § 826 BGB ist ein Anspruch auf Schadensersatz oder Unterlassung gegeben, wenn die Abwerbung eine **vorsätzliche sittenwidrige Schadenszufügung** darstellt. Der Begriff der Sittenwidrigkeit in § 826 BGB deckt sich im Kern mit dem des § 1 UWG.[480] Maßstab ist hier allerdings das Anstandgefühl aller billig und gerecht Denkenden. Dazu gehört das Bewusstsein, dass die Abwerbung einen schädlichen Erfolg haben kann. In subjektiver Hinsicht genügt, dass der Abwerbende Kenntnis über die wesentlichen, die Sittenwidrigkeit begründenden Umstände sowie die Zufügung von Schaden hat. Fahrlässiges Handeln verwirklicht den Tatbestand nicht. Das Bewusstsein der Sittenwidrigkeit ist gleichwohl nicht erforderlich. Für die Anwendung des § 826 BGB ist zudem belanglos, ob der abgeworbene Arbeitnehmer bei einem anderen Arbeitgeber eingestellt wird.

d) Verstoß gegen § 823 BGB

286 Ferner kann der betroffene Arbeitgeber gem. §§ 823 Abs. 1, 1004 BGB gegen eine rechtswidrige Beeinträchtigung seiner gewerblichen Interessen geschützt sein. Als Anspruchsgrundlage kommt auch ein Eingriff in das **Recht am eingerichteten und ausgeübten Gewerbebetrieb** in Betracht.[481] Dieses Recht ist im Rahmen des § 823 Abs. 1 BGB als sonstiges Recht anerkannt. Dabei handelt es sich um einen offenen Auffangtatbestand, der eine sonst insbesondere im gewerblichen Rechtsschutz bestehende Lücke schließen soll und dessen Inhalt und Grenzen sich erst aus einer Interessen und Güterabwägung mit der im Einzelfall konkret kollidierenden Interessensphäre anderer ergeben. Dies ist dann jeweils im Einzelfall zu beurteilen.

e) Abwerbung durch ehemalige Arbeitnehmer

287 Ebenso wie bei Abwerbungsversuchen durch professionelle Dritte (Headhunter) besteht nur ein eingeschränkter gesetzlicher Schutz eines Arbeitgebers davor, dass ehemals bei ihm Beschäftigte ihre Kenntnisse ausnutzen, um weitere Arbeitnehmer gezielt anzusprechen und abzuwerben. Dies gilt unabhängig davon, ob die ehemaligen Arbeitnehmer nunmehr im Rahmen einer selbstständigen Tätigkeit agieren oder ihre Kenntnisse zugunsten eines neuen Arbeitgebers einsetzen. Neben den allgemeinen Deliktsregeln des Zivilrechts (§§ 823, 826 BGB) kommen zwar prinzipiell auch wettbewerbsrechtliche Normen (§§ 3, 17 UWG) als Grundlage für ein Schadensersatz-

---

[479] BGH 17. 2. 1956 – I ZR 57/54, NJW 1956, 909; 16. 10. 1956 – I ZR 2/55, GRUR 1957, 219; *Braun* NZA 2003, 633 (635); *Zierau/Kornbrust* JurPC Web-Dok. 18/2000.
[480] *Braun* NZA 2003, 633 (634).
[481] AA *Sasse* ArbRB 2003, 277 (278).

VII. Durchführung der Personalsuche („Headhunting")

oder Unterlassungsbegehren in Betracht.[482] Im Allgemeinen greifen diese Vorschriften aber nur ein, wenn die Beschäftigten zum Vertragsbruch verleitet werden oder das Ausspannen unter **Zuhilfenahme besonders verwerflicher Abwerbungsmethoden** (zB Versprechen rechtswidriger Vorteile bei dem neuen Arbeitgeber) erfolgt. Auch die Art und Weise der Abwerbung (zB wiederholtes und längeres Blockieren technischer Einrichtungen des Arbeitgebers) können im Einzelfall zu Ersatz- oder Abwehransprüchen führen.[483]

Allerdings können Arbeitnehmer im Arbeitsvertrag in den Grenzen der §§ 307ff. BGB dazu verpflichtet werden, grundsätzlich zulässige Abwerbungsversuche für einen angemessenen Zeitraum nach der Beendigung ihres Arbeitsverhältnisses zu unterlassen.[484] Insofern können **arbeitsvertragliche Abwehrklauseln** einen begrenzten Schutz gegen solche unerwünschte Abwerbungsmanöver nach der Beendigung des Arbeitverhältnisses bieten.[485] Eine solche Regelung darf allerdings keine unangemessene Benachteiligung des ausgeschiedenen Arbeitnehmers darstellen (§ 307 BGB). Sie muss vor allem zeitliche sowie inhaltliche Beschränkungen im Hinblick auf potenzielle Abwerbungsversuche enthalten. Insoweit muss etwa darauf geachtet werden, dass sich das Verbot des Abwerbens nur auf solche Arbeitnehmer bezieht, die eine besondere Stellung im Unternehmen haben. Für einfache Tätigkeiten (zB Schreibkraft) wird es dagegen regelmäßig an einem berechtigten Interesse des Arbeitgebers fehlen.[486]

288

Um zu verhindern, dass der ausgeschiedene Mitarbeiter mit dem Abgeworbenen ein (eigenes) konkurrierendes Unternehmen gründet oder aufbaut, bedarf es regelmäßig eines **nachvertraglichen Wettbewerbsverbots,** welches ohne Entschädigung nicht zulässig ist.[487] Wenn ein Abwerbeverbot also (auch) im Falle einer späteren Selbstständigkeit des ausgeschiedenen Arbeitnehmers gelten soll, unterfällt eine solche Bestimmung den §§ 74 ff. HGB, so dass sie nur bei der Zusage einer Entschädigungszahlung wirksam ist.[488] Ein solches nachvertragliches Wettbewerbsverbot muss sich aber gegen den Wettbewerb an sich richten, einer bloßen Untersagung der Abwerbung fehlt es wegen § 75 f HGB an der Durchsetzbarkeit.[489]

289

Dagegen muss einem ausgeschiedenen Arbeitnehmer, dem lediglich verboten wird, ehemalige Kollegen für einen Dritten, also insbesondere für einen neuen Arbeitgeber, abzuwerben, nach herrschender Meinung keine Entschädigung zugesagt werden.[490] Auch § 75 f HGB steht derartigen Vereinbarungen, die ein fremdnütziges Abwerben verbietet, nicht entgegen. Diese Vorschrift normiert zwar ein Einstellungsverbot, jedoch kein Abwerbungsverbot.

290

f) Kontaktaufnahme am Arbeitsplatz

Das aktive Abwerben von Arbeitnehmern durch Personalberater mittels Kontaktaufnahme am Arbeitsplatz, die in der Regel telefonisch erfolgt, kann dagegen sittenwidrig und damit unrechtmäßig sein. Dies gilt sowohl für Kontaktaufnahmen durch

291

---

[482] Ausführlich *Braun* NZA 2003, 633 ff.
[483] *Grobys* NJW-Spezial 2007, 225.
[484] *Salger/Breitfeld* BB 2004, 2574 (2579).
[485] *Grobys* NJW-Spezial 2007, 225.
[486] *Grobys* NJW-Spezial 2007, 225.
[487] *Salger/Breitfeld* BB 2004, 2574 (2580 f.); *Grobys* NJW-Spezial 2007, 225 (226).
[488] ArbG Berlin 4. 3. 2005 – 9 Ca 144/05, BeckRS 2005, 31 044 707; *Bauer/Diller* Rn. 165 a.
[489] *Schloßer* BB 2003, 1382 (1383).
[490] *Bauer/Diller* Rn. 165 a; *Schloßer* BB 2003, 1382 (1384); *Salger/Breitfeld* BB 2004, 2574 (2480); aA *Busch/Dendorfer* BB 2002, 301 (305).

D. Personalberatung, Arbeits- und Personalvermittlung

Headhunter als auch unmittelbar durch Vertreter des abwerbenden Unternehmens selbst,[491] und zwar unabhängig davon, ob es sich um ein konkurrierendes Unternehmen handelt.

292 Der *Bundesgerichtshof* (BGH) hat in der jüngeren Vergangenheit in drei Entscheidungen[492] Grundsätze entwickelt, an denen eine Zulässigkeit der Direktansprache am Arbeitsplatz zu messen sind. Damit wurde diese vieldiskutierte Frage entschieden, bei der sowohl die Instanzrechtsprechung[493] als auch die Literaturstimmen,[494] die zum Teil von einer umfassenden Zulässigkeit der Direktansprache auch am Arbeitsplatz ausgingen, zum Teil aber ein Überwiegen der Interessen des Arbeitgebers am Kontaktverbot seiner Beschäftigten sahen, kein einheitliches Bild boten.

293 In einem ersten Grundsatzurteil des Jahres 2004[495] hat der BGH den **kurzen Anruf** eines Personalberaters am Arbeitsplatz für zulässig erachtet. Die Schwelle zur Unlauterkeit werde erst dann überschritten, wenn der anrufende Personalberater sich bei einem solchen Gespräch darüber hinwegsetze, dass der Arbeitnehmer daran kein Interesse habe, oder das Gespräch über eine **knappe Stellenbeschreibung** hinaus ausdehne. Eine wenige Minuten überschreitende Gesprächsdauer sei ein Indiz dafür, dass der Personalberater bereits den ersten Kontakt in wettbewerbswidriger Weise, insbesondere zu einem unzulässigen Umwerben des Angerufenen, genutzt habe. Es ist dagegen nicht wettbewerbswidrig, wenn ein Arbeitnehmer von einem Personalberater am Arbeitsplatz zur ersten Kontaktaufnahme angerufen, nach seinem Interesse an einer neuen Stelle befragt und diese kurz beschrieben wird. Der BGH stellt in dieser Entscheidung die Rechtspositionen und die Interessen aller an einer Abwerbung Beteiligten dar. Dies sind die Headhunter, die Auftraggeber, die angesprochenen Mitarbeiter, ihre Arbeitgeber und die Allgemeinheit, die ein Interesse an einem fairen Wettbewerb um Arbeitskräfte hat. Bei der nachfolgend vorgenommenen Abwägung dieser Rechtspositionen und Interessen wird erneut deutlich, welch große Bedeutung der BGH den Grundrechten beimisst.[496] Aus diesen teilweise widerstreitenden Interessen leitet der BGH die Kriterien ab, die erfüllt sein müssen, damit eine telefonische Ansprache rechtlich nicht zu beanstanden ist. Durch eine nur minimale Beschränkung der Rechtsposition des Arbeitgebers gelingt es, den Personalberatern ein existenzielles Mittel der Personalsuche zu erhalten und die Interessen aller übrigen Beteiligten an einem wirksamen Wettbewerb auf dem Arbeitsmarkt zu wahren. Eine mit dem Wettbewerbsrecht (§ 3 UWG) nicht mehr zu vereinbarende Handlung liegt erst vor, wenn das Gespräch über eine knappe Stellenbeschreibung hinaus geht oder wenn der Personalberater das Telefonat fortsetzt, obwohl der Arbeitnehmer daran erkennbar kein Interesse hat.

294 Diese Rechtsprechung hat der BGH inzwischen in zwei weiteren Entscheidungen bekräftigt und fortgeführt.[497] Danach ist für die Frage der Wettbewerbswidrigkeit unerheblich, ob die Kontaktaufnahme zum Zwecke der Abwerbung über das **Festnetz**

---

[491] *Grobys* NJW-Spezial 2007, 225.
[492] BGH 4. 3. 2004 – I ZR 221/01, NZA 2004, 794; 9. 2. 2006 – I ZR 73/02, NZA 2006, 500; 22. 11. 2007 – I ZR 183/04, BB 2008, 452 ff.
[493] OLG Stuttgart 17. 12. 1999 – 2 U 133/99, GRUR 2000, 1096 f.; OLG Frankfurt 25. 8. 1977 – 6 U 82/77, GRUR 1978, 181; LG Heilbronn 21. 5. 1999 – 1 KfH O 152/99, BB 1999, 1840; OLG Karlsruhe 25. 7. 2001 – 6 U 145/00, NJW-RR 2002, 397 f.
[494] Ua *Sasse* ArbRB 2003, 277 (278); *Krügermeyer-Kalthoff/Reutershan* MDR 2002, 139 ff.
[495] BGH 4. 3. 2004 – I ZR 221/01, NZA 2004, 794; zustimmend *Wulf* NJW 2004, 2424 (2425).
[496] *Wulf* NJW 2004, 2424 (2425).
[497] BGH 9. 2. 2006 – I ZR 73/02, NZA 2006, 500; 22. 11. 2007 – I ZR 183/04, BB 2008, 452.

VII. Durchführung der Personalsuche ("Headhunting")

des Unternehmens oder über ein **dienstliches Mobiltelefon** erfolgt.[498] Der BGH hat zugleich bestätigt, dass Abwerbungsanrufe grundsätzlich zulässig sind, sofern sie sich darauf beschränken, dem angerufenen Arbeitnehmer die Stelle kurz zu beschreiben und für ein ausführliches Gespräch einen Termin außerhalb der Arbeitszeit und außerhalb des Betriebs zu vereinbaren. Ein Personalberater, der bei einem ersten Telefongespräch der in Rede stehenden Art dem Arbeitnehmer Daten zu dessen Lebenslauf und bisherigen Tätigkeiten vorhält, geht dagegen über das für eine erste Kontaktaufnahme Notwendige hinaus und handelt wettbewerbswidrig.[499] Die Kontaktaufnahme am Arbeitsplatz muss sich darauf beschränken, das generelle **Interesse des Angerufenen an einem weiterführenden Gespräch** zu ermitteln. Zu diesem Zweck darf die offerierte Tätigkeit kurz umschrieben werden. Zwar ist der angerufene Mitarbeiter für die Zeit der Kontaktaufnahme nicht für andere Kunden erreichbar. Dies vermag jedoch keine Wettbewerbswidrigkeit zu begründen. Es ist lebensfremd, jeden Arbeitnehmer innerhalb des Betriebs als derart „immun" anzusehen, dass Außenstehende eine persönliche Kontaktaufnahme per Telefon nicht auch im Betrieb des kontaktierten Arbeitnehmers verfolgen könnten.[500] Die telefonische Kontaktaufnahme mit dem Arbeitnehmer eines Drittunternehmens zu seiner Abwerbung muss sich gleichwohl auf die **Herbeiführung des Erstkontaktes** beschränken und alles vermeiden, was dem Angerufenen den Eindruck vermitteln könnte, er werde bereits umworben. Die Beschäftigung mit dem Lebenslauf ist danach bereits Teil des unzulässigen Umwerbens. Der Anrufer darf also im Ergebnis lediglich nachfragen, ob der Angerufene an einer Kontaktaufnahme als solcher interessiert ist und hierzu die offene Stelle knapp beschreiben. Zeigt der Angerufene in dem Gespräch sein Interesse, bedarf es für etwaige weitere Gespräche der Vereinbarung separater Termine außerhalb der Arbeitszeit.

Erfolgt die Kontaktaufnahme über ein **privates Mobiltelefon,** aber während der Arbeitszeit, gelten die oben beschriebenen Grundsätze im Wesentlichen entsprechend. Allerdings bleibt es einem Arbeitnehmer stets unbenommen, den Anrufer in einer Arbeitspause zurückzurufen. Auf die Länge eines in der Pause mit dem privaten Mobiltelefon geführten Gesprächs kommt es dann nicht an. Denn anders als in den vom BGH entschiedenen Fällen werden weder technische Vorrichtungen des Arbeitgebers blockiert noch wird die Arbeitstätigkeit beeinträchtigt.[501]

Wettbewerbsrechtlich bedenklich ist zudem, wenn sich der Personalberater erst – ggf. sogar unter Angabe falscher Gründe – zu einem ihm vorher nicht namentlich bekannten Mitarbeiter durchstellen lässt, beispielsweise indem er vorgibt, diesen aufgrund fachlicher Fragen sprechen zu wollen. Denn hier wird durch den bisherigen Arbeitgeber gleichsam bei der **Identifizierung des abzuwerbenden Mitarbeiters** geholfen.[502]

Um als Arbeitgeber von Abwerbemaßnahmen Kenntnis zu erhalten, wird vorgeschlagen, entsprechende Mitteilungen mit Gegenleistungen (zB Bonuszahlungen, Essensgutscheine, sonstige Incentives) zu danken.[503] Eine Verpflichtung der Mitarbeiter, von einem selbst betreffenden Abwerbeversuch gegenüber dem Arbeitgeber zu berichten, besteht jedoch nicht.

---

[498] BGH 9. 2. 2006 – I ZR 73/02, NZA 2006, 500; *Grobys* NJW-Spezial 2007, 225.
[499] BGH 22. 11. 2007 – I ZR 183/04, BB 2008, 452; *Klein/Insam* GRUR 2006, 379 (383 f.).
[500] *Reufels* GRUR 2001, 214 (216).
[501] *Grobys* NJW-Spezial 2007, 225.
[502] *Sasse* ArbRB 2003, 277 f.
[503] *Busch/Dendorfer* BB 2002, 301 (303).

g) Zusammenfassung

298 **Zulässige** Abwerbemaßnahmen sind Zeitungsinserate, Postwurfsendungen, vorsichtiges Einsetzen von Werbern zumindest außerhalb des Arbeitsplatzes, kurze Telefonansprachen auch am Arbeitsplatz zur Interessenserforschung, Skizzierung des neuen Arbeitsumfeldes mit Angebot einer höheren Lohnzahlung oder besseren Fortkommens, Terminverabredungen, unverbindliches Pläneschmieden, Vorbereitungshandlungen oder die Mitteilung eines geplanten Stellenwechsels.[504]

299 **Unzulässig** sei dagegen Abwerbungen oder auch nur Abwerbungsversuche durch wiederholte Ansprachen trotz entgegenstehendem Willen des Abzuwerbenden, Hinwirken auf eine rechtswidrige Vertragsbeendigung, Ausbeutung bzw. Überrumpelung des Arbeitnehmers oder Abwerbung durch Missbrauch eines Vertrauensverhältnisses (zB beim Insolvenzfall, konkurrierender Doppelbeschäftigung, Geheimnisverrat), Aufsuchen am Arbeitsplatz sowie Abwerbung als schädigende „Kampfmaßnahme".[505]

300 **Nicht hinreichend geklärt** ist die Rechtslage ua beim Zusenden von E-Mails oder beim Aufsuchen bzw. Anrufen in der Wohnung des Abzuwerbenden. Im Ergebnis sieht die Rechtsprechung bei geringer Intensität der Störung einen Vorrang der Arbeitnehmerinteressen und stellt auf ein zeitliches Element sowie ein geringes Maß an Informationsaustausch ab. Dabei kommt es allerdings weniger auf rechtliche Kriterien als auf die Formulierungskünste des Abwerbenden an. Gemeinsam ist den Entscheidungen, dass Abwerbung nur dann Rechtsfolgen auslöst, wenn faktisch oder vorsätzlich eine Schädigung des Arbeitgebers bzw. des Arbeitnehmers zumindest bezweckt wird. Damit folgen aus der Abwerbung nicht nur Fragen der Wirksamkeit des neuen Arbeitsvertrags, sondern sie kann auch zu Schadenersatzansprüchen und Gestaltungsrechten, insbesondere einer Kündigung, führen.[506]

4. Ersatz von Vorstellungskosten

301 Ein Bewerber hat grundsätzlich Anspruch auf Erstattung der Vorstellungskosten, wenn er vom Arbeitgeber oder einem Personalberater zum Gespräch eingeladen wurde.[507] Dies gilt auch dann, wenn die Bewerbung auf eine Initiativbewerbung des Arbeitnehmers zurückzuführen ist.[508] Kein Anspruch besteht lediglich dann, wenn der Bewerber darauf hingewiesen wird, dass Vorstellungskosten nicht erstattet werden.[509]

302 Die zu ersetzenden Kosten umfassen alle Aufwendungen, die der Bewerber den Umständen nach für **erforderlich** halten durfte (zB Fahrtkosten, Mehrkosten für Verpflegung und Übernachtung).[510] Allerdings kann der Personalberater bzw. der suchende Arbeitgeber die Nutzung bestimmter Verkehrsmittel vorschreiben. Die Abgeltung eines Urlaubstages, den der Bewerber für die Vorstellung nehmen musste, kann jedoch nicht verlangt werden.[511]

---

[504] *Benecke/Pils* NZA-RR 2005, 561 mwN; *Schultze* AuA 2007, 263.
[505] *Benecke/Pils* NZA-RR 2005, 561 mwN.
[506] *Benecke/Pils* NZA-RR 2005, 561 mwN.
[507] *Küttner/Reineke,* Personalbuch, Bewerbung Rn. 4 ff.; *Zimmer* AuA 2007, 264 (266).
[508] *Küttner/Reineke,* Personalbuch, Bewerbung Rn. 4.
[509] ArbG Kempten 12. 4. 1994 – 4 Ca 720/94, BB 1994, 1504; *Zimmer* AuA 2007, 264 (266).
[510] BAG 29. 6. 1988 – 5 AZR 433/87, NZA 1989, 468.
[511] *Zimmer* AuA 2007, 264 (266); *Küttner/Reineke,* Personalbuch, Bewerbung Rn. 5.

5. Rechtsfolgen bei einem unzulässigen Abwerben

Verstößt das Vorgehen des Personalberaters gegen die gesetzlichen bzw. von der Rechtsprechung entwickelten Vorgaben eines zulässigen Abwerbens, können dem betroffenen Unternehmen Ansprüche aus §§ 3, 9 UWG bzw. § 826 BGB zustehen. Neben **Schadenersatzansprüchen** kann der von einer unzulässigen Abwerbung betroffene Arbeitgeber möglicherweise auch ein **Beschäftigungsverbot** durchsetzen. Grundsätzlich kommen Ansprüche des belasteten Arbeitgebers sowohl gegenüber dem abwerbenden Arbeitgeber, gegenüber dem Abgeworbenen selbst als auch gegenüber einem vom diesem eingeschalteten Dritten in Betracht. Letztgenannte Dritte sind insbesondere vom Neuarbeitgeber beauftragte Personalberater („Headhunter") oder andere Personen wie etwa ehemalige oder sogar noch beschäftigte Arbeitnehmer des eigenen Unternehmens. Hinsichtlich der Rechtsfolgen im Falle eines unzulässigen Abwerbens ist zwischen diesen Personengruppen zu differenzieren. 303

a) (Rechts-)Folgen für den abgeworbenen Arbeitnehmer

Ein Abwerben ist für einen Arbeitnehmer, der seinen Arbeitgeber wechselt, nicht risikolos. In erster Linie können Ansprüche des Arbeitgebers gegen seinen abgeworbenen, ehemaligen Arbeitnehmer aus einem Arbeitsvertragsbruch abgeleitet werden. Daneben könnten Ansprüche auch auf Tatbestände des unerlaubten Wettbewerbs gestützt werden. Ferner kommt im Falle einer Täuschung auch eine Anfechtung des Vertrags durch den neuen Arbeitgeber in Betracht. Zudem kann der neu geschlossene Vertrag unter Umständen gem. §§ 134, 138 BGB nichtig sein. 304

aa) Nichtigkeit des Neuvertrags

Die Nichtigkeit des neuen Arbeitsvertrags kann aus einer **Verletzung von Strafnormen** (zB §§ 201 ff., 263 StGB) oder **berufsständischen Regeln** folgen.[512] Der Abgeworbene begibt sich somit in die Gefahr, beim vermeintlich neuen Arbeitgeber ohne einen wirksamen Vertrag zu sein und zudem einen sicheren Arbeitsplatz aufgegeben und sich selbst beim alten Arbeitgeber die Basis für eine Weiterbeschäftigung entzogen zu haben. 305

Sollte die neue Tätigkeit zudem zu einer Doppelbeschäftigung und zugleich zu einer **Überschreitung der** nach dem Arbeitszeitgesetz **zulässigen Höchstarbeitszeit** führt, begründet dies ebenfalls eine Nichtigkeit nach § 134 BGB. Der Arbeitnehmer behält bis zur Nichtigkeit gleichwohl seine erworbenen Ansprüche (Vergütung, Urlaub, Urlaubsgeld, oÄ).[513] Bei geringfügiger Überschreitung bestehen beim zweiten Arbeitsverhältnis ein Beschäftigungsverbot und ein Leistungsverweigerungsrecht.[514] 306

Aus wettbewerbsrechtlichen Gründen ist der mit dem neuen Arbeitgeber geschlossene Arbeitsvertrag nur dann nach § 138 BGB nichtig, wenn sich der Arbeitnehmer an dem Wettbewerbsverstoß, also dem unlauteren Abwerben, irgendwie beteiligt hat. Dies kann angenommen werden, wenn sich der Arbeitnehmer zum Vertragsbruch hat verleiten lassen. Dem Arbeitnehmer steht dann kein Anspruch auf Beschäftigung zu. Als Konsequenz kann es zu Beschäftigungsverboten beim „neuen" Arbeitgeber oder einer gerichtlich verfügten Aufhebung des neuen Anstellungsvertrags kommen. Hat 307

---

[512] *Benecke/Pils* NZA-RR 2005, 561 (563 f.) mwN.
[513] BAG 19. 6. 1959 – 1 AZR 565/57, NJW 1959, 2036.
[514] BAG 14. 12. 1967 – 5 AZR 74/67, BB 1968, 206.

der Abgeworbene an der unlauteren Abwerbung dagegen nicht mitgewirkt, ist der neue Arbeitvertrag wirksam. Ansprüche des ehemaligen Arbeitgebers bestehen dann nur gegenüber dem abwerbenden Unternehmen.

308 Damit ein Arbeitnehmer mit seinem Wechsel des Arbeitsplatzes nicht unkalkulierbare Risiken eingeht, sollte dieser selbst die Angebote und Zusagen sowie die Motivation des zukünftigen Arbeitgebers genau prüfen. Dies gilt insbesondere dann, wenn es die vertraglichen Vereinbarungen dem „neuen" Arbeitgeber gestatten, das neue Arbeitsverhältnis problemlos im Rahmen einer Probezeit wieder aufzulösen. Jeder Arbeitnehmer gibt bei einem Wechsel einen bis dahin erarbeiteten Status und **sozialen Besitzstand** im Unternehmen auf. Nicht zuletzt sind daran auch gesetzliche Schutzvorschriften, zB Fristen nach dem Kündigungsschutzgesetz, soziale Zusatzleistungen, Ansprüche oder Tantiemen gebunden, die ganz oder teilweise verloren gehen können oder nur in eingeschränkter Form bestehen bleiben. Ein besonderes Augenmerk sollte insbesondere auf die Motivation des „neuen" Arbeitgebers gerichtet werden, wenn dieser mit überdurchschnittlichen Entgelt-, Provisions- oder Tantiemenregelungen lockt.[515] Einen gewissen Schutz kann der abgeworbene Arbeitnehmer für sich erreichen, indem er das neue Arbeitsverhältnis nur eingeht, wenn der neue Arbeitgeber beispielsweise auf eine Probezeit verzichtet oder eine lange Kündigungsfrist vereinbart wird. Alternativ kann auch eine großzügige Abfindungsregelung für den Fall, dass die Zusammenarbeit nicht funktioniert, gewissen Schutz bieten.

309 Ferner ist ein **Einstellungsanspruch** des Abgeworbenen wegen der negativen Vertragsabschlussfreiheit nur gegeben, wenn ein entsprechender **Vorvertrag** geschlossen wurde.[516] Kriterium hierfür ist die so genannte Abschlussreife des Hauptvertrags. Ein wirksamer Vorvertrag, der einen oder beide Vertragsparteien zum Abschluss eines anderen schuldrechtlichen Vertrags (Hauptvertrag) verpflichtet, setzt voraus, dass der Inhalt des Hauptvertrags hinreichend bestimmt oder bestimmbar ist. Insbesondere sind die Hauptpflichten des abzuschließenden Vertrags im Vorvertrag festzulegen.[517] Nur wenn diese Voraussetzungen erfüllt sind, kann vollstreckbar auf den Abschluss des Hauptvertrags geklagt werden.

bb) Schadenersatzansprüche

310 Daneben kann den abgeworbenen Mitarbeiter, wenn er sich ohne Einhaltung der Kündigungsfrist von seinem Alt-Arbeitgeber löst, nach § 628 BGB ein **Schadenersatzanspruch wegen vorzeitiger Auflösung des Arbeitsverhältnisses** treffen.[518] Auch wenn der abgeworbene Arbeitnehmer trotz Einhaltung der Kündigungsfrist an einer sittenwidrigen Schädigung des Alt-Arbeitgebers beteiligt ist, kommen Schadenersatzansprüche nach § 823 BGB in Betracht. Entsprechende Schäden können aus Kosten für Ersatzkräfte oder angefallener Mehrarbeit folgen. Aber auch sonstige wirtschaftliche Nachteile wie entgangener Gewinn aufgrund eines Produktionsausfalls wären denkbar.[519] Allerdings muss sich der Arbeitgeber die ersparten Aufwendungen anrechnen lassen. Zeitlich ist ein Schaden zudem auf die Kündigungsfrist begrenzt.

---

[515] *Lutz* AuA 2002, 388 (389).
[516] *Benecke/Pils* NZA-RR 2005, 561 (564).
[517] LAG Sachsen 24. 8. 1999 – 9 Sa 131/99, NZA-RR 2000, 410.
[518] *Zimmer* AuA 2007, 264.
[519] *Schultze* AuA 2007, 263.

VII. Durchführung der Personalsuche ("Headhunting")

b) Ansprüche gegenüber dem abwerbenden Arbeitgeber

Ansprüche des Alt-Arbeitgebers gegenüber dem abwerbenden Neu-Arbeitgeber können sich insbesondere aus den § 1 UWG, §§ 826, 823, 1004 BGB ergeben. § 1 UWG und § 826 BGB gewähren dem benachteiligten Arbeitgeber gleichermaßen einen **Schadenersatzanspruch.** Dieser richtet sich regelmäßig auch dann gegen den abwerbenden Arbeitgeber, wenn dieser sich für seine Abwerbungsmaßnahmen einer Mittelsperson zB Angestellten, Vorarbeiter usw bedient. 311

Voraussetzung eines Schadensersatzanspruchs ist, dass dem früheren Arbeitgeber tatsächlich ein **Schaden** entstanden, dh eine **Verschlechterung seiner Vermögenslage** eingetreten ist. Diese kann in einen Gewinnausfall oder in einer Konventionalstrafe bestehen, die wegen nicht fristgemäßer Ausführung eines Auftrages in Folge der Abwerbung zu zahlen war. Als entgangen gilt der Gewinn der nach dem gewöhnlichen Lauf der Dinge oder nach den besonderen Umständen, vor allem nach den getroffenen Anstalten und Vorkehrungen mit Wahrscheinlichkeit erwartet werden konnte (§ 252 S. 2 BGB). Der Schaden kann auch in einer vorgezogenen Lohnerhöhung als Abwehrmaßnahme auf Abwerbungshandlungen, dem Aufwand für die Beschaffung und Einarbeitung neuer Arbeitskräfte, der Mehrvergütung die der Arbeitgeber der Ersatzkraft zahlen muss oder dem Überstundengehalt bestehen, das geleistet worden ist um den Ausfall der abgeworbenen Arbeitskraft zu überbrücken. Bei der Ermittlung der Schadenshöhe ist nicht ausschließlich die jeweils zu Grunde zulegende Kündigungsfrist maßgebend. Diese Zeitgrenze gilt nur, wenn der Arbeitnehmer auch ohne die Abwerbung und Einhaltung der Kündigungsfrist ausgeschieden wäre. Steht jedoch fest, dass das Arbeitsverhältnis ohne die Abwerbungsmaßnahme fortgesetzt worden wäre, so ist Schadensersatz zu leisten, wie Schaden als Folge der unzulässigen Abwerbung entsteht. 312

Der frühere Arbeitgeber kann des Weiteren neben dem Schadensersatzanspruch im Wege der wiederherstellenden Unterlassungsklage verlangen, dass sich der neue Arbeitgeber der Nutznießung seiner rechtswidrigen Abwerbung enthält und den abgeworbenen Arbeitnehmer nicht beschäftigt.[520] Das kann in den Fällen, in denen nur der neue Arbeitgeber sittenwidrig gehandelt hat, ein **begrenztes Beschäftigungsverbot,** also ein zeitlich befristetes Verbot, den abgeworbenen Arbeitnehmer mit bestimmten Arbeiten zu beschäftigen, zur Folge haben. Dies kann auch im Wege der einstweiligen Verfügung durchgesetzt werden.[521] Ob und in welchem Umfang ein befristetes Beschäftigungsverbot schlechthin oder für bestimmte Arbeiten im Wege der Naturalrestitution ausgesprochen werden kann, bestimmt sich danach, ob und inwieweit im konkreten Fall noch ein Schadensausgleich erreichbar ist. Die Dauer des Beschäftigungsverbots ist von Fall zu Fall zu ermitteln. Sie kann bei Vertragsbruch des Arbeitnehmers der einzuhaltenden Kündigungsfrist entsprechen oder so bemessen werden, wie nach dem gewöhnlichen Lauf der Dinge der frühere Arbeitgeber den unlauteren Wettbewerbsvorsprung des Abwerbenden wieder eingeholt hat. Das Gericht kann den Zeitraum schätzen (§ 287 ZPO). Wirken bei der Abwerbemaßnahme verschiedene Beteiligte mit, ist Schuldner eines Beseitigungsanspruchs nur der Beteiligte, der die Rechtsmacht hat, das Arbeitsverhältnis der abgeworbenen Person zu ändern. Haben sich die tatsächlichen Verhältnisse zwischenzeitlich so geändert, dass eine Naturalherstellung nicht mehr erreicht werden kann, zB bei einer Änderung der Produktions- oder Vertriebstätigkeit der Parteien, dann geht ein Schadenersatzanspruch nur noch auf Geld um die im Wettbewerb erlittenen Nachteile auszugleichen. Als Annex 313

---

[520] BGH 17. 3. 1961 – I ZR 26/60, NJW 1961, 1308; *Sasse* ArbRB 2003, 277 (279).
[521] OLG Frankfurt 23. 10. 1995 – 6 U 49/94, ZIP 1996, 390; *Sasse* ArbRB 2003, 277 (279).

D. Personalberatung, Arbeits- und Personalvermittlung

zu diesen Ansprüchen kann ein Auskunftsanspruch über Art und Umfang der Abwerbungsmaßnahmen bestehen.

314 § 1 UWG sieht neben dem Schadensersatzanspruch einen Anspruch auf **Unterlassung sittenwidriger Abwerbungsmaßnahmen** vor, bei denen eine Wiederholungsgefahr besteht. Er wird auch bei Vorliegen der Voraussetzungen des § 826 BGB gewährt. Eine Abwanderung von Arbeitnehmern muss nicht eingetreten sein. Es genügt die begründete Besorgnis, die sittenwidrigen, möglicherweise zum Erfolg führenden Handlungen könnten fortgesetzt werden. Anders als beim Schadensersatzanspruch ist ein Verschulden nicht erforderlich. Der Anspruch ist auf Unterlassung weiterer Abwerbungshandlungen der praktizierten Art gerichtet und gegenüber dem Abwerbenden geltend zu machen.

c) Ansprüche gegen den Headhunter

315 Sofern die Handlungsweise des Headhunters gegen die guten Sitten verstößt, stehen dem betroffenen Arbeitgeber Ansprüche gem. § 1 UWG bzw. § 826 BGB zu. Hierbei besteht ein **Unterlassungsanspruch,** aufgrund dessen dem Headhunter untersagt werden kann, weiterhin die unlauteren Praktiken gegenüber den entsprechenden Mitarbeitern vorzunehmen. Diese können auch im Wege der **einstweiligen Verfügung** geltend gemacht werden. Dabei wird es aber oft schwirig sein, die zu untersagende Handlung und den betroffenen Personenkreis hinreichend zu konkretisieren.[522]

316 Erfüllt ein Headhunter in seiner Person die Voraussetzungen einer Anspruchsnorm, haftet dieser neben dem abwerbenden Arbeitgeber. Die bedeutet, dass der betroffene Arbeitgeber **Schadenersatzansprüche** gegen den Auftraggeber und den Personalvermittler geltend machen kann. Als mögliche Schadenspositionen kommt beispielsweise ein Gewinnausfall in Betracht.[523] Jedoch ist erforderlich, dass der Arbeitgeber diesen Schaden im Einzelfall darlegt. Dies wird häufig Schwierigkeiten beggenen. Jedoch sind Fälle bei hochspezialisierten Fachkräften denkbar, zB wenn ein Projekt wegen der Abwanderung eines Mitarbeiters eingestellte werden muss.[524] Hier dürfte ein Schaden sehr viel einfacher darzulegen sein.

d) Ansprüche bei Abwerbung eines Mitarbeiters durch einen Arbeitnehmer

317 Die Beteiligung des Arbeitnehmers an der Abwerbung besteht regelmäßig darin, dass er sich abwerben lässt. Ausnahmsweise werden Abwerbungshandlungen aber auch von Arbeitnehmern vorgenommen, die noch im Dienste des geschädigten Arbeitgebers stehen oder bereits ausgeschieden sind.

318 Die Abwerbung eines anderen Arbeitnehmers, dh eines Kollegen, während des Arbeitsverhältnisses kann ein Anspruch auf **Ersatz des Abwerbungsschadens** und ein **Recht zur Kündigung des Arbeitsvertrags** zur Folge haben. Dem Arbeitnehmer ist auch ohne ausdrückliche Vertragsabrede untersagt, seinem Arbeitgeber Arbeitskräfte abzuwerben. Dies gilt gleichermaßen für ein Abwerben für einen eigenen künftigen Betrieb, den er nach seinem Ausscheiden gründen will, wie für einen anderen Arbeitgeber. Werden diese vertraglichen Nebenpflichten vorsätzlich oder fahrlässig verletzt, muss er dem Arbeitgeber den Schaden ersetzen, den dieser in Folge der Abwerbung hat.

---

[522] *Sasse* ArbRB 2003, 277 (278).
[523] *Braun* NZA 2003, 633 (636); *Sasse* ArbRB 2003, 277 (278).
[524] *Sasse* ArbRB 2003, 277 (278).

VII. Durchführung der Personalsuche („Headhunting")

Hierbei genügt jedoch jede Abwerbung, sie muss nicht mit unlauteren Mitteln oder in verwerflicher Weise vorgenommen werden. Die vorsätzliche oder fahrlässige sittenwidrige Abwerbung führt in jedem Fall zu einem **Schadensersatzanspruch.** Das gleiche gilt zB wenn der Arbeitnehmer seine Kollegen verleitet, entweder unter Vertragsbruch auszuscheiden, sich für seine Abwerbungstätigkeit bezahlen lässt oder die Abwerbung planmäßig und zielbewusst betreibt, um seinen Arbeitgeber zu schädigen. Der Arbeitnehmer hat wie der sittenwidrig abwerbende Dritte den Abwerbungsschaden zu erstatten. **319**

Verstößt ein Arbeitnehmer durch Abwerbung im Betrieb für einen anderen Arbeitnehmer gegen seine Treuepflicht, kommt eine **(außerordentliche) verhaltensbedingte Kündigung** in Betracht. Ein Recht zur Kündigung ist dabei regelmäßig gegeben, wenn ein Arbeitnehmer entweder Arbeitskollegen für seinen eigenen künftigen Betrieb abwirbt oder in sittenwidriger Weise versucht, sie zum Arbeitsplatzwechsel zu bewegen. Dies liegt etwa vor, wenn ein Arbeitnehmer versucht Kollegen zu verleiten, unter Vertragsbruch beim bisherigen Arbeitgeber auszuscheiden, im Auftrag eines Konkurrenzunternehmens gegen Bezahlung diesen Versuch unternimmt oder wenn er insoweit seinen Arbeitgeber planmäßig zu schädigen sucht. Die Verletzung der Treuepflicht durch derartige unzulässige Abwerbungshandlungen stellt nach den Umständen des Einzelfalles einen wichtigen Grund gem. § 626 Abs. 1 BGB dar, der den Arbeitgeber zur außerordentlichen Kündigung des abwerbenden Arbeitnehmers berechtigt. Eine vorherige Abmahnung ist nicht erforderlich, weil eine Pflichtverletzung im Vertrauensbereich vorliegt. Eine Abwerbung mit zulässigen Mitteln rechtfertigt eine entsprechende Kündigung dagegen nicht. **320**

Nach Beendigung des Arbeitsverhältnisses unterliegt eine Abwerbung durch einen dann ehemals tätigen Arbeitnehmer keiner speziellen Einschränkung. Die **nachwirkende Treuepflicht** geht nicht soweit, dass der ausgeschiedene Arbeitnehmer jede Abwerbung zu unterlassen hat. Es bleibt ihm unbenommen, in Gesprächen mit früheren Arbeitskollegen auf bessere Arbeitsbedingungen bei einem neuen Arbeitgeber hinzuweisen oder für sie bei diesem anzufragen, ob ihre Beschäftigung möglich ist. Schadensersatz und Unterlassungsansprüche gem. § 1 UWG, § 826 BGB kommen erst in Betracht, wenn die Abwerbung sittenwidrig ist, dh der Arbeitnehmer beispielsweise im Auftrag eines anderen Unternehmens handelt und zB eine „Schlepperprämie" erhält.[525] **321**

6. Background Checks vor Einstellungen

Im Einstellungsvorgang bestehen berechtigte Interessen, sich vor der Einstellung ein klares Bild über die Person des Bewerbers zu verschaffen. Dies beschränkt sich nicht auf die Qualifikationen, sondern auch auf die Bewertung charakterlicher Eigenschaften.[526] Vor diesem Hintergrund werden die übersandten Bewerbungsunterlagen und das Bewerbungsgespräch angesichts der sich bietenden vielfältigen weiteren Informationsquellen oftmals als nicht ausreichend erachtet. Sogenannte Background Checks (oder auch „Pre-Employment Due Diligence") stellen dementsprechend ein in der Praxis häufig genutztes Mittel für Unternehmen oder Personalberater dar, um die Geeignetheit eines Bewerbers für die vakante Stelle zu verifizieren. Unter einem Background Check werden alle Maßnahmen verstanden, die geeignet sind, um **weiterge- 322**

---

[525] *Braun* NZA 2003, 633 (636 ff.).
[526] *Schmid/Appt* AuA (Sonderausgabe) 2010, 23.

D. Personalberatung, Arbeits- und Personalvermittlung

hende Kenntnisse über Charakter, Fähigkeiten, Zuverlässigkeit und Integrität des Bewerbers zu erlangen.[527] Hierbei geht es um die Erhebung von Daten, die nicht direkt vom Bewerber stammen, sondern aus andere Quellen oder Dritten gewonnen werden. Insbesondere die Überprüfung des „Criminal Backgrounds", der finanziellen Situation, des Gesundheitszustandes sowie der psychischen Verfassung des Bewerbers stehen hierbei im Fokus des arbeitgeberseitigen Interesses.[528] Entsprechende Daten können sich beispielsweise aus Führungszeugnissen, Gesundheitszeugnissen oder einer Eigenauskunft der Schutzgemeinschaft für Allgemeine Kreditsicherung (SCHUFA-Auskunft) sowie aus Internet-Recherchen oder Befragungen von Weggefährten ergeben.

323 Auch diesbezüglich gilt zunächst der allgemeine datenschutzrechtliche Grundsatz, dass jede Erhebung, Verarbeitung und Nutzung personenbezogener Daten unter einem **Erlaubnisvorbehalt** steht. Dies bedeutet, dass auch die einzelnen Maßnahmen des Background Checks nur zulässig sind, wenn sie durch das Datenschutzgesetz oder durch eine andere Rechtsvorschrift, was auch Betriebsvereinbarungen sein können, erlaubt sind. Bislang werden Background Checks als zulässig erachten, wenn hierbei die durch das BAG entwickelten Grundsätze zum Fragerecht des Arbeitgebers beachtet werden.[529] Das BAG bestimmt die Zulässigkeit solcher Fragen des Arbeitgebers mittels einer Abwägung des aus der allgemeinen Handlungsfreiheit fließenden Informationsrechts des Arbeitgebers an der wahrheitsgemäßen Beantwortung der Fragen einerseits mit dem Bedürfnis des Arbeitnehmers an der Geheimhaltung seiner persönlichen Lebensumstände zum Schutz seines Persönlichkeitsrechts und zur Sicherung der Unverletzlichkeit seiner Individualsphäre andererseits.[530] Der Arbeitgeber habe danach ein schutzwürdiges Interesse an der wahrheitsgemäßen Beantwortung von Fragen, die in einem sachlichen und inneren Zusammenhang mit dem angestrebten Arbeitsplatz stehen und deren Beantwortung für den Arbeitsplatz und die zu verrichtende Tätigkeit selbst von Bedeutung sind.[531] Bei einem schutzwürdigen Interesse des Arbeitgebers an der wahrheitsgemäßen Beantwortung einer Frage trete das Interesse des Bewerbers an der Wahrung seines Persönlichkeitsrechts zurück.[532] Der Anspruch eines einstellungswilligen Arbeitgebers ist danach auf die Beschaffung von Informationen über den Bewerber beschränkt, die in einem sachlichen und inneren Zusammenhang mit dem zu besetzenden Arbeitsplatz stehen und für die Tätigkeit im Unternehmen von Bedeutung sind.

324 Nunmehr enthält der Regierungsentwurf zum neuen **Bundesdatenschutzgesetz** (BDSG-E)[533] Vorgaben, wie ein Background Check (noch) durchgeführt werden kann, ohne die Rechte von Bewerbern zu verletzen. Demnach darf ein Arbeitgeber nach § 32 Abs. 1 BDSG-E vom Bewerber außer den Kontaktdaten nur solche Daten erfragen, die erforderlich sind, um die Eignung des Bewerbers für eine in Betracht kommende Tätigkeit festzustellen.

325 Zudem besteht der datenschutzrechtliche **Grundsatz der Direkterhebung von Daten**,[534] so dass Background Checks bereits deshalb nur in Ausnahmefällen zulässig

---

[527] *Thum/Szczesny* BB 2007, 2405 f.; *Schmid/Appt* AuA (Sonderausgabe) 2010, 23.
[528] *Zimmer* AuA 2007, 264 (266); *Thum/Szczesny* BB 2007, 2405 (2406).
[529] *Hohenstatt/Stamer/Hinrichs* NZA 2006, 1065 (1066 f.); *Thum/Szczesny* BB 2007, 2405 (2406).
[530] BAG 7. 6. 1984 – 2 AZR 270/83, NZA 1984, 57.
[531] *Zimmer* AuA 2007, 264 (266).
[532] *Hohenstatt/Stamer/Hinrichs* NZA 2006, 1065 (1066).
[533] Vgl. BT-Drs. 16/10529, 16/10581, 16/13219; BR-Drs. 535/10.
[534] *Novara/Ohrmann* AuA 2011, 145 (146).

VII. Durchführung der Personalsuche („Headhunting")

sind. Der Gesetzesentwurf sieht dementsprechend für die Datenerhebung vor Begründung des Beschäftigungsverhältnisses in § 32 Abs. 6 ausdrücklich vor, dass Daten grundsätzlich nur beim Bewerber zu erheben sind. Plant ein Unternehmen ergänzende Informationen zu erlangen, indem beispielsweise Referenzen früherer Arbeitgeber eingeholt werden sollen, bedarf es dafür schon wegen des Direkterhebungsgrundsatzes der vorherigen Einwilligung des Bewerbers.[535] Diese Einschränkungen bestehen aber nicht, soweit die Bewerberdaten allgemein zugänglich sind.[536] Entsprechend der Begründung zum Gesetzesentwurf zum BDSG[537] sind dies ua solche Daten, die der Presse oder dem Rundfunk zu entnehmen sind. Auch im Internet verfügbare Daten sind „allgemein zugänglich", wenn sie bei bestimmungsgemäßer Benutung der entsprechenden Quelle für jedermann abrufbar sind. Die Recherche über allgemein zugängliche Suchmaschinen kann somit uneingeschränkt erfolgen. In sozialen Netzwerken soll dagegen nach § 32 Abs. 6 BDSG-E nur noch möglich sein, wenn es sich um Netzwerke handelt, die speziell für Präsentationen gegenüber potentiellen Arbeitgebern gedacht sind.[538] Aus sozialen Netzwerken, die der Kommunikation dienen, dürfen dagegen keine Daten (mehr) erhoben werden. Nach dem Gesetzesentwurf überwiegt dort das schutzwürdige Interesse des Bewerbers am Ausschluss der Datenerhebung.

---

[535] *Schmid/Appt* AuA (Sonderausgabe) 2010, 23 (24).
[536] *Novara/Ohrmann* AuA 2011, 145 (146); *Schmid/Appt* AuA (Sonderausgabe) 2010, 23 (24).
[537] Vgl. BT-Drs. 16/10529, 16/10581, 16/13219; BR-Drs. 535/10.
[538] *Novara/Ohrmann* AuA 2011, 145 (146).

Stichwortverzeichnis

von Julian Pier, Wiss. Mitarbeiter

Abgrenzungen der Arbeitnehmerüberlassung A Rn. 28 ff.
- Bedeutung A Rn. 52 ff.
- grundsätzlicher Abgrenzungsmaßstab A Rn. 29
- Scheinwerk-/-dienstverträge A Rn. 53 ff., 464
- zum Dienstvertrag A Rn. 45 ff.
  - Abgrenzungskriterien A Rn. 46 ff.
- zum Geschäftsbesorgungsvertrag A Rn. 49 ff.
- zum Werkvertrag A Rn. 30 ff.
  - Abgrenzungskriterien A Rn. 32 ff.
  - dreistufiges Prüfungsverfahren A Rn. 31
  - Durchführungsanweisung der Bundesagentur für Arbeit A Rn. 31 ff.
- zur Arbeitsvermittlung A Rn. 57 ff., B Rn. 51
  - Abgrenzungsmerkmale A Rn. 60 ff.
  - gesetzliche Vermutung A Rn. 64 ff.
- zur Entsendung selbständig Tätiger B Rn. 8, 51, 80; *siehe auch unter Entsendung selbständig Tätiger*
- zur Personalvermittlung D Rn. 15 f.
- zur Überlassung von Sachmitteln A Rn. 51

Abwerbung *siehe unter Einstellungsverbote*

Allgemeines Gleichstellungsgesetz (AGG) A Rn. 696, 750, 759, 777, D Rn. 81 ff., 119 ff.
- Auskunftsansprüche des Bewerbers D Rn. 153 ff.
  - allgemeiner Auskunftsanspruch D Rn. 157
  - Rechtsweg für Auskunftsersuchen D Rn. 161 ff.
  - über Auswahlkriterien D Rn. 164 ff.
  - über Identität des Auftraggebers D Rn. 155 ff.
- Benachteiligung bei der Personalauswahl D Rn. 129 ff.
  - Ablehnungsschreiben D Rn. 130
  - Schwerbehindertenschutz D Rn. 133 f.
  - Spontanauswahl D Rn. 131
  - Vorauswahl D Rn. 129
- Ernsthaftigkeit einer Bewerbung D Rn. 122 ff.
- Haftung bei Einschaltung Dritter (Personalberater/-vermittler) D Rn. 148 ff.
  - Erfüllungsgehilfenhaftung D Rn. 151
- sachlicher Geltungsbereich D Rn. 120 f.
- Schadensersatzansprüche des Bewerbers D Rn. 135 ff.
  - Darlegungs- und Beweislast D Rn. 144 ff.
  - Entschädigungsanspruch D Rn. 138 ff.
  - Frist zur Geltendmachung D Rn. 167 ff.
  - immaterieller Schadensersatz D Rn. 1
  - materieller Schadensersatz D Rn. 136 f.
- Stellenausschreibung D Rn. 125 ff.
  - neutrale Ausschreibung D Rn. 125

Änderung des AÜG *siehe unter Arbeitnehmerüberlassungsgesetz*

Anzeigepflichten des Verleihers *siehe unter Verleiher*

Anzeige einer Arbeitnehmerüberlassung A Rn. 316 ff.
- Anforderungen an Verleihunternehmen A Rn. 318 f.
- Anforderungen an die Anzeige A Rn. 323 ff.
- Höchstüberlassungsdauer A Rn. 322
- Privilegierung der „Kollegenhilfe" A Rn. 316
- Vermeidung von Kurzarbeit oder Entlassungen A Rn. 320 f.

Arbeitnehmer-Entsendegesetz A Rn. 162 ff.
- Anwendungsbereich A Rn. 164
- Zielsetzung A Rn. 163

Arbeitnehmerüberlassung A Rn. 1 ff.
- Definition des Grundbegriffs A Rn. 1 f.
- Einschränkung im Baugewerbe A Rn. 263 ff.
  - Ausnahmen vom Verbot A Rn. 275 ff.
    - „Kollegenhilfe" im Baugewerbe A Rn. 278
    - Verleiher mit Sitz im EWR A Rn. 279 f.
    - Zulassung durch allgemeinverbindliche Tarifverträge A Rn. 277
  - grundsätzliche Unzulässigkeit der Überlassung A Rn. 263
  - Hintergrund des Verbots A Rn. 263
  - Rechtsfolgen des Verbots A Rn. 281 ff.
    - Auswirkung auf den Leiharbeitsvertrag A Rn. 282
    - Fehlen der Überlassungserlaubnis A Rn. 283
    - Folgen aus Gewerbe- und Ordnungswidrigkeitenrecht A Rn. 284 f.

401

Stichwortverzeichnis

– Nichtigkeit des Überlassungsvertrags **A** Rn. 281
– Vereinbarkeit mit Gemeinschaftsrecht **A** Rn. 266 f.
– Verfassungsmäßigkeit des Verbots **A** Rn. 264 f.
– Erlaubnispflicht **A** Rn. 143 f.; *siehe auch gewerbliche Erlaubnis*
  – Ausnahmen **A** Rn. 143, 144
– keine Überlassungshöchstgrenzen **A** Rn. 261 f.
– zweckbezogene Beschränkung **A** Rn. 262
– vermittlungsorientierte Arbeitnehmerüberlassung **D** Rn. 15 f., 57, 65
– Verzahnung mit der Personalvermittlung **D** Rn. 16
– Voraussetzungen des Verbots **A** Rn. 268 ff.
  – fachlicher Geltungsbereich **A** Rn. 270 f.
  – gegenständlicher Geltungsbereich **A** Rn. 269
  – persönlicher Geltungsbereich **A** Rn. 272
  – räumlicher Geltungsbereich **A** Rn. 273 f.
– Terminologie **A** Rn. 4 ff.
– Überlassung zu karitativen Zwecken **A** Rn. 129, 255, 259
– vertragliches Dreiecksverhältnis **A** Rn. 3 ff.
– Verbot dauerhafter Überlassung **A** Rn. 130
– vorrübergehende Überlassung **A** Rn. 261 f.

Arbeitnehmerüberlassungsgesetz (AÜG) **A** Rn. 112 ff.
– Anwendungsbereich **A** Rn. 129 f.
– Entwicklungsgeschichte **A** Rn. 113
– Gesetzesänderung im Jahr 2011 **A** Rn. 118 ff., 257 ff., 261 f.
  – Gesetzgebungsverfahren **A** Rn. 123 f.
  – Hintergrund der Änderung **A** Rn. 118 ff.
  – Inkrafttreten **A** Rn. 136
  – Kritik an den Änderungen **A** Rn. 137 ff., 145 f.
  – wesentliche Änderungen **A** Rn. 125 ff., 498
– Gestaltung des Leiharbeitsvertrages *siehe unter Leiharbeitsvertrag*
– persönlicher Geltungsbereich **A** Rn. 116
– räumlicher Geltungsbereich **A** Rn. 115
– Rückgriff auf zivilrechtliche Vorschriften **A** Rn. 114
– sachlicher Geltungsbereich **A** Rn. 117

Arbeitnehmerüberlassungsverhältnis *siehe Überlassungsverhältnis*

Arbeitnehmerüberlassungsvertrag *siehe Überlassungsvertrag*

Arbeitsschutz **A** Rn. 348, 556, 649, 693 ff., 761, 768, 776

Arbeitsvermittlung **A** Rn. 57 ff.; *siehe auch Personalvermittlung*

– Abgrenzung zur Personalberatung **D** Rn. 19
– Abgrenzung zur Personalvermittlung **D** Rn. 13 f.
– Arbeitsvermittlerverordnung **D** Rn. 20
– Begriffsbestimmung **A** Rn. 57
– Beschäftigungsförderungsgesetz **D** Rn. 20
– gesetzliche Vermutung für Arbeitsvermittlung **A** Rn. 64 ff.
  – Voraussetzungen **A** Rn. 67 ff.
  – Rechtsfolgen **A** Rn. 77 ff.
  – Widerlegbarkeit der Vermutung **A** Rn. 81 ff.
– tatsächliche Kennzeichnung **A** Rn. 59
– vormaliges Vermittlungsmonopol **A** Rn. 58, **D** Rn. 14, 17 ff.
  – Eingriff in die Berufsfreiheit **D** Rn. 18
  – Entscheidung des EuGH **D** Rn. 20

Arbeitsvermittlungsmonopol der BArgfA **A** Rn. 58, **D** Rn. 14, 17 ff.; *siehe auch unter Arbeitsvermittlung und Personalvermittlung*

Assessment-Center *siehe unter Personalberatung und Personalvermittlung*

Auskunftspflichten des Verleihers *siehe unter Verleiher*

Background Check **D** Rn. 177, 332 ff.
– Bundesdatenschutzgesetz **D** Rn. 324
– Erhebung unter Erlaubnisvorbehalt **D** Rn. 323
– Grundsatz der Direkterhebung **D** Rn. 325

Behördliche Nachschau *siehe unter Verleiher*

Beschäftigungsverhältnis **A** Rn. 26 f., 684 ff.
– AGG **A** Rn. 696
– Arbeitnehmererfindungen **A** Rn. 692
– Arbeitsschutz **A** Rn. 693 ff.
– Auskunftsanspruch **A** Rn. 700
– Ausnahmsweises Zustandekommens eines Arbeitsverhältnisses **A** Rn. 27, 54, 80; *siehe auch Fiktion eines Arbeitsverhältnisses zum Entleiher*
– Betriebsübergang **A** Rn. 688 f.
– Diskriminierungen **A** Rn. 696
– Eingliederung in den Betrieb **A** Rn. 41 f., 758, 760
– Haftung **A** Rn. 708 ff.
  – Haftung des Entleihers **A** Rn. 713 f.
    – Körper- und Sachschäden **A** Rn. 713
    – Verletzung der Auskunftspflicht **A** Rn. 714
  – Haftung des Leiharbeitnehmers **A** Rn. 709 ff.
    – Innerbetrieblicher Schadensausgleich **A** Rn. 711
    – Nichtleistung **A** Rn. 709

Stichwortverzeichnis

- Schlechtleistung **A** Rn. 710 ff.
- Vertrag mit Schutzwirkung zugunsten Dritter **A** Rn. 712
- keine arbeitsvertragliche Beziehung **A** Rn. 684, 688
- Informationspflicht über freie Arbeitsplätze **A** Rn. 133, 701 ff.
- Rechtsnatur **A** Rn. 685 ff.
  - Schuldverhältnis **A** Rn. 687
  - Schuldverhältnis ohne primäre Leistungspflichten **A** Rn. 686
  - Vertrag zugunsten Dritter **A** Rn. 687
- sozialversicherungsrechtliche Pflichten **A** Rn. 715 ff.
  - Bürgenhaftung des Entleihers **A** Rn. 716
- Rechtsweg **A** Rn. 717
- Übertragung gewisser Arbeitgeberfunktionen **A** Rn. 684
- Unterrichtungspflichten **A** Rn. 695
- Weisungsrecht des Entleihers **A** Rn. 691, 699
- Zugang zu Gemeinschaftseinrichtungen/-diensten **A** Rn. 134, 491, 704 ff.

Betriebsrat *siehe auch unter Betriebsverfassungsrecht*
- Beteiligungsrechte beim Outtasking/Outsourcing **C** Rn. 83 ff.
  - Mitbestimmung des Auftraggeber-Betriebsrats **C** Rn. 83 ff.
    - Beteiligung bei Einstellungen **C** Rn. 89 f.
    - Interessenausgleich/Sozialplan **C** Rn. 87 f.
    - Unterrichtung des Wirtschaftsausschusses **C** Rn. 85 f.
- Beteiligungsrechte bei der Entsendung selbständig Tätiger **B** Rn. 93 ff.
  - Mitbestimmung des Auftraggeber-Betriebsrats **B** Rn. 93 ff.
- Beteiligungsrechte bei der Personalberatung/Personalvermittlung **D** Rn. 101 ff.
  - Mitbestimmung des Auftraggeber-Betriebsrats **D** Rn. 102 ff.
    - Assessment-Center **D** Rn. 117 f.; *siehe auch unter Personalberatung*
    - Auswahlrichtlinien **D** Rn. 107 f.
    - Auswahlverfahren **D** Rn. 118
    - Einstellung **D** Rn. 114 ff.
    - Innerbetriebliche Stellenausschreibung **D** Rn. 105 f.
    - Personalentwicklung **D** Rn. 109 ff.
    - Personalplanung **D** Rn. 102 ff.
- Beteiligungsrechte des Entleiherbetriebsrats **A** Rn. 739 ff.
  - Beantragung belegschaftsdienlicher Maßnahmen **A** Rn. 762
  - Beschäftigungsförderung/-sicherung **A** Rn. 768
  - Durchsetzung der Gleichstellung **A** Rn. 763
  - Förderung der Eingliederung Schutzbedürftiger **A** Rn. 765
  - Mitbestimmungsrechte
    - Arbeitsentgelt **A** Rn. 771, 779
    - Arbeitsschutz **A** Rn. 776
    - Arbeitszeit **A** Rn. 772
    - Auswahlrichtlinien **A** Rn. 791
    - Beendigung des Leiharbeitseinsatzes **A** Rn. 793
    - betriebliche Ordnung **A** Rn. 771
    - betriebliches Vorschlagswesen **A** Rn. 780
    - Gruppenarbeit **A** Rn. 781
    - Sozialeinrichtungen **A** Rn. 777
    - technische Überwachung **A** Rn. 775
    - Übernahme von Leiharbeitnehmern **A** Rn. 740 ff., 792
      - Zustimmungsverweigerung **A** Rn. 749 ff.
      - Zustimmungsverweigerungsgründe **A** Rn. 750 ff.
      - Folgen der Zustimmungsverweigerung **A** Rn. 756 f.
    - Urlaub **A** Rn. 774
    - Werkmietswohnungen **A** Rn. 777
  - personelle Angelegenheiten **A** Rn. 782 ff.
    - Berufsbildungsmaßnahmen **A** Rn. 791
    - Eingruppierung/Umgruppierung **A** Rn. 792
    - innerbetriebliche Ausschreibungen **A** Rn. 785 f.
    - Vorschlagsrechte bei Einplanung von Leiharbeit **A** Rn. 783
    - Vorschlagsrechte zur Beschäftigungssicherung **A** Rn. 784
    - Zustimmung zu Personalaufstellungen **A** Rn. 789
  - Überwachung der Gleichbehandlung **A** Rn. 759
  - Überwachung des Arbeitsschutzes **A** Rn. 761, 768
  - Unterrichtungsrecht über Leiharbeitnehmer **A** Rn. 769
  - Voraussetzung der Eingliederung des Leiharbeiters **A** Rn. 758, 760
- Beteiligungsrechte des Verleiherbetriebsrats **A** Rn. 585 ff.
  - Betriebsänderungen **A** Rn. 605
  - Mitbestimmungsrechte **A** Rn. 588 ff.
    - Arbeitszeit **A** Rn. 589
    - betriebliche Ordnung **A** Rn. 588
    - betriebliches Vorschlagswesen **A** Rn. 596

403

– Entgeltzahlung **A** Rn. 590
– Gesundheitsschutz **A** Rn. 593
– Gruppenarbeit **A** Rn. 597
– Lohngestaltung **A** Rn. 595
– Sozialeinrichtungen **A** Rn. 594
– technische Überwachung **A** Rn. 592
– Unfallverhütung **A** Rn. 593
– Urlaub **A** Rn. 591
– Werksmietwohnungen **A** Rn. 594
– personelle Angelegenheiten **A** Rn. 598 ff.
– Berufsbildungsmaßnahmen **A** Rn. 599
– Eingruppierung/Umgruppierung
 A Rn. 601
– Einstellung **A** Rn. 600
– Kündigung **A** Rn. 602 f
– personelle Einzelmaßnahmen
 A Rn. 600 ff.
– Unterrichtungspflichten des Verleihers
 A Rn. 586
Betriebsverfassungsrecht A Rn. 576 ff.
– Betriebsänderung **A** Rn. 795
– Betriebsrat *siehe dort*
– Betriebsversammlung **A** Rn. 733
– Jugend– und Auszubildendenvertetung
 A Rn. 580, 733, 766
– Stellung des Leiharbeiters im Entleiherbetrieb **A** Rn. 721 ff.
– aktives Wahlrecht **A** Rn. 726 ff.
– Anhörungs- und Vorschlagsrecht des Leiharbeiters **A** Rn. 735
– Auskunftsrecht des Leiharbeiters
 A Rn. 736
– Beschwerderecht des Leiharbeiters
 A Rn. 737
– Berücksichtigung bei Schwellenwerten
 A Rn. 730, 794
– passives Wahlrecht **A** Rn. 725
– Unterrichtungspflicht des Entleihers
 A Rn. 734
– Zugehörigkeit zum Entleiherbetrieb
 A Rn. 722
– Stellung des Leiharbeiters im Verleiherbetrieb **A** Rn. 576 ff.
– aktives und passives Wahlrecht
 A Rn. 579 f.
– dauerhafte Betriebszugehörigkeit
 A Rn. 576 f.
– Einsicht in Personalakten **A** Rn. 584
– Freistellung für Versammlungen
 A Rn. 583, 732
– Unterrichtungspflicht über Unfall- und Gesundheitsgefahren **A** Rn. 584
– Sozialplan **A** Rn. 795
– Sprechstunden **A** Rn. 582, 732
– Wahlvorstand **A** Rn. 580
– Wirtschaftsausschuss **A** Rn. 604, 794
Bußgeld *siehe Ordnungswidrigkeiten/Bußgeld*

Befristete Erlaubniserteilung *siehe unter gewerbliche Erlaubnis*

CGZP-Tarifverträge A Rn. 120, 180 ff., 504; *siehe auch Tariffähigkeit von Spitzenorganisationen*
– Ausgangsproblematik **A** Rn. 180
– Fehlen der Tariffähigkeit der CGZP
 A Rn. 190 ff., 196
– Konsequenz der CGZP-Entscheidung
 A Rn. 194 f., 202 ff., 205 ff.
– mehrgliedrige Tarifverträge **A** Rn. 242 ff.
– branchenübergreifende Zuständigkeit
 A Rn. 243 ff.
– Wirksamkeitsprobleme **A** Rn. 243 ff.
– Nachzahlungsverpflichtungen **A** Rn. 202, 205 ff.
– Ausschlussfristen **A** Rn. 211 ff.
– Bestimmung der Nachzahlungshöhe
 A Rn. 220, 237 ff.
– Auskunftsanspruch **A** Rn. 220, 239
– Schätzung **A** Rn. 240
– hilfsweise Bezugnahme auf andere Tarifverträge **A** Rn. 209
– klageweise Geltendmachung
 A Rn. 220 ff.
– Aussetzungspflicht der Gerichte **A** Rn. 199, 221 ff.
– doppelte Rechtshängigkeit **A** Rn. 227
– Lohnnachzahlungen **A** Rn. 205 ff.
– Sozialversicherungsbeiträge **A** Rn. 228 ff.
– Bürgenhaftung der Entleiher **A** Rn. 232, 716
– Entstehungsprinzip **A** Rn. 230
– Melde und Abführungspflicht des Verleihers **A** Rn. 231
– Verjährung **A** Rn. 217 ff., 233 f.
– Vertrauensschutz **A** Rn. 207, 235
– Verzichtsklauseln **A** Rn. 210
– Rückwirkung der Tarifunfähigkeit
 A Rn. 196, 199, 203
– Unzuständigkeit der CGZP **A** Rn. 187
– Verfahrensgang der CGZP-Entscheidungen
 A Rn. 181 ff.
– BAG-Beschluss **A** Rn. 187 ff.
– Berufung beim LArbG Berlin-Brandenburg **A** Rn. 185 ff.
– Entscheidung des ArbG Berlin **A** Rn. 181 ff.
– Reaktionen in der Praxis **A** Rn. 194 ff., 200 ff.
Contracting B Rn. 1 f., 7, 13
– Begriffsbestimmung **B** Rn. 1 f.
– Selbständigkeit **B** Rn. 13

„**Drehtüreffekt**" **A** Rn. 120, 126, 138 f., 508 f.

Stichwortverzeichnis

Dreiecksverhältnis A Rn. 3 ff., 22 ff.
Durchsuchungsrecht der BArgfA siehe unter *Verleiher*

Ein-Personen-Subunternehmer B Rn. 15, 35; siehe unter *Entsendung selbständig Tätiger*
Einschränkung im Baugewerbe siehe unter *Arbeitnehmerüberlassung*
Einstellungsverbote A Rn. 622 ff., D Rn. 67 ff., 245
– Abwerbeverbote A Rn. 623
– mittelbare Einstellungsverbote A Rn. 623
– nachvertragliche Einstellungsverbote D Rn. 245
– unlautere Abwerbung A Rn. 623
– Unwirksamkeit A Rn. 622
– Verhinderung der Vertragsanbahnung D Rn. 67
– Vertragsbruch A Rn. 623
Entleiher A Rn. 20 ff.
– Begriff A Rn. 20
– Übernahme bestimmter Arbeitgeberrechte und Pflichten A Rn. 21
Entsende-Richtlinie siehe unter *Gemeinschaftsrecht*
Entsendung selbständig Tätiger B Rn. 10 ff.
– Abgrenzung von Dienst-/Werkvertrag B Rn. 11, 57
– Abgrenzung zu Interim Management/Contracting B Rn. 7
– Anwendbarkeit der gewerberechtlichen Vorschriften B Rn. 9
– keine Erlaubnispflicht B Rn. 8
– Mitbestimmungsrechte des Auftraggeber-Betriebsrats B Rn. 93 ff.; siehe auch unter *Betriebsrat*
– Verhältnis zwischen Auftraggeber und selbständig Tätigem (Freelancer/Subunternehmer) B Rn. 63 ff.
  – Einsatz im Drei-Personen-Verhältnis B Rn. 65
  – Ausgestaltung der Rechtsbeziehung B Rn. 66 ff.
    – allgemeine Rücksichtnahmepflichten B Rn. 76
    – arbeitgeberseitige Weisungen B Rn. 78
    – Arbeitnehmerüberlassung B Rn. 80, 83, 90
    – Arbeitsverhältnis B Rn. 81 ff., 86 f.
    – Bevollmächtigung B Rn. 72
    – konkludenter Vertragsschluss B Rn. 77
    – nachvertragliches Wettbewerbsverbot B Rn. 74
    – ohne Vertragsverhältnis B Rn. 77 ff.
  – Organbestellung des freien Mitarbeiters B Rn. 70 ff.
  – Scheinselbständigkeit B Rn. 79; siehe auch dort
  – selbständige Tätigkeit B Rn. 82
  – Sozialversicherungsrecht B Rn. 85
  – Steuerrecht B Rn. 89
  – Vergütung B Rn. 77
  – vertragliche Vereinbarungen B Rn. 73
  – vertragliches Wettbewerbsverbot B Rn. 74
  – Vor- und Nachteile der Konstellation B Rn. 67 ff.
  – Einsatz im Zwei-Personen-Verhältnis B Rn. 64
  – Haftung B Rn. 92
– Verhältnis zwischen Personaldienstleister und Auftraggeber B Rn. 49 ff.
  – Haftung B Rn. 54 ff.
    – Auswahlverschulden B Rn. 56
    – Erfüllungsgehilfe B Rn. 55 f.
  – rechtlicher Rahmen B Rn. 49 ff.
    – Arbeitnehmerüberlassung B Rn. 51
    – Arbeitsvermittlung B Rn. 51
    – Dienstverschaffungsvertrag B Rn. 50, 53, 57
    – Dienst-/Werkvertrag B Rn. 55, 57
    – Werkverschaffung B Rn. 52
  – Rechtsweg B Rn. 62
  – Vertragsgestaltung B Rn. 58 ff.
    – AGB B Rn. 58
    – Anforderungen des AÜG B Rn. 58
    – wesentliche Regelungen B Rn. 59 ff.
– Verhältnis zwischen Personaldienstleister und selbständig Tätigem (Freelancer/Subunternehmer) B Rn. 10 ff.
  – Arbeitsverhältnis B Rn. 12 ff., 24
  – Dienst-/Werkvertrag B Rn. 15 ff., 19, 23
  – Ein-Personen-Subunternehmer B Rn. 15, 35
  – Grad der persönlichen Abhängigkeit B Rn. 12 f.
  – Gründung von Personen-/Kapitalgesellschaften B Rn. 15
  – Haftung B Rn. 43 ff.
    – allgemeine schuldrechtliche Haftung B Rn. 43
    – deliktische Haftung B Rn. 48
    – Erfüllungsgehilfe B Rn. 45
    – im Drei-Personen-Verhältnis B Rn. 45
    – individualvertragliche Regeln B Rn. 44
    – innerbetrieblicher Schadensausgleich B Rn. 46
– Rechtsweg B Rn. 17
– Scheinselbständigkeit B Rn. 15, 24, 29, 46, 78 ff.; siehe auch dort

- Umgehung sozialversicherungspflichtiger Beschäftigung **B** Rn. 16
- Vertragsgestaltung **B** Rn. 18 ff.
  - AGB **B** Rn. 18
  - Auskunftspflichten **B** Rn. 40
  - Berichtspflichten **B** Rn. 42
  - Befristung **B** Rn. 23
  - Geheimhaltungspflicht **B** Rn. 41
  - Kundenschutzklauseln **B** Rn. 30, 37 ff.
  - Kundenübernahmeklauseln **B** Rn. 38
  - Kündigung **B** Rn. 24 ff.
    - bei Vertrauensstellung **B** Rn. 27
    - fristlose Kündigung **B** Rn. 25 ff.
  - Mandantenschutzklauseln **B** Rn. 37
  - Vergütung **B** Rn. 28 f.
  - Vertragsgegenstand **B** Rn. 20 ff.
  - Wettbewerbsverbote für freie Mitarbeiter **B** Rn. 31 ff.
    - nachvertragliche **B** Rn. 33 ff.
    - vertragliche **B** Rn. 31 f.

equal-pay/-treatment *siehe Gleichstellungsgrundsatz*

Erlaubnis zur Arbeitnehmerüberlassung *siehe unter gewerbliche Erlaubnis*

Erlaubniserteilungsverfahren *siehe unter gewerbliche Erlaubnis*

Erlöschen der Erlaubnis *siehe unter gewerbliche Erlaubnis*

Fiktion eines Arbeitsverhältnisses zum Entleiher **A** Rn. 27, 54, 80, 282, 657 ff.
- Anfechtung **A** Rn. 680
- Arbeitsverhältnis kraft Gesetzes **A** Rn. 657
- Aufhebungsvertrag **A** Rn. 679
- Befristungsfiktion **A** Rn. 672 ff.
- Beginn des Arbeitsverhältnisses **A** Rn. 659 ff.
- Entfallen der Erlaubnis **A** Rn. 661
- Fehlen der Erlaubnis bei Vertragsschluss **A** Rn. 660
- Inhalt des fingierten Arbeitsverhältnisses **A** Rn. 662 ff.
  - Arbeitsbedingungen **A** Rn. 666
  - Arbeitszeit **A** Rn. 663
  - betriebliche Übung **A** Rn. 667
  - Einrücken in Arbeitgeberstellung **A** Rn. 662
  - Entgelt **A** Rn. 664 f.
  - Regelungen vergleichbarer Betriebe **A** Rn. 668
  - Tarifverträge, Betriebsvereinbarungen **A** Rn. 667
- Kündigung **A** Rn. 677 f.
- sozialversicherungsrechtliche Pflichten **A** Rn. 681

Freelancer **B** Rn. 2, 18; *siehe auch Entsendung selbständig Tätiger*

- Begriffsbestimmung **B** Rn. 2
- Einsatz im Drei-Personen-Verhältnis **B** Rn. 65
- Einsatz im Zwei-Personen-Verhältnis **B** Rn. 64

Gemeinschaftsrecht **A** Rn. 94 ff.
- Arbeitnehmerfreizügigkeit **A** Rn. 95
- Dienstleistungsfreiheit **A** Rn. 97
- Dienstleistungsrichtlinie **A** Rn. 104
- Entsende-Richtlinie **A** Rn. 100 ff.
  - Anwendungsbereich **A** Rn. 101
  - Schutzzweck **A** Rn. 100, 102
- Leiharbeitsrichtlinie **A** Rn. 105 ff.
  - Anpassung des AÜG **A** Rn. 109 f.
  - Anwendungsbereich **A** Rn. 106
  - zentrale Schutzvorschriften **A** Rn. 107 f.
- Niederlassungsfreiheit **A** Rn. 96
- Rahmenrichtlinie Arbeitsschutz **A** Rn. 99

gesetzlicher Mindestlohn **A** Rn. 147 ff., 846
- Anwendungsbereich eines Mindestlohnes **A** Rn. 155
- Ausgestaltung der Gesetzesvorschrift **A** Rn. 153 ff.
- Hintergrund der Mindestlohndebatte **A** Rn. 147 ff.
- Kritik an der derzeitigen Regelung **A** Rn. 156 f.
- Lohnuntergrenze mittels Rechtsverordnung **A** Rn. 154, 158 ff.

Gewerberechtliche Pflichten des Verleihers *siehe unter Verleiher*

gewerberechtliche Anzeige **B** Rn. 8 f., **C** Rn. 17 f.
- bei der Entsendung selbständig Tätiger **B** Rn. 8; *siehe auch dort*
- beim Outtasking/Outsourcing **C** Rn. 17 f.
- kein Erfordernis der Erlaubnis **B** Rn. 8

gewerbliche Erlaubnis **A** Rn. 143 f., 247 ff.
- Ausnahmen von Erlaubniserfordernis **A** Rn. 286 ff.
  - Abordnung zu einer Arbeitsgemeinschaft **A** Rn. 287 ff.
    - Geltung derselben Tarifverträge **A** Rn. 290
    - Mitgliedschaft der Arbeitsgemeinschaft **A** Rn. 289
    - tatsächliche Abordnung **A** Rn. 292
    - Vorliegen einer Arbeitsgemeinschaft **A** Rn. 288
  - gelegentliche Überlassung **A** Rn. 311
  - Überlassung im Konzern **A** Rn. 303 ff.; *siehe auch Konzernprivileg und konzerninterne Überlassung*
  - Überlassung ins Ausland **A** Rn. 312 ff.

Stichwortverzeichnis

- Überlassung zur Vermeidung von Kurzarbeit/Entlassung **A** Rn. 295 ff.
  - Entlassungen **A** Rn. 298
  - identischer Wirtschaftszweig **A** Rn. 296
  - Geeignetheit zur Abwendung **A** Rn. 299
  - Kurzarbeit **A** Rn. 297
  - „Nachbarschaftshilfe" **A** Rn. 295
  - tarifvertragliche Erlaubnis **A** Rn. 300 ff.
- Ausreichen einer bloßen Anzeige *siehe Anzeige einer Arbeitnehmerüberlassung*
- befristete Erteilung **A** Rn. 372 ff.
  - Ablehnung der Verlängerung **A** Rn. 377 f.
  - automatische Verlängerung **A** Rn. 375
  - bei erstmaliger Erteilung **A** Rn. 372
  - Verlängerungsantrag **A** Rn. 374
- Einschränkungen im Baugewerbe *siehe unter Arbeitnehmerüberlassung*
- Erlaubniserteilungsverfahren **A** Rn. 332 ff.
  - Antrag **A** Rn. 334
  - Entscheidung der Behörde **A** Rn. 337, 339 ff., 364 ff.
  - Inhalt der Erlaubnis **A** Rn. 338
  - Prüfungskriterien **A** Rn. 332
  - zuständige Behörde **A** Rn. 336
- Erlöschen der Erlaubnis **A** Rn. 380 ff.
  - bei Insolvenz oder Geschäftsunfähigkeit **A** Rn. 387
  - durch Auflösung des Unternehmens **A** Rn. 386
  - durch Nichtgebrauch **A** Rn. 383
  - durch Tod des Verleihers **A** Rn. 384 f.
  - durch Zeitablauf **A** Rn. 382
- Erteilung **A** Rn. 339
- Erteilung mit Nebenbestimmung **A** Rn. 364 ff., 458
  - Auflage **A** Rn. 367 f., 401 ff.
  - Bedingung **A** Rn. 366
  - Befristung **A** Rn. 372 ff.
  - Widerrufsvorbehalt **A** Rn. 369 ff., 376, 400
- Erteilung zur Erprobung **A** Rn. 372 f
- Fehlen der Erlaubnis **A** Rn. 283, 460; 660; *siehe auch Illegale Arbeitnehmerüberlassung und Fiktion eines Arbeitsverhältnisses zum Entleiher*
- Gewerbsmäßigkeit der Überlassung **A** Rn. 248 ff., 260
  - Auf Dauer angelegt **A** Rn. 251
  - Gewinnerzielungsabsicht **A** Rn. 252 ff.
  - selbständige Tätigkeit **A** Rn. 250
- konzernangehörige Personalführungsgesellschaft **A** Rn. 254; *siehe auch konzerninterne Überlassung*
- nichtgewerbsmäßige Überlassung **A** Rn. 256
- Nichtigkeit der Erlaubnis **A** Rn. 391

- präventives Verbot mit Erlaubnisvorbehalt **A** Rn. 247
- Rechtsweg bei Streitigkeiten **A** Rn. 454 ff.
  - Gerichtszuständigkeit **A** Rn. 454
  - Gerichtliches Verfahren **A** Rn. 456 ff.
  - Widerspruchsverfahren **A** Rn. 455
- Rücknahme der Erlaubnis **A** Rn. 388 ff., 459
  - Ausgleich von Vermögensnachteilen **A** Rn. 395
  - Beweislast für Rechtswidrigkeit der Rücknahme **A** Rn. 390
  - Nichtigkeit der Erlaubnis **A** Rn. 391
  - Rechtsfolgen einer Rücknahme **A** Rn. 392 ff.
  - Rücknahmefrist **A** Rn. 396
  - Schonfrist **A** Rn. 394
  - Voraussetzungen der Rücknahme **A** Rn. 389
  - Zulässigkeit der Rücknahme **A** Rn. 392
  - Zukunftswirkung der Rücknahme **A** Rn. 393
- Sondergesetzliche Regelungen **A** Rn. 327 ff.
  - Bewachungsgewerbe **A** Rn. 330
  - Gesamthafenbetriebe **A** Rn. 328
  - öffentlicher Dienst **A** Rn. 331
  - Personenbeförderungsgesetz **A** Rn. 329
- Überlassung im Rahmen der wirtschaftlichen Tätigkeit **A** Rn. 247, 257 ff.
  - wirtschaftliche Tätigkeit **A** Rn. 258
- Überlassung zu karitativen Zwecken **A** Rn. 129, 255, 259
- Übertragbarkeit der Erlaubnis **A** Rn. 412 ff.
  - Fortgeltung bei Betriebsübergang **A** Rn. 413
  - Fortgeltung bei Umwandlungen **A** Rn. 414 f.
  - Personenbezogenheit **A** Rn. 412
- unbefristete Erlaubniserteilung **A** Rn. 379
- Versagungsgründe **A** Rn. 337, 340 ff.
  - besondere Versagungsgründe **A** Rn. 359 ff.
  - Fachkunde/Berufserfahrung **A** Rn. 352
  - mangelnde Betriebsorganisation **A** Rn. 353 ff.
  - Regelbeispiele **A** Rn. 343 ff.
  - ungeordnete Vermögensverhältnisse **A** Rn. 350
  - Unzuverlässigkeit **A** Rn. 341 ff., 350 ff.
  - Verletzung des Gleichstellungsgebots **A** Rn. 357 f.
- Verstöße gegen
  - arbeitsrechtliche Normen und Pflichten **A** Rn. 249
  - Arbeitsschutzrecht **A** Rn. 348
  - Sozialversicherungsrecht **A** Rn. 345

– Steuerrecht **A** Rn. 346
– Vorschriften über Arbeitsvermittlung **A** Rn. 347
– Vorstrafen/Ordnungswidrigkeiten **A** Rn. 351
– Versagung bei internationalen Konstellationen **A** Rn. 360 ff.
– Internationale Abkommen **A** Rn. 363
– Nicht-Deutsche/EU-angehörige Antragsteller **A** Rn. 361 f.
– Verleiher mit Sitz außerhalb EU/EWR **A** Rn. 360
– Widerruf der Erlaubnis **A** Rn. 397 ff., 459, 653 f.
– Ausgleich von Vermögensnachteilen **A** Rn. 410
– Ermessensausübung **A** Rn. 404
– praktische Bedeutung **A** Rn. 397
– Rechtsfolgen eines Widerrufs **A** Rn. 409 f.
– Unzulässigkeit des Widerrufs **A** Rn. 408
– Voraussetzungen des Widerrufs **A** Rn. 398 ff.
– Widerrufsfrist **A** Rn. 411
– Widerrufsgründe **A** Rn. 399 ff.
– Änderung der Rechtslage **A** Rn. 406 f.
– nachträglich eingetretener Versagungsgrund **A** Rn. 405
– Nichterfüllung von Auflagen **A** Rn. 401 ff.
– Widerrufsvorbehalt **A** Rn. 400
– Zukunftswirkung **A** Rn. 410

Gleichstellungsgebot A Rn. 488 ff.
– Ausnahmen vom Gleichstellungsgebot **A** Rn. 496 ff.
– Einstellung zuvor Arbeitsloser **A** Rn. 497
– equal-pay/-treatment **A** Rn. 205, 358, 477, 488 ff.
– Rechtsfolgen bei Verstoß **A** Rn. 510
– tarifliche Abweichungsmöglichkeit **A** Rn. 126, 142, 170, 205, 498 ff.
– Anforderungen an den Tarifvertrag **A** Rn. 171 ff., 498
– ausländische Tarifverträge **A** Rn. 507
– bestehende wirksame Tarifverträge **A** Rn. 173, 176 ff., 504
– Einhaltung eines gesetzlichen Mindestlohns **A** Rn. 505; *siehe auch gesetzlicher Mindestlohn*
– Geltungsgrund der Tarifverträge **A** Rn. 175, 499 ff.
– arbeitsvertragliche Bezugnahme **A** Rn. 500 ff.
– normative Tarifbindung **A** Rn. 499
– nachwirkende Tarifverträge **A** Rn. 506
– Rückausnahme zur Verhinderung des „Drehtüreffekts" **A** Rn. 508 f.

– Vergleichsmaßstab, vergleichbare Arbeitnehmer **A** Rn. 292 ff.
– Verletzung des Gleichstellungsgebots **A** Rn. 357 f.
– wesentliche Arbeitsbedingungen **A** Rn. 131, 213, 489 ff.
– Ausschlussfristen als wesentliche Arbeitsbedingungen **A** Rn. 212 f.
– Entgelt **A** Rn. 491
– Zeitlicher Umfang der Gleichstellung **A** Rn. 495

grenzüberschreitende Überlassung A Rn. 148 ff., 164
– Arbeitnehmer-Entsendegesetz **A** Rn. 164
– Wettbewerbsvorteil ausländischer Verleiher **A** Rn. 149 f.

Haftung bei der Entsendung selbständig Tätiger *siehe unter Entsendung selbständig Tätiger*
Haftung bei Personalberatung *siehe unter Personalberatung*
Haftung bei Personalvermittlung *siehe unter Personalvermittlung*
Haftung beim Outtasking/Outsourcing *siehe unter Outtasking/Outsourcing*
Haftung im Beschäftigungsverhältnis *siehe unter Beschäftigungsverhältnis*
Haftung im Leiharbeitsverhältnis *siehe unter Leiharbeitsverhältnis*
Haftung im Überlassungsverhältnis *siehe unter Überlassungsverhältnis*
„Headhunting" *siehe unter Personalsuche*
„Holländisches Modell" *siehe unter Interim Management*

Illegale Arbeitnehmerüberlassung A Rn. 460 ff., 655 ff.
– Fehlen der Erlaubnis **A** Rn. 460, 464
– Heilung des Leiharbeitnehmervertrags **A** Rn. 660
– Rechtsfolgen **A** Rn. 461, 463, 656 ff.
– Fiktion eines Arbeitsverhältnisses zum Entleiher **A** Rn. 657 ff.; *siehe auch dort*
– Unwirksamkeit der Verträge **A** Rn. 656
– Risiken für den Entleiher **A** Rn. 655 ff.
– Versteckte illegale Überlassung **A** Rn. 464
– Wegfall der Erlaubnis **A** Rn. 462

Informationspflicht über freie Arbeitsplätze *siehe unter Beschäftigungsverhältnis*
Innerbetrieblicher Schadensausgleich A Rn. 539, 711, **B** Rn. 46; *siehe auch unter Beschäftigungsverhältnis, Leiharbeitsverhältnis und Entsendung selbständig Tätiger*
Interim Management B Rn. 3 ff., 7, 10, 13, 22, 23; *siehe auch Entsendung selbständig Tätiger*

– Begriffsbestimmung **B** Rn. 3
– Bevollmächtigung **B** Rn. 72
– „holländisches Modell" **B** Rn. 5
– im Drei-Personen-Verhältnis **B** Rn. 5, 65
– im Zwei-Personen-Verhältnis **B** Rn. 4, 64
– Interim-Manager-Pool **B** Rn. 22
– Krisenmanagement **B** Rn. 3
– Kündigung bei Vertrauensstellung
 B Rn. 27; *siehe auch unter Entsendung selbständig Tätiger*
– Registrierungshonorar/Vermittlungsgebühr
 B Rn. 22
– Selbständigkeit **B** Rn. 13

Jugend- und Auszubildendenvertretung
siehe unter Betriebsverfassungsrecht

Karitative Überlassung *siehe unter Arbeitnehmerüberlassung und gewerbliche Erlaubnis*
Kollegenhilfe A Rn. 316
konzerninterne Überlassung A Rn. 121, 132, 254, 303 ff.
– Arbeitseinsatz zwischen Konzernunternehmen **A** Rn. 305
– Einschränkung des Konzernprivilegs
 A Rn. 132, 143, 256, 259, 303, 308
– Europarechtswidrigkeit des Privilegs
 A Rn. 310
– konzernangehörige Personalführungsgesellschaft **A** Rn. 254, 259, 308
– Konzernbegriff **A** Rn. 304
– vorrübergehende Überlassung **A** Rn. 306 f.
– zum Zweck der Überlassung eingestellt und beschäftigt **A** Rn. 308
Konzernprivileg A Rn. 132, 143, 256, 303 ff., 308; *siehe auch konzerninterne Überlassung*
Kündigung des Leiharbeitsvertrages *siehe unter Leiharbeitsvertrag*
Kündigungsschutzgesetz (KSchG)
 A Rn. 557 f., 564, 571, 603, 669, 677,
 B Rn. 24

Leiharbeitnehmer A Rn. 11 ff.
– arbeitnehmerähnliche Personen **A** Rn. 18
– Auszubildende **A** Rn. 16 f.
– Begriff **A** Rn. 11
– Einordnung als Arbeitnehmer **A** Rn. 12 ff.
– freie Mitarbeiter **A** Rn. 18
– Gestellungen bei Orden und Schwesternschaften **A** Rn. 19
– Heimarbeiter **A** Rn. 19
– öffentlich-rechtliches Dienst- oder Treueverhältnis **A** Rn. 15
– Selbständige **A** Rn. 18
Leiharbeits-Richtlinie *siehe unter Gemeinschaftsrecht*

Leiharbeitsverhältnis A Rn. 24, 465 ff.
– Annahmeverzug **A** Rn. 800
– Arbeitsschutz **A** Rn. 566
– arbeitsvertragliche Nebenpflichten
 A Rn. 25, 519 ff.
 – Gesundheitsschutz **A** Rn. 523
 – Treu- und Fürsorgepflichten **A** Rn. 520, 523
 – Verschwiegenheitspflicht **A** Rn. 521
 – Wettbewerbsverbot **A** Rn. 522
– Bestandsschutz **A** Rn. 541 ff.
– Entfallen der Überlassungserlaubnis
 A Rn. 660
– Fehlen der Erlaubnis bei Vertragsschluss
 A Rn. 660
– Haftung **A** Rn. 525 ff.
 – Beweislastregeln **A** Rn. 538
 – Haftung des Leiharbeitnehmers
  A Rn. 533 ff.
  – Nebenpflichtverletzungen **A** Rn. 537
  – Nichtleistung **A** Rn. 534
  – Schlechtleistung **A** Rn. 535 f.
 – Haftung des Verleihers **A** Rn. 526 ff.
  – Körper-/Gesundheitsschäden
   A Rn. 529
  – Sachschäden **A** Rn. 530 f.
  – Verletzungen der Informationspflicht
   A Rn. 532
  – Verzugsschäden **A** Rn. 527
– Haftungsbeschränkung/-freistellung
 A Rn. 539 ff.
  – Innerbetrieblicher Schadensausgleich
   A Rn. 539; *siehe auch dort*
  – Regressansprüche **A** Rn. 540
  – Schädigung Dritter **A** Rn. 540
– Hauptleistungspflichten **A** Rn. 511 ff.
 – Arbeitsleistung auch bei Dritten
  A Rn. 512
 – Leistungsverweigerungsrechte **A** Rn. 513
 – Lohnersatzleistungen **A** Rn. 516
 – Mutterschutz **A** Rn. 517
 – Urlaub **A** Rn. 517
 – Vergütungspflicht **A** Rn. 514 ff.
– Informationspflicht des Verleihers
 A Rn. 486; *siehe auch unter Verleiher*
– sozialversicherungsrechtliche Pflichten
 A Rn. 568 ff.
 – Insolvenzgeld **A** Rn. 572
 – Kranken-, Pflege-, Renten-, Arbeitslosenversicherung **A** Rn. 569 ff.
 – Kurzarbeitergeld **A** Rn. 571
 – Unfallversicherung **A** Rn. 573
– Rechtsweg **A** Rn. 574
– vertragliche Risikoverteilung **A** Rn. 25
Leiharbeitsvertrag A Rn. 466 ff., 797 ff.
– Arbeitszeit **A** Rn. 815, 823
– Arbeitszeitkonten **A** Rn. 815

- Auskunftspflicht über Vorbeschäftigungen **A** Rn. 814, 823, 853
- befristete Verträge **A** Rn. 473, 542 ff., 812
  - Befristung mit Sachgrund **A** Rn. 546 ff., 554
    - Eigenart der Arbeitsleistung **A** Rn. 549
    - nur vorrübergehender Bedarf **A** Rn. 547
    - persönliche Gründe **A** Rn. 552
    - zur Erprobung **A** Rn. 550 f.
    - zur Vertretung **A** Rn. 548
  - Befristung ohne Sachgrund **A** Rn. 543 ff.
  - Befristungsdauer **A** Rn. 543 f., 551
  - Identität der Vertragsarbeitgeber **A** Rn. 545
- Bezugnahmeklausel **A** Rn. 805, 810
- Form **A** Rn. 467 f.
- Günstigkeitsprinzip **A** Rn. 805, 811
- Kündigung des Leiharbeitsvertrages **A** Rn. 555 ff.
  - Änderungskündigung **A** Rn. 563
  - Betriebsbedingte Kündigung **A** Rn. 562 ff.
    - Sozialauswahl **A** Rn. 564
  - Kündigungsfristen **A** Rn. 556
  - Kündigungsschutzgesetz **A** Rn. 557 f.
  - Personenbedingte Kündigung **A** Rn. 559 f.
    - Krankheitszeiten **A** Rn. 559
    - mangelnde Leistungsfähigkeit **A** Rn. 560
  - Verhaltensbedingte Kündigung **A** Rn. 561
- Personaldatenerfassung **A** Rn. 817
- Pflichtinhalt **A** Rn. 469
- regulärer Arbeitsvertrag **A** Rn. 797
- Tarifbezug **A** Rn. 803
  - Leiharbeitsvertrag mit Tarifbezug **A** Rn. 804 f., 806
  - Leiharbeitsvertrag ohne Tarifbezug **A** Rn. 803 f., 820 ff.
- Unfallverhütung **A** Rn. 817
- Urlaub **A** Rn. 825
- Vergütung **A** Rn. 816, 824
- Vertragsschluss **A** Rn. 466
- Vorgaben des AÜG **A** Rn. 484 ff., 797 ff.
  - Angaben zur Erlaubniserteilung **A** Rn. 484
  - Leistungen während verleihfreier Zeiträume **A** Rn. 485
- Vorgaben des Nachweisgesetzes **A** Rn. 470 ff.
  - Arbeitsentgelt **A** Rn. 476
  - Arbeitsort **A** Rn. 474
  - Arbeitszeit **A** Rn. 478
  - Beginn **A** Rn. 472

- Charakterisierung der Tätigkeit **A** Rn. 475
- geringfügige Beschäftigung **A** Rn. 482
- grenzüberschreitende Sachverhalte **A** Rn. 483
- Kündigungsfristen **A** Rn. 480
- Tarif- und Betriebs-/Dienstvereinbarungsrecht **A** Rn. 481
- Urlaub **A** Rn. 479
- Vertragspartner **A** Rn. 471

Mindestarbeitsbedingungengesetz **A** Rn. 165
Mindestlohn *siehe gesetzlicher Mindestlohn*
Mischbetriebe **A** Rn. 503
Missbrauch von Leiharbeit **A** Rn. 120 f., 125
- Verhinderung von Missbrauch **A** Rn. 125

Mitbestimmungsrechte des Betriebsrats *siehe unter Betriebsrat*
Musterverträge **A** Rn. 796 ff.
- Muster eines Leiharbeitsvertrags mit Tarifbezug A Rn. 806
- Muster eines Überlassungsvertrages **A** Rn. 842

Nachweisgesetz *siehe unter Leiharbeitsvertrag*

Ordnungswidrigkeiten/Bußgeld **A** Rn. 17, 28, 128, 284 f., 326, 368, 421, 435, 452, 468, 510, 682, 703, 707
Outplacement **D** Rn. 3, 10; *siehe auch Outtasking/Outsourcing und Personalberatung*
Outsourcing **C** Rn. 1 ff.; *siehe auch unter Outtasking/Outsourcing*
Outtasking/Outsourcing **C** Rn. 1 ff.
- Abgrenzung Outtasking vom Outsourcing **C** Rn. 1 ff.
- Ausgestaltung der Vertragsverhältnisse **C** Rn. 39 ff.
  - Dienstvertrag **C** Rn. 72 f.
  - Rahmenvertrag **C** Rn. 74 f.
  - Werklieferungsvertrag **C** Rn. 71
  - Werkvertrag **C** Rn. 40 ff.
    - Abnahme **C** Rn. 64 ff.
    - Abschluss einer Haftpflichtversicherung **C** Rn. 68
    - Anforderungen an das Personal **C** Rn. 59
    - Anzeigepflichten **C** Rn. 68
    - Bereitstellung von Betriebsmitteln **C** Rn. 56 ff.
    - Festlegung von Arbeitszeiten **C** Rn. 48
    - Kündigung **C** Rn. 69
    - Laufzeit **C** Rn. 69
    - Leistungsgegenstand **C** Rn. 43

– Leistungsmängel C Rn. 67
– Leistungsort C Rn. 49
– Leistungsverzögerungen C Rn. 63
– Leistungszeit C Rn. 46 ff.
– Pauschalpreisvertrag C Rn. 53
– Preisfindungsklauseln C Rn. 51 f.
– Übertragung von Nutzungsrechten C Rn. 60
– Vertragsabwicklung C Rn. 70
– Vertragspartner C Rn. 43
– Vertraulichkeit C Rn. 68
– Weisungsbefugnis/Kontrollrechte C Rn. 61 f.
– Werklohn C Rn. 50 ff.
– Begriffsbestimmung C Rn. 1
– gewerberechtliche Anzeige C Rn. 17 f.; siehe auch dort
– Haftung C Rn. 33 ff.
  – Aspekte des Zivilrechts C Rn. 33 f.
  – Haftung bei der Aktiengesellschaft C Rn. 35 ff.
    – Aufgaben des Vorstands C Rn. 36 f.
    – Auslagerung von Kernfunktionen C Rn. 37
    – Überwachungssystem C Rn. 35
  – Haftung bei sonstigen Kapitalgesellschaften C Rn. 38
  – Haftungserleichterungen C Rn. 57
  – Haftungsrisiken des Unternehmensleiters C Rn. 33 ff.
– Mitarbeiter des Auftragnehmers C Rn. 76 ff.
  – Dreiecksverhältnis C Rn. 77 f.
  – Deckungsverhältnis C Rn. 77
  – tatsächliches Leistungsverhältnis C Rn. 78
  – Valuta-Verhältnis C Rn. 77
  – Haftung C Rn. 79 ff.
    – des Auftragnehmers für Mitarbeiter C Rn. 79
    – Erfüllungsgehilfen C Rn. 79
    – gegenüber Dritten C Rn. 80
    – gesetzliche Unfallversicherung C Rn. 81
    – Vertrag mit Schutzwirkung zugunsten Dritter C Rn. 79
– Mitbestimmung des Auftraggeber-Betriebsrats C Rn. 83 ff.; siehe auch unter Betriebsrat
– Mitbestimmung des Auftraggeber-Personalrats C Rn. 91 ff.
  – Privatisierung C Rn. 91 f.
  – Versetzung/Kündigung C Rn. 93
– öffentlich-rechtliche Beschränkungen C Rn. 19 ff.
  – Bundesdatenschutzgesetz C Rn. 24 ff.
  – Kreditwesengesetz C Rn. 20
  – Rundschreiben Bundesanstalt für Finanzdienstleistungsaufsicht C Rn. 23
  – Strafgesetzbuch C Rn. 27 ff.
  – Telekommunikationsgesetz C Rn. 30
  – Urheberrecht C Rn. 31
  – Versicherungsaufsichtsgesetz C Rn. 21 f.
– Outsourcing von *compliance*-Funktionen C Rn. 9
– Privatisierung C Rn. 91 f.
– rechtliche Grundlagen C Rn. 10 ff.
  – Dienst-/Werk-/Werklieferungsvertrag C Rn. 11
  – fehlende gesetzliche Ausgestaltung C Rn. 10
– Rechtsweg C Rn. 82
– steuerliche Entscheidungskriterien C Rn. 12 ff.
  – Ertragsteuer C Rn. 16
  – Umsatzsteuer C Rn. 13 ff.
    – Beistellung C Rn. 14
    – Benachteiligung von Outtasking/Outsourcing C Rn. 13
    – Mehrfacharbeitsverträge C Rn. 15
– unternehmerische Risiken C Rn. 8
– wirtschaftliche Motive C Rn. 6 ff.

Personalberater D Rn. 3 f., 7; siehe Personalberatung
– „Spin-off"-Leistungen D Rn. 4
Personalberatung
– Abgrenzung zur Personalvermittlung D Rn. 8 f., 36 ff.
  – steuerrechtliche Differenzierung D Rn. 36 ff.
– Assessment-Center D Rn. 9
– Beachtung des AGG D Rn. 119 ff.; siehe im Einzelnen unter Allgemeines Gleichstellungsgesetz (AGG)
– Begriff der Personalberatung D Rn. 9
  – Hinausgehen über reine Vermittlung D Rn. 9
– Datenerhebung/-verarbeitung D Rn. 24, 174 ff.
  – Background Check D Rn. 177; siehe auch dort
  – datenschutzrechtliche Kontrolle D Rn. 24, 27, 174 ff.
– fehlende gesetzliche Definition D Rn. 5
– Mitbestimmungsrechte des Auftraggeber-Betriebsrats D Rn. 101 ff.; siehe unter Betriebsrat
– Outplacement D Rn. 10
– Personalabbau D Rn. 10
– Personalberater D Rn. 7, 39 ff.
  – Berufsbild D Rn. 39 ff.
  – Leistungen D Rn. 41, 55
  – Spezialisierung D Rn. 42

411

- verbandliche Organisation **D** Rn. 40
- Verhaltensrichtlinien **D** Rn. 41
- Weiterbildung **D** Rn. 39
- Verhältnis zwischen Berater und Arbeitgeber **D** Rn. 44 ff.
  - AGB-Recht **D** Rn. 50 f.
  - Akquise **D** Rn. 52
  - Haftung **D** Rn. 75 ff.
    - Beschränkung der Haftung **D** Rn. 79
    - Leistungsstörungen **D** Rn. 88
    - Nichteignung der Arbeitnehmer **D** Rn. 77
    - Regress **D** Rn. 87
    - Verstöße gegen das AGG **D** Rn. 81 ff.; *siehe auch unter Allgemeines Gleichstellungsgesetz (AGG)*
      - Ablehnungsschreiben **D** Rn. 84, 130
      - Benachteiligungsvermutung **D** Rn. 83
      - Dokumentations-/Aufbewahrungspflichten **D** Rn. 86, 90 f.
      - präventive Maßnahmen **D** Rn. 82
      - Rücksichtnahmepflichten **D** Rn. 81
  - „Klebeeffekt" **D** Rn. 65 ff.
  - Kündigung **D** Rn. 93 ff.
  - Nachbesserung **D** Rn. 75 ff.
    - bei Nichteignung **D** Rn. 78
  - Rahmenvertrag **D** Rn. 54
  - Unzulässigkeit der Kostenabwälzung auf Arbeitnehmer **D** Rn. 80
  - Vertragstyp **D** Rn. 45 ff.
    - Dienstvertrag **D** Rn. 45 f.
    - Maklervertrag **D** Rn. 45, 47
    - typengemischter Vertrag **D** Rn. 47
    - Werkvertrag **D** Rn. 45
  - Vergütung **D** Rn. 58
  - Vertragslaufzeit **D** Rn. 92
  - Vertraulichkeit/Verschwiegenheitserklärung **D** Rn. 96 f.
  - Vorgaben zur Rekrutierung **D** Rn. 56
  - vorvertragliche Beziehung **D** Rn. 52 f.

Personalberatungsgesellschaft **D** Rn. 1, 3; *siehe auch Personalberatung*

Personalentwicklungsberatung **D** Rn. 3

Personal-Service-Agenturen **D** Rn. 247 ff.
- Aufgaben **D** Rn. 248 ff.
- Einrichtung **D** Rn. 247
- öffentlich-rechtlicher Charakter **D** Rn. 253 **f.**
- Rechtsweg für Streitigkeiten mit der BArgfA **D** Rn. 252

Personalsuche ("Headhunting") **D** Rn. 25 ff.
- Abgrenzung von Personalberatung/Arbeitsvermittlung **D** Rn. 256
- Abwerbung **D** Rn. 262 ff.
  - Abwerbung zur Mehrfachbeschäftigung **D** Rn. 276
  - Ausnutzen der Vertragstreue **D** Rn. 282 ff.
  - Direktansprache **D** Rn. 263
  - durch ehemalige Mitarbeiter **D** Rn. 287 ff.
    - arbeitsvertragliche Abwehrklauseln **D** Rn. 288
    - nachvertragliches Wettbewerbsverbot **D** Rn. 289
  - Eindringen in den Betriebsbereich **D** Rn. 278
  - Grundsatz des freien Wettbewerbs **D** Rn. 2, 262 ff.
  - Kontaktaufnahme am Arbeitsplatz **D** Rn. 291 ff.
    - dienstliche Telefone **D** Rn. 294
    - Herbeiführung des Erstkontakts **D** Rn. 294
    - private Telefone **D** Rn. 295
  - Recht am eingerichteten und ausgeübten Gewerbebetrieb **D** Rn. 286
  - Rücksichtnahmepflichten **D** Rn. 268
  - unzulässige Abwerbung **D** Rn. 266 ff.; *siehe auch Personalsuche Rechtsfolgen unzulässiger Abwerbung*
  - Verleitung zum Vertragsbruch **D** Rn. 279 f.
  - Verstoß gegen UWG **D** Rn. 269 ff.
    - Ausbeutung des Mitbewerbers **D** Rn. 273
    - Existenzgefährdung **D** Rn. 274
    - Sittenwidrigkeit **D** Rn. 269, 271 ff.
  - verwerfliche Beeinflussung des Arbeitnehmers **D** Rn. 277
  - vorsätzliche sittenwidrige Schädigung **D** Rn. 284 f.
- Direktsuche **D** Rn. 257 ff.
  - aktive Kontaktaufnahme **D** Rn. 257
  - Erstkontakt **D** Rn. 260
  - „target list" **D** Rn. 258 f.
- Ersatz von Vorstellungskosten **D** Rn. 301 f.
- Executive Searcher **D** Rn. 255
- Rechtsfolgen unzulässiger Abwerbung **D** Rn. 303 ff.
  - Ansprüche bei Abwerbung durch Arbeitnehmer **D** Rn. 317 ff.
    - Ersatz des Abwerbungsschadens **D** Rn. 318 ff.
  - Ansprüche gegen den abwerbenden Arbeitgeber **D** Rn. 311
    - begrenztes Beschäftigungsverbot **D** Rn. 313
    - Schadensersatz **D** Rn. 311 f.
    - Unterlassungsanspruch **D** Rn. 314

- Ansprüche gegen den Headhunter **D** Rn. 315 ff.
  - einstweilige Verfügung **D** Rn. 315
  - Schadensersatz **D** Rn. 316
  - Unterlassungsanspruch **D** Rn. 315
- Rechtsfolgen für den abgeworbenen Arbeitnehmer **D** Rn. 304 ff.
  - Nichtigkeit des Neuvertrags **D** Rn. 305 ff.
    - Aufgabe des sozialen Besitzstands **D** Rn. 308
    - Einstellungsanspruch **D** Rn. 309
    - Überschreitung der Höchstarbeitszeit **D** Rn. 306
    - Verletzung von Strafnormen **D** Rn. 305
  - Schadensersatzansprüche **D** Rn. 310
- Rechtsfolgen für den Personalberater **D** Rn. 303
  - Beschäftigungsverbot **D** Rn. 303
  - Schadensersatzansprüche **D** Rn. 303

Personalvermittler D Rn. 3 f., 6; *siehe Personalvermittlung, private*

Personalvermittlung, private
- Abgrenzung zur Arbeitnehmerüberlassung **D** Rn. 15 f.
  - vermittlungsorientierte Arbeitnehmerüberlassung **D** Rn. 15
  - Verzahnung mit der Arbeitnehmerüberlassung **D** Rn. 16
- Abgrenzung zur Arbeitsvermittlung **D** Rn. 13 f.
  - Vermittlungsmonopol der BArgfA **D** Rn. 14, 17 ff.
- Abgrenzung zur Personalberatung **D** Rn. 8, 36 ff.
  - steuerrechtliche Differenzierung **D** Rn. 36 ff.
- Alleinauftrag/Exklusivverträge **D** Rn. 98 ff., 194
- Beachtung des AGG **D** Rn. 119 ff.; *siehe im Einzelnen unter Allgemeines Gleichstellungsgesetz (AGG)*
- Begriff der Personalvermittlung **D** Rn. 12
- behördliche Erlaubnispflicht **D** Rn. 21
  - aufgehoben seit 2002 **D** Rn. 25 ff.
- Datenerhebung/-verarbeitung **D** Rn. 24, 174 ff.
  - Background Check **D** Rn. 177
  - datenschutzrechtliche Kontrolle **D** Rn. 24, 27, 174 ff.
- fehlende gesetzliche Definition **D** Rn. 5
- Mitbestimmungsrechte des Auftraggeber-Betriebsrats **D** Rn. 101 ff.; *siehe unter Betriebsrat*
- Nebenleistungen **D** Rn. 32
- Personal-Service-Agentur **D** Rn. 35
- Personalvermittler **D** Rn. 3 f., 6
  - Berufsbild **D** Rn. 39 ff.
  - Leistungen **D** Rn. 41
  - Spezialisierung **D** Rn. 42
  - verbandliche Organisation **D** Rn. 40
  - Verhaltensrichtlinien **D** Rn. 41
  - Weiterbildung **D** Rn. 39
- unwirksame Vereinbarungen **D** Rn. 26
- Verhältnis zwischen Vermittler und Arbeitgeber **D** Rn. 44 ff.
  - AGB-Recht **D** Rn. 50 f.
  - Haftung **D** Rn. 75 ff.
    - Beschränkung der Haftung **D** Rn. 79
    - Leistungsstörungen **D** Rn. 88
    - Nichteignung **D** Rn. 77
    - Regress **D** Rn. 87
    - Verstöße gegen das AGG **D** Rn. 81 ff.; *siehe auch unter Allgemeines Gleichstellungsgesetz (AGG)*
      - Ablehnungsschreiben **D** Rn. 84, 130
      - Benachteiligungsvermutung **D** Rn. 83
      - Dokumentations- und Aufbewahrungspflichten **D** Rn. 86, 90 f.
      - präventive Maßnahmen **D** Rn. 82
      - Rücksichtnahmepflichten **D** Rn. 81
  - „Klebeeffekt" **D** Rn. 65 ff.
  - Kündigung **D** Rn. 93 ff.
  - Nachbesserung **D** Rn. 75 ff.
    - bei Nichteignung **D** Rn. 78
  - Rahmenvertrag **D** Rn. 54
  - Unzulässigkeit der Kostenabwälzung auf Arbeitnehmer **D** Rn. 80
  - Vertragslaufzeit **D** Rn. 92
  - Vertragstyp **D** Rn. 45 ff.
    - Dienstvertrag **D** Rn. 45 f.
    - Maklervertrag **D** Rn. 45, 47
    - typengemischter Vertrag **D** Rn. 47
    - Werkvertrag **D** Rn. 45
  - Vertraulichkeit/Verschwiegenheitserklärung **D** Rn. 96 f.
  - Vorgaben zur Rekrutierung **D** Rn. 56
- Verhältnis zwischen Vermittler und Arbeitssuchenden **D** Rn. 178 ff.
  - Vermittlungsvertrag **D** Rn. 181 ff.
    - Alleinauftrag/Exklusivverträge **D** Rn. 194
    - Grundsatz der Vertragsfreiheit **D** Rn. 181
    - Form **D** Rn. 185
    - Maklerrecht **D** Rn 182 f.
    - Modifikation durch das SGB III **D** Rn. 184
    - Nachweis für Vermittlungserfolg **D** Rn. 190 ff.
    - Stundung der Vergütung **D** Rn. 187 ff.

– Unwirksamkeit von Vereinbarungen **D** Rn. 193 ff.
– Vergütungsabreden **D** Rn. 224 ff.
  – AGB-Kontrolle **D** Rn. 224 f.
  – Anpassung unverhältnismäßiger Vergütungen **D** Rn. 234 ff.
  – Herabsetzung nach § 655 BGB **D** Rn. 235 ff.
  – geltungserhaltende Reduktion **D** Rn. 239 ff.
  – Missverhältnis von Leistung und Gegenleistung **D** Rn. 235
  – gesetzlicher Höchstbetrag **D** Rn. 226
  – Fälligkeit **D** Rn. 227 ff.
– Vorschussverbot **D** Rn. 186
– Vermittlung nach Arbeitnehmerüberlassung **D** Rn. 244 ff.
– wirtschaftliche Verflechtung **D** Rn. 242 f.
– Vermittlungsgutschein **D** Rn. 14, 29, 195 ff.
  – Anspruchsvoraussetzungen **D** Rn. 208 f.
  – Gültigkeit des Gutscheins **D** Rn. 216
  – Nachweis der Vermittlungstätigkeit **D** Rn. 217 ff.
  – Rechtsbeziehung zwischen Arbeitssuchendem und BArgfA **D** Rn. 195 f.
  – Rechtsbeziehung zwischen Arbeitssuchendem und Vermittler **D** Rn. 205 ff.
    – Maklerrecht **D** Rn. 205
    – öffentlich-rechtlicher Zahlungsanspruch **D** Rn. 207
  – Rechtsbeziehung zwischen Personalvermittler und BArgfA **D** Rn. 197 ff.
    – keine Förderung im Bereich Prostitution **D** Rn. 203 f.
    – Vergütungsanspruch des Vermittlers **D** Rn. 200 ff.
  – Vergütung für Vermittlungsgutscheine **D** Rn. 210 ff.
    – Fälligkeit **D** Rn. 214
    – Freistellungsanspruch bei Fehlen der Zahlungsvoraussetzungen **D** Rn. 222
    – Scheinvermittlung **D** Rn. 215
    – Vergütungshöchstgrenzen **D** Rn. 210 ff.
– Vermittlungsvergütung **D** Rn. 23, 30 ff., 59 ff.
  – Angemessenheit **D** Rn. 70 ff.
  – Erfolgshonorar **D** Rn. 59
  – Kosten des Auswahlverfahrens **D** Rn. 61
  – Ratenzahlung **D** Rn. 60
  – Staffelung **D** Rn. 71
  – Vergütungshöhe **D** Rn. 63
  – vorgehende Arbeitnehmerüberlassung **D** Rn. 74
– Vermittlungsvertrag **D** Rn. 30
– Form **D** Rn. 30
– Wettbewerb mit der BArgfA **D** Rn. 34

Profiling D Rn. 3

Rahmenvertrag *siehe unter Überlassungsvertrag und Outtasking/Outsourcing*

Rechtsweg
– für die Erlaubnis betreffende Streitigkeiten **A** Rn. 454 ff.; *siehe auch unter gewerbliche Erlaubnis*
– für Streitigkeiten bei der Entsendung selbständig Tätiger **B** Rn. 17
– für Streitigkeiten beim Outtasking/Outsourcing **C** Rn. 82
– für Streitigkeiten zwischen Entleiher und Leiharbeiter **A** Rn. 717 ff.
– für Streitigkeiten zwischen Verleiher und Leiharbeiter **A** Rn. 574
– für Streitigkeiten zwischen Verleiher und Entleiher **A** Rn. 683

Rechtsbeziehung zwischen Entleiher und Leiharbeiter *siehe Beschäftigungsverhältnis*

Rechtsbeziehung zwischen Verleiher und Entleiher *siehe Überlassungsvertrag und Überlassungsverhältnis*

Rücknahme der Erlaubnis *siehe unter gewerbliche Erlaubnis*

Scheinselbständigkeit B Rn. 15, 24, 29, 46, 70; *siehe auch unter Entsendung selbständig Tätiger*
– Arbeitnehmerschutzgesetze **B** Rn. 24
– Begründung eines Vertragsverhältnisses **B** Rn. 79
– eingeschränkte Arbeitnehmerhaftung **B** Rn. 46
– innerbetrieblicher Schadensausgleich **B** Rn. 46; *siehe auch dort*
– Vergütung **B** Rn. 29

„Spin-off" *siehe Personalberater*
Subunternehmer *siehe Entsendung selbständig Tätiger*

Tariffähigkeit von Spitzenorganisationen A Rn. 188 ff.; *siehe auch CGZP-Tarifverträge*
– Einhaltung der Organisationsbereiche **A** Rn. 191 f.
– satzungsgemäße Zuständigkeit **A** Rn. 189
– vollständige Vermittlung der Tariffähigkeit **A** Rn. 189
– Voraussetzungen der Tariffähigkeit **A** Rn. 173, 188 ff.

Teilzeit- und Befristungsgesetz (TzBfG) A Rn. 166 ff., 542 ff., **B** Rn. 24
– Anwendbarkeit auf Arbeitnehmerüberlassung **A** Rn. 166

Überlassung zu karitativen Zwecken *siehe unter Arbeitnehmerüberlassung und gewerbliche Erlaubnis*

Überlassungshöchstgrenzen *siehe unter Arbeitnehmerüberlassung*
Überlassungsverhältnis
- Haftung **A** Rn. 629 ff.
  - Haftung des Entleihers **A** Rn. 637 ff.
    - Abwerbung **A** Rn. 641
    - Fürsorgepflichten **A** Rn. 639
    - nichtgezahlte Sozialversicherungsbeiträge **A** Rn. 865 f.
    - Sach- und Personenschäden der Leiharbeiter **A** Rn. 639
    - Überlassungsvergütung **A** Rn. 637
    - Vermögensschaden **A** Rn. 639
    - Verzug **A** Rn. 637
  - Haftung des Verleihers **A** Rn. 630 ff.
    - Auswahl und Bereitstellung **A** Rn. 630 f., 635, 840, 864
    - Rücksichtnahmepflichten **A** Rn. 636
    - Schlechtleistung **A** Rn. 634 f.
    - Unmöglichkeit der Überlassung **A** Rn. 632
    - Verzögerungsschaden **A** Rn. 633
    - Verzug **A** Rn. 633
- Rechtsweg **A** Rn. 683
Überlassungsvertrag A Rn. 23, 606 ff.
- Abberufung/Austausch von Arbeitnehmern **A** Rn. 858 ff.
- Angabe der im Entleiherbetrieb wesentlichen Arbeitsbedingungen **A** Rn. 833 f., 846
- Anforderungen an die Leiharbeitnehmer **A** Rn. 833, 862
- Anwendbarkeit von Tarifrecht **A** Rn. 835, 846
- Aufhebungsvertrag **A** Rn. 651
- AGB-Kontrolle **A** Rn. 628
- Befristung/Bedingung **A** Rn. 643
- Bestand bei Tod eines Leiharbeiters **A** Rn. 652
- Einstellungsverbote *siehe dort*
- Form **A** Rn. 608 f.
- Hauptleistungspflichten **A** Rn. 23, 614 ff.
  - Annahmeverzug **A** Rn. 616
  - Austausch von Leiharbeitern **A** Rn. 615
  - entgeltliche Überlassung von Arbeitskräften **A** Rn. 615
  - Gattungsschuld **A** Rn. 615, 652
  - Zahlung der Vergütung **A** Rn. 616
- Heilung von Formmängeln **A** Rn. 610
- Inhaltliche Pflichtangaben **A** Rn. 612 f.
- Kündigung **A** Rn. 644 ff.
  - außerordentliche Kündigung **A** Rn. 645 ff.
    - Abmahnung **A** Rn. 645
    - angemessene Frist **A** Rn. 650
    - erhebliche Pflichtverletzung **A** Rn. 645
    - Pflichtverletzungen der Leiharbeiter **A** Rn. 647 f.
  - Verletzung von Unterrichtspflichten **A** Rn. 646
  - Verstoß gegen Arbeitsschutz **A** Rn. 649
  - wichtiger Grund **A** Rn. 645
  - ordentliche Kündigung **A** Rn. 644
- Nebenpflichten **A** Rn. 617 ff.
  - Fürsorgepflichten **A** Rn. 620
  - Information über Überlassungserlaubnis **A** Rn. 618
  - Schutzpflichten **A** Rn. 619
  - Sicherheit der Leiharbeitnehmer **A** Rn. 620
  - Sorgfaltspflichten **A** Rn. 619
- Rahmenvertrag **A** Rn. 837 ff.
- Sonderfall der Dienstverschaffung **A** Rn. 23
- Tätigkeitsnachweise **A** Rn. 855 f.
- Übertragung des Direktionsrechts **A** Rn. 9, 39, 829
- Überlassungsvergütung **A** Rn. 856 f.
- Unfallverhütung **A** Rn. 863
- Unwirksamkeit des Vertrages **A** Rn. 656 ff.; *siehe auch Fiktion eines Arbeitsverhältnisses zum Entleiher*
- Verlängerungsoption **A** Rn. 841, 851
- Wegfall der Verleiherlaubnis **A** Rn. 653 f.
Übertragbarkeit der Erlaubnis *siehe unter gewerbliche Erlaubnis*
Unbefristete Erlaubniserteilung *siehe unter gewerbliche Erlaubnis*

Verhinderung von Missbrauch *siehe Missbrauch von Leiharbeit*
Verleiher A Rn. 7 ff.
- Arbeitgebereigenschaft **A** Rn. 7 f.
- aus Drittstaaten **A** Rn. 149 f., 360, 363
- aus EU-Staaten **A** Rn. 362
- aus EWR-Staaten **A** Rn. 362
- gewerberechtliche Pflichten **A** Rn. 416 ff.
  - Anzeigepflichten **A** Rn. 417 ff.
    - Anzeige betrieblicher Veränderungen **A** Rn. 418
    - Anzeige personeller Veränderungen **A** Rn. 420
    - Anzeigefristen **A** Rn. 419, 421
  - Auskunftspflichten **A** Rn. 422 ff.
    - Aufbewahrung von Geschäftsunterlagen **A** Rn. 434
    - Auskunftsverlangen einer Behörde **A** Rn. 424
    - Auskunftsverweigerungsrecht **A** Rn. 428 ff.
    - behördliche Nachprüfung **A** Rn. 432 ff.
    - Inhalt der Auskunft **A** Rn. 425 ff.
    - Rechtsfolgen bei Verletzung **A** Rn. 435
    - Reichweite der Auskunftspflicht **A** Rn. 427

- Zweck der Auskunftspflicht
  A Rn. 422 f.
- behördliche Nachschau **A** Rn. 436 ff.
  - Betretungs-/Prüfungsrecht der Behörde
    A Rn. 437 ff.
  - Duldungspflicht des Verleihers
    A Rn. 442
  - Grundsatz der Verhältnismäßigkeit
    A Rn. 438
  - Umfang der Nachschau **A** Rn. 439 ff.
- Durchsuchungsrecht der BArgfA
  A Rn. 443 ff.
  - Gefahr in Verzug **A** Rn. 447
  - Niederschrift der Durchsuchung
    A Rn. 448
  - Voraussetzungen **A** Rn. 444 ff.
- statistische Meldungen **A** Rn. 449 ff.
  - Inhalt der Meldung **A** Rn. 450
  - Geheimhaltungspflicht der Behörde
    A Rn. 453
  - Meldungsverfahren **A** Rn. 451 f
- Information der Leiharbeitnehmer
  A Rn. 486 f.
- Information über freie Arbeitsplätze
  A Rn. 133
- Merkblatt der BArgfA **A** Rn. 486
- Übertragung des Direktionsrechts **A** Rn. 9, 39

- Unterrichtungspflicht über Unfall-/Gesundheitsgefahren **A** Rn. 584; *siehe auch Betriebsverfassungsrecht*
- Zugang zu Gemeinschaftseinrichtungen/-diensten **A** Rn. 134, 491

Vermittlung von freien Mitarbeitern *siehe Entsendung selbständig Tätiger*

Vermittlungsgebühr/-provision
- beim Interim Management **B** Rn. 22
- Verbot der Vermittlungsgebühr des Leiharbeiters **A** Rn. 135, 627
- Vermittlungsgebühr des Entleihers
  A Rn. 135, 624 ff.
  - Angemessenheit **A** Rn. 625
  - Kausalität der Überlassung für Einstellung
    A Rn. 626
  - Obergrenze **A** Rn. 625

Wahlvorstand *siehe unter Betriebsverfassungsrecht*

Widerruf der Erlaubnis *siehe unter gewerbliche Erlaubnis*

Zugang zu Gemeinschaftseinrichtungen/-diensten *siehe unter Beschäftigungsverhältnis*

Zustimmungserfordernis des Leiharbeiters A Rn. 24, 80